黔东南苗族侗族自治州

QIANDONGNAN MIAOZU DONGZU ZIZHIZHOU

NONGYEZHI

（1991–2015）

农业志

黔东南苗族侗族自治州农业委员会　编

方志出版社
Publishing House of Local Records

图书在版编目（CIP）数据

黔东南苗族侗族自治州农业志：1991—2015 / 黔东南苗族侗族自治州农业委员会 编 .-- 北京：方志出版社，2020.10

ISBN 978-7-5144-3975-5

Ⅰ. ①黔… Ⅱ. ①黔… Ⅲ. ①农业史—黔东南苗族侗族自治州—1991—2015 Ⅳ. ①F329.732

中国版本图书馆 CIP 数据核字（2020）第 202197 号

黔东南苗族侗族自治州农业志（1991—2015）

编　　者： 黔东南苗族侗族自治州农业委员会 编

责任编辑： 张 颢

出 版 者： 方志出版社

地址 北京市朝阳区潘家园东里 9 号（国家方志馆 4 层）

邮编 100021

网址 http://www.fzph.org

发　　行： 方志出版社图书经销中心

电话 （010）67110500

经　　销： 各地新华书店

印　　刷： 昆明鹰达印刷有限公司

开　　本： 889 × 1194　1/16

印　　张： 40.75

字　　数： 1204 千字

版　　次： 2020 年 10 月第 1 版　2020 年 10 月第 1 次印刷

印　　数： 0001 ~ 2000 册

ISBN 978-7-5144-3975-5　**定价：** 680.00 元

黔东南苗族侗族自治州农业志续编领导小组

（2016年3月至2017年9月）

组　长

尹　亮

副组长

姜立军　石　红

成　员

欧阳成　刘业海　陈　跃　赵孝木　刘文峰　陆荣杏　潘德忠　朱守勇
邓艳梅　邓勇军　朱小兵　王朝炉　陈思龙　吴敦志　夏　渊　石成艳
潘玉忠　吴　军　粟　俊　胡腾胜　徐　燕　粟周群　沈　斌　左　松
刘太昭　刘光美　吴宜忠　李忠华　杨秀钦　杨玉梅　陈　坚　马怀军
唐　健　杨　桦　曾怀德　黄明祥　葛　军

黔东南苗族侗族自治州农业志续编领导小组

（2017年9月至2019年4月）

组　长

王　辉

副组长

姜立军　石　红　唐勋忠　吴朝令　潘成辉　石建东　吴　军　欧阳成

成　员

刘业海　赵孝木　刘文峰　吴敦志　陆荣杏　王俊华　邓勇军　邓燕梅　朱小兵　王朝炉　余远睿
陈思龙　张　华　李　琴　石成艳　倪玉琼　范刚强　胡腾胜　徐　燕　粟周群　沈　斌　左　松
刘太昭　刘光美　吴宜忠　李忠华　杨秀钦　杨玉梅　张洪川　马怀军　唐　健　杨　桦　葛　军
曾怀德　黄明祥　周哲麟

黔东南苗族侗族自治州农业志续编编辑委员会

（2016年3月至2017年9月）

主　任

尹　亮

副主任

姜立军　石　红　杨　桦

委　员

陆荣杏　潘德忠　邓燕梅　葛　军　曾怀德　黄明祥

黔东南苗族侗族自治州农业志续编编辑部人员

（2016年3月至2017年9月）

主　编

杨　桦

编　辑

曾怀德　黄明祥

黔东南苗族侗族自治州农业志续编编辑委员会

（2017年9月至2019年4月）

主　任

王　辉

副主任

姜立军　石　红　唐勋忠　吴朝令　潘成辉

石建东　欧阳成　吴　军　杨　桦

委　员

吴敦志　陆荣杏　邓勇军　邓燕梅　朱小兵

潘德忠　葛　军　曾怀德　黄明祥　周哲麟

黔东南苗族侗族自治州农业志续编编辑部人员

（2017年9月至2019年4月）

主　　编

杨　桦

编　　辑

葛　军　曾怀德　黄明祥　周哲麟

资料稿编写提供人员

凡　例　杨　桦　葛　军

概　述　杨　桦　葛　军

大事记　杨　桦　葛　军　杨长林　曾怀德　车昌武　时宏咏　刘小惠　彭彩丽　张　华　刘文峰　吴志安　李华礼　王国云　吴克祥　龙安煦　石兴林　徐长辉　杨秀梅　李更生　杨勇祥　杨泽斌　杨天富　王锦河　王名钊　杨昌玉　杨再义　杨通斌　杨光碧　韦兴益　龙安斌　何远艳

农业基本环境与农业区划　黄明祥　周哲麟　杨昌润　姜发洋

农村社会经济　杨　桦　黄明祥　邓燕梅　傅方亮　龙承元　何钧碧　余远睿　王益海　杨长波　唐　健　龙锐芳　刘太昭　刘文锋

种植业 邓勇军 姜发洋 杨 桦 刘晓琼 龙 翔 粟周群 左 松 徐 燕 范刚强 杨秀全 胡腾胜

养殖业 杨 桦 陈礼强 杨秀钦 杨玉梅 余远睿 李 星 彭彩丽 王朝炉 刘小惠

农业行政执法 杨 桦 杨红英 陈 跃 张 华 徐 燕 胡腾胜 范刚强 姜 华 余远睿

农业机械化 何钧碧 李 琴 彭先胜

农业农村综合开发 曾 武 杨 桦 刘光美

国有农场 水产实验场 农业园区建设 黄明祥 吴宜忠 杨 桦 胡坤寿 石成艳

农业科研教育与宣传 时宏咏 沈 斌 陆荣杏 车玉洁 吴志安 李华礼 王国云 吴克祥 龙安煦 石兴林 徐长辉 杨秀梅 李更生 杨勇祥 杨泽斌 杨天富 王锦河 王名钊 杨昌玉 杨再义 杨通斌 杨光碧 韦兴益 龙安斌 何远艳 余小平 沈 斌 李忠华 戴廷江 杨 桦 杨红英 张乘源 葛 军

农业管理机构 陆荣杏 车玉洁 吴和慧 徐历举 杨长林 葛 军 杨承棠 车昌武 何钧碧 杨 桦 黄明祥 吴志安 李华礼 王国云 吴克祥 龙安煦 石兴林 徐长辉 杨秀梅 李更生 杨勇祥 杨泽斌 杨天富 王锦河 王名钊 杨昌玉 杨再义 杨通斌 杨光碧 韦兴益 龙安斌 何远艳

人物传 杨 桦 潘环熙 郜昌源 龙安斌 何远艳 杨勇祥

附 录 杨 桦 葛 军

后 记 杨 桦 葛 军

照片提供人员

杨　桦　黄洪飞　杨长林　曾　武　杨秀全　时宏咏　李　星　刘光美　张　华　胡腾胜
吴志安　李华礼　王国云　吴克祥　龙安煦　石兴林　徐长辉　杨秀梅　李更生　杨勇祥
杨泽斌　杨天富　王锦河　王名钊　杨昌玉　杨再义　杨通斌　杨光碧　韦兴益　龙安斌
何远艳　葛　军

初审参会人员名单

评审专家　李元星

州农委及有关科室站所负责人　王　辉　姜立军　石　红　欧阳成　杨　桦　陆荣杏　朱小兵　王朝炉　潘德忠　余远睿　邓艳梅　邓勇军　吴敦志　葛　军　曾怀德　黄明祥

终审参会人员名单

评审专家组　李文明　欧阳可

州农委负责人　王　辉　姜立军　石　红　唐勋忠　吴朝令　潘成辉　石建东　吴　军　欧阳成　赵孝木　刘文锋　刘业海

州农委各系统退休老领导、老专家　杨　桦　龙应豪　杨　洵　杨宗荣　周定生

各县市农业局（农林扶贫局）负责人　吴开锡　吴通武　博昭华　杨　波　杨安培　杨奕海　龙安林　杨顺明　石兴林　陆德敏　庞鸿祥　黄运光　吴昌勇　杨　辉　吴绍安　朱崇辉

领导关怀

1993年11月，贵州省原省长王朝文（前右二）考察金钟农场茶园

2008年4月，贵州省委书记石宗源（前左二）在麻江县考察新农村建设

2005年10月，贵州省省长石秀诗（前左四）在长青乡排中村调研

2009年1月23日，贵州省省长林树森（前左二）到丹寨调研

2014年，贵州省政协主席王正福（前左二）到从江粤黔香猪公司调研

2013年，省政协主席王富玉（前左二）到施秉县检查中药材产业发展

2015年4月，贵州省副省长刘远坤（前右二）到榕江现代蔬菜农业科技示范园区调研

2000年10月，柑橘产业技术体系岗位科学家周常勇（前右二）到榕江县指导柑橘产业发展

2000年8月，国际农发基金会（IFAD）专家威廉姆斯（中）到丹寨县与项目工作人员、农户座谈

2000年10月，中国工程院院士邓秀新（前右四）到榕江县指导柑橘产业发展

新农村建设

施秉县望城村何家坝“荷映乡村”（摄于2007年）

三穗县省级试点星光村（摄于2007年）

黎平县联四寨村（摄于2007年）

农业园区

镇远县柏杨坪休闲观光园（摄于2015年）

台江县交宫休息避暑山庄（摄于2012年）

锦屏县龙池优质李基地（摄于2015年）

施秉县牛大场中药材现代高效农业扶贫产业示范园区（摄于2014年）

岑巩县高效生态农业示范园区周家坪杂稻制种基地（摄于2015年）

丹寨县绿海蓝星现代高效农业示范园区蓝莓种植基地（摄于2010年）

剑河县中药材园区钩藤生产基地（摄于2014年）

黎平县高屯农业园区长岭樱花带（摄于2014年）

黎平县农业园区天香谷中药材基地艾纳香苗圃（摄于2013年）

麻江县高科技蔬菜博览园（摄于2012年）

麻江县卡乌坪农园区（摄于2014年）

麻江县药谷江村园区（摄于2015年）

温氏麻江县龙山养殖场（厂区）（摄于2015年）

农业机械化

机械插秧（2014年摄于黔东南州）

无人喷洒农药（2014年摄于黔东南州）

机械收割（2014年摄于黔东南州）

杂稻米子加工（2014年摄于黔东南州）

种植业

锦屏县架寨葡萄基地（摄于2015年）

黎平县侗家佬茶叶园区生产基地（摄于2014年）

雷山县九十年观光茶叶园区生产基地（摄于2013年）

丹寨县金钟农场茶海（摄于2014年）

施秉县太子参生产基地（摄于2013年）

雷山县银球茶生产基地（摄于2014年）

岑巩县天马茶叶生产基地（摄于2014年）

丹寨县牛角山生态茶园基地（摄于2012年）

黎平县茶叶生产基地（摄于2008年）

现代烟草示范园区岑巩县白岩坪烤烟基地（摄于2015年）

黔丹公司硒锌米种植基地（摄于2007年）

丹寨县中药材现场培训（摄于2015年）

岑巩县水稻一角（摄于2014年）

岑巩县水稻一角（摄于2014年）

麻江县谷硐镇大葱基地（摄于2013年）

凯里市下司西红柿生产基地（摄于2015年）

黎平县笋窝生产示范基地（摄于2012年）

麻江县蔬菜培训会（摄于2015年）

岑巩县天马蔬菜基地（摄于2015年）

丹寨县龙泉镇五里村新品种雨水红葡萄基地（摄于2014年）

剑河县猕猴桃（摄于2015年）

麻江县猕猴桃（摄于2015年）

麻江县蓝莓生产基地（摄于2015年）

榕江县柑橘
（摄于2014年）

榕江县柑橘有机栽培技术示范基地
（摄于2014年）

从江县柑橘
（摄于2007年）

黎平县柑橘（摄于2014年）

丹寨县南皋乡偿卡柑橘（摄于2010年）

岑巩县茶叶基地（摄于2014年）

黎平县天益茶场（摄于2015年）

剑河县观么冬桃（摄于2015年）

岑巩县客楼桃花之一（摄于2015年）

岑巩县客楼桃花之二（摄于2015年）

丹寨县大棚西瓜（摄于2010年）

镇远县大棚西瓜（摄于2015年）

岑巩县注溪乡油菜花之一（摄于2010年）

岑巩县注溪乡油菜花之二（摄于2010年）

养殖业

从江县宰便传福香猪公司养殖场（摄于2015年）

丹寨县俊建公司肉牛养殖场（摄于2010年）

黔东南小黄牛（摄于2013年）

丹寨县兴仁镇大尖坡草场种羊基地（摄于2012年）

黔东南塔石小香羊（摄于2013年）

三穗麻鸭（摄于2013年）

岑巩县思州种鸡养殖场（摄于2015年）

剑河县天羽林下养鸡（摄于2015年）

锦屏县林下养鸡（摄于2015年）

岑巩县林下养鸡（摄于2015年）

丹寨县林下放养公鸡
（摄于2015年）

黔东南小香鸡
（摄于2013年）

麻江县下司野鸭
（摄于2009年）

锦屏县三板溪库区网箱养鱼（摄于2015年）

锦屏县蜜蜂产业（摄于2015年）

序　一

盛世修志，千秋功业。一部承前启后的《黔东南苗族侗族自治州农业志（1991—2015）》终于成书出版了，这是黔东南苗族侗族自治州农业战线上的一件大喜事，甚堪庆贺。

农业是天下安、稳民心的战略产业，将黔东南苗族侗族自治州农业的发展历史和现状，特别是农业发展过程的成就和挫折，进行广征博引，条分缕析，实事求是，科学严谨地记载下来，成为一部涵盖面广、涉及面宽的资料性著述，达到以史鉴今，以志兴利。

《黔东南苗族侗族自治州农业志》一百万余字，揽全州资料于史籍，辑农牧渔业精华于一卷。既纵贯黔东南古今，又涵盖全州农业各个方面；有黔东南苗族侗族自治州山川地貌，农业生产条件，又有粮油生产、经济作物；有畜牧业、渔业，又有全州农业机械、农产品质量安全和农业执法。实为记载黔东南苗族侗族自治州农业的百科全书。遍读此书，可见黔东南苗族侗族自治州秀丽的自然风光，日新月异的发展变化，还能纵览源远流长的黔东南苗族侗族自治州农耕文化。对25年间的大事、要事、热点、难点的记述，追根溯源，繁简得当，文风淳朴，笔法轻灵，是一部具有鲜明时代特征和地方特色的农业志，颇具查阅和研究价值。

《黔东南苗族侗族自治州农业志》系专业志，全书坚持辩证唯物史观，采用述、记、志、传、图、表、录等多种形式紧密结合，遵循详今略古、立足当代的原则，集思想性、科学性、资料性于一体，全面系统地记录了1991年至2015年黔东南苗族侗族自治州农业改革发展的历史进程。全志特色鲜明，重点突出，资料丰富，史事翔实，结构合理，通俗易懂，文笔流畅，可读性强，是了解、宣传、发展黔东南农业必不可少的辅治之书。

治天下者以史为鉴，治郡国者以志为鉴。《黔东南苗族侗族自治州农业志》既记述辉煌成就，歌颂主旋律，褒扬时代俊杰，又客观反映了发展的曲折道路，鉴前世之盛衰，考当今之得失。纵向看，黔东南苗族侗族自治州农业取得很大成就，传统产业从小到大、从弱到强，新兴产业从无到有、从优到精。横向比，全州农业产业还存在规模化不大、标准化不高、品牌化不强等短板。

历史是一面镜子。我相信这部志书，一定能为黔东南苗族侗族自治州的改革开放、农业发展，能为从事农业、农村工作的领导和基层工作者提供许多有意义的借鉴。

希望全州农业战线每一位干部职工，进一步深入学习贯彻习近平新时代中国特色社会主义思想，按照“五大发展理念”和乡村振兴要求，坚决打赢全州产业脱贫攻坚战，为全州农业强、农村美、农民富做出更大贡献。

至此，我向为编纂此书做出贡献的同志们致以诚挚的感谢！向奋战在黔东南农业战线上的同志们致以崇高的敬意！衷心祝贺《黔东南苗族侗族自治州农业志》定稿出版！

是为序。

黔东南苗族侗族自治州人民政府副州长　吴　坦

2018年12月

序　二

黔东南农业源远流长，历史的纵深让人们引以为自豪；现代农业大步迈进，足以让当代人叹为观止。这在之前早有先民在沼泽开田，种植水稻，饲养牲畜，并进行渔猎、造纸等生产活动，逐步形成了粮、油、蔬、畜、渔等产业。新中国成立后，改善水利设施，推广农业科技，农业生产快速发展，作为蔬菜基地、水果基地的黔东南，曾迎几任国务院总理的光临。充分发挥资源优势，坚持以富民为核心，以市场为导向，以科技为支撑，以效益为目标，深入推进农业产业结构的适应性和战略性调整；加快转变经济增长方式，大力发展高效生态山地农业；推进农业经济体制改革创新，提高农业产业经营水平，提高农业综合生产能力和市场竞争力，黔东南农业形成了食用菌、蔬菜、茶叶、花卉、三穗鸭、香猪、稻渔综合种养、蓝莓、中药材、油茶、林下经济、烤烟十二大特色优势跨县农业产业，走出了一条具有黔东南特色的农业发展之路。

农业是安天下、稳民心的战略产业，农业的兴衰成败关系着国家发展稳定的大局。将黔东南农业的发展历史和现状，特别是农业发展过程的成就和挫折，以及为此做出贡献的前人们的业绩，进行广征博取、条分缕析、实事求是、科学严谨地记载下来，成为一部涵盖面广、涉及面宽的资料性著述，达到以史鉴今、以志兴利、巩固发展农业基础、发扬黔东南的目的，是我辈神圣的责任。

《黔东南苗族侗族自治州农业志（1991—2015）》既有历史继承性，又有开创性。全体编纂人员辛勤笔耕，基本反映了黔东南农业发展史实，对一个地方农业发展史来说，是一部比较完整的“百科全书”，颇具查阅和研究价值，特借此机会表示祝贺，恳请各级领导和州内外农业专家不吝指正。

黔东南苗族侗族自治州农业委员会党组书记、主任　王　辉

2018 年 12 月

凡 例

一、本志以马克思列宁主义、毛泽东思想、邓小平理论、“三个代表”重要思想、科学发展观、习近平新时代中国特色社会主义思想为指导，坚持辩证唯物主义和历史唯物主义的立场、观点和方法。以实事求是的思想路线和科学的态度，客观地记述黔东南州农业发展的历史和现状。

二、本志是《黔东南苗族侗族自治州农业志》的续志，记述上限至1991年，下限至2015年。少数事物（件）为铆接前志和反映全貌，作适当上溯或下延。

三、本志采用述、记、志、传、图、表、录等体裁，以志为主。全志采用篇、章、节、目排列，横排纵写，用事实和数据体现黔东南州农业工作。卷首为图片、序言、凡例、概述、大事年表；卷中正文十篇，即：农业基本环境与农业区划、农村社会经济、种植业、养殖业、农业执法、农业机械化、农业农村综合开发、国有农场水产实验场农业园区建设、农业科研教育宣传、组织机构；卷尾为人物传、附录、索引、后记。

四、本志记事内容采取详今略古、详近略远、详异略同的方式表述，以农业为核心，全面、系统、据实反映黔东南州农业工作的成就和经验教训，力求突出时代特点和地方民族特点。

五、本志称谓，时间称谓采用历史朝代纪年和公元纪年相结合；政权和职官称谓，沿用历史通称；地名称谓，以黔东南州、县志《地名志》为准，古地名有变更的，首次出现用括号注今地名；民族称谓，以规定的民族称谓为准。

六、本志采用语体文、记述体编写，使用中华人民共和国公布的第一、第二批简化汉字。

七、本志计量单位以1984年2月27日国务院公布的《中华人民共和国法定计量单位》为准。数字、百分比按照出版社关于数字用法的相关规定书写。土地面积计量单位“平方公里”“平方米”“公顷”“亩”同时使用。

八、本志所用农业科学技术术语、名词等，以农业部规定的为准；未有规定的，按习惯术语。行政区划、机构、团体名称、较长的专用名词、约定俗成的简化语等，在书中第一次出现时用全称，括注简称，以后用简称。如：“黔东南苗族侗族自治州”简称为“黔东南自治州”“黔东南州”或“全州”“黔东南苗族侗族自治州农业委员会”简称为“黔东南州农业委员会”或“州农委”等。总之，简称以不产生歧义为原则。

九、本志人物记述坚持“生不立传”的原则。人物传严格按照州农委规定的时间、范围和要求编写。科技成果和人物表彰收录为获得地厅级以上表彰奖励的单位、个人。科技人员收录为副高以上技术职务任职资格的人员。

十、本志资料主要来于相关档案、各县市农业局及相关单位提供的资料、相关志书和历史文献等；书中数据主要采用统计部门公开的资料，部分专业数据采用农业部门的统计数。志中所用文字和图片，概不注明出处。

目 录

第三篇　种植业

第四篇　养殖业

第五篇 农业执法

第六篇 农业机械

第七篇 农业农村综合开发

人物传

（按卒年排列）

附　录

索　引

后　记

概 述

一

黔东南苗族侗族自治州（以下简称黔东南州）位于贵州省东南部，地跨北纬25°19′20″～27°31′40″，东经107°17′20″～109°35′24″。东邻湖南，南接广西，与本省黔南、铜仁、遵义毗邻。全州辖凯里市和麻江、丹寨、黄平、施秉、镇远、岑巩、三穗、天柱、锦屏、黎平、从江、榕江、雷山、台江、剑河15个县，凯里、炉碧、金钟、洛贯、黔东、台江、三穗、岑巩、锦屏、黎平10个省级经济开发区。有9个街道办事处，111个镇，85个乡（其中15个民族乡），170个居民委员会（社区服务中心），3307个村民委员会。首府凯里市，是全州政治、经济、文化中心。黔桂铁路和湘黔铁路、沪昆高铁、沪昆高速公路和夏蓉高级公路、320国道和321国道公路从境内经过，有黎平和凯里黄平两座民用航空机场。2015年户籍人口473.54万人，年末常住人口348.54万人，其中乡村人口388.81万人。有苗族、侗族、汉族、布依族、水族、瑶族、壮族、土家族等33个民族，全州少数民族人口占80.2%，其中苗族人口占42.7%，侗族人口占29.9%。

二

黔东南州地处云贵高原向湘桂丘陵盆地过渡地带，属九万大山和武陵山脉连片山区。主要山峰有雷公山、冷竹山、南刀坡、佛顶山、轿顶山、香炉山、龙头岩、老山界、青山界、牛角山、天子岭、高岳山、猫鼻岭、月亮山、孔明山等。州境总体地势是北、西、南高而东部低。最高点为雷公山主峰黄羊山，海拔2178.8米。最低点为黎平县地坪乡井郎村水口河出省处，海拔137米。境内有大小河流2900多条，以清水江、舞阳河、都柳江为主干，呈树枝状展布于各地。苗岭以北的清水江、舞阳河属长江水系，流域面积14769平方公里；苗岭以南的都柳江属珠江水系，流域面积8802平方公里。农业自然环境、生产条件有以下特点：

地貌复杂，山地比例大，丘陵、盆地比例小。黔东南州西部岩溶广布，海拔多在800～1100米之间，高原面积保存好；北部处于乌江、舞阳河与清水江分水岭间，地貌以低中山丘陵及山原河谷为主；东部主要地貌为低山丘陵，夹有较大河谷盆地，海拔在800～600米以下；南部多为低山低中山，峡谷多、盆地少；海拔多在400～600米。全州的地势决定了全州的地貌呈现出山地面积大（22100平方公里），占全州总面积的72.8%，其比例在全省9个州市中居首位。丘陵7060平方公里，占23.3%；盆地1170平方公里，占3.9%，丘陵、盆地的比例小，在全省均居末位。

水热资源丰富，光能偏少。黔东南州年平均气温15.8℃，平均年降水量1227.5毫米，但季节和时空分布有明显的地域差异。太阳辐射值均为3647.1兆焦/平方米，年均日照时数为1212小时。光照、太阳辐射在省内居中，在国内属低值区，主要是秋、冬、春三季阴雨天多，光照较少，属寡日照。但在大季作物生长期（4—9月），太阳辐射较多，占全年辐射总量的60～70%，这期间热量、水分充足，光能的有效性较高。总体而言，黔东南属“农业丰收”型气候，但时空分布不均，歉收气候也经常出现。

生物种类繁多，品种资源丰富。黔东南州丰富的光、热、水、土资源，复杂的地形地貌，导致了多种生物的共存和发展。黔东南州具有经济价值的植物繁多，资源丰富。其中：野生果树资源植物有48种；中草药药源植物有2656种，分别占全国和贵州省药用植物物种的23.83%和60.1%；蜜源植物80余种；野生饲料植物有320多种；野生纤维类植物有10余种；蔬菜类的植物有55种以上；淀粉类植物有203属320多种。黔东南州种植的农作物种类较多，主要有粮食作物、经济作物以及饲料和绿肥作物等。全州粮食作物有禾谷类作物、豆类作物和薯类作物三大类，主要有水稻、小麦、玉米、大豆、甘薯、马铃薯等；经济作物主要有烤烟、油菜、花生、蔬菜、茶叶、水果、中药材、苎麻、甘蔗、西瓜、甜瓜、桑树等；果树资源有20科30属120种，主要栽培水果有柑橘、蓝莓、梨、桃、李5类；种植的蔬菜有12类100多种，栽培的食用菌有冻菌、香菇、蘑菇、金针菇、木耳等20多种；种植的青饲料作物主要黑麦草、菊苣草、牛鞭草、皇竹草、苏丹草、红三叶、白三叶、鸭茅等；种植的绿肥主要有紫云英、箭舌豌豆、蚕豆等。

自然灾害频繁，生态系统脆弱。干旱、洪涝、低温、冰雹、冻雨、山火、农林病虫、畜禽疫病等各种灾害几乎每年都有不同程度的发生。旱灾是长期影响全州农业生产的最大威胁，往往造成农作物大面积减产，洪涝灾害则常造成局部毁灭性损失。

随着国家退耕还林政策的实施，生态保护取得较好成效，至2015年全州累计营造林面积3.4万公顷，森林覆盖率达65%。

三

黔东南州农业具有山地农业的一般属性，布局的立体性、生物的多样性、产品的分散性和土地的瘠薄性等，体现出黔东南州山地农业的基本特征。

林牧地多，宜农耕地少。黔东南州开发较晚，加之山地面积广大，地势切割较深，耕地资源相对较少。素有“九山半水半分田”之称。耕地资源十分紧缺，尤其是坝区优质良田较为稀少，是没有平原支撑的地区之一，中低产田土占全州总耕地面积的73.87%，产量低而不稳。多半耕地坡度大，地块小，零星分散，不利于机械作业，也不利于建设集中连片的大规模商品生产基地。

农业的基本类型是以种植业为主，农林牧结合。全州以粮食为核心的种植业始终处于主体地位，农民以种植农作物为主，兼养畜禽和栽植林木。但在重点林区，则多为林农牧结合；在重点牧区，多为牧农林结合。就全州而言，以种植业为主，农林牧结合，多种经营，是农业发展的基本模式。

农业基础设施建设不足，生产水平有待提高。黔东南州是一个开发较晚的多民族高原山区，生产水平较低，农村人口贫困面较大。大部分农田基础设施于20世纪50～80年代兴建，一些农田基础设施老化失修、设备破损、效益衰减严重，难以为继。如许多小型农田水利工程设计标准低，配套不全，技术落后，其服务功能已严重退化。现有部分灌溉设施质量差，配套不全，尤其是末级渠系不配套。地区之间的差异很大，除城镇郊区、平坝地区农业经营水平较高外，大部分山区农业基础设施建设滞后，农业发展方式粗放，抵御自然灾害的能力依然较弱。农业劳动生产率、土地产出率和有效灌溉面积在全省都排位靠后，农业还未摆脱“靠天吃饭”的局面。

四

改革开放以来，黔东南州坚持稳定和完善农村基本经营制度，坚持社会主义市场经济改革方向，坚持党的领导与尊重农民的首创精神相结合，坚持“农业是基础，粮食是基础的基础”的发展方向，把粮食生产放在大农业首位，推广良种、良法，改造中低产田土。种植业实行扩大推广水稻、玉米、油菜等杂交良种，推广水稻两段育秧、旱育稀植、半旱式栽培、规范化拉绳栽秧和玉米、油菜育苗移栽等新技术，提高粮食和经济作物产量。畜牧业实行“两推五改”新法养猪，大力推广猪改、牛改、羊改等人工输配技术，引种优质牧草，改良人工草场，进行鱼种改良，推行高产养鱼，标准化稻田养鱼、网箱养鱼等新技术，推动畜牧业发展。同时强化检疫和畜禽疫病与农作物病虫害的防治，使农业农村经济发展取得显著成效。

进入21世纪新阶段以来，按照中央坚持“多予、少取、放活”的方针，先后取消农业税，全面实现农村免费义务教育，对农民进行直接补贴，农民得到了长期的实惠。按照中央、省委文件，从农业农村经济发展的全局出发，开展第二轮土地延包工作，调整产业结构，开展农村小康建设活动，凯麻产业示范带建设、“三进三支”活动、新农村建设、农业产业园区建设、“六个百万”工程建设等，不断推动农业增效、农民增收、农村发展。

农业生产能力增强。“十二五”期末，全州第一产业增加值已发展到163.5亿元，比“八五”期末增长6.52倍。其中农业增加值84.5亿元，比“八五”期末增长4.9倍；林业26.2亿元，比“八五”期末增长9.9倍；畜牧业40.2亿元，比“八五”期末增长8.9倍；渔业9.05亿元，比“八五”期末0.69亿元增长13倍；畜牧渔业增加值占第一产业增加值比重为30%。“十二五”期末粮食生产能力不断增强，总产量达到120.18万吨，比“八五”期末增加13.08万吨，农村人口基本实现粮食自给。油菜籽产量达7.48万吨，烤烟产量达2.23万吨，分别比“八五”期末增长1.6倍和2.7倍。“十二五”期末畜牧业持续发展，猪牛羊家禽肉产量达19.66万吨，水产品产量3.35万吨，分别是“八五”期末的1.9倍和4.3倍。“十二五”期末农产品产量也有较大幅度增加，保障了城乡农产品有效供给。同时，农产品质量安全水平稳步提高，优质农产品市场占有率和标准化生产范围逐步扩大，全州获得无公害产品认证数117个，产地认定53万亩；绿色食品认证5个，面积2.05万亩；有机产品认证14个、产地认定2.1万亩。

农业科技进步明显。“十二五”期末，全州科技人员达2600余人，其中荣获国务院特殊津贴11人，荣获贵州省特殊津贴12人。研究员10人，比“七五”期末增加9人；高级技术职称

353人，比“七五”期末增加295人。1991年至2015年，先后完成了近2000余项科研项目（课题）实施，有1500余项项目（课题）相继通过省、州专家组鉴定或验收。1991年至2015年，在水稻育种与栽培、香禾创新利用、中药材、果蔬、畜牧水产、“双百”（玉米）示范工程、马铃薯示范工程等方面的研究与推广都有新的突破。1991—2015年，全州获厅级以上表彰的科技成果1147项，其中：全国农牧渔业丰收奖52项，获贵州业丰收奖762项，省、州科技进步和科技转化等奖323项。

产业结构调整优化。“十二五”期间，全州粮食作物与经济作物的种植面积比例调整为46～51:54～49之间，经济作物及其他作物的比重进一步提升。农业发展方式逐渐转变，特色优势产业发展壮大，基本建成一批粮食、油料、烤烟、茶叶、蓝莓、生猪、肉牛肉羊等商品生产基地；加快了茶叶、蓝莓、蔬菜、马铃薯、猕猴桃、魔芋、西瓜、椪柑、核桃、板栗、香猪等绿色食品及中药材、蚕茧、油桐等多种土特产品开发及其深加工。成为黔东南州农业农村经济发展和农民增收的新增长点。休闲观光农业初具规模。“十二五”期末已建成休闲农业67家，其中省级以上的17家，州级50家，休闲农业经营收入达7亿元。

收入水平逐年增长。1991年至2015年的25年间，农民人均纯收入增长7倍，农民工资性收入增长3.4倍，家庭经营收入由1990年305.27元增至2015年2397.33元，财产性收入除“十五”时期略有减少外，财产收入都是增长的。财产性收入年均增长11.07%；转移性收入除“十五”时期略有减少外，农民人均转移性收入都是增长的。农民人均转移性收入由“七五”期末的43.41元增至“十二五”期末的1472.84元。

物质文化生活明显提高。1991年至2015年，农民人均生活消费支由1991年的389.97元增加到2015年的5452.54元。生活消费八大类支出全面增长，反映生活水平提高的恩格尔系数从2005年55.2%降至2010年49.4%。住房面积逐年增加。“十二五”期末人均拥有住房建筑面积37.1平方米，比“十五”期末增加2.3平方米。耐用消费品拥有量逐年增多。“十二五”时期，每百户农村居民家庭拥有的自行车、黑白电视机、收音机、电风扇、固定电话等虽不断减少，但高端电子、电器产品逐年增多。农村社会保障不断完善，农村贫困人口逐年下降。

农业基础设施不断改善。“十二五”期末，全州有效灌溉面积达235.5万亩，占耕地面积的62.3%，比“八五”期末增长89%；农业机械总动力292.1万千瓦；大中型拖拉机4019万台，小型拖拉机5450万台，分别比“八五”期末增长6.49倍、10.4倍和8.5%。森林覆盖率升到65%，比“八五”期末增长24.24%；“十二五”期末，完成农村户用沼气池1580户，农村服务网点项目59个，常温发酵小型沼气工程项目建设完工12处，村级集中供气9个，“三沼”（沼气、沼液、沼渣）综合利用9个，农村清洁工程项目10个，33户集中供气管网建设和设备安装使用，对保护生态环境、节约资源、促进乡村文明发挥了重要作用。“十二五”期间，狠抓农业园区建设。2015年，全州省级农业园区增至50个，其中省级重点园区9个。全州园区企业入住319家，农民专业合作社381个，种养大户198户，建立家庭农场43个。50个园区全年完成投资162.43亿元，总产值194.18亿元，实现销售总收入136.78亿元，总销售利润49.32亿元。此外，化肥、农药得到科学合理正确使用，农膜用量逐年增加，这些都为农业增产提供了良好的物质基础。

农业产业化发展加快。“十二五”期末，全州州级以上农业产业化龙头企业发展到357家；

农民专业合作社发展到2911家，其中凯里市良农种养殖专业合作社等13家被农业部等9部委认定为国家农民合作社示范社；专业大户新增322家，发展到1300户；家庭农场新增421个，通过工商注册家庭农场发展到612个。农业产业化经营的快速发展，成为黔东南州推进工业强州、特色产业发展和农民稳定持续增收的重要途径。

农村体制机制建立完善。2004年以来，中央实行取消除烟叶以外的农业特产税，减免农业税，对种粮农民实行直接补贴、良种补贴和购置大型农机具补贴“两减免、三补贴”政策，极大地调动了广大农民的种粮积极性。农村“五保”供养制度、特困救助和低保制度、医疗救助和临时救助制度逐步建立完善。2006年取消了“农业税”，成为划时代的改革；对贫困地区贫困家庭实行“两免一补”，使更多的农村贫困家庭子女能够上得起学；扩大新型农村合作医疗试点，缓解了农村因病致贫返贫的现象。2007年7月，农村最低生活保障制度的建立，是继农村“五保”人口供养政策和长期救助制度实施之后的又一重大举措，开创了从制度上抑制贫困的新格局。此外，还加快推进土地承包经营权确权登记颁证工作，解决承包地块面积不准、四至不清、空间位置不明、登记簿不全等问题，引导农村土地经营权有序流转发展适度规模经营。

五

1991年至2015年，黔东南州农业农村经济取得了长足发展。但由于受自然条件、科学技术、农民素质、资金投入等诸多因素的影响，农业仍然面临抗御自然灾害能力不强，土地、气候、生物资源开发利用不够充分，产业化水平低，综合生产能力弱等问题。这些不利因素都成为制约黔东南州农业农村经济实现跨越发展的主要问题。

“十三五”时期，是黔东南州加速发展、缩小差距的黄金发展期，是弯道取直、后发赶超的加速冲刺期，是全面脱贫、同步小康决战决胜期，是厚植后发优势走出发展新路的战略机遇期。黔东南州农业将根据州委、州政府的战略部署，坚持加快转变农发展方式，着力构建现代农业产业体系、生产体系、经营体系，提高农业质量效益和竞争力，努力建设高产、优质、高效、生态、安全的现代山地农业，为到2020年全面建成小康社会奠定坚实基础。

大事记

1991 年

1 月 30 日，黔东南州人民政府（以下简称“州政府”）成立州治理“三乱”办公室。

3 月 19 日，由凯里市农药厂和贵州省农科院植保所联合研制的 3.6% 杀虫双颗粒剂在凯里通过省级鉴定。

7 月 29 日，中共黔东南州委（以下简称“州委”）发出通知，成立黔东南州以工代赈坡改梯工程领导小组办公室及实施工程指挥部。

7 月，全州农机管理工作会议暨机耕现场会在榕江召开，车江坝区机耕队机耕现场表演。

10 月，岑巩县被贵州省农业厅列为畜禽防疫双轨目标管理责任制试点县。

10 月，启动“菜篮子”工程，在从江县丙妹镇丙梅二村酒厂坝建立示范基地 120 亩。

11 月 15 至 17 日，贵州省区域性支柱产业开发现场会在从江召开，来自全省 8 个地州 45 个县的 190 名代表出席会议。贵州省扶贫领导小组副组长徐起枝作了题为《开发支柱产业是脱贫致富的必由之路》的报告，总结了从江县从县情实际出发，开发新的支柱产业的 5 条经验。

11 月，应西双版纳州农科所邀请，榕江县农牧局派出技术人员赴西双版纳指导嫁接西瓜生产，开辟了农民赴缅甸、老挝等境外西瓜技术劳务输出之路。

是年，岑巩县被国家列为“八五”期间发展粮食生产项目实施县。

是年，全州粮食总产首次突破百万吨大关，达 103.33 万吨。大牲畜年末存栏 96.69 万头，生猪年末存栏 181.41 万头，均创历史最高纪录。

是年，电子信息技术开始在黔东南的农业上应用。

1992 年

2 月，州委、州政府召开全州农村工作会议。会议决定：本州中低产田占 76.1%，“八五”期末要改造 50% 以上，“九五”期末要达到 80%。

5 月 11 日，州委、州政府决定：采取四大班领导同志分片负责，州直各部门分别与县市“挂拘”的办法，在每年的“春耕”“三秋”大忙季节，从州直部门（工交、财贸除外）抽派干部到县市协助工作，一定三年不变。

9 月 22 日，受省人民政府委托，从江香猪作为贵州省唯一选派猪种，代表贵州省参展团赴深圳参加中国香猪行业协会成立大会暨养猪行业交易会。

10月，州委、州政府制定《关于加快发展乡镇企业的若干规定》。

10月3—9日，州委、州政府召开全州山区农业综合开发工作会议。会议期间考察了湖南省怀化地区开展农业综合开发的经验。州委副书记、州长姚茂森作了《大力抓好山区综合开发，加速州农业向高产优质高效方向发展》的讲话。会议确定“八五”期间在全州实施13个农业综合开发项目。

11月30日，蔬菜营养液膜栽培试验研究项目通过黔东南州州级鉴定，确定为农业先进技术。

12月，州政府成立减轻农民负担领导小组和办公室，办公室设在州农经委。

1993年

3月22日，州委、州政府制定《关于加强农业和农村工作的意见》。

3月27—31日，中共贵州省委（以下简称“省委”）副书记王思齐在州委书记胡贤生陪同下，分别到凯里、三穗、天柱、锦屏、黎平、从江、榕江、雷山等县市，检查当前农业生产和农村工作，深入了解省委布置农业生产、农村工作后各地落实情况。

4月14—18日，黔东南州组织州内的主要乡镇企业参加在贵阳举办的“’93中国贵州杜鹃花节和商品交流会”。参展的企业产品有：榕江县食品罐头；黄平县牛肉干、蜡染制品；剑河县蛇酒、蛇胆、蛇毒、拼花地板；黎平县竹制拼花地板、盆景、竹工艺品；镇远县小包装精炼油；三穗县食品罐头；凯里小芦笙等。

4月，农业部26号公告，从江香猪列为国家二级保护畜种。

6月9日，州委办发出通知，成立黔东南州减轻农民负担领导小组。

7至8月，镇远县青溪镇平阳堡村大寨、湾头两个自然组有7户耕牛发生炭疽病，感染21人，死亡1人，住院2人，死耕牛9头。

10月7日，经全国省柴省煤试点县贵州验收组实地检测，丹寨县省柴节煤试点项目各项指标均达部颁标准，验收合格。

11月1—7日，全国省柴节煤试点县贵州验收组对麻江、丹寨两县试点项目进行验收，经对龙山等12个村的抽查，各项指标均达农业部颁发的标准。

12月，州政府办发出通知，成立黔东南州商品粮基地工程项目领导小组。

是年，“从江椪柑”被贵州省选送参加在泰国曼谷举办的“’93中国优质农产品及科技成果设备展览会”获得金奖。

1994年

5月19—20日，贵州省人民政府（以下简称“省政府”）副省长胡贤生到黔东南州检查春耕生产、夏季粮油收购和粮油供应工作情况。

6 月 14—15 日，贵州省畜禽防疫双轨目标管理责任制会议在岑巩县召开，会议传达了全国兽防及定点屠宰、集中检疫两会精神。

6 至 9 月，镇远县发生炭疽病 9 起，死亡生猪 11 头，死牛 36 头，死羊 2 头，损失 3 万余元，感染 15 人，死亡 2 人。

8 月 24 日，州委、州政府下达《1994 年—2000 年扶贫攻坚计划》。

9 月 16 日，州农经委制定《州农经委 1994 年—2000 年扶贫计划》。

10 月，省农业厅将丹寨、麻江两县列为省级秸秆氨化养牛示范县，项目总投资 38 万元。

10 月，省农业厅畜牧局、省品改站、贵州农学院牧医系有关专家在雷山县永乐镇召开黔东南“小香羊”考察认定会，认定雷山永乐和榕江塔石两乡镇的山羊为“黔东南小香羊”称谓。

11 月，塔石山羊基地建设项目通过黔东南州农牧局的考核验收。基地经一年的建设，培育基础母羊 301 只，发展山羊 311 只，扶持建立养羊专业户 24 户。

是年，州委、州政府制发《关于大力发展个体私营经济的决定》。

1995 年

1 月 13—15 日，全州农牧局长会议在凯里召开，州委书记杨光林、副书记杨恒昌、副州长石荣乾分别讲话。会议要求全州各级农业部门和有关单位下大决心防治好水稻稻瘟病，确保农业生产再上新台阶。

2 月 17—18 日，贵州农学院、贵州省植保总站及外地部分县市农推植保部门的部分专家、教授应州政府、州农牧局邀请到黔东南州共商防治稻瘟病办法。专家们提出的意见是：加强测报，调整品种，健身栽培，控制苗瘟，根治叶瘟，狠治穗瘟。

3 月 11—15 日，全省农业、畜牧、水产、地方财务决算会议在镇远召开，参会 54 人，会议期间，各地区进行了经验交流。

3 月 14 日，州委、州政府召开全州农村工作紧急会议。会议贯彻落实了中央和省农村工作会议精神，提出夺取农业丰收必须做到 6 个方面的落实。一是着力做好加强农业基础地位的思想认识的落实；二是加强对农业工作的领导，做到领导精力落实；三是大力做好农业投入落实；四是着力搞好科技兴农的落实；五是搞好物资保障落实；六是搞好驻村干部落实。

3 月 15 日，州政府决定：成立州实施“米袋子，油罐子、菜篮子、果筐子、搞活流通的路子”农业“五子”工程领导小组。

4 月 12—16 日，全省农村经验管理工作会议在镇远召开，到会 71 人。会议期间，各地区进行了经验交流，会上有农业厅周大友副厅长及地、州、县领导分别作了重要讲话

7 月，榕江、天柱、剑河、锦屏、丹寨、镇远等县参加全国乡镇企业产品展销会。在展销中，榕江县的竹笋罐头、天柱县的五蛇酒分别获得了金奖。

7 月 20 日，州委、州政府决定：为了加快农产业结构调整，在全州建设 12 个商品生产基地（即：商品粮基地、优质烤烟基地、速生丰产用材林基地、优质果树基地、油桐基地、五倍子基地、中药材基地、茶叶基地、优质西瓜基地、种草养畜竹林基地、蚕桑基地），成立州商品

生产基地项目办公室，商品生产基地分别由州农业局、州烟草局、州林业局、州粮食局、州医药局、州供销社、州农经委、州计委、州科委、州扶贫办、州区划办、州外贸局、州经委、州乡镇企业管理局等单位主办和协办。

10月28—31日，由农业部组成的专家验收组，对贵州草地畜牧业综合示范项目丹寨项目区进行验收。该项目区计划投资160万元，实际投资275万元，建成生物围栏9097米、工程围栏3509米、简易圈944平方米、小水塔1个，改造饮水井1口。

11月，榕江冰糖橙在中国农业博览会上获银奖、脐橙获铜奖。

是年，农业部将麻江县列为全国百县农民负担监测网点之一。此项工作在碧波、贤昌两个乡的6个村、30户农户中进行。

是年，在贵阳召开的第二届“中国小型猪学术研讨会”上，从江香猪誉称为“猪中精品”。

是年，在北京首届“百家中国特产之乡”命名暨宣传活动会上，香猪主产区贵州省从江县被命名为“中国香猪之乡”。

是年，省农业厅组织廖正录、刘培琼、姚新华、刘德卓、杨秀江等专家制定《DB52/399－95贵州省地方标准香猪》颁布实施。

1996年

4月11—13日，全州农经信息工作会议在镇远召开，会上交流了农经信息工作先进经验，并对农经信息和机构建立与发展进行充分的讨论和部署。

5月，雷山县西江镇脚尧村被贵州省人民政府命名为全省首批小康村。

5月7日，州农业生产现场会在施秉县召开，州委书记董大明、副书记王正福、副州长单洪根出席会议。会议强调：搞好农业生产，带领群众脱贫致富奔小康是当前农村工作压倒一切的任务。会议表彰了“八五”期间粮食生产先进县。

8月27—28日，州委、州政府召开全州秋冬种工作会议。会议贯彻省委、省政府《关于认真抓好1996年秋冬种工作的意见》，明确“扩大秋冬种面积、加大科技含量、提高单产、增加总产”的指导思想，部署了全年秋冬种工作。

9月25日，省政府以黔府函〔1996〕237号文批复，将贵州省凯里农业机械化学校更名为贵州省农业机电学校，学校一切业务、组织全部划归省农机局领导。

9月26日，州委决定：将州农业机械管理局改为州农业机械事业局。为州政府直属事业单位，受州政府委托，行使部分行政管理职能。将州农村经济委员会更名为州农业办公室，州农牧局更名为州农业局。

9月，省长吴亦侠到从江考察农村工作，作出“大力发展农村沼气工程，解决农村用能用电，改善农村环境，保持生态平衡”的重要批示，从江县开始启动农村沼气建设。

10月25日至11月4日，在第二届中国农业博览会上，州参展产品镇远舞阳神高级烹调油获金奖，榕江椪柑、冰糖橙获银奖，脐橙获铜奖。

11月，岑巩县被列为贵州省商品羊基地县。

12 月 18 日，副省长楼继伟一行考察了丹寨县猕猴桃种植园。

是年，锦屏县牲畜局品改站对全县的野桂花蜜源植物柃木属进行普查，发现境内有 18 个品种，同种柃木在同一山坡开花期约 20 天，且冬、春野桂花开花期约 4 个月。

1997 年

3 月 13 日，州政府决定：州农村经济委员会更名为州农业办公室（另挂州农业综合开发办公室牌子），同时为州农村工作领导小组办事机构，一个机构，两块牌子，列入政府序列。

3 月 13 日，州政府决定：成立粮食高产示范工程领导小组。组长：陈锡望（副州长），副组长：陆林贵（州农办主任）、石连昌（州农业局局长），下设办公室在州农办。

4 月 1 日，州委、州政府召开各县（市）委书记、县（市）长会议。会议人员参观了麻江县碧波乡烤烟育苗移栽、龙山乡大面积杂交油菜种植、下司镇集约型农业开发和凯里市鸭塘镇旱地分带轮作、玉米高产育苗培训等。

4 月 21 日，州委、州政府召开全州春耕生产紧急会议，要求：要集中精力搞好水稻育秧和玉米、红苕育苗，推广两杂种子达 90% 以上；高标准、高质量移栽苞谷和烤烟；抓好夏收作物后期田间管理和适时收割；抓好水稻规范化栽插，保证完成州安排的 180 万亩的任务；切实加强对春耕生产的领导，金融、供销、工商、扶贫、民政等部门要确保春耕生产、生活所需的资金、物资及时到位。

8 月 6 日，州政府召开紧急电话会议。会议针对入夏以来，全州降雨频繁，发生病虫害严重（面积达 166.13 万亩，其中稻瘟病 68 万亩）实际，要求全州开展一场以防治病虫害为重点的抗灾夺丰收的斗争。

11 月 15 日，中国农科院党组副书记高历生率领 14 名畜牧专家到凯里考察畜牧业发展情况。

12 月，中央政治局委员、书记处书记温家宝先后到麻江、雷山贫困乡村和少数民族村寨与农民促膝交谈，并同基础干部群众一起研究扶贫开发路子。

1998 年

2 月 9 日，州委、州政府召开全州农业工作会议，安排了 1998 年农业工作。副州长陈锡望在会上作了讲话。

2 月 20 日，州内有 10 个村获得省委、省政府命名为小康村称号，其中凯里市 3 个、剑河县 2 个、岑巩县 2 个、三穗县 1 个、天柱县 1 个、丹寨县 1 个。

2 月 20 日，省委、省政府授予三穗县、施秉县、天柱县为“解决温饱先进县”的称号。

4 月 3 日，州委、州政府下达通知，成立黔东南州农村工作领导小组。

4 月 19—28 日，国际农业发展基金会后续设计专家团到黔东南州进行后续设计和考察培训，并对黔东南州项目设计进行了修改和完善。

4月23日，州长刘晓凯到雷山检查春耕生产，强调要抢抓农时，把各项工作落实到位。

4月29日，省政府副省长龙超云率省春耕生产检查组到凯里、黄平、丹寨、麻江4个县检查春耕生产。

6月6日，国际农业发展基金会（IFAD/WFP）项目评估团一行4人，对丹寨县引进国际农业发展基金优惠贷款和世界粮食计划署的粮食援助等的实施进行考察评估，并实地考察龙泉镇龙洞村项目点。

6月23日，由日本友人神内良一先生无偿援建的贵州省首家“神内丹寨农民科技培训中心”第一期农民科技培训在丹寨县举行开学典礼。

6月23日，中国农业科学院水稻研究所副所长张光涛一行，到丹寨县考察赖氨酸杂交玉米、望天田全程地膜覆盖栽培，杂交玉米中单321、中原单32引种，巴西陆稻栽培等试验及龙泉镇卡拉村、长青乡排中村水稻旱育浅植情况。

7月20日，州委、州政府下达通知，成立黔东南州延长土地承包期工作领导小组，设办公室在州农局。

9月5日，州委、州政府在镇远县羊坪镇召开全州油菜移栽及旱地分带轮作现场会。

10月18日，丹寨县大坪果木良种场对从云南省引种5000公斤、种植15.4亩的白魔芋进行验收，总产12911公斤，亩产838.4公斤，试种获得成功。

12月18日，从江产沙田柚在全国柚类评比中荣获金奖。

1999年

1月12日，全州烤烟工作会议在凯里召开，州长刘晓凯在会上讲话，对烤烟生产提出了具体要求。

1月19日，州委下达通知，成立凯麻通道经济开发带建设协调领导小组。

1月25日，州委、州政府下发《关于实施农业产业化的意见》。

2月3—5日，全省国际农业发展基金项目启动筹备会在凯里召开，副州长陈锡望出席会议并讲话。

3月9日，州委、州政府召开全州农业农村工作会议，常务副州长杨东胜、副州长陈锡望出席会议并讲话。

3月21日，全州农业综合开发会议在黄平召开，陈锡望副州长出席会议并作了讲话。

3月31日，全州各县市、90个乡镇、490个村、1367个村民小组开始陆续爆发牲畜五号病。发病耕牛20568头，死亡4073头；发病生猪4250头，死亡1923头。由于各级政府和业务部门的重视，大力开展扑杀和预防传播蔓延，9月以后该病得到控制。

3月，全州延长土地承包期工作结束。签订《土地经营权合同》和颁发“土地经营权证书”783512册（户）；清理死亡绝户、农转非户、外迁户和农转非人口12327户，收回耕地201.88亩转包。

4月2日，省农业厅厅长许正维到镇远县检查春耕生产，州委书记刘光磊等领导陪同。

4月14日，州长刘晓凯检查了麻江县的农业和农村工作。强调：一要加大科技兴农力度；二要在引进品种上下功夫；三要在培养乡土人才、启动能人经济上下功夫；四要在农村发展专业村、专业户上下功夫。

4月21日，计划总投资2.6亿元，由联合国国际农发基金会和世界粮食计划署联合投资的中国武陵山区少数民族地区农业综合开发项目在雷山、黄平、施秉、三穗、丹寨、麻江、岑巩7个县开始启动实施。随后，国内匹配部分扶贫信贷资金2677万元及财政扶贫资金300万元到位。

4月22—24日，国际农业发展基金会、世界粮食计划署联合投资中国贵州黔东南、铜仁地区农业综合开发项目研讨会在凯里召开，就项目贷款管理、财务管理等工作进行了研究探讨。

5月18日，省、州防治牲畜5号病指挥部人员到三穗县检查防治牲畜5号病工作。

5月24—26日，省推广脱毒马铃薯温饱工程项目实施现场会在剑河县召开。

5月31—6月3日，全州畜牧水产工作会议在丹寨县召开，州委书记刘光磊出席会议并讲话。会上印发了州委、州政府《关于大力发展畜牧水产养殖业的意见》。

6月28日，1999年中国优质西瓜之乡榕江西瓜节暨招商引资活动隆重开幕，省内外来宾、各界人士2万余人参加开幕式。

7月13—15日，全省杂交玉米制种田间花检现场会议在镇远召开，来自全省24个制种县的种子公司经理，种子管理站站长共79人参加会议，省农业厅王治连副厅长亲临会议指导，并作重要讲话。会议期间，镇远县种子公司、余庆县种子公司等县（市）的代表交流了工作经验，并参观了二层坡、高坡哨杂玉制种基地。

7月16日，州委、州政府决定：在全州重点抓好16个农业产业化项目，即：优质米、“两杂”制种、破季节蔬菜、黄平县牛肉系列产品开发、三穗县骡鸭和麻鸭开发、从江香猪开发、瘦肉型猪开发、稻鱼高产开发、竹业开发、细木板开发、葛根系列开发、魔芋开发、茯苓基地开发、药材种源开发、银杏基地开发、优质果品开发。

8月5日，中国畜禽品种审定委员会猪品种专业委员会主任、中国著名数量遗传学家、中国动物遗传学会副理事长盛志廉教授，中国畜禽品种审定委员会猪品种专业委员会委员、中国养猪研究会副理事长王爱国教授等专家到剑河考察白香猪养殖。

9月23日，从江县香猪以其肉质香嫩、基因纯正等特点荣获“’99中国国际农业博览会名特优产品奖”。

9月，贵州省委书记钱运录到从江县香猪开发公司检查指导工作。

11月20日，副省长莫时仁到三穗县考察农业基础设施建设、“三秋”生产及山区开发工作，副州长陈锡望陪同考察。

11月，中国畜牧兽医学会养羊分会理事长赵有璋教授，中国农业科学院畜牧研究所冯维琪教授，中国养羊研究会秘书长郑中朝教授等组成的专家组，在省农业厅畜牧局副局长李通权陪同下，到榕江考察榕江香羊种质、市场营销情况。

12月24日，州沼气生态农业工作会议在凯里召开。州委副书记粟多能、副州长陈锡望出席会议并讲话。

是年，农业部和国家综合开发办公室将镇远县列为国家级秸秆氨化养羊示范县，项目总投资1005万元，中央农业综合开发资金100万元，地方财政配套资金100万元，其他（含群众自筹）资金805万元。

2000年

1月13—26日，州人大常委会主任吴才运随贵州省农业产业化考察团赴欧洲荷兰等国考察学习农业产业化。

1月30日，州委、州政府下达《关于我州调整农业产业结构的意见》。

2月初，黎平县九潮镇顺寨村等地种植薇菜1860多亩，生产薇菜干30吨，创产值180万元，产品远销日本、韩国。

2月17日，全州农业工作会议在凯里召开，州委副书记粟多能、副州长陈锡望在会上讲话。

2月19日，凯里市鸭塘镇清新村被农业部列为西部7省10个“生态家园富民计划”示范村之一。

2月23日，贵州省三元结构种植项目座谈会在凯里举行。会议重点听取了凯里市三元结构种植项目（全省只有凯里有此项目）实施情况汇报。

3月8日，世界粮食计划署、澳大利亚国际发展署援助项目启动准备会在凯里宾馆召开。

3月9—10日，全州农机工作会议在黄平召开，会议贯彻了全国和全省农机工作会议精神，总结1999年全州农机化工作，研究和部署2000年工作，明确并分解2000年农机化工作目标任务。会议还表彰了1999年度先进单位。

3月17—19日，黔东南州政协主席石荣乾一行3人到三穗县瓦寨镇等地作农村产业结构调整调研。

4月17日，农业部在凯里召开联合国世界粮食计划署/澳大利亚国际发展署武陵山区黔东南州项目启动研讨会。

4月，榕江县农业局品改站在宰麻乡建立牛品种改良试点，引进“西门塔尔”良种牛成功。

4月28日，从江夏橙获“贵州省优质农产品”、农业部“优质产品”称号。

5月19—25日，副省长莫时仁一行7人到榕江、从江、黎平、锦屏、天柱、剑河县检查、调研春耕生产及农业结构调整情况。

6月8日和21日，黔东南州遭遇两次大暴雨，清水江和都柳江洪水暴涨，两江流域的麻江、凯里、施秉、台江、剑河、锦屏、榕江和从江等县市均在不同程度上遭到洪水袭击，洪灾给各县市造成的损失近10亿元。

6月19日，凯里农机学校学生食用食堂晚餐食品豆豉，引起90余名学生食物中毒。

6月6日和10日、20日、21日，黔东南州普降大到暴雨，局部地区降特大暴雨，清水江、舞阳河、都柳江3条主要河流及支流河水猛涨，造成洪涝灾害，16个县市均不同程度地遭到洪水袭击。在两次洪灾中，全州有196个乡镇3389个村44.43万户200.5万人受灾，成灾101.2万人。5个县城、18个乡镇政府所在地进水，91个村寨、27.5万人被洪水围困，紧急转移安置

13.97万人，直接经济损失9.93亿元，其中农业直接经济损失6.4亿元。

7月17—19日，省武陵山区农业综合开发项目工作会议在岑巩县召开。

8月8日，州首家示范屠宰场——凯里市龙头定点综合屠宰场机械化生产线竣工投产。

8月28日，“雷公山”牌雷山梨通过贵州省专家评审委员会的评审，荣获贵州省优质农产品称号和证书。

9月1—4日，州长刘晓凯率锦屏、三穗、天柱、剑河4县负责人到丹寨、麻江、凯里、台江4县交叉检查调研。州委副书记邓锦洲率从江、榕江、雷山、黎平4县负责人到岑巩、镇远、施秉、黄平4县交叉检查调研。检查重点为农业结构调整、基础设施建设、西部大开发、计划生育和农村党建等工作。

9月30日，全州第一期沼气培训班在凯里市鸭塘镇政府举行结业典礼。参加本期培训班的学员54名，培训时间为10天。

10月，全州乡镇企业系统参加了2000年全国乡镇企业东西合作经贸洽谈会。在贸洽会期间，共推出招商引资项目191个，实现签约项目181个，实施项目137个，到位资金5.154亿元。

10月22日至11月5日，加拿大国畜牧兽医学博士当奴朴法先生作为自愿咨询专家，对黔东南州牛冻配改良和肉牛生产现状进行实地考察、指导和开展培训传技工作。

11月24日，凯里农机学校51名学生晚餐食用学校食堂供应的食品中毒，经四一八医院抢救治疗，全部康复。

12月14日，澳大利亚国驻华使馆高提先生、世界粮食计划署驻华代表处道格拉斯、农业部国际合作司胡延安等10人到黔东南州就澳援项目自开工以来的实施情况和2001年有关计划实施进行调研。

12月30日，州委、州政府在施秉召开全州烤烟工作暨育苗现场会议。参加会议的有：各产烟县市的县市委书记或县市长、分管烤烟工作的副县市长、烟办主任、烟草局长；州财政局、州计划局、州农办、州扶贫办、州农行、州烟草局负责人。会议布置了烤烟生产收购工作，并参观了烤烟育苗现场。

12月底，剑河县与贵州大学生物技术学院联合研制的剑河白香猪系列产品开发研制成功。该产品有腊香猪、烤乳猪、香猪火腿、香猪香肠、香猪腊肉、香肚、香猪香辣酱等8个系列34种风味产品。

是年，黎平县杨梅井茶场引种优质“龙井63”“龙井长叶”茶种获得成功。

是年，锡利贡米荣获“中国国际农业博览会名牌产品”称号。

2001年

1月15日，州农业工作会议在凯里召开。副州长陈锡望总结2000年全州农业工作，提出了2001年农牧渔业工作安排意见。

2月7日，州委书记刘光磊到州农业局检查工作。要求全州农业部门要抓好农业结构调整，促进农民增收。

2月20日，州委书记刘光磊到丹寨县摆泥村、场坝街和麻江县笔架村、沙飘村察看烟苗的长势情况，并分别听取了两县主要领导的工作汇报。

2月25—26日，全州烤烟工作暨烤烟育苗现场会在施秉召开。凯里、麻江、黄平、镇远、施秉、天柱、岑巩、丹寨8个主要产烟县市的县市长、分管副县长、部分乡镇长，剑河、三穗、台江分管县长，产烟县市和州直有关部门负责人，州直机关下派干部共320多人参加了会议。会议总结了全州2001年烤烟生产收购工作基本情况，表彰了烤烟生产能手，签订了烤烟生产收购责任状，提出了2002年烤烟工作安排意见。会议期间，与会代表现场参观了施秉县城关镇下翁哨村七甲坝组、代平组和上翁村连片烤烟茶盘式育秧点，并分组进行了讨论。

2月27日，天柱县遭受冰雹袭击，降雹历时7分钟，最大直径25毫米，油菜受灾面积4100亩、小麦1000亩、蔬菜1400亩、烤烟400余亩，直接经济损失70多万元。

3月2日，州委召开州直机关领导干部会议，传达省委农村工作会议精神。州委书记刘光磊就贯彻落实省委农村工作会议作了讲话。

3月6日，凯麻产业示范带工作会议在凯里召开。副州长陈锡望总结凯麻产业带2000年工作并提出要求，州委书记刘光磊作了讲话。

4月24—25日，州委、州政府召开全州烤烟移栽现场会议。各产烟县市委书记、分管烤烟工作的副县市长、烟办主任、烟草局局长、州委组织部、州委宣传部、团州委、州计划局、州财政局、州农办、州扶贫办、州农行、州烟草局的负责人，州赴麻江、黄平、施秉、镇远烤烟工作队的队长出席了会议。会议代表参观了黄平、施秉、镇远的大田连片烤烟移栽现场。各产烟县汇报了烤烟生产情况。州烟草局介绍了2001年全国烟叶订货会情况，传达了省烤烟工作会议精神。州委书记刘光磊等分别就烤烟生产、收购工作讲话，提出了要求。

4月28日下午6时35分至55分，麻江县下司镇、杏山镇、碧波乡等5个乡镇50个村607个村民组遭受特大冰雹和暴雨袭击。全县1.5万户6.75万人受灾，农作物受灾2066公顷，损坏房屋21058间，损失粮食800吨、油菜1750吨、大棚蔬菜80吨，香菇10万袋，直接经济损失3430万元。

4月28日晚8时30分到9时，台江县南宫乡展啊、东老、展吉、皆利村遭受特大冰雹灾害。冰粒大如鸭蛋，击死田鱼、青蛙、蛇、鸟等动物。据统计，受灾农户200户930人，损坏房屋281间，打破瓦142万块，淋湿稻谷100吨，损失秧田108亩、果树13亩、油菜和马铃薯278亩，直接经济损失100万元。

6月1—3日，国际农业发展基金会亚太地区项目主管爱瑞克·马腾斯、联合国项目办公室高级项目官员凯山·吉尔到自治州检查国际农发项目实施情况。

6月12—14日，州人大常委会主任粟多能到从江县停洞、下江、高增等乡镇对扶贫、农业产业结构调整、地方财政增收、农民增收等问题进行调查。

6月20—24日，在中国茶叶学会举办的第四届“中茶杯”评比会上，黎平县“侗乡春·雀舌茶”荣获特等奖。

6月25—26日，农业部副部长刘坚在副省长莫时仁的陪同下，检查了凯里市鸭塘镇清新村沼气生态农业、麻江县下司镇多熟制农业、丹寨县农民科技培训等项目建设情况。

8月14日，由联合国世界粮食计划署总干事凯瑟琳、贝尔蒂尼女士率领的考察团一行6人在省农业厅等有关人员的陪同下到黔东南州考察WFP/AUSAID6166项目执行情况。考察团考察了麻江县宣威镇蒲席塘村、龙山乡平定村、三里寨村。晚上，州委书记刘光磊设宴款待考察团一行，并代表项目区82万名受益群众对联合国世界粮食计划署及澳大利亚政府的大力支持表示感谢。

9月12日，联合国项目服务办公室凯山·吉尔、WFP项目官员裴志勇一行到黔东南州项目区检查并对国际农发项目进行中期评估。

9月11—14日，副州长王德玉任团长，州政府副秘书长黄世和、州乡镇企业局副局长杜章炳、州乡镇企业局纪检组长范福东任副团长，率领全州15个县市共119人参加了由国家农业部、广西壮族自治区政府、全国工商联联合举办“2001全国乡镇企业东西合作经贸洽谈会”。洽谈会期间签约引资金额1.4亿元，现场交易额4万元，达成意向性投资额1.1亿元。

9月至10月31日，麻江县发生100余起狗咬人事故，有100人被狗咬伤。

10月15—16日，州委书记刘光磊到丹寨、雷山、凯里等县市的农村经济结构调整、基层组织建设、秋种等情况进行调研。

10月17日，省水产局、州农业局和麻江县政府领导及专业技术人员对滥坝村养殖罗氏沼虾进行验收。该村6月底从铜仁引进罗氏沼虾，在一块1.6亩的稻田里养殖，9月中旬验收时捕虾21公斤，亩产13.1公斤，试养获得成功。

10月29日，由凯里市龙场镇镇长袁登虎带领该镇48名村干到州农校学习畜禽养殖技术、蔬菜栽培技术等8个方面知识。

10月，台江金秋梨、榕江西瓜、雷山杨梅、雷山梨、从江夏橙、三穗山妹子牌金秋梨被省评为优质农产品。

11月，榕江盛泰优质产品开发公司生产的锡利贡米和镇远县东关酱油厂生产的东关酱油被评定为2001年中国国际农业博览会优质产品。

11月8日，由州水产实验场承担组织实施的“田头鲂”（又名武昌鱼、属鲤料、鲂鱼属）池塘高效养殖实验，经州科技局组织州、市水产专家和技术人员进行验收，养殖获得成功。

11月27日，由贵州大学农学院副院长樊卫国与贵州省柑橘研究所、州农业局等部门的专家、领导组成的验收鉴定委员会，对天柱县清水江牌脐橙通过省级验收合格。

11月28—29日，中国西部·从江椪柑节在从江举行。副省长龙超云、州长刘晓凯到会祝贺。其间，在岜沙举办情人节，高增举办侗族大歌比赛，龙图举办相思节，同时展示了千亩椪柑园。

12月11—12日，全州县市委书记会议在施秉县召开，州委书记刘光磊，副书记、州长刘晓凯分别讲话。会议期间，与会人员参观了七里冲养鸡基地、城关镇皇竹草种植场、牛大场供销社中药材基地。

12月25—26日，黔东南州首期农村经济信息中心信息员培训班由州农业办公室、州气象局在凯里举办。

12月25—26日，全州烤烟工作暨烤烟育苗现场会在施秉县召开。会议总结了2001年烤烟生产工作，提出2002年烤烟工作安排；参观了该县城关下翁哨村七甲坝组、代平组烤烟茶盘式育秧点。

2002 年

1 月 6 日，从江香猪原种繁殖场通过省、州专家组的验收。

1 月 7 日，贵州省农业厅组织专家评审认证委员会，对锦屏椪柑产品进行评选，“杉乡牌”椪柑被评为省优农产品。获得“贵州省优农产品”称号。

1 月 7 日，州委、州政府下发《关于加强我州农业结构调整大力发展区域主导产业的意见》，提出了农业结构调整的总体思路和重点。

1 月 7—8 日，州长刘晓凯分别到黄平县崇仁乡泥巴寨村、新州镇太拥村，麻江县杏山镇中山村、龙山乡白塘村、宣威镇翁保村检查烤烟苗床整理情况。

1 月 31 日，凯麻通道经济开发产业带总结表彰大会在凯里召开。会议总结了三年来凯麻产业带开发建设成就、开发建设效益和开发建设的主要做法，表彰了 14 个先进工作组和 54 名先进个人。刘光磊、刘晓凯分别在会上讲话。

2 月 22 下午，凯里、麻江、剑河、雷山、锦屏等县市遭受冰雹袭击，持续 3 ~5 分钟，直径一般为 8 ~15 毫米。据调查，锦屏县造成直接经济损失 280 万元，雷山县 52. 8 万元。

2 月 22 日，省委副书记曹洪兴在州委书记刘光磊等的陪同下，对凯里民族商贸一条街、博南新区建设、南花村的民族风情和旅游情况进行考察。

2 月 24 日，全州烤烟生产现场会在凯里召开，州长刘晓凯、副州长李再勇到会并讲话。参会人员到麻江县宣威镇翁堡村参观了烟地起垄、农家肥、营养泥“双堆”、漂浮育苗和烤房改建等。

3 月 6 日，全州农业工作会议在凯里召开。会议总结 2001 年全州农业工作情况，安排了 2002 年工作任务，表彰 2001 年农业生产目标责任先进县，签订 2002 年业务目标责任书。

3 月 22 日，州委、州政府下发了《关于加快沼气生态农业建设的意见》，提出了沼气生态农业建设的总体目标和实施措施。

4 月 1 日，岑巩县凯本、羊桥、平庄、天星、水尾、思砀等乡镇遭受严重的冰雹和狂风的袭击，最大冰雹重达 0. 25 公斤，造成农业经济损失 666. 3 万元，直接经济损失 1448. 6 万元。

4 月，雷山县银球茶叶公司生产的银球牌银球茶、特级清明茶，雷山县茶叶公司生产的群峰牌云雾翠绿茶（特级）被贵州省食品工业协会评为“贵州省名优茶”。

4 月，国家计委和农业部将天柱县列为国家天然草原恢复与建设项目县。项目总投资 560 万元，其中中央预算内专项资金 460 万元，地方配套 100 万元。

6 月 18 日，州政府决定：将州农业机械事业局改建为州农业机械服务中心，为州人民政府直属正县级事业单位，承担州政府授权行使的行政管理职能，主管全州农业机械工作。

6 月 27—28 日，州委书记刘光磊对岑巩县思肠镇、大有乡、水尾镇的沼气示范工程、农业示范园、獭兔养殖场、杂稻制种基地、葡萄示范园，镇远县羊坪镇燕子岩村的养殖业及青溪镇青酒业的发展等情况进行实地考察。

7 月 5 日，中国农业大学博士团一行 6 人到凯里作学术报告，州、市农业、畜牧系统副站

（股）长以上负责人及中级职称以上科技人员100余人聆听。

7月8—9日，丹寨县跨世纪青年农民科技培训工程通过农业部、共青团中央及省农业厅、共青团贵州省委专家组验收。

8月8—9日，州委、州政府在三穗县召开全州农业产业结构调整现场会，州委副书记杨正国等到会并讲话。

8月9—20日，全州遭受罕见的降温降雨天气过程，日均气温20.2℃，比上年同期偏低4.9℃，其中凯里、麻江、丹寨、雷山、台江、黄平、三穗、剑河、天柱、黎平10个县市日平均气温低于20℃，日均降雨量18.6毫米，比上年同期偏多14.11毫米。这段时间正是水稻抽穗扬花期，全州有92.71万亩稻田受灾，占总栽秧面积的45.05%，减产幅度达14%。

8月21日，全省第三期沼气技术培训及职业技能培训鉴定会议在施秉县举行。黔东南州50余名沼气技术人员参加培训。

8月29—9月2日，州委组织部、州农业局、州农业办公室、州扶贫办公室组织举办的全州种草养畜培训班在凯里举办，参加培训的学员201人。

8月24—25日，全省脱毒马铃薯项目培训会在施秉县举行。

10月24日，州委召开农村工作汇报会。州委书记刘光磊、州委副书记、州长刘晓凯要求各县市要认真抓好秋冬种工作，力争明年多收夏粮，实现以夏促秋，全年丰收。

12月2日，州委、州政府研究，对完成2002年烤烟生产收购工作任务的施秉、镇远、丹寨、凯里4县市和在烤烟生产中做出突出贡献的16名先进个人、10名烤烟种植能手进行表彰奖励。同时，对未完成2002年烤烟生产收购考核基数的麻江、黄平两县各处以60万元罚款，对岑巩县处以40万元罚款，并通报全州。

是年，在凯里市舟溪镇，麻江县下司镇引种的D优128、菲优99－4、菲优多系一号共15个优质水稻品种试验成功。

2003年

3月9日，麻江县获国家“中国锌硒米、红蒜之乡”称号。

4月，州委、州政府制发了《关于建立州农业产业化经营联席会议制度的通知》。

4月17日，州委、州政府下发了《关于学习贯彻十六大精神，抓好十个方面工作的通知》。其中农业要抓好“八大产业”（畜牧业、水产业、优质稻产业、优质烤烟产业、优质无公害中药材产业、优质园艺包括果品蔬菜产业、优质竹类产业、优质茶叶产业、山野菜产业）和“四大农业产业化”（沼气、退耕还林、扶持龙头企业、农业科技培训）的落实。

4月24—27日，全省2002年度农业综合开发项目实施现场总结会分别在黔东南州天柱、锦屏召开。来自全省各地、州、市及部分县的农业办主任100余人参加会议，并交流经验。

5月14日，省人大常委会副主任黄康生等一行到镇远检查调研农业产业结构调整和《中华人民共和国农业法》《种子法》《草原法》《土地承包法》的贯彻实施情况。

6月15—22日，由州人大常委会副主任杨祖权任组长、州政府专家顾问组廖臻瑞、周定生为成员的中药产业调查组，分别到黄平、施秉、镇远、岑巩、雷山、锦屏、天柱 8 县对中药材种植情况进行调研，撰写了《关于我州中药产业发展情况的调查报告》。

7 月，全国猪品种委员会主任盛志廉在从江指导香猪产业发展时，为从江县题词——“中国香猪之乡”。

7 月，榕江县车江乡农民陶忠智、杨兆武、杨灿喜获贵州省首批农民高级技师职称。

8 月 7—12 日，副省长禄智明率省农业厅、省农办、省防汛抗旱办等有关部门负责人深入黔东南州丹寨、榕江、从江 3 县市考察灾情。

8 月 25—26 日，副省长顾庆金一行到台江县进行粮企改革，结构调整，种草养畜，“两基”及小城镇建设等工作调研。

9 月 15—17 日，全省水稻抛秧栽培验收现场观摩座谈会在三穗县召开。

9 月 25—26 日，世界银行尼可尔、维莱莉、吉多 3 名官员、高级专家在中国科学院外资外贷办主任胡镇欧教授、省科技厅、省中药办、省植物园的领导和专家陪同下，到黔东南州考察中药现代化和生物多样性保护项目。

10 月 1—4 日，省委书记钱运录在州委副书记、州长刘晓凯陪同下，分别到锦屏、黎平、天柱、剑河等县对重点工程建设、旅游资源、农业农村工作进行考察调研。

10 月 10 日，黔东南州农业农村工作会议在凯里召开。州长刘晓凯作题为“抓好农村结构的战略性调整、努力增加农民收入”的讲话。

9 月 15—17 日，全省脱毒马铃薯培训会在台江召开，参加培训会的有全省 12 个脱毒马铃薯生产基地县和 12 个一类重点生产乡镇以及黔东南州 16 个县市的扶贫、农业部门的负责人近百人。

10 月下旬，以州人大常委会副主任杨祖权为组长的种子法执法检查组，分别到天柱、镇远、剑河、雷山、丹寨 5 县检查《中华人民共和国种子法》《贵州省农作物种子管理条例》实施情况。

10 月，锦屏县野桂花蜜被评为贵州省“名牌农产品”。

11 月 11 日，镇远县山乡牛业公司，成功完成山羊胚胎移植。

是年，国家发改委和农业部将锦屏县列为国家天然草原恢复与建设项目县。项目总投资 500 万元。

是年，黔东南州信邦药业有限公司在施秉率先建立 2000 亩全省唯一的“3AP”中药材示范基地。

是年，从江县太田椪柑和夏脐橙在首届贵州名特优农产品展销会上同时获得“首届贵州名特优农产品展销会名牌农产品”称号。

2004 年

2 月，贵州北极熊实业有限公司在麻江县投资开发建设“世界第三代果品——黑树莓”生产基地。当年种植 100 亩。

3 月 4—5 日，州委农村工作会议在凯里召开。会议传达学习了《中共中央、国务院关于促进农民增加收入若干政策的意见》和中央、省委农村工作会议精神，总结回顾了全州 2003 年农业农村工作，对2004年农业农村工作作了安排部署。会议期间，与会人员参观了麻江、丹寨县的秋冬种、种草养畜和永丰奶牛场。

3月19日，省政府在凯里召开全省春耕生产现场会。省委、省政府、省农办、省农业厅、省供销社等部门领导和全省各地、州、市分管领导及农业、农办、各农技站负责人，各地州市所在县市负责人出席会议。会上，副省长禄智明就抓好2004年的春耕生产工作作了讲话。

3月28日，全省冬闲田土种草养畜现场会在榕江县召开。来自全省30多个县市分管领导、有关涉农部门负责人200余人参加现场会。

4月22日，由省林业厅副厅长汤向前率领的省人民政府农业检查组到黔东南州检查春季农业农村工作。

5月，在农业部组织召开的“农业部南亚热带作物名优基地工作会”上，从江县被农业部认定为南亚热带植物名优基地。

7月22日，榕江县通过构筑招商引资平台，引资100万元建成优质商品鸡生产基地。

8月23日，州机构编制委员会行文同意建立州农业局农业执法支队，为正科级行政执法机构，列入参照国家公务员管理范围。

8月27日，全州秋冬季农业工作会议在凯里召开。州委书记刘光磊、州长刘晓凯、州委副书记罗亮权及州人大、州政协联系农业工作的领导及16个县市委书记、分管农业工作的副县市长及农业局局长、农办主任、扶贫办主任，凯里经济开发区和州直涉农部门负责人共100余人参加会议。

10月31日，从江香猪、从江椪柑、“野香”牌从江香猪、“都柳江”牌从江椪柑通过国家质量监督检验检疫总局“原产地标记”注册认证。

11月18日，州农业局局长潘开德率州农科所所长杨黎、州农技站副站长陈跃专程赴湖南省长沙市拜会中国科学院院士、杂交水稻之父袁隆平，并请教黔东南应如何发展超级稻的问题。确定引进准两优527为超级稻生产示范品种。

是年，根据《贵州省2004年对农民种植杂交水稻实行良种直接补贴办法》的文件精神，黔东南州在榕江、黎平、天柱、黄平、锦屏5个粮食主产县开展了杂交水稻良种补贴工作，共完成兑现乡镇90个，兑现农户359668户，补贴杂交稻面积78.53万亩，补贴资金392.67万元，超省下拨补贴资金3.88%。

是年，在全州人才工作会议上，州委、州政府命名表彰了黔东南州首批州管专家21名。其中农业系统有6名。

是年，从江县大塘等21个村通过贵州省农业厅“无公害农产品（柑橘）产地认证”。

是年，在长沙全国优质米博览会上锡利贡米被评为优质产品。

2005年

3月10日，州委农村工作会在凯里召开。会议贯彻落实了中央、省委农村工作会议精神，总结了2004年农业和农村工作，安排部署了2005年的工作。

4 月 20 日，省委常委、州委书记刘光磊深入锦屏县，就三板溪电站和挂治电站移民搬迁与安置进行调研。

5 月 23 日，州农机中心在黄平旧州镇召开全州水稻机械化插秧现场会。

6 月，贵州省第十五届中兽医学会在施秉县召开，著名专家陈正伦教授等临莅。到会人员 156 人，历时 7 天。

6 月 5 日，镇远县大部分地区遭受特大暴雨洪水灾害袭击，全县农作物受灾 1661 公顷，其中：水稻 990. 2 公顷，玉米 148. 6 公顷，烤烟 372. 1 公顷，其他作物 150. 1 公顷。农作物绝收面积达 132. 5 公顷。

6 月中旬，中央对外新闻采访团到施秉县对该县牛大场镇中药材种植示范基地和山口村中药材种植基地进行采访。

8 月 4—6 日，省委书记钱运录，省委常委、省委秘书长庹文升及省财政厅、农业厅、水利厅负责人一行，深入岑巩、镇远、三穗、剑河、台江、施秉、凯里等县市的田间地头了解稻禾受旱情况。

截至 8 月 25 日，镇远县境内羊坪、青溪、蕉溪、江古、金堡、涌溪等乡镇相继发生 81 起疑似狂犬伤人事件，已有 246 人疑似狂犬咬伤。各乡镇采取紧急扑杀、预防等措施，切实做好狂犬病（疑似狂犬病）疫情专项整治工作，确保人民生命财产安全。

9 月 28—29 日，由全国人大常委会委员、全国人大农业与农村委员会副主任委员舒惠国一行 13 人组成的全国人大执法检查组到黔东南州检查《中华人民共和国农业法》贯彻执行情况。

10 月，黎平侗乡春茶业有限公司生产的侗乡春牌“雀舌茶”在全国“中茶杯”名优茶评比中被授予最高奖——“金奖”。

11 月 4 日，麻江县贤昌布依族乡新场村党支部副书记罗光美被共青团中央、水利部、农业部、财政部、国家林业局、全国青联授予“中国杰出青年农民提名奖”称号。

是年，州委、州政府把实施 2000 亩超级稻生产示范项目列为要办的十二件实事之一。

是年，全州取消农业税。

是年，镇远、丹寨、施秉、凯里、从江、天柱、三穗被省列为优质畜产品基地建设项目县市，其中，优质肉牛基地 2 个、优质肉羊基地 1 个、优质肉猪基地 2 个、优质家畜基地 2 个。

是年，锡利贡米获得第五届“中国农业博览会优质农产品”称号。

是年，州政府发布通告，首次在州内实行江河禁渔期制度。

是年，州人民政府办公室制发《关于促进农产品加工业发展意见的通知》。

2006 年

2 月 13 日，从江香猪获南京国环有机产品认证中心检发有机产品认证证书。

2 月 23 日，省交通厅高等级公路开发公司、省国土厅有关专家到从江县落实“占补平衡”造田项目。

4 月 4—5 日，州委农村工作会议在凯里召开。会议讨论并通过了《中共黔东南州委、黔东南州人民政府关于推进社会主义新农村建设的实施意见》。会议兑现了2005年各县市经济发展目标考核奖励，州委书记、州长李月成代表州委、州政府与各县市委书记、县市长签订了2006年经济发展责任书。

4月9日18时20分和23时凌晨1点30分左右，从江秀塘乡的杆洞、塘洞、卡机、交顶、平晏、打秀、上敖、打郎、乔谷、打边10个村，分别遭到了百年不遇的冰雹和暴雨袭击，冰雹颗粒直径达5厘米，整个过程持续近30分钟。19时，斗里乡根里、潘里、斗里、台里村遭受冰雹袭击，最大冰雹直径达3.5厘米，降雹时长15分钟。两次冰雹暴雨灾害造成经济损失达598.9万元。

6月15日，黔东南州有关部门选派184名科教医务“三进三支”人员，奔赴全州17个县（市）区农村第一线。

7月21—22日，中共中央政治局常委、国务院总理朱镕基到凯里、麻江视察退耕还林工作。

8月8—10日，全国政协“建设社会主义新农村”专题调研组一行12人，在全国政协常委、社会和法治委员会主任伍绍祖的率领下到黔东南州专题调研新农村建设情况。

9月1日，由从江香猪食品开发公司生产的“月亮山”牌香猪，经贵州省工商行政管理局认定，荣获2006年度“贵州著名商标”称号。

是年，从江椪柑通过“绿色食品”认证。

是年，农业部第662号公告确定：香猪品种为国家级畜禽遗传资源保护品种。

是年，州委、州政府制了《关于加快黔东南州生态畜牧业发展的意见》。

2007年

1月29日，从江县的岜沙、小黄两个景点入围，被国家旅游局批准为“全国农业旅游示范点”。

3月7日，州委农村工作会议在凯里召开。州委副书记、州长李飞跃在会上作了讲话。会议表彰黔东南州2006年度在畜牧水产和目标管理、沼气建设、超级稻生产和望天水田改种杂交玉米方面的先进县市和单位。

3月16日，州政府在黄平县召开全州农机工作暨机械化插秧培训会议。副州长梁承祥出席会议并作了讲话。省农机局长刘伦才到会并就械化插秧技术进了培训。

5月14日，州长李飞跃，常务副州长李再勇一行到施秉县就如何加快农村经济发展、增加农民收入进行调研。

6月5—7日，州委主要负责人赴天柱、岑巩两县分别就换届后的乡镇基层领导班子战斗力、旱情灾情、严重影响春耕生产等问题开展调研和考察。

9月20日，州政府办公室行文，成立黔东南州畜牧兽医局、黔东南州动物疫病预防控制中心、黔东南州动物卫生监督所。

10月8日，“贵州省饮食与茶文化节”中“从江香猪宴”荣获“贵州省名宴”奖。

10月12日，以国家畜禽遗传资源管理委员会钱林教授为组长，组织省内专家、教授到从江检查新建的从江香猪原种场和指导遗传资源保护工作。

11月7日，州农业局组织农产品生产企业及农民专业合作经济组织51家，产品16大类185个农产品参加了第三届贵州名特优农产品展销会。展销会期间共实现销售收入260万元，15家企业与客商签订供销合同46份，协议金额5000万元。州内参展产品有4个被评为贵州名牌产品，9个被评为第三届贵州农产品展销会名特优产品。州组委会被评为最佳组织奖。

11月7日，州农业局组织黎平、雷山、丹寨、岑巩、台江5县及州内10家茶叶企业和专业合作经济的19个品牌茶叶品种参加了贵州省首届“万人品茗”活动。

11月14日，第一个《贵州米酒》地方标准在凯里通过审定。

12月11—13日，省长林树森率省直有关部门先后到凯里、黄平、施秉、镇远、黔东循环经济工业区、岑巩、剑河等市县区调研。

是年，贵州省农业厅授予锡利贡米“贵州省名牌农产品”称号。

2008年

年初，全州大范围遭遇严重的低温雪凝灾害，致使农作物、畜牧业、乡镇企业受到严重的损失。其中，各种农作物受灾面积达329.1万亩（油菜78.2万亩，蔬菜73.1万亩，小麦及杂粮19.5万亩，马铃薯42.6万亩，茶园11.9万亩，果园46.7万亩，绿肥及其他作物57.4万亩）；各种畜禽死亡74.54万头（只、羽），畜牧业基础设施损毁面积27.40万平方米，规模养殖场（小区、户）设施损毁面积8.15万平方米，牧草受损面积33.15万亩，畜牧业直接达经济损失24756.54万元；乡镇企业房屋损毁1414间，面积13.53万平方米，设备损毁2051台（套），直接经济损失达40474.9万元。

1月29日，州委、州政府召开雪凝天气灾害应急处置工作调度会。会议回顾了前一段时间抗险救灾的工作情况。会议要求，各县市乡镇要摸清情况，要建立通信网络，确保信息的真实性，确保信息畅通。并报道好州委、州政府及各个部门在抗灾中涌现出来的典型感人事迹。

3月14—17日，中国农科院柑橘研究所赵学源教授在省农业厅有关领导陪同下，一行6人到从江调研和指导灾后柑橘恢复重建工作。

4月24日，州委农村工作会议在凯里召开。州委就2008年全州“三农”工作任务作了安排。

4月29日，州委、州政府召开全州“抗雪凝、保民生、促发展”工作总结表彰大会。会上，州委、州政府对100个先进集体、300名先进个人进行了表彰。

5月11日，江苏省副省长、省人大常委会副主任、中国作物栽培委员会主任、博士生导师凌启鸿教授和南京农业大学农学院博士生导师王绍华教授，在贵州水稻研究所所长周维佳研究员的陪同下，到黔东南州作水稻精确定量栽培学术报告。

7月，农业部将“贵州省从江香猪原种繁殖场”确定为第一批国家级畜禽遗传资源保种场。

10月，州社会主义新农村建设办公室开通省、州两级的21个社会主义新农村建设试点村的“信息直通车”。

10 月，州农业局组织黎平、雷山、丹寨 3 家茶叶企业、18 个产品和 3 支民族表演队随贵州团赴北京参加“第五届北京·中国国际茶业博览会”。

12 月 3 日，全省乡镇企业乡村旅游座谈会在剑河县召开。省乡镇企业局副局长肖荣军到会并作了重要讲话，黔东南州、遵义市乡镇企业局局长和省乡镇企业局副处长周福艳及部分企业代表发了言。会议全体表代参观考察了剑河县久格里吉风情开发公司锡绣加工、凯里三棵树民族旅游商品交易市场等。

12 月 31 日，从江县被农业部列为“柑橘标准果园创建示范县”。

12 月，全省供粤港蔬菜生产现场会在榕江召开。

是年，州农业局组团参加“2008 中国·贵州特色农产品加工博览会（农产品招商项目参会展示和推荐洽谈）”。在推荐洽谈中，上海思本通风电器有限公司和三穗县签订了三穗县鸭产业加工项目总投资 3300 万元，施秉县东南中药材有限公司和台湾一客商意向性达成投资 2 亿元合作开发冬虫夏草项目，贵州青酒集团与贵阳承毅工业有限公司签订了价值 2300 万元的销售合同，黄平牛老大旅游食品有限公司和沃尔玛贵阳店建立了长久的供求体系。

是年，州农业局实施“三电合一”农业信息服务试点项目，加强电话语音系统、计算机网络系统、农业信息数据库及网站和电视节目制作系统建设。

2009 年

2 月 21—22 日，省委常委、省纪委书记王正福分别到剑河、台江、麻江县对新增中央投资项目和涉农资金管理工作进行实地考察。

2 月 24 日，从贵州大学农学院引进时鲜水果新品种樱桃（红艳、黑珍珠优系）和梨（翠冠）在宰略村种植。贵州大学农学院欧茂华副教授亲临现场对优质良种苗木栽植、整形修剪、配方施肥、节水灌溉和土壤改良等作技术指导。

2 月，锡利贡米获国家质量监督检验检疫总局认定为地理标志保护产品。

3 月 2 日，三穗鸭、山野菜项目在三穗县八弓镇实施。该项目总投资 3300 万元，新建屠宰 500 万羽的生产加工生产线。

3 月 16 日，州委农村工作会议在凯里举行。会议贯彻落实中央和省委农村工作会议精神，总结 2008 年全州农业农村工作，分析农业农村工作面临的新形势，贯彻落实科学发展观，研究促进农业稳定发展、农民持续增收的政策措施，部署 2009 年全州农业农村工作任务。会上州委、州政府与各县市签订 2009 年“三农”工作目标责任书。

3 月 27 日，省政协副主席李金顺一行到镇远县进行茶叶调研并到羊场镇茶叶关实地查看。

4 月 15—21 日，州人大负责人带领州农办、州人大农经委等部门赴黔西南州、六盘水市和云南省大理、丽江县市对生态草地畜牧业和农业产业结构调整进行考察学习。

4 月 22 日，全国农技推广中心、省植保植检站、州农业局联合在凯里召开全州农药安全科学使用技术培训会。共举办 16 期，培训人员 1198 余人次。

4月30—5月20日，全国人大财经委主任石秀诗分别到剑河、黎平、榕江、丹寨就经济社会发展情况以及城镇建设、新农村建设等进行实地考察。

5月，黔东南州农业信息网站完成数据库建设及网站域名注册（www. qdnny. gov. cn）。

6月12日，州农业产业化经营成果展示中心正式挂牌，有省、州级重点龙头企业45家，产品206个参展。

7月，州农业局组织了凯里、丹寨、黄平、剑河、从江、三穗县6家肉类加工企业参加了在重庆举行的“第七届中国肉类科技大会”。

8月10日，由中科院地理资源所自然与文化与遗产研究中心与从江县人民政府联合举办的“民族文化保护与传统农业发展论坛”在从江举行。此次论坛由联合国—西班牙千年发展基金项目资助，旨在推动少数民族文化和农业文化遗产的保护与发展，加强不同类型农业文化遗产地的交流与合作。与会的有中国社会科学院、中国艺术研究院、浙江水产研究所、华南亏农业大学、江西农业大学、重庆农业大学、云南师范大学、贵州师范大学等20余名专家学者，浙江青田县政府、江西万年县政府、云南红河州哈尼梯田管理有关项目负责人以及中央电视台、《科技时报》《科技日报》等的媒体记者。

10月13—15日，省长林树森分别到三穗、天柱、锦屏就经济社会发展、及城镇建设等进行考察调研。

10月，农业部成都沼气研究所党委书记方向两次带队“发展中国家农村能源与环保卫生官员研修班”学员到镇远县考察沼气建设与开发利用技术，考察团队对镇远县在沼气开发利用技术方面取得的重要成果给予了高度评价。

12月，“从江椪柑”通过地理标志地域商标认证。

是年，全州“一村一品”专业村发展到283个，专业村从事主导产业的农户8. 33万户，从业人员19. 35万人。

是年，州农业局先后组织了重点龙头企业参加了“重庆·中国西部国际农产品交易会”，第七届“中国·长春国际农产品交易会”，北京和上海“贵州绿茶秀甲天下”品茗活动，香港国际茶展，上海旅游推介农产品展示会及广州、深圳、香港茶博会。

是年，由州政府、省茶叶研究会、州农业局和雷山西江千户苗寨联合主办“贵州·雷山天下西江品茶会茶产业推介”活动，州内33家茶叶企业参加了此次活动。

2010年

1月，州政府下发《黔东南州农业机械购置补贴工作管理办法》，规范购机补贴工作。

2月中旬，黎平县的“黎平香禾糯”获国家地理标志保护产品称号。

3月22日，省委常委、常务副省长王晓东到台江县台拱镇展福村检查指导抗旱救灾工作，并就贯彻落实省委书记石宗源的重要批示及省委副书记、省长林树森专题办公会议精神，全力以赴抓好当前抗旱救灾工作提出具体要求。

4月2日，州委农村工作会议在凯里召开。会议总结2009年全州农业农村工作，安排部署

2010年农业农村工作，通报2009年度促进农民增收综合目标考核结果，签订2010年度促进农民增收综合考核责任书。

4月20日，州人大常委会主任罗亮权分别到麻江县杏山镇隆昌村、龙山乡龙山村、大塘村、景阳乡、坝芒乡瓮城村，丹寨县兴仁镇城江村、兴仁村、烧茶村，龙泉镇马寨村检查春耕生产。

8月6日，常委、省委组织部部长张少农到麻江县调研“一户一技能”工作开展情况和“党员创业带工程”实施情况。

8月17日，州长李飞跃率州政府办、州财政局、州农委、州水利局负责人赴雷山调研旱情。

9月21日，州委办、州政府办印发了《〈黔东南州农业委员会（中共黔东南州委农村工作委员会）主要职责内设机构和人员编制规定〉的通知》（黔东南党办发〔2010〕47号），同意设立州农委管理的（相对集中行政执法）州农业综合执法支队、州动物卫生监督所加挂州兽药饲料监察所牌子，编制20人，为两块牌子一套人马，进行合署办公。

11月27—28日，由州农业产业化经营联席会议办公室、州农委、凯里市政府举办“首届黔东南州生态优势特色农产品展销会暨‘万人品茗’”活动。

11月29—30日，省委副书记、省长赵克志在省政府秘书长邹伟等陪同下，分别到黄平、施秉、镇远、麻江等地，对黔东南州经济社会发展、加快转变经济发展方式、优化产业结构、推动工业企业发展、保障和改善民生、加快城镇化建设、推进农业产业化发展、文化旅游发展、教育事业发展等进行实地调查研究。

是年，州农检中心被列为全国首批47个“测土配方施肥标准化验室”单位之一。

是年，“从江椪柑”通过中国绿色食品发展中心“绿色食品”认证。

是年，由从江县畜牧局、从江县质监局组织实施的第六批全国农业综合标准化示范区《从江香猪标准化养殖示范区建设》通过国家级验收。

是年，州农委制定《关于印发〈黔东南州农产品（种植业）产地准出制度（试行）〉等制度的通知》并经州法制办备案在全州统一实施。

2011年

1月24日，省政协主席王正福在相关部门陪同下，到从江县往洞乡开展“四帮四促”和春节慰问活动，并争取到近3亿元资金投入往洞乡的扶贫开发、基础设施建设及社会事业发展。

4月6—7日，州人大常委会主任罗亮权分别到雷山县西江镇脚尧村和台江县南宫乡调研农业结构调整及农村基础设施建设。

4月19日，副州长冯仕文主持召开州涉农资金监管工作专题会议。会议听取了全州涉农资金监管工作情况汇报，并就如何做好下步工作进行安排。

5月20日，州人大常委会主任罗亮权分别到三穗县台烈镇千里山麻鸭养殖场、颇洞生态农业观光园，千里山生态食品有限公司、工业园区、沪昆快铁三穗站场调研。

7月8—10日，州农委组织全州29家省、州级茶叶重点龙头企业参加在贵阳国际会议展览中心举办的2011年中国·贵州国际绿茶博览会。

8月1日，州长李飞跃分别到三穗和丹寨县指导抗旱救灾工作。

8月4—6日，州农委组织施秉县清汀辣椒种植专业合作社、剑河县辣椒产业发展专业合作、凯里市三辣明洋食品有限责任公司等数十家合作社及企业参加在遵义举行的第六届全国辣椒产业大会暨贵州国际辣椒节。

8月12—14日，州农委组织26家省、州级重点龙头企业参加在贵阳国际会展中心举行的2011中国·贵阳国际特色农产品交易会。

9月26日，北京军区给水工程团赴黔东南州抗旱打井救灾首井成井庆典仪式在施秉牛大场镇举行。贵州省副省长禄智明、内蒙古军区副司令员车华松出席仪式并讲话。

10月28—31日，州农委组织贵州聚福轩茶业、丹寨县黔丹硒业有限责任公司、贵州省黔东南黔聚香生态茶业有限公司、丹寨添香园硒锌茶叶种植示范基地、丹寨县三泉茶叶有限公司、贵州省黎平县侗乡福生态茶业有限公司6家企业参加2011年北京第八届中国国际茶业博览会。

10月5日，省委书记栗战书、省长赵克志到黔东南州丹寨县龙泉镇看望慰问北京军区给水工程团赴黔抗旱打井的部队官兵。

10月13—15日，省政协主席王正福率省政协办公厅党组书记、主任李月成，省畜牧局局长瓦庆荣等一行到从江就香猪产业发展情况进行专题调研。

11月12—14日，由州农业产业化领导小组主办，州农业委员会承办的2011年黔东南优势特色农产品展销暨“万人品茗”活动，在凯里市民族体育馆举办。活动有122家企业参加。开幕式上还举行了龙头企业的授牌仪式，由出席活动的领导给新评定的省、州级农业产业化经营龙头企业授牌。

11月，全省“兽药经营GSP推进会”在镇远县召开，省农委兽医医政药政处、法规处、兽药饲料监察所、省农委执法大队、各地州市农业畜牧水产局、执法队、动监所负责人共70余人参加会议。镇远县、独山县、开阳县、西秀区、习水县作会议交流发言。

12月15—18日，州农委组织黎平县侗乡媛茶厂、贵州省黎平雀舌茶业有限公司和贵州省雷山县脚尧茶叶厂3家企业参加第四届中国（深圳）周际茶业茶文化博览会。

是年，从江香猪获农业部农产品地理标志证书。

是年，州农委组织了40余个茶叶企业参加上海、北京、深圳等地“贵州绿茶秀甲天下”万人品茗活动。雷山县雷山银球茶荣获“中国（上海）国际茶业博览会——中国名茶评比特别金奖”，黎平侗乡福牌雀舌获银奖。

2012年

1月23日，由州农委、各县市农业和扶贫开发局共同搭台的生态特色优势农产品展销春节年货周活动在凯里民族体育场举行。共组织50余家企业、合作社参展，设展位60多个。产品有优质米、畜蛋禽及制品、精品水果、蔬菜、火锅底料及辣椒制品、酱、油、醋、豆腐及制品、白酒、饮料及民族工艺品等12大类500多个品种。

1月9日，施秉县农民李世银在贵州省黔东南州全国种粮大户颁奖仪式上获“全国种粮售粮大户”称号，省农委和州农委领导为其颁发荣誉证和奖牌。

5月上旬，省质监局组织贵州大学、贵阳医学院、贵阳中医学院和贵州省农业科学院等单位专家，在贵阳召开《地理标志产品——剑河钩藤生产技术规程》审定会。同意该标准通过审定。

5月28—30日，黔东南州党政代表团到江苏省盐城市参观考察，考察学习开发区建设、城镇建设、新农村建设和农业产业化等方面的经验和做法。

6月9—10日，全州遭受大暴雨或特大暴雨袭击，凯里市和天柱、麻江县农村公路因灾受损严重。天柱、麻江、锦屏、岑巩等县烤烟受灾5000余亩，天柱县冲垮山塘3座，水库决堤2座。

6月11—12日，国家防汛抗旱总指挥部办公室副主任张家团一行深入黔东南州因暴雨受灾比较严重的凯里、天柱等县市检查指导防汛抗旱工作。

6月11日，中国贵州黔东南·香港投资贸易暨旅游推介会在中国香港举行。中央人民政府驻香港特别行政区联络办公室经济部副部长杨益，黔东南州州长李飞跃，州人大常委会主任罗亮权，州政协主席梁承祥等领导及100余名客商出席会议。推介会上，黔东南州各县市与港商共签约项目27个，签约资金为440274.8万美元。

6月14日，州委行文：将州农业综合执法支队由正科级机构调整为副县级机构。

9月6—7日，全省种植业生产形势分析会议在镇远县召开，镇远县人民政府副县长杨昌智作会议欢迎词，省农委种植业综合处处长黄俊明主持会议，国家统计局贵州省调查总队廖建伟、倪力，贵州省山地环境气候研究所胡佳敏等领导参会，全省9个地州市农委，信息站负责人共60余人参加会议。

10月上旬，“从江香猪”地理标志产品产业化促进工程项目通过省级验收。香猪养殖覆盖8个乡镇138个行政村576个组20278户86067人。

10月18—19日，黔东南州党政代表团赴毕节市威宁彝族回族苗族自治县考察、学习借鉴毕节市威宁自治县科学发展尤其是“四在农家”创建、项目建设、农村危房改造、景观风貌整治、小城镇建设等方面的先进理念和经验，谋划并推动黔东南后发赶超、跨越发展。

10月23日，全州农村危房改造和新农村建设工作推进会在凯里召开，会议主要研究农村危房改造和新农村建设工作。

10月30日，由州委、州政府组织召开的凯麻同城化委托代管乡镇街道协议签订仪式在凯里经济开发区隆重举行。州委书记李飞跃，州政协主席梁承祥，州委常委、州人民政府常务副州长冯仕文，州委常委、凯里市委书记、凯里经济开发区工委书记黄远良，州委常委、州委组织部部长王贵，州人大常委会副主任龙世勇，州人民政府副州长姜学东等出席，州直有关部门、凯里市、麻江县、凯里经济开发区、炉碧经济开发区有关领导参加会议。会上，麻江县与凯里经济开发区、炉碧经济开发区分别签订下司镇、碧波乡委托代管协议。正式委托代管的时间为2013年1月1日起。

11月下旬，在第九届国际名茶评比活动上，黎平县三茶企业送样参评的“天生桥牌古钱茶”“侗家佬牌雀舌茶”和“鸬鹚架牌黎平雀舌茶”分别荣获“金奖”和“银奖”。

12月20日至22日，州农业产业化经营联席会议办公室、州农委、凯里市政府举办“黔东南州生态优势特色农产品展销会暨‘万人品茗’”活动，省、州级重点龙头企业、农产品加工企业和相关农民专业合作组织100家参加活动。

12月下旬，麻江县获2012年度“国家有机产品认证示范创建区”。

12月下旬，国家工商总局正式签发商标注册证，核准“施秉太子参”注册成为“国家地理标志证明商标”。

是年，全州蓝莓产业基地已达2.12万亩，占全国人工栽培面积的10%。建成年繁育1500万株的全国蓝莓种苗供应基地和南方最大蓝莓生产基地。

2013年

1月11日，全州2013年烤烟生产工作现场会在岑巩召开。州委副书记杨华昌出席会议并讲话。会议提出：2013年全州烤烟种植面积25万亩，烟叶生产60万担以上，烟叶收购50万担以上，上等烟达比例55%以上，上中等烟达比例96%以上。

1月30日，岑巩惠农植保统防统治专业合作社获全国农作物病虫害专业化统防统治“百强服务组织”称号。

3月1日，贵州千里山生态食品股份有限公司被评为贵州省第六批农业产业化经营省级重点龙头企业。

3月19日21时许，锦屏县境内遭受罕见冰雹袭击，除新化乡外全县14个乡镇均受到不同程度的雹袭，其中偶里、平略、钟灵、彦洞等乡镇尤其严重，冰雹持续时间约21分钟，大的有1公斤重。农业损失达4500万元。

4月8日，中国工程院院士、沈阳农业大学教授陈温福，中国农学会专家谢军等一行到岑巩县杂稻制种基地考察调研。专家组一行先后深入岑巩县红四方种业种子加工厂项目点、周坪杂稻制种高效生态农业示范园区实地考察调研，并现场听取岑巩县杂稻制种产业发展情况介绍。

3月21日，州人大常委会主任罗亮权一行到台江县南冬村察看村容村貌、人饮工程、村活动室、移民新村建设情况。

4月18日，州农科院主持编制的州级地方标准《黔东南冷凉山区及水稻增产栽培技术规程》发布。

5月21日，农业部公布中国19个传统农业系统为中国第一批重要农业文化遗产，“从江侗乡镇稻鱼鸭复合系统”名列其中。

5月24日，贵州省人民政府黔府函〔2013〕115号、120号文件批复：同意撤销麻江县碧波乡、龙山乡、贤昌布依族乡，设置碧波镇、龙山镇和贤昌镇，所辖行政区域不变；撤销麻江县景阳布依族乡、谷硐镇合并设立新的谷硐镇，以原景阳布依族乡、谷硐镇地域为新设置谷硐镇行政区域。

6月上旬，州科技部门组织麻江县睿林蓝莓有限公司申报的“科技特派员有机蓝莓标准化栽培及产业创业示范”、黄平县东联花卉有限公司申报的“非洲菊鲜切花设施栽培配套技术与示范推广”、黄平县益农食川菌农民专业合作社申报的“大球盖茹冬闲田土栽培技术研究与示范推广”、黄平县野洞食品专业合作社申报的“地方特色蔬菜休闲食品开发与产业化”4个星火计划项目，入选国家“十二五”农村领域科技计划预备项目库，并获得项目资金支持。

6月13日，国务院“三农”办主任陈峰一行到天柱县考察油茶产业发展、重晶石储备和精深加工等方面有关情况。天柱县政府与河南邦友农业生态循环发展有限公司签订了油茶产业发展战略合作框架协议书

6月17日，国家质检总局发布第76号公告，受理黔东南州“思州砚”“丹寨硒锌茶”两个产品地理标志产品保护申请。至此，国家质检总局2013年已累计公告受理黔东南州3个产品(凯里红酸汤、思州砚、丹寨硒锌茶）的地理标志产品保护申请。

6月18日至19日，省农委老干中心主任景诗韵率科教处、外经处负责人到镇远县督促指导现代高效农业示范园区建设。按照“一个园区一个园区去落实，一个园区一个园区去指导”的要求，进一步掌握全省农业园区建设情况，深入分析园区建设中存在的困难和问题。

6月，贵州大学动科院王嘉福院长带5名研究生前来从江从事“国家（863）计划中国地方猪种基因组学研究”工作，在宰便镇、加榜乡调查发现当地存在特殊的高产香猪群体。

7月25日，州委书记李飞跃、副书记杨华昌率队到黄平县基层一线指导抗旱工作。

7月29—8月4日，中央电视台纪录频道《舌尖上的中国2》摄制组走进雷山县大塘乡拍摄美食鱼酱酸、韭菜根、腌鱼等。

8月2日，常务副州长冯仕文与州政协副主席吴仕伦率州民政局、州农委、州水利局、州财政局、州气象局等有关部门深入施秉县调研指导抗旱救灾工作。

9月29—30日，受国家标准委的委托，省质监局考核组分别对黔东南承担的第七批全国农业标准化示范区“麻江蓝莓栽培标柞化示范区”“榕江蔬菜（莱心、芥蓝）栽培标准化示范区”验收。

10月18日，全州农村产权制度改革工作启动会召开。州委副书记杨华昌出席会议并讲话。

10月下旬，黎平县犀牛坡立体农业生态养殖基地被全国妇联、科技部、农业部联合认定为全国巾帼现代化农业科技示范基地。

10月30日，贵州·台湾经贸交流恳谈会黔东南州推介会在凯里召开。州委书记李飞跃、州长廖飞出席会议，台湾嘉宾60余人应邀到会。

10月30日，黎平县在中国茶叶交流协会组织的评选活动中获“中国茶叶产业发展示范县”称号。

12月中旬，在农业部乡镇企业局公布“中国美丽田园”名单中，从江县侗寨禾晾景获此荣誉。

是年，州农委农组织贵州敬旺绿野食品有限公司等6家茶叶企业参加北京玉渊潭举办的“贵州绿茶·秀甲天下”万人品茗暨贵州特色农产品展销活动。黎平县桂花台茶厂的“天生桥牌古钱茶”荣获北京“第三届中国名茶评比”金奖。

2014 年

1 月，由杭州市政府和州政府组织从江香猪、麻江蓝莓、岑巩思州柚、雷山银球茶、雷山黑毛猪、黎平山茶油、黎平香禾糯、榕江葛根、三穗鸭、凯里红酸汤等黔东南州名特优农产品，参加杭州市和平会展中心（浙江农业展览馆）举办的“杭州市·都市圈优质农产品迎新春大联展”。

1 月 7—12 日，黔东南州 20 家绿色生态农特产品企业受邀参加杭州·都市圈优质农产品迎新春大联展。参展的产品包括中药材、茶叶、粮油、畜禽等。

1 月 25 日，黔东南州香禾新品种“苟当 1 号”“苟当 2 号”“苟当 3 号”入选《中国糯稻品种大全》。

2 月 20 日，全州召开新一轮退耕还林还草工程启动会议。州发改、财政、国土、农委、林业、扶贫办等单位负责人和各县市人民政府分管县市长以及县国土、林业部门主要负责人等参加会议。州委常委、副州长许新桥主持会议并作讲话。

2 月 22 日，州委农村工作会议暨州扶贫开发工作会议在凯里召开。会议贯彻落实中央农村工作会议、全国扶贫开发工作座谈会和省委农村工作会议暨全省扶贫开发工作会议精神。州委书记李飞跃、州长廖飞出席并讲话。

是月，贵州雷山大龙德毅茶叶有限公司生产的“中国银球茶”，在日本静冈参加世界绿茶评比中获金奖。

是月，黎平县犀牛坡主题农业生态养殖基地获评全国巾帼现代科技示范基地。

3 月 15—18 日，在全国第二届休闲农业创意精品大赛上，黄平县泥哨《12 生肖》获产品创意金奖，黔东南州太阳鼓苗刺绣有限责任公司参赛作品《充电宝、鼠标垫》、贵州丹寨宁航蜡染有限公司参赛作品蜡染《幡旗》获产品类创意优秀奖。

3 月 19 日，州首家动物防疫合作社在锦屏县大同乡成立。

3 月 28 日，全省冬闲田土种草养畜现场会在榕江县召开。200 余人参会。

4 月，首届黔东南州电子商务协会成立。

5 月，州农科院被贵州省科技厅授予“贵州省青少年科普教育基地”。

6 月 16 日，省政协副主席孙国强、谢晓尧、陈敏率省政协常委视察团到岑巩、剑河两县视察耕地保护情况。

7 月 2 日，国家农业技术推广服务中心主任邱军、全国粮豆首席专家柴岩教授、西北农林科技大学教授冯佰利、副教授王鹏科、云南农业科学院生物技术所研究员王莉花、贵州薏苡首席专家石明等一行，在省种子管理站李其义副站长陪同下到州农科院就州农科院承担国家薏苡品种区域试验进行调研。

8 月 26 日，中国蔬菜协会调研组一行到凯里市和麻江、雷山县调研蔬菜基地建设情况。

9 月 2 日，经国家质检总局批准，黔东南州“雷山银球茶”“榕江小香鸡”“黎平茯苓”3 个产品获实施地理标志产品保护。

9 月 6 日，省科技厅组织以贵州大学教授柏光晓为组长、省农科院副院长陈泽辉等为成员的专家组一行前往凯里市炉山镇示范点，对州农科院承担的国家农业科技成果转化项目“金玉 818 转化与示范”进行田间测产验收。在随机抽测中，亩产 827.5 公斤，超项目合目标 700 公斤的 18.21%。

9 月，贵州粤黔香猪开发公司获省商务厅颁发 A 级屠宰证；获省出入境检验检疫局颁发出口备案登记许可证。

10 月 18 日，在第五届中华美食节中，麻江县望江酒楼烹饪的苗家酸汤鱼宴获最高奖——金鼎奖。

11 月 2 日，新华社、《人民日报》《光明日报》等国家级和省、州新闻媒体 25 家 40 名记者走进雷山脚尧小康村进行集中采访报道。

11 月 15 日，施秉县甘溪乡望城村茶获“中国最美村镇”称号。

12 月上旬，在由中国茶叶流通协会组织的中国重点产茶百强县评选活动中，黎平县获“2014 年度全国重点产茶县”称号。

12 月，州农委组团参加国家农业部支持的第九届广西名特优农产品（桂林）交易会。黔东南州有雷山县苗家春茶业公司、从江粤黔香猪公司、丹寨县俊健公司、凯里苗妹银饰公司、黎平县侗乡米业公司、黎平县黔香园油脂公司、三穗县翼宇鸭业公司、麻江多彩苗宝公司 8 家企业参展，产品有雷公山茶叶、从江香猪、黎平香禾糯、有机大米、山茶油、三穗鸭、蓝莓、银饰、刺绣、红酸汤等 10 余个大类 50 余个。

是年，州农委积极争取省州专项资金 100 万元（省级 35 万元、州级 65 万元）搭建了黔东南州农户品电子商务平台。

是年，中国经济林协会授予从江县“中国椪柑之乡”荣誉称号。

是年，经国家质检总局批准“从江香猪”获地理标志产品保护。

是年，从江香猪列入农业部《特色农产品区域布局规划》11 种特色猪禽产品中。

2015 年

1 月，由杭州市政府和州政府连续 2 次组织从江香猪、麻江蓝莓、岑巩思州柚、雷山银球茶、雷山黑毛猪、黎平山茶油、黎平香禾糯、榕江葛根、三穗鸭、凯里红酸汤等黔东南州名特优农产品，参加杭州市和平会展中心（浙江农业展览馆）举办的“杭州市·都市圈优质农产品迎新春大联展”。

2 月 21 日，中央电视台《新闻联播》播出《贵州雷山望丰乡乌江村民李志辉竖起大拇指：村长带领发财，我为村长点赞》新闻。

3 月 14 日，全州农村工作及扶贫开发现场观摩会在丹寨召开。与会代表近 160 人观看了丹寨县农业产业发展、扶贫攻坚成就展。

5 月 26 至 28 日，州人大常委会主任潘玉凤率州人大民族与法制委、州卫计委、州总工会以及州环保局相关人员分别到三穗、剑河、台江就农村环境卫生管理以及农业示范园区建设情况开展专题调研。

7 月 13 日，州委书记李飞跃、州长廖飞率队到黎平县蒲洞村调研新农村建设规划项目实施情况。

8 月，州农委组织企业在贵阳国际会议展览中心参加由农业部和贵州省政府主办的“中国·贵阳国际特色农产品交易会”，集中展示推介黔东南农产品品牌和农业科技成果。

8 月，州农科院主持编制的州级地方标准《岑巩县籼型三系杂交水稻制种技术规程》《岑巩县籼型两系杂交水稻制种技术规程》发布。

9 月，贵州省新农村环境综合治理现场观摩会在施秉召开，省人民政府副省长刘远坤、省农委主任刘福成，州人民政府州长冯仕文、州农委主任尹亮，县人民政府县长张双红等领导亲临现场指导工作。参会人员 108 人。

10 月中旬，从江县加车村获“特色民族村”和 2015 年“中国最美休闲乡村”称号。

10 月 10—15 日，在中国农学会农业文化遗产分会、中国工程院农业学部、浙江省青田县农业局等举办的稻鱼共生系统授牌十周年纪念活动——“全球重要农业文化遗产保护与发展贡献奖”的颁奖仪式上，从江县副县长、县农业局畜牧师胡彦燕分别以“遗产保护管理探索”和“遗产保护经验分享”获全球重要农业文化遗产保护与发展贡献奖。

10 月 19 日，经全国工商总局商标局审核，“麻江蓝莓”获地理标志证明商标。

10 月 26 日，国际有机农业运动联盟世界理事周泽江率国家行政学院经济学部副主任、中国乡村史明论坛创办人张孝德，中国农业大学农民问题研究所、中国 PCS 研究会、中国农业科学院、省委党校、省有机农业学会等有关专家学者，到黎平县水口天香谷现代尚效农业示范园区考察调研有机产业工作。

11 月 21—22 日，中共中央政治局委员、中央书记处书记、中组部部长赵乐际在台江调研，对台江县老屯乡长滩村开创的农村“十户一体”脱贫攻坚工作模式给予高度评价。

12 月，州农科院主持编制的州级地方标准《日本太平 2 号蚯蚓人工饲养技术规程》发布。

12 月，贵州从江粤黔香猪原种繁殖场被认定为国家级标准化养殖场。

是年，榕江县建成电子商务经营主体 5 个，分别为：榕江县月亮山香猪专业合作社 chinaxingzhu. com；大秦易购 www. daqinyg. com；榕江县盛源天然食品开发有限公司 13334098. czvv. con；榕江县弘利土特产有限公司 1085754564. qzone. qq. com；榕江县盛榕晨宇农业开发有限公司 www. ev123. com。

是年，锡利贡米获贵州省著名商标。粒粒香米业有限公司获有机食品生产、加工认证和 ISO9001 质量管理体系认证。

是年，州农委制发《关于印发〈黔东南州农产品“三品一标”认证补贴标准（试行）〉》的通知，对新获得无公害、绿色、有机产品认证和农产品地理标志登记的农业生产及加工企业、协会、农民专业合作社予以补助。

第一篇　农业基本环境与农业区划

第一章　山地环境

第一节　大地构造概述

黔东南州的地貌特征和地貌发育与大地构造密切有关。全州处在3个构造单元上。

东南部为雪峰台凸　其北缘、西缘以玉屏、施洞口、凯里东南的开怀、丹寨东的朱砂场至三都城东一线为界。其间除有小片震旦、寒武、石炭、二叠系地层分布外，绝大部分都是前震旦系板溪群变质岩系，以板岩、片岩、砂岩为主。加之地处高原边缘，雷公山区块断上升，河流强烈侵蚀，从而形成强烈切割的中山或低山。在台江、三穗至镇远的青溪和天柱的西部，有两条狭长的震旦系和寒武系砂页岩与灰岩分布，发育喀斯特化丘陵与洼地。自从江县的贯洞北经皮林、中潮、黎平到中黄一带，有一南北向狭长的石炭二叠系灰岩分布。发育河谷盆地及喀斯特化丘陵。天柱、邦洞以东有小片二叠系灰岩分布，也发育河谷盆地及丘陵。此外，在黎平县东、北有北北东走向的震旦系砂岩分布。在从江南部高武一带分布有前震旦麻状黑云母花岗岩，发育的地形也变质岩系类似。雪峰台凸的主要构造线呈北北东或北东向，多走向断层，它在很大程度上控制了山脉、河流、构造盆地和河谷盆地的走向，也影响到山坡的形态和河谷盆地的不对称。

北部为铜施台凹　其南缘以玉屏、施洞口到黄平一线为界。其间分布有板溪群及震旦、寒武、奥陶各系的地层，而以寒武系砂页岩和白云质灰岩分布最广。构造多宽平背斜，走向呈北东向，轴部出露板溪群。向斜较窄。本区多北北东向断裂，地貌上表现为具有喀斯特化丘陵状剥蚀面的低中山和盆地。

西南部为属黔桂台向斜的黔东南凹陷　位于黄平以南，开怀、朱砂场、三都以西。出露地层以寒武、奥陶、志留系较广，构造多箱状褶皱、背斜宽平。地形上是黔中山原的一部分，山原面上丘陵起伏。在丹寨、兴仁以西和麻江以西为两条南北窄狭的向斜，轴部分别出露泥盆系泥页岩及砂岩和三叠系灰岩，形成构造中山和喀斯特丘陵洼地。

新生代构造运动，对黔东南地貌发育和地貌特征影响很大。雷公山断块上升，形成强烈切割的高中山。间歇性抬升，在黔东南形成山地狭谷和分布普遍的两级剥蚀面及三级阶地。黔东南地面向东倾斜，一般河流在谷底都偏向东部或南部，而河漫滩和阶地则分布于西部和北部，但由于河谷两侧山地的不等量上升，即东部上升量大于西部时，谷地地貌则出现相反情况。如榕江盆地东部上升为中山，西部则为低山，不但车江流经西部山，河漫滩、阶地广泛分布于江东，而且江东的阶地比江西的同级阶地高 20～40 米。黎平盆地也有类似的情况。

第二节　岩石地层特征

黔东南州中元古至第四系除少部分层位有缺失外，地层发育较全，总厚度累计达数万米。中元古至下震旦统以海相陆源碎屑岩为主；上震旦统至下三叠统以碳酸盐岩居多；中三叠统主要是海相碎岩；侏罗系以上几乎全为陆相碎屑岩。震旦系以下地层均已浅变质而为绿岩系。

黔东南自治州地层岩性表

表 1—1

地层		岩性	分布
系	组		
第四系		黏土	黄平、凯里、施秉、三穗、榕江、黎平、台江
		砂土	
		砾土	
上第三系	翁哨	黏土砾岩	施秉下翁哨
		黏土岩	
		褐煤	
下第三系		砾岩	黄平、施秉、榕江、台江、镇远
		砂岩	
侏罗系		砂岩	天柱
三叠系		灰岩	麻江
	茅口	灰岩	天柱、黎平、丹寨、锦屏、剑河
	褛霞	灰岩	
		煤	
石炭系		灰岩	黎平、锦屏
泥盆系	望城坡	石英砂岩	凯里、黄平、
		灰岩	
	独山	灰岩	
	蟒山群	石英砂岩	
志留系	翁项群	石英砂岩	黄平、施秉、凯里
		粉砂岩	
		砂质泥岩	
		灰岩	

续表

地层		岩　性	分　布
系	组		
奥陶系	桐梓组	白云岩	黄平、施秉、凯里、麻江
	红花园	灰　岩	
	大　弯	瘤状砂质灰岩	
寒武系	娄山关群	白云岩	镇远、施秉、黄平、麻江、丹寨、凯里、岑巩
	高　台	钙质粉砂岩	
	清虚洞	灰　岩	
		白云岩	
	杷　榔	砂质页岩	
	明心寺	灰质页岩	
		石英砂岩	
		灰　岩	
	牛蹄塘	炭质页岩	
		桂质岩	
震旦系	灯　影	桂质白云岩	黎平、从江、锦屏、剑河、榕江、台江、镇远、三穗、黄平
	南　沱	冰碛砾岩	
	隆　里	含砾砂岩	黎平、榕江、锦屏、雷山
		粉砂质板岩	榕江、剑河、黎平、从江、台江
前震旦系	清水江	砂质板岩	三穗、天柱、镇远
		层凝灰岩	
	番　召	变余石英砂岩	剑河、锦屏、黎平、雷山、从江、凯里、施秉、台江
		千枚状砂质板岩	
	乌　叶	变余石英砂岩	从江、台江、雷山
		砂质板岩	
		千枚状板岩	
	平　路	千枚岩	从江、台江、雷山
		大理岩	
		絹云母变岩	从江
		混合花岗岩	

第三节　地形地貌

地貌在很大程度上受地质构造控制。由于褶皱轴及断裂线的影响，黔东南州山地多作北东或北北东走向。总地势由西向东降低，中部雷公山（主峰海拔2178.8米）地区及南部与桂北九万大山（海拔1670米）接壤一带地势较高，多为中山地形；北部最高点佛顶山（位于施秉县，海拔1869米）至一碗水（黄平县内）一线为乌江水系与沅江水系（舞阳河）分水岭（乌江流域面积仅占335平方公里），中山地形分布范围小；西部、西北部主要为喀斯特地貌地形；东部为低中山、低山丘陵区。清水江由天柱瓮洞东面入湖南省界处海拔217米；东南隅黎平地坪水口河入广西与都柳江交汇处海拔137米，为黔东南州地势最低点，也是贵州省地势最低点。

根据地貌分布规律和特点，黔东南州可划分为山地、丘陵、和河谷盆地4种。

山　地　主要有高中山与中中山、低中山、低山。

高中山与中山　深切割构造山地分布在施秉县北部的佛顶山、龙洞坡和丹寨县的龙泉山和雷山县的雷公山、排列坡、脚尧、雷公坪一带，绝对高度一般在1200米以上，相对高度在400～900米，由上板溪群砂岩组成，山地多呈南北向排列。切割侵蚀山地分布于雷公山的外围，包括雷山至凯里挂丁，榕江县的党翁，黄平县重兴、翁坪和旧州西部，舞阳河和支流龙江河的分水岭等地，绝对高度一般在1300～1400米之间，相对高度大于500米，亦由上板溪群砂岩组成，在剑河一带形成深切割的峡谷区。中山山地面积共有864.78万亩。

低中山　深切割构造类分布在黄平县马场街至重安江南部、凯里市的舟溪至情郎一带，绝对高度900～1200米左右，相对高度200～500米，由古生代砂岩、砂页岩组成。深切割侵蚀类分布于麻江、丹寨的东南部，台江、剑河县的东南部，都柳江的南部和雷公山的东部外围，绝对高度在900～1200米左右，相对高度400～800米，由上板溪群砂岩和古生代砂页岩组成。中切割构造类分布于岑巩县的小铺以北和榕江县东北部的栽麻至黎平县的茅贡以北一带，绝对高度1000米左右，相对高度300～500米，由上板溪群砂岩、砂页组成。中切割侵蚀类分布于舞阳河流域两岸，凯里市香炉山南部，黎平县的东西两侧。绝对高度800～1000米左右，相对高度300～400米，由上板溪砂页岩、板岩及寒武乡灰岩等组成。浅切割侵蚀类分布于麻江至谷硐，炉山至凯里南部，丹寨东部地区和舞阳河南岸的老岗冲至大坝场一带，绝对高度900～1200米，相对高度300米左右，由古生代的砂岩和灰炭组成。低中山山地面积共有1871.39万亩。

低　山　黔东南州境内低山广泛分布，覆盖面占75.9%。在山麓盆谷与舞阳河、清水江、都柳江及其支流两岸，形成低山缓丘盆谷地带。深切割侵蚀低山山地分布在凯里以西的龙头河、清水江沿岸，锦屏县清水江至从江县都柳江两岸，天柱县墨溪等地，绝对高度700～800米，相对高度300～400米，由寒武系灰岩、白云质灰岩和上板溪群砂页内岩组成。在从江县高忙山、月亮山一带，群峰叠嶂，与河谷相对高差大于700米，形成中山向低中山山地过渡。中切割侵蚀低山山地分布于麻江宣威，黎平至锦屏敦寨、铜鼓，三穗至镇远青溪，天柱邦洞、蓝田的南部和北部等地。绝对高度700米～900米，相对高度200～300米，由灰岩、砂页组成。浅切割侵蚀低山山地分布于天柱瓮洞清水江两岸和岑巩水尾东北部，绝对高度在700米左右，相对高度200～300米，由板溪群砂页岩和寒武系灰岩组成。喀斯特化低山山地分布于岑巩县的天马至凯本和烂桥至水尾一带，相对高度多在350米以下，由寒武系清虚洞灰岩和娄山关灰岩组成。其间夹有大小不等的溶蚀洼地，地下喀斯特极为发育。低山山地面积共有1246.52万亩。山地面积占全县土地总面积70%～80%的有凯里市、麻江县、丹寨县、黄平县；占80%～85%的有雷山县、施秉县、镇远县、三穗县、岑巩县、天柱县、锦屏县、台江县、剑河县；占85%以上的有黎平县、榕江县、从江县。

丘　陵　主要分布在天柱、黄平、施秉、镇远、麻江、从江等县。天柱蓝田至白市一带为二叠系栖霞组灰岩和上统长兴灰岩所组成，绝对高度在450米左右，相对高度在100～200米。黄平、施秉、镇远一带为喀斯特化丘陵，由寒武系下统清虚洞灰岩、中统高台灰岩和中上统娄山关灰岩组成，海拔高度在600米左右，相对高度长40～50米。麻江县丘陵分布于东部三叠系灰岩中，呈条带状分布，具有向斜型喀斯特丘陵特点。从江县丘陵由石灰系、二叠系灰岩组成，贯洞至洛香一带在二叠系岩层分布地区形成大型溶蚀洼地。丘陵低山面积有117.05万亩，中丘地有375.62万亩。

河谷盆地　主要分布在黄平县旧州、施秉县城关和榕江县车江，是由新生代时期产生拗折或沿老构造复合而堆积有红色岩系，河漫滩宽广，是黔东南州主要水稻生产区之一。溶蚀盆地主要分布在天柱凤城、黎平中潮等地。盆地的中心部位均为石灰岩，四周或边缘为上板溪群砂页岩，由石灰岩上溶蚀洼地发育而来。盆地内部平坦，河曲发育均有三级阶地，也是黔东南的主要水稻生产区。州内盆地均为低盆地，共69.94万亩。

地貌与农业生产的关系是十分密切的。在黔东南州，由于苗岭横亘中部，对南北气流的运行起了一定的阻挡作用，山北地区受寒潮的影响大于山南，气温北低南高，北部作物以两熟为主，向南部则三熟潜力大。东部和南部800米以下的变质岩或砂页岩山地，沟谷多，水热及土质均有利于杉木的生长，特别是沟谷下段适生条件更好，向阳红黄壤缓坡地带还适于油茶生长。南部低丘的红壤或红黄壤同阳缓坡，甘蔗、红麻也长得好。西部及西北部高原，气候凉湿，黄壤分布广，马尾松普遍生长，烟草、棉花、茶叶的发展历史均较悠久，且因土厚缓坡及宽谷盆地多，有利开垦耕地，成为州内耕地比重最大地区。但由于灰岩分布广，岩溶及岩溶化地貌影响，田土比例大致相当。而其余广大地区，由于地形限制，耕地面积虽不及西部比重大，但变质岩系和砂页岩分布广，地面水比较丰富，有利农田灌溉，耕地以水田占绝大比重。

第四节　农业地貌分区

为了给农业规划和拟定生产措施提供可靠的地貌依据，特根据不同农业地貌类型有规律的组合，及其与农业生产之间的关系和改造利用途径，将黔东南州划分了两个一级农业地貌区。

西部山原区　包括南起朱砂场、北经开怀、施洞口、两路口至天马岑巩一线以西地区。

本区是黔中及黔北高原山地的一部分。南部属黔东南凹陷，北部属铜施台凹。为舞阳河、清水江与都柳江上游分布地区。海拔约800～1200米。岩溶化低中山范围最广，与岩溶化丘陵，岩溶地貌、低中山、低山等交相出现，沿河多宽谷盆地。现代地貌发育过程，除河谷为主蚀作用外，其余广大地区多剥蚀作用，河流切割不强，相对高度一般在100～200米左右。大面积的两级剥蚀面多分布在分水岭地带，一级海拔约800米，以凯里附近、镇远文德关—镇雄关、施秉刘家庄—望城坡、施秉—新城、天马等地保存较好；另一级海拔约1000米，镇远右江、羊场、古楼坪、施秉紫荆关，黄平—碗水、横坡等均较明显，其上大都有较厚风化壳复，地面呈波状起伏。本区因相对高度小，农业生产的地区差异，以水平变化为主。耕地中虽然水田较多，但旱土也不少。作物中水稻比重较大，又为黔东南州玉米的主要产区。经济作物发展较好。烤烟尤为重要，栽种茶叶的历史悠久，分布亦广。林业以马尾松为主。

本区广泛分布的岩溶及岩溶化地貌，前者多落水洞及裂隙漏水，后者地面土层虽较厚，但多碎屑，保水性能差。反之，不少盆谷中的水田，大雨以后，又常常因地下水涌水难消成涝，或常年受地下水浸渍，成为冷烂锈田。因此，解决旱涝特别是干旱问题，对发展农业生产具有重大意义。此外，岩溶区基岩裸露山丘多，耕地丘块小，土壤分散等亦不利于耕作。

东部山丘区　包括Ⅰ区以东直达省界的广大地域，除西北部属铜施台凹外，其余均为雪峰台凸。面积比Ⅰ区大两倍多。全区基本属土复山地。自西向东依次为高中山、中山和低山、丘陵，均有利林木生长，为省内重要林区之一，杉木林尤其著称全国，油茶林居全省首位。山丘间散布以大小不等的盆地。是水田集中区，中山以下的缓坡和沟谷亦多水田，所以耕地田多土少，水田面积占耕地的85%以上，为全州水稻出产最多地区。州内海拔最高和最低点也出现在本区，地势起伏大，农业生产的垂直差导突出。而南北距离较大，加之农业地貌类型复杂，农业生产又有一定的水平变化。400～500米以下的地域广，水热条件有利各种喜温作物及林木生长，更大大地丰富了农业生产的内容。清水江和都柳江水系遍布全境，有利农田水利灌溉和流放木材，干流与湘、桂相通，交流农产品也方便。不少河段谷狭流急，地质条件好，又为筑坝发电提供了物质基础。

本区山地土层疏松，坡度＞25度的甚多，降水≥50毫米的暴雨，不少地区年达5～6天，水土流失给农业生产以很大威胁，扩大耕地，受到限制，也都与地貌条件相关。因此，在本区充分利用宜林荒地资源，大力发展林果业，为林区所必须，而以林促农，比之西部山原区具有更大潜力。

第二章　农业气候资源与水文资源

第一节　农业气候条件与气候资源

黔东南州地处中亚热带季风湿润气候地区，属海洋气候过渡区。州内由于地形起伏，沟壑纵横，群峦叠嶂，造成山区气候错综复杂，从而引起水热条件的重新分配，局部气候差异明显。总的气候特点是“四季分明，冬无严寒，夏无酷暑，雨量充沛，湿度较大，热量较丰，雨热同季，日照偏少”。从农业生产的角度看，属于“丰收型”的气候。但由于局部地方气候差异的影响，常年有干旱、冰雹、暴雨和低温等农业灾害不同程度的发生。

热　量

黔东南州热量资源丰富。南部东暖夏热，北部夏热冬冷，中部偏暖，西部偏冷。气温随海拔高度的增高而由南向北、由东向西趋于减少，尤以西部显著。

气　温　全州平均气温15.8℃，年均最高气温20.9℃，年均最低气温8.3℃。年均气温年际变化最大的是雷山和施秉两县，为1.2℃，最小的是岑巩县，为0.7℃

州内各县（市）气温的冷热变化大致相似，即最冷1月，最热7月。1月气温平均3.2℃（黄平）~7.7℃（从江）；7月气温平均23.5℃（丹寨）~27.6℃（从江）。春秋两季各地气温差异较冬夏两季小（前者3.8℃~3.9℃，后者4.3℃~4.1℃）。4月均温最大值出现在从江、榕江两县，为18.9℃；最小值出现在麻江、黄平两县，为15℃；9月均温最大值出现在从江县，为24.4℃，最小值出现在三穗县，为17.2℃。

在农业生产中，主要影响因素是气温的日变化和年变化，而这些变化又与纬度、海拔高度、植被、土壤、坡度、坡向、季节、天空状况（云、风、晴、阴、雨）和微地形，以及海陆分布等条件密切相关。因此，在山区部署农业生产，应特别注意气候条件的区域变化。

气温分布特点　以麻江、丹寨、三穗、黄平、凯里炉山一带为黔东南州的低温区，一年四季的气温皆比其他县明显偏低。以从江、榕江、施秉、镇远等县为高温区，尤以从江、榕江显著，而剑河、锦屏、天柱虽属高温的范围，但冬春雨季的气温变化不稳定，主要受地形的影响所致。黔东南州气温随纬度变化虽有差异，但变幅不大，而随地形的变化则十分显著。

生长期长度　生长期系指作物（包括多年生果木）能生长的时期。农事季节活动的总长度一般以>7℃、≥I0℃、≥15℃、10℃~20℃等为代表。冬作物及大多数禾本科植物全生长期（≥5℃日数）平均296天。一般喜温作物生长期长度（≥10℃日数）平均239天。喜温作物生长期长度（≥15C日数）平均182天。大秋作物生长期长度（10℃~20℃日数）平均180天。

生长季积温　黔东南州能生长期总积温（≥0℃正积温）平均为5751.9℃，其中，榕江县较高，为6580.5℃，麻江县较低，为5271.3℃，高低相差1309.2℃。适宜植物生长的积温（≥5℃）平均为5424.9℃。其中，从江县较高，为6444.2℃；麻江县较低，为4847.8℃，高低相差1596.4℃。适宜大田作物生长的积温（≥10℃）平均为4937.4℃。其中，从江县较高，为5749.7℃，麻江县较低，为4403.1℃。高低相差1346.6℃。适宜多喜温作物生长的积温（≥15℃）平均为4086.7℃，其中，从江县较高，为5272.4℃，麻江县较低，为3456.8℃，高低相差1815.6℃。适宜秋收作物生长季积温（10℃~20℃）平均为3944.5℃。其中，从江县较高，为4835.4℃，麻江县较低，为3361.7℃，高低相差1473.7℃。

农业气候的季节分配　黔东南州四季长短，气候均温>22℃为夏，<10℃为冬，介于10℃~20℃间为春秋。

最热、冷月均温与极端气温最热月：作物生长及产量的形成，除要求有一定的热量累积外，在生殖器官形成时期还要有一定的热量强度。一个地区最热月平均温度的高低，为作物所需的高温条件在该地区能否得到满足提供依据。黔东南州最热月在7月，平均气温25.8℃，平均最高气温为30.8℃。最冷月：严寒程度不同，对越冬作物能否安全越冬及产量形成影响极大。全最冷在1月，平均气温4.1℃。平均最低气温为2.0℃。

海拔高度与热量条件　黔东南州农田的热量条件随海拔高度的变化有如下特征：

从气温年、季、月变化情况看，总的规律是随海拔的增高而递减，并与季节相关。在海拔500米的地区，海拔每升高100米，春季时气温递减0.2℃~0.7℃，夏季时递减0.3℃~0.9℃，秋季时递减0.2℃~0.8℃，冬季时递减0.3℃~0.6℃。

夏半年的热量递减率比冬半年大。前者0.7℃～0.9℃，平均0.8℃；后来0.4℃～0.6℃，平均0.5℃，全年平均0.65℃。

作物生长季长度随海拔高度的增高而缩短的程度不一。以稳定通过≥10℃为例，<600米变化不大，平均初日延迟3—9天，>600米延迟5～8天；平均终日<600米提前4～8天，>600米提前4～6天。耐热作物生长季（日均温≥20℃持续期）和越冬作物生长季（日均温≥5℃持续期）缩短的天数一般为5～7天；喜温作物生长季（日均温≥10℃和≥5℃的持续期）一般为3～5天。

积温随海拔的增高减少。其中≥5℃、≥10℃积温，当海拔每升高100米时减少120～250℃；≥15℃和≥20℃积温，减少250℃～450℃；10℃～20℃积温，减少300℃～500℃。全州平均海拔每升高100米，约0℃～5℃积温和10℃～20℃积温减少200℃～400℃。

气温日较差年均8.3℃。北部大，南部小，平坝大，山区小；7月至翌年1月大，2—6月小。海拔每升高100米，冬季大1℃～2℃，夏季小0.5℃～1℃；极端最高和最低气温约减少2℃～0.8℃，个别地区>2℃。

光　能

太阳辐射是作物进行光合作用的能量来源。一个地区光资源增产潜力的大小，是该地区所固定的太阳辐射能量与生产发展中可固定的差值。在品种优良、密度适宜、水肥充足的条件下，农业生产力主要受光合作用的限制。

总辐射　黔东南州太阳辐射值在3339.8兆焦/平方米—3768兆焦/平方米之间，平均为3647.1兆焦/平方米，在省内居中。≥10℃期间的太阳辐射平均为2797.4兆焦/平方米，占年总辐射量的76.64%。一年之中，太阳辐射月最大值出现在7月，平均为485.2兆焦/平方米，月最小值出现在1月，平均161.3兆焦/平方米。

从四季看，春季太阳辐射值为909.6兆焦/平方米，占年总辐射量（下同）的24.9%，最大是雷山，为962.5兆焦/平方米，最小是锦屏，为833.6兆焦/平方米。夏季为1326.9兆焦/平方米，占年总量36.4%，最大是三穗，为1394.4兆焦/平方米，最小是麻江，为1208.4兆焦/平方米。秋季为923兆焦/平方米，占年总量的25.2%，最大是黎平，为958.2兆焦/平方米，最小是麻江，为786.4兆焦/平方米。冬季为490.1兆焦/平方米，占年总量的13.4%，最大是从江，为543兆焦/平方米，最小是施秉，为468.8兆焦/平方米。全州各季光合有效辐射值分别为：454.7兆焦/平方米（春）、663.2兆焦/平方米（夏）、427.5兆焦/平方米（秋）、244.5兆焦/平方米（冬）。

光照时数年变化　全州年均日照时数为1212小时。其中，年均日照时数较高的为榕江县，达1292小时，较低的为麻江县，仅1058.9小时。

从四季看，全州春季日照为257.4小时，占全年日照时数（下同）的21.2%；夏季为479.9小时，占39.6%；秋季为311.2小时，占25.7%；冬季为164.3小时，占13.6%。

黔东南州日照特点，夏季随纬度的增高而加长，冬季随纬度的增高而缩短，春秋介于两者之间。因此，在农业生产上要注意合理布局长日型与短日型作物，特别是引种方面更需要注意。

光能利用率　黔东南州作物光能利用率按下式求得：

$Y = Q \times E \times 666.7 \times 10.4 \times 0.4 / 500 \times 4.25$

式中Q 表示作物生长季的总辐射

E 表示光能利用率

以水稻生产为例，经计算，全州光能利用率若达到1%，平均亩产量可达413.8公斤，达到2%，亩产可达865.9公斤，达到3%，则亩产可达1341.7公斤。长期以来，黔东南州水稻平均产量总徘徊在200～300公斤，光能利用率在0.35%～0.65%，风调雨顺年在0.7%～1.35%之间。因此，要想提高作物单位面积产量，首先要提高作物的光能利用效率。

降　水

降水年变化　全州平均年降水量1227.5毫米。丹寨县较多，为1471.9毫米，施秉县偏少，为1052.2毫米。丹寨、麻江、雷山为黔东南州西部多雨区，也是省内3个多雨区之一。年雨量大于1300毫米；锦屏、黎平为东部多雨区，年雨量也大于1300毫米。北部的施秉、镇远为东部本州少雨区，年雨量小于1100毫米。

由于地形地貌的差异，决定了黔东南州降水年际变化大，降水最多年与降水最少年比差达一倍以上。同一年度各地降水的分布也不均，降水年降变化最大的是麻江、丹寨两县达200～700毫米：镇远、锦屏、天柱年际变化小，为100～300毫米。

四季降水特点与分布　春季（3～5月）：全州平均397.5毫米，占年总降水量（下同）的32.3%。其中，雷山、丹寨、凯里、麻江、剑河、三穗、黎平、锦屏等县大于400毫米，尤以丹寨县最多，为445.5毫米。施秉县最少，为338.1毫米。偏多与偏少相差107.4毫米。本季雨量分布情况为东西向偏多，南北向偏少，东部大于西部，南部大于北部。其中，雨峰出现在5月的有：岑巩、镇远、施秉、黄平、雷山、台江、剑河、三穗、天柱、锦屏、黎平等11个县，为黔东南州的春季多雨区。

夏季（6～8月）：全州平均479毫米，占年雨量的32%。其中，丹寨县较多，为650.9毫米，施秉县偏少，为404.3毫米。本季雨量分布情况为西部大于东部，南部大于北部。雨峰出现在6月的有：从江、榕江、凯里、麻江等县市；出现在7月的唯有丹寨县。以丹寨为中心的麻江、雷山、凯里、榕江等县市为黔东南州夏季多雨区。尤以丹寨显著。

秋季（9～11月）：全州平均249毫米，占年雨量的20.3%。其中，麻江县偏多，为298.2毫米，榕江县偏少，为184.9毫米。本季雨量分布情况为西部大于东部、北部大于南部。

冬季（12～2月）：全州平均104.1毫米，占年雨量的8.5%。其中黎平县较多，为155.6毫米，施秉县偏少，为78.2毫米。本季雨量分布是东部大于西部，南部大于北部。

黔东南州进入雨季平均在4月中旬，10月下旬结束。偏早的榕江、从江、锦屏、岑巩等县4月上旬始，10月下旬终；偏晚的丹寨、麻江等县4月下旬开始，10月下旬终。

全州平均雨季日数为197天，雨季期的雨量在991毫米，占年雨量的80.4%。其中，湿季（4～10月）占年雨量的80.8%，旱季（11～3月）占年雨量的19.2%。雨日数最多的为剑河、黎平、从江、镇远、锦屏等县，均大于200天，尤以剑河最多，为208天；雨日数较短是丹寨、麻江两县，为188天。

降水特性　主要有三个方面：一是降雨水层厚度一般可满足作物生长需要。全州年均自然降水约合每亩水量818.6立方米。其中，丹寨县最大，为980.3立方米，施秉县最小，为700.8立方米。若不考虑其他条件，对1年2熟（部分地区3熟）制的农作物其所需水量是足够的，部分县还有余。二是降水强度以小雨居多。全州平均小雨（>0.1毫米）177天，中雨（>10.3毫米）36.7天，大雨（>25毫米）12.2天，暴雨（>50毫米）2.5天，大暴雨（>100.0毫米）0.12天，特大暴雨（>200.0毫米）0.1天。三是降水变率较大。黔东南州逐年雨量之间变率在0.1%~3%之间，平均为0.8%。正变率平均为25.71%，偏大的三穗县为36%，偏小的黎平县为16.1%；负变率平均为25.7%，偏大的台江县为33.7%，偏小的黎平县为16.1%。正变率偏大说明当年涝灾概率大；负变率偏大，说明干旱概率大。

生长季降水量　夏收作物生长季雨量。全州平均为596.4毫米，占年雨量的42.5%。其中，从江、榕江、丹寨等县大于650毫米；麻江、锦屏、天柱等县小于550毫米；秋收作物生长季雨量。全州平均为906.4毫米，占年雨量的73.8%。其中，岑巩、施秉、三穗等县大于850毫米；麻江小于700毫米。

干燥度　一般把可能蒸发量与降水量之比称为干燥度，并以此衡量水分盈亏情况。黔东南州根据历年干旱情况和资料整理，确定以日均温稳定通过10℃期间的干燥度<0.8为水分供应良好，>1为水分供应不足，接近1时为基本平衡（0.8~1.0）。以此根据，全州年均干燥度0.87，上半年干燥度均<1，这是丰水易涝季节，尤其是4~6月明显；下半年普遍>1，尤为7月下旬至9月显得干燥，仅麻江、丹寨水分供应状况较好，但大旱之年照样干旱，只不过比其他各县稍好而已。从各月的干燥度看，每年的3月、8月、9月、12月等月份普遍>1，说明当月的降水量小于蒸发量，水分供应见缺。

降水的垂直地带性差异　黔东南州年度降水量或季节性降水量，均随海拔的增高而偏多。当达到一定的高度上则减少，或者上升到一定的高度上不再增加，则这一高度就是当地的最大降水高度。

黔东南州各县雨量（含水文站雨量）按丰、平、歉年型分类，偏丰年雨量在1300~1500毫米（Rmax=1542.7~236.79小时），平年雨量为1200~1400毫米，（R=1367.2~200.17小时），歉年雨量为900~1200毫米，（Rmm=1184.3~108.74小时）。若按海拔高度分层，则350~800米为最不稳定层，波动性大，小于400米递增较大，400~7700米递增较少，700~900米稍有增加，900~1200米缓增，1200~1550米缓慢，1600~1800米几乎不增（个别年份例外），大于1800米递减。因此，黔东南州最大降水高度从目前看，它的抛物线方程应为R=2496.8~1.56（一小时~16.0）。

蒸　发　据多年数据平均，黔东南州年均蒸发量为1250.2毫米，与年均降水量基本相似。全州16个县、市中，以凯里市的农田蒸发量较大，为1391.9毫米，镇远县的蒸发较小，为980.5毫米，相差411.4毫米。从地理分布看，以中部、西部、南部各县蒸发量偏大，尤以凯里地区显著。从季节上看，夏季蒸发量大，占年均总蒸发量的41.4%。其中，6月、7月、8月的月蒸发量均在130~210毫米；冬季小，占10.9%；春秋两季相似。蒸发偏大地区多数年份蒸发量大于降水量。

空气湿度　黔东南州年均相对湿度为81%。偏大的锦屏县为85%，偏小的凯里市为78%，小于均值的仅有镇远、施秉、凯里、榕江等县市。从四季来看，全州春夏秋冬四季相对湿度均在81%以上。

农业气候资源评价

光资源较丰、增产潜力大　黔东南州光能资源年均太阳辐射3650.1兆焦/平方米。偏丰年3684.4～3977.5兆焦/平方米，平年3349.4～3768.1兆焦/平方米；歉年3140～3475兆焦/平方米；≥10℃期间总辐射一般在2721.4～3140兆焦/平方米，生长季利用率75%～86%，尚有25～14%未能被利用上。从一年二熟制地区看，水稻平均亩产190～398公斤，光能利用率为0.5%～1%；小麦平均亩产43～247公斤，光能利用率为0.2%～1%。实行稻麦、稻油、稻稻油、稻稻麦、瓜稻油等耕作制，其光能利用率也仅0.4%～1.17%，而且其年际变化幅度较小，约3%～4%。以一季中稻为例，如果光能利用率在原基础上提高至0.3%～1.83%，亩产将在现在的基数增加50～200公斤。为此，必须要选择光能利用率较高的品种，提高复种指数，合理密植，采取间、套、混种形式，早、中、晚熟品种及不同作物合理布局等改革措施，以进一步提高农作物利用光能资源的潜力。

热量丰富，垂直差异明显　黔东南州50%以上的地区年均温>16℃，生长季积温16>0℃。生长季积温（>0℃t）。全州平均5751.9℃，≥10℃积温平均4937.4℃，喜热作物生长长度>240天以上。热量资源是丰富的。但由于各县年际变化较大，在安排农事活动时应采用80%保证率（特别是偏冷年或偏冷季等）的日期积温持续天数来确定各种农事安排。又由于黔东南州山地面积大，海拔高度差异大，气温随海拔高度增加而降低，因而可供作物的生育期也随之减少，这也是在安排生产时必须注意的。

雨量充沛，年际变化大　全州年均降水1200毫米以上，能满足一年二熟和经济果木等所需水量。但由于年际变化大，多的达200～700毫米，少的也为100～300毫米，再加上分配不均，且又多集中在春季和夏初，使大田作物在生殖生长旺盛期，常因干旱而缺水。因此，在搞好蓄水保水的同时，还要特别注意保护和发展黔东南州森林资源，维持生态平衡，治理水土流失，增加水利设施，从而达到调节气候，涵养水源的目的，为发展农业生产提供保障。

山地小气候多种多样，为发展多种经营提供了有利条件　黔东南州由于地质地貌的影响，各地海拔高度不同，地形起伏，沟壑纵横，切割强烈（尤其是东部和东南部），农业地域分异明显，再加上土壤、植被、坡向、坡度等方面的差异，形成了多种多样的小气候条件，使农业生产呈现“立体农业”的特点，为许多珍贵林木、经济作物、药材、名贵土特产的生长提供了特殊的良好环境，为开展多种经营，发展地方名特产品开拓了广阔的前景。

农业气候分区

在全省农业气候分区中，黔东南州属于“黔东南温暖湿润农业气候区”。根据黔东南州实际情况，确定按热量、水分的供需状况进行二级区划。一级按热量定指标。以≥10℃积温和10℃～20℃按80%保证率的积温，与年均温采用重叠法，划出温热、温暖、温和、温凉、冷凉5个农业气候区。

黔东南农业气候分区一览表

表 1—2

农业气候区	Ⅰ温热区	Ⅱ温暖区	Ⅲ温和区	Ⅳ温凉区	Ⅴ冷凉区
年辐射	2028.49～2505.78 兆焦/平方米		1909.16～2386.46 兆焦/平方米	1670.52～2267.13 兆焦/平方米	1670.50～2147.81 兆焦/平方米
年均温	≥18℃	≥17℃	≥16℃	≥15℃	13℃～14℃
年降水	1200～850 毫米	1250～900 毫米	135～750 毫米	1400～9000 毫米	1500～850 毫米
≥10℃初日	下旬初/3 月	下旬初/3 月	下旬初/3 月	上旬/4 月	上旬/4 月
≥20℃终日	中下旬/9 月	中下旬/9 月	中下旬/9 月	上中旬/9 月	上中旬/9 月
≥10℃积温	>5500℃	5500℃～5000℃	5000℃～4500℃	4500℃～4000℃	4500℃～3500℃
10～20℃积温	>4500℃	4500℃～4000℃	4500℃～3500℃	4000℃～3500℃	4000℃～3000℃
1 月均温	>7℃	>6℃	4℃～6℃	3℃～5℃	2℃～4℃
7 月均温	≥27℃	≥26℃	≥25℃	24℃～25℃	22℃～24℃
生长季天数	≥300 天	280～300 天	270～290 天	260～280 天	250～270 天
无霜期	≥310 天	290～310 天	280～300 天	270～290 天	260～280 天
相对湿度	80%	80%	81%	82%	82%
干燥度	1.70～0.85k	1.60～0.80k	1.65～0.70k	1.30～0.60k	1.20～0.50k
农田高度	190～300 米	250～500 米	280～610 米	440～920 米	610～1200 米
气候优势	光热充足	热量较好	水丰	水分充足	
气候劣势	易涝易旱	易旱	寒害较重	秋寒早冻害重	
土　壤	红黄壤	红黄壤、黄壤	黄壤	黄壤、黄棕壤	
耕作制度	三熟制	二、三熟制	二、三熟制	二熟制	

黔东南农业气候分区一览表

表 1—3

农业气候区	Ⅰ温热区		Ⅱ温暖区		Ⅲ温和区			Ⅳ温凉区			Ⅴ冷凉区		
划区符号	Ⅰ$_1$ 重旱	Ⅰ$_2$ 中旱	Ⅱ$_1$ 重旱	Ⅱ$_2$ 中旱	Ⅲ$_1$ 重旱	Ⅲ$_2$ 中旱	Ⅲ$_3$ 湿润	Ⅳ$_1$ 重旱	Ⅳ$_2$ 中旱	Ⅳ$_3$ 湿润	Ⅴ$_1$ 重旱	Ⅴ$_2$ 中旱	Ⅴ$_3$ 湿润
包括地区	忠诚 贯洞 龙额	停洞榕 江八开 从江丙 妹西山 下江	寨蒿 水口	蕉溪青 溪宰便 平永太 拥南加	天柱 兰田 白市 远口 施秉 旁海 施洞 马号 重安江 平溪	剑河 西江 乐里 中潮 洪州 镇远 岑巩	锦屏 九寨 敦寨	甘溪 马溪 旧州 白洗 兴仁 新桥 瓮西 宣威	水尾 龙田 金堡 桐林 邦洞 磻溪 尚重 孟彦 凯里 万潮 炉山 雷山 瓦寨	永乐 注溪 大塘 排调 黎平 岩洞	羊桥 凯本 天马 羊场 白垛 牛大场 紫荆 谷陇 黄平 麻江 丹寨 三穗 台烈	客楼	高酿 茅贡 谷洞 加鸠

主要自然灾害

黔东南州灾害性天气种类较多，主要有干旱、倒春寒、冰雹、秋风、秋绵雨、雨淞（凌冻）、暴雨和霜冻等。其中，干旱、冰雹、倒春寒、秋风、秋绵雨等几种灾害天气，不仅出现时段长、次数多、范围广，而且每年都出现。

干　旱　旱灾通常指的是长期无雨，往往与高温、低温和干热风（夏旱期间）同时发生。按出现的时段看，有春旱、春夏连旱、夏旱（含伏旱）、夏秋连旱、秋旱、秋冬连旱、冬旱；从危害程度、时间最长、范围最广看，尤以夏旱中的伏旱为重，春旱次之。干旱可分3种情况。即“天旱地不旱”（称为大气干旱）、“地旱天不旱”（称为土壤干旱）和“天旱地也旱”（大气干旱与土壤干旱同时发生）。天旱是指降水量偏少，无雨日长，或有雨日但量小；而有的有水源的土壤（如冷阴烂锈田）虽天旱，但地却不旱；地旱系指因长期无雨（大于20天以上）或雨量小，田地缺水龟裂；天旱地也旱是指大旱时，天上无雨下，土地干旱。

黔东南州的干旱为夏旱重于春旱，尤以伏旱显著（7月中旬至8月中旬）。据历年降水变率、各县干燥度（按K＞0.75—0.85为旱开始，0.85—0.99为干旱，＞1.0为干燥）计算看，全州6月下旬至9月中旬普遍在0.65—1.17之间，其中，7—9月偏大，为0.80—1.61，是以伏旱为重。从地域分布看，北部、中部、东南部地区干旱偏重，东西部次之。发生顺序为先北后南。若再加上≥33℃以上高温天气（7月上旬至9月上旬），则更加重了对农作物的危害。

多年来，夏旱在州内的发生，均连续发生2～3个月的干旱期。如2013年6月初至8月20日，全州各地普遍发生干旱灾害，农作物受旱总面积176万亩，占秋季农作物播种面积（450万亩）的39.1%；成灾面积80.4万亩，占农作物播种面积的17.87%；绝收面积20.97万亩，占农作物播种面积的4.66%。干旱造成种植业直接经济损失6.9亿元。同时，干旱也使畜牧渔业生产受到了一定损失。据统计，全州畜牧业因旱缺水牲畜达103.4万头，家禽达310万羽；缺水死亡牲畜7106头，缺水死亡家禽6.2万羽；受灾草原面积近57万亩；因旱导致经济损失达3917.6万元。渔业（含稻田养鱼）因旱受灾达14889公顷，因旱导致经济损失3739.8万元。这是近年来受旱程度较为严重的一次。

低温冷寒　主要表现寒害和秋风

寒　害　温度在0℃以上，使某种作物致死或停止生长，称寒害。黔东南州春季的“倒春寒”和秋季的“秋风”或“寒露风”属于此类。春季当日均温连续3天下降低于10℃以下，最低气温小于5℃并伴有阴雨天气，3—4月最为普遍。它的天气特点是：阴雨连绵、低温、光照少，致使水稻烂种烂秧，夏收作物的光合作用不能充分进行，以麻江、丹寨、黄平、凯里、雷山、台江、三穗等县（市）较重。

秋　风　指秋季日均温小于20℃，连续3天以上最低气温小于17℃，是粳稻型作物受害的天气指标。秋风天气可分为两种类型：低温阴雨天气称“湿冷型”，晴冷干燥天气、并伴有3～4级以上偏北风称“干冷型”。黔东南州以湿冷型危害较重，干冷型次之。秋风天气主要影响在水稻抽穗扬花期，特别是晚熟品种，是造成水稻空壳偏多的主要灾害天气之一，一般9月上中旬为重。因此，在选用品种时，应特别加以注意。特别是黔东南州一般有随海拔增高而秋风加重的趋势，更应注意对水稻生产的合理布局。

霜害与冻害 霜可以在0℃以下出现，亦可以在0℃～3℃出现，零上出现的霜叫“白霜”或“白头霜”，一般对作物危害不大，而零下出现的霜，十之八九有冻，称“枯霜”或“黑霜”。有霜出现不一定有冻，有冻出现一般有霜。零度以下出现的霜害一般叫霜冻或冻害。

黔东南州初霜出现在12月中旬初，偏早的麻江、黎平、三穗、丹寨、天柱等地区，于11月中旬初出现，偏晚的翌年1月中旬初出现，最晚的从江县于2月下旬方出现。终霜平均在2月下旬初．偏早的岑巩、黄平、天柱、锦屏、剑河、榕江、从江等县在1月初，偏晚的三穗、台江、凯里、黎平等地在4月上旬。虽然11月的初霜及3月以后的终霜出现的概率较小，但对农业生产的影响却较大。

黔东南州冻害的气象成困有三种：一是冷空气入侵；二是辐射冷却；三是蒸发降温。此时如加上其他气象条件，往往加重对农作物的危害。比如寒冻之后的大风和阳光，常使积雪因时融时冻而形成危害农作物的冰壳；湿润之土壤因结冰而掀拱农作物；雾淞、雨淞或雪淞加重农作物的负荷，造成植株折断，倒伏；长期阴雨使农作物霉烂等等。使全州的林木，果树（尤其是柑橘）、冬小麦和油菜、胡豆、豌豆等受到严重损害。

冰　雹 冰雹的出现是有规律的。黔东南州降冰雹有地区性、季节性和时间性的特征。

地区性 山地多于平坝，北部多于南部，尤以北、西部偏多。其中，岑巩、镇远、黄平、施秉、凯里、麻江、丹寨、三穗等地为州内多雹区。

季节性 黔东南州降雹多发生在4—9月，尤以4—5月最盛。因此，春季偏多，夏秋次之。

时间性 据多年资料，黔东南州平均每年出现4次降雹，部分年份达5次以上。每次降雹的时间多在午后到傍晚，尤以16—24时最为集中，约占降雹总数的40%，黔东南州冰雹出现维持时间以1—10分钟为最多，占30%左右，11—12分钟次之。

冰雹虽然是局部区域的灾害性天气（俗称雹打一线），但往往给各地带来不同程度的危害，同时常伴随狂风暴雨，对农作物的危害有时达毁灭性的程度。如2013年3月19日，全州各地普遍遭受雷雨、大风、冰雹袭击，全州16个县市农业生产遭受不同程度灾害。在种植业方面，全州农作物受灾总面积为35.16万亩，其中施秉9.54万亩，锦屏5.72万亩，剑河5.33万亩，丹寨4.36万亩，天柱3.69万亩，黄平1.78万亩，从江1.3万亩，镇远1.02万亩，受灾情况较为严重。此次雹灾造成全州粮食产量损失0.56万吨，农业经济损失19363万元。在养殖业方面，受灾户、场689户，圈舍倒塌59004平方米；因灾死亡畜禽总数28340头（只），其中大牲畜36头，猪4598头，羊871头，禽21735只，其他1100只，折合经济损失1768.6万元。以上两项折合经济损失21131.6万元。

暴　雨 黔东南州暴雨主要是锋面型和气旋型暴雨（台风雨和雷阵雨），其中，锋面型暴雨占总数的95%。从发生暴雨的时间看，多在4—10月，以5—7月为最多，个别年份在3—11月。全州年平均下暴雨2.6天，最多5.5天。丹寨县年均下暴雨4—5天，最多年份达7—8天。暴雨的一般特点是：就地域宽度看，丹寨、麻江、雷山、台江、凯里、黄平、剑河等县（市）易于大范围降雨；从江、榕江等县则易于局地性降雨。从季节上看，春季多局地性暴雨，夏季多大范围暴雨。全州各地每年都有因暴雨成灾的现象发生。不少地方由于地下物质疏松，排水设施条件差，雨水夹带沙泥而下，易形成泥石流，它不仅摧毁庄稼，引起水土流失，山洪暴发，冲毁堤坝、桥梁、房屋、农田、堵塞河道，妨碍交通、通信、输电线路中断等，而且给人民生命财产带来极大危害。如2015年5月初，全州频繁发生极端气象灾害，其中5月上下旬，6月中、下旬，全州接连出现4次特大暴雨，其中雷山县最大日降雨量达316毫米，属历史罕见，给农业生产造成严重损失。全州农业洪涝灾害造成直接经济损失5.16亿元，其中种植业损失3.22亿元、畜牧业损失1.03亿元、渔业损失0.91亿元。其中全州种植业受灾面积50.33万亩；养殖业受灾1808户，圈舍倒塌损毁34769平方米，大牲畜死亡161头，生猪4394头，羊1353只，禽186091只，总计175980头（只）；养殖场水电路等基础设施损毁严重，饲草饲料损失1097.5吨，受灾草原面积19002亩；渔业受灾面积11.5万亩，沉没船只13艘，损坏5艘。其中稻田养鱼工程受灾面积11.36万亩、池塘受灾面积357亩、网箱受灾面积33.19万平方米、水库湖泊受灾面积800亩。

秋绵雨 秋季连续5天或更长时间的阴雨天气，或9～10月总雨日数≥25天以上为秋绵雨。主要为极峰停滞所形成。黔东南州出现秋绵雨最多的是三穗、镇远、剑河等县，曾达到36～38天之多。从地域分布看，多发生在北部和西部。

雨凇（凌冻）冬季当气温在0℃～6℃间，尤其是气温在5℃～6℃时。并伴有阴雨天气，哪怕是毛毛雨或雾滴，均易形成雨凇。黔东南州年均雨凇6.4天，最多长达半月。从出现时间看，多在12月至翌年3月，尤以2月为最多。雨凇的出现，不仅造成树木折断，越冬作物及耕牛遭受冻，而且还往往造成压断电线、阻断交通。致使城市照明、工业用电、农村用电以至通讯等都受到严重影响。如2008年1月12日至2月2日，全州范围内遭受自1952年以来持续时间最长，危害范围最广严重历史罕见的低温雪凝灾害，致使油菜、蔬菜、柑橘、茶叶、马铃薯、小麦及杂粮等农作物受到严重的损失。全州各种农作物受灾面积达329.1万亩，其中油菜78.2万亩，蔬菜73.1万亩，小麦及杂粮19.5万亩，马铃薯42.6万亩，茶园11.9万亩，果园46.7万亩，绿肥及其他作物57.4万亩。灾害发生后，共投入资金3768万元，其中省级下拨2632万元，各县市投入376万元，及时开展了灾后重建和恢复生产工作。在畜牧业方面直接经济损失24756.54万元。中央财政下达全州生产恢复重建资金1280万元。这是50年来受灾程度较为严重的一次。

第二节　水文条件与水资源

地表水资源

河流水系 黔东南州河流以苗岭山脉为界，北属长江流域，南归珠江水系。其面积长江流域为21500平方公里，珠江流域为8802平方公里。前者占黔东南州总面积的71%，后者占29%。

州内主要江河自北而南为长江水系的舞阳河、清水江及珠江水系的都柳江3条。州内河长≥10公里的干、支流有343条，总长8252公里，平均河网密度为27.2公里/百平方公里。

舞阳河 发源于瓮安县境，横贯黔东南州北部，经旧州、黄平、施秉、岑巩至镇远县羊坪进入铜仁地区玉屏自治县。州内河长166公里，流域面积5106平方公里，较大的支流有龙江河与车坝河两条，于玉屏县境汇入。河长≥10 公里的支流 43 条，干支流总长 900 公里。舞阳河镇远大菜园站（集水面积 2202 平方公里）实测年平均流量 27. 3 ~69. 1 立方米/秒，日最大流量 1140 立方米/秒，最小流量 10. 5 立方米/秒，河流年平均输沙率为 1. 78 ~8. 77 升/秒，年侵蚀模数 25. 4 ~430 吨/平方公里。

清水江　发源于黔南州都匀市，于黔东南州丹寨、麻江县入境，蜿蜒于州的中部，经凯里、黄平、施秉、台江、剑河、锦屏等地，至天柱县瓮洞东流人湖南省。州内河长 490 公里，集水面积 14769 平方公里。州内主要支流，左岸为：重安江、六洞河与鉴江 3 条；右岸有：巴拉河、南哨河、乌下江及亮江 4 条。河长≥10 公里的支流 I44 条，干、支流总长 3730 公里。清水江锦屏站（集水面积 13551 平方公里）年平均流量 172—454 立方米/秒，日平均最大流量 6880 立方米/秒，最小 40. 2 立方米/秒。清水江的年侵蚀模数施洞站（集水面积 6043 平方公里）为 59. 7—348 吨/平方公里。

都柳江　发源于黔南州独山县，经三都自治县于榕江县兴华乡进入州境，穿行于黔东南州南部，经榕江、下江、从江等地，至丙梅流入广西壮族自治区。州内河长 141 公里，集水面积 8802 平方公里。其主要支流，在州内左岸有：平永河、寨蒿河、四寨河、八洛河与南江河 5 条；右岸有孖温河、宰便河、平正河及长滩河 4 条。州内河长≥10 公里的支流共 107 条，干、支流总长 2654 公里。

都柳江石灰厂站（集水面积 6530 平方公里）年平均流量 91. 1—252 立方米/秒。都柳江把本站（黔南，集水面积 1440 平方公里）年侵蚀模数为 31. 9 ~625 吨/平方公里。其支流寨蒿河寨蒿站（集水面积 858 平方公里）的年侵蚀模数为 28 ~216 吨/平方公里。

上述州内两江一河，由于山高谷深，水流湍急，一遇暴雨即发山洪，易涨易退形成雨源性河流的水文特征。

径　流　黔东南州多年平均径流深 625 毫米，年径流总量 191 亿立方米（包括地下径流量约 26 亿立方米）。按流域分：都柳江 654 毫米，58 亿立方米（包括地下径流在内，下同）；清水江 645 毫米，96. 5 亿立方米；舞阳河 540 毫米，27. 8 亿立方米；洪洲河 573 毫米，6. 2 立方米；乌江 523 毫米，2. 9 亿立方米。年径流深的变化范围约在 450 ~1000 毫米间。

州内大部分地区为变质岩、砂页岩的丘陵山地，岩溶地貌不很发育，河川径流基本上为闭合流。河川径流来源于降水，故其变化与降水相应。其年径流量多集中于汛期 5—9 月，据州内 12 个测站的资料统计，约达多年平均年径总流量的 59% ~77% 。

地下水资源

黔东南州属低山丘陵区，河床切割较深，地下水汇入河道。全州地下水一般年份年总量约 26 亿立方米，其中浅层可开采量约 14 亿立方米。

水能资源

黔东南州雨量充沛，河流众多，河床坡陡，天然落差达 84290 米，可利用落差 23620 米。因此，蕴藏着丰富的水能。根据计算，理论蕴藏量达 209. 74 万千瓦，可开发量约 125. 1 万千瓦，占理论蕴藏量的 59. 6% 。

水　质

州内各种水体，过去未进行水质监测，水利区划中各县（市）进行了抽样化验，兹将部分县（市）共170点水样的化验结果，按用水标准评定的情况中可以看出：从总的来说，能满足用水标准占总点抽样数的百分数为：生活饮用70%，渔业64%，灌溉85%。有13.5%的水点的水各部门均不能用。以地区而论，凯里市与麻江县的水质污染较严重，能满足生活饮用和渔业的约占样点总数的30%，有30%～43%样点水的各部门都不能用。这170点抽样化验水质的成果表明，有机污染的占32.4%，五毒（酚、氰、砷、汞、铬$^{+6}$）污染的占37.1%。以铬$^{+6}$检出最多，达总样点的70%。

第三章　土地资源

第一节　土壤资源

土壤形成条件及分布规律

黔东南州复杂的地质地貌，多变的气候条件，种类繁多的生物群落和悠久的耕作历史，深刻地影响和控制着土壤资源的形成和发展。

州内地质构造完整，各地质时代出露地层多而齐全，构成了各种不同的地貌类型，导致了水、热、气分配差异，给土壤类型的多变创造了条件；复杂多样的岩石组成，为土壤的形成和类别奠定了物质基础；中亚热带的季风湿润气候，优越的水热条件，使诸多生物繁衍旺盛，推动了土壤的形成和发育；人为的耕垦作用，又使土壤构成发生较大变化，随着森林植被的被破坏，自然土减少，耕作土壤增加。

在全国范围内，黔东南州处于中亚热带湿润森林地区，但由于各种自然成土条件的影响和制约，使全州土壤的分布又具有水平方面和垂直方面的变化规律。从水平分布看，黔东南州从东南向西北或从东向西为红壤—黄红壤—黄壤；从垂直分布看，黔东南州从低（都柳江、清水江、舞阳河谷）到高（雷公山、月亮山、佛顶山）为红壤（300米左右以下地区）—黄红壤（300～500米地区）—山地黄壤（750～1400米地区）—山地黄棕壤（1400～1900米地区）—山地灌丛草甸土（1900米以上雷公山山顶脊部）。

黔东南州自然土壤除有上述分布规律外，还因岩性和小地形等因素的影响，而在各地分布有一些非地带性的隐域性土壤，如发育在紫色砂页岩、砂泥岩上的紫色土；发育在石灰岩地区的石灰土；以及在河谷地区的冲积土等。

黔东南州耕作土壤的分布，受上述自然土壤的制约，即红黄泥土和红黄泥田分布于红壤区和红黄壤区；黄泥土和黄泥田分布于红黄壤、黄壤和黄棕壤区；紫泥土和紫泥田分布于紫色土区；耕作石灰土分布自然石灰土区；潮沙土、潮沙田及潮泥土、潮泥田，分布于河流冲积土之中。此外，黔东南州西北部各县水稻土，大多分布于河流两岸谷地、冲积坝子及岩溶洼地区；东南部各县，特别是雷公山地区，梯田分布很广，且集中连片，这是一个很突出的特点。

黔东南州大部分土地属变质岩地区，地层古老，深受地壳运动及变质作用的影响，极有利于岩石的物理和化学风化。因而全州山地土壤覆盖率高，侵蚀模数小（据水文资料，清水江流域的侵蚀模数为33吨/年/平方公里，都柳江流域为101吨/年/平方公里，大大低于全省年平均侵蚀模数（322吨/年/平方公里），是全省土壤侵蚀最轻的地区，所形成的土壤土层较深厚。根据第二次土壤普查资料，黔东南州山地土壤<40厘米的共1030.56万亩，占山地土壤面积的27.42%；土层40~80厘米的共1940.33万亩，占51.73%；土层>80厘米的共779.8万亩，占20.79%。

主要土壤类型及其农业性状

根据第二次土壤普查土壤分类系统划分的原则和依据，黔东南州土壤划分为11个土类、26个亚类、68个土属、222个土种，分属于7个土纲。

红　壤　为黔东南州第二大地带性土壤。主要分布在州境东南部天柱、锦屏、黎平、榕江、从江等县的低山丘陵、盆地和谷地，分布垂直带谱上限为500米。面积为466.92万亩，占全州土地总面积的10.27%，其中，自然土455.28万亩，占全州自然土的12.14%，旱作土11.64万亩，占全州旱作土的9.01%。有机质含量3.53%~5.57%，全氮含量0.146%~0.245%，速效钾含量127~158ppm，速效磷含量3—7ppm。pH值4.7—6.8。可种植油茶、茶叶、水果。

黄　壤　为黔东南州主要地带性土壤。分布在州内海拔500~1400米之间广大地区。面积为2832.8万亩，占全州土地总面积的62.32%，其中，自然土有2754.4万亩，占全州自然土的73.42%，旱作土78.4万亩，占全州旱作土的60.74%，是黔东南州主要的旱作土，垦殖率为2.77%。有机质含量3.25%~6.94%，全氮含量0.279%。速效钾含量100~260ppm，速效磷含量3~10ppm。质地黏重紧实。pH值在4.8—5.9。宜发展杉、松、油茶、水果及建设人工草场。

黄棕壤　主要分布在州内中部雷公山区及南部太阳山、月亮山和北部部分高中山山脊。总面积53.35万亩，占全州土地总面积的1.19%，其中，自然土有52.6万亩，占全州自然土的1.4%，旱作土0.75万亩，占全州旱作土的0.58%。有机质含量10%~10.62%，全氮含量0.3%~0.4%，速效钾含量238~308ppm，速效磷含量6~8ppm。pH值在4—6.3。宜植水土保护林及种植牧草。

红色石灰土　分布在岑巩县的大容、镇远县的青溪、天柱县的邦洞、坪地及兰田以东地区。总面积为5.33万亩。有机质含量3.53%，全氮含量0.179%，速效钾含量128ppm，速效磷含量10ppm，pH值平均6.9。宜植水土保持林。

紫色土　分布于黄平县的重安江、旧州、天柱县的邦洞、兰田，及施秉等地。总面积50.24万亩，占全州土地总面积的1.11%，其中，自然土44.97万亩，占全州自然土的1.2%，旱作土5.27万亩，占全州自然土的1.2%，全州旱作土的4.09%。有机质含量2.54%~

6.46%，全氮含量0.13%～0.28%，速效钾含量168～267ppm，速效磷含量3～11ppm。pH值在5.3—7.5。宜发展经济林、用材林及种草养畜。

黑色石灰土 为黔东南州分布面积最大的岩层土。分布于凯里、黄平、施秉、镇远、丹寨、麻江等县、市。总面积有456.87万亩，占全州土地总积的10.05%，其中自然土429.53万亩，占全州自然土的11.46%，旱作土27.34万亩，占全州旱作土的21.18%，垦殖率5.98%。有机质含量4.88%～8.13%，全氮含量0.234%～4%，速效钾含量93～193ppm，速效磷含量3ppm，pH值在6.9—7.4。可发展杉、松、柏等用材林。

粗骨土 分布于州内无植被防护或仅生长稀疏植被处。总面积有5.74万亩，其中自然土0.75万亩，旱作土4.99万亩，占全州旱作土的3.87%。有机质含量9%—9.62%，全氮含量0.33%～0.36%，速效钾含量157～247ppm，速效磷含量2～10PPm。pH为3.9～4.7。宜发展水源涵养林。

山地灌丛草甸土 由板岩风化物发育形成，主要分布在雷公山区雷公坪地区。总面积有6.67万亩，占全州自然土的0.18%。有机质含量11.24%，全氮含量0.535%。速效钾含量34.3ppm，速效磷含量12ppm。pH值平均为4.7。宜封山育林，涵养水源。

水稻土 是受人为活动和自然因素的双重作用，在淹水条件下长期种植水稻，经过水耕熟化而成主要耕作土壤。在黔东南州分布十分广泛，从海拔200～1350米的区域都有水稻土的分布。总面积253.19万亩，占全州土地总面积的5.6%，占耕地总面积的66.24%。共分为淹育型、渗育型、潴育型、潜育型、漂洗型、脱潜型6个亚类，其中，淹育型有8.76万亩，占3.5%；渗育型有84.77万亩，占33.5%；潴育型有126.52万亩，占50%；潜育型有22.4万亩，占8.8%；漂洗型有8.68万亩，占3.4%；脱潜型有2.05万亩，占0.8%。

黔东南州水稻土以黄壤上发育的为主，占49%。其起源土壤或起源母质依次为：起源于冲、洪积性母质的占15.9%，起源于石灰土的占10.9%，起源于黄红壤的占7.6%，起源于紫色的约占2.8%，起源于红壤的占0.49%。

黔东南州水稻土有淹育型水稻土亚类、渗育型水稻土亚类、潴育型水稻土亚类、潜育型水稻土亚类、漂洗型水稻土亚类和脱潜型水稻土亚类。

淹育型水稻土 面积为87.6万亩，占稻田面积的3.5%。多分布于坡塝，谷地边缘、台地鞍部等距村寨较远的地段。为一种发育程度浅的水稻土，水耕熟化时间短，熟化度低，基本上不受地下水影响，无灌溉保证，有“望天田”之称，其剖面没有分异或分异甚微，铁锰移动和淀积少，土体构型为A—AP—C型或A—（AP）—C型，耕地层一般为灰、黄棕色，沿根孔周围有少量红棕色的锈纹锈斑出现，犁底层发育不好，少有新生体出现，潴育层未见发育。淹育型水稻土的理化特性与来源土壤相似，据农化样统计，有机质3.26%，速效P7ppm，速效K139ppm，有机质含量低，磷钾缺乏，耕层浅薄常缺水，水稻生产前期，有迟发或坐蔸现象，分蘖力差，生长不育，产量一般在200～300公斤/亩。复种轮作制度以抗冬一水稻为主。淹育型水稻土按起源不同，分成坡塝缺水黄泥田、坡旁缺水黄红泥田、坡旁缺水红泥田3个土属。分布最广的是淹育型坡塝缺水黄泥田土属，面积83.42万亩，占淹育型水稻土亚类的95.2%。

渗育型水稻土 面积为84.77万亩，占稻土面积33.5%。多分布在地势较平缓，沟谷的中下部，坝地边缘等水源较充足地段。它由淹育型水稻土进一步水耕熟化而成，熟化度较高，受地面、季节性灌水的影响，剖面开始分化，有少量的铁猛移动和淀积。土体构型为 A—AP—P—C 型，或 A—P—C 型，耕作层有较多的红棕色锈纹锈斑，犁底层已形成，一般厚度 10—15 厘米，块状结构，有明显的灰色胶膜，犁底层以下的上段有以 Fe 为主的淀积，下段有以 Mn 为主的淀积，潴育层开始发育。渗育型水稻土已经较长时间的熟化，理化性状和起源土壤发生差异，据农化样统计，有机质 4.07%，全 N0.217%，速效 P10ppm，速效 K147ppm，其有机质含量，速效 P、K 含量较淹育型水稻土高，耕层较厚，但水源未有保证，若遇春旱、夏旱严重的年份，水稻分蘖力差，成穗率低。一般情况下，水稻产量较高，亩产 350～400 公斤。复种轮作制一般是坑冬—水稻或油菜（或绿肥）—水稻。

潴育型水稻土　面积为 126.52 万亩，占水稻土的 50%，是黔东南州面积最大的水稻土，多分布在坝地、河流两岸、冲沟下部或村寨周围的坡脚等水源充足熟化度较高的地段。它是水稻土发育的高级阶段，由渗育型水稻土时一步水耕熟化而成，排灌条件好，受地面灌水与地下水的双重影响，经常干湿交替与氧化还原交替，铁猛大量迁移与淀积剖面分化完成，土体构型为 A—A—P—P—W—C（G）型，其特征是在 50—60 厘米内有大于 20cm 厚度的潴育层出现，未出现还原层或白土层，该层棱块状或棱柱状结构，发育良好，结构表面有大量的灰色胶膜，结构内外有大量红棕色锈纹锈斑，以及 Fe、Mn 新生体淀积。土层深厚，肥力高，据农化样统计，有机质 3.96%，全氮 0.217%，速效 P13ppm，速效 K145ppm。犁底层发育良好。日渗漏量适中，排灌方便，水源保证，水稻生长良好，分蘖快，成穗率高，亩产一般在 500 公斤以上。复种轮作制一般为油菜—水稻，泡冬—水稻。

潜育型水稻土　面积 22.4 万亩，占整个水稻土面积的 8.8%，多分布于洼地、坝地、谷地等地下水位高的地段或低洼积水处。由于地下水位高或接近地表，土体长期处于水分饱和状态，剖面分化不明显。土体构型为 A—AP—G—或 A—（AP）—G 型，其特点是在 60 厘米时出现潜育层（G），此层由于 Fe2 + 等而出现青灰色，结构也不明显，呈软状或糊状，具有较多的 H_2S、Fe^{2+}、Mn^{2+} 等还原物质。潜育型水稻土因长期积水，有机质含量较高，根据农化样统计，有机质 5.69%，全 N0.274%，速效 P8PPm，速效 K143PPm。由于土温低，速效养分缺乏，水稻易发生坐蔸现象，再加上有 H2S 有机酸等还原物质存在，对水稻根系有危害作用，造成水稻黑根、烂根等现象。故水稻产量一般较低，亩产 200～250 公斤/亩。复种轮作制一般是泡冬—水稻。

漂洗型水稻土　总面积为 8.68 万亩，仅占稻田面积 3.4%，主要分布在坝地或谷地边缘或坡塝，地形倾斜明显，土体下层有一不透水层，受侧渗水影响的地段，土体构型为 A—AP—E—C 型或—A—A—P—P—E—C 型，其特点是在 60 厘米范围内，土体中出现 >20 厘米漂洗层即白土层，此层因受渗水的影响，Fe、Mn 等有色元素还原迁移，使土体呈白色，粉砂粒含量，养分缺乏，有些漂洗层，因氧化还原交替，出现棕色锈斑，据农化样统计，有机质 3.81%，全 N0.217%，速效 P10PPm，速效 K139PPm。由于漂洗层的有机质含量极低，N、P、K 缺乏，且极为板结，影响水稻根系的生长。故漂洗层位高低对肥力影响很大，层位愈高，对水稻生长愈不利。一般层位较低，熟化度较高的稻田，产量可达 400 公斤/亩以下，层位高的稻田，一般产量为 250—400 公斤/亩。复种轮作制一般是坑冬——水稻，油菜——水稻。

脱潜型水稻土　亚类面积为 2.05 万亩，仅占水稻土 0.8%，主要分布在较易于排水的洼地、坎地、谷地、缓坡地等地段，它是潜育型水稻土经兴修排水沟或改善排水条件，地下水位有所降低，演变成脱潜型水稻土。土体构型为A—AP—GW—G型，其特点是在排除水的条件下，氧化作用增强，出现了脱潜层（GW），此层已有少量铁猛斑积，活性铁比潜育层少，在青灰色的土体中出现少量红棕色锈纹锈斑，有棱块状结构发育，据农化样统计，有机质5.64%，速效磷P21ppm，速效K200ppm，因地下水位降低，这些养分活化，还原性物质有所减少，水稻生长较好，分蘖较潜育型水稻土快，烂根现象减少，水稻生长较好，产量一般为300～400斤/亩，复种轮作制一般为坑冬—水稻。

第二节　土壤改良利用分区

为了合理开发利用土壤资源，促进农业生产的发展，根据生物、气候条件，大地貌类型与土壤地带性分布和发生特性的不同，黔东南州土壤划分湘黔边缘丘陵地红壤与水稻土农业土区；黔东南州低山盆地黄壤、黄棕壤与水稻土农林牧土区；黔中山原黄壤、黑色石灰土与水稻土农牧土区。

湘黔边缘丘陵盆地红壤与水稻土农业土区　位于州之东北部，范围较小，仅包括湘黔边缘红壤土区的一小部分。面积254.98万亩。占全州土地总面积的5.61%。本土区地貌类型，主要为低山丘陵河谷盆地，海拔在700米以下，向东逐渐降低。清水江河谷低达300米，相对高差一般在50～100米。地势起伏不大，且坡度较缓。成土母质主要是板溪群的板岩、砂岩和寒武系的灰岩及页岩。区内气候均属温湿亚热带气候，气候高，热量丰富，相邻地区的（岑巩）年均温16.4℃。最冷1月均温在4.6℃以上，最热7月均温约27℃，≥10℃的积温5000℃～5200℃，持续期260天，日照时数在1100小时以上。由于地势较低，气候要比州内其他同纬度的土区要热些。年降水量1100毫米以上，降水的季节分配不均匀，夏季降水占全年降水的40.98%，而春秋两季降水总合为46.59%（春季占23.94%，秋季占22.60%），冬季降水量最少占12.43%。本区由于受人为活动影响较甚。天然植被保存不多，仅在局部沟谷地段具有以红栲、大叶栲等为代表的常绿阔叶林。现状植被主要是马尾松疏林，其次为麻栎、白栎灌丛以及白茅、香芳管草组成的草坡，人工植被有油茶、油桐及杉木、果树等。区内地貌组合较单一，土壤的垂直分异不明显，地带性土壤为红壤，多分布在300～400米以下，以上则为黄红壤、黄壤。在灰岩分布地区为红色石灰土。清水江、舞阳河均流经区内，在河谷盆地及其支流一带多为潮泥田，阶地上分布有红泥田、黄红泥田等。

黔东南低山盆地黄壤、黄棕壤与水稻土农林牧区　位于贵州高原的东南部，是全州最具有代表性的地区，其范围较大，包括有三穗、施秉、锦屏、天柱、黎平、从江、榕江、雷山、台江、剑河和镇远、黄平、凯里等县（市）的一部分。面积3109.52万亩，占全州土地总面积的68.41%。在地貌上，本区地处贵州高原边缘向湘西丘陵和广西丘陵盆地的过渡地区。区内地势起伏；河谷深切，最高山峰雷公山达2178.8米，河谷盆地一般海拔400～600米；最低的从江谷地海拔250米。主要地貌类型有强烈的切割高中山、中山、低山和丘陵盆地，组合比较复杂。本区的成土母质主要为前震旦系变质岩，包括有角页岩、板岩等。其次，有寒武系、奥陶系灰岩、砂页岩和第三系砾岩等。在残存的高原面上及河谷盆地的边缘，均有覆盖深厚的第四纪的红色黏土。区内年平均温度15℃～16℃，≥10℃的积温4000℃～5500℃。最冷1月均温4℃～

5℃，年雨量 1100～1200 毫米，蒸发量 1200～1300 毫米，相对湿度 80%左右，水热条件好，但降雨的季节分配很不均匀，一般春夏二季占 70%左右，秋冬二季仅占 30%。由于受地貌条件的影响，在深切河谷地区则较炎热，如榕江、从江等地，年均温在 18℃左右，≥10℃积温 6000℃以上，相对湿度约 79%。又因地处高原边缘，北无高大山体屏障，故受冷空气的影响较大，如在相似海拔的天柱与施秉两地相比，由于天柱处于东部，寒潮影响大，最冷月均温较西部施秉低 1.2℃，而年较差较大，相差 1.1℃。

该区地带性植被为常绿阔叶林，以甜木诸、大叶栲、丝栎、木连、黄樟、黄杞为代表，在局部河谷地区，出现有南亚热带特色的常绿树种，如榕树、杜英等。次生和人工植被多为松杉及栎类灌丛，生势茂密。区内主要土壤类型有红壤、黄壤、山地黄棕壤、山地灌丛草甸土；在石灰岩地区有黑色石灰土、红色石灰土、黄色石灰土。本区土壤垂直分布明显，在海拔 500～600 米以下为红壤，600～1400 米为黄壤，1400 米以上为山地黄棕壤，1800 米以上的山脊顶部为山地灌丛草甸土。本区是全州粮食与森林发展的主要基地之一，清水江河谷如锦屏一带，栽种杉木已有一百多年的历史，多年来进行林粮间作有丰富的经验。区内水稻土多分布于河谷盆地，面积比较集中，大面积低山丘陵和中山下部，仍有大面积的梯田，这些地区水源条件优越，大部分有水源保证，有“山高水高”之称。

黔中山原黄壤、黑色石灰土与水稻土农牧土区　本区位于州之西北部，主要包括施秉、镇远、黄平、麻江、丹寨及凯里市的炉山镇等地。面积 1180.79 万亩，占全州土地总面积的 25.98%。该区属于贵州高原的东缘部分，海拔高度一般为 800～1200 米左右。除河谷地区遭受强烈切割外，大部分地区相对高差不大，约 200～300 米。地貌类型主要为中度至深度切割的低山、低中山和中山、喀斯特化丘陵低山。重安江以北地区地层以寒武系岩层（主要为灰岩）为主，重安江以南岩层较为复杂，从震旦系到中生代各地层均有分布。因此，在重安江北以喀斯特地形占优势，而重安江以南则以多种成因的山地组合，从而也决定了区内土壤类型的多种不同组合特点。气候仍属中亚热带湿润气候。≥10℃积温约 4600℃～5200℃左右，持续期 250～270 天，无霜期 280～300 天，年均温在 14.6℃以上，最冷 1 月均温在 3.5℃左右，最热 7 月均温可达 26.7℃。日照时数约 1000 小时左右。年降水量 1010 毫米以上，夏季降水相当于春秋两季降水的总和（夏为 44.28%，春、秋各为 17.95%、26.8%）。区内的植被属中亚热带常绿阔叶林带，主要植被类型为常绿栎林和马尾松林，及以红栲、大叶栲为代表的常绿阔叶林。

第三节　农用土地

耕地资源现状

1991 年，全州耕地面积 276.7 万亩，其中稻田 208.5 万亩，旱地 68.2 万亩，农业人口人均 0.81 亩。至 2011 年，全州耕地面积 267.8 万亩，其中稻田 201.4 万亩，旱地 66.4 万亩，农业人口人均 0.67 亩。21 年间，人均耕地面积减少 0.14 亩。

1991—2011 年黔东南州耕地面积及人均占有耕地统计表

表 1—4　　单位：亩

年　份	耕地面积	其　中		人均占有耕地
		田	土	
1991	2767010	2085124	681886	0. 81
1992	2772075	2085045	687030	0. 80
1993	2765640	2069085	696555	0. 79
1994	2765910	2085735	680175	0. 79
1995	2765895	2081985	683910	0. 78
1996	2753595	2062470	691125	0. 77
1997	2773500	2076900	696600	0. 78
1998	2786400	2081850	704550	0. 77
1999	2791350	2070150	721200	0. 77
2000	2781750	2064150	717600	0. 76
2001	2771700	2056350	715350	0. 68
2002	2667495	2019255	648240	0. 71
2003	2686680	2023290	663390	0. 71
2004	2679975	2018460	661515	0. 70
2005	2678730	2018220	660510	0. 70
2006	2672325	2016090	656235	0. 69
2007	2668920	2012790	656130	0. 69
2008	2675295	2020845	654450	0. 68
2009	2673720	2014650	659070	0. 68
2010	2685840	2018910	666930	0. 68
2011	2678415	2014080	664335	0. 67

耕地资源利用状况　据国土资源部门 2012 年年初土地利用变更调查资料统计，黔东南州有耕地面积 425806. 7 公顷，其中水田面积 258066. 7 公顷、旱地面积 167740 公顷。耕地面积最大的是黄平县，为 46286. 7 公顷，占全州耕地总面积的 10. 87%。其次是黎平县，为 43553. 3 公顷，占全州耕地总面积的 10. 23%；再次是凯里市，为 33206. 7 公顷，占全州耕地总面积的 7. 80%；耕地面积最小的是台江县，为 11393. 3 公顷，仅占全州耕地总面积的 2. 68%。水田面积最大的是黎平县，为 37873. 3 公顷，占全州水田面积的 14. 70%，占本县耕地面积的 86. 96%；水田面积最小的是台江县，为 8073. 3 公顷，占全州水田面积的 3. 10%，占本县耕地面积的 70. 86%。旱地面积最大的是黄平县，为 20466. 7 公顷，占全州旱地面积的 12. 20%，占本县耕地面积的 44. 20%；旱地面积最小的是台江县，为 3333. 3 公顷，占全州旱地面积的 0. 40%，占本县耕地面积的 29. 14%。州内西部及西北部，成土母质以白云质、石灰岩风化物为主的凯里、麻江、施秉、镇远、三穗等地的旱地比例较大，旱地面积均占本县耕地面积的一

半以上，其中以凯里市比例最高，接近六成。在州内南部及东南部，成土母质以砂页岩、泥页岩为主的黎平、榕江、从江等地的水田比例较大，均占本县面积的七成以上，其中黎平县超过八成。全州耕地保有量379500公顷，保有率89.12%。耕地中基本农田面积322953.3公顷，占耕地总面积的（保护率）75.84%（耕地面积详见下表）。

2012年黔东南州耕地面积、保有量和基本农田面积统计表

表1—5

单位：公顷

县市	水田		旱地		耕地		农作物播种面积	耕地保有量		基本农田	
	面积	占本县 %	面积	占本县 %	面积	占本县 %		合计	保有量 %	合计	保护率 %
凯里	13406	40.36	19666	59.22	33206	7.80	37373	30806	92.76	25633	77.19
黄平	25826	55.80	20466	44.2	46286	10.87	44326	42706	92.27	37166	80.30
从江	24220	76.81	7313	23.18	31533	7.41	40540	23873	75.71	20446	64.84
施秉	11433	48.09	12340	51.91	23766	5.58	31686	21033	88.49	17413	73.26
岑巩	12686	52.36	11546	47.64	24233	5.69	31420	22800	94.09	17800	73.45
剑河	18653	66.05	9586	33.95	28246	6.63	38886	27080	95.88	24200	85.68
锦屏	11686	68.8	5300	31.2	16986	3.99	30986	16326	96.12	15253	89.8
麻江	12453	44.68	15420	55.32	27880	6.55	33346	27373	98.19	21100	75.69
镇远	14960	45.39	18000	54.61	32960	7.74	40940	31813	96.53	214953	75.71
丹寨	9533	61.25	6020	38.69	15560	3.65	21600	12593	80.94	10440	67.1
三穗	9006	49.32	9253	50.68	18260	4.29	21106	18000	98.58	15993	87.59
雷山	11553	74.09	4040	25.91	15593	3.66	19420	15320	98.26	13546	86.89
天柱	17200	53.22	15120	46.78	32320	7.59	38080	24873	76.96	23413	72.45
黎平	37873	86.96	5680	13.04	43553	10.23	56540	33500	76.91	27926	64.12
榕江	19493	81.11	4513	18.78	24033	5.64	37353	22260	92.62	19440	80.89
台江	8073	70.86	3333	29.14	11393	2.68	18580	9140	80.21	8226	72.19
合计	258066	60.61	167740	39.35	425806	100	542193	379500	89.12	322953	75.84

黔东南州种植的粮食作物以水稻、玉米、马铃薯为主，经济作物以蔬菜、油菜、烤烟、中药材和果树为主，其他作物以绿肥和青饲料为主。

耕地立地状况 黔东南州地貌复杂多样，耕地分散严重，因而耕地地力受立地条件影响较大。主要立地因子有海拔、地貌类型等。

不同海拔数量与分布 黔东南州不同海拔的耕地分布呈西北高、东南低的总体趋势，主要分布于海拔600~1000米的地方，面积为274806.8公顷，占全州耕地总面积的64.5%；海拔400~600米的耕地面积86634.2公顷，占全州耕地总面积的20.3%，主要分布在黎平、天柱等地；海拔1000~1200米的耕地面积41180.7公顷，占全州耕地总面积的9.7%，主要分布在黄平、麻江、施秉等地；海拔<400米的耕地面积20082.7公顷，占全州耕地总面积的4.7%，主要分布在从江、黎平、榕江、天柱等地；海拔≥1200米的耕地面积只有3101.7公顷，占全州耕地总面积的0.7%，主要分布在雷山、麻江、台江等地。

黔东南州不同海拔耕地面积统计表

表 1—6　　　　单位：米、公顷、%

县市	<400		400～600		600～800		800～1000		1000～1200		≥1200		合计
	面积	比例	面积	比例	面积	比例	面积	比例	面积	比例	面积	比例	
岑巩	0	0	9114	37.6	12598	52.0	2461.2	10.2	59	0.2	0	0	24233
从江	7891	25	10617	33.7	8332	26.4	3867.9	12.3	758	2.4	65	0.2	31533
丹寨	0	0	449	2.9	4097	26.3	9575.9	61.5	1423	9.1	12	0.1	15558
黄平	0	0	21.3	0	12308	26.6	25526.2	55.1	8324	18	105	0.2	46285
剑河	0	0	3410	12.1	11973	42.4	10101.2	35.8	2698	9.6	61	0.2	28244
锦屏	583	3	9066	53.4	4574	26.9	2507.9	14.8	219	1.3	33	0.2	16985
凯里	0	0	65	0.2	11479	34.6	17899.7	53.9	3732	11.2	31	0.1	33209
雷山	0	0	26	0.2	1366	8.8	7378.3	47.3	5655	36.3	1164	7.5	15591
黎平	3989	9	17493	40.2	13953	32.0	6994.4	16.1	1002	2.3	121	0.3	43555
麻江	0	0	0	0	8657	31.1	10603.5	38.0	7636	27.4	979	3.5	27877
榕江	3344	13	6785	28.2	9434	39.3	3982.4	16.6	420	1.8	65	0.3	24032
三穗	0	0	1238	6.8	13913	76.2	2925.1	16	181	1	0	0	18259
施秉	0	0	830	3.5	8397	35.3	9514.3	40.0	4964	20.9	61	0.3	23768
台江	0	0	472	4.1	5100	44.8	3477.1	30.5	1950	17.1	393	3.5	11395
天柱	4274	13	18462	57.1	7874	24.4	1706.5	5.3	0	0	0	0	32318
镇远	0	0	8578	26	9922	30.1	12300	37.3	2150	6.5	5	0	32957
合计	20082	5	86634	20.3	143985	33.8	130821	30.7	41180	9.7	3101	0.7	425806

不同地貌类型耕地数量与分布　黔东南州耕地的主要地貌类型有坝地、丘陵、低山和中山4种。坝地与丘陵地貌主要分布在州的东部与东南部；低山地貌分布较广，州内各处均有分布；中山地貌主要分布在雷公山与月亮山地区。

坝地地貌（包括低山坝地、坡麓，低中山坝地、坡麓，河谷、槽谷，盆地，丘陵洼地、坝地）耕地面积59168公顷，占全州耕地总面积的13.9%。坝地地貌耕地中，绝对面积最大的在天柱，为10157.7公顷；其次在黎平，绝对面积为7982.7公顷；再次在黄平，绝对面积为5972.5公顷，最小的在雷山，绝对面积为676.7公顷。坝地地貌面积占县域耕地面积比例最大的是天柱，为31.4%；其次是锦屏，为29.1%；再次是黎平，为18.3%，占县域耕地面积比例最小的是雷山，仅为4.3%。

丘陵地貌（包括丘陵河流两岸、丘陵缓坡）耕地面积5708.3公顷，占全州耕地总面积的1.3%。丘陵地貌的耕地中，绝对面积最大的是黄平，为2233.7公顷；其次是施秉，为1400.5公顷；再次是麻江，为902.3公顷。从江、丹寨、剑河、锦屏、雷山、黎平、榕江、三穗、台江9个县丘陵地貌上没有耕地分布。

低山地貌（包括低山谷地、冲沟，低山河流两岸，低山缓坡，低山坡旁、台地，低山坡腰，低山洼地，低山中上部，低山中下部）耕地面积269478.7公顷，占全州耕地总面积的63.3%，是耕地集中分布的地貌类型。低山地貌的耕地中，绝对面积最大的是黎平，为32537.8公顷；其次是从江，为265205公顷；再次是镇远，为21960.9公顷；面积最小的是雷山，为3554.9公顷。低山地貌面积占县域耕地面积比例最大的是从江，为84.1%；其次为榕江，为83.4%；再次为岑巩，为83.2%；占县域耕地面积比例最小的为雷山，仅为22.8%。

中山地貌（包括低中山谷地、冲沟，低中山河流两岸，低中山缓地，低中山坡旁、台地、低中山坡腰，低中山洼地，低中山中上部，低中山中下部，中中山中下部）耕地面积91451.1公顷，占全州耕地总面积的21.5%。中山地貌的耕地中，绝对面积最大的是黄平，为20032.2公顷；其次是麻江，为13590.7公顷；再次是雷山，为11359.7公顷；绝对面积最小的是天柱，为187.7公顷。中山地貌面积占县域耕地面积比例最大的是雷山，为72.9%，其次是麻江，为48.8%，再次是黄平，为43.3%，占县域耕地面积比例最小的是天柱，仅为0.6%。

黔东南州不同地貌类型耕地面积统计表

表1—7　　单位：公顷、%

县市	坝地		丘陵		低山山地		中山山地		合计
	面积	比例	面积	比例	面积	比例	面积	比例	
岑巩	3522.9	14.5	23.7	0.1	20153.4	83.2	553.0	2.2	24233.1
从江	3086.1	9.8	0	0	26520.5	84.1	1927.2	6.1	31533.8
丹寨	1671.3	10.7	0	0	8556.5	55.0	5331.1	34.3	15558.9
黄平	5972.5	12.9	2233.7	4	18047.1	39.0	20032.2	43.3	46285.5
剑河	1807.4	6.4	0	0	19761.2	70.0	6676.3	23.6	28244.8
锦屏	4938.6	29.1	0	0	11019.8	64.9	1026.9	6.0	16985.3
凯里	5050.3	15.2	129.6	0.4	19210.0	57.8	8819.7	26.6	33209.5
雷山	676.7	4.3	0	0	3554.9	22.8	11359.7	72.9	15591.3
黎平	7982.7	18.3	0	0	32537.8	74.7	3034.8	7.0	43555.3
麻江	1533.0	5.5	902.3	3.2	11851.2	42.5	13590.7	48.8	27877.2
榕江	2315.5	9.6	0	0	20032.3	83.4	1684.7	7.0	24032.5
三穗	2951.5	16.2	0	0	14252.2	78.1	1055.7	5.8	18259.3
施秉	1761.3	7.4	1400.5	5.9	14672.8	61.7	5934.3	25.0	23768.9
台江	1604.5	14.1	0	0	6086.1	53.4	3704.5	32.5	11395.1
天柱	10157.7	31.4	710.6	2.2	21262.1	65.8	187.7	0.6	32318.1
镇远	4136.1	12.5	307.9	0.9	21960.9	66.6	6552.6	19.9	32957.6
合计	59168.0	13.9	5708.3	1.3	269478.7	63.3	91451.1	21.5	425806.1

黔东南州耕地资源素有“九山半水半分田”之称，耕地资源十分紧缺，尤其是坝区优质良田较为稀少，是没有平原支撑的地区之一。全州耕地≤6°的耕地面积仅107520公顷，人均0.0233公顷。全州集中连片、规模在万亩（666.67公顷）以上的大坝有7个，分别为榕江车江—忠城坝、三穗赤瓦坝、黎平敖市—锦屏隆里坝、锦屏新化—黎平中黄坝、黎平中潮坝、天柱飞机坝、黄平旧州飞机坝、总面积6332.8公顷，水田占95.4%；5000~10000亩（333.33—666.67公顷）的坝有12个，面积5511.5公顷；1000~5000亩（66.67—333.33公顷）的坝有111个，面积14194.6公顷。

经实地调查统计，这些坝区耕地生产水平高，多为一年二熟，部分一年三熟；道路、排灌设施较好，具备旱涝保收和交通便利的条件；土种主要有潮泥田、潮砂泥田、黄红泥田、潮黄泥田、小黄泥田、黄胶泥田、大泥田、大眼泥田、熟白胶泥田、熟白鳝泥田等。这些土种熟化程度高、土层深厚。根据测土配方施肥成果数据分析，坝地土壤有机质、全氮、有效磷含量属于中上等水平，速效钾含量中等水平；有机质含量在30克/千克以上，氮含量在1.5克/千克能上能以上的耕地占大坝耕地面积的60%以上，土壤肥力高，质地疏松，按照耕地地力等级划分属一级、二级、三级耕地（上等地）所占比重大；集中连片，土地平整、土、肥、水、氧资源配置优越，完全适用于农业机械化、生产规模化、生产经营集约化，农业生产产投比高，是主要粮食生产和优质农产品生产基地，同时也是现代农业发展、先进农业科学技术应用示范的重要基地。保护好、利用好这些祖祖辈辈留下的宝贵优质耕地资源，将其建成重要的粮食和农产品生产基地，对于保证全州粮食安全和农产品有效供给，提高坝区农民收入水平具有重要意义。

梯田是在坡地上分段沿等高线建造的阶梯式农田，是治理坡耕地水土流失的有效措施，蓄水、保土、增产作用十分显著。梯田顺山势和山形修造而成，梯田依着山势盘曲，一层层从山的上半部一直延伸到深深的河谷，把数座山体连接在一起，长的梯田有数百米，当地老百姓称为腰带田，由于山势较陡，坡度一般都在25～75度之间，多数田只能种上一二行水稻，有的甚至只能栽一行水稻。梯田的通风透光条件较好，有利于作物生长和营养物质的积累。梯田文化是黔东南农耕地文化的瑰宝，是一个充满智慧的农耕文化。蕴含的精神实质；顺应自然、善待自然及人与自然和谐的完善的结合。梯田文化的特点在于森林、梯田、村庄三大生态系统的良性循环。有学者认为“贵州省黔东南苗族侗族自治州广泛分布的稻作梯田，不论是外观、工程规模，还是梯田的类型等方面都更具特色，其中所演绎的‘一方水土养一方人、一方人善待一方水土’的生动活剧，更是蕴藏着丰富的历史文化及生态价值”。“稻作梯田是人类历史发展的产物，它与历史文化、生态环境有着紧密的联系。刚柔相济、浑然一体是梯田独有的审美魅力”。黔东南梯田与国内其他知名梯田相比，多出了“田中有寨、寨居田间”的意境及比较丰富的原生态民俗文化氛围等。黔东南梯田面积约108000公顷，分布地海拔为137～1400米，其中以从江、雷山、榕江、丹寨等县分布较广，梯田占耕地面积的80%，以从江加榜、雷山开屯、丹寨高要梯田，以及黄平翁坪、重兴、黄飘等地的石砌田坎著称。

耕地土壤养分含量　主要有机质、全氮、有效磷、速效钾含量和pH值现状。

有机质含量　全州耕地土壤有机质总体趋势是西部高于东部，砂页岩地区高于白云岩、白云质灰岩地区，水田高于旱地，高海拔地区高于低海拔地区，以雷公山和月亮山地区为最高。州内各县市的耕地土壤有机质含量中，有机质含量30克/千克以上的以雷山县比例最高，占到本县耕地的97.2%；其次为黎平县，占本县耕地的87.5%；比例最小的是施秉县，为37.4%；其余大多在60%～80%。

全氮含量　全州耕地耕层土壤全氮平均含量较高，平均值为2.15克/千克。各县市的耕地土壤全氮含量1.5克/千克以上的以雷山县比例最高，占本县耕地面积的99.5%；其次为剑河县，占本县耕地面积的97.9%；比例最小的是施秉县，为63.7%；其余的在80%～90%之间。

有效磷含量　全州耕地耕层土壤有效磷平均含量中等，含量分布呈南北低、中部高趋势。州内各县市耕地土壤有效磷含量20毫克/千克以上（丰富级）的以榕江县比例最高，占本县耕地面积的67.52%；其次为天柱县，占本县耕地面积的54.64%；比例最小的是施秉县，仅为1.81%；全州耕地土壤有效磷含量20毫克/千克以上的耕地比例为27.13%；全州有效磷小于

10 毫克/千克的耕地土壤占总耕地面积的 21.19%，仅 20% 左右。

速效钾含量　全州耕地土壤耕层速钾平均含量较低，含量分布呈西北高、东南低的趋势。全州耕地土壤速效钾丰富级别（>150 毫克/千克）的耕地面积仅占总耕地面积的 16.86%，达到 30% 以上的只有镇远、岑巩和施秉，其中镇远最高，达 49.44%，接近一半；全州耕地土壤速效钾丰富级别（>150 毫克/千克）耕地面积比例不到一成的有锦屏、黎平、从江、榕江、剑河和台江 6 个县，其中锦屏最低，仅为 1.65%；全州速效钾 <100 毫克/千克的耕地占总耕地的比例为 44.64%，接近一半。说明本州有近一半的耕地缺钾，其中黎平县比例最高，达到 93.12%，从江县次之，达到 88.37%。

pH 值现状　全州大部分耕地 pH 值较低，呈酸性反应，从分布上看，呈现南部低于北部的趋势。全州耕层土壤 pH 值小于 5.5 的比例为 57.7%，超过一半的耕地呈酸性，其中比例最大的州内南部、东南部砂页岩覆盖面广的榕江、从江、和黎平 3 个县，分别为 98.4%、91.9%、91.6%；耕层土壤 pH 值小于 5.5 的比例最小的是州西北部石灰岩和白云页覆盖面广的施秉县凯里市，分别为 10.87%、10.96%。

园　地

2015 年，全州园地面积 73393 公顷，包括果园、茶园和桑园。其中果园面积 47930 公顷，全州各县市均有分布，以锦屏、榕江、黎平、从江、雷山、台江等县较多；茶园面积 25034 公顷，主要分布在黎平、雷山、丹寨、台江、黄平、镇远、岑巩等县，其中面积逾 7000 公顷的有黎平、雷山两个县。此外，凯里、从江、施秉等县市也有零星茶叶分布；桑园面积 429 公顷，主要分布在黄平县的重安镇和谷陇镇。

林　地

黔东南州是全国重点林区之一，也是贵州省的主要用材林基地，全省 10 个林业重点县，黔东南州占有 8 个。据 2006 年，黔东南州第三次森林资源规划设计调查，全州林地面积 220.38 万公顷，其中有林地面积 183.45 万公顷，占林地面积 83.24%；依次为灌木林地，面积 18.42 万公顷，占林地面积 8.36%；未成林造林地面积 6.20 万公顷，占林地面积 2.8%；疏林地面积 2.31 万公顷，占林地面积 1.05%。森林覆盖率达 62.78%，为全省之冠，其中锦屏、榕江、从江 3 县森林覆盖率高达 70% 以上。在林地面积中，面积在 20 万公顷以上的有黎平、榕江、从江 3 个县；面积在 15 万—20 万公顷的有天柱、剑河两个县；面积最小的是雷山县，面积 8.61 万公顷。州内天然林面积约占林业用地面积的 37%，天然林主要是常绿阔叶林、常绿落叶混交林和针阔混交林。州内有各类植物 2009 种，分属 290 科 690 属。其中野生植物资源 150 余种，400 多属，1000 余种，在种子植物中，有中国特有属 24 属，占全国特有属的 11.7%，有篦子三尖杉、厚朴树、香樟、秃杉、银杏、鹅掌楸等重点保护树种 37 种，占全国重点保护树种的 10.5%，占全省的 90.2%。黔东南州森林资源分布不均。州内东南部榕江、从江、黎平、锦屏、天柱、剑河、台江、雷山 8 个县，森林集中成片，面积较大，是贵州省人民政府确认的林区县，全省 10 个林业县，黔东南州占有 8 个。8 个县林地面积和总蓄积量占全州林地面积和总蓄积量 70% 强；而州内西北部的凯里、麻江、丹寨、黄平、施秉、镇远、岑巩、三穗 8 个县市，森林面积较小，林地面积和总蓄积量占全州林地面积和总蓄积量30%。黔东南州生态环境良好，境内群山叠翠、林木葱茏，森林资源丰富，有“杉乡”“林海”之称，适宜发展林下产业、生态经济和生态旅游业。

牧草地

全州牧草地面积22.30万公顷，占全州土地总面积的7.35%，绝大部分为天然草地，多分布在耕地边缘和林地外围的小坡、山头、谷地、沟涧，以及零星分布于耕地、林地之中，相对集中分布在雷公山、月亮山区周围的雷山、台江、剑河、榕江、从江、黎平等县。牧草地中，天然草地面积占95%以上，改良草地、人工草地占5%以下。在草地群落中，禾本科植物占70%以上。禾本科植物中常见牧草有白茅、芒、黄茅、黄背茅、金茅、五节芒芸香草等。豆科中常见的有大叶胡枝子、野百合、野葛等。其他杂草常见的有野菊、蒲公切英、车前草等。

城镇村及工矿用地面积5.22万公顷，占全州土地总面积的1.72%；交通运输用地面积2.33万公顷，占全州土地总面积的0.77%；水域及水利设施用地面积4.61公顷，占全州土地总面积的1.52%；其他土地面积15万公顷，占全州土地总面积的4.94%。全州土地利用率高达92.8%，分别高于全国77.6%和贵州省84.7%的平均水平，可供开发利用的后备土地资源仅有0.57万公顷，耕地后备资源十分有限，且开发难度大。

第四章　自然植被与野生动物植物资源

第一节　自然植被

黔东南州地带性植被，是中亚热带湿性常绿阔叶林，南部具有向南亚热带季风常绿阔叶林过渡的某些特征。森林植被属黔东南低山丘陵栲树樟楠林—杉木林区，是中亚热带东部山地、山原湿性常绿阔叶林地区的一部分。

自然植被类型　州内主要自然植被类型主要有以下五类：

阔叶林　组成黔东南州常绿阔叶林的主要属有：栲属、青冈栎属、石栎属、樟属、润楠属、山胡椒属、木兰属、新木姜属、楠木属、木荷属、山茶属、红淡属、拎木属、木莲属、含笑属、杜英属、猴欢喜属、山矾属等。主要分布于中部雷公山、南部月亮山、太阳山及东部、南部的深切割沟谷陡坡，是黔东南州湿润温暖气候的指示植被。其中，州南部还出现较多南亚热带森林组成树种，如刺栲、罽朔栲、黄果厚壳桂、舟柄茶、蕈树、巨果冬青、华南山矾等。主要落叶阔叶林有水青冈、壳叶水青冈、槭树、樱桃、花楸、枫香、自辛树、短柄枹等，分布于雷公山1400米以上地段。另有榆属、青檀属、朴树属、化香属、榛木属、鹅耳枥属、黄连木等属落叶树种广泛分布于州内各地。

针叶林　本类型主要森林类型有：杉木林、马尾松林、柏木林，另有极少量的华山松林。其中，马尾松林面积、蓄积最大，次为杉木林。杉木林是本区主要人工林类型，生长优良，是全国著名杉木产区之一。马尾松林极大部分是天然次生林，阔叶林和杉木林破坏后自然形成。柏木林均为人工林，分布于本区北部、西部石灰岩山地。各类针叶林，特别是杉木、马尾松林是本区今后大力发展并集约经营的类型。

竹　林　州内竹林自然资源比较丰富，主要种类有楠竹（毛竹）、斑竹、白夹竹、金竹、慈竹、苦竹等，荒山竹灌丛多方竹、水竹。其中，楠竹数量较多，主要分布于州的东部、南部各县；慈竹等中、小型竹种，在州北部三穗一带分布较广。

灌木林及灌丛　除雷公山中山顶、少数山峰山地以及某些石质山地分布有原生灌木林外，其余大面积荒山及石灰岩山地广泛分布次生灌丛，其中，酸性土上多为栎类灌丛；石灰岩山地多为蔷薇、悬钩子藤刺灌丛。这些次生灌丛大部分是屡经樵采、放牧、火烧而破坏原生植被后所形成。很多酸性土栎类灌丛地立地条件较好，可营造用材林或经济林。部分灌丛地立地条件较差，可改造为薪炭林和防护林。

禾草与蕨类草丛　本类型是亚热带山地植被逆向演替的最后阶段。白茅、拟金茅、黄茅、五节芒、野古草、茅叶荩草等禾本科植物广泛分布于州内各地；铁芒萁、蕨类等植物，则主要分布于酸性较强的土壤上。白云质山地分布有蓑草等植物。

栽培植被　黔东南州栽培植被主要有以下三类：

农田植被　旱土以麦类、玉米、红薯等一年二熟制组合为主；稻田以水稻、油菜、麦类、绿肥及其他经济作物等一年二熟制组合为主，均广泛分布于州内各地。

经济林　主要为油桐林、油茶林，并有少量乌桕、板栗、核桃、漆树等。油桐林、油茶林比较集中经营，全区都有分布，油桐林以岑巩、镇远、天柱、三穗、榕江等为多，油茶林以天柱、锦屏、黎平、岑巩、榕江等为多。经济林与用材林是本区两个主要林种，但经济林经营水平不高，产量低。改良品种，集约经营，产品加工是亟待解决的主要问题。本区其他经济树木，如鞣料、油料、芳香油料、纤维以及医药、茶果等都有比较丰富的自然资源，并有发展前途。其中，以柑橘为主的果树近年来已在州内广为种植，而又以榕江、从江等地为最多。

人工草场　随着草业的兴起，在州内丹寨、三穗等地，已出现了较大面积的人工草场，其主要组合为豆科及本本科牧草。在凯里市白云质山地已开始了人工种植蓑草。

森林植被类型及其分布　主要有以下5个类型小区：

清水江中、下游丘陵栲树、樟楠林—杉木林、油茶林小区　主要包括三穗大部，天柱、锦屏全部及黎平北部、剑河东部。小区气候条件比较一致，可以锦屏为代表，年均温16.4℃；1月均温5.2℃；7月均温26.6℃，≥10℃年积温5135℃；年降水量1326毫米；年日照1086小时；相对湿度85%。林业气候特点是温暖湿润，伏旱不重，偶有雪压，日照较少。地貌特点是大部分为900米以下的低山，东部丘陵与湘西丘陵相连，山间宽谷盆地。本小区土壤大部分为板岩类发育的黄红壤和黄壤。植被以栲树、樟楠林为典型，人工杉木林面积大，传统经营，生长优良。经济林以油茶为最普遍，油桐林分布比较集中。本小区以杉木用材林为发展重点。

都柳江中、下游低山栲楠林一杉木林小区　主要包括榕江、从江及黎平、丹寨的南部。本小区气候条件中，热量显著高于清水江流域小区，年平均温18℃～18.4℃；1月均温7.8℃；7月均温26.7℃～27.6℃；≥10℃年积温5700℃～5800℃，降水量1200～1300毫米，日照1200

~1300 小时。林业气候特点是冬暖夏热，时有伏旱，热量高，水分足。地貌特点是以低山类型为主，低山、中山、盆谷相间出现，山地组合比较复杂。土壤大部分是板岩类发育的黄红壤和黄壤，部分红壤。森林植被以栲树为典型，但出现较多南亚热带种类，反映较高的热量条件。小区杉木林面积大，生长优于清水江流域。林业发展以杉木为主，兼及发展部分珍贵阔叶特别树种。

雷公山中山山地栲树木荷林—杉木林小区　主要包括雷山、台江、剑河 3 县。雷公山为小区的主体，中山、低中山地貌为主，四周低山地貌。气候条件由于海拔高、热量条件稍低，年均温 15.5℃左右；1 月均温 4.7℃左右；7 月均温 24℃～25.5℃；≥10℃年积温 4500℃～5000℃。年降水量 1200～1300 毫米，湿度大，终年湿润。海拔 1300 米以下土壤系板岩等变质岩发育的黄壤，1300 米以上为黄棕壤，海拔 1300 米以下以栲树木荷林为典型。1200 米以下人工杉木林为主，生长优良。

舞阳河流域低山丘陵及岩溶峰丛栲栎林—松杉林，油桐油茶林小区　主要包括岑巩、镇远、施秉三县及三穗北端部分。舞阳河流域为岩溶低山、岩溶河谷、岩溶峰丛等类型，也有砂页岩、变质岩低山。岑巩及舞阳河下游，丘陵地貌广布。海拔一般 500～800 米，切割较浅。气候比较一致，年均温 16.4℃左右；1 月均温 4.9℃～5.4℃；7 月均温 26.6℃左右；≥10℃年积温 5100℃左右。年降水量偏少，1100 毫米左右，7 月干燥度 >1，伏旱较重。土壤以黄红壤、黄壤为多；石灰岩山地则发育为黄色石灰土。古风化壳均发育为铁质黄壤、黄红壤。本区残存常绿阔叶林已很少，以栲树、甜槠栲和一些常绿栎类组成。森林植被大部分是次生阔叶林及马尾松林。岩溶山地为青冈栎、榆树林，也可见到以榆、朴、青檀、鹅耳枥为主组成的落叶阔叶与一些常绿阔叶树组成的混交林。中、小杆型竹林分布较多。石灰岩山地以柏木、青冈、栎、栲类为主，可发展多树种混交的防护林；酸性土以发展马尾松用材林为主，部分砂页岩、变质岩山地、土壤深厚处可发展杉木林。油桐、油茶在丘陵地上生长优良，为传统经济林产地。

西部清水江、舞阳河上游岩溶化山原栲类、青冈常绿、落叶阔叶混交林—马尾松林小区　主要包括黄平、麻江、凯里三县（市）及丹寨北部。本区多岩溶中山、低山，与黔中山原相连，海拔一般 1000 米左右，黄平多 1000 米以下的低山。年均温 14.5℃～15.7℃；1 月均温 4.5℃左右；7 月均温 23.8℃～25.6℃，年降水量 1200 毫米左右，终年湿润。土壤多黄色石灰土和砂页岩发育的黄壤，土层一般浅薄。第四纪黏土分布较多。本原常绿阔叶林以栲类、青冈林为主，主要组成树种有栲树、甜槠栲、青冈、细叶青冈、木荷、樟树等。石灰岩常绿、落叶阔叶混交林以青冈、细叶青冈、乌冈栎、鹅耳枥、化香、榆树、朴树为主。大面积的次生林为杨桦林、麻栎、枫香林及马尾松林，人工林以马尾松林为主，砂页岩、页岩发育的深厚黄壤，杉木生长良好。

第二节　野生植物资源

野生植物种类

黔东南州有经济价值的植物繁多，资源丰富，按其用途分主要有以下 8 类：

油脂及芳香资源植物　全州共有 239 种（包括变种），分别含有饱和酸（已酸、辛酸、癸酸、月桂酸、肉豆蔻酸、棕榈酸、硬脂酸、花生酸、山萮酸)、烯酸(油酸、五油酸、亚麻油酸)、其他脂肪酸以及樟脑油、黄樟素、松油醇、按叶醇、芳樟醇、丁香粉、柠檬醛、香薷酮等多种物质,为粮油、轻工、化工、医药等的天然原料。据调查,其主要品种有山苍子、滇白珠、缬草、苍耳子、凉山子等。

野生果树资源植物 全州共有48种,其中,干果类有锥栗、板栗、茅栗、湖南山核桃等;水果类有杨梅、刺梨、野李、锈毛草莓、山楂、拐枣、中华猕猴桃、硬毛猕猴桃、毛花猕猴桃、阔叶猕猴桃、京梨猕猴桃、华南猕猴桃、雷公山猕猴桃(新变种,暂定名)、黑蕊猕猴桃、褪粉猕猴桃、网脉猕猴桃、柱果猕猴桃、花秋猕猴桃、安息香猕猴桃、黄毛猕猴桃、绵毛猕猴桃、紫果猕猴桃、果猕猴桃等。

中草药药源植物 全州有2656种(232科,984属),分别占全国和贵州省药用植物物种的23.83%和60.1%,黔东南州是一个药用物种多样性较丰富的地区。其中,在省内占优势的品种有续断、桔梗、茯苓、杜仲、菊花、五倍子、木鳖子、木姜子和银花等。

蜜源植物 全州有80余种,其中刺槐、乌桕、椴、山茶、多花杜鹃、黄荆条、冬桂花、野坝蒿、千里光等,都是分布面广,资源量大,流蜜较多的品种。

野生饲料植物 全州有320多种,主要有雷山大芭茅草、三白草、桑、葛藤、火棘、野豌豆、酢浆草、野葡萄、茨菇等。

野生纤维类植物 全州有10余种,主要品种有:蓑草、梦花、山黄麻、葛藤、序叶苎麻、水麻、棕榈、紫麻、白茅、芭茅、构树以及杂竹等。

蔬菜类的植物 全州有食用菌类、竹笋、蕨菜和折耳根等:食用菌类的品种有55种以上,常见的有香菇、木耳、毛木耳、橙耳、红汁乳菇、多汁乳菇、红菇、绿菇、油蘑、冬菇、牛舌菌、灰树花等,其中以香菇、木耳产量最大。

淀粉类植物 全州主要有葛根、百合、蕨根和茯苓等科,203属,320多种。

有重要的经济开发价值的野生植物

纤维类植物 主要有蓑草、梦花、构树、棕榈、竹、芭茅等。

蓑　草 学名拟金茅草,别名龙须草。州内主要产于清水江流域和舞阳河流域的凯里、麻江、黄平、施秉、镇远、岑巩等县(市),常成片生于白云崖质山地,产量高,年可收割两次。可人工种植,是制造高级打字纸的重要原料,国内造纸工业对此种原料极为需要,资源量(年可生产量,以后各类同)为1000万公斤以上,最高收购量为939万公斤。

梦　花 系瑞香科灌木。主产于凯里、黄平等地的高山丘陵杂林中,其皮富含纤维,单纤维细长柔软,可制暗纸、复写纸、过滤纸、绝缘纸、皮纸等高级纸。州内常年收购量在1万公斤左右。

构　树 系桑科小乔木。全州各县均产,多生于空旷地方。其树皮含纤维37%左右,纤维长度可达5~11毫米,是制造皮纸、砂纸等高级纸类的重要原料,资源量有200万公斤,最高收购最为128万公斤。

棕　榈 习称棕树,为棕榈科乔木,通常高达3~5米。分布于州内各地,多生于田边土角,可人工栽培。棕片是本州传统的外输物资,其棕丝可制绳、床垫、沙发垫等;棕骨可制牙签等用品；棕叶经漂白后可制扇、帽等日用品；根及陈久的棕衣、籽实可入药，有止泻、镇痛之功效，棕片资源量为43.5万公斤，年收购量为32万公斤。

竹 黔东南州竹类品种较多，有毛竹、水竹、紫竹、金竹、锦竹、斑竹、箬竹等。各县（市）均有分布，其中以凯里、麻江、黄平、三穗、岑巩、锦屏、黎平、榕江、剑河等地分布较多。竹一身都是宝，其笋可供食用；茎秆是理想的造纸原料；小枝可作扫帚；多数竹种均为竹编业的重要原料；毛竹即楠竹是重要的建筑材料；箬竹叶片巨人，质薄，多用于作衬垫物或制作各种防雨用品，还是我国传统食品粽子的包装材料。州内各种杂竹资源量约有3000多万公斤。

芭　茅 为禾本科芒属植物，黔东南州产主要品种为五节芒，其适应性很强，耐干旱，耐瘠薄，一般分布于海拔500～1500米的地区。各地均产，其中以雷山、台江、凯里、剑河、丹寨等地产量较大。近几年来，州内不少地区已推行人工栽培成功。芭茅用途很广：叶可作饲料；杆的纤维含量达48%，除用作造纸外，还可加工成纤维板以代替部分木材的用途。州内芭茅草的资源量在3000万公斤以上，常年收购量1500万公斤。

淀粉类植物 主要有茯苓、粉葛藤、百合等。

茯　苓 为百合科藤本植物，生于林下，灌丛中或河岸林缘，山坡上，其新鲜鳞茎含淀粉量高达70%左右，可制作糕点或酿酒；并可入药，有利湿解毒、健脾健胃功能。州内有广泛分布，其中，以锦屏、黎平一带最多，全州资源量为250万公斤，最高收购量为185万公斤，是黔东南州重要的外输物资之一。加工后的产品有白方片、茯苓卷、茯苓神块等，其中茯苓神块尤其受日本等国外商欢迎。黔东南州茯苓产品曾多次获得外贸部颁发的“优质产品”证书和“产品荣誉奖”。

粉葛藤 喜生于山野阴湿处，山坡、丛林、路旁亦有生长，分布高度可达1600米。其根部含淀粉48%，产量很高，每窝大者可达数十公斤，可食，也是重要的工业原料；藤、叶是猪的好饲料。全州各地均产，葛根资源量约180万公斤。

百　合 为百合科植物。黔东南州有红百合（又称野百合）、大百合，红百合州内各地均产，喜生于山木麓、荒坡。其鳞茎含淀粉，可食，资源量约18万公斤。大百合主产于雷公山，分布高度可达到1800米左右，喜生于溪沟两旁，其鳞茎重量大者可达1公斤左右，是百合中淀粉最丰富的一种，除供食用外，还可入药。其叶可作猪饲料。

油料及芳香类植物 主要有苍耳子、凉山子、山苍子、滇白珠、缬草等。

苍耳子 俗称“牛鼻子”，为菊科草本植物。喜于河沟两旁。其种子出油率可达15%～22%，是制作油漆、油墨、肥皂等的原料。全州各地均产，资源量约362万公斤。

凉山子 是一种具复叶的大乔木，主产于剑河县，分布于1300～1600米高度的阴湿林中。其果似樟树果，出油率高达20%～30%。油可食及供工业用。资源量为10万公斤。

山苍子 系樟科灌木，多生于向阳坡地、灌丛或疏林中，分布海拔1000米左右，州内各地均产，其中，以榕江、从江、黎平、丹寨、台江、雷山等县分布较多。其籽实榨取之山苍子油，既是食品工业所需之香料，又是提取柠檬醛、制造紫罗兰酮、甲基紫罗兰酮、乙位紫罗兰酮等重要化工品的主要原料。州内资源量在362万公斤左右。最高年收购油0.5万公斤。

滇白珠 别名满山香、透骨香。性喜阳，多生于林边灌丛或草地，分布在海拔1000米左右地区。州内主产于雷山、榕江、凯里、锦屏、黄平、黎平等县（市）。其枝叶可提炼芳香油，用于制作牙膏及食品香精，也是制药的原料。

缬　草　为败酱科多年生草本，生于高山山坡、林下及溪沟边。黔东南州以岑巩县为主产区，资源量为62.7万公斤，居全省首位。缬草有很高的药用价值，医学界已开始用来医治肺结核等病。缬草油是烟草、香料工业中不可缺少的原料。

水果类植物　主要有猕猴桃、杨梅、刺梨、柿子等。

猕猴桃　黔东南州习称杨桃，为猕猴桃科藤本植物。其种类较多，不同种在分布上有一定的地域性。州内以雷公山区为主产区，各县（市）均有分布。其中，雷山县已查明猕猴桃在该县共分布16个种和1个变种，年产量预测有85万公斤左右。全州资源量近600万公斤。猕猴桃一身都是宝，其浆果富含多种糖类及维生素，特别是维生素C含量高，比甜橙高1～7.5倍，比苹果高19～83倍，比梨高32～139倍，号称“水果之王”。有防癌、治癌功用。除生食外，还可制成果酱、果脯及酒、鲜汁等饮料。其茎、髓含胶质，可作造纸胶料；其花可提取香精；其根、藤入药有消热利水、散瘀止血的功效。果实为航空、航海、高原、矿工等种作业人员和老、弱、病人的特需营养品。是黔东南州野生果品中最具有开发价值的一种。

杨　梅　别名珠红，也是一种著名野生果品。其果富含蚁酸及其他糖类、维生素等，可生食，也可加工为多种蜜饯及饮料，有生津止渴，开胃增食之功效。其树皮含丹宁，可制作染料；根皮入药可散瘀止血；种仁可榨油作化工原料，州内各地均有分布。其中，以雷山、榕江等地产量较高。全州杨梅资源量可达960万公斤左右。除普通品种外，另在黔东南州从江、榕江、黎平等县500米以下低海拔山区，发现有一种果实特小，味浓甜无酸，色泽鲜红的杨梅新种，当地群众称为杨梅豆，其植株高2～5米，果纵径1厘米、横径0.6厘米，种子脆化渣，可以果核同食，4月下旬成熟，比普通杨梅早熟一个月左右。每公斤果实约3000粒，为国内首次发现。

刺　梨　学名缫丝花，蔷薇科植物。是一种营养极丰富的果品，其维生素C含量超过猕猴桃，享有“营养珍果”和“维C之王”的美称。州内各地均有分布。其果可生食，或制作蜜饯及酿酒；其根皮和茎可提取栲胶；其叶可代茶，有解热功能。据凯里、麻江、黄平、施秉、镇远、岑巩、榕江等县（市）调查，资源量有37万公斤。

柿　子　为柿树科乔木。黔东南州各县（市）均有分布，其中以麻江、黄平、施秉、岑巩等地产量较大，其果品可酿酒或制作柿饼；柿霜及柿蒂人药；柿漆供油伞用。全州资源量为326万公斤。

栲胶类植物　主要有红根皮、橡碗、薯莨、五倍子等。

红根皮　蔷薇科植物。州内主要品种有山木香、茶蘼花、白木香花等。多生于路旁藤刺灌丛中，因其根皮色红，故称红根皮。其丹宁含量约27%～30%。全州各地均产，资源量约25万公斤。最高收购量4.2万公斤。

橡　碗　州内习称“青冈子”，系壳斗科各属植物之壳斗。州内壳斗科植物主要品种有麻栎、白栎、解栎、栓皮栎等，分布较普遍，多生于阳坡次生林或灌丛中。除栓皮栎主要分布于榕江等县1000米左右高度的山坡，多成疏林生长外，其余品种各地均有分布。其坚果壳斗含丹宁，是制革工业和化工工业的重要原料，淀粉可供酿造酒精。全州资源量有500余万公斤，最高收购量有子仁317万公斤，橡碗138万公斤。

薯　莨　黔东南州称朱砂连，多生于溪旁灌丛或林边阴湿处，全州各县均产，雷公山产量尤大。其块根部含丹宁18%。资源量有50万公斤。

五倍子　为漆树科小乔木盐肤木之寄生虫瘿，是重要的化工原料，用于制革业、染料业等，全州各地均产，其中镇远、施秉、岑巩、天柱等地产量较大。全州五倍子资源有161万公斤。最高收购量60万公斤左右。

药材类植物主要有天麻、杜仲、续断、桔梗、金银花等。

天　麻　又名赤箭、赤天箭，为兰科腐生兰。其块茎供药用，有熄风镇痉作用。主治头痛、头昏眼花、风寒湿痹、小儿惊风等症，是黔东南州名贵的中药材。州内各地均产。其中，以麻江、施秉、镇远、岑巩、锦屏等地产量较多。近年来，锦屏、镇远、雷山等地已人工种植成功。全州野生资源量约0.67万公斤。

杜　仲　为杜仲科落叶乔木。生山地林中，州内主要分布于凯里、镇远、黎平、剑河等地。其树皮人药，补肾、强筋骨，治腰膝痛，高血压等症。杜仲还可产硬橡胶，为制海底电缆和黏着剂的重要原料。全州可年产杜仲皮6万公斤。

续　断　系川续断科草本植物。生于林边及溪沟、湿润草丛旁，州内各地均产。其极供药用，可强筋骨、接断损、活血止瘀。全州资源量达50万公斤。

桔　梗　为桔梗科草本植物。生于丘陵草地荒坡或林缘向阳干燥之处，州内各地均产。其根为祛痰药，还可治肋膜炎等症。种子可榨油。全州资源量在40万公斤左右。

金银花　为忍冬科多年生缠绕常绿灌木忍冬，适应性强，州内各地均有分布。医学上以花、茎入药；花性寒、味甘，清热解毒，主治温病发热，斑疹，咽痛，热毒下痢，痈肿疮疡等症；茎性能相同，但多用于痈肿疮毒和热痹。其花、叶蒸馏成露，可作饮料，能解暑清热。州内资源量有50万公斤左右。

蔬菜类植物　主要有菌类、竹笋、蕨菜、薇菜、折耳根等。

菌　类　州内习称“菌子”伞菌科植物，有香菇、平菇、黑木耳、丛毛菌、黄丝菌、奶浆菌等等，各地均有分布。多生于空气良好的湿润的林间草地，营养极佳。黎平、锦屏一带产的竹荪及雷公山出产的猴头菌、均是菌中珍品。香菇即冬菇，生长于枯死的枫、栲、漆、栎等树上，不耐高温，子实体常在立冬后至翌春清明前产生，截至2015年州内已发展至人工繁殖，年产量在16万公斤左右，是黔东南州传统的外销物资。最高收购量为7.3万公斤。

竹　笋　黔东南州有毛竹笋、楠竹笋、淡竹笋、慈竹笋、八月笋等，资源量在440万公斤左右。

蕨　菜　凤尾蕨科植物，黔东南内各地荒山均有生长。其幼叶茎作蔬菜食用。根状含淀粉，可食，或供酿造用，也供药用，有去暴热、利水道等效用，其纤维可制绳缆，能耐水湿。州内蕨菜资源量初步预测约为1700万公斤。

薇　菜　在黔东南州16县市均有分布，但以东边8县的雷山、榕江、从江黎平等县居多。薇菜为多年丛生蕨类植物紫萁科紫萁属紫萁的别称，又名水骨菜、高脚贯众、月亮草、紫蕨、老虎蕨等。薇菜是具有较高开发利用价值的野生经济和药用植物，富含蛋白质、维生素E、维生素K、脂肪等营养成分和钾、钙、磷、铁、钠、锌、硒（雷山薇菜干中硒含量高达6.4微克/100克）等多种微量元素。具有祛风活血、清热解毒、驱虫利便的药用功效。经加工制成的薇菜干是目前世界上公认的绿色食品，特称“中国红薇干”。全州资源总藏量（鲜品）在4.5万吨左右。按10:1比例制成商品薇菜干，全州年产量可达4500吨。

折耳根　学名蕺菜，即三白草科植物鱼腥草。幼嫩茎、叶作蔬菜用，中医上以其茎、叶入药，性微寒、味辛，功能为清热解毒，排脓，主治肺热咳嗽、肺痈、疮痈肿毒等症。折耳根在本州各县市均有分布，但以雷山县所产量大质好。

野生经济资源植物的特点

分布广　全州各县（市）均有分布，特别是一些主要大宗品种，几乎遍布州内各地。

种类多　初步调查有3000多种，其中，一些品种在省内占有重要地位，如芳香油类植物，初步调查有30多种，居全省首位，如芳香油类植物，初步调查有30多种，居全省首位；猕猴桃品种全世界共有54个种，而黔东南州雷公山就分布有17种。

产量高　如酒精工业急需的青冈子，资源量达465万~1500万公斤；香料工业急需的山苍子，资源量达362万公斤；传统外输药料续断，资源量达50万公斤；猕猴桃，资源量达556万公斤；造纸工业的重要原料蓑草，资源量达814万公斤。

能综合利用　如山苍子的叶、花、果均可提取芳香油，种子可提取脂肪油，根、果可入药，坚果可制淀粉，供酿造用，叶可饲料柞蚕，木料可制农药及放养黑木耳等。

经济价值高　如药材类的天麻、杜仲等都是价格较高的紧俏药材。栲胶类的薯茛、红根皮等，不仅制革需要，而且是制造渔网必不可少的涂料。各种芳香油类，更为国内、国际市场所需，特别是各种芳香油植物，种类及产量均居全省首位。

第三节　野生动物资源

黔东南州有野生动物上千种，其中草鹗、猴头鹰、麝羊、毛冠鹿、娃娃鱼、中华鲟、灵猫、虎豹等10多种被列为国家重点保护动物。按纲目主要有两栖纲、爬行纲、鸟纲、鱼纲、哺乳纲。

两栖纲　有36种以上，占全省总数（60种）的60%。其中，在雷公山发现的尾斑瘰螈、棘指角蟾和雷山髭蟾是3个新种。分布较广的大鲵属国家二类保护动物。

爬行纲　有56种以上，占全省总数（105种）的53.3%。其中，以蛇目居多，约47种（毒蛇9种，占16.1%，无毒蛇38种，占67.9%），蛇目中贵州小头蛇是新种，缅甸钝头蛇、福建钝头蛇、白眉游蛇、青脊竘、丽纹游蛇为国内稀少种。

鸟　纲　有130余种，占全省鸟类（417种）的31.1%。其中，珍贵的品种有白鹇、红馥锦鸡、自腹锦鸡、鸳鸯等，以雷公山、月亮山分布较多。白鹇为国家二类保护动物，红腹锦鸡为国家三类保护动物。红腹锦鸡已被定为贵州省省鸟。

鱼　纲　有100余种，其中，以鲤科居多，占总数的62.1%，较有经济价值的种类有鲤、鲫、月鳢、黄鳝、长鲳等。另在锦屏县发现列为国家一类保护动物的中华鲟。

哺乳纲 约有40种，20世纪60年代曾有华南虎、金钱豹。现主要有猕猴、狗熊、林麝、小灵猫、毛冠鹿、苏门羚、大灵猫、穿山甲、野猪、野山羊、野兔等。二类保护动物有猕猴、林麝、穿山甲；三类保护动物有苏门羚、大灵猫、小灵猫。由于森林植被的减少，以及人类活动尤其是乱捕滥猎的影响，野生动物资源均受到不同破坏，有些濒于灭绝，特别是大型兽类如华南虎、金钱豹等已难于寻觅。

第五章 农业区划

1991年以来，黔东南州农业资源区划部门在完成编纂《黔东南州综合农业区划》丛书工作后，探索“资源调查—农业规划—项目论证—实验示范—资源开发”的农业区划与农业开发新路子，把工作重点转移到农业专题调查、项目论证、区域规划和特色农业资源调查等上来。

第一节 分区依据 原则 命名

为了便于人们因地制宜地布局生产，扬长避短、趋利除避、发挥地区优势、发掘生产潜力，在调查研究的基础上，按照农业生产地域分异的客观规律和州内农业自然条件和社会经济条件的地域差异特点，黔东南州农业资源区划部门提出综合农业分区的原则和依据，并划分出若干的综合农业区。

分区依据

黔东南州综合农业区的划分，以地貌类型、气候类型组合及农业生产结构为主要依据，以土壤类型、耕作制度、生产水平等为次要依据，着重反映农业生产和划分标准。林业为现有林业用地占该区土地总面积的40%以上，森林覆盖率占26%以上，未开发利用地、宜林荒草地占50%以上。畜牧业以每百亩耕地中占有的猪、牛头数和牧草地、宜牧荒草地比例综合考虑；渔业以其产值比例多寡为主。

分区原则

取发展农业生产的自然条件和社会经济条件的相似性；以农业生产基本特点、发展方向和商品生产重点的类型性，运用农业生产建设途径、结构调整和关键措施的共同性；保持县属区行政区界的完整性；照顾到省、州两级区划相互衔接，省二级区、州一级区分界线的基本吻合性。

分区命名

根据以上分区依据和原则，州综合农业区划分区命名采用三段命名法，即地理方位加主要地貌类型加主要农、林、牧部门。全州共划分为五个一级综合农业区。

西部山原农牧矿产区　本区位于黔东南州西部，含麻江、黄平两县全部及凯里市的炉山镇、万潮镇、大风洞乡，丹寨县的龙泉镇、兴仁镇。该区农业生产条件的基本特点是：

岩溶地貌发育，地面缺水较重　本区位于贵州高原的东部，系清水江、乌江及其支流的分水岭地带，地势略向东倾。平均海拔 800 ~ 900 米，相对高差 100 ~ 200 米，地势较开阔，切割较浅。地质构造属于“上扬子台褶带”“黔东南凹陷”区。出露岩层以大面积古生灰岩为主，砂页岩亦有成片出露。在长期的温湿作用下，区内形成了多种多样的岩溶地貌类型，丹寨附近的岩溶丘陵，麻江谷硐一带的连座峰林槽谷，普遍可见到溶蚀盆地及漏斗，是州内岩溶地貌最发育地区。由于岩溶及岩溶化地貌的影响，使区内多落水洞及裂隙，或土地多碎屑失去保水性，从而导致地面严重缺水。

气候温凉，雨量丰沛　本区内年平均气温 13℃ ~ 15.7℃，≥10℃的活动积温 4375℃ ~ 4571℃。全年太阳总辐射量为 1902.2 ~ 2147.8 兆焦耳/平方米；平均日照时数 1153 ~ 1298 小时。年降水量 1130 ~ 1500 毫米，是州内主要的降水高值区。作物生长季天数为 250 ~ 280 天，无霜期为 260 ~ 290 天。农作物可一年两熟。日照时数量较低，但太阳辐射中散射辐射比例较大，有利于烟、茶等叶用作物的生长。

土壤以黄壤为主，低产田比重较大　本区内地带性土壤为黄壤，约占全区面积的 80%，土体干燥坚实，呈酸性反应，土壤养分含量较低，其特点是酸、黏、瘦，但土层深厚。耕作土壤类型较复杂，有潮泥、黄泥、鸭屎泥、大眼泥、死黄泥、冷沙土等。其中，有相当田土因耕作粗放，施肥及灌溉条件差，对原有的黄壤性质改造欠缺，土壤肥力仍然不高，致使区内低产田土比例较大，约 36.5 万亩（量算面积）。占全区耕地总面积的 40.5%，从而制约着农业生产的发展。

矿产资源比较丰富　本区内已探明的矿产资源主要有煤、汞、铁、铅、锌、锑、硫、铁、磷、重晶石、石灰岩、硬质水泥用黏土、水泥用砂岩、石膏等；其中重晶石、汞、煤等为优质矿种。重晶石在全州共发现矿床、矿点 7 处，在本区分布有 4 处，其中大型矿床 1 处，截至 2015 年有远景储量 1.4 万吨，占全省总量的 17%。煤矿共分布 7 处矿床、矿点、储量 2827 万吨，占全州煤炭储量总数的 27.8%。

交通运输条件及城镇化基础较好，市场辐射面较大　本区开发历史较早。截至 2015 年区公路通车里程有 1562.9 公里，平均每平方公里有公路 0.39 公里，比全省平均数高 1.4 倍。有黔桂、湘黔两条铁路过境，区内主要城镇中，麻江县城距凯里市 50 公里，距都匀市 36 公里，距贵阳市 146 公里；黄平县城距凯里市 77 公里，距镇远县城 79 公里；丹寨县城距凯里 72 公里，距都匀 40 公里，距贵阳市 200 公里。本区主要农产品多销往上述城市，对区内农村经济的发展有着重要影响。

本区农业及农村经济的现状是：种植业以粮食生产为主，烤烟、油菜、茶叶生产占有一定比重，其中，烤烟总产量占全州烤烟产量的 68.62%，居全州第一位；林业生产水平较差，全区林业产值仅为全州林业总产值的9.39%，是全州林业产值较低的一个综合农业区。养猪生产有一定基础，州内著名地方良种猪白洗猪和柿花猪均产于本区。乡镇企业正在逐步发展，农村经济正日益活跃，主要产品有原煤、重晶石、立德粉、宣纸、粉笔等，在州内均有一定声誉。

本区农村经济的发展方向是：在保证粮食持续增长的前提下，继续抓好烤烟和油菜生产，并以提高烟叶、油菜品质为主攻方向；因地制宜发展养猪、养牛业；大力发展林业；积极开发矿业资源，组织乡镇企业向精加工、多门类发展，逐步增加农民的收入和林、牧、副、工、商等业的产值比重。

本区农村经济发展的主要措施是：大力植树造林，恢复和建立新的生态平衡，增强农业生产的稳定性；狠抓水利建设，大力改造中低产田，促进粮油生产稳步提高；采用先进栽培、烘烤技术，努力提高烤烟品质；以满足市场需要为目标，加速发展瘦肉型猪和肉牛生产；以资源开发和加工为主导，大力发展农村工业、商业、运输、建筑、服务等新兴产业；抓好烤烟、粮食、肉牛等商品生产基地建设。

北部低中山丘陵农牧林旅游业区 本区位于贵州高原向湘西丘陵过度的斜坡地带，区内最高点1869米，最低点332米，相对高差1537米，地质构造属扬子准地台铜施台凹区。含施秉、镇远、岑巩等县。该区农业生产条件的基本特点是：

气候温暖，光热较丰，但春温不稳，夏旱较重 本区年平均温度16.2℃～16.4℃，≥10℃活动积温5051℃～5137℃。全年太阳辐射总是2011～2123.9兆焦耳/平方米，平均日照时数为1195.2～1320小时，年降水量1062～1142毫米。作物生长季天数有280～300天，无霜期291～298天。大部分地区保证一年两熟，部分沿河地带可一年三熟。有发展柑橘、油桐、乌桕等亚热带经济林木的条件，但本区处于北方冷空气入侵黔东南州门户处，春季易形成倒春寒天气；7月、8月降水少，且变率大，易形成夏旱，多数年份干旱日数长达25天以上。是州内夏旱重区之一。

水能藏量较大农村能源缺乏 本区内水能理论藏量有25.45万千瓦，可开发量有10.98万千瓦，目前开发量为2.41万千瓦。农村能源以薪柴为主，但全区薪柴藏量仅相当13.90万吨标准煤，而全区年消费农村能源达62.6万吨标准煤，故区内对森林资源的砍伐量较大。

交通方便 区内有湘黔铁路过境，设大、小车站11个，过境里程99.6公里。公路通车里程1340.7公里。占全州公路通车里程的32.3%，90%以上乡镇均通车，清水江、舞阳河、龙江河灯水道通行木船。

名特优产品有一定位置 区内盛产花生，其总量占全州总量的59.8%，思州绿茶、镇远州炒青茶等均为州内名茶。镇远大板栗和油桐生产、养羊在州内有重要地位。岑巩县所产“金星石砚”（即思砚）有300多年生产历史，与“端砚”“歙砚”“鲁砚”齐名，为中国四大名砚之一。镇远产“陈年道菜”有500余年生产历史，自清代以来一直闻名遐迩，“青溪大曲酒”为贵州名酒之一。

自然风光绚丽多彩 区内的青龙洞、中元洞等历史文化遗址闻名中外。

本区农村经济的发展方向是：努力提高水稻、油菜、玉米、花生、红薯等作物的单产和产品质量，提供更多的商品粮、油产品；积极恢复和发展以油桐为主，乌桕、核桃、板栗为辅的经济林，大力发展松、杉等用材林及其他薪炭林；因地制宜发展柑橘林；养猪及牛羊并重，迅速发展畜牧业；发挥区内水产资源丰富的优势，大力发展水产养殖业；配合旅游业的开发，有计划发展与相适应的食品、土特产品、旅游纪念品等乡镇加工业，以及交通、建筑、商业、服务等行业。

本区农村经济的主要措施是：进一步发挥农村经济政策的威力，搞好农村产业结构调整，促进农村经济全面发展；继续抓好油桐生产其他林业生产，在发挥经济优势的同时，建立一个良好的生态环境；加强改造中低产田土，大力推进农业适用技术，继续加强水利建设和现有水利工程配套管理，努力提高农作物单产；多种途径增辟农村能源；因地制宜、合理布局，大力发展乡镇企业；加强油桐、大板栗、茶叶、柑橘等商品基地建设，提高区内农业的商品化生产程度。

东部低山丘陵林农牧渔区　本区位于黔东南州东部，含三穗、天柱、锦屏 3 县全部及黎平县的德风、中潮、孟彦、茅贡洪州等乡镇。该区的农业生产的基本特点是：

地貌以低山丘陵为主，地面切割较浅，坡度较小，多河谷盆地　本区处湘西丘陵边缘。区内平均海拔 400～500 米，地面切割较浅，坡度较小。沿河因岩层软、硬不同，使峡谷、宽谷、盆地相间出现。盆地中以天柱盆地面较大，达 3.96 万亩。中潮、铜鼓、德风、中黄、敦寨、花桥等地亦有较大盆地，这些盆地土层厚水利条件好，是本区粮食的主产区。区内峡谷部分如兆寨至鱼塘的石质河床仅有 15 米宽，是水利枢纽建设的理想地段。全区土壤以红壤、黄壤为主，肥力中等，酸性，特别适合杉木生长。

气候温和湿润，夏旱比较严重　本区内年平均气温 14.9℃～16.4℃，≥10℃ 活动积温 4569.7～1317.9 小时，年降水量 1147.1～26.2 毫米，空气相对温度为 83%，是州内空气最湿的地区。全区作物生长季天数为 270～280 天，无霜期 277～314 天，由于受地理位置及地貌条件的影响，极易发生夏旱，其概率达 63%～81%。此外，本区由于地势较平缓，北面无高山影响，冬季受寒潮影响较大，对越冬作物有一定影响。

水资源比较丰富，水利化条件较好　本区除清水江干流外，主要支流有亮江、乌下江、洪州河等，年总流水量约 34 亿立方米。山地区由于森林涵养水源的作用，灌溉也方便。区内灌溉水田占全区稻田总数的 74.5%。区内还有较多水利工程设施，水利化程度较好，有利于粮食生产基地的建设。

群众生产经验比较丰富　本内群众人工植杉历史悠久，天柱、锦屏一带林农培育的“八年杉”就以其生长迅速而闻名全国，三穗一带群众创造的“炒谷孵鸭”已流传 400 多年，为地方良种“三穗鸭”的生产和发展做出了重要贡献。

矿产资源潜在优势较大　区内主要矿种有煤、磷、含钾岩石、黄金、水晶、重晶石等。煤、磷、钾、黄金等均适合企业开发，对发展农村经济有一定的价值。

交通运输方便　本区内公路通车里程 1568 公里。三穗、天柱、锦屏、黎平等主要县城距湘黔、枝柳铁路有关车站仅 30～100 公里。清水江干流可通达长江。

本区农业及农村经济的现状是：全区以杉木为主的活立木蓄积量占全州总量的 24.65%。经济林占全州总量的 49.61%，林业产值占全州林业总产值的 35.61%，居全州第一位；粮食和经济作物生产水平较高。粮食总产量占全州总量的 27.28%，平均单产 302 公斤，居全州首位，茶叶总产量占全州总量的 38.65%，居第一位；年出栏生猪量占全州总量的 37.1%。猪肉产量占全州总量的 35.5%，均居首位；三穗鸭及天柱番鸭、骡鸭均为贵州省著名的鸭种，年饲养量超过 100 万羽；稻田养鱼发展较好，全区常年和季节性稻田养鱼在 20 万亩左右，年稻田养鱼产量占全区水产品总量的80%以上。

本区农村经济的发展方向是：以林业为主，林、农、牧结合，着重发展杉、松、油茶为主的用材林和经济林，注意发展薪炭林。继续抓好水稻和烤烟、茶叶为主的种植业生产。积极发展养猪、养牛、养鸭和稻田养鱼，努力提高商品化生产程度。充分利用林、农副产品优势和矿产资源优势，大力发展乡镇企业，以增强农村经济实力。

本区农村经济的主要措施是：加强造林、护林，继续大力发展林业；搞好产业结构调整，因地制宜建设好一批速生丰产用材林、养鸭、养鱼、烤烟、粮食等农业商品生产基地；加速农田基本建设，加强农业技术改造，依靠科学进步提高农业水平；合理布局，突出优势，大力发展中小企业。

南部低中山河谷林牧农亚热带瓜果区 本区位于黔东南州南部，包括榕江、从江两县全部及黎平县的双江、龙额、水口乡镇。该区的农业生产的基本特点是：

地貌以低中山河谷为主，地面切割强烈，耕地零星分散 本区主要为低中山河谷地带，境内多山，一般海拔400～600米，河谷地带300～600米，相对高差1353米。由于基准面较低，河谷切割强烈，峡谷冲泡极多，因而地形比较破碎，耕地零星分散，有70%以上的耕地为冲沟田、塝坡田，且田面积狭小并远离村寨。山地陡坡度多大于30～40度。土壤以黄壤、黄红壤为主。红壤适植油茶、马尾松、杉及南亚热带水果和油茶作物；黄红壤最适宜于杉木生长。并宜植油茶、油桐和南木。

气候温热，水热条件好 年平均气温18.1℃～18.4℃，≥10℃活动积温5706℃～5806.4℃，都柳江干流河谷地带在6000℃以上。年降水量为1156～1300毫米。这里生物品种资源独具特色，农作物品种中的“禾”及“香米”，是该区特有的优势稻种；畜牧业资源中的“香猪”，是国内外少有的地方小型猪种；野生资源中的“豆杨梅”，其果实小如豆粒，2015年前国内也仅在本区发现；全区林业产值占全州31.6%，占本区农业产值的24.41%，活立木蓄积量占全州总量的32.26%，油茶籽产量占全州总是的42.27；西瓜、柑橘等瓜果的商品性生产已初具规模；但畜牧业比较落后。

本区农村经济发展的方向是：以林为主，林、农、牧结合。以商品化生产为主导，大力发展杉松为主的用材林。注意发展薪炭林。在改进农业技术、提高粮食总量的基础上，大力发展以香稻为主的优质米生产。充分利用资源，大力发展以香猪、牛肉为主的畜牧业生产和以西瓜、柑橘为主的瓜果生产。加强农民文化教育。加速农村交通、能源建设。以发展农、副产品加工业为突破口，带动贫困落后的地区经济的发展，尽快改变农村贫困面貌。

本区农村经济的主要措施是：调整农村产业结构，狠抓商品基地建设，提高区内农村经济的总体发展水平；合理布局、优化结构、建立基地、加强经营，进一步提高林业的主导产业地位；加强农村技术改造，增强农业生产后劲，提高农业生产力水平；依靠科技进步，发展畜牧业生产；优质、高标准发展亚热带瓜果生产；大力发展加工业为主的乡镇企业；加强农村交通运输及农村小集镇建设，促进商品流通；抓文化教育，抓科技普及，加快贫困乡镇的开发建设。

中部中山河谷林农牧多种经营区 本区位于黔东南州中部，包括雷山、台江、剑河3县全部及凯里的旁海、鸭塘、舟溪、开怀，黎平县的尚重，丹寨县排调乡镇。该区的农业生产的基本特点是地貌以山地为主，地势较高，切割较深，坡度较陡，土壤类型垂直分布差异明显，耕地以坡田、塝田、梯田为主。该区是以雷公山区为主体的山地地区，是州内野生植物资源主要荟萃地之一，其中不少具有较大经济开发价值。猕猴桃在全州藏量有556万公斤，本区即分布有一半；杨梅全州藏量有900多万公斤，有1/3分布在该区。野生动物资源中，有国家一、二、三类保护动物分布，其中红腹锦鸡已选为贵州省省鸟。区内的雷山、台江、剑河均为全省主要林业县。雷山县已开始对猕猴桃、杨梅进行系列加工，产品已畅销省内外。雷山茶叶生产已创出“银球茶”等享誉国内的品牌。

本区农村经济的发展方向是：狠抓粮食生产，争取粮食基本自给。充分发挥林业生产的经济效益和生态效益，搞好以杉木为主的用材林基地及分水岭地带的水资源涵养林建设。大力发展畜牧业、渔业。因地制宜发展茶叶、猕猴桃等名特产品加工业。加强农村文化教育和科学技术推广。加强农村交通、能源建设。逐步实现以林业为主导，林业、农业、畜牧业结合，种植养殖加工协调发展的农村经济结构，尽快改变农村贫困面貌。

本区农村经济的主要措施是：狠抓农田基本建设，加强农业技高粮食生产水平；搞好林业总体规划，合理布局林种树种，继续产地位；发展饲料生产，开发草场资源，依靠科学进步，促进畜展；加快优质茶叶，人工种植猕猴桃、城郊瘦肉型猪及池塘养鱼生产基地建设，提高区内农业商品化生产程度；大力发展以加工镇企业生产；加强农村交通及小集镇建设，促进商品流通；加快贫困区乡的开发建设。

第二节　区划档案和遥感地理信息系统

1989年12月，完成了《州级农业区划资源与区划资料库建设研究》。该课题研究完成了27个大类60个属类100多个小类，卷（册）的完整档案材料分类与编号系统，档案材料收集、整理、编目、鉴定、保管、统计、利用等管理规范化过程系统；制定了包括全宗介绍、总目录、分类目录、卷内目录、著录卡片、文号索引、专题索引等内容的档案检索工具。建立的农业区划档案的管理系统，具有档案、增加、检索、修正、删除、统计、借阅、归还等多种功能。农业区划档案管理于1991年10月，在全省农业区划系统内率先达到贵州地、州、市机关档案工作达标升级试行标准一级。

1996年5月，完成了《黔东南州地理信息系统与遥感一体化试点研究》。由州农业区划办公室组织全州各县市区划办公室的相关人员，与中国地质科学院岩溶研究所的7人小组共同承担，自1991年5月至1996年5月完成，形成报告1份，约10万字。其主要成果为：1. 全州卫星遥感土地利用现状调查。2. 建立了州级地理信息系统。通过电脑处理，将地形、地质、土壤类型、土壤养分、土壤pH值、年均气温、年均积温（＞10℃以上）等综合信息，可直接查询到图斑，直接分析该图斑的数量及质量。3. 研究内容丰富，除以上内容外，还包括全州州情、交通、矿产、旅游、商品基地、水利设施、农田保护、林业规划及土地利用现状数据库等，数据量达到120M（兆）。研究的县级地理信息系统成果曾获“全国电子信息技术成果展览会优秀成果奖”和“贵州省科学技术进步奖”，经专家对镇远县研究成果的鉴定，“达到了国内同类研究的领先水平”。

第三节　专题调查

1990 年 2 月至 1991 年 3 月，由办公室周定生、黄明祥承担，完成了《黔东南州绿肥生产调查及发展规划》。本次调查提交了绿肥发展规划总报告 1 份，分报告 17 份，约 13.5 万字。

1989 年 3 月至 1991 年 6 月，完成了《黔东南州猪饲料资源调查》。根据州人大、州政府和姚茂森州长的指示，1989 年初立题对黔东南州猪饲料资源进行调查。课题组由办公室潘开华、赖高娴、黄平县农业区划办公室肖启贵和三穗县农业区划办公室龙家陛 4 人组成。课题组分别在凯里、雷山、麻江、黄平、施秉、镇远、三穗、天柱、锦屏、剑河、黎平、从江 12 个县市中的各类地域的不同地类地貌、不同地理环境，不同海拔高度的农地、林地、五旁四坎空闲地和水域中生长的各科属饲料植物资源及其产量、饲用价值等进行了调查，选择有效样方 204 个，完成各类型地域每平方米产猪饲料数据共 200 个，完成专题调查材料 6 份，采集猪饲料植物标本 320 多份。

1992 年 3 月至 8 月，由周定生、黄明祥承担，完成了《黔东南州蚕桑生产调查研究》。

1993 年 2 月至 12 月，根据全国农业区划委员会（〔1990〕全区委 14 号）文下发的《县级农业综合开发后备资源调查评价大纲规定》，按照《贵州省农业综合开发后备资源调查评价技术规程》的要求，由办公室负责实施，完成了“黔东南州农业综合开发后备资源调查评价”研究课题。本研究课题是在农业区划的基础上，对黔东南州农业后备资源（主要包括中低产田土、低产园地、低产林地、低产水面，荒山、荒地、荒水资源，简称“四低三荒”）的数量、质量、构成及区域分布作了系统的调查。

1996 年 4 月，完成了《黔东南州香猪品种资源调查及开发利用研究报告》。此项工作始于 1994 年 10 月，由州农业资源区划办公室牵头，州科委、州农牧局配合实施，历时一年半。调查提交了总报告 1 份，专题报告 4 份，共计约 5 万余字。

1995 年 8 月至 1996 年 8 月，完成了《黔东南州农村剩余劳动力现状调查及对策研究》。该课题系由省农业资源区划办公室下达，州农业资源区划办公室组织州县市区划办公室人员承担完成。区划部门在全州 16 个县市范围内对 3980 户农户进行了调查，形成调查总报告 1 份，分报告 17 份，共计 20 万余字。

第四节　农特产品资源调查及规划

1999 年，完成《凯麻通道经济开发产业带总体规划》和《农业生态与资源可持续利用调查研究》，其中《凯麻通道经济开发产业带总体规划》由州委、州人民政府布置，州农业资源区划办公室周定生、潘开华、周哲麟、黄明祥 4 人负责编制；《农业生态与资源可持续利用调查研究》是全国农业资源区划办公室向全国统一部署的一项工作。

2000 年，完成《黔东南州薇菜资源调查》和《黔东南农业产业化建设总体规划》，其中

《黔东南州薇菜资源调查》由州农业资源区划办公室周定生、周哲麟、丁建红承担；《黔东南农业产业化建设总体规划》由贵州省科委下达，州农业资源区划办公室周定生、潘开华、周哲麟、黄明祥4人负责编制，共3.6万字。

2001年，完成《黔东南州苦丁茶资源调查》和《雷公山野生杂竹（八月竹）资源调查》，其中《黔东南州苦丁茶资源调查》以州农业资源区划办公室为主，镇远、施秉、黄平等县区划办派人参加，于2000年10月始至2001年上半年完成；《雷公山野生杂竹（八月竹）资源调查》由州农业资源区划办公室组织对雷公山野生杂竹资源开展调查。

2002年，完成《黔东南州苦丁茶产业化区域布局规划》和《黔东南州特色畜牧业产业化发展规划》，其中《黔东南州苦丁茶产业化区域布局规划》由州农业资源区划办公室负责编制，2002年3月至10月完成；《黔东南州特色畜牧业产业化发展规划》由州农业资源区划办公室负责编制。2002年4月始至11月完成。

2003年，完成《黔东南优势农产品和特色农业资源调查研究》和《黔东南州苦丁茶资源开发利用综合分析报告》，其中《黔东南优势农产品和特色农业资源调查研究》由州农业资源区划办公室周哲麟、黄明祥承担；《黔东南州苦丁茶资源开发利用综合分析报告》由州农业资源区划办公室周哲麟负责完成。

2004年，完成《黔东南州野桂花蜜资源调查报告》和《黔东南金秋梨资源开发利用综合分析报告》，其中《黔东南州野桂花蜜资源调查报告》由州农业资源区划办公室潘开华、丁建红、樊丽萍承担；《黔东南金秋梨资源开发利用综合分析报告》由州农业资源区划办公室黄明祥承担。

2005年，完成《从江椪柑资源开发利用综合分析报告》《施秉县中药材太子参产品调查研究》和《剑河白香猪产业化区域布局规划》，其中《从江椪柑资源开发利用综合分析报告》和《施秉县中药材太子参产品调查研究》由州农业资源区划办公室黄明祥承担；《剑河白香猪产业化区域布局规划》由州农业资源区划办公室潘开华、丁建红、樊丽萍负责编制。

2006年5月，州农业区划办公室撤销，其人员并入黔东南州经济发展研究中心。是年完成了《黔东南州特色畜牧业资源分析报告》《施秉县中药材生产发展调查》《丹寨县茶叶产业发展调查研究报告》和《加快沿线地区经济发展的调研报告》，其中《黔东南州特色畜牧业资源分析报告》和《施秉县中药材生产发展调查》由黔东南州经济发展研究中心黄明祥承担；《丹寨县茶叶产业发展调查研究报告》由黔东南州经济发展研究中心杨仁勇承担；《加快沿线地区经济发展的调研报告》（“两路”沿线涉及黎平、从江、榕江和丹寨4县）由黔东南州经济发展研究中心牵头，州发改委配合共同完成。

2007年，完成《西南地区石漠化区域综合治理典型模式研究》和《黔东南州农业产业结构调整调查》，其中《西南地区石漠化区域综合治理典型模式研究》是由全国农业资源区划办公室安排，贵州省农业资源区划办公室委托，州经济发展研究中心区划办公室原主任周定生、业务科原科长周哲麟承担；《黔东南州农业产业结构调整调查》由黔东南州经济发展研究中心黄明祥承担。

2008年1月，州人民政府将农业区划职能由州经济发展研究中心划入州农业局，州农业局又将区划职能并入计划财务科管理。是年完成《农业功能区划数据收集整理》和《黔东南魔芋产业发展现状的调查报告》，其中《农业功能区划数据收集整理》由省农业资源区划办（省区划研究中心）布置，州农业局计财科邓勇军、黄明祥负责完成；《黔东南魔芋产业发展现状的调查报告》由州农业局计财科黄明祥承担。

2009年，完成《黔东南州重点龙头企业农产品质量安全体系建设的调查报告》《茶叶资源开发利用综合分析报告》和《黔东南农产品冷链物流市场体系建设规划》，其中《黔东南州重点龙头企业农产品质量安全体系建设的调查报告》和《茶叶资源开发利用综合分析报告》由州农业局计财科黄明祥负责承担。

2011年，完成了《黔东南州“十二五”农产品加工发展专项规划》《黔东南州“十二五”休闲观光农业发展规划》《黔东南州“十二五”现代特色农业发展规划》《黔东南州烤烟生产发展“十二五”规划》《农产品质量安全体系建设“十二五”规划》和《都柳江低海拔流域冬春蔬菜产业发展规划》，其中《黔东南州“十二五”农产品加工发展专项规划》《黔东南州“十二五”休闲观光农业发展规划》《黔东南州“十二五”现代特色农业发展规划》《农产品质量安全体系建设“十二五”规划》和《都柳江低海拔流域冬春蔬菜产业发展规划》由州农委规划项目科负责编制；《黔东南州烤烟生产发展“十二五”规划》由州农委规划项目科牵头，州烤烟生产办公室配合编制。

此外，还完成《三穗鸭产业发展规划》《黔东南州茶叶产业发展规划》《黔东南州杂交水稻制种规划》《黔东南州杂交草地畜牧业基地建设规划》《黔东南州库区渔业产业发展规划》《黔东南州“十二五”蔬菜产业发展规划》《黔东南州香猪加工业发展建议》等编制工作；开展调查完成《施秉县中药材产业发展调查》《黎平县茶叶产业发展调查报告》等。

2012年，完成《黔东南州生态农业示范区建设规划》和《黔东南州食用菌产业发展规划》，其中《黔东南州生态农业示范区建设规划》，由规划项目科牵头编制，约40余万字；《黔东南州食用菌产业发展规划》，由州农委规划项目科牵头编制，历时2个月完成。

此外，还完成特色农产品区域布局规划和特色农产品资源状况报告；指导各县市编制了《特色农产品区域布局规划（2012—2020）》等。

2014年，完成《黔台农业合作黔东南州示范区发展规划》《关于加快推进雷公山、月亮山地区扶贫攻坚的三年行动计划》《黔东南州现代高效农业园区发展规划》，形成了《围绕长江经济带黄金水道重点打造特色农业产业》《黔东南州推进山地农业发展调研报告》《珠江—西江经济带黔东南州农业产业发展情况报告》《州农委关于本州南部片区融入珠江—西江经济带和“两高”经济带有关工作推进情况汇报》等农业调研材料。

2015年，配合州发改委完成《黔东南州“十三五”规划纲要（草案）》农业部分的编制起草，并结合部门职能3次提出修改意见；完成全州农业产业发展“十三五”规划20个子规划编制工作。

第二篇　农村社会经济

第一章　农业人口与农村劳力

第一节　农业人口

1991 年至 2015 年的 25 年间，全州乡村人口有所增长。2015 年全州农业户籍人口比 1991 年净增 48.80 万人，年均增加 1.52%。其中“八五”至“十一五”期间（1991—2010 年），全州乡村人口有所增长。1995 年全州乡村人口 349.10 万人，比 1991 年全州乡村人口净增长 9.08 万人。2000 年全州乡村人口 366.95 万人，比 1995 年乡村人口净增长 17.84 万人。2005 年全州乡村人口 382.82 万人，比 2000 年全州乡村人口净增长 15.87 万人。2010 年全州乡村人口 393.04 万人，比 2005 年全州乡村人口净增长 10.22 万人，年均增长 0.66%。“十二五”期间（2011—2015 年），全州乡村人口有所减少。2015 年全州乡村人口 388.82 万人，比 2010 年全州乡村人口净减少 4.22 万人。

1991—2015 年部分年份黔东南州人口统计表

表 2—1　　　　单位：万户、万人

年　份	全州户籍人口	其　中	
		乡村户数	乡村人口
1991	367.03	74.27	340.02
1995	385.76	77.18	349.10
2000	422.49	83.04	366.94
2005	441.72	88.41	382.82
2010	453.30	91.15	393.04
2015	473.54	99.45	388.81

第二节　农村劳动力

随着农业人口的不断增加，全州劳动力也逐年增长。1991 年，全州农村劳动力为 170.40 万人，占农业人口的 50%；1995 年，增加到 188.92 万人，占农业人口的 54%；1996—2015

年，由1996年的191.50万人增加至2015年的241.78万人，分别占农业人口的54%和62%，20年年均净增2.65万个劳动力。

农村劳动力的性别构成，总的是男性多于女性。1991年，男性劳动力占农村劳动力的52.2%，女性劳动力占47.8%；1996年，男性劳动力占农村劳动力的52.5%，女性劳动力占47.5%；2015年，男性劳动力占农村劳动力的53.9%，女性劳动力占46.1%。

1991—2015年黔东南自治州农业人口、劳动力统计表

表2—2　　单位：万户、万人

年　份	乡村户数	农业人口数	劳动力	劳动力占总农业人口的百分比	其　中	
					男	女
1991	74.27	340.02	170.40	0.50	89.02	81.38
1992	74.53	342.90	177.29	0.52	93.04	84.24
1993	75.32	345.20	180.41	0.52	94.46	85.95
1994	76.32	347.53	184.65	0.53	96.76	87.89
1995	77.18	349.10	188.92	0.54	98.26	90.66
1996	78.11	351.56	191.50	0.54	100.45	91.05
1997	78.95	357.11	193.91	0.54	101.95	91.96
1998	80.28	360.04	200.96	0.56	106.07	94.89
1999	81.69	362.86	204.79	0.56	108.08	96.71
2000	83.04	353.38	206.58	0.58	109.5	97.08
2001	83.91	350.47	209.73	0.60	110.9	98.83
2002	85.89	354.25	213.51	0.60	113.21	100.3
2003	86.4	377.28	215.23	0.57	114.62	100.61
2004	87.53	380.57	219.71	0.58	117.64	102.07
2005	88.41	382.82	224.6	0.59	119.28	105.32
2006	89.77	385.74	224.1	0.58	120.35	103.75
2007	90.29	387.47	229.41	0.59	122.90	106.51
2008	92.19	392.89	237.1	0.60	128.02	109.08
2009	92.9	393.25	237.48	0.60	128.26	109.22
2010	94.5	393.04	237.64	0.60	129.09	108.55
2011	95.61	397.27	240.07	0.60	128.61	111.46
2012	97.22	396.96	242.73	0.61	129.91	112.82
2013	99.26	400.85	243.04	0.61	130.83	112.21
2014	99.17	389	239.80	0.62	129.52	110.28
2015	99.46	388.82	241.78	0.62	130.24	111.54

全州农村劳动力的文化素质逐年有所提高。2000年，统计部门对1010户4734人2985个整半劳动力的调查，不识字或识字很少的占20.3%、小学文化程度的占40.4%、初中文化程度的占32.4%、高中文化程度的4.7%、中专文化程度的占1.9%、大专及以上文化程度的占0.3%。2005年，统计部门对1080户5001人3284个整半劳动力的调查，不识字或识字很少的占16.7%、小学文化程度的占38.2%、初中文化程度的占38.5%、高中文化程度的4.7%、中专文化程度的占1.6%、大专及以上文化程度的占0.3%。2005年与2000年比较，不识字或识字很少的减少3.6%，小学文化程度的减少2.2%，高中文化程度的增加6.1%，中专文化程度的减少0.3%，大专及以上文化程度的不变。2010年，统计部门对1080户4970人3439个整半劳动力的调查，不识字或识字很少的占14.5%、小学文化程度的占33.4%、初中文化程度的占43.3%、高中文化程度的6.3%、中专文化程度的占1.5%、大专及以上文化程度的占0.8%。2010年与2005年比较，不识字或识字很少的减少2.2%，小学文化程度的减少4.8%，初中文化程度的增加4.8%，高中文化程度的增加1.6%，中专文化程度的减少0.1%，大专及以上文化程度的增加0.5%。2015年，统计部门对1125户4163人2569个整半劳动力的调查，不识字或识字很少的占10.5%、小学文化程度的占39.8.2%、初中文化程度的占41.7%、高中文化程度的5.3%、大专及以上文化程度的占2.7%。2015年与2010年比较，不识字或识字很少的减少4%，小学文化程度的增加6.4%，初中文化程度的减少1.6%，高中文化程度的增加0.5%，大专及以上文化程度的增加1.9%。

从“十五”“十一五”“十二五”期间的调查统计可以看出，黔东南州农村劳动力不识字或识字很少的、小学文化程度的在逐年减少，而初中文化程度的、高中文化程度的乃至大专及以上文化程度的在逐年增加。

黔东南州部分县市农村劳动力文化素质调查统计表

表2—3 （2000—2013年）

年份	调查（户）	不识字或识字很少（%）	小学程度（%）	初中程度（%）	高中程度（%）	中专（%）	大专及以上（%）
2000	1010	20.3	40.4	32.4	4.7	1.9	0.3
2001	1010	19.17	39.15	33.78	5.50	1.99	0.40
2002	1010	17.54	36.73	37.19	4.68	2.93	0.92
2003	1080	18.94	39.10	35.75	3.74	2.08	0.39
2004	1080	1.65	38.6	38.5	4.6	1.3	0.5
2005	1080	16.7	38.2	38.5	4.7	1.6	0.3
2006	1080	14.5	34.6	41.9	6.9	1.8	0.4
2007	1080	16.8	35.6	40.7	5.0	1.7	0.4
2008	1080	16.7	34.3	40.9	5.7	1.7	0.6
2009	1080	15.7	36.8	38.8	6.2	1.7	0.7
2010	1080	14.5	33.4	43.3	6.3	1.5	0.8
2011	1200	9.9	37.4	44.9	5.5	1.4	0.9
2012	1200	9.2	37.2	44.9	6.0	1.6	1.2
2013	1215	8.8	35.4	47.0	6.5	0	2.2

随着黔东南州劳动力文化等素质的不断提高和人均占有耕地只在0.9亩上下徘徊的现状，劳动力就业也出现了一些变化。劳动力就业人数在本乡镇的占66%～85.18%，在县市内乡镇外的占1%～1.7%，在省内县市的占1.2%～2.3%，在国内省市外的占12.18%～31.1%，在国外就业非常少。劳动力就业主要集中在乡镇内和国内省外，且乡镇内就业逐年下降，国内省市逐年上升。

2000—2012年黔东南州部分县市农村劳动力就业地调查统计表

表2—4

年份	劳动力就业地				
	乡内（%）	县内乡（%）	省内县（%）	国内省（%）	国外（%）
2000	25.45	0.48	0.19	3.76	
2001	85.18	1.35	1.28	12.18	
2002	82.1	2.44	1.71	15.40	
2003	75.71	1.7	2.4	19.8	
2004	74.4	1.9	2.2	21.5	
2005	66.0	1.7	2.3	30.0	
2007	70.9	1	1.4	26.7	
2008	70.7	1.3	2.4	25.5	
2010	71.2	2.2	2.0	24.5	
2011	72.9	1.2	1.7	24.01	0.1
2012	73.2	1	1.2	24.6	

2000年黔东南州有劳动力206.58万人，其中：男劳动力109.50万人，女劳动力97.08万人；从事农林牧渔业195.34万人，工业4.13万人，建筑业2.67万人，交通邮电仓储1.66万人，批发零售餐饮1.42万人，其他0.36万人。2005年黔东南州有劳动力224.60万人，其中：男劳动力119.28万人，女劳动力105.32万人；从事农林牧渔业148.99万人，工业5.45万人，建筑业5.38万人，交通邮电仓储2.29万人，批发零售餐饮4.38万人，其他58.11万人，其中：省内打工49.96万人，出省打工41.45万人。

2005年与2000年比较，劳动力增长18.02万人，其中：男劳动力增长9.78万人，女劳动力增长8.24万人；从事农林牧渔业减少46.35万人，工业增长1.32万人，建筑业增长2.71万人，交通邮电仓储增长0.63万人，批发零售餐饮增长2.96万人，其他增长24.05万人。

2010年黔东南州有劳动力237.64万人，其中：男劳动力129.09万人，女劳动力108.55万人；从事农林牧渔业134.40万人，工业9.50万人，建筑业7.83万人，交通邮电仓储3.10万人，批发零售餐饮4.96万人，其他77.85万人，其中：省内打工70.13万人，出省打工56.47万人。

2010年与2005年比较，劳动力增加13.04万人，其中：男劳动力增加9.81万人，女劳动力增长3.23万人；从事农林牧渔业减少14.59万人，工业增长4.05万人，建筑业增长2.45万人，交通邮电仓储增长0.81万人，批发零售餐饮增长0.13万人，其他增长53.44万人，其中：

省内打工增长20.07万人，出省打工增长15.2万人。

2015年黔东南州有劳动力241.78万人，其中：男劳动力130.24万人，女劳动力111.54万人；从事农林牧渔业125.27万人，工业12.60万人，建筑业12.19万人，交通邮电仓储4.10万人，批发零售餐饮6.01万人，其他81.68万人，其中：省内外打工70.25万人。

2015年与2010年比较，劳动力增长4.14万人，其中：男劳动力增长1.15万人，女劳动力增长2.99万人；从事农林牧渔业减少9.13万人，工业增长3.10万人，建筑业增长4.36万人，交通邮电仓储增长1万人，批发零售餐饮增长1.05万人，其他增长3.76万人。

从"十五"、"十一五"、"十二五"期间的数据可以看出，黔东南州农村劳动力逐年有所增长，从事第一产业的劳动力逐年减少，从事第二三产业的劳动力逐年增长，特别是从事第三产业的劳动力逐年增长较快，外出打工有减少的趋势。

黔东南州农村劳动力从事生产行业结构统计表

表2—5　　(1991—2015年)　　单位：万人

年份	农村劳动力			从事生产行业							
	合计	其中：男劳动力	其中：女劳动力	农林牧渔	工业	建筑业	交通邮电仓储	批发零售餐饮	其他	其中：省内打工人数	其中：出省打工人数
1991	170.40	89.02	81.38	160.99	2.96	0.69	0.73	0.96	4.07		
1995	188.92	98.26	90.66	168.09	2.72	1.50	1.05	1.61	13.95	11.87	8.74
2000	206.58	109.50	97.08	159.34	4.13	2.67	1.66	3.42	34.36	7.60	24.28
2001	209.73	110.90	98.83	161.10	4.32	2.86	1.76	3.63	36.06	6.71	25.75
2002	213.50	113.21	100.29	161.65	4.85	3.55	1.98	3.90	37.57	7.21	27.03
2003	215.23	114.62	100.61	154.35	5.25	4.35	2.16	4.43	44.69	7.62	32.47
2004	219.71	117.64	102.07	152.51	5.78	4.75	2.11	4.50	50.06	8.22	36.36
2005	224.60	119.28	105.32	148.99	5.45	5.38	2.29	4.38	24.41	8.52	41.45
2006	224.10	120.35	103.75	147.91	6.32	6.30	2.48	4.41	56.68	8.09	44.34
2007	229.41	122.90	106.51	141.65	8.27	6.91	2.63	4.65	66.30	9.95	48.71
2008	237.10	128.02	109.08	142.02	9.04	7.25	2.89	5.17	71.23	9.79	50.50
2009	237.48	128.26	109.22	141.70	9.14	7.55	2.97	5.06	71.06	12.52	50.09
2010	237.64	129.09	108.37	134.40	9.50	7.83	3.10	4.96	77.85	13.66	56.47
2011	240.07	128.61	111.46	132.79	9.81	8.79	3.24	4.99	80.45	13.99	58.40
2012	242.73	129.91	112.82	132.10	10.50	10.10	3.30	5.30	81.43	13.67	58.08
2013	243.04	130.83	112.21	130.50	11.40	10.80	3.40	5.5	81.44	17.73	58.80
2014	239.80	129.52	110.28	125.44	12.3	11.73	4.03	5.91	80.39	70.63	
2015	241.78	130.24	111.54	125.27	12.6	12.19	4.10	6.01	81.61	70.25	

第二章　农村经济体制

第一节　农村经济体制改革

稳定和完善农村基本经济制度

延长土地承包期限　主要是制定政策和抓好落实两个方面。

制定政策。1993 年根据中央、国务院《关于当前农业和农村经济发展若干政策的措施》和省委、省政府《关于贯彻执行中央文件的意见》，州委、州政府重点抓两个方面：一是多次组织近万名干部组成工作组，深入农村，结合生产，向广大农民进行“两个长期不变”的宣讲工作，即土地等基本生产资料公有制长期不变，家庭联产承包责任制长期不变，进一步解除农民怕政策变的思想顾虑；二是对贯彻执行中央和省的文件精神提出了具体意见。按照中央、国务院《关于加强农村经济的十项政策》和省委、省政府关于要继续做好延长耕地承包期限的工作，稳定完善家庭联产承包责任制的要求，州委、州政府先后召开会议和发出文件，对贯彻执行中央和省的文件精神提出了六条具体意见：认真贯彻执行中央和省的文件精神，加快农产品统购派购制度改革步伐；进一步完善家庭联产承包责任制，对延长耕地承包期 15 年的工作要进行一次检查，还没有落实的村组要帮助落实；原来宣布耕地承包期延长 15 年至 20 年不变的地方，不再变动，按原来宣布的时间落实；做好延长耕地承包期的后续工作，严禁乱占滥用耕地；结合延长耕地承包期的工作，进一步完善林业、牧业、乡镇企业的生产经营责任制；发动农民开展增收致富大讨论，制订增产计划，夺取农业全面丰收。按照中央、国务院发出《关于当前农业和农村经济发展若干政策的措施》和省委、省政府关于原定的耕地承包期限届满后，再延长 50 年不变，荒山荒坡的承包期限再延长 60 年不变，一律从 1994 年算起的要求，州委、州政府提出十条具体意见：从 1994 年算起，全州耕地承包使用期再延长 50 年，非耕地资源承包使用期再延长 60 年；集体土地所有者的代表为村民委员会或村集体经济组织，在延长土地承包期工作中，发包方为村一级；延长土地承包期是在第一轮土地家庭承包经营的基础上承包使用期的延长，不准将原来的承包地打乱按现有人口重新发包，不准打破村民组（原生产队）土地所有关系的界线在全村范围内重新平均承包，不准任何干部在延长土地承包期中以权谋私、假公济私；继续实行“增人不增地，减人不减地”的政策。农户承包的土地既不调进，也不调出；按规定认真清理并由集体收回下正式农转非的农户和人口（含现役军人提干后和大中专毕业生就业后）、生前无亲属赡养的孤寡去世户和不按照承包合同耕管致使耕地荒芜闲置的农户的承包地。集体收回这部分地后，可实行公开招标，可发包给人多地少的农户，也可发包给种田能手；在坚持土地集体所有和不改变土地承包时规定用途的前提下，经发包方同意，农户对土地的经营权和使用权，可以自愿有偿转包、转让、互换、入股。除国家征用外，集体土地的使用权不得出让、转让、出租用于非农业用途；全州不实行“两田制”（“责任田”“口粮田”）。原来未留机动耕地的地方，不允许再留；原来留有机动耕地的地方，可作为发展集体经济的土地资源合理开发；经村组同意，也可用于解决人地矛盾的突出问题；承包户第一轮承包期内发生分户或合户现象的，村民小组或村民委员会可根据原承包合同的内容，把承包土地的面积及其相应承担的责任进行合理的分解或合并，允许在分户或合户前提下将原承包合同分解履行或将几个承包合同合并履行；延长土地承包期限的工作完成后，要把为期50年的承包经营合同全部签订到户，土地承包经营权证书全部发放到户；州委、州政府成立黔东南州延长土地承包期工作领导小组，下设办公室，负责指导、协调全州延长土地承包期的工作，各县（市）也应成立相应的组织，把延长土地承包期的工作做好。

按照中央2010年、2011年、2012年中央1号文件以及国发〔2012〕2号文件、省委、省政府《贵州省农村产权制度改革试验试点工作指导意见》等相关文件精神，州委、州政府制发了《关于贯彻落实《贵州省农村产权制度改革试验试点工作指导意见》的实施意见（黔东南州党发〔2012〕25号文件）。2014年，按照《中央、国务院关于全面深化农村改革加快推进农业现代化的若干意见》（中发〔2014〕1号文件）和《省委、省政府关于全面深化农村改革加快推进农业现代化的实施意见》（黔党发〔2014〕1号文件）等相关文件精神，州委、黔州政府下发了《关于深化农村改革加快推进农业现代化的实施意见》（黔东南州党发〔2014〕1号文件）。

抓好落实　根据中央和省、州的文件的精神，在深入乡村开展延长土地承包期的工作中，扎实抓了五个方面：1. 宣传发动。利用一切宣传工具和手段，广泛深入地宣传中央文件，讲清延长土地承包期工作的意义、政策和做法，把政策交给群众。2. 造册登记。由有关人员亲临现场实地查看，确立农户承包地的四至界限、核定面积，然后以承包户为单位填表造册。3. 复核。由承包户和村、组负责人和村民代表一起，对表册内容进行复核，检查内容是否属实，承包地是否重复登记等。4. 发证。表册经查无误后，由乡、镇政府统一组织有关人员按照要求填写“土地承包经营权证书”，审查合格加盖乡、镇政府印章后，及时发到农户手中。5. 归档。“农户承包土地情况登记表”是填写土地承包经营权证书的依据，必须立卷归档。可由村委员会为单位立卷，统一交由县农经管理部门存档管理。到1999年年底，全州第二轮土地承包延长土地承包期的工作已结束，签订土地承包合同的农户为802813户，占总农户的98.27%，已签订承包合同的农户都领到了土地承包经营权证书。

2015年，按照《中央办公厅国务院办公厅印发〈关于引导农村土地经营权有序流转发展农业适度规模经营的意见〉的通知》（中办发〔2014〕61号文件）和农业部、中央农村工作领导小组办公室、财政部、国土部、国务院法制办、国家档案局《关于认真做好农村土地承包经营权确权登记颁证工作的意见》以及省、州的安排部署，为解决承包地块面积不准、四至不清、空间位置不明、登记簿不全等问题和引导农村土地经营权有序流转发展适度规模经营，正式启动农村土地承包经营权确权登记颁证工作。当年完成培训2265次（96353余人次），完成16个县市的航拍（30337平方公里），入户摸底总户数的98%（97.28万户），完成86%勘界指界面积（551.13万亩）。

制止乱占滥用土地 1985年以来，州委、州政府，针对州内有些地方乱占滥用耕地的问题，先后作出12个方面的规定：土地属于集体所有，承包者只有按规定的使用权，没有所有权；不准在承包地和自留地上建房、葬坟、开矿、烧砖瓦，不准用作种植农作物以外的其他用途，不准非法转让、典当、出租土地，不准弃耕、撂荒土地；死亡绝户、外迁户、农转非户和农转非人口（含已就业的大专生和已提干的现役军人）承包的责任地，应由集体收回发包给种田能手耕种；村、镇建房必须统一规划节约用地，凡能利用荒地的不得占用耕地，凡能利用坡地、薄地的不得占用平地、好地、园地，凡是能就地改造的，应当充分利用原有的宅基地和村镇空闲地；禁止任何单位和个人直接向农村村组和农民购地、租地或变相购地、租地；严禁非法占用农民集体土地进行房地产开发；禁止征用农民土地进行“果园”“庄园”等的开发；禁止利用土地开发进行非法集资；坚决查处转让炒卖土地的问题；村组和个人不得以土地入股的形式，参与任何企业、事业单位的经营；买卖、租赁或变相买卖、租赁土地以及违法转让土地的，应没收其非法所得，情节严重的，对主管人员和直接责任人处以罚款，并给予行政处分；已征用2年而不使用的土地、除经批准机关同意延长使用期之外，当地县市政府有权收回。

同时还要求：立即组织力量对1982年5月《国家建设征用土地条例》公布实施以来的非农用地认真进行一次清理，坚决刹住乱占滥用耕地的歪风，然后再清理过去占用的非农用地；对清查出来的违法占地，都要按照国家有关法规，严肃处理，对那些以权谋私，带头支持违法占地的领导干部必须从严查处；各级领导机关和领导干部，凡有违反规定乱批乱占土地的，要主动检查，自觉纠正，否则从严查处，对清查处理乱占滥用土地不力的领导，甚至顶着不办的，上级党委和政府要及时核查处理；在全面清查非法占地的基础上，各县市对所有非农用地要进行登记和发证，建立和健全户籍管理制度；凡非农用建设用地，必须按照国家有关规定，严格申请和审批手续。申请和审批用地，不准化整为零，弄虚作假，不准越权审批。凡国家建设征用土地、乡镇企业建设用地、农民建房占用耕地、园地，必须按照国家规定，分别报县市和县市以上人民政府批准。

按照州委、州政府的安排，全州开展了非农用地的清理工作，全州已清查耕地面积20250亩，占应清查数的94.7%，其中违法占地面积12115亩，占清查数的59.28%；已处理违法占地案件15287件，占应处理案件数的90.92%。5057人承包的耕地4172亩。乱占滥用耕地的情况得到制止。

保护基本农田

1996年，按照省政府颁发的《贵州省实施（基本农田保护条例）办法》的精神，州委、州政府作出了基本农田保护区的决定，明确属于基本农田的有“八种田”，即：高产、稳产农田；县市级以上人民政府确定的生产基地和名、特、优、稀、新农产品用地；城镇、工矿区蔬菜生产基地；有良好水利条件的耕地；正在实施改造计划的耕地；农研、科研、教学试验田和良种繁育基地；城市规划区内除近期建设发展规划以外的耕地；当地政府认为应当予以保护的耕地。还规定：基本农田保护区的耕地分为两级：一是生产条件好、产量高，长期不得占用的为一级基本农田。二是生产条件较好、产量较高，规划区内不得占用的耕地为二级基本农田。同时还明确：划入基本农田保护区的耕地，其土地所有权、使用权不变，原土地承包关系不变；基本农田一经划定，任何单位和个人不得擅自改变；在基本农田保护区设立永久性的保护标志，禁止任何单位和个人在基本农田保护区建窑、葬坟、挖沙、采石、取土、堆放固体废弃物或者进行其他破坏基本农田的活动；农户在承包地建设基本农田，不能随意增加农业税、承包产量和集体提留；现有基本农田不准再种果树、挖鱼塘。发展林牧渔业生产要充分利用非耕地资源，林果要上山、下滩、进庭院；农村住宅的改建、扩建和选址新建，要充分利用原宅基地，不允许占用基本农田保护区的土地；要加强基本农田保护区用地的监督、检查，对违法占地和破坏土地的要依法惩处，对保护耕地有功者要给予奖励。

为了加强基本农田的管理保护，落实上述决定，州政府成立州基本农田保护检查领导小组，由一名副州长担任组长，州直机关有关部门的负责人为成员，下设办公室，负责全州基本农田的管理、保护工作。

上述举措，稳定完善土地承包经营责任制，制止乱占滥用耕地，及时纠正了有些地方乱占滥用基本农田的情况，使全州57万亩坝田、20多万亩冲沟田以及坡度低于10度的13万亩旱土基本上得到有效保护。

推行耕地分等定级 按照省委、省政府要完善耕地承包，稳定承包关系，建立土地管理制度，逐步实施耕地分等定级，确定产出指标、定期考核、兑现奖罚的要求（省委、省政府《关于发展粮食生产的决定》），黔东南州各级党委、政府先后抽调各级干部8091人（其中县处级以上干部104人）组成工作组，到州内318个乡镇、2219个村，开展农村综合改革试点工作，试点乡村分别占全州乡（镇）、村总数的64.6%和63.01%。其中有63个乡（镇）、390个村、29.8万亩耕地，推行了耕地“分等定级、联产承包、超奖减赔（产）”的办法，分别占全州乡（镇）、村、耕地总数的12.8%、11.12%和10.8%。

具体做法是：一般以包干到户时评定的耕地等级为基础。过去未评定的重新评定。将稻田分为三至四个等级，旱土分为二至三个等级，按照等级评定单位面积产量，将粮食、烤烟、油菜籽等主要农作物联产到田（土），计算落实到户。每年秋收时，由村民组组织专人对各户完成任务情况进行一次普遍检查。完成联产任务者不奖不赔；超产者奖励；完不成联产任务者要赔产。如麻江县碧波乡的做法是“五赔三不赔”。“五赔”是：1. 弃耕撂荒耕地，完不成联产任务者要赔；2. 抗灾不力导致减产完不成联产任务者要赔；3. 投入不足，耕作粗放，对耕地实行掠夺性经营，造成减产，完不成联产任务者要赔；4. 不实行科学种田，使农作物减产者要赔；5. 农田管理不善，甚至只种不管导致农作物歉收，完不成联产任务者要赔。“三不赔”是：1. 因国家征用土地导致农户承包地减少，完不成联产任务者不赔；2. 遭受严重自然灾害，虽经努力抗灾仍难以完成联产任务者不赔；3. 承包户家庭遭受意外灾害，生产能力降低，完不成联产任务者不赔。

做好土地流转工作 黔东南州农村实行家庭联产承包责任制后，随着生产的发展，农村有的农户出现转包、转让土地现象。据统计，主要劳动力从事他业（商业、运输业、乡镇企业等）、家庭没有劳力耕种责任地而转包土地的占转包户总数的59.3%；农转非后，将责任地转包他人耕种的占9.8%；责任地距村寨过远不便耕种而转包土地的占18.1%；孤寡、残疾没有劳动力而转包土地的占12.8%。

州委、州政府根据中央、省的文件精神和黔东南州的实际，对土地流转问题，先后提出了具体的贯彻执行意见。1994年9月，州委、州政府在《关于深化农村改革的意见》中提出：允许农户在承包期内对土地使用权进行流转。一是继承，在承包期内，农户可以指定自己的合法继承人，依法继承取得土地的使用权。二是转包（让），农户在承包期内，因无力耕种土地或从事他业不能耕种土地，可以将获得的土地承包使用权转包（让）第三者（接收户）耕种，转包期限及土地报酬，由双方商定，但不得超过承包期限。三是互换，为便于耕种和拓展新的生产门路，在承包期内，农户之间本着互利原则，可以调换各自的土地使用权，可以用耕地调换耕地，可以用耕地调换非耕地。四是租赁，集体和农户在承包期内，可以出租或租赁耕地的承包使用权。租赁期限和租金，根据不同情况，由出租者和经营者自己商定。1998年12月，州委、州政府再次下文明确：农村在稳定土地承包关系中，要正确处理由于人口变化而产生的土地多少不均的矛盾，坚持农民在自愿、有偿和不改变土地用途的原则下，通过转包、租赁、互换等多种形式，有效地促进土地流转、发展适度规模经营，充分利用土地资源，防止耕地闲置。2002年，州委、州政府针对土地流转中出现的问题，对土地流转提出：1. 土地流转，发展适度规模经营一定要坚持条件，不能刮风，不能强制推行，也不能用收走农民承包地的办法搞劳动力转移。2. 在承包期内，村集体经济组织，无权单方面解决土地承包合同，也不能用少数服从多数的办法强迫农民放弃承包权或改变承包合同。不准收回农户的承包地搞招标承包，不准将农户的承包地收回抵顶欠款。3. 不准借土地流转改变土地所有权和农业用途。4. 土地流转期不得超过农户承包土地的剩余承包期。5. 土地使用权流转必须建立在自愿的基础上，在承包期内，农户对承包的土地有自主的使用权、收益权和流转权，任何单位和个人不得强迫农民流转土地，也不得阻碍农民流转土地。6. 发展土地适度规模经营，必须具备条件，并充分尊重农民的意见。

2007年，已完成二轮延包农户总数885287户，完成率100%；发放和补发土地承包经营权证书876435本，证书到户率99%。全州农村土地承包流转面积为30247.2亩，其中农户有书面流转面积6789.6亩。

2008年，全州土地经营权承包农户数89.49万户，面积266.36万亩；发放农村土地承包经营权证88.76万本，发放到户率99.18%。农村土地流转面积14.8万亩，农村土地经营权流转，主要在外出务工农民较多的村内进行流转，表现为户与户之间、户与合作组织之间、户与企业之间的流转。

2009年，在赴省内贵阳市白云区、清镇市、遵义市凤冈县及州内镇远县调研的基础上，完成《黔东南州农村土地承包经营权流转调研报告》，并经多次起草和修改，拟定了《黔东南州农村土地承包经营权流转管理办法》。是年，全州农村土地经营权流转面积22.55万亩，其中转包9.82万亩、出租9.99万亩、互换1.21万亩、转让1.1万亩、入股0.43万亩；流转面积中流入农户占75.62%、企业占21.28%、其他占3.1%。主要表现为户与户之间，户与合作社之间，户与企业之间流转。

2010年，依法按程序流转耕地面积12.16万亩，其中转包4.45万亩、转让0.42万亩、互换0.72万亩、出租5.99万亩、股份合作0.12万亩、其他形式0.46万亩；流出户数53541户，签订流转合同25685份；合同流转面积3.99万亩。

2014年，雷山县作为省级农村产权制度改革试点工作，率先在郎德和大塘两个乡镇开展，已完成392户（郎德镇210户、大塘乡182户）的基本信息录入和560宗田土（郎德镇报德村）的实际测量工作。全州依法进行农村土地经营权承包农户有89.49万户，面积266.36万亩。全州农村土地经营权流转面积24.8万亩，其中，转包10.8万亩、出租11万亩、互换1.2万亩、转让1.1万亩、入股0.73万亩，分别占全州农村土地经营流转面积的43.55%、44.35%、4.84%、4.44%、2.94%。在全州农村土地流转面积中，流入农户的有17万亩，占75.62%；流入企业的有4.8万亩，占21.28%；流入其他的有0.7万亩，占3.1%。用于种粮面积9.5万亩、蔬菜5.8万亩、茶叶4万亩、水果10.5万亩、中药材0.88万亩、畜牧0.51万亩、其他0.31万亩；分别占全州农村土地经营流转面积的42.42%、25.68%、17.85%、6.5%、3.9%、2.26%、1.39%。

是年，黔东南州农委完善以县为主的农村土地承包经营纠纷仲裁基础设施建设。锦屏、黄平、台江、从江、榕江、镇远、雷山、施秉、三穗9县已成功申报该项目。丹寨、凯里、黎平、剑河、天柱、麻江、岑巩7县将申报2015年最后一批农村土地纠纷仲裁基础设施建设项目。黄平县寨碧村申报2014年贵州省农村集体经济试点，经织州、县调研组两次深入黄平县寨碧村和施秉县望城村就村集体经济发展状况进行摸底调研。

改革农产品统购派购制度

调整农产品收购价格　从20世纪80年代初期开始，州委、州政府按照中央和省的文件精神，大幅度提高了粮食、油料、木材、猪牛羊肉、鱼类等20多种农（林）副产品的收购价格。1991年，每50公斤油菜籽的收购价格为41.38元，比1978年提高47.79%。每50公斤菜油的收购价为121.85元，比1987年提高49.18%。1996年籼稻、玉米、小麦三种粮食按全省加权平均价定价，每50公斤由49.2元提高到64.2元，在此基础上再上浮10%，上浮后，三种粮食的加权平均价为71元，比原价提高21.8元，提高44%。生猪、禽蛋、水产品等的收购价格也有较大提高。

取消农产品统派购制度　取消农产品统派购制度是逐步推开的。一是取消了延续30多年的农副产品统购派购制度，对粮、棉等少数重要农产品采取国家计划合同收购政策。二是将“一定五年”的粮食统购基数调减一年，即按1984年的统购基数作为定购基数。定购品种减为稻谷、大豆、小麦、玉米4个，其购价按比例价计算。三是实行粮肥挂钩的办法，促进收购任务的完成。大豆不列入合同定购品种，改为议价收购。四是实行定购粮与奖售化肥、柴油和预购定金“三挂钩”的办法。规定向农民结算定购款时，不准代扣村组干部提留费。五是大米由粮食部门统收购，其他部门和个人不得经营。同时规定，集贸市场要继续管好，以县市为单位在完成合同定购任务后，农民可以进入集贸市场出售余粮。六是国家完成定购任务的83%以外收购的粮食，提高收购价格和化肥奖售标准，鼓励农民多卖余粮。

1992年1月，黔东南州根据中央和省的文件精神，规定：粮食在保证完成定购任务的前提下，放开经营。取消“大米由粮食部门统一收购，其他部门、单位和个人不得经营”的规定，进一步放活粮食市场。

1993年2月，黔东南州按照国务院《关于加快粮食流通体制改革的通知》精神，作出规定：保留粮食定购数量，价格随行就市；继续实行粮食“三挂钩”的政策，将化肥、柴油由实物奖售改为平议价差价补贴，付给出售定购粮食的农民；为防止“谷贱伤农”或粮价暴涨，保护生产者和消费者的利益，要制定粮食收购的最低保护价或销售的最高限价。

同年11月，黔东南州根据国务院文件精神，作出决定：从1994年起，对国家定购的粮食全部实行“保量放价”的办法，即保留定购数量，收购价格随行就市；继续实行价外加价的办法，将“三挂钩”的好处兑现给农民。同时规定：国家粮食部门必须收购社会商品粮的70%～80%，在收购粮食中，56%为国家下达的任务（含农业税），要确保完成，其余44%由各地按照随行就市的原则组织收购。允许农民之间，农民与城镇居民之间在市场上进行粮食零星交易。

2004年2月，黔东南州根据中央和省的文件精神作出决定：深化粮食流通体制改革，全面放开粮食收购和销售市场，任何单位和个人不得干预或变相限制农民自主售粮，抓紧清理和修改不利于粮食流通的政策和法规。逐步建立统一、开放、竞争、有序的粮食市场体系。为加大对农民直接补贴的力度，农民用粮食缴纳农业税的，每公斤补贴由0.08元提高到0.1元。至此，粮食购销市场全面放开。油料、生猪、麻类等绝大部分农副产品的统派购制度也相继取消。烤烟仍由烟草部门统一经营，收购价格随行就市。

截至2005年年底，全州除烤烟、木材等少数农（林）产品由国家指定的有关部门统一经营，收购价格随行就市、议购议销之外，其余农副产品均已放开，自由购销。

农村税费改革　2000年，中共中央、国务院发出《关于进行农村税费改革试点工作的通知》，明确试点的内容是：取消乡统筹费和农民教育集资；取消屠宰税；取消统一规定的劳动积累务工。村内进行农田水利建设、修村道（路）、造林等公益事业，实行“一事一议”，由村民大会民主讨论决定；调整农业税；调整农业特产税；改革村提留征收办法，村干部报酬、五保户供养，凡由农民上交村提留开支的，采取新的农业税附加方法提取，农业税附加比例最高不超过农业税正税的20%。村内兴办的其他公益事业所需的资金，不再固定向农民提取，实行一事一议。由村民委员会民主讨论决定，并实行上限控制。是年12月，省委、省政府发出通知，对农民负担问题提出“八个禁止”，即禁止平摊税收，禁止要农民出钱出物搞达标，升级活动，禁止一切没有法律依据的行政、事业性收费，禁止一切向农民的集资，禁止各种摊派行为，禁止强行以资代劳，禁止在村里招待下乡干部，禁止用非法手段向农民收款收物。2002年4月，国务院作出决定，进一步扩大农村税费改革的试点范围。2004年2月，省委、省政府根据中央、国务院的文件精神提出：要认真执行中央关于降低农业税率和取消除烤烟税以外的农特产税等有关政策，严格按照减税比例调减到户，确保各级转移支付资金专款专用，及时足额下拨到位。

根据中央和省的文件精神，从2002年开始，黔东南州16个县市全面开展农村税费改革试点工作，在试点的基础上，在全州开展了税费改革工作，并取得阶段性成果，农民负担明显减轻。农民每年政策内外人均负担总额由76.87元减少到25.19元。2004年，实行农业税降低1个百分点和取消除烟叶以外的农业特产税后，全州农民人均每年又减负10.09元，人均仅负担14.10元。通过精减农村机构和人员，转变基层政府职能，调整农村教育布局等多方面的变革，农村生产管理体制得到了进一步的调整。镇远县在税费改革中，将218个行政村合并为110个行政村，村干部由原来的791人减少为477人，减少固定工资报酬的村干部314人，经费减少近一半。村干部的报酬由每月人均150元提高到300元，调动了村干部的工作积极性。黄平县纸房乡已完成并村试点工作，全乡由原来的 12 个村并成现在的 3 个村，村民组由原来的 88 个并为 24 个，精减村组干部 91 人。其他县市也正在进行此项改革。

2005 年 1 月，中央、国务院发出《关于进一步加强农村工作提高农业综合生产能力若干问题的意见》，提出要继续扩大“两减免”“三补贴”等政策的实施力度。“两减免”：减免农业税，取消除烟叶以外的农业转产税。“三补贴”：对种粮农民实行直接补贴，对部分地区农民实行良种补贴以及农机具购置补贴。同时决定于 2005 年在国家扶贫开发重点县实行免征农业税的试点。2005 年 12 月，省委、省政府作出决定：从 2005 年起，在国家明确减税幅度的基础上，在全省范围内免征农业税。各地因免征农业税而减少的财政收入，由中央的转移支付和省财政安排的专项转移支付予以补贴。自此，延续了几十年的农业税制度取消。

第二节　农业投入和补贴

财政投入　1991 年至 2015 年的 25 年间，黔东南州财政农业投入总量累计达到 323097 万元，平均每年 12923. 88 万元；2015 年投入 83700 万元，是 1991 年 2841 万元投入的 29. 46 倍。其中：“八五”期间（1991—1995 年）累计达到 13604 万元，年均投入 2720. 8 万元；“九五”期间（1996—2000 年）累计达到 18270 万元，年均投 3654 万元；“十五”期间（2001—2005 年）累计达到 39263 万元，年均投入 7852. 6 万元；“十一五”期间（2006—2010 年）累计达到 82200 万元，年的投入 164400 万元。“十二五”期间（2010—2015 年）累计达到 79300 万元，年的投入 15860 万元（详见 1991—2015 年黔东南州财政农业投入总量数据表）。

1991—2015 年黔东南州财政支农投入总量统计表

表 2—6　　单位：万元

年　度	财政支农投入	年　度	财政支农投入	年　度	财政支农投入
1991	2841	2001	4415	2011	35500
1992	2889	2002	4863	2012	50000
1993	2688	2003	14930	2013	42600
1994	2742	2004	17496	2014	67500
1995	2444	2005	39263	2015	83700
1996	2791	2006	11100		
1997	3203	2007	14900		
1998	3611	2008	18700		

农业补贴政策　2003 年党中央提出把解决“三农”（农业、农村、农民）问题作为全党工作的重中之重，标志着“三农”发展又一个黄金时期的开始。从 2004 年至 2010 年连续七年发布以“三农”为主题的中央一号文件，强调“三农”问题在中国的社会主义现代化时期的重要地位，出台了一系列强农惠农的政策措施。黔东南州从 2004 年开始实施强农惠农补贴政策，主要有：农作物良种补贴、能繁母猪补贴、农机购置补贴、渔业油价补贴等。

农作物良种补贴 实施的作物品种有水稻、玉米、小麦等粮食作物及棉花、油菜两种经济作物，补贴资金通过“一折通”直补农民。

种粮直补 2004年，《中共中央、国务院关于促进农民增加收入若干政策的意见》（中发〔2004〕1号文件）要求“为保护种粮农民利益，要建立对农民的直接补贴制度”。是年，中央财政实施了种粮直补。补贴标准：按当年农业税基数折算为水稻交售数量，每公斤补贴0.2元，直接发放到承包耕地农户。种粮直补由各级财政部门实行“一折通”直接补贴到种粮农户，即由乡镇信用合作社对辖区内享受补贴的农户统一办理信用社账户和存折，存折发给农民。国家对农民的直接补贴，均通过乡镇信用合作社分别划到农户账上，一个渠道发到农户手中。

良种补贴 2004年，中央财政在实施种粮直补的同时，对部分水稻主产区实行了水稻良种补贴。补贴品种必须是通过审定并适宜于黔东南种植的水稻良种，原则上是杂交水稻品种，重点是优质、高产、高抗主推品种，具体品种由地级农业部门确定并推荐发布。补贴对象和标准是种植杂交水稻的农户（含农场职工）按每亩5元获得补贴，补贴范围仅限于商品粮基地县。土地承包经营权流转的，由种植农户享受补贴。黔东南州仅有榕江、黎平、天柱、黄平、锦屏5个县列为杂交水稻粮种补贴县，90个乡镇获得杂交水稻粮种补贴。

2004—2007年，榕江、黎平、天柱、黄平、锦屏5个粮食主产县90个乡镇的143.87万户农户共得到补贴杂稻面积311.42万亩，补贴省级资金1538.82万元。其中：2004年，35.97万户农户得到补贴杂稻面积78.53万亩，补贴省级资金392.67万元。2005年，35.36万户农户得到补贴杂稻面积77.28万亩，补贴省级资金386.4万元。2006年，36.46万户农户得到补贴杂稻面积77.08万亩，补贴资金408.35万元，其中省级资金378万元，黎平、锦屏本级安排补贴资金30.35万元。2007年，36.08万户农户得到补贴杂稻面积78.53万亩，补贴省级资金381.75万元。

2008年，中央财政对水稻良种补贴实行全覆盖，补贴标准为中稻每亩补贴15元，早稻每亩补贴10元。黔东南州种植水稻的农户均纳入补贴范围，共补贴资金2859.59万元。

2009年，中央财政农作物良种补贴扩大到玉米、棉花、小麦、油菜。

2009—2015年，水稻、玉米、棉花、小麦、油菜共获得中央财政农作物良种补贴资金28472.542万元。其中，2009年，获得中央财政农作物良种补贴资金3724.78万元。2010年，获得中央财政农作物良种补贴资金3724.7841万元，其中水稻良种补贴2979.622万元，玉米良种补贴718.081万元。2011年，获得中央财政农作物良种补贴资金3729.7万元，其中水稻良种补贴2967.78万元，玉米良种补贴730.47万元，棉花良种补贴万31.44元，小麦良种补贴77.46万元，油菜良种补贴850万元。2012年，获得中央财政农作物良种补贴资金4629.72万元。2013年，菜获得中央财政农作物良种补贴资金4555万元，其中水稻良种补贴2955.67万元，玉米良种补贴717.1万元，棉花良种补贴万26.77元，小麦良种补贴80.84万元，油菜良种补贴781.15万元。2014年，获得中央财政农作物良种补贴资金4469.32万元，其中水稻良种补贴2913.3万元，玉米良种补贴703.05万元，棉花良种补贴万24.43元，小麦良种补贴73.59万元，油菜良种补贴754.95万元。2015年，获得中央财政农作物良种补贴资金4384.786万元，其中水稻良种补贴2911.518万元，玉米良种补贴695.622万元，棉花良种补贴万24.055元，小麦良种补贴75.23万元，油菜良种补贴744.31万元。

能繁母猪补贴 2007年国家出台能繁母猪补贴、能繁母猪保险、生猪标准化规模养殖场建设及完善生猪良种等体制政策。能繁母猪补贴政策按照中央财政补助60%、地方财政负担40%的比例进行，补贴标准50元/头；2008年补贴标准提高到100元/头，其中中央政府60元，省16元，州县各12元。所有补贴资金通过“一折通”直补养殖农户。

2007年全州获得能繁母猪补贴9.87万头，发放补贴资金880万元，完成母猪保险12.82万头。2008年全州获得能繁母猪补贴8.72万头，发放补贴资金872万元，完成母猪保险17.2万头。2009年国家暂停该项补贴政策。2010—2015年全州获得能繁母猪补贴均在11万头左右，发放补贴资金1110万~1200万元，完成母猪保险4万~6万头。

农机购置补贴 实施农机购置补贴，是党中央、国务院强农惠农政策的重要内容，补贴对象为农民和直接从事农业生产的农机服务组织，补贴比例为中央资金补贴每台机具30%、省级资金补贴8%。黔东南州从2005年实施农机购置补贴政策，随着补贴资金的增加，补贴范围的拓宽，工作力度的加大，农业技术装备水平不断增强，农机作业水平不断提高。

2004年，中央“1号文件”首次确立对农民购置农机具实行补贴的政策。黔东南州开展购机补贴工作始于2005年。

2005年，财政部、农业部《农业机械购置补贴专项资金使用管理暂行办法》(财农〔2005〕11号文件）和贵州省财政厅、贵州省农机局《贵州省省级农业机械购置补贴专项资金使用管理暂行办法》（黔财农〔2005〕67号文件）先后下发，规定了补贴的具体办法和补贴范围。补贴范围是：大中型拖拉机等农用动力机械；耕整、种植、植保、收获和秸秆还田等农田作业机具；粮食及农副产品的产后处理机械；秸秆、饲草加工处理及养殖机械。具体的补贴标准由省级按年度发布当年农业机械购置补贴产品目录，规定补贴的各种机型和详细补贴金额。为认真贯彻落实中央购机补贴惠农政策，黔东南州农机中心与地区财政局研究、协商、制定、下发了《黔东南州贯彻落实〈贵州省省级农业机械购置补贴专项资金使用管理暂行办法〉实施意见的通知》（黔东南农财〔2005〕80号文件），要求各县认真搞好中央购机补贴政策宣传、机具作业演示；严肃购机补贴纪律、严格操作程序，确保“购机补贴”工作健康顺利进行。

2005年，农机购置的补贴标准是：按不超过机具价格的30%进行补贴，具体补贴金额按照《2005年度贵州省农业机械购置补贴产品目录》中所规定之各机型的详细补贴金额执行。是年，黔东南州共争取到农机购置补贴专项资金155.5万元，其中部级资金50万元、省级资金105.5万元，补贴农民购买各种农机453台。

2006年，农机购置的补贴标准是：按不超过机具价格的30%进行补贴；同时，省级财政补贴专项资金对农民购买联合收割机、插秧机（含育秧材料）、行走式割晒机、玉米收获机械和马铃薯收获机械等先进适用的农业机械实行累加补贴，累加补贴比例为机具价格的30%，具体补贴金额按照《2006年度贵州省农业机械购置补贴产品目录》中所规定之各机型的详细补贴金额执行。是年，黔东南州共落实农机购置补贴专项资金532万元，其中部级资金290万元，省级资金242万元，共补贴农户购置各类农业机械2268台（套）。

2007年，农机购置的补贴标准是：按不超过机具价格的30%进行补贴；同时，省级财政补贴专项资金对农民购买联合收割机、插秧机（含育秧材料）、行走式割晒机、玉米收获机械和马铃薯收获机械等先进适用的农业机械实行累加补贴，累加补贴比例为机具价格的30%，具体补贴金额按照《2007 年度贵州省农业机械购置补贴产品目录》中所规定之各机型的详细补贴金额执行。是年，黔东南州共落实农机购置补贴专项资金 1289 万元，其中部级资金 940 万元，省级资金 349 万元，共补贴农户购置各类农业机械 2590 台（套）。

2008 年，农机购置的补贴标准是：按不超过机具价格的 30% 进行补贴；同时，省级财政补贴专项资金对农民购买所有机具实行累加补贴，累加补贴比例为机具价格的 8%，具体补贴金额按照《2008 年度贵州省农业机械购置补贴产品目录》中所规定之各机型的详细补贴金额执行。是年，黔东南州共落实农机购置补贴专项资金 1176.5 万元，其中，部级资金 820 万元、省级资金 356.5 万元，共补贴农户购置各类农业机械 6613 台（套）。

2009—2014 年，农机购置的补贴标准（按不超过机具价格的 30% 进行补贴；同时，省级财政补贴专项资金对农民购买所有机具实行累加补贴，累加补贴比例为机具价格的 8%，具体补贴金额按照《2008 年度贵州省农业机械购置补贴产品目录》中所规定之各机型的详细补贴金额执行）不变。

2009 年，黔东南州共落实农机购置补贴专项资金 2165 万元，其中部级资金 1815 万元，省级资金 350 万元，共补贴农户购置各类农业机械 16002 台（套）。

2010 年，州农委制定了《黔东南州 2010 年农机购置补贴工作实施意见》《黔东南州农机购置补贴管理办法》，黎平、岑巩、锦屏、从江、榕江、天柱六县实行购机、手续办理一站式服务。是年，黔东南州共落实农机购置补贴专项资金 3692 万元，其中部级资金 2870 万元、省级资金 768.4 万元、县级资金 53.6 万元，共补贴农户购置各类农业机械 24880 台（套）。

2011 年，黔东南州共落实农机购置补贴专项资金 3443 万元，其中部级资金 2910 万元、省级资金 493 万元、县级资金 40 万元，共补贴农户购置各类农业机械 22478 台（套）。

2012 年，黔东南州共落实农机购置补贴专项资金 7780.5 万元，其中部级资金 6820 万元、省级资金 920.5 万元、县级资金 40 万元，共补贴农户购置各类农业机械 71072 台（套）。

2013 年，黔东南州共落实农机购置补贴专项资金 6390 万元，其中部级资金 6350 万元、县级资金 40 万元，共补贴农户购置各类农业机械 58688 台（套）。

2014 年，黔东南州共落实农机购置补贴专项资金 4970 万元，全部为部级资金，共补贴农户购置各类农业机械 40288 台（套）。

2015 年，在农机购置的补贴标准不变的基础上，实行“自主购机、定额补贴、县级结算、直补到卡”的补贴方式。农户能公平公正办理补贴手续，补贴对象可以在省域内自主选择购机，允许跨区域自主选择经销商议价购买补贴机具。严格执行个人年度内购买补贴机具总数不超过 10 台，其中，购买同一品目补贴机具总数不超过 3 台。农业生产经营组织年底内购买补贴机具总数不超过 60 台，其中，购买同一品目补贴机具总数不超过 20 台的规定。是年，黔东南州共落实农机购置补贴专项资金 4500 万元，全部为部级资金，共补贴农户购置各类农业机械 25651 台（套）。

2005 年至 2015 年，累计争取到部、省级、县级农机购置补贴专项资金 36093.5 万元（中央补贴 32390.5 万元、省补贴 3529.4 万元、县补贴 173.6 万元），补贴农户购置各类农业机械 270975 台（套），受益农户 244431 户，拉动投入 83532 万元。

2005—2015 年农机购置补贴资金规模总量统计表

表 2—7

年 份	补贴资金（万元）				补贴机具数量（台套）	受益农户（户）	拉动投入（万元）
	补贴	其中：中央补贴	其中：省补贴	其中：县补贴			
2005	155.5	105.5	50		453	453	500
2006	532	290	242		2268	2268	2000
2007	1289	940	349		2590	2479	5000
2008	1176.5	820	356.5		6613	5311	5200
2009	2165	1815	350		16002	14564	5600
2010	3692	2870	768.4	53.6	24880	24800	6650
2011	3443	2910	493	40	22470	18632	5243
2012	7780.5	6820	920.5	40	71072	61817	15446
2013	6390	6350		40	58688	52051	16366
2014	4970	4970			40288	37669	11436
2015	4500	4500			25651	24387	10091
合计	36093.5	32390.5	3529.4	173.6	270975	244431	83532

渔业油价补贴 从 2011 年起贵州省按照省财政厅《关于下达和安排成品油价格改革中中央财政补贴的通知》和《渔业成品油价格补助专项资金管理暂行办法》实行渔业油价补贴政策。

2011—2015 年，足额核定补贴剑河、锦屏、从江、黎平、天柱、榕江 6 县渔业油价补贴 2420.38 万元。其中 2011 年足额核定补贴 6 县渔业油价补贴 331.85 万元，1093 艘机动船受益；2012 年足额核定补贴 6 县渔业油价 469.4 万元，1094 艘机动船受益；2013 年足额核定补贴 6 县渔业油价 329.93 万元，1580 艘机动船受益。2014 年足额核定补贴 6 县渔业油价 330 万元，1550 艘机动船受益。2015 年足额核定补贴 6 县渔业油价 1291.05 万元，1546 艘机动船受益。

农资综合补贴 2006 年，为保证种粮农民利益不受油价调整的影响，国家对种粮农民因成品油价格调整增支给予补贴，并综合考虑当年化肥、农药、农膜等农业生产资料预计增支因素，在由粮食风险基金安排的粮食直补资金基础上，中央财政再新增补贴资金，对种粮农民柴油、化肥等农业生产资料预计增支实行综合直补。农资综合补贴由各级财政部门实行“一折通”直接补贴到种粮农户，即由乡镇信用合作社对辖区内享受补贴的农户统一办理信用社账户和存折，存折发给农民。国家对农民的直接补贴，均通过乡镇信用合作社分别划到农户账上，一个渠道发到农户手中。

补贴组织、程序和兑付方式

补贴组织 良种补贴实行分级管理、分工负责。州级主要由农业、财政等部门组织实施。农业部门负责推荐补贴品种及栽培技术、核实种植面积和监督检查；财政部门负责补贴资金落实、组织发放和监督管理。县、乡两级工作由政府统一组织，成立补贴工作领导小组，具体工作由农业、财政等有关部门承担。县级的主要工作是：制定本县实施方案并组织实施，开展对基层技术人员和重点示范户的培训；组织面积核查和补贴资金兑付；建立分乡到村的良种补贴信息管理档案，内容包括种植面积、补贴资金、主要品种、栽培技术等；及时做好工作总结，按要求上报有关材料等。乡级的主要工作是：按照上级补贴方案要求，广泛宣传补贴政策，组织辖区良种种植面积申报、公示、核查和上报，开展对示范农户的技术培训；协调、督促补贴发放机构按规定时间和程序发放补贴；建立分村到户的良种补贴信息管理档案；及时做好工作总结，按要求上报有关材料等。

补贴程序　补贴工作分 4 个阶段进行。第一阶段为补贴准备阶段。由州下达实施方案，预拨补贴资金到各县市，并提出有关要求；各县市结合实际制定县级实施方案报州农业、财政部门审批，经批复后印发实施。州农业局在征求各县意见的基础上，确定并发布良种推荐目录。各级广泛开展补贴工作培训和政策宣传，印制有关表格等。第二阶段为面积申报核查阶段。由乡镇政府发出公告，通知农户在规定时间内（不少于 5 天）到村民小组申报符合良种补贴范围的品种及种植面积、栽培方式，村民小组汇总后送村民委员会，村委会对面积初核后张榜到村民小组公示（不少于 5 天）；公示结束无异议后，由村委会分户造册报乡镇政府，乡镇政府组织乡村干部和农技人员进行面积抽查、复核；由乡镇政府分村造册送县市农业部门汇总后报县政府核定；面积核定后，由县市农业、财政部门报州农业、财政部门核准，然后汇总报省农业、财政部门备案。县属农场符合补贴要求的，直接向县市农业部门申报补贴，列入所在县市的补贴范围。第三阶段为补贴兑付阶段。由县市财政部门将补贴资金随上级核准补贴面积下达乡镇，上级财政预拨资金不足部分由县级财政垫付补足；乡镇政府发布公告到每个村民组，并提供经核准的分村到户补贴清册给补贴兑付机构，兑付机构按补贴清册通过涉农补贴“一折通”向农户发放（上折）。第四阶段为总结结算阶段。补贴兑付（上折）结束后，兑付机构应出具有关佐证资料给乡镇政府和县市财政部门，由乡镇政府组织对补贴工作进行总结，报县申请结算；县级与乡镇结算后，总结报州农业、财政部门申请结算；州与县级结算后，由农业、财政部门将工作总结及结算申请材料联合行文报送省农业厅、省财政厅申请结算。

兑付方式　由农业部门认真核算并提供补贴面积，财政部门及时将补贴资金通过“农民补贴网”，以“一折通”方式直接兑付到农户。

工作制度和补贴纪律　坚持“公平、公开、公正”的原则，做到“一公开”“三到户”“五不准”，真正把好事办好、实事办实，让群众满意。“一公开”，即补贴工作公开进行，面积申报核查结果张榜公布；“三到户”，即政策宣传到户、面积申报到户、资金兑付到户；“五不准”，即不准调整补贴标准，不准截留、挤占、挪用补贴资金，不准用补贴资金抵扣各种税费、贷款、欠款，不准无故拖延补贴发放时间，不准在补贴工作中向农民收取任何费用。

第三节 农村产业结构调整

制定优惠政策

针对黔东南农业的实际情况，在农业产业调整方面制定了如下优惠政策：

1. 延长耕地承包期限。先后延长两次。第一次延长15年（1979—1994年）、第二次延长50年（从1994年起）。

2. 允许农民有偿转包土地。

3. 鼓励和支交持承包“四荒”发展林果牧渔业生产，承包期60年不变，允许折价转让中幼林、林木砍伐依法，产品处理自主。

4. 鼓励和支持个人兴办乡村林场、联户林场、户办林场。

5. 允许国有农场、果园场实行联产承包责任制，办好家庭农场。农场范围的荒山、荒地、荒滩可发包给职工家属经管，收益按比例分成。

6. 鼓励群众集资和个人投资兴办小水电站，谁投资、谁建设、谁管理、谁受益、子女有继承权。

7. 对各类乡镇企业，在信贷、税收上给予照顾。对乡镇企业兴办饲料工业、食品工业、小能源工业、建材业和其他开发性企业，优先给予低息或贴息贷款扶持，在税收上给予更多的优惠。鼓励机关干部、科技人员、大中专毕业生、离退休人员领办、参办、协办乡镇企业、从事开发性生产。严禁以任何借口平调乡镇企业的财产或改变参乡镇企业所有制关系，确保乡镇企业的合法权益不受侵犯。

8. 允许资金、技术、劳动力在一定程度上的流动和多种方式的结合。

9. 允许农村个体工商户和种养能手聘师博、请帮手、带徒弟。允许农户根据生产需要请零工、请季节工或专业工。

10. 改革户籍管理制度，实行城乡户口一体化管理。凡在小城镇有固定住所，有稳定生活收入来源的农村人口，可以在小城镇登记落户。进入小城镇经商办企业的农民，可以以购买的形式取得土地使用权，也可以用老宅基地换新宅驻地，或用“坡改梯”建造的田地换取宅基地的使用权。迁入城镇的农户在农村承包的田、土、自留山可以保留10年；并允许在保留期内，将田土、山地转包、出租给他人耕种管理，或一次性将使用权转让给他人。

11. 允放农民经管运输区业、服务业、商业及其他行业。

12. 改革供销社管理体制和经管体代表制、把所有权和经营权分开、积极参与商品流通和商品生产，以平等的身份与其他商业组织开展竞争。

13. 凡到区乡从事农业科技推广工作的农业科技人员，可享受浮动一级工资的岗位津贴、连续工作5年并取得一定成绩的，浮动岗位津贴可作为晋升工资给予固定。做出贡献的，评聘职称可优先考虑，甚至可破格评聘。

14. 落实农技推广机构定性、定编、定员的“三定”工作。按照“机构不减、人员不散、网络不断、经费不减”的要求，设置好基层农技推广机构。积极发展社会化服务体系。财政用于农业技术推广的资金逐年增加，确保农技推广部门正常的业务经费和必要的基础设施建设的需要。

15. 发展农村合作基金会。凡是乡村集体经济组织暂时不用的资金，均可采用入股或代管的方式，纳入合作基金管理和融通。资金投向与当地产业结构相适应，坚持以短期小额为主，着重解决流动资金不足的困难。年终股金分红比例、视经济收益状况确定，把收益的大部分返回资金所有者，并提取一定比例风险保证金，以鼓励农村合作基金会的巩固和发展。

16. 帮助贫困地区调整产业结构、发展商品生产、实现脱贫致富。

17. 鼓励农民勤劳致富、科技致富。保护专业户、科技户及各种勤劳致富户的合法权益；对损害他们合法权益的行为，坚决制止和查处。

商品生产基地建设

“八五”期间（1991—1995年） 黔东南州和各县市着力优化农业产业结构，建立商品生产基地。州委、州政府决定：在全州建立“三大商品生产基地”（田100万亩杂稻高产示范工程，85万亩温饱工程和6万亩“望天水田”改制工程），大力发展高产优质高效农业，全面发展农村经济。

其间，稻田实行综合开发，经济作物向油菜、烤烟、果蔬等价值较好的品种发展。其中：1991年油菜籽总产量5.36万吨，创历史最高纪录。1992年烤烟总产量2万吨。各果树种植累计面积达18万亩，全年总产量13700吨，其中从江县建成优质椪柑基地24750亩，椪柑产量1160吨，创产值139.22万元；榕江县建成优质冰糖橙基地13730亩，产量达145吨，创产值17.4万元。两县果农户均收入1065元，其中户均收入500～1000元的有2020户，收入1000～5000元的有900户，收入5000～10000元的有95户，收入万元以上的有10户。是年畜牧业稳定发展，生猪生产出现持续增长的好势头。1993年，全州种植业完成杂稻亩产600公斤10万亩；双纲田10万亩；稻田双千工程4万亩；紧凑型玉米一季亩产500公斤5万亩；高产优质薯类新品种亩产2000公斤2万亩；半旱式耕作改良冷烂田亩产520公斤5万亩；综合配套技术改良缺水瘦薄田亩产500公斤5万亩；杂稻优化配方施肥一季亩产550公斤10万亩；改造老果园建设高产优质果园1万亩；优质西瓜基地0.8万亩。养殖业完成生猪改良6万头；良种鸡推广15万只；引种黑山羊并建立3个示范点；引种哈白兔示范1200只，繁殖1.2万只；全州推广氨化饲料900吨，饲养1200头育肥商品牛；建网箱养鱼1470平方米，平均每平方米产鲜鱼75公斤；推广池塘高产养鱼1170亩，平均亩产275公斤；培育规格鱼种1万公斤。1995年，全州畜牧业总产值达到9.88亿元，占农业总产值的比重上升到25.51%；渔业产值达到0.84亿元，占农业总产值的比重上升到2.18%。

“九五”期间（1996—2000年） 州委、州政府决定：建立12个商品生产基地（商品粮基地、优质烤烟基地、速生丰产用材林基地、优质果树基地、油桐基地、五倍子基地、中药材基地、茶叶基地、优质西瓜基地、种草养畜基地、竹林基地、蚕桑基地），抓好16个农业产业化项目（优质米、“两杂”制种、破季节蔬菜、黄平牛肉系列开发、三穗县骡鸭和麻鸭开发、从江香猪开发、瘦肉型猪生产、稻鱼高产、竹业开发、细木板开发、葛根系列开发、魔芋系列产品开发、茯苓基地开发、药材基地开发、银杏基地开发、优质果品开发）和“五大工程”（优质米基地建设、破季节蔬菜基地建设、万亩稻鱼扶贫工程、万户畜牧扶贫工程、沼气工程建设和“三沼”综合利用）。

其间，畜牧业总产值、渔业产值和优质米基地建设、破季节蔬菜基地建设、万亩稻鱼扶贫工程、万户畜牧扶贫工程、沼气工程建设和“三沼”综合利用有了新发展。

1996年，畜牧业总产值达到116900万元，占农业总产值的比重达26.6%；渔业产值达到8900万元，占农业总产值的比重达2.0%；农民人均纯收入达990元；农民人均产粮312公斤。1997年，畜牧业总产值达到125300万元，占农业总产值的比重达26.4%；渔业产值达到11200万元，占农业总产值的比重达2.4%；农民人均纯收入达1080元；农民人均产粮339公斤。1998年，畜牧业总产值达到133100万元，占农业总产值的比重上升到27%；渔业产值达到12500万元，占农业总产值的比重上升到2.6%；农民人均纯收入达1206元；农民人均产粮358公斤。1999年畜牧业总产值达到137890万元，占农业总产值的比重上升到27.7%；渔业产值达到14500万元，占农业总产值的比重上升到2.9%；农民人均纯收入达1262元；农民人均产粮310公斤。2000年，“五大工程”取得了明显成效。已逐渐成为黔东南州的主导产业。其中：优质米基地建设完成优质稻种植面积324480亩，占任务108.16%，其中以滇屯502为主的特种优质稻60130亩，优质杂交稻158500亩，地方特色优质稻105840亩，据8县对124.72亩的测产验收结果，亩产分别为436.8公斤、498.8公斤、364.8公斤。优质稻产量占水稻总产量的14.2%。优质稻由于米质好，深受消费者欢迎，每亩比种普通稻平均增收100多元。破季蔬菜基地建设已建塑料大棚1597个，大棚面积475.7亩，完成种植面积59340亩，占任务的107.9%，其中春提早蔬菜32840亩，夏破季蔬菜14740亩，秋延晚蔬菜11760亩。产蔬菜10.90万吨，每亩每茬产量1871.5公斤，亩产值1601元。万亩稻鱼扶贫工程。完成13010亩，占任务的104%。综合各地验收结果，平均亩产鲜鱼113.3公斤、稻谷513公斤，单养鱼一项，每亩纯收入600元以上，农民从稻鱼工程可增收780万元，9544户35879人通过实施稻鱼工程达到脱贫。万户畜牧扶贫工程完成11880户，占任务的118.8%。实施农户户均畜牧业收入2845元，比上年增加844元，扶贫效果明显。沼气工程建设完成沼气池14670口，占任务的48.9%；完成沼液浸种24280亩，养猪3830头、种无公害蔬菜2460亩，沼渣养鱼1750亩，沼肥种果4840亩。此外，各地还因地制宜，积极调整产业结构。从江县已形成东部以椪柑为主，西部以香猪为主的生产布局，年产椪柑2万吨以上，年出栏香猪近10万头。施秉县牛大场镇发展中药材1.8万亩，成为远近闻名的中药材种苗基地和中药材商品基地。雷山县种植魔芋近万亩，建起了加工厂，产品畅销，部分加工产品还远销德国和巴西市场。麻江景阳乡发展竹荪1000平方米，收入100多万元；下司花桥龙井61户农民，靠科技种植草莓一项收入超万元的就有20户。黎平县九潮乡开发薇菜生产，年生产干薇菜30吨，带动全县生产干薇菜近200吨，收入1000万元，部分产品还出口日本和韩国。凯里市积极发展“三辣”生产，种植面积达1万亩，年产生姜1.5万吨，辣椒和大蒜9000多吨，并建起了年产“三辣”产品5000吨的生产线和辅助设施。黎平、雷山、丹寨等县完成和改造茶园5.87万亩，其中名优茶制作等技术推广1.9万亩。天柱的骡鸭和乌骨鸡，三穗的乳猪加工，剑河的白香猪加工，锦屏的百合，台江的金秋梨，雷山的杨梅，榕江的西瓜和麻江，凯里、锦屏的无籽西瓜及具有地方特色的“香”系列产品等逐步扩大规模，效益逐步显现。

“十五”期间（2001—2005 年） 继续抓好优质米基地建设、破季节蔬菜基地建设、万亩稻鱼扶贫工程、万户畜牧扶贫工程、沼气工程建设和“三沼”综合利用，种草养畜等六大农业结构调整工程。

其间，“六大工程”（好优质米基地建设、破季节蔬菜基地建设、万亩稻鱼扶贫工程、万户畜牧扶贫工程、沼气工程建设和“三沼”综合利用，种草养畜）规模扩大，带动明显。其中：2001 年，优质稻基地建设工程完成 57.8 万亩，总优质稻 28.33 万吨，占全州水稻总产量的 30.39%，榕江锡利贡米和丹宽宏大量寨硒米已步入产业化经营轨道。破季节蔬菜工程完成 6.72 万亩，其中完成春提早蔬菜 3.87 万亩，夏破季节蔬菜 1.9 万亩，秋延晚菜 1.66 万亩，平均亩产值 1682 元，农户种菜收入 5000 元以上的有 4563 户，收入万以上的 124 户，收入两万以上的 21 户。稻田生态养鱼工程完成 30880 亩，亩产稻谷 508 公斤，产鲜鱼 103.5 公斤，亩均增加纯收入 600 元。畜牧万户扶贫工程完成 2.16 万户，促进了畜牧业的发展，拓宽了农民增收的渠道。沼气生态农业工程完成沼气建设 39560 口，沼液浸种 6.69 万亩，沼渣替成部分饲料养鱼 10680 亩，沼肥种菜 10580 亩，沼肥种果 21250 亩，沼液添加养猪 43920 头。培养沼气建设熟练工人 2390 人。全年畜牧业产值 153247 万元，占农总产值 27.34%，渔业总产值 16600 万元，占农总产值的 2.9%；农民人均纯收入 1326 元。

2002—2005 年除继续抓好农业“五大工程”外，还将“种草养畜”作为一大工程来抓。2002 年优质稻基地建设工程完成 61.56 万亩，其中优米达国家一级的特种优质稻 19.31 万亩，占 31.4%；优米达国家二级的特种优质稻 42.25 万亩，占 68.6%。当年因受秋风影响，部分籽粒不饱满，平均单产 379.3 公斤，比上年减少 21.3%。总产优质稻 23.35 万吨，占全年水稻总产量的 32.4%。破季节蔬菜工程完成 7.2 万亩。麻江县和凯里市实施省重点夏破季节蔬菜示范项目，共完成示范面积 26960 亩，辐射带动发展 4000 亩，亩产蔬菜 12550 公斤，实现产值 2056 万元，亩均净产 1404 元，为常年种水稻的 3.5 倍。稻田生态养鱼工程实施规模达 5.6 万亩，新增 2.51 万亩，工程涉及 16 个县市 151 个乡镇 750 个村 3.7 万户，生产鲜鱼 4690 吨，占稻田养鱼总产量的 26%。平均亩产鲜鱼 84.6 公斤，亩均纯收入 663 元，实现户均增收 994.97 元。黎平、凯里、锦屏实施省重点稻田渔业示范项目，建成高标准示范园区 3360 亩，示范园区平均亩产鲜鱼 113 公斤。畜牧扶贫工程实施完成 3.53 万户，扶持贫困人口 14.41 万人。项目户畜牧收入占家庭总收的 43.3%，比扶持前提高 15.3 个百分点。沼气生态农业工程完成沼气建设 26000 口，沼液浸种 7.51 万亩，沼渣替成部分饲料养鱼 1.15 万亩，沼肥种菜 1.22 万亩，沼肥种果 2.89 万亩，沼液添加养猪 5.95 万头。建沼气生态示范点 124 个，综合示范户 10788 户，部分示范户结合建沼气池进行“五改”（改厕、改圈、改路、改水、改厨）村容村貌他农户生产、生活环境建得到改善。人工种草养畜工程开始起步，共引种皇竹草 1.78 万亩，为下年推广贮备了足够的草种。秋冬稻田种草 4.3 万亩。“黎草当粮种，牛羊当猪养”成了农业结构调整的这样的新亮点。全年畜牧业产值 169220 万元，占农总产值 29.53%，渔业总产值 18050 万元，占农总产值的比重首次突破 3%，达 3.15%。农民人均纯收入 1387 元，比上年增长 4.6%。

2003 年农业“六大工程”规模扩大，带动明显。优质稻基地建设工程完成 66.78 万亩，其中以滇屯 502 为主的优色优质米稻 12.3 万亩，杂交种优质稻 43 万亩，地方特色优质稻 11 亩。

破季节蔬菜工程完成8万亩，其中冬春反季菜4万亩，夏秋反蔬菜4万亩，反季节蔬菜总产量16.25万吨，亩均产值2072元。稻田生态养鱼工程实施规模达7.28万亩，涉及16个县市179个乡镇48505户，养殖规模比上年增加1.73万亩，生产鲜鱼7390吨，占水产品总产量的42%，平均亩产鲜鱼101公斤，亩产水稻506公斤。建成锦屏敦寨镇、黎平中潮镇高标准稻田生态渔业示范工程。畜牧扶贫工程实施完成42720万户，扶持农户户均出栏生猪5.5头、牛1.6头、羊14只、家禽105只。户均畜牧业收入1393元，人均330元，占农户家庭总收的45.4%，比扶持前提高15.7个百分点。沼气生态农业工程完成沼气建设20910口，沼液浸种23.65万亩，沼渣替成部分饲料养鱼20.21万亩，沼肥种菜6.7万亩，沼肥种果31.79万亩，沼液添加养猪13万头。种草养畜工程完成18.93万亩，其中引草入田9.2万亩。是年，养牛5头以上，养羊10只以上，猪10头以上，养禽100只以上的养殖户65046户，占总农户的8%。全年畜牧业产值180420万元，占农总产值的29.77%，渔业总产值18260万元，占农总产值的3.01%。农民人均纯收入1450元，比上年增长4.5%。是年省重点优质稻示范项目由丹寨、岑巩榕三县实施，示范完成18705亩，占任务面积的103.9%。榕江锡利贡米和丹寨富硒米已步入产业化经营的轨道。省重点特色种植示范项目由施秉、雷山两县实施，施秉县中药材无公害规模化栽培太子参630亩，亩产太子参110公斤，亩均纯收入1930元。雷公山区山野菜示范基地开发利用山野菜，人工栽培薇菜、折耳根及人工管护野生薇菜，基地建设示范面积1446亩，人均纯收入2223元。省重点反季节蔬菜示范项目由麻江县和凯里市实施，示范完成7476亩，占任务面积的115%。

2004年优质稻基地建设工程完成85万亩，比上年增加18万亩，优质稻平均单产448公斤，按当年市场价计，优质稻亩均产值808元，较同类地区一般杂稻亩产值655元，增收161元。优质米总产值68700万元，较种植普通杂稻增收13740万元。省农业厅安排黔东南州实施的优质稻示范项目由丹寨、岑巩、榕江3个县实施，示范完成10580亩，占任务的105.83%，示范基地优质稻平均亩产466公斤，亩均产值863元。破季节蔬菜工程完成8.89万亩，比上年增加0.83万亩，反季蔬菜总产量19.52万吨，比上年增加3.27万吨。省农业厅安排反季节蔬菜项目由凯里和麻江两县市实施，共完成示范面积10462亩，完成任务的104.62%，总产量4.65万吨，总产值3189万元，平均亩纯收入2287元，投入产出比为1:4.01。沼气生态农业工程完成沼气建设21210口，占计划任务的106.1%；推广沼液浸种29.92万亩，沼肥种果21.69万亩，沼液添加养猪10.69万头，沼液、沼渣养鱼13.87万亩，沼肥种菜7.08万亩。全州有176个乡镇建立了农村能源技术服务站，237个村建有技术服务点，其中省授牌点200个。920名沼气池建设施工人员获劳动部频发的职业技术证书。稻田生态养鱼工程实施规模达8.57万亩，比上年增加1.29万亩，稻田产鱼7890吨，占水产品总产量的38.65%，平均亩产鱼92公斤、水稻512公斤，生态带亩产值1168元。渔业产业化示范项目锦屏县敦寨镇稻田生态渔业基地与锦屏县天富公司成功实施了“订单渔业”，生产基地的540户农户受益。畜牧扶贫工程实施和种草养畜工程进展胜利。麻江、榕江、黄平、雷山、岑巩、剑河、施秉7县被列为省优质畜产品生产基地，其中麻江县列为优质肉猪基地，榕江、黄平县列为优质肉牛基地，雷山县列为优质肉羊基地，岑巩、剑河、施秉3县列为优质鸡生产基地。优质肉猪基地已启用建设资金7万元，直补110户养殖户440头母猪，建设人工草地100亩优质肉牛基地发展养牛专业户1110户，饲养母牛7350头，种植优质牧草35560亩；优质肉羊基地已落实项目农户26户，完成建舍12户760

平方米，种草65亩；优质鸡生产基地已引进鸡苗12万羽，完成圈舍建设300平方米，发展商品鸡养殖户500户，人工种草2150亩。同年人工种草26.47万亩，比上年增加13.32万亩。推广青贮氨化饲料96.98万吨，比上年增加13.38万吨。

2005年，优质稻基地建设工程完成88.57万亩，总产量39.93万吨，比上年增加2.17万吨；优质稻平均单产450公斤，产值808元，较同类地区一般杂稻亩增收161元。省农业厅安排黔东南州实施的优质稻示范项目由丹寨、岑巩、麻江、榕江4个县实施，示范种植3.37万亩，平均亩产470公斤，带动项目县发展优质稻27万亩，总产量12.5万吨。破季节蔬菜工程完成10.67万亩，总产量25.94万吨，比上年增加6.42万吨。麻江、黄平认真实施省农业厅下达的特色农产品种植示项目，其中麻江县种植红蒜示范面积1120亩、反季节蔬菜5560亩。黄平不种植无籽西瓜3400亩。沼气生态农业工程完成沼气建设30100口。完成改厕18770户，改圈16880户，改厨13900户。推广沼液浸种43.79万亩，沼肥种果21.76万亩，沼液添加养猪13.47万头，沼液、沼渣养鱼14.99万亩。1230名沼气池建设施工人员获劳动部颁发的职业技术证书。稻田生态养鱼工程实施规模达9.26万亩，比上年增加0.91万亩，平均亩产鱼94公斤、水稻530公斤、生态带亩产值172元。省渔业产业化示范项目在凯里市和锦屏、黎平、黄平、台江、岑巩、榕江施秉7县实施。该项目实施面积873亩，辐射带动8700亩，平均亩产鱼110公斤、水稻580公斤，生态带亩产值183元。畜牧扶贫工程实施和种草养畜工程有了新进展。凯里市和镇远、丹寨、施秉、从江、天柱、三穗5县被列为省优质畜产品生产基地，其中优质肉年基地2个、优质肉羊基地1个、优质肉猪基地2个、优质家禽基地2个。当年各县市投入畜牧业规模小区建设资金608万元，自筹资金964万元，建成生猪养殖小区71个，肉年养殖小区71个，生商品牛育肥场113个，商品羊育肥场461个，商品猪育肥场50个，商品禽场478个。同年人工种草48.35万亩，比上年增加21.88万亩。推广青贮氨化饲料94.33万吨，比上年减少2.65万吨。

“十一五”至“十二五”期间（2006—2015年） 除继续抓好“六个工程”的实施外，还重点抓了在特色种养殖业、规模商品生产基地建设和“6个100”工程（100万亩商品蔬菜、100万亩精品水果、100万亩中药材、100万亩木本油料作物、100万亩稻鱼生态种养和100万头规模特色养殖工程）。

其间，特色种养殖业、规模商品生产基地建设和100万亩商品蔬菜、100万亩精品水果、100万亩中药材、100万亩木本油料作物、100万亩稻鱼生态种养和100万头规模特色养殖工程有了新的探索和发展。

2006年，继续实施的省优质畜产品基地建设项目，建成生猪养殖小区82个，肉牛养殖小区102个；建有商品牛育肥场92个，商品羊育肥场741个，商品猪育肥场83个，商品禽养殖场678个。2007年，建成生猪养殖小区30个，肉牛养殖小区48个，肉羊养殖小区4个，家禽养殖小区15个。生猪养殖场48个，肉牛场养殖场8个，肉羊养殖场7个，家禽养殖场67个。2008年，建成生猪养殖小区104个（涉及农户1840户），肉牛养殖小区72个（涉及农户5200户）禽类养殖小区54个（涉及农户160户）。2009年，建成生猪养殖小区30个，肉牛养殖小区48个，肉羊养殖小区4个，家禽养殖小区15个。生猪养殖场48个，肉牛场养殖场8个，肉羊养殖场7个，家禽养殖场67个。在凯里市万潮镇劳动桥村实施现代蔬菜生产示范，注入了

“3S”精准农业技术、“三电合一”信息技术、以色列自动滴灌技术、测土配方施肥技术、病虫害物理生防技术等标准化生产技术，成为全州创建标准菜园的示范样板；锦屏作为农业部首批启动的标准果园创建县之一，创建柑橘标准园1000亩，省农委在该县敦寨镇龙池村万亩果场召开了贵州省标准果园创建活动启动仪式现场会暨标准果园创建培训班；榕江县丰源绿色有限公司在古州镇六佰塘建立了以菜心、芥蓝等为主的1200亩蔬菜标准化生产基地，并在该县召开了贵州省供粤港蔬菜生产现场会；在雷山县乌东村建立喜凉外销叶菜订单生产基地110亩，引进试种国外蔬菜品种30余个，产品远销广东、深圳、北京、上海等。全州果蔬试验示范及产业化基地建设项目15个，累计到位专项资金592万元，其中蔬菜432万元、果树160万元。麻江、凯里两县市为农业部标准菜园建设县。种植花卉0.32万亩，销售额57.26万元；建成大小花卉批零市场8个、生产企业2个。2010年，建成生猪养殖小区149个，肉牛养殖小区66个，肉羊养殖小区27个，家禽养殖小区62个。规模养殖场1290个，其中商品生猪育肥场196个，商品牛育肥场137个，商品羊育肥场243个，商品家禽养殖场714个。花卉苗木生产面积701.6亩，其中鲜花生产占地面积45.3亩、盆栽植物516.3亩、观赏苗木50.7亩、草坪75亩、种用花卉14.3亩；有大小花卉批发市场6个。2011年，建立规模养殖场（小区）25个、州内有规模养殖场630个，新增规模养殖场104个。建立各类养殖小区376个。从江县的加鸠、光辉、宰便、加勉等8个乡镇和剑河县的南寨、久仰两个乡的香猪区产业、三穗麻鸭天柱骡鸭产业、黔东小香鸡产业和三板溪库区渔业生产都是有了较快发展。2012年，以丹寨硒锌米、榕江锡利贡米、从江香禾糯和凯香1号等为代表的优质稻种植面积达110万亩，产量45万吨，占水稻总产量的48%。在凯里、麻江、黄平、三穗、台江、丹寨、雷山7个县市25个乡镇65个村实施供凯蔬菜基地建设实施方案，初步形成了“种有基地、销可直通、卖有窗口”的产销格局。完成精品果园示范完成项目建设1.17万亩，全州经营果蔬产业的经济组织已发展到128家。启动建设了一条依托交通干线连通丹寨—麻江—凯里—黄平—台江—施秉—镇远—岑巩8县市31个乡镇的线椒产业带。完成线椒产业带种植面积12.04万亩，产量17.08万吨，产值41850万元，实现销售总额27480万元。辣椒产业带带动全州辣椒种植23.26万亩。蔬菜产业，逐步形成了冬春蔬菜、夏秋蔬菜和地方特色菜的区域化基地生产雏形，全年商品蔬菜播面稳定在50万亩左右。建立规模养殖场（小区）25个、州内有规模养殖场630个，新增规模养殖场104个。建立各类养殖小区376个。从江县的加鸠、光辉、宰便、加勉等8个乡镇和剑河县的南寨、久仰两个乡的香猪区产业、三穗麻鸭天柱骡鸭产业、黔东小香鸡产业和三板溪库区渔业生产都是有了较快发展。其中从江县香猪产业建设投入基地建设、配套实施动物防疫服务体系、技术培训、产品研发及加工、市场推介营销、品牌创建等方面2000万元。建成了年存栏4500头规模的香猪标准化养殖场建成8个，年出栏150头规模的养殖场（小区）已建成135个，香猪养殖加工及销售企业发展到24家。2013年有畜禽规模养殖场（小区）发展到1413个。广东温氏集团在凯里、雷山等地发展家庭农场96户。香猪产业完成了6个香猪原种场、18个香猪扩繁场和4个香猪规模场有基本建设。2014年，规模养殖场累计达1488个，其中规生猪规模养殖场784个，肉牛模规养殖场218个，肉羊模规养殖场99个，家禽规养殖场322个，特种养殖场65个，新建畜禽规模养殖场120个。其中，三穗县投入900万元，建成了占地100亩的黔东禽蛋交易市场。2015年，在全州范围内实施商品蔬菜、精品水果、中药材、木本油料作物、稻（荷）鱼生态种养和规模特色养殖等“6个100万”工程，建设县共实施稻鱼生态种养推广面积22万亩，完成稻鱼生态种养示范面积1.5万亩，新建和改扩建鱼种繁育场21个，繁育场面积达1655亩；建成高标准木本油料产业基地21.28万亩，完成产业基地任务24.36万亩，全州油茶基地达71万亩；新建精品水果果园面积10.17万亩，达60.71万亩；创办商品蔬菜示范基地38个1.69万亩，完成商品蔬菜基地48.04万亩；完成新增中药材种植面积10.04万亩；完成香猪（含黑毛猪）存栏36.94万头、出栏52.3万头，三穗鸭出栏1104.4万羽，小香鸡25.2万羽。

增产高产创建

“八五”至“十五”期间（1991—2005年） 重点抓好杂交水稻、杂交玉米的推广。其中：1993年，完成杂稻亩产600公斤10万亩。1995年，州完成杂交水稻面积170万亩，其中杂交水稻占当年全州水稻种植面积的80.27%，总量达到71.53万吨，占全州水稻总产量的85.89%。1998年，州“两杂”（杂交水稻、杂交玉米）高产示范工程面积227.6万亩，其中杂交水稻占当年全州水稻种植面积的92.2%。总量达到87.68万吨；杂交玉米占当年全州玉米种植面积的71.3%。1999年，州“两杂”（杂交水稻、杂交玉米）高产示范工程面积106.8万亩，其中完成杂交水稻示范工程73.22万亩，占当年全州水稻种植面积的36.22%。总量达到39.95万吨，平均亩产546公斤，比全州当年亩产450公斤增加96公斤，增长21.36%。完成杂交玉米高产示范工程33.58万亩，占当年玉米种植面积的60%。总量达到11.72万吨，平均亩产349公斤，比全州当年亩产226公斤，增加123公斤，增长54.42%。2000年，完成优质水稻种植面积31.81万亩，优质水稻种植面积31.81万亩，“两杂”高产示范工程面积73.28万亩。其中，完成杂交水稻旱育稀植示范工程面积48.20万亩，总产量达25.72万吨，平均亩产533公斤，比上年亩均增产88公斤；杂交玉米高产示范工程面积25.08万亩，总产量达9.7万吨，平均亩产387公斤，与上年比平均亩产356公斤相比，亩均增产31公斤。2005年，完成粮食增产工程94.13万亩，其中水稻62.04万亩，平均亩产505.19公斤；玉米32.09万亩，平均亩产332.73公斤。水稻千亩连片高产示范在天柱县高酿实施，平均亩产707.22公斤，核心示范区245亩，亩产812.14公斤。办超级稻示范点20个，示范面积2303亩，平均亩产765公斤，最高的亩产达890公斤。

“十五”至“十五”期间（2006—2015） 除继续抓好“两杂”的同时，还重点抓好超级稻种植、马铃薯高产创建、油菜高产创建、脱毒马铃薯二级良种扩繁高产示范、望天水田改种杂交玉米和整乡大季作物水稻推进等。2006年，完成粮食增产工程110.87万亩，其中水稻75.38万亩，平均亩产502公斤；玉米35.49万亩，平均亩产344公斤。粮食增产工程在16个县市实施，涉及190个乡镇2329个村35.63万户。水稻千亩连片高产示范在天柱县高酿实施，平均亩产760公斤，核心示范区344亩，亩产816公斤。超级稻种植15.81万亩，最高产量亩产达900公斤，最低亩产628公斤，平均亩产757公斤。2007年，完成粮食增产工程108.14万亩，其中水稻73.21万亩，平均亩产507公斤；玉米34.93万亩，平均亩产344公斤。粮食增产工程在16个县市实施，涉及190个乡镇2587个村37.27万农户。水稻千亩连片超高产示范项目在黄平县旧州镇实施，完成2123亩，平均亩产688公斤；核心示范区最高亩产861公斤，平均亩产812公斤。超级稻生产种植27.76万亩，最高产量亩产达865公斤，平均亩产625公斤，比全州水稻平均亩产465公斤，增加159公斤，总增产稻谷4.42万吨。超级稻生产涉及16个县市203个乡镇1563个行政村。种植优质稻104.94万亩，占全州水稻种植面积的54.1%，总产量47.77万吨；优质稻平均亩产455公斤。望天田改种杂交玉米14.45万亩，平均亩产440公斤，比旱土种植杂交玉米亩增产140公斤。望天田改种杂交玉米涉及187个乡镇2789个村15.7万农户。2008年，完成粮食增产工程108.14万亩，完成任务的108.14%，其中水稻73.21万亩，平均亩产507公斤；玉米34.93万亩，平均亩产344公斤。粮食增产工程在16个县市实施，涉及190个乡镇2587个村37.27万农户。水稻千亩连片超高产示范项目在黄平县旧州镇实施，完成2123亩，平均亩产688公斤；核心示范区最高亩产861公斤，平均亩产812公斤。种植优质稻104.94万亩，占全州水稻种植面积的54.1%，总产量47.77万吨，比上年增加3.07万吨；优质稻平均亩产455公斤。超级稻生产种植27.76万亩，完成计划20万亩，最高产量亩产达865公斤，平均亩产625公斤，比全州水稻平均亩产465公斤，增加159公斤，总增产稻谷4.42万吨。超级稻生产涉及16个县市203个乡镇1563个行政村。望天田改种杂交玉米改种面积14.45万亩，平均亩产440公斤，比旱土种植杂交玉米亩增产140公斤。望天田改种杂交玉米涉及187个乡镇2789个村15.7万农户。2009年，水稻高产创建活动在黄平、天柱两个县实施，黄平县实施1.01万亩，平均亩产714公斤；天柱县实施1.13万亩，平均亩产721公斤。玉米高产示范玉米高产创建活动在凯里市炉山和大风洞两个乡镇实施。完成规模1.26万亩，平均亩产756公斤。马铃薯高产创建活动在黄平县旧州和浪洞两个乡镇实施，完成规模1.01万亩，最高亩产鲜薯2286公斤，平均亩产1708公斤。油菜高产示范油菜高产创建活动在麻江县碧波和杏山两个乡镇实施。完成规模1.04万亩，平均亩产达162公斤，项目区总产油菜籽169万公斤，新增油菜籽51万公斤。脱毒马铃薯二级良种扩繁高产示范由州农技站、州经作站和丹寨、雷山、三穗和岑巩县实施，平均亩产鲜薯1340公斤。优质商品薯生产基地高产示范在黄平、锦屏、黎平、从江、榕江和施秉县实施，平均亩产1460公斤。2010年，粮食高产工程涉及16县（市）182个乡镇、1560个村，推广面积达119.98万亩，其中水稻面积92.86万亩，平均亩产523公斤；玉米高产创建在凯里市、黄平县、锦屏县、黎平县实施面积27.14万亩，平均亩产400公斤。2011年，粮食高产工程及高产创建，涉及16县（市）184个乡镇2477户农户，推广面积达144.6万亩，其中水稻112.83万亩，玉米31.77万亩。在凯里、黄平、锦屏、黎平、天柱、三穗、施秉、岑巩、丹寨、台江10县市实施水稻高产创建；在丹寨县和镇远县实施玉米高产创建；在麻江、镇远、岑巩实施油菜高产创建；在黎平、黄平实施马铃薯高产创建；在锦屏、黎平、从江实施马铃薯早熟基地建设。是年种植优质稻107.7万亩，超级稻55.52万亩，望天水田改种杂交玉米26.67万亩。2012年，实施粮食增产工程面积144.24万亩，其中水稻增产112.30万亩，玉米增产31.94万亩。实施粮油高产创建35个，面积35.69万亩，其中水稻高产创建26.92万亩，平均亩产705公斤；玉米高产创建1.03万亩，平均亩产676公斤；油菜高产创建5.46万亩，平均亩产205公斤；马铃薯高产创建2.28万亩，平均亩产鲜薯2607公斤。是年，种植超级稻88.6万亩，望天水田改种杂交玉米21.2万亩。2013年，粮食增产工程在全州16个县（市）实施，涉及58.89万户农户，有效实施规模144.5万亩，其中水稻113.21万亩，玉米31.29万亩。水稻高产创建在凯里、麻江、雷山、丹寨、黄平、施秉、镇远、岑巩、天柱、榕江、从江、台江、剑河13县市实施，涉及25个乡镇277个村79945户农户，总共完成栽插面积17.79万亩，平均亩产729公斤。玉米高产创建在丹寨县实施，涉及2个乡镇16个村3856户农户，完成面积1.03万亩，平均亩产682公斤。整乡推进在三穗、锦屏、黎平3县实施，涉及5个乡镇70个村28897户，完成大季作物水稻栽插9.16万亩，平均亩产684公斤。油菜高产创建在麻江、岑巩、三穗、锦屏、黎平5县实施（其中锦屏、三穗、黎平三县是作为整乡推进的小季作物生产），共完成规模5.41万亩。马铃薯高产创建在丹寨、黄平、锦屏、黎平4县实施，涉及7个乡镇42个村12046户农户，完成面积4.09万亩。是年，种植超级稻66.11万亩，望天水田改种杂交玉米21.2万亩。2014年，粮增工程在全州16个县（市）实施，涉及乡镇232个，贫困村2166个，参与农户达45.3万户。面积118.17万亩，其中水稻92.2万亩，总产达46.77万吨。“水稻高产”创建在凯里市、麻江、丹寨等12个县实施，共15个示范片，累计实施面积16.87万亩，平均亩产达677公斤；玉米高产创建在丹寨县实施，共计实施1.15万亩，平均亩产达685公斤；整乡大季作物水稻推进在三穗、锦屏、黎平3县实施，共计实施9.85万亩，平均亩产626公斤；油菜高产创建在岑巩、三穗、锦屏、黎平4县实施（其中三穗、锦屏、黎平3县是作为整乡推进的小季作物生产），共计实施4.58万亩，平均亩产达213公斤；马铃薯高产创建在丹寨、黄平、锦屏、黎平4县实施，共计实施4.72万亩，平均亩产达2722公斤。2015年，粮食增产工程在全州16个县市实施、项目涉及191个乡镇48.97万户农户188.35万人，其中贫困乡镇133个，17万户农户164.93万人。2015年粮食增产工程面积119.91万亩其中水稻增产工程完成92.87万亩，玉米增产工程完成27.04万亩。水稻高产创建在麻江、丹寨、黄平等12个县实施，共16个示范片，累计实施面积17.79万亩，平均亩产达673公斤。玉米高产创建在丹寨县实施，实施面积1.13万亩，平均亩产达650公斤。马铃薯高产创建在丹寨、黄平、锦屏、黎平4县实施，实施面积4.66万亩，平均亩产达425公斤，总产1982万公斤。油菜高产创建在岑巩、三穗、锦屏、黎平4县实施（其中三穗、锦屏、黎平3县是作为整乡推进的小季作物生产），实施4.62万亩，平均亩产达182公斤。整乡大季作物水稻推进在三穗、锦屏、黎平3县实施，实施9.76万亩，平均亩产640公斤。

第三章　农村经济生产

第一节　农业产业结构

1991年之后的25年，各级党委、政府不断加大对农业农村工作的重视力度，特别是2004年开始每年出台有关“三农”的一号文件，对“三农”实行“多予、少取、放活”的方针，采取一系列的强农惠农富农政策措施，黔东南州农业生产除在极个别年间有小幅波动外，总体呈加速发展之势，不断上新台阶。

全州农林牧渔业总产值1995年超过25亿元，2000年超过30亿元达到53亿元，2005年超过74亿元达到74.84亿元。2010年超过100亿元达到117.79亿元。至2015年接近270亿元。

粮食产量1995年超过74万吨到达74万吨，之后20年的时间里都保持在120万吨以上，其中2010年147.81万吨达到历史最高。油料、烤烟、水果、肉类、水产品等产量2015年分别为9万吨、2万吨、19万吨、19万吨和3万吨，均为历史最高。

1991—2015年，黔东南州农林牧渔业总产值和主要农产品产量变化具体如下。

1995年，农林牧渔业总产值为250156万元，比1990年增加37884万元，增长17.85%。粮食产量107万吨，比1990年增加9万吨，增长9.43%；油料产量5万吨，比1990年增加1万吨，增长36.54%；烤烟产量0.76万吨，比1990年减少0.29万吨，减少127.69%；水果产量2.09万吨，比1990年增加0.9万吨，增长76.19%；肉类产量10.56万吨，比1990年增加5.92万吨，增长1.28倍；水产品产量3.61万吨，比1990年增加2.41万吨，增长2.03倍。

2000年，农林牧渔业总产值为310660万元，比1995年增加60504万元，增长24.19%。粮食产量132万吨，比1995年增加25万吨，增长23.76%；油料产量7万吨，比1995年增加1万吨，增长21.27%；烤烟产量1.13万吨，比1995年增加0.37万吨，增加48.97%；水果产量6.89万吨，比1995年年增加4.80万吨，增长1.19倍；肉类产量14.95万吨，比1995年增加4.83万吨，增长47.72%；水产品产量6.89万吨，比1995年增加3.28万吨，增长91.11%。

2005年，农林牧渔业总产值为748439万元，比2000年增加437779万元，增长1.41倍。粮食产量134.36万吨，比2000年增加1.80万吨，增长1.36%；油料产量7.73万吨，比2000年增加0.39万吨，增长5.4%；烤烟产量1.32万吨，比2000年增加0.19万吨，增长17.29%；肉类产量21.52万吨，比2000年增加6.57万吨，增长43.99%；水果产量11.37万吨，比2000年增加4.47万吨，增长64.92%。

2010年，农林牧渔业总产值为1177937万元，比2005年增加429498万元，增长57.39%。粮食产量147.81万吨，比2005年增加13.44万吨，增长10%；油料产量6.66万吨，比2005年减少1.06万吨，减少16.04%；烤烟产量2.02万吨，比2005年增加0.69万吨，增长52.72%；水果产量12.45万吨，比2005年增加0.63万吨，增长5.34%；肉类产量16.81万吨，比2005年减少4.71万吨，减少28.5%；水产品产量12.45万吨，比2005年增加1.07万吨，增长94.73%。

2015年，农林牧渔业总产值为2692913万元，比2010年增加1514967万元，增长1.29倍。粮食产量120.18万吨，比2010年减少27.62万吨，减少22.98%；油料产量9.04万吨，比2010年增加2.38万吨，增长35.75%；烤烟产量2.23万吨，比2010年增加0.04万吨，增长10.1%；肉类产量19.65万吨，比2010年增加2.84万吨，增长16.95%；水产品产量19.25万吨，比2010年增加6.79万吨，增长54.6%。

主要农作物产品产量统计表

表 2—8 单位：万吨

指　标	1990	1995	2000	2005	2010	2015
粮食作物						
稻谷	978807	1071604	1325576	1343637	1478100	1201866
小麦	82631	832870	923733	877672	914520	931200
玉米	26039	21370	33808	18336	12126	9254
大豆	22763	27520	127650	164536	254941	161792
薯类	9131	14941	15971 类	14293	16444	14478
马铃薯	36170	50414	210579	107004	118979	56358
经济作物						
油菜籽	44895	52694	73401	77338	66647	90472
花生	41836	48450	62952	64139	55110	74846
烤烟	2771	4046	10295	11749	11414	15551
蔬菜	10506	7597	11317	13274	20272	22320

第二节　农村经济结构

农村社会总产值及构成

农村经济体制改革以后，各县市根据资源情况，因地制宜确定产业方向和产业政策，发展商品经济，促进了农村劳力、资金、技术的流动和优化组合，使黔东南州农村开始由单一的农业经济向农业、林业、牧业、渔业、副业、工业、建筑业、交通运输业、商饮业、服务业等农村综合经营发展，使农村产业结构发生了较大的变化。

在全州农村社会总产值中，农业产值所占比重逐年有所下降，农村工业、农村建筑业、农村交通运输业、农村商业饮食业产值所占比重年则逐年有所上升。

“八五”期末，全州农村社会总产值达到38.55亿元，比“七五”期末增长50.33%（按当年价计算），其中农业产值24.88亿元，比“七五”期末增长90.11%，占农村社会总产值的比重由“七五”期末的67.5%下降到64.54%，农村工业产值7.15亿元，比“七五”期末增长88.63%，占农村社会总产值的比重由“七五”期末的19.6%下降到18.55%；农村建筑业产值1.77亿元，比“七五”期末增长2.93倍，占农村社会总产值的比重由“七五”期末的2.3%上升为4.6%；农村交通运输业产值1.64亿元，比“七五”期末增长1.22倍，占农村社会总产值的比重由“七五”期末的3.4%上升到4.3%；农村商业饮食业产值3.1亿元，比“七五”期末增长1.33倍，占农村社会总产值的比重由“七五”期末的6.9%上升到8.05%。

“九五”期末，全州农村社会总产值达61.99亿元，比“八五”期末增长60.82%（按当年价计算），其中农业产值32.37亿元，比“八五”期末增长30.11%，占农村社会总产值的比重由“八五”期末的64.54%下降为52.22%，农村工业产值13.69亿元，比“八五”期末增长90.57%，占农村社会总产值的比重由“八五”期末的18.55%上升到22.09%；农村建筑业产值7.94亿元，比“八五”期末增长3.48倍，占农村社会总产值的比重由“八五”期末的4.6%上升到12.82%；农村交通运输业产值4.43亿元，比“八五”期末增长1.7倍，占农村社会总产值的比重由“八五”期末的4.3%上升到7.15%；农村商业饮食业产值3.54亿元，比1995年增长14.9%，占农村社会总产值的比重由1995年的8.05%下降为5.72%。

“十五”期末，全州农村社会总产值达到95.41亿元，比“九五”期末增长53.91%（按当年价计算），其中农业产值46.78亿元，比“九五”期末增长42.83%，占农村社会总产值的比重由“九五”期末的52.22%下降到49.03%，农村工业产值29.63亿元，比“九五”期末增长1.16倍，占农村社会总产值的比重由“九五”期末的22.09%上升到31.06%；农村建筑业产值9.34亿元，比“九五”期末增长17.5%，占农村社会总产值的比重由“九五”期末的12.82%下降为9.8%；农村交通运输业产值7.14亿元，比“九五”期末增长61.21%，占农村社会总产值的比重由“九五”期末的7.15%上升到7.5%；农村商业饮食业产值2.51亿元，比“九五”期末下降40.84%，占农村社会总产值的比重由“九五”期末的5.72%下降为2.64%。

“十一五”期末，全州农村社会总产值达到194.87亿元，比“十五”期末增长1.04倍（按当年价计算），其中农业产值75.07亿元，比“十五”期末增长60.48%，占农村社会总产值的比重由“十五”期末的49.03%下降到38.53%，农村工业产值69.38亿元，比“十五”期末增长1.34倍，占农村社会总产值的比重由“十五”期末的31.06%上升到35.60%；农村建筑业产值19.74亿元，比“十五”期末增长1.65倍，占农村社会总产值的比重由“十五”期末的9.8上升到12.69%；农村交通运输业产值18.45亿元，比“十五”期末增长1.58倍，占农村社会总产值的比重由“十五”期末的7.5%提高到9.47%；农村商业饮食业产值6.17亿元，比“十五”期末增长1.45倍，占农村社会总产值的比重由“十五”期末的2.64%上升到3.71%。

“十二五”期末，全州农村社会总产值达到444.23亿元，比“十一五”期末增长1.28倍（按当年价计算），其中农业产值145.66亿元，比“十一五”期末增长94%，占农村社会总产值的比重由“十一五”期末的38.53%下降到32.79%，农村工业产值161.66亿元，比“十一五”期末增长1.33倍，占农村社会总产值的比重由“十一五”期末的35.6%上升到36.39%；农村建筑业产值70.72亿元，比“十一五”期末增长1.86倍，占农村社会总产值的比重由“十一五”期末的12.69%上升到15.92%；农村交通运输业产值44.83亿元，比“十一五”期末增长1.43倍，占农村社会总产值的比重由“十一五”期末的9.47%上升到提10.1%；农村商业饮食业产值21.36亿元，比“十一五”期末增长1.97倍，占农村社会总产值的比重由十一五期末的3.71%上升到4.81%。

全州农村农业总产值及其构成一览表

表 2—9 （1990—2015 年） 单位：万元

年份	农业总产值	农业产值	林业产值	畜牧业产值	渔业产值	农林牧渔服务业	备注
1990	212272	94197	30425	43244	1978		按 1990 年不变价
1995	250156	153697	37414	55262	3783		
2000	310660	199159	29415	75806	6280		按当年价
2003	579447	312672	60292	180472	18259	7752	
2004	678449	357654	66372	222426	21949	10503	
2005	748439	389423	71049	252964	23661	11345	
2010	1177937	677382	150951	291560	34695	23709	
2015	2692913	1456604	370703	685994	123768	55844	

通过改革，促进了黔东南农村经济全面发展，农村产业结构由第一产业扩展到二、三产业，农村经济结构由一元结构向三元结构发展。

1995 年全州生产总值 45.25 亿元，比“七五”期末的 22.30 亿元增长 1.03 倍，其中第一产业 24.88 亿元，同比增长 90.12%，占生产总值的 55%；第二产业（工业、建筑业）8.91 亿元，同比增长 1.1 倍，占生产总值的 19.7%；第三产业（交通运输、仓储、邮电通信业）11.45 亿元，同比增长 1.3 倍，占生产总值的 25.3%。

2000 年全州生产总值 78.84 亿元，比 1995 年的 45.25 亿元增长 74.2%，其中第一产业 32.83 亿元，同比增长 31.95%，占生产总值的 41.6%；第二产业（工业、建筑业）20.26 亿元，同比增长 1.27 倍，占生产总值的 25.7%；第三产业（交通运输、仓储、邮电通信业）25.74 亿元，同比增长 1.25 倍，占生产总值的 32.7%。

2005 年全州生产总值 145.40 亿元，比 2000 年的 78.84 亿元增长 84.42%，其中第一产业 46.78 亿元，同比增长 42.50%，占生产总值的 32.2%；第二产业（工业、建筑业）38.97 亿元，同比增长 92.31%，占生产总值的 26.8%；第三产业（交通运输、仓储、邮电通信业）59.64 亿元，同比增长 1.32 倍，占生产总值的 41%。

2010 年全州生产总值 312.56 亿元，比 2005 年的 145.40 亿元增长 1.15 倍，其中第一产业 75.07 亿元，同比增长 60.48%，占生产总值的 24%；第二产业（工业、建筑业）94.11 亿元，同比增长 1.42 倍，占生产总值的 30.1%；第三产业（交通运输、仓储、邮电通信业）143.37 亿元，同比增长 1.40 倍，占生产总值的 45.9%。

2015 年全州生产总值 811.55 亿元，比 2010 年的 312.56 亿元增长 1.6 倍，其中第一产业 163.48 亿元，同比增长 1.18 倍，占生产总值的 20.1%；第二产业（工业、建筑业）161.66 亿元，同比增长 70.77%，占生产总值的 28.7%；第三产业（交通运输、仓储、邮电通信业）415.69 亿元，同比增长 1.9%，占生产总值的 52.1%。

全州生产总产值及其构成一览表

表 2—10　　（1991—2015 年）　　单位：万元

年　份	全州生产总产值	其　中		
		第一产业	第二产业	第三产业
1991	237850	140310	43587	53953
1992	269352	149087	53514	66751
1993	308064	155954	71710	80400
1994	382765	204585	77100	101084
1995	452597	248816	89188	114593
1996	520459	284940	92020	143499
1997	578210	308148	102234	167828
1998	660209	320527	140598	199084
1999	710069	319802	170449	219818
2000	788431	328348	202651	257432
2001	899749	354384	240331	305033
2002	993513	372366	265791	355356
2003	1130771	387475	305828	437468
2004	1270998	425264	330624	515110
2005	1454010	467836	389725	596449
2006	1639669	430493	455391	753785
2007	1990288	507335	582738	900215
2008	2433477	616708	702437	1114332
2009	2697324	651972	816924	1228428
2010	3125686	750799	941131	1433756
2011	3836300	810200	1237500	1789000
2012	4957500	101900	1531700	2411900
2013	3856500	1119700	1799900	2936800
2014	7017100	1302700	2141900	3629700
2015	7408300	1634800	1616600	4156900

农业总产值及构成

1991 年以后，随着农村经济体制改革，逐步调整了农业生产结构，农业得到全面发展，农业内部结构发生了较大变化。

1995 年全州农业总产值达到 38.72 亿元（按 1990 年不变价格计算），比“七五”期末增长 1.08 倍，其中农业产值 24.61 亿元，增长 1.76 倍；林业产值 3.39 亿元，增长 810.28%；畜牧业产值 9.88 亿元，增长 1.27 倍；渔业产值 0.84 亿元，增长 95.35%。种植业、林业、畜牧业、渔业产值占农业总产值的比例为 63.55:8.76:25.52:2.2。

2000 年以后，党中央、国务院为改善生态环境做出了退耕还林决策，得到了广大农民的拥护和支持，进展顺利，成效显著。

2001 年全州农业总产值达到 56.04 亿元，其中种植业产值 36.48 亿元，林业产值 2.57 亿元，畜牧业产值 15.32 亿元，渔业产值 1.66 亿元。

2002 年全省农业总产值达到 57.29 亿元，比 2001 年增长 2.22%。其中种植业产值 35.67 亿元，下降 2.28%；林业产值 2.89 亿元，增长 12.4%；畜牧业产值 16.92 亿元，增长 10.42%；渔业产值 1.80 亿元，增长 8.74%。

随着现代农业的深入推进，提高农业综合生产能力、创新农业经营体制机制的需要、拓宽农村劳动力就业创业渠道、扩大农村内部需求、提高农民组织化程度，2003 年新的行业分类标准将农林牧渔服务业也包括在农业总产值里面。

2003 年全州农业总产值达到 57.94 亿元，其中种植业产值 31.26 亿元，林业产值 6.02 亿元，畜牧业产值 18.04 亿元，渔业产值 1.82 亿元，农林牧渔服务业 0.77 亿元。

2004 年全州农业总产值达到 67.84 亿元，比 2003 年增长 17.9%，其中种植业产值 35.76 亿元，增长 14.39%；林业产值 6.63 亿元，增长 10.08%；畜牧业产值 22.24 亿元，增长 23.25%；渔业产值 2.19 亿元，增长 20.21%；农林牧渔服务业 1.05 亿元，增长 35.48%。

2005 年全州农业总产值达到 74.84 亿元，比 2004 年增长 10.32%，其中种植业产值 38.94 亿元，增长 8.9%；林业产值 7.1 亿元，增长 7.05%；畜牧业产值 25.29 亿元，增长 13.73%；渔业产值亿 2.36 元，增长 7.8%；农林牧渔服务业 1.13 亿元，增长 8.02%。

2010 年全州农业总产值达到 117.79 亿元，比 2005 年增长 57.39%，其中种植业产值 67.73 亿元，增长 73.94%；林业产值 15.09 亿元，增长 1.12 倍；畜牧业产值 29.15 亿元，增长 15.26%；渔业产值 3.46 亿元，增长 46.63%；农林牧渔服务业 2.37 亿元，增长 1.09 倍。

2015 年全州农业总产值达到 269.29 亿元，比 2010 年增长 1.29 倍，其中种植业产值 145.66 亿元，增长 1.15 倍；林业产值 37.07 亿元，增长 1.46 倍；畜牧业产值 68.59 亿元，增长 1.35 倍；渔业产值 12.37 亿元，增长 2.57 倍；农林牧渔服务业 5.58 亿元，增长 1.35 倍。种植业、林业、畜牧业、渔业、农林牧渔服务业占比分别为 54.6%、13.6%、25.3%、4.5%、2.0%。

第三节　非农转移

1991 年以后，随着农村商品生产的发展和农业产业结构的调整，农村剩余劳动力日益增多，一批批农民走出农村外出务工或转入非农产业。随着外出务工和转入非农产业人员的不断增加，黔东南州各级政府和部门逐步引起重视，加大了组织化管理程度，通过各种形式加强了对农村进城务工人员的培训，提高其就业技能和劳动素质，同时加强了与劳动力输入地的联系和对接，使农村富余劳动力逐步实现有序转移，“出得去，留得住”。

“九五”期末，据不完全统计，黔东南州农民外出劳务收入总计年均达到了 14.03 万元，年均常年外出务工劳动力有 32.48 万人，占黔东南州农村劳动力总量的 12.49%。其中年均有组织的输出劳动力 0.64 万人。

“十五”期末，据不完全统计，黔东南州农民外出劳务收入总计年均达到了91.44万元，年均常年外出务工劳动力有91.34万人，占黔东南州农村劳动力总量的40.1%。其中年均有组织的输出劳动力0.82万人，经培训年均输出劳动力3.20万人。在省内务工的年均49.97万人，在省外务工的年均41.37万人。

“十一五”期末，据不完全统计，黔东南州农民外出劳务收入总计年均达到了366.71万元，年均常年外出务工劳动力有126.60万人，占黔东南州农村劳动力总量的53%。其中年均有组织的输出劳动力0.57万人，经培训年均输出劳动力3.37万人。在省内务工的年均70.13万人，在省外务工的年均56.47万人。

“十二五”期末，据不完全统计，黔东南州农民外出劳务收入总计年均达到了431.72万元，年均常年外出务工劳动力有106.78万人，占黔东南州农村劳动力总量的44.16%。其中年均有组织的输出劳动力0.40万人。在省内务工的年均67.43万人，在省外务工的年均63.57万人。

第四节　农民生活

1991年以来，黔东南州农村进行了一系列改革，紧紧围绕新农村建设，加大农村基础设施投入，落实惠农支农政策措施，大力推进扶贫开发和农村社会保障力度，积极培育和发展特色农业，促进了农业和农村经济的全面发展，农民收入保持明显增长态势，生活水平进一步提高，部分农民开始步入小康生活。

收入水平明显增长

农民人均纯收入稳定增长　1991年至2015年的25年间，农民人均纯收入增长7倍，年均增长8.4%。其中，“十二五”期末，农民人均纯收入为6863元，比“十一五”期末的3163元增长2.17倍。“十一五”期末，农民人均纯收入为3163.5元，比“九五”期末的1728.1元增长1.83倍。“十五”期末，农民人均纯收入为1728.1元，比“九五”期末的1285.1元增长1.34倍。“九五”期末，农民人均纯收入为1285.1元，比“八五”期末1995年的977元，年均增长1.32倍。

工资性收入持续增长，对纯收入的贡献大　1991年至2015年的25年间，农民工资性收入增长3.4倍，年均增长9.4%。其中，“十二五”时期，农民工资性收入由2010年的1227元增至2015年的2397元，增长1.9倍。对纯收入增长的贡献率2015年达34.96%。“十一五”时期，农民工资性收入由2005年的631元增至2010年1227元，增长1.9倍。对纯收入增长的贡献率2010年达41%。“十五”时期，农民工资性收入由2000年309元增至2005年631元，增长2倍。对纯收入增长的贡献率2005年达36.54%。“九五”时期，农民工资性收入由1995年277元增至2000年309元，增长1.12倍。对纯收入增长的贡献率1995年达24%。

家庭经营收入是纯收入的主要来源　1991年至2015年的25年间，家庭经营收入由“七五”期末305元增至2015年2397元，年均增长8.9%。其中，“十二五”时期，家庭经营收入年增长17.14%。家庭经营收入占农民人均纯收入比重高达88.8%。“十一五”时期，家庭经营收入年1627元，年均增长9.7%。家庭经营收入占农民人均纯收入比重高达51.4%。家庭经营收入中，蔬菜收入成为农民增收的亮点，2010年人均达到294元。对家庭经营收入增收的贡献率达到57%。“十五”时期，家庭经营收入年增长2.65%。家庭经营收入占农民人均纯收入比重高达59.3%。“九五”时期，家庭经营收入年均增长1.56%。家庭经营收入占农民人均纯收入比重高达71.84%。“八五”时期，家庭经营收入年均增长29.84%。家庭经营收入占农民人均纯收入比重高达88.82%。

财产性收入快速增长 1991年至2015年的25年间，财产性收入除“十五”时期略有减少外，财产收入都是增长的。财产性收入年均增长11.07%。其中，“十二五”时期，加快新农村和城镇化建设步伐，农民得到土地征用补偿明显增长，财产性收入，年均增长16.89%。“十一五”时期，加快新农村和城镇化建设步伐，农民得到土地征用补偿明显增长，财产性收入年均增长25.8%。“十五”时期，财产性收入年均减少5.9%。“九五”时期，财产性收入年均增长5.89%。“八五”时期，财产性收入年均增长21.6%。

转移性收入持续增长，成为农民增收的重要来源 1991年至2015年的25年间，转移性收入除“十五”时期略有减少外，农民人均转移性收入都是增长的。农民人均转移性收入由“七五”期末的43元增至“十二五”期末的1725元，年均增长15.82%。其中，“十二五”时期，全州农民人均转移性收入年均增长51%。农民人均纯收入比重由2010年的8.93%提高到2015年的21.46%；“十一五”时期，全州农民人均转移性收入年均增长38.4%。农民人均纯收入比重由2005年的2.4%提高到2010年的8.93%。“十五”时期，全州农民人均转移性收入年均减少6.1%。农民人均纯收入比重由2000年的7.7%减少到2005年的2.4%“九五”时期，全州农民人均转移性收入年均增长9.1%。农民人均纯收入比重由1995年的7.1%提高到2000年的7.7%“八五”时期，全州农民人均转移性收入年均增长12.47%。农民人均纯收入比重由“七五”期末的4.5%提高到1995年的7.1%。

物质文化生活不断改善

生活水平进一步提高 1991年至2015年的25年间，农民人均生活消费支出由1991年的389元增加到2015年的5452元，年均实际增长11.62%。其中，“十二五”时期，农民人均生活消费支出由2010年的1763元增加到2015年的5452元，年均实际增长32.6%。“十一五”时期农民人均生活消费支出由2005年的1352.5元增加到2010年的1763元，年均实际增长6.8%。“十五”时期，农民人均生活消费支出由2000年的1045元增加到2005年的1352元，年均实际增长6.66%。“九五”时期，农民人均生活消费支出由1995年的877元增加到2000年的1045元，年均实际增长4.49%。“八五”时期，农民人均生活消费支出由1991年389元增加到1995年的877元，年均实际增长22.47%。

生活消费八大类支出全面增长，体现生活质量的主要指标变化明显 “十二五”时期，食品支出由2010年的1206元增至2015年的2361元，年均增长18.3%；文化教育娱乐用品支出由2010年的179元增至2015年的766元，年均增长43.8%，生活消费八大类中其余六类年均增速均超过两位数。其中，反映生活水平提高的恩格尔系数从2005年的55.2%降至2010年的49.4%；反映居住条件改善的居住支出中“十一五”年均增长22.2%，增幅居八大类之首；反映家庭设备及服务支出年均增长 20.6%；反映农村医疗条件改善的医疗保健支出年均增长 15.3%以上；反映农村基础设施和信息化条件改善的交通通信支出年均增长 17.3%。

住房面积逐年增加，居住设施改善 “十二五”时期，农民住房面积逐年增加，人均拥有住房建筑面积由 2010 年年末的 24 平方米提高到 2015 年年末的 37 平方米。其中 2010 年钢筋混凝土结构和砖木结构的房屋面积分别达到 2.8 平方米和 12 平方米，占住房面积 24.8 平方米的 59.3%；比“十五”末期 2005 年的 1.6 平方米和 9 平方米分别增加 1.2 平方米和 3 平方米占住房面积 19.7% 和 5%；比“九五”末期 2000 年的 1.1 平方米和 6.4 平方米分别增加 1.7 平方米和 2.6 平方米占住房面积的 17.95% 和 5%；在住房卫生中使用水冲式厕所的户数、炊事能源中使用煤电能源的户数、饮用水源饮用自来水的户数以及住宅外通路为水泥或柏油路的户数都是逐年增多。在 2010 年中其比例分别为 6%、15%、43% 和 40%。

耐用消费品拥有量逐年增多，生活设备改善显著 “十二五”时期，每百户农村居民家庭拥有的自行车、黑白电视机、收音机、电风扇、固定电话等不断减少，高端电子、电器产品逐年增多。其中，洗衣机由“十一五”期末的 27 台增加到 2015 年的 82 台；比“十五”期末增加 78 台，比“九五”期末增加 77 台，比“八五”期末增加 80 台，比“七五”期末增加 80 台；电冰箱由 2010 年的 41 台增加到 2015 年的 92 台；比“十五”期末增加 84 台，比“九五”期末增加 90 台，比“八五”期末增加 92 台；空调机由 2010 年的 0.3 台增加到 2015 年的 2.2 台；比“十五”期末增加 2.1 台；摩托车由 2010 年的 30 台增加到 2015 年的 66 台；比“十五”期末增加 59 台，比“九五”期末增加 64 台，比“八五”期末增加 66 台；移动电话由 2010 年的 120 台增加到 2015 年的 288 台；比“十五”期末增加 270 台，比“九五”期末增加 288 台；彩色电视机由 2010 年的 100 台增加到 2015 年的 108 台；比“十五”期末增加 45 台，比“九五”期末增加 84 台，比“八五”期末增加 105 台，比“七五”期末增加 107 台；照相机由 2010 年的 1.2 台增加到 2015 年的 2.5 台；比“十五”期末增加 1.9 台，比“九五”期末增加 2 台，比“八五”期末增加 2 台，比“七五”期末增加 1.9 台；家用计算机由 2010 年的 0.7 台增加到 2015 年的 18 台；家用汽车由 2010 年的 0.8 辆增加到 11 辆。热水器、消毒碗柜、洗碗机、摄像机、微波炉、中高档乐器、健身器材、组合音响开始进入农民家庭，2015 年分别为 37 台、10 台、0.9 台、0.8 台、9 台、0.7 件、0.4 台和 13 台。

农村社会保障不断完善

救灾救济 黔东南州自然灾害频繁，给工农业生产和人民的生命财产造成巨大损失。全州各级党委、政府十分重视救灾救济工作，州专设有救灾领导机构，由民政部门具体负责重灾年份。并投入大量救灾财物，帮助农民解决生产、生活上的困难。

民政部从 1986 年起对贵州及各州市特大自然灾害救济费实行包干制。2008 年初，黔东南州遭受了一场罕见的雨雪冰冻灾害，全州投入救灾救助资金 9974 万元，发放粮食 1183 吨，方便食品和饮用水 18.54 万箱（盒），御寒衣被 4.73 万件，累计救助灾民 45.21 万人次。2008 年 5 月后，黔东南州又先后遭受洪涝、干旱、滑坡、泥石流等自然灾害，民政部门又投入救灾资金 4525.8 万元，发放粮食 3012.4 吨，御寒衣被 21.82 万件，累计救助灾民 19.49 万人次。

2008 年，根据贵州省防汛抗旱指挥系统办公室安排，黔东南州实施贵州省防汛抗旱指挥系统黔东南州片区工程建设，实现全州主要江河、重点水库雨情水情自动实时监控和预警，建立健全水库水电防汛应急通信网络，初步形成防洪抗旱减灾体系。

2008 年 5 月，党中央、国务院批准贵州省开展农村危房改造试点工作，黔东南州将这一工作作为解决民生问题的一个重要切入点，认真组织实施，抓好落实。到 2010 年止，农村危房改造工程建设投资、保障性住房投资分别完成 3. 08 亿元和 2. 16 亿元。

“五保户”供养 黔东南州认真贯彻落实《农村五保户工作条例》，将符合“五保”对象全部纳入保障范围。2008 年，分散供养标准为年 800 元，集中供养标准为年 1200 元。2014 年全州五保户对象实行了统一的标准，分散供养标准为年 2000 元，集中供养标准为年 2600 元。

农村医疗卫生 “十二五”期间，全州传染病发病率比“十一五”期间下降，农民的健康水平有了很大提高。2003 年新型农村合作医疗开始试点，2007 年覆盖全州各县市。截至 2015 年止，参合率达到 99. 37%，参合人数达到 390. 76 万人，全年共筹集新型农村合作医疗基金 17. 58 亿元，其中，中央财政 10. 47 亿元，地方财政 4. 37 亿元，个人缴纳 2. 47 亿元。全年新型农村合作医疗基金累计总支出总额 16. 15 亿元。

农村保险事业 20 世纪 80 年代以来，农村保险开始恢复，并逐步发展。截至 2015 年，全州水稻保险基本实现应保尽保，共计承保水稻 194. 68 万亩，同比增加 0. 22 万亩，涉及农户约 79. 84 万户。玉米保险在全州 10 个县市开展，共计承保面积 1. 16 万亩，涉及农户约 0. 7 万户；能繁母猪存栏 11. 65 万头，投保 3. 73 万头，投保率 32. 06%；育肥猪存栏 180. 76 万头，投保 3. 82 万头，投保率达 2. 11%。

第四章 农业产业化

第一节 农产品加工业

农产品加工业一般指直接或间接以农、林、牧、渔业产品、野生动植物资源为主要原料进行工业生产活动的产业（农业部于 21 世纪初统计学意义的界定）。从黔东南州的农业资源及历史发展情况看，按照国民经济行业分类（GB/T4754 - 2002），农产品加工业主要有“农副食品加工业”“食品制造业”“饮料制造业”“烟草制品业”“纺织业”“纺织服装、鞋、帽制造业”“皮革、毛皮、羽毛（绒）及其制品业”“木材加工及木、竹、藤、棕、草制品业”、家具制造业中的“木质家具和竹、藤家具制造”“造纸及纸制品业”、医药制造业中的“中药饮片加工和中成药制造”等。

农产品加工业由于是以传统农业为基础，又与老百姓的生活息息相关，因此起源很早。但由于受农业生产力、经济、科技发展水平限制及政治因素等方面影响，发展十分缓慢，水平低下，历史上多以手工和作坊式生产为主，新中国成立后虽然也出现过大办工业的热潮，但终没有能实现持续发展。对黔东南而言，改革开放之前主要有少量白酒、卷烟、火柴、纺织品生产以及民间作坊或全手工方式的打米、磨面、面条加工、榨油、中药饮片加工、造纸、制革、制茶、木材加工等，大多为生活必需品。

1991 年以后，州委、州政府按照中央、省的要求，先后出台一系列放宽农业的政策，农村经济体制改革取得重大突破，从根本上解放了农业生产力，主要农产品产量迅速增长，为农产品加工业的发展奠定了基础。

1992 年 10 月中共十四大明确指出，经济体制改革的目标是建立社会主义市场经济体制，使市场在国家宏观调控下对资源配置起基础性作用。1993 年 11 月，中共十四届三中全会审议通过了《中共中央关于建立社会主义市场经济体制若干问题的决定》，省委、省政府和州委、州政府先后制发了一系列政策、举措，全州农产品加工业进一步调整结构，走向市场，实现了生产力的真正解放，在整个“八五”“九五”期间突飞猛进，取得了辉煌成绩，迈上了一个新的台阶。到“九五”期末，全州食品加工业、食品制造业、饮料制造业、烟草加工业、纺织业、服装及其他纤维制品制造业、皮革毛皮羽绒及其制品业、木材加工及木竹藤棕草制品业、造纸及纸制品业、医药制造业 10 个大类，规模以上农产品加工企业达 64 家年产值 56895 万元。其中食品加工业达 4319 万元、食品制造业达 271 万元、饮料制造业达 31023 万元、烟草加工业达 4915 万元、纺织业达 9702 万元、服装及其他纤维制品制造业达 11 万元、皮革毛皮羽绒及其制品业达 457 万元、木材加工及木竹藤棕草制品业达 6188 万元、造纸及纸制品业达 10198 万元、医药制造业达 1085 万元。

“八五”至“九五”期间（1991—2000 年）　农产品加工企业转换经营机制和产业结构调整取得了重大突破。全州初步形成了以黄平兴华食品厂为龙头的牛肉加工系列；以从江香猪公司为龙头的香猪加工系列；以丹寨黔丹硒业有限责任公司、黎平德凤镇粮油工贸公司、榕江盛泰粮油加工厂为龙头的优质米加工系列；以镇远舞阳神公司为龙头的菜油脂加工系列；以黎平森泰有限责任公司绿野油脂公司为龙头的茶油加工系列；以雷山银球茶叶公司、黎平雀舌茶厂、台江苦丁茶有限公司为龙头的茶叶加工系列；以凯里中密度纤维板厂、锦屏竹木工艺公司、榕江德榕甘力人造板厂、剑河装饰材料厂为龙头的竹木加工系列；以雷山县雷公山绿色食品公司、榕江食品饮料厂、三穗绿穗食品厂为龙头的山野菜加工系列；以麻江宏松食品厂、雷山魔芋厂、黎平森泰实业有限公司康霸食品厂为龙头的魔芋加工系列；以从江、榕江、台江的椪柑、甜橙、西瓜、金秋梨为龙头的优质果品系列；以施秉、雷山、岑巩等县的太子参、黄檗、杜仲、玉竹为龙头的中药材系列等七大类龙头加工企业。另外，在大宗农产品产地和集约地建设了一批农产品批发专业市场，以凯里、三穗、锦屏固本、榕江忠诚等为龙头的牛、马交易市场和以施秉牛大场镇为龙头的中药材交易市场。这些龙头企业的发展为全州开展农业产业化经营提供了宝贵的经验。至此，全州农产品加工业的产业方向、产业结构和产品结构、企业结构等基本成型，开始走向以特色资源优势为依托，以市场竞争为导向的规模化扩张之路。

“十五”至“十二五”期间（2001—2015 年）　农产品加工业进入了大发展、大提高时期。

经过 20 余年的改革开放，全国市场经济体制基本建立，经济和社会开始走向科学发展之路，农产品加工业也随之开始了持续、健康、快速发展。

2002 年 11 月中共十六大正式提出了全面建设小康社会的奋斗目标，强调要走新型工业化道路，改变城乡二元经济结构；2003 年 7 月 28 日，胡锦涛总书记在讲话中提出“坚持以人为本，树立全面、协调、可持续的发展观，促进经济社会和人的全面发展”，并按照“统筹城乡发展、统筹区域发展、统筹经济社会发展、统筹人与自然和谐发展、统筹国内发展和对外开放”的要求推进各项事业的改革和发展；中共十六届三中全会审议通过了《中共中央关于完善社会主义市场经济体制若干问题的决定》；2004 年起，中央连年下发的“一号文件”均是关于“三农”问题；2005 年，胡锦涛总书记在贵州考察工作时指出“要下大力气解决好‘三农’问题”。这一系列的战略部署和政策，充分激发了农产品加工业连接工农、带动“三农”、环境污染少、促进生态等内在优势的集中迸发，逐渐明确了服务“三农”的发展方向，同时也使农产品加工业进一步得到各级政府的大力支持及社会各界的广泛关注，各项专项政策密集发布。

2002 年 11 月，国务院办公厅印发《关于促进农产品加工业发展的意见》，农业部继 2002 年发布《全国主要农产品加工业发展规划》后，2004 年又印发了《农产品加工推进行动方案》，2006 年农业部《关于实施“九大行动”的意见》中提出了“实施农业产业化和农产品加工推进行动”，并印发了《农产品加工业“十一五”发展规划》。2006 年 2 月，省政府办公厅印发《关于促进农产品加工业发展的意见》，促进农产品加工业发展领导小组编制印发了《贵州省主要农产品加工业“十一五”发展规划纲要》和辣椒加工、茶叶加工、牛肉加工、马铃薯加工 4 个专项规划。省、州先后成立了促进农产品加工业发展领导小组，组建省、州农产品加工业发展专家咨询小组。2002 年，州委、州政府制发了《关于加快我州农业产业结构调整不力发展区域产业的意见》（黔东南党发〔2002〕1 号文件）。2005 年州政府办公室印发了《关于促进农产品加工业发展意见的通知》（黔东南府办发〔2005〕5 号文件）。2010 年，州委办公室、州政府办公室下发了《关于印发〈黔东南州农业委员会（中共黔东南州委农村工作委员会）主要职责内设机构和人员编制规定〉的通知》（黔东南州党办发〔2010〕47 号文件），明确州乡镇企业局（农产品加工）行政管理职责整合州农业委员会。原州乡镇企业局农产品加工职责划转到新组建的州农业委员会，机构及人员随之划入，全州农产品加工业进入了新的发展时期。

2001 年至 2005 年，全州认真贯彻落实党中央、国务院、省州关于加强农业和农村工作的一系列方针政策，坚持把农业放在国民经济的首位，加大服务力度，整体推进和扶优、扶强、扶特相结合，相继展开各项工作，主要包括贷款贴息、产业整合、基地建设、园区建设、人才建设、农业产业化龙头企业认定及扶持、示范基地及示范企业创建以及招商引资、统计分析、宣传推介、融资服务、科技服务等，促进了农产品加工业的发展。“十五”期末，全州规模以上农产品加工企业达 41 家，年总产值 49931 万元。食品加工业年产值达到 5019 万元；食品制造业年产值达到 1164 万元；饮料制造业年产值达到 5223 万元；纺织业年产值达到 8694 万元；木材加工及木竹藤棕草制品业年产值达到 19279 万元；造纸及纸制品业年产值达到 5217 万元；医药制造业年产值达到 5335 万元。

2006 年至 2010 年，黔东南州各级政府转变工作职能，立足本地资源，积极发展壮大农产品加工业，尤其是重点抓了肉类、茶叶、山野菜、中药材为主的优势农产品加工项目，农产品产量有较大幅度的增长，逐步在全州构建起分级分层的农产品加工骨干企业群，形成一批优势农产品加工企业群和加工产业带，在畜产品、粮油产品、茶叶加工等产业中开发出了一些具有地方特色和一定知名度的农产品。从江香猪公司利用本地特有的畜牧品种—香猪为加工原料进行深加工，黄平县牛老大旅游食品有限公司利用自有的生产技术，开发生产旅游休闲系列食品，先后创造出了“月亮山”牌香猪和“牛老大”牌牛肉干品牌，成了州内具有代表性的畜产品加工龙头企业；黎平侗乡米业公司和丹寨县黔丹硒业公司等粮食加工企业充分利用本地资源优势，形成了以生产优质米和茶油为主的粮油加工龙头企业，开发出“锡利牌”贡米，“黔丹牌”硒米、“玉馥冠”牌香米、“飞云崖”牌优质米等品牌；以雷山银球茶叶公司和台江县贵州苗都科技发展有限公司为代表的茶叶加工龙头企业，打造了“银球”牌茶叶和“银角”牌苦丁茶品牌，并获得“中国食品博览会金奖”和“中国知名品牌”称号。此外，“野生韭菜根”“凯里红酸汤”“山茶油”，以及“丹寨石桥古法造白皮纸”等优质农产品和地方特色产品，提高了黔东南州农产品的知名度，为黔东南州赢得了荣誉。“十一五”期末，以农产品为原料的主要工业产品产量明显加快。一是规模以上工业企业中产品产量除配混合饲料比2005年下降6.7%外，其余大米、饮料酒、精制茶、中成药分别比2005年增长66.9%、36.7%、72%和47.4%。其中大米24906吨、配混合饲料2919吨、饮料酒5460吨、精制茶857吨、中成药348吨。二是规模以上农产品加工企业71个，工业总产值206447万元，工业销售产值19165万元，营业收入175688万元，税利总额12084万元，资产总计169389万元。其中食品加工业年产值达到19115万元、食品制造业年产值达到2547万元、饮料制造业年产值达到24976万元、纺织业年产值达到1056万元、服装及其他纤维制品制造业年产值达到8818万元、皮革毛皮羽绒及其制品业年产值达到573万元、木材加工及木竹藤棕草制品业年产值达到127964万元、造纸及纸制品业年产值达到4736万元、医药制造业年产值达到1662万元。

2011年至2015年，全州各级政府高度重视特色农业、生态农业、高效农业的发展，积极采取措施，不断加大力度，进一步推动特色蔬菜、精品果品、粮油、茶叶、烤烟、中药材、油茶和生态畜牧业等产业再上新台阶，农产品加工业得到了快速发展。2015年，以农产品为原料的主要工业产品产量得到较快增长。规模以上工业企业中大米238800吨、配混合饲料80500吨、鲜冻畜肉14700吨、饮料酒136300吨、精制茶1222吨、中成药556吨。规模以上农产品加工业发展到144个，工业总产值2287305万元，工业销售产值2175665万元，营业收入2126200万元，税利总额122677万元，资产总计805237万元。其中食品加工业年产值达到289878万元、食品制造业年产值达到50220万元、饮料制造业年产值达到279490万元、纺织业年产值达到51840万元、服装及其他纤维制品制造业年产值达到95796万元、皮革毛皮羽绒及其制品业年产值达到70959万元、木材加工及木竹藤棕草制品业年产值达到1264682万元、家具制造业到69178万元、造纸及纸制品业年产值达到27846万元、医药制造业年产值达到87416万元。

第二节　龙头企业　专业合作社　休闲农业

龙头企业与农民专业合作社

黔东南州农业产业化经营组织的发展，开始起步于20世纪90年代初期。发展于“十五”至“十二五”时期。

政策举措 2002年，州委、州政府制发了《关于加快我州农业结构调整大力发展区城主导产业的意见》（黔东南州党发〔2002〕1号文件）提出要重点抓好“八大产业、两大工程”的结构调整目标。2003年，州委、州政府制发了《关于学习贯彻十六大在精神抓好十个方面工作的落实的通知》（黔东南州党发〔2003〕8号文件）要求抓好“八大产业”和“四个农业产业化”的落实，把抓好农业产业化经营重点龙头企业的发展列在其中。2003年2月27日，在中共黔东南州委七届五次全体扩大会议上刘光磊书记强调：“必须把做大做强龙头企业作为推动农业产业化经营的重头戏，力争用2～3年时间，每县市培育2～3个年产值在1000万元以上的龙头企业，带动农产品的精深加工。一是围绕主导产品，催生一批。要用市场的眼光、科学的头脑、工业的理念和生态的观念，围绕木材、山野菜、中药材、油茶、茶叶、畜牧业等优势产品，兴建一批龙头企业。二是倚大联强，提高一批。鼓励优势龙头企业，通过外引内联、股份合作，实现强强结合、强弱结合，做大做强。三是引资引智，盘活一批。通过开展招商引资，利用州外、境外的资本、技术、设备和管理，盘活一批龙头企业。”是年4月，州委、州政府制发了《关于建立州农业产业化经营联席会议制度的通知》（黔东南州党通〔2003〕19号文件）。随后州农业产业化经营联席会议制度办公室制定了《黔东南州农业产业化经营重点龙头企业认定和运行监测管理暂行办法》。2005年，黔东南州人民政府办公室下发了《关于促进农产品加工业发展意见的通知》（黔东南府办发〔2005〕5号文件）。

“十五”期间（2001—2005年） 全州各级政府按照上级党委、政府一系列方针政策举措和要求，转变工作职能。围绕建设优质农产品原料生产基地，培育农业产业化重点龙头企业，发展农民专业合作经济组织，增强农产品市场竞争力等，狠抓落实，加大服务力度，农产品产量有了一定幅度的增长，农业综合生产能力有了一定提高，初步形成了贸、工、农一体化经营企业。2002年，有各类农业产业化经营组织77户，其中省级重点龙头企业2户（从江县果树开发公司和从江县香猪开发公司），销售收入在500万元以上的企业有10户，销售收入在100至500万元之间的企业有29户，销售收入在100万元以下的有92户，农产品专业市场15个。专业批发市场总收入达6.5亿元。农业产业化组织按利益联结方式划分，合同关系29个，股份合作方式按股分红10个，合作方式按利润返还7个，其他31个；按组织类型划分，龙头企业带动型43个、专业市场带动型16个、中介组织带动型9个、其他9个；按产业类型划分，种植业41个（粮油10个、蔬菜8个、水果9个、其他14个），畜牧业24个（肉业15个、奶业2个、其他7个），水产业3个、林特产业5个、其他4个。农业产业化组织从业人员3.5万个，带动农户20.65万户，其中订单带动农户9.77万户。种植业产业类型的生产基地种植面积73.74万亩，畜牧业产业类型的生产基地牲畜饲养量33.81万头、禽类饲养量293万只，水产业产业类型的生产基地养殖水面0.41万亩。2003年，各类农业产业化经营组织131户，其中新增省级农业产业化重点龙头企业1家，省州级农业产业化重点龙头企业累计达到30家（省级3家，州级27家）。是年，黔东南州农业产业化经营重点龙头企业认定评审和运行监测评价专家组，就全州32家企业的申报进行了评审结果，认定17家企业（榕江县盛泰农产品开发有限公司、凯里市兴凯农产品综合批发市场、黔东南自治州茶叶公司、森泰实业有限公司、丹寨县黔丹硒业有限责任公司、喀斯特山乡牛业有限公司、凯里市供销合作社联合社三辣专业合作社、丹寨县屹立牛业发展有限责任公司、锦屏县天富农业综合开发有限公司、岑巩县种子公司、安平民族制药有限公司、凯里市长大良种畜牧繁殖场、黄平县兴华食品有限公司、三穗县宏志肉联厂、丹寨县俊建实业有限责任公司、台江县苦丁茶产业有限责任公司、台江县金秋梨有限公司）。是年，已建立农民专业合作经济组织（含专业协会）122 个，会员 3.12 万人，带动农户 10.56 万户。不少专业合作经济组织已逐渐成为农民联系市场、联系龙头企业的桥梁，成为政府、部门和龙头企业服务农民、支持农民的重要依靠力量。2004 年，有各类农业产业化经营组织 242 户，其中龙头企业带动型 44 户，中介组织带动型 129 户，专业市场带动型 34 户，其他 35 户。省州级重点龙头企业不变。全州农业产业化经营企业固定资产总值 27204 万元，带动农户数 29.24 万户，其中订单农户数 10.88 万户。产业化龙头企业销售收入 46931 万元，中介组织销售收入 14366 万元，专业市场交易额 24173 万元。产业化生产基地面积 248 万亩，牲畜饲养量 60 万头，禽类饲养量 318 万只，养殖水面 36 万亩。2005 年，各级各部门认真落实农业产业化经营龙头企业的扶持政策，加大对龙头企业的资金扶贫力度。龙头企业共获银行贷款 17556 万元，州政府安排贷款贴息 100 万元，财政扶持资金 1320.6 万元；其他部门扶持资金 976 万元。减免税收 57 万元。其中州内 5 家农业产业化龙头企业获省农业产业化经营专项资金 5 万元；施秉县牛大场中药材协会和丹寨锌硒米协会申报成为农业部农业专业合作经济组织试点，并获专项资金 30 万元；7 家农业专业合作经济组织被列为省级试点，7 家农业专业合作经济组织被列为州级试点，并获专项资金 26.2 万元；州级财政投入 100 万元资金用于省、州级农业产业化经营重点龙头企业贷款贴息。是年，有各类农业产业化经营组织 301 户。农业产业化企业从业人数达 4.93 万人，其中龙头企业从业人数为 4.27 万人。重点龙头企业 62 个，其中新增省级重点龙头企业 3 个，省州级重点龙头企业累计 30 户，其中省级重点龙头企业 7 个，州级重点龙头企业 23 个（县市级重点龙头企业 42 户），带动农户 36.85 万户；省州重点龙头企业实现农产品销售产值 60300 万元，销售收入 52562 万元，净利润 6833 万元，上缴税金 3352 万元。其中省级重点龙头企业销售收入 14257 万元，净利润 998 万元，上缴税金 589 万元；州级重点龙头企业销售收入 31647 万元，净利润 4553 万元，上缴税金 1488 万元。农民专业合作经济组织（含专业协会）153 个（规模以上的农民专业合作经济组织 27 个），农村经纪人 28 个，专业大户 13 个。

“十一五”期间（2006—2010 年） 随着《中华人民共和国农业法》《中华人民共和国农民专业合作社法》的颁布实施，黔东南州农业产业化经营不但模式呈现了“三大类型”（加工龙头企业带动型、公司龙头带动型和专业市场龙头带动型），而且各县市农民专业合作组织和农业产业化龙头企业发展的数量增加较快，规模不断扩大，涉及的行业和领域日益宽广，农民参与的积极性越来越高，农民专业合作经济组织和农业产业化龙头企业呈现蓬勃发展的势头。农业产业化经营企业中出现了产品市场好、竞争力强、辐射带动面宽的龙头企业。初步形成了以黄平兴华食品厂为龙头的牛肉加工系列；以从江香猪公司为龙头的香猪加工系列；以丹寨黔丹硒业有限责任公司、黎平德凤镇粮油工贸公司、榕江盛泰粮油加工厂为龙头的优质米加工系列；以镇远舞阳神公司为龙头的菜油脂加工系列；以黎平森泰有限责任公司绿野油脂公司为龙头的茶油加工系列；以雷山银球茶叶公司、黎平雀舌茶厂、台江苦丁茶有限公司为龙头的茶叶加工系列；以凯里中密度纤维板厂、锦屏竹木工艺公司、榕江德榕甘力人造板厂、剑河装饰材料厂为龙头的竹木加工系列；以雷山县雷公山绿色食品公司、榕江食品饮料厂、三穗绿穗食品厂为龙头的山野菜加工系列；以麻江宏松食品厂、雷山魔芋厂、黎平森泰实业有限公司康霸食品厂为龙头的魔芋加工系列；以从江、榕江、台江的椪柑、甜橙、西瓜、金秋梨为龙头的优质果品系列：以施秉、雷山、岑巩等县的太子参、黄檗、杜仲、玉竹为龙头的中药材系列等七大类龙头加工企业。另外，在大宗农产品产地和集约地建设了一批农产品批发专业市场，以凯里、三穗、锦屏固本、榕江忠诚等为龙头的牛、马交易市场和以施秉牛大场镇为龙头的中药材交易市场。2006 年至 2010 年，各县市助推“一村一品”专业村建设，到 2009 年，全州有“一村一品”专业村 283 个，专业村从事主导产业的农户 8. 33 万户，从业人员 19. 35 万人，专业村农民从主导产业中获得人均纯收入 2437 元。组织丹寨县龙泉镇马寨村辣椒产业和雷山县西江镇脚尧村名优绿茶产业申报农业部“一村一品”特色产业项目，每村获补助资金 15 万元。“十一五”期末，全州新增省级农业产业化重点龙头企业 16 家，省、州级农业产业化重点龙头企业累计达到 101 家，其中省级 25 家，州级 76 家，分别比“十五”期末增加 18 家和 52 家；销售收入 20. 78 亿元，分别比“十五”期末增加 14. 75 亿元。年销售收入过百万元企业 131 家，其中超千万元企业 55 家；规模企业加工产值占农产品加工总产值的 86. 22%。龙头企业建设原料基地 78. 56 万亩，饲养量 158. 18 头（只、羽）带动农户 37. 12 万户。农民专业合作社 445 个（注册成立农民专业合作社 125 个），社员 2. 3 万户，带动农户数 10. 33 万户。

“十二五”期间（2011—2015 年） 按照“加快培育、努力规范、着力提升”的发展思路，坚持“民办、民管、民收益”和“互助”的原则，大力落实扶持措施，加强引导服务，促进新型农业经营主体健康发展。1. 加强扶持龙头企业。“十二五”期末，省、州级农业产业化重点龙头企业累计达到 537 家，其中省级 55 家，州级 302 家；销售收入 57. 5 万元，其中省级龙头企业销售收入 30 多亿元，从业人员 2. 28 万人，带动农户 55. 71 万户。2. 着力培育农民专业合作社。“十二五”期末，新增注册农民专业合作社 370 家；发展到 2911 家，其中凯里市良农种养殖专业合作社等 13 家合作社被农业部等 9 部委认定为国家农民合作社示范社；专业大户新增 322 家，发展到 1300 户；家庭农场新增 421 个，通过工商注册家庭农场发展到 612 个。全州农民专业合作社发展到 2419 户，涉及种植、养殖和加工多个环节，以及农机服务、特色乡村旅游、银饰刺绣等，合作社成员达 5. 09 万人，带动农户 19. 69 万户。3. 大力实施品牌战略。一方面强化品牌培育，激励和引导全州企业参与贵州省名牌产品的竞争评选，着力提高产品质量和管理水平，增强产品的市场竞争力。“青溪”牌酱香青酒、“毛克翕”牌雷公山清明茶、“牛老大”牌牛肉干、“千里山”牌三穗鸭（黄焖鸭）、“月亮山”牌从江香猪腊（烤）香猪、“黔丹”牌硒锌米获得 2014 年“贵州省名牌产品”称号，在占全省 51 个食品类名牌产品中名列前茅。“雷山银球茶”荣获 2015 年贵州省首届春茶斗赛绿茶组金奖“茶王”称号。另一方面强化品牌建设，积极筹措资金 5 万元，印制“姜央圣蝶”网络销售专用外箱。通过电商进行统一的品牌宣传和销售，实现特色农产品牌的有机聚合。4. 创建农产品直销窗口。一方面在凯里设立了供凯蔬菜基地直销窗口、黔东南州优势特色农产品展销中心、从江香猪直销点。另一方面大力发展农产品电子商务。一是争取省、州专项资金 100 万元用于支持黔东南州农产品电子商务平台建设和农村电子商务发展。成功搭建电商服务孵化平台，实现了对资源的整合，形成了专业化的分工协作模式。二是成立了黔东南州农产品电子商务协会，聚冲击合力。三是分利用杭州市对口帮扶我州的契机，组织了州内 20 家农业企业 32 位学员赴杭州市开展取“真经”之行，为我州孵化了一批农产品电子商务营销和推广精英。四是推动校企合作，达成了黔东南职院、州农委、黔东南州农业电商企业（协会）整合资源共同推动黔东南农产品电子商务的发展共识，并与杭州职业技术学院签订了合力推动黔东南农产品发展、加强人才培训交流的框架协议书。2014 年，农产品网店数量由 2013 年的不足 10 家发展到 100 余家，通过电商平台拉动销售额达 7500 万元。此外，还成功推进黎平县成为阿里巴巴“千县万村”首批试点县，肇兴乡肇兴村成为第一个农村代购示范点。全州基本上实现了生产、加工、网络销售、流通的有机结合。

休闲农业

休闲农业是利用农业景观资源和农业生产条件，发展观光、休闲、旅游的一种新型农业生产经营形态。也是深度开发农业资源潜力，调整农业结构，改善农业环境，增加农民收入的新途径。在综合性的休闲农业区，游客不仅可观光、采果、体验农作、了解农家生活、享受乡土情趣，而且可住宿、度假、游乐。

黔东南州休闲农业起步较于 20 世纪 80 年代后期。1991 年以后，随着农村产业结构调整、新农村建设和城市居民消费需求，休闲农业得到快速发展。主要分为 3 个阶段：第一阶段为“农家乐”型，“吃农家饭、住农家院、做农家活、看农家景”，属早期萌芽阶段；第二阶段为“农业娱乐”型，即以各类农业观光园采摘水果、钓鱼、种菜、野餐、学习园艺等为主；第三阶段为“乡村度假”型的乡村旅游，将观光、度假、娱乐参与乡村旅游活动有机结合起来，以到乡村度假为主。

2010 年 4 月，黔东南州政府机构改革，黔东南州乡镇企业技术推广站整合划入黔东南州农业委员会，休闲农业继续由黔东南州乡镇企业技术推广站主要负责。是年，向省农委申报休闲农业和乡村旅游项目 5 个，补助资金 255 万元；是年 9 月，雷山县西江千户苗寨、黎平肇兴侗寨、麻江农华蓝莓示范园 3 家在省农委网站公示，省农委、省旅游局共同行文命名为获省级休闲农业与乡村旅游示范点。

2011 年，施秉城关镇云台村排楼冲及雷山县乌东村申报人选省级休闲农业示范点；黎平县飞龙洞旅游开发公司申报全国休闲农业示范点。贵州仰阿莎民族工艺品有限公司、台江县银项圈旅游商品有限公司申报乡镇企业发展资金旅游商品项目。全州休闲农业与乡村旅游摸底调查，全州有休闲农业经营企业 336 家，从业人员 14400 人，年接待 331. 77 万人次，年营业收入达 11951 万元，其中农副产品销售收入 4078 万元，年利润总额 5331 万元，年上缴税金 1062 万元。

2012 年，组织休闲企业参加全国休闲农业与乡村旅游创意精品大赛，在西南地区的比赛中，获 1 项金奖、2 项银奖。组织 3 家企业申报省级休闲农业与乡村旅游示范点项目，获得省乡镇企业发展资金 130 万元。全州休闲农业与乡村旅游经营户达 294 家；其中农家乐经营户 225 户，休闲农庄 33 户，休闲农业园区 8 户，民俗村 28 户；从业人员 7110 人，其中农民就业 6720 人；实现年营业收入 17838 万元。开展中国重要农业文化遗产发掘工作，组织从江县稻田养鱼申报国家级重要农业文化遗产。

2013 年，全州休闲农业与乡村旅游经营户达 386 家，其中农家乐经营户 316 户，休闲农庄 28 户，休闲农业 14 户，民俗村 28 户。其中 1 个休闲农业示范点获得扶持资金 30 万元。雷山县获“2013 全国休闲农业与乡村旅游示范县”称号；从江县侗寨禾晾景观顺利斩获“2013 年中国美丽田园”的美誉。

2014 年，全州休闲农业与乡村旅游经营户发展到 477 家，同比增长 26.6%。新增丹寨响水湾、黎平老烟刀两个省级示范点，省级示范点增加到 11 个。从江加榜梯田获得“2014 年中国美丽田园”称号。

2015 年，黔东南州休闲农业与乡村旅游业经营主体个数 414 个，与 2014 年相比减少 13%，接待游客 1215 万人次，比 2014 年增加 94 万人次，营业收入 3.8 亿元，同比增长 35.7%。黔东南州省级示范点由 11 个增加到 14 个。从江县加车村获得“2015 年中国最美休闲乡村”称号；凯里市云谷田园被评为“全国休闲农业与乡村旅游示范点”，其中，7 个休闲农业观光示范项目共获补助 225 万元。

第三节　农业会展与招商引资

农业会展

自 2009 年起，黔东南州多次组织内容丰富的各种农展会，并组团参加省内外的农展会。

州内举办农展会　2009 年至 2012 年，在黔东南州内先后举办了 4 次不同类型农产品推介或展销会（活动）。

2009 年，由州政府、省茶叶研究会、州农业局和雷山西江千户苗寨联合主办“贵州·雷山天下西江品茶会茶产业推介”活动，州内 33 家茶叶企业参加了此次活动。

2010 年，由州农业产业化经营联席会议办公室、州农委、凯里市政府举办“首届黔东南州生态优势特色农产品展销会暨‘万人品茗’”活动。活动于 11 月 27—28 日在凯里市体育馆举行，州内有 91 家参展，其中茶叶企业 32 家，肉类食品加工企业 10 家，粮油加工企业 11 家，果品企业 3 家（省级龙头企业 1 家），酒类生产企业 4 家（省级龙头企业 1 家，州级 3 家），保健品加工企业 3 家，调味酸系列食品、蔬菜、中药材等生产加工企业 27 家。参展的产品种类 672 种，其中有高档保健食品、老字号食品、出口农产品、无公害绿色食品和名牌产品。此活动除准备了绿茶展销外，还举行茶艺表演和茶叶有奖知识问答。茶艺表演中，黎平、雷山、丹寨等县市都结合了本地的风土人情、民族特色，将黔东南绿茶赋予了丰富的内容，使茶艺表演妙趣横生，不少市民和旅客流连忘返。仅两天，前来品茶的人员就达 18900 人，销售茶叶 1360 公斤，销售额 31.5 万元。活动中举行 2010 年黔东南州茶产业发展研讨会，州委政策研究室副主任吴昌和、州社科联副调研员汪锋、州民政局基政科科长梁亚、州农委农经站站长吴厚道、黔东南州电视台《今日黔东南》栏目组记者吴志龙和州茶叶协会正、副会长、理事等 30 人参会。活动还举行了 2010 年黔东南州生态特色优势农产品加工企业座谈会，州农委正副主任、各有关科室站负责人与参加“黔东南生态特色优势农产品展销暨‘万人品茗’”活动企业法人代表或经理等 60 余人参会。会议就如何宣传黔东南州特色农产品品牌，进一步扩大品牌效应，进一步拓展销售市场，进一步搭建与外界交流和合作的平台，促进特色农产品开发要素的优化组合等问题进行了交流和探讨。

2011 年，州农委、各县市农业和扶贫开发局（农业局）在凯里市民族体育场广场举办了黔东南州生态特色优势农产品春节年货周活动，省、州级重点龙头企业、农产品加工企业和相关农民专业合作社 60 多家参加此活动。

2012 年，州农业产业化经营联席会议办公室、州农委、凯里市政府举办“黔东南州生态优势特色农产品展销会暨‘万人品茗’”活动，省、州级重点龙头企业、农产品加工企业和相关农民专业合作组织 100 家参加活动，仅茶叶企业就有 40 多家。

组团参加省内的农展会　2003 年至 2015 年，黔东南州先后多次组织企业参加省内不同类型的农产品推介或展销会（活动）。

2003 年 10 月，组织 38 家企业（其中 3 家省级重点龙头企业、12 家州级重点龙头企业）参加“首届贵州名特优农产品展销会”，展出农产品 82 个。在 3 天展销会上，实现销售收入 6.38 万元，与省内外 46 家企业或经销商达成意向性合作协议。榕江“五榕”牌脐橙被评为贵州省优质名牌农产品。从江“都柳江”牌太田椪柑、夏脐橙，从江“野香”牌腊香猪，黄平“牛老大”牌牛肉干，台江“银角”牌苦丁茶，凯里“玉梦”牌红酸汤，麻江红蒜，锦屏“珍奇”牌野桂花蜜，岑巩“思州”牌水晶米，麻江“杏江”牌锌硒米被评为“贵州省名牌农产品”。贵州省雷山县银球茶叶公司的“银球”牌银球茶，岑巩县裕民果品开发服务有限公司的“思州”牌文旦柚，贵州省丹寨县天然食品加工厂的“猫鼻岭”牌野生韭菜根，贵州金杪椤科技农业发展有限公司的“蓝色妖姬”蓝浆果（鲜果）被评选为“贵州省首届名特优农产品展销会优质（名牌）农产品”。

2007 年 11 月，组织农产品生产企业及农民专业合作经济组织 51 家，产品 16 大类 185 个参加了“第三届贵州名特优农产品展销会”。展销会期间共实现销售收入 260 万元，15 家企业与客商签订供销合同 46 份，协议金额 5000 万元。州内参展产品有 4 个被评为贵州名牌产品，9 个被评为第三届贵州农产品展销会名特优产品。黔东南州组委会被评为最佳组织奖。同年 11 月，还组织黎平、雷山、丹寨、岑巩、台江 5 县及州内 10 家茶叶企业和专业合作经济的 19 个品牌茶叶品种参加了“贵州省首届“万人品茗”活动”。

2008 年 8 月，组团参加“2008 中国·贵州特色农产品加工博览会（农产品招商项目参会展示和推荐洽谈）”。在推荐洽谈中，上海思本通风电器有限公司和三穗县签订了三穗县鸭产业加工项目总投资 3300 万元，施秉县东南中药材有限公司和台湾一客商意向性达成投资 2 亿元合作开发冬虫夏草项目，贵州青酒集团与贵阳承毅工业有限公司签订了价值 2300 万元的销售合同，黄平牛老大旅游食品有限公司和沃尔玛贵阳店建立了长久的供求体系。同年 8 月，还组织了 20 多家企业赴“贵阳市参加土特产品及旅游产品展销会”，展品 60 多个，签订意向投资协议 10 多项，总投资额 1 亿元。

2008 年 9 月，组织农业产业化经营重点龙头企业 19 家，31 个品种参加 2008 年贵州农业产品面向粤港澳宣传推介活动。

2008 年 10 月，组织黎平、雷山、丹寨、凯里、岑巩 5 县的 17 家茶企业、茶叶农民专业合作社，参加贵州省第二届“贵州绿茶·秀甲天下”万人品茗、品销活动。

2009 年 8 月，组织 43 家农产品加工企业 130 多人，参会“中国·贵阳特色农产品加工业展览会”。会议期间参加推介的项目 38 个（凯里经济开发区明洋食品加工厂、从江县果品气调库建设、榕江县“五榕”牌优质脐橙果品采后商品化处理生产建设、三穗县“三妹子”金秋梨加工、台江县金秋梨加工等17项目；岑巩县文旦柚生产基地扩建、榕江县“五榕”牌优质脐橙基地建设、榕江县小型礼品西瓜基地建设等10个农产品基地建设项目；从江香猪产业、麻江县优质蛋鸡养殖产业、麻江县“下司犬”产业发展等11个畜牧业方面项目）。凯里经济开发区明洋食品加工厂在会上和西南大学食品加工学院签订企业发展规划协议和长期技术服务协议。岑巩县永成盛酒厂现场销售3万多元的商品，并以贵阳市千寨民营民俗文化发展有限公司签订200万元的销售合同，该公司成为其在贵州的总代理。凯里市凯侗酒业有限公司、四川成都荣鑫酒业有限公司签订了80万元销售合同；剑河县剑白香猪特色食品公司展出香猪系列产品22个，现场销售1万多元，与四川成都联合一百达成全国销售总代理协议，另外与湖南客商谭全华、武汉客商周世清、广东东莞客商王飞等达成公司产品客户代理；剑河县老蔡食品有限公司与贵阳市锦源贸易公司、贵阳市南明区食品配送部达成协议订单150万元；剑河县翁莎酒厂与贵州旅游公司签约订单2万元，另外有广东清远顺达贸易公司、北京天赋顺和贸易公司、北京共书院等八家达成意向销售协议；锦屏县启蒙酸菜专业合作社生产的启蒙酸菜在展销全部销售，完成现场销售60多万元，签订订单4200多万元，达成客户代理协议62份。同年11月，组织州内6家企业参加了省局在黔西南举行的农产品加工企业技术对接会。

2010年至2015年8月，连续6年组织企业在贵阳国际会议展览中心参加由农业部和贵州省政府主办的“中国·贵阳国际特色农产品交易会”，集中展示推介黔东南农产品品牌和农业科技成果。黔东南州每次参加展会的家龙头企业和合作社均在30~50家，品种有上百个，涵盖了香猪、三穗鸭、红酸汤、蓝莓、山茶油、茶叶、香禾糯、锌硒米等。

2014年至2015年，连续两年州组团参加在遵义市湄潭县举办的“2015中国（贵州·遵义）国际茶文化节暨茶产业博览会”。

组团参加省外的农展会 2007年至2015年，黔东南州先后多次组织企业参加省外不同类型的农产品推介或展销会（活动）。

2007年，组织黎平、雷山、丹寨3县的茶企业随贵州团赴北京参加“第四届北京中国国际茶叶博览会”。

2008年9月，组织农业产业化经营重点龙头企业19家，31个品种参加贵州农业产品面向粤港澳宣传推介活动。

2008年10月，组织黎平、雷山、丹寨3家茶叶企业、18个产品和3支民族表演队随贵州团赴京参加“第五届北京·中国国际茶业博览会。

2008年11月，组织企业16家赴河南省驻马店市参加农业部举办的东西合作暨农产品加工贸易洽谈会，带去参展产品40多个，签定意向合同4个，资金额2000多万元。

2009年，组织凯里、丹寨、黄平、剑河、从江、三穗县6家肉类加工企业参加在重庆举行的“第七届中国肉类科技大会”。会议期间，凯里明洋食品厂和西南大学食品加工学院签订了企业发展规划协议和长期技术服务协议、丹寨县俊健实业公司、三穗县千里香鸭业有限公司均表达了希望该校为其提供技术服务和帮助完善企业发展规划的意向。组织50多个茶叶企业参加了北京、上海的“贵州绿茶秀甲天下”万人品茗活动。组织重点龙头企业参加“重庆·中国西部国际农产品交易会”，第七届“中国·长春国际农产品交易会”，北京和上海“贵州绿茶秀甲天下”品茗活动，香港国际茶展，上海旅游推介农产品展示会及广州、深圳、香港茶博会。

2011 年，组织 40 余个茶叶企业参加上海、北京、深圳等地“贵州绿茶秀甲天下”万人品茗活动。雷山县雷山银球茶荣获“2011 中国（上海）国际茶业博览会——中国名茶评比特别金奖”，黎平侗乡福牌雀舌获银奖。

2013 年，组织贵州敬旺绿野食品有限公司等 6 家茶叶企业参加北京玉渊潭举办的“贵州绿茶·秀甲天下”万人品茗暨贵州特色农产品展销活动。黎平县桂花台茶厂的“天生桥牌古钱茶”荣获北京“第三届中国名茶评比”金奖。

2014 年 7 月，州农委组织黎平、雷山、丹寨等县市 45 家茶叶龙头企业参与北京、贵阳、湄潭、凤岗等地的茶产品展销和“万人品茗”活动。

2014 年 12 月和 2015 年 1 月，由杭州市政府和州政府连续 2 次组织从江香猪、麻江蓝莓、岑巩思州柚、雷山银球茶、雷山黑毛猪、黎平山茶油、黎平香禾糯、榕江葛根、三穗鸭、凯里红酸汤等黔东南州名特优农产品，参加杭州市和平会展中心（浙江农业展览馆）举办的“杭州市·都市圈优质农产品迎新春大联展”。

2015 年 9 月，组团参加第三届广东（佛山）安全食用农产品博览会暨粤桂黔名优农产品推介会。此次“安农博会”由佛山市农业产业商会、佛山市食品行业协会、佛山传媒集团主办，主题是“互联网 + 农产品安全 + 粤桂黔农业一线牵”。黔东南州有从江粤黔香猪公司、黎平侗乡米业公司、黎平黔香园油脂公司、麻江黔甬蓝莓公司、雷山百佳尚品公司、榕江岚山绿色食品公司等 13 家企业参会，有从江香猪、黎平香禾糯、黎平山茶油、麻江蓝莓、榕江葛根粉、雷山青钱柳茶、银球茶、红茶等 20 大类近百个单品的特色优质农产品。展销 4 天，参展企业销售额达近 30 万元。其间，黔东南电视台记者以及佛山电视台等当地多家媒体也到黔东南展区进行报道。

2015 年 12 月，黔东南州农委组团参加农业部支持的第九届广西名特优农产品（桂林）交易会。黔东南州有雷山县苗家春茶业公司、从江粤黔香猪公司、丹寨县俊健公司、凯里苗妹银饰公司、黎平县侗乡米业公司、黎平县黔香园油脂公司、三穗县翼宇鸭业公司、麻江多彩苗宝公司 8 家企业参展，产品有雷公山茶叶、从江香猪、黎平香禾糯、有机大米、山茶油、三穗鸭、蓝莓、银饰、刺绣、红酸汤等 10 余个大类 50 余个。

农业招商引资

从 2000 年起，黔东南州按照“你帮我发展，我帮你发财”的思路，采用政府搭台、中介服务、企业唱戏的方式，大力开展农业招商引资。先后出台《黔东南州招商引资若干政策规定》（黔府发〔2001〕5 号）、《黔东南州招商引资新办生产经营形企业优惠政策及奖励办法》（黔府发〔2001〕20 号）等文件，并召开会议号召州内外行政事业单位、企业、中介组织、干部、职工和群众积极行动起来，通过自己在外的亲戚朋友和同学牵线搭桥，介绍投资建设项目，为建设和发展黔东南做出自己的贡献。这些政策措施以及会议，规范了招商引资工作程序，落实招商引资工作的责任，调动各方面的招商引资积极性。

2000 年，筹备和组织《2000 年全国乡镇企业东西合作经贸洽谈会》。全州出招商引资项目 191 个，实现签约 181 个，协议及合同资金 16.18 亿元，实施项目 137 个，到位资金 4.19 亿元。贸洽会后全州又引进项目 73 个，合同协议投资 40253 万元，实际到位资金 14210 万元，占协议投资的35.30%。

2002年筹备和组织《全国乡镇企业东西合作（广西桂林）经贸洽谈会》，达成意向合同15个，总金额1.1亿元。

2006年引进项目65个，协议资金18.3亿元，到位资金7.3亿元。重点抓了以农产品加工，尤其是以肉类加工、山野菜加工、果品加工、中药材加工为重点的项目。

2007年，引进省外规模以上农产品加工企业3家，即贵州凯鸿木业有限公司、贵州威榕木业有限公司、贵州福林福木业工翻有限公司，分别投资总额为3000万元、2000万元、3800万元；创办规模以上农产品加工企业1家，即三穗县李记牛羊食品加工厂，投资总额800万元。引进省外规模以上农产品加工企业2家，即剑河县老蔡食品有限责任公司和岑巩思阳米业有限公司，分别投资总额为1000万元和1200万元，生产经营肉牛、优质米产品。

2008年已推出招商引资项目约340多个，通过网络、报刊、自制宣传资料、上门等形式，向外招商引资，合作合资，引进人才技术，共计达成协议项目150多个，协议资金达10亿元，其中当年开工在建项目74个，完成投资61858万元，新增固定资产60840万元。

2010年至2015年，围绕黔东南的优势，主要抓了加强农业招商机构建设、加大农业招商宣传力度、广泛结识客商和服务客商等工作。一是机构建设。至2012年，成立了委领导和委属各单位负责人组成的州农委农业招商领导小组；按照黔东南府办发〔2012〕220号要求组建由州农委、州科技局、州扶贫办各抽调1人合署办公的黔东南州农业招商组。二是加大宣传。2012年，在黔东南农业信息网设置招商引资专栏，推介种养加及休闲观光农业、农产品物流项目120个。编印发放了1310册《黔东南农业投资指南》，编写农业招商项目，对外重点推介。拟定17个重点农业招商项目向外推介，参加省政府组织的香港招商活动，重点推介特色蔬菜生产与冷链物流配送中心建设和三穗鸭产业项目。2013年编写86个农业招商项目向外推介，其中农业园区项目21个、种植业项目6个，畜牧业项目30个、渔业项目11个、农产品加工项目13个、休闲观光农业项目1个、农产品市场建设项目4个。遴选出雷山99生态茶叶园区、施秉中药材园区和凯里生态畜牧业园区项目，参加香港贸易活动周项目推介活动。是年11月底至12月初，由州委书记李飞跃带队赴台湾开展了为期一周的农业专项考察推介活动。此外，还借助贵州·台湾经贸交流恳谈会黔东南州推介会，向台湾客商介绍丹寨县浙丹公司食用菌种植基地、俊建公司黑毛香猪养殖场、乌卡坪农业现代高效园区等农业项目。2014年，1. 依托园区大力开展招商引资工作，全州32个省级农业园区签订招商引资项目68个，其中2000万元以上47个，500～2000万元14个；签约总金额累计86.82亿元，实际到位资金累计22.68亿元；开工项目25个；投产项目投20个。2. 与投资局共同遴选招商引资挂牌项目11个，其中养殖业2个；现代农业4个；特色农产品加工5个。3. 重点强化对杭招商。利用杭州对口帮扶本州契机，与杭州农办签订合作框架，得到了对杭招商的支持，实现了三替集团与我州黎平、榕江等县在名特优农产品方面的合作。2015年，强化农业产业招商引资项目库建设，编制收录项目125个，先后到杭州、云南、广西、佛山、北京等地考察推介，参加人数286人次，拜访企业86家，还邀请94家企业154人次考察州内农业产业。三是广识客商。2011年，外出招商13人次，先后组织招商小分队分赴福建、广东、云南等结识客商，向他们推介黔东南农业投资的优势和政策，邀请到黔东南考察投资客商67人次。2012年，与重庆源道集团联系，促成了“中国——黔东南怡养度假中心”的落实，9 月 8 日黔东南州政府与源道集团在重庆签订协议。与云南省省级农业产业化重点龙头企业——主营蔬、果、菌类食品生产和加工的云南鸿润农业科技公司对接，12 月开始洽谈投资合同，现已进驻凯里舟溪农业园区。到北京与玫瑰花种植及精油提取、加工企业联系，拟建设玫瑰花育苗、示范和标准化核心基地 300 亩，带动农户发展种植 1 万亩的精油提取深加工生产基地，已考察了黄平县和施秉县，落实黄平县上塘乡流转荒山 300 亩，并与县政府签订了协议。2014 年 3 月到四川弘航集团考察，并邀请集团负责人 5 月到黔东南考察，7 月集团确定在黔东南 16 个县市投资 5 亿元建设农产品冷链物流项目。首先，在丹寨县开工建设，已在凯里注册公司，在施秉、三穗、黄平县进行选址工作。四是服务客商。针对近年来成功引进广东温氏集团、福建云谷置业、新希望饲料集团、重庆源道集团、北京土生金公司、贵州福田公司、深圳土包子公司、浙江兴泰公司等省外农业企业到黔东南落户的实际，对香港神龙集团、深圳土包子公司、贵州福田公司、广东温氏集团、贵州丰源公司、广东惠东伦信公司等项目实行全程服务，确保项目落地建设和投资商满意。首先，抓了广东温氏集团投资项目的跟踪服务，促进项目的逐步推进。截至 2013 年 12 月，温氏集团已分别在凯里市的龙场、三棵树等乡镇共发展合作养鸡户 90 户，饲养面积 7.76 万平方米，存栏 33.8 万只，是年累计出栏 118 万只，农户获纯收入 240 万余元。其次，加强与台湾农业的合作。一方面加大与台湾农会、协会的沟通，向有意向的潜在台商重点推介黔东南蔬菜、蓝莓、茶叶、中药材、香猪等特色产业发展优势，请一批有实力、带动力强的台湾农业企业到黔东南考察。另一方面组织一批农业企业到台湾去考察、学习和交流，从而达到与台湾农业的密切合作。最后，引进促成项目落地。1. 优质肉牛育肥及加工项目，项目投资额 5000 万元，由广东东莞客商投资。项目落地在天柱县白市镇，完成土地流转，启动育肥基地建设，调入西门塔尔牛 70 头进行选育。2. 加工食用马铃薯组培扩繁中心项目，项目投资 1 亿元，拟在全州推广种植加工薯，外销国际市场。项目由台湾腾博农业有限公司在台江县老屯乡投资。截至 2015 年已完成项目规划，正在老屯乡流转土地 350 亩作为项目用地。3. 黄花菜种植及加工项目，项目投资 3000 万元，由福建客商投资。已落实天柱县社学乡种苗基地 200 亩，拟用 3 年时间带动农民发展种植 1 万亩规模，外销东南亚市场。4. 供港蔬菜基地项目，引进香港客商投资 2 亿元，在黄平旧州农业园区建设万亩供港蔬菜基地，项目于 7 月 23 日签约后，现由黄平县政府与客商洽谈投资协议。5. 进一步落实引进上市企业大北农集团和浙江春然农业科技有限公司，投资 5 亿元，分别在黄平、台江、凯里、岑巩建设 50 万头商品猪基地，保障菜篮子供应；截至 2015 年由浙江春然公司投资建设的种猪场已落户凯里市旁海镇，已引进 1200 头种猪开始生产。

2011 至 2015 年，累计招商引资签约项目 80 个，总投资额 129.14 亿元到位资金 12.63 亿元。其中 2011 年招商引资签约项目 18 个，总投资额 17.48 亿元。实施项目 12 个，实施项目到位资金 1.54 亿元。2012 年招商引资签约项目 42 个，总投资额 38.7 亿元，其中固定资产投资 14.8 亿元，到位资金 3.2 亿元，分别占签约资金的 38.3%、8.27%。2013 年招商引资签约项目 5 个，总投资额 8.8 亿元，到位资金 3.8 亿元，2014 年与台湾 4 家企业签订合作意向协议 5 个，总投资额 13.45 亿元。2015 年招商引资签约项目 10 个，总投资额 51.5 亿元，促成项目落地并签订合同 7 个，总投资额 37.3 亿元；开工项目 6 个，总投资额 17.3 亿元，截至 2015 年到位资金 3.623 亿元。

第四节　农业市场信息

农业信息网

根据农财发〔2008〕38 号《农业部关于下达 2008 年“三电合一”农业信息服务试点项目资金的通知》（农财发〔2008〕38 号）和省农业厅关于对黔东南州《“三电合一”农业信息服务试点项目实施方案》的批复文件（黔农计〔2008〕415 号），2008 年，黔东南州实施“三电合一”农业信息服务试点项目，建设内容为电话语音系统、计算机网络系统、农业信息数据库及网站和电视节目制作系统。2009 年 5 月完成了黔东南州农业信息网站的开发、数据库建设及网站域名注册（www. qdnny. gov. cn）。网站主要设有热点聚焦、行政通知、农产品质量安全、农业信息化、预测预报、图片新闻、政策法规、人才培训、网上展厅、市场行情等栏目。通过农业信息网发布农业政策、行政通知、文件下载、特色农产品展示、科技、市场等信息，实现了信息的快速传递与信息资源共享。

农情信息

1991 年以后，计算机应用迅速地转向以普及应用为重点，电子信息技术开始在农业上应用，黔东南的农业信息化建设开始起步。

黔东南州农情信息服务工作由黔东南州农业信息站负责。2009 年后更名为市场质量监管站兼做农情信息工作。机构设置州级 1 个，县市级 16 个，乡镇 199 个，村级 286 个。人员构成州级有 6 个，县市级 28 个，乡镇 204 个。调度方式 16 个县市都可通过系统、邮件、传真、电话上报，乡镇分别由邮件、传真和电话上报，2010 年 1 月全部改为调度系统上报。调度系统：村级点对点上报乡镇，乡镇网络直报到各县市，县市级可通过农情信息调度系统上报到州级，州级亦通过该系统上报到省级。

农情信息要求紧扣农业生产的农时季节，真实客观的反映农业生产和农业农村情况，全面准确掌握农情、灾情、行情、民情。工作主要包括信息的采集、分析、上报和利用。农情信息工作的目的是充分利用收集整理的信息资源，科学合理地指导农业生产，实现资源优化配置，搞好农业结构调整，促进农民增收、财政增收。黔东南州农情信息主要来源于全州 16 个县市，部分来源于各业务相关站自行进行的市场行情调查等有关材料。严格按照省农委《贵州省农情信息调度系统》的要求进行上报，补充部分在《贵州农业信息网》《黔东南州农业信息网》等地要求进行上报。

2009 年，农业系统服务热线专号“12316”通过省通信管理局审批，在全省统一使用。

2010 年，黔东南州农委新机构组建以后，新设了“市场信息和农产品质量安全科”（与“市场信息农产品质量安全站”“一套人员、两块牌子”），明确了以下职责职能：拟定农业和农村经济信息体系，大宗农产品市场体系建设规划并组织实施；承担农农村经济信息收集、管理、发布和信息服务工作；负责对全州农产品市场进行监测和预测；指导全州农业部门（农牧渔农机等）信息体系建设和农委部门门户网站建设工作；负责监测分析农业和农村经济运行工作；监测、发布农业灾情；承担农情信息调度工作，承担农产品质量安全监管工作（详见黔东南党办发〔2010〕47号文件）。是年采集报送有关市场行情、科技推广、技术培训、结构调整、生产动态、农资储备、农业灾害等方面的信息427多条（篇），填报省农委定期报表和临时报表100多份，在贵州农业信息网上发布农业新闻6条，黔东南州政府网上发布重要新闻68余条，黔东南日报刊发文章13篇，为电视台提供农业新闻33条。在黔东南州农业信息网上发布各类信息100多条。编写农业简报80期。编写了12期经济运行分析材料。3月19日至5月31日实行24小时抗旱应急值班制度，第一时间内提供了全州旱情、农资储备、育苗、犁田（土）、生产动态等信息80多期，为抗旱保春耕的科学决策提供了依据。

2011年，随着黔东南州人民政府与贵州移动公司签订《无线城市战略合作协议》，以及后来移动、联通等的升级改造，农业信息化建设等进一步得到了加强，实现优势互补、节本增效、资源共享、共建共赢。

2014年积极争取省州专项资金100万元（省级35万元、州级65万元）搭建了黔东南州农户品电子商务平台。是年4月，首届黔东南州电子商务协会成立。

截至2015年，农村信息基础设施建设有了较大发展。全州各行业投入大量资金完成行政村通电话工程，村通率达到100%。完成了广播电视卫星地面模拟接收站的数字化改造和50户以上通电自然村广播电视“村村通工程”，全州300多万农民看上了电视，数百万农民听到了广播。“乡乡通宽带”工程建设取得很好的成绩，乡镇互联网宽带覆盖率达100%，在西南地区率先实现了“乡乡通宽带”。农经网、农业信息网、农村中小学现代远程教育网、农村党员干部现代远程教育网进入了千家万户，为种植业、养殖业、农业产业化经营提供方便，较好的提高了农业部门行政效率和服务“三农”的能力。

第五章 农业品质量安全管理

第一节 质量安全体系

黔东南州农产品质量安全工作始于2003年，当时尚未明确承担此项工作的机构，由州农业局执法队、项目办、信息站、植保站、土肥站这几个科站来承担，主要负责农产品质量安全抽样送检等工作。2006年《中华人民共和国农产品质量安全法》颁布后，州农业局将农产品质量安全监督管理职能明确到州农业局信息站，至此州信息站开始正式承担并开展农产品质量安全工作。主要宗旨和业务范围为“管理农产品批发市场及农产品质量安全，促进农业产前、产中、产后一体化经营，提升农产品质量安全水平。农产品质量安全管理及监督检查，农业标准化管理，无公害农产品认证及管理，农产品批发市场规划及管理，农业信息预测及发布。”2008

年为便于工作，州编办行文（州编办〔2008〕77 号文件）州农业局信息站更名为州农业局市场质量安全管理站，2011 年事业单位机构改革进行初步分类时，经州编办再次行文（州编办发〔2011〕280 号文件）更名为黔东南州市场信息和农产品质量安全管理站，主要宗旨和业务范围保持不变。随着农产品质量安全工作任务的加重，2013 年 4 月经黔东南州农委党组会议（黔东南州农党组〔2013〕12 号文件）研究决定，将原州市场信息和农产品质量安全管理站所承担的市场信息、农情统计、灾情统计职能划转到农业农村经济运行统计办公室，州市场信息和农产品质量安全管理站主要宗旨和业务范围变更为：农产品质量安全，促进农业产前、产中、产后一体化经营，提升农产品质量安全水平。农产品质量安全管理及监督检查，农业标准化管理，无公害农产品认证及管理。

随着《中华人民共和国农产品质量安全法》的颁布，16 县市农产品质量安全监管机构相继成立，2012 年乡镇监管机构也全部挂牌成立，州、县、乡层层监管初步构成。

2010 年，州农委制定《关于印发〈黔东南州农产品（种植业）产地准出制度（试行）〉等制度的通知》（州农发〔2010〕140 号文件）并经州法制办备案（登记编号：QDNFGD－2010－17001）在全州统一实施，内容包括《黔东南州农产品（种植业）产地准出制度（试行）》《黔东南州农产品（种植业）产地农业投入品管理制度（试行）》《黔东南州农产品（种植业）产地质量安全检测制度（试行）》和《黔东南州农产品（种植业）产地田间档案管理制度（试行）》以及《农产品（种植业）生产记录本（试行）》，进一步规范了农产品生产行为。从 2012 年起，加强农产品生产环节监管，要求辖区内种养殖企业、专业合作社以及一定规模的大户每年签订承诺书，面向社会承诺不生产、不销售不合格农产品。

2012 年，完成黔东南州电子监控系统建设，16 县市共布点 34 个（每县至少设立 1 个监测点），各监测点对辖区内的蔬菜、茶叶生产基地和批发市场、农贸市场等进行监测，监测品种蔬菜主要叶菜类、瓜果类、豆类、食用菌等，茶叶主要是茶青，监测具有一定代表性，能客观反映当地蔬菜、茶叶生产、销售状况和管理水平。至 2015 年年底，全州共有电子监控点 56 个。

2013 年，州农委制定《关于印发〈黔东南州重大农产品质量安全事故应急预案（试行）〉的通知》（黔东南农发〔2013〕218 号文件），建立了黔东南州重大农产品质量安全事故应急机制，规范了应急处置工作。

2015 年，贵州省农产品质量安全追溯系统建设正式启动，黔东南州利用省农产品质量安全追溯管理信息平台，分批选择具备条件的生产企业、农民专业合作社开展质量安全追溯试点。2015 年两批 7 县市 13 家生产企业获得省项目建设。

第二节　农业标准化

黔东南州无公害认证工作始于 2003 年。2005 年，根据省政府的统一部署，各级政府和农业部门积极组织引导帮助龙头企业、专业协会、重点乡（镇）进行无公害农产品、绿色食品和有机食品基地建设，全面铺开“三品”基地认定和产品的认证工作，加强了农业标准化建设。至 2015 年，全州有效期内无公害认证内种植业产品认证 38 个，产地认定 241 个，认定面积

147.27万亩。其中蔬菜47.33万亩，水果28.32万亩，茶叶28.83万亩，粮油41.21万亩，食用菌1.58万亩。无公害畜牧业产品认证23个，认定50个，认定规模754.82万头（万只、万羽）。其中畜类38.44万头（万只），禽类702.8万羽，鲜禽蛋13.1万枚，其他0.05万头（万只、万羽）。无公害渔业产品认证5个，产地认定12个，认定规模2.37万亩；绿色食品认证7个，面积4.66万亩。其中绿色食品水果1个，种植面积1万亩；绿色食品蔬菜4个，种植面积1.06万亩；绿色食品高粱1个，种植面积2万亩；绿色食品大米1个，种植面积0.6万亩。有机农产品认证共45家企业（合作社）获得认证证书（含转换）63张，其中转换证书43张，有机证书20张，认证面积2.71万亩；全州获得农产品地理标志登记保护18个，分别是在农业部登记的从江香猪，在国家质检总局登记的从江香猪及其系列肉制品、剑河钩藤、黎平香禾糯、丹寨硒锌米、榕江锡利贡米、三穗鸭、黎平茯苓、凯里红酸汤、榕江小香鸡、雷山银球茶、雷山乌杆天麻、榕江葛根，在工商总局登记的从江椪柑、三穗鸭、施秉太子参、施秉头花蓼、从江香猪。

此外，全州还加强农业标准化示范项目建设。2011年榕江县实施蔬菜标准化示范区建设，2013年获得蔬菜标准化示范区，2013年三穗实施标准化示范区建设。为快标准化建设进程，2015年黔东南州农委出台激励措施，制定了《关于印发〈黔东南州农产品“三品一标”认证补贴标准（试行）》的通知〉（黔东南农发〔2015〕18号文件），对新获得无公害、绿色、有机产品认证和农产品地理标志登记的农业生产及加工企业、协会、农民专业合作社予以补助。其中无公害农产品认证产品补贴标准为3000元/个，绿色农产品认证产品补贴标准为5000元/个，有机农产品认证产品补贴标准为20000元/个，农产品地理标志登记补贴标准为20000元/个。

第三节　农产品质量安全检测

农药残留检测

黔东南州对农产品农药残留的监测始于2005年。当时只具备农残速测，对农药残留的检测只停留在定性检测上，开展不了定量检测。而定性检测的范围较窄，只能定性对有机磷类和氨基甲酯类农残。

2007年黔东南州农检中心配备了气相色谱仪后，2008年通过技术培训和检测试运行，于2009年正式开展农产品农药残留定量检测工作。

2009年全州农业系统能够开展农药残留定量检测的机构只有州农检中心一家，而且受仪器设备配置的限制，只能检测部分有机磷类、有机氯类农残，全年共定量检测农产品样品173个，其中蔬菜100个、茶叶73个。经检测，蔬菜农残超标27个，合格率仅为73%，超标农残主要为甲胺磷、毒死蜱、氯氰菊酯和三唑酮，其中甲胺磷为禁用农药；茶叶农残超标25个，合格率仅为65.7%，超标农残主要为三氯杀螨醇、氰戊菊酯、联苯菊酯、氯氰菊酯，其中三氯杀螨醇为茶叶禁用农药。黔东南州农产品质量安全形势严峻。

2010年共定量检测农产品样品156个，其中蔬菜88个、水果22个、茶叶46个。经检测，蔬菜农残超标18个，合格率79.5%，超标农残主要为乙酰甲胺磷、毒死蜱、甲氰菊酯和百菌清；水果农残超标4个，合格率81.8%，超标农残主要为氧化乐果、氰戊菊酯和联苯菊酯。茶叶农残超标7个，合格率84.8%，超标农残主要为氰戊菊酯、联苯菊酯、氯氰菊酯。

2011年共定量检测农产品样品189个，其中蔬菜102个、水果31个、茶叶56个。经检测，蔬菜农残超标15个，合格率85.3%，超标农残主要为乙酰甲胺磷、毒死蜱、甲氰菊酯和联苯菊酯；水果农残超标5个，合格率83.9%，超标农残主要为氧化乐果、氰戊菊酯。茶叶农残超标6个，合格率89.3%，超标农残主要为氰戊菊酯、联苯菊酯和氯菊酯。

2012年共定量检测农产品样品212个，其中蔬菜149个、水果32个、食用菌12个、茶叶19个。经检测，蔬菜农残超标15个，合格率89.9%，超标农残主要为乙酰甲胺磷、毒死蜱和氧乐果；水果农残超标3个，合格率90.6%，超标农残主要为氧化乐果。茶叶农残超标2个，合格率89.5%，超标农残主要为氰戊菊酯。食用菌农残超标1个，合格率91.7%，超标农残为马拉硫磷。

2013年后，随着州、县两级农产品质量安全检测体系的建成，检测样品数量逐年增加，而且通过有效监控，农产品的质量安全逐步提升。截至2016年，全州共计定量检测农残样品1645个，合格率98.1%，高于97.5%的全国水平，其中蔬菜1131个，合格率97.5%；水果377个，合格率99.2%；茶叶107个，合格率100%。

黔东南州农药残留定量检测结果一览表

表2—11 （2009—2015年）

年份	样品总数（个）	蔬菜		水果		茶叶		其他	
		样品数（个）	合格率（%）	样品数（个）	合格率（%）	样品数（个）	合格率（%）	样品数（个）	合格率（%）
2009	173	100	73	—	—	73	84.8	—	—
2010	156	88	79.5	22	81.8	46	84.8	—	—
2011	189	102	85.3	31	83.9	56	89.3	—	—
2012	212	149	89.9	32	90.6	19	89.5	12	91.7
2013	338	232	94.8	63	95.2	31	96.7	12	100
2014	703	483	98.2	113	98.2	81	97.5	26	96.2
2015	1630	1072	98.4	370	98.9	134	100	54	98.1

兽（禽、鱼）药物残留检测

2013年以前，黔东南州的兽（禽、鱼）药物残留检测只能采取比色卡、试纸等速测方式开展，停留在定性层面，检测范围窄、检测精度低、误检率高。

2013年，州农检中心率先使用酶联免疫检测仪对兽（禽、鱼）药物残留开展检测莱克多巴胺、沙丁胺醇、盐酸克伦特罗、呋喃唑酮、氟喹诺酮类等指标。由于受检测条件及方法的限制，检测精度虽有所提高，但假阳性率偏高，漏检、误检现象时有发生。2015年，随着大型精密仪器设备的配置到位，州级配备了液相色谱串联质谱仪、液相色谱仪和县级配备了液相色谱仪，具备了开展大多数兽（禽、鱼）药物残留定量检测的能力，检测精度和准确度得到了较大的提升。

2016 年，兽（禽、鱼）药物残留检测指标扩大到四环素类、磺胺类、氟喹诺酮类、呋喃唑酮类、氯霉素、黄曲霉毒素等几十个指标。

黔东南州兽（禽、鱼）药物残留定量检测结果一览表

表 2—12

（2013—2015 年）

年　份	畜（禽）产品					水产品	
	总数（个）	禽蛋（个）	肉类（个）	鲜奶（个）	合格率（%）	样品数（个）	合格率（%）
2013	150	83	67	—	98.1	55	100
2014	333	123	210	—	98.5	66	100
2015	1235	427	695	113	98.9	320	100

通过定量检测，对生产者及经营者起到了较大震慑作用，全州的监管水平大提升，特别是生鲜乳的检测，针对黔东南州永丰奶牛场生产的鲜奶时有黄曲霉毒素超标的现状，通过加大监测频率，强化监测手段，提高检测水平，在每月一个批次、13 个样品的连续高强度监控下，2015 年未发生黄曲霉毒素超标事件，产品质量安全明显好于以前。

农业环境质量检测

黔东南州的农业环境质量检测起步于 2015 年。全州农产品质量安全检测系统配备了国产原子荧光光度计及进口石墨炉原子吸收分光光度计，对土壤中的镉、铅、铬、汞、砷 5 个重金属开展检测，其他污染物由于受仪器设备和设施条件的限制，没有开展。

2015 年全州共检测土壤样品 99 个。从结果上看，土壤中重金属含量达到国家土壤环境质量一级标准，占到总样品数的 60%，达到国家土壤环境质量二级标准，占总样品数的 28%，达到国家土壤环境质量三级标准，占总样品数的 12%，初步证明了黔东南州的大部分土壤是健康的。

第三篇　种植业

第一章　粮食生产

1991 年，随着黔东南州农村改革的深入发展，在“决不放松粮食生产，积极开展多种经营”方针的指引下，全州粮食作物播种面积稳定上升。是年播种面积 366.83 万亩，比上年增播 2.54 万亩；产量 103.35 万吨，比上年增长 5.54%，首次突破 100 万吨大关。1992—1994 年，全州粮食作物播种面积虽然一直保持在 360 万亩以上，但这几年客观上受春季低温、冰雹、洪涝、病虫（特别是穗颈稻瘟）和伏旱等多种自然灾害的影响，农业基础设施薄弱，抗御自然灾害能力较差。主观上一些地方忽视农业基础作用，出现了挤农、坑农现象，表现在不及时兑现挂钩化肥，收购农副产品“打白条”，农业生产资料涨价幅度大等，加重了农民对农业生产投入的负担，农民难以承受；一些地方农业部门办经济实体后盲目减少财政包干经费，致使农技队伍不稳，动摇了农业的基础地位。使黔东南州每年粮食总产量又回落到 91 万～94 万吨水平。1995 年，全州各级党委和政府认真贯彻落实中共中央和省、州农村工作会议精神，强化农业基础，紧紧围绕实现增加农副产品有效供给，稳定增加农民收入两大目标，组织带领全州广大干部群众，不违农时地抓好农业生产。农业部门集中力量抓了“米袋子”和“菜篮子”高产示范工程的实施，特别是克服了入夏以后连遭暴雨袭击所造成的严重洪涝灾害。全州农业生产有了新的发展，全年粮食作物播种面积达 391.65 万亩，比最高年的 1994 年增长 2.74%；全年粮食总产量达 107.11 万吨，创历史新高，比最高年的 1991 年增长 3.63%。1996 年，黔东南州各级党委政府以“增加粮食生产、增加农民收入、稳定脱贫奔小康”作为农业和农村工作的主要目标，实行农业生产目标管理。州委、州政府还把全年粮食增产、农民增收的具体指标及科技兴农任务列为重点抓紧抓好的十件大事之一。州政府与各县市政府，各县市政府与各乡镇政府层层签订了农业生产责任书。各级领导亲自抓点办示范样板。各级各部门抽调大批干部深入农村，协助基层抓农业生产，全州 3549 个村，每个村都安排了一名行政干部，帮助农民群众制定了计划和推广农业实用技术，解决实际困难和问题，州政府还多次组织工作组巡回检查督促，狠抓关键季节、关键增产措施的落实。全年投入支农资金 3089 万元，发放支农贷款 4.93 亿元，供应农资总值 14370 万元，销售各种化肥 12.01 万吨，有力地支援了农业生产，为全年粮食丰收做出了积极的贡献。全年粮食作物播种面积达 391.74 万亩，比上年增加 0.09 万亩；全年粮食产量首次突破 110 万吨，达 110.58 万吨，又迈上了一个新的台阶。

“九五”期间（1996—2000 年），实行夏秋并重，水旱并重，田土并重的粮食生产思路，加上人展劲，天帮忙，黔东南州粮食生产一直保持高速增长的势头。粮食作物播种面积由 391.74

万亩增加到462.68万亩，年均播种面积432.40万亩，其中2000年播种面积462.687万亩，为黔东南州历史最高年，比前最高年的1998年增长4.72%。“九五”期间，全州共计生产粮食621.49万吨，比“八五”时期生产粮食488.09万吨增加133.4万吨，增长27.33%，其中生产夏粮65.21万吨，比“八五”时期的36.56万吨增加28.65万吨，增长78.36%；生产秋粮556.28万吨，比“八五”时期的451.53万吨增加104.75万吨，增长23.2%。“九五”期间，年均生产粮食124.29万吨，比“八五”时期年均生产粮食97.62万吨增加26.67万吨，增长27.32%。“九五”期间，粮食生产年均递增4.64%，比“八五”时期年均递增0.89%。

进入“十五”时期后，粮食生产一度出现较大波动。一是客观上由于建设的需要，非农占地增加，相应减少播种面积；二是受到前期粮食丰收，出现“粮多”“粮贱”错误思想的影响，2002年、2003年连续两年出现播种面积逐年减少，加上2002年全州普遍遭受秋风低温阴雨影响，2002年全年粮食作物产量仅达115.40万吨，比上年剧减18.84万吨，减14.03%。2004年，黔东南州贯彻《贵州省2004年对农民种植杂交水稻实行良种直接补贴办法》，在榕江、黎平、天柱、黄平、锦屏5个产粮大县落实了杂交水稻良种补贴政策，并及时将补贴款发放到农民手中。全年共完成补贴兑现乡镇90个，兑现农户359668户，补贴杂交稻面积78.53万亩，补贴资金392.67万元，平均每亩补贴5元，超省下拨补贴资金3.88%。通过对种植杂交水稻实行良种直接补贴，调动了农民种粮积极性。在政策好、人展劲、天帮忙的情况下，是年粮食生产取得了较好的收成，全州粮食总产量达134.76万吨，比上年增长5.34%，比历史最高年的2001年增长0.39%，再创历史新高。其中夏粮产量16.54万吨，比上年增长5.4%；秋粮产量118.22万吨，比上年增长5.3%。

2005年，通过继续落实国家粮食直补政策和免征农业税，农民种粮积极性进一步提高，全年粮食作物播种面积达454.06万亩，比上年增长2.29%。但7月中旬以后，黔东南州境内持续晴热高温少雨，发生了近20年来最为严重的旱灾。全州大部分水库干枯，溪沟断流，大秋作物受旱124万余亩，91350亩水稻绝收。面对严重旱情各级政府带领广大群众，积极投入抗旱保苗工作，全州各级共投入抗旱资金1352.46万元，抗旱用汽（柴）油机29133台（套），抗旱劳力95.27万人，减轻了灾害造成的损失，加上94万亩粮食高产工程的实施，使大旱之年，粮食总产量未造成大幅度减产。全年粮食总产量134.36万吨，比上年减少0.4万吨，减0.3%。其中秋粮产量116.36万吨，比上年减少1.43万吨；夏粮产量18万吨，比上年增加1.03万吨。

2006—2010年，黔东南州把抓好农业，特别是粮食生产，列入各级党委、政府及有关部门的考核内容，粮食生产保持着持续增长势头。全州年均粮食播种面积453.44万亩，2007年播种面积468.05万亩，为黔东南州历史最高年。“十一五”期间，全州共计生产粮食698.18万吨，其中夏粮93.11万吨，秋粮605.07万吨，年均生产粮食139.64万吨。

2006年，州内的榕江、黎平、天柱、黄平、锦屏5个粮食主产县继续被列为杂稻良种补贴县。5县共完成补贴乡镇90个，农户36.46万户；补贴杂交稻面积77.08万亩，补贴资金408.35万元。其中省级资金378万元，黎平、锦屏二县本级安排补贴资金30.35万元。是年，全州完成省农业厅安排的粮食增产工程110.87万亩，其中水稻75.38万亩，平均亩产502.29公斤，比前三年平均亩产增长12.65%；玉米35.49万亩，平均亩产344.73公斤，比前三年平均亩产增长29.02%。粮食增产工程在16个县市实施，涉及190个乡镇2329个村35.63万户。

水稻千亩连片高产示范项目，在天柱县高酿实施，完成1325亩，平均亩产760.44公斤；核心示范区种植的344亩，亩产816.94公斤。全年全州粮食总产量137.97万吨，完成计划135万吨的102.2%，比上年增长2.7%；其中夏粮18.58万吨，秋粮119.39万吨；水稻产量88.13万吨，比上年增长0.41%；玉米产量18.55万吨，比上年增12.74%。

2007年，全州粮食总产量141.5万吨，完成计划138万吨的102.54%，比上年增长2.56%；其中夏粮19.23万吨，比上年增长3.5%；秋粮112.27万吨，比上年增长2.41%；水稻产量88.72万吨，比上年增长0.67%；玉米产量20.45万吨，比上年增10.24%。

2008年年初，全州范围内遭遇严重的低温雪凝灾害，致使马铃薯、小麦及杂粮等农作物受到严重的损失。全州各种农作物受灾面积达329.1万亩，其中小麦及杂粮19.5万亩，马铃薯42.6万亩，绿肥及其他作物57.4万亩。灾害发生后，共投入资金3768万元，其中省级下拨2632万元，州级投入360万元，各县市投入376万元，及时开展了灾后重建和恢复生产工作。是年，杂交水稻良种补贴由原来的5个县扩大到全州范围，共补贴资金2859.59万元，比上年增加2477.84万元。全州粮食总产量144.5万吨，比上年增加3万吨，增长2.1%，实现了大灾之年粮食不减产的目标。其中夏粮18.48万吨，比上年减少3.9%；秋粮产量126.02万吨，比上年增长3.1%。水稻产量90.54万吨，比上年增长2.1%；玉米产量21.67万吨，比上年增长6%。

2009年，全州粮食播种面积462.87万亩，比上年增长1.73%；粮食总产量147.66万吨，比上年增加3.17万吨，增长2.2%，再创历史新高；其中夏粮20.01万吨，秋粮127.65万吨。

2010年，全州粮食播种面积457.35万亩，比上年增长2.5%；总产147.81万吨，比上年增长0.1%。受干旱影响，夏粮减产1.66万吨，减少8.3%；秋粮因种植面积扩大、结构调整优化、增产措施落实到位，产量增加。

“十二五”期间（2011—2015年），由于遭遇严重水灾、冰雹、旱灾等自然灾害，农业生产受到严重影响，导致粮食总产减产。“十二五”期间，全州年均粮食播种面积459.29万亩，比“十一五”期间增长1.3%，共计生产粮食552.41万吨（其中夏粮88.2万吨、秋粮464.21万吨），比“十一五”期间减产145.85万吨，减少20.9%，年均生产粮食110.47万吨，比“十一五”期间减产29.17万吨，减少20.8%。

2011年，全州粮食播种面积458.4万亩，比上年增长0.02%。但遭遇严重水灾，以致粮食总产仅90.72万吨，比上年减产57.09万吨，减产38.6%。2012—2015年播面分别为454.85万亩、457.89万亩、462.07万亩、463.51万亩。4年粮食总产分别为112.62万吨、110.03万吨、118.77万吨和120.19万吨。5年间，虽然遭受严重水灾、冰雹、旱灾等自然灾害，但由于防灾抗灾措施得力，把损失减至最低限度。5年间，除2011年粮食总产90.72万吨外，其余年份粮食总产均在110万吨以上，其中2015年达124.32万吨，为此间最高水平。

第一节　水　稻

耕作制度

稻田耕作制度　有一年一熟制、一年两熟制和一年多熟制。

一年一熟制　1991 年，黔东南州境内水稻种植沿袭过去一年一熟制的冬闲春种习俗。一般谷雨前后育秧，芒种前后栽秧，白露左右收割，以后留板田泡水过冬或炕冬，部分烂泥田和囤水田则蓄水过冬，翌年春耕再使牛翻犁。1991 年，全州仍在村寨附近、水源条件较好的地区留有 30 万亩左右的泡冬田作为翌年秧田。在黎平、从江、榕江、雷山、台江、剑河等县有冷阴烂锈田和糯米田约 60 万亩，不宜冬种，也实行泡水过冬或炕冬。此外，还有部分远离村寨的坡田和望天水田，为不影响来年早春抢水犁田插秧，也有作炕冬或泡冬的。1991 年以后，黔东南州强调秋冬种的力度有所加强，每年秋冬都召开了专门会议，行文布置任务，大力提倡冬种油菜、小麦、豌豆、胡豆、洋芋及绿肥等作物，提倡“小麦上山，油菜下田”和扩大稻田绿肥、洋芋种植面积，泡冬田、炕冬田面积逐年下降，稻田一年一熟栽培面积也随之逐步缩小。到 1993 年全州秋冬种作物覆盖率上升到 86%，比“七五”期间增加 13.3 个百分点；复种指数为 203.07%，比“七五”期间增加 11.76 个百分点。1998 年以后，对秋冬种进一步实行改制扩种，对有水源保证留作秧地的泡冬田也部分种上了蔬菜和绿肥等生长季节相对较短的作物，并同旱育秧相配套，适当减少水秧田；对列入工程改良的冷阴烂锈田，当年改造当年种上绿肥、蔬菜、洋芋等，对一些保水泡冬田也用水面养了绿萍，1999 年全州放养水生绿萍达 10 万余亩。至 2005 年，全州仅有 26 万亩泡冬田留作翌年秧田、有 30 余万亩冷阴烂锈田和望天水田泡冬或炕冬，稻田一年一熟的面积减少到不足 60 万亩，不及全州稻田总面积的 30%。“十一五”期间，随着水稻栽培技术的不断更新和粮食增产工程的实施，尤其是水稻旱地育秧栽培技术的广泛推广，扩大了稻田油菜、稻田马铃薯、稻田蔬菜和稻田绿肥的种植面积，泡冬田、炕冬田面积逐年下降。至 2010 年，全州仅有近 21 万亩泡冬田作翌年秧田、有 25 万余亩冷阴烂锈田和望天水田泡冬和炕冬，稻田一年一熟的面积减少到 46 万亩左右，不及全州稻田总面积的 25%。随着一年两熟制种植模式面积不断扩大，稻田一年一熟的面积逐年减少。至 2015 年稻田一年一熟制面积仅存 43 万余亩。

一年两熟制　1991 年以后，稻田一年两熟栽培面积发展较快，主要轮替方式有水稻—绿肥、水稻—油菜、水稻—小麦、马铃薯—水稻、烤烟—水稻、蔬菜—水稻、早稻—晚稻等类型。

水稻—绿肥　州内绿肥作物播种一般在“秋分”至“寒露”季节，稻谷黄熟放水后，将绿肥种子均匀撒播在湿润田面，水稻收割后，立即开沟排水。1991 年全州种植绿肥 30 万亩左右，平均亩产鲜草 1500 公斤左右。以后种植面积逐年增加，2000 年达 48.88 万亩，2004 年由于得到中共黔东南州委、黔东南州人民政府 40 万元土地出让金的支持，全州秋种绿肥猛增至 81.75 万亩。2005 年再增至 87.6 万亩，亩产鲜草量上升到 2007.2 公斤，水稻亩产比未种绿肥前增加 70 公斤左右。“十一五”期间，由于稻田蔬菜、稻田马铃薯和稻田油菜的种植面积逐年扩大，尤其是稻田免耕马铃薯和免耕油菜栽培技术的推广应用，绿肥种植面积在逐年减少：2006 年 81.04 万亩，2007 年 77.02 万亩，2008 年 74.54 万亩，2009 年 73.06 万亩，2010 年 71.65 万亩，年均种植面积 75.46 万亩。“十二五”期间，除 2013 年绿肥种植在 67.21 万亩以外，其于年份均在 70 万亩以上。其中 2011 年种植 71.71 万亩，2012 年 70 万亩，2013 年 67.21 万亩，2014 年 71.18 万亩，2015 年 72.88 万亩，年均种植面积 70.6 万亩。

水稻—油菜 全州境内稻油两熟栽培已有较长历史。稻田种植油菜既能解决农户的部分食油问题，又不影响水稻的栽插季节，还可利用秸秆还田增加稻田肥力，各地农民都十分重视稻油两熟栽培。1991 年起，黔东南州内稻油两熟面积迅速发展，当年达 72.73 万亩，以后除 1993 年回落到 68.46 万亩外，其余年份均在 70 万亩以上。1991 年至 2000 年的 10 年间，平均每年种植面积为 75.77 万亩。进入 21 世纪后，种植面积又略有回落，年种植面积在 73 万 ~76 万亩之间。“十一五”期间，稻田油菜栽培面积相对稳定，年均面积 79.57 万亩。2015 年 84.14 万亩，再创历史新高，比“十一五”期间最高年的 2009 年的 81.87 万亩增加 2.76 万亩。“十二五”期间，年均种植面积 79.86 万亩，比“十一五”期间增加 0.29 万亩，增长 0.4%。

水稻—小麦 1991 年后稻田种植小麦继续下滑。1992 年降至 3.06 万亩，两熟平均亩产 801.8 公斤。1993—1999 年，每年种植面积也只有在 3 万 ~5 万亩之间，比 1978 年减少 91.03% ~94.62%。进入 21 世纪后，稻田种植马铃薯和蔬菜面积扩大，稻麦两熟的种植面积再度缩小，每年种植稻麦两熟面积均在 3 万亩左右。种植面积相对稳定的区域有麻江、丹寨和凯里市部分地区。

早稻—晚稻 低海拔高热地区在同一丘田里，7 月中下旬收获早稻后，一般于 8 月 1 日前再种上一季晚稻，所以又称为“双季稻”。黔东南州内双季稻生产经历了由发展到衰退的过程。黔东南州内仅有黎平、从江、榕江、天柱、锦屏等县在海拔较低、气温偏高、水源条件较好、群众过去有种植双季稻经验的地区有双季稻种植习惯。1991 年种植 3050.9 亩，平均双季亩产 817.76 公斤，达吨粮田面积 13 亩，平均亩产 1019.2 公斤。以后随着杂交稻的大面积推广，再生稻的培植成功，加上与蔬菜等经济作物效益比较不占优势，劳力、畜力、农家肥日趋紧张，气候条件也常带来一些不利影响，双季稻种植逐年下滑，从 1993 年到 2005 年每年仅在黎平、从江、榕江等县有几百亩的种植面积。2006 年后已无种植。

马铃薯—水稻 1991 年以后，马铃薯—水稻栽培模式在全州逐步推广，1992 年达到 7988 亩，平均亩产鲜薯 1134.7 公斤（马铃薯按 5 折 1 换算成稻谷下同）。1998 年种植 14.74 万亩，施秉城关坝连片种植 140 亩，平均亩产达 1316.8 公斤。2001 年全州种薯稻两熟 10.05 万亩，平均亩产 1302.79 公斤，当年稻田马铃薯产量占全年马铃薯总产量的 51.77%。此后薯稻两熟栽培面积一直保持在年均 10 万 ~15 万亩之间。由于马铃薯—水稻种植模式的经济效益十分可观，“十一五”期间，自治州把这一模式作为重点农业推广项目实施，列为农业结构调整的重要内容，种植面积逐年扩大。2006 年 43.83 万亩，2007 年 44.81 万亩，2008 年 50.82 万亩，2009 年 54.09 万亩，2010 年 57.18 万亩；年均亩产量 950.5 公斤。“十二五”期间的 2011—2015 年，年均种植在 50 万 ~58 万亩之间，年均亩产量 952 公斤。

水稻—蔬菜 全州各县市都有栽培，以麻江、榕江、三穗、凯里等县市种植面积较大。1991 年以后，为缓解城镇人口吃菜难的问题，黔东南州和各县市大抓“菜篮子”工程，稻菜两熟栽培面积随之增加。2000 年发展到 31 万亩。2005 年扩大到 35.2 万亩。2006 年 36.23 万亩，2007 年 38.22 万亩，2008 年 39.98 万亩，2009 年 41.87 万亩，2010 年 42.62 万亩，年均增加 1.58 万亩。2011—2015 年，年均种植面积在 40 万 ~45 万亩之间。

稻田其他两熟栽培 在适宜的气候条件和生态条件下，1991 年以后，黔东南州境内利用稻田两熟制还栽培了一些经济效益较高的特色作物。主要表现模式有：烤烟—水稻两熟制，该栽培模式起源于黄平县，后推广到麻江、施秉、丹寨、镇远等县，2000 年前后种植面积最多曾达几万亩，2006—2010 年全州年均种植面积 5.5 万亩。水稻—荸荠两熟制，主要在榕江、从江、锦屏等县有少量种植。2000 年锦屏县敦寨镇种植水稻—荸荠 85 亩，亩产稻谷 526.8 公斤，荸荠产值 1017 元，两熟合计亩产值 1543.8 元。2006—2010 年主要在榕江、从江、锦屏、黎平等县的低海拔生态区有数千亩种植面积，水稻亩产在 600 公斤以上，荸荠亩产值 1200 元左右。水稻—百合两熟制，适宜种植区域在低海拔生态区，1999 年在锦屏县敦寨镇亮司村试种成功，2000 年全镇推广 830 亩，亩产稻谷 523.6 公斤，百合经济效益十分可观，亩产值在 8000 元以上，后在榕江、从江、锦屏、黎平等县有上千亩的种植。但后来由于百合产品销路不畅，种植面积有所下降。花生—晚稻两熟制，在麻江、镇远、锦屏等县有种植，实地测产，亩产干壳花生 215 公斤，亩产稻谷 514 公斤。由于花生价格看好，“十一五”期间全州花生—晚稻种植面积比较稳定：2006 年 2.44 万亩，2007 年 2.4 万亩，2008 年 2.29 万亩，2009 年 2.39 万亩，2010 年 2.18 万亩，年均亩产量 182.75 公斤，晚稻年均亩产量 535.42 公斤。种植区域主要在黄平、施秉、镇远、岑巩、锦屏、黎平、台江、从江等县。以上各种种植模式，“十二五”期间的 2011 年至 2015 年，年均在 2 万亩左右。

一年多熟制 随着农业生产的发展和农业科技的进步，黔东南州稻田多熟栽培得到快速发展。主要栽培模式有油菜—西瓜—水稻、小麦—西瓜—水稻、蔬菜—玉米—水稻、油菜—烤烟—水稻、蔬菜—洋芋—水稻等。1992 年，全州稻田多熟制发展到 9 万亩；1994 年，全州稻田多熟制发展到 24.63 万亩；1996 年，全州稻田多熟制发展到 32.03 万亩，其中达到吨粮田的 2.55 万亩，达到双千田（千斤粮，千元钱）的 6.91 万亩；2000 年 43.43 万亩，其中双千田 19.85 万亩；一般说来黔东南州境内在热量条件好的东南部种植油菜（小麦）—西瓜—晚稻三熟的面积较大，在各县市城郊坝区以种植蔬菜—洋芋—水稻和蔬菜—蔬菜—水稻较为普遍。2003 年，稻田多熟制面积发展到 52.46 万亩，平均亩产粮食 539.33 公斤。其中蔬菜—蔬菜—水稻 14.28 万亩，油菜—西瓜—水稻 12.16 万亩，蔬菜—西瓜—水稻 8.28 万亩，蔬菜—洋芋—水稻 6.65 万亩，其他菜—水稻—洋芋、玉米—水稻—洋芋等 11.11 万亩。以蔬菜—洋芋—水稻模式效益最好，平均亩产蔬菜 260.77 公斤、洋芋 460.2 公斤、稻谷 547.36 公斤。2005 年，全州稻田多熟栽培面积增加到 73.64 万亩，粮食平均亩产 582.79 公斤，亩产值 1289.08 元。主要种植模式有菜—稻—菜、油—瓜—稻、洋芋—稻—菜等。2006 年 64.19 万亩，2007 年 69.79 万亩，2008 年 68.97 万亩，2009 年 74.16 万亩，2010 年 78.53 万亩。水稻年均亩产量 595.58 公斤，模式年均亩产值 1494.84 元。“十二五”期间的 2011—2015 年，年均种植在 70 万—80 万亩之间，其中 2013 年，稻田多熟制 94.0 万亩，创历史最高年。

榕江县通过实施稻田多熟综合开发利用，年新增产值达 1119.19 万元，财政获利、农民增收。其间还培养了大批农村乡土人才，有的掌握西瓜、早菜种植技术后，走出家门到外省、外县凭借技术闯市场。车江乡前后有200余人到云南省从事种西瓜、蔬菜技术指导，年收入多的达10多万元。有的还跨出国门到老越、缅甸进行生产技术指导赚钱。锦屏县敦寨镇2000年推广“菜—菜—稻”三熟栽培1106亩，亩产值2296.2元，比常规“油—稻”种植亩增1643.1元，新增总产值181.73万元。麻江县下司镇淑里、花桥、沙飘、清江、马场等村常年种植稻田草莓5000余亩，仅此一项，年收入超万元的农户达近百户。其中取得贵州省农业委员会颁发的无公害农产品产地认定证书3900亩，下司草莓产业正逐步走向成熟。

旱地耕作制度 有一年一熟制、一年两熟制和一年多熟制。

一年一熟制 1991年，黔东南州境内旱地沿袭旧的习惯，绝大部分都只种一季旱地粮食作物或经济作物。以后随着间种、套作和旱地多熟制的发展，旱粮一年一熟的面积逐年缩小。到21世纪初，旱地一年一熟旱作的面积已降至20万亩左右。其中小麦5万亩、玉米5万亩、红苕8万亩、其他杂粮2万亩。“十一五”期间全州旱地可利用面积68万亩。随着旱地分带轮作、旱地宽厢宽带及旱地绿肥栽培技术的广泛推广和应用，旱地一年一熟的种植面积逐年缩小。至2010年，全州包括红薯、高粱、荞麦、燕麦、芸豆、蚕豆、豌豆、小杂豆、苡仁米、小米等作物，一年一熟种植面积仅有12.79万亩。“十二五”期间（2011—2015年），一年一熟种植面积模式仅有10万亩左右。

一年两熟制 州境内旱地一年两熟栽培制度历来有连作和间套作两种。连作栽培的主要模式有红苕（玉米）—马铃薯、红苕（玉米）—蔬菜、红苕（玉米）—小麦、红苕（玉米）—大麦、红苕（玉米）—燕麦、红苕（玉米）—荞麦、小麦—花生、花生—洋芋等。其中以前三种模式占的比例较大，达80%以上。1995年以前，常年旱地一年两熟连作面积约12万亩左右。之后，种植面积减少，2000年以后，旱土每年两熟连作面积降至10万亩左右；旱地粮食作物间套作种植模式主要有红苕—玉米、玉米—黄豆、玉米—杂豆、玉米—地瓜等。1991—1993年，境内各地年平均种植面积15万亩左右。1994年以后，随着旱地多熟制的迅速发展，旱地间套作种植面积也呈减少趋势。2000年以后，每年种植面积也降至10万亩左右。“十一五”期间旱地两熟连作模式主要有玉米—蔬菜、油菜—玉米、玉米（红苕）—马铃薯、小麦—玉米、小麦—花生、花生—马铃薯、绿肥—玉米、绿肥—高粱等。常年种植面积8万亩左右。旱地粮食作物间套作模式主要有玉米—红苕、玉米—黄豆、玉米—杂豆等。常年种植面积6万亩左右。“十二五”期间（2011—2015年），年均在4.5万—5万亩之间。

一年多熟制 种植模式有小麦—烤烟—红苕三熟制，小麦—西瓜—红苕，小麦—西瓜—黄豆，小麦—玉米—黄豆，油菜—西瓜—玉米，小麦—西瓜—蔬菜等栽培三熟制。1993年，全州旱地多熟制栽培发展到3.79万亩。1994年在取得成功经验后，又猛增到24.79万亩。旱地分带轮作面积大幅度上升的主要原因是由于当年化肥、粮食价格上涨而导致粮肥（绿肥）间套作大面积增加，当年粮肥间套面积达23.67万亩，占旱地分带轮作面积的95.5%。1997—2005年，全州旱地分带轮作多熟制年均完成25万~40万亩之间。主要方式是小麦分带、马铃薯分带和间套绿肥。并在高海拔地区试种也取得了同样明显效果。雷山县大塘乡新联村海拔1100米，常年多数是种一季玉米或者玉米间种红苕。1999年，该村试种80亩旱地分带轮作多熟制成功后，2000年扩大到450亩，选用脱毒马铃薯—玉米（育苗移栽）—红苕三熟制。2005年，全州旱地分带轮作面积37.92万亩，其中小麦分带4.65万亩，马铃薯分带23.22万亩，间套种绿肥

14.91 万亩。粮食平均亩产 584.99 公斤，亩产值 1100 元。同时加大了旱地宽厢宽带的示范规模，全州示范面积 4.25 万亩，玉米亩产 281 公斤，平均亩产值 899 元。

“十一五”期间，旱地一年多熟制由旱地分带轮作和旱地宽厢宽带两种栽培技术组成。旱地分带轮作种植模式主要有：小麦—西瓜—红苕、油菜—西瓜—玉米、小麦—西瓜—蔬菜、油菜—西瓜—蔬菜、马铃薯—玉米—蔬菜、马铃薯—玉米—红苕、马铃薯—玉米—黄豆、小麦—烤烟—红苕、绿肥—玉米—花生等。种植面积：2006 年 37.31 万亩，2007 年 36.94 万亩，2008 年 39.13 万亩，2009 年 37.44 万亩，2010 年 33.28 万亩。综合粮食平均亩产 551.06 公斤，平均亩产值 1139.3 元。“十二五”期间的 2011 年至 2015 年，年均 35 万亩以上。

旱地宽厢宽带种植模式主要有：绿肥—马铃薯—玉米—红苕、绿肥—马铃薯—玉米—黄豆、绿肥—蔬菜—玉米—番茄、大白菜—大蒜—玉米—辣椒、绿肥—玉米—太子参、绿肥—玉米—西瓜、绿肥—玉米—魔芋、绿肥—玉米—生姜、绿肥—玉米—折耳根、绿肥—玉米—花生、绿肥—玉米—辣椒等。种植面积：2006 年 3.75 万亩，2007 年 7.59 万亩，2008 年 11.72 万亩，2009 年 11.61 万亩，2010 年 9.682 万亩。综合亩产值 1373.1 元。2011 年后，年均 10 万亩左右。其中 2011 年，旱地宽厢宽带高效栽培技术 9.91 万亩。2015 年，玉米旱地宽厢宽带栽培 9.5 万亩，综合产值 2176 元。

2010 年，全州种植绿肥—马铃薯—玉米—红薯旱地多熟制 2.91 万亩，绿肥—马铃薯—玉米—黄豆多熟制 2.71 万亩，绿肥—蔬菜—玉米—番茄多熟制 1.94 万亩，大白菜—大蒜（或叶菜类）—玉米—辣椒多熟制 2.13 万亩。“十二五”期间（2011—2015 年），全州推广旱地分带轮作多熟制累计达到 192.48 万亩，比“十一五”期间（2006—2010 年）增加 8.38 万亩。

果园、茶园间作与林粮间作。一般在果园幼林阶段，间作小麦、玉米、西瓜；在成年果树下间作绿肥、大豆、蚕豆、豌豆、红薯、马铃薯等耐阴矮生作物。在幼龄茶园，一般间作花生、大豆、绿肥等。林粮间作仅在幼林期间作玉米、烟草、辣椒、西瓜、花生、马铃薯、红薯等作物。

主要品种

州内的水稻品种，依其种性有籼稻和糯稻之分，依其生育期的长短，有早熟稻、中熟稻和晚熟稻之别，依其生长环境，又有水稻和旱稻（陆稻）之称。糯性稻又分糯稻和糯禾。糯性稻适应性广，无论是低海拔、高海拔；也无论是良田，冷阴烂锈田都能种植，且生长良好。糯米黏性强、米质优、营养高、味道好、耐饥饿、食用方便，因而农村历来都喜欢种植糯稻。黔东南水稻品种的改良一直经历着以下过程。

改糯稻为籼稻　为提高水稻单产和总产，满足全州人口日益增加对用粮的需求，经过多年来的“糯改籼”和“禾改黏”，到 1991 年，全州水稻品种已基本形成了这样一个布局：即糯禾种植面积占全州水稻面积的 10% 左右，糯稻种植面积占水稻面积的 9% 左右，籼稻种植面积占水稻面积的 80% 以上。1995 年以后，杂交稻种植面积发展到 170 万亩以上，这个布局开始被打破。1998 年后，糯禾和糯稻面积均下降到占水稻面积的 4% 左右，并多年稳定在这一水平。

1991 年后，推广的糯禾品种有香禾、黑禾、大同禾、折糯、糯禾、榕禾、梅黑禾、黑米旱禾、黑药糯禾等。主要产区为从江、榕江、黎平、锦屏、天柱、剑河、雷山、丹寨、麻江等县。

糯稻主要推广品种有麻壳糯、须须摘糯、白壳糯、黑糯米、小黄黑糯、惠水黑糯、大白糯、打谷糯、北京糯等。全州各县市均有零星种植。2010 年种植面积 9.45 万亩。

改农家品种为本地、外地良种 黔东南州境内历史上种植的水稻品种，经过长期的自然选择，具有一定的适应性，但产量稳而不高。以后经过多年的改良，引进不少外地良种，如黔农 5782、中农 34、南特号、三颗寸、老来青、南京 1 号、农垦 58、853、科字 6 号、秋福 1 号、桂朝 1 号、桂朝 2 号、双桂 1 号、双桂 36 号等品种；同时推广州内地方良种锡利油粘、八百粒、金麻粘、香禾糯、凯中 1 号、施农 1 号、锦科 36 号等，逐步取代了原来的农家老品种。1991 年以后至今，州内推广面积较大的水稻本地良种有锡利油粘、凯香优 947、红麻油粘、剑河红米；外地常规良种有桂朝 2 号、双桂 1 号、滇屯 502、红优 1 号、红优 2 号、超泰香、北京糯等。

改常规稻为杂交稻 随着杂交水稻逐年推广扩大，种植面积逐年增加，1991 年突破 150 万亩，达 155.58 万亩，1998 年为州内杂交水稻推广面积最大的一年，达 191.34 万亩，占水稻种植面积的 92.2%；产量 87.69 万吨，占水稻总产量的 94.49%；1999 年以后，随着优质稻的引进和推广，原来种杂交稻的部分稻田被用来改种优质稻，杂交稻面积逐年减少。1999 年降至 185.65 万亩，2000 年 183.09 万亩，2003 年 186.75 万亩，2005 年 183.57 万亩，2009 年 186.7 万亩，2011 年 183.9 万亩，2013 年 180.8 万亩，2015 年 177.26 万亩。在杂交稻高产区的天柱县，1996 年，种植杂交稻经测产验收，平均单产 731.8 公斤，最高的高酿坝区每亩达 816.8 公斤。

1991 年后，推广的杂交稻主要品种有Ⅱ优 63、汕优 63、汕优多系一号、金优 63 等 11 个组合。随后全州中低海拔地区选用的优质高产品种主要有 Q 优 1 号、Q 优 2 号、Q 优 5 号、宜香优 1577、宜香优 3003、金优 725、金谷 202、D 优 363、D 优 128、D 优 202、川香优 2 号、Ⅱ优 7 号、Ⅱ优明 86、冈优 177、Ⅱ优 96、简优 202 等；高海拔地区选用的耐寒品种有Ⅱ优多系 1 号、Ⅱ优 725、特优 559、Ⅱ优 838、陆两优 106、Ⅰ优 4761 等。2009 年承办了全省杂交水稻新品种观摩现场会示范点，共展示杂交水稻新品种 48 个，高产示范栽培高产优质品种 132 个，示范面积 120 亩。2010 年，全州开展“两杂”引种试验，引种认定水稻新品种 10 多个；推广种植的杂交水稻新组合 170 多个。2011 年后推广的主要品种，除以上部分品种外，另有 Y 优系列、宜香系列、金优系列、中浙优系列、C 两优华占等。

改低质稻为优质稻 从 1991 年引进部分良种种植以来，低质稻改优质稻的工作在黔东南州内陆续开展，但较大规模的改良还是从 2000 年开始的。2000 年全州种植优质稻 32.45 万亩，其中以滇屯 502 为主的特种优质稻 6 万亩；金优 18、金优 63、金优 527、D 优 68、D 优 527、K 优 047、K 优 5 号、菲优多系 1 号、K 优 5 号等优质杂交稻 15.85 万亩；地方特色优质稻锡利油粘、金麻粘等 1.06 万亩。测产验收结果，特种优质稻平均亩产 436.8 公斤，优质杂交稻平均亩产 498.8 公斤，地方特色优质稻平均亩产 364.8 公斤。优质稻总产 12.96 万吨，占全州稻谷总产量的 14.2%。2001 年以后，又逐步引种绵Ⅱ优 838、宜香 725、金优 725、Ⅱ优明 86、Q 优 1 号、Q 优 2 号等品种，种植面积也逐年扩大。2001 年种植面积 57.8 万亩，总产优质稻 28.33 万吨，占当年全州稻谷总产量的 30.39%。2002 年扩大到 61.56 万亩，其中米质达国家一级的特种优质稻 19.31 万亩，达国家二级的 42.25 万亩。测产验收结果，平均单产 379.28 公斤，由于受特大秋风危害，单产较上年减少 23.62%；总产 23.35 万吨，较上年减少 17.6%。自 2003 年以来，黔东南州内榕江、丹寨、岑巩、麻江四县被贵州省农业厅列为农业结构调整重要示范项目——优质稻生产基地县，优质稻得到较好发展。2004 年，全州优质稻发展到 85.03 万亩，平均亩产 448.9 公斤，总产 38.17 万吨。2005 年，全州优质稻面积达 88.57 万亩，平均亩产 450.83 公斤，总产 39.93 万吨，占全州稻谷总产量的 45.49%。2006 年全州种植优质稻 93.5 万亩，总产量 44.7 万吨，比上年增加 4.77 万吨；优质稻平均亩产 460.9 公斤。贵州省农业厅农业结构调整重点示范项目榕江、丹寨、岑巩 3 县完成优质稻示范种植 4.01 万亩，带动项目县发展优质稻 21.43 万亩。全州现有优质稻加工企业 28 家，年加工能力 6 万 ~7 万吨，丹寨黔丹公司生产的"黔丹"牌富硒米，榕江盛泰公司生产的"五榕"牌锡利贡米已享誉省内外。

2007 年，全州种植优质稻 104.94 万亩，比上年增加 9.48 万亩，占全州水稻种植面积的 54.1%，总产量 47.77 万吨，比上年增加 3.07 万吨；优质稻平均亩产 455.19 公斤。州内优质稻加工较为成型的企业有丹寨县黔丹硒业有限公司、榕江县盛泰农产品开发有限公司和黎平侗乡米业有限公司。年加工量分别为 2100 吨、500 吨、12000 吨。2008 年，全州种植优质稻 96.51 万亩，占全州水稻种植面积的 49.78%，其中地方特色优质稻 15.77 万亩，杂交优质稻 80.74 万亩，总产量 45.32 成为万亩；优质稻平均亩产 469.54 公斤。黔东南州内有省、州级优质稻加工龙头企业 10 家，实行订单生产面积 3.4 万亩，年加工优质米 2 万吨，产值 7500 万元，年创利润 270 万元。2011 年，全州优质稻种植 107.7 万亩。2015 年，全州优质稻绿肥增产新技术示范 45.2 万亩，平均亩产 455.4 公斤。

2000—2015 年，全州优质稻经过 15 年的持续发展，形成了以下 3 个类型的种植带：一是以丹寨、麻江两县硒锌米为代表的特种优质稻，常年种植面积 8 万亩左右，主要品种有滇屯 502、凯香 1 号、红优 8 号等；二是以从江、榕江、黎平 3 县香禾为代表的地方特色优质稻，常年种植面积 9 万亩左右，主要品种有香禾、锡利贡米、红米、紫色米等；三是生产面积较大的杂交优质稻，全州各县市均有种植，常年种植面积 95 万亩左右，主要品种有 C 两优华占、中浙优 1 号、宜香系列等。

由于粳稻抗寒性较强、米质好，在雷山、麻江、剑河、台江、黎平、三穗、岑巩等县一些高寒山区，至今仍种植部分粳稻。2004 年全州种植粳稻面积 2.93 万亩，2005 年 4.29 万亩，2009 年 1.8 万亩，2010 年增至 9.44 万亩，2011 年至今年均 9 万亩左右。

改普通杂交稻为超级杂交稻 为进一步提高杂交稻的单产和稻谷总产量，2005 年，州委、州政府把搞好超级稻生产列为 12 件实事之一，集中力量在全州各县市举办了 20 个示范点，引进超级稻新品种准两优 527，总面积 2303.5 亩。经实割实测田块 235 丘，面积 127.49 亩。其中亩产干谷 800 公斤以上的 98 丘，最高单产是三穗县八弓镇吉洞村蒋镇祥户 1.166 亩，总产干谷 1038.61 公斤，亩产净干谷 890.75 公斤，创黔东南水稻生产历史最高水平；亩产干谷 700 ~800 公斤的 104 丘；亩产干谷 700 公斤以下的 33 丘。加权平均亩产干谷 765.44 公斤。实现了亩产 700 公斤以上的预期目标。2006 年超级稻生产，从上年的 2000 余亩试验示范扩大到推广种植 15.81 万亩，完成计划 10 万亩的 158.1%。据各县市测产验收，平均亩产 757 公斤，超额计划平均亩产 600 公斤目标 157 公斤。为实现水稻持续增产开辟了新的途径。

2007 年，从财政拨专款 30 万元，全州超级稻推广种植面积 27.76 万亩，完成计划 20 万亩的 138.8%。超级稻生产涉及 16 个县市 203 个乡镇 1563 个行政村。据各县市测产验收，最高亩产量达865.08公斤，平均亩产625.13公斤，比全州水稻平均亩产465.81公斤增加159.32公斤，总增产稻谷4.42万吨。2008年，全州推广种植超级稻39.0万亩，比上年增加11.34万亩，平均亩产626.87公斤，比同年全州杂交水稻平均亩产485.05公斤增加141.82公斤，新增稻谷5.55万吨。2009年、2010年、2011年、2012年、2013年、2015年，分别推广超级稻面积44.25万亩、50.06万亩、55.52万亩、66.11万亩、88.6万亩和88.36万亩。

“十一五”期间，水稻栽培品种主要由杂交水稻、超级稻、优质稻、糯稻、粳稻五大类型组成。

杂交水稻品种 根据不同组合性状，中籼迟熟组合适应在海拔600米以下生态区栽培。主推品种有冈优725、中优63、黔优88等；中籼中熟或中迟熟组合适应在海拔600～800米生态区栽培。主推品种有中优85、Q优6号、Ⅱ优838、B优827、Ⅱ优084、富优1号、Ⅱ优明86、国丰1号、T优300、宜香727、中优7号、准两优527、Q优6号、中优85、岗优725、金优527、金优725、B优827等；中籼早熟或中早熟组合适应在海拔800米以上生态区或作一季晚稻栽培。主推品种有标优2号、金优桂99、金优207、T优210、中优838、中9优838选等。“十一五”期间全州杂交水稻生产面积共计917.86万亩，平均亩产471.81公斤。

“十二五”期间全州杂交水稻生产面积共计910.72万亩，平均单产436.89公斤，杂稻产量占水稻总产量的95.22%。全州杂交水稻生产面积和平均单产分别比“十一五”期间减少0.14万亩和34.92公斤（全州杂交水稻生产面积及产量统计详见下表）。

黔东南州杂交水稻面积及产量统计表

表3—1　（1991—2015年）　单位：亩、吨、%

年份	杂稻种植面积	占水稻面积	杂稻产量	占水稻总产量
1991	1555847	78.29	701914	81.84
1992	1453860	77.10	576142	75.80
1993	1656495	83.08	626748	84.68
1994	1671930	84.10	596892	82.82
1995	1700655	81.27	715364	85.89
1996	1745265	87.50	757731	88.97
1997	1833075	91.25	839371	92.12
1998	1913490	92.20	876865	94.49
1999	1856500	92.42	845280	94.50
2000	1830900	88.44	866699	93.83
2001	1793000	87.03	877242	94.10
2002	1853400	91.55	697691	93.00
2003	1867500	93.74	814921	93.16
2004	1811600	92.44	835017	93.68
2005	1835685	92.82	833001	94.91
2006	1840000	93.46	842058	95.55

续表

年份	杂稻种植面积	占水稻面积	杂稻产量	占水稻总产量
2007	1817400	93.93	846563	95.42
2008	1773800	94.92	862244	95.23
2009	1867000	97.71	903553	98.66
2010	1826000	95.60	879183	96.14
2011	1839000	95.88	729163	95.61
2012	1831300	95.93	822199	93.38
2013	1808000	94.71	791904	96.70
2014	1856300	97.00	834036	96.54
2015	1772600	92.61	801552	93.89

超级稻品种 主要推广准两优527、Q优6号、Ⅱ优明86、Ⅱ优084号、黔优88等品种。“十一五”期间，全州超级稻生产面积共计176.98万亩，平均亩产625.46公斤。2011年，全州推广超级稻55.52万亩；2012年66.11万亩；2013年88.6万亩；2015年超级稻示范88.38万亩，平均亩产513.6公斤。“十二五”期间全州超级稻生产面积共计412.06万亩，年均推广面积82.4万亩。

优质稻品种 优质稻又分杂交优质稻和常规优质稻。杂交优质稻达国家《优质稻谷》标准三级以上被广泛称为杂交优质稻。“十一五”期间种植的杂交优质稻主推品种达国家《优质稻谷》标准2级的有凯香优1号、宜香725、国丰1号、宜香10号、沪香615、金优725等品种；达国家《优质稻谷》标准3级的有B优811、内香8518、内香优1号等品种；州内种植的常规优质稻主推品种有滇屯502、锡利油粘、金麻粘等，都是具地方特色的特种优质稻米。“十一五”期间全州优质稻生产面积共计508.69万亩，平均亩产418.05公斤。为做好品种储备工作，2010年全州开展的新品种展示有：科优21、Y两优6号、中优117、黔优568、中优608、江两优3号、两优662等。2011年，全州推广优质稻107.7万亩。

糯稻品种 糯稻食品不仅是州内苗侗人民日常生活、餐桌上的必备食品，更是民族节日文化的一部分。全州各地都有栽培，以黎平、从江、剑河、榕江、麻江、雷山、三穗、施秉、凯里、黄平等县市种植面积较大。2009年种植面积8.95万亩，2010年种植面积9.45万亩，2011年后至2015年均种植9万亩左右。糯稻品种多源于自选、提纯保留的地方品种。

播种面积和产量

播种面积 水稻是黔东南州最主要的粮食作物，是全州各族人民的主要食粮。1991年以来，每年播种面积都在200万亩左右，1995年、1998年和2000年3年年播种面积超过207万亩，其中1998年达207.52万亩。从2001年以后，全州水稻播种面积呈逐年下降趋势，其原因一是结构调整，利用稻田种植经济作物及瓜、菜；二是因修路和城市扩建等原因导致稻田面积减少。黔东南州水稻播种面积占粮食作物总播种面积的比重也呈下降趋势。1991—1996年年均所占比重为55.65%；1997年以后，随着州内种植业内部结构调整的深入开展，苞谷、马铃薯、红苕等粮食作物种植面积的增加，水稻在全年粮食作物播种面积中的比重进一步下降。1997年为49.81%，2004年降至44.15%，2005年继续下降至43.55%。“十一五”期间黔东南州种植业内部的结构调整，尤其是稻田改种经济作物、稻田多熟制、稻田改旱作，2008年全州利用望天田改种杂交玉米面积就有16.54万亩。稻田面积2006年降至196.49万亩，2007年193.49万亩，2008年186.88万亩，2009年191.07万亩，2010年191万亩。2011年至2015年，水稻年播种面积仍稳定在190万亩左右。

水稻总产量和单产 1991—2015年，尽管全州的农田水利基本建设得到前所未有的发展，农业生产条件得到明显改善，抗灾能力有了较大提高，但是，水稻生产受自然因素的影响仍然较大，“靠天吃饭”的格局没有得到根本改变，一旦遭遇较大自然灾害，总产量和单产均有不同程度下降。水稻单产受自然因素、栽培技术和生产水平的影响很大，总产量的增加或减少又受单产和播种面积的制约，科技投入和政策扶持是单产及总产量增产的重要因素。1991年，继续实施农业部“丰收计划”，同时扩大杂交稻推广面积，加上半旱式栽培、再生稻生产等增产措施的实施，使当年稻谷产量上升到85.76万吨，比上年增加4.5万吨，增长5.54%。1995—2001年，全州狠抓了杂交水稻综合配套技术的实施，州、县（市）、乡（镇）各级大办示范样板，开展技术培训，提高了水稻生产的整体水平，稻谷产量又进入了新的发展阶段。7年稻谷年平均产量89.63万吨。2003年，自治州组织开展农业科技年活动，为全州206个乡镇农推站订阅《农技服务》杂志，适时组织送科技下乡，创办农业科技示范园和农业新技术推广示范点，多形式、多层次开展技术培训，推广普及各类农业技术；2004年，在五县对农民种杂交稻实行良种直补等办法，亦极大地调动了农民种粮的积极性，在种植面积减少的情况下，稻谷总产量仍得到稳定增长。

“十一五”期间，黔东南州实施水稻增产工程，配套杂交水稻优良品种，大力推广超级稻超高产栽培和水稻平衡配方施肥技术，全州水稻生产的整体水平提高，水稻单位面积产量创历史新高，进入了新的发展阶段。

2006年，全州水稻播种面积196.49万亩，稻谷总产量88.13万吨，平均亩产448.51公斤。同年实施水稻增产工程有效面积75.38万亩，占水稻播种面积的38.36%，平均亩产502.29公斤。

2007年，前期低温干旱，大部分地区育秧较往年偏晚，虫灾来势猛，危害面大，对水稻产量造成了一定影响。全州水稻播种面积193.49万亩，稻谷总产量88.72万吨，平均亩产458.53公斤。实施水稻增产工程有效面积73.21万亩，占水稻播种面积的37.84%，平均亩产507.2公斤。

2008年，对黔东南州来说是极不平凡的一年，既是多灾重灾之年，又是丰收之年。全州水稻播种面积186.88万亩，稻谷总产量90.54万吨，平均亩产484.5公斤，单产水平创历史新高。实施水稻增产工程有效面积87.58万亩，占水稻播种面积的46.86%，平均亩产512.26公斤。

2009年，水稻播期和秧田期遭遇连续低温阴雨，造成秧苗素质差，部分大田落田苗数不够，后期又遇连续高温。全州水稻播种面积191.07万亩，稻谷总产量91.58万吨，平均亩产479.33公斤。实施水稻增产工程有效面积91.85万亩，占水稻播种面积的48.07%，平均亩产513.25公斤。

2010年，黔东南州遭遇了50年难遇的严重的春、夏连旱，水稻播种和单产都受到了严重的影响。全州水稻播种面积191万亩，稻谷总产量91.45万吨，平均亩产478.8公斤。实施水稻增产工程有效面积92.86万亩，占全州水稻播种面积的48.62%，平均亩产523.8公斤。2010年，水稻高产创建项目在凯里、黄平、锦屏、黎平4县市实施。凯里市在炉山镇完成高产创建11269亩，项目平均亩产703.21公斤；黄平县在旧州镇和浪洞乡完成高产创建10227亩，项目平均亩产733.46公斤；锦屏县在钟灵和隆里两乡镇完成高产创建11126亩，项目平均亩产722.34公斤；黎平县在中潮镇完成高产创建10192亩，平均亩产715.83公斤。

“十二五”期间，全州遭遇水灾、冰雹、旱灾等自然灾害，水稻生产受到严重影响，导致水稻总产减少。

2011年，全州水稻播种面积191.81万亩，稻谷总产量58.45万吨，占粮食总产量的64.43%，平均亩产304.73公斤。实施“粮食增产工程及高产创建项目”，涉及16个县市184个乡镇2477个村，推广面积144.6万亩，其中水稻112.83万亩。全年种植杂交水稻183.91万亩，其中超级稻55.52万亩，优质稻107.7万亩，水稻新品种展示68个。

2012年，全州水稻播种面积190.64万亩，稻谷总产量76.13万吨，占粮食总产量的67.60%，平均亩产399.3公斤。实施“粮食增产工程”和“粮油高产创建”，投入省级财政资金700万元。实施粮食增产工程，推广面积144.24万亩，其中水稻增产工程112.30万亩，水稻高产创建项目26.92万亩。推广超级稻66.11万亩。

2013年，全州水稻播种面积190.89万吨，稻谷总产量72.16万吨，占粮食总产量的65.58%，平均亩产378公斤。实施“粮食增产工程”和“粮油高产创建”，粮食增产工程在全州16个县市实施，涉及58.89万户农户，有效实施规模144.5万亩，其中水稻113.21万亩。水稻高产创建项目在凯里、麻江、雷山、丹寨、黄平、施秉、镇远、岑巩、天柱、榕江、从江、台江、剑河13县市实施，共16个项目，项目涉及25个乡镇277个村79945户农户，总共完成栽插面积17.79万亩，平均亩产729.09公斤。

2014年6月至7月初，全州连续遭遇暴雨袭击，水稻生长和单产都受到严重影响。全州水稻播种面积191.38万亩，稻谷总产量75.54万吨，占粮食总产量的63.6%，平均亩产394.3公斤。实施“粮食增产工程”和“粮油高产创建”，在全州16个县市实施，涉及贫困乡镇232个，贫困村2166个，参与农户达45.3万户。有效推广面积92.2万亩，项目总产达46.77万吨；水稻高产创建在凯里市、麻江县、丹寨县等12个县市实施，实施面积16.87万亩，平均亩产量677.94公斤；整乡大季作物水稻推进项目在三穗、锦屏、黎平3县实施，平均亩产626公斤。

2015年，全州水稻播种面积191.41万亩，稻谷总产量75.70万吨，占粮食总产量的62.98%，平均亩产395.49公斤。实施“粮食增产工程”和“粮油高产创建”，粮食增产工程在全州16个县市实施，项目共涉及192个乡镇48.97万户农户共188.35万人，其中贫困乡镇133个44.17万户农户164.93万人。全州粮食增产工程有效推广规模119.91万亩，超目标任务117万亩的2.49%，其中水稻增产工程完成92.87万亩，超目标任务91万亩的2.05%；水稻高产创建在麻江、丹寨、黄平等12县实施，共16个示范片，累计实施面积17.79万亩，平均亩产达673.87公斤。全州完成杂交稻种植面积177.26万亩，杂交稻平均亩产452.2公斤；超级稻示范88.38万亩，平均亩产513.6公斤；优质稻绿肥增产新技术示范45.2万亩，平均亩产455.4公斤。

黔东南州水稻面积总产量与粮食作物比较表

(1991—2015 年)

表 3—2　　　　单位：万亩、万吨、公斤、万人、%

年份	粮食作物播种面积	水稻面积	占粮食总播面积	粮食总产量	夏收粮食		秋收粮食		水稻总产量	占粮食总产量	粮食单产	农业人口	人均产粮
					播面	产量	播面	产量					
1991	366	206	56.35	103.3	65.9	6.5	300.9	96	85.7	82	282	358	288
1992	367	208	56.63	91.2	64.3	6.2	302.9	85	76.0	83	249	346	263
1993	363	203	56.10	82.5	64.6	6.0	298.4	86	74.0	79	255	348	266
1994	381	206	52.84	94.4	69.4	6.8	311.5	87	72.0	76	248	349	270
1995	391	207	52.89	107.1	73.2	8.3	318.4	98	83.2	77	273	352	303
1996	391	204	52.20	110.5	77.1	8.7	314.6	101	85.1	77	282	354	312
1997	412	205	49.81	121.1	89.9	11	322.9	109	91.1	75	293	357	339
1998	441	207	46.97	128.6	104.5	14	337.3	114	92.7	72	291	359	358
1999	452	200	44.35	128.6	110.1	14	342.7	113	89.4	69	284	362	354
2000	462	207	44.74	132.6	114.8	15.	347.8	116	92.3	69	287	366	361
2001	458	206	44.97	134.2	110.9	15	347.1	118	93.2	69	293	372	360
2002	449	202	45.00	115.4	108.4	15	341.4	99	75.0	65	256	374	308
2003	437	199	45.50	127.9	108.3	15	329.4	112	87.4	68	292	377	339
2004	443	195	44.15	134.8	110.0	16	333.8	118	89.1	66	304	380	354
2005	454	197	43.56	134.4	116.6	17	337.4	116	87.7	65	296	345	389
2006	465	196	42.26	137.97	120.55	18	344.45	119	88.13	63	296	385	357
2007	468	193	41.34	141.5	122.96	19	345.09	122	88.72	62.	302	387	365
2008	430	186	43.37	144.49	108.8	18	322.12	126	90.54	62	335	392	367
2009	445	191	42.85	147.66	117.51	20	328.44	127	91.58	62	331	393	375
2010	457	191	41.78	147.81	115.67	16	341.63	109	91.45	61	276	393	376
2011	458	191	41.84	90.72	117.36	15	341	75	58.45	64	197	397	228
2012	454	190	41.91	112.62	118.34	16	336.52	95	76.13	67	247	396	283
2013	457	190	41.69	110.03	120.17	17	337.72	92	72.16	65	240	400	274
2014	462	191	41.42	118.77	122.19	18	339.88	100	75.54	63	257	389	305
2015	463	191	41.30	120.19	121.93	19	341.58	100	75.70	63	259.	388	309

栽培技术

育　秧　育秧是水稻生产的重要环节，俗话说："秧好半年粮"。黔东南州水稻育秧几经改进，到 1991 年以后，普遍推行的是"温室无土两段育秧"。即用木架或铁架、塑料搭建温室，在温室内加温，用木制或铝制 40 厘米 ×90 厘米规格秧盘育出 0.5 公斤种子的小苗，当小苗长到 2 叶 1 心时即寄栽到秧田中，待秧苗长到 6～8 片叶、带蘖 3～4 个时寄秧栽大田。由于寄栽秧田面积小，秧苗集中，便于防除病虫、杂稗，避免州境内常出现的倒春寒天气造成烂种、烂秧，节省用种，育出的秧苗素质好，且可提早季节 10～15 天。温室大小各地因地制宜，村寨大、稻田集中的坝区建的温室较大些，稻田分散、居住分散的山区，建的温室则小些，一般每个温室每次育种50公斤左右。7天左右为一个生产周期。黄平、天柱、黎平、凯里、镇远等县市还引进机械，进行工厂化生产秧苗，每厂每批可育秧500公斤左右，提高了生产效率，方便了群众。1991年，全州完成“两段育秧”大田栽插面积131.56万亩，占当年水稻栽插面积的63.65%。1992年扩大到165.9万亩，占当年水稻栽插面积的79.75%。由于地膜在生产上的广泛应用，黔东南州内许多地区还推行了“地膜两段秧”，即在旱地用沃土制成苗床，将催芽后的稻种均匀撒播后，再用地膜覆盖，使其保温保湿，快速生长，之后再按上述标准进行寄栽和移栽。这种方法可节省燃料，但多费地膜，育秧时间较温室延长7~8天。1993年全州推广地膜育秧2.6万亩，1994年上升到13.5万亩。1994年全州温室两段育秧大田栽插完成157.28万亩。

1994年，州内开始引进由日本传入的水稻“旱育稀植”栽培技术。这种育秧方式选择通风、向阳、靠近水源、土质肥沃、排灌方便的菜园或旱作稻田作育秧场地，每亩大田需苗床15平方米，用种0.6~0.8公斤，当幼苗长到4~5叶时，开始进行中苗带土移栽，6叶前移栽完毕。该育秧法减少了秧田寄栽环节，节省劳力，很受群众欢迎。1995年，全州推广面积即达到6.18万亩，占当年水稻栽插面积的2.97%；农技部门测产验收结果，旱育浅植栽培比常规栽培每亩增产30.08公斤。1998年，全州水稻“旱育浅植”大田栽培面积发展到72.48万亩，占当年水稻栽插面积的34.93%。2000年，水稻“两段育秧”栽培面积下降到105.13万亩，“旱育稀植”栽培面积上升到76.46万亩。2005年，全州推广水稻“两段育秧”栽培85.6万亩，“旱育稀植”栽培96.17万亩，合计181.77万亩，占当年水稻栽插面积的91.9%；2006年推广水稻旱育稀植栽培技术101.81万亩，2010年发展到119.35万亩。黔东南州长期以来水播育秧的传统习惯得到基本改变。但在边远山区，还有极少数的地方和农户，至今仍有5%~6%的稻田采用已过时的湿润秧田育秧。这些地方主要是因为仍沿用的地方良种和糯禾等品种，所以在育秧上也仍采用旧的育秧方式。2012年推广水稻旱育稀植栽培技术130.2万亩；2013年135.3万亩；2014年130.68万亩；2015年113.6万亩，旱育稀植高产栽培平均亩产474.3公斤。“十二五”期间，共计推广水稻旱育稀植栽培技术面积509.78万亩，年均127.45万亩。

“十一五”期间，水稻育秧推广了以沼渣培肥、旱育保姆拌种、旱秧净除草、无纺布覆盖、沼液喷苗相配套的新型旱育秧技术，大幅度地减少了用工，避免了烧苗烂秧，提高了秧苗素质。

栽　插　州内历来以天柱、三穗、镇远、岑巩、锦屏等县栽秧比较规范，速度快、质量好，西部凯里、麻江、丹寨等县都是栽的“稀大窝”“满天星”“顺田弯”。为进一步提高插秧质量，确保载插密度，从20世纪80年代起，在州内大力推行“拉绳分厢插秧”，并在交通方便的坝田和水肥条件较好的缓坡田地区为其推广重点，三穗、天柱等县率先进行大面积示范。1991年，拉绳栽秧面积扩大到145万余亩。1993年，随着杂交水稻推广面积的增大，为确保每亩有1.4万蔸秧、分蘖后有7万~8万株基本苗，黔东南州在拉绳栽秧基础上进一步提出了“宽窄行规范化栽培模式”，改变过去栽四方蔸的习惯，实行行距23—26厘米、株距15—17厘米的分厢栽培法，留出管理行。1995年，全州实行水稻规范化拉绳栽秧176.36万亩，其中宽窄行栽秧80.81万亩，分别占水稻栽秧面积的84.78%和38.85%。2000年以后，水稻宽窄行栽插面积上升到150万亩左右，占水稻年栽插面积的75%~78%。除部分老品种田、糯禾田因品种特性栽秧密度较稀外，一些坡旁田和边远山区的零星稻田，群众也逐步改变了过去栽“稀大窝”的习惯，而采用规范化拉绳栽秧。

“十一五”期间，黔东南州普遍实行规范化拉绳定距栽插，采取宽窄行或宽行窄株的栽插方式。栽插密度根据气候、稻田肥力、品种特性等因素情况，上等肥力田亩栽1万~1.2万穴，中等肥力田亩栽1.2万~1.3万穴，下等肥力田亩栽1.2万~1.5万穴。亩植基本苗6万~8万株。规范化栽插占全州水稻面积的82.06%。水稻机械插秧面积38.6亩。2011年，规范化栽秧面积175万亩。是年，水稻机械插秧面积8.1万亩，2012年3.6万亩，2013年3.68万亩，2014年7.5万亩，2015年8.13万亩。2011—2015年，机插秧面积总计31.01万亩，年均6.2万亩。

1991年，推行“水稻叶龄模式栽培技术”，用水稻叶龄为指标，诊断水稻生育状况，以确定相应的促控措施，调节水稻群体优势，使之向着高产结构发展。经多年示范推广，1994年后，全州水稻叶龄模式栽培扩大到每年120万~150万亩左右的水平上。进入2000年后，逐年减少，2015年，全州约10万亩左右。

抛　秧　是1997年开始由湖南省传入黔东南州内的一项新的栽培技术。当年在榕江、黎平、镇远、锦屏、三穗等县进行小面积试验成功后，1998年在全州推广，当年完成抛秧2.54万亩。每个劳动力一天可完成抛秧3亩左右，大大减少了栽秧的麻烦。2002年全州抛秧增至7.36万亩。2004年达10.02万亩，其中抛寄3.56万亩，塑料盘秧抛栽3.83万亩。2005年全州抛栽11.02万亩，其中抛寄2.6万亩，抛栽7.31万亩，勉耕抛栽0.96万亩。抛秧面积最大的三穗县，全年完成抛秧2.84万亩，占全州抛秧面积的26.13%。

灌　溉　黔东南州稻田灌溉基本沿用旧法。水利条件较好的坝区可自流串灌，山塝旱田、高坡望天水田则是建立“屯水田”“老母田”，靠下雨蓄水灌溉。在小河、溪沟两岸的旱田，也有靠机械抽水或水车抽水灌溉的。在山泉水较多的阴山地区，有挖栏山沟或用竹枧、木枧引水灌溉。高产水稻栽培利用现有水源、水利条件，根据水稻各生育阶段需水要求和叶龄、叶蘖动态调控灌水。采取“三水三湿一干”的灌溉技术，寸水插秧，寸水施肥除草、防治病虫，寸水孕穗开花；湿润水分蘖，湿润水幼穗分化，湿润水灌浆结实；够苗排水干田控蘖。水源条件差的稻区多采取深水控孽技术。

中耕除草和病虫害防治　水稻从栽种到成熟，一般中耕薅秧除草2~3次，以去除田间稗杂草，疏松表土层，确保水稻正常生长。1991年以后，由于大面积推广稻田化学除草，加之杂交稻栽插密度较大，稻田中耕除草面积和次数有所减少。1996年以后，全州每年稻田化学除草面积达100万亩以上，占全州水稻栽插面积的50%~60%左右。病虫害是黔东南水稻生产的大敌，主要病虫有稻瘟病、稻飞虱、稻纵卷叶螟、水稻螟虫等，1991年以后每年农民采用多种方法防治面积在400万亩次以上，用去各种化学农药500~800吨以上，防治后仍损失稻谷3000~4000吨左右。在现行栽培技术条件下，水稻除草一般只进行一次即可。栽秧后5~7天，秧苗返青，用稻田除草剂结合第一次追肥除草。亩用70%除草净75克左右与尿素混匀撒施，施药后保持一寸浅水7天，即可达到除草目的。病虫害防治，在高产稻区推广应用频振式杀虫灯，选用高效低毒低残留农药防治。稻飞虱小若虫高峰期时用药防治，亩用10%吡虫啉15~20克兑水50公斤喷施；稻纵卷叶螟2~3龄幼虫盛期用药防治，亩用5%锐劲特水剂30~40毫升兑水喷施；穗瘟病苗期至拔节期叶瘟叶发病率5%以上立即施药控制，孕穗、抽穗期抢晴天普遍施药预防，始穗期、齐穗期各喷药一次，使用药剂有三环唑、富士一号等；纹枯病在分蘖末期至拔节期、孕穗期施药控制，药剂主要有井冈霉素。

收获与脱粒 收割水稻与脱粒仍以传统的镰刀、挞斗，在田间边收割边脱粒为主，一般是妇女、老人和小孩弱劳力收割，青壮年男劳力脱粒。普遍推广围席挞斗，进行精收细打。境内黎平、从江、榕江、锦屏、剑河、雷山、台江、丹寨等地的一些糯禾区，农民收获至今仍承袭传统的摘禾方法，采用摘刀把禾摘下扎把悬挂于禾架或室内通风穿枋上晾干，烹食前用碓、磨、碾等工具脱粒。随着电力机械的发展，1991 年以后已普遍采用打米机脱粒。“十一五”期间，水稻收获基本普及了小型脱粒机，在杂交水稻、常规优质籼稻、粳稻生产区，传统的挞斗脱粒已不多见，普遍采用的是镰刀收割，打谷机脱粒的半机械化方式。2010 年推广水稻联合收割机 120 台，水稻机收面积 68. 3 万亩。

特殊栽培 再生稻。在过去州境内低热地区利用早稻收割后的稻茬培育再生稻获成功后，1991 年继续在从江、榕江、黎平、锦屏、天柱 5 县进一步开展了杂交水稻再生稻的利用，示范面积 23035 亩，平均亩收稻谷 148. 14 公斤，其中锦屏县亩产最高的达 204. 63 公斤。1994 年全州实施再生稻 8. 45 万亩，平均亩产 167. 56 公斤。以后一直保持在每年 4 万 ~6 万亩水平。2005 年实施 4. 7 万亩，其中从江 2. 4 万亩，黎平 2. 3 万亩。2006 年后在黎平、从江低海拔地区还保留着一季中稻—再生稻种植模式，后由于受到蔬菜作物经济效益的冲击，再生稻种植面积逐年减少，到 2010 年全州再生稻收获面积 0. 65 万亩，其中黎平 0. 5 万亩，平均亩产 171. 3 公斤，从江 0. 15 万亩，平均亩产 92. 6 公斤。2011 年后，由于大部分农户粮食自给有余，再生稻种植面积逐年减少。

旱 稻 黔东南州境内丹寨、黎平、从江、天柱、榕江、凯里、雷山等县市的缺水地区，有在干田和土内种植旱稻的习惯。采用旱耕旱播种植旱稻，在生长中、后期适当灌水。全州每年旱稻种植面积 2000 ~ 5000 亩。但因栽培管理跟不上，产量不高，一般亩产 100 ~ 150 公斤。2000 年以来，引进巴西陆稻和“农旱”系列品种栽培，取得成功。2000—2005 年，年推广面积 0. 8 万—1 万亩；2004 年在丹寨县兴仁镇城望村试验结果，巴西陆稻折亩产 228. 5 公斤，农旱 11 号亩产 233. 8 公斤，农旱 297 号亩产 265. 3 公斤。2006 年全州旱稻种植面积 1. 29 万亩，由于旱稻产量低，米质口感性差，经济效益不高，远不能同旱地宽厢宽带栽培技术所带来的经济效益相比较。到 2010 年全州旱稻栽培面积 0. 39 万亩，其中天柱 0. 05 万亩，平均亩产 129. 4 公斤，黎平 0. 34 万亩，平均亩产 248. 6 公斤。2011 年后，种植面积逐年减少。

水稻免耕栽培 2006 年 0. 69 万亩，2010 年发展到 5. 78 万亩。2012 年 6. 82 万亩，2013 年 6. 2 万亩，2014 年 4. 7 万亩，2015 年 3. 95 万亩。2012 年至 2015 年，4 年间共计 21. 67 万亩，年均 5. 42 万亩。

第二节 玉 米

主要品种

1991 年以前，州内推广的主要玉米品种有本地黄马牙、白马牙，以及引进的常规玉米品种贞丰黄苞谷、金皇后、贵阳黄苞谷等。境内高山区种植有黄、白“糯苞谷”，部分山区种植有紫、白、黄三色的“花苞谷”。1991 年全州推广杂交玉米种植面积已发展到 17.63 万亩，占当年玉米面积的 49.93%。1998 年杂交玉米面积增至 36.33 万亩，占玉米面积的 71.32%。2004 年以后，全州杂交玉米面积一直稳定在每年 50 万亩以上，2005 年达 53.27 万亩，占全州玉米面积的 88.92%。除极少数高山、边远地区还种有少量零星本地良种玉米外，杂交玉米在州境内已得到全面普及与推广，基本取代了常规玉米。杂交玉米的品种也随着农业科技进步而有所改进。20 世纪 90 年代推广以“掖单 13 号”为主的紧凑型杂交玉米组合，2000 年前后，随着“农大 108”“临奥 1 号”等半紧凑型杂交玉米组合的推广，又逐步取代了以“掖单 13 号”为主的紧凑型杂交玉米组合。2004 年，全州种植杂交玉米面积 51.78 万亩，其中主要品种有“临奥 1 号”16.91 万亩，“登海 3 号”3.42 万亩，“农大 108”13.28 万亩，“农大 3138”4.59 万亩，“绵单 1 号”3.04 万亩，“海禾 1 号”1.84 万亩，“黔单 13”0.64 万亩。此外少量种植的品种还有“登海 11 号”“东单 13”“东单 60”“临奥 4 号”“遵玉 203”等。在稳定推广杂交玉米的同时，凯里、麻江、丹寨等县市的部分地区还积极发展鲜食糯玉米和特用玉米甜玉米、高油玉米、青贮玉米等品种。为满足州内对杂交玉米种子的需要，1987—2005 年州县市种子部门共调入杂交玉米种子 9936.6 吨，1986 年至 2000 年间有 11 年引入亲本，自制杂交玉米种子 7608.3 亩，生产种子 131.1 吨。

“十一五”期间，玉米栽培以推广杂交玉米为主，杂交玉米年均种植面积 60.21 万亩。推广品种有临奥 1 号、奥玉 17、遵玉 3 号、三北 6 号、奥玉 3102、三北 2 号等品种。玉米新品种展示有隆安玉 8 号、黔兴 201、承玉 15、辽单 121、东单 80、贵单 6 号、奥玉 3202 等贮备品种。2006 年全州杂交玉米种植面积 59.62 万亩，2010 年 63.51 万亩，2010 年开展“两杂”引种试验，引种认定玉米新品种 8 个；推广种植的杂交玉米新组合 140 余个。2009 年在承办全省杂交水稻新品种观摩现场会示范点时同步开展了 66 个杂交玉米新品种示范展示，示范面积 300 亩。

在稳定推广杂交玉米的同时，积极发展特种玉米，至 2010 年全州高油玉米发展到 6.26 万亩，主要种植区域在凯里、麻江、黄平、施秉、镇远、三穗、天柱等县市；青贮玉米发展到 4.66 万亩，主要种植区域在麻江、黄平、镇远、岑巩、天柱、锦屏、黎平、从江、剑河等县；优质蛋白玉米种植面积 7.74 万亩；鲜食玉米种植面积 5.79 万亩。

“十二五”期间，玉米栽培仍以推广杂交玉米为主，杂交玉米年均种植面积 60 万亩以上。在稳定推广杂交玉米的同时，积极发展特种玉米。2011 年至 2015 年，全州高油玉米种植 13.03 万亩，年均 2.61 万亩；优质白玉米种植 48.82 万亩，年均 9.76 万亩；鲜食玉米 27.94 万亩，年均 5.59 万亩；青贮玉米种植 12.98 万亩，年均 3 万亩。

黔东南州特用玉米及鲜食玉米种植情况统计表

（2001—2005 年）

表 3—3　　　　单位：亩、吨

项目 年份	甜玉米		糯玉米		优质蛋白玉米		高油玉米		青贮玉米	
	面积	总产	面积	总产	面积	总产	面积	总产	面积	总产
2001	18670	4969	25780	8436	35950	13718	3610	1294	1480	617
2002	18940	5091	27815	8845	31280	11823	3470	1058	1890	773

续表

项目/年份	甜玉米		糯玉米		优质蛋白玉米		高油玉米		青贮玉米	
	面积	总产	面积	总产	面积	总产	面积	总产	面积	总产
2003	19800	5667	27900	9795	34590	13517	9280	3044	2330	459
2004	24880	7222	31760	11076	36630	14859	14270	4548	3283	1325
2005	22000	6380	25300	8822	43300	17565	9200	3374	1700	1320

黔东南州特用玉米及鲜食玉米种植情况统计表

（2006—2015 年）

表 3—4 单位：万亩、吨

年份	合计面积	总产量	平均亩产	高油玉米	优质蛋白玉米	鲜食玉米	青贮玉米
2006	10. 09	32747	324. 55	1. 33	5. 02	3. 53	0. 21
2007	14. 28	47448	332. 27	1. 62	6. 37	4. 798	1. 47
2008	20. 15	72949	362. 03	1. 43	11. 18	5. 6	2. 04
2009	24. 68	82019	332. 33	1. 32	14. 9	4. 85	3. 61
2010	24. 54	84830	345. 68	6. 26	7. 74	5. 79	4. 66
2011	25. 27	79236	313. 56	1. 82	13. 25	6. 27	3. 93
2012	22. 7	83752	368. 95	1. 61	13. 37	5. 27	2. 45
2013	22. 4	71859	320. 8	1. 7	11. 8	5. 3	3. 6
2014	20. 3	64549	317. 98	6. 4	6. 1	6. 3	1. 5
2015	12. 04	39696	329. 7	1. 5	4. 3	4. 8	1. 5

播种面积和产量

黔东南州粮食作物中，玉米年总产量仅次于水稻，居第二位。境内常年以西部和北部种植面积较大。主产区有凯里、麻江、丹寨、黄平、施秉、镇远、岑巩、天柱、锦屏、榕江、黎平 11 个县市。在 1991 年至 1994 年的 4 年中，每年播种面积都保持在 30 多万亩以上，年均播种面积为 33. 92 万亩。1994 年，自治州提出扩大粮食种植面积，积极发展旱粮作物，全州种植玉米 38. 25 万亩，总产量 7. 37 万吨，面积和总产均创历史最高水平。占全年粮食总产量的比重达到 7. 81%。1995 年，由于部分受洪水淹没的稻田被迫改种晚玉米，使全州玉米种植面积首次突破 40 万亩，达 41. 28 万亩；但由于改种时间偏晚，错过了最佳的播种季节，产量受到一定影响，虽然播种面积比上年增加 3 万余亩，但产量反而减少 3 万余吨。1996 年以后，随着杂交玉米及其配套技术推广力度的加大，加上播种面积有所增加，黔东南州玉米生产进入了稳定发展的新时期。1996—2004 年，玉米总产量出现连续 9 年持续增长的可喜局面，并 5 次创历史最高水平。1998 年，黔东南州在“八县市四线”（即麻江、丹寨、凯里、黄平、施秉、镇远、岑巩、三穗 8 县市，麻江—凯里—三棵树一线，三穗—羊坪—岑巩一线，凯里—炉山—黄平—施秉—镇远一线，麻江—龙山—宣威—丹寨一线），全程约 300 公里，办杂交玉米高产示范带面积 28. 89 万亩，全部实行规范化种植，平均亩产 400 公斤以上。当年全州玉米出现跨越式发展，总产量首过11万吨大关。之后又于1999年、2001年、2004年、2005年接连4年，创下总产量新高。

2006—2010年，全州玉米年均播种面积64.73万亩。2008年是黔东南州农业灾害发生频繁之年，前期雪凝灾害、中期洪涝，玉米收获面积56.98万亩，属期间最低年份，其他年份玉米播种面积都在60万亩以上。玉米产量，由于杂交玉米的广泛推广、玉米优良品种的普及和玉米增产工程的大面积实施，玉米总产量持续增长，2009年全州玉米总产量22.63万吨。同年，黔东南州农推站、凯里市农业局联合实施玉米高产创建示范项目12613亩，测产面积394.53亩，加权平均亩产756.11公斤，创黔东南州玉米单产最高水平。2010年，玉米高产创建项目在丹寨、镇远两县实施。丹寨县在龙泉、扬武、兴仁、长青4乡镇实施10046亩，平均亩产616.5公斤；镇远县在江古乡实施10052亩，在遭遇连续两场特大暴雨，示范区多数田块被淹没的情况下，通过及时采取救灾措施把水排干，及时扶苗和追肥，加强管理，项目平均亩产仍达到613公斤。

“十二五”期间，（2011—2015年），全州每年杂交玉米种植面积在66万~71万亩之间。2011年种植杂交玉米80.01万亩，其中粮食增产工程及高产创建项目玉米31.77万亩。望天田改种26.67万亩，推广优质专用玉米及高产栽培27.57万亩；玉米规范化移栽面积68.5万亩。玉米新品种展示75个品种。

2012年，实施粮食增产工程，推广面积144.24万亩，其中玉米增产工程31.94万亩。玉米高产创建1.03万亩，平均亩产676公斤。望天田改种玉米19.43万亩。

2013年，实施“粮食增产工程”和“粮油高产创建”项目。粮食增产工程在全州16个县市实施，涉及58.89万户农户，有效实施规模144.5万亩，其中玉米31.29万亩。玉米高产创建项目在丹寨县实施涉及2个乡镇16个村3856户农户，完成面积1.03万亩。项目平均亩产682.35公斤。望天田改种玉米21.2万亩。

2014年，玉米高产创建项目在丹寨县实施，共计实施1.15万亩，平均亩产达685.78公斤。

2015年，玉米增产工程完成27.04万亩，超目标任务26万亩的4%。玉米高产创建项目在丹寨县实施，共计实施面积1.13万亩，平均亩产达650.1公斤。完成杂交玉米种植面积66.12万亩，杂交玉米平均亩产340.68公斤。

黔东南州玉米播种面积及产量统计表

（1991—2015年）

表3—5　　　　单位：亩、吨、%

年　份	播种面积	产　量	占粮食总产量（%）
1991	353148	46925	4.54
1992	341175	39581	4.34
1993	317160	50992	5.55
1994	382545	73686	7.81
1995	412800	70656	6.60
1996	392670	74243	6.71
1997	426000	85452	7.06

续表

年 份	播种面积	产 量	占粮食总产量（%）
1998	509400	111844	8.69
1999	551145	125991	9.80
2000	577470	127650	9.63
2001	565080	130264	9.70
2002	573195	130818	11.34
2003	543720	136418	10.66
2004	591585	162450	12.05
2005	599115	164536	12.25
2006	664770	185502	13.45
2007	702330	204497	14.45
2008	569820	216690	15.00
2009	606360	226342	15.33
2010	692985	219960	17.38
2011	696495	120816	13.31
2012	677580	143515	12.74
2013	696735	139731	12.70
2014	695940	159930	13.47
2015	708990	161793	13.46

栽培技术

1991年前，州境内种植玉米以常规良种为主，多数每亩施厩肥、土杂肥1500公斤左右作基肥，播种时分厢点播或条播，采用行距82.5厘米，株距49.5厘米，每亩1600蔸左右，双株留苗。1991年后，随着杂交玉米的大面积推广，育苗移栽技术也得到相应发展。1996年达20.71万亩，占当年玉米种植面积的52%。2005年发展到51.21万亩，占当年玉米种植面积的85.48%。育苗苗床选择背风、向阳、靠近本田的地方或直接用移栽本田做苗床，床宽1.2～1.5米，深15～20厘米，周围筑床埂，便于保温和覆盖薄膜，移栽1亩大田需苗床15平方米。15平方米苗床配制营养土，需用过筛后的表土500公斤，加入细优质腐熟农家肥100公斤、油枯15公斤、过筛后的细磷肥10公斤，硫酸锌1公斤，用适量猪粪水拌和，沤制7～10天后制成营养块或营养球。营养球（块）每球（块）播1粒种子，播前先将种子在阳光下晒1～2天，用60℃温开水浸泡12小时，然后进行催芽，当种子生长点萌动显白点时，即时播种在孔穴内，深2厘米，播后盖细土1厘米，然后盖上农膜。玉米种在分带轮作地的3月中下旬播种，净作玉米视前作进入成熟期播种。玉米出苗1片叶时，苗床出现胶白时，要适当撒一些清水。苗床温度过高，则两头揭膜，苗长至2叶时，可以揭膜练苗，长至2叶1心或3叶1心时，进行大田移栽。一般中熟种，采用紧凑型玉米组合的，净作地亩栽4000株左右，分带轮作亩栽3500株左右，平展型组合的，净作地亩栽3500株左右，分带轮作亩栽3000株左右，移栽时都普遍采用拉绳、定距、打窝、定向移栽。移栽时按苗大小强弱分级分片移栽，栽后随即浇施定根水，再盖一层干土。同时推广平衡配套施肥，移栽时亩施有机肥1000公斤，玉米专用复混肥50公斤作底肥。移栽后5～7天结合第一次中耕亩用清粪水20担加硝铵或尿素10公斤进行淋施；小喇叭口期结合第二次中耕亩追施硝铵或尿素20公斤，第三次追肥在抽雄至扬花期亩施尿素5公斤。另外抓好玉米大小班病、纹枯病、土蚕、玉米螟和鼠害的防治。

全州在2005年前仍有10多万亩的玉米采用老旧的点播方法种植。2010年全州各地仍有部分在距村寨较远的山弯坡地采用老旧的点播种植方式。

“十一五”期间，玉米栽培的主要技术有玉米育苗移栽、玉米测土配方平衡施肥、玉米包衣种、玉米规范化定向移栽、旱地宽厢宽带栽培等。玉米育苗移栽以营养块、营养球育苗技术为主。规范化移栽采取拉绳定行、定距移栽，半紧凑型玉米，行距为0.8米，窝距20～23厘米，亩栽3800～4000株；大穗型玉米亩栽3000～3200株，移栽时玉米植株叶片伸展方向与行向垂直，子叶朝同一方向。玉米测土配方平衡施肥技术在凯里市代表区域亩施农家肥1500公斤，尿素35公斤，普钙60公斤，硫酸钾27～30公斤，硫酸锌1公斤；在锦屏生态区亩施有机肥1000公斤，纯氮14公斤，五氧化二磷9公斤，氧化钾14公斤。旱地宽厢宽带栽培技术采取8尺规格开厢，划分成0.8米和1.8米两种标准带幅，窄带秋冬种植绿肥，来年翻耕绿肥种植玉米；宽带选种根茎类及矮秆粮食作物或经济作物。玉米采用育苗移栽技术，亩净植密度3500—4000株左右。玉米大田常规栽培亩施腐熟有机肥1000公斤，尿素6公斤，磷肥50公斤，钾肥20公斤作底肥。移栽一周后进行第一次中耕培土，追施苗肥。大喇叭口期进行第二次中耕培土，穴施穗肥。玉米虫害防治，幼苗期主要防治地老虎，小喇叭口和大喇叭口期防治玉米螟。病害防治，主要防治大小斑病，玉米抽雄出穗前用50%多菌灵可湿性粉剂500倍液或用75%百菌清可湿性粉剂500～800倍液，喷洒1～2次，每隔15天1次。

“十二五”期间，玉米栽培的主要技术仍以玉米育苗移栽、玉米测土配方平衡施肥、玉米包衣种、玉米规范化定向移栽、旱地宽厢宽带栽培等技术为主。

2012年，全州推广玉米育苗移栽51万亩。2013年，全州推广玉米育苗移栽53.2万亩，玉米地膜覆盖栽培19.4万亩。2014年，全州推广玉米育苗移栽50.1万亩，玉米地膜覆盖栽培11.23万亩。2015年，全州推广育玉米育苗移栽51.89万亩，玉米苞皮种57.28万亩，玉米地膜覆盖栽培11.21万亩，玉米旱地宽厢宽带栽培9.5万亩。

第三节　马铃薯

主要品种

1991年以前，黔东南州境内种植的马铃薯主要品种有本地白皮小洋芋、白头翁及部分河坝大洋芋。1995年以后，黔东南州重视旱粮生产，由毕节、威宁调入大批优质河坝大洋芋品种种植，该品种具有皮薄、生育期短、薯个体大、淀粉含量高、食味好、产量高的优点，很快在州内形成当家品种，种植面积占全州马铃薯面积的95%以上。1998年，州农技站引进脱毒马铃薯在剑河、雷山试种获成功，单产比未脱毒马铃薯增产50%～100%。2000年之后，黔东南州积极引进脱毒马铃薯新品种、新技术。2001年全州种脱毒马铃薯发展到21.68万亩。2005年发展到52.6万亩，占全年马铃薯面积的53.56%。到2005年，全州推广的脱毒马铃薯品种有早熟品种中薯2号、费乌瑞它；中熟品种克新1号、米拉、坝薯9号；晚熟品种坝薯10号、克选10号、大西洋、中薯1号、威宁3号等。

2006—2010年，推广的马铃薯品种以脱毒马铃薯为主：适合州内茬口的特早熟品种有费乌瑞它、中薯3号、克新4号等；早熟品种有中薯2号、克新1号、早大白等；适合低热地区的有坝薯10号。另外还有本地米拉品种。

2011—2015年，推广的马铃薯品种仍以脱毒马铃薯为主，除了以上品种外，另有威宁3号、大西洋、米拉等品种。

播种面积和产量

马铃薯除作粮食和蔬菜食用外，还用作饲料和加工淀粉原料。播种面积由1991年的21万亩逐年上升到2005年的91万亩，总产量（鲜薯5:1折粮，下同）也由1991年的2.5万吨逐年上升到2005年的14.7万吨。播种面积和产量的增加主要得益于20世纪90年代开始推广的脱毒马铃薯种植技术和优良品种，以及推广稻田轮作。

马铃薯种植有稻田马铃薯、免耕马铃薯、旱地净作、旱地分带轮作、旱地宽厢宽带等栽培形式。2006年后，全州马铃薯播种面积稳定在90万亩以上。“十一五”期间，全州马铃薯总播种面积481.97万亩，其中脱毒马铃薯播种面积246.43万亩，占马铃薯播种面积的51.13%；脱毒马铃薯占总产量的57.95%。2009年，全州马铃薯总产量突破17万吨大关，达17.37万吨；全州实施二级种薯扩繁项目面积3133亩，平均亩产鲜薯1343.78公斤，总产4210.07吨。2010年，实施马铃薯二级良种扩繁项目面积2672.5亩，平均亩产鲜薯1458.91公斤；在黎平和黄平两县实施马铃薯高产创建项目，黎平县完成10192亩，平均亩产鲜薯2065.38公斤；黄平县完成10246亩，平均亩产鲜薯1882.7公斤。

“十二五”期间的2011—2015年，全州马铃薯总播种面积560.435万亩，总产93.95吨，其中2012年，实施马铃薯高产创建项目2.28万亩，平均亩产鲜薯2607.67公斤。推广马铃薯稻草覆盖免耕栽培13.33万亩。

2013年，马铃薯高产创建项目在丹寨、黄平、锦屏、黎平4县实施，涉及7个乡镇42个村12046户农户，完成面积4.09万亩。

2014年，4县继续实施马铃薯高产创建项目4.72万亩，平均亩产达2727.22公斤。2015年实施4.66万亩，总产9911.5万公斤。

2015年，全州马铃薯播种面积114.4万亩，总产达205279吨，创历史新高。其中完成脱毒马铃薯78.8万亩，平均亩产954.3公斤；免耕覆盖马铃薯栽培7.07万亩，平均亩产1010.7公斤；马铃薯地膜覆盖栽培11.36万亩，平均亩产1177.9公斤。“十二五”期间累计推广脱毒马铃薯达381.94万亩，比“十一五”期间增加135.96万亩。

黔东南州马铃薯播种面积及产量一览表

表 3—6 (1991—2015 年)

年 份	播种面积（亩）	产量（吨）	占粮食总产量（%）
1991	211657	24950	2. 41
1992	230130	27123	2. 97
1993	265140	33478	3. 62
1994	339555	39015	4. 13
1995	363375	50497	4. 71
1996	397590	56211	5. 08
1997	531360	81449	6. 72
1998	640545	96234	7. 48
1999	716055	103737	8. 07
2000	802905	120496	9. 09
2001	825060	127012	9. 46
2002	819120	125945	10. 91
2003	840795	131836	10. 31
2004	853920	138762	10. 30
2005	917025	147264	10. 96
2006	946890	156460	11. 34
2007	985875	164424	11. 62
2008	905985	159227	11. 02
2009	990795	173754	11. 77
2010	990045	162464	12. 84
2011	1087000	173615	19. 12
2012	1073200	173944	15. 45
2013	1109950	183031	16. 63
2014	1190200	203698	17. 15
2015	1144000	205279	17. 08

说明：1991—2010 年的数据为统计局数据，2011—2015 年为部门数据

栽培技术

黔东南州内马铃薯以旱地种植为主，稻田栽培面积约占 12% 左右。因播种期不同，而分为秋马铃薯和春马铃薯。秋马铃薯于 8 月底至 9 月初播种，春马铃薯于 12 月下旬至 1 月中旬播种。播前耕地深耕细耙，亩施农家肥 1000 ~ 1500 公斤，亩用种 100 公斤左右。大种切块种植，在栽植前 1 ~ 2 天将大种切块后用草木灰拌种，放置阴凉处，待伤口愈合后再作种用。马铃薯栽培在黔东南州内有平作和垄作两种形式。

2001 年后，推广“脱毒马铃薯栽培”和“马铃薯稻田免耕覆草栽培技术”，2003 年全州示范面积达 3. 4 万亩，2004 年增至 10. 56 万亩。2005 年达 20. 04 万亩，占全州马铃薯栽培面积的

20.3%，占全州稻田马铃薯面积的48.6%。

脱毒马铃薯栽培是为节约用种量，播种前将大种薯切块，切块切成三角形，每块25克以上，并保证每块有1个以上健壮芽，切块刀具用3%高锰酸钾或70%酒精、50%的多菌灵250～500倍液消毒，切块后的种薯用草木灰拌种，放置1天后播种。播种时间在终霜期前一个月下种，不能过早或过迟，过早易造成冻害，影响出苗和产量，过迟则会影响下茬作物栽培，且容易发生晚疫病。种薯在播种前30天催芽，堆放3～4层，经常上下、内外翻动使其受热均匀，芽长短一致，芽长1厘米，在散射光下晒种4～8天，至紫色，并剔除弱苗和病薯，即可播种。播种时将种芽向上，按株距20～23厘米摆好，再将化肥施于种薯旁（不能接触），再覆盖腐熟有机肥，每亩施农家肥1000公斤、磷肥50公斤、钾肥10公斤（草木灰100公斤）、复合肥50公斤。

免耕稻草覆盖栽培播种前整理挖好四周边沟及排灌沟，沟宽20厘米，深15厘米，厢面宽160厘米。沟土（泥）摊于厢面，使厢面微呈弓背形，利于排水。播种时，每厢播3～4行，行距30～40厘米，将种薯芽眼向上摆好，亩施腐熟厩肥1000公斤、复合肥50～75公斤作底肥一次性施入，复合肥施在两穴种薯中间，厩肥直接覆盖于种薯上面，再用稻草均匀平铺覆盖于整个厢面上，厚度8～10厘米。稻草覆盖免耕栽培不用中耕。追肥视植株长势情况决定，追肥在现蕾前进行，可结合中耕亩用清粪水5～10担浇施。对于旺长田块，在现蕾至开花期用95%多效唑50克，兑水50公斤喷施，抑制马铃薯地上部生长，促进块茎生长；在团棵期（块茎膨大期）喷施0.3%磷酸二氢钾加0.1%膨大素。马铃薯病虫防治，在生长中后期，气温高、湿度大，喷施500倍液甲霜灵—猛锌防治晚疫病的发生，在易发生蚂蚁等地下害虫危害的田块，亩用250毫升75%的辛硫磷或3～4公斤呋喃丹拌土进行防治。

第四节 小 麦

主要品种

小麦是州内主要夏粮作物之一，过去小麦生产品种更换频繁，1991年前，在生产上推广面积较大的主要品种有绵阳15号、绵阳16号、绵阳20号、贵农10号、川麦22号、川育12号、兴育8024等。其中以绵阳15号作为当家品种。1991—1995年，除兴育8024在全州各地抗性、丰产性都表现较好外，其他品种都不同程序在一些地区出现退化。1996年以后，又陆续引进表现丰产、抗病、早熟的绵农3号、绵农4号，丰产性较好的绵阳26号、新麦17，适应性丰产性都较强的贵农12、贵麦4号和黔麦11号等。2001年后，随着小麦种植面积的减少，良种的使用，都以农民自行调剂、串换为主，由种子部门向外大量引种、调种的基本停止了。品种混杂、退化现象在个别地方表现突出，全州小麦平均单产呈下降趋势。2003年单产降至108公斤，比2000年少12.9公斤。2004年、2005年单产水平虽有所上升，但仍未达到1998年水平。2006年后，种子市场出现小麦包衣种，经5年的示范推广，到2010年，全州小麦包衣种播种面积已有5.53万亩，占当年小麦播种面积的53.74%。2011年，全州小麦包衣种播种面积4.07万亩，2012年5.94万亩，2013年5.3万亩，2014年2.97万亩，2015年1.4万亩，占当年小麦播种面积的22.1%。2011—2015年，小麦包衣种播种面积共计19.68万亩，年均3.94万亩，占小麦种植面积的20.02%。

播种面积和产量

小麦历来是自治州重要旱粮作物之一。种植历史悠久，生产几经起伏。1991—1999年，年播种面积稳定增加到30万亩以上。1998年，当年小麦总产达4.07万吨，创历史最高水平，比上年增长19.58%。由于小麦生育期长，常影响后茬作物播种，又消耗土壤肥力较多，一般单产也不高，仅100公斤左右。2000年以后，随着马铃薯种植面积的扩大，原来种植小麦的田土被部分改种马铃薯，使小麦种植面积呈逐年下降之势。2005年，全州小麦播种面积仅15.56万亩，年产1.8万吨。到2010年降至10.29万亩，产量1.4万吨。2011年至2014年种植面积逐年减少，2015年降至6.35万亩。总产9595吨，占粮食总产量的0.8%。

黔东南州小麦播种面积及产量一览表

表3—7 (1991—2015年)

年　份	播种面积（亩）	产量（吨）	占粮食总产量（%）
1991	386627	37219	3.60
1992	346710	31208	3.42
1993	306690	26840	2.92
1994	319155	28850	3.06
1995	320550	30486	2.85
1996	312630	29533	2.67
1997	316935	34059	2.81
1998	339195	40727	3.17
1999	321405	38520	3.00
2000	279240	33808	2.55
2001	220920	25561	1.90
2002	199300	23800	1.57
2003	167200	18100	1.41
2004	164600	19100	1.42
2005	155580	18336	1.36
2006	182175	21816	1.58
2007	166980	20134	1.42
2008	116835	18170	1.26
2009	118170	18638	1.26
2010	102875	13995	1.11
2011	84100	11913	1.31
2012	106600	17834	1.58
2013	84200	12192	1.11
2014	57900	8332	0.70
2015	63500	9595	0.80

栽培技术

州内小麦播种期因海拔高低而异，高海拔区在10月中旬播种，低热地区在11月上旬播种。决定小麦适期播种的主要因素是气温条件。如“寒露霜降，小麦种在坡上”。“寒露种高山，霜降种平川”等农谚都是与适期播种的气温条件相吻合的。小麦播种量每亩5～8公斤左右。为保证苗全苗齐，稻田小麦都普遍实行开沟排渍、分厢条播或点播。条播是生产上应用最普遍的一种方式，操作方便易于管理。又分宽幅条播，行距30～36厘米；窄行条播，行距20～26厘米；宽窄行条播，通常采用宽行30厘米、窄行20厘米，窄行行数一般为3～4行间一宽行。撒播，在土质黏重特别是稻田整地困难的地区，为了适时播种抢季节，多采用6尺开厢撒播法。点播，又称穴播或窝播，在土质黏重、不易整碎土或不便开沟的地块上采用。点播应防止稀大窝现象，适宜规格10×23厘米，每亩3万穴左右，每窝5～6苗。州内西北部部分地方还有分厢撒播的习惯。各地对麦田都十分重视理好“三沟”，即厢沟、边沟、大田块的十字沟。小麦基肥亩施厩肥1000公斤、碳铵25公斤、普钙75公斤、钾肥15公斤。播种前开沟（打窝）施用，农谚常说“施肥一大片，不如一条线”，表明在播种沟（窝）内集中施肥是一种省肥、高效的好办法。小麦病虫害防治，用50%多菌灵可湿性粉剂稀释1000倍液防治赤霉病；每亩用粉锈宁8～9克，兑水100公斤喷雾防治锈病；用托布津、粉锈宁防治白粉病。

第五节 红 苕

推广品种

1991年前，黔东南州内主要推广的红苕品种有胜利百号和南瑞苕，以后又引入兰心苕、红皮青杠苕在州内大面积推广，个别地方零星种植的品种还有白红苕、北京553、南瓜苕、大红袍苕等。由于多年来，州内对红苕生产重视不够，品种更换少，混杂退化严重，单产一直上不去。1993年，为改变红苕生产现状，黔东南州农技站从四川南充引进“南薯88”优质薯种7100公斤作栽培示范，示范面积239亩，主要在凯里、麻江、黄平、丹寨、施秉、镇远、三穗、岑巩8县市红苕主产区种植，在雷山、榕江、天柱、锦屏、台江、剑河6县也少量引种试种，以本地种作对照。当年验收16个点，面积26.8亩，其中验收“南薯88”面积16.15亩，共收鲜薯42626公斤，平均亩产2639公斤，验收本地红苕10.65亩，收鲜薯22379公斤，平均亩产2101公斤，“南薯88”比本地红苕每亩增产538公斤，增25.6%；藤蔓与薯块重量比，“南薯88”为1.38:1，本地红苕为1:1.38，说明南薯88不仅鲜薯产量高，而且藤蔓多，是发展黔东南州畜牧业的好饲料；经蒸煮品质鉴定，南薯88食口性好、味甜、水分含量适中；经理化分析鉴定，南薯88与本地红苕相比，淀粉低2.3个百分点，可溶性糖高2.19个百分点。1994年以后，南薯88在州内大面积推广。自2002年以后，黔东南州内还陆续引进特大双高888、湖北高红、徐薯88、北京533和沪薯3号等优良新品种进行试验示范，高产典型可亩产鲜薯3300公斤，推广面积较大的有天柱、锦屏、三穗、镇远、岑巩、剑河等县，大面积推广平均亩产鲜薯1800公斤左右。由于大批良种的引进推广，红薯大面积单产由原来的1000公斤左右提高到1300公斤左右。2001年全州还试种脱毒红薯徐18号6.1万亩，平均亩产达2868公斤。

“十一五”期间，红苕品种基本还是延续了原来的老当家品种。品种更换少，农民自由串换，品种混杂退化。脱毒红苕品种还在示范推广中。

“十二五”期间，主要种植的红苕品种，本地种有：北京553号、胜利8号、胜利100号；脱毒种有：豫薯王、鲁薯王、徐薯18号、山川紫、黔薯1号等。

播种面积和产量

红苕除供食用外，还作酿酒、制粉条、制淀粉和作畜禽饲料。1991—1995年，全州红苕播种面积一直稳定在30万亩以上，总产量稳定增长在3.5万吨至6.1万吨（鲜薯5∶1折粮，下同）之间。1996—2005年，黔东南州红苕生产出现持续增长的好势头，播种面积和产量都有新的发展。1996年，全州红苕播种面积突破40万亩，达40.12亩，全年总产量跃上7万吨台阶，达7.12万吨，单产177.4公斤。2004年，红苕总产量首次突破10万吨大关，达10.75万吨，单产194.4公斤，再创历史新高。2005年红苕播种面积和总产量基本保持在2004年水平。

2006—2010年，红苕种植面积基本稳定在55万亩以上，年均种植面积56.55万亩，2006年57.86万亩。2007—2010年，全州红苕总产量出现连续增长，2007年总产量10.85万吨，2008年总产量突破11万吨，达11.05万吨，2010年总产量已达11.82万吨。2011年至2015年，种植面积稳定在55万亩，其中2015年种植面积56.1万亩，总产8.86万吨，占粮食总产量7.37%。

黔东南州红苕播种面积及产量一览表

（1991—2015年）

表3—8　　单位：亩、吨、%

年　份	播种面积	产　量	占粮食总产量
1991	319144	45159	4.37
1992	328365	35491	3.89
1993	330735	50328.8	5.44
1994	363990	56765	6.01
1995	392835	61816	5.77
1996	401190	71175	6.44
1997	435375	73517	6.07
1998	456615	80778	6.28
1999	513180	88988	6.92
2000	535005	90083	6.80
2001	559785	98456	7.33
2002	550950	96416	8.35
2003	525555	92105	7.20
2004	552825	107494	7.98

续表

年 份	播种面积	产 量	占粮食总产量
2005	570240	106542	7.93
2006	578565	103905	7.53
2007	576030	108550	7.67
2008	558240	110530	7.65
2009	542490	114755	7.77
2010	572200	118290	9.35
2011	562100	101268	11.15
2012	569000	109184	9.70
2013	572000	105541	9.60
2014	531000	94752	7.98
2015	561000	88609	7.37

说明：1991~2010 年的数据为统计局数据，2011—2015 年为部门数据

黔东南州薯类播种面积及产量一览表

（2011—2015 年）

表 3—9

年 份	播种面积（亩）	产量（吨）	占粮食总产量（%）
2011	1569915	163657	18.02
2012	1561005	175257	15.56
2013	1553655	190212	17.29
2014	1584945	218472	18.39
2015	1589070	228948	19.05

语明：从 2011 年—2015 年红薯与马铃薯的播种面积和产量均统计汇总为薯类

栽培技术

州境内红苕播种一般在 3 月中旬至 4 月上旬。播种方式主要是露地育苗，加盖薄膜。早春整地作畦，施猪牛粪，填上沃土，栽播种薯，再上盖薄膜，四周用泥土封严，利用猪牛粪发酵增温和日光增温，薄膜保温。操作简单，出芽早，生长快，各地广泛采用。

各地农村栽种红苕都有施秧青或农家肥作基肥的经验。一般坝区和半山区以施农家肥的多，而边远山区和林区以割秧青的多。一般亩施土杂肥和农家肥 30~40 担，加磷肥 25 公斤，作基肥。除少数地方因基肥施用少，在栽插活苗后，施用少量氮素化肥作追肥外，一般都不追肥。

栽种红苕一向沿用人工短蔓斜插，亩栽 2000~2500 株。垄作平插或直插，并增施基肥，加大密度，每亩栽插可达 4000 株左右。2001 年后推广旱地宽厢宽带栽培技术，开厢 2.7 米，将厢面分为 0.83 米的窄带和 1.87 米的宽带，并采用绿肥—洋芋—玉米—红薯模式，冬季窄带种植绿肥，宽带种植洋芋，来年收获绿肥种植玉米，洋芋收获后扦插种植红苕。

红苕栽插转活后，及时查苗补苗，以保证全苗。中耕除草分三次进行：第一次在活苗后，第二、三次相隔10～15天。在第三次中耕时结合培土，进行翻蔓，以后视藤蔓长势情况，决定再次翻蔓时间和次数。有的地方提蔓不翻蔓或少翻蔓。以提蔓或翻蔓1～2次比较合理。有的用菜园土种红苕的，因土肥蔓长，为减少土壤养分消耗，还割掉部分过于茂密的藤蔓作猪牛饲料。

红苕收获期一般在10月下旬至11月上旬，“霜降”节前收完。红苕收获后，一直沿用地窖贮藏，窖址选在干燥通风距住房较近处建立，防雨后积水，便于用时取拿。窖有平窖和竖窖两种类型，深度因贮藏量大小而定。窖口用木制方架相嵌，装板盖口，搭棚遮盖。

第六节　大　豆

主要品种

大豆，亦称黄豆，大豆品种在州内更换不多，现在大面积种植的主要品种仍是1991年前调入的“黔农39号”黄大豆和“黔农青皮豆”等良种，农村边远山区还种有少量“黑黄豆”“棕皮豆”“大黄豆”等品种，在市上常有出售。近年来，大豆栽培品种既有作为蔬菜用的特早熟夏收品种毛豆，也有秋粮品种。

播种面积和产量

大豆是黔东南州重要旱粮作物之一，可煮熟直接食用，也可制作豆浆和豆腐食用，还可以豆粉作糕点配料。大豆，作为粮食生产在黔东南州内没有形成规模化栽培，自治州境内难得看到连片的净作大豆田土。1991年以来，黔东南州内大豆生产总的趋势是稳中有升。1991年以后，面积和产量都有较大增长，但因习惯上多与玉米套种，故种植面积和产量多与玉米具有正相关性。有些年份红苕和旱地马铃薯面积增加，大豆面积亦相应减少。1998—2010年，播种面积稳定在15万亩以上，总产亦在1.2万吨以上。2010年16.45万亩，总产量17454吨。2011—2015年大豆套种面积和产量没有完整统计。

栽培技术

州内种大豆历来比较粗放。净作地只施少量有机肥作底肥，后来提倡“以磷引氮”后，才在底肥中配施少量磷肥。一般不施追肥。混作、间种大豆，都是白子下种，即在玉米定苗后撒播于玉米两行间空土上，在对玉米进行中耕时，一边薅草，一边挖薄土盖住大豆种子。大豆栽培没有形成规范化栽培技术。相对规范的栽培技术是利用旱地宽厢宽带栽培技术种植大豆，即8尺规格标准开厢，划分0.8米窄带和1.8米宽带，采用绿肥—洋芋—玉米—黄豆模式，冬季窄带种植绿肥，宽带种植洋芋，来年春天翻耕绿肥种植两行玉米，宽带收获洋芋后种植3行黄豆，每穴2株，行株距为1×0.2米。

播种期一般在5月底至6月中旬，亩播种7.5～10公斤。净作地以点播为主。黎平、天柱、黄平、锦屏等县的部分地方为充分利用地力，种有部分田埂豆。

收获大豆一直沿用人工拔株，扎把运回，在晒坝上用连枷拍打脱粒。

第七节 其他旱粮作物

主要品种

黔东南州境内仍保留有高粱、小米、苡仁米、小杂豆、豌豆、蚕豆、芸豆、荞麦等粮食作物本地资源。

小米品种近20年来没有什么变化，仍是沿用过去的老品种。黏小米品种主要有火粟、栎根粟、狗尾粟、尤瓜粟等，糯小米品种有白壳糯粟和紫杆糯粟。

高粱品种也一直是推广晋杂1号、晋杂5号和忻杂交等组合种子；在边远山区还种植一些多穗型的糯高粱品种。近年来，高粱品种有农民自行购进的杂交组合、本地红青壳和供茅台酒厂专用的红樱子酒用高粱品种等。

大麦品种有须须头、和尚头麦、乌头麦、方麦和三璜等，1991年以后，麻江县引种少量啤酒大麦。

杂豆多数为老品种，更换少。1991前由四川引进的豌豆、蚕豆良种至今仍大面积种植。20世纪90年代末引进中豌4号、中豌6号豌豆良种，2001年全州推广面积达2万亩左右，平均单产达105公斤。

苡仁米品种以本地高杆黑壳和高杆白壳为主，1991年，由江苏太仓引种的矮秆黑壳和矮秆白壳表现良好，适应性广，已在锦屏九寨等地安家落户。

播种面积和产量

小　米　是黔东南州辅助旱粮之一，可直接煮熟或过年制成小米粑食用，亦可制作粉蒸肉做菜用，黔东南州内种植历史悠久。1991—1998年，年种植面积和产量呈稳步上升之势。年面积在4万~6万亩之间，年总产量3000~6000吨之间。1991年以后，由于马铃薯、红苕种植面积扩大，挤占了部分小米地；更主要是“长防工程”的深入贯彻实施，天然林被禁伐，以前在边远贫困山区，靠砍山烧地撒种小米的现象基本上被禁止，因此黔东南州境内小米播种面积呈逐年迅速下降趋势，产量也随之减少。1999年播种面积4.69万亩，产量4328吨，至2005年全州播种面积只有1.55万亩，又由于受伏旱影响，总产降至989吨。由于市场价格好，2008年播种面积增至2.89万亩，总产3875吨；2010年又降至1.792万亩，总产2400吨。2011年至2015年均种植1.6万亩左右，总产2350吨左右。

大　麦　俗名“老麦”，是黔东南州农民的辅助粮之一，也用作啤酒生产的原料。1990年种植面积1.95万亩，是20年来大麦种植面积最多的一年，产量1050吨，比上年增长2.74%。以后几年种植面积略有下降，至1994年，面积下降到1.63万亩，但产量仍保持在1050吨水平。1995年面积又恢复到1.92万亩，总产1357吨，比上年增长29.24%。1998年，种植面积1.90万亩，总产1365吨。1999年面积1.78万亩，产量1440吨，是20年来大麦产量最高的一年。以后由于马铃薯和红苕种植面积加大，大麦种植面积和产量一直下滑。2001年面积1.12万亩，产量854吨。2005年面积1万亩，产量798吨。2011年至2015年面积1万亩左右，产量800吨左右。

高　粱　是黔东南古老作物之一，也是黔东南州内的旱粮作物之一。主产自治州北部及从江、天柱、三穗等县。1991年，面积0.86万亩左右，产量560吨左右。1992年—1998年，面积和产量有稳定上升之势，面积由1992年的1万亩上升到1998年的1.6万亩，产量亦由676吨上升到1268吨。1999年以后，由于大宗旱粮作物的挤占，面积和产量又逐年下滑，至2005年，面积降至0.56万亩，产量仅有452吨。

2006—2007年，高粱生产仍旧沿用传统的点播种植方式，广种薄收。2006年播种面积0.95万亩，总产541吨，平均亩产只有56.56公斤；2007年播种面积0.99万亩，总产536吨，平均单产只有54.37公斤。到2008年，高粱作为白酒产业的基本原料，酒业集团公司采取订单农业方式向农民收购酒用高粱，酒用高粱的收购价得到了最低保护，排除了市场干扰的忧虑。高粱种植积极性提高，采用了育苗移栽技术，提高了栽培技术含量，播种面积发展到1.05万亩，总产1761吨；2009年高粱播种面积0.95万亩，总产1658吨；2010年高粱种植已发展到全州各县市，播种面积2.02万亩，总产3687吨。形成一定规模种植的有从江、黎平、施秉、黄平、镇远、三穗、天柱、锦屏等县。"十二五"期间（2011—2015年），年播种面积4万~10万亩。2014年播种面积11.03万亩，总产2.8万吨，为历史最高年。2015年，全州播种面积8.03万亩，亩产201.5公斤，总产1.67万吨，分别比2011年增长1.37倍、1.49倍和1.45倍。

黔东南州高粱面积和产量统计表

（1997—2015年）

表3—10

年　份	播种面积（亩）	平均亩产（公斤）	总产量（吨）
1997	14640	76.37	1118
1998	16755	75.68	1268
1999	13995	100.61	1408
2000	11190	104.29	1167
2001	10350	113.62	1176
2002	8625	98.20	847
2003	7410	94.60	701
2004	7065	83.93	593
2005	5580	81.00	452
2006	9565	56.56	541
2007	9895	54.37	536
2008	10449	168.53	1761
2009	9515	174.18	1658
2010	20150	182.98	3687
2011	33910	201.5	6833
2012	106700	227.85	24312
2013	77000	216.04	16635
2014	110300	253.7	27983
2015	80300	208.1	16710

杂 豆 黔东南品种繁多，列入粮食作物的主要有蚕豆（又称“胡豆”）、豌豆、饭豆、赤豆（又称小红豆）、黑豆、芸豆、菜豆等。上述豆类多数亦可作菜用。1994 年以后，由于城镇对蔬菜需求量的增大，一些豆类经济价值提高，市场需求量加大，收购价上涨，调动了部分农民种杂豆的积极性。1994 年，全州种杂豆面积扩大到 11.88 万亩，产量 8401 吨，接近历史最高年 1969 年水平。1995—1999 年，面积和产量又连续五年同步增长。1995 年面积 12.45 万亩，产量 8701 吨，1999 年，面积 15.02 万亩，产量 11519 吨。2000 年，面积略有减少，但产量仍持续增长，总产 11800 吨，比上年增长 2.44%。其中绿豆 4015 亩，产量 281 吨；红豆 3608 亩，产量 252 吨；豌豆 5897 亩，产量 471 吨；蚕豆 17650 亩，产量 1412 吨；饭豆 3018 亩，产量 241 吨；菜豆 10317 亩，产量 636 吨。2001 年后面积和产量又开始回落。至 2005 年，种植面积仅 3.59 万亩，产量 2828 吨。2008 年播种面积 8.65 万亩，总产 1.04 万吨；2010 年 8.68 万亩，总产 1.05 万吨。其中豌豆 3.67 万亩，总产 3987 吨；蚕豆 2010 年 2.7 万亩，总产 4154 吨；芸豆 0.14 万亩，总产 140 吨。其他为小杂豆。2011—2015 年，年均种植面积 8 万～10 万亩。

苡仁米 主产于锦屏县，其次是剑河县，天柱县和黎平县也有少量种植。锦屏县在海拔 500 米以上的平秋、魁胆、黄门、彦洞等乡均建立了苡仁米生产基地。1991 年，4 县种植面积 711 亩，总产量 72 吨。1992 年，种植面积恢复到 3885 亩，总产量 175 吨，其中锦屏县 3225 亩，产量 142 吨；剑河县 600 亩，产量 31 吨；天柱县 45 亩，产量 1 吨；黎平县 15 亩，产量 1 吨。以后至 2007 年种植面积和产量基本保持在这个水平上。2008 年种植面积减少到 591 亩，2010 年种植面积 500 亩，总产 110 吨。2011—2015 年种植面积 500 亩左右，总产 110 吨左右。

荞 麦 2008 年播种面积 51 亩，总产 3.4 吨；2009 年播种面积 353 亩，总产 22 吨；2010 年 3280 亩，总产 219 吨。2011 年至 2015 年播种面积和产量没有完整统计。

栽培技术

小米种植方式有两种。一是火烧荒地撒播，这是落后的播种方式。这种种植方式也叫“砍火闹”。随着农业科技的普及和生态保护的需要，这种种植方式日趋减少，至今已不足小米种植面积的 5%。另一种种植方式是专地种植，小米种子拌粪灰、草木灰，进行点播和条播，凯里、麻江、黄平、镇远、岑巩等县市与豆类、红苕实行间套作，岑巩、剑河、黎平等县有的与花生、玉米、棉花套种。州内小米常受黏虫危害，各地农民常用农药防治或直接用手捕杀。

高粱主要实行单作，用草木灰或细粪拌种点播。播种时间与玉米基本相同，3～5 叶期进行中耕间苗，每亩留苗 6000～7000 株。喇叭口期，多用尿素，人畜粪尿水催苗结实。8 月下旬至 9 月上旬收获。

大麦一般单作，在黔东南州内播种期与小麦基本相同，但成熟早、需肥少、不选地、贫瘠土地也有收获。一般安排作水稻、红苕、高粱、玉米、大豆、棉花、花生和杂豆的前茬作物。播种时拌和粪灰点播，适时中耕追肥即可获取一定收成。

杂豆一般实行间作、套作，亦有少数单作的，杂豆中的豌豆、胡豆各地都有种植，作为夏收作物，一般种在小麦、油菜田四周或厢边；也有单作的。经济价值较高的绿豆、赤豆作为高收入的秋收作物，一般单作，也有部分套种在玉米地里。凡单作的杂豆都进行中耕除草施肥，间作套种的杂豆不另行施肥。

酒用高粱栽培主栽品种有红樱子酒用高粱品种和本地品种红青壳。播前用清水浸种 12 小时，滤去水分，然后按 1 公斤“旱育保母”包衣 3 公斤种子的比例进行包衣后播种。也可采用 55℃温水浸种 5 小时后播种，可起到防病催芽作用。每亩播种量约 1 ~ 1.5 公斤。育苗移栽，在 3 月下旬，清明之前播种，苗床搭棚、薄膜覆盖保温，4 月中旬移栽。移栽时植株叶片伸展方向应与行向垂直，以子叶同一朝向为宜。栽培规格每亩留苗 4500 株左右。条播与移栽统一采用宽行窄株栽培方式，即宽行条播，窄株留苗。条播定苗与移栽实行统一规格：行距 70 厘米，株距 20 厘米，播种深度 3 ~ 4 厘米。酒用高粱既耐瘠又耐肥，在施用基肥和种肥基础上，追肥 1 ~ 2 次即可。一般基肥用量为每亩 1000 公斤，种肥用量为尿素 3 公斤或硫酸铵 5 公斤；追肥于拔节时，亩施用硫酸铵 15—20 公斤或尿素 10 公斤。酒用高粱苗期耐旱性强，苗期如遇多雨天气应及时做好排水防涝工作。酒用高粱的主要病虫害有地下害虫、蚜虫、螟虫、高粱黑穗病、叶斑病等，采用农业综合防治措施防治病虫害。酒用高粱的适宜收获期为籽粒蜡熟末期。此时籽粒呈现出品种固有的颜色和形状，粒质变硬，已无浆液，粒色鲜艳而有光泽。

高粱的再生栽培是头季高粱成熟收获后，利用其茎节上的腋芽萌发分蘖、抽穗，再收一季。在州内无霜期长，热量资源丰富的地区，可进行高粱再生栽培。再生栽培省种、省工、生产费用低，管理得当，产量可接近头季。同时，生育期较短，成熟早，有利于冬种。种植再生高粱，要适时播种和适时收获头季高粱，头季高粱需在 7 月底前收获，使再生高粱有 95 ~ 100 天以上的生育期，才能保证再生季安全成熟。因此，头季高粱需要在 3 月中下旬播种，再生季可在 10 月底至 11 月上旬成熟。头季高粱要加强肥水管理，以促进再生高粱的再生率。头季收获时，留桩高度需适宜。通常采取低桩留芽法，一般留桩 4 ~ 7 厘米，保留近地面 2 个节为宜。

第二章　经济作物生产

第一节　草本油料

油　菜

面积和产量　1991 年，全州油菜种植面积 72.73 万亩，比历史最高年的 1987 年增长 12.05%，占油料作物总播种面积的 93.9%；总产量 53565 吨，比上年增长 36.58%，占全年油料作物总产量的 93%。两项指标均居历年最高值。1992—1996 年，由于气候异常，灾害频繁，化肥涨价过猛，农民投入减少；加上农业科技人员实行“三三分流”后技术指导力量削弱等因素的影响，全州油菜在种植面积变化不大的情况下，产量却大幅度下跌。1993 年、1994 年产量均跌到不足 4 万吨。1997—2000 年，黔东南州各级政府对油菜生产高度重视，加大杂交油菜和高产栽培技术的推广力度，采取统一领导、统一指导、统一技术方案，分户实施的办法，在黄平、三穗、天柱、锦屏、黎平、榕江6县坝区实施了20万亩油菜高产示范样板工程，带动了全州油菜生产的发展。全州油菜生产进入新的发展时期，种植面积稳定在73万—81万亩之间，2000年全州油菜种植面积超过81万亩，油菜籽总产量达62952吨，创历史最高水平。之后因市场菜油价格偏低，每公斤才6元多，部分油菜产量较低的地方，改种洋芋，油菜种植面积又略有减少，回落到70万—77万亩水平。

随着城镇化建设步伐加快，城镇人口不断增多，食品价格普遍爬高，人们对优质食用油的要求逐年上升，优质油菜籽收购价格也由最低时期的2元/公斤上涨到4.5—5.5元/公斤，市场优质纯菜油价格翻番。提高了农民生产优质、高产、高效油菜籽的积极性，2006年全州油菜播种面积79.50万亩，已接近80万亩水平，总产量68202吨。之后，由于蔬菜播种面积增加，油菜播种面积逐年下降。2008年后，由于马铃薯生产实施了优质商品薯生产基地建设项目，项目区稻田改种马铃薯，油菜种植面积减少，2008—2010年，回落到73万亩以下水平。2008年，因受到重大雪凝灾害，油菜夏收面积减少至61.24万亩。“十一五”期间油菜年均亩产量82.3公斤，其中杂交油菜年均亩产85.23公斤，优质油菜年均亩产85.11公斤，油菜育苗移栽年均亩产87.02公斤，油菜免耕栽培年均亩产87.62公斤。2010年，油菜高产创建项目分别在麻江、岑巩、镇远三县实施，共完成规模32220亩，其中麻江完成10050亩，镇远完成10070亩，岑巩完成12100亩。经省、州、县有关专家分别对三县油菜高产创建进行田间测产，麻江平均亩产165.3公斤，镇远平均亩产160.4公斤，岑巩平均亩产168.1公斤。

“十二五”期间，年均种植面积73万~84万亩之间，累计种植面积399.33万亩，比“十一五”期间增加34.8万亩；总产33.58万吨，比“十一五”期间增加3.65万吨。

2011年种植74.5万亩，占油料总播面积的90.48%，总产量58289吨，占油料作物总产量的85.27%。

2012年，完成油菜高产创建5.46万亩，平均亩产205.55公斤。推广油菜免耕栽培17.6万亩。

2013年，油菜高产创建项目分别在麻江、三穗、岑巩、锦屏和黎平5县实施（其中锦屏、三穗、黎平3县是作为整乡推进项目的小季作物生产）共完成规模5.41万亩；全州完成推广油菜高产高效栽培示范面积58.29万亩。

2014年，油菜高产创建项目分别在岑巩、三穗、锦屏、黎平4县实施，共计实施4.58万亩，项目平均亩产达213.1公斤。

2015年全州种植84.14万亩，占油料总播种面积的88.16%，总产量74846吨，占油料作物总产量的82.33%，是全州生产油菜籽最多的一年。油菜高产创建项目在岑巩、三穗、锦屏、黎平4县实施（其中三穗、锦屏、黎平三县是作为整乡推进项目的小季作物生产），共计实施4.62万亩，项目平均亩产达182.2公斤；完成双低优质杂交油菜76.8万亩，平均亩产98.7公斤；油菜育苗移栽62.4万亩，平均亩产102.3公斤；油菜直播23.4万亩，平均亩产80.5公斤。

黔东南州油菜面积总产量与油料作物比较表

表 3—11　　（1991—2015 年）

年　份	油料作物播种面积（亩）	油菜播种面积（亩）	占油料作物总播面积（%）	油料作物总产量（吨）	油菜总产量（吨）	占油料作物总产量（%）
1991	774542	727292	93.90	57597.00	53565.00	93.00
1992	787380	739215	93.88	51581.00	48239.00	93.52
1993	740235	684600	92.48	41974.00	36150.00	86.12
1994	763230	703065	92.12	44441.00	39066.00	87.91
1995	790410	726750	91.95	52786.00	46518.00	88.13
1996	823950	757950	92.00	52924.00	46670.00	88.18
1997	851085	779430	91.58	64500.00	56316.00	87.31
1998	853905	768435	89.99	69583.00	59617.00	85.68
1999	911595	818355	89.77	71970.00	57896.00	88.44
2000	902610	812010	89.96	73401.00	62952.00	85.76
2001	856470	758370	88.55	70297.00	58727.00	83.54
2002	845535	753105	89.07	69359.00	57396.00	82.75
2003	825405	738060	89.42	66481.00	55372.00	83.29
2004	834450	743910	89.15	70882.00	59233.00	83.57
2005	869355	774825	89.13	77338.00	64139.00	82.93
2006	894945	795030	88.84	81623.00	68202.00	83.56
2007	880365	785370	89.21	81440.00	68115.00	83.64
2008	687045	612405	89.14	60456.00	48322.00	79.97
2009	799275	724515	90.65	71831.00	60051.00	83.60
2010	807135	727995	90.19	66647.00	55110.00	82.69
2011	823440	745020	90.48	68360.00	58289.00	85.27
2012	859755	772950	89.90	76042.00	63492.00	83.50
2013	894450	807210	90.25	79903.00	67142.00	84.03
2014	933360	826710	88.57	86691.00	71848.00	82.88
2015	954435	841425	88.16	90472.00	74846.00	82.73

品　种　油菜是黔东南州主要油料作物，种植历史悠久，从海拔 280～1050 米都是油菜主产生态区，品种更换频繁。各地农村种植的油菜品种原有“芥菜型”“白菜型”和“甘蓝型”3种。1992 年，开始引进优质杂交油菜油研 5 号试种。1993 年大面积引进和示范推广杂交油菜新品种，秋种杂交油菜达 24.23 万亩，其中以油研 5 号为主的优质杂交油菜 9.47 万亩，占全州油菜种植面积的 34.46%，经验收平均亩产 81.5 公斤，比当年全州油菜平均亩产 55.56 公斤高出 25.94 公斤。之后，杂交油菜种植面积逐年增加，并在对比中发现，油研 5 号为单低（芥酸含量低）品种，在黔东南州内表现为轻至中感菌核病；油研 7 号为双低（芥酸含量低、硫代葡萄

糖甙含量低）品种，表现中抗菌核病。两个品种均表现早熟，耐肥、抗倒、丰产。1998 年以后这两个品种成为州内油菜主要当家品种。进入 21 世纪后，州内推广面积较多的油菜品种有普通杂交油菜秦油 2 号、蓉油 3 号；优质杂交油菜油研 5 号、油研 7 号、油研 2 号、杂油 101；甘蓝型常规油菜中油 821、黔育双低油菜（优质油菜）、湘油 9 号、湘油 10 号、怀油 4 号、怀油 9 号等。2005 年推广杂交油菜 61.04 万亩，占油菜面积的 78.77%，比上年的 74.96% 增长 3.81 个百分点，平均亩产 90.2 公斤；其中杂交油菜加上常规甘蓝型品种优质油菜共 61.5 万亩。非优质常规甘蓝型品种种植面积已不足 10%。

2006—2010 年，油菜生产类型主要以优质双低杂交油菜为主，其次在边远山区还有部分白菜型、芥菜型油菜。选用的优质良种有油研 50、黔油 28、黔油 29、黔油 15、油研 9 号、油研 10 号、黔油 18、黔油 19、先油杂 2 号、宝油 517、金油 8 号、新棉油 38 号、渝黄四号、黔黄油 21 号等 14 个品种。

2011—2015 年，油菜种植的主要品种仍以上述品种为主。

栽培管理

黔东南州内油菜传统栽培方法是开沟分厢挖穴点播，亩栽 8000 穴左右。1991 年以后继续扩大育苗移栽面积。1993—1999 年，全州育苗移栽面积年均 15 万亩以上。2000 年以后，又发展到每年 50 万亩以上，覆盖全州 16 个县市，占油菜种植面积的 70% 左右。除边远山区、部分高海拔地区，种植油菜仍以点播为主外，低海拔坝区、农业科技普及推广较好的山区油菜种植都普遍实行育苗移栽。栽培管理主要经历以下环节：

播种期　黔东南州内迟熟品种如秦油 2 号，9 月上旬播种；中、早熟品种如油研 5 号、中油 821 等，以 9 月 15—25 日播种为宜。

苗床整理　按苗床大田 1:10 比例，选留背风向阳平缓，水源方便，肥力中上等的壤土或沙壤土作苗床。表土消毒和施基肥后，按厢宽 1.5 米、沟宽 0.3 米、沟深 0.2 米规格开沟作厢。

培育壮苗　播种种子经过晒种、盐水选种洗净晾干后，按一两种子播 0.1 亩苗床的比例再拌和适量细沙（土）分三次均匀播于床面，然后，覆盖一层腐熟细粪土或火土灰。出苗前保持床面湿润，出苗至 3 片真叶时防湿促根炼苗，并结合苗床病虫发生状况喷施一次农药。移栽前一天给苗床浇一次透水，防取苗伤根。幼苗长齐时及时间去密集丛生幼苗，苗长到 1—2 片真叶时，及时间除病、弱、杂苗。3 片真叶时按 8～10 厘米苗间距定苗。定苗后，及时追施氮肥，移栽前 6～7 天再追施一次送嫁肥。

适龄移栽　州内多地油菜适宜移栽苗龄为 30 天、叶龄 5～7 叶。移栽时间在 10 月上旬为宜，西北部宜早栽，10 月底前移栽完毕。

合理密植规范栽植　杂交油菜植株高大，亩适宜栽 8000 株左右，移栽规格为（40 厘米 × 23.33 厘米）或（43.33 厘米 ×20 厘米），提倡拉绳移栽，并在绳上定距标记；常规甘蓝型，油菜植株相对矮小，亩适栽 10000 株左右。土壤肥力较低的应偏密，肥力较高的可偏稀，栽植规格为：宽窄行按宽行 66 厘米，窄行 33 厘米，株距 16 厘米。栽单株，或株距 26—33 厘米栽双株。等行栽植行距离 40—50 厘米、株距 20 厘米栽单株，或行距 50—76 厘米、株距 26—33 厘米栽双株。

田间管理 前作为水稻的田块，要开好“三沟”，根据田块大小开好边沟、背沟、十字沟，并分厢整地、整平，严防田间积水；亩施农家肥1000公斤，加过磷酸钙25公斤或油菜专用复合肥50公斤作底肥；移栽活棵后亩追10～15挑清粪水，促进早发新根，长出2～3片新叶后第二次追肥，12片叶后重施一次腊肥，并结合进行中耕起垄壅脚，以确保油菜苗的安全越冬；冬前注意防治菜青虫、跳甲等害虫。立春后早施追肥，重追苔肥，巧施花肥，注意防治蚜虫、菌核病、霜霉病等病虫害，同时搞好清沟排渍、摘除老黄脚叶，减轻田间病害。苗期防治菜青虫、蚜虫、跳虫甲，亩用3%绿维虫螨乳油50毫克兑水50公斤喷雾。花蕾期防治菌核病亩用20%无核净100～150克或50%多菌灵100～150克兑水50公斤喷雾。成熟期防治蚜虫，亩用10%蚍虫灵10～15克兑水60公斤喷雾。州内油菜常出现花而不实的缺硼现象，在重度缺硼地区，亩用0.5～1公斤硼砂作底肥；轻度缺硼的，每亩用硼砂0.1公斤加水在蕾苔期、初花期进行叶面喷施可补硼之不足。

2002年，黔东南州引进“稻茬免耕油菜高产栽培技术”，在原稻茬基础上使用移栽器破口移栽小苗，不犁田、不整地、不中耕、不起垄上行，移栽时轻便、省力、快捷，是一项轻型农业栽培方式，属国家“九五”期间农技推广项目。2004—2005年，全州油菜免耕栽培进一步发展到每年11万亩左右，成为黔东南州油菜生产上的一个新亮点。稻茬油菜免耕移栽湿土取苗，带土、带肥、带药分级移栽。移栽器铲叶沿稻茬边脚的中间顺行入土破口，然后在近稻茬破口处栽上单株油菜苗，另一边破口处施适量复合肥作基肥（亩施复合肥50公斤），顺势用脚外侧将破口踩踏合拢即可。移栽密度为田块水稻密度的50%，即隔一行稻茬移栽一行油菜，顺稻茬一窝移栽一株油菜。

镇远县青溪镇农户选用杂选一号良种进行免耕栽培亩产达221.6公斤，比同田常规栽培亩增产24.3公斤。

花 生

面积和产量 1991—2015年，黔东南州内花生生产基本上是处在一个相对稳定发展的时期。1991—1992年，每年种植面积在4万多亩，年产量3000多吨，1993—1997年，年播种面积在5万～6万亩，1998年以后，全州每年播种面积在8万亩以上。2011—2015年种植面积基本稳定在8万～11万亩之间。2011年种植面积7.68万亩，总产9962吨，2015年，全州播种面积11.22万亩，总产15.55吨，分别比2011年增长45.9%和56.1%。

黔东南州花生面积与产量统计表

表3—12 （1991—2015年）

年 份	面积（亩）	产量（吨）
1991	43276	3838
1992	43920	3182
1993	50415	4424
1994	55440	5166
1995	60690	6161

续表

年　份	面积（亩）	产量（吨）
1996	62685	6135
1997	68790	8053
1998	80415	9347
1999	86865	10144
2000	87975	10259
2001	94665	11370
2002	89205	11030
2003	85560	10569
2004	88980	11462
2005	92835	11749
2006	98370	13296
2007	96975	13090
2008	72525	11895
2009	80850	11640
2010	77595	11414
2011	76860	9962
2012	85095	12418
2013	86295	12686
2014	105900	14774
2015	112215	15551

栽培技术　黔东南州内花生一年一熟，春播秋收。有单种、间套作和轮作几种种植方式。单种主要种在旱土上，以沙质、富钾土壤为宜。常与玉米、高粱等高杆禾本科作物实行间套作，也有在幼小林、果树空地上种植花生的。花生的轮作近年发展较快，主要轮作模式有小麦—花生、油菜—花生、蔬菜—花生、大麦—花生等。2000 年以后，州内单作花生的面积只占花生种植面积的 10% 左右。

州内花生推广品种以四川“天府花生”为主，其次还有部分“梅花一号”“花对”“白沙1016”和“山东伏花生”。

花生采用直播，去壳后，除去秕粒、病粒后就直接播种，少数地方也有用草木灰、石灰或桐油拌种后再播种的，以防地下害虫危害种子。在州内一般施草木灰和土杂肥，加上每亩用 25 公斤过磷酸钙作基肥。生长期间，一般不施追肥。

花生播种均为点播，有直接点播、分厢后点播和随牛犁拖沟点播 3 种。花生点播每亩用种 7.5 公斤，播 700 穴左右，每穴 2～3 粒，每亩约 2.5 万苗左右。平均亩产在 100 公斤左右。旱地宽厢宽带栽培种植花生，2.7 米规格开厢，划分成 0.8 米窄行和 1.8 米宽带；窄行秋冬种植绿肥，宽带种植洋芋；来年翻耕绿肥种植玉米，宽带在洋芋收获后植 4 行花生，规格 0.3×0.2 米。规范化模式为绿肥—洋芋—玉米—花生。

当花生下部叶片变黄脱落时即可收获。收获时一般用锄头挖；三穗、岑巩、天柱等水源好属沙泥田的地方，收花生时放水进田，用牛犁耙，使花生漂在水面，再用人工捞拾。

芝　麻

面积和产量　芝麻在黔东南主要用作佐料和副食配料，分布广，各县市均有零星种植，面积小、产量低。1991—1995 年，年种植面积在 600～900 亩左右，年产量在 15～36 吨之间。1992—1995 年，随着城乡居民生活的逐步改善，对副食、糖果需求量加大，芝麻生产得到相应发展。1992 年种植面积上升到 1305 亩，产量 33 吨，比历史最高年 1990 年多 1.81 吨。1993 年种植面积 1830 亩，为历史最高年，产量 42 吨。后由于经济效益的作用，不少农民不愿多种芝麻，面积降至千亩以下，产量一直保持在 15～36 吨之间。

栽培技术　黔东南州内芝麻都种在丘陵、山区的旱地，少量单种，多数实行间套作。芝麻一直沿用农家品种，籽粒以黄白色居多，黔东南州内东南部地区也有种黑芝麻的。播种期多在 5—6 月。一直沿用撒播，每亩用种量 0.25 公斤左右。

单种芝麻只施少量基肥，不施追肥。出苗后，第一次中耕结合间苗，第二次中耕结合移栽补缺定苗。

芝麻收获时，将芝麻连秆割起，扎捆运回，直立曝晒，待硕果裂口，在塑料布上用手握秆拍打，芝麻即破壳脱出。

向日葵

向日葵黔东南俗称葵花籽，是境内传统栽培作物。各县市农村城镇居民均有在田园四周或在矮秆旱作土内混种的习惯，在一些县市也有种在玉米地四周或厢面四周的。其主产品多作零食用，部分作为糕点配料，其副产品—茎秆，农村多数农户将其沤制加工后，作照明或引火材料用。

1991—1994 年，全州每年种植向日葵面积 2400～3100 亩，年产量 120～140 吨。1996—1998 年，年播种向日葵面积 2000～2300 亩，年产量 120 吨左右。以后由于从外地调入葵花籽数量增加，加之州内自然环境气候达不到向日葵形成产量和质量所需的日照指数，产量低、质量差、经济价值低，向日葵种植面积和产量逐年下滑，2005 年，播种面积仅 810 亩，年产量 59 吨。

第二节　烟　草

烟叶生产

“八五”期间（1991—1995）　全州生产烟叶 177.58 万担，其中，1991 年，全州移栽烤烟 22.203 万亩，比上年增长 28.61%；生产烟叶 38.28 万担，比上年增长 67.8%。1992 年，全州移栽烤烟 22.622 万亩，比上年增长 2%；生产烟叶 47.682 万担，比上年增长 24.6%。1993 年，全州移栽烤烟33.903万亩，比上年增长32%；生产烟叶55.676万担，比上年增长16.8%。1994年，全州移栽烤烟14.8695万亩，比上年减少56.4%；生产烟叶19.806万担，比上年减少64.4%。收购烟叶13.06万担，完成收购计划的40.8%，下降65.8%。上中等烟比例77%（其中上等烟31.2%、中等烟45.8%），比1993年上升10.6个百分点；担均价169.07元（未含奖励款），比1993年增加49.14元增长31.1%。实现产值2208.8万元，下降56.1%；实现税收684.7万元，下降55.9%。1995年，全州移栽烤烟11.3685万亩，比上年减少23%；生产烟叶16.136万担，比上年减少18.5%。烤烟生产投入资金554万元，组织供应肥料3851吨。当年收购烟叶12.19万担，完成收购计划36万担的34%，比上年减收8714担，下降6.7%；收购烟担均价241.35元，比上年169.07元增72.28元，增长42.8%；上中等烟叶比例85.7%，提高8.7个百分点；完成烟叶收购值2942.8万元，增加734万元，增长33.2%；实现农特产税942.2万元，比上年增加251.8万元，增长36.47%。

“九五”期间（1996—2000）　全州生产烟叶175.985万担，比“七五”期间（1991—1995年）减少1.594万担，减少0.897%。其中，1996年，全州移栽烤烟20.2545万亩，比上年增长43.9%；生产烟叶34.246万担，比上年增长112.7%。组织供应地混肥1.04万吨，投入资金5339万元。收购烟叶29.74万担，增长143.9%，其中，上中等烟叶收购24.1万担，占81%，组织上年略有提高。担均价格254.03元，比上年241.35元增加12.68元。完成烟叶收购值7554.6万元（收购价格加省政府奖励价款为13133.6万元），比上年增加1399.8万元，增长148.57%。是年全州投入烤烟生产的5339万元资金中，烟草部门投入2000多万元，占37.5%。共实施双层施肥2.04万亩，营养袋块假植移栽19.93万亩，地膜覆盖栽培3037亩。1997年，全州移栽烤烟33.96万亩，比上年增长40.3%；生产烟叶63.64万担，比上年增长82.3%。收购烟叶41.7万担，其中收购上中等烟叶23.26万担，占收购总量的55.08%。含补担均价为356.60元，完成烤烟农特税3226万元，比上年2248万元增收了978万元，增长43.51%。是年全州烟草系统累计投入资金4696.6万元，其中，无偿投入2370.6万元，有偿投入2326万元。组织烤烟专用肥供应烟农1.7万吨，亩均68公斤。供应地（农）膜200吨，实行地膜覆盖栽培1.13万亩，比上年3037亩，增长2.71倍。建立烤烟生产重点乡镇29个，基地乡镇11个。计划种植、合同收购有较大进展，全州签订产购合同的烟农户达5.25万余户，签订合同的种植面积达21.02万亩，占全部烤烟种植面积的85.8%，生产技术培训力度加大，用于技术培训的各项费用累计达239万元。当年，黔东南烟叶调销进度缓慢，资金占用严重，生产经营费用增加。全州库存烟叶27万担，积压资金近1亿元，全年贷款行息已达3422万元。为实现农民总体收入增加、财政收入有所增长，烟草部门按州委、州政府的要求每担烟叶价款补足到405元后计征农特税，烟草企业多纳税928万元，加大了企业生产经营成本，大部分烟叶生产经营企业将因此而更加困难，有的企业发生亏损，企业负担沉重，无力再扶持烤烟生产。1998年，全州移栽烤烟13.9215万亩，比上年减少59%；生产烟叶26.19万担，比上年减少58.1%。至1998年，全州烟草商业企业（含复烤工业）长期贷款额高达4亿元，其中逾期贷款2.2亿元，每天承担行息11万元，每月承担行息320万元，还有1.2亿元的历史潜亏和历年发放给烟农未收回的1239万元物资款，给企业正常的生产经营带来很大困难。1999年，全州移栽烤烟14.8845万亩，比上年增长6.4%；生产烟叶27.198万担，比上年增长38%。收购烟叶实绩13.31万担，完成计划26万担的51.18%，上中等烟比例为54.02%，比1998年增加5.23%，担均价304.48元，比1998年增加62.13元，增长25.64%。2000年，全州移栽烤烟13.4865万亩，比上年减少9.6%；生产烟叶22.634万担，比上年减少16.8%。收购烟叶实绩12.1万担，比上年13.31万担减少1.21吨，下降8.46%。其中，上等烟叶占11.2%，中等烟叶占47.41%，下等烟叶占41.19%。

“十五”期间（2001—2005年） 全州生产烟叶122.272万担，比“七五”期间（2001—2005年）减少53.714万担，减少30.52%。其中，2001年，全州移栽烤烟12.1395万亩，比上年减少9.9%；生产烟叶189.738万担，比上年减少12.79%。全州收购烤烟叶10.17万担，完成收购计划的42.36%，比上年减少1.92万担，下降15.85%，上等烟比例24.8%，中等烟比例51.13%，上中等烟叶比例比上年上升17.32个百分点。收购担均价411.54元，比上年增加104.78元，上升34.16%，烟农收入4183.7万元，比上年增加477.5万元，增长12.88%；实现农特税及附加费902万元，比上年增加103万元，增长12.88%。完成烟叶调拨量（含州内调拨）21.59万担，比上年减少4.64万担，下降17.67%；实现烟叶调拨收入21372.7万元，比上年增加3480.4万元，上升19.45%。2002年，全州移栽烤烟14.277万亩，比上年增长14.87%；生产烟叶25.46万担，比上年增长28.99%。全州收购烟叶16.74万余担，较上年增长64.7%；烟农收入7400万元，担均价441.93元，较上年增长7.38%；上中等烟比例占83.38%，较上年增加7.45个百分点。实现烟叶经营毛利6074万元，较上年5174万元增加900万元，增长17.4%。为国家创税3100余万元，其中农特税及附加1600万元，增值税1500万元。2003年，全州共完成烤烟育苗8.79万厢，比上年增长4.28%，签订合同2.6万份，全州移栽烤烟14.76万亩，比上年增长3.3%；生产烟叶26.312万担，比上年增长0.03%。其中田烟7.18万亩，比上年增长33.71%。共计收购烟叶22.60万担，比上年增长35.33%，其中级内烟叶20.27万担，担均价421.7元。烟农总收入8999.96万元，比上年增加1623.96万元，增长22.02%；全州共有2.64万户10.56万人种烟，户均收入3455元，比上年增加452元，增长15.05%；人均收入864元，比上年增加113元，增长15.05%；实现农特税1732万元和方附加税144万元。是年，调拨销售烟叶20.5万担（其中新烟16.7万担），实现销售收入1.8亿元，货款回笼1.82亿元，比上年1.36亿元增加了4589万元，完成计划任务的101%。2003年，黔东南州在烟叶基地方面也取得了进展，与贵阳烟厂在施秉、镇远建立了1.5万亩优质烤烟生产基地，与遵义卷烟厂建立了定点采供关系，还与营口卷烟厂达成建立烟叶基地的初步共识。2004年，国家在上年的基础上对三价区烟叶收购价格将平均上调12个百分点。烟草部门对烤烟生产的投入由上年的每亩60元增加到2003年的每亩80元。省烟草部门建立了风险机制，减轻了烟农的风险，调动了烟农的积极性。是年，全州移栽烤烟12.8085万亩，比上年减少13.22%；生产烟叶24.412万担，比上年减少8%。其中田烟面积5.15万亩，占43.4%。完成漂浮育苗2.12万余厢，占2万厢计划的106.14%，漂浮苗移栽面积6.42万亩，占移栽总面积的54.07%，较上年增长40%。漂浮育苗成功率在98%以上，成为全州烤烟生产的一大亮点。地膜烟1.93万亩，占16.3%，较上年增加7592亩，上升65%。全面推行烤烟生产户籍化管理，规范化管理程度得到提高。全州共收购烟叶23.23万余担，其中级内烟叶22.12万余担，比上年增加1.8万担，增长8.88%；上中等烟比例外为89.7%，较上年增加2.3%；上等烟

42.3%，较上年增加14.2%。级内烟叶担均价511.7元，比上年增加91.8元，增长21.86%，全等级担均价491.9元，加上产后补贴，烟农总收入11466万元，比上年增加2466万元。全州实现农业特产税2456万元，比上年增加616万元，增长33.4%。2004年州烟叶生产购销公司与全国各卷烟厂家平均履约率在90%以上，高于上年83%的7个百分点，工商交接烟叶等级合格率为78%，市场信誉良好。全年调拨销售烟叶27万担，较上年同期增加3.5万担，其中新烟20.4万担，销售收入2.45亿元，实现利润1687万元。2002年至2004年的三年间，黔东南州烟叶稳固进入营口卷烟厂"人民大会堂"品牌卷烟的主要配方。贵阳卷烟厂连续两年比较成功地在黔东南州创办优质烟叶基地。延安卷烟厂在黔东南购烟当年履约率达100%，工商交接合格率达80%以上。是年底，州烟叶生产购销公司与全国18家卷烟厂衔接了27万担的意向性合同。2005年，签订烤烟产购合同18677份，全州移栽烤烟13.8435万亩，比上年增长7.5%；生产烟叶26.55万担，比上年增长%。收购烟叶263239担，占计划22万担的119.65%，同比增加30971担；担均价523.4元，同比增加11.7元，上升2.3%；上等烟率为44.5%，同比增加2.2个百分点；上中等烟叶90.8%，同比增加1.1个百分点；全等级担均价458.8元。烟农总收入13563.5万元（含煤补526.5万元，产后补贴959.5万元），同比增加2097.5万元，增长18.3%；户均种烟收入7262元，同比增加1372元；创农业特产税及附加2604万元，同比增加148万元，增长6%；销售新烟22万担，货款回笼3.2亿元。

"十一五"期间（2006—2010年）　全州生产烟叶156.738万担，比"十五"期间（2001—2005年）增加34.466万担，增长22%。其中，2006年，全州凯里、麻江、丹寨、黄平、施秉、镇远、三穗、岑巩、天柱、剑河10个县市共有55个乡镇417个村、1771个村民小组、15908个农户种植烤烟。完成烤烟育苗36191厢；签订种烟合同15810份；全州移栽烤烟11.385万亩，比上年减少17.76%；生产烟叶24.602万担，比上年减少了8%。其中田烟完成38344.9亩，土烟69098.1亩，空土烟97950.4亩，地膜烟29449.3亩，漂浮育苗移栽达100%，轮作面积6万余亩。全年全州共收购烟叶239838.54担。其中上等烟达到31.7%，中等烟为46.9%。烟农总收入为10699.9万元，创农业特产税和附加税2354万元。2007年，全州共有10个县市、63个乡镇、448个村、1803个村民小组、13900户农户种植烤烟。完成烤烟育苗37298厢，堆制有机肥2330万公斤；签订种植合同13900份；全州移栽烤烟10.927万亩，比上年减4%；生产烟叶24.622万担，比上年减少增长0.08%。其中田烟41598亩，土烟66416亩，漂浮育苗10.8万亩，共创办示范点41个，种植示范面积3418亩，其中田烟示范面积1466亩。共收购烟叶24.54万担，占州计划25万担的98.17%，比2006年增加5580担，增长2%～3%；在收购的烟叶中上等烟10.96万担，占44.66%；中等烟9.91万担，占40.37%；下低等烟3.67万担，占14.97%；担均价515.15元，比2006年担均价增加69元，增长16%；烟农收入达到12642.77万元，烟农户均收入9095.52元，创农特税及附加税2781万元。2008年，全州有10个县市（不含锦屏、黎平的试点）、74个乡镇、548个村、15179户种植烤烟，签订烤烟生产合同15179份，全州移栽烤烟13.57万亩，比上年增长19.5%；生产烟叶31.16万担，比上年增长21%。生产收购烟叶31.2万担，完成国家收购计划30万担的104%，同比增加6.66万担，增长27.16%，收购担均价659.70元/担，同比增加144.6元；创烟叶税利8750.21万元；烟农直接收入2.06亿元，比上年的1.26亿元增加7955.85万元，增长83%；户均种烟直接收入1.36万元，同比增加0.15万元。年内销售烟叶26.6万担，销售金额4.02亿元，同比增加20.72%，工商交接等级合格率70.58%。天柱烟区签订合同1242份，落实面积14348亩，收购烟叶达到2.99万担（其中天柱20390.64担、三穗7871.64担、剑河1663.8担），同比增加1.59万担。2009年，全州10个县市、77个乡镇、558个村、13479个生产主体，签订生产收购合同13479份，全州移栽烤烟14.23万亩，比上年增长4.6%；生产烟叶29.80万担，比上年增长14.9%。其中田烟4.38万亩，试种6个县（锦屏、黎平、榕江、从江、台江、雷山），试种面积1341.6亩。南江三号、贵烟201等省内自育品种达28%，标准化生产达90%。比上年提前一个多月完成收购烟叶33.47万担，占计划的111.6%，担均价710.1元，同比增加50.4元。烟农现金收入24772.5万元，同比增加3180.42万元（不含30元/担肥补），户均收入18378.6元，同比增加2359.54元。实现烟叶税5238.6万元，同比增加703.87万元。全年销售烟叶27.33万担，同比增长2.71%。2010年，全州有9个产烟县市、76个种烟乡镇、519个种烟村，签订烤烟种植合同11118份，比上年减少2361份。全州移栽烤烟15.6975万亩，比上年增长9.4%；生产烟叶40.544万担，比上年增长13.2%。户均规模13.3亩，同比增加4.3亩。收购37.29万担（上机36.807万担），完成计划的106.5%，同比增加3.82万担。上等烟比例41.3%，同比增加4个百分点，上中等烟比例82%；下低等烟比例18%，同比增加4个百分点；上机烟叶担均价694.3元；烟叶总产值2.67亿元（含30元/担技术补贴），户均产值达24015元，创烟叶税5500万元。

“十二五”期间（2011—2015年） 全州生产烟叶222.816万担，比“十一五”期间（2011—2015年）增加66.078万担，增长29.66%。其中，2011年，全州11个种烟县市，落实种烟乡镇76个，462个村、9753个生产主体（比上年减少1365个生产主体），其中传统农户3448个、种植专业户6243个、家庭农场53个、合作社9个；签订合同9753份，合同面积14万亩，户均种植14.3亩，同比增加1亩。全州移栽烤烟15.5445万亩，比上年减少0.9%；生产烟叶36.37万担，比上年减少22%。收购烟叶25.08万担，完成计划任务的71.6%。上中等烟比例92.7%，同比提高10.5个百分点。收购等级合格率80.8%。收购均价813.1元/担，同比增加118.8元。救助补贴受灾农户7780户，金额2917.06万元。烟农总收入2.5亿元，基本与上年持平。创烟叶税4490万元，同比减少1133万元。调拨烔叶30.67万担，回笼货款5.7亿元。国家局检查工商交接等级合格率为61.8%，同比提高1.8个百分点。2012年，全州有烤烟县市10个，种烟乡镇70个，种烟村469个，烟农9001户，签订烟叶种植收购合同9001份、约定收购量45万担，全州移栽烤烟20.025万亩，比上年增长22.4%；生产烟叶46.456万担，比上年增长46.8%。累计全州收购43.54万担（其中4.6万担结构调整处理在田间），同比增加18.45万担，占全省收购份额由上年的4.8%增加到7.2%，是全省各州市增长幅度最大的；完成收购计划45万担的96.8%，比全省完成收购计划92.9%多3.9个百分点；收购金额4.36亿元，同比增长2.32亿元，加上新技术推广补贴1619万多元，结构调整补贴1339万多元，专业分级散叶收购补贴279多万元，烟农总收入达4.69亿元，实现农业增加值3.69亿元；担均价1002元（不含补贴），同比增加189元；上中等烟比例93%，同比增长0.3个百分点。烟叶税收贡献1.3亿元。烟农户均收入5.21万元。户均贡献税收14443元。2013年，全州有烤烟生产县市10个，种烟乡镇76个，种烟村485个，烟农10476户，签订烟叶种植收购合同10476

份。全州移栽烤烟 24.77 万亩，比上年增长 19.1%；生产烟叶 52.2 万担，比上年增长 12.4%。收购 46.69 万担（含代保管 6970 担，下同），占收购计划的 101.5%，比上年增加 3.16 担，增长 7.20% 每担均价 1228.5 元（不含补贴），比上年增加 226.71 元，增长 22.63%；上等烟比例 61.1%，比上年增长 14.8%；中上等烟比例达 100%，比上年增长 7%；烟叶税收 1.76 亿元（含增值税 0.5 亿元），比上年增加 0.44 亿元，增长 33.45%；户均贡献税收 16816 元，比上年增加 2373 元，增长 16.43%。烟农实现售烟收入 5.65 亿元，同比上年增加 1.29 亿元，增长 29.59%。加上新技术推广补贴 1996.5 万元，结构调整补贴 3150 万元，专业分级散叶收购补贴 982 万元，灾害救助资金 1000 万元，烟农总收入 6.36 亿元，比上年增加 1.67 亿元，增长 35.60%。烟农户均收入 6 万元，比上年户均增加 0.8 万元，增长 15.38%。2014 年，全州烤烟种植涉及 10 个县市、67 个乡镇、432 个村、1442 个村民组。签订合同的种植主体 8347 个，其中普通烟农 1609 户、种植专业户 6597 户、家庭农场 141 户。全州移栽烤烟 21.1 万亩，比上年减少 14.8%；生产烟叶 47.88 万担，比上年减少 8.3%。其中完成烟叶收购 41.02 万担，加上 2013 年丰产量 0.68 万担，共计收购烟叶 41.7 万担，占计划 43 万丰目的 97%（其中出口备货 4.35 万担），上中等烟叶比例 89.4%（其中上等烟比例 50.6%），均价 1163.6 元/担，比 2013 年 1228.1 元/担下降 64.5 元/担，收购金额 4.767 亿元。加上 2013 年丰产金额 854 万元、新技术推广补贴 1452 万元、结构调整补贴 3213 万元、K326（烟新品种）补贴 2197 万元，2013 年全州烟农总收入 5.54 亿元，平均收入 6.64 万元，平均单产 1.7 担/亩，州平均亩产值 23061 元，产生的州烟叶税 1.05 亿元。2015 年，全州 10 个烤烟县市落实 61 个种烟乡镇、383 个村，落实种植主体 7410 个（其中普通农户 506 个、种植专业户 5847 个、家庭农场 56 个），签订合同 7410 份，全州移栽工作于 5 月 5 日全面结束。全州移栽烤烟 19.46 万亩，比上年减少 7.8%；生产烟叶 46.64 万担，比上年减少 6.8%。其中地膜烟 15.2 万亩。收购烟叶 42.52 万担，占计划的 101.2%。其中上等烟叶比例 48.1%，中等烟叶比例 44%，出口备货 2.5 万担，占计划的 100%。均价 1223 元/担，烟农收入 5.2 亿元，户均收入 7 万元。烟叶税收 1.18 亿元。

生产技术与基础设施建设

1990 年后，烤烟育苗上全面推行营养袋假植育苗，剪叶促苗；种植上全面推行扩行缩株、平衡施肥、适时打顶等技术；烘烤上全面推行“三段式”烘烤技术。

1996 年以后开始用包衣种，到 2000 年后全部采用包衣种播种。

2000 年开始进行漂浮育苗试验。

2002 年后，逐步推行烤烟漂浮育苗、起垄待栽、测土配方施肥、扩行缩株、化学抑芽、病虫害统防统治、地膜烟栽培、上部 4 ~ 6 片烟叶成熟后带茎一次性砍烤、密集烘烤技术、散叶堆集烘烤等技术。

2006 年实现漂浮育苗 100%，2007 年集约化育苗 100%，商品化供苗 85%；平衡施肥面积 98%，控氮降碱得到落实；大力推广密集烘烤技术，密集烘烤率达 97%；引进推广贵烟 201、南江 3 号等省内自育品种。2007 年，在抓烤烟生产中，始终把“靠科技、提质量、抓效益、促发展”作为主要措施，加大技术推广力度，强化技术培训和现场指导，提升烟叶生产科技含量。

2008 年，编制《贵州省黔东南州优质烤烟综合标准体系》并实施。天柱县列为全国特色优质烟叶示范区开发，全州烟叶收购价格由三价区调整为二价区，省烟草专卖局（公司）将黔东南州列为黔东潜力烟区开发。是年，先后在锦屏、黎平两县开展清香型烟叶生产试点，试种结果经专家初步评价具有天柱烟区的特色烟叶风格。是年，全州烟水工程投入资金1808.91万元，实施烟水配套工程项目26个（处），覆盖烟田2.06万亩，受益农户2671户。配套农机具823台（套），补贴资金253.26万元。投入烤房建设资金1891.5万元，完成新建和改建烤房1615座（其中大型密集烤房615座），受益面积2.54万亩，受益农户1615户，全州密集烘烤率达65%。此外，烟叶生产基础设施建设项目通过了国家烟草专卖局的验收，集中在镇远县江古乡开展500亩现代烟草农业示范取得阶段性成果。

2009年，标准化生产面积分别达到91.67%，集约化漂浮育苗达100%，商品化供苗达70%。天柱片区纳入了贵州中烟工业公司优质烟叶基地单元建设，优质特色烟叶技术开发与应用项目顺利通过了国内资深专家组织的田间鉴评，完成了“清香型”风格特色定位、区域定位和技术定位，并通过了国家烟草局检查组的中期评估，天柱优质特色烟叶技术开发与应用项目获2009年度中国烟草总公司贵州省公司科学技术进步二等奖。是年，烟叶生产基础设施建设、现代烟草农业建设和充分运用先进烤烟种植技术有了新的发展。①过各种渠道累计对烟草产业投入达1.078亿元，其中，烟水配套工程共投入资金9774万元（国家烟草局补贴3913.66万元），受益面积13.86万亩。2009年度已组织专家评审并批复项目73个，计划投资5800万元，受益面积7.14万亩。实施完2009年度的建设项目，完成了国家烟草局下达的21万亩烟水工程建设总任务。育苗大棚建设投入180万元建烤烟育苗大棚1187个，比2008年增加800个；中棚9218个。共育烟苗48938个标准厢，可供移栽146824亩。烤房建设共投入资金4320万元新建大型烤房2000座。改造热源外置式烤房2795座，改造热源内置式烤房3133座，承烤面积达11.58万亩。烟用农机具补贴共补贴农机具1648台（套），补贴资金达482.53万元。资78万元，完成7.8公里烟路建设。②分别投资800万元、540万元和220万元进行了天柱平甫示范园、三穗等溪示范点、天柱八甲烟叶工场现代烟草农业试点建设，并在各县建设了烟叶育苗工场和烘烤工场。各地积极探索新的生产组织模式，建立专业大户1137户、种植面积达21643亩，50亩以上家庭农场56个，种植面积达4287亩，专业合作社18个（含226户）、种植面积2671亩。三种生产组织方式种植面积占总面积的23.8%。积极探索组建育苗、机耕、植保等专业化服务组织233个，规模化生产、专业化分工、集约化经营初见成效，现代烟草产业格局在局部地区初步形成。③不断加大引进现代烟草农业种植技术，认真做好测土配方，积极推广烟用农机机械，烤烟生产科技含量不断增加。从育苗到烘烤整个生产过程技术含量得到明显提高，实现了良种100%，集中育苗100%，专用肥推广运用100%，起垄待栽100%。全力推进智能化烤房的运用，有效提高了烟叶烘烤质量。据统计，烤烟生产科技含量增加值达15%。2009年全州烤烟平均亩产达127公斤，比去年增加9公斤；均价达14.8元/公斤，比上年增加1元/公斤。今年实际收购烟叶33.5万担，因丰产增收3.5万担，比上年增加2.3万担；烟农现金收入24787万元（含肥补），比上年增加3263万元；烟农户均收入达1.84万元，比上年增加0.42万元。

2010年，标准化生产面积分别达到96.6%。加强了烟叶生产基础设施和现代烟草农业示范基地建设。①新增烟水工程计划投资1900万元，受益面积2.26万亩。烤房建设约投入3250万元，新建烤房1300座；投资185万元补贴农机具500台套；计划投资325万元，修建烟路32公里。②整合了国土、农委、水利、交通、气象、电力、烟草等部门项目资金，在镇远江古、天柱平甫、天柱八甲、三穗等溪、施秉上翁哨建设5个现代烟草农业示范基地（共计13000亩），实施了土地整治、烟水、烟路、育苗工场、烘烤工场等一系列配套建设，主体工程已建成投入使用。示范基地共完成土地整治6110亩，烟水工程11个，烟路20公里，已建防雹减灾设施点3个。

2011年，集约化育苗100%，商品化育苗在85%以上，规范移栽100%，双行凹垄覆膜12.1%，密集烘烤100%，推广南江3号、贵烟201、毕纳1号等自育品种31.8%。在基础设施建设方面，支付基础设施建设资金8267万元，实施烟水配套工程覆盖面积3万亩。建成密集烤房1217座，维修老烤房1500座。修建机耕路55公里，覆盖面积4.33万亩；新建育苗工场5个，5.85万平方米，覆盖面积1.5万亩；新建机耕路55公里，覆盖面积4.33万亩；购置农机具366台（套），配套建设密集烤房、烘烤及育苗大棚附属设施。在现代烟草农业基地单元建设方面，整合各项涉农资金在麻江翁馒、黄平木江、施秉白垛和石桥、镇远江古和水塘、岑巩河塘和沈家湾实施8个现代烟草农业示范基地建设，完成示范面积2.38万亩，并配套建设土地整治6110亩，烟水工程11个，烟路20公里。新建河南中烟黄金叶品牌施秉白垛基地单元、浙江中烟利群品牌镇远涂阳基地单元，植烟面积共5.52万亩，基地单元防雹减灾系统、信息化系统等配套推进，以种烟专业户、家庭农场及专业合作社为主的生产模式得到进一步完善。在推进生产组织形式、专业化服务体系建设方面，基地单元内落实种植专业户957户，面积13299亩；家庭农场12个，面积1615亩；烤烟专业合作社5个（农户49户）、面积1056亩。

2012年，在完善提升3个基地单元的基础上，新建了2个基地单元，面积11.4万亩。2个国家局基地单元，1个省局基地单元已通过省局综合评价验收。原建的13个现代烟草农业示范基地得到进一步提升，新建的9个现代烟草农业示范基地建设工作进展顺利，基地示范面积达5.2万亩。13个烤烟专业村建设中，三穗县桐林镇平亚村已完成了编制上报，其余各村正在规划中。是年，投入2.3亿元（州烟草公司投入1.5亿元）建设烟叶生产基础设施，其中实施烟水配套工程2.6万亩，建设大型密集式烤房3438座，建设烟路40.1公里，购置农机具160台（套），建设育苗设施15.2万平方米，土地整理完成15000亩。是年，组建烟农专业合作社9个，共有社员2098人，专业队伍从业人员1629人，其中烟农1435人；服务烟农307户，已建育苗服务队21个，机耕服务队25个，植保服务队6个，烘烤服务队7个，分级服务队13个。专业化育苗、机耕、起垄、植保、运输、烘烤、分级服务水平得到不断提升。此外，还在接茬试种进行了探索，一是在天柱翁洞、飞机霸、兰田等低海拔地区开展825亩烟稻两熟试种工作，烤烟亩产120—145公斤，水稻亩产350—500公斤。二是在岑巩县凯本乡沈家湾现代烟草农业示范园区接茬试种500亩硬壳豌豆，开创全省烟地规模轮作先河，目前豆苗长势良好。

2013年，在完善原基地单元的基础上，新建了3个基地单元，面积20.4万亩。现代烟草农业示范基地得到提升，基地示范面积达6万亩。烤烟专业村、烤烟专业组建设稳中有升，其效益正在显现。凯里白蜡烤烟专业村28户完成种植面积849亩，户均30.32亩，交售烟叶1887.72担，收入227万元，其中5户在10万元以上；凯里嘎懂烤烟专业组11户完成种植面积355亩，户均32.3亩，交售烟叶844.02担，收入103万元，其中5户在10万元以上。是年，投入3.3亿元（州烟草公司投入2.1亿元）进行烟叶生产基础设施建设。先后实施烟水配套工程2万亩，建设大型密集式烤房2667座，建设烟叶机耕路25条计70公里，购置农机具513台（套）、烤烟移栽专用打孔器1090台，建设育苗四连体大棚182座、钢架中棚430座，完成土地整理3900亩，有效地改善了烤烟种植的生产基础，较好地增强了抵御自然灾害的能力。是年，组建烟农专业合作社10个，共有社员7680人，专业队伍从业人员2996人，服务烟农9251户，其中烟农7545人。已建育苗服务队14个，机耕服务队15个，植保服务队9个，烘烤服务队13个，分级服务队13个，其中开展专业化育（供）苗22万亩，专业化分级24.56万担，专业化植保5.3万亩，专业化烘烤4.7万亩。专业化育苗、机耕、起垄、植保、运输、烘烤、分级服务水平不断得到提升。是年，对现代烟草农业示范园区接茬试种行了探索。一是综合利用烤烟育苗工场。黄平县烤烟育苗结束后，在上塘烤烟育苗工场（8亩）种了一季西瓜和一季西红柿，每亩收入2000元。岑巩县烤烟育苗结束后，在凯本10个烤烟育苗棚种西瓜，收入30万元。二是积极开展“烤烟—水稻”“烤烟—玉米”“烤烟—红苕”“烤烟—大葱”“烤烟—黄豆”“烤烟—蔬菜”等烤烟接茬作物的探索。天柱县烤烟接茬作物种植1680亩，涉及晚稻、玉米、紫薯、大蒜、蔬菜等品种，其中晚稻、玉米、紫薯最高亩产分别为495.5公斤、368公斤和2168公斤，其产量已达到常规的生产水平。据统计全州烤烟接茬作物达1万亩。

2014年，一是完善标准理论体系，规范生产方式。烟草部门编制《贵州省黔东南州优质烤烟综合标准》，经过5年时间的逐年修改，使全州烤烟生产、收购和销售的全过程活动，都严格置于标准的规范和控制之中，实现烤烟生产的产前、产中、产后及其产品的整个经营管理全过程活动均有标准覆盖，使烤烟生产各个环节都在规范化状态进行，烤烟标准化生产已形成气候，规范化种植全面呈现。表现在移栽时间集中，大田烟株长势整齐一致。烤烟长势整体良好，呈现以一类苗为主、三类苗很少的良好长势。二是促进烟规模化种植逐步形成。依托现代烟草农业园区建设，合理规划烤烟种植区域，基本上是100亩以上的连片种植（凯里市除外）。特别是各个烤烟种植示范园区，如：施秉立岩烤烟种植示范区，天柱八甲烤烟种植示范区，镇远江古、魏家屯烤烟种植示范区，岑巩白岩坪、凯本烤烟种植示范区，麻江龙山烤烟种植示范区、黄平木江烤烟种植示范区等区域，连片种植均在1000亩以上，呈现出规模化连片种植的示范亮点。三是注重产品安全性，多措施控制农药残留。大力推广生物防治和物理防治，落实蚜茧蜂生物防治（蚜虫）面积达8万亩、黄板诱杀物理防治2万亩。四是加强专业合作社建设。按照“种植在户，服务在社”生产组织模式，全州8个基地单元已组建烟农专业合作社8个，入社社员7715人，其中烟农社员7630人。形成集育苗、机耕、植保、烘烤、分级等系列活动一条龙专业服务烟农，兼顾闲置育苗棚、烟地综合利用为一体的烤烟专用合作社。五是努力做好烟地和育苗棚闲置期的综合利用。天柱县“烟稻两熟”“烟薯两熟”示范试验获得成功，通过了省、州专家经过实地验收，专家们一致认为天柱县“烟稻两熟”“烟薯两熟”两种种植模式是成功的，经过实践取得了较好的经济、社会和生态效益。麻江县“法国细刀豆”烟地套作示范试验取得预期成果，得到烟农肯定。黄平县育苗棚综合利用在水培芹菜、土培甜椒取得预期效果，对育苗棚综合利用探索出了一条成功之路。

2015年，全州8个烟农专业合作社注册资金83.66万元，有理事会成员58人，其中合作社“带头人”16人，平均年收入3.04万元，监事会成员46人，合作社社员7843人（其中烟农社员7795人），专业队员5172人（其中烟农社员4424人）。取得的成绩：专业化育苗、专业化分级已达100%，机耕（起垄）、植保专业服务达60%左右，专业化烘烤达45%左右，专业化服务效果初见成效。（行业示范社）。是年，全州开展蚜茧蜂生物防治技术12.45万亩，占种植面积的74.6%；开展物理防治技术3.71万亩，占种植面积的22.2%（其中性诱剂防斜纹夜蛾、烟青虫技术3.05万亩，黄板诱虫技术0.62万亩，杀虫灯诱虫技术0.04万亩），有效防止了蚜虫、斜纹夜蛾的发生，基本上未使用杀虫农药，保证了烟叶品质。

第三节 中药材

发展概况

黔东南州中药材主要品种有太子参、钩藤、天麻、茯苓、何首乌、头花蓼、淫羊藿、灵芝、桔梗、金（山）银花、杜仲、黄檗、银杏、红豆杉、百合、元胡、前胡、白术、葛根、魔芋、鱼腥草、五倍子等。全州中药材生产持续发展，初步形成了以施秉、黄平为中心的太子参产业带，以剑河、锦屏、黎平为中心的钩藤产业带，以黎平为中心的茯苓产业带，以雷山为中心的乌杆天麻、淫羊藿产业带。

1991—1999年，中药材种植规模较小，全州中药材种植面积在2000公顷以内，种植面积最高的是1999年达到1887公顷，种植主要集中在黎平县、锦屏县、雷山县、施秉县等县。

2000年，随着太子参引种在施秉县、黄平县开始扩大种植，全州中药材种植面积发展迅速，种植面积达到4516公顷，产量3932吨。2001年全州中药材种植面积突破5433公顷，产量4699吨。

2005年，太子参、何首乌施秉县牛大场镇基地通过国家GAP认证（药品监督管理局中药材GAP检查公告第3号）；2006年，贵州道地苗药头花蓼施秉县基地通过国家GAP认证（药品监督管理局中药材GAP检查公告第5号），施秉县成为全国唯一有3个中药材品种通过国家GAP认证的县；2009年，淫羊藿雷山县基地通过国家GAP认证（国家食品药品监督管理局公告2009年第86号）。

2011年，“黔太子参1号”（黔审药〔2011〕001号）通过贵州省品种审定委员会审定，成为全省唯一经省品种审定委员会审定的中药材品种。“剑河钩藤”被国家质量监督检验检疫总局批准为地理标志产品保护（2011年第70号）。

2012年，“施秉太子参”被国家工商行政管理总局商标局批准为国家地理标志证明商标（批准文号7639955）。

2013年，“施秉头花廖”被国家工商行政管理总局商标局批准为国家地理标志证明商标（批准文号10308703）；2013年10月贵州昌昊中药发展有限公司“西南地区药用植物种苗繁育国家地方联合工程研究中心”项目获得国家发改委批准。

2014年，“黎平茯苓”被国家质量监督检验检疫总局批准为地理标志产品保护（2014年第96号）；“雷山乌杆天麻”被国家质量监督检验检疫总局批准为地理标志产品保护（2014年第

139 号)。

2015 年，全州中药材面积发展到 33143 公顷，其中太子参 9779 公顷、钩藤 8038 公顷，分别占总面积的 29.51%、24.25%；中药材总产量达到 173366 吨，其中太子参 9891 吨、钩藤 7934 吨，分别占总产量的 5.71%、4.58%；中药材总面积、总产量分别是 2000 年的 7.3 倍和 44.1 倍。

2010—2015 年，医药产业是贵州省"五张名片"特色优势产业之一，将中药产业作为大数据产业的"姊妹篇"来抓，医药产业呈现稳步增长态势。2015 年 8 月，《省人民政府办公厅关于支持黔东南自治州大健康医药产业加快发展的意见》（黔府办发〔2015〕32 号），从健康养生养老、大健康药食材、民族医药医疗、健康运动产业等方面突出黔东南州特色优势，支持打造全省大健康医药产业重要基地，将实现从医药资源大省向医药产业大省转变。2015 年，黔东南州人民政府下发《黔东南州"6 个 100 万"绿色生态现代农业工程工作实施意见》，积极的推动全州中药材产业发展。此时，全州中医药民族医药相关企业发展到 89 家，其中民族医药种植企业有 48 家，涉及制药、饮片加工、保健品生产企业有 20 家，涉及种植、种苗培育与原药材粗加工企业有 17 家，文化推广及科研企业 4 家。有 30 个品种、33 个规格取得国药准字并生产。生产组织形式从单一的大户转变为"合作社 + 基地 + 农户""企业 + 基地 + 农户"等多种形式。全州有中药材种植农民专业合作社 180 家。在全省"5 个 100"工程中，黔东南州有施秉县牛大场民族医药现代高效示范园、剑河县现代高效农业钩藤产业示范园、黎平县"天香谷"芳疗植物现代农业园、丹寨县贵山灵草现代高效民族医药示范园、凯里市苗侗百草现代高效农业示范园等省级农业示范园区 5 个。

黔东南州中药材面积及产量统计表

（1991—2015 年）

表 3—13　　　　单位：公顷、吨

年　份	面　积	产　量	年　份	面　积	产　量
1990	—	—	2003	5968	—
1991	360	—	2004	6338	—
1992	763	—	2005	6178	—
1993	862	—	2006	6114	—
1994	1067	—	2007	7241	—
1995	1405	—	2008	7391	—
1996	1514	—	2009	7464	—
1997	1392	—	2010	8514	—
1998	1730	—	2011	11276	66600
1999	1887	—	2012	15830	76000
2000	4516	3932	2013	27365	128000
2001	5433	4699	2014	30354	139500
2002	5741	—	2015	33143	173366

太子参

种植情况 1993 年，施秉县在牛大场镇开始引进太子参种植。1997 年，黄平县开始种植。2001 年，施秉县、黄平县两个县太子参基地发展到 1076 公顷，产量 1285 吨。2005 年施秉太子参通过国家 GAP 认证。2009 年，太子参种植面积 3060 公顷，产量 3305 吨，产品价格一路上涨。2010 年太子参种植面积突破 3377 公顷，产量 4012 吨。

2009—2011 年，太子参统货价格一上涨，涨至最高价格每吨 35 万元，促使 2012 年太子参种植面积突破 6733 公顷，产量 7387 吨。2012 年“施秉太子参”地理标志证明商标通过国家工商总局商标局审核。

2012—2014 年，受种植面积迅速扩大的影响，太子参价位开始回落，2013 年 5 月前每吨仍处在 11.5 万元以上的价位，大大促进太子参种植，2014 年太子参种植面积在 1993 年至 2015 年期间达到最高，种植面积为 10027 公顷，产量 10208 吨，占全州总面积 33.03%，占全州总产量 7.32%。2014 年 5 月太子参统货价格下滑至每吨 3.4 万元。

2015 年，由于受太子参价格影响，种植面积缩减到 9779 公顷，产量 9891 吨，相比 2014 年分别下降 2.47%、3.1%。

黔东南州施秉太子参从 1993 年开始引进种植到 2014 年发展种植 10027 公顷，种植面积和产量比有记录以来的 1997 年增加了 305 倍和 135 倍。2015 年年底，面积占全州中药材种植总面积的 29.50%、产量占全州中药材总产量的 6.54%。面积、产量已位居全国之首，并作为贵州省的知名品牌在省内外赢得了广大的市场。2010 年施秉县靠太子参单品种年收入在 100 万元以上药农有 26 户，收入在 50 万~99 万元有 36 户，收入在 10 万~49 万元有 219 户。2012 年施秉县种植中药材年收入在 100 万元以上有农户 83 户，收入在 50 万~99 万元有 210 户，收入在 10 万~49 万元有 1000 余户，收入在 1 万元以上有 10000 多户。

黔东南州中药材太子参生产情况统计表

（1991—2015 年）

表 3—14　　单位：公顷、吨

年 份	面 积	产 量	年 份	面 积	产 量
1990	—	—	2003	1285	1523
1991	0	0	2004	1460	1775
1992	0	0	2005	1533	1822
1993	0	0	2006	1833	2077
1994	0	0	2007	2333	2731
1995	0	0	2008	2947	3563
1996	0	0	2009	3060	3305
1997	32	34	2010	3377	4012
1998	48	59	2011	4353	4757
1999	145	140	2012	6733	7387
2000	208	230	2013	9267	10681
2001	1076	1285	2014	10027	10208
2002	1179	1410	2015	9779	9891

品种选育 太子参于1993年开始引进，品种主要来自福建柘荣县、安徽宣城、山东临沭县等地，种植面积较大的主要来源福建柘荣县。1993—2009年，针对贵州施秉太子参发展开展了种质资源收集和种质资源的筛选，以茎尖为最佳外植体，适宜的分化培养基、适宜的愈伤化培养基、生根培养基等方面进行了无病优良种苗的快速繁殖培育，得到了优质种源，经过贵州昌昊中药发展有限公司多年系统选育形成性状表现稳定的优良品系，该品系2009—2010年在黔东南州（施秉县、黄平县、凯里市）、毕节地区（赫章县）4个地区5个试点进行区域试验和生产试验，各试点每667平方米鲜品产量380.33公斤，比对照增产37.14%，增值比例为10.86；2010生产试验，测产每667平方米鲜品产量368.5公斤，比对照增产36.75%，增值比例为10.52。该品系2011年通过贵州省品种审定委员会审定，命名为“黔太子参1号”（黔审药〔2011〕001号），成为全省唯一经省品种审定委员会审定的中药材品种。

2006—2012年，贵州三泓药业股份有限公司通过对收集的13个种源太子参开展系统评价试验，从中筛选出优良种源贵州施秉－4，标记为SB－4。连续5年在施秉长坳基地、九角树基地、对家冲基地，反复对太子参品系SB－4进行选育。2014—2015年，品系SB－4根据贵州省农作物品种审定委员会批复的区域试验方案，分别在施秉县、余庆县、黄平县等区域进行新品种审定试验，该品系暂命名“施太1号”。

栽培成果 1993—2015年，施秉太子参种植和加工的专利有：“一种太子参的规范化种植方法”“太子参颗粒的制备方法及其产品”“一种太子参保健饮料的检测方法”等18项科技成果。《太子参的种质资源与品质评价》先后获得教育部科技进步二等奖和省级科技进步三等奖各一项，《太子参异地引种栽培与规范化生产基地建设的研究》获贵州省黔东南州科学技术进步一等奖。《贵州施秉太子参生产技术推广应用及产业发展》获得贵州省“十一五”农业科技十大成就（事件）奖，贵州施秉太子参成为贵州省中药材产业发展的标杆。

2010年，贵州省质量技术监督局以贵州省地方标准批准发布通告第84号正式发布通告批准《施秉太子参》为贵州省地方标准，该标准于2010年9月23日正式实施；2013年贵州省质量技术监督局以贵州省地方标准批准发布《施秉太子参系列标准总则》《施秉太子参种子种根》《施秉太子参组织培养与无毒种苗繁育技术规程》《施秉太子参种植技术规程》《施秉太子参初加工与贮藏运输》5个贵州省地方标准。完成太子参种植全过程关键技术研究、应用、推广，形成了以施秉、黄平县为主，辐射周边其他县市种植的局面；“十二五”期间太子参被列为贵州省重点发展品种，推动太子参种植特色优势产业的形成和发展。

钩　藤

种植情况 钩藤为黔东南州道地中药材品种，人工种植始于2000年左右，受种苗繁育技术限制，无法产业化。2003—2005年，剑河县林业局南修山实验林场开始研究钩藤育苗和栽培技术，钩藤育苗技术和人工栽培技术获得成功，剑河县开始大量进入人工种植。2011年5月，剑河钩藤获国家质量监督检验检疫总局批准，实施地理标志产品保护。2012年，种植面积3672公顷，产量3072吨。2013年，种植面积4290公顷，产量4266吨，剑河县钩藤高效农业示范园申报成省级农业示范园区，并建成13公顷的剑河钩藤良种繁育开发中心，年产钩藤苗800万株。这一时期全州有剑河、锦屏、黎平、丹寨、天柱等近10个县（市、区）开始种植钩藤药材。剑河县钩藤种植分布最广，剑河钩藤主要分布在久仰乡、南哨乡、太拥乡、柳川镇、观么乡、盘溪乡、敏洞乡、南寨乡、南加镇、岑松镇、革东镇等乡镇。2014 年，全州种植面积达到 6279 公顷、产量 5380 吨，产值超亿元。2015 年年底，全州种植面积 8038 公顷，产量 7934 吨，占全州中药材总面积 24.25%、总产量的 4.58%。

2006—2015 年，钩藤产业发展涌现出大量的致富带头人和合作社。如剑河县久仰乡的李代生，2006 年承包剑河县久仰乡摆伟林场 53.3 公顷，全部种植中药材钩藤，2008 年开始见到效益，招聘本村 50 余名有困难又不能外出打工的妇女到自己的钩藤基地进行采钩藤和做零工。2011 年 3 月成立剑河县生能种养殖专业合作社。到 2015 年年底，合作社已发展到 240 户农户；注册资金从初期的 5 万元扩大到 100 万元；钩藤种植达 100 公顷，辐射带动 900 多户农户种植钩藤。2012 年被确定为“剑河县科技示范农民专业合作社”；2012 年被评为县科技特派员示范性农民专业合作社，被评为剑河县“守合同、重信用”A 级信用企业。黎平县九龙钩藤农民专业合作社 2011 年注册成立，种植钩藤 120 公顷，解决当地剩余劳力就业 1000 多人，辐射带动本地及周边乡镇农户发展钩藤种植 200 余公顷，覆盖农户 1000 余户，年产量 100 吨，产值 200 万元以上。由于扶贫效果显著，合作社于 2014 年 6 月被州扶贫开发领导小组评为州扶贫龙头企业；2015 年 3 月被永从镇党委、政府表彰为先进专业合作社。

黔东南州中药材钩藤生产情况统计表

（1991—2015 年）

表 3—15　　　　单位：公顷、吨

年份	面积	产量	年份	面积	产量
1990	—	—	2003	144	0
1991	0	0	2004	392	0
1992	0	0	2005	533	162
1993	0	0	2006	680	599
1994	0	0	2007	790	765
1995	0	0	2008	1100	889
1996	0	0	2009	1710	1238
1997	0	0	2010	2085	1924
1998	0	0	2011	2721	2346
1999	0	0	2012	3672	3072
2000	0	0	2013	4290	4266
2001	0	0	2014	6279	5380
2002	0	0	2015	8038	7934

五倍子

种植情况　五倍子是黔东南州传统中药材，同时也是传统工业原料，州境内均有生产，以黄平、施秉、镇远、岑巩、从江居多。1992 年，三穗县国营林业总场投资 17.9 万元，在桐林镇贵功和主深建成两片五倍子基地林 56.3 公顷，1994 年大面积投产，每公顷产量 150 公斤以上。从江县生产五倍子 9.15 吨。榕江县乡镇企业局投资 1.91 万元改造五倍子林 73.3 公顷。丹寨县新建五倍子基地 37.3 公顷。施秉、从江等县专门成立了五倍子开发公司。1995 年，从江获国家计委、林业部扶贫 2000 公顷五倍子基地建设项目。施秉、黄平、镇远等县建成五倍子基地 7200 公顷。1996 年，从江全县完成营造五倍子 666.7 公顷，共举办五倍子技术培训 10 期，培训人员 1000 多人次。1997 年，五倍子普遍被其他原料代替，五倍子价格由 1992 年每吨 20000 元下降到 1997 年每吨 800 元。此后，五倍子逐渐萎缩，1998 年，从江县完成国家计委、林业部对从江重点扶五倍子项目第一期工程，建立了五倍子基地林 538 公顷。鉴于五倍子市场疲软，该县及时调整品种结构，改建五倍子基地为椪柑、沙田柚、“三木”药林等经济林基地。1998—2013 年，全州五倍子常年产量维持在 200 吨左右。2014 年、2015 年分别减少到 138 吨、149 吨。

黔东南州五倍子产量统计表

（1991—2015 年）

表 3—16　　单位：吨

年　份	产　量	年　份	产　量	年　份	产　量
1991	170	2000	185	2009	226
1992	216	2001	198	2010	211
1993	165	2002	209	2011	221
1994	157	2003	265	2012	257
1995	242	2004	271	2013	262
1996	247	2005	234	2014	138
1997	168	2006	200	2015	149
1998	207	2007	191		
1999	213	2008	229		

主要栽培品种

茯　苓　1991 年以前，黎平县最先开始引进人工栽培技术，栽培的品种主要为 Z10－1 号，生产的产品由县药材公司和外贸公司为主经营。2003—2006 年，黎平县实施贵州省茯苓 GAP 规范化栽培基地项目。2004 年，黎平县茯苓 GAP 示范种植茯苓 80 万窖，产鲜茯苓 2400 吨。之后种植规模逐步稳定，每年种植茯苓 90 万—100 万窖，年产鲜茯苓约 3000 余吨，成为全国茯苓产量最大的县。2014 年，“黎平茯苓”获国家质量监督检验检疫总局批准为地理标志产品保护（2014 年第 96 号）。2015 年，黎平县种植基地达到最大面积 850 万窖、鲜产 9000 吨，全县有 20 个乡镇，1500 多农户从事茯苓规范化生产；当年全州种植面积达到 1180 万窖的最大规模，种植范围扩展到剑河、榕江、丹寨、镇远、雷山、台江、剑河等县。《地理标志产品黎平茯苓种植技术规程》（DB52/T1056－2015）贵州省质量技术监督局以贵州省地方标准批准发布，进一步规范了地理标志产品黎平茯苓的种植地环境条件、菌种培育、栽培、病虫害及防治、茯苓的采收、茯苓质量规格及质量要求。

天　麻　全州在 20 世纪 90 年代前就开始人工种植天麻，其中 1981 年雷山县农业局举办天麻栽培技术培训，之后在雷山方祥开始研究培育乌杆天麻和杂交良种天麻（红麻），把仿野生天麻生产形成了规模。2000 年，全州天麻种植 232 公顷，产量 128 吨，其中黎平县 170 公顷，94 吨；榕江 44 公顷，26 吨；雷山 18 公顷，8 吨。2002 年雷山县采用野生天麻进行有性繁殖得到较好的效益，使原生地野生天麻资源得到了保护。2014 年，“雷山乌杆天麻”获国家质量监督检验检疫总局批准为地理标志产品保护（2014 年第 139 号）。2015 年，全州天麻种植达到 1018 公顷、产鲜天麻 769 吨，比 2000 年的 232 公顷、128 吨分别增长 338.79%、500.78%。种植分布施秉、雷山、镇远、台江、黎平、三穗、天柱、黄平 8 个县。施秉、雷山两个县实施天麻种植扶贫项目，天麻种植分别为 667 公顷、343 公顷。

第四节　水　果

发展概况

黔东南州水果主要品种有柑橘类、梨、桃、李、杏、柿、枇杷、葡萄、杨梅、猕猴桃、樱桃、苹果、蓝莓、树莓、核桃、板栗、枣、银杏、石榴、花红及野生金樱子（蜂糖罐）、刺梨等。全州果树生产持续发展，分布在都柳江、清水江、舞阳河河谷区沿岸的柑橘生产已初步形成商品基地雏形。1991 年以后，全州把水果生产的重心放在巩固提高和优化发展低海拔河谷区柑橘商品基地建设，突出加快梨、桃、李、板栗等落叶果树的适地规模发展，不断推动城镇周边的杨梅、葡萄、枇杷等时令鲜食水果生产，果园大面积投产，果品产量大幅增长。到 1999 年，全州果园面积发展到 46.93 万亩，果品产量首次突破 10 万吨，达 10.22 万吨。到 2004 年，大力推广应用以柑橘为主的高接换种技术，全州果园面积发展到 72.39 万亩，其中柑橘 24.7 万亩、梨 19.4 万亩，分别占总面积的 34.1% 和 27.2%；果品总产量达到 22.94 万吨，其中柑橘 92305 吨，梨 77221 吨，分别占总产量的 40.3% 和 33.7%，果园总面积、果品总产量分别是 1990 年的 4.8 倍和 17.3 倍。经过十多年的果品基地建设，黔东南州内建成了比较稳定的柑橘生产基地和以梨为主的落叶果树规模果品生产基地。

2009 年，国家启动园艺作物标准园创建，从江、锦屏的椪柑橘被列为农业部首批标准果园创建县。锦屏作为农业部首批启动的标准果园创建县之一，创建柑橘标准园 1000 亩，推出了“设施建园技术，高接换种技术，简化修剪技术，测土配方技术，机械作业技术，种草覆盖技术，调花控果技术，物理生防技术，种养结合施肥技术，品牌营销技术”十大关键技术，省农委在该县敦寨镇龙池村万亩果场召开了贵州省标准果园创建活动启动仪式现场会暨标准果园创建培训会。通过标准园创建活动的影响，省级财政加大果业支持力度，建立精品水果产业化示范项目，推动了果树的品种调整、技术更新及其区域化布局进一步优化。

2010 年，全州果园面积 76.52 万亩，果品产量 35.41 万吨，其中柑橘面积 33.28 万亩，产量 16.02 万吨，分别是 1990 年的 5.07 倍、26.62 倍、3.28 倍和 50.06 倍。

2011—2015 年，狠抓以蓝莓为主的精品水果基地建设，累计投入专项资金过亿元。2015 年，州委州政府把精品水果种植列为“6 个 100 万”工程的重点建设内容之一，农业部门引进青梅、百香果试种，年底全州建成精品水果基地蓝莓 12.53 万亩、脐橙 7.31 万亩、柚 2.69 万亩、猕猴桃 7.65 万亩、葡萄 7.9 万亩；与 2010 年比较，分别增加基地蓝莓 10.69 万亩、脐橙 0.21 万亩、柚 0.69 万亩、猕猴桃 6.91 万亩、葡萄 4.51 万亩。这一期间，州委、州政府高度重视蓝莓产业发展，出台《黔东南州蓝莓产业发展意见》，每年安排 1000 万元作为蓝莓产业发展基金，并在州林业局组建了蓝莓产业发展办公室，同时省委省政府领导指示黔东南要把蓝莓做成 500 亿元产业。麻江县通过对原生蓝莓种源驯化并外引种源选优，形成了富有地方特色和自然地理优势的地方性生态特色水果—麻江蓝莓。

到 2015 年年底，全州各种果园面积发展到 115.46 万亩，其中柑橘 33.33 万亩、梨 14.75 万亩、蓝莓 12.53 万亩，分别占总面积的 28.87%、12.78% 和 10.85%；果品总产量达到 44.18 万吨，其中柑橘 17.89 万吨、梨 11.4 万吨、蓝莓 0.84 万吨，分别占总产量的 40.49%、25.80% 和 1.90%；果园总面积、果品总产量分别是 2010 年的 1.5 倍和 0.8 倍。

黔东南州果园面积及果品产量统计表

（1990—2015 年）

表 3—17　　单位：万亩、万吨

年　份	面　积	产　量	年　份	面　积	产　量
1990	15.09	1.33	2003	75.19	19.74
1991	17.09	1.49	2004	72.39	22.94
1992	18.68	1.38	2005	73.77	25.54
1993	20.98	1.82	2006	73.59	21.42
1994	24.8	2.71	2007	73.74	22.47
1995	27.99	3.62	2008	75.05	29.99
1996	32.53	3.61	2009	76.09	29.58
1997	37.30	6.52	2010	76.52	35.41
1998	39.71	5.65	2011	77.13	37.09
1999	46.93	10.22	2012	86.33	35.55
2000	59.02	11.78	2013	93.7	45.18
2001	64.75	13.93	2014	106.2	39.68
2002	73.09	17.39	2015	115.46	44.18

柑　橘

种植情况　从江县 1991 年前已开始引进椪柑种植，到 1992 年，从江椪柑基地发展到 24749.8 亩，榕江县冰糖橙基地发展到 13728 亩。到 2000 年前，锦屏县敦寨龙池建成连片 5000 余亩以椪柑为主的果品基地。2001 年，从江县生产的夏橙被评为农业部优质农产品。2003 年，从江县被评定为“南亚热带作物椪柑名优基地”。20 多年来，从江县的椪柑从 15 亩到 10 万亩，产量、面积已位居全省同类之首，并作为省的知名品牌在省内外赢得了广大的市场。该县前后有 2.1 万户 13 万人从事椪柑种植，其中 1.8 万户 11 万人借此脱贫致富。据 1993 年调查：全县种植柑橘的上万户，仅签订合同种植的就有 9016 户，受益 2616 户。分别较 1991 年增长 256%

从江椪柑

和66.5%，户均收入1587元。其中仅柑橘收入1000～5000元的有810户，5000～10000元的有62户，万元以上的有7户，分别较1991年增长11%、32%和75%。全县有2615户和5680人靠种柑橘脱贫。如该县高增乡银良村全村203户，在椪柑示范户吴国华的带动帮助下，现全村有190户种植椪柑，总面积620亩，仅靠这一项，全村就有40多户脱贫，70多户增收致富。

黔东南州柑橘面积统计表

（1991—2015年）

表3—18　　单位：万亩

年份	各品种面积							
	小计	温州柑	椪柑	柚	冰糖橙	脐橙	其他橙类	其他宽皮
1991	11.70	6.1	2.8	0.2	1.6	—	0.7	0.25
1992	12.00	6.2	3.8	0.3	0.9	—	0.4	0.25
1993	12.80	5.3	3.9	0.5	2.2	—	0.4	0.41
1994	13.70	4.4	4.6	0.7	2.3	0.01	1.0	0.5
1995	15.10	6.1	5.0	0.9	1.6	—	0.9	0.3
1996	18.08	6.9	5.8	1.8	2.1	—	0.7	0.6
1997	19.90	7.7	6.7	2.0	2.3	—	0.6	0.4
1998	21.10	7.2	7.3	2	2.17	0.2	1.3	0.9
1999	23.60	8.5	8.9	2.1	1.6	0.1	1.3	0.8
2000	26.40	7.4	9.6	3.0	2.2	0.6	2.1	1.2
2001	27.90	6.3	10.7	3.2	2.3	1.7	2.2	1.3
2002	26.00	5.5	10.5	3.1	2.2	1.9	1.8	0.8
2003	25.90	6.5	11.77	1.8	1.7	2.7	0.6	0.4
2004	24.65	5.3	10.4	1.8	0.9	4.1	0.6	0.5
2005	27.00	5.1	12.1	1.9	0.8	4.4	0.3	1.0
2006	30.68	4.95	11.96	3.99	1.19	5.91	0.89	1.79
2007	30.54	4.78	12.27	4.07	0.89	6.35	0.69	1.49
2008	31.35	6.43	12.6	1.92	0.93	7.21	0.62	1.64
2009	32.12	6.51	12.47	1.98	1.07	7.68	1.72	0.69

续表

年份	各品种面积							
	小计	温州柑	椪柑	柚	冰糖橙	脐橙	其他橙类	其他宽皮
2010	33.28	8.19	12.77	2.00	0.99	7.10	1.66	0.57
2011	31.45	7.04	11.22	2.06	0.82	7.13	2.16	1.02
2012	32.43	6.9	11.32	2.69	1.12	7.31	0.9	2.19
2013	29.72	3.95	10.08	3.88	0.99	7.24	0.82	2.76
2014	33.43	4.04	13.56	3.99	1.01	6.84	0.85	3.14
2015	33.33	3.22	14.07	4.47	0.99	6.9	0.93	2.75

黔东南州柑橘产量统计表

(1991—2015 年)

表 3—19 单位：吨

年份	各品种产量							
	小计	温州柑	椪柑	柚	冰糖橙	脐橙	其他橙类	其他宽皮
1991	8650.00	4570.00	1401.00	490.00	387.00	—	1335.00	467.00
1992	8189.00	—	—	—	—	—	—	—
1993	12266.00	—	—	—	—	—	—	—
1994	18139.00	5740.00	4584.00	452.00	353.00	—	709.00	483.00
1995	23206.00	10855.00	8051.00	819.00	1457.00	—	1245.00	779.00
1996	21944.00	8457.00	8133.00	622.00	2158.00	—	1655.00	919.00
1997	38910.00	17068.00	13306.00	1668.00	5045.00	—	1003.00	820.00
1998	36867.00	13469.00	13541.00	1345.00	5625.00	—	1735.00	1152.00
1999	66408.00	28490.00	22105.00	4442.00	7297.00	—	1969.00	2105.00
2000	73161.00	23537.00	29696.00	4276.00	8977.00	43.00	2736.00	3509.00
2001	78719.00	20063.00	36068.00	4959.00	7698.00	31.70	6667.00	2947.00
2002	96639.00	19090.00	55954.00	5033.00	10454.00	173.00	2138.00	2240.00
2003	86319.00	25578.00	46730.00	4693.00	3352.00	311.30	1875.00	1976.00
2004	92305.00	28786.00	43337.00	5882.00	2730.00	524.30	2638.00	2217.00
2005	94978.00	21878.00	47303.00	6662.00	1150.00	6634.00	2350.00	2721.00
2006	125991.70	16235.00	32762.00	15750.00	16827.00	14413.00	27870.00	2134.70
2007	117717.60	23180.30	52569.40	20552.90	3630.00	12560.00	2263.00	2962.00
2008	168532.35	44351.20	68112.40	15032.70	5174.90	26042.00	2859.50	6959.65
2009	125522.10	29336.90	50978.20	14505.00	5054.00	16390.00	6825.00	2433.00
2010	160213.00	72758.30	45769.60	13978.00	2622.00	17330.00	6000.00	1755.10
2011	160751.07	74951.10	39956.00	15395.87	1996.90	17460.00	7549.80	3441.40
2012	118632.30	22036.80	47223.00	14427.60	3876.00	19513.00	1861.70	9694.10
2013	160424.10	43938.50	53908.40	21553.40	5266.75	18027.00	2979.50	14750.60
2014	136533.00	20654.00	57060.00	20733.00	5437.00	16672.00	2418.00	13559.00
2015	178857.60	20391.10	102017.30	24320.40	4908.40	16437.20	2156.30	8627.10

柑橘种类 野生和半野生柑橘品系：据1986年果树资源普查，州境内有野生和半野生柑橘品系9个，其中酸玎、香玎、四季橘、枸橘、枳壳、枳橙，主要分布在天柱、锦屏、黎平、从江、榕江、剑河、岑巩、镇远、凯里、麻江、台江和雷山；酸柑主要分布天柱、锦屏、从江、榕江和黎平；金橘主要分布在榕江、黎平、从江及雷山的永乐一带；佛手橘，主要分布在天柱、岑巩、榕江和施秉等地。主要栽培品种品系有：大红橘，分布在天柱和锦屏；小红橘、永顺蜜橘主要分布在施秉、黄平、镇远、岑巩、天柱、锦屏和麻江等地；朱橘、米橘，主要分布在岑巩、施秉、天柱、锦屏、麻江、黄平和凯里；油桔，主要分布在镇远、三穗、锦屏、天柱和岑巩一带；各地零星栽培的橘类品种还有麻柑、京橘、大红袍、金钱橘和四季橘等。

柑品种有佛手柑、金柑、泡柑、大麦柑、酸柑、广柑；柚类有酸柚、安江柚、沙田柚、斗柚、大城柚、文旦柚；此外境内各地还有少量甜橙的栽培。

引进品种 到1991年，共引进柑橘品种品系逾70个。其中橙类有先锋橙、雪橙、哈姆林雪橙、大红甜橙、锦橙、暗柳橙、冰糖橙、马尔他斯血橙、红血橙、华盛顿脐橙、卡特尼拉甜橙、脐血橙、伏令夏橙、新会橙、鲁脐、路血、巴柑蒙等；柑类有宫川、兴津、南柑2号、尾张、南柑4号、立间、南柑20号、林温州、朱泽、向山、石川、池田、蕉柑、上田、韦尔金、伴野等；橘类有椪柑、克里迈丁、南丰蜜柑、四川杼、粤桔、抗寒早等；柚类有广西沙田柚等。其中的宫川、兴津、尾张等无核橘和椪柑、南丰蜜橘、冰糖橙、大红甜橙、锦橙、脐橙、桃橙及广西沙田柚等，逐步发展成州内的主栽品种。1991年以后又先后引进纽荷尔脐橙、朋娜脐橙、红肉脐橙、清家脐橙、清见杂柑、不知火杂柑、象山红、王官溪蜜柚、太田椪柑、夏脐橙。进入2000年，果农自发引种较多，科研部门也有引试观察，主要有台湾椪柑、太田椪柑、琯溪蜜柚、红肉蜜柚、三红蜜柚、默科特、爱媛、沃柑、大雅、长园纽荷尔、长叶橙、美国糖橘、晚血橙、砂糖橘等新优品种。引进经过驯化栽培的外地良种，已发展为州内的名特产品的有从江椪柑、从江蜜柚、从江夏橙、锦屏小香橘、榕江冰糖橙、榕江脐橙、岑巩思州柚等。

栽培管理 主要经历以下环节：

苗木繁殖 1991年以后，黔东南州内柑橘苗木繁殖一律采用嫁接法。嫁接用砧木几乎全为枳壳。用枳壳种子繁苗作砧木，比过去用的酸柑、酸柚等砧木为佳。为推广柑橘快速育苗技术，将砧种消毒催芽处理后播种，可提早11—20天发芽出土；夏季进行摘心促壮；改距地面3—9厘米高部位嫁接为距地面1—2厘米低部位嫁接，以促其早生快发，并结合做好肥水管理，可使砧木两年即达出圃标准，比过去提前了一年。

橘园建设 1991年以后，黔东南州内橘园建设首先是普遍实行开筑水平梯带土，梯面宽一般达2.5米以上，在梯面开挖1米宽1米深的定植坑，再分层压入山青和土杂肥，增强土壤通透性和保水保肥能力。接着进行大苗上山合理密植。平地橘园每亩定植60~70株，水平梯土橘园每亩定植80~90株；橙类平土每亩定植40~50株，水平梯土每亩定植60~70株。达到早产、丰产和稳产目的。

整形修剪 1991年后，州内对柑橘树的整形修剪，普遍采用幼树定干，三枝开张的圆头形树冠，以增加柑橘分枝级数，采取抹夏芽，放秋梢，增加结果母枝。剪去纤弱枝、下垂枝、病虫枝，短截徒长枝。对成林结果树，每年采果后，剪除断枝、交叉枝、枯枝、弱枝，蓄留内堂枝，以达到柑橘树上下左右树内树外枝条分布均匀，促其层层结果。

肥水管理 1991年以后，州内柑橘果园的管理比以往精细。除继续冬季在树蔸四周开沟深施人畜粪水和土杂肥、枯饼、骨粉，春夏追施氮磷钾肥外，还推广果园冬种绿肥。对平地橘园加强开沟排水与灌溉抗旱，同时做好病虫害的综合防治工作。以达到优质丰产的效果。

改造低产果园 高接换种，整形修剪，开沟压绿，增施有机肥料，搞好病虫害防治等。1995年，全州低产果园改造面积增加到25118亩，平均单产由过去的三四百公斤增加到788.7公斤。

检疫和病虫防治 1991年以后，植物检疫对象柑橘溃疡病和柑橘黄龙病在黔东南州内先后发生，对柑橘产量和质量均带来严重影响。

柑橘溃疡病，1991年在东南部的6县8乡镇发生，面积逐年递增。发病最重的2001年，发生面积7985亩，范围扩大到9县32个乡镇，开展药剂防治7500亩，对发生最重的90亩，实行彻底销毁。以后每年发病面积均保持在5000~6000亩左右，范围扩展到10县市40乡镇。

柑橘黄龙病于1991年开始在从江县发现，发生面积逐年扩大，1995年达1565亩，2004年猛增至39388亩，范围扩大到该县种椪柑的13个乡镇，全部进行了防治，其中农业综合防治26558亩，为防止病害扩大蔓延，对严重的1283亩实行了彻底销毁。

1996年，全州实施以防治红蜘蛛、蚧壳虫为主的果树保花保果措施，总面积8.94万亩，橘园种绿肥7.8万亩。

采收黔东南州内柑橘采果，农户种的零星果树果实成熟后直接用手采摘；成片果园，则用采果梯、采果剪、采果篓采摘，并实行轻放、轻堆、薄堆，尽量减少果品机械损伤，保护果树、果品，增强耐贮性。

贮　藏 黔东南州内果农传统用松毛、稻草、麦草、谷壳、米糠、粉碎后的玉米芯等贮藏柑橘果品，量少者用陶缸、木桶盛装后放入谷仓中，量多者用挞斗或空室堆放，一般能贮藏到春节前后。1985年后，黔东南州内柑橘产量较多的，果园场均采用建贮藏库办法贮藏柑橘。2000年以后，全州以柑橘为主的较大批量的果品贮藏主要有机械选果打蜡、通风库贮藏、冷库贮藏等，每年库藏量上万吨。

麻江蓝莓

蓝莓（BlueBerry），又名越橘或蓝浆果，为杜鹃花科越橘属植物，多年生灌木型小浆果。蓝莓富含花青素，鞣花酸及多种微量元素，抗氧化能力列果品、蔬菜之首，具有明目、软化血管、延缓衰老、抗肝纤维化发生、抑制癌细胞活性、增强记忆力、消除体内炎症、提高免疫力、改善睡眠、增强心脏、预防控制糖尿病等功效，被联合国粮农组织列为人类五大健康食品之一。

麻江蓝莓

丹寨蓝莓

麻江蓝莓，是贵州省黔东南州特产，被誉作“水果皇后”。

发展概况 1999年麻江县开始引种，2000年该县以每株苗木50元的价格从中国科学院江苏植物研究所引进6个兔眼蓝莓品种，在其宣威镇光明村试验种植10亩。2003年建成我国南方首个蓝莓栽培试验示范基地200亩。2004年攻克兔眼蓝莓苗木繁育难关并开始规模化育苗。2006年引进浙江奉化以勒食品公司和香港百花公司到县内率先建立共400亩的商品化蓝莓种植基地。2007年国家外国专家局将麻江县命名为“南方蓝莓繁育及栽培技术”引智成果示范推广基地，确立了贵州麻江在我国南方蓝莓引种、繁殖和栽培技术示范推广方面处于国内同类领先地位。到2008年，麻江县已引进了兔眼蓝莓、北高丛蓝莓、南高丛蓝莓和半高丛蓝莓4个种类35个品种，筛选出了适宜当地栽培推广的品种8个，在我国南方十余个省市栽培和推广。2009年，麻江共引入兔眼蓝莓、北方高丛蓝莓、半高丛蓝莓、南方高丛蓝莓共35个蓝莓品种进行试验筛选，最终筛选出14个适宜在麻江推广的蓝莓品种。是年11月上旬，在第七届中国果菜产业发展论坛暨果菜经验交流会上麻江县被授予“中国蓝莓产业科技创新十强县”称号。此后还被国家外专局命名为“中国南方蓝莓繁育及栽培技术示范推广基地”，被中国果菜产业发展专家委员会授予“中国蓝莓产业科技创新十强县”称号，全国第七批农业标准化“蓝莓栽培示范区”，国家有机产品认证示范创建县和进出口水果基地等。2010年，麻江县蓝莓栽培标准化项目被国家标准委列入第七批农业标准化示范项目，并选取9个蓝莓种植基地、1家育苗基地和6户蓝莓种植大户作为示范基地和示范户实施示范区项目建设。

“十一五”期间，麻江组织实施了贵州省重点科技攻关项目“蓝莓优质高效栽培技术体系研究”和贵州省引智成果重点示范推广项目“蓝莓繁育及高标准栽培技术示范”等，为我国南方蓝莓的规模化种植、产业化发展奠定了基础。2011年，州委、州政府决定把蓝莓产业确定为支柱产业来培育，创建了“麻江蓝莓”全州统一品牌，加快了蓝莓产业的发展。蓝莓基地建设由2011年以前的麻江1个县发展丹寨、黄平、凯里、镇远、三穗、黎平、从江、台江、施秉、雷山等11个县市。共有育苗企业10家，年出苗1000万株以上，品种包括兔眼系列、南高丛奥尼尔、薄雾、史密斯、南金、夏普蓝，及北高丛蓝丰、瑞卡、莱克西、布里吉塔、北陆等；蓝莓种植主体包括55户企业、14个合作社、100户30亩以上家庭专业大户，以及700户小型种植户，覆盖10万人以上。2015年，全州建成蓝莓园12.53万亩（其中麻江5.6万亩），采收鲜果0.84万吨（其中麻江0.3万吨），加工与销售企业有15家，即黔甬、穗丰、深露、森蓝、苗都、黔疆泉、艾菲、恒源堂、德顺源、银菲、恒道丹林、金佰瑞、正祥、创名源、苗岭香等，加工产品包括白兰地、红酒、饮料、果脯、含片、花青素提取等，加工能力达到3000吨；同时，茅台集团、海升集团、江中制药、弘航集团纷至沓来考察、研究并即将入驻丹寨、麻江等县市扩建蓝莓生产基地和开发产品精深加工。这一年，麻江县被确定为国家有机产品示范创建县、出口水果示范县并通过有机证2万亩，贵州科学院与麻江县政府启建了麻江蓝莓产业工程技术中心，基本建立起从引种、选种、育苗、栽培、加工、包装、冷链、物流、销售等较为完备的产销体系。2016年7月，原国家质检总局批准对“麻江蓝莓”实施地理标志产品保护。地域保护范围为贵州省黔东南州麻江县、凯里市、黄平县、施秉县、三穗县、镇远县、岑巩县、天柱县、锦屏县、剑河县、台江县、黎平县、榕江县、从江县、雷山县、丹寨县16个县市现辖行政区域。

科技　加工　销售　在品种选育方面，通过引种栽培选育、种苗繁育研究，育苗技术已经成熟，种苗繁育取得突破，全州每年可出圃蓝莓合格苗木在1000万株以上。同时，苗木生产设施完备，技术力量充实，全州蓝莓种苗产业体系框架初步形成。在丰产栽培技术方面，得到贵州省科学院和科技厅的大力支持。通过多年的蓝莓栽培技术研究，在《早实丰产无公害栽培技术研究》取得了突破，并编制了《麻江蓝莓无公害栽培技术规程》《麻江有机蓝莓栽培技术规程》《麻江有机蓝莓果实采收、包装、贮运技术规程》和《有机蓝莓鲜果贮藏保鲜技术规程》。基地建设全面推行了标准化栽培，栽培种植向有机化发展，麻江荣获全国第一个有机蓝莓创建示范县。

在科研方面，2001年至2014年间，麻江县承担了国家各级科研项目27项，其中2项获贵州省科技进步三等奖，2项获黔东南州科技进步二等奖。2003年、2004年、2006年和2007年，先后举办了四届中国贵引麻江蓝莓产业发展研讨会，就蓝莓的国际国内发展趋势、市场前景进行了研讨、交流。另外，在贵州省外国专家局支持下，先后有美国、法国、荷兰、智利、瑞典、加拿大和中国科学院的蓝莓专家到麻江实地考察指导；2009年10月，麻江县果品办派出5名技术人员到美国进行了为期21天的蓝莓繁育与栽培技术学习培训。此外注重产学研合作。通过与贵州科学院、中国检验检疫局科学院、省科技厅、贵医附院、贵阳学院及昆明理工学院合作，已开发的产品有蓝莓果酒（红酒、白兰地），饮料、果干、果酱、花青素等产品。此外，还开展了对蓝莓品种选育、丰产栽培、经营模式、贮藏保鲜、精深加工产品开发及蓝莓药用价值等方面的研究，着力打造一支技术过硬、素质较高的科技人才队伍，为蓝莓产业持续发展提供科技支撑。

在加工营销方面，通过工龙头企业的加工和市场营销优势，拉动了蓝莓产业的发展。已建成加工企业14家（包括茅台生态农业公司、贵州凯缘春酒业有限公司、麻江县黔甬蓝莓有限公司、贵州穗蓝酒业科技有限公司等）；企业年加工蓝莓鲜果能力在5000吨以上。可加工生产白酒、红酒、利口酒、浓缩汁、饮料、果干、果脯、果酱等产品。从事销售企业8家。在北京、浙江、贵阳、凯里、镇远、麻江等地建成蓝莓专卖店11家。

质量特色　麻江蓝莓鲜果中花青苷色素含量高达300毫克/100克，SOD达到30（U/g）以上，还含有其他很多对人体有益的微量元素。正是由于蓝莓果实中含有丰富的营养成分，属高氨基酸、高锌、高钙、高铁、高铜、高维生素的营养保健果品。

根据蓝莓研究权威机构中国科学院植物研究所针对麻江蓝莓栽培品种的花青素等研究结果（测定方法是：采用HPLC－DAD法检测，通过DAD检测出总峰面积，再与标准品的峰面积进行换算），最终得出麻江蓝莓花青素含量。

麻江蓝莓花青素含量检测结果表

表3—20

蓝莓品种名称	花青素含量（毫克/100克）	SOD（U/克）
灿烂	150	≥30
圆蓝	300	
粉蓝	210	

栽培管理 主要包括园地的选择和规划、栽植、土壤管理、施肥、整形修剪、病虫害防治以及产品的开发等。

品种选择 适宜黔东南栽培的品种主要有兔眼蓝莓（圆蓝、粉蓝、灿烂等），南方高丛蓝莓（蓝雨、蓝玲等），北方高丛蓝莓（南丰、北陆等）。

品种配置 兔眼蓝莓同一地块至少种植花期较为一致的2个以上品种以利相互授粉，品种配置比例一般为1:1或1:2或1:3，南方高丛蓝莓和北方高丛蓝莓不作要求。

种植时间 每年11月至翌年2月底前定植。

栽植方法 栽植时做到根系舒展、苗正，边覆土边轻轻向上提苗、要覆土压实，使根系与土壤紧密接触，覆土高度高于苗木在苗圃或容器时原土痕2～3厘米，栽植后及时浇透定根水。

施肥时间和数量幼树施肥，幼树每年施基肥一次，于9月至翌年2月份萌芽前施入腐熟的牛粪、厩肥等有机肥，每株施入5公斤左右；4月追肥一次，每株施用有机肥300—500克或者硫酸钾型复合肥30—50克。结果树施肥，每年施基肥一次，于9月中旬至翌年2月份萌芽前施入腐熟的牛粪、厩肥等有机肥，每株施入5公斤；第一次追肥在开花前每株施复合肥100—150克；第二次追肥在果实膨大期施入，每株施用复合肥100～200克；第三次追肥在采收结束时施入，每株施用复合肥150～300克

病虫害防治 坚持“预防为主，综合治理”的方针，科学合理综合应用农业、物理、化学防治等措施，有效控制病虫危害，增强树体抗逆能力。

采收时间和采收期 蓝莓成熟季节为5—8月。蓝莓果实表面为蓝黑色时即成熟，由于蓝莓果实成熟不一致，要分批采收。一般盛果期2—3天采收一次，始果期和末果期3—4天采收一次。雨天、高温或果实表面有水时不宜采收。供鲜食的在九成以上成熟时采收，供加工的在充分成熟后采收。采收方法有机械采收和人工采收，鲜食蓝莓宜用人工采收，采收人员在采果时应戴上手套（指套），以免损伤果实和抹去果粉，影响果实外观。要采摘无损伤果，采摘时要轻拿、轻放。采果容器要光洁，每个采果容器盛果量不得超过1公斤。加工蓝莓可采用机械采收。病果、腐烂果要带出园外深埋或药剂消毒后销毁，严禁用于加工和上市销售。

预冷 采收的蓝莓果实要立即进行预冷，使果实温度降至10℃以下。预冷的方法可采用真空预冷、冷库预冷和冷风冷却。

包　装 包装容器要坚固耐用、通气、光滑、洁净、无毒、无害、无异味，包装容器内无异物，每个容器内必须盛装来自同一采收时间、同一产地、同一等级和同一成熟度的蓝莓果实。在包装前必须对包装容器、包装设备和包装工作人员进行消毒杀菌，消毒杀菌方法、包装人员个人卫生管理及健康要求按GB14881执行，包装人员在包装时统一穿戴整洁的工作服、帽子和手套。

贮　藏 主要方式有低温贮藏、冷冻贮藏等。

运　输 选用减震性能好、车况好的厢式冷藏车。运输鲜果时，冷藏车车厢内应控制温度在0℃～5℃，运输冻果时，冷藏车车厢内应控制温度在－20℃以下。运输车辆应清洁卫生、无异味、无污染。

其他主要水果

种植情况 黔东南州境内果树资源丰富，除上述柑橘类外，还有猕猴桃、桃、李、杏、枣、

梨、栗、枇杷、核桃、石榴、杨梅、蓝莓、樱桃、葡萄、银杏、花红、刺梨、苹果等品种。1991后，多种果树品种的种植得到较快发展。1991年起，大量引进和推广大板栗、金秋梨、杨梅、枇杷、油奈、葡萄、柚子等良种果树，使果树面积、产量逐年上升。1992—1994年，每年平均以2万亩的速度递增，到1994年首次突破10万亩，达11.04万亩。以后5年也平均以2万余亩的速度递增。到2002年，种植规模一直保持在40万~50万亩间变动，果品产量由近10万吨逐年提高到了20万吨。进入2011年后，以金秋梨为主的梨园面积因树体老化、市场疲软致失管、撂荒而回落，由2002年最大规模的20.55万亩减少到2015年的14.75万亩；但是，随着休闲观光果园的不断兴起，时令鲜食水果发展较快，2015年建成桃园7.69万亩、李园3.29万亩、葡萄园7.9万亩、猕猴桃园7.65万亩、蓝莓园12.53万亩、枇杷园2.07万亩、杨梅园5.81万亩，比2010年增加桃3.87万亩、李1.15万亩、葡萄4.51万亩、猕猴桃园7.65万亩、蓝莓6.91万亩、枇杷0.34万亩、杨梅园1.58万亩。到2015年年底，全州除柑橘外建成其他果园面积82.1万亩，采收果品26.3万吨，比2010年的44.2万亩、19.4万吨分别增长85.75%、73.76%；其中水果面积65.29万亩、产量25.23万吨，分别占当年其他果园总面积的79.52%、总产量的95.93%。

黔东南州其他果树果品面积统计表

(1991—2015年)

表3—21　　单位：万亩

年份	合计	其中										
		板栗	核桃	梨	葡萄	枇杷	桃	李	猕猴桃	杨梅	蓝莓	其他
1991	5.37	1.35	—	1.57	0.31	0.08	0.62	0.76	0.17	—	—	0.51
1992	6.64	1.35	—	2.26	0.44	0.13	0.68	1.06	0.31	—	—	0.41
1993	8.10	2.44	—	1.75	0.52	0.23	0.67	0.98	0.19	—	—	1.32
1994	11.04	3.33	—	2.21	0.97	0.30	1.11	1.90	0.17	—	—	1.05
1995	12.90	3.80	—	2.67	1.00	0.40	1.11	2.43	0.15	0.40	—	1.30
1996	14.49	4.38	—	3.58	0.79	0.42	1.08	2.74	0.18	0.40	—	1.28
1997	17.43	4.70	—	4.94	0.94	0.40	1.58	3.29	0.29	0.50	—	1.24
1998	18.55	5.22	—	5.40	0.89	0.34	1.45	3.02	0.55	0.50	—	1.18
1999	23.29	4.55	—	10.00	0.81	0.37	1.61	2.92	0.75	0.82	—	1.46
2000	32.62	7.26	—	15.37	0.90	0.52	1.74	3.15	0.61	1.16	—	1.91
2001	36.81	7.82	—	17.68	0.91	0.19	1.81	3.12	0.91	1.60	—	2.77
2002	47.08	10.12	—	20.55	0.92	1.14	2.51	4.14	0.48	2.05	—	5.17
2003	48.84	12.08	—	20.70	1.47	1.22	2.71	2.39	1.75	3.02	—	3.50
2004	46.03	12.26	—	19.65	1.35	1.11	2.15	3.12	0.64	3.31	—	2.44
2005	46.72	11.54	—	19.12	1.37	0.89	2.31	3.14	0.63	3.38	—	2.53
2006	42.91	8.74	—	19.88	1.51	1.13	2.29	2.85	0.89	3.56	—	2.06
2007	43.20	9.07	—	19.29	1.58	1.16	2.39	3.04	0.65	3.43	—	2.59

续表

年份	合计	其中										
		板栗	核桃	梨	葡萄	枇杷	桃	李	猕猴桃	杨梅	蓝莓	其他
2008	43.70	8.98	—	18.91	1.64	1.26	2.66	2.69	0.53	3.81	—	3.22
2009	43.97	8.83	—	18.19	1.91	1.38	3.01	2.39	0.55	4.16	0.96	3.55
2010	44.24	8.03	—	16.19	3.39	1.73	3.82	2.14	0.74	4.23	1.84	3.97
2011	45.68	6.99	—	17.26	3.61	1.93	3.98	2.11	1.33	4.14	2.67	4.33
2012	53.90	5.22	4.00	16.50	5.49	1.87	4.50	2.26	3.40	4.57	2.92	2.61
2013	63.98	5.22	9.00	15.31	6.42	2.05	5.44	2.72	4.44	4.91	5.8	2.66
2014	72.77	4.41	13.00	14.96	6.64	2.04	6.97	2.33	5.40	5.10	8.83	2.82
2015	82.13	3.93	12.00	14.75	7.90	2.07	7.69	3.29	7.65	5.81	12.53	3.60

种类品种 主要有以下属科：

梨 属 地方品种有青皮梨、咸宁梨、洪州梨、硬头香梨、香水梨、鹅梨、靖州梨、麻梨、砂梨、红香梨、四柄梨、短把梨、九月梨、糖沙梨、桐木梨等；野生品种有棠梨、黄壳梨、地瓜梨、白梨、酸梨、小黄梨、刺梨等；引进品种有苍溪梨、糖麻梨、情多青、金水1号、甲冠、祇园、早香2号、菊水、今村秋、苹果梨、湖南梨、长十郎、早酥、明月梨、杭红、雪梨、伏梨、巴梨、金秋梨、黄花梨等。

桃 属 地方品种有接桃、血桃、六月桃、鸟桃、鹰咀桃、五月桃、冬桃、七月桃、白花桃、雪桃、香桃等；野生品种有毛桃、酸桃；引进品种有青桃、金椒、大久保、京早2号、京红、燕红、松森桃、砂子早生、早香玉、水桃、南京五月红、蟠桃、源东白桃、油桃等。

李 属 地方品种有鸡血李、黄腊李、麦熟李、紫皮李、兖州李、姜黄李、青皮李、蚌壳李、桐壳李、黄瓜李、水瓜李、七月李、酥李等；野生品种有苦李等；引进品种有南华李、紫色李、金塘李、太平果李、奈李、金沙李、黑琥珀、玫瑰皇后、蜜思李、芙蓉李等。

镇远四李

苹果属 野生品种有花红、山楂、山海棠；引进品种有青香蕉、大国光、小国光、祝光、红玉、富丽、亮黄、红星、金帅、黄元帅、磅苹、六月红、玉霞、华农一号、鸡冠、南方早熟苹果等。

杏 属 地方品种有牛心杏、麦黄杏、羊尿旦杏、五月杏等；引进品种有湖北大杏、巴斗杏、金太阳、凯特等。

枇杷属 地方品种有细枇杷等；引进品种有夹脚、大红袍、解放钟、杭州白沙、湖南枇杷、不列大钟、山里本、白利、和车本、大种、大五星等。

梅 属 地方品种有红梅、黄梅等；引进品种有凤仪草莓、烟脂梅、青梅、黑松梅等。

枣 属 地方品种有小林枣、糖枣、糠枣、小红枣、大红袍、木枣、拐枣、鸡蛋枣等；引进品种有河南枣、小元枣、金丝枣、山东大枣、中华大枣等。

石榴属 有花石榴、果石榴。

葡萄属　地方品种有婴奥葡萄、刺葡萄、红葡萄等；野生品种有山葡萄、毛叶葡萄；引进品种有红玫瑰、白玫瑰、玫瑰香、龙眼、满园香、小王子、大杨叶、水晶、巨峰系列、美国大粒无核葡萄、黑奥林、牛奶葡萄、京亚、先锋等。

柿　属　地方品种有圆柿、腰柿、泡柿、火杭；野生品种有油柿。

猕猴桃属　野生品种有中华猕猴桃、美味猕猴桃、毛花猕猴桃、阔叶猕猴桃、京梨猕猴桃、锦毛猕猴桃、无籽种、大果红心硬毛变种、软毛变种等；引入品种有秦美、红阳等。

杨梅属　地方品种有小杨梅、乌梅、白梅、火炭杨梅、豆杨梅；引进品种有靖州杨梅、萧山杨梅、荸荠、东魁等。

山毛榉科　地方品种有镇远大板栗、台江大板栗、榕江油板栗；野生品种有锥栗、小毛栗、野板栗；引进品种有毛板红、九家种、湖南大板栗、融安大板栗等。

胡桃科　地方品种有夹壳桃、米核桃、薄壳核桃；野生品种有山核桃、油核桃；引进品种有新疆核桃等。

越橘属（杜鹃花科）　2000 年麻江县引种的蓝浆果，又称蓝莓。2003 年麻江县在其宣威镇光明村建成了中国西南地区第一个蓝莓种植示范园 200 亩，共引入 12 个品种 2.1 万多株蓝莓幼株。2005 年攻克了“蓝莓半木质化软枝扦插育苗”技术难题，这一重大突破引发了蓝莓苗木价格的强烈市场反应，国内多年居高不下的蓝莓苗木价格从之前的每株 50 元降低到 5 元。

树莓属（蔷薇科）　2005 年，麻江县同北极熊实业有限公司联合在该县建成了黑树莓生产基地 2500 亩。

麻江树莓

麻江树莓

此外，在州内其他栽培和野生种类还有银杏、地枇杷、樱桃、山樱桃、鸡嗉子、乌饭果、木通、山荆子、木瓜、红子等。

黔东南州其他果树种植产量统计表

（1991—2015 年）

表 3—22　　　　单位：吨

年　份	合计	其　中										
		板栗	核桃	梨	葡萄	枇杷	桃	李	猕猴桃	杨梅	蓝莓	其他
1991	6709	532	—	2177	500	40	1232	1020	13	—	—	1195
1992	5592	450	—	2302	445	30	1153	520	43	—	—	649
1993	5957	120	—	1189	931	123	723	700	71	—	—	2100

续表

年份	合计	其中										
		板栗	核桃	梨	葡萄	枇杷	桃	李	猕猴桃	杨梅	蓝莓	其他
1994	8978	792	363	2331	1311	186	1032	796	97	—	—	2070
1995	12957	729	207	2886	1525	214	2000	1299	172	2198	—	1727
1996	14132	1363	361	3084	1010	268	1483	1606	170	2409	—	2378
1997	26274	1933	468	4397	2844	454	4118	3844	164	2720	—	5332
1998	19618	1879	501	5525	939	383	2752	2717	193	2918	—	1811
1999	35817	3034	610	11831	2739	1247	6795	3319	300	3001	—	2941
2000	44592	3163	656	16957	3310	1355	7912	3405	881	3112	—	3841
2001	60559	3450	203	18848	3462	1438	8118	2964	460	3250	—	18366
2002	77301	4935	324	38020	3971	1473	15046	3855	1819	2625	—	5233
2003	111069	12056	530	55500	6611	2100	7418	7420	1041	2794	—	15599
2004	136646	21192	550	77221	8930	2755	7799	9297	1567	3415	—	3920
2005	138686	14061	610	91226	7126	2335	9207	6037	1103	3191	—	3790
2006	88313	6378	630	46888	10470	1160	8062	6137	1073	4115	—	3400
2007	106957	9429	650	48395	12794	1838	12728	7025	1675	6326	—	6097
2008	131584	8539	720	65459	13463	2607	15195	6341	1474	7866	—	9920
2009	170322	8537	750	94786	17039	4622	16060	8050	1551	8359	—	10568
2010	193844	8678	780	96432	35001	6109	16730	8166	1736	9119	—	11093
2011	210363	8713	820	99877	41679	8474	17310	8956	1893	9592	—	13049
2012	236839	7597	210	112143	36480	10081	26766	14166	1746	14060	1625	11965
2013	291398	7597	4918	119907	45885	6397	36175	14172	4495	23983	3002	24866
2014	260301	6858	1536	115353	52033	7137	32742	14855	3821	12869	3423	4739
2015	262953	7578	3075	113986	44397	8486	32715	16841	5917	14712	8358	6889

主要栽培品种 主要有以下 17 个：

苹 果 由外地引入州内种植的一种果树品种。主要分布在州内西部和北部气候较为凉爽的地区，以凯里、黄平、丹寨、麻江、施秉、镇远、雷山等县市为主。历年引进的品种，经过栽培淘汰后，到 2015 年年底，全州栽培品种有红元帅、金帅、国光、富丽、祝光、红玉、青香蕉、亮黄、红星、磅苹、印度、六月红 12 个。1991 年后，以推广矮化品种为主，结果早、产量高，但因病虫危害严重，苹果生产优势不明显。1995 年后，全州各地引进南方早熟苹果、新伏、杭脆等种植，亦因病虫严重，单产过低走向萎缩。1998 年后，加强和改善苹果园的基础设施建设，注重对病、虫、草害的防治和整枝修剪，增施有机肥和化肥，投产面积稳定在 1000 亩左右，年产量上升到 30 吨。2001 年总产量达 65 吨，创州内苹果历史最高年产量水平。

梨 黔东南州境内重要传统果树之一，至今仍保留有上百年的老梨树。梨树分布在全州各地山区、丘陵、堤岸、寨边宅旁。梨在黔东南州内主要作生食，黎平、从江、榕江等地也有作熟食的，还用来酿酒。黔东南州内梨种植主要品种有咸宁梨、酥梨、巴梨、香慈梨和金秋梨。

咸宁梨 主产麻江县宣威镇咸宁村和翁堡村一带。1991—2000 年，年产量保持在 250—350 吨左右。咸宁梨皮细薄、果大、色蜡黄、肉脆、水分含量中等，含糖 9%，含酸 0.3%，可溶性固形物 14%，单果重 200－300 克。产品除在本县市场上广为出售外，还销往丹寨、三都、凯里、都匀、贵阳等地。

酥　梨　黔东南州内分布面广，栽后 4—6 年结果。结果无大小年之分，结果多、产量高，一般亩产 2000～3000 公斤，最大果重可达 0.5 公斤。鲜果黄绿色，皮薄汁多，甘甜酥脆。

巴　梨　原产美国，黔东南州内各地引入种植。果实葫芦形，黄色，有时向阳面呈淡红色，果肉白色，肉质细软，汁多味甜，有香气。但抗逆性差、产量不高，亩产 1500 公斤左右。

香慈梨　四川引进，主要在麻江县种植。果实绿黄色、较大，呈倒卵形，果顶突出，单果重 0.25～0.35 公斤。肉红脆多汁，有香味，品质佳。

金秋梨　湖南省安江农校从日本梨新高的芽变株系中选育而出，是黔东南州内栽培面积最大的梨品种。1994 年台江县从湖南引种在革东镇试种成功后，逐步推广到剑河、三穗、锦屏、镇远、黄平、施秉、雷山、黎平等县。至 2002 年全州总面积 10 余万亩，年产量逾 3 万吨，产品畅销国内。金秋梨树中等，树冠直立，果实 9 月上中旬成熟。较耐贮运，适应性广，抗病力强。果实大，扁圆形，果皮黄褐色，表面光滑，肉质细脆，石细胞少，汁多味甜，含糖量 8.3%，含酸 0.2%，可溶性固形物 12%，品质好，单果重 300～400 克。台江县“苗疆”牌金秋梨于 2000 年获国家 A 级绿色产品证书。

黔东南州金秋梨

黔东南州金秋梨

桃　黔东南州分布极广，以零星种植为主，成片种植不多，村寨附近、农家房前屋后多有种植。其中以镇远、三穗、施秉、黄平、凯里等县市种植较多。1991 年后，用承包土地成片种植的，多在修剪上采用矮干、自然开心型，加大密植，并注重肥水管理和病虫草害防治，单产和总产也明显增加。

镇远县红桃

岑巩县水蜜桃

葡　萄　黔东南州内早有葡萄栽培，但过去以庭园栽培居多，产量也很低。1991 年以后，成片种植面积增多，产量也随之提高。1991 年前，凯里市在炉山五里桥农场建立“巨峰”、“先锋”高产葡萄园 350 余亩。1991 年已开始投产，效果明显。之后全州葡萄迅速发展。

枣　州内多为零星种植，连片种植很少，仅在锦屏、岑巩有小片枣园。枣在州内一直处于农民自发栽种状态，面积不大，产量不高，常年产量保持在 80 吨左右。

李　剑河县的屯州李、酥李，黄平县旧州鸡血李，岑巩县桐壳李，麻江、凯里姜黄李均很有名气。州内李树以零星分散为主，遍布全州各地苗乡侗寨、房前屋后、菜园土边、山坡丘陵，均为农民自发栽种，除自食外，多余部分挑到集市上出售。尤其在 1991 年以后，全州不少地方掀起以“奈李”为主的李生产基地建设，种植面积发展较快。但由于李的病虫害防治难度大，基地生产未能长期巩固，故产量徘徊不前。

杏　相对集中区主要分布在凯里、麻江、丹寨、黄平和镇远等地，但都为村寨房前屋后的零星种植。杏树适应性强，耐瘠薄，耐旱耐寒，一般土壤都能生长，喜干燥气候环境，产量较稳定，产量不分大小年，果实在 5 月初 6 月中旬成熟。年产量约 100 吨左右。

花　红　主要分布在黄平、施秉、岑巩、锦屏、天柱、黎平、从江、剑河、凯里等县市，以零星种植为主，在黄平旧州，锦屏铜鼓、花桥，麻江杏山、谷硐，天柱高酿，剑河柳川，黎平东关，从江下江，凯里炉山曾有过小片种植。由于管理不善，面积和产量均呈逐年下降趋势。

柿　全州 16 个县市均有分布。主产于岑巩、施秉、黄平、镇远、台江、剑河、麻江、凯里、丹寨和雷山等县市。柿树为高大落叶乔木，适应性广，抗逆性强，结果性好，产量高。岑巩、施秉、镇远所产腰柿品质好，结果多，果大，无粒，单果重 250 ~ 300 克。岑巩龙田一带多制成脆柿，木昭一带制成柿饼在市场出售，味香爽口。柿在境内都为零星种植。因市场效益不明显，柿树管理呈放任状态，产量有逐年减少之势。

猕猴桃　俗名杨桃。系野生佳果，广泛分布于全州 16 个县市，尤以 500 ~ 1000 米的广大山区为多。其中以雷山、剑河、榕江、从江、黎平、丹寨、锦屏、天柱等县分布面广，产量也较多。1991—1999 年，全州猕猴桃基地面积虽有发展，最高的 1999 年达 7500 亩，但产量一直徘徊不前。主要受贮藏、保鲜、加工等产业环节不足之制约。黔东南州内猕猴桃果实含糖 6.58%，其中葡萄糖 15.28%，蔗糖 3%；含酸 1% ~2%；可溶性固形物 10% ~18%；另含有 12 种氨基酸、多种矿物质及 14 种稀有元素。成熟果每 100 克含维生素 100 ~420 毫克，营养丰富，美味可口，且有防病治病作用，为果品中之上品。

黔东南州猕猴桃

黔东南州猕猴桃

板　栗　各县均有分布。以镇远、锦屏、剑河、凯里、岑巩、丹寨、台江、榕江、施秉、麻江、天柱等地较多。镇远、台江、凯里、黄平、雷山、剑河等县市栽有大板栗，其中以镇远大板栗、台江油板栗较有名气。在栽培的大板栗中，目前尚存百年以上老树。镇远大板栗最大的1公斤32颗，一般每公斤65颗。远销贵阳、广州、上海等地。1991年后，全州逐步推广高产魁栗、赖栗等新品种，面积和产量得到较快增长。2004年达12.26万亩。总产量达21192吨，平均亩产172.8公斤。

银　杏　俗称白果树。百年以上的银杏树各县市均有分布，大部分分布在寺庙、寨旁或风景名胜区。有的树高逾30米，树脚直径1米以上，年产果每棵仍在400公斤以上。银杏树适应性广，抗逆性强，耐瘠耐旱，产量比较稳定。1991—2000年，一般年产50～60吨。2002年，总产银杏100吨，为20年来产量最多的一年。白果经济价值高，可烧、炒、煮熟食用。种子入药，具敛肺定喘之功效，叶入药可降血压。

杨　梅　分野生和栽培两类。栽培种原有乌杨梅和白杨梅，野生种有红杨梅、酸杨梅和豆杨梅，全州各地均有分布。商品栽培相对集中的主要产区有剑河、雷山、丹寨、台江、凯里等县市。天柱的乌杨梅果实大，色紫黑，汁多味甜，果肉味香浓郁，品质极佳。豆杨梅分布黔东南州内东南部，果小如豆粒，色乌红，味甜而香。白杨梅又称水晶杨梅，果实纯白、黄白或乳白色，果肉柔软多汁，味甜酸，香味浓郁，是加工制汁原料。1998年，该县又引入东魁杨梅种植。雷山杨梅以品质优良，获“2000年贵州省优质农产品”称号。2003年后全州种植面积上升到3万亩以上，社会总产量在3000吨左右。其中生产区的雷山县栽培杨梅近万亩，社会总产量近2000吨。

丹寨县排调杨梅

核　桃　分野生和栽培两类，各县均有分布。野生核桃在黎平、锦屏、天柱、榕江、从江、剑河分布广，且有不少成片。野核桃都长在400～600米山坡上，10月下旬至11月上旬成熟采收。黎平、榕江、从江、锦屏有将野核桃烧熟用水泡退涩后，在集市上出售的习惯。栽培核桃各县均有零星种植，以榕江、施秉、麻江较多。麻江坝芒、施秉紫荆核桃均为薄壳核桃，品质好、肉厚、油质多、香酥可口。野核桃除少量食用外，多数用于榨油；栽培核桃作市场干果供应。

刺　藜　多年生野生落叶灌木。黔东南州内16县市均有分布，尤以雷山、凯里、台江、剑河、丹寨、黄平、施秉、镇远、岑巩等县市为多。以海拔较高、气候较冷凉的地区生长较好。据调查估算，全州刺藜年产量约200吨。雷山、凯里、岑巩等县市曾开发利用作酿酒原料，刺梨酒曾在州内市场上广为销售。成熟的刺梨果除去刺毛后，可直接食用，其味酸甜可口。凯里集市上还常有晒干的刺梨出售。有的还用于泡酒。刺梨每100克鲜果，含维生素C1800—2500毫克，为“水果之王”，比猕猴桃高5—10倍。现野生刺藜资源受到一定程度损坏，生产有下降趋势。

奈　李　为引入品种，分油奈和花奈，黔东南州内以油奈为主，1991年由福建引入黎平、三穗种植。以后扩展到锦屏、天柱、榕江、三穗、镇远、岑巩等县。其中种植面积最多的黎平县目前有奈李上万亩，主要分布在高屯镇、德凤镇和肇兴乡3个乡镇，年产量2000余吨；其次为三穗县，仅瓦寨镇就集中连片种植有1000多亩。奈李成熟果实个大、肉厚、皮青绿色，水分适中，香脆可口。2005年，全州有奈李面积13291亩，产量达3896吨。

柚　子　主要有从江“沙田柚”和岑巩“文旦柚”。从江“沙田柚”产于从江县，系该县自广西桂林市沙田村引进发展起来的一个优质果品。该果单果平均重781克，皮薄芯大，其外层硬皮连同内层软皮仅厚1.5厘米左右成熟果外皮金黄光润，内瓤皮雪白松软，果瓣如白玉般晶莹丰腴，梳齿般的果肉粒饱和紧凑，汁多脆嫩。据国家柑橘研究所测定，从江沙田柚乃果肉总糖占12%，还原糖占1.7%，有机酸占0.2%，维生素C每100克含78毫克，果汁率41%，可溶性固形物10.5%可食率56.4%含多种微量元素，人体营养所需的各项理化指标均优于其他产地所产的同类产品。从江“沙田柚”在全国第五次柚类评比会上荣获“金杯奖”和“优质柚类奖”。岑巩“文旦柚”产于该县思畅、注溪、大有3乡镇。其果为椭圆形，单果重1.5~2.5公斤，果皮薄、面光滑、易剥离不沾皮，果肉肥厚香脆、少籽，总糖7.23%，总酸0.92%，可溶性固形物12%。耐贮藏，特别是贮藏1~3个月后风味更佳。由县裕民果品开发公司选送的“思州牌”文旦柚，于2004年在第二届贵州省名特优农产品展销会上被评为“名牌农产品”。

从江县文旦柚

岑巩县文旦柚

第五节　蔬　菜

生　产

1991—1995年，黔东南州各级政府在农业结构调整中，把发展蔬菜生产列为结构调整的重要内容来抓，重点解决蔬菜供应的“春淡”和“秋淡”问题，推动了蔬菜生产的较快发展。这段时期，蔬菜生产的增长方式，由满足自我消费型生产为主，逐步向适应社会大市场需求的商品化发展转变，农民种菜积极性持续高涨，专业的蔬菜公司职能逐渐消失，蔬菜营销业主不断涌现，茄果类蔬菜冬春早熟栽培空前发展面积过万亩。广大农业科技人员深入生产第一线，指导和帮助农民群众积极推广应用蔬菜提早、延晚栽培技术，蔬菜覆膜栽培大面积推广，大、中、小型塑料拱棚在田间地头随处可见，全州大部分地区结束了蔬菜长期供不应求的历史，许多以蔬菜产品为原料的加工企业开始关注并举步进入蔬菜产业。到1995年，各地进一步抓紧“菜篮子”工程，各县市建成早菜生产基地5000余亩，亩产值在2000元以上；全州蔬菜种植面积发展到498780亩，总产蔬菜435517吨，全州人均年占有量112.9公斤，每天占有量0.31公斤，分别比1990年增长54.9%、34.1%、25.2%和24%；蔬菜商品产量达24.1万吨，比1990年增长31.3%。

1996—2000年，蔬菜生产的发展已由过去的普遍布点逐步向优势区域布局、向基地化和规模化生产转变。使州内喜温蔬菜基地、喜凉蔬菜基地（夏秋反季节蔬菜）和凯里生姜、大蒜、食用菌，剑河的藠头，雷山的魔芋、辣椒，雷山、三穗、岑巩的折耳根，麻江的竹荪等一批特色蔬菜基地开始崭露头角，在蔬菜市场上占有了一席之地。全州蔬菜面积和产量快速增长，蔬菜商品化水平显著提高，蔬菜产值大幅度增长，城乡蔬菜供应充足，花色品种不断增多，到2000年，全州蔬菜种植面积发展到726345亩，总产蔬菜737431吨，全州人均年占有量174.54公斤，每天占有量0.48公斤，分别比1995年增长45.6%、69.3%、54.6%和54.8%；蔬菜商品产量42.3万吨，比1995年增长75.5%。

2002年以后，狠抓蔬菜的产业化外销基地建设，大力推进以珠三角地区为主要目标市场的夏秋反季节蔬菜生产，加盟蔬菜产业化经营的龙头企业逐年成倍增加，麻江、凯里、丹寨、雷山等县市利用较高海拔区的凉爽气候条件率先承担省级农业结构调整示范项目营建夏秋蔬菜基地，区域蔬菜板块基地不断凸显，全州每年蔬菜种植面积在80万亩以上。到2005年，加盟蔬菜经营企业13家，组建蔬菜专业合作社或行业协会17个，各种蔬菜种植总面积95.76万亩，蔬菜实现反季节栽培过10万亩（其中冬春4.66万亩、夏秋6.01万亩）；蔬菜的总产量140.14万吨，总产值9.68亿元，占农业总产值的13.5%；占种植业产值的25.8%，在种植业中仅次于水稻居第二位。

2008年后，国家启动标准菜园创建，凯里、麻江列为农业部首批蔬菜标准园创建试点；省级财政继续加大蔬菜产业扶持开发，全州各县市狠抓蔬菜产业发展，蔬菜工作成为各级政府重要目标任务，商品蔬菜生产基地涌现，外商经营蔬菜产业提速，蔬菜加工企业发展。2008年，出现了历史上罕见的雪凝灾害，冬春蔬菜的生产和供应遭受严重影响，夏秋蔬菜中的番茄在全国处于相对集中上市而致滞销难卖。2009年，全州果品蔬菜贮藏加工企业23家，主要加工制品为保鲜、腌制、罐装和脱水的竹笋、蕨菜、薇菜、辣椒、食用菌等，年加工制品300吨，年销售额2000万元；建有果蔬保鲜低温贮库21个、气调贮库1个，年鲜品贮量2000吨，年经营额1500万元；建有果蔬批发市场2712个，占地面积约4.26万平方米，年交易果蔬产品30.67万吨，年交易额36402万元。

2010年12月16—18日，以州农委在凯里市万潮镇劳动桥村兴办的蔬菜标准化示范基地为观摩现场，由省农委主办、州农委承办的贵州—以色列蔬菜种植技术培训在凯里举行，这次培训会是继2009年后的第二次以色列蔬菜培训。当年，全州菜地面积78.18万亩，其中专业菜地6.88万亩、常年菜地16.20万亩、季节菜地31.64万亩、自食菜地23.49万亩；无公害蔬菜产地认定22个、13.12万亩；覆膜栽培18.35万亩，大棚栽培1739亩；各种蔬菜累计种植127.07万亩，鲜品总产量201.81万吨，总产值24.30亿元；商品生产51.54万亩，上市总量76.81万吨，外销量5.72万吨。各种菌类生产鲜品量7684吨，干品283.2吨。野生菜资源驯化与利用面积56.61万亩。港商入驻榕江、凯里等县市流转土地建菜地近万亩，贮运加工鲜菜过万吨，以麻江为主的黄瓜、番茄、青椒、大葱等夏秋蔬菜年销珠三角及成渝地区达 5 万吨左右。

2011—2015 年，狠抓项目组装实施，大力引进企业开发，不断优化发展布局，蔬菜生产的示范区、标准园、产业带不断涌现。2011 年，果菜、叶菜、根菜的冬春提早栽培扩展，番茄、黄瓜、青椒、叶菜的夏秋生产优势展露，线椒、大蒜、生姜、大葱、蕻菜、竹笋、菌类、韭菜、魔芋、藠头的地产特色彰显，凯里市三辣明洋公司的收购和加工确保全州乃至周边线椒、番茄、大蒜、生姜等鲜菜顺销无积压，贵州福田农业公司落户凯里领办千亩蔬菜标准园，贵州土包子公司投建蔬菜基地及其物流设施催生了 202 省道三穗段的蔬菜产业带建设，带动当年商品蔬菜播面稳步通过 50 万亩、入市鲜菜总量扩增到 100 万吨、拓展省外销售近 7 万吨，开创了进入珠三角、长三角的蔬菜市场。2012 年，重点推开了供凯蔬菜基地建设（凯里、麻江、黄平、三穗、台江、丹寨、雷山 7 个县市）、线椒产业带建设（丹寨→麻江→凯里→黄平→台江→施秉→镇远→岑巩 8 县市 31 个乡镇）和供凯蔬菜基地直销窗口创建（凯里市老猫洞农贸市场），引进培育了蔬菜龙头企业 72 家（如贵州巴莱农业科技有限公司、贵州港信农业有限公司、贵州省台江县润丰农业发展有限责任公司、贵州省田园牧歌现代农业股份有限公司、凯里市云谷田园农业发展股份有限公司、贵州省锦屏县侗乡之花竹荪开发有限公司、贵州丹寨县浙丹食药用菌开发有限公司、从江县平棉食用菌种植场、贵州伟伟农业发展有限公司、从江县贯洞镇农发菌业服务公司等）。2013 年，全州着力推进了以蔬菜产业为主要建设内容的现代农业园区建设，建成相对连片 500 亩以上的规模蔬菜基地 12 个，累计面积 1.28 万亩，园区主要分布在麻江、榕江、黄平、三穗、凯里、锦屏 6 个县市；省级蔬菜专项支持 480 万元，参与蔬菜产销的龙头企业、农合组织达 148 家；同时，领导重视旱灾改种蔬菜和魔芋产业，改种蔬菜面积 13.758 万亩，魔芋基地发展到 1.5 万亩。2014 年，黔东南州人民政府积极启动价格调节基金倾斜蔬菜生产基地建设，不完全统计有凯里、黎平、剑河、黄平、镇远、丹寨、锦屏等县市使用价格调节基金 1250 万元，发展蔬菜生产基地 0.52 万亩；利用云谷田园蔬菜产业建设平台，州农委开展了“千人培训”设施蔬菜班和基层农技人员技术培训班，全年开展培训 40 期，培训基层农技人员 680 人；不断增强项目支持蔬菜产业发展，省级财政专项资金到位 680 万元、省级产业扶贫资金到位 3000 万元、州级农业产业发展资金到位 150 万元，黔东南州经作站在省科技厅立项实施了农业（魔芋）攻关课题等。

到 2015 年，州委、州政府提出将商品蔬菜种植纳入“6 个 100 万”工程的重点建设内容之一，加强了蔬菜产业工作调度和实施督导。据业务部门分析：一是蔬菜产业发展较快。2015 年全州完成蔬菜种植 217.57 万亩，收获鲜产量 327.8 万吨，取得销售总额 29.75 亿元，比 2010 年的 127.07 万亩、201.81 万吨、24.30 亿元分别增长 71.22%、62.43%、22.43%；比 2014 年的 213.87 万亩、280.2 万吨、23.36 亿元分别增长 1.73%、16.98%、27.42%。商品蔬菜种植面积 68.57 万亩、完成上市量 110.2 万吨、收入销售额 17.82 亿元，比 2010 年的 51.54 万亩、76.81 万吨、11.59 亿元分别增长 19.46%、1.29%、49.48%，比 2014 年的 67.263 万亩、102.3 万吨、15.7 亿元分别增长 1.94%、7.72%、13.5%。二是食用菌产销大幅提高。2015 年全州食用菌栽培 1.421 万亩，上市鲜品 3.437 万吨、干品 0.1134 万吨、产值 1.857 亿元，比 2014 年的 1.2784 万亩、2.687 万吨、0.04895 万吨、1.201 亿元分别增长 11.16%、27.91%、131.66%、54.62%。三是蔬菜板块明显增多。据不完全调查，全州大体形成相对连片的蔬菜板块基地114块，累计面积7.51万亩，涉及177个行政村的2.4476万农户。其中，面积100～200亩的有67块，累计9791亩；200～500亩的有26块，累计面积8823亩；500亩～1000亩的有12块，累计面积8800亩；1000亩—5000亩的有5块，累计面积10380亩；5000亩—10000亩的有2块，累计面积11500亩；面积大于10000亩的有2块，面积25800亩，如榕江县车江大坝现代高效农业园区的蔬菜基地、麻江县坝芒乡现代高效农业园区沿线的夏秋蔬菜基地等。板块基地的蔬菜产量达13.63万吨，形成产值3.95亿元，获销售额3.29亿元，人均年销售收入2.72万元。

黔东南州蔬菜种植面积和产量统计表

（1991—2015年）

表3—23　　　　单位：万亩、万吨

年　份	播种面积	产　量
1991	36.32	49.03
1992	35.39	42.84
1993	42.73	47.65
1994	51.34	42.21
1995	49.88	43.55
1996	50.71	52.82
1997	59.02	59.34
1998	65.97	66.28
1999	69.14	68.78
2000	72.64	73.74
2001	76.37	78.77
2002	80.13	84.11
2003	82.46	93.42
2004	98.72	92.98
2005	103.47	98.18
2006	105.43	102.65
2007	111.06	102.86
2008	112.49	108.90
2009	117.17	114.86
2010	121.52	135.34
2011	122.29	134.86
2012	127.91	148.83
2013	135.94	159.06
2014	151.17	176.24
2015	161.33	192.86

黔东南州反季节蔬菜生产情况表

（1998—2015 年）

表 3—24　　单位：万亩

年　份	总面积	其　中	
		冬春反季节	夏秋反季节
1998	4.50	3.00	1.50
1999	5.12	3.10	2.02
2000	5.93	3.56	2.37
2001	6.72	3.87	2.85
2002	7.62	4.95	2.67
2003	8.06	4.13	3.93
2004	9.61	4.94	4.67
2005	10.67	4.66	6.01
2006	12.04	4.98	7.06
2007	14.96	5.07	9.89
2008	15.01	5.73	9.28
2009	17.05	5.82	11.23
2010	17.14	5.57	11.57
2011	18.49	5.86	12.63
2012	19.56	6.32	13.24
2013	21.42	6.84	14.58
2014	23.65	7.78	15.87
2015	25.68	8.93	16.75

品　种

黔东南州地势垂直差异明显，具有立体农业气候特点，适宜多种蔬菜种植。每年上市的人工栽培的常规蔬菜有 14 大类、110 多个品种，另有野生种 18 个。

根菜类　有萝卜、胡萝卜和折耳根。萝卜春秋二季均有栽培，主要品种有心里美、大红袍、南京牛腿红、白粉团、四季黄、马桩萝卜、四荚萝卜、胭脂萝卜、浙大长、南畔洲萝卜、青头萝卜、高秆青、青光脆、南畔洲、白玉春、翘头青、春不老、满身红、耐病总肽等。榕江县车江坝和雷山县丹江生产的萝卜，甜脆可口，最大者在 5 公斤以上，凯里的大白萝卜，最大者可达 1.5 公斤。胡萝卜品种有齐头钻、贼不偷、露头青、淮安胡萝卜、新黑田五寸、怡农系列等。折耳根过去都为野生，近 20 年来，在三穗、岑巩、雷山、麻江、凯里等县市均有人工商品化种植，市场销路好，每公斤价可达 2 ~ 4 元。

白菜类有结球裹心白菜、普通白菜和菜苔。裹心白菜黔东南州内各地均有种植，且历史悠久，以食结球为主。榕江大白菜久负盛名，白嫩香甜，最大每株有 7.5 公斤；雷山丹江白菜纤维少、肉质嫩、香甜味美，常销往广西的柳州、融安、三江，黔南三都，凯里，贵阳等地。主要品种有黄芽白、山东4号、6号、7号、鲁白6号、青杂中丰、核桃纹、大狮子头、小狮子头、78－3、郑州包头、济南小松、河南菊花心、佛山包头、城阳青、上海青、四川青、北京小青口、北京100号、四川大青口、郑杂1号、早熟5号、阳春结球、春夏王、丰抗系列、春大、黔白5号、黔白9号、秋绿等。普通白菜，生长期短，产量高，周年均有生产。种类较多，主要有四季青、菊花心、黑菜、高梗白、矮脚黄等。菜苔主食嫩茎及花蕾，主要品种有小青帮、紫菜苔、青菜苔、白菜苔等。

芥菜类 俗称“青菜”，是黔东南州传统蔬菜品种，为冬春季主要蔬菜之一，食用菜叶，多作腌菜原料，主要品种有花叶菜、辣疙瘩、九头鸟、大叶雪里转、红叶腊菜等。

甘蓝类 四季都有种植，栽培面积最大的甘蓝类蔬菜，主要是平头型和尖头型的两类莲花白品种，食用叶球，四季都有栽培。主要品种有黑叶大平头、黑叶小平头、黄苗、芜啬甘蓝、夏光甘蓝、京丰一号、牛心甘蓝、鸡心包、中甘系列等；另一类为花椰菜，又名花菜，栽培面积小，食用短缩肥大的花球，主要品种有瑞士雪球、龙峰牌系列、神农牌系列、一代金光等；栽培最小的甘蓝类蔬菜为苤蓝，又名球茎甘蓝，食用膨大白球茎，主要品种有白皮苤蓝、四川苤蓝、小叶苤蓝、大叶苤蓝。

茄果类 茄子主要品种有青长茄、紫茄、迟白茄、济南大红袍、郑州大红、济南小红袍、济南长茄、上海条茄、旱地茄、三月茄、湘茄、贵阳园茄、黑衣天使等；辣椒，主要品种有朝天辣椒、早丰、大乌子、羊角辣、团辣、四川杂交辣、灯笼辣、茄辣椒、湘研系列、8819线椒、韩玉3号、长辣7号、帅辣7号等，雷山永乐、镇远京堡辣椒，长20余厘米，鲜红色，肉厚籽少，久享盛名，各地都喜购买制作糟辣椒；番茄，又名西红柿、海茄，主要品种有强力寿、早魁、强丰、早粉一号、早粉二号、丽春、北京早红、济南粉红、北京大红、早花占、红宝石系列、铁将军、红将军等。

瓜　类 黔东南州内瓜类栽培历史悠久，品种多。南瓜，主要栽培品种有磨盘南瓜，长柄南瓜，癞皮南瓜，枕头南瓜，洋白南瓜、无蔓1号、2号、3号、4号、5号小青瓜，一串铃小南瓜等；黄瓜，主要品种有长春密刺、津研6号、津研7号、西农58、本地黄、中农8号、白丝条等；冬瓜，主要品种有白皮冬瓜、折皮冬瓜、果皮冬瓜等；丝瓜，主要品种有棒槌丝瓜、丝条、无棱丝瓜等；西葫芦瓜，又名早瓜、无藤瓜，主要品种有早青一代、春皮菜瓜、花皮菜瓜、九道青等；笋瓜，主要品种有白皮笋瓜、黄皮笋瓜等；瓠瓜，又北瓜，主要品种有钱砖子、西葫芦、牛眼芦等；苦瓜，主要品种有癞葡萄、青皮苦瓜、青丰苦瓜、白皮苦瓜、长白苦瓜等。佛手瓜，黔东南州内各地均有栽培。

豆　类 黔东南州内各地都有种植，品种多。蚕豆，又名胡豆，主要品种有大青蚕豆、大白蚕豆、大云片、云南蚕豆、本地蚕豆等；豌豆，主要品种有白豌豆、紫豌豆、花豌豆等；豇豆，主要品种有之豇28－2、桂林长豇、一点红、本地豇等；菜豆，又名四季豆，又名棒豆、鱼鳅豆、壳豆，主要品种有贵阳白棒豆、美国供给者、白籽梅豆、黑籽梅豆、黑籽圆梅豆、长圆梅豆、红花菜豆等；扁豆，主要品种有猪血扁豆、清扁豆、宽白扁豆、长白扁豆、红花扁豆等；毛豆，主要品种有四季青、六月拔、九月红、大青豆、五月黄、三月熟等；刀豆，主要分布在州内东南部地区，果实深绿色，其状如弯刀，故名刀豆。

葱蒜类 葱，有火葱、大葱、风葱和元葱。大葱、风葱主要品种有日本大葱、四季葱、细香葱；元葱又名洋葱，除凯里、麻江、镇远有较多种植外，其他各县均为零星种植，主要品种有红皮洋葱、黄皮洋葱、紫花洋葱等。大蒜，主要品种有大金钩、野小蒜、麻江红蒜、笨四瓣、独脚头、狗芽蒜等，黎平、从江、麻江等局地推行稻桩免耕栽培。2002年，麻江县获“中国红蒜之乡”称号，2005年，在10个县市种植，面积达6万亩。其中麻江县种植15800亩，总产12830吨，平均亩产812公斤。藠头，又名鹅把腿，以剑河品种最佳，多作腌制加工。剑河1987年后，生产藠头罐头，远销省内外。品种有大藠头、小藠头等。韭菜，各地都有种植，除凯里外，从江、榕江、剑河、丹寨、雷山等县的深山区种植较多，主要品种有大叶韭、窄叶韭、铁丝苗等。

绿叶菜类 黔东南州各地都有种植，种类也较多。苋菜，主要品种有紫苋、白苋、花叶苋、红苋等；筒蒿，以嫩茎叶及幼苗作食用，主要品种有细叶筒蒿、板叶筒蒿等；蕹菜，又名无心菜、剪刀菜、空心菜、空筒菜，主食其嫩梢，采摘后叶腋间可再生新梢，供应期长，产量高，主要品种有早蕹菜、迟蕹菜、窄叶青等；菠菜，分布广，春、秋、冬三季均可种植，品种有大叶菠、无刺菠、圆叶菠等；莴笋，有叶用和茎用两类，茎可生食作凉拌菜，又可熟食和腌制，州内各地都有种植，主要品种有大圆叶、小尖叶、紫叶笋、尖叶苔干、正兴1号、2号、3号、4号、5号、耐热二白皮、竹叶青、挂丝红、春秋二青皮等；芹菜，各地均有种植，主要品种有培芹、青芹、药芹、芽蒲芹、津南实芹、美国西芹、玻璃脆芹等；芫菜，又名香菜，品种有白花芫荽、紫花芫荽等；荠菜，主要品种有散叶荠菜、板叶荠菜等；茴香，主要品种有小茴香；牛皮菜，以叶片为食，产量高，除人食用外，还可作猪禽饲料，主要品种有紫叶牛皮菜、青叶牛皮菜等；滑滑菜，主要品种有大叶滑滑菜、窄叶滑滑菜、长茎滑滑菜和短茎滑滑菜等；苦荬菜，可人食，亦用作猪禽饲料，主要品种有大叶苦荬菜、小叶苦荬菜、紫叶苦荬菜等。

薯芋类 马铃薯，又名洋芋，在黔东南州内为粮菜兼用作物；芋头，主要品种有红心芋、多子芋、洋子芋、毛芋等；魔芋，又名鬼芋，品种有粗皮与细皮、花茎和白茎的区别；菊芋，又名洋姜，多作腌制后食用，品种有白皮洋姜、黄皮洋姜之别；豆薯，又名地瓜，葛薯，多削皮生食，作水果食用，凯里、黄平等地的地瓜享誉省内外，远销贵阳、安顺等地，品种有长形豆薯、圆形豆薯等；生姜，全州各地都有种植，以凯里、丹寨、从江、榕江居多，丹寨排调和凯里旁海、岔河生姜品质最优，主要品种有鸡爪姜、黄姜等；黏口薯，主要为野生，加工成暗红色的薯豆腐后食用；脚板薯，州内锦屏、天柱、镇远、黄平、凯里、丹寨等地均有种植，成熟时，地下块根膨大如人脚板状，故名，主要用作炖肉吃，味美，营养价值高。

水生蔬菜类 茭白，俗名包笋，各地都有零星种植，以榕江、凯里居多，主要品种有单季茭、双季茭、贵阳茭等；荸荠，州内东南部县份都有种植，主产于榕江、黄平、锦屏、镇远，以球茎为食用部分，可供生食、煮熟食或炒食；莲藕，从江、黎平、榕江、锦屏、凯里有零星种植，食用地下茎及种子（莲子），品种有仙鹤藕、无论藕、塘藕等；慈姑，凯里、黄平、镇远、施秉有零星种植，品种有圆慈姑、天长慈姑等；菱角，榕江、从江、黎平、镇远、锦屏、剑河、凯里有零星种植，以生食为主，品种有大红菱、四角菱、四角野菱、二角野菱、小铁菱等。

多年生菜类 香椿，又名椿芽，各地都有零星种植，主要品种有红香椿、白香椿、大叶香椿、小叶香椿等；竹笋，俗名笋子，各地都有零星种植，主要产品有毛竹笋、圆竹笋、楠竹笋、金竹笋等，雷山的八月笋经精深加工后销到韩国、日本、东盟等海外市场和中国台湾地区；黄花菜，又名金针菜，营养价值高，品种有长嘴红婴等；蕨菜，野生，全州各地都有分布，主要品种有甜蕨和反蕨。水芹，食用叶柄，野生居多，后引入扬州水芹等栽培。

菜用玉米 1995年后州内开始用作蔬菜栽培，主要品种有渝糯系列、筑糯系列、遵糯系列和甜玉米。

食用菌类 黔东南州境内野生食用菌资源丰富。食用菌有肉质和胶质两大类，香菇、平菇、草菇、冬菇、松毛菇等为肉质类；黑木耳、银耳、毛木耳等为胶质类。人工栽培的食用菌有平菇、凤尾菇、香菇、黑木耳、银耳、猴头菇、双孢蘑菇、侧菇、金针菇、竹荪等。20世纪90年代，麻江、剑河、凯里大力发展竹荪，近年来锦屏、丹寨、黎平、从江、榕江、黄平、凯里等县市不断扩栽平菇、香菇、木耳、金针菇、竹荪、双孢蘑菇、大球盖菇、灵芝、姬松茸等品种，产品销往省内外，收效显著。

栽培制度

1991年以后，为充分利用菜地，获得优质、高产、品种多样新鲜的蔬菜，黔东南州内一些蔬菜生产基地逐步建立了较为合理的蔬菜栽培制度，实现了“排开播种，分期出园，周年供应，品种多样”的要求。专业菜地复种指数逐步提高到200%～300%及其以上，一块菜地，一年内出菜3～4茬，多的5茬以上。加上早熟蔬菜等反季节蔬菜的发展，增强了蔬菜的周年供应。凯里、镇远、天柱、榕江、黎平、施秉、黄平等主要城区，一年中，1—3月主要上市蔬菜有大白菜、菠菜、白萝卜、莲花白、芹菜、大蒜、胡萝卜等品种，搭配有火葱、分葱、茼蒿、花菜、豌豆尖、蒜苗等；4—5月主要上市蔬菜有胡豆、豌豆、清明白、蒜苔、青菜等品种，搭配有四季豆、青菜苔、无藤瓜、包包莴苣、苤蓝等；6—7月主要上市蔬菜有莲花白、辣椒、番茄、豇豆、茄子、洋芋、黄瓜、洋葱等品种，搭配有木耳菜，蕹菜、小白菜、苦瓜、韭菜等；8—10月主要上市蔬菜有南瓜、冬瓜、热白菜、佛手瓜、辣椒、番茄、豇豆、茄子、毛豆角、生姜等品种，搭配有丝瓜、瓠瓜、金针菜、芋头、地萝卜等，10—12月主要上市蔬菜有大白菜、胡萝卜、花菜、莲花白、芹菜、架豆、白萝卜等品种，搭配有大头菜、芫荽、洋葱、冬苋菜、羊角菜等，基本上满足了市场的需求。

栽培技术

城郊专业菜地种植全面实现“品种多样化”，近郊常年菜地建设基本形成“产销一体化”，粮区季节菜地发展总体步入“生产区域化”。多数菜地做到深沟高厢，厢面平整、土细，排渍、灌溉方便。随着反季蔬菜的推广，温床、小拱棚、大中棚逐渐增多，地膜、棚室育苗遍布各地，避雨栽培兴起。

2009年，蔬菜标准化技术示范，在凯里市万潮镇劳动桥村实施现代蔬菜生产示范，注入了3S精准农业技术、三电合一信息技术、以色列自动滴灌技术、测土配方施肥技术、病虫害物理生防技术等标准化生产技术，成为全州创建标准菜园的示范样板；榕江县丰源绿色有限公司根据粤港地区蔬菜消费的需求，在古州镇六佰塘建立以菜心、芥蓝等为主的1200亩蔬菜标准化生产基地，并在该县召开贵州省供粤港蔬菜生产现场会；在雷山县乌东村建立喜凉外销叶菜订单生产基地110亩，引进试种国外蔬菜品种30余个，产品空运广东、深圳、北京、上海等。

2010年以来，各地以农业部蔬菜标准菜园创建技术为指导，主推优质抗病品种、设施育苗配送、覆下滴灌栽培、遮阳避雨栽培、生物发酵肥料、动植物源农药、物理诱杀病虫、农机农艺结合、水肥一体化、病虫害统防统治等绿色防控与节本降耗生产技术，推动蔬菜产业不断向规模化种植、标准化生产、商品化处理、品牌化销售和产业化经营发展。

第六节　茶　叶

发展概况

黔东南州境内茶叶主产于黎平、雷山、丹寨、黄平、镇远、岑巩、台江等县，凯里、从江、施秉等县市也有零星茶园分布。所产茶叶除在州县市境内自销外，每年都有部分远销北京、湖南、四川、广西、内蒙古、贵阳等地。1988—1996年，全州新建和改造茶园面积发展较快，在雷山雷公山，黎平桂花台、高屯，岑巩老鹰岩，黄平东坡、旧州、平溪，丹寨金钟、扬武，镇远羊场等地已形成茶叶商品生产基地。到1996年，全州茶园面积发展到7.02万亩，比1985年扩大2.2倍；总产茶2140吨，其中产红毛茶2吨（雷山、台江各1吨），绿毛茶1119吨（最多的黎平县556吨，其次黄平县346吨），紧压茶原料801吨（全部产在黎平），其他茶218吨（最多的镇远县69吨，其次雷山县44吨、麻江县34吨、黎平县27吨、从江县18吨）。以后由于茶叶生产精加工程度不高，品牌优势不明显，销路不畅，导致部分茶园亏本。1998年、1999年，全州采茶面积和茶叶产量呈明显回落之势。2000年后，各地纷纷致力于创建名优茶产品，推进产业化经营，茶叶生产又缓慢回升。

2006年3—5月，贵州省农业厅组织开展全省茶产业发展情况调研（课题），5月黔东南州政府办公室下发《关于认真抓好茶产业发展调研工作的通知》，组织农业、供销等部门对传统产茶县和重点企业开展调研后，提出《关于加快我州茶产业发展的意见》。以后，各地普遍选择没有污染、生态良好、土壤偏酸性、土层深厚、避风向阳、地下水位低、能灌能排、利于机耕机采、坡度25度以下的缓坡地、旱田、平地及新开垦的荒山作为新茶园园址，逐年发展茶叶生产。2006年，全州茶园总面积8.28万亩，投产茶园面积4.90万亩，无公害产茶地认定9105亩，有机茶园认定面积542亩。成品茶产量2812吨，名优茶产量占成品茶总量的6.59%。

2007年，省委、省政府出台《中共贵州省委、贵州省人民政府关于加快茶产业发展的意见》（黔党发〔2007〕6号）文件，当年全州12个县新建茶园面积4.69万亩，茶园种植面积发展到12.97万亩，投产茶园面积5.67万亩，新增无性系育苗基地面积692.5亩。茶叶种植品种以福鼎大白茶为主，还结合发展名优茶的需要，选龙井43号、乌龙、白芽七兰以及龙井长叶等为优良茶叶品种。干茶总产量3015吨。是年，全州有大小茶叶加工企业82家，成型的茶叶加工企业12家，即雷山银球茶叶公司、黎平侗乡春茶业有限公司、贵州省丹寨县黔丹硒业有限责任公司、黄平东坡茶厂、岑巩卢江茶叶公司、贵州苗都科技发展有限公司、贵州紫日茶业科技有限公司、黎平中潮供销社龙形茶厂、黎平侗乡媛茶厂、雷山苗家春茶叶公司、雷山毛克翕茶叶研究所、雷山脚尧茶厂。全州有杀青、揉捻、烘干、成型、筛选等制茶设备766台（套），年加工能力4700吨，能满足一般中低档茶叶的生产加工需要。但生产名优高档茶制茶设备缺乏，名优茶的生产多为手工制作。当年全州茶叶商标有50多个，已注册16个，主要有雷山“银球”“苗家春”“毛克翕”；黎平“侗乡春”；丹寨“黔丹”；黄平“飞云”；岑巩“剑雪”“卢江”；台江“银脚”；贵州紫日公司的“紫日”牌等。其产品以雷山银球、黎平雀舌、丹寨黔丹毛尖、黄平飞云毛尖、岑巩天仙剑雪、“中华银梭”“中华银螺”、台江银脚苦丁茶等较为有名，均先后获部、省优质产品称号及各类全国性茶展评比优质奖，其中黎平“侗乡春”牌雀舌茶，于2001年、2003年、2005年分别获中国茶叶学会第四届、第五届、第六届“中茶杯”特等奖、一等奖和“金奖”；雷山“苗家春茶”于2005年获中国茶叶学会第六届“中茶杯”一等奖。其茶叶主销北京、江苏、浙江、山东、广东及贵阳等地，黔东南州委、黔东南州人民政府明确规定，从2007起，全州茶叶由农业部门管理。

2007年10月黔东南州茶产业发展办公室制定了《黔东南州茶产业发展规划（2008—2020年)》。

2008年，全州茶园总面积19.23万亩，其中投产茶园面积8.17万亩，成品茶产量4112吨，名优茶产量占成品茶总产量的40.93%。全州新建无性系苗圃基地1101亩，品比园350亩，无性系茶园面积6.26万亩。全州通过多渠道争取茶叶基地建设资金总额5732万元，其中省级茶产业专项资金370万元，现代农业（茶产业）发展项目资金1182万元（雷山591万元、丹寨591万元)、其他各类资金4180万元（包含2008年茶叶基地灾后恢复重建资金1250万元、扶贫专项资金500万元、农发项目资金2130万元、石漠化治理资金300万元)。主要用于茶叶基地建设整地、备肥、订购茶苗等方面。是年，雷山县脚尧村有38户138人，投产茶园总面积330亩，种植最多的户达45亩，年茶青收入4.5万余元，种植最少的户有3亩，年茶青收入0.3万余元，全村农户茶叶收入占全村经济总收入的比重在40%以上，户均收入6000元以上，人均收入1700元左右。

2009年9月，州委、州政府印发《关于建立州茶产业发展联席会议制度的通知》，成立联席会议办公室，办公室设在州农业局，负责茶业日常工作。是年组织黎平、雷山、丹寨、岑巩、台江、黄平6县申报2009年省级茶产业项目，获茶产业补助资金382万元。全州茶叶总面积达24.56万亩，新建无性系茶园面积5.33万亩，茶园投产面积10.7万亩，成品干茶0.48万吨，名优茶产量占成品茶总产量的40.82%，产值3.3556亿元。新建无性系苗圃基地1101亩，品比园350亩，无性系茶苗定植6.2万亩。是年，修编《黔东南州关于加快茶叶基地建设实施方案》。是年9月，中共黔东南州委、黔东南人民州政府在丹寨县召开了全州茶产业发展现场会。

2010年，新建茶园（无性系茶园）面积3.39万亩，投入各类资金10299万元。累计茶园面积达27.95万亩。茶园投产面积12.83万亩，新建无性系茶园3.39万亩，干茶总产量0.5288万吨，名优茶产量占成品总产量的39.13%。种植品种主要有福鼎大白茶、龙井43号、龙井长叶和安吉白茶等。在第十七届上海国际茶文化节活动中，组织23个品种参展，侗乡福牌毛尖、黔丹牌苗岭御剑（扁形茶）和雷山银球茶获金奖。2009年冬至2010年春，全州持续干旱，茶叶生产基地受旱面积20.74万亩，受旱程度严重的12.37万亩，其中老茶园受旱16万亩，受旱严重的8.43万亩；新茶园受旱4.62万亩，受旱严重3.86万亩。

2011年，茶园面积发展到33.97万亩，比上年27.95万亩增长21.54%，茶园投产面积

15.93 万亩，比上年增长 24.2%。是年新建茶园面积 6.02 万亩，其中：黎平县 2.60 万亩、雷山县 1.20 万亩、丹寨县 1.58 万亩、岑巩县 0.28 万亩、台江县 0.27 万亩、镇远县 0.04 万亩、凯里市 0.05 万亩。品种主要有福鼎大白茶、龙井 43 号、龙井长叶、安吉白茶、金观音和黄金贵等；新建茶园各类资金投入 1.3875 亿元，比上年增长 34.7%；成品茶产量达 5008 吨，比上年减少 5.3%，产值 4.3187 亿元，比上年增长 5.4%。是年 6—9 月，全州由于持续三个多月干旱，23.8 万亩茶园遭受干旱危害严重，导致茶树枝叶大片枯黄，有的整丛茶树枯死，特别是年初以来新定植的茶苗，平均枯死率在 50% 以上，甚至有的新建茶园茶苗全部枯死，严重影响到茶树生长和茶农的经济收入。7 月上旬至 9 月底，州农委三次组织有关人员深入黎平、雷山、丹寨、岑巩等县的新定植茶园、苗圃基地和老茶园进行实地查看，及时提出有效措施，为尽可能减少旱灾损失起到积极的作用；5 月下旬，中共黔东南州委、黔东南州人民政府在黎平县召开了全州茶产业发展现场会，明确提出加快茶产业发展的思路与具体措施。

2012 年，全州茶园种植面积发展到 40.03 万亩，比上年 33.97 万亩增长 17.84%，其中，黎平县 14.30 万亩、雷山县 8.21 亩、丹寨县 8.25 万亩、黄平县 1.21 万亩、岑巩县 2.80 万亩、台江县 2.12 万亩、镇远县 1.54 万亩、凯里市 0.60 万亩、施秉县 0.54 万亩、剑河县 0.46 万亩。茶园投产面积 20.79 万亩，比上年 15.93 万亩增长 30.51%，其中，黎平县 7.90 万亩、雷山县 4.80 亩、丹寨县 2.72 万亩、黄平县 0.53 万亩、岑巩县 1.18 万亩、台江县 1.65 万亩、镇远县 1.31 万亩、凯里市 0.05 万亩、施秉县 0.30 万亩、剑河县 0.35 万亩。是年上半年新建茶园种植面积 6.06 万亩，新增茶园面积主要集中在黎平、雷山、丹寨等县市，其中，黎平县 3.02 万亩、雷山县 0.91 万亩、丹寨县 1.08 万亩、岑巩县 0.70 万亩、台江县 0.07 万亩、镇远县 0.12 万亩、凯里市 0.16 万亩。是年下半年新建茶园整地面积 3.97 万亩，其中，黎平县 2.43 万亩、雷山县 0.69 亩、丹寨县 0.73 万亩、岑巩县 0.12 万亩。品种主要有福鼎大白茶、龙井 43 号、龙井长叶、安吉白茶、金观音和黄金贵等。全州有近 24 万户农户涉及茶叶生产经营活动。投入新建茶园各类资金 9994 万元，比上年 13875 万元减少 27.97%。成品茶产量达 1.0028 万吨，比上年 5008 吨增长 100.24%，产值达 9.1360 亿元，比上年 4.187 亿元增长 111.55%，其中夏秋茶产量成倍增加，是上年的 2.47 倍。

2013 年，茶叶种植总面积达到 52.65 万亩，其中黎平 20.60 万亩、雷山 12.27 亩、丹寨 10.43 万亩、黄平 0.14 万亩、岑巩 3.41 万亩、台江 2.66 万亩、镇远 1.54 万亩、凯里 0.60 万亩、施秉 0.54 万亩、剑河 0.45 万亩。当年新建茶园面积 12.62 万亩，其中黎平 5.10 万亩、雷山 2.56 万亩、丹寨 2.5 万亩、岑巩 0.61 万亩、台江 0.41 万亩。品种主要有福鼎大白茶、龙井 43 号、龙井长叶、安吉白茶、金观音和黄金贵等。茶园投产面积 27.18 万亩，占总茶园面积的 51.63%。全年干毛茶总产量 1.3476 万吨，比上年 1.0028 万吨增长 34.38%，干毛茶总产值 9.2394 亿元，比上年 9.1360 亿元增长 1.13%。全州有茶叶企业 183 家，有一定生产加工能力的茶叶企业 63 家，其中，农业产业化经营重点龙头企业州级 30 家、省级 13 家（2013 年新增省级茶叶龙头企业 5 家）；有茶叶农民专业合作社 90 家。全州各中小茶叶加工企业配有杀青、揉捻、烘干、成型、筛选等制茶成套设备 2000 多台（套），年加工能力 10000 吨以上。全州获 QS 认证茶叶企业 24 家，其中，黎平 10 家、雷山 11 家、丹寨 3 家。

2014 年 4 月，贵州省人民政府办公厅下发关于印发《贵州省茶产业提升三年行动计划

(2014—2016 年) 的通知》(黔府办发〔2014〕19 号), 5 月州茶产业发展办公室组织州茶产业专家组认真制定黔东南州切实可行的《黔东南州茶产业提升三年行动方案 (2014—2016 年)》,提出提升黔东南州茶产业发展的有效措施与建议。当年全州茶叶种植总面积达到 63.69 万亩,比上年增长 19.81%,其中黎平 24.80 万亩、雷山 14.78 亩、丹寨 12.93 万亩、岑巩 4.06 万亩、台江 2.99 万亩、镇远 1.76 万亩、凯里 0.68 万亩、榕江 0.56 万亩。全州新增种植面积 11.04 万亩,茶园投产面积达 33.45 万亩,比上年增长 23.07%,占茶园种植总面积的 53.29%。全州通过标准化认定茶园 25.72 万亩,其中无公害茶园面积 21.36 万亩,绿色食品茶园面积 3.6 万亩,有机茶园面积 0.76 万亩。是年全州茶叶产量 1.72 万吨,比 2013 年的 1.35 万吨增加 0.37 万吨,增长 27.41%,其中春茶总产量 (干毛茶) 5076 吨,夏茶总产量 (干毛茶) 1.0087 万吨,秋茶 (干毛茶) 总产量 2010 吨。名优茶产量 0.7 万吨,大宗茶产量 1.02 万吨。全州干毛茶总产值 12.13 亿元以上,比上年增长 31.29%,其中名优茶总产值 8.8 亿元,大宗茶总产值 3.45 亿元。全州茶叶企业达 304 家 (包括茶叶初级加工厂),其中省级重点龙头企业 12 家,州级龙头企业 38 家,通过工商部门注册登记商标 68 个,通过 QS 认证 52 家。获得对外贸易经营资格 3 家。全州共有茶业专业合作社 99 个,15 亩以上的茶叶家庭农场 5783 个。全州共有茶叶加工点 387 个,其中初制加工企业 244 家,清洁化生产线 27 条,精制加工企业 10 家。制定了雷山银球茶的制作标准。

2015 年,全州茶叶种植总面积达 67.55 万亩,其中黎平 26.90 万亩、雷山 16.00 万亩、丹寨 12.93 万亩、岑巩 4.36 万亩、台江 3.09 万亩、镇远 1.90 万亩、凯里 0.68 万亩、榕江 0.56 万亩,当年新增种植面积 3.86 万亩,增长 6.06%。茶园投产面积达 43.00 万亩,占茶园种植总面积的 63.66%。全州春茶产量 6621 吨,比上年 5076 吨增加 1545 吨,增长 30.43%,春茶总产值 12.60 亿元,比上年 7.69 亿元增加 4.91 亿元,增长 63.85%。全年产量 2.21 万吨,比上年 1.72 吨增加 0.49 万吨,增长 28.49%,全年总产值 19.38 亿元,比上年 12.13 亿元增加 7.25 亿元,增长 59.77%。综合产值达到了 30 亿元,比上年 22.52 亿元增加 7.48 亿元,增长 33.21%;农民人均茶叶收入达到 1000 元;全州现有茶叶企业 338 家 (包括茶叶初级加工厂),比上年增加 34 家,其中省级重点龙头企业 16 家,比上批新增 4 家,州级龙头企业 38 家,比上批新增 5 家。通过工商部门注册登记商标 68 个,通过 QS 认证 52 家。获得对外贸易经营资格 5 家,2015 年新增 2 家。全州共有茶业专业合作社 106 个,比上年新增 7 个,5 亩以上的茶叶家庭农场 10519 个,比上年增加 4736 个。全州现有茶叶加工点 607 个,比上年增加 220 个,初制加工厂 257 家,比上年增加 13 个。清洁化生产线 32 条,比上年增加 5 条,精制加工企业 21 家,比上年增加 11 家;2015 年,在贵州省首届春茶斗茶赛中,雷山县毛克翕茶叶发展研究所选送的“雷山银球茶”荣获绿茶类组茶王称号,雷山县敬旺绿野食品有限公司选送的特级银球茶、一级银球茶分别荣获绿茶类银奖、铜奖;2015 年完成《雷山银球茶标准》修订,并得到省质监局颁布实施和雷山银球茶获国家地理标志认证产品;雷山县建成茶叶农药专营店 6 个;是年,全州无公害茶叶产地认定面积 23.4 万亩,占种植总面积的 34.64%。

黔东南州茶产业情况统计表

（2007—2015 年）

表 3—25　　单位：万亩、万吨、亿元

年份	累计茶叶种植面积	新增茶叶种植面积	投产面积	干茶总产量	总产值
2007	12.97	4.69	5.67	0.3015	2.0502
2008	19.23	6.26	8.17	0.4112	3.0804
2009	24.56	5.33	10.70	0.4800	3.3556
2010	27.95	3.39	12.83	0.5288	4.0962
2011	33.97	6.02	15.93	0.5008	4.3187
2012	40.03	6.06	20.79	1.0028	6.0334
2013	52.65	12.62	27.18	1.3476	9.2394
2014	63.69	11.04	33.45	1.7200	12.1300
2015	67.55	3.86	43.00	2.2071	19.3800

品　种

黔东南州境内栽培的地方品种多为中、小叶型品种。从叶型上分有大叶种、中叶种和小叶种，以中叶种为主栽品种，有效生长期与采摘期长、产量高，适宜制作优质绿茶和红碎茶；从发芽期分有早芽种、特早芽种和中芽种，以早芽种栽培面大。早芽种即“清明种”，3 月中旬萌发茶芽，生长快，饱满整齐，质地柔嫩，白毛多。清明前开采，采期长、产量高，是境内茶树群体中的优良茶种。特早芽种和中芽种比早芽种分别提早和推迟 8～10 天出牙。20 世纪 90 年代中期以后，引进较多的是从福建引进的福鼎大白茶。2000 年，黎平县杨梅井茶场从浙江引进优质“龙井 43 号”“龙井长叶”茶试种获成功。引种获成功后，在该县建成“龙井 43 号”茶园 800 余亩。2007 年以后黎平县、雷山县、丹寨县逐步建有无性系育苗基地，黎平、雷山、丹寨、岑巩、台江等县新建无性系茶园，种植品种主要有福鼎大白茶、龙井 43 号、龙井长叶、安吉白茶、金观音和黄金贵等。

栽培管理

1985 年以来，全州成片茶园都选种在 1000～1500 米海拔的半坡上。这些地方森林植被丰富，水分充足，山高雾日多，湿度大，对茶叶生长发育极为有利。

黔东南州内常规茶园分 3 次修剪定型。密植茶园实行两次定型。

20 世纪 90 年代以后，推行科学采茶；绿茶常规采以 1 芽 2、3 叶为标准；优质高档茶则以 1 芽 1 叶、1 芽 2 叶初展采。对幼嫩茶树以养为主，春夏采新梢留 1—3 叶，采高留低，采中留边，扩大树冠。青壮年茶园以采为主，春夏采新梢 1—3 叶；老年茶园春夏集中采摘，只留鱼叶，秋叶不采，留叶养蓬。对需要改造的老茶园，采取春茶重采，夏季改造。

黔东南州内茶树的病虫害较多，发生频繁，1990 年以来，以红蜘蛛、蚧壳虫、茶蚜、白粉病和花叶病为主，茶毛虫也常有间歇性的大发生。20 世纪 90 年代以来，一些茶园逐步采用综合防治的办法，即在农业防治的基础上，结合运用保护、培养释放天敌的生物防治和用灯光诱杀害虫成虫的物理防治方法，只对一些爆发性的害虫如茶毛虫、黏虫、茶尺蠖等采用化学农药及时扑灭，尽量降低了农药残留存量，提高了茶叶品质。

1985 年，黔东南州内茶园管理重点推广“深中耕松土，深沟压绿改土，增施有机肥料，分季追氮，追施磷钾化肥、移蔸补缺、修剪整形”等技术管理措施。为提高茶叶品质，有的茶园实行冬种绿肥，减少化肥用量。少数免耕茶园在茶园封行后停止中耕除草，实行免耕。

2007 年后，全州在品种、茶园基地选址、整地施肥、种植密度、种苗规格上统一技术标准。至 2010 后，部分集体或国有茶场被规划他用，现有茶场多为个体经营或分户经营。

绿茶主要加工工序技术

黔东南州内绿茶技术加工分杀青、揉捻和干燥三道工序。

杀　青　目的有三：一是利用高温破坏酶的活性，防止在酶的催化下产生红变，保持绿茶“清汤绿叶”；二是挥发青草气味的芳香物质，增进茶香；三是使叶内水分大量汽化散失，使叶质变软，为揉捻成条创造条件。

杀青要做到“三要三不要”：三要即一要杀熟，没有生叶或半生半熟叶；二要杀透，没有青草气味；三要杀匀，大小芽叶杀青程度均匀一致。三不要即一不要有红梗红叶；二不要炒焦；三不要有水闷味。

揉　捻　经过适当的揉压，迫使叶细胞扭曲变形，茶汁挤出，凝集茶表面，增进茶叶汤色与滋味。揉捻要求：条索卷紧、匀整、苗直、不扁、不松、碎茶少（3%）。揉捻叶外形要求为“四要四不要”：一要叶条，不要叶片；二要圆条，不要扁条；三要紧条，不要松条；四要整条，不要碎条。揉捻方法分手工揉捻和机械揉捻两种。手工揉捻：有“单把推进”和“双把螺旋滚动式”两种方法。揉捻机械种类有：25、30、35、40、45、55、65 等型号。25 ~ 40 型揉捻机械，一般用为制作名茶。40 ~ 65 型揉捻机械，大多用为制作炒青和烘青绿茶。

揉捻叶温度的高低，对茶叶品质的影响较大。原料嫩，杀青后及时摊凉后才揉捻的，称之为“冷揉”，其目的是防止叶色变黄。而老的原料，杀青后可趁热揉捻，称为“热揉”，其目的是使之容易紧卷成条。

揉捻加压坚持　“先轻后重。逐步加压，轻重交替，最后不加压”；坚持“嫩茶轻压短揉，老茶重压长揉”。在生产实践中，较嫩的原料，其加压应以轻压为主，中间适当加中压；中级原料，其加压应以中压为主，中间适度加重压；较粗老的原料，其加压应以重压为主。

生产实践证明，嫩的原料只揉捻一次，而粗老原料，通过解块筛分后，筛面茶采取复揉较好。不同揉捻机，其投叶量也不同：40 型 10 公斤；45 型 15 公斤；50 型 25 公斤；55 型 33 公斤；65 型 55—60 公斤。茶青等级与加压时间关系见下表。

茶青等级与加压时间关系一览表

表 3—26

茶青等级	全程时间（分）	不加压（分）	轻压（分）	中压（分）	重压（分）	不加压（分）
一级茶	20 ~ 25	5 ~ 7	10			5 ~ 8
二级茶	30 ~ 35	10	5	10 ~ 15		5
三级茶	45 ~ 50	5	5	15	15 ~ 20	5

干 燥 为蒸发水分，增进滋味，便于贮运，对茶叶要进行干燥处理。

经过处理的茶叶要求：干燥均匀，排除过多水分，防止霉变；条索紧结匀整，有锋苗，不扁，不松泡，不断钝，碎茶少；色泽绿润，香味浓醇或正常，无烟、焦、沤闷、青涩气味等。

炒青茶干燥分为炒二青、炒三青和辉锅三道工序。目前大多数茶叶加工企业，使用滚筒炒干机，由于该机具有辉锅车色的性能，故干燥作业常只用：炒二青、炒三青两道工序。

二 炒 二炒主要作用是蒸发水分，使茶条卷拢收紧，为炒三青准备条件。滚炒二青常要坚持“较高温，少量，排气，快滚”的原则，以保证二青质量。筒温：100℃ ~110℃。火温掌握先高后低的原则。投叶量（揉捻叶）：1 ~2 级原料为 25 公斤，3 级原料为 27.5 公斤。若投叶过多，容易滚碎、灼焦、工效也低。时间为 25 ~30 分钟。

摊 凉 二炒后，茶叶必须摊凉，使水分重新分布，便于足干，同时摊凉的过程中筛出碎末茶与茶条分别足干。

三 炒 筒温为 80℃ ~90℃，三炒过程中筒温也应掌握先高后低的原则。温度过高，茶叶容易灼焦，芽叶表面起白色泡点，俗称“鱼眼泡”；温度过低，香气不能发挥。同时，长时间的滚炒，碎末茶增多，影响茶叶售价。投叶量（二炒叶）：1 ~2 级原料为 27.5 公斤；3 级原料 25 公斤。时间为 1 小时左右。

滚干辉锅 筒温 60℃。投叶量（三炒叶）：以茶叶沿筒壁滚动，不被抛散为度，投叶量 35 ~40 公斤，先投分筛三青叶的上段茶，滚到40 ~50 分钟后，再投入三炒叶下段茶，总时间 60 ~80 分钟。

无公害绿茶的采摘运输与手工加工

绿茶采摘技术 一是采摘和留养相结合。茶树上留有适量并配置合理的成熟叶片，是维持茶叶产量和质量的重要基础。因此，在茶叶采摘的同时，要注意适当预留新叶，应保证每年有一批新生的叶片留在茶树上，待其成熟后形成主要的营养物质合成场所。一般在春茶期间尽可能多采名优茶鲜叶原料，夏、秋茶可适当采摘名优茶或大宗茶原料，但应做到夏茶留一叶采，秋茶适当留叶。高山茶园或低丘生长不良的茶园，春茶后期就留叶采，夏、秋茶少采或不采，提早封园，集中留养。二是采摘时要兼顾产量和质量。在茶叶采摘时，要强调鲜叶质量和数量相结合，防止鲜叶污染和变质，保证成茶品质和满足市场对茶叶的数量要求。三是茶叶采摘要因地、因需制宜。栽种的品种和施肥水平不同，茶园环境和气候条件不一样，导致茶园中茶树生长状况差异较大，同时不同茶类对鲜叶原料要求也不一样。因此，茶叶采摘标准、数量和采摘方式应根据茶树生长状况和所加工茶类对鲜叶要求的不同而有所区别，要因地、因时、因加工茶类和级别需要不同而灵活掌握。如对幼龄中重修剪茶园，在一定时间内要采用打顶采，对树势较弱的茶园可适当多留叶养护，而对生长良好的茶园，则可进行正常采摘。

鲜叶运输技术 鲜叶是形成茶叶品质的基础，除茶叶加工技术外，茶叶质量主要取决于鲜叶质量，因此做好鲜叶采摘后的运输，是保证为无公害茶叶加工提供高质量鲜叶原料的基础。

在进行手工鲜叶采摘时，要求盛装鲜叶的容器是可透气的竹篮或竹筐，不允许使用塑料袋或尼龙编织袋一类的不透气容器盛装鲜叶，以免鲜叶受闷发热变质，尤其是名优茶鲜叶的采摘更要注意这一点。用机械进行鲜叶采摘时，从采茶机上卸下的装满鲜叶的盛叶袋，应及时转移到阴凉的存放处，避免阳光长时间曝晒引起鲜叶变质。

鲜叶采摘后，有的是直接送往茶叶加工厂，并由茶厂设专职验收员对鲜叶进行验收，然后统一进行贮存付制；但有的茶厂，鲜叶的过秤、验收是在茶园中进行的，即直接到茶园收购鲜叶，再送回茶厂验收，均应做到鲜叶验收、运输过程中，不直接接触地面，以免受到地面微生物的污染，在茶园进行鲜叶验收时，鲜叶过秤、验收处应设在遮阴的地方，避免阳光直射。经验收、过秤收进的鲜叶，要用透气竹筐存放，竹筐的大小要与运输车货箱相匹配。

第七节　西　瓜

生产概况

黔东南州能满足西瓜生长所需温、光、水、气、热及土壤条件的地区很多，生态环境优越，鲜食产品消费可从 6 月上中旬应市，一直供应到 10 月上中旬。西瓜在黔东南州内早有种植，1991 年后得到较快发展。20 世纪 90 年代起，一些西瓜主产区，由于多年连作，导致枯萎病，蔓枯病发生严重，造成西瓜产量下降和品质降低，然后逐步提倡稻田水旱轮作和西瓜上山，加上选用抗病品种、清洁田园、轮作换茬、嫁接栽培等农业措施，枯萎病和蔓枯病的危害逐年减轻。进入 21 世纪，西瓜种植进一步扩展，全州面积快速跃上 10 万亩，产量倍增到 15 万吨，其中无籽西瓜和礼品小西瓜得到了较快发展，其种植面积均分别突破万亩以上。黄平县注册的“飞云崖”牌无籽西瓜取得贵州省优质农产品称号，2001—2005 年无籽西瓜年度种植面积均超过 1.5 万亩，产品畅销省内及广西、重庆等省外市场。大棚西瓜逐步推开，2010 年 7 月 29 日，黄平县东坡西瓜生产基地通过国家有关专家审定成为贵州省首个“全国优质无籽西瓜基地”。

丹寨县西瓜

榕江县西瓜

2005 年后，西瓜种植规模在 12 万亩上下波动，产量在 17 万吨以上，产地由坝区油（菜）/瓜/稻的大面积栽培模式加快转移到了山地一季种植或坝区轮作长季节的集约化避雨栽培，其中丹寨县城江村避雨栽培长季节的“冰淇淋”西瓜质量上乘并畅销黔东南州内外。2010 年，全州西瓜种植面积增加到 17.05 万亩，产量提高到 34.73 万吨，创黔东南州西瓜生产历史最好水平。进入 2011 年，受上年产量大价格低的影响，西瓜种植突跌至 10.54 万亩。之后因要不断避免连作障碍，露地西瓜栽培缩减了 39.57%，大棚西瓜栽培增幅达 53.19%，田坝西瓜与山地西瓜的播面基本对等，一般亩产量 1500～2500 公斤；无籽西瓜种植高峰年份占到西瓜总面积的26%，亩产量2000~3000公斤；小果型西瓜占到总面积的5%~10%，亩产量1000~2000公斤；大棚西瓜占总面积的5%左右并在逐年递增，亩产量3000—5000公斤。2015年，全州西瓜面积13.44万亩，西瓜产量31.88万吨，比2011年分别增长27.51%和66.65%。

黔东南州西瓜生产统计表

（1991—2015年）

表3—27　　单位：万亩、万吨

年　份	种植面积	其中大棚避雨栽培面积	产　量
1991	4.34	—	6.02
1992	6.95	—	4.01
1993	4.07	—	4.12
1994	3.99	—	3.19
1995	5.31	—	5.86
1996	7.68	—	7.15
1997	7.07	—	5.36
1998	5.45	—	6.02
1999	7.61	0.05	7.03
2000	9.57	0.08	8.32
2001	9.62	0.11	14.18
2002	10.31	0.15	18.34
2003	9.33	0.28	19.09
2004	10.35	0.33	17.59
2005	11.54	0.42	17.16
2006	13.54	0.34	22.84
2007	13.62	0.36	23.1
2008	14.36	0.35	24.48
2009	15.47	0.38	29.49
2010	17.05	0.47	34.73
2011	10.54	0.52	19.13
2012	10.76	0.56	20.32
2013	11.67	0.47	25.04
2014	13.72	0.72	30.49
2015	13.44	0.65	31.88

栽培技术

品种选择　黔东南州内西瓜主产区应用的西瓜主要品种有郑杂5号、新澄1号、2号、蜜桂、湘蜜、浙蜜1号、新红宝、西农8号、西农9号、庆农系列、庆发系列、聚宝、京欣、粤优2号、早佳8424、黔育3号、雪峰、花皮无籽、郑抗无籽系列等抗病、耐湿、高产品种。

播种期 主要有早熟栽培、晚秋栽培和大棚栽培。

早熟栽培于2—4月采用中小拱棚营养袋或营养块育苗，3月中下旬至4月上中旬地膜覆盖定植，6月上旬即有早熟西瓜开始上市。普通高产栽培，4月上旬进行场地营养袋育苗移栽或露地直播，5月中下旬定植或定苗，7月上中旬西瓜开始成熟上市。

晚秋栽培于6月中下旬采用遮荫育苗，7月上中旬定植，9月下旬西瓜开始上市，可延迟供应至10月上中旬。

大棚栽培于3月中下旬移栽，5月中旬开始采果直至10月下旬。

移　栽 一般是瓜苗达二叶至三叶一心时移栽；栽培株距60～70厘米，单苗定植，每亩植苗300～400株。

施　肥 西瓜需肥量大，瓜农注重施足底肥，一般亩施土杂肥或充分腐熟厩肥2000—3000公斤、饼肥100～150公斤、复合肥40～50公斤，沟施或穴施，在定植或直播前一周施入。苗期适当追施速效肥，促进根系生长发达，藤蔓健壮。开花坐果期根外喷施磷酸二氢钾，促使幼果膨大。大棚避雨栽培长季节西瓜，一般采用简易设备推行水肥一体化滴灌或微喷灌追施技术，才能满足多次结瓜、多次采果、拉长秧期的肥水需要。

整枝压蔓 其方式有单蔓式，只保留一条主蔓，限用于密植品种和大棚早熟栽培；双蔓式，只保留一条主蔓和一条健壮的侧蔓，适用于株距小、行距大的瓜田；三蔓式，保留一条主蔓和两条健壮的侧蔓，一般适用了株行距较大的中晚熟品种。黔东南州普遍施行三蔓式整枝压蔓，亩保苗300—400株。大棚避雨西瓜，除前期理顺三蔓后，后期基本不整枝。

病虫防治 重点做好炭疽病、枯萎病、蔓枯病、病毒病、白粉病、霜霉病的预防工作，及时治好黄守瓜、蚜虫、潜叶蝇、白粉虱、黄蚂蚁、红蜘蛛、斜纹夜蛾等西瓜虫害。

成熟采收 西瓜成熟的鉴别有算、看、听、试等方法。采收时，一是要用刀割留瓜柄，利于保鲜和新鲜程度的鉴别；二是要晴天清晨采收，采收搬运轻拿轻放以防破损。露地栽培，一年结瓜1茬；避雨栽培，一年结瓜3～4茬，亩产量高的可过5000公斤。

第八节　棉　花

种　植

棉花历来是黔东南州苗、侗等少数民族自种自用的一种经济作物，曾是他们衣着、被单的主要原料来源。随着全国棉花生产和纺织、化纤工业的发展，大批价廉物美的棉布、化纤品传入黔东南州内，并为广大苗、侗人民所喜爱和接受，使种棉积极性受到影响，种棉的地区逐步减少。从自然环境、日照、干湿气候条件看，黔东南也属非棉花最佳产区，种植棉花的单产低，最高单产仅45.4公斤，不及全国棉花高产区单产的1/4，经济效益差，因而棉花生产得不到足够重视。但苗、侗人民长期以来种棉的习俗以及和自制棉制品的需求，也不易轻易改变，特别是在边远地区仍有部分农民坚持种棉和用棉，使棉花生产在州内经济作物中仍占有一席之地。

1991 年全州种 16455 亩，1993 年发展到 21000 亩。以后有起有落。2014 年以后，全州种棉面积又一直稳定在 21000 亩以上。种棉地区主要分布在从江、黎平、榕江、剑河 4 县。4 县种棉占全州种棉面积的 80% 以上，西北部的凯里、黄平、麻江、丹寨等县基本上没有种棉。常年全州棉花总产量在 400～500 吨左右，从 2008 年起产量才有大幅度增加，2008 年达 714 吨，2015 年增至 991 吨，年均增长 5.54%。其中 2012 年最高达 1032 吨。

品 种

25 年来，棉花品种一直以岱字 15 号为主，还有部分早年引进的徐州 124、514、泸棉 204、479、中棉 7 号、10 号、岱字 10 号、鲁棉 1 号、湘杂棉 7 号和湘杂棉 8 号等品种，一直沿用至今，退化现象严重，这也是州内棉花单产不高的原因之一。

栽培技术

棉花播种前先进行种子处理，即将棉籽用清水淘洗，堆放湿地上，用稻草覆盖，第二天拌草木灰，用手搓匀后播种；或用温汤浸种后播种。播种方法一般是点播。后在黎平等地试行营养钵育苗移栽获成功，一般较直播提高产量 10% 以上，其后在榕江、从江也被广泛采用。播种密度，过去实行“浅沟平厢”点播，一般行距 67 厘米，株距 50 厘米，每亩密度为 1800～2000 株；后普遍推广宽窄行点播，宽行 67 厘米，窄行 33 厘米，株距 33 厘米，每亩密度 4000 株左右。

一般亩施 1000 公斤农家肥加 25 公斤磷肥作底肥。以后看苗追肥，对弱苗田补施粪水或少量氮素化肥作追肥。开花现蕾后，普遍施一次追肥。结棉桃后重施一次氮肥，以促进棉桃的发育。对瘦薄田或棉桃生长发育不好的棉田，有的还进行一次根外追肥。

棉苗长到 3～4 厘米时即进行匀苗和中耕除草，在 3～4 片真叶期进行定苗。

境内棉花病虫主要有苗期立枯病、炭疽病、猝倒病、小地老虎、金针虫、蚜虫、红蜘蛛，蕾铃期的金刚钻、红铃虫等。各地除采取药剂拌种或浸种防治苗期病虫害外，还采用乐果、杀虫双、敌百虫、敌敌畏等防治中后期害虫。

对棉花的整枝普遍推广去分枝、抹赘芽、打边心、摘顶心、除老叶和剪枝技术，以减少营养消耗，促进棉花早熟、高产。

棉花一般在白露开始收获，间隔 2～3 天采收一次，直至霜降后采收完毕。对迟迟未开放吐絮的花蕾，在 11 月下旬拔秸或剪桃带回家中晾干，待蕾果自然吐絮后摘检。

棉花加工

棉花加工工艺过程是生产过程的主要部分。棉花加工工艺分为初加工和深加工两个步骤。初加工主要是前期采用烘干（或加湿）、清理工艺方法，为后续加工提供含水适宜、充分松懈且清除了大部分外附杂质和部分原生杂质的籽棉过程。深加工阶段则是对棉籽进行轧、剥，对皮棉、短绒进行清理，对不孕籽等下脚料进行清理回收，以获得棉花加工厂生产的各种产品的过程。棉花加工主要包括轧花、剥绒、下脚料回收清理和打包 4 个方面。

黔东南州棉花种植面积与产量统计表

(1991—2015 年)

表 3—28　　单位：公顷、吨

年份	棉花		年份	棉花	
	面积	产量		面积	产量
1991	1097	268	2004	1097	413
1992	1206	342	2005	1035	358
1993	1401	375	2006	995	362
1994	1465	329	2007	1058	399
1995	1617	390	2008	1062	714
1996	1624	397	2009	1141	768
1997	1850	512	2010	1116	812
1998	1646	556	2011	1276	878
1999	1519	446	2012	1437	1032
2000	1504	545	2013	1408	807
2001	1291	430	2014	1448	942
2002	1188	390	2015	1434	991
2003	1086	352			

第九节　麻

种　类

黔东南境内种植的麻类有黄红麻、苎麻、大麻和亚麻等。其产品主要用于织渔网、搓麻线，做麻袋、网兜、网罩等。各地植麻种类和面积因时而异。1991 年，苎麻、黄红麻均有种植，到 1997 年，黄红麻面积达 11025 亩，是苎麻面积的 43. 2 倍。2001 年，苎麻降至 60 亩，以后在黔东南州内基本不再种植。亚麻种植面积最多的 1992 年达 765 亩，1995 年以后黔东南州内已不再种植。

生　产

1991 年，全州种麻 2880 亩，以后因价格波动，生产涨跌很大，1992—2003 年年种植面积在 2000—10000 亩之间，其中种植面积最多的 1997 年，面积达 11805 亩，总产量达 1523 吨，其中黄红麻 11025 亩，产量 1491 吨，1998 年以后，黄红麻产品滞销，全州种麻面积和产量又开始大幅度下降，到 2005 年，全州种麻仅 555 亩，产麻 90 吨，两项指标均降至 20 年来最低点。2006—2015 年，全州种麻面积总共不到 2000 亩，种麻最少的 2010 年仅 90 亩。

黔东南州麻类历年种植面积与产量统计表

（1991—2015 年）

表 3—29

单位：亩、吨

年份	麻类		年份	麻类	
	面积	产量		面积	产量
1991	2880	212	2004	765	136
1992	4635	294	2005	555	90
1993	5145	523	2006	420	75
1994	7305	638	2007	405	76
1995	5220	466	2008	375	79
1996	—	—	2009	255	30
1997	11805	1523	2010	90	13
1998	7620	1045	2011	135	11
1999	5490	1049	2012	105	3
2000	5505	653	2013	105	3
2001	2145	221	2014	105	3
2002	2190	180	2015	105	3
2003	2310	213			

第十节 蚕 桑

家蚕茧

黔东南州苗族、侗族人民素有种桑养蚕的生产习惯，且有自养、自缫、自织、自染、自绣的传统。1991 年后，在振兴各县市地方经济中，蚕桑业在黄平、三穗、施秉、黎平、凯里、丹寨、麻江、台江等地又渐兴起，1992 年、1993 年，全州桑园面积发展到 5 万多亩，年生产蚕茧 150 余吨，实际收购 90 余吨。之后，由于部分农户将蚕茧留作己用，不愿交售或少交售，商品率降低，供销部门经营积极性受挫，每年只在春季发一次蚕种，以了却部分苗族同胞之心愿。桑园面积逐年减少，蚕茧收购量也逐年降低。批量养蚕的县仅剩黄平县。1996 年，桑园面积 3810 亩，收购蚕茧 34 吨。1998 年，桑园面积 1365 亩，收购蚕茧 38 吨。2000 年，桑园面积 570 亩，收购蚕茧 32 吨。至 2004 年，桑园面积 14600 亩，春季发种量 2000 张，收购蚕茧 14 吨，每吨单价 14 万元。2005 年，收购蚕茧回升到 53 吨。之后桑园面积逐年减少，2015 年，全州桑园面积仅余 6435 亩，主要分布在黄平县，又以该县的一碗水乡、重安镇、谷陇镇等乡镇为重点。

柞蚕茧

黔东南州适宜放养柞蚕的柞树，即麻栎、青冈树有数万亩之多。柞蚕生产，涉及全州 13 个县市。1992 年放养面积回升到330 亩，收购柞蚕茧50 公斤。之后由于收购、销售、引种、制作等环节不畅，柞蚕生产中断。

栽桑技术

有零星栽植和成片建桑圆两种。零星桑园多植于田边寨旁，房屋四周，始为野生种或半野生种。后引进湘乡清、圆头荷叶白、湖桑等优良桑树接穗枝条进行嫁接繁殖，成功后在全州大面积推广，取代原先地方品种。现有桑园种均是从外地引进良种。黄平县还先后从中国农科院蚕桑研究所引进杂交一代桑种和从浙江、江西引进嫁接苗繁殖，在全县桑场成片种植。州内桑园普遍采用无干或低干密植栽培，每亩栽桑 800 ~1000 株，行距 1 ~1. 3 米，株距 0. 5 ~0. 7 米。桑树栽在熟地、梯土上。亩施农家肥 1500 公斤作基肥，栽前桑苗根最长不超过 15 厘米，栽后浇水定根，并剪去离地面 25 厘米上部枝叶，待发芽后留 2 ~3 个芽，其余抹去；从第二年起，每年都实行剪伐，剪伐时间在 2 月前。桑园施肥，春季亩施尿素 80 公斤，秋季亩施复合肥50 ~75 公斤，冬季亩施农家肥或沟泥 2000 公斤。施肥时结合除草松土。1991 年以后，各地继续坚持对低产桑园实行改造。对乔木桑采用重修剪，多施肥，促使多长叶；对稀植低产的桑园，采取增株、增条和压条等措施；对衰老低产桑树，进行嫁接换种，截干，春发复壮更新，恢复树势。1996 年，黄平县改良低产桑园 850 亩，到 2001 年，全县有优质桑园面积达 1155 亩。2005 年，黄平县桑园面积发展到 1. 4 万亩，鲜蚕茧产量达 77. 3 吨，总产值 116 万元。2006—2015 年，全州桑园面积在 5000 ~6500 亩之间。

家蚕饲养

州境内家蚕饲养一般分春蚕、夏蚕和秋蚕。放养春蚕一般在 5 月 1—5 日，夏蚕在 6 月 15 日前后，中秋蚕在 8 月 10—15 日，晚秋蚕在 9 月 17—20 日。

养蚕前农户须对养蚕的房子都进行彻底清扫，并洗刷地下，刮去污垢，消毒，刷石灰，减少病菌危害。

小蚕期室内温度控制在 26℃—28℃，加盖薄膜保温，每天喂叶 3 ~4 次；大蚕期室内温度降至 23℃—25℃，每天喂叶 4 ~5 次。

家蚕易染病，1991 年以后，黄平、黎平、施秉、凯里、三穗等地农户，为预防蚕病，养蚕全过程都在蚕体上撒新鲜石灰或用蚕药拌桑叶喂饲。蚕发病后，首先及时把好蚕和病蚕分开，避免病毒传播蔓延。

当蚕经过近一个月饲养后，即将吐丝结茧，这时首先把不吃叶、通体变透明的蚕轻放在事先消毒好的吐丝用具上去，经过 7 ~9 天就可按好、中、差的蚕茧分别采茧，采摘后的茧在 5 天内拿到收茧处出售。迟则蚕蛾飞出，蚕丝质量受损。

黔东南州蚕茧种植面积与产量统计表

（1991—2015 年）

表 3—30 单位：公顷、吨

年份	桑蚕茧		年份	桑蚕茧	
	面积	产量		面积	产量
1991	—	76669	2004	315	—
1992	—	90300	2005	360	—
1993	—	145	2006	375	—
1994	6090	145	2007	765	—
1995	11610	194	2008	3090	—
1996	3810	34	2009	1995	—
1997	2325	55	2010	3270	—
1998	1365	—	2011	1845	—
1999	—	37	2012	1845	—
2000	—	32	2013	1897.5	—
2001	—	26	2014	1755	—
2002	—	9	2015	1530	—
2003	—	17			

第十一节 甘 蔗

种植面积与品种

据史载清代中期开始，黔东南州已有甘蔗种植。1992 年以后，全州甘蔗种植面积和产量呈上升趋势。2008 年甘蔗种植面积 5385 亩，是黔东南州甘蔗种植面积最多的一年。2007 年甘蔗总产量 31367 吨，是黔东南州甘蔗产量最高的一年。2009 年之后，黔东南州内甘蔗生产开始萎缩，2010—2015 年，每年种植面积不足 2000 亩，产量不足 1 万吨。2015 年黔东南州内甘蔗种植大县仅有榕江县，种植面积 1680 亩，产量为 8863 吨。

甘蔗品种 1991 年以前以本地白秆甘蔗为主。1972 年，台江县从广西引进大红果蔗，1975 年榕江县引进黔西南兴义种印度 419。1991 年后，黔东南主要种植甘蔗品种有以广西甘蔗桂糖 99 为主。1997 年，黔东南主推甘蔗品种以桂糖 1 号、桂糖 11 号、桂糖 99 为主。2004 年后黔东南主推甘蔗品种有新台糖 16 号、新台糖 25 号为主。2015 年黔东南甘蔗主推品种以桂糖 99、黑皮甘蔗为主。

栽培技术

播 种 在甘蔗成熟时，选择蔗茎粗壮、直立、节间长短适中、蔗芽饱满无病虫害的蔗茎或梢部50～65厘米长作蔗种。种前，种子置于阳光下日晒，促进种后发早苗。在种蔗前，用2%石灰水浸种24小时，或用多菌灵等农药浸种消毒。在黔东南低热河谷地区的榕江、从江、黎平等县种甘蔗，一般在3—4月初整地下种，其他地区在4月中旬整地下种。开种沟深23厘米，宽33厘米，将蔗种按一定距离（约90～100厘米）双行错开平放种沟，然后壅土覆盖。下种量，大茎种每亩2500～3000段双芽苗，中茎种每亩3000～4000段双芽苗，细茎种每亩4000～4500段双芽苗。

施　肥　亩施尿素7～10公斤，以优质腐熟厩肥、河泥、堆肥、花生饼、菜籽饼等作基肥。果蔗施肥量可比糖蔗多20%～30%。同时，适当增施磷肥，以提高蔗汁甜味。果蔗少施钾肥，避免蔗皮硬，纤维粗糙。而糖蔗，则要多施钾肥。追肥一般3次，第一次是在蔗苗齐苗时追施稀薄的人畜粪尿1200公斤，第二次在蔗茎长粗时，亩施尿素7公斤，作伸长肥，配施磷、钾肥。第三次追肥是在甘蔗将要封行时，结合最后一次培土，追施速效氮肥作壮尾肥。

田间管理　主要抓好以下环节：

水浆管理　甘蔗种植时，四围要开好排水沟，排出积水，提高地温，促进蔗根深扎。分蘖期遇旱，特别是甘蔗伸长期缺水时，就要进行及时浇水。果蔗比糖蔗对水分的要求高，前期要注意灌溉又要防积水死芽；中后期抗旱力也比糖蔗弱，要勤灌水，干旱易造成果蔗节密，导致减产，商品性差。而在伸长盛期需水量大，要求沟内保持水层，止水期较迟，最后一次剥叶后要灌一次水。

中耕培土　在甘蔗出苗80%时，需进行查苗、补种，从齐苗至封行时对甘蔗进行中耕除草和培土，一般是在苗期（幼苗期和分蘖期）进行小培土和中培土，在伸长初期进行大培土，在一些水田蔗区大培土后还需进行一次高培土。小培土一般在幼苗有6～7片叶、开始出现分蘖时结合施“攻蘖肥”进行，培土厚度为2～4厘米；中培土一般在分蘖盛期至开始拔节期间结合“壮蘖肥”进行，培土厚度为7～10厘米。小培土和中培土的作用是覆盖肥料，提高肥效，促进苗根生长，使蔗株逐步形成一个比较发达的根系，促进母株和早期分蘖的生长，抑制后期无效分蘖的发生。大培土是先剥除基部枯叶和无效分蘖的生长，接着施“攻蘖肥”，把行间沟底泥土翻犁覆盖蔗畦两侧及蔗株基部，再用人工把沟中的泥土培到畦上，填满蔗株基部的空隙。一般为20～25厘米，蔗株高大的约30厘米，要求培土做到土壤细、填满、填实，避免畦面呈“馒头状”，防止培成“尖塔形”。

防　倒　由于甘蔗嫩脆和对质量要求高，要认真做好培土防倒。

剥　叶　剥叶能使蔗茎匀净，颜色黑亮，鲜艳美观，提高糖分和减少虫害，一般半月剥一次，不能零星剥叶，防止茎上有多种颜色。

病虫害防治　黔东南州甘蔗生长期长，受四季气候影响，病、虫、草、老鼠为害较严重，必须认真做好防病、虫、草、鼠害等工作，做到防重于治，达到治早、治少、治了。冬春栽植因低温阴雨应防风梨病，植前种茎消毒，植后保温排积水。生长前中期有5—6世代螟虫重叠并发为害，造成枯心苗；除此之外注意4—5月因温度高、光照强、氮肥足，易诱发梢腐病；6—7月和7—11月两次防蚜虫，秋冬季主要防鼠害。

适期收获　甘蔗达到工艺成熟度，是决定收获期的主要依据。在黔东南一般应掌握在春节前后收获为宜。收获方法采用“快锄低砍”的方法砍下蔗株，然后用蔗刀将嫩梢、须根、泥沙和枯叶残叶一并削除干净，再砍下尾梢。因劳动强度大，一般人日均收1000公斤蔗茎。收获后地下部蔗头留作来年宿根栽培，并连续2～3年后把老蔗头挖去，重新再植或换种其他作物。

黔东南州甘蔗历年种植面积与产量统计表

（1991—2015年）

表3—31　　　　单位：亩、吨

年份	甘蔗		年份	甘蔗	
	面积	产量		面积	产量
1991	480	435	2004	1515	6749
1992	465	577	2005	1185	4811
1993	855	995	2006	1455	6451
1994	630	707	2007	4080	31367
1995	885	4172	2008	5385	29958
1996	1020	2712	2009	2475	12923
1997	1350	3723	2010	1830	9167
1998	1170	3360	2011	1500	6330
1999	1320	3827	2012	1500	7432
2000	1560	5220	2013	1485	6504
2001	1020	3468	2014	1635	7452
2002	1605	5080	2015	1965	8863
2003	1390	5361			

第十二节　草　莓

生　产

草莓又叫红莓、洋莓、地莓等，是一种红色的花果。草莓外观呈心形，鲜美红嫩，果肉多汁，含有特殊的浓郁水果芳香。

麻江县草莓

麻江县草莓

黔东南种植的草莓始于麻江县下司镇花桥村。由于草莓产量高，经济效益好，20 世纪 90 年代麻江及各县市都兴起种植草莓。2010 年，全州种植草莓超过 4000 亩，达到 4302 亩，产草莓 3198 吨；2011 年，凯里市鸿丰绿色农业开发有限公司在下司镇建草莓标准化示范基地。截至 2013 年年底，已完成种植苗木 4 万多株，新建水池 1200 立方米，排水沟 1460 米，机耕道 860 米，作业步道 1160 米，道路主干道 2000 米，新建砖混结构生产用房 4 间，仓库 1 间，共 500 平方米，建联通育苗大棚 1 个 1240 平方米，草莓种植示范基地 100 亩，其中农田示范种植 12 亩，此外，还在平寨村建设一个草莓产、展、销为一体的精品示范区。黔东南州经济开发区荣兴草莓育苗基地，近十年来，户引进草莓品种十多个来进行繁殖销售推广，苗圃基地由原来的 20 多亩发展到现在的 100 多亩。2012—2013 年育草莓苗 510 万株，畅销省内外。销往省内有贵阳、毕节、铜仁、遵义、镇宁、凤岗、盘县、仁怀以及黔东南等十多个县市，销往省外有重庆、辽宁、浙江、广东、广西、湖南、海南等地。销售金额达 151. 5 万元。2014 年，麻江县下司镇已形成了以马场、花桥、沙飘、淑里等村为中心，辐射周边村寨和农户种植的草莓园区，草莓近几年每年种植 3000 余亩，年亩产 1370 公斤，总产值 9000 万元，已成为全省最大的草莓连片种植基地和露天观光采摘基地。是年全州种植草莓超过 1 万亩，达到 18995 亩，产草莓 22754. 9 吨。

黔东南州草莓种植面积与产量统计表

(2010—2015 年)

表 3—32　　　　单位：亩、吨

年　份	面　积	产　量	年　份	面　积	产　量
2010	4302	3198	2014	18995	22754. 9
2012	3235	2439. 3	2015	5995	7681. 6
2013	7491	6046. 2			

品　种

黔东南种植的草莓主要有红颜、章姬、法兰帝、“黔莓 2 号” 等。

红　颜　又称红颊草莓，日本 99 号，红脸颊，是日本静冈县用章姬与幸香杂交育成的早熟栽培品种。红颜草莓根系生长能力和吸收能力强，休眠浅，可抽发 4 次花序，各花序可连续开花结果，中间无断档。果实较硬，耐贮运。丰产性能好，每亩产量可达 2 吨左右。

章　姬　又称奶油草莓。系从日本引入的品种。章姬草莓由原章弘先生于 1985 年，以久能早生与女峰两品种杂交育成。该品种抗病性强，果实个大、味美，颜色鲜艳有光泽。个大畸形少，可溶性固形物含量 9% ~14%，味浓甜、芳香，果色艳丽美观，柔软多汁，一级序果平均 40 克，最大时重 130 克，亩产 2 吨以上。非常适合在城市市郊游客下地自由参观、随意采摘。

法兰地　是露天和大棚栽培的首选品种，大棚栽培的草莓含糖量能达到 10 度以上。苗植株生长健旺根系发达，抗高温、高湿能力较强，连续雨天不裂果。高抗白粉病、灰霉病。休眠浅，果实圆锥形，单果重 42 克，果色艳红色，味浓香甜润爽口。硬度大，非常适合长途贮运，商品货架期长。花粉量大，易受粉、无畸形果、不歇茬，可连续结四茬果，亩产量达 4500 公斤。法兰地草莓苗在保护地栽培基本不用打农药，所以是一个抗病性、抗逆性十分优良的品种。

“黔莓2号”是贵州省园艺研究所以“章姬”作母本、“法兰帝”作父本杂交育成的草莓新品种。果实短圆锥形，一级序果平均单果重25.2克，最大单果重68.5克；果实鲜红色、有光泽，种子分布均匀；果肉橙红色，肉质细，果肉韧，香味浓，风味酸甜适中；5月采收的草莓果实硬度0.86公斤/平方厘米，1月采收的草莓果实硬度1.44公斤/平方厘米，可溶性固形物含量10.2%～11.5%，总糖含量7.4%，可滴定酸含量0.55%，维生素C含量903.8毫克/公斤；露地和保护地栽培均可，在贵州省中部，露地栽培果实成熟期在4月中下旬，保护地栽培果实成熟期在11月中下旬。该品种于2010年通过了贵州省农作物品种审定委员会审定。

种植技术

草莓栽培　分露地栽培与大棚栽培两种模式。

露地栽培　一般在8月中旬到9月下旬栽培。栽培时，一要做好苗床的处理；二要施足底肥，并以有机肥为主；三要合理定植，定植密度与苗情、土地肥、瘦分别对待，壮苗、旱苗、地肥宜稀植。反之宜密植。亩栽7000～9000株。垄作好后，从垄边往内5厘米处定植，株距12～15厘米。四要做好田间管理。移植后，每隔10～15天喷洒一次500倍“乡色”益生菌稀释液。定植成活后至11月中下旬，要薄肥勤施，以氮肥为主，要保持土壤湿润，要除草松土摘老叶、病叶。开花前后与草莓采摘期间更要勤管理。

大棚栽培　分温室大棚栽培和冷棚栽培。10月前后栽培，温室大棚草莓可在春节前后上市。冷棚一般在3月、4月采摘。大棚栽培的苗床、施足底肥、植株与田间管理大同小异，但要重点注意两个方面：一是棚温及湿度控制草莓生长最适温度是20℃～28℃，36℃以上高温与5℃以下低温对草莓生长都不利。白天温度控制在25℃～28℃之间，不要超过30度，晚上以7度为宜。初花期保持25度，成花期掌握在23度。12月下旬到1月底之间，棚温低于5度时，应在大棚内设供暖设施。棚内湿度开花前控制在80%以下，开花至果实膨大控制在60%为宜。为防止高温高湿发病，利用中午前后进行通风换气。二是花期放蜂草莓虽然能自花授粉结果，但在大棚内缺少传播昆虫，会因此出现授粉不良和畸形果。采用放蜂辅助异花授粉，对改善品质，增加产量效果明显。放蜂应在初花期进行，花期不喷洒药剂，以免影响授粉产生畸形果。并适当疏花疏果，做到去高留低，去弱留强。

病虫害防治　草莓的病虫害主要有灰霉病、白斑病、叶枯病、白粉病、枯萎病、病毒病等。主要防治措施有：

农业防治　一是深沟高畦，实行地膜满畦覆盖。一般沟深30～40厘米，同时把地膜盖在畦面上到近沟底处，以减少果实与土壤接触发病；加强管理，培育壮苗；加快排水，中耕除草，保证通风透光良好，减轻危害；开花结果期，发现病叶及时摘除，防止蔓延，病害重的地块，采果后全园割叶，集中烧毁。二是增施“乡色”益生菌发酵有机肥；适施矿物肥，增钾补微；控制氮肥用量。

药剂防治　重点是进行土壤处理。草莓果实采收结束后，将地里植株全部拔除，然后翻耕土壤用生物杀菌剂和乡色益生菌原液交替喷洒苗床。第一次用杀菌剂喷洒，5天后再用100倍“乡色”益生菌原液稀释液第二次喷洒，再过5天后再用杀菌剂第三次喷洒，如此反复2～3次，最后用“乡色”益生菌土壤改良剂100倍液喷洒苗床，深翻即可。抓好早期预防，用500倍乡色益生菌稀释液叶面喷洒，每隔 10 ~ 15 天喷一次。

蚜虫防治　蚜虫是草莓病害的主要传毒，用“乡色”益生菌防虫液 500 倍稀释液喷雾防治蚜虫，每隔 10 ~ 15 天喷一次，连续喷 2 ~ 3 次，防治效果好。

第三章　良种繁育与推广

1991 年以来，黔东南州各级党委和政府对农作物良种工作高度重视，始终坚持把选育地方良种和引进、繁育外地良种当作农业增产、农民增收的一项重要工作来抓。成立了从生产到检验的完整体系，并严格执行种子管理法规，确保黔东南州内农作物良种推广工作的顺利开展。经过 20 多年的努力，使水稻、玉米、油菜等良种面积占全州种植面积的 95% 以上，单产和总产逐年提高，有力地促进了粮油生产的发展。

第一节　品种审（认）定

1992 年 11 月 4 日，《贵州省农作物品种审定办法》颁布实施。根据该“办法”之规定，黔东南州随即成立“黔东南州农作物品种审定委员会”，由当时的州农业局、科技局、农科所、种子站、种子公司、技术监督局及土肥站、植保站以及部分县局负责人组成。从此正式开始了州内农作物品种的审定工作。

申请审定的品种应当具备下列条件：人工选育或发现并经过改良；与现有品种（本级品种审定委员会已受理或审定通过的品种）有明显区别；遗传性状相对稳定；形态特征和生物学特性一致；具有适当的名称。

1991—2015 年，黔东南州自行选育并通过黔东南州农作物品种审定委员会评审认定的品种有水稻品种：凯糯 2 号、凯从禾 1 号、凯科粘、施农 3 号、凯糯 3 号、冈香黏 3 号、惠糯 330、两优凯 63、凯香糯 1 号。引种品种有水稻品种：特三矮 2 号、胜优 2 号、冈优 12、Ⅱ优多系一号、冈优 22、、望稻 1 号、Ⅱ优 6078、冈优 151、冈优 725、冈优 527、D 优 527；玉米品种：临奥 1 号；油菜品种：中油 821；小麦品种：兴育 8024。

2000 年 12 月 1 日，《中华人民共和国种子法》（以下简称《种子法》颁布实施，第 15 条规定：主要农作物品种在推广应用前应当通过国家级或省级审定，申请者可以直接申请省级审定或国家级审定。由省、自治区、直辖市人民政府农业行政主管部门确定的主要农作物品种实行省级审定。国务院和省、自治区、直辖市人民政府的农业行政主管部门分别设立由专业人员组成的农作物品种审定委员会，承担主要农作物品种和主要林木品种的审定工作。

随着《种子法》的出台及审（认）定工作机构的明确，黔东南州农作物品种审定委员自行撤销，不再开展本辖区内的农作物品种认定工作。审定程序亦改为对报审的品种，先由贵州省农作物品种审定委员会各专业小组对报审材料进行严格审查、评议，提出初审意见，报请品种审定委员会或其常务委员会审定。

2000年后，黔东南州通过贵州省农作物品种审定委员会审定的水稻品种有：陆两优106、岗优608、锡利贡米、汕优608、凯香1号（凯香优947）、锡贡6号（锡利贡米6号）、文稻4号；辣椒品种有：黄平线椒1号、黄平线椒2号；水稻引种品种有标优2号、Ⅱ优084、中优63、Ⅱ优795、中9优838选；玉米引种品种有：绿单2号、成单25、正大999；薯类引种品种有薯引1号（鲁引1号）。

第二节 良种繁育

1991年以后，黔东南州杂稻制种技术有所突破，产量也有所提高。这一阶段制种区域稳定在岑巩、天柱、镇远、黎平、锦平、三穗、黄平、榕江、台江、剑河等县，生产的种子以本县市场为主，并有部分外销。到20世纪90年代中后期全州常年制种面积在4500亩左右。2000年进入州内制种的省内外企业19家。21世纪初杂稻制种技术和单产水平都有了大幅提高，平均产量达到150—250公斤/亩，制种面积发展到了1万亩，组合扩展到汕优63、Ⅱ优63等10余个，生产的种子销售到省内外、国内外。从2006年开始，制种面积稳定在2万亩，制种区域主要集中在岑巩、天柱、镇远、黎平等县。2008年，岑巩县农民制种技术员徐天培、杜方明、杨再军等15人受企业派遣到孟加拉、印度尼西亚等亚洲国家指导当地繁殖杂交水稻种子。

2011年，全州杂稻制种面积达到3.05万亩，2012年达到5万亩，制种单产已提高到亩产250多公斤，最高丘块亩产达300公斤以上，制种组合30多个，杂稻制种从最早的普通杂稻组合发展到高产优质组合，有宜香系列、中优系列、内得优系列等。杂稻制种从原有“三系法”发展到“两系法”和“三系法”并进，实现较快发展。

岑巩县是黔东南州杂交水稻制种大县，1991年被列入省级杂交水稻制种基地县。2007年，该县组建国资控股公司岑巩县惠农种业股份公司，并与安徽荃银、湖南隆平、贵州金农、重庆种子公司开展合作，主要品种有金优系列、Ⅱ优系列、黔优、特优、冈优等，成为州内第一家制种企业。2010年，岑巩县惠农种业股份公司改股更名为贵州红四方农业发展有限公司，2012年，制种面积3.31万亩，种子产量776.88万公斤，覆盖全县11个乡镇中的10个乡镇、75个村、425个村民组1.06万农户5.48万人，农民创收1.2亿元。2013年，杂稻制种面积发展到4万亩。2013年7月，公司注册资金成功增资为3000万元，2014年4月公司更名为贵州红四方农业发展股份有限公司，下辖岑巩县红四方农业科学研究所、岑巩县红四方技能培训中心，岑巩县惠农植保统防统治专业合作社（全国百强服务组织）。公司以销定产，采取“公司＋基地＋农户＋市场”的农业订单模式，常年与全国10余家知名种子企业强强联合，开拓创新，使得公司生产的种子远销云南、湖南、安徽、江西、广东、广西、四川、重庆等省市，并出口到越南、缅甸、老挝、孟加拉国等东南亚国家，逐渐发展成为中国西南地区最大的种子生产企业，并成为集科研、生产、加工、销售、生产培训于一体的种子专业化公司。

2013年，成立全省唯一的一个以杂稻生产为主的岑巩县周坪杂稻制种高效生态农业示范园区。该园区位于岑巩县西南部的龙江河中游，规划面积85.92平方公里，涉及思旸镇马院村、磨寨村，注溪镇周坪村、小堡村、哨坪村、注溪村、衙院村、六部屯村，龙田镇都素村3镇9村3229户14206人，核心区面积36平方公里，耕地面积21997亩，拓展区面积8.4万亩，辐射带动思旸、大有、注溪、龙田、平庄、凯本、天马、天星、羊桥、水尾共10个乡镇68个村适宜制种的村寨。

同年8月，农业部授予岑巩县“国家级杂交水稻种子生产基地县”，成为贵州省唯一的国家级种子生产基地县。2014年，贵州省政府、科技部将岑巩县周坪杂稻制种高效生态农业示范园纳入省级重点农业示范园、国家第六批农业科技示范园核心区。2015年，岑巩县获得国家级制种大县奖补资金每年1300多万元，连续实施3年。同时整合部门资金，建成主干道26公里；机耕道34公里；生产便道34公里；沟渠（含管网）33公里；架设10千伏输电线路1000米，安装机电控制启动设备及380伏线路200米；加工厂房15座4260平方米，温室钢架大棚4个4800平方米，蓄水池4个800立方米；喷灌设施1000平方米；建成周坪杂稻制种高新技术展示区350亩；沼气池173个1978立方米；杂稻种子周转仓库2000平方米；种子晒场2000平方米；30吨/小时立式烘干塔和10吨/小时精选包装线1条；500吨冷藏库1座；园区展示中心1座；周坪大桥；周坪平屯防洪堤；周坪大桥两端绿化亮化工程；智能化育秧中心；园区内周坪村机耕道路铺油工程；周坪王家寨片区土地整治、防洪堤建设、机耕道配套排灌沟渠、观光车道、田间风貌打造等。农业示范园区核心区实现了气象、土壤墒情、植保等信息数据化，耕、种、管、收全程机械化，使州杂稻制种进入了一个全新时代。2015年，制种面积4.52万亩，比2010年增长48.2%，覆盖全县9个乡镇61个村民组，生产企业23家，制种组合38个，生产种子1040万公斤，产值1.4亿元，1.1万制种农户实现创收，带动1.2万贫困人口脱贫致富。现有省级龙头企业1家、全国农作物病虫害专业化统防统治百强服务组织1家、州级龙头企业3家、制种专业合作社25家，制种产业村级党支部8个，全县制种大户180户，其中30~50亩大户110户，50~100亩大户65户，100~300亩以上的大户5户。

为满足杂稻生产对种子的需求，黔东南州县市农业局种子部门，坚持由外调种和自己制种相结合的原则，1991—2015年，共实施杂稻制种面积402176亩，生产杂稻种子80419.3吨，由外省调入杂稻种子26753.35吨。

黔东南州杂交水稻制种调种情况统计表

（1991—2015年）

表3—33

年　份	杂交水稻制种			调入杂稻种（吨）
	面积（亩）	单产（公斤）	总产（吨）	
1991	6860	144.6	991.9	752.8
1992	8569	175.8	1506.7	20
1993	6003	145.1	870.9	828
1994	6894	124.9	861	821
1995	6089	202.5	1233	1014
1996	4320	154.4	666.9	165

续表

年 份	杂交水稻制种			调入杂稻种（吨）
	面积（亩）	单产（公斤）	总产（吨）	
1997	4594	196.2	901.3	980
1998	5583	122.3	682.8	233.6
1999	8900	162	1441.9	500
2000	5050	209.7	1059	820
2001	1750	188.2	329.4	180
2002	4476	187.9	841	186
2003	6640	186.7	1240	188
2004	5800	155.2	900	192
2005	9270	167	1548.1	180.35
2006	17762	250	4430	2577
2007	8962	250	2600	2577
2008	15800	220	3476	2154
2009	13202	265	3502	2067
2010	16400	230	3561	2337
2011	24000	181.1	4346	1850
2012	51300	194.9	9998.3	1945
2013	81600	228	18607.1	1940
2014	36182	165	5970	1200
2015	46170	191.8	8855	1045.6

黔东南州杂交玉米制种调种情况统计表

（1991—2015 年）

表 3—34

年 份	杂交玉米制种			调入杂交玉米种（吨）	杂交玉米推广面积（亩）
	面积（亩）	单产（公斤）	总产（吨）		
1991	829.5	92.5	76.7	300	17300
1992	176.4	—	—	380	18500
1993	—	158.9	28	286.2	143100
1994	132.5	—	—	430	214600
1995	214	138.1	18.3	470	246000
1996	—	154.2	33	500	283700
1997	150	—	—	550	300000
1998	500	178.5	26.8	700	363320
1999	570	220	110	830.4	470200
2000	—	230	131.1	75	448500

续表

年　份	杂交玉米制种			调入杂交玉米种（吨）	杂交玉米推广面积（亩）
	面积（亩）	单产（公斤）	总产（吨）		
2001	—	—	—	950	480000
2002	—	—	—	673	448667
2003	—	—	—	685	453300
2004	—	—	—	728	517875
2005	—	—	—	1038	532650
2006	—	—	—	114.8	582000
2007	—	—	—	1243.9	623000
2008	—	—	—	1243.9	514000
2009	—	—	—	1069.6	525000
2010	—	0.6	93	1750.6	614500
2011	—	0.16	64	1352	615400
2012	—	—	—	1511	594000
2013	—	—	—	1060	614600
2014	—	—	—	1129.6	613700
2015	—	—	—	925.9	624000

第三节　种子经营管理

种子经营

1991年以后，为适应市场经济的需要，良种经营改变了过去的“四化一供”（杂交种子采取了种子生产专业化、种子质量标准化、生产技术规范化、种子加工机械化，由地区种子部门统一供种）政策，允许农业部门的种子公司和持有营业执照的单位和个人都可以经营良种，在市场上向农民出售良种，而且在经营时，一律免除营业税、工商所得税和能源交通金。同时，粮油良种经营改为议购议销。粮食部门和农业种子经营部门脱钩。良种生产、收购、调拨、销售由农业部门根据良种推广规划安排，实行自主经营，并直接与良种繁殖和需种单位签订购销合同。

2000年以前，“两杂”良种的销售主要以计划经济为主，主要体现为：政府下达推广面积和供种指标，种子公司通过自己销售和政府渠道扶助，优惠农户。其他单位和个人销售种子较少。

2000年12月1日，《中华人民共和国种子法》颁布实施后，实行种子站与种子公司分设，打破了由种子公司独家经营和“一统天下”的供种局面，种子市场全面放开。

黔东南州在“十五”期间，根据《种子法》的相关规定，打破了原有计划经济时期的以县级种子公司为主体的种子供应型格局，2003年各县市对种子经营网点（代销点）进行全面的清理登记注册，全州共登记注册种子销售网点986个，其中黔东南州种子公司208个，外来公司368个。2005年，种子经营网点已迅速扩展到1407个，覆盖了所有乡镇，比“九五”期末的298个种子供应网点数增加了1109个，增长了3.72倍，解决农民群众购种单一的格局，就近就能购到称心如意的良种。

2006年到2010年期间，黔东南州种子市场每年水稻种子备案均达到230万公斤，销售平均130万公斤，玉米种子备案197万公斤，销售平均105万公斤。2010年后，种子市场受种植结构调整等因素影响，销售量呈逐年下降趋势，种子经营网点减少到1378个，2015年水稻种子备案104万公斤，销售92万公斤，品种182个，玉米备案82万公斤，销售76万公斤，品种167个，虽然种子市场逐年萎缩，但品种结构逐渐向优质、综合抗性较好的品种转变，种子市场经营规范，秩序井然。

经营品种

2000—2010年经营的杂交水稻品种有：K优5号、K优047、金优佳99、特优559、协优63、金优725、冈优725、冈优151、Ⅱ优63、汕优63、Ⅱ优多系1号、Ⅱ优明86、Ⅱ优7号、Ⅱ优725、金优63、Q优1号、Ⅱ优838、汕优多系1号、Ⅱ优501、Q优527、准两优527、Q优6号、中优63、国丰一号、T优300、宜香725、中优7号、B优827、中优85、宜1577、宜香527、标优2与、中优9801、宜香3003、川江优527、冈优22、杨两优6号。玉米品种主要有：临奥1号、登海3号、农大108、农大31绵单1号、海禾1号、东单13、东单60、遵玉3号、奥玉17、奥玉3202、川单15号、成单17号、成单19号、成单25、登海11号、鄂玉10号、辽单121、隆安玉8号、隆安玉9号、黔单18、三北2号、三北6号、掖单19、豫玉18、渝单7号、渝单8号、中单2号、中单808、中单321、正大669、正大999、中农2号、正兴1号、正兴3号、中农大239；油菜品种有：绵油26、油研5号、榕油4号、榕油4号、油研7号、油研8号、油研9号、绵油11号、绵油12号、杂选1号、贵杂2号、贵杂5号、黔油12。

2010—2015年经营的水稻品种主要有：冈优158、冈优188、冈优608、冈优177、冈优725、冈优808、冈优527、冈香707、中优7号、中9优838选、中优177、中优608、中浙优1号、宜香10号、宜香101、宜香725、宜香1979、宜香1577、宜香3003、宜香4106、Ⅱ优602、B优827、T优300、Y两优6号、准两优527、准两优1102、湘优109、内5优5399、泰优99、凯香1号、惠糯330、科优21、内香8518、内5优39、T优618、湘优109、宜香4245、宜香优2115、宜香99E－4、渝香203、中优808、遵优3号、C两优华占。玉米品种主要有：黔单10号、黔兴10号、贵单6号、贵农318、正红311、正红212、正兴1号、正兴3号、正大669、正大999、正成1号、奥玉17、奥玉3202、鄂玉10号、雅玉15号、三北2号、三北6号、华单508、华丰99、华龙玉8号、辽单121、辽单127、渝单8号、渝单19号、中单808、隆安玉9号、齐单1号、禾玉9566、蠡玉6号、三北89

从江稻鱼鸭示范点

号。油菜品种有：卓油 11 号、绵油 14 号、绵油 11 号、绵油 33 号、华油杂 13 号、油研 10 号、油研 50 号、油研 57 号、油研 7 号、黔油 18 号、黔油 29 号、黔油 30 号、、德杂油 11 号、宝油早 12、阳光 198、德油杂 17、宝油 517、楚油杂 79、川油 36、油研九号、绵油 12 号、南油 10 号、广源 58、绵新油 38、德油 4 号、华龙油 1 号、黔油 16 号、油研 10 号。

种子管理

种子管理机构 黔东南州种子管理机构是各级种子管理部门和农业执法部门。黔东南州种子管理站的前身是黔东南州种子公司，为州农牧局下属事业单位，核定编制为 20 人。1990 年黔东南州编办批复同意黔东南州种子公司增挂种子站牌子，实行两块牌子、一套人员。2000 年《种子法》颁布实施后，打破国有种子公司垄断经营，种业进入从计划体制向市场经济体制转型发展阶段。黔东南州种子管理体制开始改革，由于种子站和种子公司是“一套人马、两块牌子”，职责、经费、人员没有做到完全分离，这一阶段，种子经营管理政企不分，事企不分，种子市场缺乏竞争。2002 年州编办批复同意黔东南州农业局种子站与种子公司分设，实行管理与经营分开，种子管理职能归种子站，经营职能归种子公司，核定种子站人员编制为 6 名。2003 年 1 月，黔东南州农业局下发《委托书》，委托黔东南州种子站行使种子行政执法权力。2005 年黔东南州农业局成立执法队，种子行政执法权交由执法队行使。2007 年种子管理体制改革工作结束，全州原州种子公司、凯里、麻江、黄平等 14 个县市种子公司全面改制、撤销，所属种子公司全部人员 85 人得到妥善安置，自此国有种子公司全部退出市场。长期以来，为方便群众购买良种，有利良种专业化生产和推广，良种由种子公司自主经营。全州种子购、销、调、存计划，由地、县两级种子公司根据繁育推广任务制定，农业行政主管部门负责管理。种子公司撤销后。种子供应全面市场化，外来种子经营企业为了抢占种子市场，增加市场份额，纷纷在黔东南州内设立分支机构和区域代理，建立自己的种子销售网络。在种子市场经营利润的吸引下，种子经营网点迅速增加。全州“两杂”种子供应新、旧渠道实现无缝对接。给购种农民提供了良好的供种服务和品种选择，满足了种子市场多元化的需求。

与此同时，全州各县市设立了种子管理机构共 17 个，人员 61 人。2008 年 4 月 11 日，黔东南州农业局种子站更名为“黔东南州种子管理站”。编制 5 人，宗旨为：宣传和贯彻《种子法》及相关法律法规，为全州农业增效、粮食增产、农民增收服务。业务范围：宣传贯彻种子法律法规，加强全州种子市场监管，种子质量监督，严把种子市场准入关，认真做好全州农作物新品种试验示范，以及种子行政管理和行政执法工作。

从江稻鱼鸭示范点

价格管理 种子经营价格分两个时期体现：一是种子公司独家经营的计划经济时代；二是《种子法》出台后的市场经济时代。

《种子法》颁布实施前，种子销售价格由种子公司根据生产及经营成本费用及政策允许的利润，报物价局审核、核准并下文明确，种子公司按物价局文件规定进行批发和零售。

2000年12月1日，《种子法》颁布实施后，实行种子站与种子公司分设，打破了由种子公司独家经营和“一统天下”的供种局面，种子市场全面放开，种子价格不再由物价部门进行核准和实行限价规定。

2013年农业部在黔东南州黄平县种子管理站和州种子管理站设立了种子市场价格检测点，每年3月开始，在凯里市和黄平县开展杂交水稻和杂交玉米价格监测，2013—2015年，监测到杂交水稻销售价格在50～120元/公斤，价位较高的主要是宜香系列以及部分新审定的品种。普遍价格均保持在80～90元/公斤。杂交玉米销售价格在30～60元/公斤，普遍价格在40元左右，总体上看，种子价格平稳。

种子市场管理 20世纪80年代末期至90年代中期，随着种子经营行为的规范，销售的种子主要为透明塑料手工封口软包装，每小袋1公斤；90年代末，市场上销售的种子改用复合塑料袋包装，采用封口机封口，每小袋1公斤。2000年后，市场经营的种子包装袋逐渐改进和规范，并开始使用打码、喷码和防伪标识，进一步规范了杂交良种的包装质量和防伪效果。

1985年，《贵州省农作物种子管理暂行条例》颁布，规定种子经营以种子公司为主，农业院校、科研单位、农业技术推广部门、原（良）种场为辅，有条件的个人，经当地农业行政部门同意也可经营种子。凡经营种子的单位和个人，必须持有工商行政管理部门发给的营业执照。农户自产的少量种子，可以直接上市或串换。经营种子要保证质量、种子经营者必须受当地农业、工商行政管理部门的监督。农业行政部门的种子检验员和植检部门的检疫人员有权对种子进行抽检。

20世纪90年代起，种子公司内设的市场管理人员开始对种子市场进行管控，核心是打击假冒伪劣种子的经营行为，杜绝伪劣种子进入市场。

2000年12月1日，《种子法》颁布实施后，种子站和种子公司分设，经营与管理彻底脱钩，为种子管理工作的公平、公正、公开奠定了基础。

种子市场放开后，省内外种子企业为了快速抢占黔东南州市场，大量发展其种子经销网点，产生了大量种子经营户。各个种子公司下设的配送中心、专卖店和种子经营户由此产生。由于这些经营户文化水平参差不齐，有的甚至从未接触过农业知识，导致各种品牌种子倾销市场，已审品种、正在审定品种、未审品种都挤入市场，甚至还有假冒种子进入市场，给种子市场管理提出了更高的要求。

根据《种子法》第三十条、《贵州省农作物种子管理条例》第二十条和二十一条的规定，2001后，种子管理部门开始开展种子备案登记管理工作，实行先备案后销售的管理方式，把好市场准入关并逐年规范，2015年种子备案工作采用“贵州省农作物种子备案登记管理信息系统”，当年备案登记工作涉及经营户1314户，运用贵州省种子备案登记系统完成种子备案信息录入19626条，发放备案登记证明3801个。其中杂交水稻备案104.56万公斤，销售量82.43万公斤，品种182个，杂交玉米备案92.59万公斤，销售量76.68万公斤，品种167个。种子备案工作正式进入了信息化管理时代，同时，为了维护种子使用者的合法权益，提高种子经营户的素质，各县市种子管理部门每年对种子管理人员和经营人员开展种子法律、法规知识培训，使全州种子管理者、种子经营者的培训普及率在95%以上，并通过“放心农资下乡”“科技下乡”等方式大力开展宣传活动。种子管理部门和农业执法部门每年春秋两季联合开展“农资市场检查”，及时查处违法、违规行为，种子市场管理逐年规范。

杂稻制种生产管理 杂稻制种基地的监管是黔东南州内岑巩、天柱、镇远、黎平县种子管理部门的一项常规工作，为了杂稻制种产业稳定健康发展，对杂稻制种生产实行质量安全全程监管，每年严把“三关”（进入关、生产关、出门关），及时开展“三查”（苗期查、花期查、灌浆结实期查），严厉打击无证生产、超越许可范围生产、侵权生产等违法违规行为，确保生产种子质量安全。

种子贮藏与加工

种子贮藏 种子公司成立后的前期，按照国家标准，“两杂”种子收购时种子含水量要求为13.5%以下，散种包装几乎都是麻袋，贮藏场所大多数是公司修建的常温库。随着农作物杂交良种的迅速推广，生产经营数量的不断扩大，每年都有数量不等的库存种子，在常温下，种子集中堆放和种子水分变化，滋生种子贮藏害虫，严重影响种子生活力、发芽率及生长势，出现当年销售不完的种子库存到次年后即为陈种，陈种发芽率比新种相差较大。很多在常温下越夏的陈种发芽率达不到国家要求的标准，而大量转商，给种子生产经营单位造成很大的经济损失。

1996年，农业部对“两杂”种子质量指标进行了调整，“两杂”种子的水分含量从13.5%调到13%以下，净度、纯度、发芽率采用了新的检测标准。新的标准出台后，为种子的贮藏提出了更高的要求，水分含量调低后，降低了库存种子的物质消耗，有效保持了库存种子质量。

由于各地市场“两杂”种子的销量不可预见性越来越大，每年都有不等数量的库存种子，尽管水分按新标准调低后，越夏种子只是相对安全一些，但在常温库内贮藏的陈种其生命力始终不如新种子强。

1996年省级财政拨款修建了黔东南州种子公司低温库，建筑面积380平方米，可冷藏“两杂”种子25万公斤。是黔东南州内当时唯一的“双低”（低温、低湿）种子专用库。随着低温低湿库的建成和投入使用，州种子公司和部分县将当年未销售使用完的种子经过翻晒后放于低温低湿库，减少了种子转商，降低了损失。

种子加工 20世纪80年代末90年代初，凡农作物杂交良种，特别是“三杂”种子采取了小袋分装，包装袋为无缝孔透明塑料袋。但随着透明塑料包装袋的推广，密闭式的包装，使一些收购时水分控制不严的种子，在销售时的太阳光照射下，种子袋内出现汽水，严重影响种子的小袋贮藏，无缝塑料小袋不能适应大批的小包装种子贮藏。

1995年后，全州大部分种子公司配制了精选机、种子包衣机、种子包装机，使经销的种子质量得到很大的提高。达到种子加工效果，必须按照国家行业要求的具体规范进行操作，在种子收购时严把水分、净度关，在种子分装前，严格按净度要求进行精选，精选后，其净度达到和超过国家标准。种子精选后，为了保证正常出苗，防鼠雀为害，对“两杂”种子进行包衣出售。

1998年后，大部分种子公司改塑料软包装为1公斤复合袋包装，种子贮藏、运输和销售进行了改进，提高了包装种的生活力和发芽率。

2001 年后，根据《种子法》第二条规定，有性繁殖作物的籽粒、果实，包括颖果、荚果、蒴果、核果以及马铃薯微型脱毒种薯等农作物种子应当加工、包装后销售。种子加工、包装更加规范。

种子检验

种子检验是保证种子质量的关键，州内种子的检验主要是种子生产中的田检和种子市场的抽样检测。

保证种子质量，控制种子纯度是关键，种子纯度的控制主要是田检。岑巩、天柱等制种县在整个制繁种过程中，种子管理部门负责监督企业开展田间除杂去劣工作，这是控制种子纯度的重要环节。一般各制种基地会多次组织技术培训，教会制种农户怎样识别杂株、变异株；先由农户自行除杂去劣，后由制种技术员与农户一起逐丘逐块进行验证含杂情况，达不到要求的继续除杂，直到合格。种子管理人员在花期开展随机抽查，对制种田块纯度、隔离条件进行认定，对达不到规定要求的及时进行整改。并在种子入库时，对种子进行监督抽样送检，不合格的种子通知销毁或转商。

种子进入市场后，种子管理部门每年在种子销售旺季时，按贵州省种子管理站的安排在种子市场随机抽取样品送检。由于黔东南州及各县市没有建有有资质的种子检测机构，所以黔东南州抽取的种子样品均送到贵州省种子质量监督检验站检测，不合格的种子交执法部门处理。

第四章 植物保护

第一节 农作物病虫鼠害发生及危害情况

病虫发生危害情况

黔东南州气候温和，雨量充沛，且水热同季，适宜多种植物生长，也为多种病虫的滋生繁衍和传播蔓延提供了便利条件。农业生产常年遭受多种病虫危害，是全省病虫害的重灾区之一。1991 年以来，常年病虫害面积在 1000 万亩次以上，给农作物造成大量损失。近年来，由于农产品商品化加速、种植品种复杂多样化、耕地复种指数增加、肥水条件不断改善，加之不合格农药的使用、不合理的化学防治和日趋严重的环境污染等原因，全州农作物病虫害发生危害不断加剧，1994 年，全州因病虫害损失粮食近 14 万吨，2010 年病虫害发生面积 1417 万亩次，均为黔东南州历史最高年。

黔东南州病虫发生面积及粮食损失统计表

(1991—2015 年)

表 3—35

年　份	发生面积（万亩次）	损失粮食（吨）	年　份	发生面积（万亩次）	损失粮食（吨）
1991	1108	28520	2004	1413	69670
1992	895	32760	2005	968	83670
1993	1406	99870	2006	1010	28070
1994	1288	139760	2007	1262	34882
1995	954	55320	2008	1523	92091
1996	1209	55620	2009	1206	57064
1997	1031	39070	2010	1417	99000
1998	1251	32080	2011	1126	88074
1999	1208	52260	2012	1408	69000
2000	1307	49220	2013	1271	34181
2001	855	30280	2014	1281	35100
2002	1228	110180	2015	1328	33481
2003	1224	90230			

水稻病虫害　据田间观察，全州水稻虫害有 45 种、病害有 19 种。分布面积较广、经济损失较大的虫害有稻褐飞虱、白背飞虱、稻纵卷叶螟、二化螟、三化螟、稻秆蝇、稻苞虫、稻蓟马、食根金花虫、负泥虫、稻蝗等，病害有叶稻瘟病、穗颈稻瘟病、稻纹枯病、稻曲病、胡麻叶斑病、立枯病、绵腐病、白叶枯病等。其中迁入害虫稻飞虱和稻纵卷叶螟及穗颈瘟病、纹枯病一直是水稻上主要危害病虫。随着氮素化肥施用量增多，二化螟、稻秆蝇、稻曲病的危害日趋严重，部分地区已上升为主要病虫。

危害水稻的稻飞虱主要是白背飞虱和褐飞虱。分布全州各地，其中以坝区受害最重。稻飞虱每年 4 月开始由南方随西南气流迁入州内。白背飞虱主迁入期在 5 月下旬至 6 月中旬，褐飞虱主迁入期在 7 月下旬至 8 月中旬。7 月中旬以前大田以白背飞虱为主，7 月下旬白背飞虱成虫外迁后，田间又以褐飞虱发生为主。每年大田发生面积均在 100 万亩次以上，年均损失稻谷 10877 吨。其中 1995 年发生面积 240 万亩次，损失稻谷 32000 吨。

稻纵卷叶螟也是由外地迁入的害虫，迁飞时间与白背飞虱有同步现象。20 世纪 80 年代以来就一直是州内水稻主要害虫之一。每年大田发生面积在 70 万亩次以上，年均损失稻谷 5714 吨。2005 年发生面积 149.08 万亩次，损失稻谷 19500 吨。

稻螟虫危害水稻的种类以二化螟为主，其次是三化螟，再次是大螟。螟虫是州内水稻常发性害虫，二化螟以危害秧田及大田造成枯鞘和枯心苗为主，三化螟以危害晚熟稻、糯稻及双季晚稻造成白穗为主。州内常年发生面积 50 万 ~80 万亩次，年均损失稻谷 3165 吨。其中 2002 年和 2006 年发生面积近百万亩次，损失稻谷在 1.1 万吨以上。

稻秆蝇是危害水稻苗期茎秆的一种蝇类害虫，州内各地都有发生，山区重于坝区。1990 年以后上升为州内重要害虫之一。常年发生面积 5 万 ~20 万亩，年均损失稻谷 766 吨。其中 2002 年发生面积 32 万亩次，成灾 26468 亩，损失稻谷 3200 吨。

稻瘟病是水稻的常发性病害，水稻整个生育期都受其害，其中以孕穗至抽穗期发生的穗颈稻瘟对产量损失最大，是州内水稻主要病害之一，常年发生面积在20万～40万亩次，年均损失稻谷12930.5吨。其中1994年发生面积115万亩次，损失稻谷90000吨。

纹枯病是州内水稻常发性病害，以光热、水源条件较好、氮肥施用较多的坝田或寨边田发生较重，是州内水稻主要病害之一。常年发生面积在20万～40万亩次，年均损失稻谷3189吨。其中2004年发生面积50万亩次，成灾1.46万亩，绝收140亩，损失稻谷8370吨。

稻曲病也是州内水稻常发性病害，1990年后病害加重，常年发生面积在25万～50万亩次，年均损失稻谷3425.6吨。其中2002年发生面积90万亩次，成灾15.38万亩，损失稻谷28000吨。

1991以后，全州水稻病虫常年发生面积为550万～700万亩次左右，年损失稻谷3万～13万吨左右。

黔东南州水稻主要虫害发生危害及损失情况统计表

（1991—2015年）

表3—36

年份	稻飞虱			稻纵卷叶螟			稻螟虫		
	发生程度（级）	发生面积（万亩次）	损失稻谷（吨）	发生程度（级）	发生面积（万亩次）	损失稻谷（吨）	发生程度（级）	发生面积（万亩次）	损失稻谷（吨）
1991	3	196	3860	2～3	114	1780	2	79	2460
1992	3～4	131	6600	4	109	8000	3	81	2550
1993	4～5	280	27740	5	149	17180	3	79	2460
1994	4～5	201	10120	4	132	5860	4	70	2990
1995	5	240	32000	2	90	5000	2～3	72	1250
1996	4～5	194	6570	3	139	3280	3	79	750
1997	4	220	880	3	70	2800	4	115	4670
1998	4	146	7180	3	92	3050	3～4	116	2740
1999	3	210	1640	2	132	1670	4	87	7040
2000	4	180	5000	2	150	2500	2	50	2000
2001	3	106	3220	3	75	1930	3	59	1520
2002	5	188	19660	3	123	10760	4	96	11230
2003	4～5	205	15590	4	124	12000	3	94	4000
2004	5	183	11000	4	125	10100	4	69	7340
2005	4	172	20060	4	149	19520	3	72	9360
2006	3	197	22328	3	122	14400	2	73	11258
2007	4	231	29180	4	158	24500	2	87	8907
2008	4	233	25551	4	212	29318	2	79	6811
2009	2	155	19120	2	129	14545	2	62	6954
2010	4	251	29525	4	151	8748	2	91	6653
2011	4	257	28000	4	181	25200	2	101	10140
2012	3	224	22571	3	175	18400	2	94	9255
2013	4	245	24570	3	179	24500	2	99	9981
2014	4	258	25600	3	175	22040	2	79	8972
2015	3	227	21400	3	166	19050	2	96	9547

黔东南州水稻主要病害发生危害及损失情况统计表

（1991—2015 年）

表 3—37

年份	穗颈瘟病			纹枯病			稻曲病		
	发生程度（级）	发生面积（万亩次）	损失稻谷（吨）	发生程度（级）	发生面积（万亩次）	损失稻谷（吨）	发生程度（级）	发生面积（万亩次）	损失稻谷（吨）
1991	1	9	890	3	41	3690	2	44	1000
1992	2	20	2300	2	19	2450	1	19	410
1993	4	62	33150	3	40	3980	3	44	6220
1994	5	115	90000	4	42	3860	2	25	400
1995	3	36	4130	3	40	4000	2	15	500
1996	2	40	5190	3	36	3640	2	29	700
1997	3	34	10550	4	40	2600	1	21	60
1998	2	25	2530	3	40	2590	2	35	80
1999	2	24	2190	3	51	2330	3	50	2860
2000	4	49	9800	3	40	2070	2	66	2500
2001	2	22	3160	3	60	3800	2	27	1430
2002	4	50	27240	3	48	3580	4	90	28000
2003	3	40	17550	3	45	4120	3	56	7550
2004	3	85	12350	4	50	8370	3	77	2080
2005	3	35	5380	3	49	6940	2	38	6710
2006	2	38	647	2	45	3080	2	48	5800
2007	2	37	6082	2	39	2944	2	45	4522
2008	2	32	5217	2	40	4555	2	46	6900
2009	2	35	5100	2	56	5512	2	44	4651
2010	2	33	5589	2	52	3738	2	27	3471
2011	4	66	10240	3	48	3580	2	26	2800
2012	3	65	10550	3	45	4120	3	36	7545
2013	3	71	12350	4	50	8360	3	41	2066
2014	3	68	11250	3	49	6440	3	55	6600
2015	2	66	12120	2	45	5560	3	67	6800

主要旱粮病虫害　全州境内危害旱粮作物的主要害虫有玉米螟、大螟、小地老虎、黏虫、麦蚜、甘薯叶甲、马铃薯块茎蛾、28 星瓢虫、豌豆象、谷象、大豆食心虫、大豆卷叶螟、豆秆潜蝇等，病害有玉米大斑病、干腐病、丝黑穗病、小麦条锈病、小麦赤霉病、小麦白粉病、甘薯黑斑病、软腐病、马铃薯软腐病、粉痂病、大豆锈病、霜霉病等。

玉米螟　俗称玉米钻心虫，是黔东南州玉米主要害虫。全州各地每年均有不同程度发生危害，常年发生面积在 15～18 万亩左右，占玉米种植面积的 25—28% 左右。玉米螟以老熟幼虫在玉米秆内越冬，5 月下旬至 6 月中旬第一代幼虫盛发，主要危害晚栽玉米，孵化较早的部分幼虫也危害早播玉米的天花和果穗。2005 年全州发生面积 32 万亩，损失玉米 2714 吨。

黏　虫　又称五色虫、剃枝虫，黔东南州境内每年都有零星发生，局部地区成灾。该虫为杂食性、爆食性迁飞性害虫，以危害禾本科旱粮玉米、小米、高粱、麦类为主，在食料缺乏的情况下，也危害水稻、蔬菜和啃食其他绿色植物嫩茎叶。爆发地区作物叶片常被啃食精光，造成颗粒无收。1991 年以后，由于各地精耕细作，铲除土埂田埂杂草，施用农药数量加大，该虫大发生的频率已大为减少。2005 年全州发生面积 1.6 万亩，损失粮食 110 吨。

小地老虎　又称土蚕，是黔东南州内危害旱粮苗期的一种主要地下害虫，常造成幼苗缺窝断行。近年来大力推广玉米育苗移栽和药剂拌种后，小地老虎的危害程度也大大减轻。2005 年全州发生面积 17 万亩，损失粮食 1185 吨。

小麦赤霉病　是黔东南州内小麦主要病害。被害小麦籽粒皱缩，病粒含有毒素，不能作种用，出粉率低、质量差。发病田块一般减产 8—10%。当春温回升到 15℃后，遇连日降雨，病害常严重发生。一般情况下稻田小麦比旱地小麦发病重，2000 年以后，随着小麦总面积的减少和部分“小麦上山”，发病面积减少，年发病面积降至 5 万亩以下。

经济作物病虫害　主要有以下几类：

油菜主要病虫　蚜虫、菜青虫、猿叶虫、小菜蛾、潜叶蝇、油菜菌核病、白锈病、霜霉病、病毒病等。

棉花主要病虫　棉红铃虫、棉蚜、棉花金刚钻、棉叶蝉、红蜘蛛、立枯病、猝倒病、枯萎病等。

柑橘主要病虫　分布较广的有蚧壳虫、潜叶蛾、红蜘蛛、柑橘凤蝶、桔蚜、红蜡蚧、叶甲、天牛、吉丁虫、黑刺粉虱、吹绵蚧、花蕾蛆、疮痂病、白粉病、青霉病等；局部地区发生的有柑橘大实蝇、瘤壁虱、溃疡病、黄龙病等。

蔬菜主要病虫　白菜软腐病、霜霉病、辣椒青枯病、病毒病、晚疫病、瓜类白粉病、黄瓜霜霉病、生姜细菌性腐烂病、豇豆锈病、菜蚜、黄曲条跳钾、黄守瓜、菜青虫、猿叶虫、金龟子、斜纹夜蛾、土蚕、小菜蛾、豆荚螟、美洲斑潜蝇、南美斑潜蝇、蜗牛、蛞蝓等。

麻类主要病虫　斜纹夜蛾、苎麻蛱蝶、天牛、炭疽病、苎麻青枯病等。

甘蔗主要害虫　蔗螟和甘蔗棉蚜等。

花生主要病虫　白娟病、青枯病和地下害虫。

在病虫害中小地老虎、菜青虫、蚜虫、斑潜蝇、油菜菌核病危害极大。小地老虎除危害粮食作物外，也是蔬菜、豆类作物、棉花苗期的主要害虫。常年发生面积 5 万 ~6 万亩。大发生田块，每亩有虫 3 万头以上，常造成大片缺苗补种。菜青虫是白菜类和甘蓝类蔬菜和油菜前期的主要害虫之一，被害作物叶片被啃食成残缺不全，影响正常生长，特别是钻进莲花白和卷心白菜内部，啃食菜心，并留下大量粪便，造成烂心，既影响产量，也影响品质。全州常年发生面积 4 万 ~5 万亩左右。蚜虫是蔬菜、油菜、棉花、甘蔗及部分果树上的主要害虫之一。该虫吸食叶片、嫩茎汁液，造成萎缩干枯，果实不饱满，对产量影响很大。黔东南州内常年发生面积在 6 万 ~7 万亩左右，严重年份在 10 万亩以上。20 世纪 90 年代，麻江、雷山局部地区春季油菜受蚜虫危害，防治不及时，曾造成减产 20% ~30%。2005 年，全州蔬菜蚜虫发生面积 21.6 万亩，成灾 4.01 万亩，损失蔬菜 3918 吨。斑潜蝇是 20 世纪 90 年代后随蔬菜调运而传入黔东南州内的新害虫，主要有美洲斑潜蝇和南美斑潜蝇两种。其危害蔬菜种类包括十字花科、茄科、豆科、葫芦科、菊科、伞形花科等多种蔬菜。主要潜食蔬菜叶片叶肉，影响光合作用，造成蔬菜产量下降，品质降低，尤其危害叶菜类蔬菜造成的损失最重，年发生面积10万亩左右，损失在5%～10%，严重的可达30%以上。2000年后，由于加强检疫措施和综合防治，危害得到有效控制。油菜菌核病是油菜的主要病害，在黔东南州内普遍发生，以天柱、三穗、岑巩、镇远、黄平、凯里等县市较重。全州常年发病面积20万～25万亩，占油菜种植面积的30%～35%左右。发病植株枯萎倒伏而死。常造成6%～7%的减产。3—4月油菜开花结荚期，当气温稳定在10℃以上后，降雨日数多，田间相对湿度较大，当年该病即有大发生的可能。2005年全州发病面积23.9万亩，损失油菜籽1270吨。

农田鼠害 长期以来，黔东南州稻田和旱地作物均常受鼠害，尤以黎平、从江、榕江、锦屏、雷山、剑河等县林区山冲田土作物受害较重。据植保部门调查统计，黔东南农区鼠种有褐家鼠、小家鼠、黑线姬鼠、黑家鼠、黑家鼠海南亚种、黄胸鼠指名亚种、黄胸鼠云南亚种、拟家鼠、社鼠、针毛鼠、大足鼠、高山姬鼠、白腹巨鼠、青毛巨鼠、小泡巨鼠、灰腹鼠、丛林鼠、黑线绒鼠18种，其中以褐家鼠、黄胸鼠、黑线姬鼠、小家鼠、大足鼠为主要鼠种，社鼠和针毛鼠也常在旱地造成危害。20世纪末，黔东南州贯彻执行中央“长防工程”禁伐天然林，限伐人工林，害鼠隐蔽藏身处所增多且安全，农田鼠害有日益加重的趋势。1996年受害面积增加到92万亩次，损失粮食2330吨。1999年后，每年鼠害发生面积基本上保持在100万亩以上。2000年，全州农田鼠害面积125万亩次，占当年全州粮食作物播种面积的27%。

黔东南州农作物鼠害发生面积及粮食损失情况统计表

（1991—2015年）

表3—38

年　份	发生面积（万亩次）	损失粮食（吨）	占当年粮食总产量比重（%）
1991	67	2440	0.24
1992	46	6000	0.66
1993	58	7380	0.80
1994	78	4100	0.43
1995	50	2050	0.19
1996	92	2330	0.21
1997	85	3450	0.28
1998	70	3500	0.27
1999	121	7830	0.61
2000	125	800	0.06
2001	114	2850	0.21
2002	95	2350	0.20
2003	105	5740	0.45
2004	120	4090	0.30
2005	127	5500	0.41

续表

年　份	发生面积（万亩次）	损失粮食（吨）	占当年粮食总产量比重（%）
2006	106	4450	0.37
2007	115	3045	0.29
2008	130	5810	0.39
2009	99	2400	0.19
2010	186	4507	0.31
2011	108	3304	0.27
2012	114	2850	0.21
2013	95	2350	0.20
2014	105	5740	0.45
2015	120	4090	0.30

第二节　病虫鼠害防治

预测预报

测报基础建设　1991 年以来，黔东南州的病虫鼠害防治工作从过去以测报灯、田间人工调查为主，逐步向信息化、现代化转变，特别是自 2009 年开始实施的有害生物监测预警与控制区域站建设项目（简称植保工程），先后投入建设资金 2594 万元，在三穗、锦屏、榕江、黎平、凯里、丹寨、麻江、剑河、岑巩、从江、施秉、台江等 13 个县市建设田间病虫观测圃 13 个、农药应急药库 13 个，购置安装使用了自动虫情测报灯、固定孢子捕捉仪、农林小气候信息采集系统等一批现代化的测报设备，极大提高了黔东南州测报条件和水平。2013 年全州又建设了 7 个马铃薯有害生物监测预警与控制区域站，可实现野外全自动无人值守实现自动收集上报马铃薯病害田间发生信息。

黔东南州每年举办州级病虫测报员培训，不断提高测报人员的技术水平、工资水平和工作条件，对稳定测报队伍和提高专业测报整体技术水平起到了积极作用。除此之外，还通过引进招聘高层次人才、举办各类专题培训和技术交流，例如病虫监测信息化技术培训，经济作物病虫测报知识和技能的更新，开展病虫测报田间技能赛，不断推进测报知识和技能的更新，提高专业测报的整体技术水平，适应现代农业发展对病虫监测预警工作的要求。

黔东南州各级植保部门通过争取各级财政支持和实施产业项目解决测报经费问题，全州约有 20% 左右的基层测报点可争取到地方财政的支持，50% 左右的靠实施项目解决部分或全部测报经费。如实施马铃薯晚疫病监测预警与防控项目，重大病虫监测项目，现代农业基础建设项目等，总体运行状况基本良好。围绕“测报管理规范化、情报传递信息化、病虫测报可视化、基础设施现代化、测报体系网络化”目标，把实现公益性职能与服务性功能相结合、传统技术与现代科技相结合、对全州主要种植作物的 30 多个病虫开展监测预警工作，年均发布各类病虫测报 160 余期。

测报对象 1991—2000 年，全州农作物主要测报防治对象有水稻稻瘟病、稻曲病、稻纹枯病、稻纵卷叶螟、二化螟、大螟；玉米大小斑病、玉米螟、蚜虫、玉米锈病；油菜菌核病、油菜霜霉病；小麦黑穗病、锈病、蚜虫；柑橘大实蝇、柑橘锈壁虱、介壳虫、红蜘蛛、马铃薯晚疫病、病毒病、蚜虫；2001—2015 年，随着种植作物种类及耕作制度的改变，病虫种类、危害程度、发生规律也随之变化，主要测报防治对象变为稻飞虱、稻纵卷叶螟、二化螟、稻瘟病、纹枯病、南方水稻黑条矮缩病、稻曲病；玉米螟、地老虎、锈病、大小斑病；油菜霜霉病、菌核病、病毒病、斑潜蝇；小麦白粉病、锈病、蚜虫；柑橘大、小实蝇、柑橘黄龙病、柑橘溃疡病、柑橘炭疽病、潜叶蛾；马铃薯晚疫病、病毒病、黑胫病、蚜虫。进入 2007 年后，把马铃薯晚疫病、柑橘大小实蝇、溃疡病、稻象甲列为重要的测报和防治对象。

测报方法 20 世纪 90 年代黔东南州各县市病虫测报主要根据田间调查越冬害虫基数、大田病虫实际发生基数、测报灯、糖醋排诱测圃，观察害虫消长规律，结合天气预报、作物品种类型等进行预测。对病害则根据病原基数、感病品种的种植面积、作物感病的气候条件、结合历年发生情况进行分析。2000—2015 年，农作物病虫害监测方法，在传统监测方法的基础上，逐步向科学化、信息化、现代化转变。农作物病虫预测预报在越冬病虫基数、异地虫源基数、田间病虫发生情况、品种布局、气候因子的基础上，充分利用植保工程和数字化监测预警系统，逐步提高农作物病虫预测预报的数字化、信息化、高效化、现代化，提高了预测预报的科技含量。对有远距离迁飞习性的害虫组织协作公关，实行联合测报。

测报效果 20 世纪 90 年代以来，黔东南州及各县市植保部门始终坚持测报为防治服务的原则，认真做好全州主要病虫及鼠害的长、中、短期预测预报，年均发出预报 300 期左右。长、中、短期预报准确率分别为 85%、90%、95% 左右。预报印发 90 多个单位。指导大面积病虫害的防治工作，对避免乱用、滥用农药，降低投资，减少损失起到了一定的作用。

进入 2010 年后，州县市测报体系逐步完善，测报技术逐步规范，病虫预测预报及时准确，为正确提出病虫害防控策略提供了科学依据，全面做到适时达标防治，有效地控制了黔东南州重大病虫草鼠的危害，年均挽回农业产量损失达 56.24 万吨。同时，农产品质量和生态环境安全得到有效保障，实现绿色植保和可持续植保的理念，并降低农药成本，提高劳动效率，经济、生态、社会效益显著。

病虫害防治

社会化服务 全州农作物病虫害防治始终坚持“预防为主，综合防治”的方针，通过健全植保服务体系，强化公共植保服务职能，大力推行绿色综合防治技术，不断提高全州病虫鼠害防治的科技含量和综合控制能力，确保病虫鼠害防控取得实效，有力保障全州农业生产安全、农产品质量安全和农民增产增收。

全州植保系统发出的各种病虫鼠害预报充分利用电视、广播、网站、电子显示屏、报刊、板报、村头粘贴、发放明白书、手机短信、植保宣传栏、条幅等多种形式，将病虫情报快捷、直观、形象地进村入户，不断提高技术入户率。

1991 年，黔东南州内部分县市继续对农作物病虫害统防统治。1993 年，全州有防治专业队

60个，植保公司10个，植物医院22个，示范户885户。从2006年开始，黔东南州内开始组建机防队开展统防统治工作，特别是2008年农业部《关于推进农作物病虫害专业化统防统治工作意见》出台后，专业化统防统治工作得到了较快的发展。全州各级农业部门通过提供政策、信息、技术支持，扶持发展植保专业化服务组织，规范化、规模化组建机防队；通过指导帮助建立完善各种规章制度，保障统防统治工作有序开展；通过创新统防统治服务方式，推广全程承包防治，保障统防统治工作可持续开展；通过加强宣传，提高农民对统防统治的认知程度和参与统防统治的积极性；通过及时提供病虫情报和防控技术，指导选用新型高效低毒对路农药，加强对防治人员的技能培训，提高统防统治效果，降低防治成本；通过示范带动，不断扩大统防统治的覆盖面，正在逐步实现整村、整乡、整区域内统防统治，不断提高黔东南州农作物病虫鼠害专业化统防统治水平和能力，切实提高了病虫鼠害的防治效率和效果。截至2015年，全州共组建有308个专业化防治组织或机防队，其中在工商和民政部门注册的有38个，拥有背负式机动喷雾器4779台、大中型喷雾器12台，从业人员5201人，其中持证上岗人数达1296人，专业化统防统治年服务能力在65万亩次以上，创建了施秉、榕江2个国家级专业化统防统治示范县，岑巩县省级专业化统防统治示范县，三穗、剑河、凯里、雷山、黄平、锦屏6个国家级专业化统防统治示范区和天柱、黎平2个省级专业化统防统治示范区。年均开展专业化统防统治面积65万亩次左右，其中全程承包防治面积10万亩次左右。通过开展农作物病虫鼠害专业化统防统治自实施以来，黔东南州内取得了良好的成效：一是有效提高了防治效果。根据调查，统一购药（配药）、统一防治的示范区要比农户自行购药、自行防治的防治效果好。统防统治能做到适时防治并对口用药，能有效控制病虫的危害，如岑巩县惠农合作社承包防治的水稻制种田经测产验收每亩比农户自防制种田增产25公斤，亩增产值260元；二是有效地解决了农村劳力外出打工多病虫防治难问题；三是节本增效显著。据调查，实施统防统治的亩农药费和人工费要比自防区节省28%左右；四是能有效保护生态环境。由于统防统治实施区比自防区减少用药量近1/3，大大减少了农药对环境的污染，有效地保护了生态环境；五是加快了高效低毒低残留农药和无公害农药的推广。应用高效、低毒农药和无公害农药品种，开展多种形式的病虫防治，不仅提高了防治效果，也提高了安全用药水平，同时带动植保新技术、新农药、新药械的推广应用。遇大灾之年，州、县（市）政府成立防汛抗旱灭虫指挥部，组织人力进行捕灭，并由财政投入部分专项经费购买对口农药、药械、汽油等物资分发灾区农户。2001年，因稻飞虱和穗颈稻瘟病严重发生，其中成灾15万亩，绝收0.43万亩，国家先后拨出20万元防治补助经费。2005年，为搞好病虫鼠草害的综合防治工作，省农业厅下拨经费67.6万元，各县市财政投入经费44.1万元，农户自筹资金874.24万元。

病虫害综合防治技术　主要有农业防治、生物防治、物理防治和化学防治。

农业防治　长期以来，州境内农民一直重视用农业防治办法防治农作物病虫害工作。水稻病虫发生期，各地因地制宜采用生石灰、油枯饼、烟骨、野棉花、黄荆条、辣蓼草、石蒜、毛茛、乌头、地瓜籽、扬尘灰、除虫菊等土农药百万吨杀虫灭病。有的地区坚持用人工下田捕捉稻苞虫和负泥虫。进入冬季结合积肥，翻犁坂田坂土，铲除五旁四坎杂草，减少越冬虫源和菌源，拾毁稻桩，消灭过冬螟虫。在水源条件较好的地区，在螟虫羽化前采取翻犁后灌深水灭蛹，减少虫源基数。春季控制麦田湿度，摘除病脚叶，减轻赤霉病和锈病发生蔓延。1991年以后各地都普遍重视水稻、小麦等抗病虫良种的选用，并实行健身栽培，增强抗病性。如通过提前种植早熟马铃薯品种费乌瑞它，使其在马铃薯晚疫病流行前完成块茎的彭大，可减轻晚疫病对其产量的影响。一些边远地区至今仍采用“三开一凉”温汤浸种，以杀灭附着在水稻种子上的病菌。

生物防治 黔东南州境内天柱、三穗及东南部地区历来有养鸭治虫的习惯。1991 年达 5.2 万亩，以后一直保持在 4 万 ~4.5 万亩左右。在黔东南州内水稻生长季节，随着害虫的发生，也同时出现许多能克制害虫生长的天敌，如青蛙、蜻蜓、赤眼蜂、寄生蜂、瓢虫等。各地在施药灭虫时，通过使用对天敌毒性较低的农药，错开天敌繁殖期施药和害虫不达到防治指标不能乱用药等措施来保护田间天敌种群数量，达到自然控制害虫的目的。1991 年，全州保护天敌控制害虫面积上升到 12.5 万亩，1997 年达 40 万亩，2001 年又落回到 36.94 万亩。

20 世纪 90 年代初，黔东南州内开始使用井冈霉素防治水稻纹枯病、稻曲病，用春雷霉素防治稻瘟病，以后又引进新植霉素防治稻瘟病，用农用链霉素防治多种细菌性病害，用阿维菌素防治多种害虫等。1993 年以后，全州用上述生物农药防治病虫面积年使用量基本上保持在 10 万亩以上，2001 年最高达 37.7 万亩。随着科技的进步，2010 年以后又引进了苏云金杆菌防治二化螟和稻纵卷叶螟，用球孢白僵菌防治稻纵卷叶螟，用井冈蜡芽菌、枯草芽孢杆菌、多抗毒素防治稻瘟病、纹枯病和稻曲病。

物理防治 2000 年前，黔东南州内各地采用黑光灯和太阳能杀虫灯诱杀害虫。在水稻、果树、蔬菜、茶叶等作物上应用比较多，据 16 个县统计共安装杀虫灯有 180 余台。杀虫灯的应用压低了病虫防治基数，降低农药使用量。2010 年，太阳能频振式杀虫灯全州安装使用发展到 752 台，防控总面积 5.5 万亩，该灯节约能源，一次性安装多年受益。近年来随着科学技术的发展，由原来黑光灯、太阳能杀虫灯发展成扇吸式杀虫灯，大大提高了诱杀害虫的效果。

化学防治 20 世纪 90 年代以来，化学防治仍是自治州防治农作物病虫害的主要手段。特别是在防治大生态区有可能爆发的重要病虫害时，有重要作用。全州每年防治面积在 1100 万亩次左右。

防治面积最多的 1999 年达 1562 万亩次，使用化学农药达 1272.75 吨，是使用化学农药最多的一年，平均每亩次用药 0.08 公斤。其中杀虫剂甲胺磷、敌敌畏、菊酯类、扑虱灵、吡虫啉等 990.8 吨，杀菌剂多菌灵、托布津、富士一号、叶枯宁、石硫合剂等 278.3 吨，鼠药磷化锌、溴敌隆、镣鼠醚、敌鼠钠盐、氟乙酸钠、毒鼠强等 3.65 吨；动用药械 617350 台，每台平均防治 25.3 亩，也是使用药械最多的年份之一，其中手动喷雾器 61.60 万台，机动喷雾器 1350 台。经防治后共挽回粮食损失 94830 吨。2003 年，自治州人民政府发布《关于禁止销售和使用剧毒、高毒高残留农药》的通知，严禁六六六、DDT、杀虫脒、汞制剂、砷制剂、氟乙酰胺、氟乙酸钠、毒鼠强等 19 类剧毒、高残留农药的使用，对甲胺磷、氧化乐果、呋喃丹等 21 种高毒、高残留农药进行限制使用，尤其对高剧毒的鼠药毒鼠强、氟乙酰胺、氟乙酸钠、甘氟毒鼠硅进行全面清理、整治，没收上交销毁剧毒鼠药 1257 公斤，办理鼠药经营许可证 118 户，规范鼠药市场促使全州病虫鼠害的化学防治工作进入安全健康的轨道。

在化学防治中，各地还广泛采用甲敌粉、敌百虫等药剂拌玉米种子后再播种，以防土蚕、蝼蛄、蛴螬等地下害虫的危害，用强氯精浸泡水稻种子后再催芽育种，以防稻曲病、苗稻瘟、立枯病等的危害。经种子药剂处理后再播种的粮食作物，1985 年达 7.16 万亩，1987 年 19.4 万亩，1990 年 88.2 万亩。1996 年以后上升到 100 万亩以上。

黔东南州病虫害防治面积、使用化学农药、机械及挽回粮损情况统计表

（1991—2015 年）

表 3—39

年份	防治面积（万亩）	使用化学农药（吨）	其中			使用药机械数（台）	其中			挽回粮食（吨）
			杀虫剂	杀菌剂	鼠药		手动	机动	电动	
1991	903	430. 26	397. 90	30. 80	1. 56	256475	354020	2425	30	57180
1992	1026	402. 43	359. 20	36. 50	6. 73	360798	358680	2118	—	85020
1993	1356	783. 00	696. 80	84. 60	1. 60	358383	357130	1203	50	111220
1994	859	797. 21	684. 20	111. 10	1. 90	430359	429250	1109	—	133900
1995	1007	667. 80	470. 60	195. 70	1. 50	526604	525819	775	10	175640
1996	1032	841. 06	634. 00	205. 30	1. 76	598331	597699	602	30	135450
1997	1137	957. 10	672. 40	282. 80	1. 90	636120	635000	1120	—	129590
1998	1251	972. 30	749. 30	221. 40	1. 60	636200	635000	1200	—	11631
1999	1256	1272. 75	990. 80	278. 30	3. 65	617350	616000	1350	—	94830
2000	1291	995. 35	696. 00	295. 60	3. 75	596350	595000	1350	—	93830
2001	864	876. 14	669. 70	203. 20	3. 24	570050	568700	1350	—	129820
2002	973	797. 90	628. 00	167. 50	2. 40	536020	534600	1420	—	167880
2003	1060	880. 90	647. 30	231. 20	2. 40	512290	510700	1590	—	166970
2004	1174	786. 60	541. 10	239. 70	5. 80	599130	556900	2230	—	80500
2005	898	705. 00	540. 00	160. 80	4. 20	559010	556880	2230	—	316610
2006	955	854. 00	670. 80	178. 80	4. 40	—	—	—	—	120352
2007	1194	977. 90	768. 00	204. 80	5. 10	—	—	—	—	108850
2008	1441	1058. 40	831. 30	221. 60	5. 50	—	—	—	—	110947
2009	1141	1602. 60	1258. 70	335. 60	8. 30	—	—	—	—	207459
2000	1340	1473. 36	1157. 10	308. 56	7. 70	—	—	—	—	184822
2011	1065	1489. 34	1169. 72	311. 92	7. 70	—	—	—	—	284199
2012	1332	1325. 85	1041. 28	277. 67	6. 90	—	—	—	—	384535
2013	1202	1983. 51	1557. 80	415. 41	10. 30	—	—	—	—	557428
2014	1212	1560. 45	1225. 55	326. 80	8. 10	—	—	—	—	475786
2015	1256	1909. 50	1499. 70	399. 90	9. 90	—	—	—	—	545329

大宗农药品种使用情况一览表（一）

（1991—2015 年）

表 3—40

年份	杀虫剂
1991	敌敌畏、甲胺磷、杀虫双、乐果、氧化乐果、菊酯类、辛硫酸、水胺硫磷、多灭灵
1992	敌敌畏、杀虫双、氧化乐果、甲胺磷、乐果、敌百虫、菊酯类、叶蝉散、多灭灵、优乐得、二嗪农

续表

年份	杀虫剂
1993	敌敌畏、甲胺磷、杀虫双、叶蝉散、菊酯类、甲敌粉、氧化乐果、辛硫磷、乐果、水胺硫磷、甲胺菊酯、叶马乳油
1994	杀虫双、甲胺磷、敌敌畏、菊酯类、甲敌粉、氧化乐果、辛硫磷、水胺硫磷、甲胺菊酯
1995	甲胺磷、杀虫双、敌敌畏、菊酯类、氧化乐果、叶蝉散、甲敌粉
1996	甲胺磷、敌敌畏、杀虫双、菊酯类、氧化乐果、甲敌粉、敌百虫、扑虱灵、吡虫琳
1997	甲胺磷、敌敌畏、杀虫双、菊酯类、氧化乐果、乐果、敌百虫、扑虱灵、吡虫琳、甲敌粉
1998	敌敌畏、甲胺磷、杀虫双、菊酯类、氧化乐果、乐果、敌百虫、扑虱灵、吡虫琳、甲敌粉
1999	敌敌畏、甲胺磷、杀虫双、菊酯类、氧化乐果、乐果、扑虱灵、吡虫琳、甲敌粉、敌百虫
2000	敌敌畏、甲胺磷、杀虫双、菊酯类、氧化乐果、乐果、扑虱灵、吡虫琳、甲敌粉、敌百虫
2001	敌敌畏、甲胺磷、杀虫双、菊酯类、氧化乐果、乐果、水胺硫磷、叶蝉散、甲敌粉、呋喃丹、阿维菌素
2002	敌敌畏、甲胺磷、杀虫双、菊酯类、氧化乐果、乐果、水胺硫磷、敌百虫、甲敌粉、呋喃丹、阿维菌素
2003	敌敌畏、甲胺磷、杀虫双、菊酯类、氧化乐果、乐果、甲敌粉、呋喃丹、扑虱灵、阿维菌素
2004	敌敌畏、乐果、叶蝉散、杀虫双、敌百虫、菊酯类、辛硫磷、扑虱灵、乙酰甲胺磷、三唑磷
2005	敌敌畏、乐果、叶蝉散、杀虫双、敌百虫、菊酯类、辛硫磷、扑虱灵、乙酰甲胺磷、三唑磷
2006	敌敌畏、吡虫啉、杀虫双、菊酯类、辛硫磷、扑虱灵、乙酰甲胺磷、三唑磷、阿维菌素
2007	敌敌畏、吡虫啉、杀虫双、菊酯类、辛硫磷、扑虱灵、乙酰甲胺磷、三唑磷、阿维菌素
2008	敌敌畏、吡虫啉、杀虫双、菊酯类、辛硫磷、扑虱灵、乙酰甲胺磷、阿维菌素、甲维盐
2009	敌敌畏、吡虫啉、杀虫双、菊酯类、辛硫磷、扑虱灵、乙酰甲胺磷、阿维菌素、甲维盐
2010	敌敌畏、吡虫啉、杀虫双、菊酯类、辛硫磷、扑虱灵、乙酰甲胺磷、阿维菌素、甲维盐、氟虫双酰胺、氯虫苯甲酰胺、氰氟虫腙
2011	敌敌畏、吡虫啉、杀虫双、菊酯类、辛硫磷、扑虱灵、乙酰甲胺磷、阿维菌素、甲维盐、氟虫双酰胺、氯虫苯甲酰胺、氰氟虫腙
2012	敌敌畏、吡虫啉、杀虫双、菊酯类、辛硫磷、扑虱灵、乙酰甲胺磷、阿维菌素、甲维盐、氟虫双酰胺、氯虫苯甲酰胺、氰氟虫腙
2013	敌敌畏、吡虫啉、杀虫双、菊酯类、辛硫磷、扑虱灵、乙酰甲胺磷、阿维菌素、甲维盐、氟虫双酰胺、氯虫苯甲酰胺、氰氟虫腙
2014	敌敌畏、吡虫啉、杀虫双、菊酯类、辛硫磷、扑虱灵、乙酰甲胺磷、阿维菌素、甲维盐、氟虫双酰胺、氯虫苯甲酰胺、氰氟虫腙
2015	敌敌畏、吡虫啉、杀虫双、菊酯类、辛硫磷、扑虱灵、乙酰甲胺磷、阿维菌素、甲维盐、氟虫双酰胺、氯虫苯甲酰胺、氰氟虫腙

大宗农药品种使用情况一览表（二）

（1991—2015 年）

表 3—41

年份	杀菌剂	灭鼠剂
1991	多菌灵、异稻瘟净、三环唑、叶枯灵、甲基托布津、石硫合剂、硫酸铜、井冈霉素、强氯精	杀鼠醚、溴敌隆、杀鼠灵
1992	多菌灵、三环唑、异稻瘟净、富士一号、甲基托布津、石硫合剂、硫酸铜、代森猛锌、强氯精	杀鼠醚、溴敌醚、杀鼠灵
1993	多菌灵、三环唑、异稻瘟净、叶枯灵、甲基托布津、井冈霉素、敌克松、代森猛锌、强氯精	杀鼠醚、敌鼠钠盐、溴敌隆、毒鼠磷
1994	三环唑、多菌灵、甲基托布津、富士一号、稻瘟净、叶枯宁、井冈霉素、代森猛锌、强氯精	杀鼠醚、敌鼠钠盐、溴敌隆
1995	三环唑、富士一号、多菌灵、甲基托布津、稻瘟净、叶枯宁、井冈霉素、石硫合剂、强氯精	杀鼠醚、溴敌隆、敌鼠钠盐
1996	三环唑、多菌灵、甲基托布津、富士一号、井岗霉素、代森锌、代森猛锌、石硫合剂、强氯精	杀鼠醚、溴敌隆、敌鼠钠盐
1997	三环唑、多菌灵、井冈霉素、富士一号、松锈宁、甲基托布津、代森猛锌、叶枯宁、强氯精	溴敌隆、杀鼠醚、敌鼠钠盐
1998	三环唑、多菌灵、甲基托布津、代森猛锌、井冈霉素、富士一号、叶枯宁、粉锈灵、石硫合剂、强氯精	溴敌隆、杀鼠醚、敌鼠钠盐
1999	三环唑、多菌灵、甲基托布津、代森猛锌、井冈霉素、富士一号、叶枯宁、石硫合剂、强氯精	溴敌隆、氟乙酸钠、毒鼠强
2000	三环唑、多菌灵、甲基托布津、代森猛锌、井冈霉素、链霉素、叶枯宁、石硫合剂、强氯精	溴敌隆、氟乙酸钠、毒鼠强
2001	三环唑、多菌灵、甲基托布津、稻瘟净、百菌清、硫酸铜、代森锰锌、井冈霉素、BT 乳剂	溴敌隆、氟乙酸钠、毒鼠强
2002	三环唑、多菌灵、甲基托布津、稻瘟净、百菌清、硫酸铜、代森锰锌、井冈霉素、BT 乳剂	溴敌隆、敌鼠钠盐
2003	三环唑、多菌灵、甲基托布津、稻瘟灵、百菌清、井冈霉素、BT 乳剂、强氯精	溴敌隆、敌鼠钠盐
2004	多菌灵、三环唑、甲基托布津、稻瘟灵、百菌清、甲霜灵、井冈霉素、强氯精	溴敌隆、敌鼠钠盐
2005	多菌灵、三环唑、甲基托布津、稻瘟灵、百菌清、井冈霉素、甲霜灵、强氯精	溴敌隆、敌鼠钠盐
2006	多菌灵、三环唑、甲基托布津、稻瘟灵、百菌清、甲霜灵、井冈霉素、霜脲氰、代森锰锌、代森锌	溴敌隆
2007	多菌灵、三环唑、甲基托布津、稻瘟灵、百菌清、井冈霉素、甲霜灵、霜脲氰、代森锰锌、代森锌	溴敌隆
2008	多菌灵、三环唑、甲基托布津、稻瘟灵、百菌清、井冈霉素、甲霜灵、霜脲氰、代森锰锌	溴敌隆
2009	多菌灵、三环唑、甲基托布津、稻瘟灵、百菌清、井冈霉素、甲霜灵、霜脲氰、代森锰锌、咪酰胺	溴敌隆

续表

年份	杀菌剂	灭鼠剂
2010	多菌灵、三环唑、甲基托布津、稻瘟灵、百菌清、甲霜灵、霜脲氰、代森锰锌、丙森锌、戊唑醇、苯醚甲环唑、咪酰胺、嘧菌酯	溴敌隆
2011	多菌灵、三环唑、甲基托布津、稻瘟灵、百菌清、甲霜灵、霜脲氰、代森锰锌、丙森锌、戊唑醇、苯醚甲环唑、咪酰胺、嘧菌酯	溴敌隆
2012	多菌灵、三环唑、甲基托布津、稻瘟灵、百菌清、甲霜灵、霜脲氰、代森锰锌、丙森锌、戊唑醇、苯醚甲环唑、咪酰胺、嘧菌酯	溴敌隆
2013	多菌灵、三环唑、甲基托布津、稻瘟灵、百菌清、甲霜灵、霜脲氰、代森锰锌、丙森锌、戊唑醇、苯醚甲环唑、咪酰胺、嘧菌酯	溴敌隆
2014	多菌灵、三环唑、甲基托布津、稻瘟灵、百菌清、甲霜灵、霜脲氰、代森锰锌、丙森锌、戊唑醇、苯醚甲环唑、咪酰胺、嘧菌酯	溴敌隆
2015	多菌灵、三环唑、甲基托布津、稻瘟灵、百菌清、甲霜灵、霜脲氰、代森锰锌、丙森锌、戊唑醇、苯醚甲环唑、咪酰胺、嘧菌酯	溴敌隆

第三节　化学除草

稻田化学除草

全州稻田杂草种类多，生长旺盛，对水稻生长影响较大，常见种类有鸭舌草、瓜皮草、牛毛草、节节草、稗草、莎草、慈姑、水绵、眼子菜、野荸荠、黑藻、软骨草、四叶萍等。常年稻田杂草发生面积在150万—250万亩次左右。为防除稻田杂草，节省薅秧劳力，提高水稻单产，1984年开始在全州大面积推广稻田化学除草以来，1991年达71万亩，1996年上升到100万亩。之后除2002年外，全州每年开展稻田化学除草都在100万亩以上。黔东南州内稻田化学除草使用的除草剂种类主要有扑草净、敌草隆、除草醚、敌稗和二甲四氯、乙草胺、苄磺隆、甲磺隆等。1992年，“黔东南州农业开发公司”对稻田化学除草进行了科学开发应用研究，经过连续两年的田间多点试验筛选，确定了含量为12%（扑草净7%、敌草隆5%）的稻田除草剂为最佳配方，具有成本低、安全性好、对环境污染小的特点，除草效果在85%以上。1994年经北农大和省科院有关教授、专家鉴定肯定后，获国家商标局注册“黔隆”商标，并作为定型产品正规投入生产和推广使用，该产品最高年销量达100万包，可防除稻田杂草100万亩次。

旱地化学除草

黔东南州内旱地杂草种类多于稻田，且生长繁茂，与作物争水、争肥、争光照，对作物危害之大胜于稻田杂草。麦田、油菜田杂草主要有猪殃殃、野豌豆、牛繁缕、雀舌草、早熟禾、看麦娘、辣蓼、荠菜等；果园杂草主要有白茅、马塘、小飞蓬、牛筋草、半夏、狗牙根、狗尾草、香附子、车前草、酢浆草、马蓼、鬼针刺等。旱地化学除草始于麦田，以后逐步推广到油菜田、玉米地、花生地和果园。1991年，全州旱地化学除草发展到3万亩。1998年以后稳定在

50 万亩以上，近年来上升到 100 万亩次。旱地化学除草剂使用种类主要有绿麦隆、草甘膦、乙草胺、克芜踪、盖草能等。

黔东南州化学除草面积和除草剂用量统计表

（1991—2015 年）

表 3—42

年　份	化除面积（万亩）		除草剂用量（吨）	年　份	化除面积（万亩）		除草剂用量（吨）
	稻　田	旱　地			稻　田	旱　地	
1991	71	3.01	9.6	2004	115.7	81.81	93
1992	82	6	25.8	2005	103	72	68
1993	95.66	15	20	2006	110	91	75
1994	90	15	31.2	2007	115	99	86
1995	96	24	42.6	2008	110	104	92
1996	105	35	86	2009	108	100	102
1997	120	40	75	2010	107	95	92
1998	120	50	55	2011	114	96	99
1999	101	56.45	55	2012	115	95	101
2000	100	55	58	2013	117	100	95
2001	72.94	47.36	24	2014	118	100	97
2002	95	58	25	2015	118	100	95
2003	100	71	70				

第四节　植物检疫

植物检疫体系

植物检疫是通过法律、行政和技术的手段，防止危险性植物病、虫、杂草和其他有害生物的人为传播，保障农林业的安全，促进贸易发展的一项行政执法措施。1985 年，黔东南州设立植保植检站，负责全州植物检疫工作，各县市植物检疫工作由县市植保站承担，均内设专职检疫员。1990 年，根据农业部文件精神，植检员着装、配发标志和植物检疫证，明确州、县（市）农牧（农业）局为植物检疫主管单位，黔东南州植保植检站和县（市）植保站为植物检疫执行机构，全州植物检疫体系基本形成。2015 年，全州、县（市）共设立植物检疫机构 17 个，拥有专职农业检疫员 105 人，形成了一支专业化的执法队伍，建立了以黔东南州农业检疫实验室为中心和 7 个“国家级农业有害生物预警与防控区域站”为重点的检疫检测体系。

植物检疫工作

黔东南州植物检疫工作主要开展产地检疫和调运检疫。

产地检疫 继1986年检疫果树苗圃，1988年检疫杂交水稻、杂交玉米之后，1996年又开始对产地的各种水果、蔬菜、干果、西瓜等也开始进行检疫。2000—2005年，每年检疫数量上万吨，最多的2004年达7.5万吨。2005年实施杂稻种子产地检疫10批次9760亩995.8吨，合格率达100%；产地检疫果、茶、瓜、花、菜苗83批次711.5亩1519万株，合格率达80%以上；产地检疫中药材、烟草、西瓜、茶叶、柑橘、梨、蔬菜、优质稻等植物和植物产品1023批次88099亩，66412.5吨。2005年后，实行种子基地检疫申报制度，建立健全基地档案。对制种基地和各种苗木繁育基地，全面实施产地检疫；对烟草、茶叶、中药材、柑橘等调运量大的品种，也在主产地设点定期监测，实施产地检疫。年均开展产地检疫4万余亩。

调运检疫 重点是检疫从外省调入的种子、苗木、植物和植物产品。2005年，调运检疫水稻、玉米、油菜、牧草、绿肥、蔬菜等种子1581批次4170吨；检疫果、茶、瓜、菜、花苗木29批次54.4万株；检疫烤烟、茶叶、果品、中药材、西瓜、蔬菜、稻谷等植物产品2748批次39969吨。2005年后，年均开展调运检疫4000余批次，签发植物检疫证书4000余份，涉及种子、苗木、果品、中药材、植物产品等，约3万吨。

疫情发生情况

20世纪90年代以来，全州植物检疫部门根据《植物检疫条例》《植物检疫条例实施细则》《贵州省植物检疫办法》等植物检疫法律法规，积极开展检疫对象的全面普查工作。1995—1997年开展对斑潜蝇的普查。2001—2002年为中国加入WTO的需要，参与全国性对278种有害生物的普查。2003年开展对蔗扁蛾的普查和对油菜、柑橘、烟草、蔬菜、生姜、茶叶、西瓜、梨、牧草有害生物的普查。2004年开展对产地中药材有害生物普查和对香蕉穿孔线虫、西花蓟马、李属坏死环斑病毒、西瓜果斑病、水稻细菌性条斑病的普查。2005年以来又持续开展了对红火蚁、葡萄根瘤蚜、柑橘大实蝇、柑橘小实蝇、柑橘溃疡病、柑橘黄龙病、水稻象甲、水稻细菌性条斑病的普查和防控工作，经过普查，发现黔东南州境内有全国检疫对象、省补充检疫对象及进境检疫对象12种。

水稻白叶枯病 该病1972年首次在榕江车江坝、黄平旧州坝发生，以后施秉的城关、凯里挂丁、丹寨兴仁、雷山桃山、剑河南哨相继零星发生。1990—1999年先后在从江贯洞镇、刚边乡、黎平县高屯镇、洪州镇、永从乡，锦屏县敦寨镇、新化乡，麻江县下司镇发现。其中1993年曾在榕江县车江坝大量流行，发生面积达1.1万亩，病叶率83.2%，病情指数32.7～79.9，损失产量35%。2001年后该病在全州偶有零星发生。

水稻细菌性条斑病 2004年在麻江县坝芒乡发生41.4亩，已扑灭。

柑橘溃疡病 1983年在榕江县首先发生，之后全州共有榕江县、从江县、黎平县、锦屏县、岑巩县、施秉县、天柱县7个县15个乡镇发生柑橘溃疡病，发生面积108754亩，以榕江县发生最为普遍和严重。

柑橘黄龙病 1990年在从江县丙妹镇首次被发现，随后在贯洞镇、谷坪乡、西山镇、下江镇、停洞镇、雍里乡、高增乡、洛香镇、翠里乡、斗里乡、刚边乡、庆云乡13个乡镇相继发现，经有效防控治理后，目前该县只在从江县6个乡镇发生1401.4亩。

苹果棉蚜 1999年在黄平县旧州镇发现，已扑灭。

桑白蚧 1990 年在黎平县德凤镇、洪州镇、双江乡、高屯镇、九潮镇、口江乡、岩洞乡、中潮镇、德顺乡首次被发现；2002 年在榕江县车江乡发现。经治理后，全州偶有零星发生。

蔗扁蛾 2002 年随广东省德顺调入花卉传入凯里市大十字街道办和洗马河街道办及三穗县八弓镇。于 2005 年扑灭。

南美洲潜蝇 1992 年至 1999 年期间由引种和蔬菜调运传入州内麻江县、镇远县、台江县、三穗县大部分地区及凯里市区，黎平、榕江城关附近。后经治理，偶有发生，基本无危害。

西瓜果斑病 2003 年在榕江县忠诚镇发现，发生 71 亩，已扑灭。

菟丝子属 2002 年普查在州内凯里、雷山、麻江、镇远、从江等县市有分布，危害作物有小麦、小豆、饭豆、豇豆、茶园、果树等，有加剧危害趋势。

假高粱 据 1990 年普查，除天柱、榕江、丹寨外其余 13 个县市均在调入的小麦或加工厂的下脚料中发现假高粱种子，在剑河县发现有零星植株。2001 年从江丙妹镇有人工种植假高粱 0.05 亩。

水稻象甲 2012 年 6 月在麻江县谷硐镇首次发现，发生面积 1000 余亩，经防控治理，水稻象甲疫情得到有效控制，田间调查未发现成虫。

红火蚁 2015 年 10 月在从江首次发现，随后组织普查，现榕江、从江两县的 4 个乡镇 5 个村发生面积 1168 亩。

疫情治理

1992 年，黄平县植保站发现县桑蚕局调入的 120 万株桑苗带有桑白蚧，在移植前统一进行了药剂除害处理，避免栽后桑白蚧的传播蔓延。

1996 年，从江县植保站烧毁了县果品公司调入的带溃疡病的 1.8 万株柑橘苗。黎平县植保站烧毁了带溃疡病的沙田柚发病果园 28 亩、苗 3 万株。

1999 年，天柱县植保站查处烧毁了即将调出的 2000 公斤带溃疡病柑橘。从江县植保站烧毁带溃疡病柑橘苗 5 万株。岑巩县植保站烧毁了县果树公司从浙江调入的 7 万株带溃疡病柑橘苗。

2000 年，锦屏县植保站检查果商潘显义从湖南省黔阳调入的 2175 公斤冰糖橙带溃疡病，予以没收烧毁。

2001 年，岑巩县植保站销毁凯本乡平芽村 90 亩、4076 株发生溃疡病的文旦柚病株。锦屏县植保站烧毁果商郭成才从湖南洪江市调入的 1500 公斤带溃疡病冰糖橙果。从江县铲除 0.05 亩人工种植的假高粱。

2002 年，三穗县植保站检查县城建局罗政云从广东省顺德调入的 115 盆发财树和发现带有大量蔗扁蛾活虫，予以烧毁，并在县电视上宣传一周，以教育社会民众。凯里市植保站没收销毁带有蔗扁蛾活虫的发财树和巴西米、夏威夷椰子 56 盆。同年，榕江县销毁 2000 株带溃疡病沙田柚苗；从江县销毁关秀雄从广西荔浦调入的 1400 株带溃疡病的柑橘苗。

2003 年，黄平县植保站对旧州镇 6 户果农私自从山东调入未经检疫、带有苹果棉蚜的 67.5 亩苹果树实施砍伐烧毁，经监测，以后未发现新疫情。同年，榕江县一果农私自从辽宁省本溪调入未经检疫的特大新红宝西瓜种 1 公斤，在忠诚镇安乐村种了 71 亩，经县植保站检查，发现有细菌性果斑病，通过烧毁灭菌、改种后，经2004年、2005年两年监测，未发现新的疫情。

2000—2003年，对斑潜蝇开始治理，治理面积11.03万亩，使发生面积由治理前10.5万亩减少到2.18万亩，挽回蔬菜产量1487万公斤。

2004年，麻江县坝芒乡栗木村一农户购入2公斤金优207杂稻种子，种了4丘3.5亩稻田，结果全部发生细菌性条斑病，并感染四周水稻37.9亩，麻江县农业局对3.5亩发病中心田实施彻底销毁；对被感染稻田的稻谷进行消毒处理，稻草全部烧毁。

2006—2015年，持续开展柑橘溃疡病、黄龙病疫情防控与治理监测工作，投入防治经费共计500余万元，铲除疫情点18个，销毁染疫果树5万余株，建立防治示范区21个，推广应用食物诱饵技术、覆膜防控技术、诱杀剂诱杀技术等，各项治理取得显著效果。

2012年，针对麻江县谷硐镇突发稻象甲疫情，迅速行动，积极应对，科学处置。一是及时召开会议，制定疫情处置方案，安排部署疫情全面详查和铲除工作；二是组织技术人员对全县进行全面详查，摸清疫情发生情况；三是在疫情发生区多次组织召开防控现场会，现场发放对路农药，开展统防统治；四是加强宣传培训，让农民正确认识水稻象甲疫情，积极参与疫情普查与防控工作；五是开展铲除疫情区杂草等稻象甲寄主植物，清理水渠等工作，防止疫情扩散。截至2015年疫情已得到有效控制。

2015年，针对红火蚁疫情，全州开展普查乡镇数214个，普查2817个社区，累计普查面积12.72万亩。截至2015年榕江、从江县红火蚁疫情发生面积分别为1000亩、168亩，累计防治面积为4000亩、504亩，防治效果分别为87.6%、88.6%。通过防治，疫情未扩散。

第五章　耕地与肥料

第一节　耕　地

耕地土壤调查

耕地地力调查与评价　20世纪90年代以来，随着改革开放和国民经济的深入发展，人口、资源、环境的变化，农村经营体制、耕作制度、作物品种、种植结构、栽培方式、产量水平、肥料和农药的使用等的改变，导致了全州优质砂耕地数量减少，质量下降，土地污染，水土流失等一系列严重问题的出现。使80年代全州土壤普查成果中所获得的耕地养分数据已不能准确地反映现阶段耕地质量的真实情况，因此，已不能作为指导现实的农业生产的依据。为摸清现有耕地质量，为合理、有效利用耕地，发挥耕地最大利用能力和潜力，2006年，黄平县率先在州内推行在全国行之有效的测土配方施肥技术。经过三年的努力，到2009年该项目已覆盖了全州各县市，为黔东南州土肥工作迎来了继第二次土壤普查之后又一次大发展的良好机遇。

为有效实施好测土配方施肥项目，在上级农业主管部门大力支持下，2009 年在全州重新建设了 14 个土肥化验室，总面积 4050 平方米，配备了现代化的检测仪器设备 220 台（套），每个化验室都是按需要配备 5 ~7 名化验人员，化验员都通过了省级测试技术培训合格并取得了上岗资格，以老带新组建了一支总数达 120 人的州、县土肥化验员队伍，检验水平达到项目要求的标准，提高土壤测试能力和化验速度，从而实现了土壤测试的标准化、精确化、批量化、快速化目标。截至 2015 年，全州各级土肥部门累计采集土样 8.1 万余个，植株样品 0.75 万个，分析化验 26 万项次；设置各类作物“3414” 肥效试验 321 个，同田对比试验和肥料验证试验 352 个，收集试验参数 4000 余个，完成农户投肥调查 6000 余户（次），基本摸清了全州耕地的养分含量和配肥参数。黔东南州县土肥部门利用测土配方施肥项目实施过程中，开展并完成全州 16 个县市及州级耕地地力调查与评价工作。

准备阶段 主要是收集整理图件（地形图、行政区划图、第二次土壤普查成果图、最新的土壤图、土壤养分图、土地利用现状图、气候分区图、农田水利分区图、行政区划图及其他相关图件），资料（第二次土壤普查成果资料、农业区划、农业志、基本农田保护区划定统计资料、统计年鉴等统计资料），校核、筛选测土配方施肥数据（测土配方施肥项目实施以来各县采样点基本情况和采样农户施肥情况调查以及土壤、植物测试数据资料）；依托省农科院信息所完成图件数字化和建立数据库（包括空间数据库、属性数据库、专家知识库和模型库），形成“耕地资源管理信息系统”。

评价阶段 首先是专家组根据指标选取原则，从省耕地地力评价指标中选取反映本县（州）实际情况的评价因子（州级选取了组成立地条件的成土母质、海拔、灌溉能力、地形部位、排水能力、抗旱能力、大于 10℃积温，组成土体构型的耕层厚度、剖面构型，组成土壤理化性状的有效磷、pH 值、全氮、速效钾、有机质等 14 个因素作为评价指标）并对各评价因子权重赋值，然后应用 ARCGS 软件，利用各县土壤图、土地利用现状图和行政区划图确定评价单元，从评价单元中获取数据，计算所选因子权重，采用累加法等方法对各单元进行评价，得出各单元评价结果数据，对各单元数据进行统计分析就得出了耕地地力评价结果，利用累积曲线法将耕地地力合理划等级（州级划分为 8 个等级）。

评价成果应用阶段 为了将评价结果归入全国耕地地力等级体系，按照《贵州省耕地地力评价技术规范》DB52/T－2009 要求，依据农业部于 1996 年颁布 1997 年实施的《全国耕地类型区、耕地地力等级划分》农业行业标准（NY－T309－1996）中第 3 款“耕地地力等级的产量水平”、第 4.6.2 款“南方稻田耕地类型区耕地地力等级划分指标”和第 4.7 款“南方山地丘陵红、黄壤旱耕地类型区”分级指标中的产量水平、剖面性状、理化性状和立地条件等，结合全州耕地地力评价中对一至八等地的调查产量、土壤类型、理化性状、种植制度等土壤属性的分析，对照全州耕地各等级的结构和比例，有机地将全州耕地的一级地归入为国家三等地，面积 16605.2 公顷，占总耕地面积的 3.9%；将二级地归为四等地，面积 37157.1 公顷，占总耕地面积的 8.73%；三级地归五等地，面积 57481.5 公顷，占总耕地面积的 13.5%；四级地归六等地，面积 81065.4 公顷，占总耕地面积的 19.04%；五级地归为七等地，面积 94845.4 公顷，占总耕地面积的 22.27%；六级地归为八等地，面积 62593.6 公顷，占总耕地面积的 14.74%，七级地归为九等地，面积 59187.1 公顷，占总耕地面积的 13.94%；八级地归为十等地，面积

16524.3 公顷，占总耕地面积的 3.88%。

根据黔东南州耕地土壤属性、生产能力、农田基础设施建设以及立地条件，并结合地力评价结果、第二次土壤普查的分级标准，为了进一步指导好农业生产、农民施肥，将全州耕地分为上、中、下三等肥力耕地。将地力评价等级中一级地、二级地和三级地归为上等肥力耕地；四级地和五级地归为中等肥力耕地，六级地、七级地和八级地归为下等肥力耕地。其中上等肥力耕地面积为 111243.7 公顷，占全州耕地面积的 26.13%；中等肥力耕地面积为 175910.8 公顷，占全州耕地面积的 41.31%；下等肥力耕地面积为 138651.7 公顷，占全州耕地面积的 32.56%。按不同行政区域分布情况进行统计，得到各县市上等地、中等地和下等地具体分布情况。

黔东南州耕地地力等级行政区域面积统计表

表 3—43　　单位：公顷、%

县市	上等地		中等地		下等地		小　计	
	面积	占总耕地%	面积	占总耕地%	面积	占总耕地%	面积	占总耕地%
凯里	4327.5	13.03	9725.2	29.28	19156.9	57.68	33209.5	100.00
麻江	5591.3	20.06	10219.5	36.66	12066.5	43.28	27877.2	100.00
丹寨	4677.1	30.06	6255.6	40.21	4626.2	29.73	15558.9	100.00
黄平	5438.9	11.75	11405.1	24.64	29441.4	63.61	46285.5	100.00
施秉	3286.3	13.83	7183.8	30.22	13298.9	55.95	23768.9	100.00
镇远	3928.7	11.92	15692.1	47.61	13336.7	40.47	32957.6	100.00
岑巩	3628.3	14.97	9697.2	40.02	10907.5	45.01	24233.1	100.00
三穗	2548.9	13.96	10379.9	56.85	5330.5	29.19	18259.3	100.00
天柱	11402.5	35.28	18220.1	56.38	2695.5	8.34	32318.1	100.00
锦屏	8023.4	47.24	7582.0	44.64	1380.0	8.12	16985.3	100.00
黎平	19417.8	44.58	22171.5	50.90	1966.1	4.51	43555.3	100.00
从江	15235.4	48.31	12657.8	40.14	3640.6	11.55	31533.8	100.00
榕江	12897.1	53.67	10628.5	44.23	506.8	2.11	24032.5	100.00
雷山	3267.0	20.95	6585.9	42.24	5738.3	36.80	15591.3	100.00
台江	1802.2	15.82	4612.1	40.47	4980.7	43.71	11395.1	100.00
剑河	5771.3	20.43	12894.5	45.65	9579.0	33.91	28244.8	100.00
合计	111243.7	26.13	175910.8	41.31	138651.7	32.56	425806.1	100.00

从行政区域看，黔东南州的耕地地力呈东南高、西北低的总体趋势，这与黔东南州大于10℃的积温、海拔、成土母质和地形地貌存在较大的相关性有关，这也决定了土壤类型的分布和土壤理化性状的差异。上等地占该县市面积比例最大的是榕江县，上等地占该县耕地面积的53.67%，最小的是黄平县，上等地占该县比例为 11.75%；中等地占该县耕地面积比例最大的是三穗县，占该县耕地面积的 56.85%，最小的是黄平县，占 24.64%；下等地占该县耕地面积比例最大的是黄平县，占该县耕地面积的 63.61%，最小的是榕江县，仅占 2.11%。

利用耕地资源管理信息系统，编制完成数字化的黔东南耕地土壤类型分布图、黔东南耕地土壤地形部位分布图、黔东南耕地海拔高程图、黔东南耕地坡度图、黔东南耕地土壤有效积温分布图、黔东南耕地土壤有机质含量分布图、黔东南耕地土壤全氮含量分布图、黔东南耕地土壤有效磷含量分布图、黔东南耕地土壤速效钾含量分布图、黔东南耕地土壤 pH 值分布图、黔东南耕地地力评价等级图、黔东南耕地水稻适宜性等级图、黔东南耕地马铃薯适宜性等级图、黔东南耕地喜温蔬菜适宜性等级图、黔东南耕地喜凉蔬菜适宜性等级图、黔东南耕地质量与种植业布局分区图等土壤养分分布图、耕地地力等级图、作物适宜性评价和耕地改良利用分区图等各种成果图件 30 余幅；编制耕地地力评价报告、耕地改良利用、耕地地力评价与种植业布局区划、作物适宜性评价和种植业布局等专题报告；在贵州科技出版社出版发行《黔东南耕地》一书；实现耕地质量评价的数据化、指标化和规范化，为耕地资源可持续利用提供措施和建议。

据国土资源部门于 2012 年年初土地利用变更调查资料和农业部门测土配方施肥调查统计，全州有耕地面积 425806.7 公顷，其中水田 258066.7 公顷、旱地 167740 公顷。耕地面积最大的是黄平县，为 46266.7 公顷，占全州耕地总面积的 10.9%；其次为黎平县，为 43533.3 公顷，占全州耕地总面积的 10.2%；再次为凯里市，为 33200 公顷，占全州耕地总面积的 7.8%；耕地面积最小的是台江县，为 11400 公顷，仅占全州耕地总面积的 2.7%。水田面积最大的是黎平县，为 37866.7 公顷，占全州水田面积 14.7%，占本县耕地面积的 87%，水田面积最小的是台江县，为 8066.7 公顷，占全州水田面积 3.1%，占本县耕地面积的 70.9%。旱地面积最大的是黄平县，为 20466.7 公顷，占全州旱地面积的 12.2%，占本县耕地面积的 44.2%，旱地面积最小的是台江县，为 3333.3 公顷，占全州旱地面积的 0.4%，占本县耕地面积的 29.1%。州内西部及西北部，成土母质以白云岩、石灰岩风化物为主的凯里、麻江、施秉、镇远、三穗等地的旱地比例较大，旱地面积均占本县耕地面积的一半以上，其中以凯里市比例最高，接近六成；在州内南部及东南部，成土母质以砂页岩、泥页岩为主的黎平、榕江、从江等地的水田比例较大，均占本县耕地面积的七成以上。全州耕地保有量 379500 公顷，保有率 89.12%。耕地中基本农田面积 322953.3 公顷，占耕地总面积的 75.85%。各县市 2012 年耕地面积、保有量和基本农田面积见下表：

2012 年黔东南州各县市耕地面积、保有量和基本农田面积统计表

表 3—44 单位：公顷、%

县市	水田		旱地		耕地		农作物播种面积	耕地保有量		基本农田	
	面积	占本县耕地	面积	占本县耕地	面积	占全州耕地		合计	保有量	合计	保护率
凯里	13406.7	40.36	19666.7	59.22	33206.7	7.8	37373.3	30806.7	92.76	25633.3	77.19
麻江	12453.3	44.68	15420.0	55.32	27880.0	6.55	33346.7	27373.3	98.19	21100.0	75.69
丹寨	9533.3	61.25	6020.0	38.69	15560.0	3.65	21600.0	12593.3	80.94	10440.0	67.1
黄平	25826.7	55.8	20460.0	44.2	46286.7	10.87	44326.7	42706.7	92.27	37166.7	80.3
施秉	11433.3	48.09	12340.0	51.91	23766.7	5.58	31686.7	21033.3	88.49	17413.3	73.26
镇远	14960.0	45.39	18000.0	54.61	32960.0	7.74	40940.0	31813.3	96.53	24953.3	75.71
岑巩	12686.7	52.36	11546.7	47.64	24233.3	5.69	31420.0	22800.0	94.09	17800.0	73.45
三穗	9006.7	49.32	9253.3	50.68	18260.0	4.29	21106.7	18000.0	98.58	15993.3	87.59

续表

县市	水田		旱地		耕地		农作物播种面积	耕地保有量		基本农田	
	面积	占本县耕地	面积	占本县耕地	面积	占全州耕地		合计	保有量	合计	保护率
天柱	17200.0	53.22	15120.0	46.78	32320.0	7.59	38080.0	24873.3	76.96	23413.3	72.45
锦屏	11686.7	68.8	5300.0	31.2	16986.7	3.99	30986.7	16326.7	96.12	15253.3	89.8
黎平	37873.3	86.96	5680.0	13.04	43553.3	10.23	56540.0	33500.0	76.91	27926.7	64.12
从江	24220.0	76.81	7313.3	23.18	31533.3	7.41	40540.0	23873.3	75.71	20446.7	64.84
榕江	19493.3	81.11	4513.3	18.78	24033.3	5.64	37353.3	22260.0	92.62	19440.0	80.89
雷山	11553.3	74.09	4040.0	25.91	15593.3	3.66	19420.0	15320.0	98.26	13546.7	86.89
台江	19493.3	81.11	4513.3	18.78	24033.3	5.64	37353.3	22260.0	92.62	19440.0	80.89
剑河	18653.3	66.05	9586.7	33.95	28246.7	6.63	38886.7	27080.0	95.88	24200.0	85.68
黔东南	258066.7	60.61	167566.7	39.35	425806.7	100	542193.3	379500.0	89.12	322953.3	75.84

耕地土壤监测 1986—2015年，全州共建有土壤地力长期定位监测点13个及墒情监测点2个，其中13个土壤地力监测点有水稻土7个、旱作土6个。部级监测点1个，设在凯里市湾水镇岩寨村的潮砂泥田。省级监测点4个，分别设在凯里市炉山镇海星村的黄泥土、锦屏县敦寨镇龙池村架寨的潮泥田、锦屏县敦寨镇龙池村棉花地冲的黑油砂土和黎平县中潮镇潘老村的黄泥田；州级监测点8个（三穗2个、黎平1个、岑巩1个、天柱2个、剑河2个）。2个部级土壤墒情监测点分别在黎平县敖市镇和施秉县杨柳塘镇。监测点覆盖全州7个县（市），土类包括水稻土、黄棕壤、黄壤、石灰土等5种主要土壤类型，涉及油菜—水稻、油菜—玉米、马铃薯—玉米等多种耕种制度。按照《耕地质量监测规程》及土壤墒情监测要求，积极开展土壤化验分析，监测耕地质量动态变化，凯里市炉山镇海星村的黄泥土21年和锦屏县敦寨镇龙池村架寨的潮泥田、敦寨镇龙池村棉花地冲的黑油砂土18年的监测结果表明，测土配方施肥处理土壤肥力逐年有所上升，习惯施肥处理土壤肥力有所下降，不施肥处理部分绝收。为粮食及菜果茶等作物科学施肥技术的推广，中低产田土壤改良、土地开发整理等地力培肥提供科学依据。

耕地质量建设

质量与保护制度建设 为了确保全州耕地数量不减少、质量不降低，农业部门与国土资源、水利等部门紧密配合，认真贯彻执行党中央国务院确定的18亿亩红线的基本国策，严格履行耕地保护职责，使全州耕地面积一直稳定在640万亩左右，基本农田保护面积一直保持在485万亩以上水平。黔东南州素有“九山半水半分田”之称，耕地资源十分紧缺，尤其是坝区优质良田较为稀少，是唯一没有平原支撑的地区之一，据2012年国土部门变更调查和农业部门测土配方施肥调查统计，全州耕地≤60的耕地面积仅161.28万亩，人均0.35亩，全州集中连片、规模在万亩以上的耕地大坝有7个，0.5万~1万亩坝有12个，0.1万~0.5万亩坝有120个，耕地面积累计91.5万亩。这些耕地集中连片，土地平整，土壤肥沃，土、肥、水、气资源配置优越，是黔东南人民祖祖辈辈留下的宝贵耕地资源。保护好、利用好这片稀有的优质耕地资源，将其建成重要的粮食和农产品生产基地，对于保证全州粮食安全和农产品有效供给，提高坝区农民收入水平具有重要意义。为了坚守国家下达本州的耕地保护红线，做到数量不减少，质量不下降，黔东南州规定：一是严格审查各种非农业建设占用耕地的规划设计，按照集约节约利用土地的要求，严格执行"基本农田五不准"，尽可能减少非农建设占用耕地特别是优质耕地；二是严格执行国家"占补平衡"政策和《贵州省土地整治条例》《贵州省土地开发整理工程建设标准》《黔东南州土地整治项目后期管护暂行办法》，确保耕地数量和质量的动态平衡；三是利用中央、省、县土地出让金、农业综合开发、千亿斤粮食增产工程、优质烟草基地整治、测土配方、耕地保护和质量提升等资金，开展高标准农田建设，提升耕地质量。

为贯彻落实中央有关文件和全国基本农田保护工作座谈会会议精神，加大耕地保护力度，强化耕地质量监管，推进占补平衡补充耕地验收工作，确保补充耕地数量不减少、质量不下降，根据国土资源部、农业部《关于加强占补平衡补充耕地质量建设与管理的通知》（国土资发〔2009〕168号）和省农委、省国土资源厅《贵州省占补平衡补充耕地质量建设与验收试点工作方案》（黔农发〔2010〕54号）精神，2010年州农委与州国土资源局把黄平县作为占补平衡补充耕地质量建设与验收试点县，选取黄平县新州镇东坡果茶场李世冲土地开发项目作为试点，联合下发了《黔东南州补充耕地质量验收试点工作方案》，农业、财政、水利部门合同国土资源部门共同对补充耕地进行验收，验收严格参照省国土资源厅《贵州省土地开发整理项目验收办法（试行）》（黔国土资发〔2005〕136号）、《贵州省土地开发整理项目工程标准（暂行）》（黔国土资发〔2005〕137号）、农业部《耕地质量验收技术规范》和贵州省农委《贵州省耕地地力等级划分标准》（DB52/T435－2002），同时参照国土资源部《土地开发整理项目验收规程》（TD/1013－2000）、《关于进一步加强和改进黔东南州土地开发整理及耕地占补平衡工作的实施意见》（黔东南府办发〔2008〕115号）等。全州截至2015年已验收土地整治项目共有1098个，整治规模共计46.1141万亩，新增耕地共计27.7783万亩，预算投资共计10.7841万元。其中省级土地整治35个，整治规模共计9.698万亩，新增耕地共计1.7048万亩；黔东南州级土地整治226个，整治规模共计10.844万亩，新增耕地共计6.69万亩，黔东南州级土地整理项目26个，整理规模2.7267万亩，新增耕地3505亩，黔东南州级开发项目200个（含省高速公路总公司项目），开发规模面积8.12万亩，新增耕地6.33万亩；县级土地开发837个，整治规模共计25.5719万亩，新增耕地共计19.3834万亩。

在土地开发整理和高标准农田建设中，以"山、水、林、田、路、村"综合整治为对象，实施土地平整、灌溉与排水、农田道路、农田防护、地力培肥等工程。经建设后的农田，水田灌溉保证率达到80%，旱地抗旱天数达到30天，田间道路通达度达到90%，中小型农业机械基本上可达到每丘田块，田间排涝体系完善，坡耕地梯化率达到90%，农田生产环境和条件得到全面改善，基本实现了旱能灌、涝能排、田成方、路成行、渠相连、路相通，每亩可增产50～100公斤，达到旱涝保收高标准农田标准。近年来，黔东南州将高标准农田建设与新农村建设、美丽乡村建设、乡村观光农业建设、小城镇建设、现代农业园区建设等"农文旅"相结合，全面整治村容村貌，改善农田景观，提升农业休闲观光品位，许多高标准农田建设区都成了城镇居民休闲观光度假的首选地，乡村旅游从无到有，从小到大，农民收入大幅度提高。高标准农田建设，也助推了农村土地流转，为现代农业园区规模化、机械化生产搭建了良好的生产平台。

中低产田土治理 20 世纪 90 年代初，全州中低产田土面积大，特别是冷、烂、锈、毒的中低产田。冷、烂、锈、毒四种田，有合而为一的，也有单独存在的，也有有二者或三者兼而有之的。冷者，温度低、不烂；烂者必冷，泥不成形有烂泥层；锈者，铁锈水也，有毒；毒者，铁锈水之外的毒物。对它们的改良需根据具体情况采取措施。冷水田，主要是去掉冷水源，烂泥田，主要是消除积水因素，锈水田主要是去掉锈水的来源，毒水田主要是去掉毒源。冷水田大多分布在山脚或缓坡，水冷，禾苗不易定根，改良方法是：找到出冷水点，顺山脚修沟把冷浸水排出和在山坡修水平沟，把水引出田沟之外；在田中找到出水点，扎好凼，然后开沟排出田外。烂泥田大多处于阴山地势较低的夹沟地方，水排不出去，长期渍水、水温土温均低，形成烂泥层，改良办法是在田中间开“十”“卄”“田”字形沟，把水排除，合理灌溉，进行晒田，增施腐熟有机肥，速效肥，热性肥料和包粪插秧，施石灰和客土。烂泥田泥脚深，耕作困难，农民叫作“陷人坑”“鬼扯脚”的田，可先在底层垫粗石块，中层放细石子，上层撒细砂，犁耙成稀饭状使沙子下沉，泥脚变浅，再施牛粪改良。改良锈水田，一般采用冲洗法，即在秋收后下雨时将田中锈水搅浑，开缺口放干，另从山上引清水灌田，也可在插秧前，当水大时，用竹扫把刷去田中沉淀的锈水。并选用抗锈水的水稻品种，客肥泥、施石灰、增施有机肥进行改良。

1991—1997 年，在全州范围内广泛采用“自然免耕法”，引进了侯光炯教授在四川创造的半旱式栽培改造冷烂田。半旱式栽培和垄稻沟鱼技术，为水田垄作，对垄实行少耕或免耕，造成深厚的水、肥、气、热协调的耕层，既改善土壤条件，促进水旱作物生长良好，获得水稻增产，并能垄沟养鱼，获得粮、鱼双丰收，提高单位面积经济效益。1992 年麻江县烂坝村和剑河县观么村深脚烂泥田上推广半旱式栽培近 2000 亩，水稻由亩产 321.5 公斤上升到亩产 477.2 公斤，增产 12.3%—48.9%，1995 年，麻江、台江、剑河、三穗、雷山、丹寨等县实施了半旱式栽培，面积达 15.2 万亩，半旱式栽培比习惯栽培增产 12.5%—49.6%。1992—1997 年实施的“黔东南州改造渍害田综合配套技术应用”项目。

从 1993 年以后，在中低产田改造过程中，以工程措施为主，工程措施与生物措施、农业措施、化学措施相结合，因地制宜、对症施治，既促进当年增产又为农业持续高产稳产奠定了可靠基础。1993—1995 年利用“以工代赈”资金，在各县开展了“渍害田改造工程”项目改造渍害田。前期进行中低产田土改造模拟工程，质量标准高，为测量中低产田土改造的社会、经济、生态效益提供了科学依据。如麻江县烂坝和黄平学坝，渍害田采取排冷、排渍、排毒，并配套施用水稻半旱式栽培，1993 年示范水稻平均单产 554 公斤，比同类型未改造渍害田增产 15.6%~72.6%。1998 年后，为严格执行国家“占补平衡”政策，工程主要以国土部门的土地开发整理和农业综合开发为主。1998—2015 年农业综合开发共投入资金达 13.01 亿元，其中财政资金 10.6 亿元，改造中低产田土 148.02 万亩，新增灌溉面积 13.01 万亩，改善灌溉面积 47.67 万亩，新增机耕面积 17.1 万亩，共计新增粮食 67587.28 万公斤，新增油料 8675.36 万公斤。2011—2015 年，全州 16 个县市共实施小农水重点项目 68 个，总投资 11.4 亿元，解决灌溉面积 67.2 万亩，全州农田有效灌溉率逐年得到稳步提升，有效灌溉率从 40.41% 上升至 46.69%，农田灌溉水有效利用系数从 0.442 上升至 0.457。

旱作节水农业

2001—2007 年，黔东南州农业部门分别在麻江、丹寨、雷山、黄平、施秉等县实施不同类型旱作节水农业示范项目。推广旱作节水农业技术，以提高农业生产领域内水资源利用率和利用效益、增强农业节水抗旱综合能力，为实现农业抗灾夺丰收的目的。通过项目实施，积极开展各种旱作节水农业技术的推广应用。项目根据不同类型区域、不同土壤、不同农作物的特点，改革不合理的耕作方式和栽培模式，利用农田集雨栽培与集雨补充灌溉技术、保护性耕作技术、耕作培肥技术、化学保水节水技术，提高天然降水的利用率，改良土壤结构，培肥地力，建设田间土壤水库；以田间工程技术和水肥调控技术，适当开发利用河水径流和浅层地下水，建设田间灌溉的农、毛、斗渠系，改革灌溉方式，科学用水，减少水资源浪费和水分损失；以节水抗旱品种及高效栽培技术，提高农作物对水分的利用效益。通过项目实施，农田基础设施明显改善，调蓄水功能增强，水土流失得到有效控制，保蓄了土壤养分、水分，增加了田间土壤水库储量，水资源利用率平均提高了 21.6%，建成的水浇地增强了抗旱能力，摸索出了黄壤山区旱作节水农业模式、喀斯特山区旱作节水农业模式，为同类型区旱作节水农业的发展奠定了基础，提供了成熟技术配套组装模式。

第二节　肥料的生产与使用

有机肥及施肥方法

农家肥　黔东南州施用的农家肥主要有厩肥（畜禽粪便）、人粪尿、堆肥、堆沤肥、草木灰、土杂肥、油枯、沼液、谷类颖壳、秧青（植物嫩绿部分）和菜籽饼肥等。

20 世纪 90 年代初使用主要以厩肥为主，其次是粪尿肥、堆肥和秧青，年均施用量约为 1140 公斤/亩。随着城镇化的发展，以及大量农村劳动力外出务工，农业机械利用综合指数的提高，以户为单位的个体养殖萎缩导致过去习惯使用的猪、牛、羊等圈肥逐渐减少，人粪尿等传统有机肥也随着农村冲水马桶的兴起而逐渐消亡，农户有机肥施用量尤其是边远坡耕地的有机肥施用量急剧下降。根据黔东南州 2012 年测土配方施肥项目农户施肥调查统计，全州农作物总播种面积为 58.7 万公顷，有机肥总还田用量约为 700 万吨，平均施用量不足 800 公斤/亩。其中水稻、玉米、油菜和马铃薯平均亩施用有机肥分别为 831 公斤、536 公斤、507 公斤和 633 公斤。

绿　肥　绿肥是用作肥料的绿色植物体的统称。绿肥是生态农业的重要组成部分，也是各地传统农业的精华。随着现代农业的发展，绿肥的使用效果依然十分显著。绿肥作物大多能固定空气中的游离态氮素，且本身含有氮、磷、钾等农作物所需的养分和有机质，是一种改良土壤、培肥地力的生物有机肥料。种植绿肥是黔东南州的传统习惯，是维持地力的好办法。

州委、州政府历年来重视绿肥生产。1992—1995 年，全州利用州政府贴息贷款 200 万元发展绿肥生产，全州绿肥年种植面积突破 50 万亩，亩产量上升到 2000—4000 公斤。进入 21 世纪以来，特别是2004年第一个有关农业的中央1号文件出台以后，在“生态立州”的战略背景下，黔东南州委、州人民政府作出了“以果（茶）园绿肥种植为突破口，大力倡导有机肥源上山”的绿肥种植战略性调整规划，大力提倡绿肥种植向果（茶）园、中低产田土和有机肥积运困难的远田远土方向发展。黔东南州人民政府在州级财政十分困难的情况下，从2004年到2015年累计划拨800余万元用于优良绿肥种子的引进和支持绿肥生产，其中2009黔东南州人民政府从州级土地出让金中划拨126万元用于绿肥高产示范；次年又增加到195万元，实施秋种绿肥高产示范8.39万亩，推广面积74.57万亩（稻田绿肥21.8万亩、旱地绿肥12.17万亩、果茶园绿肥40.6万亩），为贵州省在土地出让金的使用上树立了一个标杆，成为全省耕地质量建设的典型样板。岑巩、从江、锦屏、剑河、雷山、施秉等县积极争取农业部耕地保护与质量提升项目，到位资金572万元实施绿肥种植，有力推进了黔东南州的绿肥生产，全州的绿肥种植第二次得到了较大的飞跃，2009年全州推广秋种绿肥达83.09万亩，此后，全州绿肥常年种植面积稳定在70万亩以上。

黔东南州种植的绿肥品种主要有余江大叶紫云英、箭舌豌豆、光叶紫花苕、满园花、油菜、黑麦草、红饭豆、绿豆、豌豆、蚕豆、紫花苜蓿、多变小冠花。为探讨适宜黔东南州绿肥生产发展的路子，从2002年起在州内的从江、岑巩、锦屏、凯里等县市进行一系列的绿肥“品比”，“引种”，最佳播期，综合利用等试验示范，寻求和筛选最适合州内种植的绿肥品种和综合利用技术，达到既培肥土壤又提高农民收入的发展绿肥新路子。据凯里市土肥站调查兼用绿肥蚕豆，平均亩可产嫩胡豆角300～500公斤，可增收240～400元左右，平均每亩鲜草1500公斤左右，亩均增收稻谷30公斤。种植方式主要以单作和间套轮作为主，单作主要是利用炕冬田土种植绿肥，混播可提高绿肥生物产量，提高光水资源利用率，常用的“三花”混播，既以豆科绿肥（余江大叶籽或光叶紫花苕或箭舌豌豆）为主，混播一些十字花科作物（满园花、油菜等）或禾本科类作物（主要是麦类作物，如意大利黑麦草、本地老麦等）作支架，能有效提高20%～45%产量；稻田采用水稻与紫云英轮作，水稻与细绿萍套作等，旱地采用分带间套轮作，主要模式有麦（芋、油）—肥—烟（玉）—苕等；果、茶树行间间作绿肥等。通过种植绿肥，为土壤提供了大量的有机肥源，据估算，以平均亩产2000公斤绿肥鲜草还田，相当于每亩还田有机碳140公斤、尿素20公斤、钙镁磷肥8公斤、硫酸钾12公斤，相对减少了化肥施用量，减轻了化肥施用带来的污染。据黔东南州农业局土肥站在从江县雍里乡大塘村果园绿肥示范点、丹寨县扬武乡羊望村稻田绿肥示范点、麻江县宣威镇光明村旱地绿肥示范点连续5年定位监测结果表明，从江大塘果园监测点连续种植绿肥的土壤有机质、有效磷、速效钾分别提高了1.40克/公斤、5.2毫克/公斤、28.7毫克/公斤，土壤容重下降了0.12克/立方厘米，椪柑的产量比未种植绿肥的增产12.3%～42.5%，椪柑的含糖量达13.4%，比未种绿肥的提高1.5个百分点，按照柑橘类鲜果感官鉴评及检测评定方法，从外观、内质、质检三大类36个项目评定，种植绿肥综合评定分为111.3分（总分120分），比未种绿肥的103.5分提高7.8分；丹寨点稻田土壤有机质、有效磷、速效钾分别提高了2.2克/公斤、2.6毫克/公斤、25.5毫克/公斤，土壤容重下降了0.10克/立方厘米，水稻产量比非种植绿肥区（对照）亩增幅9.6%～17.2%；麻江点旱地土壤有机质、有效磷、速效钾分别提高了1.8克/公斤、5.6毫克/公斤、33.5毫克/公斤，土壤容重下降了0.08克/立方厘米，土壤结构和适耕地性得到了较大的改善，土壤肥力显著提高，玉米产量比非种植绿肥区（对照）亩增幅10.3%～20.5%；另外，麻江县宣威镇龙崩蓝莓基地绿肥种植定位观测点表明，夏季通过种植白三叶，可有效降低土壤温度，提高土壤含水量。据定点观测，在夏季高温季节，种植白三叶的土壤地表温度为35℃，比未种植的土壤地表温度42℃下降了7℃；地表下20厘米处的温度下降了4.5℃，土壤含水量增加了1.8个百分点。同时，开展绿肥综合利用，绿肥发展养蜂业、喂养畜禽，畜禽粪肥田，据施秉县望城村开展紫云英种植综合利用结果，种植1亩紫云英可节约猪饲料46%以上，猪粪还可用于肥田，综合效益十分显著。

多年的实践证明，黔东南州发展绿肥生产有以下六大好处：一是多年种植绿肥的地方，培肥土壤、增强地力、降低中低产田土比重，是黔东南山地农业土壤改良和耕地质量建设最适用、最经济、最直接的一项技术措施；二是种植绿肥后，农作物产量和农产品品质有不同程度提高；三是种植绿肥后，增加饲草饲料，促进畜牧业的发展；四是种植绿肥后，减少送猪牛粪下田土的运力、减轻劳动强度、缓解劳力缺乏矛盾；五是绿肥有固土保水的作用，因为种植绿肥后，可减少土壤中水土流失，减轻农业面源污染，有利于改善生态环境，发展生态农业、无公害农业和低碳农业；六是多种绿肥，可减少冬闲田土面积、美化乡村周边环境、推进乡村旅游业，促进农业可持续发展。

秸　秆　作物秸秆含有丰富的有机质、钾素和其他营养物质，是土壤有机质和钾素的主要来源，在当前钾源紧张的情况下，秸秆还田的“补钾”作用显著。黔东南州秸秆资源丰富，按作物经济产量与生物产量1∶1.5比例估算，年作物秸秆总量在180万吨以上，直接作肥料用65万吨左右，作饲料用55万吨左右，作燃料用35万吨左右，作其他用25万吨左右。随着黔东南州沼气池建设的发展，农业机械化水平的逐年提高及广大农技人员宣传动员推广，秸秆还田的面积逐年加大，其中主要是秸秆直接还田和堆腐还田还土面积增长较大，焚烧、弃置乱堆现象基本得到遏制。由于措施有力，方法得当，有力地促进了秸秆还田还土的推广，增加有机肥的投入，培肥地力，据试验测算秸秆还田还土等有机肥补充作物养分占到了作物吸收总养分的60%左右。

2000—2001年黔东南州凯里、黄平、镇远、天柱、黎平等县市实施《秸秆还田及利用技术》丰收计划项目，两年实施面积103.6万亩，水稻、玉米、油菜、小麦和马铃薯分别比项目前三年平均增产13.6%、24.8%、26.2%、40.9%和17.1%。通过实施秸秆还田，归还作物收获物带走的部分营养物质，补充土壤有机质的矿化损失，增加土壤有机质积累，改善土壤结构，增加土壤团粒结构，使土壤疏松多孔，提高保水蓄肥能力，增加土壤养分有效性，增强抗旱能力。经秸秆还田区与对照区比较，水田土壤有机质平均增加0.04～0.07克/公斤，有效磷增加0.5～0.9毫克/公斤，速效钾增加13.7毫克/公斤，容重下降了0.04克/立方厘米；旱地土壤有机质平均增加0.05克/公斤，速效钾增加11.9毫克/公斤，容重下降了0.03克/立方厘米，减少了秸秆乱丢乱弃和焚烧现象，生态环境得到保护。

“十二五”期间，黎平、三穗、施秉、丹寨、黄平、天柱、锦屏等县积极争取农业部耕地保护与质量提升项目，先后实施秸秆还田，每年每县实施秸秆还田10万亩以上。还田作物秸秆由单一的油菜秸秆还田扩大到稻草、洋芋、玉米、蔬菜等多种作物秸秆。形成的秸秆还田模式有：1. 油菜、洋芋、小麦等作物秸秆直接翻压还田。据天柱县蓝田点调查结果，冬种油菜、洋芋、蔬菜等收获后，用犁或农机直接将秸秆耕翻入土，然后灌水覆盖，7 天后打田，油菜、洋芋、小麦等作物秸秆直接翻压还田较未实施该技术的田块每亩增产稻谷 35～45 公斤，增产率在 6.2% 以上。2. 稻草、玉米秸秆粉碎还田。对耕翻入土难以自然腐烂或腐烂时间较长的作物秸秆，可采用这一技术，即在作物收获时，用刀将作物秸秆砍成小节，或机收时直接将之粉碎成小块覆盖地表后耕翻，作下季作物底肥。据锦屏敦寨点调查结果，采用这种模式还田的田块，作物平均每亩增产 40～55 公斤，增产率在 6% 以上。3. 玉米秸秆酵素菌堆沤还田。即在玉米收获后，将玉米秸秆集中堆放在田边地角，加水湿润后，放入适量酵素菌，米糠、红糖、尿素等，高温堆沤后还田。据州土肥站在施秉县城关点测产验收结果，实施玉米酵素菌堆沤还田的田块较未实施该技术的田块增产 8.5% 以上。4. 稻草、玉米秸秆过腹还田技术。水稻收获后，用稻草喂牛，牛粪与稻草、秧青堆沤积制厩肥；玉米秸秆青贮氨化喂猪，猪粪用于肥田，按照稻草每亩平均还田 300 公斤，每亩秸秆还土后可提供纯 N3.22 公斤，$P_2O_5$0.42 公斤，K_2O5.58 公斤，相当于尿素 6.85 公斤，普钙 2.64 公斤，氯化钾 11.14 公斤。应用秸秆过腹还田技术有效减少了秸秆焚烧现象，与无秸秆过腹还田区相比，水稻亩均增产率达到 12.78%，油菜亩增产率达到 13.12%，取得了明显的经济、生态和社会效益。

精制（商品）有机肥 随着家庭养殖业的萎缩和农村冲水马桶的兴起，过去习惯使用的圈肥、人粪尿等逐渐减少，商品有机肥逐渐成了当前有机肥的主流。商品有机肥主要是指以畜禽粪便、动植物残体及富含有机质的副产品资源为主要原料，经发酵腐熟无害化处理后制成的有机肥料，其氮磷钾总养分含量大于 4%，有机质含量大于 45%。商品有机肥不仅适用于水稻、三麦、玉米、油菜等大田作物，而且更适用于蔬菜、瓜果、茶林、花卉等园艺植物和其他经济作物。2011—2013 年分别连续 3 年在镇远县、岑巩县实施农业部、财政部耕地保护与质量提升（增施有机肥）项目，每年每县推广增施商品有机肥面积 1 万亩以上。通过岑巩、施秉、黄平等县实施有机肥替代化肥减量对玉米当季化肥利用率的影响试验结果表明：在亩增施用 150～200 公斤商品有机肥，化肥减量 15%～30% 条件下，其产量最佳；经分析测试，N 利用率提高 2.3%～5.1%；P_2O_5 利用率提高 0.1%～3.1%；K_2O 利用率提高 2.6%～6.7%；对岑巩县监测点经过连续 3 年施用有机肥，5 个监测点土壤有机质含量增加在 3.4～7.5 克/公斤之间，平均增加 5.36 克/公斤，全氮含量提高 0.21 克—0.46 克/公斤，平均提高 0.35 克/公斤，增加幅度 17.96%；有效磷含量提高 1.6 毫克～4.3 毫克/公斤，平均提高 2.82 毫克/公斤，增加幅度 17%；速效钾含量提高 6.7 毫克～15 毫克/公斤，平均提高 11.2 毫克/公斤，增加幅度 15.4%。2010 年至 2011 年在锦屏县敦寨镇龙池金星果场脐橙上实施对比试验，亩施 150 公斤商品有机肥区亩产量为 1042.27 公斤，比未施有机肥区增加 132.27 公斤，增幅为 14.5%；经检测，施用有机肥区果实总糖为 12.2 克/100 毫升，比未施用有机肥区提高了 1.4 克/100 毫升，提高幅度达到 13%；总酸为 0.88 克/100 毫升，比未施用有机肥区下降了 0.06 克/100 毫升，降幅达到 6.4%；维生素 C 为 21.3 毫克/100 毫升，比未施用有机肥区提高 0.5 毫克/100 毫升，提高幅度达 2.4%。

有机肥施用方法 一般是把圈肥、堆肥、绿肥、秧青、火土灰、垃圾、石灰等多用作基肥，一种肥单用或几种肥混合施用，基肥占总用肥量的 60% 左右。稻田基肥以撒施为主，结合土壤耕翻，全层或分层施用。旱地作物基肥多为条施或穴施。施种肥，一般是把腐熟的优质有机肥用来拌种、盖种、包根、沾秧根、穴施、条施以及用作水稻的耙面肥等。追肥，多用人畜粪尿、柴草灰、油饼等速效肥料。一般看天、看地、看肥、看作物的具体情况确定追肥的时间、品种、数量和方法。看天就是选在阴天或晴天的早晨、傍晚无露水时施肥；看地就是肥地少施，瘦地多施；看肥就是肥效高的少施，肥效低的多施；看作物就是根据作物长势判断是否缺肥，长势不好有缺肥现象的要追肥，长势旺盛无缺肥表现的不追肥。水稻追肥有泼施、撒施、粪包秧、沾秧根和随水灌施等多种方法。清粪水多采用泼施方法，灰肥多采用撒施方法，腐熟的猪、牛粪、圈肥、油饼等多采用塞秧根的方法。旱地作物追肥，主要用清粪水、腐熟饼肥进行条施和穴施。绿肥主要采用两种施肥方法，一是将绿肥就地翻压到土壤中作基肥，二是绿肥用作制沼气、沤肥原料，将余下的沼气渣或腐熟沤肥用作追肥。采用绿肥免耕施肥法，就是把绿肥割了以后，土地不用耕翻，就地将绿肥捆为 2～3 公斤的把子，放在挖好的种沟或种穴中，上面盖一层薄土而后播种，这一施肥方法可节约耕翻土地的劳力，减少地表径流，减轻水土流失，缺点是虫害较严重，尤其易遭地老虎危害。细叶绿萍可作基肥和追肥，作基肥是在插秧前把田里养的绿萍结合耙田整地，将绿萍压在泥土内，或将绿萍撮出田外作为旱地作物的底肥。有的地方泡冬田有施冬粪的习惯，具体做法是在冬季把圈肥、堆肥、秸秆等撒放在泡冬田中，然后耕翻压入泥中，插秧前再补施少量基肥，只需耙一次田就可以插秧，这有利于熟化改良土壤，但用肥较多。

商品有机肥一般用作基肥，水稻、小麦等粮食作物每亩施用数量 100 公斤左右，蔬菜、果树等经济作物一般亩用 250 公斤左右。也可用作追肥，施用量根据长势而定，使用方法与常规施肥方式相同。在施用商品有机肥的过程中应注意以下几点：1. 由于商品有机肥以提供有机质为主，在施用商品有机肥时还需结合施用一些化学肥料，施用量较正常用量降低 20% 左右；2. 施用商品有机肥后，应及时耕耙覆土，如遇土壤干燥，可适当浇水，便于肥料快速溶解；3. 肥料不宜直接接触作物根系或种子；4. 用作追肥时，应适当提前施用时期；5. 储存于阴凉、干燥、通风处。

化学肥料

历年化肥施用情况　肥料是农作物的粮食，施肥是为了供给作物发育所需的营养物质。随着农业生产的发展，作物产量不断提高，加上种植业结构调整和作物品种的更新，在稳定和提高作物产量上越来越离不开肥料的投入。2000 年，全州化肥总用量为 55641 吨（折纯），是 1984 年的 2.9 倍，是 1990 年的 1.4 倍，氮肥、磷肥、钾肥和复合（混）肥的用量比例为 1:0.33:0.16:0.73；2010 年全州化肥总用量为 76101 吨，是 1984 年的近 4 倍，是 1990 年的近两倍，氮肥、磷肥、钾肥和复合（混）肥的用量比例为 1:0.31:0.16:0.99；2011 年全州化肥总用量最高达 80884 吨；从 1984 年到 2015 年 31 年间，化肥总用量增加了 4.1 倍，氮肥用量增加了 2.1 倍，磷肥用量增加了 2.7 倍，钾肥用量增加了 4.4 倍，而复合（混）肥用量增加了 63.5 倍。30 年来黔东南州作物施肥的显著变化是单质肥料施用呈下降趋势，而复合（混）肥料的施用量大幅增长，施用方式从施用单质肥料向复合（混）肥料转变。

黔东南州历年化肥用量统计表（折纯，吨）

表 3—45

年 份	总施肥量	氮 肥	磷 肥	钾 肥	复合肥
1990	40272	24403	6153	4861	4855
2000	55641	19998	8153	3600	23890
2003	55970	25236	8316	3943	18475
2004	62700	25152	9768	5050	22730
2005	62453	25943	9066	5568	21876
2006	60480	24875	9386	5275	20944
2007	64196	24955	9528	5430	24283
2008	65243	25505	9736	5005	24997
2009	66678	27377	9557	4951	24793
2010	76101	30808	9636	4977	30680
2011	80884	31125	10926	5532	33301
2012	77243	30488	9939	5493	31323
2013	79255	29765	10728	5156	33606
2014	78943	28506	10790	5474	34173
2015	78538	28102	10887	5626	33923

氮 肥 主要以尿素、碳酸氢铵为主。2015 年全州耕地施用氮肥总量（折纯）共 28102 吨，其中，尿素（折纯）9750. 6 吨、碳酸氢铵（折纯）681. 6 吨，分别占氮肥总量（折纯）的 34. 7%、62. 9%。平均每亩耕地施用氮肥（折纯）10. 1 公斤。

磷 肥 主要有普钙、钙镁磷肥两个种类。2015 年全州施用磷肥总量（折纯）10887 吨，其中，普钙（折纯）548. 59 吨、钙镁磷肥（折纯）1251. 26 吨，分别占磷肥总量（折纯）的 30. 5%、69. 5%。平均每亩耕地施用磷肥（折纯）7. 1 公斤。

钾 肥 主要有氯化钾、硫酸钾两个种类。2015 年全州耕地施用钾肥总量（折纯）共 5626 吨，其中，氯化钾（折纯）162. 97 吨、硫酸钾（折纯）15. 75 吨、复混肥中的钾量（折纯）1611. 42 吨，分别占钾肥总量（折纯）的 9. 1%、0. 9%、90%。平均每亩耕地施用氮肥（折纯）7. 1 公斤。

复混肥 主要有低浓度（30% >总养分含量≥25%）和高浓度（总养分含量≥40%），中浓度（40% >总养分含量≥30%）施用较少。2015 年全州耕地施用复混肥总量（折纯）共 33923 吨，其中，低浓度（折纯）162. 97 吨、中浓度（折纯）15. 75 吨，高浓度（折纯）1611. 42 吨，分别占复混肥总量（折纯）的 9. 1%、0. 9%、90%。平均每亩耕地施用复合肥（折纯）8. 1 公斤。

生产与销售 1991 年以前，全州化肥工业很薄弱，仅有凯里化肥厂年产碳酸氢铵 5 万 ~6 万吨，复混肥 0. 5 万吨，黔东南州科丰复合肥厂年产普通过磷酸钙镁 1 万 ~2 万吨，复混肥 1 万吨，磷肥需求缺口较大。1991 年以后，随着平衡施肥的推广，全州陆续上马众多的复混肥厂，

2000 年最高达 20 余家，经过激烈的市场竞争，截至 2015 年仅有凯里市福丰化肥有限公司（年生产能力 1 万 ~2 万吨）、贵州宇发农业生产资料有限公司（年生产能力 1 万 ~2 万吨）、镇远县黔发复合肥厂（年生产能力 1 万 ~2 万吨）、岑巩县舞胜肥业有限责任公司（年生产能力 1 万 ~2 万吨）。黔东南地区氮肥、钾肥及微量元素肥料完全依赖于外地调入，磷肥主要由本省企业生产销售。截至 2015 年市场上销售的复合肥也主要是省内外大型肥料生产企业生产的。

其他肥料

微量元素肥料　微量元素肥料（简称微肥）是指含有微量元素养分的肥料，如硼肥、锰肥、铜肥、锌肥、钼肥、铁肥、镁肥等，可以是含有一种微量元素的单纯化合物，也可以是含有多种微量和大量营养元素的复合肥料和混合肥料，可用作基肥、种肥或喷施等。部分微量元素具有生物学意义，是植物和动物正常生长和生活所必需的，但在州内微肥没有得到应有的重视，测土配方施肥调查的水稻种植户中仅有 12.1% 农户施用硅肥，油菜种植户中仅有 11.7% 施用硼肥，玉米种植户中也仅有 8.2% 施用锌肥，其他微肥均没施用，制约作物的高产优质。硅是水稻健康生长的必需元素，硼是油菜生长发育过程中不可缺少的微量元素，缺硼轻者减产几成，重者失收；锌元素能明显地促进玉米的生长发育，提高光合作用效率，有利于促进植株生长，增加穗粒数，提高千粒重，降低空秆率，可起到小肥大作用。

微生物肥料　微生物肥料是以微生物的生命活动导致作物得到特定肥料效应的一种制品，是农业生产中使用肥料的一种。其在中国已有近 50 年的历史，从根瘤菌剂—细菌肥料—微生物肥料，从名称上的演变已说明中国微生物肥料逐步发展的过程。1990 年以前黔东南州生物肥料应用仅限于花生根瘤菌和紫云英根瘤菌的接种，以及“920”植物生长剂的施用；1990 年以后，各种固氮菌肥、植物生长剂、叶面肥如雨后春笋般地涌现，在全州各地开展了大量的试验示范。

1991—1995 年在全州进行了“喷施宝”叶面肥的试验推广，作物可增产 5.1% ~10.2%。1990—1994 年在锦屏、三穗、麻江等县开展了生物钾肥、生物磷肥的试验示范，在红薯、烤烟、蔬菜等作物上，取得了显著的增产增收效果。1996—1999 年在全州进行了“植物生长调节剂”叶面肥的试验推广，作物可增产 6.2% ~18.7%。1999—2002 年在凯里、麻江、黄平进行了“肥力高”生物菌肥试验，对改善蔬菜、水果、烤烟的品质具有较好的效果，增产 5.6% ~10.7%。2015 年在凯里、施秉、黄平实施台湾酵素与农十八生物肥料试验，对提高辣椒、蔬菜、水果的产量具有明显效果，辣椒增产达 8.5% ~17.2%。

水溶肥料　水溶性肥料是指经过水溶解或者稀释、叶面喷施、无土栽培、浸种蘸根、滴喷灌等用途的液体或固体肥料。是一种可以完全溶于水的多元复合肥，它能迅速地溶解于水中，更容易被作物吸收，而且其吸收利用率相对较高，更为关键的是它可以应用于喷滴灌等设施农业，实现水肥一体化，达到省水省肥省工的效能。与传统的过磷酸钙、造粒复合肥等品种相比，水溶性肥料具有明显的优势。其主要特点是用量少，使用方便，使用成本低，作物吸收快，营养成分利用率极高。

进入“十二五”以后，节水农业逐步被人们所接受，各种类型的水溶肥也随之迅猛发展，品种主要有：1. 大量元素水溶肥，主要是氮、磷、钾三种元素中的一种或多种，如磷酸二氢钾；2. 中量元素水溶肥，一般指钙、镁、硼、硅等成分；3. 微量元素水溶肥，一般有单质元素型与复合元素型两种，选用易溶性无机盐类及螯合类微量元素等作为原材料；4. 功能性水溶肥，顾名思义是具有某项特殊效用的水溶肥。水肥一体化等一批先进土肥水技术助推农业产业生产方式的转型。2010 年以来，黔东南州土壤肥料站先后在凯里市万潮镇劳动桥村蔬菜基地、舟溪农业示范园区、湾溪街道岩头村猕猴桃基地、麻江县贤昌乡贤昌村猕猴桃基地、下司草莓基地，榕江县车江绿源公司蔬菜基地，黄平县旧州镇草绿坪村西瓜基地和马铃薯示范基地，施秉县的地坝猕猴桃基地、锦屏县敦寨镇龙池马铃薯示范基地和精品水果示范园区等实施肥水一体化试验示范，除猕猴桃和精品水果外，其他作物主要采用膜下滴灌肥水一体化技术，与传统的大水漫灌相比，使用节水灌溉后，每亩蔬菜增产 500—1000 公斤，减轻灌溉和施肥的劳动强度 8 个工，增加纯收益 2000 元以上，大棚内湿度降低，叶面病害减少了 60% 左右，节省化肥用量一半以上，省水 40%—60%，能够科学合理供水供肥，土壤不易板结，还可以有效提高棚内地温，促进作物生长，提高蔬菜品质和市场化程度，促进农民增收。

施肥方法改良 大田施底肥在黔东南州内各地均以施农家肥为主。交通条件较好的坝区一般亩用 1000 公斤左右猪牛羊圈肥加 25 公斤磷肥和适量枯饼堆沤发酵后作底肥；对远离村寨的稻田，多数至今仍沿袭传统习惯，在山上就近割麻粟叶、苦艾、马桑叶、蕨菜叶、芭芒草等秧青施入田中作底肥。秧青分冬秧青和春秧青，冬秧青施用于泡冬田，可提高土壤肥力，起到冬养夏用的作用；春秧青于插秧前 20～25 天施用，亩施 1000 公斤以上。1991 年以后，黔东南州内油菜、玉米、稻田马铃薯的大面积推广，作物秸秆还田作底肥的逐渐增多，加上饲料加工业的发展，部分作物秸秆经过粉碎作饲料，再过腹还田作肥料，亦提高土壤肥力。岑巩、丹寨、雷山等县在冷浸田还一直推行用 1 份岩灰、1 份草木灰，加 8 份细厩肥拌和制成混合肥，每亩用 150 公斤，沾秧根栽插，可避免坐蔸，提前 3～4 天返青，提早 6 天左右发蔸。黄平县一些地方则施用石膏改良冷浸田，也收到同样效果。1991 年全州耕地平均亩施农家肥 599.9 公斤，有 87 万亩稻田实行科学施肥，每亩施农家肥 686.9 公斤。

1993 年以来，黔东南州认真贯彻落实农业部《关于开展百日积肥活动的通知》精神，发动农民开展大积大造农家肥活动，围绕“人有厕所、畜有圈、户有积肥坑”的“三有”目标勤割草、勤垫圈、大搞秸秆还田、割秧青、积制土杂肥等。2004 年，水稻科学施肥面积发展到 161 万亩，每亩平均施用农家肥 1121 公斤。

水稻大田施肥采用平衡配方施肥技术。2010 年全州水稻平衡配方施肥 92.86 万亩，占全州水稻播种面积的 48.62%。水稻大田施肥应用了有机无机结合，重施基吧，适追分蘖肥，巧施粒肥，平衡施肥，增施硅锌肥的施肥技术。亩施有机肥 1000 公斤、磷肥 50 公斤、锌肥 2 公斤、酸性田硅肥 50 公斤作基肥。钾肥 40% 左右作基肥，60% 左右在分蘖盛期施用。氮肥 70% 作基蘖肥，30% 作穗粒肥。亩用谷粒饱 1 包或磷酸二氢钾 100 克加其他植物叶面营养剂，兑水 50～60 公斤喷施叶面，作粒肥。

20 世纪 80 年代末开始开展微机优化配方施肥技术，但采用的技术措施仍然停留在初级配方施肥的基础上，未能找出适合本州实际情况的各项参数，对指导田间大面积施肥的准确性不大。90 年代初，主要以深入研究微机优化配方施肥为主，拟通过全州大量的田间试验、实验室分析手段和应用微机技术，得出黔东南州水稻、玉米等主要作物科学施肥的各项参数。1991—1997 年实施了“水稻微机优化配方施肥研究与应用”项目，在全州较有代表性的水稻上进行了

115个肥效、配方验证等试验，分析测试土样669个，植株样694个，并将这些试验、化验分析结果输入微机进行处理，计算出了黔东南州各种肥料利用率，水稻土磷（P）、钾（K）丰缺指标，水稻单位产量对氮（N）、磷（P）、钾（K）的吸收量，水稻土的供氮（N）能力以及22个水稻磷（P）、钾（K）肥料效应方程，8个氮（N）肥效应方程，并由此寻优出了覆盖全州不同温区的水稻最佳配方11个；1993—1997年，应用试验成果指导田间生产，进行了大面积的水稻微机优化配方施肥示范推广，5年累计完成示范推广任务640.7万亩（其中示范63.85万亩），平均亩产稻谷513.7公斤，比习惯施肥平均亩产472.6公斤，亩增41.1公斤，增8.7%；比前三年平均亩增73.9公斤，增16.8%；实施该项技术，肥料利用率得到了明显的提高，试验研究结果表明，N素利用率平均提高10.75%，P素利用率平均提高53.78%，荣获1997年黔东南州“科技进步”一等奖。通过实行统测统配，促进了全州“测、配、产、供、施”一条龙服务体系的建设，全州从1993年开始，建成了凯里复肥厂为龙头的十余家复混肥生产企业，形成了年产6万余吨作物专用配方肥的生产规模，使全州微机优化配方施肥技术得以向深度和广度发展，并应用到油菜、玉米、小麦、烤烟、柑橘、魔芋、红苕、洋芋等十余种作物上，研制开发出了相应的十余种专用配方肥，在黔东南州内表现出了广阔的应用前景和社会、经济效益。

1998—2005年实施化肥深施技术，共计示范推广500万亩，作物增产率6.3%—11%，深施方式主要有水稻旱育秧，玉米、油菜育苗移栽时基肥及追肥深施覆土、红苕和花生与蔬菜的基肥深施、果树环状深施等，覆土10～20厘米。按化肥利用率平均提高5个百分点，节约了农业生产成本，增加了效益，减少了肥料养分流失，避免了对环境的富营养化污染。在平衡配套施肥中有针对性地推广使用微量元素肥料，据统计，全州微肥施用推广面积435.9万亩。其中，锌肥187.25万亩、钼肥32.5万亩、硼肥196.25万亩、硅肥13.7万亩，微量元素的施用，从过去的单施改变为现在的混合施和单施相结合，以含锌复混肥、含硼复合肥的方式施用，简化手段，提高技术到位率。完成的《贵州省十二县市水稻平衡施肥增产技术》和《贵州省十二县市玉米平衡施肥增产技术》分别获得贵州省农业“丰收计划”二等奖；2001—2003年《水稻施硅健身栽培增产技术推广》在黄平、锦屏、麻江、雷山、凯里、黎平6县市实施，示范推广228.4万亩，其中专用肥配施硅肥190.74万亩，平均亩产稻谷458.2公斤，比习惯施肥平均亩增47.7公斤，增11.86%；获得贵州省农业“丰收计划”二等奖，加快了土肥科技成果转化步伐。

2005年起，随着测土配方施肥技术在全国各地逐步推广，2006年黄平县在黔东南州率先实施测土配方施肥资金补贴项目，到2009全州16个县市相继开展了项目实施，在全州重新建设了14个土肥化验室，每个化验室配备5—7名化验人员，以老带新组建了一支总量达120人的黔东南州和县土肥化验员队伍，检验水平达到项目要求的标准，提高土壤测试能力和化验速度，从而实现了土壤测试的标准化、精确化、批量化、快速化目标。截至2015年全州各级土肥部门累计采集土样8.1万余个，植株样品0.75万个，分析化验26万项次；设置各类作物“3414”肥效试验321个，同田对比试验和肥料验证试验352个，收集试验参数4000余个，完成农户投肥调查6000余户（次），基本摸清了全州耕地的养分含量和各主要作物配肥参数。

2009年，全州完成测土配方施肥技术推广面积331.33万亩，示范面积33.69万亩，发放施肥建议卡71.2万份，设计肥料配方132个。7月，贵州省农委在黄平县举办了全省测土配方施肥现场会。2010年，全州测土配方施肥推广面积417.4万亩，其中水稻175.8万亩、玉米50.9万亩、油菜56.2万亩、蔬菜60.1万亩、薯类50.2万亩、果茶类24.2万亩。

2011年，全州测土配方施肥技术推广面积483.3万亩，2013年，全州完成测土配方施肥技术推广面积482.5万亩，2014年，全州测土配方施肥技术推广面积545万亩，应用配方肥面积236.58万亩。2015年，全州共完成测土配方施肥推广面积504.1万亩，应用配方肥面积236.93万亩，配方肥施用量3.65万吨（折纯），化肥施用量达7.98万吨，水稻、玉米、油菜、马铃薯、蔬菜测土配方施肥较习惯施肥增加产值21772万元。

“十二五”期间，全州累计推广测土配方施肥2500余万亩，累计新增粮食产量72万吨，总增产节支3亿余元，化肥利用率平均提高了6.5个百分点。通过测土配方施肥项目的实施，黔东南州实现了两个转变：一是施肥技术由定性或半定量施肥技术向定量精准施肥技术转变；更进一步是农民传统施肥观念向科学施肥观念转变，改变了农户传统的施肥配比、施肥时期和施肥方式。另外，通过项目的实施，还提高了肥料利用率，流失到环境中营养物质明显降低，减轻了农业环境面源污染，实现了耕地的用养平衡，改善了农业生态环境，促进了农业的可持续发展和生态系统的良性循环。

施肥情况调查

主要农作物肥料用量　根据2008—2012年黔东南州测土配方施肥项目农户施肥调查表统计，水稻全州平均每亩施用有机肥、氮肥（折纯，下同）、磷肥、钾肥的数量为831公斤、9.7公斤、4.2公斤、3.6公斤，$N:P_2O_5:K_2O=1:0.43:0.37$；玉米全州平均每亩施用有机肥、氮肥（折纯，下同）、磷肥、钾肥的数量为536公斤、8.4公斤、3.8公斤、2.5公斤，$N:P_2O_5:K_2O=1:0.45:0.30$；油菜全州平均每亩施用有机肥、氮肥（折纯，下同）、磷肥、钾肥的数量为507公斤、7.8公斤、3.5公斤、2.6公斤，$N:P_2O_5:K_2O=1:0.45:0.33$；全州马铃薯平均每亩施用有机肥、氮肥（折纯，下同）、磷肥、钾肥的数量为633公斤、7.9公斤、4.0公斤、2.2公斤，$N:P_2O_5:K_2O=1:0.51:0.28$。

黔东南州主要农作物施肥现状一览表

表3—46　　　　单位：公斤/亩

作物	有机肥		纯N		P_2O_5		K_2O		$N:P_2O_5:K_2O$
	变幅	平均	变幅	平均	变幅	平均	变幅	平均	
水稻	0～1762	831	4.5～15.0	9.7	1.8～10.5	4.2	0.0～7.8	3.6	1:0.43:0.37
玉米	0～1527	536	3.7～18.2	8.4	1.6～8.6	3.8	0.0～6.5	2.5	1:0.45:0.30
油菜	0～1634	507	2.2～14.3	7.8	1.5～10.2	3.5	0.0～7.2	2.6	1:0.45:0.33
马铃薯	0～1665	633	3.0～19.8	7.9	0.8～11.2	4.0	0.0～8.6	2.2	1:0.51:0.28

耕地施肥存在主要问题　随着城镇化的发展，以及大量农村劳动力外出务工，农业机械利用综合指数的提高，以户为单位的家庭养殖业萎缩导致过去习惯使用的猪、牛、羊等圈肥逐渐减少，人粪尿等传统有机肥也随着农村冲水马桶的兴起而逐渐消亡，农户有机肥施用量尤其是

边远坡耕地的有机肥施用量急剧下降，为维持粮食等主要农产品产量，化肥施用量呈现逐年增加态势。耕地施肥存在 4 个方面主要问题：一是施肥不均衡现象突出。城镇郊区、坝区施肥量偏高，蔬菜、果树等附加值较高的经济园艺作物过量施肥比较普遍，边远山区和陡坡耕地化肥施用量仍然不足。二是施肥结构不平衡。重化肥、轻有机肥，重大量元素肥料、轻中微量元素肥料，重氮肥、轻磷钾肥“三重三轻”问题突出。三是施用方法不科学。传统人工施肥方式仍然占主导地位，化肥撒施、表施现象比较普遍，化肥利用率还处于较低水平。四是忽视微肥施用。随着农作物产量的提高和化肥施用量增加，微量元素不足现象日趋严重。过量施肥、盲目施肥不仅增加农业生产成本、浪费资源，品质降低，也造成耕地坂结、土壤酸化、环境污染。

第四篇　养殖业

第一章　饲料饲草

第一节　饲　料

饲料品种

籽实饲料和粮油加工副产品　籽实饲料主要有稻谷、麦子、荞麦、玉米和豆类。粮油加工副产品有米糠、麸皮、豆饼、菜籽饼、棉籽饼及各种糟渣。州内养猪、养禽多喂糠麸、稻谷、饼类、红苕、洋芋等，其中，州内西北部和中部地区增喂玉米和杂豆，东南部地区则增喂木薯、水芋和芭蕉。此外，州内还采集多种可食植物的籽实、根、茎，以及工厂、作坊的豆渣、粉渣、酒糟、酱糟、醋糟喂养。1991 年以后，随着粮食产量的上升，农民自食有余，用于畜牧业生产的谷物籽实及其加工副产品随之增加。2000 年以来，年均用于畜、禽、蛋、奶的转化粮在 40 万吨以上。

青绿多汁饲料　有各类青草、野菜、萍藻类和水生植物，以及芭蕉芋、水芋、蔬菜、绿肥和饲料作物，以及灌木幼嫩茎叶等。20 世纪 80 年代，又逐步引入部分优良牧草和饲料作物在州内种植。1991 年以来，州内青绿饲料年均种植面积约 35—45 万亩。

粗饲料　有各种作物秸秆、藤、叶、荚、壳、芯、秕谷、干草等。1991 年以来，全州利用尿素、活干菌调制粗饲料农户达 15 万户以上，产量在 100 万吨左右。

饲料利用

黔东南州境内农民很早就有种植饲料的习惯。各地山区多种越冬芭茅草喂牛；种萝卜、青菜、牛皮菜、苦荬菜和利用稻田、池塘养殖红绿萍喂猪；东南部气温偏高的地区引种热带芭蕉、水芋、木薯养猪；给猪、牛贮藏苕藤、干草、青草作冬日饲料、饲草等。20 世纪 80 年代以来，州农业局先后引进了红三叶、白三叶、多年生黑麦草、鸭茅、多花黑麦草、鲁梅克斯 K－1 杂交酸模（又名高秆菠菜）、饲用大麦、墨西哥青刈玉米、菊苣、冬牧—70 黑麦、高丹草、“绿浪”高麦草、苏丹草、皇竹草和扁穗牛鞭草等牧草和饲料作物种植。红三叶、白三叶试种获成功后，在台江县进行“谷仓式牧草风干法”和“以草粉代替部分精料养猪”的对比试验，试验结果，5 公斤红三叶鲜草可得 1 公斤干草粉，成本为 0. 28 元，可代替 22. 5% 精料喂猪效果好。

州内引进的牧草和饲料作物种植获成功，并在州内逐步推广，促进了黔东南州畜禽养殖业的发展。

黔东南州境内可利用作饲料的品种丰富。州内沿江地带和坝区、半山区，利用作青饲料的有萍藻类和水生物，以及芭蕉芋、水芋等；利用作粗饲料的有稻草、油菜荚、花生蔓等；利用作精饲料的有稻谷、米糠、碎米以及水生动物等。山区、丘陵地区的农民作青饲料的有野菜、树叶等，兼用田间杂草、饲料；利用作粗饲料的有玉米秆、玉米芯、红苕藤、花生蔓、豆秸、牧草、菜叶荚等；利用作精饲料的有红苕、玉米、杂豆、木薯为主，亦有用豆渣、豆浆仔猪、母猪。城镇居民饲养畜禽主要利用的饲料是各种糟渣、蔬菜脚叶、米糠等。

饲料调制和加工生产

饲料调制 传统方法主要有煮、沤、拌和饲喂等种。20 世纪 80 年代以后，逐步推广青贮、氨化、微贮及干草调制等方法。

1991 年，由州农业局牵头，分别在黄平、麻江两县开始试制作物秸秆氨化饲料当年制作 115 吨。

1992—1993 年，由州农业局牵头，有麻江、黄平、天柱、镇远、岑巩、三穗、黎平 7 县共同实施的“黔东南州大面积推广青贮饲料”项目连续两年达部颁标准。1992 年，物秸秆氨化饲料增至 236.2 吨。1993 年，物秸秆氨化饲料 825.66 吨。1994 年 10 月，贵州省农业厅将丹寨、麻江两县列为省级秸秆氨化养牛示范县，项目总投资 38 万元，其中丹寨县 20 万元，麻江县 18 万元。项目覆盖共 14 个乡镇 51 个村、点。

1997 年 12 月，丹寨、麻江两县实施的省级秸秆氨化养牛示范项目通过省级验收。

1997—2001 年，麻江、黄平、天柱、镇远、岑巩、三穗、黎平、凯里、施秉、榕江、台江、锦屏 12 个县市连续 5 年推广青贮饲料达部标，青贮技术已在全州广大农村普及。

1999 年，农业部和国家综合开发办公室将镇远县列为国家级秸秆氨化养羊示范县，项目总投资 1005 万元，其中中央财政农业综合开发资金 100 万元，地方财政配套资金 100 万元，其他（含群众自筹）资金 805 万元。

镇远县经过三年实施（1999—2001 年），已建成养羊示范场 1 个，秸秆氨化养羊示范点 3 个，计 1080 户。其中，2001 年年末羊存栏达 6.9 万只，出栏 5.37 万只，出栏率达 80.23%，示范户户均养羊 111.74 只。

此后，全州秸秆青贮、氨化饲料制作逐年增加。最多的为 2012 年，秸秆青贮、氨化饲料制作 146.61 万吨，其中，青贮 111.69 万吨、氨化 34.92 万吨。一般年景青贮、氨化饲料制作 100 万吨左百，其中青贮 80 万吨左右，秸秆氨化饲料 20 万吨左右。

饲料加工及生产 饲料加工传统上多采用切、榨、碾、磨等方法，以后逐步采用饲料加工机械。20 世纪 90 年代，全州有饲料粉碎机、打浆机、切菜机等加工机械达 1100 余台，平均每个乡镇 5 台，每 300 户农户有 1 台。台江、黄平、镇远、岑巩、天柱、雷山共建配（混）合饲料厂 30 余个，黄平、镇远、三穗、岑巩、天柱、榕江、从江、黎平、剑河等县的区粮管所办了附属饲料加工厂 20 余个，生产混合饲料 1 万吨，配合饲料 1.6 万吨。含仔猪、母猪、育肥猪、雏鸡、蛋鸡、肉鸡、鸭、鹌鹑、鱼类配合饲料 11 个品种。州内在发展配（混）合饲料工业的同时，浓缩饲料、膨化颗粒饲料也开始起步。1990～1991年，州农业局投资15万元，在境内旱粮及农副产品资源较丰富的凯里、麻江、丹寨、黄平、施秉、镇远、岑巩、天柱、台江9个县市建立了66个小型饲料加工点，共加工各类饲料和农副产品8835吨。到1994年，由州农业局扶持和本系统投资建设的饲料加工厂（点）已拥有成套加工机组7台（套），小型饲料粉碎机167台，全年加工农副产品和秸秆饲料9427.5吨，其中混合饲料3887吨，配合饲料5540.5吨。小型饲料加工点的建立，不仅充分利用了当地农副产品资源，而且使部分边远山区农户加工难、购买难和运输难的问题，得到一定程度缓解。1997年，全州有饲料生产厂家48个，其中粮食部门17个，农牧部门3个，其他部门和个体28个，年生产能力16万吨，实际生产各类饲料10340吨。之后，在饲料市场的激烈竞争中，有外来饲料冲击，产量日趋减少。州内最大的两家饲料生产企业州粮食局饲料公司饲料厂和凯里市粮食局饲料公司饲料厂1998年后基本处于停产或半停产状态。1999年，凯里万富饲料有限公司租用原凯里市饲料公司厂房、设备，生产星际牌、万双牌、金鸿富等系列猪、鸡、鸭、鱼配合饲料及浓缩饲料，年生产量在6500吨左右。1999年以后，州内自产饲料降到年均不足6000吨。为弥补自产饲料的不足，2005年以来全州加大了配合饲料的推广力度。2006—2010年，优质配合饲料推广121万吨。2011—2015年，优质配合饲料推广180万吨。

饲料行业管理

1997年以前，全州饲料工业系由州粮食局工业科管理。1998年移交州农业局管理；1999年6月，经州编委批准，成立“黔东南州饲料工业办公室”，与州农业局饲草饲料工作站实行合署办公，具体负责辖区内饲料工业行业管理工作。9月，州府办以〔1999〕111号文件转发了州农业局关于《黔东南州饲料行业管理暂行办法》，将自治州饲料行业管理纳入法制化、规范化管理轨道。到2005年，州、县市共有饲料行业管理机构13个，未设立专门机构的4个县的饲料工业管理工作，明确仍由农业（畜牧）局履行其管理职责。

第二节　饲　草

天然草场

全州有各类天然草地面积2181.98万亩，占全州土地总面积的45.9%，其中可利用面积1908.89万亩，占87.48%；4000亩以上的成片草地有965处，面积1109.9万亩，占50.45%；0.4万～1万亩草地483处，面积300.9万亩，占27.33%；0.1万～0.4万亩草地551处，面积278.79万亩，占12.78%；500～1000亩草地755处，面积56.18万亩，占2.57%；300～500亩草地400处，面积13.6万亩，占0.62%；零星、分散草地732.42万亩，占33.57%。0.4万亩—1万亩以上的天然成片草地，以从江县最多，共117处159.1万亩，大于3万亩的连片草地分布在黎平、从江、施秉、台江、三穗、镇远、麻江、黄平8县，以黎平县最多，共7处。

全州天然草场分为5个类型。草丛草地545.8万亩，占25.01%，可利用面积501.15万亩，主要分布在州内3条干河流域沿岸；灌木草丛草地210.78万亩，占9.66%，可利用面积180.51万亩，主要在雷公山、武陵山脉一带；疏林草丛草地379.87万亩，占17.41%，可利用面积315.72万亩，主要在中部、西南部和北部；零星草地894.32万亩，占40.99%，可利用面积790.98万亩；田土坎草地151.18万亩，占6.9%，可利用面积120.5万亩。

天然草场可食牧草植物有66科、303属、764种。其中禾本科68属、178种，豆科24属、72种，菊科41属、102种，沙草科13属、61种，其他科157属、351种。豆科牧草不足1%，但一般质量较好。按平均每个黄牛单位18.62亩计算，全州天然草场有效面积载畜量可达117.21万个黄牛单位。

人工草地

黔东南州人工草地建设经历过小区试验、中间区域示范及规模推广3个历程。

小区试验 20世纪80年代末期，在三穗陆寨种猪场对引种牧草的小区试验观察测定，共筛选出19个表现优良，能适应全州不同生态环境下种植的牧草品种。其中，禾本科牧草有鸭茅、苇状羊茅、多年生黑麦草、多花黑麦草、杂种黑麦、日本黑麦、牛尾草、扁穗雀麦、球茎芦草、非洲狗尾草、宜安草、芭茅草、墨西哥饲用玉米13种；豆科牧草有巴东红三叶、百三叶、紫花苜蓿、多变小冠花、白脉根5种；菊科有苦荬菜。同时，对原引品种和地方品种进行观察鉴定，其适宜于在州内发展种植的有苏丹草、柱花草、大翼豆、冬牧－70黑麦、串叶松香草、籽粒苋、光叶紫花苕、紫云英、箭舌豌豆、聚合草、芭蕉芋、雷山芭茅草等。

1999年，黔东南州农牧部门引进皇竹草在雷山、施秉、黄平和凯里等地试种成功。雷山点测定结果，该草一次刈割亩产鲜草5370公斤，茎叶比为1.85:1。同年州政协智力支边办与州农业局草原站在凯里、麻江、丹寨、黄平、施秉、镇远6县市、9个乡镇、19个村进行鲁梅克斯杂交酸模的引种栽培多点试验，一般亩产1万公斤左右，最高的可达2万公斤。同年4月，州草原站还从省农业厅引进粮饲兼用型的高油玉米115和中单玉米32号，分别在镇远、施秉、凯麻产业带试种，结果高油玉米平均亩产籽实424.7公斤，秸秆1146.69公斤，中单玉米32号亩产籽实431.21公斤，秸秆991.78公斤。

2003—2004年，引进扁穗牛鞭在该场作小区试验，2003年刈割4次，平均亩产鲜草12050.3公斤，2004年刈割6次，平均亩产鲜草13873.4公斤。该草能安全越冬和越夏，青绿期长达300天，草量高、再生快，是建立人工草场、改良天然草场的优良牧草品种。

中间区域示范 20世纪80年代末，州畜牧局在岑巩县白岩坪种猪场进行红、白三叶与黑麦草混播，中间试点示范面积141亩，平均亩产鲜草500余公斤，同期，岑巩县天马、水尾等98户农户从雷山引进芭茅草根5000余公斤种植成功。2000—2001年各县市陆续引进皇竹草开展种植示范，总面积达1327亩。2004年，麻江、锦屏、黄平、从江、剑河、三穗、榕江、岑巩、凯里等县市相继引进扁穗牛鞭草作中间示范牧草，示范面积361亩。

规模推广 主要有以下6个方面：

一是推广草地畜牧业综合示范。1990—1995年，丹寨县实施“贵州省草地畜牧业综合示范项目—丹寨项目区”建设工程。该项目总投资160万元，5年共建成人工草场6437亩，平均每亩年产鲜草2091公斤。建草场生物围栏9897米，工程围栏7500米，修建牧道和机耕作业道

1681米。养牛487头、羊3196只、猪536头、禽类4037羽。项目区发展家庭牧场户41户，户均占有草场面积157亩、养畜禽201头（只）。2001—2003年，在凯里、麻江、天柱、三穗、岑巩、榕江、黄平、锦屏、雷山、台江、镇远等12个县市实施黔东南州大面积推广种草养鹅项目。三年项目总投资888.08万元，共建成养鹅基地村21个，示范点41个，示范户820户，带动发展养鹅户3247户，完成牧草种植1.82万亩，养鹅50.11万只，出栏45.1万只。项目新增总产值1589.83万元，纯收益674.36万元。

二是退耕还林还草。2001年，全州召开了退耕还林还草及生态农业会议，当年全州在退耕地上推广种植皇竹草1207亩。次年扩大到1.1万余亩。此外，丹寨县还引进紫花苜蓿、多年生黑麦草和鸭茅等牧草品种，完成退耕还草面积3351亩，人工种草2118.9亩。施秉县畜牧局还从雷山引进五节芒种根400余吨，在城关和杨柳塘两镇退耕地和荒草地上种植，建成8片300—500亩规模的改良草场3000余亩。至2003年，全州发展皇竹草种植面积4.4万余亩。

三是推行粮、林、草间套作。1991年以后，州内粮、林、草间套作技术逐步为广大农户所接受，推广面积逐步扩大。1991—1999年，共推广粮草套作面积157600亩，林草间作750亩，果草间作32600亩。

四是推广粮、经、饲“三元”结构种植。1999年，省农业厅饲草饲料工作站将天柱、黎平两县列为粮、经、饲“三元”种植结构项目示范县。当年两县参加实施农户650户，完成种植面积1518亩。经验收，“三元”结构种植亩产玉米360公斤、秸秆1043公斤，小麦135公斤、秸秆200公斤，红苕1960公斤、茎叶2500公斤，箭舌豌豆茎叶2500公斤。平均亩产值813元，比“二元”结构亩产值500元增收315元。至2001年，全州推广“三元”结构种植18255亩，推广面达39个乡镇、42个点、38438户农户。主要种植模式有：牧草（紫花苜蓿、黑麦草）+油菜（或洋芋）+高油玉米（或蔬菜）；一年生牧草（多花黑麦草、籽粒苋等）+蔬菜+晚稻；箭舌豌豆+小麦+玉米+红苕等。至2004年，全州“三元”结构种植面积达到2.28万亩。

五是天然草原的恢复和建设。2002年4月，国家计委和农业部将天柱县列为国家天然草原恢复与建设项目县。项目总投资560万元，其中，中央预算内专项资金460万元，地方配套100万元。项目在该县的石洞、高酿、凤城、社学、邦洞、坪地6个乡镇实施。3年完成了人工饲草（料）基地建设15126亩，围栏改良草场37047亩，人工草地围栏20.25万米，种植有皇竹草、牛鞭草、黑麦草、白三叶、紫花苜蓿、苏丹草、高丹草和墨西哥玉米等，人工饲草饲料基地和围栏改良草地年均亩产鲜草量及牧草覆盖率分别为100%和91%，产量分别是天然草地的4.23倍和2.14倍。至2004年，天柱县新增草地载畜量1.99万个黄牛单位。2003年，国家发改委和农业部将锦屏县列为国家天然草原恢复与建设项目县。项目总投资500万元，其中，中央预算内专项资金400万元，地方配套资金100万元，建设规模为：人工种草1.5万亩，工程围栏16.95公里，生物围栏30公里；草场改良3.35万亩，工程围栏50公里，生物围栏55公里；兴建棚圈1000平方米，青贮氨化池1000立方米，蓄水池400立方米，修建牧道19.6公里。建设起止年限为2003—2005年。项目区辖固本、河口、启蒙3个乡镇，分青山界、高昂、雄黄3个建设区。2004—2005年，项目采用多年生黑麦草、白三叶、高羊茅、鸭茅、扁穗牛鞭草、皇竹草、多花黑麦草等牧草品种，完成人工种草12972亩，完成工程围栏17公里，种植积壳苗为主的生物围栏15公里；完成天然草场改良建设24600亩，工程围栏38公里，生物围栏

38 公里，兴建畜禽棚舍 650 平方米，青贮氨化池 100 立方米，修建牧道 17 公里，建成草原生态监测点 3 个。2006—2010 年，全州草地建设年均 61 万亩，草地改良建设年均 4 万亩，2011—2015 年，全州草地建设年均 6 万亩，草地改良建设年均 5 万亩。

六是利用冬闲田土种草。1991 年以来，州内有不少农户利用冬闲田土零星种植多花黑麦草、红三叶、扁穗雀麦等牧草。到 1994 年，全州引草入田面积达 3.2 万亩。1995 年 5.3 万亩。2002—2004 年，黔东南州 16 个县市共同实施“黔东南州冬闲田土牧草种植与利用”项目，3 年累计推广冬闲田土牧草种植 33.08 万亩。其中引草入田 21.14 万亩，引草入土 11.94 万亩。年平均亩产鲜草 4614.03 公斤。种植牧草品种主要有一年生黑麦草、冬牧—70 黑麦草、燕麦、牛鞭草、紫花苜蓿和皇竹草等。全州累计建成种草养畜基地村 42 个，示范点 109 个，种草户 17.41 万户。项目实施新增载畜量 9.15 万个黄牛单位，牧草种植及养畜总经济效益达 1.08 亿元，新增纯收益 4323.42 万元，投入产出比为 1∶3.03。2005—2010 年，全州年均秋冬闲田土人工种草 43 万亩。2011—2015 年，全州年均秋冬闲田土人工种草 46 万亩。

第二章 家 畜

第一节 猪

发展概况

在黔东南州养殖业中，猪一直位居“六畜之首”。黔东南州养殖业经历过私有私养、公养私养并举，以公养为主、公养私养并举，以私养为主、个体私养及规模化、产业化养殖等模式。

20 世纪 80 年代，中共中央发出“进一步放宽农业政策”的 1 号文件，取消了生猪派购政策。农民饲养的生猪能自由出售，价格随行就市自由浮动，养猪户得到了经济实惠，养猪积极性空前提高，促进了生猪生产的发展。

“八五”期末，生猪年末存栏发展到 198.39 万头，其中能繁母猪 14.02 万头，分别比“七五”期末增长 16.58% 和 15%；全年出栏肉猪 115.47 万头，猪肉产量 86109 吨，分别比“七五”期末增长 22% 和 26.77%。其间全州大力推广“两推五改”新法养猪。即推广猪的人工授精，推广使用饲料添加剂；改本地土种猪为良种杂交猪，改熟料稀喂为生料湿拌喂，改单一饲料为配合饲料，改“吊架子”饲养法为“一条龙”饲养法，改草圈、板圈为水泥干平圈。此外，对饲养户饲养的生猪实行“五包”，即：包预防、包治疗、包驱虫、包免费药品、包死亡补偿。1994—1995 年，为加大“两推五改”新法养猪的力度，州财政共拿出 600 万元贴息贷款作为养殖业示范项目的补助。

“九五”期末，生猪年末存栏发展到 229.86 万头，其中能繁母猪 17.56 万头，生猪全年出栏肉猪 16.13 万头，猪肉产量 119555 吨。

“十五”期末，生猪年末存栏发展到 275.12 万头，其中能繁母猪 20.41 万头，生猪全年出栏肉猪 229.95 万头，猪肉产量 170010 吨，其中，2004 年，麻江县被省列入优质肉猪基地，并启用建设资金 7 万元，直补饲养 444 头母猪的养猪专业户 111 户。

“十一五”期末，生猪年末存栏 183.89 万头，其中能繁母猪 16.75 万头，生猪全年出栏肉猪 175.2 万头，猪肉产量 131546 吨，其间，2005 年后，受全国性生猪价格下滑的影响，全州生猪生产受到一定的影响，2006 年，生猪价格跌至最低，仔猪一度跌至 2 元/0.5 公斤，养猪行业全面亏损，部分养殖户忍痛宰杀能繁母猪，加之饲料价格大幅上涨，以及全国 20 多个省相继发生猪蓝耳病疫情等因素，生猪存栏量大幅度减少。2007 年后，根据第二次全国农业普查数据和畜牧业发展实际，全州猪存、出栏数据作了较大调整。2008 年，猪肉的供应短缺和价格猛涨。是年 1 月全州平均猪肉价格一度超过 17 元/0.5 公斤。猪肉的供应短缺和价格猛涨引起了党中央国务院的高度重视，温家宝总理亲自过问生猪生产情况，国务院出台了能繁母猪保险和补贴政策，这是历史上首次将全国所有的能繁母猪全部纳入保险和补贴范围。每头能繁母猪每年补贴饲养费 50 元，补贴结构为中央财政 30 元、省财政 8 元、地和县财政各 6 元；每头能繁母猪年缴保费 60 元（保额 1000 元），其结构为中央财政 30 元、省财政 7.2 元、地和县财政各 5.4 元、养殖户自交 12 元。

“十二五”期末，生猪年末存栏恢复到 143.49 万头，其中能繁母猪 14.95 万头。

地方品种

黔东南州境内，猪的地方品种主要有黔东大花猪、香猪、白洗猪和柿花猪等。

黔东大花猪　主要分布在黎平、锦屏、剑河和天柱等县，中心产区为锦屏县敦寨、黎平县肇兴两乡镇。黔东大花猪，体型扁圆、毛色有大白花、小白花及两头乌，四肢多白色，嘴筒稍长，嘴叉深，吻突粉白色，额较宽，额部中间无旋，呈单或多个菱形皱褶，耳大而下垂。背腰平直，腹大下垂不拖地，后肢丰满，四肢粗壮乳头多为六对以上，排列整齐，抗病耐粗，宜放牧，且有早熟易肥，肉质细嫩，屠宰率高，产肉良好。后备母猪由于饲料管理粗放，生长发育较慢，母猪妊娠后，生长发育较快，母性强，繁殖率高。公猪性活动早，由于利用过早、过重，后期生长发育较慢。肉猪育肥性能强，需料少。

黔东大花猪

黔东大花猪

香　猪　主产于从江县的加鸠、宰便，榕江县的八开、乐里，剑河的太拥、南哨、岑松、柳川、革东等乡镇，雷山县的永乐，丹寨县的排调等地也有零星分布。香猪躯体特别矮小，全身黑毛，早熟易肥，营养丰富，肉质细嫩，味醇香、汤清甜，以其“一小、二香、三纯、四净”（即：个体小、肉味香、基因纯合度高、生长环境天然纯净）四大特点闻名全国。辅以佐料加工成腌肉、腊肉、烤猪、风猪，其味更为鲜美，极受顾客青睐，故誉之为香猪。香猪又可分为从江香猪和剑河白香猪。

剑河白香猪

从江香猪，躯体特别矮小，被毛以全黑为多，少数于肢端白、尾尖或额心生着白毛，皮薄骨细，头较直，额部皱纹纵行，浅而少，耳小而薄，略向两侧平伸或稍下垂，身躯短，背腰宽而微凹，腹部大圆而不触地，后躯丰满，四肢短细，后肢多踏蹄，乳头5—6对。从江香猪，公猪早配和利用过度，多数发育不良；母猪性早熟，120日龄即催情，情期长剑河白香猪，是与从江香猪同属雷公山的两个相似的小型猪种。剑白香猪当地称为“两头乌”或“萝卜猪”。

从江香猪

从江香猪

1995年，为做好香猪保种工作，从江香猪原种场配有母猪50头，种公种6头，当年产仔412头。从江、榕江两县建香猪保种户143户，有种母猪161头，当年产仔1690头，出栏1147头。1998年，在首届“百家中国特产之乡”命名暨宣传活动大会上，黔东南州被命名为“中国香猪之乡”。在“'99中国国际农业博览会”上，从江香猪系列产品获“名牌产品”称号。为扩大香猪生产，满足市场需求，2004年国家投资200万元建从江香猪场。2005年年底，从江香猪场已建成。其建筑面积2000平方米，有种猪舍5栋，兽医室1栋，饲料保管加工房1栋，可饲养香猪种母猪200余头。

白洗猪 主产于施秉县白洗、黄平县谷陇和岑巩县平庄等地。其体型中等，全身被毛黑色，皮肤微红，头大小适中，面微凹，额有旋，并有不规则的较深的皱纹，嘴筒较短，具2—3道箍，耳中等，向两侧下垂，后缘似荷花叶状，背腰较平直，经产母猪腹大下垂凹腰，臀部略倾斜，大腿多皱褶，系部较软，奶头排列整齐，一般6对以上。母性强，繁殖率大，泌乳力高。白洗猪性成熟较早，母猪5月龄，公猪2月龄即开始配种。肉猪早熟易肥，骨骼纤细，肉质细嫩，是腌肉和熏制腊肉、香肠的好原料。年饲养量约2万头左右。

柿花猪 主产于麻江县柿花、五寨、虎场、摆沙、湾寨一带，向凯里、丹寨、雷山、及黔南州都匀、福泉等县（市）分布。体格中等，结构匀称，生长发育快，早熟易肥，哺育率高。被毛黑色。其特征为头大小中等、面微凹，嘴稍翘，耳中等而微下垂；胸宽深，腰背平直，腹大而圆，后躯丰满；尾粗大，四肢健壮，乳房发达，奶头排列匀称，一般六对，少部分8对。柿花猪3月龄仔母猪出现发情症状。根据其发育的不同阶段，配以不同的饲料，一般以青粗饲料为主，搭配少量精料。怀孕后期，增添适量精料。公猪配种期在日粮中酌情添加精料。柿花猪年饲养量约1万头左右。

引进良种与杂交改良

20世纪80年代后期，州境内先后有岑巩、从江、雷山、凯里、榕江、黎平、锦屏、天柱、三穗、施秉、台江、剑河、丹寨等县市先兴办了猪场或种猪场。在省、州的大力支持下，猪场已成为各县纯繁良种猪的基地和开展品种改良的培训中心。

“八五”期末，全州有生猪品种改良点370个，杂交改良15.08万头次，比“六五”期末增加58.8%、%和16.5%。其中，1991年，扩大杂交改良面。全州共设改良点233个，其中人工授精点166个，本交改良点67个，投入配种改良公猪322头（大约克73头、长白35头、苏白杜洛克15头、巴克28头）完成改良输配11.12万头（次），比1990年完成的改良输配91.71万头（次）提高21.3%，杂交改良面为76区（镇）、361乡（镇），改良比重为58%。是年，推广新法养猪22.76万户，饲养30余万头商品育肥猪。1992年，全州共设改良点297个，其中人工授精点188个，本交改良点109个，投入配种改良公猪491头（新引进79）完成改良输配12.42万头（次），其中人工授精9.56万头（次），本交2.86万头（次）。是年，全州生猪品种改良点扩至264个。锦屏、黄平、镇远3县相应做了地方种猪的保种工作，对全州开展生猪的改良工作起到了地方母猪良种化的推动作用。从江县香猪的保种已列入省级范围，每年有相应的保种经费下达。是年9月香猪作为黔东南唯一猪种参加了全国在深圳举办的首届养猪交易会。与广州种猪场达成了开发香猪的意向协议，国内有15个省市级单位来函联系发展香猪。当年成交2家，购去种猪36头。是年举办了新法养猪培训班121期，培训人员1.17万人（次），推广7.58万户，饲养43.79万头，户均5.8头。1993年，进一步巩固整顿完善老改良点，适当增设新点。以南边为主的几个县侧重抓好提高生猪改良比重，以北边为主的几个县侧重抓好改良后的配套服务，提高生猪出栏，巩固生猪改良效果和发挥“两高一优”效益。是年，全州共完成生猪改良输配13.28万头（次），与同期增加866.3头（次），增长7%，其中，人工输配10.48万头（次），与同期比增加9203头（次），增长10%；本交2.8万头（次），与同期比减少621头（次），降低2%。生猪改良点333个，其中，公办35个，民办298个，人工授精点192个，本交点141个。全州共有良种公猪381头。是年，推广广新法养猪5.62万户，饲养28.1万余头。1994年，全州共设改良点351个，比上年增长5.4%。完成改良输配12.31万头（次），其中人工授精11.28万头（次），本交1.03万头（次）。是年，推广新法养猪11.57万户，饲养47.5万头，比1993年增加19.4万头，增长69%。1995年，改良点370个（其中人工授精点217个，占58.65%；本交点153个，占41.35%），配种公猪430头（其中约克194头，占45.12%；苏白172头，占40%；长白27头，占6.28%；巴克13头，占3%；杜洛克和汉普夏等24头，占5.58%）；改良输配15.09万头次（其中人工授精12.02万头，占79.67%；本交3.07万头次，占20.33%）。是年，推广新法养猪16.19万户，养猪68.49万头。1994—1995年在凯里市和黄平县实施“生猪杂交改良技术推广应用”项目，两年共仔猪补饲4721窝，直线育肥20.78万头。

“九五”期末，全州有生猪品种改良点537个，杂交改良头148.48万人次。其中：1996

年，全州共有生猪改良点 376 个，输配 15.63 万头次，人工授精覆盖率为 73.58%。比重约 73.08%。是年，推广新法养猪 19.45 万户，饲养生猪 103.17 万头（户均 5.3 头），出栏生猪 56.9 万头（户均 2.93 头）。1997 年，全州共有生猪改良点 389 个，其中：人工授精点 219 个。投入配种公猪 459 头，全年输配母猪 16.72 万头次（其中人工授精 1.97 万头次，本交 4.74 万头次）。是年全州各县共引进更新公猪 113 头，完成 94 个猪改点“整、改、建”，输配母猪 3.04 万头次。是年，1998 年，全州共有生猪改良点 389 个，种公猪 460 头，全年输配 18.71 万头次（头均 407 头次），其中人工授精 14.41 万头次，人工授精覆盖面 77%，同比增加 3 个百分点。是年，推广新法养猪 20.18 万户，约占全州养猪总户数的 25%；养猪 110.77 万头（户均 5.5 头）。1999 年，全州共有生猪改良点 476 个（人工点 287 个本交点 189 个），种公猪 571 头（长白 75 头、大约克 380 头、杜洛克 28 头、其他 88 头），全年输配 18.80 万头次（头均 329 头次），其中人工授精 14.85 万头次，人工授精覆盖面 78.97%。是年，黄平、三穗两县着手三元杂交猪的改良试点工作，麻江投入 340 万元小额信贷扶贫资金用于发展畜牧养殖业。是年，在三穗、天柱、施秉三县实施，“生猪规范化人工授精示范点”。共 5 个点，其中三穗 2 个点（桐林镇和瓦寨镇），天柱 1 个点（凤城镇解放对北门二组），施秉 2 个点（城关镇和白洗乡）。当年有种公猪 10 头（其中长白猪 2 头、大约克、猪 8 头），全年输配 9643 头次，头均配 964 头次，年最高输配 1103 头次，最低输配 854 头次，每头种猪年输配产仔 8879 头。2000 年，全州共有生猪改良点 537 个（其中人工授精点 297 个），完成输配 19.26 万头次，其中人工授精 14.84 万头次。1999 年度通过验收发证的麻江、凯里、岑巩三个种猪场到 2000 年种猪存栏达 1235 头（麻江 300 头、凯里 850 头、岑巩 85 头），其中繁殖母猪 609 头（麻江 300 头、凯里 161 头、岑巩 148 头）。种猪品种有大约克 247 头（麻江 123 头、凯里 60 头、岑巩 64 头）、长白 75 头（麻江 53 头、凯里 16 头、岑巩 6 头）、杜洛克 52 头（麻江 33 头、凯里 16 头、岑巩 3 头）。合格后备种猪 930 头（大约克 738 头、长白 122 头、杜洛克 70 头），产杂交猪 5780 头（二元 1768 头、三元 4012 头）。全年售种猪 904 头，售杂交猪 5852 头。

“十五”期末，生猪品种改良推广呈现 6 个特点：1. 品种进一步调优，出现了二元向三元转化的趋势，尤其是生长快、饲料报酬低、价位好的外三元杂交猪，得到了较快的发展；2. 依托项目支撑的规范化养殖水平有了进一步提高，带动了当地的养猪水平；3. 基地和示范专业村建设有了进一步的发展，重点兴建外二元母猪基地和外三元杂交仔猪示范村，为全州养猪业的上档次奠定了基础；4. 和沼气建设的结合进一步加强；5. 重点以“大×本”和“长×本”为主的“二元”杂交猪，以“杜×长×大”为主的“三元”瘦肉用型杂交猪；6. 重点抓好现有生猪改良点的巩固、完善和提高，规模操作规程，提高输配数量的质量。

2001 年，全州共建有生猪改良点 562 个（其中人工授精点 332 个，占 59%），共有种公猪 656 头，其中大约克 444 头、长白 104 头、杜洛克 50 头、其他 58 头，全年完成输配 21.26 万头（次），其中人工输配 16.74 万头（次）。是年，共推广杂交猪 195.99 万头，其中“三元”杂交猪 21.81 万头，占杂交猪推广总数的 11.1%。2002 年，全州共建有生猪改良点 816 个，共有良种公猪 959 头，其中人工授精点 189 个，本交点 595 个，全年输配母猪 24.66 万头次，其中人工授精输配 13.41 万头次，本交配各 11.24 万头次，推广杂交猪 200.1 万头，推广三元杂交猪 60.21 万头，其中推广外三元杂交猪 11.6 万头。是年，共推广杂交猪 195.99 万头。2003 年，全州共建有生猪改良点616个（其中人工授精点340个，占55.2%），共有种公猪720头，其中长白142头、大约克456头、杜洛克80头、其他42头，全年完成输配23.91万头次，其中人工授精18.06万头次。全年推广杂交猪212.68万头，其中“三元”杂交猪13.91万元。2004年，全州共建有生猪改良点658个，全年输配母猪47.02万头次，其中人工授精40.06万头次，占输配数的85.2%。是年，麻江县被列为省优质畜产品生产基地，年末，优质肉猪基地已启用建设资金7万元，直补111户养殖户444头母猪，建设人工草地100亩。2005年，全州共建有生猪改良点708个（其中人工授精点395个），改进良种猪2339头，其中种公猪167头，种母猪2172头，完成输配29.94万头次，其中人工授精22.46万头次，占输配总数的75%。推广杂交猪278.25万头，其中“三元”杂交猪59.68万头，占杂交猪推广总数的21.5%。“二元”杂交猪218.55万头，占杂交猪推广总数的78.5%。

“十一五”期末，在全州范围内开展以“品种良种化、养殖设施化、生产规范化、防疫制度化、粪污无害化”这“五化”为标准的畜禽标准化创建活动，生猪养殖逐步由一家一户的传统分散饲养方式向规模化、商品化、专业化、设施化的现代养殖方向转变。

2006年，全州共建有生猪改良点737个，年完成输配29.60万头。推广杂交猪293.02万头，其中推广“三元”杂交猪61.5万头，推广“二元”杂交猪231.52万头。2007年，推广杂交猪316.6万头，其中“三元”杂交猪114.61万头、“二元”杂交猪2.02万头。2008年，推广杂交猪1563100头，其中“三元”杂交猪74.68万头。2009年，共推广杂交猪131.46万头，其中推广“三元”杂交猪87.15万头，引进良种猪3342头（公猪355头，母猪2987头）。2010年，全州共建有生猪改良点383个，引进良种公猪875头、良种母猪5103头，年完成输配头。覆盖了除香猪保种核心区以外的192个乡镇，从州外引进良种公猪875头、良种母猪5103头，全年推广杂交猪126.33万头，占全州生猪出栏量186万头的67.9%，其中“三元”杂交猪83.09万头，占杂交猪总数的65.77%。是年，凯里市实施生猪良种补贴项目，当年完成良种猪人工输配1.81万头，补助金额726520元，该项目实施分布到凯里市10个乡镇5个街道201个村民委员会，受益农户6427户。

“十二五”期末，全州完成扩繁场建设10个，其中雷山改扩建扩繁场2个（银枫生态养殖场和飞歌养殖场）黎平县改扩建扩繁场1个（原黎平县勇立生态农牧有限公司养殖场的基础上进行改建）。

2011年，全州共建有生猪改良点770个，覆盖除香猪保种核心区以外的192个乡镇。2012年，全州共建有生猪改良点761个（其中人工输配点434个），覆盖了除香猪保种核心区以外的192个乡镇。推广杂交猪141.82万头，其中推广三元杂交猪111.08万头，引进良种公猪290头，母猪5523头。2013年，全州共建有生猪改良点761个（其中人工输配点434个），完成输配母猪1.33万头次，精液供应29729份。产商品仔猪20.7万头，惠及农户6530户。覆盖了除香猪保种核心区以外的192个乡镇。推广杂交猪225.81万头，其中推广三元杂交猪127.13万头。2014年，全州共建有生猪改良点684个，其中人工授精点392个，完成输配母猪21.92万头，人工授精17.15万头，覆盖了除香猪保种核心区以外的192个乡镇；推广杂交猪242.6万头，完成年推广杂交猪220万头，其中三元杂交猪174.92头。是年，凯里市生猪改良点获得建设完善补助经费3万元。2015年，全州共建有生猪改良点688个（其中人工输配点395个），完成输配母猪 28. 93 万头，人工授精 13. 38 万头，覆盖了除香猪保种核心区以外的 192 个乡镇；推广杂交猪 229. 25 万头，其中三元杂交猪 115. 98 万头。

地方猪种的保护与开发

1993 年，不少县市根据本地的实际情况，开展品种资源的保护和开发利用。如锦屏、黄平、镇远、天柱相应作了地方猪种的小区域保种工作，这为今后开展生猪改良工作提供地方母猪良种化提供了有效的保障。从江县对香猪的保种做了大量工作。通过 1992 年 9 月在深圳参加了全国首届养猪行业交易会后，是年已有全国 10 多个省市 20 多个单位前来从江引种，至 1993 年 8 月底，由从江县品改站对外供种营销香猪 2603 头，从江香猪场建场建设得到了有效改善。黎平县猪场回归该县品改站管理，对猪场进行了结构调整，加强了领导和技术力量，实行科学的管建，饲养规模逐步扩大，猪的膘情明显好转，已多年空怀的母猪又怀孕产仔。1994 年从江县完成贵州省物种资源保护（畜禽）项目申报，获得中央资金 30 万元支持，项目建成后存栏能繁母猪 500 头，存栏 9 个家系的种公猪 27 头，年出栏种猪 4000 头、商品仔猪 4000 头。1994 年 4 月，从江宰便村为香猪中心产区保护区。全年发展保种户 74 户，选育母猪 96 头。是年，建立了从江香猪原种繁殖场，从香猪中心产区引进种猪 98 头，选留后备种猪 66 头。其中公猪 6 头、母猪 60 头。全年向 8 个省市 10 家科研单位销售种猪 975 头。是年，全州种猪年末存栏 583 头，其中基础母猪 248 头、种公猪 88 头。全年出栏 936 头，其中肥猪 435 头、仔猪 499 头、淘汰种猪 11 头。完成输配 13471 头次。全年创产值 51 万元，利润 15. 3 万元。1995 年，从江香猪原种繁殖场母猪达 50 头，公猪 8 头，当年产仔 412 头，出栏 402 头。是年建立香猪保种户 149 户，选留母猪 173 头，产仔 1822 头，出栏 1203 头。1996 年，州种猪场建配备能繁母猪 232 头，产仔 2870 头、出栏 2574 头。2001 年，加强对已取得生产经营许可证的 3 个种猪场的建设，不断完善各种管理规章制度，提高业务素质，树立质量意识，使种畜规模、饲养量、种畜质量得到了合理的调整和提高。是年，共有存栏猪 1383 头，其中繁殖母猪 426 头，品种有大约克 272 头、长白 92 头、杜洛克 62 头。全年生产种猪 1581 头，杂交猪 7754 头，销售种猪 1423 头，杂交猪 7457 头。是年，香猪原种繁殖场有母猪 15 头，产仔 270 头，出栏 182 头。2003 年，3 个种猪场共有存栏猪 504 头，繁殖母猪 152 头（其中“二元”母猪 67 头），品种有大约克 65 头（公 3 头、母 62 头），长白 13 头（公 1 头、母 12 头），杜洛克 12 头（公 2 头、母 10 头），分别占猪群结构的 42. 7%、8. 6% 和 7. 9%。全年生产种猪 920 头，杂交猪 1945 头（“三元”猪），销售种猪 887 头，杂交猪 1917 头。2005 年，州良种扩繁场投入资金 36. 8 万元开展了扩建。是年，新建 2 栋正规化种猪舍，建筑面积共 576 平方米；安装使用双列式母猪产床 50 床，仔猪保育栏 22 个；改造和新建功能性房屋 506 平方米，建有资料室，配有电脑 1 台、人工授精通室 1 间、消毒室 1 间、更衣室 1 间、购猪观察室 1 间、进场消毒通道 1 间及上猪台、整理猪场地 250 平方米，排污排水沟 6 个、花台 2 个、蓄水池 1 个（31 平方米），安装水电设施 2 栋及其他。州良种扩繁场有基础母猪 306 头。纯（原）品种猪 203 头，其中大约克 126 头、长白 35 头、杜洛克 42 头。“二元”改良母猪 103 头，种公猪 8 头，其中大约克 4 头、长白 2 头、杜洛克 2 头。现有存栏猪 1260 头，还饲养奶牛 23 头。是年共生产纯种猪和“二元”母猪仔猪 5480 头，销售良种仔猪 4865 头，其中纯种（公）母猪 920 头，“二元”改良母猪 1502 头，“外三元”瘦肉型仔猪2443头。2006年，全州现已建立6个“二元”母猪扩繁场（基础母猪100头以上），共有基础母猪1372头，与上年相比增长76.35%，出售仔猪5860头，比上年增长27.69%；建立了14个“三元”杂交商品猪场（基础母猪50头以上），共有基础母猪1804头，出售仔猪2.59万头。2008年着重实施12个种猪场。2010年，全州有“种畜禽经营许可证”的种猪场6个，其中从江香猪原种场为国家级资源保护场。黔东南香猪列为国家级遗传资源名录。2012年，从江香猪原种繁殖场获得项目经费30万元，继续实施从江香猪种质资源保护项目。项目投产后，经选育从江香猪原种保种群繁殖母猪达到500头，种公猪8个家系20头。是年，在凯里市实施生猪良种补贴项目。该项目项目经费84万，完成人工输配14400头，产商品猪25.36万头。此外，还在凯里市宏大良种猪繁殖场和凯里市鼎丰畜禽养殖有限责任公司实施，项目经费各50万元，均较好地完成了目标任务。2013年，凯里市种公猪站建设项目获得省级40万资金支持，建成后，具备存栏30头生产种公猪的规模，达到年提供5.8万头份优质种猪精液的生产能力。是年10月，凯里市种公猪站建设项目通过省、州验收。

专业示范户建设

1994年以来，全州加强了养猪专业示范户建设。其中：1994年发展了重点养猪专业户30头以上55户，养3981只，户均74只。1995年，在全州实施“四龙双轨”（即：“商品猪生产”一条龙，“商品牛生产”一条龙，“商品羊生产”一条龙，“商品禽生产”一条龙，并将全州名、特、优产品如香猪、香鸡、冬桂花蜜开发等列入项目建设内容之一）。商品猪生产采取以各县（市）种猪场为龙头，带动发展城郊和乡（镇）、村专业示范户的发展，兴牧品改示范项目建设。是年，在州种猪场方面，有公猪45头，输配1.59万头次，母猪308头，产仔2967头，出栏2586头（其中仔猪2049头、肉猪532头）。在发展城镇养猪专业户，有肉猪专业户681户，养猪9899头（户均14头），出栏9265头（其中仔猪809头、肉猪8419头）；有母猪专业户263户，养母猪1129头（户均4.3头），产仔1.51万头，出栏1.27万头（仔猪1136头，肉猪1386头）。在带动乡镇示范户方面，有1533户，养猪1.15万头，出栏1.54万头（仔猪8356头、肉猪7016头）。1995年，全州专业示范户建设中，发展了养殖专业户250户，养猪2.25万头，养殖专业户22户，养香猪1995头。1996年，发展适度规模养殖专业户3280户，养猪15.16万头（户均46头）。出栏67152头（户均20头）。1997年，发展适度规模养猪专业户外3205户，饲养量16.12万头（户均50头），出栏生猪7.87万头（户均25头）。1999年，发展适度规模养猪514户（50~100头497户，饲养量27466头，100头以上17户，饲养量5706头），1999年，发展适度规模养羊3242户（30~50只2584户，饲养量10.21万只，50~100只560户，饲养量4.26万只，100只以上98户，饲养量12930只）。2005年，建有生猪养殖小区71个。2006年，全州通过政府支持、农户自筹共2127.58万元用于养殖小区建设，比上年增加投入554.18万元。建有生猪养殖小区82个，涉及农户3197户。实施优质肉猪项目5个、优质肉牛项目7个、优质肉羊项目4个。优质家禽项目8个，涉及全州16个县市。是年，优质肉猪基地项目新增基础母猪16777头，建设人工草地8420亩，完成村级兽医室建设44个，乡镇畜牧兽、医站建设25个，新增养殖小区20个，建协会9个，会员人数1569人，出栏34.97万头；2006年，发展适度规模养猪大户755个，出栏50头。2007年，建立标准化生猪养殖小区30个，建规模生猪养殖场48个，养猪大户658户。2008年，全州建生猪养殖小区104个，涉及农户1844户，期末存栏生猪33903头，当年出栏4.82万头。2009年，全州建成生猪养殖小区共149个，涉及农户2012户，养猪小区年出栏生猪69210头，期末存栏生猪3.94万头；建规模商品猪育肥场191个，年出栏肥猪2.54万头，年末存栏2.68万头；发展适度规模养猪大户1004户，年出栏肥猪3.29万头，年末存栏生猪34292头。2010年，全州建成生猪养殖小区共149个，涉及农户2012户。出栏生猪14.28万头，期末存栏生猪4.2万头；建规模商品猪育肥场196个，年出栏肥猪3.96万头。2011年，建规模商品猪育肥场521个，年出栏肥猪23.55万头。2012年，建规模商品猪育肥场254个，肥猪23.55万头。2013年，建规模生猪养殖场（小区）632个。2014年，生猪规模养殖场784个。2015年，生猪规模养殖场800余个。

香猪产业化建设

大力推进香猪产业建设，是黔东南州农业结构调整内容之一。2009年，从江香猪公司、剑河县特色食品公司等一批专业从事地方特色畜禽加工的企业得到发展壮大，一年后全州出栏香猪达14万头。2010年，从江香猪品种资源被列为省级畜禽遗传资源名录。从江、剑河、榕江3县共有13个乡镇被化为香猪保种区，从江县、榕江县分别建成了国家级香猪保种场。2011年，以从江县的加鸠、光辉、宰便、加勉等8个乡镇和剑河县的南寨、久仰两个乡为主产区，存栏香猪3.3万头，年出栏香猪18万余头。2012年，从省级下达从江县香猪产业建设项目资金2000万元，主要投入基地建设、配套实施动物防疫服务体系、技术培训、产品研发及加工、市场推介营销、品牌创建等方面工作。从江县香猪存栏13.29万头，其中种猪存栏2.54万头，有能繁母猪2.25万头、后备母猪0.2头、种公猪0.09头；出栏14.35万头。饲养农户2.02万户。从江香猪种质资源保护项目又获经费30万元继续实施，经选育从江香猪原种保种群繁殖母猪达到5000头，种公猪8个家系20头。从江香标准化香猪养殖场建设涉及6个乡镇6个村36户；规模养殖户涉及7个乡镇52个村171户；香猪种公猪站由宰便镇宰送村龙艳养殖场建设，已饲养种公猪4头。加工厂设施设备建设由县内3家龙头企业实施。已建成从江香猪凯里直销点、从江县城直销点。在贵阳、广州举办了香猪推荐会，组织香猪企业参加了2012年国际农展会。已完成香猪行业协会和8个香猪专业合作社的注册登记和从江香猪绿色食品认证工作。据涉及香猪养殖县统计，全州香猪产业已投资14751.58万元，其中中央补助3551.58万元，县配套200万元，项目单位自筹5000万元，银行贷款6000万元。2013年，香猪产业发展水平得到提升。从江、丹寨、剑河等5县共落实香猪产业发展资金1亿元，其中，省农委、扶贫等部门投入项目专项资金7000万元，省国开行发放贷款3000万元。是年，香猪产业化建成6个香猪原种场，扩繁场建设18个，规模养殖场4个，已修建圈舍7600平方米，占设计面积的151%。建成适度规模养殖户480个，丹寨县、剑河县和雷山县的家庭农场圈舍已全部建设完成，从江县完成48户家庭农场的圈舍建设；榕江县已完成113户圈舍建设。是年全州香猪存栏达40.14万头，出栏达62.67万头。年出栏4500头规模的香猪标准化养殖场已建成8个，年出栏150头规模的养殖场（小区）已建成135个，香猪养殖加工及销售企业发展到24家。2014年，香猪产业化建设共落实产业发展资金2430万元，其中，从江县和丹寨县各1000万元，剑河和雷山县各200万元，榕江县通过省妇联争取到省财政扶贫资金30万元。是年从江县完成农业部物种资源保护（畜禽）项目申报，获中央资金30万元支持。全年香猪特色产业存栏达49.8万头，其中：能繁母猪存栏8.94万头，香猪累计出栏70.5万头。2015年年末存栏香猪27.58万头，出栏香猪47.53万头，能繁母猪存栏40.98万头。

第二节　牛

发展概况

黔东南气候温和，常年山青草茂，为牛的生存繁殖提供了优越的条件，养牛历史久远。黔东南养牛有黄牛、水牛等。境内多山区和半山区，农民多喜养黄牛。坝区田多，役用负担重，需肥多，水牛力气大，犁田快，食量大，踩粪多，农民多养水牛。1991年以后，黔东南养牛业得到较快发展。在水草资源丰富，养牛条件较好的黎平、从江、榕江、黄平、凯里、天柱、镇远等县市，牛存栏数占全州存栏牛总数的60%以上。黎平、黄平、天柱、镇远、凯里饲养奶牛400余头，其中凯里有170余头。此外，商品牛也得到较快增长。

“八五”期间　牛年末存栏累计570.7万头（黄牛372.63万头、奶牛866头、水牛112.08万头）；能繁殖母畜208.64万头（黄牛156.97万头、奶牛483头、水牛56.60万头）；累计出栏44.73万头；累计牛肉产量3.58万吨；累计牛奶产量717吨。其中，1991年，牛年末存栏95.07万头（黄牛73.38万头、奶牛162万头、水牛21.66万头），能繁殖母畜41.79万头（黄牛31.70万头、乳牛102头、水牛10.07万头），牛全年出栏5.3万头，全年牛肉产量4777吨，全年牛奶产量156吨。是年，杂交牛存栏341头，其中西六尔×本地黄牛F1233头，么拉×本地水牛F108头。1992年，牛年末存栏96.14万头（黄牛73.69万头、奶牛450万头、水牛22.39万头），能繁殖母畜41.52万头（黄牛31.32万头、乳牛235万头、水牛10.17万头），牛全年出栏7.48万头，全年牛肉产量5503吨，全年牛奶产量17吨。1993年，牛年末存栏95.73万头（黄牛73.56万头、奶牛114万头、水牛22.12万头），能繁殖母畜40.46万头（黄牛万30.73头、乳牛万51头、水牛9.71万头），牛全年出栏8.81万头，全年牛肉产量8019吨，全年牛奶产量136吨。1994年，牛年末存栏95.53万头（黄牛77.86万头、奶牛69万头、水牛22.65万头），能繁殖母畜41.56万头（黄牛30.92万头、乳牛49万头、水牛10.63万头），牛全年出栏9.04万头，全年牛肉产量8703吨，全年牛奶产量130吨。1995年，牛年末存栏97.41万头（黄牛74.14万头、奶牛71万头、水牛23.26万头），能繁殖母畜43.34万头（黄牛32.3万头、乳牛46头、水牛11.02万头），牛全年出栏9.3万头，全年牛肉产量8807吨，全年牛奶产量125吨。

“九五”期间　牛年末存栏累计544万头（黄牛407.77万头、奶牛560头、水牛136.2万头）；能繁殖母畜236.32万头（黄牛174.82万头、乳牛394头、水牛61.44万头）；累计出栏71.09万头；累计牛肉产量6.29万吨；累计牛奶产量1101吨。其中，1996年，牛年末存栏100.55万头（黄牛76.52万头、奶牛62头、水牛24.03万头），能繁殖母畜44.65万头（黄牛

33.69万头、乳牛52头、水牛10.95万头)，牛全年出栏万10.38头，全年牛肉产量9909吨，全年牛奶产量125吨。1997年，牛年末存栏105.41万头（黄牛79.24万头、奶牛84头、水牛26.16万头)，能繁殖母畜45.62万头（黄牛34.11万头、奶牛74头、水牛11.5万头)，牛全年出栏11.46万头，全年牛肉产量1.07万吨，全年牛奶产量198吨。1998年，牛年末存栏108.51万头（黄牛81.05万头、奶牛87头、水牛27.45万头)，能繁殖母畜46.89万头（黄牛34.36万头、乳牛64头、水牛12.52万头)，牛全年出栏14.26万头，全年牛肉产量1.24万吨，全年牛奶产量229吨。是年全州完成秸秆氨化1.92万吨，氨化料养牛出栏1.23万头，氨化养牛户发展到8408户，涉及11个县、67个乡镇、158个村。1999年，牛年末存栏112.53万头（黄牛83.79万头、奶牛127头、水牛28.72万头)，能繁殖母畜48.62万头（黄牛35.63万头、乳牛79头、水牛12.95万头)，牛全年出栏16.04万头，全年牛肉产量1.34万吨，全年牛奶产量260吨。是年，黔东南州人民政府提出了要加快全州商品牛发展步伐，建立畜牧大州的号召，各级党委、政府把发展草食畜牧业列入重要议事日程，台江、锦屏在积极开发现有草山草坡资源的基础上，还在金秋梨、椪柑园套种优质牧草。2000年，牛年末存栏116.97万头（黄牛87.11万头、奶牛200头、水牛29.84万头)，能繁殖母畜50.54万头（黄牛37.03万头、乳牛125头、水牛13.49万头)，牛全年出栏18.97万头，全年牛肉产量1.64万吨，全年牛奶产量289吨。

“十五”期间 牛年末存栏累计639.8万头（黄牛407.75万头、奶牛560头、水牛136.2万头)；能繁殖母畜236.32万头（黄牛477.82万头、乳牛394头、水牛61.44万头)；累计出栏71.09万头；累计牛肉产量6.28万吨；累计牛奶产量1101吨。其中，2001年，牛年末存栏121.11万头（黄牛90.17万头、奶牛284头、水牛30.94万头)，能繁殖母畜52.33万头（黄牛万38.34头、乳牛178头、水牛13.96万头)，牛全年出栏20.37万头，全年牛肉产量1.74万吨，全年牛奶产量748吨。2002年，牛年末存栏发展到122.65万头（黄牛91.99万头、奶牛322头、水牛30.62万头)，能繁殖母畜52.99万头（黄牛38.38万头、乳牛202头、水牛14.14万头)，牛全年出栏21.66万头，全年牛肉产量1.86万吨，全年牛奶产量814吨。2003年，牛年末存栏发展到131.89万头（黄牛95.93万头、奶牛367万头、水牛31.71万头)，能繁殖母畜55.17万头（黄牛40.42万头、乳牛231万头、水牛14.71万头)，牛全年出栏24.68万头，全年牛肉产量2.2万吨，全年牛奶产量110吨。2004年，牛年末存栏136.38万头（黄牛98.67万头、奶牛468头、水牛33.26万头)，能繁殖母畜57.03万头（黄牛41.79万头、奶牛294头、水牛15.2万头)，牛全年出栏26.84万头，全年牛肉产量2.43万吨，全年牛奶产量1286吨。是年，中共黔东南州委、黔东南州人民政府责成州农业局、州扶贫办、州农校投入10万元重点对全州16个县市的300多户种草养牛大户分3期进行10天的综合技术培训，促进了自治州种草养牛工作的开展。是年，凯里、丹寨、镇远、施秉、岑巩5县市养奶牛468头（其中凯里416头)，生产牛奶1286吨，连续8年创历史新高。施秉县还将剩余牛奶运到凯里市场销售。2001—2004年，为加快黔东南州养牛业向优质化、商品化方向发展，全州共投入2570多万元，建立了年出栏15头以上肉牛育肥（繁殖）场和养殖大户229个（户)，到2004年有存栏牛6348头，其中种公牛146头，繁殖母牛3046头，育肥牛2751头，已出栏2263头，配套种植优质牧草1.1万多亩。2005年，牛年末存栏发展到136.38万头（黄牛98.39万头、奶牛359

万头、水牛 37.95 万头），能繁殖母畜 58.93 万头（黄牛 43.18 万头、乳牛 226 头、水牛 15.17 万头），牛全年出栏 29.13 万头，全年牛肉产量 2.62 万吨，全年牛奶产量 1350 吨。

“十一五”期间 牛年末存栏累计 453.89 万头（黄牛 326.96 万头、奶牛 1724 头、水牛 127.09 万头）；能繁殖母畜 196.12 万头（黄牛 143.71 万头、乳牛 1100 万头、水牛 52.24 万头）；累计出栏 75 万头；累计牛肉产量 6.3 吨；累计牛奶产量 5260 吨。其中 2006 年，牛年末存栏 65.62 万头（黄牛 101.76 万头、奶牛 362 头、水牛 35.82 万头），能繁殖母畜 59.46 万头（黄牛 43.53 万头、乳牛 227 头、水牛 15.86 万头），牛全年出栏 31.28 万头，全年牛肉产量 12.01 万吨，全年牛奶产量 1037 吨。2007 年，牛年末存栏 67.49 万头（黄牛 49.63 万头、奶牛 370 头、水牛 26.86 万头），能繁殖母畜 33.07 万头（黄牛 24.23 万头、乳牛 232 头、水牛 8.81 万头），牛全年出栏 8.89 万头，全年牛肉产量 10.54 万吨，全年牛奶产量 1514 吨。是年，黄平县被列为草地生态畜牧业产业化科技扶贫项目县（养牛），每年投入财政扶贫资金 500 万元（2010 年增加到 1000 万元）发展养牛业。2007 年后，根据第二次全国农业普查数据和畜牧业发展实际，全州牛存、出栏数据作了较大调整。2008 年，牛年末存栏 71.33 万头（黄牛 52.08 万头、奶牛 382 头、水牛 25.57 万头），能繁殖母畜 33.57 万头（黄牛 24.6 万头、乳牛 240 头、水牛 8.94 万头），牛全年出栏 11.08 万头，全年牛肉产量 1.29 万吨，全年牛奶产量 875 吨。2009 年，牛年末存栏 60.21 万头（黄牛 61.02 万头、奶牛 324 头、水牛 19 万头），能繁殖母畜 34.59 万头（黄牛 25.35 万头、乳牛 187 头、水牛 922 万头），牛全年出栏 11.74 万头，全年牛肉产量 1.37 万吨，全年牛奶产量 872 吨。2010 年，牛年末存栏 74.27 万头（黄牛 62.47 万头、奶牛 286 头、水牛 19.48 万头），能繁殖母畜 35.43 万头（黄牛 25.96 万头、乳牛 214 万头、水牛 9.44 万头），牛全年出栏 12.01 万头，全年牛肉产量 1.39 万吨，全年牛奶产量 962 吨。

“十二五”期间 牛年末存栏累计 317.36 万头，累计出栏 67.13 万头，累计牛肉产量 8.02 万吨，累计牛奶产量 4778 吨。其中，2011 年，牛年末存栏 50.51 万头，牛全年出栏 12.33 万头，牛肉产量 13935 吨，牛奶产量 786 吨。2012 年，牛年末存栏 63.63 万头，牛全年出栏 12.42 万头，牛肉产量 14903 吨，牛奶产量 856 吨。2013 年，牛年末存栏 63.41 万头，牛全年出栏 13.95 万头，牛肉产量 16823 吨，牛奶产量 860 吨。2014 年，牛年末存栏 68.35 万头，牛全年出栏 14.21 万头，牛肉产量 17210 吨，牛奶产量 1129 吨。2015 年，牛年末存栏 71.73 万头，牛全年出栏 14.22 万头，牛肉产量 17347 吨，牛奶产量 1148 吨。

黔东南州牛发展情况统计表

（1991—2015 年）

表 4—1　　单位：头、吨

年份	年末存栏数	其中			能繁殖母畜	其中			年内出栏数	当年牛肉产量	当年牛奶产量
		黄牛	奶牛	水牛		黄牛	乳牛	水牛			
1991	950685	733849	162	216674	417936	317071	102	100763	53050	4777	156
1992	961404	736956	450	223998	415232	313279	235	101718	74804	5503	170
1993	957168	735667	114	221387	404619	307317	51	97181	88112	8019	136

续表

年份	年末存栏数	其中			能繁殖母畜	其中			年内出栏数	当年牛肉产量	当年牛奶产量
		黄牛	奶牛	水牛		黄牛	乳牛	水牛			
1994	1005309	778661	69	226579	415643	309293	49	106301	90420	8703	130
1995	974108	741403	71	232634	433400	323087	46	110267	92962	8807	125
1996	1005599	765232	62	240305	446568	336950	52	109566	103817	9909	125
1997	1054125	792427	84	261614	456232	341072	74	115086	114633	10725	198
1998	1085134	810534	87	274513	468891	343600	64	125227	142619	12428	229
1999	1125300	837900	127	287273	486246	356321	79	129846	160400	13427	260
2000	1169700	871100	200	298400	505432	370380	125	134927	189700	16380	289
2001	1211100	901700	284	309116	523321	383489	178	139654	203700	17398	748
2002	1226500	919900	322	306278	529975	388365	202	141408	216600	18617	814
2003	1276800	959300	367	317133	551710	404293	231	147186	246800	22061	110
2004	1319800	986700	468	332632	570291	417909	294	152088	268400	24310	1286
2005	1363830	983979	359	379492	589316	431850	226	157240	291300	26671	1350
2006	1376239	1017632	362	358245	594678	435780	227	158671	312805	120127	1037
2007	765300	496300	370	268630	330689	242328	232	88129	98900	105455	1514
2008	776900	520800	382	255718	335701	246001	240	89460	110800	12915	875
2009	800600	610183	324	190093	345942	253506	187	92249	117400	13697	872
2010	819900	624736	286	194878	354282	259617	214	94451	120100	13925	962
2011	634987	—	—	—	—	—	—	—	120110	13935	786
2012	633883	—	—	—	—	—	—	—	124230	14903	856
2013	634058	—	—	—	—	—	—	—	139493	16823	860
2014	683515	—	—	—	—	—	—	—	142118	17210	1128
2015	717289	—	—	—	—	—	—	—	142208	17347	1148

地方品种

黔东南州有本地黄牛和水牛两大类。黄牛有黎平黄牛黔东南中型黄牛；水牛有南明水牛、黄平平溪水牛、天柱高酿水牛、岑巩龙田水牛、黎平高屯水牛等。

黎平黄牛 又称黔东南小个子黄牛。为役肉兼用型品种。主要产于从江、榕江、黎平、锦屏、剑河、台江、雷山等县，其余各县市也有零星分布。其特征是体型矮小，结构匀称，矫健灵活，适宜山区、半山区环境。

黎平小黄牛

黎平小黄牛

黎平黄牛被毛密而短细，多黄色、黑色，次为褐色，也有少量黑白花和黄白花色。

公牛体型略显宽平，眼大睛明，嘴圆而大，口角深。母牛角短而细，向前两侧弯曲，公牛角粗大，多为“竹笋角”。母牛颈短，垂肉发达，肩峰高大突出，一般高出背线6～7厘米，多为肉峰型，肩短，胸宽深，背腰平直。

母牛后躯略高于前躯，腹圆大而充实；尻部较宽丰满，四肢短小，健壮结实，质坚实致密。

黎平黄牛一般3岁成熟，犁一亩田，公牛约需3小时，母牛约需4小时，役用年限一般可达15～20年。

据测定，黎平黄牛成年公牛平均体重239.68公斤，胴体重120.01公斤，屠宰率为50.08%，净肉重100.03公斤，净肉率为41.74%。青年育肥牛屠宰率可达55.09%～55.99%。全州年饲养量约40万～50万头。

黔东南中型黄牛 为役肉兼用型品种，主产于西北部的丹寨、麻江、凯里、黄平、施秉、镇远、岑巩等县市。皮毛光滑，多为黄色，棕色和棕黄色次之。

公牛头型短而重，额宽而平，肩峰隆起，肉垂发达，角多呈“竹笋角”亦称“倒八字角”；母牛头型清秀，角短而细，多为“怀中抱月角”，眼明有神，嘴圆大，口叉深，背腰平直，胸宽深，后腿丰满，四肢强壮有力，蹄质坚实，呈“木鱼蹄”，尾粗而长，尾帚长越飞节，体型紧凑，行动敏捷。母牛发育与公牛差异不明显，一般5岁龄达到体成熟。其役用性能好。产区主要在春秋耕作时使役，其余时节部分地区还用于拉车运输。一般2～3岁开始调教，使役年限可达15年以上。

性成熟早，繁殖力强，一般一岁半至两岁就有发情表现。多为两岁开配；三岁产犊。中型黄牛年龄发育至三岁能耕地。据测定，成年公牛平均重247公斤，胴体重118.6公斤，屠宰率为48.1%，净肉重90.2公斤，净肉率为36.5%。全州年饲养量约30万头左右。

黔东南水牛 黔东南水牛有剑河南明水牛、黄平平溪水牛、天柱高酿水牛、岑巩龙田水牛、黎平高屯水牛等，统称“黔东南水牛”。其中以剑河南明水牛最为著名。黔东南水牛属沼泽型，役用为主，兼以肉用。全州16县均有分布，主要集中在平坝、丘陵、河谷等稻作区。

黔东南水牛饲养历史悠久。有斗牛取乐，庆贺佳节，“蓄壮牛祭天地祖先”，以牛“祭婚丧”等风俗习惯。至今，黔东南各地农村仍有饲养以公牛为主的“斗牛”“鼓藏牛”及“保家牛”“姑娘牛”“养老牛”等。

黔东南水牛的特点是躯体粗重矮壮，胸宽腹大，背腰平直，颈短而粗，前额平、脸短、两角左右对称，向外后方伸展，角端向弯，呈圆盘状，角基粗大呈方形，双眼明亮有神，前躯大，体较长，全身肌肉丰满，四肢强壮有力，前肢直立，后肢稍弯曲，飞节内靠，蹄以碗蹄居多，蹄质坚实，青色。尾粗而长，尾节越过飞节。体态紧凑、美观。

黔东南水牛被毛多为石板青色和青灰色，也有少数灰黄色、黑褐色和极个别白毛牛。

公牛，头型粗壮，性情急躁，好斗。母牛，头型清秀，性情温和，合群性好。其公牛两岁有性行为，三岁配种，母牛两岁发情，三岁开配，四岁产犊。水牛一般一岁半左右开始调教、使役，使役年限15～18年，个别22年左右。

据测定一头中等大小水牛，每小时可犁田、土0.29～0.37亩，役后不显疲劳，持久力强，恢复呼吸，脉搏等正常生理指标快。

斗牛，均为圈养，饲养管理极为精细，膘情常年保持在一等或特等之间。剑河、台江、凯里、锦屏、黎平、从江等县的苗族、侗族群众，特别喜养斗牛。

斗牛和鼓藏牛一般都饲喂青草，补以稀饭、豆浆、饭团、甜酒、烧酒或磨谷子煮熟饲喂，给饮温盐水，皮肤上经常擦以桐油、茶油。春末到初秋，每天牵到河边，水塘洗澡，夏天点上蚊烟香，以防蚊蝇叮咬，冬天保持牛圈温暖舒适。

经测定，一头4.8岁的剑河南明水牛，体重449.75公斤，胴体重215.05公斤，屠宰率为47.8%，净肉重169.1公斤，净肉率为37.5%。

引进良种

国内引进品种　主要有关岭黄牛、思南黄牛、贵州黑白花奶牛等。

关岭黄牛　主产于贵州关岭一带，是贵州役肉兼用著名品种之一。引进关岭黄牛在天柱、凯里、岑巩、雷山、台江一带数量较多，该品种体躯高大，役用能力强，肉用性能好，耐粗饲，对州内自然环境有较强的适应能力。用关岭牛与本地黄母牛杂交，产生的杂交一代，12月龄体高89厘米、体长90厘米、管围11.4厘米、胸围104厘米、体重122公斤，比本地同龄黄牛分别增加12.65%、16.88%、46.15%、24.1%、41.68%。其后代体躯明显加大，体力明显增强，体毛色泽较本地黄牛美观，生长快，役用性能好。

思南黄牛　主产于贵州思南，为役肉兼用型，耐粗饲，适应能力强，使役性能好。引进思南黄牛在黎平、榕江、从江、锦屏一带饲养较多。与本地黄牛杂交，其后代躯体明显加大，体力明显增强，体毛色泽较本地黄牛美观。

其　他　20世纪80年代，黔东南州从贵州省畜牧兽医科研所引进贵州黑白花奶牛颗粒冻精在凯里、镇远、施秉、三穗、天柱、黎平等县市开展人工输配成功，并用于牛奶生产。尔后，黔东南州畜禽品种改良站多次批量从贵州省兽科所引进摩拉水牛和尼里水牛公牛颗粒冻精液在台江、凯里、黄平、施秉、镇远、岑巩、三穗、天柱、黎平、麻江等县市与本地水牛进行冷配。

国外引进品种　黄牛主要有短角牛、西门塔尔牛等，水牛主要有摩拉牛、尼里牛等。

短角牛　原产于英格兰的诺桑伯、德拉姆、约克和林肯等郡；因该品种牛是由当地土种长角牛经改良而米，角较短小，故取其相对的名称而称为短角牛。短角牛有两种类型：即肉用短角牛和乳肉兼用型短角牛。肉用短角牛被毛以红色为主，有白色和红白交杂的沙毛个体，部分个体腹下或乳房部有白斑；鼻镜粉红色，眼圈色淡；皮肤细致柔软。该牛体型为典型肉用牛体型，侧望体躯为矩形，背部宽平，背腰平直，尻部宽广、丰满，股部宽而多肉。体躯各部位结合良好，头短，额宽平；角短细、向下稍弯，角呈蜡黄色或白色，角尖部力黑色，颈部被毛较长且多卷曲，额顶部有丛生的皮毛。成年公牛平均900~1200公斤，母牛600~700公斤左右；早熟性好，肉用性能突出，利用粗饲料能力强，增重快，产肉多，肉质细嫩。17月龄活重可达500公斤，屠宰率为65%以上。大理石纹好，但脂肪沉积不够理想。兼用型短角牛体型外貌基本上与肉用短角牛一致，不同的是其乳用特征较为明显，乳房发达，后躯较好，整个体格电较大。泌乳量平均为3000~4000公斤；乳脂率3.5%~3.7%，其肉用性能与肉用短角牛相似。

西门塔尔牛　毛色为黄白花或淡红白花，头、胸、腹下、四肢及尾帚多为白色，皮肤为粉红色，头较长，面宽；角较细而向外上方弯曲，尖端稍向上。颈长中等；体躯长，呈圆筒状，肌肉丰满；前躯较后躯发育好，胸深，尻宽平，四肢结实，大腿肌肉发达；乳房发育好，成年公牛体重乎均为800～1200公斤，母牛650～800公斤。成年母牛难产率低，适应性强，耐粗放管理。

摩拉水牛 原产印度哈州及德里地区，现在印度旁遮普州和巴基斯坦旁遮普省等地有大量分布。摩拉水牛抗病能力强，耐粗饲，少有疾病发生。体形高大，四肢粗壮，体型呈楔型，尻扁斜，皮薄而软，富光泽，被毛稀疏，皮肤被毛黝黑，少数为棕色或褐灰色，尾帚白色或黑色，头较小，鼻孔大，前额稍微突出，角如绵羊角，呈螺旋形，耳薄下垂，胸深宽发育良好，蹄质坚实。母牛乳房发育良好，乳静脉弯曲明显，乳头粗长。成年牛平均体高132.8厘米，成年公牛体重450～800公斤、母牛体350～500公斤。摩拉水牛是较好的乳用水牛品种，年平均产奶量2200～3000公斤，乳脂率7.6%。20世纪80年代以来，凯里、黄平、施秉、镇远、岑巩、三穗、黎平、麻江等县市都引进摩拉水牛。摩拉公水牛与本地母水牛杂交所生杂交一代公牛初生重40.5公斤，比本地公水牛初生重提高66.67%，母水牛初生重37公斤，比本地母水牛初生重提高21.1%。

尼里—拉菲水牛 尼里—拉菲水牛是世界最优秀的乳用水牛品种之一，脸较长，乳房发达，性情温顺，耐热，抗病力强。平均泌乳期产奶量为1971.18±950公斤（283.91±79.18天）。

杂交改良

用本地良种公牛与本地母牛进行交配繁殖，用外地良种公牛与本地母牛进行交配繁殖，或用外（本）地良种公牛冷冻精液与本地母年输配是养殖业发展的一项重大举措。黔东南州从20世纪50年代就开始了多年的杂交改良。

“八五”期间（1991—1995年） 养牛业的改良，重点抓了黄牛本品种选育，即实行选优汰劣，遏制长期以来由于野交及近亲交配导致黄牛品质下降，以提高黄牛个体品质。1991年，全州16个县市成立了县乡村组黄牛选育领导小组。领导小组在本县市范围内，各选择一个有基础母牛群80～100头的自然村寨，拟定选育方寨，开展黄牛本品种选育工作。是年，全州已落实16个选育点，对母牛群进行体尺测量，建卡登记，鉴定选留种公牛，淘汰劣种公牛等项选育前期工作

1992年，各县市在上年的基础上，再选1个点，每个点选留母牛100头，公牛5头。全年共选留母牛1617头。1993年，丹寨县在抓好黄牛本品种选育的同时，还引进奶牛3头，生产鲜奶供应县城居民职工，是年向市场销售鲜奶6200公斤。1995年，全州黄牛品种改良点13个，其中丹寨4个，黄平、黎平、台江各2个，锦屏、榕江、从江各1个。

“九五”期间（1996—2000年） 实施“地方黄牛本品种选育”项目，选育了一批优良种公牛，并引进优良种公牛颗粒冻精输配。1995—1997年，在黄平、黎平两县实施“地方黄牛本品种选育”项目。至1996年年底，两县共选育种公牛71头（黎平48头、黄平23头），选配母牛962头（黎平706头、黄平256头。至1997年年底，三年共选育优良种公牛343头（黄平291头，黎平52头）。淘汰劣质公牛990头（黄平804头、黎平186头）。建配种点341个（黄平291个、黎平50个）。建立稳定基础母牛群6739头（黄平501.6头、黎平1723头）。选配母牛9160头次（黄平6491头次、黎平2669头次）。产犊4274头（黄平206头、黎平2214头）。繁殖率两县平均为42.7%，较项目实施前提高7.39%。对选育后公母各30头随机抽样测初生

重等四大指标。其初生牛犊体重、体高、体科长、胸围分别比项目实施前提高 0.68 公斤、1.69 厘米、3.1 厘米、1.12 厘米。周岁平均体重、体高、体斜长、胸围分别比 1995 年前提高 15.76 公斤、7.6 厘米、9.78 厘米、5.85 厘米。项目实施三年，新增总产值 181.16 万元，新增净产值 108.59 万元。投入产出比 1:2.15。1996 年，全州黄牛本品种选育点 38 个，公牛 121 头，配种 2000 头。1998 年，锦屏县引进“西门塔尔”颗粒冻精 80 颗和“黑白花”颗粒冻精 50 颗在启蒙镇巨寨村设点输配母黄牛 70 头次，成功受孕 15 头。黄平县先后从云南省畜牧局、广东劳莱恩公司引进西门塔尔、短角牛、劳莱恩种公牛各 1 头，并输出 20 头本地母黄牛到广州劳莱恩公司接受胚胎移植。是年，黄平县建冻配点 6 个，输配 267 头。1999 年，黔东南州推广“公办、民办和民办公助”三结合的办法，在抓好公办点的同时，积极鼓励和扶持民办点。州财政下拨牛冻配改良专款 22 万元，分别在凯里、麻江、雷山、丹寨、黄平、施秉、镇远、岑巩和锦屏 9 县市新建牛冻配改良点 18 个，加上榕江、黄平、黎平和锦屏 4 县自建点，全州共有牛冻配改良点 28 个，有效覆盖面达 28 个乡 147 个村 983 个村民组，完成冻配改良 1371 头。2000 年，牛改工作力度加大，全年投入牛改资金 28.5 万元，特邀省和加拿大牛改专家深入牛改区进行技术指导和讲课。全年培训人员 1.06 万人次，其中培训技术员 618 人次，印发各类宣传技术资料 32928 份。牛冻配改良扩大到 49 个，覆盖达 32 个乡（镇）、295 个村、1585 个村民组，完成输配 3637 头，产杂交牛犊 242 头，其中黄牛 228 头、水牛 14 头，繁殖率为 18%。建立本品种选育点 145 个，选留种公牛 126 头，选配母牛 6408 头。是年，黄牛本品种选育 145 个，选留种公牛 126 头，选配母牛 6408 头。

“十五”期间（2001—2005 年） 牛冻配改良点推广力度加大。2001 年，牛冻配改良点增加到 57 个，黄牛本选共设本选点 232，选留公牛 378 头，配母牛 6277 头。2002 年，全州共有 78 个冻配点开展工作，共输配母牛 7353 头，其中输配黄牛 4818 头，输配水牛 2815 头，全年输配受胎 3003 头，其中黄牛受胎 2139 头，水牛受胎 864 头，产犊 1480 头。是年，黄牛本选共设本选点 249 个，选留公牛 396 头，选配母牛 6695 头，比上年增加 418 头，覆盖了 12 个县市 82 个乡镇、240 个村、850 个村民组。2003 年，全州共建牛改点 177 个，其中鲜配点 24 个（当年新建牛改点 59 个，其中鲜配点 24 个），覆盖 138 个乡镇 9455 个村 4942 个组，全年输配母牛 20074 头，其中鲜配 790 头。产杂交牛 4957 头。2004 年，省、州、县、乡四级共投入牛改资金 401 万元，其中，投入 229.96 万元引进良种牛 1226 头，（公牛 31 头、母牛 1195 头，其中鲁西黄牛 791 头、荷斯坦牛 404 头）。牛改点总数达到 254 个（冻配改良点 174 个、鲜配改良点 80 个），全州已建牛改点 254 个（其中冻配改良点 174 个、鲜配改良点 80 个），输配母牛 28975 头产杂交牛 7852 头。是年，天柱、镇远、麻江、三穗、黄平和岑巩县共建设 10 个肉牛品种改良示范点，每个县获得省改，良液氮补助经费 5000 元，10 个肉牛改良示范点已完成肉牛改良 6978 头。此外，榕江、黄平县被列为省优质畜产品生产基地，年末，榕江、黄平县列为优质肉牛基地，优质肉牛基地发展养牛专业户 1114 户，饲养母牛 7347 头，种植优质牧草 35560 亩；2005 年，全州引进种牛 174 头，全州共建牛改点 302 个，其中冻配点 221 个、鲜配点 81 个。全年销售液氮 20795 升（除有的县到省站提取外）发放牛细管冻精 3.47 万支，其中利木赞 1.51 万支，西门塔约 3436 支，黑安格斯 2848 支，红安格斯 3501 支，麻拉 8050 支，尼里 1556 支，黑白花 185 支。完成输配母牛 36310 头（其中冻精完成 2.89 万头，鲜配完成 7397 头）。全年共产杂交牛 1.23 万头，全州从事牛改输精员 367 人，其中技干 158 人、农民 209 人。

“十一五”期间（2006—2010 年） 牛改力度加大，输配量、产犊率稳步增长。2006 年，全州建有牛改点 280 个，其中，鲜配点 80 个，冻配点 200 个。全州共完成牛改输配 5.32 万头，产杂交牛犊 1.5 万头。2007 年，全州人工输配母牛 5.76 万头。其中冻配 4.32 万头，鲜配 1.24 万头，本品种选育 1907 头。2008 年，全州输配母牛 4.4 万头，其中，冻配 3.57 万头，鲜配 7403 头，本品种选育 989 头，产杂交牛犊 2.15 万头。2009 年，在黄平、丹寨两县实施肉牛产业项目，该项目省级投入畜牧业专项资金 130 万元，其中，黄平县优质肉牛养殖示范场建设项目 80 万元，丹寨县“两高沿线”优质肉牛建设项目 50 万元。黄平县优质肉牛示范场建设地点为新州镇罗朗村桃子冲无公害生态循环农业示范园，项目已建成标准化牛舍建设 1000 平方米；完成精料库及加工房建设 340 平方米；完成兽医室建设 60 平方米；完成青贮窖建设 300 立方米；完成人工牧草种植 600 亩；完成采购能繁母牛 200 头、种公牛 2 头、育肥牛 100 头。丹寨县“两高沿线”优质肉牛建设项目在兴仁镇烧茶村和长青乡大朗村实施。当年完成 40 户项目户的牛圈修建、青贮池建设、污水处理池建设、铡草机购置、技术培训等项目实施工作。完成牛圈修建 2460 平方米修建青贮氨化池 1130 立方米，完成项目建设的 141.25%；购置铡草机 42 台（套）；新建污水处理设施（沼气池及污水净化池）450 立方米；完成牧草种植 280 亩，技术培训 1056 人次，两个牛冻精输配点建设以及各项目户消毒池建设。2010 年，全州建成肉牛冻配改良点 160 个，鲜配点 58 个，种公牛 162 头，全年完成杂交改良输配 4.27 万头，产杂交牛犊 1.93 万头。是年，在永丰奶牛场实施奶牛冻精补贴项目，该项目资金 6000 元，采购奶牛冻精 200 份。2010 年，改良输配能繁母牛 4.39 万头，占任务的 104.47%，其中，冻配 3.67 万头，鲜配 6091 头，本品种选育 1126 头，全年产杂交牛犊 1.93 万头，产犊率 43.83%。

“十二五”期间（2011—2015 年） 牛品种改良已遍及州内乡村。2011 年，全州共有肉牛品种改良点 218 个，其中牛冻配改良点 57 个。覆盖 57 个乡镇，314 个村，1935 个组，全年输配母牛 5176 头，其中黄牛 3596 头，水牛 1580 头。当年产杂交牛 799 头，其中黄牛 637 头，水牛 162 头。2012 年，全州完成改良输配能繁母牛 5.27 万头，占任务的 105.32%，其中，冻配 39052 头，鲜配 1.36 万头，本品种选育 6639 头，预计全年产杂交牛犊 1.7 万头，产犊率 32.5%；2012 建成肉牛品种改良点 207 个（其中冻配点 109 个、鲜配点 85 个、饲养种公牛 236 头），有牛改输精员 234 人（其中技术干部 66 人、农民 168 人）；全州完成改良输配能繁母牛 5.26 万头，其中冻配 3.9 万头、鲜配 1.36 万头，本品种选育 6639 头，全年产杂交牛犊 1.7 万头。是年，在黎平县和黄平县实施肉牛良种补贴项目。黎平县和黄平县各补贴 5000 头，1 万剂冻精。2013 年，建成肉牛品种改良点 207 个（其中冻配点 109 个、鲜配点 85 个、饲养种公牛 236 头），有牛改输精员 234 人（其中技术干部 66 人，农民 168 人）；改良输配能繁母牛 5.43 万头。2014 年，全州现有牛改点 186 个，其中冻配点 103 个，鲜配点 87 个，完成本品种选育 1 万头，其中公牛 991 头，全州现有牛改输精员 208 人，其中国家技术干部 83 人，农民输精员 125 人。牛输配改良 6.5 万头，其中，冻配改良 4.82 万头，鲜配 1.45 万头，产杂交牛 2.17 万头。当年新增牛存栏 3.43 万头。2014 年，建成肉牛品种改良点 186 个，有牛改输精员 208 人（其中技术干部 83 人、农民 125 人）。2015 年，全州现有牛改点 192 个，其中冻配点 103 个，鲜配点 87 个，完成本品种选育 1 万头，其中公牛 991 头，全州现有牛改输精员 208 人，其中国家技术干部83人，农民输精员125人。完成牛输配改良6.58万头，其中，冻配改良4.03万头，鲜配2.2万头，产杂交牛2.3万头。

示范户建设

1994年以来，全州加强了养牛示范户建设。其中：1994年发展了重点养牛专业户（10头以上）6户，养牛79只，户均13只。全州建商品育肥牛示范场（点）28个，完成秸秆氨化1300.7吨，出栏育肥牛3034头，其中633户养牛示范户完成秸秆氨化养牛728吨，出栏育肥牛1801头。1995年，全州“四龙双轨，兴牧品改示范项目建设。是年，发展养牛示范户633户，出栏278头（犊牛564头，育肥牛2146头），建牛改点13个，配本地良种公牛45头，配种731头（次）。1995年，示范户建设中，发展了养殖专业户9户，养牛317头。1996年，示范户建设中，发展了养牛专业户1044户，养牛10984头（户均10头），出栏5169头（户均5头）。1997年，发展适度规模养牛专业户1273户，饲养量14070头（户均11头），出栏商品牛7000头（户均5头）。1999年，发展适度规模养牛3143户，其中5一10头2987户，饲养量2.12万头，10头以上156户，饲养量1974头。2004年，榕江县和黄平县被省列入优质肉牛基地，发展养牛专业户1114户，饲养母牛7347头，种植优质牧草3.56万亩。2005年，建有肉牛养殖小区76个。2006年，优质肉牛基地发展养牛专业户3.17万户，新增基础母牛5.25万头，种植优质牧草14.67万亩，修建牛舍59.3万平方米，修建青贮池29.34万平方米，建牛改点48个，建乡镇畜牧兽医站30个，村兽医室81个，建养殖小区56个，协会49个，会员6050人，补贴1916.33万头母牛，出栏牛7850头。是年，建有肉牛养殖小区102个，涉及农户3869户。存栏肉牛1.34万头，出栏7918头。2006年，全州建商品牛育肥场92个，年出栏3112头。2007年，建立标准化肉牛养殖小区48个，建规模肉牛养殖场8个，养牛大户376户。2008年，建肉牛养殖小区72个，涉及农户5149户，期末存栏1.97万头，当年出栏6916头。2009年，建有肉牛养殖小区66个，参与农户1833户，小区全年出栏肉牛5381头，期末存栏牛1.56万头；建规模商品牛育肥场108个，年出栏肉牛2059头，年末存栏5582头；民菜养牛大户260户，年出栏肉牛2217头，年末存栏6347头。2010年，建有肉牛养殖小区66个，参与农户1833户，小区全年出栏肉牛9206头，期末存栏牛1.83万头；建规模商品牛育肥场137个，年出栏肉牛4655头。2011年，建规模商品牛育肥场124个，年出栏肉牛6051头。2012年，建规模商品牛育肥场29个，出栏肉牛6051头。2013年，建规模肉牛养殖场（小区）117个。2014年，肉牛规模养殖场发展到218个。

第三节　羊

发展概况

黔东南州养羊历史悠久，山区、半山区农民都有养羊习惯。1991年以来，先后在锦屏、从江、榕江、雷山、丹寨5个主要林区县实施“黔东南州林间养羊及配套生产技术”，在施秉县甘溪、地坝两乡饲养施秉白山羊示范，尔后又进行引种改良、示范和生产场建设，推动了山羊饲养的发展。

“八五”期间（1991—1996 年） 累计存栏 67.83 万头，累计能繁母羊 26.82 万头，累计出栏肉羊 29.42 万头，累计羊肉产量 4746 吨。其中，1991 年，羊年末存栏 12.31 万头，能繁母羊 4.6 万头。年出栏肉羊 5.03 万头，年羊肉产量 939 吨。1992 年，羊年末存栏 11.95 万头，能繁母羊 4.96 万头。年出栏肉羊 5.26 万头，年羊肉产量 880 吨。1993 年，羊年末存栏 12.61 万头，能繁母羊 4.6 万头。年出栏肉羊 6.12 万头，年羊肉产量 918 吨。1994 年，羊年末存栏 14.43 万头，能繁母羊 5.69 万头。年出栏肉羊 6.08 万头，年羊肉产量 881 吨。1995 年，羊年末存栏 16.54 万头，其中能繁母羊 6.97 万头，年出栏肉羊 6.93 万头，羊肉产量 1128 吨。

“九五”期间（1996—2000 年） 累计存栏 179.77 万头，累计能繁母羊 72.61 万头，累计出栏肉羊 81.84 万头，累计羊肉产量 1.2 万吨。其中，1996 年，羊年末存栏 21.29 万头，能繁母羊 9.11 万头。年出栏肉羊 7.89 万头，年羊肉产量 1231 吨。1997 年，羊年末存栏 29.97 万头，能繁母羊 12.45 万头。年出栏肉羊 12.81 万头，年羊肉产量 1873 吨。1998 年，羊年末存栏 35.45 万头，能繁母羊 14.08 万头。年出栏肉羊 17.24 万头，年羊肉产量 2519 吨。1999 年，羊年末存栏 43.85 万头，能繁母羊 17.42 万头。年出栏肉羊 19.96 万头，年羊肉产量 2891 吨。2000 年，羊年末存栏 49.21 万头，其中能繁母羊 19.55 万头，年出栏肉羊 23.94 头，羊肉产量 3465 吨。

“十五”期间（2001—2005 年） 累计存栏 286.62 万头，累计能繁母羊 113.88 万头，累计出栏肉羊 164.89 万头，累计羊肉产量 2.36 万吨。其中，2001 年，羊年末存栏 54.24 万头，能繁母羊 21.55 万头。年出栏肉羊 27.56 万头，年羊肉产量 3751 吨。2002 年，羊年末存栏 53.78 万头，能繁母羊 21.37 万头。年出栏肉羊 29.78 万头，年羊肉产量 4153 吨。2003 年，羊年末存栏 56.98 万头，能繁母羊 22.64 万头。年出栏肉羊 33.68 万头，年羊肉产量 4887 吨。2004 年，羊年末存栏 60.03 万头，能繁母羊 23.85 万头。年出栏肉羊 35.6 万头，年羊肉产量 5142 吨。2005 年，羊年末存栏 61.59 万头，其中能繁母羊 24.47 万头，全年出栏肉羊 38.27 万头，羊肉产量 5740 吨。

“十一五”期间（2006—2010 年） 累计存栏 167.13 万头，累计能繁母羊 66.4 万头，累计出栏肉羊 92.23 万头，累计羊肉产量 1.17 万吨。其中，2006 年，羊年末存栏 61.48 万头，能繁母羊 24.43 万头。年出栏肉羊 40.3 万头，年羊肉产量 1928 吨。2007 年，羊年末存栏 18.17 万头，能繁母羊 7.22 万头。年出栏肉羊 11.97 万头，年羊肉产量 2017 吨。2008 年，羊年末存栏 29.74 万头，能繁母羊 8.67 万头。年出栏肉羊 11.08 万头，年羊肉产量 2175 吨。2009 年，羊年末存栏 35.93 万头，能繁母羊 11.81 万头。年出栏肉羊 11.74 万头，年羊肉产量 2508 吨。2010 年，羊年末存栏 35.93 万头，其中能繁母羊 14.27 万头，全年出栏肉羊 18.2 万头，羊肉产量 3102 吨。

“十二五”期间（2011—2015 年） 累计存栏 140.82 万头，累计出栏肉羊 85.14 万头，累计羊肉产量 1.5 万吨。其中，2011 年，羊年末存栏 23.92 万头，年出栏肉羊 14.97 万头，年羊肉产量 2854 吨。2012 年，羊年末存栏 25.59 万头，年出栏肉羊 15.32 万头，年羊肉产量 2860 吨。2013 年，羊年末存栏 27.76 万头，年出栏肉羊 16.94 万头，年羊肉产量 2774 吨。2014 年，羊年末存栏 31.26 万头，年出栏肉羊 18.88 万头，年羊肉产量 3301 吨。2015 年，羊年末存栏 32.29 万头，比全年出栏肉羊 19.03 万头，羊肉产量 3327 吨（详见下表）。

黔东南州山羊年末存栏及年内出栏统计表

（1991—2015年）

表4—2

单位：万只、吨

年 份	年末存栏数	其中能繁母羊	年内出栏数	年内产量
1991	12.31	4.60	5.03	939
1992	11.95	4.96	5.26	880
1993	12.61	4.60	6.12	918
1994	14.43	5.69	6.08	881
1995	16.53	6.97	6.93	1128
1996	21.29	9.11	7.89	1231
1997	29.97	12.45	12.81	1873
1998	35.45	14.08	17.24	2519
1999	43.85	17.42	19.96	2891
2000	49.21	19.55	23.94	3465
2001	54.24	21.55	27.56	3751
2002	53.78	21.37	29.78	4153
2003	56.98	22.64	33.68	4887
2004	60.03	23.85	35.60	5142
2005	61.59	24.47	38.27	5631
2006	61.48	24.43	40.30	1928
2007	18.17	7.22	11.97	2017
2008	21.81	8.67	11.08	2175
2009	29.74	11.81	11.74	2508
2010	35.93	14.27	18.20	3102
2011	23.92	—	14.97	2854
2012	25.59	—	15.32	2860
2013	27.76	—	16.94	2774
2014	31.26	—	18.88	3301
2015	32.29	—	19.03	3327

地方品种

黔东南州本地山羊，以其产地和毛色差异分为天柱麻山羊、黄平白山羊、施秉黑山羊、塔石小香羊等，其血缘关系相近，统称为黔东南山羊。

黔东南山羊，是在产区自然生态环境条件下，经长期选育而成的地方品种。州内各县市都有饲养，黄平、施秉、镇远、岑巩、三穗、天柱、雷山、剑河、从江、榕江等县较多。

黔东南山羊体形中等。四肢结实，行动敏捷，适应山区环境，抗病力强。成年羊平均活重

26.2 公斤，胴体重 12.09 公斤，净肉重 8.73 公斤，骨重 2.61 公斤，屠宰率 49.28%，净肉率 32.31%。公母羊一般饲养半年后开始配种，母羊一年两胎或两年三胎，繁殖年限为 8～9 年。

塔石小香羊主要分布于榕江塔石乡和雷山永乐镇一带。1994 年 10 月，省州畜牧专家组考察认定，该品种个体小，膻味轻，肉质细嫩，烹饪加工香气宜人，味美可口，为山羊肉产品中的上品。

黔东南塔石小香羊

引种繁殖与改良

针对本地山羊生长慢、产肉率低、经济效益差的状况，黔东南州农业部门在抓好地方本品种选育的同时，还积极着手引进外地良种和适应州内自然环境的良种山羊繁殖，通过杂交改良本地品种，提高肉皮兼用性能。

20 世纪 90 年代，麻江、凯里、丹寨、黄平、施秉等县从云南、湖北、四川等省和省内威宁、毕节、沿河、独山等地引进多个外地品种试养。

2001 年，黔东南州人民政府针对本州的实际，下拨 12 万元扶贫资金分别在丹寨和榕江两县实施了波尔山羊引种改良试点工作。是年，丹寨县引进纯种波尔山羊 4 只，引进良种羊 780 只，建波尔山羊改良点 12 个，输配 458 只；榕江、天柱、施秉、雷山等县先后开展了波尔山羊的冻配改良工作，建改良点 12 个，全年输配改良 458 头，产羔 4 只。镇远、剑河、锦屏等县进南江黄羊，新疆黑山羊等 776 只，其中公羊 79 只，母羊 697 只，建羊改点 152 个，推广杂交羊 14794 只。

2002 年，岑巩、镇远、丹寨、黄平、榕江、三穗、凯里、黎平 8 个县建羊改点 37 个，输配母羊 1753 只，产羔 201 只；引进南江黄羊、成都麻羊、新疆黑山羊等良种羊 1032 只，全年改良推广 20346 只。全州山羊冻精输配共设点 13 个，输配改良母羊 2671 只，产杂交羊 235 只。

2003 年，引进南江黄羊、黑山羊、成都麻羊、波尔山羊等良种羊共 1241 只，改良推广 7045 只。全州充分利用牛改设备开展羊冷配改良工作，州内建立羊冷冻配改良点 63 个，全年输配母羊 2950 只，产羔 1615 只。是年，通过羊改带动一些养殖户的发展。如麻江县品改站开展的种草养羊示范点，饲养基础母羊 42 只，波尔山羊种公羊 1 只，利用冻配和自然交配产下 28 只波尔山羊杂交羊（其中 13 只公羊、15 只母羊），羔羊成活率为 100%，收入可达 2.8 万元。同时县站协助扶贫办到独山引进黑山羊种羊 253 只，发放给 23 户养养户（户均 11 只），采取一年后每户归还相应数目的母羊，再转交给另外养羊户，剩余羊归农户。以此类推，滚动发展，带动农民脱贫致富。又如黄平县新州镇的马大华，从外地引进黑山羊、成都麻羊和南江黄羊等优良品种与 250 余本地羊进行杂交改良，收到良好的经济效益。

2004 年，全州建羊改点 104 个，输配母羊 5133 只，产羔 2878 只，出栏杂交羊 2478 只。是年在麻江县实施的羊胚胎移植项目中，当年共产纯种波尔山羊 10 只（公羊 7 只、母羊 3 只）。

2005 年，全州建羊改点 107 个，其中冻配点 41 个，鲜配点 66 个。输配母羊 9833 只。其中：冻配 1689 只，占输配数的 17.2%，鲜配 8144 只占输配数的 82.8%，出栏杂交羊 12531 只。

是年，州内15县市开展了山羊的冻（鲜）配改良示范工作，完成输配9833只。

2006年，全州现建成羊改点170个，其中鲜配点133个，冻配点37个。全年输配母羊19129只。

2007年，完成羊改22860只。其中冻配784只，鲜配22075只。引进良种羊1999只。出栏杂交羊2.21万只。

2009年，羊改完成2.97万只，引进良种羊29527只（含波本杂母羊），出栏杂交羊2.7万只。

2010年，全州获“种畜禽经营许可证”的种羊场1个，建成肉羊鲜配改良点209个，引进良种羊5.75万只，其中公羊1742只，输配改良能繁母羊3.2万只，羊改完成3.2万只，出栏杂交羊6.5万只。

2011年，建成肉羊鲜配改良点227个，引进波尔山羊、南江黄羊、贵州白山羊、贵州黑山羊等良种公羊2216只。

2012年，羊改完成5.4万只，引进良种羊2.43万只（含波本杂母羊），出栏杂交羊4.72万只。

2013年，建成肉羊鲜配改良点745个，引进波尔山羊、南江黄羊、贵州白山羊、贵州黑山羊等良种羊4.74万只，羊改完成6.32万只。

2014年，建成肉羊鲜配改良点486个，其中冻配点22个，鲜配点129个。输配母羊6.81万只，其中冻配1.4万只，鲜配母羊5.41万只，完成改良6万只，当年出栏杂交羊5万只。

2015年，建成肉羊鲜配改良点羊改点462个，其中冻配点21个，鲜配点88个。其中冻配4.98万只，鲜配母羊6952只，完成改良6万只，当年出栏杂交羊5.77万只。

示范建设

1993年，根据黔东南州各县山羊生产现状和养羊业的基础，安排了从江、斜河、台江、镇远、施秉、三穗6县各引进或选留黑山羊30只进行改良繁殖发展，是年，共引进选留发展了625只，初步起到了发展养羊业的示范作用。1994—1995年养羊业在农业产业结构调整中出现恢复性增长。1994年，全州共发展养羊示范户128户，养羊2997只（户均23只）其中基础母羊1532只，发展1458只，出栏98只，产值1万元。1995年，全州建示范点105个，发展示范户621户，养羊27.8万只（母羊12131只），产羔1.46万只，出栏1.23万只（羔羊3510只、肉羊8760只）。1996年，发展养羊专业户733户，养羊3.75万只（户均51只），出栏9252只（户均13只。1997年发展适度规模养羊专业户1645户，饲养量6.22万只（户均38只），出栏1.85万只（户均11只）。建立种羊繁殖专业户441户，配置种母羊7731（户均18只），产羔8339只。是年，州农业局还与镇远县联办养羊示范点。项目1998年内建成。1999年发展适度规模养羊3242户（30~50只2584户，饲养量10.21万只；50~100只560户，饲养量4.26万只，100只以上98户，饲养量1.29万只）。2000年，雷山县被省列入优质肉羊基地。是年在州内推广秸秆氨化养羊12万只，商品羊发展势头加快，羊存栏49.2万只，出栏达23.9万只。2006年，实施了优质肉羊基地项目。是年，落实农户2433户，完成圈舍4.2万平方米，种草3.67万亩，新增母羊4.64万头，完成羊改点建设106个，建乡镇畜牧兽医站10个、村兽医室建设20个，出栏21615头。建成商品羊育肥场741个，年出栏羊38414只，比上年增加1.42万只，增长58.91%。2007年，建立标准化肉羊养殖小区4个建规模肉羊养殖场7个，养羊大户

2373户。2009年，建立标准化肉羊养殖小区27个，小区全年出栏肉羊1.66万头，期末存栏羊2.41万只；建成商品羊育肥场241个，年出栏肉羊1.26万只，年末存栏1.34万只；培育养羊大户1249户，年出栏肉羊3.15万只，年末存栏羊2.41万只。2010年，建立标准化肉羊养殖小区27个，小区全年出栏肉羊3.24万头，期末存栏羊4.31万只；建成规模商品羊育肥场243个，年出栏肉羊1.52万只；2011年，建立标准化建规模商品羊育肥场385个，年出栏肉羊1.91万只；2012年，建立标准化建规模商品羊育肥场180个，肉羊1.91万只。2013年，建成规模肉羊养殖场（小区）175个。2014年，建立标准化肉羊规模养殖场99个。

生产场建设

1994年，在丹寨、黄平、施秉、岑巩、剑河、三穗、天柱、榕江建成8个建商品山羊生产基地。是年省丰收计划项目——“20万只商品羊配套技术推广”在黄平和凯里市实施。1998—1999年，在锦屏、从江、榕江、雷山、丹寨5个林区县实施的省“丰收计划”——“黔东南州林区养羊及配套生产技术”项目。该项目覆盖65个乡镇，8个村1296个组5303户专业户。当年全年出栏山羊3.65万只，完成年度任务的96.13%，各项经济技术指标的调查、测定及统计工作均在正常开展。完成了放牧山羊对杉木林、灌木林、五倍子林和马尾松林的影响等4个研究项目。是年完成“放牧山羊对人工林的影响研究”1个课题4个专题的研究工作。1999年发展林区养羊户5726户，各类乡村275个林场共出栏山羊10.42万只，项目已于12月4日通过省级验收和鉴定。

2004年，雷山县被列为省优质畜产品生产基地。年末，雷山县优质肉羊基地，已落实项目农户26户，完成建舍12户760平方米，种草65亩。

2010年，麻江、施秉等5县实施1000万只肉羊工程项目，承担了5个种羊场和140个羊改点的建设任务。其中施秉县通过一年的努力，建标准化圈舍2000平方米，产羔房200平方米，建成工作房及兽医室300平方米，采购贵州白山羊母羊1099只，贵州白山羊种公羊64只，建植人工草地2000亩，草山草坡改良3000亩，完成储水池修建50立方米，贮池修建320立方米，布埋抗旱灌溉管网8000米，配置饲草饲料加工机械10台套、人工授精设备1台，完成1公里电力线路和变压器安装等基础设施建设。项目建设共计投入资金310.86万元，其中，省级项目资金100万元，招商引资和自筹资金210.86万元。

是年，镇远县石漠化治理牛羊配套项目，当年项目户羊群存栏已达2240只，产值达70.05万元。其中繁殖母羊985只，产值38万元；种公羊50只，产值12万元；羔羊1405只，产值21.05万元；出栏优质肉羊800只，按每只纯利300元，新增纯收入24万元，户均增纯收入4800元，使50户200贫困人口通过肉羊养殖走上脱贫致富之路。

第四节　兔

黔东南州境内很早就有以竹制兔笼圈零星养兔，主饲为青草和蔬菜。“八五”期末（1995年）家兔存栏3.7万只，产肉28吨。“九五”期间基本保持持续增长。1998—2000年，黔东南州在凯里、台江、麻江、丹寨4县（市）推广8万只肉兔及配套饲养技术取到了良好的示范效应，覆盖24个乡镇1882户专业户。至2000年，州内养兔11.19万只，是近20年来兔饲养量最多的一年，产肉100吨。2001—2015年，皮肉兼用型兔饲养趋于稳定，年饲养量8万~10万只左右，产兔肉100吨~200吨左右。

黔东南州兔饲养与兔肉产量统计表

（1991—2015年）

表4—3

年　份	饲养（万只）	兔肉（吨）
1991	0.40	9.00
1992	0.98	6.68
1993	1.31	19.00
1994	2.43	90.00
1995	3.69	28.00
1996	4.1562	52.00
1997	6.72	64.00
1998	4.79	93.00
1999	10.34	160.00
2000	11.19	100.00
2001	9.28	102.00
2002	8.30	127.00
2003	8.07	104.00
2004	8.9711	109.00
2005	8.68	155.00
2006	8.54	155.00
2007	6.88	131.00
2008	5.22	86.00
2009	10.44	105.00
2010	6.86	144.00
2011	6.85	169.00
2012	6.97	174.00
2013	6.99	178.00
2014	7.94	179.50
2015	10.33	228.00

黔东南兔有本地品种和外地品种。

本地兔品种 属皮肉兼用型，被毛多数白色，也有少量银灰色和黑色的，毛细而短，耳竖立，眼球赤红。成年兔体重2公斤~2.5公斤。适应性强，耐粗饲，抗病力强，母兔年产5胎以上，每胎6只~8只。

外地品种 有日本大耳兔、西德长毛兔、哈尔滨白兔、立克斯獭兔等，均是20世纪60年代以后逐步引入的。由于长期混养，有的与本地兔杂交后，产生的杂交后代生产性能提高。长毛兔因兔毛销路不畅，在州内已很少饲养。

1999年发展适度规模养家兔318户，其中50户~100只317户，饲养3万只；100只以上1户，饲养量160只。2001年，肉兔推广通过“黔东南州8万只肉兔及配套饲养技术”丰收计划项目。近三年来在州内4个县市的实施，带动了全州养兔业的发展。当年引进种兔120只，推广良种兔4.16万只。2002年引进良种兔3665只，繁殖推广1.67万只。2003年在肉兔推广中，州和各县市农业部门积极为养殖户提供种兔信息，奋力推动了养兔业的发展。如岑巩县品改站积极为獭兔养殖户杨启德提供技术服务，从饲养管理到疫病防治给予指导，使之出栏2000多只商品兔，收到良好的经济效益。是年州内共引进良种兔1565只，推广良家兔6.86万只。2006年发展适度规模养家兔大户205户，推广家兔1000余只。2007年发展适度规模养家兔15户。2009年引进良种兔2606只，推广1.24万只，发展适度规模养家兔26户，年末存栏兔1784只，出栏肉兔842只。2010年引进良种兔3996只，推广1.22万只。2014年引进良种兔3398只，推广3.61万只。2015年引进良种兔1.33万只，推广18.78万只。

第五节 其他家畜

马

黔东南州养马历史悠久。黔东南的马，按地域划分，统称“西南马”亦称“贵州马”。其特点是：体型矮小，全身紧凑，头短而清秀，四肢坚实有力，毛以栗色居多，间有黑色、灰色和花色。适应性强，能吃苦耐劳，用国家级公路运输，运输量超过体重2~3倍。

州内的黄平、施秉、镇远、榕江、三穗、岑巩、剑河、台江、凯里、雷山、天柱、丹寨、麻江等县，曾先后用引进的卡巴金马、奥尔洛夫马、蒙古马与本地马品种进行杂交改良，其所产的后代，体型外貌和生产性能，均有明显的改善和提高。

据统计，“八五”期末，全州年末马存栏2.13万匹，其中能繁殖的母畜5980匹，当年生仔畜5890匹。“九五”期末，年末马存栏2.96万匹，其中能繁殖的母马7838匹，当年生仔畜2661匹。“十五”期末，年末马存栏4.94万匹，其中能繁殖的母马1.35万匹，当年生仔畜4782匹。2007—2015年，年末马存栏3万—9万头左右，其中能繁殖的母马2万头左右，当年生仔畜0.5万头左右。

骡由公驴与母马交配，繁殖成骡品种。其体型高大，超过双亲体重。毛灰因数色，耳比母马长，比驴小，优质结实，适应性强，能抗病害，能吃苦耐劳。

用本地公马配母驴，其后代为驴骡，体型矮小，体重低于双亲，役用性能差，已经灭绝。20 世纪 90 年代，全州骡存栏量不足 10 匹。

驴

为引进品种，其后代头中等，耳大且长，头颈稍高举，胸部窄，背稍凹，后躯以育差，尻部狭小，但四肢结实，吃苦性强，善驮负，适应山区短途驶运。县内没有存栏。州内未加培养繁殖，20 世纪 90 年代，全州骡存栏量 35 匹。

狗

在黔东南州城镇和农村素有养狗习惯，过去养狗通常用来防盗，山区用以打猎。狗多属本地土种，也有经过人工定向培养出的狼狗、警犬、猎狗、观赏狗等。主要有黑色、黄色、白色、灰色和褐色或棕色等种，一般体重 15 公斤～20 公斤。“下司猎狗”在省内外闻名，2010 年下司犬列为国家级遗传资源名录。下司犬分布于麻江县下司镇及雷公山、月亮山少数闭塞地区。主要特征为毛白色，两层，外层毛直立称刚毛，为重要触觉器官，鼻尖呈红色，多鼠尾，部分为扇形尾。其嗅觉、触觉灵敏，善奔跑，耐力及爆发力强，对主人十分忠实，历史上一直用作护院犬和猎犬。成年公犬体重 18.22 公斤，母犬 16.7 公斤，幼犬初生重 0.38 公斤。性成熟 8～9 个月，母犬终身可产仔 30 只～60 只，种公犬可利用至 7 岁。截至 2015 年纯种濒临灭绝，麻江县畜牧局已建立种犬场进行保护繁衍工作。经强化训练后，下司犬可望发展为缉毒犬。

下司犬

下司犬

此外，也有经过人工定向培养狼狗、警犬、猎狗、观赏狗等。

随着庭院经济的发展农村、城镇养狗数增加。1982 年发生狂犬病严重威胁人畜生命与健康，出现一时的打狗运动，尔后养狗风仍然盛行。

因狗肉被人们视为冬令补品，食者逐渐增多。出现一些养狗、贩狗和屠狗的专业户。尤其是近年来，经济快速发展，人们的生活水平快速提高，宠物狗饲养品种和饲养量大幅增加；如藏獒、金毛、贵妇犬、萨摩耶德犬、哈士奇犬、迷你雪纳瑞、柯基犬、中国沙皮犬等。州内养狗较多的有黎平、从江、榕江、天柱、凯里、丹寨、麻江、雷山、台江、黄平、施秉、锦屏、剑河 13 个县（市），年养狗量 15 万 ~20 万只。

猫

俗称“猫咪”，通常指家猫，为小型猫科动物。人们饲养猫来主要是用来捕鼠及其他啮齿目动物，以防止它们吃掉谷物。现在，猫已成为最为广泛的宠物之一，饲养率仅次于犬。

第三章　家　禽

第一节　发展概况

黔东南州饲养家禽鸡鸭并重，鹅次之。过去各地所产之禽、蛋，主要供当地消费，极少运往外地。1991 年以来，家禽饲养得到了各行各业各部门的扶持。黔东南州采取推广了黎平种鸡场和麻江城关等地饲养户的经验；州和各县市农业部门印发《科学养鸡》《蛋鸡饲养管理》《禽病防治》等技术资料，举办科学养禽培训，普及鸡、鸭、鹅的防疫饲养等技术；农行提供贷款；粮食部门提供配合饲料；商业部门负责组织与饲养户、养殖场签订收购合同。上述措施，促进了不少农户饲养群鸡、群鸭、群鹅，并开始建家禽饲养场，向适度规模化发展。

“八五”期间（1991—1996 年）　累计家禽存栏为 2631.74 万只（羽），出栏家禽 1784.81 万只（羽），其间禽肉产量 2.4 万吨，禽蛋产量 9688 吨。其中，1991 年，推广良种鸡 16 万只（羽）。年末家禽存笼 485.37 万只（羽），出栏家禽 307.85 万只（羽），禽肉产量 5053 吨，禽蛋产量 1922 吨。1992 年年末家禽存笼 848.31 万只（羽），出笼 355.11 万只（羽），禽肉产量 4660 吨，禽蛋产量 1350 吨。1993 年年末家禽存笼 400.6 万只（羽），出笼 356.86 万只（羽），禽肉产量 4864 吨，禽蛋产量 2446 吨。1994 年年末家禽存笼 411.96 万只（羽），出笼 381.43 万只（羽），禽肉产量 4934 吨，禽蛋产量 1855 吨。1995 年，养禽专业户发展到 566 户。年末家禽存笼 485.5 万只（羽）出笼 383.83 万只（羽），禽肉产量 5398 吨，禽蛋产量 9688 吨。

“九五”期间（1996—2000 年）　累计家禽存栏为 3079.65 万只（羽），出栏家禽 2884.62 万只（羽），其间禽肉产量 4.1 万吨，禽蛋产量 1.87 万吨。其中：1996 年，家禽年未存栏为 522.45 万只（羽），出栏家禽 424.1 万只（羽），禽肉产量 5932 吨，禽蛋产量 2666 吨。1997 年，随着全州养殖业发展步伐的加快，家禽年末存笼和当年出笼双双突破 500 万只（羽），存笼556.98万只（羽）、出笼520.98只（羽）。当年禽肉产量7491吨，禽蛋产量3182吨。1998年，全州推广良种禽131.99万只（羽）。家禽年末存笼636.22万只（羽）、出笼615.54万只（羽），禽肉产量达8846吨，禽蛋产量3915吨。1999年，全州良种禽推广151.85万只（羽），其中良种鸡116.75万只（羽），肉鸡109.55万只（羽），蛋鸡7.19万枚。良种鸭33.72万只（羽），肉鸭22.69万只（羽），蛋鸭11.027万枚，其他1.37万只（羽）。是年年末家禽存笼为680万只（羽），出笼650万只（羽），禽肉产量9351吨，禽蛋产量4420吨。2000年，全州良种禽推广191.57万只（羽），其中良种鸡144.47万只（羽）、良种鸭40.53万只（羽）、良种鹅6.56万只（羽）。家禽年末家禽存笼684万只（羽），出笼674万只（羽），禽肉产量9435吨，禽蛋产量4550吨。

“十五”期间（2001—2005年） 累计家禽存栏为3665.35万只（羽），出栏家禽3517.5万只（羽），其间禽肉产量6.35万吨，禽蛋产量3万吨。其中，2001年，全州推广良种禽157.34万只（羽），种草养鹅16万只（羽），年末家禽存笼636.18万只（羽）；出笼799.28万只（羽）。禽肉产量1万吨，禽蛋产量4931吨。2002年，全州推广良种禽222.75万只（羽），其中引进雏苗178.51万只（羽），自行孵化43.84万只（羽），种草养鹅30.1万只（羽）。年末家禽存笼705.2万只（羽）；出笼789.1万只（羽）。禽肉产量1.13万吨，禽蛋产量5327吨。2003年，引进良种禽224.04万只（羽），推广良种禽293.71万只（羽）。年末家禽存笼为730万只（羽），出笼844万只（羽），禽肉类1.21万吨，禽蛋产量6021吨。2004年，引进良种禽359.8万只（羽），推广良种禽293.71万只（羽），岑巩、剑河、施秉被省列为优鸡生产基地。年末家禽存笼806.5万只（羽），出笼980万只（羽），禽肉1.46万吨，禽蛋产量6666吨。2005年，推广良种禽1374.96万只（羽）。年末家禽存笼786.17万只（羽），出笼1058.22万只（羽），禽肉产量1.52万吨，禽蛋产量7523吨。

“十一五”期间（2006—2010年） 累计家禽存栏为4349.43万只（羽），出栏家禽4916.28万只（羽），其间禽肉产量7.99万吨，禽蛋产量4.1万吨。其中，2006年，年末家禽存笼591.06万只（羽）；家禽出笼815.73万只（羽），其中年出笼家禽500只以上的养禽大户4109个，产禽肉产量1.61万吨、产禽蛋产量0.88万吨。2007年，推广良种禽2434.34万只（羽）。年末家禽存笼606.43万只（羽），出笼788.35万只（羽），禽肉类13363吨，禽蛋产量6053吨。2008年，年末家禽存笼719.46万只（羽）。出笼992.77万只（羽），禽肉类1.6万吨，禽蛋产量9293吨。2009年，推广良种禽1278.34万只（羽）。年末家禽存笼838.74万只，出笼1098.8万只（羽），其中养禽大户3484户，年出笼商品禽18.46万只（羽）。全州年末存笼家禽12.75万只（羽），禽肉类1.78万吨，禽蛋产量9783吨。2010年，推广良种禽1253.82万只（羽）。年末家禽存笼874.2万只（羽），出笼1220.63万只（羽），禽肉产量18.62万吨，禽蛋产量10093吨。

“十二五”期间（2011—2015年） 累计家禽存栏为4708.37万只（羽），出栏家禽5788.21万只（羽），其间禽肉产量9.47万吨，禽蛋产量5.56万吨。其中，2011年，推广良种禽567.88万只（羽）。年末家禽存笼万944.14只（羽），出笼1129.71万只（羽），禽肉产量1.9万吨，禽蛋产量1.03吨。2012年，推广良种禽1826.10万只（羽）。年末家禽存笼万947.86只（羽），出笼1172.91万只（羽），禽肉产量1.9万吨，禽蛋产量1.07万吨。2013年，推广良种禽1855.65万只（羽）。年末家禽存笼942.35万只（羽），出笼1225.05万只（羽），当年禽肉产量1.93万吨，禽蛋产量1.1万吨。2014年，年末家禽存笼923.5万只，出笼1127.5万只，禽肉产量1.68吨，禽蛋产量1.1万吨。2015年，良种禽推广157.34万只（羽），其中鸡103.2万只（羽），鸭47.29万只（羽），鹅6.85万只（羽）。天柱骡鸭和三穗麻鸭47.29万只（羽）。年末家禽存笼950.52万只（羽），出笼1136.04万只（羽），禽肉产量1.88万吨，禽蛋产量1.28万吨。

黔东南州家禽年末存笼和当年出笼及统计表

表4—4 （1991—2015年）

年　份	年末存笼（万只）	当年出笼（万只）	禽肉产量（吨）	禽蛋产量（吨）
1991	485.37	307.58	4053	1922
1992	848.31	355.11	4660	1350
1993	400.60	356.86	4864	2446
1994	411.96	381.43	4934	1855
1995	485.50	383.83	5398	2115
1996	522.45	424.10	5932	2666
1997	556.98	520.98	7491	3182
1998	636.22	615.54	8846	3915
1999	680.00	650.00	9351	4420
2000	684.00	674.00	9435	4550
2001	636.18	799.28	10305	4931
2002	705.20	789.10	11262	5327
2003	730.00	844.30	12115	6021
2004	806.50	980.00	14667	6666
2005	786.17	1059.22	15194	7523
2006	591.06	815.73	14063	5869
2007	606.43	788.35	13363	6053
2008	719.46	992.77	16015	9293
2009	838.74	1098.80	17811	9783
2010	874.20	1220.63	18619	10093
2011	944.14	1129.71	18812	10295
2012	947.86	1172.91	19006	10704
2013	942.35	1225.05	19356	10773
2014	923.50	1127.50	18679	10999
2015	950.52	1136.04	18828	12853

第二节 鸡

品 种

黔东南州本地鸡品种分黔东南鸡、黔东南小香鸡（皮、骨均为黑鸡的鸡又叫乌骨鸡）和香炉山鸡。

黔东南鸡 黔东南鸡遍及全州各地，体型中等，抗病力和觅食力强，耐粗饲，宜放牧，产蛋率和产肉率较高。成年公鸡平均体重1.8公斤~2.5公斤，母鸡1.5公斤~1.7公斤。母鸡6个月~7个月开始产蛋，平均年产蛋120枚~180枚，蛋重平均41.66克，屠宰率75%以上，肉质细嫩、味香。

黔东南小香鸡 主产从江县，黎平、榕江、锦屏等县亦有零星分布，体型小、行动敏捷，觅食力强，耐湿热，适应粗放饲养，肉质细嫩鲜美。平均体重公鸡1公斤左右，母鸡0.8公斤左右，屠宰率71%左右。省州县畜牧部门对小香鸡保种工作历来都给予了高度重视。20世纪80年代末，在从江、黎平、榕江3县实施省下达的"黔东南州11.5万只小香乌骨鸡及配套生产技术"项目覆盖45个乡镇、138个村、372个组、6828户农户，前后共选育种鸡核心群1703套，推广乌骨鸡13.65万羽。1998年，黔东南州人民政府提出把发展小香乌骨鸡列为本州名、特、优产品来抓。2007年年末存笼香鸡达72.33万羽，出笼达64.8万羽；2008年年末存笼香鸡达80万羽，出笼达180万羽。

黔东南小香鸡

香炉山鸡 为以凯里为主养区和周边的麻江、黄平、丹寨、雷山、台江、剑河、镇远、施秉、岑巩、天柱等县在长期历史发展的自然、经济社会条件下饲养形成的一个地方品种（黔东南土鸡）。该品种以散户放养为主，肉质细嫩，味鲜香，无腥味。公鸡为红黑色或金红黑色，背部为红色或金红色，胸、腹、腿为黑色，脚为黑灰色，尾部为墨绿黑色，项羽为红色或金美色，成年公鸡体重在1.9公斤~2.4公斤。母鸡为紫褐、黄麻花色，脚为黑灰色，有就巢性，成年母鸡体重1.75公斤~1.8公斤产蛋量为80枚~120枚左右，蛋为白色或浅棕色。公母鸡皮色的骨色为白色。

香炉山鸡

良种鸡引进

20世纪80年代，投资榕江种鸡场建设。先后引进AA鸡父母和法国明星鸡父母代进行制种生产商品化鸡。1990年榕江鸡场获“贵州省良种畜禽许可证”，纳入鸡的良种繁育体系。至此，保证了全州良种鸡苗的供应，从根本解决了黔东南州良种鸡商品代生产从外地大调大运的局面。1995年，榕江鸡场生产良种种鸡蛋3500枚，孵化雏鸡2500羽。黎平、从江两县鸡场生产来杭鸡、罗斯褐壳等良种蛋鸡320羽。2001年以后，全州又先后引入黑脚麻鸡、柳麻鸡、新广鸡、快大黄鸡、广西铁脚麻、广东三黄鸡、闽南麻鸡蛋、皖南麻鸡等良种鸡在凯里、三穗等县市发展。

良种鸡推广

1991—1995年，累计推广良种鸡269万羽。其中，榕江鸡场通过省级验收、鉴定后，1991年确认为黔东南州父母代种鸡场以来就承担了全州父母代鸡的引种、制种和推广工作，州农业技术人员对该场的饲养管理，疫病防治和经营管理等加强协调和指导，是年，全州共推广良种鸡27.17万羽（含种蛋购进各县自己乳化）。是年发展养100只~300只规模的专业户有60户，400羽以上有25户。1992年，全州共推广良种鸡50万羽，配套销售饲料306吨。1993年全州完成良种鸡推广67.39万羽，其中肉鸡55.63万羽，蛋鸡12.30万羽。良种鸡的推广在全州各县获得了良好的社会效益和经济效益。如黎平县当年良种家禽推广18.23万羽，其中，肉鸡12.43万羽，蛋鸡1.84万羽，肉鸭3.23万羽，为养禽户增收产值237.47万元。剑河县养鸡大户王林家，年推广量达1.5万羽，其中，成鸡0.8万羽。1994年，全州完成全良种鸡推广47.69万羽，其中蛋鸡15.6万羽，鸡肉鸡32.1万羽。鸡苗0.7万羽。是年发展养鸡专业户（100羽以上））27户，养鸡2.42万羽，户均898羽。1995年，全州完成良种鸡推广77.01万羽。其中，肉鸡67.82万羽、蛋鸡9.18万羽。是年发展养鸡专业户166户，养蛋鸡3152羽，产蛋10342公斤，出笼肉鸡14.81万羽。

1996—2000年，累计推广良种鸡596万羽。其中，1996年，全州良种鸡推广112.99万羽，其中肉鸡104.92万羽，蛋鸡8.06万羽。是年发展养禽专业户2340户，养禽116.38万羽（户均500只），出笼91.25万羽（户均390只）。1997年，全州良种鸡推广113.39万羽，其中，肉鸡102.95万羽，蛋鸡10.43万羽。是年发展养禽专业户21837户，饲养各种家禽44.99万羽（户均206羽），出笼34.95万羽（户均160羽）。1998年，全州良种鸡推广108.49万羽（肉鸡99万羽，蛋鸡9.49万羽），其他23.5万羽。1999年，全州良种鸡推广116.75万羽（肉鸡109.55万羽，蛋鸡7.19万羽。是年发展养家禽808户（200只～500只，284户），饲养量85.28万羽。500只～1000只，817户，饲养量24.30万羽，1000只以上145户，饲养量84.3万羽。2000年，全州良种鸡推广良种鸡144.47万羽。

2001年以后，每年推广良种鸡均在150万羽～200万羽左右。良种禽推广亦是省对全州的农业生产考核目标之一。

基地建设

种鸡场基地建设　20世纪80—90年代，投资新建榕江种鸡场。该场获"贵州省良种畜禽生产许可证"，全场存笼种鸡2200羽左右。榕江种鸡场有父母代新布罗140余羽（父系20羽、母系120羽），父母代罗斯蛋用鸡450羽（父系20羽，母系430羽），明星父母代种鸡1630羽（父系320羽，母系1310羽），基本上保证了全州良种鸡苗的供应。

1994年，榕江种鸡场配套乌骨鸡110套，香鸡195套，父母代肉用鸡826套，推广良种鸡苗9500万羽，种蛋2000枚，出售肉鸡2500公斤。

1995年，凯里、榕江种鸡场配套肉用种鸡1720套，产种蛋171500枚，孵雏13.69万羽，蛋鸡320羽，产量3750公斤，出笼肉鸡12.21万羽。1996年，凯里、榕江种鸡场配套种鸡1020套，孵雏6.4万只，出笼肉鸡2.39万只。

1996—1998年，在黎平、榕江、从江3县实施，"黔东南州11.5万羽小香乌骨鸡及配套生产技术"项目。该项目共覆盖45个乡镇138个村372个组6828户专业户。3年全面完成了所下达的各项经济技术指标，共选育种鸡核心群1703套，推广乌骨鸡13.6574万只。其中：

1997年，黎平、榕江、从江3县共选留核心群1500套（黎平500套、榕江500套、从江500套）。生产商品乌骨鸡6.2万羽（黎平2.5万羽、从江1.2万羽、榕江2.5万羽）。

1998年，黎平、榕江、从江3县共选建保种场（点）3个，保种户近40户选留种鸡720套（黎平390套、格江250套、从江80套），出栏商品乌骨鸡680羽（榕江500羽、从江180羽）。

2004年，岑巩、剑河、施秉3县被列为优质鸡生产基地，优质鸡生产基地已引进鸡苗12万羽，完成圈舍建设300平方米，发展商品鸡养殖户500户，人工种草2150亩。

2006年，优质家禽生产基地引进鸡苗297.54万羽，完成禽舍建设2.3万平方米，发展商品鸡养殖户1045户，出笼194.52万羽。是年，商品禽养殖场678个，年出栏196.79万羽。

2008年，建禽类养殖小区54个，涉及农户161户，年末存笼101.13万只，当年出笼141.67万羽。是年，丹寨县建立并启动了"05120"技术服务快捷平台；麻江县依托养殖小区，做大蛋鸡产业，县内新建蛋鸡养殖小区9个，规模养殖户100余户，存笼蛋鸡25万羽，年鸡蛋产量1562吨，占全县禽蛋产量的87.23%。

2009年，建家禽养殖小区62个，涉及农户459户，小区年出栏商品禽222.05万羽，期末存栏 144.23 万羽。商品禽养殖场 711 个，年出栏家禽 194.24 万羽，年末存栏 173.46 万羽。是年，黔东南小香鸡养殖项目在榕江、黎平、从江、丹寨、麻江、雷山 6 个县实施，投入省级畜牧专项资金 200 万元，其中榕江投入 60 万元、黎平投入 30 万元、从江投入 30 万元、丹寨投入 20 万元、麻江投入 30 万元、雷山投入 30 万元。发展绿壳蛋鸡禽养殖小区建设项目在施秉实施，投入省级畜牧专项资金 10 万元。

2010 年，建各类商品禽养殖场 714 个，年出栏家禽 236.85 万羽。

2011 年，围绕地方特色家禽品种小香鸡、客楼香鸡、香炉山鸡做好品种的选育、提纯复壮及种群扩大。

2013—2015 年，分别在榕江、从江、黎平、丹寨、麻江、雷山等县建立黔东南小香鸡特色养殖产业带，黔东南小香鸡年出栏 240 万羽左右。

扩繁场建设 1996 年，黔东南香鸡建保种户 102 户，选育种鸡 1310 套，出栏 4190 羽。

2010 年，榕江县完成黔东南小香鸡原种繁殖场场地平整及水、电的安装，共开挖土石方 1.4 万立方米，填方 1.52 万立方米，砌堡坎 620 立方米。平整可用场地 1.03 平方米，安装 80 千伏安变压器 1 台，自来水引水管 3500 米，80 立方米蓄水池 1 座。是年，完成黔东南小香鸡原种鸡群培育 1000 套，向州内其余项目县提供优质脱温小香鸡苗 3.80 万羽（本县 2.58 万羽）；黎平县共有 32 家农户参与了项目的实施，建设简易鸡舍 1300 平方米，粪污处理池 350 立体，建消毒池 320 平方米，开展技术培训两期，培训 120 人次。项目区全年出栏商品鸡 4.5 万羽，实现收入 157.5 万元；从江县发展项目户 20 户，完成项目批复的 100%，购进黔东南小香鸡鸡苗 1.62 万羽，完成项目批复规模的 81%，出笼销售 1.5 万羽，完成项目批复规模的 75%，建立 5 个疫病防治点，配置药械 5 套，完成项目批复方案目标的 100%，建设鸡舍 2000 平方米，配置围栏网 20 套，完成项目批复方案目标的 100%，开展技术培训 205 人次，完成项目批复方案目标的 103%；麻江县对 68 户农户实施鸡舍补助，完成脱温小香鸡苗采购发放 2.43 万羽，优质牧草种补助 167 亩，开展技术培训 5 期次；雷山县发展项目户 38 户，完成新建、改建圈舍 24 户，养鸡圈舍总面积达 3130 平方米，发放脱温鸡苗 2.3 万羽。开展养鸡技术培训 115 人次，发展小香鸡种鸡繁殖户 5 户；丹寨县发展黔东南小香鸡养殖户 35 户，补助农户建成简易鸡舍 600 平方米，种植牧草 200 亩，调入鸡苗 1.5 万羽，现已出栏 1.3 万羽，举办 3 期林下养鸡技术培训，培训 100 人次，发放林下养鸡技术资料 120 余份；施秉县改造圈舍 500 平方米，购鸡苗补助 2 万羽，购置孵化设备一台，培训养殖人员 20 人，添置防疫工具。

养殖场（小区）环境建设 2012 年，按照上级新建、改建、扩建畜禽养殖场（小区）要求，严格执行环境影响评价与环保“三同时”制度。先后对不符合环保要求的养殖场（小区）实行专项整治，限期整改。全年共完成 23 个养殖场（小区）的污染减排工作，其中，镇远 13 个、丹寨 6 个、台江 2 个、凯里 2 个。2015 年，“十二五”国家下达给贵州省的五类规模化畜禽养殖场（小区）污染考核治理基数为 890 家，其中黔东南州核定场数 49 家，经各县市农业局、环保局的对畜禽规模化养殖场（小区）数量核查，及时填报其他五类规模化养殖场表，其中 22 家被政府或自然关停，余下的完善了粪污治理。

第三节　鸭

品　种

黔东南以养麻鸭为主，在清水江舞河沿岸及坝区地带农民养鸭较多，尤其以都柳江沿岸最为发达，每户少则30羽~50羽，多则几百羽不等。

本地鸭品种分三穗麻鸭和天柱番鸭。

三穗麻鸭　为全国三大蛋鸭品种之一，以产蛋为主，蛋肉兼用。体型中等，耐粗饲，抗病力和潜水觅食能力强，生长快，成熟早，产蛋多，宜于河谷盆地、水稻产区放养。中心产区在三穗县，分布于镇远、施秉、黄平、岑巩、天柱、锦屏、台江、剑河等县，遍布全州。成年公鸭体重1.8公斤左右，母鸭体重1.7公斤左右。母鸭平均开产龄为120天，年产蛋246枚~260枚，蛋重平均65.12克。屠宰率测定，半净膛成年公鸭为69.4%，母鸭为73.89%。三穗鸭肉质细嫩味香，鸭肉含多种氨基酸，粗蛋白含量为41.35%，营养价值高。近年来，年饲养量达200万羽左右。

三穗麻鸭

天柱番鸭　主要产于天柱县。天柱番鸭，体型呈橄榄状，头粗大，成年公鸭体重2.5公斤左右，母鸭2公斤左右。一般饲养条件下，240天开始产蛋，年产4期，每期14枚~18枚，多者达21枚。蛋平均重67.26克。鸭肉多，屠宰率高，半净膛，公鸭屠宰率85.1%，母鸭屠宰率84.5%。当地习惯将公番鸭和本地母鸭杂交，得到没有繁殖能力的骡鸭，骡鸭生长快，肉质好，是发展肉鸭产业的优良杂交鸭。

天柱番鸭

州内曾先后引进过北京鸭、瘤鸭、卡基鸭、康贝尔鸭、狄高鸭和樱桃鸭等，在州内繁殖饲养，生长快，经济效益好。2000年以后，三穗、天柱等县又先后引入金定麻鸭、高邮鸭、法国番鸭、江南一号、绍兴鸭等在境内推广，表现较好。目前外地良种鸭在州内的年饲养量达100万羽左右。

天柱番鸭

重点养鸭专业户

1994年以来，加强了重点养鸭专业户建设。其中：1994年重点养鸭专业户（100羽以上）158户，养鸭3.62万羽，户均229羽。1995年，发展养鸭专业户473户，其中蛋鸭户124户，蛋鸭1.65万羽（户均134羽），产蛋12.93吨；肉鸭专业户349户，存笼2.61万羽，出笼4.37万羽（户均出栏125羽）。新建种鸭场4个，肉用种鸭达750套，产种蛋11.04万枚，孵雏9.39万羽，出笼肉鸭4.80万羽。1999年，发展了200羽~500羽番鸭专业养殖户1495户，500羽以上专业养殖户616户。2010年，三穗县扶持发展三穗鸭养殖示范户120户，养殖三穗鸭4万羽，完成圈舍改造2500平方米，技术培训3期，培训农户120人，发放技术资料120份；2011年，三穗县年饲养1000羽以上的养殖户达628户，养鸭小区60个，全县鸭养殖总量达518.5万羽，其中年养殖5万羽以上的基地20多个，出栏三穗麻鸭550万羽。是年，出栏天柱骡鸭320万羽。

基地建设与地方畜禽遗传资源保护开发利用

2009年，三穗县实施三穗鸭养殖项目，投入省级畜牧专项资金30万元。2010年，黔东南州共有9个地方畜禽品种资源被列为省级畜禽遗传资源名录，其中三穗麻鸭品种列为国家级遗传资源名录。在资源保护方面，三穗县建成了三穗鸭保种场，自2007年起每年举办一次三穗鸭烹饪大赛；在开发利用方面，三穗县千里山公司建成投产，年可加工三穗鸭500万羽，榕江山农公司、从江香猪公司、剑河县特色食品公司等一批专业从事地方特色畜禽加工的企业的发展壮大，有力地带动了地方畜禽遗传资源的规模化养殖，使资源的保护和开发利用呈现出良性互补的发展态势。2012年，三穗鸭产业建设总投资195万元，其中省级专项资金70万元，县级财政配套资金30万元，企业自筹资金95万元。是年，三穗鸭（种鸭）存栏在5.6万羽。2013年，围绕地方特色家禽品种三穗麻鸭、天柱番鸭的保种及开发利用来开展，以加工企业带动规模化、标准化生产，做好规划布局和服务工作，形成特色家禽产业化生产格局。2014年，三穗县完成三穗鸭品种资源保种项目申报，已于9月中旬批复实施，获得20万元项目专项资金支持，项目建成后实现保种场种鸭（公母鸭比例1:15）基础群2000羽，缓冲区饲养三穗鸭800羽以上，三穗鸭原种群达到8000羽以上。2015年，三穗县完成扩繁场建设4个，分别为万顺养殖场、桐林鹿洞养殖场、瓦寨兴绿洲养殖基地、长吉中河千户合作社养殖场，存栏种鸭共计1.2万羽。是年，三穗县申报实施三穗鸭种资源保护（畜禽）项目，获得省20万元资金支持，现已由三穗县鸭产办组织实施。是年，在三穗县八弓镇高寨村新建了三穗鸭原种繁殖场。

第四节 鹅

黔东南鹅属中国白鹅，羽毛白色，间有灰色或灰白色相间，耐粗饲，易饲养，适应能力强，早期生长快。成年公鹅体重3.5公斤~4.5公斤，母鹅3公斤~4公斤。年产蛋30枚左右，蛋重110克~130克。肉质细嫩，含脂少，仔鹅尤佳。

黔东南鹅在全州各地均有分布，尤以清水江、都柳江、舞阳河一带的湖泊、山塘水库、水坑、溪沟地区为多，丘陵小河地带有一定的饲养量。近年来，全州年饲养量约50万羽左右。

20世纪90年代，黔东南州引进湖南武岗铜鹅，投入到丹寨、三穗、黄平、黎平、镇远、凯里等地人工草场饲养。成年公鹅体重4公斤，母鹅3.5公斤。年产蛋40余枚。1988年发展到2万羽。尔后又相继引入狮头鹅、四川荣昌白鹅、平坝灰鹅、莱茵鹅等良种鹅在州内繁殖推广。外地良种鹅在州内年饲养量约10万羽左右。

2001年，全州良种鹅推广5.56万羽。2001年后，在全州16县市开展种草养鹅示范1038亩，养鹅16万羽，带动了全州养鹅业的发展。2002年，大力推广良种鹅，积极发展种草养鹅，全州种草5300亩，养鹅30.1万羽。至2011年，各县市种草养鹅面积均在1000亩以上。是年全州养鹅达100万只羽。2013年，示范种草面积3200亩，带动总种草面积50万亩；示范养鹅数量5.1万羽，带动全州养鹅150万羽，养鹅收入1.5亿元。2014年，针对多县市发生洪涝灾害较为严重的情况，州政府拿出150万元对种草养鹅示范进行鹅苗补助。州内已建设养殖示范户88户，示范点种草2748亩，带动总种草面积50万亩；示范养鹅数量5万羽，带动全州养鹅150万羽。

第五节 珍禽

20世纪90年代，鹌鹑已在由凯里市、施秉县城关开始零星饲养并逐步推大到镇远、榕江、黎平等县，先后出现了一些饲养量在2000羽以上的大户，尤其是引进朝鲜、法国的鹌鹑品种后发展加快，至1995年全州饲养量约9万余羽。1998年，三穗县还引进鹧鸪繁殖推广。2003年，黔东南州始建了珍禽良种场。是年，完成珍禽苗推广6.13万只，其中七彩山鸡2.31万羽，绿头野鸭3.04万羽，鹧鸪2996羽，本地乌骨鸡4800羽。是年，全州发展养殖户202户。2004年，黔东南州珍禽良种场进行了扩建，完成珍禽舍扩建150平方米，网舍扩建300平方米，饲料加工房60平方米，珍禽舍改建300平方米；新引进种用珍禽300套，其中美国绿头野鸭、美国七彩山鸡、美国鹧鸪各100套；种植牧草4亩。在州内发展珍禽饲养户103户，共饲养珍禽

7.8 万羽，其中美国绿头野鸭 6 万羽、美国七彩山鸡 1.5 万羽、美国鹧鸪 0.3 万羽。上市销售 6.63 万羽，其中美国绿头野鸭 5.3 万羽、美国七彩山鸡 1.1 万羽、美国鹧鸪 0.25 万羽，获纯利 36.44 万元，户均 3538 元。是年带动农户养殖珍禽获得纯收入 36.44 万元。2005 年推广良种珍禽 10 万羽，其中美国绿头野鸭 9 万羽，美国七彩山鸡 1 万羽。是年，全州发展山鸡、野鸡等养殖大户 35 家。

从 2006 年起至 2015 年，黔东南州珍禽良种场和示范基地以市场为导向，以满足社会需求为目的，每年推广良种珍禽 10 万 ~15 万羽左右。2012 年，全州有特种规模养殖 61 个。

第四章　渔　业

黔东南州河溪多，水域宽阔，水质清秀，饲料充足，渔业资源丰富，尤以稻田养鱼历史悠久。水产养殖品种以鲤、草、鳙为主，以特产大鲵和冷水鲑鳟鱼为名贵，其水产加工产品，以“凯里酸汤鱼”“从江侗乡腌鱼”“雷山苗寨糟鱼”“清江风鱼”以及“锦屏糟鱼”驰名，风味各具特色，选料精细，方法独特。

第一节　渔业资源

河　流

黔东南州境内有大小河流 2900 多条，以清水江、舞阳河、都柳江为主干，呈树枝状展布于各地。其中，流经全州境内流域面积大于 2000 平方公里的河流共有 8 条，1000 平方公里以上的河流共 17 条，500 平方公里以上河流共有 26 条，300 平方公里以上河流共有 36 条，200 平方公里以上河流共有 51 条，100 平方公里以上河流共有 104 条，50 平方公里以上的河流共 225 条（含接近 50 平方公里的 4 条）。

河流分属两个水系。苗岭以北的清水江、舞阳河属长江水系，苗岭以南的都柳江属珠江水系。清水江发源于都匀市杨柳街镇谷江村西北的斗篷山，自西向东流经丹寨、麻江、凯里、黄平、施秉、台江、剑河、锦屏、天柱 9 县（市），横贯全州流入湖南境内，州境河道长 376 公里，流域面积 14769 平方公里，其主要支流有六洞河、重安江、亮江、巴拉河、翁密河、鉴江、乌下江、南哨河、翁你河、洗布河等；舞阳河发源于瓮安县长林乡，自西向东流经黄平、施秉、镇远、岑巩 4 县，州境河道长 166 公里，流域面积为 5106 平方公里，其支流有龙江河、车坝河、抬拉河、杉木河等；南为都柳江水系，其干流都柳江发源于黔南州独山县林场北面拉林，自西向东南流经榕江、从江两县流入广西境内，州境河道长 141 公里，流域面积为 8802 平方公里，其支流有寨蒿河、双江、平江河、孙览河、水口河、排调河、平正河、大年河、八洛河、口江河、平永河、宰便河、永乐河等。乌江是长江上游右岸的最大支流，也是贵州最大的河流，发源于贵州省西部乌蒙山脉东麓威宁县盐仓镇西南，全州乌江流域余庆河支流平溪河（黄平境内）仅占全州总面积的1.7%，州境河道长56公里，流域面积为665平方公里。

稻田、山塘水库及其他自然水资源

2015年全州约有稻田面积13.43万公顷，保证灌溉的宜渔稻田面积8.47万公顷，占稻田面积的60%，其养鱼稻田主要分布在黎平、从江、榕江、凯里、锦屏等；近些年于水电工程的迅猛发展，形成了三板溪、白市等大型水库，宜开展水产养殖的面积3000公顷以上；州内有山塘小水库、池塘、坑塘等小水体池塘养殖面积900余公顷，其坑塘多为侗乡苗寨的村前宅旁经多年人工挖掘而成的养鱼坑塘，主要是在秋收后进行鱼类暂养、育肥、保亲鱼越冬和繁殖鱼苗的场所，主要分布在榕江、黎平、从江、剑河、锦屏、雷山等县；州内冷水资源丰富，适宜进行冷水和亚冷水鱼类（鲟鱼、鲑鳟鱼）的开发与利用，凯里、黄平、镇远、台江、榕江已引进冷水鱼进行养殖；境内镇远涌溪，岑巩龙田，麻江谷硐、笔架，黄平重安，凯里湾水有低温温泉，水温在21℃～28℃，可进行鲤鱼亲鱼的提前繁殖，及早进入人工孵化期。黄平浪洞、剑河有高温温泉，水温在45℃～50℃，温度稳定，流量大，是罗非鱼和其他热带鱼类繁殖、越冬、保种的好场所，但均未开展水产养殖生产。

水生物资源

鱼类资源江河鱼类，清水江水域有80多种，都柳江水域有78种，舞阳河水域有40多种，主要鱼类品种有鲤鱼（河鲤、岩原鲤、高背鲤、镜鲤）、青鱼、草鱼、鲢鱼、鳙鱼、鲫鱼、鲂鱼、鳊鱼、南方马口鱼、鲮鱼、鳝鱼、白甲鱼、鳟鱼、河鲶、黄颡鱼、斑鳜、中华倒刺耙、白鳝鱼、月鳢和泥鳅等。除了众多鱼类外，还有较多的两栖类、爬行类、虾蟹类和螺蚌类等水生野生动物，尤其生存栖息的有国家二级保护水生动物大鲵、贵州疣螈、水獭和三级保护动物棘胸蛙等。

特种水产，引进湘云鲤、湘云鲫、鳜鱼、鲶鱼、杂交鲟、鲑鳟类、黄颡鱼、汉中大鲵等市场前景好的水产新品种养殖；发挥黔东南州丰富的冷水资源优势，因地制宜地发展优质高档鲑鳟类、鲟类、大鲵等鱼类养殖。

此外，还有虾、蟹、蚌、龟、鳖和大鲵（娃娃鱼）、石蚌（田鸡）、大蟾蜍、虎纹蛙以及引入的美国牛蛙和棘胸蛙等。

其他经济水生生物资源黔东南州内各种水域中，浮游生物都普遍存在，是鲢鱼、鳙鱼以及各种幼鱼的主要饵料。浮游植物包括硅藻、金藻、甲藻、黄藻、绿藻、裸藻和蓝藻类，浮游动物也有原生动物、轮虫类、枝角类、桡足类以及甲壳动物的幼体，数多量大。

在水生植物方面，境内水生植物主要有红萍、绿萍、紫背浮萍、苦草、马来眼子菜、黄丝草、菹草、轮叶黑藻、小茨藻等。引进栽培的饲草有象草、蓿根黑麦草、苦荬菜等。

水生动物主要有湖螺、黄蚬、卵形蚌、泥螺、孑孑、水蚯蚓、各类水生昆虫。陆生昆虫绝大部分为鳞翅目、双翅目、膜翅目昆虫及鞘翅目昆虫中的幼虫、蛹和种畜禽下杂废料等。

第二节　鱼苗鱼种

苗种生产

鱼类经一段时间的生长，性腺也随之发育成熟，其性行为和方式以及繁殖环境的要求各有不同的特点。草鱼、青鱼、鲢鱼、鳙鱼、鲮属敞水性产卵类型，它们不能在池塘等小水体自然界产卵，只能在大型江河中发情产卵，而且只有在特定的江段，在具备特定的生态条件下，才能完成其生殖繁育过程。由于现在多在江、河上拦河筑坝发电，阻碍了洄游鱼类的通道，降低了鱼类种群结构，破坏了鱼类产卵场、索饵场、越冬场，失去生态平衡，对鱼类生长繁殖不利。为此，黔东南渔业工作者只能通过鱼苗人工繁殖技术，加强苗种生产，通过增殖放流的方式增加鱼类的多样性。

黔东南州鲤鱼苗的生产，有丹寨、施秉鲤鱼塘，锦屏偶里、启蒙，黄平山凯，天柱高酿，从江寨佣，雷山桥桑等低传统的田鲤产卵场及人工繁殖基地。还有施秉鲤鱼塘，锦屏偶里、启蒙，剑河青鱼洞、革东，台江施洞等河鲤天然产卵场，每年可为全州提供鲤鱼苗10亿尾左右。至1999年，全州鱼苗数量年达294.97亿尾。随着育苗技术的成熟，鱼苗成活率迅速提升，所需鱼苗的数量也迅速下降，到2000年，鱼苗生产锐减到62.43亿尾。1992年以后，黔东南州鱼种场、三穗瓦寨鱼种场、榕江鱼种场和黄平旧州鱼种场4个鱼种场，以面积大，自然条件好、技术力量强的优势，成为黔东南州品种改良、苗种繁殖的一级场，年生产原种亲鱼10万尾、优质杂交鱼苗8000万尾。

至2015年年底，全州共建设、改扩建和在建鱼苗鱼种繁育场共30个，面积约为1829.22亩，全州共产出鱼苗57.49亿尾，鱼种5327吨。现存有2个省级水产良种场：锦屏县八洋鱼种场和三穗县瓦寨鱼种场。同时锦屏县为保护本地婆洞鱼资源，分别在敦寨、隆里、偶里、启蒙4个乡镇建设5个本地婆洞鱼花保种繁殖基地，通过提纯复壮的方法保护本地婆洞鱼的种群资源。

黔东南州苗种生产情况统计表

（1991—2015年）

表4—5　　单位：亿尾、吨

年　份	鱼　苗	鱼　种
1991	139.00	740
1992	147.60	762
1993	151.30	832
1994	153.20	864
1995	175.78	903
1996	162.00	993
1997	202.70	1177

续表

年 份	鱼 苗	鱼 种
1998	269.70	1422
1999	294.97	1740
2000	62.43	1867
2001	70.81	2124
2002	82.47	2326
2003	63.05	2650
2004	64.95	2191
2005	72.04	2919
2006	72.41	3066
2007	74.36	2881
2008	38.09	2423
2009	50.00	2375
2010	45.14	2257
2011	43.33	3078
2012	44.50	3809
2013	49.84	4971
2014	44.47	5025
2015	57.49	5327

说明：鱼苗单位为亿尾，鱼种单位为吨

2015 年黔东南州各县市苗种生产情况统计表

表 4—6

名称	合计	凯里	黄平	施秉	三穗	镇远	天柱	锦屏	剑河	台江	黎平	榕江	从江	雷山	丹寨
鱼苗（亿尾）	57.49	4.00	16.00	0.12	1.00	5.4	11.00	1.55	9.26	0.31	6.10	1.01	0.69	0.55	0.5
鱼种（吨）	5327	440	260	31	420	215	623	360	932	310	812	450	129	145	200

2015 年黔东南州鱼苗鱼种繁殖场情况统计表

表 4—7

县市	鱼种繁育场名称（地点）、面积（大于 20 亩）
凯里市	凯里市水产试验场 25 亩（九道河），繁殖福瑞鲤苗 400 万尾，青田鱼 100 万尾
黄平县	540 亩：旧州镇白子桥村绿源专业养殖合作社 310 亩，亩产鱼种 1000 公斤；旧州大碾坊生态绿色专业种养合作社 80 亩；翁平运军养殖合作社 80 亩；白子桥养殖场 10 亩；旧州中桥河养殖合作社 60 亩
施秉县	104 亩：砂子坳鱼苗场 23 亩，老渡桥鱼种场 60 亩，下翁哨 21 亩
三穗县	417.32 亩：瓦寨鱼种场 215.16 亩；三穗寨塘水产养殖专业合作社 30 亩；贵州省三穗县康源生态养殖专业合作社 45 亩；三穗县款场晨雾水产养殖专业合作社 22 亩；三穗县光华水产养殖农场 20.16 亩；三穗县阳光养殖场 50 亩；三穗县同创养殖场 35 亩

续表

县市	鱼种繁育场名称（地点）、面积（大于20亩）
镇远县	箱子岩鱼种场21.3亩（舞阳镇箱子岩）
岑巩县	姚寨鱼种繁殖场20亩（羊桥乡姚寨水库）（2015年新建未投产）
天柱县	天柱县瑞源鱼种场22亩（凤城镇卜头寨村）
锦屏县	260亩：平略镇八洋村30亩、铜鼓镇刘家山鱼种培育场30亩，新化乡新化寨婆洞鱼苗鱼种培育点120亩，敦寨镇邦寨村鱼种培育场80亩
剑河县	多元水产良种繁育场22.6亩（柳川镇万安村）
台江县	95亩：排羊乡鱼种场75亩（排羊乡屯上村）；台盘乡空寨鱼种场20亩
黎平县	高屯社区老烟刀鱼种场20亩
榕江县	70亩，寨蒿镇建卫村50亩（全部受灾）；古州在改建扩建中20亩
从江县	125亩：刚边平正鱼种专业合作社75亩；从江县聚龙潭鱼种繁育场（雍里乡大洞村）面积50亩
雷山县	雷山县水电鱼种场24亩（丹江镇水电村）
麻江县	笔架鱼种场40亩（宣威镇笔架村），暴雨水灾损毁
丹寨县	远胜合作社鱼种场23亩（南皋乡九门村）

苗种管理

按照农业部颁布的《水产苗种管理办法》，主要抓了以下几个方面：

一是充分认识苗种体系建设在水产业发展中的重要作用，切实把苗种产业发展和管理纳入渔业主管部门的重要议事日程，把苗种体系建设纳入渔业发展规划，把苗种执法作为渔业行政执法的重要工作。加强对水产原良种场的扶持力度，在基础建设、优良品种的推广等方面给予资金倾斜，对生产和推广引用水产优良新品种的单位给予补贴，从水产苗种上进行扶持水产业的发展。

二是对全州水产苗种厂家进行拉网式清查，组织有基础设施、技术力量、符合苗种生产要求的苗种生产单位实行苗种生产许可。对不符合要求和规定，或技术力量缺乏，生产条件差的水产苗种生产厂家坚决予以取缔。对没有按程序收购亲本，不按规范检疫和用药，不严格管理的生产厂家限期整改。同时，要完善苗种培育的生产许可制度，保持水产苗种生产规范管理、良性发展。

三是苗种生产单位根据规模大小要配备质量检测员和质量技术负责人，负责苗种质量监控，保证产品质量；建立生产记录制度，对苗种生产和销售有详细记录；执行质量合格证制度，严格按照苗种生产操作规程和标准组织生产，严禁使用违禁药物和滥杂交繁育，积极推进苗种检疫，苗种生产单位在销售苗种时，出具质量合格证。

四是积极联合国家科研院校、大专院校开展科研攻关，开发选育新的水产苗种品系，完善繁育技术，搞好苗种繁育过程中的病害控制，降低生产成本，提高苗种繁育的技术水平，为水产养殖业发展打下坚实的苗种基础。

第三节　渔业生产

水产养殖基本情况

黔东南州水产养殖主要以稻田养殖鲤鱼和水库养殖鲤鱼、草鱼、鲢鱼、鳙鱼、鳊鱼、鲶鱼、黄颡鱼、鳜鱼等为主。其他还有鲫鱼、泥鳅、鮰鱼、黄鳝、鲟鱼、甲鱼等品种。其中，鲤鱼占73%左右，草鱼占9.5%左右，鲢鱼6%左右，鳙鱼9.5%左右，其他特种水产品占2%。

“八五”期间（1991—1995年）　累计养殖面积7933公顷，水产品产量42237吨。其中1991年，养殖面积1509公顷，水产品产量8492吨。1992年，养殖面积1358公顷，水产品产量8445吨。1993年，养殖面积1576公顷，水产品产量8825吨。1994年，养殖面积1787公顷，水产品产量9048吨。1995年，养殖面积1703公顷，水产品产量9417吨。

“九五”期间（1996—2000年）　累计养殖面积10490公顷，水产品产量16165吨。其中1996年，养殖面积1954公顷，水产品产量8400吨。1997年，养殖面积1690公顷，水产品产量10841吨。1998年，养殖面积2186公顷，水产品产量12655吨。1999年，养殖面积2287公顷，水产品产量13858吨。2000年，养殖面积2373公顷，水产品产量14861吨。

“十五”期间（2001—2005年）　累计养殖面积18472公顷，水产品产量96603吨。其中2001年，养殖面积2423公顷，水产品产量17527吨。2002年，养殖面积2869公顷，水产品产量18090吨。2003年，养殖面积4163公顷，水产品产量18949吨。2004年，养殖面积4362公顷，水产品产量20489吨。2005年，养殖面积4655公顷，水产品产量21548吨。

“十一五”期间（2006—2010年）　累计养殖面积22399公顷，水产品产量102285吨。其中2006年，养殖面积4999公顷，水产品产量23723吨。2007年，养殖面积5660公顷，水产品产量25155吨。2008年，养殖面积2064公顷，水产品产量15342吨。2009年，养殖面积5487公顷，水产品产量17689吨。2010年，养殖面积4189公顷，水产品产量20376吨。

“十二五”期间（2011—2015年）　累计养殖面积49082公顷，水产品产量204923吨。其中2011年，养殖面积6258公顷，水产品产量31758吨。2012年，养殖面积8948公顷，水产品产量35968吨。2013年，养殖面积11074公顷，水产品产量41913吨。2014年，养殖面积11036公顷，水产品产量45178吨。2015年，养殖面积11766公顷，水产品产量50106吨。

黔东南州水产养殖主产区主要集中在以黎平、从江、榕江、凯里为代表的稻田养鱼主产地和以三板溪水库所在地锦屏、剑河的大水面养鱼主产地。

2015年黔东南州各县市水产品及面积情况统计表

表4—8　　　　单位：吨、公顷

项目	凯里	黄平	施秉	三穗	镇远	岑巩	天柱	锦屏	剑河	台江	黎平	榕江	从江	雷山	麻江	丹寨
产量	3098	1796	724	1170	1532	1490	2930	6025	10832	2479	4861	4861	4592	940	813	906
面积	366	826	425	173	615	400	2122	2069	1779	498	769	758	517	29	173	247

常规水产品养殖

池塘养鱼 池塘养鱼主要是利用经过整理或人工开挖面积较小的静水水体进行养鱼生产，由于管理方便，环境较易控制，生产过程能全面掌握，故可进行高密度精养，能尽快获得高产、优质、低耗的养鱼效益。

黔东南州池塘养鱼情况统计表

（1991—2015 年）

表 4—9　　单位：吨、公顷

年份	产量	面积	年份	产量	面积	年份	产量	面积
1991	870	503. 50	2000	1602	571. 38	2009	1457	594
1992	862	463. 15	2001	1819	592	2010	2031	532
1993	901	526. 09	2002	1804	660	2011	2676	924
1994	944	581. 72	2003	1828	597	2012	3033	676
1995	930	608. 37	2004	1898	630	2013	3329	771
1996	878	574. 41	2005	1797	607	2014	4603	1045
1997	1151	536. 15	2006	2016	614	2015	5066	942
1998	1076	518. 70	2007	2183	645			
1999	1418	606. 73	2008	1302	480			

2015 年黔东南州各县市池塘养鱼情况统计表

表 4—10　　单位：吨、公顷

项目	凯里	黄平	施秉	三穗	镇远	岑巩	天柱	锦屏	剑河	台江	黎平	榕江	从江	雷山	麻江	丹寨
产量	233	595	19	195	246	590	230	102	40	80	130	789	1565	25	183	44
面积	30	87	4	34	95	120	54	34	6	44	28	108	214	2	42	40

稻田养鱼 是指利用稻田的浅水环境，辅以人为的措施，既种植水稻又养殖水产品，使稻田内的水资源、杂草资源、水生动物资源、昆虫，以及其他物质和能源更加充分地被养殖的水生生物所利用，并通过所养殖的水生生物的生命活动，达到为稻田除草、除虫、疏土和增肥的目的，获得稻鱼互利双增收的理想效果。

州内稻田养鱼经历过粗放养、半精式养、精式养、山区生态养、综合养、稻（荷）鱼生态种养行探索。“八五”至“九五”期间，黔东南州稻田养鱼的模式逐步从半精养模式发展到精养模式。“十五”期间以后，黔东南州稻田养鱼迈入稻田生态渔业模式。

“八五”期间（1991—1995 年） 累计养殖面积 33. 97 万公顷，稻田养鱼产量 34658 吨。其中 1991 年，养殖面积 7. 02 万公顷，稻田养鱼产量 3660 吨。1992 年，养殖面积 6. 67 万公顷，稻田养鱼产量 6990 吨。1993 年，养殖面积 6. 8 万公顷，稻田养鱼产量 6866 吨。1994 年，养殖面积 6. 67 万公顷，稻田养鱼产量 6886 吨。1995 年，养殖面积 6. 72 万公顷，稻田养鱼产量 7285 吨。

“九五”期间（1996—2000 年）　累计养殖面积 34.54 万公顷，稻田养鱼产量 44640 吨。其中 1996 年，养殖面积 6.35 万公顷，稻田养鱼产量 6033 吨。1997 年，养殖面积 6.76 万公顷，稻田养鱼产量 8006 吨。1998 年，养殖面积 7.2 万公顷，稻田养鱼产量 9522 吨。1999 年，养殖面积 7.15 万公顷，稻田养鱼产量 10105 吨。2000 年，养殖面积 7.08 万公顷，稻田养鱼产量 10974 吨。从 1999 年开始，贵州省实施“山区生态渔业新技术推广”丰收计划项目，州内凯里、台江、黄平等 8 个县市开始实施黔东南州稻田生态渔业示范项目。2000 年，发展稻田养鱼面积 7.08 万公顷，总产稻鱼 10974 吨，占水产品总量的 73.8%，平均亩产稻鱼 10.33 公斤。

“十五”期间（2001—2005 年）　累计养殖面积 37.33 万公顷，稻田养鱼产量 73393 吨。其中 2001 年，养殖面积 7.28 万公顷，稻田养鱼产量 12929 吨。2002 年，养殖面积 7.34 万公顷，稻田养鱼产量 13740 吨。2003 年，养殖面积 7.47 万公顷，稻田养鱼产量 14442 吨。2004 年，养殖面积 7.62 万公顷，稻田养鱼产量 15673 吨。2005 年，养殖面积 7.62 万公顷，稻田养鱼产量 16609 吨。

“十一五”期间（2006—2010 年）　累计养殖面积 34.92 万公顷，稻田养鱼产量 71934 吨。其中 2006 年，养殖面积 7.63 万公顷，稻田养鱼产量 17992 吨。2007 年，养殖面积 7.58 万公顷，稻田养鱼产量 18120 吨。2008 年，养殖面积 6.95 万公顷，稻田养鱼产量 11096 吨。2009 年，养殖面积 6.88 万公顷，稻田养鱼产量 12038 吨。2010 年，养殖面积 5.88 万公顷，稻田养鱼产量 12688 吨。

“十二五”期间（2011—2015 年）　累计养殖面积 37.55 万公顷，稻田养鱼产量 85828 吨。其中 2011 年，养殖面积 6.41 万公顷，稻田养鱼产量 16025 吨。2012 年，养殖面积 7.21 万公顷，稻田养鱼产量 16681 吨。2013 年，养殖面积 8.01 万公顷，稻田养鱼产量 15589 吨。2014 年，养殖面积 7.93 万公顷，稻田养鱼产量 17939 吨。2015 年，养殖面积 7.99 万公顷，稻田养鱼产量 19594 吨。2011 年，联合国粮农组织将“从江侗乡稻鱼鸭复合系统”列为全球重要农业文化遗产保护试点，大大促进了从江县稻鱼养殖的发展，丰富了稻田养鱼的文化底蕴。2013 年，台江县被列入全国综合种养技术示范项目 18 个县其中之一。实施综合种养技术，大幅度提升了稻田养鱼的综合效益，因地制宜的示范推广“稻—鱼—菜—果”“稻—鱼—菜”“稻—鱼—草—果”“稻—鱼—禽”“稻—鱼—沼—畜”等生态养殖模式，达到品种多样化、模式多样化、种养业协调发展。通过对稻田综合种养技术示范区的示范户进行问卷调查，结合临田测产验收，亩均水稻产出 537 公斤，较原生产方式增长 1.3%；亩均水产品产量 55.3 公斤，比常规农业生产方式提高经济效益 40% 以上，同时，突显出生态效益，化肥使用量较原生态方式减少 20%。是年，“江侗乡稻鱼鸭复合系统”以传统的“稻鱼鸭”共生农业生产模式，被列为黔东南州国家第一批重要农业文化遗产保护试点。2015 年，依托“100 万亩稻（荷）鱼生态种养工程（沟溜式稻田养鱼技术）”项目，围绕雷公山和月亮山两山，以黎平、锦屏、榕江、从江、雷山、丹寨、台江和剑河为重点，辐射带动全州建设稻鱼综合种养基地，实施稻田增收增效，计划至 2020 年，稻田综合种养规模逐步达到 100 万亩（黎平、锦屏、榕江、从江、雷山、丹寨、台江和剑河八大主产区达到 80 万亩）。是年，全州常年稻田面积为 12.8 万公顷左右，开展稻田养鱼面积 7.99 万公顷，产出稻鱼 19594 吨，亩产达到 16.35 公斤。其中开展稻（荷）鱼生态种养面积 1.56 万公顷，建设标准示范面积 14995 亩。2015 年，通过组织对 16 个县市 42 个乡镇 83 户稻（荷）鱼生态种养标准示范稻田的验收，全州共验收稻（荷）鱼生态种养标准示范面积143.9亩，平均每亩鱼产量31.75公斤。每亩水稻产量549.6公斤。

山塘水库养鱼 1991年以来，黔东南州境内先后建起多处山塘水库，在确保农田灌溉的前提下，综合利用水面进行人工养鱼。到1990年，全州山塘水库养鱼面积21849亩，占全州山塘水库宜养面积的97.73%，总产鲜鱼452.3吨，平均单产20.7公斤。1994年，全州山塘水库养殖面积16914.8亩，1996年19473.8亩，1997年24897亩，2000年26996.7亩，2002年32281.5亩。2004年，全州山塘山塘水库面积突破5万亩，达到53025亩，占全州山塘水库宜养面积的98%以上，总产鲜鱼1327吨，平均单产25公斤。2005年，全州山塘水库养殖面积达到55875亩，产鲜鱼1498吨。2010年山塘水库总产鲜鱼1142吨，自2010年以后，山塘水库的养殖面积基本保持不变，其产量也变化不大。

网箱养鱼 州内网箱养鱼主要集中在剑河县和锦屏县的三板溪库区和天柱白市电站库区，台江、凯里、黎平、榕江、丹寨等县市在水深较大的河道，或者拦河而建的小型发电水站库区以及用于灌溉的山塘水库中设置部分网箱。1989年，州水产站借鉴原来试验成功经验，在凯里市里禾水库适应人工投饵网箱养鱼，每立方米产鱼73公斤。是年以后，网箱养鱼在全州各县逐步推开。至1999年，全州网箱养鱼产量达到309.68吨，平均每立方米产鱼76.52公斤。2015年，全州共有网箱面积361.71万平方米，产出鲜鱼15389吨，其中投饵网箱8.11万平方米，产量7516吨；滤食网箱353.59万平方米，产量7873吨。以锦屏县和剑河县的网箱养殖面积和产量最高。

黔东南州网箱养鱼情况统计表

（1991—2010年）

表4—11　　单位：吨、万平方米

年份	网箱		年份	网箱	
	产量	面积		产量	面积
1991	17.20	0.04	2001	133.00	1.22
1992	42.00	0.05	2002	92.00	0.85
1993	64.96	0.09	2003	70.00	0.20
1994	98.00	0.14	2004	144.00	0.31
1995	153.20	0.27	2005	120.00	0.34
1996	310.00	0.31	2006	155.00	0.43
1997	263.30	0.34	2007	365.00	4.75
1998	279.88	0.30	2008	335.00	10.57
1999	309.08	0.34	2009	920.00	32.87
2000	245.00	1.41	2010	943.00	13.33

黔东南州网箱养鱼情况统计表

（2011—2015 年）

表 4—12　　单位：吨、万平方米

年份	滤食网箱		投饵网箱		合计	
	产量	面积	产量	面积	总产量	总面积
2011	2788	116.03	4374	5.32	7162	121.35
2012	3271	139.46	3951	7.66	7222	147.12
2013	6335	247.75	5678	36.12	12013	283.87
2014	7036	310.99	6728	16.55	13764	327.54
2015	7873	353.59	7516	8.11	15389	361.70

2015 年黔东南州网箱养鱼情况统计表

表 4—13　　单位：吨、平方米

年份		凯里	施秉	三穗	天柱	锦屏	剑河	台江	黎平	榕江	从江	丹寨
滤食网箱	产量	—	2	—	161	3620	3826	100	128	—	31	5
	面积	—	800	—	32200	2231000	1228517	9000	23040	—	9980	1400
投饵网箱	产量	126	67	15	25	680	4570	730	142	400	736	25
	面积	1150	600	300	500	15060	34483	6000	5774	4800	11020	1486

特色水产品养殖

冷水鱼养殖　黔东南州冷流水资源丰富，全州有 11 个县市具有冷流水资源，合约 31.46 亿立方米，可开发利用养殖用冷流水资源 17.66 亿立方米，可开发利用水源配套养殖面积 665.5 亩。

2004 年，根据省水产局的设计要求，镇远县选择铁溪旅游区为冷水养殖项目实施点，引进鲟鱼 1000 尾（10 厘米），虹鳟鱼 1200 尾（5 厘米），加州鲈鱼 5000 尾（5 厘米），云斑鮰4000 尾（3 厘米）、湘云鲫 3000 尾（3 厘米）进行养殖，年产值约为 35 万元。

至 2015 年，全州建成冷水鱼养殖场、企业和合作社 6 家，全部为流水养殖模式，养殖水面积 13167 平方米，年产冷水鱼 160.6 吨。

黔东南州冷水鱼养殖企业情况调查表

（2008—2015 年）

表 4—14　　单位：万元、平方米、立方米/秒、吨

县市	品种	苗种来源	养殖场企业或合作社名称	养殖时间	养殖式	面积	水流量	产量
凯里	鲟鱼	贵州省水科院	凯里市福瑞水产养殖场	2012 年	流水	500	0.2	15
黄平	鲟鱼	遵义	黄平县天林鲟鱼养殖专业合作社	2010 年	流水	667	0.15	0.6

续表

县市	品种	苗种来源	养殖场企业或合作社名称	养殖时间	养殖式	面积	水流量	产量
镇远	三倍体虹鳟	丹麦	镇远县白岩河特种水产养殖有限公司	2012 年	流水	2500	0.8	50
台江	鲟鱼	铜仁	贵州省台江县农家鲟鱼基地	2008 年	流水	800	0.2	12
	鲑鳟、鲟等	山东、铜仁等	黔东南碧水源生态农业开发有限公司	2015 年	流水	5000	0.3	80
榕江	鲟鱼	广西河池	榕江县寨蒿镇安妮鲟鱼养殖场	2015 年	流水	1500	0.15	3

2015 年黔东南州冷水鱼养殖情况调查统计表

表 4—15　　单位：家、平方米、吨、万尾、万元

县市	企业	池面积	产量	产值	鲑鳟鱼					鲟鱼					
					企业	池面积	产量	投放苗种	销售收入	企业	池面积	产量	投放苗种	孵化苗种	销售收入
凯里	1	500	5	20	—	—	—	—	—	1	500	5	0.5	0.4	20
黄平	1	667	2	10	—	—	—	—	—	1	667	2	0.3	—	10
镇远	1	2500	61	408	1	2200	60	—	400		300	1	—	—	8
台江	2	8000	96	306	1	3000	6	8	36	2	5000	90	15	15	270
榕江	1	1500	3.6	21.6	—	—	—	—	—	1	1500	3.6	1.2	0.06	21.6
合计	6	13167	1676	765.6	2	5500	66	8	436	5	7607	101.6	17	15.46	329.6

大鲵养殖　黔东南山区具有开发价值的溶洞有 68 处。已知的山泉有 246 处、溪流 285 条、暗河 37 处。山泉、溪流、暗河水质清澈，水温均在 14℃～22℃范围。有利于发展大鲵养殖。借助这些条件，21 世纪初，有人捉野生大鲵幼体进行零星试养。2008 年开始规模化养殖。是年，以大鲵驯养、繁殖、销售为一体的天柱县永禄特种动物养殖有限责任公司成立，大鲵仿野生养殖模式开始运作。2009 年，以大鲵健康养殖，幼鲵、商品鲵销售，种鲵培育与模拟生态自然繁殖为主营业务的榕江富源特种养殖有限公司成立，先后承担了大鲵养殖的 4 个省级项目（2011 年大鲵健康养殖项目、2012 年大鲵"三百工程"项目、2013 年省级财政渔业发展（大鲵）项目、2013 年一村一品特色产业扶持发展项目）。是年，省农委项目补助 10 万元，用于标准化大鲵养殖池扩建及配套设施的完善。2010 年，州内有大鲵养殖公司企业和个体户 126 个，12 个县市 24 个乡镇开展了驯养养殖工作，16 家养殖企业和公司，大鲵存池数量 16230 尾，年产值上亿元。是年，州农委编制《黔东南州大鲵养殖发展规划》和《黔东南州大鲵养殖产业推进实施方案》。2015 年，大鲵养殖已覆盖州内 14 县市的 40 个乡镇，共建有养殖基地 39 个，其中养殖企业 34 个，投入资金 6447.1 余万元，养殖面积达 30992 平方米，存池 40398 余尾，年销售大鲵 696 尾，销售额 93.02 万元。

黔东南州大鲵养殖情况统计表

表 4—16

（2010—2015 年）

年份	养殖乡镇（个）	养殖村（个）	养殖小区（个）	养殖户数（户）	企业数（家）	池面积（平方米）	总投入（万元）	养殖总数（尾）	销售数量（尾）	销售额（万元）	销售利润（万元）	年底存池数量（尾）			
												幼鲵	商品鲵	亲鲵	合计
2010	24	26		35	16	21920	4184. 1	—	—	—	—	12507	2726	997	16230
2011	34	39		81	19	20298	3770	16039	1512	724. 05	170. 57	9534	3780	1213	14527
2012	36	40	10	199	25	25776	4582. 2	23188	742	343. 97	81. 34	14128	7045	1990	23163
2013	38	51	5	279	28	36935	5700	26502	1186	457	108. 24	15451	7716	2149	25316
2014	40	55	8	286	29	38530	6203. 8	30515	593	281. 29	69. 63	17621	8929	2472	
2015	40	52	5	280	34	30992	6447. 1	41094	696	93. 02	30. 99	23462	12954	3982	40398

2013 年黔东南州大鲵养殖企业情况调查统计表

表 4—17

单位：平方米、尾、万元

县市	企业名称	养殖池面积	存池数量	销售金额
凯里	黔东南白吉大鲵开发养殖有限公司	400	900	360
	黔东南天硕大鲵开发养殖有限公司	250	509	150
施秉	施秉县云台大鲵养殖有限公司	580	426	—
	施秉县奇鑫大鲵养殖农民专业合作社	530	581	—
	施秉县大三泉娃娃鱼养殖农民专业合作社	120	107	—
镇远	镇远县白岩河特种水产养殖有限公司	500	301	44
岑巩	岑巩县晟发大鲵养殖专业合作社	1000	2000	—
	岑巩县鲵生园水产养殖专业合作社	200	850	—
天柱	天柱县永禄特种动物养殖有限责任公司	2412	1563	171
	贵州苗岭大鲵驯养繁殖有限公司（天柱）	1456	1857	256
	天柱县瑞丰农业开发有限公司	1014	921	—
锦屏	锦屏县茅坪镇天富农业综合开发有限公司	600	320	—
	锦屏县世合农业开发有限公司（河口乡）	700	998	—
	锦屏县金娃娃大鲵开发有限公司（平秋镇）	1200	247	—
剑河	剑河县鑫盛娃娃鱼开发有限公司	600	621	7
	剑河县绿源娃娃鱼养殖开发有限公司	320	239	25
	南哨乡森远大鲵驯养繁殖场	400	350	28
	剑河磻溪小广大鲵养殖合作社	710	350	—
	磻溪镇大鲵驯养繁殖场	210	110	—
	剑河县景剑水电开发有限责任公司	300	150	8
	剑河县敏洞乡八沟大鲵驯养繁殖基地	560	599	12
	南加培育大鲵养殖场	150	250	4
黎平	黎平县兄弟养殖场	100	320	—
榕江	富源特种养殖有限公司（榕江县）	1200	2384	—

续表

县市	企业名称	养殖池面积	存池数量	销售金额
从江	从江县九朗稀有特色水产养殖场	320	222	10
	宇杰娃娃鱼养殖有限公司	100	1400	20
雷山	雷山县乔苑雷公山大鲵养殖专业合作社（丹江镇）	2034	788	—
麻江	麻江县清江娃娃鱼养殖公司	1105	800	—
合计　28 个企业		19071	20163	1095

2015 年黔东南州大鲵养殖情况统计表

表 4—18

县市	养殖乡镇（个）	养殖村（个）	养殖小区（个）	养殖户数（户）	养殖企业数（家）	养殖池面积(平方米)	总投入(万元)	养殖总数（尾）	销售数量（尾）	销售额（万元）	销售利润（万元）	年底存池数量（尾）			
												幼鲵	商品鲵	亲鲵	合计
凯里	3	3	—	5	3	1820	439	5538	—	—	—	3047	2093	398	5538
黄平	1	—	—	1	—	1600	45	836	—	—	—	476	150	210	836
施秉	2	3	3	26	3	1680	215	1725	41	8. 2	0. 9	925	611	148	1684
镇远	3	4	—	3	3	740	288	3468	—	—	—	1280	848	1340	3468
岑巩	3	5	—	2	3	4100	488	4671	160	24	14. 4	3314	590	607	4511
天柱	2	2	1	55	3	6103	239	6120	8	0. 5	—	4812	817	483	6112
锦屏	3	3	—	30	3	2500	886	1979	—	—	—	1099	720	160	1979
剑河	8	10	—	1	9	3575	1582. 1	6238	201	21. 57	7. 98	3194	2600	243	6037
台江	1	2	—	2		300	87	480	—	—	—	403	77	—	480
黎平	1	—	—	—	1	120	80	475	20	1. 8	—	—	455	—	455
榕江	1	4	1	137	2	1800	555	3017	179	27. 92	15. 04	364	2280	194	2838
从江	1	1	—	5	1	320	155	629	6	1. 38	0. 94	367	148	108	623
雷山	6	8	—	6	2	4484	846	2399	—	—	—	1160	1179	60	2399
麻江	5	7	—	7	1	1850	542	3519	81	7. 65	－8. 27	3021	386	31	3438
合计	40	52	5	280	34	30992	6447. 1	41094	696	93. 02	30. 99	23462	12954	3982	40398

其他特色渔业养殖　主要有稻鱼鸭共生、稻田养鳖、稻荷鱼共生、池塘生态甲鱼等。

稻鱼鸭共生　从江县利用稻田水面资源，将鱼、鸭引入稻田，形成稻鱼鸭共生的复合系统，在同一块稻田上既收获了稻米又收获了鱼鸭。2011 年，从江侗乡稻—鱼—鸭系统以其丰富的生物多样性、独特的农业复合生产模式、古朴的少数民族传统文化成功入选联合国粮农组织“全球重要农业文化遗产”保护试点。2013 年被农业部列入“中国重要农业文化遗产”保护试点。2015 经省人民政府批准“从江县侗乡稻鱼鸭生态示范园”为省级农业园区。黔东南州将稻鱼鸭生态产业列为全州 6 个 100 万亩绿色生态现代农业工程，把从江稻鱼鸭共生的传统农业上升为省州级农业园区来实施。

稻田养鳖　台江县排扎村通过在稻田四周使用木桩固定彩钢瓦作为防逃设施，水稻与田埂之间留有1米左右的空隙，且将此段平整成可露出水面的斜坡，供鳖晒背，进食等措施，放养大规格鳖种，在精心养殖3个月后，喜获丰收，20亩稻鳖示范田亩产177.84公斤。稻鳖综合种养既能提供生态健康的甲鱼，又能减少稻谷化肥用量，成为一种经济效益较好的种养模式。

稻鱼蛙共生　剑河县昂英村试验成功了稻鱼蛙共生方法。此方法在黎平、剑河、天柱等县开始应用。

池塘生态甲鱼养殖　岑巩县羊桥乡生态甲鱼养殖由岑巩县龙坪生态水产养殖专业合作社实施，共实施面积100亩，经甲鱼养殖池生态饲养1年后进行验收，平均亩为92.5公斤，按市场价300元/公斤计算，亩产值27750元，亩净利润21876元。

江河捕捞与加工

渔业人员　黔东南江河沿岸城镇历代都有捕鱼专业户，有鱼市。沿江农民在农闲和劳动之余多喜捕鱼为食，河段以村寨划分管理，订立乡规民约，禁止越境捕捞。资源保护较好，鱼类丰富。2015年，全州共有5个渔业村，3506户渔业户，22272名渔业人口，专业从事渔业人口5401名。

2015年黔东南州渔业人口与从业人员情况统计表

表4—19　　　　单位：个、户、人

内容	合计	凯里	雷山	丹寨	黄平	施秉	三穗	岑巩	天柱	锦屏	黎平	榕江	从江	剑河
渔业村	5	—	—	3	—	—	—	—	—	—	—	1	1	—
渔业户	3506	38	52	265	6	—	120	68	581	—	17	510	516	1333
渔业人口	22272	127	202	1045	30	—	560	280	1762	5120	64	1870	5651	5561
其中：传统渔民	1859	—	—	350	14	—	—	—	71	—	—	175	—	1249
渔业从业人员	12622	206	66	695	14	56	435	280	798	3167	17	580	3226	3082
专业从业人员	5401	8	13	495	11	—	75	160	78	1565	—	416	882	1698
其中：女性	492	—	8	105	—	—	15	—		40	—	112	—	212
其中：1. 捕捞	1455	—	—	60	2	—	—	—	—	346	—	156	237	654
2. 养殖	2940	8	5	286	8	—	75	120	78	592	—	250	551	967
3. 其他	1006	—	8	149	1	—	—	40	—	627	—	10	94	77
兼业从业人员	5904	127	53	200	2	36	150	100	668	1392	17	93	2205	861
其中：女性	510	56	25	—	—	12	65	—	—	166	—	23	—	163
临时从业人员	1317	71	—	—	1	20	210	20	52	210	—	71	139	523
其中：女性	176	22	—	—	—	7	60	—	—	45	—	18	—	24

捕捞渔具　主要分为网类、钩类、船只类、竹制渔具类、迷魂阵、鱼梁、笱等多种，网具按水域分为江河水库湖泊网具和内陆池塘网具。江河水库湖泊网类有流网、手网、括网、抬网、罩、单层刺网、三层刺网、拦网、张网；池塘用网有亲渔网、成鱼网、夏花网、春片网、三角抄网等。竹制类有迷魂阵、鱼筛、鱼梁、鱼笼、鱼罩、鱼笱和鱼篓等。州内群众称“笱”为捕鱼的“转”，大喇叭口，细颈大腹，腹大而长，颈部装有须捕鱼时缚住笼尾，根据鱼的特性春上秋下安其转笼，只进不出而取之。其他还有鱼枪、鱼梳、鱼叉、渔船、潜水镜、鸭脚板等。

捕捞量　“八五”期间生产3535.01吨，其中：1991年628.1吨，1992年612.57吨，1993年698.24吨，1994年775.1吨，1995年821吨。“九五”期间生产5480.1吨，其中1996年818吨，1997年973吨，1998年1168.1吨，1999年1358吨，2000年1163吨。“十五”期间生产6779吨，其中2001年1352吨，2002年1374吨，2003年1331吨，2004年1321吨，2005年1401吨。“十一五”期间生产9168吨，其中2006年1766吨，2007年2218吨，2008年1332吨，2009年1935吨，2010年1917吨。“十二五”期间生产19696吨，其中2011年3153吨，2012年3918吨，2013年4196吨，2014年4234吨，2015年4195吨。

鱼类加工　主要有酸辣制品和风干制品。全州各地均有加工。其中酸辣腌鱼以从江、榕江、锦屏、雷山等地驰名；风干鱼以凯里市“清江风鱼”为佳。全州常年加工腌鱼500吨~900吨。2003年高达930吨，其中剑河102吨、从江600吨、榕江200吨、黎平8吨、锦屏20吨。

黔东南州捕捞渔船情况统计表

（2003—2015年）

表4—20

年份		2003	2004	2005	2006	2007	2008	2009	2010	2011	2012	2013	2014	2015
渔船	艘	200	274	278	552	572	555	798	1461	913	983	1039	1042	1069
	吨位	205	276	278	473	655	622	820	1438	962	2157	1555	1174	1091
	千瓦	2446	3353	3432	4954	8506	9883	9381	15633	11216	12166	14184	14246	14047

黔东南州水产品捕捞产量情况统计表

（1991—2015年）

表4—21　　单位：吨

年　份	捕捞产量	年　份	捕捞产量	年　份	捕捞产量
1991	628.1	2001	1352	2011	3153
1992	612.57	2002	1374	2012	3918
1993	698.24	2003	1331	2013	4196
1994	775.1	2004	1321	2014	4234
1995	821	2005	1401	2015	4195
“八五”期间	3535.01	“十五”期间	6790	“十二五”期间	19696
1996	818	2006	1766		
1997	973	2007	2218		
1998	1168.3	2008	1332		
1999	1358	2009	1935		
2000	1163	2010	1917		
“九五”期间	5480.3	“十一五”期间	9168		

2015年黔东南州各县市渔船及产品捕捞产量统计表

表4—22

单位：吨

县市		凯里	黄平	施秉	三穗	镇远	岑巩	天柱	锦屏	剑河	台江	黎平	榕江	从江	雷山	麻江	丹寨
捕捞	产量	143	81	27	180	432	100	76	450	1296	189	130	613	236	38	119	85
	艘	—	—	—	—	—	—	208	284	372	—	14	77	104	—	—	10
	吨位	—	—	—	—	—	—	212	284	298	—	14	144	156	—	—	5
	千瓦	—	—	—	—	—	—	3138	3288	6151	—	173	777	520	—	—	—

第五章　养　蜂

第一节　发展概况

黔东南州地处中亚热带温暖湿润季风气候区，蜜源植物丰富。1月有腊月梅、灯笼花，2月有蚕豆花、山茶花，3月有油菜花、李花，4月有紫云英花、柑橘花、桃花，5月有槐树花、山刺花、枣花、野豌豆花，6—8月有女贞花、西瓜花、玉米花、黄荆条花、乌桕花、乌泡花、白刺花、棉花，9月有五倍子花、荞麦花、香蕾花、桉树花，10—11月有野坝蒿、野菊花、油茶花、千里光花、藿香花，12月有柃花，均可供蜂群采蜜。

黔东南养蜂在养殖业中是弱项，均为分户饲养。过去农户养蜂，把蜂盛于木桶或竹篾园桶内，置于房前屋后，或悬于屋檐下，或放置屋中空间，固定饲养，任其自由采蜜，一般均不补食或少补食，年秋或年冬取蜜一次，产量不高。以后逐步推广人工巢移动饲养，并予补饲，产量有所提高。

“八五”期间（1991—1995年）　养殖业中加大了科技含量的投入，以点带面，狠抓养蜂专业示范户和养蜂场的建设。此期间，累计产蜂蜜841吨。其中1991年养蜂达22408群（意蜂1539群，中华蜂20869群），产蜂蜜55吨，王浆176.5公斤、蜂蜡6.9吨。有养蜂专业户29户，其中丹寨县龙泉镇潘玉柱连续5年养蜂年均收入3000余元。凯里清平镇养蜂专业户罗忠胜、黄凤祥连续10年保持养蜂90箱，年产蜜3.3吨、蜂蜡75公斤、王浆26公斤，年均收入上万元；镇远县舞阳镇养蜂专业户雷以富，连续5年年产蜜8.5吨，王浆52公斤，年均收入2.1万元。1992年，养蜂达18247群（意蜂485群，中华蜂17762群），产蜂蜜50吨，王浆373公斤、蜂蜡4.65吨。1993年，养蜂达13475群（意蜂626群，中华蜂12849群），产蜂蜜44吨，王浆150公斤，蜂蜡1.26吨。1994年，养蜂达7378群，产蜂蜜422吨。是年，有重点养蜂专业户10户，养蜂356群，户均22群。中华蜂生产基地在锦屏县实施，共有中蜂群1844群，新增424群，产蜜37.43吨，箱均产蜜20.3公斤。1995年，产蜂蜜270吨。是年，发展养示范户92户，养蜂1592群（户均17群），中华蜂改良652群，产蜜18.85吨。建立养蜂示范场3个，意蜂151群，中华蜂改良133群，产蜜7.64吨（薏仁米蜂蜜酒5吨）。

“九五”期间（1996—2000 年） 重点推广中蜂“一改五推”综合饲养技术，即改旧法养蜂为新法活框养蜂，一推巢虫阻隔器，二推人工选育蜂王，三推提前奖励饲喂，四推加继箱饲养，五推规范化、规模化养蜂。此期间，累计产蜂蜜 364 吨。其中 1996 年产蜂蜜 78 吨。推广中华蜂新法饲养 4551 箱。养蜂专业户 59 户，养蜂 1572 群（户均 27 群），产蜜 17 吨。养蜂示范场：规模 314 箱，产蜜 14. 3 吨，薏仁米蜂蜜酒 6. 43 吨。1997 年，产蜂蜜 42 吨。推广中华蜂新法饲养 4627 群，良种蜂推广完成 105 群。养蜂专业户 52 户，规模 1239 群（户均 23 群），产蜜 23. 15 吨（户均 0. 45 吨）。其中养蜂最多的锦屏 18 户，养蜂 480 箱，产蜜 7. 2 吨。1998 年，产蜂蜜 68 吨，推广中华蜂新法饲养 6880 群。1999 年，产蜂蜜 70 吨。推广中华蜂新法饲养 6418 群。发展适度规模养蜂养殖户 109 户，其中 20—50 群 90 户，饲养量 2421 群；50 群以上 19 户，饲养量 1313 群。“中华蜂高产稳产配套管理技术研究”项目 1996—1999 年四年在州内锦屏、黎平、天柱、剑河四县实施。同时开展并完成了“中华蜂野桂花蜜高产稳产配套管理技术研究”。2000 年，产蜂蜜 106 吨。推广中华蜂新法饲养 9716 群，推广意蜂 5655 群。

“十五”期间至“一二五”期间（2001—2015 年） 根据“意蜂抓产量、中华蜂抓特色”的思路，一是着力中华蜂人工选种，提高蜂群抗病力；二是着力意蜂推广；三是发展中蜂标准场建设等。此期间，累计产蜂蜜 2480. 7 吨。其中：

2001 年，着重抓以锦屏为中心的野桂花蜜开发项目。是年，养蜂 23348 群（中华蜂新法饲养 10505 群，意蜂 6864 群），产蜂蜜 110 吨。2002 年，着重抓提高蜂王浆、蜂蜜产品产量和打造“野桂花蜜”等具有地方特色的蜂产品品牌。是年，新法饲养中货场蜂 11664 群，推广意蜂 50636 群。产蜂蜜 114 吨。2003 年，锦屏“珍奇”牌野桂花蜜被评为贵州省名牌农产品。全州新法饲养中华蜂 11664 群，推广意蜂 5036 群。是年，产蜂蜜 103 吨。2004 年，产蜜 192 吨，推广新法养蜂 13171 箱，平均单箱产量 14. 58 公斤，总产和单产均创历史新高。州内锦屏、天柱、麻江、镇远产蜜均在 20 吨以上；除三穗、台江两县空白外，其余 10 县市产蜜均在 10 吨以上。2005 年，产蜂蜜 194 吨，在州内天柱、锦屏、黎平、榕江四县推广意蜂 2606 群。2006 年，产蜂蜜 198 吨。是年，推广饲养意蜂 5063 群，其中：20 群以上养蜂大户 159 个。2007 年，产蜂蜜 257 吨，推广意蜂 6312 群，其中：20 群以上养蜂大户 144 个。2008—2015 年，推广意蜂 4700—7400 群之间。2008 年，产蜂蜜 235 吨。2009 年，产蜂蜜 117 吨。2010 年，产蜂蜜 131. 6 吨。2011 年，产蜂蜜 126 吨。2012 年，产蜂蜜 153. 3 吨。2013 年，产蜂蜜 192. 3 吨。2013 年，产蜂蜜 208. 5 吨。2015 年，产蜂蜜 149 吨。

第二节　蜂　种

黔东南中蜂

即中华蜜蜂。中蜂个体小，嗅觉灵，飞翔快，性勤劳，出巢早，归巢晚，善于利用零星、分散的小蜜源，抗逆强，适应性广，群体小，耗蜜量低，易于管理，适应定点饲养。在黔东南南部和低热河谷地区，秋季留蜜，冬季不加补饲，可以越冬。是育种素质理想的品种。其弱点是盗性大、好斗、喜新脾、厌旧脾、分蜂性强、易散失。州内各地农村均有分布，尤以锦屏、天柱、雷山、黎平、榕江、台江、剑河、从江、镇远、施秉、黄平、丹寨、凯里等县市为多。年饲养量为全州总饲养量的90%左右。

意　蜂

原产意大利亚平宁半岛，属优良黄色蜂种。其性温顺，蜂王产卵力强，能保大面积蜂脾，分蜂性弱，能维持大群。公蜂采蜜力强，生产蜂蜜、王浆、蜂蜡较好，每箱产蜜25—30公斤。1986年，贵州省畜牧局赠送一箱意蜂纯种，由凯里清平镇罗忠胜、黄凤祥专业户办的蜂场进行杂交选育，并培育成咯意杂生产品种，该品种每群每年可产蜜约100公斤。但意蜂要求优越的蜜源条件，宜跟踪蜜源，转地饲养，消耗饲料大，抗病力、耐寒力差，且定向力弱，外勤蜂常迷巢，错投蜂，易发生盗蜂，故发展受限。

第三节　养蜂技术与病虫防治

养蜂技术

中蜂饲养技术　1995年开始在中蜂饲养中重点推广“一改五推”技术。改旧法饲养为新法饲养。旧法饲养即传统饲养法，用木桶、竹笼作蜂巢，毁脾榨蜜，每群蜂年均产蜜量不过2.5公斤~5公斤；新法饲养即为新法活框饲养，管理方便，中蜂年产蜜量可达20公斤~25公斤/群，多的可达30公斤~50公斤。同时加强“五推”：一是推广巢虫阻隔器。巢虫，又叫绵虫，是中蜂的大敌，巢虫危害后，轻则影响群势发展，重则导致蜂群飞逃，使用巢虫阻隔器防治效果可达90%以上；二是推广人工选种。通过有目的选种育王，提高蜂群自身的抗病能力，使之控制中囊病危害最有效的途径。三是推广提前奖励饲喂。在大流蜜期前45天~60天大量培育适龄采集蜂，才能获得蜂蜜高产。四是推广中蜂标准箱和继箱生产。中蜂标准箱是专门设计用来饲养中蜂的蜂箱，中蜂标准箱设计得有浅继箱，当蜂群群势强，进入大流蜜期，可加浅继箱，增加贮蜜量。五是推广规模化饲养。中蜂饲养规模，一般每户可养中蜂20群—50群，年产蜂蜜0.5吨~1吨，年收入可达0.5万~1万元。

中蜂强群饲养技术　主要有：选用优质蜂王，采取双王群或继箱饲养；保持群内饲料充足饲料，保持蜂群旺盛的繁殖力；转地饲养等。

综合防治病虫害　主要威胁中蜂强群饲养的病虫害有囊状幼虫病、欧洲幼虫腐臭病和巢虫。对于这些病虫害，应采取综合防治措施，如采用抗病蜂种、在饲养管理中保持蜂群密集，注意蜂群保温和巢内防湿排湿，以及在蜂群的饲料中加入适当的药物防病等。防治中蜂欧洲幼虫腐臭病的药物常用的有吗啉胍（针剂）、土霉素和四环素等。防治中蜂囊状幼虫病的药物常用的有吗啉胍。另外，青霉素（针剂）、土霉素和四环素这些抗生素对病毒病虽不能直接起治疗作用，但用于治疗囊状幼虫病能起到促进蜜蜂清理病虫的作用。

采用药物治疗幼虫病，药量通常按一个成年人每次用药量相当于20足框蜂每次的用药量。

施药一般通过饲喂的方式进行，但青霉素（针剂）也可采取喷雾的方式施药治疗。对于中蜂囊状幼虫病的治疗当病情较严重时应采取扣王断子的措施，结合药物治疗，这样效果较好。对于巢虫，通过保持蜂群密集相当重要。密集后的蜂群护脾能力提高，巢虫难于侵扰。此外，应尽可能采用新脾和经常清理箱底可以有效减少巢虫危害。

蜂病防控主要防控以下蜂病：

蜂　螨　中蜂抗螨，意蜂不抗螨、容易遭受螨危害，其防治方法：1. 预防为主，综合防治。在春繁和秋繁的过程中，要抓住偶尔出现的晴好天气（气温超过15℃）认真检查蜂群，一旦发现蜂群有轻微感染蜂螨，就要马上进行必要的预防措施，等到无翅蜂满地爬的时候再防治，已为时已晚。2. 交替用药，防止蜂螨产生抗药性：防治蜂螨的药剂（粉）有多种：有水剂、粉剂和刮片等。3. 治螨先防盗：在放蜂时要远离别人的蜂场，可以防治他场盗我场，或我场盗他场，这是防治蜂螨的又一重要方面。4. 断子治螨：此法适宜在蜂群越夏和越冬时关王21天后进行，待所有幼蜂全部出房，用水剂连治2次。这时蜂螨全部暴露在外，治螨非常彻底，为蜂群顺利秋繁和春繁提供保障。5. 封盖子脾单独出房治螨法：此法对防治小螨有一定的作用，操作时不用任何药剂，利用小螨不能离开幼虫的生物学特性，断绝小螨的食物来源，从而达到防治小螨的目的，即采用物理防治的方法防治小螨。

欧洲幼虫腐臭病　防治方法：1. 维持强群，经常保持蜂群有充足的蜂蜜和蜂粮。注意春季对弱群进行合并，做到蜂多于脾。彻底清除患病群的重病巢脾，同时补充蛋白饲料。2. 加强预防工作杜绝病原，烧毁重病巢脾，对巢脾和蜂具进行严格的消毒，可使用市场上出售的高效消毒剂，或者用千分之一左右的高锰酸钾水洗刷蜂箱、浸泡或喷巢脾。3. 换掉病群蜂王新的年轻蜂王产卵快，蜂更快清除病虫，尽快恢复蜂群的健康。药物治疗：1. 药物治疗磺胺类药物和抗炎中草药，如穿心莲、金银花等进行治疗。以一个成年人药量加糖水饲喂15框蜂。2. 生物防治防治欧洲幼虫腐臭病可使用灭活疫苗。这是一种用福尔马林灭活的腐臭菌细胞培养物悬液，此疫苗可用作无病蜂场的预防和有病蜂场的治疗。

爬蜂病　是由螺原体病原菌引起的一种成年蜂病。受害蜂群轻则死蜂成堆，重则可导致全场蜂群覆灭，该病的发生与温湿度关系密切。预防措施。1. 加强饲养管理。根据螺原体病发生的特点和传播途径，蜂农要制定切实可行的综合防治措施，选择抗病力强的无病蜂群作为育王群，保证蜂王产卵旺盛，增强群势，提高抗病力，要及时对巢脾、蜂箱及用具进行严格消毒。2. 保证蜂群内有充足的优质饲料。长年保持蜂群内有充足的饲料贮备是蜂群健康的重要保证，不要使用发酵和发霉的蜂蜜、花粉作为蜂群的饲料，也不能用含有甘露蜜的饲料作为蜂群的越冬饲料，以免诱发螺原体病。3. 及时清理蜂尸。患病死亡的蜂尸体内的病原体仍然可以存活很长时间，是蜜蜂重复感染的基础。因此，对于蜂尸必须及时清理，并埋入土中或集中烧毁。药物防治：为了防止爬蜂病的流行和蔓延，可采用“抗爬蜂一号”进行防治，也可用“蜂百克”和“治爬灵”防治，用药后对蜜蜂安全无副作用。防治效果可达92%以上。

胡　蜂　别名黄蜂、马蜂、地王蜂、地龙蜂、红头蜂、大土蜂，主要分布于我国南方山区的丛林中，是蜜蜂的天敌。防治方法：1. 将打死的胡蜂尸体集中放于蜂场上，引诱胡蜂飞来取食，进行拍打消灭。2. 将打落的胡蜂涂上杀虫剂，放飞，它返巢后可毒杀其他胡蜂。3. 在广口瓶内装入3/4蜜醋（稀食醋调入蜂蜜），挂在蜂场附近诱杀胡蜂。

大蜡螟　主要以幼虫为害，俗称巢虫。大蜡螟以蜂群巢脾内的茧衣、花粉和蜜汁为食，并在巢脾上面吐丝作茧，毁坏巢脾，危害幼虫和蛹。意蜂抗巢虫能力强，中蜂抗巢虫能力弱。在低温时，巢虫一般很少发生，高温时，巢虫危害严重，在每年芒种至处暑时，巢虫的危害尤其严重。防治方法：1. 强群抗巢虫。群势强，蜂群中工蜂清巢能力强，巢虫一般很难侵入危害。因此，蜂群要坚持养强群，弱小群势要抽子脾补强或把弱群并入他群组成强群。2. 保持蜂脾相称或蜂多于脾，使蜡蛾无法进入巢脾产卵。3. 及时清除老、劣巢脾，陈旧的巢脾非常容易滋生巢虫，中蜂蜂群要常换新脾，淘汰老脾，并作化蜡处理。4. 保持蜂箱的清洁卫生，箱内的杂物或蜡屑要定期清扫，防治巢虫在蜂箱底部做茧，箱内还要定期消毒。5. 抽出多余的巢脾，妥善保存。多余的巢脾，一般用硫黄熏蒸后，密封保存，以备蜂群繁殖用。如果保存时间过长，要经常检查防止巢虫再次发生危害。

第四节　蜂产品及加工与流通

蜂产品

主要有蜂蜜、蜂蜡、蜂王浆、蜂花粉、蜂胶等。

蜂　蜜　蜂蜜是由蜜蜂从开花植物的花中采得的花蜜，在蜂巢中酿制的蜜。蜂蜜的成分除了葡萄糖、果糖之外，还含有各种维生素、矿物质和氨基酸。1 公斤的蜂蜜含有 2940 卡的热量。蜂蜜是糖的过饱和溶液，低温时会产生结晶，生成结晶的是葡萄糖，不产生结晶的部分主要是果糖。黔东南州现有的蜂种资源主要以意大利蜜蜂与中华蜜蜂为主，它们所采的蜜分别称为意蜂蜜与中蜂蜜（土蜂蜜）。

蜂　蜡　又称黄蜡、蜜蜡。蜂蜡是由蜂群内适龄工蜂腹部的 4 对蜡腺分泌出来的一种脂肪性物质。在蜂群中，工蜂利用自己分泌的蜡来修筑巢脾、子房封盖和饲料房封盖。巢脾是供蜜蜂贮存食物、培育蜂儿和栖息结团的地方，因此，蜂蜡既是蜂群的产品，又是其生存和繁殖所必需的物料。蜂蜡的采集多在春、秋两季来完成。将取去蜂蜜后的蜂巢，放入水锅中加热熔化，除去上层茧衣、蜂尸、泡沫等杂质，趁热过滤，放冷，蜂蜡即凝结成块，浮于水面，取出，即为黄蜡。黄蜡再经熬炼、脱色等加工过程，即成白蜡。黔东南州世代传承的传统技艺—蜡染所用原料的主要成分就是蜂蜡。

蜂王浆　又名蜂皇浆、蜂皇乳、蜂王乳、蜂乳，是蜜蜂巢中培育幼虫的青年工蜂咽头腺的分泌物，是供给将要变成蜂王的幼虫的食物，也是蜂王终身的食物。蜂王浆的颜色为乳白色和微黄色。蜂王浆是一类组分相当复杂的蜂产品，它随着蜜蜂品种、年龄、季节、花粉植物的不同，其化学成分也有所不同。一般来说，其成分为：水分 64.5% ~69.5%、粗蛋白 11% ~14.5%、碳水化合物 13% ~15%、脂类 6.0%、矿物质 0.4% ~2%、未确定物质 2.84% ~3.0%。蜂王浆富含雌激素对于更年期妇女具有一定辅助治疗功效。蜂王浆主要用意蜂来生产，中蜂蜂王浆产浆量少，一般不用于生产蜂王浆。

蜂花粉　是指蜜蜂采蜜时带回的花粉团，在蜂巢内经过储藏和发酵后形成的花粉。其主要成分：蛋白质、氨基酸、维生素、蜂花粉素、微量元素、活性酶、黄酮类化合物、脂类、核酸、芸苔素、植酸等。其中氨基酸含量及比例是最接近联合国粮农组织推荐的氨基酸模式，这在天然食品中极其少见。蜂花粉具有独特的天然保健作用与医疗及美容价值，是种高蛋白低脂肪营养保健食品，被誉为“全能的营养食品”“浓缩的天然药库”“内服的化妆品”。黔东南州可以采集到商品花粉的有：玉米、油菜、盐肤木、千里光、野菊花、茶叶及野桂花等。

蜂　胶　是蜜蜂从植物芽孢或树干上采集的树脂，将其混入其上腭腺、蜡腺的分泌物加工而成的一种具有芳香气味的胶状固体物是蜜蜂修补蜂巢所分泌的黄褐色或黑褐色的黏性物质。蜂胶为不透明固体，表面光滑或粗糙，折断面呈沙粒状，切面与大理石外形相似。呈黄褐色、棕褐色、灰褐色、灰绿色、暗绿色，极少数深似黑色。具有特殊的芳香味。可入药。其性平，味苦、辛、微甘，有润肤生肌，消炎止痛的功效，可治疗胃溃疡、口腔溃疡、烧烫伤、皮肤裂痛，防辐射等病症。

黔东南州的蜜产品大多由养殖户自产自销。1995 年贵州省锦屏县野生植物保健品综合开发公司利用当地资源优势，开始生产加工蜂产品—野桂花蜜，产品远销省内外；2007 年黔东南州农科院农业技术服务中心生产加工蜂产品—黔蜂牌蜂蜜。

第六章　畜禽疫病防治

第一节　主要畜禽疾病种类及流行

一类动物疫病

口蹄疫　又称口疮蹄疫，是由口蹄疫病毒引起，偶蹄兽发生的一种急性高度接触性传染病。以口腔黏膜、蹄部及乳房皮肤发生水泡和溃疡为特征。该病流行迅速，发病率高，没有严格的季节性。1998 年从江、黎平、锦屏 3 县由猪贩从湖南、广西贩运生猪将病猪带入，从而使该病传入州内。该病流行迅速，发病率高，没有严格的季节性。当年 3 县病猪 84 头，死亡 84 头。1999 年 3 月以后，全州 16 个县市 90 个乡镇、490 个村、1367 个村民组暴发牲畜口蹄疫，发病牲畜达 24818 头，其中牛 20568 头、猪 4250 头；死亡 5996 头，其中牛 4073 头、生猪 1923 头。以后由于各级领导和有关部门对口蹄疫的高度重视，在疫区广泛发动群众，扑杀病畜，减少病源，病情逐渐得到控制。2000 年发病降到 1993 头，其中牛 1696 头、猪 288 头、羊 9 只，死亡 604 头（只），其中牛 347 头、猪 248 头、羊 9 只。2001 年发病 63 头，其中牛 59 头、猪 4 头，由于防治及时，无一死亡。2003 年，发病仅有猪 4 头，死亡 1 头。1999—2003 年时间，因口蹄疫造成全州牲畜死亡 6685 头（只），年均 1671 头。2009 年，台江县因引进项目引发疫情，发病 196 头，其中牛 178 头、猪 18 头，发病牲畜均经无害化处理。2010 年，施秉县发病 72 头，其中牛47头、猪25头、经无害化处理114头，其中牛73头、猪41头。2011年，天柱县发病91头，其中牛87头、猪4头，病死14头，其中牛12头、猪2头；共扑杀680头（只），其中牛252头、猪421头、羊7只。病死和扑杀的牲畜已全部进行了无害化处理，该起疫情得到控制。2012年，施秉县牛发生口蹄疫1起，无害化处理牛41头、猪186头。

猪瘟　俗称“烂肠瘟”，是由猪瘟病毒引起的一种急性、热性、接触性传染病。该病在1991年前州内各地历年四季均有发生，并常呈大片流行。1991年以后，由于大力推广三联苗防疫和新法养猪，该病发生及死亡率均呈下降趋势，发病生猪均在万头以下，发病最重的1996年为9900头，死亡6900头。到2000年，全州猪瘟下降至160头，死亡60头，为1991年以来的最低年。2004年，由于预防不及时，猪瘟回升到1752头，死亡1406头，死亡率为80.25%。2005年发病1473头，死亡1201头，死亡率为81.53%。2010年发病153头，死亡121头，死亡率为79.08%。2011年发病116头，死亡82头，死亡率为70.69%。2012年发病26头，死亡15头，死亡率为57.69%。2015年发病6头，死亡4头，死亡率为66.67%。

小反刍兽疫　是由小反刍兽疫病毒引起小反刍兽动物的一种急性、接触性传染病。该病的临床表现与牛瘟相似，故也被称为伪牛瘟，其特征是发病急、高热稽留、眼鼻分泌物增加、口腔糜烂、腹泻及肺炎。主要感染绵羊和山羊，危害相当严重。2014年，凯里市、黄平县、榕江县，发生4起小反刍兽疫疫情，羊发病127只，无害化处理127只。经无害化处理、消毒灭源、紧急免疫接种等措施，该起疫情得以控制。

山羊痘　是由山羊痘病毒引起山羊发生的痘病。发病山羊主要在皮肤和黏膜上形成痘疹。此病是近年来锦屏和镇远两县由外地引入种山羊带入州内的，2002年发现病羊715只，死亡137只，死亡率为19.16%。2003年病羊下降到82只，死亡22只，死亡率26.83%。2004年以后该病仅零星出现。2010—2015年，不再有是山羊痘发生。

鸡新城疫　又名亚洲鸡瘟”、伪鸡瘟，是由新城疫病毒引起的禽类急性、热性、败血性和高度接触性传染病，以高热、呼吸困难、下痢、神经紊乱、瓣膜和浆膜出血为特征。是州内危害鸡群最主要的毁灭性传染病。1991年以后，由于加强了对该病的免疫注射，发病鸡群一直降低到10万只以下。最低的2000年发病仅360只，死亡210只。2005年发病4899只，死亡3606只，死亡率为73.61%。2010年发病134只，死亡94只，死亡率为70.15%。2011年发病1072只，死亡673只，死亡率为62.78%。2012年发病540只，死亡320只，死亡率为59.26%。2014年发病62只，死亡62只。

二类动物疫病

多种动物共患病　主要有狂犬病、布鲁氏分枝杆菌病和炭疽病等。

狂犬病　俗称疯狗病或恐水症。是由狂犬病病毒引起的犬和其他动物及人共患的一种急性传染病，以病死率高、神经兴奋、意识扰乱、局部或全身麻痹为特征。一般在春季油菜花开时发病较多。各地历年来均发生过人畜受害，且死亡率极高。疯狗的危害，1991年以来，全州普遍推行免疫注射，1991—1993年发病在70人以下，且绝大多数发生在防疫条件较差的边远农村地区。1994年和1997—2002年未见狂犬病发生。2003年发病10人，2004年发病51人。2005年发病80人，2010—2015年共发病116人，其中2010年发病27人，2011年发病27人，

2012 年发病 19 人，2013 年发病 17 人，2014 年发病 15 人，2015 年发病 11 人。

布鲁氏分枝杆菌病 又称波状热，是由布鲁氏杆菌所引起的动物源性传染病，临床上以长期发热、多汗、乏力、关节疼痛、肝脾及淋巴结肿大为特点。家畜患布病常常出现流产、不孕、空怀、繁殖成活率低等，使畜牧头数明显减少。同时，造成役畜役使能力下降，肉用畜产肉量减少，乳用畜产奶下降等。2008 年起，各县（市、区）陆续实施种草养畜项目，大量从外地引进牛、羊等畜禽带入此病，人畜均发生。2012 年，三穗县首次发生，羊发病 12 只。2014 年，黄平、剑河、凯里、榕江 4 县相继发生，羊发病 184 只。2015 年，镇远县羊发病 17 只。该病发生后采取对病畜及同群羊进行扑杀和无害化处理的措施。全州从 2012 年三穗县开始报告首例人确诊病例，到 2015 年 12 月累计报告实验室人确诊病例 13 例，其中 2012 年 1 例，2013 年 1 例，2014 年 5 例，2015 年 6 例，发病呈明显逐年上升趋势，疫情防控形势严峻。

炭疽病 炭疽病是由炭疽杆菌引起的人畜共患的烈性传染病，死亡率极高。牛患炭疽病后，高烧高热，突然死亡，天然孔出血，血凝不良，呈酱油状。病畜及鲜尸是传染源，其血液、各组织器官及排泄物含有大量细菌，人畜接触引起传染。州内除岑巩县外，都曾先后出现过疫情。1995 年该病又在榕江、天柱、丹寨、凯里、三穗、镇远有发现，当年发病 209 头，死亡 164 头，其中病牛 134 头，死亡 116 头，病猪 72 头，死亡 45 头，病马 3 匹，均死。此后由于加强了防治，病情有所缓和，年发病在 80 头以内，死亡 50 头以内。2000 至 2005 年，发病、死亡少的年发生 1 头，多的在 100 头以上。此后，由于预防措施得力，2010 年后该病不再发生。

牛　病 主要有牛结核病和牛出血性败血症等。

牛结核病 是由牛分枝杆菌引起的慢性传染病。榕江、从江、黎平、锦屏、雷山、丹寨、凯里、台江等县市受害较重。1991 至 1997 年，采取淘汰宰杀病牛，其病得到较好控制，一般年份病牛均在 50 头以内。1998 年后该病得到控制，只有 1 例病牛；1995 年、1997 年、2003 年和 2004 年死牛仅 1 头。1999—2015 年均未发现患结核病牛。

牛出血性败血症 又称牛巴氏杆菌病。俗称“清水症”“锁喉风”。由巴氏杆菌引起。病菌经消化道传染，春、夏、秋气候突变，饲养管理不当，牛体虚弱时多见发病。州内每年都在一些县的部分地方流行。以麻江、台江、黄平、天柱、黎平、凯里等县市发生较重。1994 年，发病 3700 头，死亡 430 头。1995 年以后，由于加强了防治检疫，病情得到有效控制，除 2003 年发病 1300 头外，其余年份发病均在 1000 头以内。死亡数在 200 头以内。2005 年仅死牛 26 头。2011 年、2013 年台江县发生该病，发病 36 头，死亡 31 头，死亡率为 86.11%。

猪　病 主要有猪丹毒、猪肺疫等。

猪丹毒 俗称“打火印”。是由丹毒杆菌引起的一种人畜共患传染病，除猪易感染外，牛、马、羊、狗、禽和人均可受其害。发病一般在 7—9 月。发病较重的 1991 年为 9300 头，死亡 2100 头。到 2000 年全州猪丹毒发病 3 例，无 1 例死亡。以后病情又有回升，2002 年最高发病达 5100 头，死亡 530 头。2005 年，发病 2362 头，死亡 269 头，死亡率为 11.39%。2010 年，发病 80 头，死亡 8 头，死亡率为 10%。2011 年，发病 824 头，死亡 86 头，死亡率为 10.44%。2013 年，发病 13 头，无死亡。2015 年，发病 10 头，死亡 1 头，死亡率为 10%。

猪肺疫 又称巴氏分杆菌病。是由巴氏杆菌引起的一种急性、热性传染病。1991 年前发病猪均在 1000 头以上，1992 年，发病生猪降至 1000 头，死亡 220 头，死亡率 22%。到 1996 年，发病生猪上升至3.1万头，死亡0.65万头，死亡率20.97%。1997年以后，黔东南州各级对畜牧养殖业高度重视，猪肺疫得到有效控制，年发病降至万头以下。2000年，发病仅10头，死亡9头，是全州20年来发病最轻的一年，也是死亡最少的一年。以后病情有弹升，2002年，发病6300头，死亡1100头。2004年发病2411头，死亡471头，2005年发病2276头，死亡557头，死亡率为24.47%。2010年，发病83头，死亡17头，死亡率为20.48%。2011年，发病678，死亡98头，死亡率14.45%。2012年，发病63头，死亡14头，死亡率为22.22%。2013年，发病8头，死亡1头，死亡率12.5%。2015年，发病16头，死亡7头，死亡率为43.75%。

禽　病　主要有鸡传染性支气管炎、禽痘、禽霍乱、鸡白痢、鸭瘟和小鹅瘟等。

鸡传染性支气管炎是由一种支原体引起的传染病。主要特征病鸡呼吸急促，严重者造成支气管堵塞而死亡。其病以冬春季发生较重，通过呼吸道传染。以凯里、镇远、榕江、黎平等县市发生较普遍。2002年，全州发现病鸡2500只，死亡510只，死亡率为20.4%。2003年病鸡下降到784只，死亡157只，死亡率20%。2004年发病鸡21只，死亡21只，死亡率100%。2010年发病20只，死亡15只，死亡率为75%，2011年升高到2605只，死亡4只，死亡率不高，仅为0.15%。2012年发病15只，死亡3只，2015年发病22只，死亡15只。

禽　痘　是由鸡痘病毒引起的一种热性接触性传染病，以雏鸡发病率最高。病鸡皮肤和黏膜上发生特殊痘疹，发生部位主要在冠、肉髯、眼皮、口角、耳球等无毛处。春、秋蚊活跃季节发病较多，一般经损伤的皮肤和黏膜感染，蚊子和外寄生虫可传播此病。2000年以前，此病在州内为零星发生，病轻者可自愈。2002年后有流行趋重之势，当年发病697只，死亡67只，死亡率9.6%。2003年发病118只，死亡21只，死亡率17.8%。2005年发病40只，死亡32只，死亡率80%。2010年发病51只，死亡2只。

禽霍乱　由禽巴氏杆菌引起。分最急性型、急性型、慢性型三种。禽类感染最急性型往往未发现症状即突然死亡；急性型呈败血症状，常有剧烈下痢；慢性型则表现肉髯水肿和关节发炎。以带菌病禽为主要传染源，病菌经消化道、呼吸道及破损皮肤传染，禽类均受其害，尤以鸡、鸭、鹅受害最重，四季均可发病，州内各地历年均广为流行，死亡率高，是州内家禽的主要传染病之一。1991年以来，全州禽霍乱2000年发病300只，是2010年前发病最少的一年。到2005年发病1万余只。2010年到2015年共发病8312只，死亡5264只，死亡率为63.33%。其中2010年发病888只，死亡351只；2011年发病3391只，死亡1730只；2012年发病1734只，死亡1028只；2015年发病2299只，死亡2155只。

鸡白痢　是由鸡白痢沙门氏杆菌引起的一种传染病，主要侵害雏鸡，以下白痢为特征，引起大量死亡。其病对成年鸡、雏鸡、鹌鹑、兔均能感染。州内各地历年均有发生，2001年全州鸡发病1920只，死亡540只。2002年发病5.13万只，死亡1.19万只。2003年发病2.33万只，死亡0.43万只。2005年发病再下降到1823只，死亡510只。2010年发病43只，死亡11只。2011年发病2227只，死亡707只。2012年发病334只，死亡95只。2013年发病89只，死亡19只。2015年发病109只，死亡46只。

鸭　瘟　又称“鸭病毒性肠炎”，俗名“倒头瘟”。是由一种疱疹病毒引起的传染病。州内各地均有发生，传染迅速，常呈大片流行，且死亡率很高。病鸭体温升高，两脚发软，下痢、流泪、头颈部肿大。1991至2000年病鸭均在1万只以上。2005年发病1045只，死亡724只，死亡率69.28%。2010年发病1927只，死亡1927只，死亡率达100%。2011年发病160只，死亡80，死亡率50%。

小鹅瘟 是由小鹅瘟病毒引起的雏鹅急性败血性传染病，具有高度的传染性和死亡率。病鹅严重下痢，并表现神经症状，肠道严重发炎，小肠粘膜发生大片坏死脱落和凝固，形成栓子堵塞肠腔，濒死时出现头部弯转，全身抽搐和瘫痪。病毒主要侵害4～20天的雏鹅，发病的日龄愈小，损失愈大。10日龄以内雏鹅，死亡率最高达95%～100%；10日龄以上雏鹅，死亡率一般不超过60%。2000年以前，此病在州内为零星发生。2003年，发病69只，死亡68只，死亡率为98.55%。2004年，发病3356只，死亡3356只，死亡率100%。2005年发病42只，死亡26只，死亡率为61.9%。2010年后不发生此病。

三类疫病

仔猪副伤寒 主要是由猪霍乱沙门氏菌、猪伤寒沙门氏菌、鼠伤寒沙门氏菌、肠炎沙门氏菌引起仔猪的一种传染病，急性者为败血症，慢性者为坏死性肠炎。1991年、1996年和2004年有零星发病。2005年发病又增加到2050头，死亡914头，死亡率为44.58%。2010年，发病206头，死亡98头，死亡率为47.57%。2011年增加到1071头，死亡337头，死亡率为31.47%，到2012年减少到发病20头，死亡4头，死亡率为20%。

主要寄生虫病 主要有鸡球虫病，是鸡的一种寄生虫病。鸡、鸭、鹅等禽类均有感染，以鸡、鸭感染普遍而严重。此病全州各地均有发生。1991—2000年，州内对鸡球虫病未进行过专门统计。2001年初步调查统计有鸡球虫病830只，死亡90只。2002年发生球虫病的鸡达4.84万只，死亡8100只，死亡率为16.7%。以后各地加强了驱虫工作，发病率和死亡率都逐年降低。2003年病鸡下降到1.67万只，死亡1400只，死亡率8.4%。2005年，病鸡903只，死亡158只，死亡率17.5%。2010年，病鸡597只，死亡26只，死亡率4.36%。2011年，病鸡1791只，死亡577只，死亡率32.22。2012年，病鸡100只，死亡48只，死亡率为48%。2014—2015年，病鸡2121只，死亡19只，死亡率为0.90%。

第二节 疫病防治

防疫组织

防治机构 1991年以来，黔东南州建立了较为完整的兽疫防治体系，在村设有兽疫防治小组或防疫员。在兽疫发生老区、常发区和重发区建立有136个疫情观察点。1992年全州撤区并乡建镇后，全州116个乡、90个镇和5个街道办事处都建有农牧综合服务站或畜牧兽医站，3550个村民委员会都配备有畜牧兽医员，主要从事畜禽疫病防治工作，除出售兽药、收取出痧防治费和春秋两防注射费外，每月每人还可领取一定补贴，是自治州兽防体系中一支重要而稳定的基层力量。

防疫队伍 1991 年，兽防技术干部为 590 人，其中州、县（市）两级 319 人，乡镇 271 人；村级防疫员 1788 人，民间兽医师 868 人，防疫队伍共计 3246 人。到 2000 年，由于退休、改行和外出打工，全州畜禽防疫队伍趋于减少。州、县（市）兽医干部下降到 306 人，乡镇站兽医人员下降到 270 人，村级防疫员 2164 人，民间兽医 931 人，防疫队伍合计 3671 人。2005 年，州、县（市）两级兽医技干继续下降到 293 人，乡镇兽医人员 285 人，村级防疫员 215 人，民间兽医 941 人，防疫队伍合计 3624 人，与 2000 年基本持平。

2010 年，除剑河县外，州内 15 县市设立了动物卫生监督所，编制为 91 人；15 县市设立了动物疾病预防控制中心，编制 92 人；剑河、岑巩、三穗、锦屏 4 县为乡镇农牧站，其余县市为兽医站，编制 575 人，到位 432 名。全州有村级兽医员 3079 人。经审查发放乡村兽医登记证 1724 人。开展执业兽医资格考试，有 16 人获得执业兽医师资格，18 人获得助理执业兽医师资格。2004 年以来，国家投资建设乡镇兽医站 193 个，投资 2569.6 万元；基层动物防疫基础设施建设项目 16 个，投资 946.76 万元；基层动物检疫监督设施建设项目 16 个，投资 812 万元。

2015 年，全州动物疫控中心机构编制共计 617 人。其中：州级疫控中心 12 人；县级 92 人，乡镇级 513 人。县级：16 个县市设有动物疫病预防控制中心，中心机构规格雷山为正科级、其余 15 个县市为副科级。编制相对较多的有凯里、雷山、麻江、榕江；少的三穗 2 人、施秉 3 人、台江 3 人、从江 3 人。、乡级：所有乡镇均设立农业服务中心，负责动物防疫工作的组织实施。村级：村级配备动物防疫员 2000 余人，负责动物疫病免疫、治疗等具体工作。

疫病防治

疫情报告 疫情报告制度是自治州长期以来一直坚持实施的一项基本防疫制度。1991 年以来，基层兽医工作人员和疫情报告员始终对炭疽病、狂犬病、猪瘟、口蹄疫、鸡新城疫等重要传染病实行及时逐级上报。1999 年，口蹄疫在 16 个县（市）局部地区发生后，各地按州政府要求抓好“四个强制”。一是实行强制封锁，根据调查结果及时划定疫区、疫点、受威胁区，由当地人民政府发布封锁令，把疫情控制在最小范围。二是实行强制免疫，组织畜牧兽医防疫队伍，集中人力、财力、疫苗药品，实行高密度、高质量地预防接种注射。三是实行强制消毒，对疫区、疫点饲养场、活畜市场和运输工具进行严格消毒。四是实行强制检疫。在做好群众工作、落实合理补贴后，对病畜进行扑杀。1999 年共枪杀病牛 4073 头、病猪 1913 头、病羊 19 只。2000 年继续组织扑杀，共枪杀病牛 347 头、病猪 248 头、病羊 9 只。2005 年，全州外地调牛引发口蹄疫疫情 2 起，组织扑杀猪 64 头、牛 237 头。2011 年，发生口蹄疫，共扑杀牲畜 680 头（只），其中牛 252 头、猪 421 头、羊 7 只。2012 年，发生口蹄疫和羊布鲁氏杆菌病，共扑杀牲畜牛 41 头，猪 186 头，羊 140 只。2014 年，发生小反刍兽疫和布鲁士分枝杆菌病，共扑杀羊 184 只。2015 年，因布鲁士分枝杆菌病扑杀羊 17 只。扑杀的牲畜均进行无害化处理。

诊断治疗及预防 1991 以来，各级兽防部门普遍对畜禽疫病进行常规检查和化验诊断，在论断确定后，对病畜禽都进行了力所能及的治疗，并坚持每年春秋两季预防接种，坚持猪瘟市场补针和常年补针，打耳记。结合公路检疫，常年防疫面达 16 个县市、1 个经济开发区、206 个乡镇、3550 个村、29355 个村民组。

1991—2005 年，全州共治疗生猪 255.97 万头、牛 52.42 万头、马 6.07 万匹、羊 80.245 万

只、禽119.47万羽。2004年，全州在206个乡镇、3168个村、47.87万户养殖户中，开展畜禽驱虫工作，牛驱虫43.53万头、猪驱虫122.98万头、马驱虫6334匹、羊驱虫12.5万只、禽驱虫173.35万羽、兔驱虫6.88只。2005年继续开展畜禽驱虫工作，其中牛驱虫43.02万头、猪驱虫128.06万头、马驱虫1.01万匹、羊驱虫12.87万只、禽驱虫189.24万只、兔驱虫1.02万只。从1991年以来，全州各地还广泛开展了由畜牧兽医技术员对畜禽疫病的包预防、包治疗、包死亡赔偿的“三包”有偿服务。

2010年在动物防疫中，包括动物的免疫、疫情监测、驱虫、治疗等方面。春秋两防常规动物疫病免疫猪瘟315.2万头次、鸡新城疫1228.92万羽次、猪丹毒62.2万头次、猪肺病61.3万头、仔猪副伤寒44.8万头、牲畜炭疽22.1万头、牛出败41.8万头、羊“三防四联”17.9万只、禽霍乱182.72万羽、鸭瘟65.3万羽、狂犬病免疫犬9.1万只。免疫抗体监测高致病性禽流感5000羽、鸡新城商2300羽、牲畜口蹄疫4750头、猪瘟3573头、狂犬病60只。畜情定点调查全年猪死亡率为2.5%、牛死亡率为0.66%、羊死亡率为1.96%、家禽死亡率为7.07%。

2015年，全年口蹄疫免疫259.8803万头，猪蓝耳病免疫214.1324万头，猪瘟免疫249.1626万头，牛口蹄疫免疫80.7986万头，羊口蹄疫免疫43.8894万只，高致病性禽流感免疫916.5044万羽，鸡新城疫免疫952.9166万羽。口蹄疫、高致病性禽流感、高致病性猪蓝耳病、猪瘟的应免密度均达100%。羊小反刍兽疫11.14万只。免疫狂犬病5.0286万只，炭疽5.0753万头（牛4.7472万头、马0.3281万头），山羊痘14.6715万只，羊“三联四防”疫苗4.5597万只，牛出败8.4989万头，猪肺疫0.26万头，猪丹毒0.54万头，羊传染性胸膜肺炎1.6171万只，仔猪副伤寒0.38万头，鸭瘟3.58万羽。

第三节　兽药监管

1991年以来，按照贵州省畜牧部门的部署，黔东南州及各县市认真学习宣传《中华人民共和国兽药管理条例》和《贵州省兽药经营质量管理规范实施细则》，加快兽医体制改革工作。至2008年，州及各县市建立健全了兽药监管体系，并明确兽药监督管理、兽药质量抽样送检、畜产品兽药残留抽样送检、违法行为的查处由畜牧兽医局负责，实现了兽药经营全过程质量管理，改变了兽药与农药、化肥、饲料共同经营现象，完善了进药渠道和销售去向的记录。此后为严厉打击售假违法行为，净化兽药市场，保证动物疫病防治用药需要，一直常年坚持开展兽药市场专项整治、兽药使用专项整治和兽药GSP管理认证，兽药监管走向常态化，兽药经营和使用逐渐走向规范化。

2010年发放乡村兽医登记证2906人。组织179人参加执业兽医资格考试，16人获得执业兽医师资格，18人获得助理执业兽医师资格。黔东南州执业兽医资格考试部分资料被省农委《执业兽医资格考试工作经验汇编》录入。汪俭、杨先富、陈菲菲、张平4人已被列入“贵州省兽医系统实验室考核管理专家库”。施秉、从江两县列入全省计划申请考核的6个国家疫情测报站所在县级兽医实验室，15个县（市）列入计划申请考核的县级兽医实验室。是年制定了《2010年黔东南州兽医专项整治方案》，兽药抽样送检24品个品种，兽药残留抽样送检70批，组织开展兽药市场集中整顿2次，定期整顿4次，出动执法人员845人次，车辆120台（次），检查兽药经营户896户。查处违规经营2户，7家通过兽药GSP的认证。

2011年，按照《贵州省兽药经营质量管理规范实施细则》，在全州启动对兽药经营企业规范管理，印发《黔东南州兽药GSP推进工作宣传手册》1000本，经省农委培训后取得兽药GSP检查员资格17人，获得省农委兽药GSP认证的企业有镇远县百益畜牧服务行、岑巩县百益畜牧服务行、黎平县畜牧科技开发服务部等3家。由贵州省农业委员会主办、黔东南州农业委员和镇远县农业局协办的全省兽药GSP现场推进工作会议在镇远召开，会议对全州兽药GSP管理认证工作给予了充分肯定。

2012年，成立省农委专家任组长、黔东南州兽药GSP管理认证检查员为成员的兽药GSP管理认证验收小组，完成兽药经营GSP管理企业认证121家。是年，黔东南州农业委员印发《全面开展兽药经营清理行动告知书》、和《兽药管理条例》共1500份。开展兽药GSP专项培训16期560人次，现场指导兽药经营企业进行GSP管理改造337人次。此外，还出动人员1045人，出动车辆320辆次开展督查4次，排查假劣兽药7次，立案查处14起，没收假、劣兽药、无证经营兽药2020千克。

2013年，黔东南州兽药GSP管理认证检查员通过培训、考核和审定，确定GSP兽药检查员增至53人（当年新增36人），完成兽药GSP企业认证28家，累计GSP管理企业达144家。途中规范兽药GSP企业的后续管理，吊销兽药经营许可证4个，与134家兽药经营户签订了《经营兽药质量安全责任书》，印发《黔东南州兽药处方药和非处方药管理办法实施方案》施行兽药处方药和非处方药管理制度。翻印农业部公告第193号、农办医〔2009〕23号、农业部公告176号、农业部公告560号、农业部公告1519号等关于食品动物费用兽药名单和相关知识的手册1000册等下发各县（市、区）监管单位、经营户、养殖场。三穗、岑巩、镇远实施省级兽药管理示范县建设项目，并通过贵州省农业委员会的验收。是年，组织各县市兽药管理机构开展了7次兽药经营、养殖场（小区）兽药使用的排查，共排查兽药经营企业806次，养殖场786次，出动兽药管理人员2136人次，对兽药违法20个案件的立案查处。是年开展兽药知识培训12期，培训分管局长、疫控中心主任、动监所长、兽药管理人员共120人，培训兽药经营者214人、兽药使用人员586人。

2014年，全州兽药GSP管理企业共143个（新增通过认证3个），其中兽药GSP总店12个、独立店33个，连锁店98个。凯里市实施省级兽药管理示范县建设项目并通过了验收。是年，制定《2014年黔东南州兽药专项整治行动实施方案》《黔东南州兽药产品标签和说明书规范行动方案》，开展兽药市场专项整治，开展违禁药物、假劣兽药、不规范标签和说明书的清缴工作，全年组织出动兽药监管、执法人员3136人次，检查兽药经营户1131户次，养殖场1541个次。立案查处30起，结案26起，涉案人数37人，货值1200元，没收假劣兽药15.85公斤，罚没金额3.7989万元，没收违法所得4275元，挽回经济损失9.8万元。是年，兽药经营企业签订《兽药质量安全承诺书》，与饲养场签订《动物饲养场安全用药责任书》，印制《兽药进货记录本》《兽药销售记录本》《兽药使用记录本》各500本发放到各兽药经营和使用企业。兽药监管和执法人员不定期巡查，实施痕迹管理，检查内容记录在《兽药监管执法巡查记录本》上。是年，完成鸡肉样品兽药残留监控抽样任务20个，合格率为100%。完成兽药质量监督抽样任务35个，其中31个合格，4个不合格，合格率为81.19%。抽取畜产品333份，其中肉样210份，鸡蛋123份。此外，还举办兽用处方药和非处方药管理培训8期，参加培训人数286人，发放宣传资料1680余份。

2015年，全州兽药GSP经营企业共129个，其中兽药GSP总店12个、独立店31个，连锁店86个。是年，组织开展了全州兽药质量安全专项整治和兽药标签和说明书专项清理整顿活动，确保了标签说明书不符合规定的兽药产品不上架、不销售。开展兽用抗菌药集中专项整治，全州共出动1518人次，共检查兽药经营企业129个、兽药使用单位316个。抽检抗生素药品37批次37个，检测合格率为100%。查处兽用抗菌药违法违规案件6件，结案6件，涉及金额3487元，处罚16531元。立案26起，结案18起，罚没3.45917万元，挽回经济损失103.53万元。是年，完成兽药抽检35批次36个样品，送省药监所检测35个样品，合格32个，不合格3个，合格率为91.43%，检测不合格样品转所在县农业主管部门立案查处。完成兽药残留（鸡肉）抽检10批次18个样品，送省药监所检测，检测合格率为100%；完成蜂蜜抽检2个批次4个样品，经省药监所检测全部合格，合格率为100%；完成全州畜产品质量安全例行抽样55批次237个样品，其中鸡蛋17批次70个样品、禽肉19批次77个样品、猪肉14批次72个样品、牛肉3批次3个样品、羊肉2批次15个样品，经州农检中心检测，样品全部合格，合格率为100%。此外，天柱县、黄平县实施省级兽药管理示范县建设项目，并通过了验收。

第四节　动物卫生检查监督与管理

检查监督

检疫制度　检疫制度州和各县市动物卫生监督机构按照《中华人民共和国动物防疫法》《动物检疫管理办法》《动物防疫条件审查办法》等法律法规及规章，先后建立和完善了《检疫申报制度》《兽医人员派驻或包片制度》《兽医服务和管理制度》等各种检疫制度；设立产地检疫、养殖场、畜禽交易市场公示牌，树立全程监管的理念。

检疫申报点2008年以来，严格按照农业部产地检疫规程要求和黔东南州辖区内养殖业实际，以“方便群众、严厉把关、便于检疫”为原则，在全州合理设置产地检疫报检点895个，确保了规模饲养场（养殖小区）产地检疫率达100%、行政村产地检疫开展面达100%、持证率达100%。2011年，在麻江县下司镇建设1个标准化检疫申报点，完成施秉县、黎平县两个县级标准化项目评审；2012年雷山、麻江获省支持45万元建设动物产地检疫申报点（动物卫生监督分所）标准化项目建设，投入3.4万元支持施秉、剑河、台江完善屠宰检疫申报点建设。

屠宰监管　为确保进入屠宰场动物持证率、戴标率、健康率、同步检疫率、动物标识回收率、病害动物及其产品无害化处理率达100%，州动物卫生部门认真落实官方兽医驻场制度，对定点屠宰场实行24小时值班制度。2008年全州共有生猪定点屠宰场18个，2013年，与州商务局联合清理整顿屠宰场，全州获得“动物防疫条件合格证”屠宰场（点）20家，进一步规范屠宰经营行为；2014年全州取得“动物防疫条件合格证”屠宰场（点）达23家；2015年全州畜禽屠宰监管职责全部完成划转归农业部门，共有生猪定点屠宰场（点）21家。

引种调运审批管理 根据《中华人民共和国动物防疫法》《农业部关于印发〈跨省引进乳用种用动物检疫审批表〉及其填写和应用规范的通知》（农医发〔2010〕30号）、《农业部关于印发（跨省调运种禽产地检疫规程）及〈跨省引进乳用种用动物产地检疫规程〉的通知》（农医发〔2010〕33号）以及贵州省农业委员会的有关规定，严格实行引种申报、引种审批、备案管理、隔离观察等规定。2008年，全州共办理审批调畜手续66次，调种牛5922头、种猪3773头、种羊33540只、鸡苗30000羽、鹅苗500羽；2009年办理畜禽申报调运22次，调入鸡6.1万羽、牛2115头、羊10000只、种猪305头；2010年办理畜禽申报手续11份，调入牛1340头、羊2200只、种猪182头；2011年后跨省调运由县级初审后直接报省动监所审批，州级动监所提供技术指导和监督检查。

动物标识和疫病可追溯体系建设 2011年，州农业部门先后制发了《黔东南州动物标识及疫病可追溯体系建设实施方案》《黔东南州动物标识及溯源设备管理办法》，按时完成州、县、乡三级追溯体系机构信息录入、区划管理等，完善健全追溯体系信息，完成570台识读器采购、网上注册和使用；2012年全州动物卫生监督机构溯源系统上传数据16.26万条；2013年上传溯源数据23.89万条；2014年溯源数据上传29.55万条；2015年上传溯源数据23.37万条。

产地检疫 2008—2015年，全州累计完成产地检疫生猪835.36万头、牛127.18万头、羊110.35万只、家禽6659.38万羽。其中：2008年全年共检疫生猪95.42万头、牛32.76万头、羊10.10万只、禽类823.54万羽。2009年，产地检疫生猪99.7万头、牛14.9万头、羊24万只、禽类1205万羽；2010年，产地检疫共检疫生猪105.9万头，牛15.5万头，羊13.8万只，家禽1201万羽；2011年检疫生猪117.86万头、牛11.84万头、羊11.32万只、家禽1270.24万羽；2012年完成产地检疫生猪108.87万头、牛12.98万头、羊13.57万只；2012年，家禽不作为硬性任务，因此没有数据统计；2013年完成产地检疫生猪111.34万头、牛17.27万头、羊17.05万只；2013年，家禽不作为硬性任务，因此没有数据统计；2014年完成产地检疫生猪119.73万头、牛14.58万头、羊14.65万只、禽类1418.25万羽；2015年完成产地检疫生猪86.54万头、牛10.04万头、羊8.26万只、家禽741.04万羽；2015年产地检疫生猪86.54万头、牛10.04万头、羊8.26万只、家禽741.6万羽。

屠宰检疫 2008—2015年，全州累计完成屠宰检疫猪466.74万头、牛羊89.07万头（只）、禽310.33万羽，定点屠宰场无害化处理病害肉累计705.745吨，屠宰环节“瘦肉精”抽检41829份，检测结果全部为阴性。其中：2008年完成屠宰检疫生猪52.08万头、牛羊9.70万头、禽类70.60万羽；2009年完成屠宰检疫生猪48.8万头、牛羊9.4万头（只）、禽类88.36万羽；2010年完成屠宰检疫生猪54.6万头、牛羊12.8万头只、禽类84.8万羽；2011完成屠宰检疫生猪55.31万头、牛羊9.642万头（只）、禽类104.78万羽；2012年完成屠宰检疫猪59.69万头、牛羊10.66万头（只）；2013年完成屠宰检疫生猪63.26万头、牛羊13.08万头（只）；2014年完成屠宰检疫生猪67.43万头、牛羊11.83万头（只）；2015年完成屠宰检疫生猪65.6万头、牛羊11.96万头（只）、家禽21.77万羽。

兽药及兽药残留抽样 2010年黔东南州动物卫生监督所加挂黔东南州兽药饲料监察所牌子，2011年起承担兽药及兽药残留抽样工作。2011年至2015年共计抽样兽药样品192份，合格146份，不合格46份。其中：2011年抽样兽药样品20份，合格14份，不合格6份；2013年抽样兽药样品35份，合格25份，不合格10份；2013年抽样兽药样品37份，合格15份，不合格22份；2014年抽样兽药样品35份，合格31份，不合格4份；2015年抽样兽药样品65份，合格61份，不合格4份。2011年至2015年共计抽样兽药残留样品640份（禽肉186份、禽蛋212份、猪肉129份、其他肉类113份），合格630份，不合格10份（禽蛋8份、猪肉2份），畜产品总体合格率为98.4%。其中2011年抽样兽药残留样品31份（禽肉5份、禽蛋4份、猪肉4份、其他肉类18份），合格31份，合格率100%；2012年抽样兽药样品残留26份（禽肉15份、其他肉类11份），合格26份，合格率100%；2013年抽样兽药残留样品205份（禽肉34份、禽蛋79份、猪肉32份、其他肉类60份），合格202份，不合格3份（禽蛋2份、猪肉1份），合格率98.5%；2014年抽样兽药样品残留63份（禽肉22份、禽蛋39份、猪肉2份），合格63份，合格率100%；2015年抽样兽药残留样品315份（禽肉110份、禽蛋90份、猪肉91份、其他肉类24份），合格308份，不合格7份（禽蛋6份、猪肉1份），合格率97.8%。

检查管理

黔东南州级动物卫生监督所积极采取重点检查、突击检查、专项检查、明察暗访等多种形式，开展动物卫生监督执法检查。

2008—2015年，对下级业务单位累计开展督查指导60余次以上，出动督查指导人员370余人次以上，对各地开展免疫、检疫、监督工作等情况进行督查指导，对不按规定检疫、收费、用证、出证的有关单位和个人进行了通报批评，并责令整改，通过加强监督指导，进一步规范了动物防疫行政执法行为。2015年，启动全州“动监雷霆”行动，州及各县市围绕严查非法调运动物及动物产品、严查非法养殖、严查非法经营和严查非法出证四个方面开展工作。为确保行动开展，州农委筹措18万元资金，在凯里、三穗、榕江、天柱、麻江和丹寨启动畜禽规模场分类监管和无证饲养专项整治示范，筹措资金1万余元编写并印制《黔东南州动物卫生监督巡查工作手册》《黔东南州动物卫生监督执法办案手册》《黔东南州动物卫生监督执法警示教育手册》《贵州省动物卫生监督检查记录》各500本发放到各县动物卫生监督所和官方兽医。全州“动监雷霆”行动中，执法人员共办理动物卫生监督案件260件，其中一般程序案件44件，简易程序案件216件，办案数比2014年增加45.7%。

2008—2015年，全州动物卫生监督机构累计出动执法人员2.75万人次，对全州300余个畜禽养殖场（小区）、23个定点屠宰场等开展巡查检查。先后查处从江县动物卫生监督所查处的南宁市金桥物流有限公司无检疫证明运输的动物产品（牛肚）案、贵州谷丰生态农业发展有限公司调运山羊伪造“动物检疫合格证明”案，以及三穗县动物卫生监督所与县质监局联合办理的未附检疫证明运输28吨冷冻肉案等典型重大案件。办理了动物卫生监督行政执法案件1507件，其中按一般程序办理204件，按简易程序办理1303件，累计罚款28.578万元，年均办案在160件以上。

第五篇　农业执法

第一章　法制宣传与综合执法

第一节　法制宣传

“二五”普法期间（1991—1995年）　“以《中华人民共和国宪法》为核心，专业法为重点”开展普法工作。州农业局和各县市农业局成立普法办公室，以参加培训、上法制课、组织在职职工进行普法考试等方式开展普法工作。其中1991年，全州农业系统学习了《种子管理条例》和省农业厅、省工商局联合制订发布的《贵州省农作物种子“三证”管理暂行办法》及补充说明。1992年，上半年学习《社会主义法制建设若干问题讲话》《〈中华人民共和国宪法〉讲话》，并组织参加了由州和各县法制宣传教育领导小组组织的统一命题考试。下半年，坚持“学用结合、学以致用”原则，重点学习有关专业法律法规。1993年，《中华人民共和国农业法》颁布实施后，全州农业系统以召开干部职工大会、发放宣传资料、设立宣传栏、宣传横幅等形式宣传了《中华人民共和国农业法》等法律法规。

“三五”普法期间（1996—2000年）　以领导干部带头学法用法，依法决策，民主决策，正确运用法律保障市场经济健康发展和社会持续稳定，推进普法工作的开展。主要有：1. 健全集体学法制度、干部法律知识培训制度、干部学法用法考试考核制度。2. 认真贯彻实施贵州省人民政府《关于开展依法治省工作的实施意见》及《关于依法行政的决定》，改善行政管理工作，规范行政执法行为。3. 加大行政执法人员的培训和考核力度；4. 完善执法程序，规范执法行为，推行公示制度，保障依法行政。其间，先后建立《行政执法责任制考核制度》《行政过错责任追究制度》《行政赔偿追究制度》。通过推行部门执法责任制，依法明确各执法机构、执法岗位的执法职责、权限、程序及标准。

“四五”普法期间（2001—2005年）　立足“十五”计划确定的经济社会发展目标，立足社会主义法律体系逐步完善和建立社会主义市场经济体制的客观要求，坚持法制教育与法制实践相结合，深入开展法制宣传教育。深入学习宣传邓小平民主法制建设理论和江泽民关于依法治国的论述和与农业密切相关的法律法规知识，学习社会主义市场经济法律法规及保障和促进西部大开发的法律法规，学习加入世贸组织后涉及的相关法律知识，不同程度地提高干部职工的法律素质，以及干部职工权利义务对等的现代法治观念。

“五五”普法期间（2006—2010年）　重点抓以下六个方面：1. 强化法制学习。制定《黔东南州农业系统2006年至2010年法制宣传教育第几个五年规划》、年度普法计划，规定每周“二、五”为学习日。同时，按年度学法普法计划，不定期举办法学讲座，组织全局干部职工学习新的法律法规和专业法，每个干部职工每年学法时间达到40个学时以上，干部职工参加干部学法用法考试，参考率和合格率都达到100%。2. 强化法制宣传。其间，每年都开展“放心农资下乡进村”宣传周活动和法律进村活动。其中2007年州局开展“法律进农村”知识讲座三次。2009年为帮扶点麻江县宣威镇翁保村送去400余册法律书籍，帮助该村建立法律图书室。2010年共举办现场宣传活动103场次，出动执法人员和农技人员1020人次，张贴标语和挂横幅602幅（张），接待咨询群众8.2万人。此外，每年还充分利用“12·4”法制宣传日大力开展各类宣传活动。3. 强化执法能力。先后制定了《黔东南州农业局法制审核制度》《黔东南州农业局行政许可监督制度》《黔东南州农业局行政执法监督检查办法》《群众来访接待制度》和《黔东南州农业局行政执法过错追究责任制》等工作制度，成立了行政执法过错追究责任领导小组，成立了行政执法案卷评查工作领导小组，组织专人负责此项工作，行政执法案卷自查率达到100%。组织全州各县市农业行政主管部门分管法制工作的领导和执法骨干分别参加省、州举行的各类执法培训，办理执法证、持证上岗，全州农业系统有农业综合执法人员102名，全部实现持证上岗，其中州农业局有的行政复议人员5名、行政执法人员6名。其间，共办理违法案件17件，没有一起案件上诉或行政复议。选送12份卷宗报省农委参加优秀卷宗评选，其中州农业局执法支队和黄平县农业局办理的两份卷宗被农业部评选为优秀卷宗。4. 强化农资市场监管。组织农业行政执法人员深入农资市场开展执法检查工作，依法打击坑农害农行为，农资市场秩序进一步规范，维护全州农业生产、农产品质量安全。5. 参与立法调研。共参与州人大、州政府的开展地方立法调研12次。

“五五”普法活动情况统计表

表5—1

普法内容			单位	数量
现场宣传			场次	22
接待咨询群众			人次	17500
张贴悬挂农业法制宣传标语横幅			条	115
培训生产经营者			人次	360
普法培训培训农户			户次	1100
学习时间	培训干部	合计	人次	455
		其中：执法人	人次	211
	领导干部	集中	小时	80
		自学	小时	200
	工作人员	集中	小时	60
		自学	小时	300
举办法律讲座			课次	14
印发制作宣传画			张	6000
制定依法治理工作制度			项	8

续表

普法内容	单 位	数 量
通过新闻媒体宣传发表新闻报道	条	10
通过部门网站宣传发表普法信息	条	25
设立固定宣传栏	个	1

“六五”普法期间（2011—2015 年） 主要抓了以下四个方面：1. 加强组织领导，强化基础保障，确保“四个到位”（组织领导到位、规划落实到位、制度建设到位、夯实基础到位）。其间，购置电脑、数码相机、摄像机、影碟机等器材，为普法宣传提供物质保障。2. 突出机关特色，狠抓学法普法工作。一是采取集中和分散相结合的方式组织干部职工开展普法学习。二是在开展农民实用技术培训工作中，把普法内容作为培训内容，进行普法宣传。其间，利用“阳光工程”培训项目，对参加“阳光工程”培训的 40600 名农民开展普法宣传。三是组织各种活动开展普法宣传，如开展“放心农资下乡进村”宣传周活动、科技“三下乡”和“12·4”法制宣传日活动等普法宣传咨询活动。四是把普法依法治理工作列入机关年度工作目标进行考核，考核结果作为对干部年度考核、评先选优的依据。3. 加大普法的宣传力度。一是抓好《中华人民共和国宪法》和与群众生产生活密切相关的《中华人民共和国行政许可法》《中华人民共和国种子法》等法律法规的学习。二是不断加强农业工作者队伍建设，提高执法队伍科技执法的水平。三是利用宣传月、宣传周、纪念日等形式，有计划、有组织地开展形式多样的法制宣传教育活动，营造学法用法氛围。4. 注重实效，做好依法行政和着力规范农业行政执法行为。一是按照《州政府办关于黔东南州行政审批“两集中两到位”改革实施方案的通知》精神，州农委对行政审批事项进行了清理，简化了办理程序得，缩短了办理时间，提高了机关法制化水平。二是认真落实行政执法主体资格制度。三是制定了《黔东南州农委法制审核制度》《黔东南州农委行政许可监督制度》《黔东南州农委行政执法监督检查办法》《黔东南州农委行政执法过错追究责任制》，并成立了行政执法过错追究责任领导小组，强化用制度来约束行政许可与行政执法行为。

第二节 综合执法

1991 年以后，农用物资市场上假冒伪劣产品时有发生，某些危险性动植物病虫害也乘调运之机传入州内，并在州内扩散蔓延。2000 年以来，农业部门加强对执法人员的培训，在坚持抓好减轻农民负担和土地延包巩固工作的同时，还坚持抓好农药、兽药、肥料、饲料、种子、果苗的市场管理和质量监测，抓好渔政管理和动植物检疫、检验工作。

2001 年，开展了减轻农民负担监督管理、整顿农资市场、打假扶优护农活动。全州共开展农民负担执法检查 33 次，查出 11 项不合理的收费项目，清退涉及金额 769.35 万元，精减、分流、清退乡镇人员 126 人，减少开支 75.64 万元；清理整顿农村电费 530.28 万元。全年农民人均减负 2.11 元。农民人均合同内负担 16.93 元，占上年农民人均纯收入的 1.37%，比省规定的 3.5% 的指标低 2.13 个百分点，比国务院规定的 5% 的限额低 3.63 个百分点。农资市场整顿打假力度进一步加强。全年出动1349人次、车辆183台次，共检查清理市场1418个、复合肥生产企业29个、农药经营单位395个，并对种子市场进行了专项清理整顿工作，促使6家复合肥生产企业进行注册登记，查处违法生产、经营和“三证”不全农药及假冒农药15户；查封、没收“三证”不全及过期劣质农药18个品种2.6吨，取缔不合格农药经营户32户。查处无证经营种子61户，没收劣质绿肥种子20.5吨、油菜种子150公斤、蔬菜种子67公斤。查获假冒伪劣兽药8208件、饲料及添加剂2209包10.3吨。同时，还根据上级部署及时在全州范围内开展炭疽病和瘦肉精的专项检查，维护了广大消费者和合法生产者经营者的正当权益。

2002年，州农业局成立了政策法规科。抽调3名行政干部从事专职农业法制工作，部分县市农牧局也成立了相应机构并配备了专职人员。同时继续抓好土地延包的后续工作，完善和规范土地承包合同管理。积极参与农村税费改革试点工作，确认了全州第二轮延包承包耕地面积为2541770.42亩。继续开展整顿农资市场、打假扶优护农活动。当年清理整顿农资市场756个，检查企业4055家。

2003年，建立健全农业行政执法机构和队伍。在州农业局成立法规科后，全州12个县市农业行政主管部门成立政策法规股，有的县还组建了农业行政执法大队，并将农业法制工作列入对各县市农业部门全年业务目标考核内容。是年，全州农业部门共开展农业法律法规宣传咨询活动96场次，发放学习资料32000多份。是年，对全州986个种子销售网点依法进行登记备案发证，清理和纠正各种违法经营种子的行为20多件，查处销售劣质杂稻种子10900公斤。同时，还对肥料、饲料、渔业、兽药等市场进行执法检查，开展了打击非法生产销售剧毒鼠药和剧毒农药专项整治活动。全州各县市成立了毒鼠强专项整治工作领导小组，印发张贴农业部等九部委局《关于清缴毒鼠强等违禁剧毒杀鼠剂的通知》4000份，印发张贴《黔东南州人民政府关于禁止销售和使用剧毒、高毒、高残留农药的通告》5200张，“两高”司法解释500余份，对187个乡镇市场进行检查，取缔违法经营摊点127个，清缴违规剧毒鼠药31900袋（包、支），收缴违规剧毒农药29种450余瓶（包）。农药、鼠药严格实行经营许可证制度、连锁专营制和经营销售登记制度。

2004年，全州组建综合执法机构23个，人员108人。开展《中华人民共和国行政许可法》辅导讲座3次，117人参加了《中华人民共和国行政许可法》考试，会同有关部门编印了《农村普法一百问》一书，发放宣传普法资料8.28万余份，接待群众法律咨询156次。全州共查处各类农作物假劣种子6000公斤，标值约7.57万元；查处不合格兽药300公斤，标值约0.37万元；查处伪劣和无证经营饲料及饲料添加剂500公斤，标值约1.76万元；收缴毒鼠强等剧毒鼠药180公斤。

2005年，开展“放心农资下乡进村宣传周”活动，全州共举办现办咨询活动88场，接待咨询农民52万人次。开展对农资经营户的守法经营培训，共培训农资经营户29期2850人次，培训人员考试合格率为100%。加大农资市场执法监督检查力度，农资市场清理督查3962个次，检查农资经营户14973户（次），依法查处各类农资违法案件187起，案值24.88万元，为农民挽回经济损失131.86万元。

2006年，组织开展了春、秋两季农资打假专项行动及水稻种子、尿素等农资的专项打假行动；对州内“三杂”种子、绿肥种子、农药、兽药、饲料、复合肥等农资市场开展了整治工作；对州内高毒高残留农（兽）药开展了清理工作；对农资违法案件开展了查处工作。全年全州出动执法人员13360人次，清理检查市场4419个次，检查农资经营户17148户次，检查企业287个次，依法查处各类农资违法案件632件，其中一般程序120件；查获假冒伪劣农资产品115600公斤，挽回直接经济损失145万元。

2007年，按照严把生产、流通、使用三个关口，开展了农资打假、农资市场整治、高剧毒农（兽）药、剧毒鼠药的禁止及销毁、农资产品质量抽检、农资违法案件查处、“放心农资下乡进村”宣传、农业执法试点、农资行业协会调研、“阳光执法”试点、农资监控测报点建立等工作。全州各级农业部门出动执法人员11100人次，检查农资市场3904场次，检查经营户19041户次，清理检查农资企业579个次，依法查处各类农资违法案件329件（其中一般程序案件124件，简易案件205件），收缴各类违法农资产品49000公斤，收缴违法农资器具160台件，挽回直接经济损失93万元。送省化工研究院集中销毁全州收缴的高剧毒农药、兽药、渔药、剧毒鼠药3吨。

2008年，全州各级农业执法部门出动执法人员7300人次，检查农资市场2600场次，检查经营户11800户次，清理检查农资企业200个次，抽检种子样品66个，复混肥样品10个，查获各类违法农资产品460200公斤，查处农资违法案件138件（其中一般程序47件），挽回直接经济损失190万元。其中办理了在全省影响较大的“威瑞德”牌劣质复合肥料案，为33户农户挽回损失134万元。

2009年，全州出动执法人员10120人次，检查农资市场3446场次，检查农资经营户17362户次，检查企业1035个次。受理举报（投诉）案件7件，查处违法案件163件（其中一般程序案件67件，简易程序案件96件）；涉案人员58人，没收违法所得6287.50元，罚款92893元，挽问经济损失71.15万元。查获或取缔非法生产经营点5个，查获违法农资品49858公斤。开展春季农资打假专项行动、“放心农资进村寨”专项整治行动、“农药市场监管年”农药市场检查专项行动、农资打假秋季行动、茶树苗木专项检查。

2010年，开展以“种子执法年”“农药市场监管年”等活动为主要内容的农资打假和监管工作。全州共出动执法人员10720人次，检查经营户17777户次，检查企业316个次，整顿市场3131场次，累计立案查处65起，其中种子36起，农药10起，肥料19起。查获违法农资数量74378公斤，罚款60935元，挽回经济损失519.62万元。查处凯里市李合闯涉嫌经营来源不明、真实性不能确定“中农大236”“濮单6号”种子案和施秉县曾朝高涉嫌经营山东奥斯特化肥有限公司生产的“奥斯特”牌劣质复合肥料两起农资违法重大案件。

2011年，继续开展“种子执法年”“农药市场监管年”“肥料市场专项整治”等农资打假专项整治行动。推行农资经营监管公示、农资经营备案、农资经营台账记录等制度，抓好农资生产经营主体清查整顿，扎实开展“放心农资”下乡进村宣传活动，严厉打击制售假劣农资违法行为，保障农业投入安全，维护农民合法利益。与农资批发商签订诚信经营责任书52份。出动执法人员1.17万人次，检查市场3721场次、经营户1.99万户次、企业392个次，查处农资违法一般案件67件，结案48件，查获违法产品14.52万公斤、货物标值47.12万元，罚款9.47万元，挽回经济损失181.9万元，移交工商部门16起。处理近年来查获收缴的禁用高毒高残留农药和其他假劣农药9580公斤，移交给贵州中佳环保公司进行无害化销毁。开展兽药抽样送检20个，合格率为70%，发现并查处假冒产品6个；完成饲料抽样送检95份。率先在全省范围内开展县级农资市场监管网络化管理试点。加强农业执法工作创新，率先在三穗县实施农资市场监管网络化管理，利用黔东南州农业执法网络办公系统，将《农资商品经营台账》《农业投入品备案登记表》等监管表册设置于网络系统中，并将终端延伸到农资经营户，要求农资经营户通过电子网络系统实时填报，从而实现农资商品购进和销售数据的实时掌握和监控，大幅提高执法效率和水平。这是全省县级农业部门开展农资市场监管网络化管理的“首创”。省农委农药交叉检查组对黔东南州创新开展农资电子台账及票据管理和网上农资备案给予高度赞扬和评价，认为值得在全省推广。省农业执法总队胡刚总队长和省农委法规处邓继志处长分别到三穗对此项工作进行了调研，希望试点工作尽快完善成熟，向全省推行。

2012年，全州共出动农业执法人员12030人次，检查市场3757场次，检查经营户17618户次，检查企业383个次；检查农产品生产基地81户次；查获或取缔非法经营点5个；查办农资违法案件168件，其中简易案件58件，一般案件110件；查获违法农资产品量6.6万公斤；没收违法所得7.02万元；罚款12.98万元；挽回经济损失39.37万元。现场指导兽药经营企业进行GSP改造337批次，组织兽药GSP检查员对兽药经营户进行GSP认证205人（次），认证兽药GSP企业121家。成立了州农资打假和监管工作领导小组，将领导、管理、监督责任落到实处。强力推进种子执法年、农药市场监管年、肥料专项整治等各项活动开展。加大执法力度，严格农业投入品管理。

2013年，全州共出动农业执法人员16510人次，检查市场4923场次，检查经营户19632户次，检查企业383个次；查办案件166件，其中简易案件33件，一般案件130件；查获违法产品量13223公斤；没收违法所得8.89万元；罚款15.71万元；挽回经济损失86.61万元，查获取缔非法经营点4个，依法向工商部门移交农产品质量违法案件1件。

2014年，全州出动执法人员18760人次，检查市场5461场次、检查经营户20096户次，检查企业911个次；开展农资违法简易程序案件查处41件、一般程序案件查处192件（其中州支队立案查处16件），查获违法农资产品2802公斤、没收违法所得40859.8元、罚款22.08万元，挽回经济损失109.1万元。是年，争取到州农业执法支队、天柱县农业执法大队、锦屏县农业执法大队3个农业部“农业综合执法规范化建设项目”。开展案卷评查，选送3个案卷参与省级优秀案卷评审，获省级优秀案卷1卷。是年，按照属地管理原则分别与16县市农业部门签订责任书，积极组织开展农产品质量安全整治和安全巡查，分别完成农药标签抽查、农药和复混肥抽样送检147个、36个和59个，对不合格产品依法立案查处，严厉打击。

2015年，全州农业综合执法队伍共完成农资违法案件查处181件，查获违法农资产品800公斤，没收违法所得28300元，罚款210700元，挽回经济损失516万元，建立农业综合执法案件信息与互通机制，完成案源信息通报51件次，成功利用31件次。是年，全年全州农业综合执法队伍有3卷案卷被评为全省农业系统“优秀案卷”，其中州农业综合执法支队办理的1卷案卷还同时被农业部评为“优秀案卷”，州农业综合执法支队被省农委确定为“2015年贵州省农业综合执法示范窗口”。是年，黎平、麻江、岑巩三县农业执法大队获“农业部2015年农业综合执法规范化建设示范项目”。

第二章　市场监管执法

第一节　种子市场监管执法

1989年3月国务院发布的《种子管理条例》规定，农作物种子经营必须持有工商行政管理部门核发的工商营业执照，农业部门委托各级种子公司（种子站）具体负责种子违法行为的查处工作。

“八五”期间至“十一五”期间（1991—2010年）　对市场经营的散种子及质量低劣、来源渠道不明的种子进行监控，打击假冒伪劣种子的经营行为，杜绝伪劣种子进入市场。其中：

1996年初，按照农业部全国农业种子管理工作电话会上要求，开展了“六查”，即：查生产经营单位是否证照齐全；查生产经营单位是否具备生产、经营条件；查生产经营的品种是否通过审定；查销售种子是否具有“种子质量合格证”；查销售种子是否包装和具有内外标签；查假劣种子案件。

2000年12月，按照《中华人民共和国种子法》关于农作物种子监督管理之规定，州农业局委托州县种子站负责管理。其程序为：种子生产经营者必须先取得种子生产经营许可证后，方可凭种子生产经营许可证向工商行政管理机关申请办理或者变更营业执照。同时，要求种子生产经营者应当建立种子生产经营档案，种子生产档案应当载明生产地点、生产地块环境、前茬作物、亲本种子来源和质量、技术负责人、田间检验记录、产地气象记录、种子流向等内容。种子经营档案应当载明种子来源、加工、贮藏、运输和质量检测各环节的简要说明及责任人、销售去向等内容。

2005年，州农业局下发《关于在全区开展春季以种子为主的农资市场执法检查工作的通知》，对执法检查工作进行了统一部署，分三个检查组对全区种子市场进行交叉检查，其重点是杂交水稻、杂交玉米、蔬菜种子和脱毒马铃薯。

2007年，开始开展种子质量抽样送检工作，每年把数量大的组合、历年有质量问题、群众举报的列为重点抽检对象，根据省农业厅下达的质量抽检计划进行抽样送检。

2009年，州级种子管理部门承担全州种子代理商的备案登记工作，各县种子管理部门承担经营户的备案登记工作。是年，全州出动专用车辆248次，参加检查执法人员954人次，检查了168个乡镇的685个经营单位、经营网点，检查水稻种子107.3万公斤，品种组合254个次；检查玉米种子64.5万公斤，品种组合145个次；检查其他种子数量0.8万公斤，查处案件个31个，处罚金额0.76万元。

2010年，一是认真开展种类市场检查。当年共检查了全州16个县市23个种子市场，种子经营户1310个经营单位（个人），占全部经营户1478个的88.63%；共检查水稻种159.76万公斤，玉米种53.02万公斤、其他种子1.645万公斤，查处案件18例（一般程序1例、简易程序

17例），处罚金额0.325万元。二是开展市场检查及种子质量监管。检查种子农资经营户4357户次，发放宣传资料118309份。抽取杂交水稻19个、杂交玉米15个，共计34个样品。查处“金农718”“中农大236”“濮单6号”涉嫌假种子案件3起；查获经营未经审定品种2起（中浙优1号，数量3公斤）；查处未登记备案、散装销售案件3起，查收杂交水稻种子171公斤、杂交玉米种子1597公斤；标识、标注喷码代号不明，包装不规范涉嫌假冒的水稻品种II优多系一号1000公斤、II优58500公斤，并取消了三个品种的备案许可。三是依法行政，规范种子经营备案管理。1. 加强对2010年《农作物种子经营委托书》的发放及管理，下发《关于办理贵州省农作物种子经营委托书发放手续》的通知，对委托书的领取作了统一规范，防范多级委托、控制假劣种子案件；2. 制定下发《关于规范我州农作物种子经营备案工作的通知》（黔东南州种字〔2009〕08号文件）、对农作物经营备案要求及程序作了规范；3. 严格备案资料的审查，把一些不合格品种杜绝在市场之外；4. 种子备案信息化管理系统试运行，大部分县市种子备案信息已上网，极大方便了备案品种、数量、销售地点、供货商等信息的及时查询了掌握。5. 对备案工作进行自查，发现问题及时纠正。在备案工作中，发现问题及时提出处理意见，针对不同情况分别下发了《关于省州检查组对主要农作物种子市场检查发现的有关问题的紧急通知》《关于规范种子经营行为，确保种子安全的紧急通知》《关于进一步加强我州主要农作物种子市场管理的紧急通知》《关于屯玉30（兴黄单988）种子不能备案的紧急通知》等。各县市也对备案材料进行认真审核和自查，对提供的备案材料不符合有关法律法规或手续不完备的品种不予备案，对自查出有不适宜区域种植的品种如蠡玉10号、黔单14、屯玉30（兴黄单988），已经退出的品种如Ⅱ优501、汕优63等及时取消备案，并责令代销商收回网点的全部种子。

“十二五”期间（2011—2015年）　配合有关执法部门，重点开展开种子质量监督抽查、依法行政规范种子经营备案管理、种子调运检疫专项检查等方面的工作。

在种子质量监督抽查方面　对重点品种、怀疑有质量问题的品种进行质量监督抽查，共抽取杂交水稻样品19个、杂交玉米样品15个。并送省种子质量监督检验站进行监督检验。经检验有一个玉米样品发芽率不达标。

在协助开展种子案件查处方面，积极协助并参与执法大队查处“金农718”“中农大236”“濮单6号”涉嫌假种子案件3起；查获经营未经审定品种2起（中浙优1号，数量3公斤）；查处未登记备案、散装销售案件3起，查收杂交水稻种子171公斤，杂交玉米种子1597公斤；标识、标注喷码代号不明，包装不规范涉嫌假冒的水稻品种Ⅱ优多系一号1000公斤、Ⅱ优58500公斤，并取消了三个品种的备案许可。其中：2012年，全州依法登记备案经营网点1299个，备案杂交水稻品种165个，194.5万公斤，销售170万公斤；杂交玉米备案品种136个，151.1万公斤，销售90万公斤。开展杂交水稻、杂交玉米新品对比试验、展示示范1600余亩，展示新品种130余个。2013年，备案杂交水稻种子194万公斤，销售180万公斤；杂交玉米106万公斤，销售105万公斤；杂交油菜备种3万公斤、秋种脱毒屿铃薯种子测进2182万公斤。2014年，杂交水稻备种量120万公斤，销售量94.34万公斤；杂交玉米各种量112.96万公，销售量91.69万公斤。水稻种悄通过省级或国家审定的品种196个，玉米种植通过省级或同家审定的品种187个，杂交油菜备种7万公斤；秋种脱毒马铃薯种子调进47.4万公斤。春秋种子旺销期间，共抽查17个城关市场和50个乡镇市场计128户种子经营户；共抽取杂交水稻、杂交玉米样品32个，抽检马铃薯脱毒种薯样品5个，有效净化了种子市场。2015年，全年种子备案登记工作涉及经营户1314户。运用贵州省种子备案登记系统完成种子备案信息录入19626条，发放备案登记证明3801个。其中杂交水稻备案104.56万公斤，销售量82.43万公斤。品种182个，杂交玉米备案92.59万公斤，销售量76.68万公斤。品种167个。全年对杂稻种子生产企业监督抽样43个，对种子市场抽查玉米、水稻种子样品20个，对马铃薯种子抽样3个。

在依法行政规范种子经营备案管理方面　一是组织各县种子管理站业务人员进行业务培训。分别组织参加了省种子管理站举办的种子管理人员业务培训班，州种子站还安排了全州种子备案信息系统使用培训；二是加强对《农作物种子经营委托书》的发放及管理，下发了《关于办理贵州省农作物种子经营委托书发放手续》的通知，对委托书的领取作了统一规范，防范多级委托、控制假劣种子案件；三是制定下发《关于规范我州农作物种子经营备案工作的通知》（黔东南州种字〔2009〕08号文件）、对农作物经营备案要求及程序作了规范；四是严格备案资料的审查，把一些不合格品种杜绝在市场之外；五是实行全州种子备案信息化管理系统试运行，大部分县市种子备案信息已上网，极大方便了备案品种、数量、销售地点、供货商等信息的及时查询了掌握；六是对备案工作进行自查，发现问题及时纠正，在备案工作中，发现问题及时提出处理意见，如针对不同情况分别下发了《关于省州检查组对主要农作物种子市场检查发现的有关问题的紧急通知》《关于规范种子经营行为确保种子安全的紧急通知》《关于进一步加强我州主要农作物种子市场管理的紧急通知》《关于屯玉30（兴黄单988）种子不能备案的紧急通知》等，州和各县市对备案材料进行认真审核和自查，对提供的备案材料不符合有关法律法规或手续不完备的品种不予备案，对自查出有不适宜区域种植的品种如蠡玉10号、黔单14、屯玉30（兴黄单988），已经退出的品种如Ⅱ优501、汕优63等及时取消备案，并责令代销商收回网点的全部种子。2012年，开展种子市场检查428场次，检查经营户2662户次。对重点市场、重点品种进行了质量监督抽查，监督抽样70个。依法查处经营未经审定品种案件5起，未备销售种子案件8起，查获种子1143公斤，挽回经济损失19.67万元。2013年，开展种子市场检查833场次，检查经营户4672户次，查获种子580.25公斤，挽回经济损失24.26万元。2015年与执法部门开展种子专项检查952次，检查种子企业26个，检查经营户4708户，违法种子案件立案41件，结案33件，涉案种子数量173公斤，罚款8.05万元。

在种子调运检疫专项检查方面　全州共出动车辆1000余车次，出动检疫人员3105人次。其中：2011年，全州共出动植物检疫人员1228人次，共检查了1271个种子经营单位（个人），共检查了1283个种子经营门面。检查水稻种子162.2万公斤，品种组合231个次；检查玉米种子53.5万公斤，品种组合121个次；检查其他种子数量0.4万公斤，查处案件一个结案一个，处罚金额0.2万元。对18个违规经销商下达了立即停业整顿的通知；对未及时办理植物检疫调运手续要求立即补办，暂停营业；查扣违规种子628公斤，案件已移交给当地植物检疫机构依法查处。2013年2月至3月，开展全州种子调运植物检疫执法专项检查活动，共出动车辆209车次，其中州级22车次，县级187车次；出动检疫执法人员802人次，州级66人次，县级736人次；共检查了16个县（市）207个乡镇971个种子经营门市，其中州级检查10个县（市）23个乡镇种子市场，135个种子经营门市，县级检查192个乡镇种子市场，736个种子经营门市。抽查涉及县级以上种子代理商市场和乡镇种子经销单位或个人，共抽查种子品种组合251个230.8万公斤，其中检查水稻品种组合220个149.3万公斤、玉米品种组合41个81.5万公斤。按一般程序查处2起，共处罚3000元。按简易程序查处11起，共处罚500元。8月3日至25日，开展产地检疫行政执法专项检查活动，全州16个县市共出动植物检疫人员500余人次、车辆200余次，检查水稻、果品、高粱等20余吨，检查水稻制种田2万余亩，种子产地检疫2.31万亩、347.58公斤。2014年，全州共出动车辆263车次，其中州级27车次；出动检疫人员403人次，其中州级108人次；共检查209个乡镇901个次种子经营门市，其中交叉检查12个县市33个乡镇，197个种子经营门市，各县市自查209个乡镇901个种子经营门市，抽查涉及县级以上种子代理商市场和乡镇种子经销单位或个人，抽查种子品种组合162个179万公斤，其中，水稻品种组合119个117万公斤、玉米品种组合43个62万公斤。2015年，全州共出动车辆331车次，其中州级24车次；出动检疫人员672人次，其中州级66人次；共检查198个乡镇1105个种子经营门市，占全州种子经营门市的100%，其中州检查组抽查47个乡镇、405个种子经营门市；全州检查共核对经销种子品种组合127个154.7万公斤，其中水稻品种96个117.5万公斤，玉米品种组合31个37.2万公斤。

第二节　肥料市场监管执法

1997年，农业部对《中华人民共和国农业部关于肥料、土壤调理剂及植物生长调节剂检验登记的暂行规定》进行了修订。市场的监管工作由州县市农业局委托州县市土肥站进行管理。

2000年6月，农业部发布《肥料登记管理办法》。《办法》规定了实行肥料产品登记管理制度，未经登记的肥料产品不得进口、生产、销售和使用，不得进行广告宣传。办法制订了罚则，对未取得登记证的肥料产品由县级以上农业行政主管部门给予警告，并处违法所得3倍以下的罚款，没收违法所得，处1万元以下罚款等规定。

“十五”期间（2001—2005年）　全州按照农业部《关于肥料、土壤调理剂及植物生长调节剂检验登记的暂行规定》和修订后的《中华人民共和国农业部关于肥料、土壤调理剂及植物生长调节剂检验登记的暂行规定》《肥料登记管理办法》加强对肥料市场监管。

2001年，先后对贵州凯里复肥厂、黔东南州科丰复合肥厂、黔东南州穗丰复合肥厂、凯里市兴凯复合肥厂、凯里市福丰化肥有限公司、贵州宇发农业生产资料有限公司、黎平县复合肥厂、天柱县复合肥厂、镇远县黔发复合肥厂、岑巩县舞胜肥业有限责任公司、锦屏县敦丰复合肥厂11家肥料生产企业生产的复混肥料、有机肥进行了考评登记，共有25个肥料产品取得登记证。此外还检查清理复合肥生产企业29个，促进6家复合肥生产厂家进行注册登记，取缔饲料及添加剂2209包10.3吨。2002年，州、县市土肥站、植保站配合技术监督和工商部门对化肥、农药进行市场检查，对不合格产品均交由工商部门处理。全年共查获违法肥料3.28万公斤。2004年，清查肥料经营户1744户，处罚违规经营者96户，查处未登记或未备案的化肥1091.15吨，责令停产或完善手续生产厂家6家。2005年，共查获违法肥料27700公斤。

“十一五”期间（2006—2010年）　对州内14家复肥企业进行33次肥料登记的初评，并会同有关部门对全州化肥市场进行清理整顿，共出动执法人员4625人次，查处未登记或未备案的复混肥4256吨，案值300多万元，净化了全州的肥料市场。其中：2006年，对肥料生产厂家检查28次，出动执法人员1836人次。其中：检查市场566场次，检查经营户1733户，检查化肥2.57万吨，查出问题化肥360吨；对19个复混肥生产厂家申请登记的肥料进行初审，共审查28个产品，其中有12个取得正式登记证，10个已取得临时登记证；对市场上销售本州、外专州和外省生产的复混肥抽检9个品牌的产品送省检验。共举办培训3期，培训经营户和生产企业负责人95人次，到各乡镇进行放心“农资三下乡”宣传32场次，引导农民如何识别真假化肥，共接受咨询11994人次，发放宣传资料20801份。2007年，共对肥料生产厂家检查53次，出动执法人员1341人次。其中：检查市场602场次，检查经营户2007户，查出问题化肥57.8吨；对辖区内的5个复混肥生产厂家申请登记的肥料进行初审，共审查12个产品，其中有10个取得正式登记证。对生产企业和经营户进行《肥料登记管理办法》及肥料相关知识的培训，共举办培训101期，培训15041人次，接受农民咨询38625人次，发放宣传资料54283份。2008，成立黔东南州农业局农资打假和监管工作领导小组，化肥的重点是监控小规模生产企业的复混（合）肥料、有机、无机复混肥料及有机肥料产品。全年抽检复混肥料样品10个，查处违法肥料案件7起，其中办理了在全省影响较大的“威瑞德”牌劣质复合肥料案，为33户农户挽回损失134.53万元。2009年，共出动人员272人次，查肥料市场133场次，检查肥料经营户382户次，检查肥料生产企业22次，着重对辖区内的肥料批发商、经营门市部及零售摊点进行检查。此外，向农民发放有关肥料资料5万余份，接受咨询2366人次，开展培训18期462人次。2010年，共完成肥料生产企业肥料续展登记初审11个，其中有10个已取得肥料登记证。全州共检查肥料市场103场次，检查肥料经营户2336户，检查肥料生产企业20个次，对广大农户进行培训23031人次，培训农资经营人员2061人次，发放肥料宣传资料72513份，接受咨询12136人次。

“十二五”期间（2011—2015年）　全州共抽检肥料样品307个，肥料产品合格率从“十二五”初期的60%提高到“十二五”末的78%以上；全州各级农业部门共开展肥料市场专项整治48场次，参加人员2400人次，共检查生产企业45家（次），受理举报投诉案2件，查处肥料违法案件114件，结案102件，涉案人员97人，查获违法肥料产品282076公斤，货值金额57.59万元，罚款27.2万元。通过放心农资下乡进村、科技一条街、科技三下乡活动以及赶乡场等不同形式开展宣传培训200余期次，发放各类宣传资料2万余份。其中：2011年，共抽取了64个复混肥料样品送省检站检验，占全年计划任务数的106.7%，其中市场抽检58个、肥料登记抽检6个，合格样品数38个，合格率59.38%，比上年20%的合格率提高了近两倍；配合州农业行政执法支队对排查出的200.7吨不合格产品及时进行了登记保存、立案查处；配合执法、植保等相关单位对州内植物生长调节剂、水溶肥料市场展开为期十天的专项督查行动，全州共检查市场中的水溶性肥料品种102个，合格率77.45%，对销售不合格产品的农资企业和销售网点，全州各县依法进行了整顿、查处。共完成肥料生产企业肥料续展登记初审6个。2012年，按照省农委《2012年贵州省肥料市场专项整治活动实施方案》总体要求，共抽取了66个（春季45个，秋季21个）复混肥料样品送贵州省化工产品质量监督检验站检验，占全年计划任务数64的103.1%，其中合格样品数40个，合格率60.6%；对州内复混肥料、植物生长调节剂、水溶肥料市场展开专项督查，对销售不合格产品的农资企业和销售网点，特别对春季抽检不合格的复混肥料进行清理、整顿、查处。2013 年，共抽取了 60 个复混肥料样品送贵州省化工产品质量监督检验站检验，占全年计划任务数60 的 100%。春季 39 个抽检结果，合格 27 个，不合格 12 个（其中严重不合格 1 个），合格率为 69.2%，较 2012 年合格率 60.6% 有所提高。另外，共完成肥料生产企业肥料续展登记初审 3 个。2014 年，全州共抽送肥料样品 59 个，完成全年抽检任务 60 个的 98.33%（占省农委全年抽检任务 54 个的 109.3%）。经送贵州省化工产品质量监督检验院检测，第一批 16 个样品中有 7 个不合格，第二批 25 个样品有 5 个不合格。2 批共 12 个样品不合格，合格率 70.3%。2015 年，经州县市分 3 次对州内肥料生产企业和肥料市场抽样，共完成 63 个肥料样品，超计划数 55 个的 14.5%，经送贵州省产品质量监督检验院所检测，合格 48 个、不合格 15 个，合格率为 78.18%，比 2014 年的 68.8% 上升 9.38 个百分点。完成贵州省凯里复肥厂申报“8－10－7、10－10－5（含高氯、枸溶性磷）”复混肥料和有机肥料的登记；其中：复混肥料为正式登记，有机肥料为临时登记。全州共抽检肥料样品 307 个，肥料产品合格率从“十二五”初期的 60% 左右提高到“十二五”末的 78% 以上；共开展肥料市场专项整治 48 场次，参加人员 2400 人次，共检查生产企业 45 家（次），受理举报投诉案 2 件，查处肥料违法案件 114 件，结案 102 件，涉案人员 97 人，查获违法肥料产品 282076 公斤，货值金额 57.59 万元，罚款 27.2 万元。发放各类宣传资料 2 万余份。还开展了优质肥料推荐活动和放心肥料下乡活动。

第三节　农药市场监管执法

在《农药管理条例》未颁布实施以前，全州农药市场监督管理和违法处罚工作由工商行政管理部门和农资部门具体负责。1997 年 5 月，国务院发布《农药管理条例》（第 216 号），规定农药市场监督管理工作由工商行政管理部门和农业行政管理部门共同进行监督管理。

“九五“期间（1996—2000 年）　黔东南州农业农药市场执法自国务院颁布《农药管理条例》后开始。其间，州农业局针对农药来源渠道复杂、市场秩序混乱、假劣农药严重的情况，开展了全州大规模的宣传、培训，核发“农药经营许可证”，加强了对农药市场监督管理，加强农药市场进行监督管理。1. 成立了黔东南州农药监督管理领导小组，组长和副组长由农业局领导兼任，成员由州植保站组成，负责全州农药监督管理工作，各县市也成立了相应的领导小组。2. 采用多种宣传方式贯彻《农药管理条例》。主要形式有：印发政府通告、宣传资料，利用有线电视、广播、报纸等新闻媒体等进行宣传。3. 举办《农药管理条例》“座谈会和农药知识培训班。4. 加强农药经营许可证的管理。办理农药经营许可证从事农药经营的单位和个人必须经农业主管部门的审批，参加农药植保知识培训，经考试合格获得农药知识培训合格证书，并办理农药经营许可证，方可经营农药。5. 印制了全州统一的“黔东南州农药监督管理执法上岗证”和现场笔录、证据登记保存清单，抽样取证凭证，行政处罚通知单、农药市场调查登记表、农药知识培训合格证书和经营许可证等。1998 年，由州政府主持召开了由州、县市人民政府、农业局、工商局、技术监督局、公安局、财政局、物价局、州法制科、黔东南州日报社及植保站等部门单位参加的贯彻落实《农药管理条例》座谈会。是年在执法大检查中，共查处了非法农药600余件，价值10万余元，扣押了635件农药，并作了相应处理。1999年，贵州省农业厅组织了全省范围的农药市场交叉检查，对黔东南州农药市场进行了整顿和规范，办理“农药经营许可证”对相关县的农药市场进行了检查，依法查处了违法经营户。是年6月，贵州省农业厅下发《关于印发贵州省物价局、省财政厅对贵州省〈农药经营许可证〉及培训收费标准的批复的通知》（黔农植保〔1999〕431号文件）通知，要求各地按照《农药管理条例》规定加强农药经营资格审查，对本地农药经营单位进行清理核实，做好“农药经营许可证”审核、发证、统计等工作。是年7月，根据农业部《关于深入开展打假扶优护农保春耕行动的通知》精神，省农业厅组织了对全省农药经营市场的检查。2000年州县市土肥站、植保站配合技术监督和工商部门对化肥、农药进行市场检查，对不合格产品均交由工商部门处理。进行市场清理64场次，没收销毁假劣兽药及饲料添加剂42个品种、18779件，价值28.17万元，维护了消费者的权益。

“十五”期间（2001—2005年） 按照《农药管理条例》的规定和农业部、省农业厅的要求，着力农药市场监管。2001年，加大了农资市场整顿打假力度，共检查清理农药经营单位395个，查处违法生产、经营和“三证”不全农药及假冒农药15户；查封、没收“三证”不全及过期劣质农药18个品种2.6吨，取缔不合格农药经营户32户。2002年，开展了整顿农资市场、打假扶优护农活动。查获违法农药17.79万公斤。2003年，认真开展打击非法生产销售剧毒鼠药和剧毒农药专项整治活动。对全州187个乡镇市场进行了认真检查，取缔违法经营摊点127个，清缴违规剧毒鼠药31915袋（包、支），收缴违规剧毒农药29种、457瓶（包）。强化农药、鼠药市场的监督管理，严格实行农药、鼠药经营许可证制度和连锁专营制，全面推行鼠药经营销售登记制度。2004年，检查了3478个农药经营单位和88户农药生产企业，查处不合格农药产品。704.46公斤及3571包（瓶），标值约1.72万元，取缔非法经营农药点27个。检查兽药经营户1608户，清理经营点529个，查处不合格兽药327.7公斤及1608包（支），标值约0.37万元；继续推进毒鼠强专项整治工作。全州共收缴毒鼠强等剧毒鼠药184.1公斤，并统一送省化工院处理。2005年，深入农资市场开展农药等执法大检查，继续推进毒鼠强专项整治工作，检疫情有害生物监测治理及农区鼠害区划普查，全州投入病虫防治经费985.94万元，其中省厅下拨67.6万元，县市投入44.1万元，农户自筹874.24万元。查获假冒伪劣农药19724公斤。

“十一五”期间（2006—2010年） 全州农药、兽药等整治和打假专项行动得到拓展。其中：2006年，组织开展了春、秋两季农资打假专项行动；对州内工作；对州内高毒高残留农（兽）药开展了清理工作。2007年，按照严把生产、流通、使用三个关口，开展了农资打假、农资市场整治、高剧毒农（兽）药、剧毒鼠药的禁止及销毁、农资产品质量抽检、农资违法案件查处、“放心农资下乡进村”宣传等工作。收缴各类违法农资产品49113公斤，收缴违法农资器具160台件，挽回直接经济损失93.34万元。送省化工研究院集中销毁全州收缴的高剧毒农药、兽药、渔药、剧毒鼠药3.2吨。2008年，以治理农产品生产基地周边农资市场经营高毒、高残留农药、禁用农药、兽药、饲料添加剂为重点，积极组织开展农业产业发展护航行动，确保农产品质量安全。2009年，一是举办16期农药科学应用及管理培训，培训人员1198余人次，印发宣传资料2.2万份。二是抽查经营户共50户，抽查农药标签180个。杀虫剂97个，82个合格，15个不合格，合格率为84.5%；杀菌剂56个，42个合格，14个不合格，合格率为75%；除草剂22个，18个合格，4个不合格，合格率为81.8%；生物调节剂5个，4个合格，1个不合格，合格率为80%。2010年，一是举办“放心农资下乡进村”现场宣传活动165场次，活动期间出动执法和农技人员1441人次，现场张贴标语和挂横幅812幅（张），接待咨询群众8.2万人。二是在凯里等县市的农药市场开展农药标签抽查，抽查经营户共6044户，抽查企业97家。抽查农药标签84个，其中合格农药标签72个，不合格品种标签12个，合格率为85.7%。84个标签中：杀虫剂66个，60个合格，6个不合格，合格率为90.9%；杀菌剂10个，6个合格，4个不合格，合格率为60%；除草剂8个，6个合格，2个不合格，合格率为75%。

“十二五”期间（2011—2015年）　全州农药日常监管力度，农药科学合理使用等都有了较大提高。2011年，一是就农药标签判定原则及审查要点、农药监督抽查工作程序及要求、加强进货把关、诚信销售、做好售后服务等内容进行了20期（次）培训。二是结合“3·15”打假、开展放心农资下乡等活动，充分利用电视、广播、张贴标语、出动宣传车、印发宣传资料等手段，大力宣传农药监管政策，指导农民群众科学选购和合理使用农药，正确识别真假农药，提高安全用药意识和自我维权保护意识。三是开展以检查农药标签为重点的农药监督专项整治活动，共抽查经营户共43户，抽查农药标签131个。其中合格标签116个，不合格标签15个，合格率为88.55%。131个标签中：杀虫剂68个，62个合格，6个不合格，合格率为91.18%；杀菌剂21个，17个合格，4个不合格，合格率为80.95%；除草剂24个，23个合格，1个不合格，合格率为95.83%；生物调节剂18个，14个合格，4个不合格，合格率为77.78%。2012年，根据省农委《关于转发〈农业部关于进一步加强农产品质量安全监管工作的意见〉的通知》（黔农发〔2012〕60号文件）、《贵州省2012年农资打假和监管工作意见》（黔农发〔2012〕10号文件）、《关于切实加强甲胺磷等高毒禁用农药排查工作的紧急通知》（黔农明〔2012〕7号文件）等文件精神，农药管理工作以禁限用高毒农药和假冒伪劣农药为监管重点。一是是加大查处假冒伪劣农药重大案件的力度，重大案率达到100%。二是进一步规范农药市场，当年农药标签抽查合格率100%。三是以农药标签判定原则及审查要点、农药监督抽查工作程序及要求、加强进货把关、诚信销售、做好售后服务等内容进行了32期（次）培训。四是结合“3·15”打假、开展放心农资下乡、办示范展示培训等活动，充分利用电视、广播、张贴标语、出动宣传车、印发宣传资料等手段，大力宣传农药监管政策，指导农民群众科学选购和合理使用农药，正确识别真假农药，提高安全用药意识和自我维权保护意识。五是全面查禁甲胺磷等5种高毒农药，严厉打击销售和使用高毒、剧毒农药的违法行为。2013年，一是做好五个“加强”。即：1. 加强农药标签抽检工作。共完成农药标签抽查180个，合格率达92%。其中：杀虫剂97个，合格率为90.7%；杀菌剂56个，合格率为91.1%；除草剂22个，合格率为95.5%；植物生长调节剂5个，合格率为40%。2. 加强农药残毒抽样检测工作。共完成农产品农残抽样检测102个样品，其中，有17个样品存在菊酯类农药残留（未超国标），未发现禁用、限用农药残留的情况。3. 加强科学用药培训宣传工作。通过“3·15”打假、放心农资下乡活动、农药使用知识培训班等形式，积极加大农药使用知识宣传培训工作。全州共举办各类农药知识培训班、宣传活动43期次，培训人员1198人次；发放各类宣传资料3.6万份；接待群众咨询12000余人次。4. 加强农药市场监管工作。全州共出动执法人员3131人次，检查市场894场次，检查企业49个次，检查经营户4478个次，检查农产品基地61个次。共查处农药经营违法31件，其中简易程序案件7件，一般程序案件24件。共没收违法所得14525元，罚款16456元。5. 加强检打联动配合工作。州农业执法支队和州植保站之间、州支队和县大队之间、各县市农业执法队和县植保站之间，在对农药市场的监管上密切配合、相互协作，检打联动，有效保障农药市场监管各项工作开展。二是开展两项“创新”。即：1. 创新开展“农业产业发展护航行动”。在年初制定下发的农业执法工作要点中，明确了围绕州委、州政府大力推进蔬菜、蓝莓、香猪、茶叶、中药材、烤烟“六大”产业的工作举措，以治理农产品生产基地周边农资市场经营高毒、高残留农药、禁用农药、兽药、饲料添加剂为重点，积极组织开展农业产业发展护航行动，确保农产品质量安全。通过州县两级农业部门积极落实，工作初见成效。2. 创新开展农药物流运输环节的监管。州农业委员会会同工商、质监等联动部门采取联合监督检查和重点监督抽查相结合的方式对辖区内物流配送环节开展清理整治工作。1—7月在物流配送环节共查扣假冒农药3298公斤。三是加强兽药市场监管。新增28家兽药GSP企业，全州通过兽药GSP认证后取得兽药经营许可市场主体141家。2014年，全州共抽检农药标签527个，其中合格标签434个，合格率82.3%；送检农药质量40个，合格农药38个，合格率95%。开展农药监督抽查工作，4月开展了春季用药专项抽检，7—8月组织开展了对水稻、茶叶、果树用药的抽查，9月份组织开展了对蔬菜、果树用药品种的抽检。开展农药经营培训会13期次，培训农药经销商758户。编制农药宣传资料3种，印发各类农药纸质宣传资料3.5万余份，通过手机短信宣传农药知识7000余条。建立高度农药定点经营专柜。在黄平县、岑巩县、天柱县、锦屏县、黎平县、榕江县等6个县主要粮食生产区建立高毒农药定点经营。在蔬菜、茶叶、水果、中药材等优势或特色农产品区域、农业示范园区逐渐取缔高毒农药经营使用，积极引导在上述区域推行病虫防治用药专营或专柜，在每个县设立了1个3个点。2015年，一是建立高度农药定点经营专柜。在黄平县、岑巩县、天柱县、锦屏县、黎平县、榕江县6个县主要粮食生产区建立高毒农药定点经营。在蔬菜、茶叶、水果、中药材等优势或特色农产品区域、农业示范园区逐渐取缔高毒农药经营使用，积极引导在上述区域推行病虫防治用药专营或专柜，在每个县设立了1个3个点。二是组织农药经销商进行培训。全州共开展农药经营培训会15次，培训农药经销商783户，加大宣传力度，提高广大农户用药水平。全州共印发各类农药纸质宣传资料4.5万余份，通过手机短信宣传农药知识7500余条。三是认真完成农药监督抽查工作。5月份开展了春季农药打假护农专项活动，通过现场查看农药产品、销售台账、经营资质、农药管理建设等情况，结合询访经营户、群众购药的方式开展农药经营市场检查，共随机抽检了检查了9个县的44家农药批发及零售市场1个农药生产企业、2个农产品生产基地和1个专业合作组织。7—8月组织开展了对水稻、茶叶、果树用药的抽查，全州抽查农药样品25个，送省农科院农药监督检验站检测。

第三章　农民负担监督管理

第一节　监督管理工作责任制

1990 年 12 月，《贵州省人民政府关于贯彻国务院切实减轻农民负担的通知的通知》（黔府〔1990〕83 号文件）下发，规定："农民每年合理负担总额（含集资等）不得超过上年村人均纯收的 3% 至 4% 。"并明确了农民合理负担的项目和使用范围，具体是：按国家税法规定应缴纳农业税、农林特产税等；村、组集体提留（包括公积金、公益金和管理费）；乡（镇）统筹费。农民义务工；农田水利基本建设劳动积累工；科技承包收取服务费，进行的有偿技术服务不属于农民不合理负担。除上述项目外，凡超过农民负担总额的乱摊派、乱收费、乱集资均属农民不合理负担。1993 年至 1995 年，黔东南州、县（市）、乡镇三级农民负担监督管理领导小组和办公室建立健全，为农民负担工作责任制的落实奠定了基础。1998 年全州、县市两级和大部分乡镇实行了农民负担领导责任制和部门责任制，州、县市农业局长和减负办是减负工作的责任人和责任单位，农民负担工作实行"一把手"负责制。2000 年开始，各县（市）、各乡镇都明确了减轻农民负担党政"一把手"负总责的领导责任制和"谁主管、谁负责"的专项治理部门责任制以及"一票否决"制，中央提出的"一项制度，八个禁止"（一项制度即农民合同内负担预决算审批制度；八个禁止即禁止平摊农业特产税、屠宰税，禁止一切要农民出钱出物出工的达标升级活动，禁止一切没有法律、法规依据的行政事业性收费，禁止面向农民的集资，禁止各种摊派行为，禁止强行以资代劳，禁止在村招待下乡干部，取消村组招待费，禁止用非法手段向农民收款收物）成为全州各级领导和各个部门的共识，真正把减轻农民负担工作作为一项严肃的政治任务来对待。2002 年，中央下发了《关于印发〈关于涉及农民负担案（事）件实行责任追究的暂行办法〉的通知》，2005 年，中纪委下发了《关于执行〈关于对涉及农民负担案（事）件实行责任追究的暂行办法〉若干问题的解释的通知》（中纪发〔2005〕13 号），州和县市党委和政府进一步强化了对减轻农民负担工作的领导，进一步强化了责任追究制度。

第二节　日常监督管理制度

1994 年至 2001 年，全州各县市先后开始推行农民负担管理三项制度（预决算审批制度、农民负担监督卡制度和农民负担费用专项审计制度）。2002 年至 2008 年，在农村税费改革试点全面开展的基础上，又不断强化减轻农民负担"四项制度"即涉农税收、价格、收费公示制，村级订阅报刊费用限额制，贫困地区农村中小学收费"一费制"，涉及农民负担案（事）件责任追究制。2003 年实行"四个一律取消"。即：没有法律、法规依据或未经中央和省政府及财政、价格主管部门会同农民负担监督管理部门批准的涉及农民负担的行政事业性收费项目一律取消；没有法律、法规依据或未经国务院及财政部门会同农民负担监督管理部门批准的涉及农民负担的政府性基金项目一律取消；除国家法律和法规规定之外，1997年以来出台的专门面向农民的行政事业性收费项目和政府性基金项目一律取消；农村的各种集资、摊派以及要求农民出钱出物出工的达标升级项目一律取消。

第三节　监督专项治理和执法检查

“八五”期间至“九五”期间（1991—2000年）　重点主要是治理农村“三乱”（即乱收费、乱罚款、乱摊派）以及清理各种涉农收费项目。其中：1992年，黔东南州成立减轻农民负担领导小组办公室，开展“减负”工作。与此同时，组织力量对全州农民负担情况进行了调查。1997年，针对有些地方出现农民负担反弹的苗头，州委、州政府根据中央和省的文件精神，做出了“三稳定”和“五严禁”的规定。“三稳定”，即：国家农业税收政策稳定不变，农民负担比例稳定不变，农民承担“两工”（义务工、劳动积累工）稳定不变。“五严禁”，即：严禁举办要农民出钱、出物、出工的达标升级活动，严禁搞法律规定以外的任何形式的集资活动，严禁对农民的一切乱收费、乱涨价、乱罚款，严禁各种摊派行为，严禁动用专政工具和手段向农民收取钱物。1999年，全州取消367个涉农收费项目，减轻农民负担2662.65万元，农民人均减负7.42元。1999年农民家庭上交提留统筹费5994万元，农民人均合同内负担16.56元，占上年农民人均纯收入的1.51%，比国务院规定的5%限额低3.49个百分点，比上年的1.61%降低0.1个百分点。农村投义务工987.3万个，比上年少305.3万个，农村百劳动力年均承担务工5.05个，积累工4.97个，分别比条例规定标准少4.95个和10.03个。严格执行农民负担“专项制度”，推行农民负担监督卡78万册，占农村家庭承包经营农户数的95.75%；开展农民负担预决算的乡镇188个，占乡镇总数的89.5%；开展农民负担专项审计的乡镇167个，占乡镇总数79.5%。2000年，中央、国务院下发了《关于进行农村税费改革试点工作的通知》，明确规定：试点的内容是取消乡统筹费和农民教育集资，取消屠宰税，取消同意规定的劳动积累工和义务工。村内进行农田水利建设、修村道（路）、造林等公益事业，实行“一事一议”，由村民大会民主讨论决定。调整农业税，调整农业特产税，改革村提留征收办法，村干部报酬、“五保户”供养。凡由农民上交村提留开支的，采取新的农业税附加方法提取，农业税附加比例最高不超过农业税正税的20%。村内兴办的其他公益事业所需资金，不在固定向农民提取，实行一事一议。同年，省委、省政府发出通知，对农民负担问题提出“八个禁止”（即禁止平摊税收，禁止要农民出钱出物搞达标、升级活动，禁止一切没有依据的行政、事业性收费，禁止一切向农民的集资，禁止各种摊派行为，禁止强行以资代劳，禁止在村里招待下乡干部，禁止用非法手段向农民收款取物）。上述规定，加大了农民负担监督专项治理力度，当年全州农民家庭上交提留统筹费6332万元，人均合同内负担17.36元，比上年人均负担增加0.8元，占上年农民人均纯收入的1.46%，比国务院颁发的《农民承担费用和劳务管理条例》规定的5%限额少3.54个百分点，比上年的1.51%减少0.05个百分点。农村劳动力投积累工

1478.7万个，平均每个劳动力负担7.46个，未超出条例规定的10个~20个标准工日的限额；投义务工775.7万个，平均每个劳动力负担7.46个，未超出条例规定的10个~20个标准工日的限额。严格执行农民负担“三项制度”，全州已有78万户农户持有农民负担监督卡，占总农户的94.2%，开展农民负担预决算制度的乡镇达198个，占乡镇数的94.28%，开展农民负担专项审计制度的乡镇176个，占乡镇数的83.8%，开展村务公开的村3248个，占全州行政村总数的91.52%。此外，州减负办与州市纪检、监察部门共同查处了凯里市万潮镇涉农恶性案件一起；与教育、物价、监察部门配合，对群众反映强烈的农村37所中小学收费情况进行了检查，撤销了11个收费项目，清退多收的158.01万元，其中退还学生142.58万元，减轻了家长负担；与物价、监察、供电部门一起，对农村电价进行清理整顿，共减轻农民负担452.36万元。

“十五”期间（2001—2005年） 随着农村税费改革的试点范围的扩大，减轻农民负担工作有新进展。2001年全州共开展农民负担执法检查33次，查出11项不合理的收费项目，清退涉及金额769.35万元；精减、分流、清退乡镇人员126人，减少开支75.64万元；清理整顿农村电费530.28万元。全年农民人均减负2.11元。农民人均合同内负担16.93元，占上年农民人均纯收入的1.37%，比省规定的3.5%指标低2.13个百分点，比国务院规定5%限额低3.63个百分点。2002年，全州16个县市全面开展了农村税费改革试点工作，当年取得了阶段性成果，农民年政策内外人均负担总额由76.84元减少到25.19元。农民人均负担29.66元，占上年农民人均所得的2.35%，人均减负12.65元。2003年，全州各级逐步建立了“农业税及附加”和“一事一议”筹资筹劳为主要内容的新的税费制度框架，进一步整顿和规范了各种涉农收费。当年全州农业两税附加及“一事一议”筹资共计2493万元，农民人均负担6.63元，占上年农民人均纯收入的0.52%。共减轻农民负担1860.23万元。2004年，逐步建立了“农业税及附加”和“一事一议”筹资筹劳为主要内容的新税费制度框架，进一步整顿和规范了各种涉农收费。全州农业税附加及“一事一议”筹资共计1585万元，农民人均负担4.18元，占上年农民人均纯收入的0.31%。通过深入开展农民负担专项治理，共减轻农民负担670.61万元。此外实行农业税降低1个百分点和取消除烟叶以外的农业特产税后，全州农民人均每年减负10.09元，人均负担14.10元。通过精简农村机构和人员，转变基层政府职能，调整农村教育布局等多方面的变革，农村生产管理体制得到了进一步的调整。镇远县在税费改革中，将218个行政村合并为110个行政村，村干部由原来的791人减少为477人，减少固定工资报酬的村干部314人，经费减少近一半。村干部的报酬由每月人均150元提高到300元，调动了村干部的工作积极性。黄平县纸房乡已完成并村试点工作，全乡有原来的12个村并成现在的3个村，村民组由原来的88个并未24个，精减村组干部91人。2005年，中央、国务院关于“要继续扩大‘两减免’、‘三补贴’（“两减免”即：减免农业税，取消除烟叶以外的农特产税。“三补贴”即：对种粮农民实行直接补贴，对部分地区农民实行良种补贴，农机具购置补贴）和“免征农业税”等政策出台后，黔东南州各级农民负担监督管理办公室继续规范农村收费管理，全面实行“四项制度”（即涉农收费文件“审核制”、涉农价格和收费“公示制”、农村公费订阅报刊“限制制”和涉及农民负担案（事）件“责任追究制”），加强“一事一议”筹资筹劳的监督管理，重点整治农村中小学收费、农民建房收费和农业生产性费用等突出问题，进一步开展清理涉及农民负担收费项目工作，减轻农民负担工作有了新的变化。是年全州有210个乡镇（街道），实行了减轻农民负担“一把手”负责制、公示制；3252所农村小学实行“一费制”，占全州扶贫开发工作重点县农村中小学的100%；3260个村实行村级订阅报刊费用“限额制”。全州“一事一议”筹劳105.39万个，筹资359.76万元，分别比上年减3.61万个和137.24万元。共清理审核文件72件，清理审核收费项目289项，其中保留169项，降低收费标准22项，取消收费78项，转为经营性服务收费3项。全州农民负担占上年农民人均纯收入的11.3%，低于5%目标任务3.7个百分点。

“十一五”期间（2006—2010年） 随着“公示制”实行和农村公费订阅报刊“限额制”及“一事一议”筹劳政策措施的落实，减轻农民负担工作力度加大。2006年，全州清理审核文件29件，清理审核收费项目137项。在开展农民负担专项治理中减轻农民负担697.85万元；在规范制度建设、项目投入中减轻农民负担844.15元。2009年，黔东南州委、州政府减轻农民负担工作重点要抽查的了四个方面：一是有政府承担的农村公共基础设施、基本公共服务费用和所需劳务，是否转由农民或村集体承担；二是向农民和农民专业合作社收取各种行政事业性收费、农业生产性费用和其他费用，有无法律法规政策依据，是否超标准，超范围收取；三是向农民筹资筹劳，是否符合一事一议筹劳适用范围、议事程序和限额标准等规定；四是农民应得到的补贴和补偿，是否被截留、抵扣或挪用。是年，全州实行“公示制”的乡镇205个，实行农村公费订阅报刊“限额制”的乡镇205个、村3247个，“一事一议”筹劳76.45万个、筹资金额198.52万元，均控制在国家政策规定的合理范围内；全州农村中小学均实行“一费制”，共减轻农民负担5878.85万元；清理整顿农民建房收费方面减轻农民负担45.4万元；治理农网改造乱收费，整顿规范农村电价水价减轻农民负担4.2万元；纠正向进城务工农民乱收费行为，减轻农民负担19.4万元；治理征用农民土地费，减轻农民负担404.2万元；整顿规范计生费，减轻农民负担7万元。2009年全州开展农民负担专项治理，共减轻农民负担6254.25万元。2010年，全州“一事一议”筹劳数量46.3万个，“一事一议”筹资金额175.7万元；开展农民负担专项治理，减轻农民负担1052.88万元；经抽样检查，未存在违背农民意愿，超范围、超标准，乱集资、乱摊派、乱收费现象。

“十二五”期间（2011—2015年） 减轻农民负担工作逐步向公开、公平方向发展，其效果日益显现。2011年，共减轻农民负担852.88万元，接待来信来访和调查处理13次，处理13件。在《黔东南日报》和黔东南农业信息网站公布了州农委和16个县市农业部门假劣农资投诉举报电话，接受群众投诉。2013年，全州16个县市204个乡镇、街道均实行了减轻农民负担“一把手”负责制和农民负担收费文件“审核制”。全州以涉农税收、价格和收费“公示制”的乡镇有204个，占全州乡镇数的100%；各乡村征订报刊均没有超过规定限额，都是采取自愿征订，实行农村公费订阅报刊“限额制”的乡镇204个，占总数的100%；全州“一事一议”筹资筹劳的村数496个，“一事一议”筹劳工日数34.04万日；“一事一议”筹资金额3122.32万元，均未存在违背农民意愿、超范围超标准向农民筹资筹劳和强行以资代劳等问题。全州共收到涉及农民负担来信7件；接待农民来访共11次；来信来访反映事件总数18件，其中：已处理18件。农民来信来访基本上做到件件有交代，事事有结果，群众比较满意。此外，还加大专项治理力度。一是加大农村中小学乱收费的治理力度，全州农村中小学均实行“一费制”，共减轻农民负担1795.96万元；二是进一步清理整顿农民建房收费项目和标准，农民建房收费逐步走向规范化，清理整顿农民建房收费方面全州共减轻31.49万元；三是认真治理农网改造乱收费，整顿规范农村电价水价，用电供水方面减轻农民负担20.3万元；四是纠正向进城务工农民乱收费的行为，减轻农民负担6.5万元。2013年1—10月全州开展农民负担专项治理，共减轻农民负担1854.25万元。2014—2015年，全州16个县市204个乡镇、街道均实行了减轻农民负担"一把手"负责制和农民负担收费文件"审核制"。全州以涉农税收、价格和收费"公示制"的乡镇有204个，占全州乡镇数的100%；各乡村征订报刊均没有超过规定限额，都是采取自愿征订，实行农村公费订阅报刊"限额制"的乡镇204个，占总数的100%。其中，2014年全州"一事一议"筹资筹劳的村数518个，"一事一议"筹劳工日数30.25万日，"一事一议"筹资金额2930.02万元。全州各级农民负担监督管理部门共收到涉及农民负担来信45件；接待农民来访共297次；来信来访反映事件总数173件，其中，已处理173件。

第四章　江河禁渔期制度与渔业船舶管理

第一节　江河禁渔期制度

2005年，州政府发出《关于实行江河禁渔期制度的通知》，并发布通告，在全州首次实行江河禁渔期制度。规定在2005年2月1日至5月31日期间，对州内自然水域实施禁渔。禁渔期间，全州共发放禁渔通告及渔业法律法规宣传单4.61万份，制作、张贴宣传标语3693条；开展禁渔检查211次，查处群众举报64起，查处电鱼、炸鱼、毒鱼案60起。查处违禁捕捞船只131艘，没收违禁渔具458张。尔后一直坚持对州内自然水域实施禁渔期制度。其中：2006年全州共发布禁渔通告30个，发放渔业法律法规宣传单5万余份；开展禁渔检查310次，查处群众举报124起，查处电鱼、炸鱼、毒鱼案9起。查处违禁捕捞船只92艘，没收违禁渔具394张。行政处罚92人，罚款1.96万元。同时，各县市筹集资金17.38万元，开展人工增殖放流18次．共投入鱼种32.28万尾。2007年全州开展禁渔执法检查市场421次，巡查河道273次，查处渔政案件285起，其中炸鱼7起、电鱼118起、毒鱼8起、非法捕捞152起；没收渔船57艘、电鱼机95台、网具884张、钓具465排（根）、渔获物1327公斤；处罚或禁告197人次，罚款1.1万元。各县市筹集资金48.16万元，人工增殖放流15次，投入鱼种90.2万尾。

第二节　渔业船舶管理

农用船舶的管理始于20世纪80年代。全州农业系统实施农用船安全管理的主要是依据两个文件规定：一是贵州省人民政府办公厅《转发省安委会、省交通厅等八部门关于水上交通安全管理责任划分意见的报告的通知》（黔府办〔1990〕19号文件）有关规定。规定明确农业系统的安全管理职责是：负责农用船（0.5吨以上，2.5吨以下）及农业生产渡口的安全行业管理；负责农用船的检验、登记、培训船工，办理号牌和证书，制止载客营运。农业局应在乡镇农技部门明确专（兼）职农用船管理人员，或者委托乡镇水上安全管理人员负责农用船的日常安全管理工作。二是贵州省安全生产委员会、贵州省交通厅制定发布的《贵州省乡镇自用船舶安全管理办法》（黔安〔2001〕第10号文件）（以下简称《办法》）。《办法》对乡镇政府、乡镇船舶管理机构和管理人员、村民委员会、自用船舶所有人的乡镇自用船舶安全管理职责进行了划分，对自用船安全管理以及检验、登录作出了具体规定。即：对自用船舶实行许可制度，要求自用船舶必须持有效的证书、标有船名号、勘划载重线后方能航行；自用船驾驶人员必须是《贵州省乡镇自用船舶证书》上记载的人员；船舶名号的编写，按《办法》附件1执行；船舶证书的填写，按《办法》附件2办理。《办法》规定船名号由船籍所在地乡镇政府及其设置的乡镇船舶管理机构（人员）核定。

州农业系统按照上述规定，开展农用船舶安全管理工作。州农委每年都参加州及有关部门组织的水上交通安全检查工作，发现事故隐患都责令乡镇政府及县直有关部门采取措施予以整改。各县市农业局（农林扶贫工作局）每年带领农用船安全管理人员到乡镇农用渡口、码头检查农用船舶安全管理工作2次以上，分管领导带队检查4次以上。切实加强对农用渡口、码头的督促、监控，维护正常的渡口营运秩序，确保农用船渡口营运安全。督促乡镇抓好农用船的检审工作，对不适航的船舶坚决予以拆解、销毁。其中：2008年，一是把从江的渔船管理作为试点，通过抓试点带动船检工作开展。从江县共有渔船76艘（机动渔船62艘，非机动渔船14艘），均为木质结构，属于二类、三类渔业船舶，机动渔船动力设备为柴油动力，功率在4.4千瓦—15千瓦不等，具有代表性。通过对从江县60艘渔船初次检验、登记发证、资料归档，实现了一船一档管理。二是转变监管方式，改被动防范为主动预防。剑河县积极开展渔船船主及船员培训，2008年3月培训138人，9月培训152人。三是对船舶进行分类，明确船主主体责任和船舶监管职责，凡为渔船的由渔政部门予以登记，检验纳入渔船监管。不少县成立了以分管副县长为组长，农业、安监、海事、航管和各乡镇负责人参加的工作小组，进村入户，逐船摸底登记，分清用途，分类管理。四是州畜牧局制发了《关于做好2008年渔业船舶检验和渔业船员考试发证工作的通知》（州牧发〔2009〕97号文件），并开展河道、市场的巡察、检查。当年开展河道巡察273次，检查市场421场次，查处渔政案件285起。2009年，一是对“三无”渔业船舶发放了停产整顿通知，清理“三无”渔船，对检查不符合航行标准和要求的17艘及8艘破损的渔船下发了整改通知书，对已不能使用的20艘渔船进行了强制报废处理和更新，强制配备救生衣114件；二是组织船员培训9期，培训船员837人次，其中剑河县3期，培训船员329人，锦屏县3期，培训船员332人，榕江县2期，培训船员90人，镇远县1期，培训船员86人，发放《渔业船员须知》《中华人民共和国内河避让规则》等手册2120本，发放其他安全宣传资料1500份。三是以禁渔工作、渔业“安全生产年”活动及专项治理为载体，拆除和销毁各种渔网256张，捕杀鸬鹚98只。查获违禁捕捞船21艘，查处电炸毒鱼案68起，没收违法捕捞渔获物728.6公斤，没收违法销售渔获物118.2公斤，行政处罚28人，罚款11050元。四是推动县级养殖水域规划编制。当年完成县级养殖水域规划编制的11个县（政府批准规划的3个），养殖证发证率达100%。2010年，州政府制发了《黔东南州安全生产约谈制度》《黔东南州安全生产监管主体季度排查检查制度》《黔东南州安全生产督查现场点评制度》《黔东南州安全生产工作月调度制度》《黔东南州安全生产明察暗访制度》《黔东南州安全生产隐患排查限期整改制度》《黔东南州安全生产专项排查集中整治制度》。州农委成立了渔业安全生产工作领导小组并与16县市级渔业行政主管部门签订了《2010年渔业安全生产工作目标和任务责任书》，各级渔政管理部门与渔船船主签订安全责任书1431份，机动渔船1006份，非机动渔船425份。州农委制作渔业法律法规CD录音宣传资料17套，印发渔业安全宣传资料16600余份。全年开展渔业安全生产技能培训五期（剑河2期，锦屏3期，从江县）、组织渔民召开座谈会4期，培训渔民773（次）。开展渔业安全检查5次，出动车辆107车次，执法船26艘（次），出动执法人员312人（次），检查渔船587艘次。排查渔业行业安全生产隐患治理单位357家，排查一般隐患104起；受理注销渔业船舶39艘，报废12艘；开展渔业安全执法282起，其中无证或证照不全从事生产、经营的137起。参检渔业船1342艘次，检验渔船1507艘次，检验合格渔业船舶1302艘，合格率97%（发放证件1302本，其中机动渔船1007艘，非机动渔船295艘）；此外，渔船登记、发证达到100%。2011年，全州例行检查4次，在三板溪、舞阳河、都柳江开展行业专项安全检查6次，在三板溪库区检验渔船36艘，渔业安全生产日常巡查145次。全州有机动渔业船舶1018只，渔业船舶责任书签订100%，船检合格率100%。全年无渔业安全生产事故发生。2012年，全州治理纠正违规违章行为100起（中无证、证照不全或过期的29起；应急救援队伍、装备不健全、使用培训不够的19起；其他违反安全生产法律、法规、规章的生产经营建设行为的52起），组织督查检查173次，组织检查人员570人（次），发生警告53起。开展隐患排查治理单位541家，排查一般隐患123项，已整改123项，落实隐患治理资金5.3万元。开展渔船检验质量监管，成立船检机构有10个，获得验船师资格有20人。开展安全生产培训6期，培训人员1073人。当年实行江河禁渔期制度。禁渔期间，发放资料25360份，张贴标语572幅，出动宣传车457车辆，组织禁渔统一行动294次，参加检查执法车383车辆，船艇58艘，参加执法人员1840人次，接受举报52起，查处举报52起，查获违禁捕捞船18艘，查办毒鱼2起，炸鱼2起，取缔捕鱼迷魂阵工具12部，网具764铺，电捕鱼工具21台套；没收违法捕捞渔获物460.8公斤，没收违法销售渔获物315.4公斤，行政处罚33人，罚款1.11万元。在天柱、榕江、凯里、施秉、麻江、黄平、镇远等县市开展人工增殖放流14次，其中省级3次、县级11次，投入资金91.8万元，在主要流域的清水江、都柳江和舞阳河等水域投放四大家鱼等经济鱼类规格鱼种308万尾。2013年，全州组织渔业安全生产督查检查491次，共出动执法宣传车辆360辆次，执法人员1788人次，执法船82艘次，检查渔船1909艘次，检查水产养殖场103个次，共查处渔业安全生产领域违法行为49起，其中：无证、证照不全从事经营的16起；关闭取缔后以擅自建设、生产经营的1起，其他非法违法建设、生产、经营的32起。此外，还组织好渔船船员的培训、考试、发证工作，提高渔船船员操作技能。2014年，全州登记在册渔船安全生产责任书签订率100%，船舶检验率100%。在天柱县、剑河县、榕江县、从江县、锦屏县开展渔业安全生产集中培训16次，培训船员760人。当年，普查渔船1130艘，组织专项安全督查3次，开展渔业安全生产检查11次，检查码头24个次，检查渔船865艘，网箱养殖场48家。全州排查治理事故隐患的生产经营单位110家，排查一般事故隐患49项，整改率100%；落实隐患治理资金5.1万元；打击非法违法、治理纠正违规违章行为50起。开展“三无”、“假冒伪劣产品”专项检查33次，检查产品经销企业6家。检查新建渔船船用产品质量206艘，发出整改通知书6份；检查救生设备2357件、消防设备802件，通信设备802件。2015年，全州渔船1546艘，签订安全生产责任书1546份，签订率100%；完成渔船统一着色1357艘，着色率87.8%；完成渔船年度检验1546艘，年检率100%。开展“三无”、“假冒伪劣产品”专项检查428次，检查救生设备2476件，消防设备1238件，通信设备1238件。排查渔船1092艘，救生衣、救生圈配备不符合要求的112艘，已经全部整改。是年，在实行江河禁渔期制度，禁渔期间，全州参加禁渔执法行动人员1658人次，出动执法车334车次。执法船48船次，张贴《禁渔通告》3156张，发放禁渔通知10600份，禁渔宣传资料44600余份，制作禁渔宣传标语1500幅，张贴一次性标语350幅．电视广播宣传68次，利用短信平台发送禁渔宣传信息7240条，检查市场、餐馆等39家次，共查处各种非法捕捞案件66起，拆除各种非法渔具205张，没收非法渔获物312.2公斤，没收捕捞网具205张，罚款6900元，处罚违法人数16人。榕江、黎平、雷山、锦屏、天柱、三穗等县开展鱼类增殖放流，投入资金115万元，投放鱼种350余万尾。榕江县向县财政争取渔业资源保护资金6万元，分别在都柳江沿河6个乡镇增殖鱼种17万尾。锦屏县、天柱县农业局督促三板溪电站、白市电站业主开展增殖放流工作，投放鱼种100万余尾。

第六篇　农业机械

第一章　农业机械管理

第一节　农机具使用与修理管理

农机具使用管理

1991 年以来，国家和省、州对农机具使用管理都是有具体的规定。1991 年，省政府制发《关于加强农业机械化工作的通知》（黔府〔1991〕25 号文件）。1993 年，省政府发布了《贵州省农业机械管理规定》和《贵州省农业机械监督管理办法》两个行政规章。1996 年，省人大第八届常务委员会第 23 次会议通过《贵州省农业机械管理条例》。2004 年全国人大通过《中华人民共和国农业机械化促进法》，省人大第 8 次会议通过第一修订《贵州省农业机械管理条例》。2010 年省人大第 18 次会议通过第二修订《贵州省农业机械管理条例》，州政府制发《黔东南州农业机械购置补贴管理办法的通知》（黔东南府发〔2010〕33 号文件）。

随着法律法规和政策的完善，黔东南州农机具使用管理逐渐步入法制化的轨道。

农机具修理管理

维　修　1993 年以来，每年春耕“三秋”前，州、县市农机部门都抽派农机技术人员下乡支农，帮助农民检修各类农机具。1993 年，州、县两级农机部门共组织科技干部 240 人次，深入农村、抓落实、促春耕、帮助农户检修农机县 4433 台次。组织 7 个机耕专业队，农机具 27378 台投入春耕生产。1994 年，派出 200 名次，修理农机具 4538 台件。1995 年，春耕时派出 286 人次，检修各种农机 3749 台套。是年“三秋”又帮助农民检修各种农机具 2418 台套。1996 年，春耕和“三秋”时，各派出 249 人次和 251 人次，帮助农民分别检修农具 4875 台次和 366 台次。1997 年，春耕、“三秋”时，派出 503 人次，帮助农民检修各类农机具 7936 台件。1998 年，州、县市两级派出 280 人次，8 个机耕队深入田间地头、检修各种农机具 4549 台次。2000 年，州、县市派出 300 多人次，修理农机具 3156 台套。2001 年，全州、县市派出 604 人次，帮助检修农机具 10131 台次。2002 年，黎平县借助农机综合示范项目东风，省局投资 4 万元，群众筹资 1.6 万元，其他项目捆绑资金 3.4 万元，购置农机，并组建农机修理点 1 个。2003 年，州、县市组织 625 人次，检修农机具 4216 台次。2004 年，州、县市 742 人次，检修农机具 8714 台次。组织 52 个农机服务组，63599 台农机投入春耕生产。2005 年，州、县市两级派出1500多人次，检修农机具6000多台次。

在灾年，结合抗灾救灾工作，州、县市两级农机部门组织农机技术干部进行检修上门、技术上门、培训上门的“三上门”服务，在田间地头为农民检修各农机具，并起检修一台、培训一人的效果。

2006—2015后除州市支农修理外，还有个体农机修理户、联营农机修理户、农机中心修理点开展修理。1991—2015年全州各种农机修理网点由497个增加到578个，从业人员1642人，其中一级维修点3个10人，二级维修点31个112人，三级维修点362个1065人，专业维修点182个/455人，此外还有乡村农机维修人员3523人。

修理制度 2007年州农业机械服务中心制定了《黔东南州农机修理制度》：1. 维修记录。建立每台农机具维修保养记录，对机具的运行性能、存在故障等问题及维修情况登记在册，做到随时了解每台机具的状况。2. 预防修理。对农业机械进行预防修理，每台农机具作业量达到一定标准或规定时间要对机具进行检查、查修，把故障清除州萌芽之中。3. 日常保养。定期对农机具机械保养，对农业机械的各部位机械班前检查、清洗、润滑、紧固、调整等，以减少农机具各部位的磨损，保持农机具良好的技术状态，延长农机的使用寿命。4. 季前集中技术检测修理。每年夏收和秋收两忙季节前，必须对农机具进行检查、调节、保养。在农机进入作业前，还需经过农机部门集中检测，利用先进的技术检测设备和检测程序，对机具进行技术诊断，查明机具内部的技术状态变化情况，判断和决定维修部位。对查明的故障和隐患，安排技术人员解决，州机具检修中如遇到不能解决的技术难题，及时上报农机主管部门，由其安排技术专题小组研讨解决。从而恢复农机具的良好的技术状态。各种农业机械在作业前须经检测合格方可投入作业。对达不到技术要求、验收不合格的农业机械，不准安排作业。5农机具在工作中性能达不到规定的标准的，必须做到维护修理，恢复其原有的技术状态后方可继续作业。6. 每年每季作业结束后进行一次全面检验、维修。7农机具无作业时入场入库，入场入库前必须达到完好的技术状态，并涂油垫起，否则不准入场入库。

管理措施 2007—2008年，按照《中华人民共和国农业机械化促进法》，农业部、国家工商行政管理总局《农业机械管理规定》，州农业机械服务中心制定了三条农机修理技术管理措施。1. 修理资格应当具备有关农业行业标准规定的设备、设施、人员、质量管理、安全生产及环保等条件，取得相应类别和等级的“农业机械维修技术合格证”，并持“农业机械维修技术合格证”到工商行政管理部门办理工商注册登记手续后，方可从事农业机械维修业务。2. 质量管理农业机械维修单位所维修的农业机械应当执行国家有关技术标准、规范或者与用户签订是维修协议（合同），保证维修质量，并保证维修质量保证期，如整机或总成修理质量保证期为3个月。同时保证农业机械维修配件销售者对其销售的维修配件质量负责。3. 监督管理农机部门与工商部门不定期对农业机械维修者的从业资格、维修人员资格、维修质量、维修设备和检测仪器技术状态以及安全生产情况等监督检查。

第二节 农业机械安全管理

农村经济体制改革以后，农民个人购买农业机械用于农业生产的势头高涨，随之，农业机械的安全事故也大量产生，给人民的生命和财产造成了巨大的损失。为了做好农机监理，国家、省先后下发了规定、办法、通知等，在农业机械管理、农机驾驶操作员的管理、农机事故处理、违章处罚等方面都作了操作性较强的具体规定。

1993 年，省人大通过并颁布的《贵州省农业机械管理条例》第五章对省内各级农机安全监理部门行驶农业机械安全管理的职能，拖拉机、农用运输车等农业机械的注册登记、核发牌证，农机驾驶，操作人员的考试、发证、参加乡镇农机安全联组接受安全教育管理，道路外农机事故的处理、禁止拖拉机、农用运输车从事客运等都作出了立法规定。

农业机械安全监理机构与制度

监理机构 黔东南州农机安全监理站成立于 20 世纪 80 年代，1988 年 9 月更名为黔东南州农机安全监理所。

其主要职责是：对农业机械的安全技术检验、核发牌证及管理，对驾驶操作人员进行考试、核发驾驶、操作证及管理，开展安全检查、纠正违章、处理农机事故、行政处罚等。

黔东南州农机安全监理所建立后，全州各县市先后成立了农机安全监理站。不少县市还设置了乡镇农机安全监理点（联组）。凯里市有清平、万潮、旁海、凯里农机安全监理点。麻江县有杏山、谷洞、下司、宣威农机安全监理点。黄平县有新州、旧州、重安、平溪、谷陇农机安全监理点。黎平县有德凤、中潮孟彦、茅贡、岩洞、水口、龙额、洪州、尚重农机安全监理站。剑河县有岑松、观摩、南嘉、南包、南明、磻溪、柳川农机安全监理点。

监理制度 20 世纪 80 年代以来，先后制定《农机安全监理考核指标》《黔东南自治州农机动力机械和操作人员考核发证实施办法》等，从而使农机管理逐渐走向规范化、制度化方向发展。1999 年州人大常委会第 23 次会议肯定黔东南州 16 个县市行文明确农用运输车归农机部门管理、核发的牌证是合法、有效。是年 11 月，州政府办公室行文（黔东南府办通〔1999〕138 号、142 号），要求各县市农机监理站要进一步认真履行管理职能，对拖拉机、农用运输车要及时纳入牌证管理。

年检年审

20 世纪 80 年代以来，按照农机部《农机安全监理考核指标》《黔东南州农机动力机械和操作人员考核发证实施办法》等，适时开展年检年审工作。黔东南州农用拖拉机的年审年检、机车转籍过户，拖拉机驾驶员考核发证工作，由农机监理站负责。各县市的年检年审，具体由黔东南州农机监理站委托各县（市）农机监理站具体实施。

1991 年，全州拥有拖拉机 3522 台，驾驶员 4799 人（其中正式的 4023 人，实习的 622 人，学习的 54 人）。拖拉机通过年检合格的 2443 台（大拖 614 台，小拖 1371 台，手拖 458 台），达 69.3%。审验合格的驾驶员 4070 人（其中正式的 3482 人，实习的 472 人，学习的 116 人），占驾驶员总数的 84.81%。

1993 年，共年检验拖拉机 3152 台，参检率为 86.71%，合格为 95.65%。参审驾驶员 5037 人，参检率为 83.7%，合格率为 97.25%。改变了过去多年来检审率一直徘徊在 75% 的局面，当年双项达到贵州省局要求的有黄平、施秉、剑河、三穗、榕江、从江 6 县。

1996 年，有黄平、施秉、锦屏、雷山、榕江、从江、丹寨、岑巩、麻江 9 个县无伤亡事故。拖拉机参检首次年度检审突破 90%，年审驾驶员 6319 人，占应审的 83%，比上年增加 5.75 个百分点。1997 年检审拖拉机 4783 台，占应年检数的 74.9%；年检审拖拉机驾驶员 6063 人，占应检数的 81%。当年检审最好是岑巩县拖拉机年检率达 91.8%，驾驶员年检率达 91.6%。办理拖拉机保险业务，全州有 1429 台拖拉机办了保险、报得赔偿费达 22.93 万元。

1998 年，州、县把年检审业务放到乡（镇）和农机安全联组进行，方便了机手，服务了基层，减轻了机手负担。在年检审过程中，公开收费标准和项目，接受机手和群众监管，全州完成年检审管理目标的县有凯里、三穗、天柱、剑河、施秉、镇远 6 个县市。年检审两项指标无关达 90% 以上的有岑巩、雷山 2 县。

1999 年，全州共检审拖拉机 4723 台，检审率达 79.2%，拖拉机报废 177 台，年审驾驶员 4785 人，审验率 74%，换发号牌 1398 付，核换发正式驾驶员证 2033 本，实习证 1426 本，行驶证 1935 本。

2000 年，全州共检审拖拉机 5806 台，检审率 83.4%，比上年增加 4.2 个百分点，列入两次年检 701 台，报废 77 台；拖拉机、农用车驾驶员审验 5330 人，审验率 81.9%，比上年增加 7.9 个百分点，核、换发号牌 1290 付，核、换发正式驾驶员证 1905 本、学习证 1101 本，换补证 564 本，增驾 234 本。

2005 年，检审拖拉机 7600 台，检审驾驶员 7800 人。

2010 年，按照省农业委员会《关于开展 2010 年度拖拉机及驾驶员检审验工作的通知》的要求，4 月 1 日至 9 月 31 日对全省纳入牌证管理的拖拉机、变型拖拉机、多功能拖拉机及驾驶人进行年度检审验，检审拖拉机 2262 台，检审驾驶员 9600 人。

2015 年 2015 年，检审拖拉机 7545 台，拖拉机未检数 1354 台，其中：变拖 162，大拖 58，小拖 132 台。

农机档案管理

1991 年，把核发换发塑封式驾驶员证工作记入档案。全州共清除 353 份手续不齐，证件驾驶记录与档案不相符的，多年未参加年审的，以及有档无人的档案。对条件符合、手续齐全的 3184 份档案换发新的塑封式驾驶证。对 9 名驾驶员证件与技术档案有怀疑的由州监所进行复核和复考。

1991—2015 年，全州各型农用拖拉机车技术档案均实行常规管理。

2006—2008 年，全州机车拥有量 9064 台，新增注册机车 1785 台，其中：变型拖拉机 1344 台，拖拉机 441 台（大型拖拉机 269 劝，小型拖拉机 172 台），全州纳入农机管理的驾驶员 7259 人，新增驾驶员 1707 人，换证 280 人。

2009 年，全州拖拉机在册拥有量 8999 台，新增机车 1532 台，转入 17 台，转出 22 台，驾驶员 9097 人，新增驾驶人 1838 人，换证 163 人。

2010 年，全州在册在档拥有量 10621 台。

2011 年办理拖拉机业务（台）新机入户 727 台，变更 613 台，转籍 122 台，补证换证 102 台，清理档案 6913 册，驾驶证业务，初办新证 1666 本，旧证换新 348 本，到期换证 169 本，清理驾驶员档案5051份。

2012年，办理拖拉机业务（台）新机入户437台，变更367台，转籍102台，补证换证71台，清理档案4068册，驾驶证业务，初办新证1044本，旧证换新279本，到期换证157本，清理驾驶员档案2840份。

2013年，拖拉机总数14747台，登记在册拖拉机数11184台，大拖9133台，小拖2045台，办理拖拉机业务（台）新机注册申请1197台，变更申请515台，省内转入47台，省外转出65台，驾驶证业务：初次申请2544台，增加准驾机型32台，补换申请335台，注销申请28台，省内转入3台，变更身份信息51台，旧证换新50台，有效期满换证373台。

2014年，拖拉机总数11882台，登记在册拖拉机数10343台，大拖7816台，小拖2120台，办理拖拉机业务（台）新机注册申请304台，变更申请382台，省内转入55台，省外转出73台，驾驶证业务：初次申请2471台，增加准驾机型10台，补换申请165台，注销申请49台，省内转入36台，变更身份信息50台，旧证换新40台，有效期满换证679台。

2015年，拖拉机总数12386台，登记在册拖拉机数8310台，大拖6407台，小拖1903台，办理拖拉机业务（台）新机注册申请430台，变更申请346台，省内转入53台，省外转出51台，驾驶证业务：初次申请1028台，增加准驾机型12台，补换申请104台，注销申请41台，省内转入26台，变更身份信息11台，旧证换新97台，有效期满换证1354台。

安全教育与路检路查

“八五”期间至“九五”期间（1991—2000年） 认真开展“安全月”活动、路检路查，督促无牌证机车入户和无证人员学习补证等。其中：1991年，全州各县市投入“三月安全月”活动，5月和10月两次开展大检查。全州共路检路查3090人次，检查拖拉机8750台，纠正违章3656起。是年，仅发生拖拉机事故19起，重伤6人，死亡19人，直接经济损失3300元。凯里、雷山、天柱、锦屏、台江、岑巩、麻江等县全年无农机伤亡事故。1993年，路查2548台次，纠正违章389起，督促无证人员办证539人，州县两级公开农机安全宣传会议381次，查车198人，纠正违章322起，办违章人员学习班6期98人。是年，麻江、三穗、岑巩、丹寨、黄平、剑河、雷山、黎平9个县共发生农机事故18起，州内其余县无农机事故。重伤2人，死亡19人，直接经济损失17290元。1996年共开展路检路查1422次，检查农业机械16354台次，纠正违章作业4793台次，督促无牌证机车入户397台，无证人员学习补证363人。是年开展宣传实施《贵州省农业机械管理条例》，州县市共召开会议45次，张贴标语3580幅，宣传面达5万余人。全州发生拖拉机事故9次，死亡6人，重伤2人。1997年，共组织各级农机监理人员1320多人次上路进行路检路查，检查农机20153台次，纠正违章4288台次。1998年，路检路查拖拉机18577台次，纠正违章4115台/次，印发安全宣传资料2450份，张贴宣传标语528条。全年发生事故23起，死亡13人。1999年，上路检查拖拉机10121台次，纠正违章861人次、发放查附资料26500份。全年发生事故5起，死亡13人。2000年，全州路检、路查3102次，上路检查拖拉机、农用汽车22524台次，纠正违章6920台，组织拖拉机、农用运输车驾驶28884人次参加农机安全联组学习，并发放宣传资料284份。当年从江、凯里、榕江、镇远四个县市共发生交通安全事故5起，与上年持平，死亡5人，重伤14人，直接经济损失2.12万元。

“十五”期间（2001—2005年） 除组织人员开展路检路查外，还与“黑车非驾”整治工作相结合，组织拖拉机、农用运输车驾驶员参加安全联组学习，和签订安全目标责任状等。其中：2001年，路检路查3102次；组织拖拉机、农用运输车驾驶员28884人次参加安全联组学习，发放宣传资料2840份。检验拖拉机5806台，检验率83.4%，列入两次年检701台，报废77台，拖拉机农用车驾驶员审验5330人，审验率81.9%；核、换发号牌1290付，核、换发正式驾驶员证1905本，学习证1101本，换补证564本，增驾234本。是年，仅从江、凯里、榕江、镇远四县市共发生交通事故5起，死亡5人，重伤14人，直接经济损失2.12万元。2002年，将安全检查与“黑车非驾”整治工作相结合，使农机具的年检率、挂牌率、驾驶员的年审统治、机手师审验5383人，合格率99.7%。当年事故发生率为零。2003年，开展农机安全大检查8次，州县农机中心抽调人员组成12个安全检查组深入县（市）乡、村道路实行安全检查。到187个赶场点和147处危险路段进行检查1283次，查拖拉机、农用车14467台次。纠正违章5932人次，督促无牌机车入户登记、上牌658台，无证驾车人员培训考核发证623人。实行人盯人、人盯车、人盯路（危险路段）责任制管理模式，按照州政府《关于全面推进创建农机安全文明乡镇的意见的通知》（黔东南府发〔2003〕55号）要求启动全州创建“农机安全文明乡镇”建设。当年发生事故2起，死忙3人，重伤1人，直接经济损失0.8万元。2004年，加强《中华人民共和国道路交通安全法》和《黔东南州农机监督机车牌证管理办法》的宣传力度。全年出动农机人员3200人次，宣传车17辆，在城乡主要街道（路口）设安全咨询台，宣传130场次，展出安全宣传板画352幅，挂图50幅，农用车、拖拉机死亡事故图片128张，发放安全资料6万份。全年发生交通事故2起，死亡2人，重伤1人，直接经济损失0.3万元。2005年，州、县市共签订安全目标责任状4700份，开展安全宣传521次，发放各种宣传资料126800份，受教育面达11万多人，年检查拖拉机7600台，审验驾驶员7800人，全年无事故。

“十一五”期间至“十一五”期间（2006—2015年） 实行严格的制度，严把机车入户、驾驶考试、严禁不合格、无照行驶，严把年检、年审关。凡不合格的农用车、拖拉机不准登记入户；凡不经农机部门办班培训及培训不合格的不发证，考试、检验实行谁经办、谁签字、谁负责的责任制度。认真履行州农委与州政府签订的《安全生产工作目标和任务责任书》。2006—2010年全州组织开展农机安全大检查3185人次，纠正违章作业3265台次；组织开展农机安全宣传教育培训586场次，展出安全宣传挂图1362幅，发放安全宣传资料23540份，较“十五”期末（2005）开展安全检查增加39%、组织安全宣传教育培训增加54.8%。2011—2015年认真组织开展农机安全检查和农机安全宣传教育活动。其中：2011年组织开展农业机械专项检查4次，参加执法检查人员878人次，检查企事业单位（业主）675家，排查排除各类安全隐患327项，整改率达100%；开展安全宣传教育活动237场次，悬挂安全横幅1332幅，张贴安全宣传标语1000余条，举办农机安全培训班129期，参加培训学员1493人。2012年组织开展农业机械专项检查4次和1次全州农机安全管理目标考核检查活动，参加执法检查人员455人次，纠正违法行为193起，排查排除各类安全隐患256项，整改率达100%；开展安全宣传教育活动226场次，悬挂安全横幅1150幅，张贴安全宣传标语1200余条，发放各类安全宣传资料7000余份，举办农机安全培训班135期，参加培训学员1973人。举办一期全州农机监理培训班，培训农机考试员24人、拖拉机检验员47人、农机事故处理员34人、农机监理员73人。2013年，组织全州农机监理部门开展“安全生产月”活动，开展安全宣传教育126场次，张贴悬挂安全宣传标语（横幅）1257条，办专题宣传橱窗34期，制作各类安全宣传标志牌16块，发放安全宣传资料3658份；组织全州农机监理人员216人次开展“打非治违”专项整治活动，共检查生产经营企事业单位（业主）1285家，对非法违法、违规违章行为实施警告196人次，责令改正、限期整改、停止违法行为的175起；围绕春耕、“三秋”和重大节假日活动，在全州范围内组织开展4次农业机械安全生产大检查，累计检查各类农业机械13562台套，检查拖拉机驾驶培训学校6所，拖拉机安全检测站18家，农机销售网点783家，纠正违法违规行为1393起。此外投入25万元资金印制农业安全生产宣传挂图（农机安全）分发张贴在全州县、乡、村、学校和主要路口路段开展安全生产宣传教育，同时举办100人的全州农机监理执法人员培训班。2014年，督查暗访组53人次，联合执法检查组96人次，检查农业机械5329台套，检查农机企事业单位（业主）和农机作业场所266家，查处违法非法行为775起，排查农机安全隐患1226起，整改738起；开展农机安全生产宣传教育活动196场次，举办安全生产培训班167期，接受安全教育培训人员达11236人，发放各类安全宣传资料101020份，设立永久性农机安全警示标（语）牌503块，通过手机短信平台给农机操作人员发送安全提示17300余条。是年，组织相关专业人员编写《农机安全知识手册》，投入资金6万元印制1万册《农机安全知识手册》发送给农机驾驶、操作人员。是年举办两期220人的全州基层农机安全管理人员培训班，实现了乡镇农机安全管理人员持证上岗，规范执法。2015年，开展安全安全生产大检查5次，检查256人次，参加执法检查人员3035人次，查处违法非法行为1458起；开展安全宣传教育培训359期，受教育培训人员达27700人次，开展安全生产宣传咨询活动212场次，发送各类安全宣传资料达11万份；排查农机安全隐患1596项，整改落实1468项，整改率96%，完成省安委办确定的46家州级重点农机大户、农机专业合作社安全隐患排查治理。是年，举办农机检测维修培训班，培训人员96人，举办联合收割机驾驶操作人员培训班，培训人员38人；举办乡镇农机安全管理人员培训班，培训人员253人；举办农机事故处理员培训班，培训人员132人。

第三节　农机服务

基层农机服务组织

1991年以来，省农机局用支农周转金重点扶持区乡农机管理服务组织的建设，全州乡镇农机管理服务组织有所发展。1996年，农机站纳入农业“五站”（农技站、农经站、畜牧站、水产站、农机站，有的还包括了林业站、水利站等）的建设范畴，专门给乡镇农机站按农机拥有量核定了人员编制。乡镇农机管理站的建设得到了较快的恢复和发展。2001年在乡镇机构改革中，各县市把原乡镇下设的农业“五站”合并组建为乡镇农业综合服务中心，在乡镇政府中合署办公，统一行使原来农口各站的管理服务职能。农业综合服务中心的主任采取考核竞聘上岗，其他人员在“中心”总编制内，根据各口业务工作的需要，在原农口各站人员中择优聘用。农机专管人员的配备数，由农机拥有量、农机化工作在该乡镇的地位及乡镇领导的重视程度而定，各乡镇的配额在1名至8名不等。对于上级业务部门下达的资金和项目，由乡政府统一组织实施，实行专账管理、专款专用，乡属各单位均不独立开设账户，且每笔开支均要单位负责人签字，乡镇分管领导审批同意后，才能开支报销。原乡镇农口各站拥有的独立资产，并建“中心”后原则上仍用于那个部门的业务，但对部分场地、房屋等实行统一调配。采取由中心主任主持将原来农口各站的职责、任务明确，再根据所对口业务部门在本乡镇工作量的多少，在总编制内配备一定数量的专管人员专门从事所对口的业务工作，以确保上级各业务部门管理职能及业务工作的完成。

村级农机服务组织大多具备挂牌、章程、印章、人员和相对固定的集中活动地点等条件。在机具拥有量和人员数量的规模上不尽相同，有大有小。主要取决于当地农村的经济水平、田块条件、农机普及程度、起步建队的早晚、有无国家项目资金扶持等多种因素。村级农机服务组织小的机具不足10台、人员也不到10人，大的机具拥有量超过100台、机手超过100人。

农机服务组织建设形式多样、服务内容广泛。随着农村经济的发展，农民收入的增加，农业机械的增长，全州涌现出形式多样、功能齐全的各类农机服务组织，有机耕服务队、维修服务队、农机运输队、农机安全联组等，特别是各县市相继成立农机协会，标志着以农机合作服务组织为龙头，以农机大户为主体，以农机协会为桥梁的新型农机社会化服务体系正逐步建立起来。在各级农机部门的积极引导和扶持下，农机服务组织不断拓宽服务领域，扩大服务规模，农机社会化服务已逐步实现多元化。

“十五”期末（2005年） 全州基层农机服务组织达到105个。其中：2003年新建基层农机服务组织30个，拥有人员523人，农机具729台套，农机固定资产226.78万元。2004年新建基层农机服务组织30个，拥有人员850人，农机具1180台套，固定资产368.51万元。2005年新建基层农机服务组织35个（累计105个），服务农户2万多户，经济收入370多万元。

“十一五”期末（2010年） 全州基层农机服务组织除自我发展不断完善外，专业合作社也有了新的发展。全州拥有各种农机服务组织155个。其中：2006年新建改建、扩建和完善农机社会化服务组织42个拥有农机人员1106人，农机具1416台套。农机固定资产803万元。2007年共新建农机作业服务组织32个，拥有各类农业机械2775台，农机人员1665人。2008年，新建各类农机服务组织170个（其中专业合作社12个，维修服务组织39个，农机作业服务队119个），拥有各类农机具及设备3753台（套），农机人员21701人。在工商部门登记注册的农机专业合作社共22个，吸纳成员423余人。全州农机专业合作固定资产总值达540万元，有拖拉机160台，耕作机具753台（套），联合收割机30台。农机专业合作社通过发挥自身机械装备优势，有效地扩大了作业范围和服务领域，形成了机耕、机播、机收“一条龙”作业服务能力。农机专业合作社通过开展规模化、专业化、市场化的农机作业服务，使农业机械利用率大幅提高，农机经营效益显著增加。2008年，全州农机专业合作社开展农机作业服务14万亩，作业服务总收入达260万元，每个合作社平均收入在12万元左右。2010年，新建了岑巩富源、麻江宜农、锦屏友辉、榕江车江4个农机专业合作社，全州各种农机服务组织达155个，成员1665人，作业机械3875台，农机作业服务创收2315万元。社会化、专业化、市场化农机服务水平有了新的提升。

“十二五”期末（2015年） 全州基层农机服务组织达到105个。其中：2011年，新建农机专业服务组织10个，服务组织拥有农机人员2182人，农机具4230台（套），农机固定资产3200万元，农机作业创收4892万元。2012年，新建农机专业服务组织16个，其中工商登记注册的农机专业合作社42个。拥有农机从业人员2156人，入社机具1494台（套），注册资金总额3201万元。2013年，争取省级资金840万元，建设农机专业合作社22个。2014年，争取省级资金600万亩．新建农机专业合社3个，完善和巩固扶持农机合作9个，机械化技术试验点1个，新建农机机耕队17个。2015年，争取省级资金655万元，新建农机专业合作社7个，示范试验项目1个，新建抗旱队12个，续建农机业合作社6个。全州农机专业服务组织达293个。

农机服务组织除常规地为当地春耕、抗旱救灾、“三秋”、冬春农田水利基本建设等四季农业生产开展机耕、机灌、机收、机脱、植保、机械加工、机械运输和抗御旱、水、风、虫、雹等自然灾害服务外，还涉及安全生产、村镇建设、设施农业、区域经济发展等诸多领域。

农机机械总动力

“八五”期末（1995年） 拥有农用机械总动力40.98万千瓦。耕地机械5407台（其中：大中型拖拉机388台、小型拖拉机5019台）；农用排灌动力机械7958台；收获机械动力19台；植保动力538台、畜牧动力1007台、林业动力45台、渔业动力75台、农产品加工动力27501台、运输机械动力2354辆。

“九五”期末（2000年） 拥有农用机械总动力69.27万千瓦，其中：柴油发动机动力52.72万千瓦、汽油发动机动力3.46万千瓦、电动机动力12.92万千瓦、其他机械总动力0.18万千瓦。拥有耕地机械7318台（其中：大中型拖拉机961台、小型拖拉机6357台）；农用排灌动力机械13148台；收获机械动力37台（其中联合收割机1台、机动收割晒机36台）；渔业动力112台、运输机械动力3116辆。

“十五”期末（2005年） 拥有农用机械总动力121.06万千瓦，其中：柴油发动机动力68.25万千瓦、汽油发动机动力3.06万千瓦、电动机动力46.6万千瓦、其他机械总动力0.16万千瓦。拥有耕地机械6970台（其中：大中型拖拉机2782台、小型拖拉机4188台）；农用排灌动力机械25923台；收获机械动力145台（其中：大中型拖拉机27台、小型拖拉机118台）；畜牧动力85567台、林业动力1446台、渔业动力297台、运输机械动力4303台。

“十一五”期末（2010年） 拥有农用机械总动力206.12万千瓦，其中：柴油发动机动力110.52万千瓦、汽油发动机动力9.88万千瓦、电动机动力81.29万千瓦、其他机械总动力4.44万千瓦。拥有耕地机械13237台（其中：大中型拖拉机9814台、小型拖拉机3423台）；农用排灌动力机械44863台；收获机械动力312台（其中联合收割机134台、机动收割晒机178台）；畜牧动力13388台、林业动力490台、渔业动力790台、运输机械动力6181台。

“十二五”期末（2015年） 拥有农用机械总动力292.1万千瓦，其中：柴油发动机动力198.93万千瓦、汽油发动机动力12.73万千瓦、电动机动力80.44万千瓦。拥有耕地机械9469

台（其中：大中型拖拉机4019台、小型拖拉机5450台）；农用排灌动力机械99395台；收获机械动力562台（其中联合收割机355台、机动收割晒机207台）；畜牧动力59360台、林业动力844台、渔业动力413台、运输机械动力14062台。

农机机械作业

机　耕　黔东南州地处高原山区，多为梯田坡土，其间河谷盆地少，坝子零星分散。丘块相邻高差在0.2—0.5米之间，一般相对高差0.3—8米，大的坡田在10—50米，最大田丘块15—25亩，最小丘块0.02—0.03亩，一般的在0.5—0.7亩之间为多。土为土地坡土，坡度在6—75度之间。很不利于机耕作业。全州总耕地面积284万亩（其中田215万亩，土69万亩），可机耕地面积140万亩，占总耕面积的49%左右。大坝有天柱的润松雷寨、蓝田，黄平的旧州，黎平的中潮、潘老、中黄，榕江的车江，锦屏的敦寨等。

1993年春耕时，全州共组织农机科技干部240人次深入乡村，组织机耕专业队7个，农机具27378台套投入春耕生产。其中：大中拖3267台、微拖、耕整机285台。黎平县农机局组织机耕专业队、耕整机和微拖136台，给农民耕，完成机耕2万亩。1994年春耕时，全州各级农机部门共派出200余名技术人员深入乡村，各级共出动各种农机具3万台套参加农机作业，共完成机耕面积8万亩。1995年，全州拥有中、小型拖拉机5308台、耕作机械5775台，全年完成机耕面积15.31万亩。1996年，春秋两季，全州各级派出干部249人，机耕面积共13.1753万亩。是年，春耕时天柱农机局组织人员下乡调查，检修农机具，组织机手与农户签订机耕合同，组成了以凤城、渡马、兰田、邦洞、社学为主的机耕服务队。镇远县农机局落实651台农机具投入春耕生产。榕江县农机局组织了34人的两个机耕队，全县共完成机耕任务11870亩。黎平县农机局组织完成机耕任务30500亩。1997年全州完成机耕田间作业15.69万亩，比上年有所提高。1998年，全州16个县市共出动280多人次，组织45000多台农机组成8个机耕队，深入田间地头，投入春耕和“三秋”生产。其中：下田作业拖拉机250多台，微机及耕整机550多台。年终统计全州拥有各型拖拉机6948台。其中：大中型拖拉机330台，小型拖拉机6618台，全年共完成机耕面积19.6万亩。1999年，黔东南州农机局、县市农机局切实加强示范引导，引导农民投资购置田间作业机械。其中：有凯里、镇远、台江、黎平、从江、岑巩、雷山、剑河、榕江、三穗、黄平、施秉、天柱13个县农机局争取到当地政府的支持，购置耕整机65台，各级局领导带头操作机具到田间开展有偿服务，起到了示范作用。凯里市农机局5次组织4台耕整机、10台微耕机下到鸭塘、旁海水珠、万潮、湾水等乡镇进行机耕作业示范现场会，当年实现机耕面积9000多亩。是年全州春秋两季，出动9410台次进行作业，共耕作面积23.56万亩，田间作业有所提高。2000年春季，全州出现牲畜“五号病毒”和旱灾、洪灾，全州共派出300多人深入农村，到组到户，先后组织拖拉机5300台，排灌机械3500多台套，农用运输车1540多辆，耕整机620台等农业机械投入春耕生产和抗旱救灾，共完成抗旱排灌面积62万亩，抢水打田21万亩，运输农用物资56万吨，充分发挥了农业机械化抗旱救灾中的突击作用。岑巩县大有乡农机站成立了以农机站站长为队长的机耕服务队，组织机手12人，耕整机械8台，排灌机械15台套，及时帮助农民投入春耕生产，为群众抢水打田2000多亩。黎平县农机局投入资金2.5万元，购置12台抽水机提灌机械，投入到茅贡、坝寨、高屯等地抗旱，同时组织抗旱、机耕服务队各2个，抗旱机具450台套，耕整机140台，抽水抗旱2.5万亩，抢水打田1万多亩。台江县农机局面对清水江超危急水位2.1米的严重灾情，组织拖拉机、农用运输车，清除淤泥4万余吨。当年“三秋”时，全州又派出280多人深入农村，指导和帮助检修农机具3500多台，组织6700多台农机具投入“三秋”生产，完成农机作业量530万标准亩，机械脱粒20万吨。2001年、2002年，分别完成机耕面积25.26万亩、26.74万亩，各占上级下达计划的101%。2003年全州共组织农机技术人员625人次深入基层，组织春耕各种农机具达57325台。其中：大中型拖拉机806台，小型的拖拉机4203台，耕整机1183台，提灌机械4164中，植保机械8464台，农机运输车2299辆，共完成农机总作业量510万标准亩。机耕面积32.28万亩，占上级下达计划的108%。是年黄平、黎平、天柱3县坝区基本上实现了耕作机械化。2004年，分别在黄平旧州、黎平中潮召开机耕作业现场会。是年，组织农机人员742人下农村，帮助检修各种农机具8714台次，培训农机人员2100人次，组织52个农机作业服务组，63599台农机投入春耕（拖拉机5778台，微型耕整机机械1441台，提灌机械7276台，农运输车2692台），完成作业530多标准亩，其中，抢水打田22万亩，提灌23万亩，运送化肥农药等272万吨。是年4月，黎平县在中潮组织了125台耕作机械参加春耕；黄平旧州石牛镇坝上1470亩稻田，由于缺乏劳力，县农机中心组织4个机耕服务队抢耕20天，实现满载满插。是年，在“三秋”生产中，州农机中心以凯里、黄平、天柱、锦屏、黎平、榕江为重点，共派出农机干部377人下农村，培训2300多人次，检修在机具8732台次，召开现场会30次，组织农机服务组31个，农机155347台（拖拉机8737中，微型耕机1450台。提灌机械5879台，收割机机械110台，脱粒机械82661台，农用运输车4216亩）投入“三秋”生产，完成“三秋”作业1257万亩，提灌12.16万亩，机收1.12万亩，机脱31.55万吨，农运物资15万吨。全州共完成机耕面积33.26万亩，占上级下达计划的107%。2005年，黔东南州农机中心派出农机干部和技术人员1500多人次，深入农村指导帮助检修各种农机具6000多台次，组织10多万台（拖拉机6400台，耕整机2100台，提灌机械1万多台）农机及40个机耕服务队投入机耕生产，完成机耕28万亩，比上年增长27%，机灌25万亩，增长8%，各种农运288万吨。是年6月至8月，全州持续高温少雨，124万亩农作物受灾，黔东南州农机中心派出农技人员564人，帮助维修抗旱机械2136台，组织各种农机13265台投入抗灾。共完成了提灌26万亩，农运机械运输55万吨，植保机械防治病虫15万亩。“三秋”期间，州农机中心组织跨区域作业，天柱县组织15台（本县9台、湖南靖县3台、会同1台、浙江温州2台）联合收割机投入秋收。是年全州投入跨区域作业的联合收割机和割晒机共362台，各种脱粒机112000台，共实现机械收割23万亩，机械脱粒59万亩。在秋耕秋种期间，一是组织7147台拖拉机、2671台耕整机、7207台提灌机械投入生产。二是各县农机中心共办机械耕作示范样板100个，示范面积1万亩。是年，全州共完成秋收秋种机械作业面积24万亩，机灌15万亩，农业资料运输430万吨。是年，黄平旧州、黎平中潮两个项目区机械化作业水平已达到项目要求，实现了机耕、机插、机灌、机植保、机收、机脱、机运输、机加工综合示范、项目区综合机械化水平已达60%以上，起到了示范作用，达到了预期目的，是年全州共完成机耕面积52万亩，占目标任务37万亩的140%。2006年，全州春耕期间共组织218976台农机投入春耕生产，其中：拖拉机7484台，耕整机

4098台，提灌机械12034台，完成机耕44.62万亩次，比2005年增长60%。“三秋”生产期间，共组织203861台农机投入“三秋”生产，完成机耕29.19万亩次。2007年，全州投入农业生产的农机具达10多万台，在春耕生产期间，共完成机耕60.02万亩次，机灌44.63万亩。在“三秋”生产期间，完成机耕39.54万亩次。2008年，全州组织投入春耕的农业机械达19.37万台，其中拖拉机446台，耕整机12688台，完成机耕作业58万亩。在“三秋”生产期间，组织28.48万台农机投入“三秋”生产，其中拖拉机446台，耕整机13437台。完成机耕50万亩次。2009年，在春耕生产中，共组织投入春耕生产的农业机械达21万台，其中：拖拉机640台，耕整机12688台，完成机耕面积69万亩。在“三秋”生产期间，组织29万台农机投入“三秋”生产，其中拖拉机600台，耕整机15437台，完成机耕61万亩次。2010年，全州组织投入春耕生产的农业机械达7.6万台，其中：拖拉机2500台，耕整机36200台；132个机耕服务队，54个抗旱服务队投入生产，完成机耕作业面积75万亩。在“三秋”生产期间，组织30万台农机投入“三秋”生产，其中：耕整机械3.6万台，拖拉机1万台，完成机耕63万亩次。2011年，全州组织投入春耕生产124个机耕服务队、57个抗旱服务队，投入农机38.17万台，完成机耕作业面积78万亩。在“三秋”生产中，投入农机44.14万台，完成机耕63.64万亩次。2012年，全州组织投入春耕、“三秋”生产的农业机械达50余万台，完成机耕作业面积152万亩。其中：生产农机专业服务组织达231个，完成机耕61.2万亩次。2013年，全州组织投入春耕、“三秋”生产的农业机械达60万台，完成机耕作业面积204万亩次。2014年，全州组织投入春耕、“三秋”生产的农业机械达60万台，完成机耕作业面积265万亩次。2015年，全州组织投入春耕、“三秋”生产的农业机械达47万台，完成机耕作业面积172万亩次。

机　插　始于2005年。当年黄平县农机中心承包了旧州镇寨勇村50亩稻田进行试验示范，50亩试验田当年全部实行机耕、机插、机植保、机收、机运输全程机械化作业。2006年，黄平县试验示范机械插秧在上年获得50亩成功的基础上，加大了试验示范力度，扩大示范了1300亩。丹寨、麻江、镇远、三穗、锦屏、黎平、从江、榕江、凯里、台江10个县都进行了100亩以上的试验示范。是年，全州共实施机械插秧试验示范2600亩，取得了较好的增收节支效果。如丹寨县实施102亩，耕、插、收全程机械化，平均亩产670.9公斤，较人工栽插对比每亩增产72公斤，节约种子1公斤，省1—10个劳动力，增收节支409.8元。黄平县除完成自己1300亩示范外，还为周边的丹寨、麻江、台江、镇远等县提供技术帮助，各示范县都成立了由农机、农艺组成的技术攻关课题组，整个实施过程都坚持了农机与农艺相结合。2007年，全州共有156台插秧机投入机插秧作业（当年新增插秧机126台），共完成水稻机插秧示范推广面积32953亩。是年，召开机插秧现场会100多场，培训15918人次，机插秧技术得到了辐射推广。2008年至2015年，全州水稻机插秧累计达33.73万亩，其中：2008年3.95万亩、2009年3.87万亩、2011年8.1万亩、2013年3.68万亩、2014年6万亩、2015年8.13万亩。

机械化育苗　应用机械温室育苗（水稻育秧）始于1987年。到1988年年底，黄平旧州区，黎平德凤区，天柱的城关镇各建成一座现代化的机械化温室育苗工厂。每一座育苗室一次可育干稻种750公斤。工厂机械化育苗每座每年春季可育3—5次，共育干稻种2250公斤~3750公斤。经过田间移栽实验，每亩只需稻种0.4公斤~0.5公斤。每座温室育苗室一年可供应4500

亩～7500亩稻田的秧苗。原土法大田育苗每亩需稻种3公斤～4公斤，现在每亩节约地方稻种2.6公斤～3.5公斤，杂交稻种0.5公斤～1公斤。2001年至2003年，贵州省农机局、黔东南州农机局以黎平、黄平两个县作为黔东南州农机综合示范项目区，完成了工厂化和温室育秧面积2000亩的示范工程。通过工厂化温室育秧的综合示范，全州基本掌握和接受机械温室育苗。

植　保　1991—2015年，植保机械（器）基本上普及。植保机械（器）用于果树和粮食作物灭虫和施肥发挥了较好的作用。据统计，2005年植保15万亩，2006年植保63.14万亩，2007年植保48.08万亩，2008年植保45.71万亩，2009年植保42.08万亩。

提　灌　1995年排灌机械7958台，抗旱保苗面积88164标准亩。2001年后，排灌机械不断增长，从2001年的3500台套增至2005年10000台套，根据各年旱情的不同程度，提灌面积在20万亩～60万亩之间。据统计，2005年提灌面积达71万亩，2006年提灌面积达82.89万亩，2007年提灌面积达96.99万亩，2008年提灌面积达96.99万亩，2009年提灌面积达97.72万亩，2011年提灌面积达92.2万亩，2013年提灌面积达97万亩、2014年提灌面积达75万亩。

收　割　1993年，全州半机械脱粒24699吨，1994年至2000年间据不完全统计拥有机械、半机械脱粒机1万台～2万台，年脱粒粮食在20万亩～40万亩之间。从2000年开始，州内在实施粮食增产项目区的岑巩、三穗、天柱、锦屏、黎平、榕江等县在国家财政补贴下，小型稻麦联合收割机、割晒机引进推广30余台。2004年，三穗县引进推广割晒机60台，脱粒机170台，完成机械收割2400亩，机脱11500亩。2005年，先后引进碧浪、龙舟、沃得、科丰等牌各型联合收割机46台，同期出现了湖南靖县，浙江温州，余庆，州内的锦屏，黄平，天柱等县共30台联合的收割机跨区域、跨县市、省份的专业秋收服务队，到州内的坝区服务，收割、运输到户的专业队。年末机械收割脱粒达35.2万吨，收割面积401万亩。2007年，州农机中心组织了106台联合收割机跨区作业，其中引进州外联合收割机41台，组织州内跨县收割机收35台，组织跨州收割机30台，实现州内机收9.86万亩，州外机收1.56万亩。2008年至2011年，机械收割118.69万亩，其中2008年27.65万亩，2009年29.54万亩，2010年30万亩，2011年31.5万亩。

农副产品加工　1991年至2005年，油料加工机械分布在菜籽、茶籽多的县份，主要用于榨菜油、茶籽油的加工。2005年农副产品加工378.63万吨，2006年农副产品加工378.63万吨，2007年农副产品加工370.33万吨，2008年农副产品加工411.35万吨，2009年农副产品加工360.94万吨。2010年后油料加工机械基本达到饱和。

机械运输　2005年，全州拥有运输机械和运输动力4303辆、15.7万千瓦。农机运输作业量10592万吨公里。2010年年末，全州拥有运输机械和运输动力6161辆、25.1万千瓦。在春耕期间运送农业生产资料280万吨；“三秋”活动期间运送农业生产资料360万吨；其中：2006年，全州拥有运输机械和运输动力4577辆、17万千瓦。在春耕期间运送农业生产资料371.34万吨。在“三秋”活动期间运送农业资料447.67万吨。2007年，全州拥有运输机械和运输动力4946辆、26.5万千瓦。在春耕期间农业生产资料运输382.66万吨；在“三秋”活动期间农业生产资料运输464万吨。2008年，全州拥有运输机械和运输动力5461辆、23万千瓦。在春耕期间运送农业生产资料267万吨；在“三秋”活动期间运送农用物资341万吨。2009年，全州拥有运输机械和运输动力5901辆、24.3万千瓦。在春耕期间运送农业生产资料310万吨，在“三秋”活动期间农业运输410万吨。2015年末，全州拥有运输机械和运输动力14062辆、

56.8 万千瓦。其中：2011 年，全州拥有运输机械和运输动力 13232 辆、54.04 万千瓦。在春耕期间运送农业生产资料 171.9 万吨；在“三秋”活动期间运送农业生产资料 493 万吨。2012 年，全州拥有运输机械和运输动力 14725 辆、60.5 万千瓦，机械运输 306 万吨。2013 年，全州拥有运输机械和运输动力 15371 辆、63.4 万千瓦。2014 年，全州拥有运输机械和运输动力 16303 辆、66.9 万千瓦。

第二章 农机具科研生产与推广

第一节 传统农具

黔东南州由于历史、自然、经济、农业等原因，州内交通相对闭塞，经济文化相对落后，农业生产相对传统，全州农业生产所用工具为人力、畜力、农机并举，半机械化、农机化、信息化并存，传统农具仍普遍使用。

黔东南州传统农具一览表

（1991—2015 年）

表 6—1

序号	农具类别	农具名称
1	耕整地农具	翻撬、木锄、老锄、二挖锄、钉耙、木耙、木榜犁
2	改土造田农具	撬棒、手锄、手锤、石楔、錾子、手夯、尖锄、刮板、抬帘、铲锄、砂钩、拌刀、茅镰、柴刀、薅锄、开山斧
3	植保农具	薅秧耙、薅刀、钳虫夹、钩虫针、梳茧器
4	收割农具	摘刀、竹刀、镰刀、连盖、挞斗、铧镰
5	烘干农具	筛子、簸箕、风箱、晒席、焙笼、炕床、灰筛、地炕
6	运输农具	箩筐、篓桶、撮箕、钎担、柴篓、油篓、水桶、岩篓、搭帘、鸡公车、牛车、提篮
7	排灌农具	木（瓜）瓢、盆、桶、抽水筒、水枧、水车、龙骨车、吊桶
8	农产品加工农具	木臼、碓、磨、擂（砻）子、水碾、油榨、筛子、绞车、弹花弓、纺车、织土布机、杵臼、摆筛、粑槽、粑棒
9	捕捞工具	响篙、弓矢、套绳、套圈、闯网、铁夹、炸弹、火枪、鱼梳、鱼钳、鱼梁、渔网、鱼罾、鱼筒、鱼篓、笆篓
10	畜力工具	铁木犁、铁木耙、磨耙、拖盆、铁木牛车、马车

第二节　农机具科研及改良

1991—2015年，黔东南州农机部门根据本州自然、农业、地形、地貌、交通、经济、田块大小、交通、经济、农作禀赋等条件，在进行田间作业机具研究、改良的同时，还对农用复合肥成套生产设备、蔬菜无土化栽培成套技术等进行了有效的探索，并研究、制造、推广了一些新农机具。

（一）与丹寨县农机局一道研制工农－12C盘式小方拖配套犁。此研制专为贵阳红星拖拉机厂生产的，当时黔东南州拥有2000多台的工农－12C型小方拖没有配套农机具不能一机多用的难题而研制的双铧犁，研制制造出样机2台，在凯里、丹寨等地进行田间试验500亩，耕深14厘米~20厘米，幅宽41.2厘米，翻铧率、茬前作物覆盖率、耕深稳定性、耕宽稳定性等技术指标均达到《NJ－1974》技术指标要求，获得省级鉴定。

（二）研制机械调盘式水稻育秧温室。此研制为解决水稻机械化育秧温室室内人工翻盘高温高湿等劳动环境难题而研究的水稻机械旋盘温室育秧设备，温室27平方米室内一次育秧144盘，育秧周期7天，无土，翻盘喷淋均用机械室外操作。四川、贵州等地推广30台套。2001年选入农业部农机化推广总站《水稻生产农机具选型指南》一书。推广到四川南充、广安、成都，贵州贵阳、遵义、安顺、铜仁、黔东南计30台，获得州级生产验收。

（三）研制SMB160－5型多功能人力隔膜水泵。此研制主要用于农田灌溉和喷雾浇灌农作物，兼顾果树作物喷药、农村消防等，扬程16米，吸程6米，四川、贵州共推广500台。获得国家实用新型专利。

（四）研制了复合肥生产线成套设备。此研制主要用于复合肥生产，由粉碎机、搅拌机、烘干机、输送机等机组组成。年生产复合肥3000吨~6000吨，共生产2套，推广到凯里、镇远等县市。获得州级生产验收。

（五）研制了5T－500型机动脱粒机。此研制主要为解决黔东南州山区水稻人力脱粒劳动强度大、损失大等技术难题。5T－500型机动脱粒机，计生产推广200台，推广到铜仁、黔东南州。获得州级生产验收。

第三节　农机具供应

黔东南州农业机械供应公司原归州水利局管理，后划归黔东南州工业局农机配件站经营。1990年有职工36人，其中工人17人，干部19人，固定资产169.16万元，仓库、房舍、办公楼总面积5472平方米，汽车2辆，企业流动资金319.50万元。2007年黔东南州农业机械供应公司实行破产保护。

全州各县市农业机械供应公司至1993年起均出现亏损，趋于破产。2001—2009年大部分县农业机械供应公司实行了破产保护。

2000—2015 年全州农机供应以联营、独资、个体为主，2015 年年底，全州拥有农机供应（展销）企业 31 个，农机经销点 199 个，共有经销人员 599 人，主要的农机经销企业及农机经销点有黔东南州农机有限公司、豪杰农机公司、鼎晟农机公司、吉峰农机公司、久龙农机公司、富源农机公司、常发、侗乡、新兴、鑫盛、双峰等农机经营部。所销农机产品除了每年省农委公布的全省农业机械购置目录所列产品外，也经营销售非补贴目录的农机产品及配件。

黔东南州 1991 年—2015 年农机具供应一览表

表 6—2

序号	机具类别	机具型号及配件	备　注
1	动力机械 (1) 拖拉机	上海 504、丰 –35/27/30、东 –75/28/30、工农 –12c、川农 –15、工农 –10（贵阳）、工农 –10/11/12（上海）、工农 –12 武汉）、东风 –12、南宁 91、安徽 61/81、福田雷沃 TH/454/404/504、东方红 – LX754/704、黄海金马 404A/454/554、TS504、神牛 280、CL350/354、世杰 ST –124、曙光 –124Y、金葛 –124、湖南 –124Y、东风 304/404/454、佳宁 JN124Y、东风 300 等	州内具有农机产品一级代理的农机经销商均销售
	(2) 柴汽油机 A. 柴油机	上海产：165F，江苏产：295、495、z100、s195、S195、S1100、ES1105、ES1110、175、180，贵州产：190F、295，湖北产：S195、290，昆明产：4105、常柴 ZS100，柳柴：LW25000E，拓普 TP168E，金坛 ES1110	州内各农机机电经销商均有销售
	B. 汽油机	江苏产：1E40F、1E50F，重庆产：1E43、1E45、168，息烽产：a581	
	(3) 电动机	三相电动机：贵州产：2.2×4、3×4、4×4、5.5×4、5.5×2、7.5×2、11×4、18.5×4、22×4 二相电动机：上海产：1.1×2、1.5×2、2.2×2	
2	(1) 耕整地机械	江苏产：61.81，莱阳产：22，宁乡产 81，北流产：21，31，江苏产：1LS –220D、1GKNM –160，河北产：1L –320，广西产：1L –120、1GSQL –60、1Z –31、XN –21、1WG6、1WG3 –1、1Z –31/41、1WG6.3，四川产：CL1Z –31，湖南产：1Z –20、1WG4、1WG6，贵州产：1WG4.0 + 5FC – Z、1WG6.3 – 135FC – Z、1WGLZ – 100（F）、1WG6.3 –120FC –Z，重庆产：1Z –20、1Z –105、1Z –135、1WG4.0 –110FC –Z、1WG6.3 –120FC –Z、1WG –105C、1WG –4.0 –105FC –Z、SR1Z –105、SR1Z –135、1WG3.6 – 100FC – Z、1WG6.3 – 135FC – Z、1WG4.0 – 95FQ – D、1WG4.0 – 405FC – Z、1WG3.8 – 95FQ – D、1WG6.3 –135FE –XZ	州内各农机经销商及网点均有销售
	(2) 起垄机	福建产：YS1.2MA	
	(3) 培土机	福建产：3PT320	

续表

序号	机具类别	机具型号及配件	备　注
3	种植施肥机械 （1）插秧机	江苏产：东洋 PF455S/P600，富来威 2ZF－4B2ZF－4K2ZG－6DK，洋马 2ZQS－4/2ZQ5－62ZGZ－6/2ZGQ－6G，亚美柯钵苗式 2ZB－b（RX－60AM），井关 PG8、PC6	州内一级农机产品经销商有售
	（2）播种机	江苏产：亚美柯 2BD－300 水稻钵体播种机	州内岑巩、三穗、剑河、黄平、施秉、镇远、榕江、天柱、凯里有售
	（3）马铃薯播种机	甘肃产：2BSMX－Z	
4	田间管理机械 （1）植保机械 A. 喷雾器	北京产：东方红－18/36，江苏产：16	州内各经销商网点均有销售
	B. 机动喷雾（粉）机	江苏产：WFB－18V/18、6MWF－20、3WH－36，山东产：3WZ－4/6	
5	收获机械 （1）联合收割机 A. 自走式	湖南产：4LZ－2.0/2.2/2.8，江苏产：4LZ3.0/3.5、4LZ－3（DF528）、4LE－3.5（DF288），广西产：4LZ－2.0/3.0	州内一级农机产品经销商有售
	B. 半喂入式	江苏产：4LBZ－105（PRD208）、4LBZG－77BCEe－60、4LBZJ－140B（Ce－1M）、HL6060C、4LB1450、4LBZ－145C（HF558），广西产：4LBZ－120/120Y	州内一级农机产品经销商有售
	（2）稻麦脱粒机	四川产：5TG－700，湖南产：5TG－700，贵州产：5TG－700	州内各经销商网点均有销售
	（3）割晒机	广西产	
	（4）其他收获机械 A. 马铃薯收获机	北京产：1120（单行），山东产：4U－9，甘肃产：4UX－550	州内各农机经销商网点均有销售
	B. 茶叶采摘机	浙江产：SV100（双人）、NV60H（单人），湖北产：4C－525	
	C. 秸秆粉碎还田机	重庆产：9FCQ－40、9FCQ－33A	

续表

序号	机具类别	机具型号及配件	备 注
5	(5) 收获后处理机械 A. 谷物干燥机	上海产：NEWPRO－60H，江苏产：5HXG－80、5H－10，重庆产：5H－1.5	
	B. 保鲜储藏设备	江苏产：ZRG90	
6	农产品初加工机械 (1) 农产品初加工动力机械	上海产：YL1800（二级），YL2200（二级）	州内各农机经销商网点均有销售
	(2) 农产品初级工作业机械 A. 粮食加工机械（碾米机配磨浆机等）	四川产：FNW－3（6N80－9FZ21）、FNW－3（6N90－9FQ23）、NF11.0－23、FNM－3（6N80－QFZ20）、FNM－3（6N100－QFZ220）、FNM－3（6N80－QFZ20）、FNM－3（6N100－9FZ20），FNM－3（6N100－9FZ23）、6N60－9FZ21、6N80－0FZ21、6N100－9FZ23、6N100－9FQ20，湖南产：6NFZ－2.2（6N85－9FZ20）、140、150、200、260、6NFZ－2.2（6N90－9FZ20），贵州产：N200、N360、650、210，天津产：632，广西产：8.5、9.5、10，山东产：N80、6/21、6.5/20、5.8/21、6.8/18、6.8/25、6.8/22、7.8/22	
	B. 油料加工机械（榨油机）	四川产：6LY－9、6YL－100、90、100、YZYX10、YZYX100、YZYX1300、YZYX100WZ，天津产：60、贵州产：100	
	C. 茶叶加工机械 A. 茶叶杀青机	浙江产：6CST－50/40/30/100/80，广西产：6CST－5、6CSH－50	
	B. 茶叶揉捻机	浙江产：6CR－55－2、6CR－55/65、6CR－35，广西产：6CR－35/45	
	C. 茶叶炒（烘）干机	浙江产：6CCB－981ZD、6CCT－60/100、6CCED－60/13、6CHB－3，广西产：6CCQ－84、6CCP－100、6CH－10/20	

续表

序号	机具类别	机具型号及配件	备　注
7	排灌机械 （1）排灌动力机械 A. 柴油机	上海产：165F，江苏产：S195、S1100、ES1105/1100、295、495、2100，湖北产：S195、290 贵州产：190F、295，湖南产：175F，云南产：4105，广东产：2105	州内各农机经销商网点均有销售
	B. 汽油机	江苏产：1E40F/50F，重庆产：1E43/45，168，贵州产：a581	
	C. 电动机	三相：贵州产：2.2×4、3×4、5.5×4、5.5×2、7.5×2、7.5×4、7.5×2、11×4、18.5×4、22×4，上海产：1.1×2、1.5×2、2.2×2，二相：上海产：1.1×2、1.5×2、2.2×2	
	（2）农用水泵	重庆产：CB65－40、65－36/R165、IQ80－31，HYQG50－30/50－35、CB65－40/65－36/65－25，YHQG80－30、YHQG65－75、GHQB50－35/65－60、ESQGZ50－32/80－30、LLQD50－35/80－30	
	（3）节水灌溉类机械	山东产：75－300TX，江苏产：4.4CP－4.5	
8	畜牧机械 （1）饲料饲草加工机械 A. 铡草机	重庆产：93ZFQ－33/53、93ZP－0.9，安徽产：93ZFQ－53	州内农机产品经销商均有销售
	B. 情饲料切碎机	河南产：93QS－3，湖南产：21、25、32、350，四川产：31、35、330，广西产：37－1	
	C. 饲料混合机	河南产：9HWP－500、QHWS－500	
	D. 畜牧饲养机械 a. 药浴机	福建产：SHPY－30、SHPY－13	
	b. 清粪机（车）	上海产：HD100	
	C. 圈舍清粪机	浙江产：FKD－3800、FKD－3900	
9	渔业水产机械 （1）增氧机（叶轮式）	浙江产：YL－1.1、YL－1.5、YL－3	州内农机产品经销商均有销售
	（2）投饵机	浙江产：STLZ－120，河南产：STLZ－120/70	
10	林果业机械		
	（1）挖坑机	山东产：3WT－300	
	（2）果树修剪机		

续表

序号	机具类别	机具型号及配件	备　注
11	农田运输机械（农用运输车）	湖南产：2T，贵州产：2T，四川产：2T，福建产：1.5T，江苏产：2T，四川产：7CYQ－1.5（1）、7CYQ－1.5，广西产：7CBX－0.5、7CBX－1	州内一级农机产品代理商有售
12	农田基本建设机械	江西产：凿岩机 YN30A，江苏产：WT800－60、WT1100－60，贵州产：JY606/608、JYL608	州内农机产品一级代理商有售
13	设施农业设备	重庆产：HTD－D625（6X30），贵州产：JH－778（6X30）、JH－779（6X30）、JH－780（6X30）	州内各农机经销商有售
14	其他机械	贵州产：打砂机 DS－LL16 锤，山东产：ZLY－12 农用装载机、ZL10Z 农用装载机、ZL08Z 农用装载机、ZL010Z 农用装载机、ZL12Z 农用装载机，广东产：KY－4A/5A/7A 烤烟机	州内农机产品一级代理经销商有售

第四节　农机具生产

1991—2015 年，黔东南州农机具生产立足自治州自然、农田、田块大小、经济、交通条件等因子，所研究生产的农机具以小型、半机械化为主。

黔东南州生产的农机具一览表

（1991—2015）

表 6—3

序号	农机具名称型号	生产单位	数量	推广区域	时间
1	TW 型机械调盘式水稻育秧温室	州农机研究所（州农机技术推广站）	30 间	四川省：成都、广安贵州省：黔东南、铜仁、安顺、遵义、贵阳	1991—1999 年
2	工农 12C 型小方拖配套犁	州农机研究所（州农机技术推广站）	2 架	黔东南州：凯里、丹寨	1991—1993 年
3	5TG－700 型挞斗脱粒机	州农机研究所（州农机技术推广站）	200 台	黔东南州	2003—2005 年
4	SMB160－5 型多功能人力隔膜水泵	州农机研究所（州农机技术推广站）	200 台	贵州省：铜仁、贵阳、遵义、黔东南州	1991—1999 年
5	微耕机 脱粒机	凯里三丰农业机械有限公司	3000 台 5000 台	贵州全省	2012—2014 年
6	微耕机 脱粒机	凯里三江农业机械有限公司	2000 台 4000 台	贵州全省	2011—2014 年

续表

序号	农机具名称型号	生产单位	数量	推广区域	时间
7	微耕机、脱粒机 1WG3.6－100FQ－Z	麻江金色硕果农机公司	2000台 3000台	贵州全省	2011—2014年
8	微耕机1WG4	锦屏贵州中辰农业装备有限公司	4000台	贵州全省	2012—2014年
9	拖拉机 5TG－500	黎平常发农机机械有限公司	5000台	贵州全省	2013—2014年
10	小型联合收割机	丹寨	200台	贵州全省	2013—2015年
11	新型微型机耕船	从江县李翠长微型机耕修配厂	1500艘	贵州、广西等省	2008—2015年
12	水田专用微耕机	榕江县丰源农机农民专业合作社	100台	贵州榕江等地	2015年

第五节 农机新技术推广

1991—2015年，黔东南州农机推广工作坚持科学技术必须为经济建设服务的方针，在积极进行适应本州农机具研究改良的同时，大力引进农机化新技术，内容涉及互火罐式机烘烤烟、水稻机插秧技术应用、马铃薯生产全程机械化技术、茶叶生产全程机械化技术、蔬菜营养液膜无土化栽培技术推广。

互火罐式机烘烤烟技术推广 1991年州农机所与州农机局、州烟办一道共同推广由燃煤、柴火作燃料加温，机械鼓风抽风热循环、互火罐散热、砖砌烟棚的互火罐式机烘烤烟技术，当年共推广600台。

水稻机插秧技术应用推广 2009—2011年州农机技术推广站与县农机站共同完成8011台套机具的推广应用，重点解决人工插秧环节季节性强、用工量多、劳动强度大等难题。三年水稻机插秧共完成21.51万亩。

马铃薯全程机械化生产技术研究及推广 2013—2015年与州农推站一道为解决本州马铃薯生产中成本高、产量低等问题，在丹寨、黄平、台江实施马铃薯全程机械化生产技术研究及推广，三年投入耕种收等机具2000台套，共计试验示范面积5000亩。

茶叶生产全程机械化技术研究及推广 2013—2015年与黎平县农业局、黎平县农村产业科技农民专业合作社一道在黎平、丹寨、黄平、台江实施茶叶生产全程机械化技术研究及推广，三年投入资金累计2000万元，投入各种机具1000台，其中扁茶炒制机60台，香茶机40台，茶园修剪机110台，其他890台。示范面积5000亩。

蔬菜营养液膜无土化栽培技术试验研究推广 1992年，州农机研究所为省肥、省水、节地、无污染、早熟丰产、不受季节和地点限制等，实施方案了蔬菜营养液膜无土化栽培技术试验研究推广，共投1.2万元，机具5台套，建成无土化营养液棚1座，实施面积0.3亩。

水稻工厂化温室育秧技术推广 1988—1999年州农机研究所（州农机技术推广站）在黄

平、黎平、天柱、三穗等县推广自研的固定式水稻机械育秧温室，同时推广水稻无土化育秧技术。二年共投入资金20万元，建立温室面积4800平方米，配锅炉、洒水、温控等机械20台套。后又研究推广机械旋盘机械化温室在四川、贵州等应用，计推广20台，到2015年全州拥有相应温室400座套（402264平方米），形成100万亩的服务能力。

黔东南农机新技术推广一览表

（1991—2015年）

表6—4

序号	项目名称	推广应用情况（地点规模效果）
1	烘干技术	1993年3月，州全州全面推广瓦火罐机烘烤烟技术开始，逐步在水稻、蔬菜、马铃薯等作物机械烘干技术推广应用。粮食烘干（谷物烘干）的机具主要有NEWPRO－60H、5HXG－80、谷王牌等机型，全州中小型粮油加工厂及农机农民专业合作社均有应用。到2015年底全州拥有各类（型）烘干机具827台套，3349千瓦。拥有烘干加工能力900万吨，农村机烘烤粮食1.49万吨，烘干可减少因毒变等损失10%
2	地膜覆盖机械化技术	本州地膜覆盖机械化技术于2005年5月用于烟叶种植起垄覆膜，后逐步在马铃薯种植上应用，单独的地膜覆盖机本州目前没有，都是配合起垄覆膜一起使用，主要应用的有福建松溪永顺机械公司的ys1.2mA型起垄机配套覆膜器（机具），到2015年底有各种起垄覆膜机具179台套，起垄覆膜面2万亩
3	秸秆还田技术	2005年5月，在黄平机械推广试验示范，2015年底全州拥有秸秆粉碎还田机260台，另外水稻收割时如果是用全喂入式联合收割机收割，谷物秸秆也能还田
4	微型水力发电技术	1987年本州黎平、镇远等地推广应用，现在国家农村电网覆盖，此技术本州已无人使用
5	水稻生产全程机械化技术	水稻全程机械化技术包括水稻田间耕整地、水稻机械化育插秧、施肥机械化、病虫草害机械化防治、收获机械化、干燥机械化、谷物（水稻）加工机械化等技术。 本州从2005年开始陆续在三穗长吉、剑河南明、黎平中潮、岑巩水尾、榕江忠诚、黄平旧州等地推广实施水稻全程机械化技术。2015年底全州水稻机械化作业水平如下： 1. 水稻田间耕整地：本州水稻田间耕整地是其农机化突破口之一，1991年已有较大发展，有主机带铧犁的耕地和微耕机的整地。开始时是黄平旧州、黎平中潮、榕江车江、天柱凤城、邦洞、蓝田等地的国营拖拉机站用丰收－27/35拖拉机带铧犁（2口～4口），发展至2015年年主要是554型拖拉机等带铧犁耕地，及以微耕机为主的耕地，履带自走式旋耕整地机新技术也投入使用。2015年年底全州机耕面积282.68万亩，机械化率47.68% 2. 种植机械化：本州水稻育插秧机械化技术始于1958年，由于育秧技术与当时的机插机具技术不配套而逐步停止这项技术。到2005年5月，黄平县农机局在旧州引进推广PF455S手扶式4行插秧机，以与之适应的盘式育秧技术，当年试验推广面积50亩并获得成功，到2015年全州拥有各型水稻插秧机194台，水稻机插面积6.51万亩，机插率为1.02%，增产幅度14%，投资平均纯收益率7.43元

续表

序号	项目名称	推广应用情况（地点规模效果）
5	水稻生产全程机械化技术	3. 水稻育秧机械化技术：1991 年 3 月，州农机研究所（农机站）研制的小型机械旋盘育秧育温室，一批能育秧 144 盘（1 盘一亩水田用秧），一季能育四批。至 1999 年全州共推广 8 台/套。2005 年 5 月黄平引进新式水稻插机 PF455S 手扶式 4 行插秧机，所配套的育秧温室主要是在田间地头用竹条搭弓上覆膜再配以遮阳措施的形式，温棚基本上是一次性的，第二年需重建。2011 年起，本州三穗、剑河、黄平、黎平等县农机专业合作社成功引进推广秧盘播种成套设备，2014 年三穗还在全省首次推广钵体育苗机插秧新技术，加快水稻育插秧步伐，2015 年底全州拥有水稻工厂化育秧设备 400 套/402264 平方米。 4. 施肥机械化：本州尚在引进示范中。 5. 病虫草害机械化：主要防治病虫害，根治杂草。本州主要采用农业防治、化学防治、生物防治、物理防治、杂草防治等。本州主要防治工具：1991 年 –2000 年间为手动喷雾器主导，2001 年以后逐步增加背负式机动喷雾喷粉机、喷射式机动喷雾机等。到 2015 年年底全州拥有机动喷雾（粉）机 6862 台/9606 千瓦，全州机械植保面积 48. 92 万亩，机械化率 25. 56%。 6. 收获机械化：1991 年全州收获机械主要是挞斗式人力（机动）脱粒机、2004 年农机购置补贴实施后，大中型的全喂入式、半喂入式联合收割机及小型自走式履带式谷物联合收割机，得到快速推广普及。到 2015 年联合收割机 355 台/8697 千瓦，割晒机 207 台/757. 7 千瓦，水稻机收面积 64. 59 万亩，机械化率 33. 74%。 7. 干烘机械化：1991 年全州稻谷烘干以利用自然太阳能为主，所用工具晒席、簸箕等，晒谷（烘干）场地一般为水泥（或三合土）地晒谷场，受气候影响大。2015 年全州乡村拥有谷物烘干设备（机具）827 台/3349 千瓦，主要型号有浙江台州一鸣机械有限公司的 5HX –16. 5 谷物低温循环式烘干机等；计烘干稻谷 1. 49 万吨，机械化率 1. 97%。 8. 谷物（水稻）加工机械化：1991 年偏远乡村一部分用舂加工稻米，大部分水稻谷物加工为小型碾米机，以后逐步发展为以农村小型碾米机加工点为主，小型粮油加工企业为辅的格局。小型碾米机主要机主要机型为四川产：6N80 –9FZ21、6NF –2. 2（6N82 –9F21）、NF6. 0 –19、湖南产：HNM –3（6N100 –9FZ23），贵州产：6NF –2. 2 等，粮油加工企业主要有湖北银泰五丰粮食机械有限公司 WFN18 小时加工能力 2. 5 吨的设备等，2015 年全州粮食初级工量为 80. 81 万吨，拥有各类粮食初级工机械 156799 台，机械化率 87. 95%
6	马铃薯机收技术	本州马铃薯机收始于 2007 年 5 月黄平县农机中心引进现代农装农业机械有限公司的 1120 型马铃薯收获机，该县的旧州镇草绿坪村进行推广试验，2008 年在台江试点的基础上增加施秉、黄平，共实施面积 2800 亩，2009 年重点安排施秉、镇远、台江、剑河、从江等实施计 3260 亩。2010 年台江、从江、剑河、施秉实施马铃薯全程机械化 3410 亩，引进相关机具 40 台/套。2011 年扩大到台江、剑河、从江、施秉、镇远、天柱、锦屏、黄平 8 个县，计实施面积 3 万亩。到 2015 年年底全州拥有马铃薯收获机械 53 台套/743 千瓦，马铃薯机收面积 0. 31 万亩

第六节　新机具引进

1991—2015年，黔东南州、各县市农机部门本着“政府引导、农民自愿”的精神，适时更新（淘汰）旧机型（机具），不断引进示范推广新机具新品牌。在新机具引进中以粮食作物生产全程机械化为重点，兼顾果蔬茶新机具、农产品加工品质提升机具并存，涉及耕整地、种植施肥、田间管理、收获、收获后处理、农产品初精加工、农用运输（搬运）、排灌、畜牧水产养殖、动力机械、设施农业设备、其他机械等14大类。

截至2015年年底，全州拥有各类农业机械492883台套，农机总动力292万千瓦，折合农机净值101267万元。其中耕整地机械116919台套（翻转犁3618套；旋耕机5467台套；耕整地机及微耕机107634台；起垄、培土、马铃薯播机等机械200台套）；种植施肥机械199台（水稻插秧机194台，其中乘坐式5台；播种机4台）机动喷雾（粉）机6862台）；收获机械124110台（联合收割机自走式254台；联合收割机半喂入式137台；稻麦脱粒机121874台；割晒机207台；马铃薯收获机53台；茶叶采摘机497台；秸秆粉碎还田机260台；谷物干燥机827台；保鲜储藏设备1台；农产品初加工作业机械328268台（农产品初加工动力机械164184台；粮食加工机械156799台；油料加工机械3800台；棉花加工机械1000台；果蔬加工机械1台；茶叶加工机械2584台）；排灌机械108532台套（柴油机21713台；电动机28230台；农用水泵58452台；节水灌溉类机械137套）；畜牧机械59360台（其中铡草机、青饲料切碎机、饲料混合机、畜牧饲养机械5249台）；渔业水产机械168台（增氧机133台；投饵机35台）；林果业机械472台（挖坑机195台；果树修剪机277台）；农用运输机械7295台（三轮汽车2062台；低速载货汽车1200台；农用挂车4033台）；农田基本建设机械881台；设施农业设备400座；大中小型拖拉机14979台；柴油机、汽油机各型柴汽油机动力合计211.66万千瓦；其他机械375台。

第七篇　农业农村综合开发

第一章　新农村建设

2005 年，党的十六届五中全会提出：建设社会主义新农村是我国现代化进程中的重大历史任务，要按照生产发展、生活宽裕、乡风文明、村容整洁、管理民主的要求，扎实稳步地加以推进。

2006 年中共中央、国务院制发了关于推进社会主义新农村建设的 1 号文件，将社会主义新农村建设按照启动试点、全面实施、巩固提高三个阶段，提出了具体建设内容和目标。省委、省政府要求坚持规划先行，抓好试点示范，有步骤、有计划、有重点地稳步推进新农村建设。

第一节　任务与管理

目标任务

2006 年，州委、州政府印发了《关于推进社会主义新农村建设实施意见》（黔东南党发〔2006〕12 号），对全州社会主义新农村建设提出了具体意见。同年 12 月，在中国共产党黔东南州第八次代表大会的工作报告中明确了黔东南州社会主义新农村建设的目标任务。即：按照“生产发展、生活宽裕、乡风文明、村容整洁、管理民主”的总要求，以创建“文明生态富裕村”为载体，深入学习“四在农家”经验，扎实推进“三个一批”“三进三支”等活动，科学规划、分步实施，因地制宜、突出特色，抓住重点、扎实推进新农村建设。把发展经济作为建设新农村的首要任务，加大农业适用技术培训和推广力度，大力普及超级稻等良种良法和畜牧品改。积极推进产业结构调整，因地制宜发展特色农产品产业，提高粮食生产综合效益，提升农业综合生产能力。着力培育一批市场潜力大、科技含量高、带动能力强的龙头企业，带动基地建设，加快产业化进程。大力发展农村专业经济协会、合作经济组织、中介服务组织和经纪人队伍，提高农民进入市场的组织化程度。高度重视并切实抓好劳务输出工作，加强非农技能培训，探索为外出务工人员提供更好服务的有效途径，增强农村富余劳动力向非农产业和城镇转移的能力。把解决农民生产生活中最迫切的实际问题作为建设新农村的突破口，认真落实各项支农惠农政策，推进公共财政向农村倾斜、公共基础设施向农村延伸、公共事业向农村覆盖，切实解决农村“上学难”“行路难”“饮水难”“看病难”看病贵等实际问题，增强农村经济社会发展的保障能力。深化农村改革。继续巩固农村税费改革成果，加大涉农乱收费治理力度，统筹推进乡镇机构、农村金融等方面的改革，增强农村经济发展活力。切实抓好村寨和民居建设规划，突出民族特色和地方特色，大力推进村容村貌整治，强化农村消防安全措施，营造生态、整洁、安全的人居环境。大力倡导移风易俗、革除陋习，培育健康、文明、科学的生活方式。积极探索推进村组村民自治的有效途径，充分发挥广大农民在新农村建设中的主体作用。

领导机构

2006 年，州委、州政府印发了《关于成立黔东南州社会主义新农村建设领导小组的通知》（黔东南党办通〔2006〕77 号），成立了黔东南州新农村建设工作领导小组，由州委书记、州政府州长任组长，州政府分管副州长任副组长，州农办、州农业局等单位负责人为成员。州新农村建设工作领导小组下设办公室，办公室设在州农办，州农办主任任办公室主任。

2012 年 11 月，调整了黔东南州社会主义新农村建设领导小组，州人民政府州长廖飞任为组长、州人民政府分管副州长潘亮为副组长，州农办、州农业局负责人为成员，领导小组下设办公室，办公室设在州人民政府，并与州生态文明办合署办公。

2013 年，黔东南州编办下发了《关于黔东南州社会主义新家村建设办公室主要职责内设机构和人员编制方案的批复》（黔东南编发（2013）1 号）明确州新农村办为州委、州政府负责新农村建设工作的副县级事业机构，由州政府管理。各县市及凯里经济开发区均成立了领导小组和新农村建设办公室常设机构。

2015 年，州新农村办划归州住建局管理。同年成立传统村落保护领导小组，由分管副州长担任组长，各相关部门为成员单位，办公室下设黔东南州住建局，具体事宜工作由州新农村建设办公室负责。各县市参照州级成立了传统村落保护领导小组及办公室。

第二节　规模与成效

2006 年 5 月 8 日，省委农村工作领导小组印发《贵州省社会主义新农村建设“百村试点”实施意见》（黔农领〔2006〕1 号文件），确定了黔东南州“十一五”期间省级新农村建设试点 17 个，分布于全州 16 个县市和凯里经济开发区。

黔东南州新农村建设“十一五”期间首批“百村试点”名单一览表

表 7—1

序　号	县　市	乡镇名	村　名	是时村类型
1	凯里市	大风洞乡	石板村	小康
2	麻江县	宣威镇	翁保村	温饱
3	雷山县	丹江镇	乌东村	贫困
4	丹寨县	扬武乡	老八村	小康

续表

序　号	县　市	乡镇名	村　名	是时村类型
5	黄平县	旧州镇	草绿坪村	小康
6	施秉县	牛大场镇	紫荆村	温饱
7	镇远县	青溪镇	鸡鸣村	温饱
8	三穗县	八弓镇	星光村	小康
9	岑巩县	大有乡	腊恰畈村	贫困
10	天柱县	邦洞镇	摆头村	小康
11	锦屏县	敦寨镇	雷屯村	温饱
12	黎平县	德顺镇	平甫村	贫困
13	榕江县	八开乡	庙友村	贫困
14	从江县	加勉乡	污扣村	贫困
15	台江县	排羊乡	展里村	贫困
16	剑河县	柳川镇	加禾村	温饱
17	凯里开发区	开发区	红岩村	温饱

同年，州里确定州级新农村建设试点4个（丹寨县卡拉村、雷山县脚尧村、黄平县寨碧村、三穗县司前村）；县市先后确定州县市级新农村建设试点160个（2006年为62个，2007年为130个，2008年为137个，2009年为154个，到2010年为160个）。在2010年的181个（县市确定160个，州确定4个，省确定17个）试点村中，按贫困类别划分为一类村15个，二类村35个，三类村8个，非贫困村123个。覆盖农户64477户。

2011年，省委农村工作领导小组下发了《贵州省社会主义新农村建设“整乡推进”实施意见》（黔农领办〔2011〕10号文件），施秉县城关镇、天柱县邦洞镇列入2011年“整乡推进”试点乡镇；从江县往洞乡2012年新列入“整乡推进”试点乡镇。

2013年启动“百村示范、千村推进”建设工程，率先将高速公路、高速铁路、机场、清水江、都柳江、舞阳河、景区景点沿线及节点村寨打造为“四在农家·美丽乡村”的创建点，通过“点”上重点突破，带动“面”上整体提升，实现“整线”、“整片”推进，目标是到2020年，实现美丽乡村建设全覆盖。自2013年以来，全州共实施101个美丽乡村示范村和1230个推进村建设。其中2013年州级示范村有新光（平中）村、朗利（乌利村）村、卡拉村、淑里村、学坝村、望城村、黄桑田村、周坪村、寨头村、新市村、隆里新村、八舟村、三什江村、岜沙村、新安村、车江4～6村（三宝侗寨）、西江新村、党岗略村、温泉村、花桥马场村20个；2014年州级示范村有枫香村、王家村、排佐村、城江村、石桥村、翁保村、高枧村、水淹塘村、寨碧村、何家寨村、云台村、牛大场村、白垛村、报京村、铺田村、马家寨村、磨寨村、颇洞村、长吉村、赖洞村、章寨村、雷屯村、华寨村、堂安村、四寨村、小黄村、銮里村、小丹江村、头塘村、干荣村、乌东村、革一村、老屯村、南省村、屯州村、昂英村、中坝村37个；2015年州级示范村有季刀村、寨瓦村、送陇村、排红星村、大开田村、复兴村、六堡村、寨勇村、川心堡村、白塘村、高碑村、黄泥堰村、金盆村、鸡鸣村、平庄村、沈家湾村、白岩坪村、调洞村、寨里村、雅中村、地良村、红莲村、坌处村、文斗村、茅坪村、龙池村、肇兴村、地扪村、蒲洞村、岜扒村、干团村、加车村、加宜村、票寨村、大利村、新桥村、也改村、格头村、交宫村、反排村、巫包村、基佑村、反召村、清江村44个。到2015年年底，全州“四在农家·美丽乡村”创建点达2300余个，覆盖70%的村寨，受益群众达245余万人。

主要措施

黔东南州社会主义新农村建设“试点村”工作，以“因地制宜，科学规划；政府引导，农民为主；扎实推进，注重实效；突出重点，分类指导；创新机制，探索经验”为实施原则，以“建基本农田、建优势产业、建公共设施、改建乡村道路、改善人畜饮水、改善人居环境、提高农民收入、提高农民素质、提高社会保障能力、提高民主管理水平、提高乡风文明程度”11项内容为主要任务。其主措施是：

科学编制规划，确保新农村建设试点稳步推进　“十一五”期间，各县市按照规划先行、稳步推进的要求，通过深入调查研究，对省委、省政府确定的17个试点村和州委、州政府确定的4个试点村以及各县市确定的试点村都结合各村的实际，组织有关部门和人员认真编制新农村建设“十一五”规划，提出了以基础设施建设和生产发展为重点的目标任务，在此基础上，为确保项目实施，提出了以基础设施建设和生产发展为重点的目标任务，并报州新农村建设办审批后方能实施。此外，还要听取基层干部群众的意见，使规划尽可能科学。“十二五”期间，按照“百村示范、千村推进”建设工程的要求，美丽乡村规划的编制，重点抓了五个方面：一是要科学定位。要深入调查研究，广泛听取群众意见，立足当前、着眼长远、科学定位、合理布局，做到高标准、高起点，可操作、能落地。二是要注重保护资源。要深入挖掘村寨文化元素、依托村寨资源禀赋，保证规划质量，既体现民族特色，又突出建设的科学性和操作性，做到规划科学编制和便于实施相统一。突出区域特点、地域特点、民族特点，注重生态保护、生态修复，对风景林、自然湿地、溪流等重要资源加以保护，对村寨的污水主要采用生物处理办法进行处理；注重民族文化保护；注重保护传统民族文化村寨的历史原貌，避免大拆大建。三是要产业支撑。要立足示范村的实际，结合全州产业布局，做好产业发展规划，强化产业支撑，形成主导产业为龙头，相关产业配套发展的农村发展新体系。四是要坚持标准。每个示范村都要按照AAAA景区标准规划。建筑单体设计要做到规模适度、结构合理、经济适用、节能安全，强化景观林、山体、水体保护，多用自然湿地，搞好房前屋后花草绿化，建设家庭花园，力争30年不落后，10年保先进。五是要项目带动。要以项目为带动，合理确定近期、中期、远期建设项目，编制农村项目建设目录，以项目实施推动农村水、电、路、环境等基础设施建设，形成以规划为龙头，以项目为载体的规划。

突出特色，因地制宜，办好示范　“十一五”至“十二五”期间，重点抓了两个方面：一是以“试点村”“整乡推动”建设和“百村示范、千村推进”建设工程为中心，将“试点村”“整乡推动”建设和“四在农家·美丽乡村”建设与示范小城镇建设相结合、与景区景点建设相结合、与现代高效农业示范园区建设相结合、与中心村建设相结合、与农村基层组织精品示范点建设相结合、与中国传统村落保护发展相结合、与生态建设、民族文化保护、旅游产业发展和群众利益相结合，示范村先后启动了通村（组）道路、人行步道、人饮工程、农村危房改造、电改、广播电视、通信工程、农村垃圾治理、污水处理、路灯照明、文体设施、医疗卫生设施、农村消防等项目建设。二是以全州面上乡村风貌整治为切入点，按照“因地制宜、突出特色、经济适用、功能合理”的原则实施农村危房改造，突出以苗族、侗族为主体的美丽乡村特色村寨房屋建筑风格，局部结合地方民族特色考虑徽派风格，率先将高速公路、高速铁路、机场、清水江、都柳江、舞阳河、景区景点沿线及节点村寨进行集中连片打造，形成“一村一景、一村一韵”的视觉景观效应。

立足本地资源，加快农业结构调整，抓好致富工程建设 各县市结合本地实际，立足村落的资源优势和现有产业，把新农村建设工作的重点放在加快农业结构调整、加强农业产业化基地建设上。一是着力培育一批特色优势产业，逐步形成了“一村一品”“一村一特”的产业发展格局，为农民增收致富找到了有效途径。如黎平县平甫村的林下养鸡；麻江县翁保村发展蓝莓；雷山县乌东村发展冷凉蔬菜；施秉县紫荆村发展烤烟和中药材；岑巩县大有乡腊恰畈村、注溪乡周坪村、思阳镇磨寨村做强做大杂稻制种产业；从江县污扣村发展香猪；凯里市湾溪街道平茶村发展蔬菜产业；锦屏县雷屯村发展杂稻制种和棉花制种产业；黄平县寨碧村发展优质米、柑橘、稻田养鱼、文旦柚、莲藕五大产业基地。据初步统计，到2009年年底，省、州、县市三级示范村共发展了优势产业基地262个。二是抓住厦榕高速公路和贵广快速铁路建设的机遇，在现有产业发展的基础上，重点建设农业产业基地，即：特色烟叶基地、工业原料林基地、油茶基地、草地畜牧业及特色养殖基地、茶叶基地、竹产业基地、绿色食品基地、乡村旅游及民族工艺品加工基地、中药材基地、劳务输出培训基地。到2008年年底，省、州、县市三级示范村共建立和发展优势产业271个。三是充分利用黔东南州良好生态环境和民族文化两个宝贝，努力发展乡村旅游业和民族手工业，打造“农家乐”、观光农业、原生态旅游等乡村旅游产品，将银饰加工、竹编、根雕、刺绣芦笙制作、蜡染编制等民族手工艺做精、产业做强，使之成为乡村旅游看点，农民收入增长点。发展农副产品加工，特别是绿色、有机农副产品加工，加快农副产品的储藏、运输等配套服务业发展，拓宽农民增收渠道。

整合资源、部门帮扶，建立投入长效机制 1. 建立了定点联系新农村试点制度。2006年月，中共黔东南州委、黔东南州下发了《关于州四大班子联系社会主义新农村建设试点村的通知》（黔东南党办发〔2006〕77号），建立了州委、州政府领导和州直各部门定点联系新农村试点制度，各单位积极组织人员定期到试点村开展帮扶工作，为试点村解决新农村建设中遇到的困难和问题。各部门将新农村建设联系点工作列入重要议事日程，成立领导小组或建立联系点工作制度，明确了分管领导和联系单位，选派了专人结合党建扶贫、结对帮扶等工作到联系点。2. 在充分发挥国家财政资金、银行信贷资金主要投资渠道的同时，各县市普通采取以规划定项目、以项目捆资金的办法，把有限的资金和项目整合组装，重点向试点村倾斜，提高资金的使用效益。3. 企业帮扶。部分县积极探索破解建设资金投入难的办法，如镇远县黄桑田村、施秉县望城村、凯里市新光平中村，引进企业大力发展特色果蔬产业；麻江县组织10家企业与10个村签订合作帮扶协议，实行“一企帮一村”“多企帮一村”，以产业联村、项目带村、智力扶村、捐赠帮村为手段，促进土地合理流转、产业化扶贫和农业规模化经营，带动美丽乡村产业发展。4. 按照“统一规划、统筹安排、渠道不乱、用途不变、互相配套、各负其责、各计其功、形成合力”的原则，通过政府主导投入、社会资金筹措与群众自愿投工投劳相结合，形成了多元化的投入机制。如2010年各级各部门、农民自筹投入新农村建设14886.6万元，其中直接投入试点村资金达6857.5万元，占46.1%。总投入中，省510万元，州88万元（含州级试点村专项资金80万元），县1249.5万元，乡级财政132.7万元，项目资金8337.6万元，农民自筹4022.9万元（其中现金投入2372.4万元，以物折资1650.5万元），其他546万元。农民自筹投入占总投入的27.0%。

开展“三进三支”活动 为加大社会主义新农村建设力度，州委、州政府2006年决定在州直机关开展了“进村支农、进寨支医、进校支教”为主要内容的“三进三支”活动。活动开展了五期，共派出了5个工作队，518人，其中支农165名，支教174名，支医201名，专职队长2人。“三进三支”活动为提高农业生产技术、缓解农民看病就医难、提高农村学校教学质量，促进社会主义新农村建设起到了积极作用。

加大宣传力度，调动广大农民群众参与新农村建设 1. 与黔东南电视台合作，拍摄播出21集《走进新农村》专题纪实片，“专访”20位新农村建设试点村村支书（主任）；2. 向省、州报刊投稿及时报道新农村建设的典型。贵州人民出版社《改革开放与欠发达地区社会主义新农村建设理论研究》专辑中刊登了《黔东南州社会主义新农村建设现状与对策》专稿；全国发行的《中国新农村》杂志刊登了《黔东南新农村建设试点工作的亮点》一文。省委农村工作领导小组办公室《社会主义新农村要情》上先后刊登了丹寨县卡拉村、凯里市创建“组管委”、“寨管委”、全州农村劳动力转移和锦屏县圭叶村创新“管理民主”方式推行“五合章”的调研报告和锦屏县雷屯村开展“十好家庭”创建活动、三穗县供销社“农资快递”助春耕、剑河县加禾村开展园林村寨建设和锦屏县推行“八步工作法”依靠群众建设新农村工作等先进经验。3. 充分发挥“信息直通车”的作用。2008年10月，州社会主义新农村建设办公室开通省、州两级的21个社会主义新农村建设试点村的“信息直通车”，即将黔东南州农业办公室、社会主义新农村办公室主要领导、分管领导、办公室及工作人员的电话直接告知试点村的支部书记、村委会主任，同时也将21个试点村的村干的电话全部收录到州农业办公室、新农村建设办公室领导及工作人员手中，定期或不定期地用电话或深入到乡村向基层干部了解农民工返乡情况、农村生产生活变化情况。4. 采取会议和群众喜闻乐见的多种形式，在电视台、政府网站开辟专题专栏，及时报道新农村建设的好思路、好经验、好典型，大力宣传新农村建设，使新农村建设的意义、目标、任务、政策家喻户晓，极大地调动了各级各部门和广大干部群众的积极性，有力地推动了社会主义新农村建设工作的开展。

加强农村基础设施建设，着力解决农民生产、生活中最迫切的实际问题 2008年初，黔东南州遭受了50年不遇的持续近一个月的低温雪凝天气，试点村遭受了严重损失。州县市组织专门力量对新农村试点进行了调查统计，积极组织群众开展灾后重建、生产自救，并及时调整实施方案，向上级争取资金。据对21个省州级试点村调查统计，雪凝灾害造成经济损失合计2053.6万元，其中基础设施经济损失折合465.3万元；农作物受灾11741亩，经济损失666万元；牲畜受灾死亡585头，经济损失38.2万元；林业（含用材林和经果林）损失折合851.4万元；其他损失32.7万元。灾后，黔东南州及时调整了试点村的年度实施计划，通过狠抓农业综合开发、扶贫开发、“三小”水利工程、“烟水配套”工程等项目的实施，不断改善农业生产条件，夯实农村经济发展的基础，增强农业发展后劲；通过拓宽和硬化进村进寨主干道，实施沼气和“三改”工程等，改善农村环境卫生条件，整治村容村貌；通过实施农村人饮工程、“渴望工程”、农村道路、广播电视、电话村村通工程等不断改善农村饮水、消防、交通、通信、信息条件。通过实施农村最低生活保障制度、农村新型合作医疗制度、免除农村义务教育学费等，不断解决了农村贫困群众生活、看病、子女读书等困难。当年158个试点村适龄儿童在校24353人，有104个村入学率为100%。

主要成效

黔东南州新农村建设，经过全州各族人民的共同努力，取得了显著成效，主体现在以下方面。

多方整合资源，投资力度加大 2006—2010年（新农村试点村阶段），全州投入资金77520.5万元，其中省财政资金2783.2万元，州财政资金683.2万元，县乡级财政资金4138.4万元，项目资金40137.4万元，信贷资金5735万元，农民自筹22749.9万元（其中投劳折资7347万元），其他1293.4万元。累计投入17个“百村试点”村建设资金16899.9万元，其中：省财政资金2266.5万元，州财政资金162.1万元，县乡级财政资金298万元，项目资金6662.5万元，信贷资金1226万元，农民自筹5914.7万元（其中投劳折资1777.6万元），其他370.1万元。此外，2006年以来，宁波市直接对口帮助本州37个新农村示范村建设，共投入资金1440.5万元。2011—2012年（“整乡推进”阶段），全州累计投入资金22649.64万元（省级专项资金1200万元，州级专项资金80万元，整合资金21219.55万元）其中：新农村整乡推进项目23个，投入1306.92万元（省专项资金1000万元）；新农村整乡推进重点村建设10个，投入资金1339.09万元（省专项资金200万元，下达州级试点村3个，子项目12个，投入资金91万元（州级财政专项资金80万元）。此外，三个“整乡推进”乡镇共整合发改、国土、交通、水利、农发、“一事一议”等项目20余个，整合资金21219.55万元。2011—2016年（“百村示范、千村推进”阶段），全州共投资181.48亿元，其中实施101个美丽乡村示范村，累计完成投资60.15亿元（其中省级专项资金1590万元）；实施1230个推进村，累计完成投资121.33亿元（其中“小康寨行动计划”建设：专项资金78153.88万元，传统村落中央补助资金53219万元，改善农村人居环境村寨建设项目贷款7.98亿元）。

认真贯彻精神，创新新农村建设发展思路 按照“二十字”方针的要求，社会主义新农村建设必须坚持政府主导、农民主体、社会参与，做到因地制宜、科学规划、资源整合，合理布局、分类指导、突出重点、示范带动、点面结合，以推动农村经济发展为中心任务，以增加农民收入为核心。各县（市）及试点村在工作中积极探索，创新了许多发展思路。如黄平县寨碧村总结出以抓“生产发展”和“管理民主”带动“生活宽裕、乡风文明、村容整洁”的“抓两头带中间”发展思路；凯里市石龙寨创建“组管委”模式实现村民自治；锦屏县创建了新农村建设的“八步工作法”，开展“十好村”创建活动；雷山县脚尧村、黎平县平甫村、从江县污扣村因地制宜发展生态农业经济；雷山县西江村、施秉县白塘村以发展旅游，带动区域经济发展。

农村生产得到发展，农民生活水平逐步提高 2008年，据各县新农村建设办对试点村的调查统计，158个试点村当年农民人均收入2267元，比2007年增加8.68%；人均占有粮食359.76公斤，比2007年增加2.96%。其中黄平县旧州镇寨碧村三年共争取各项资金直接投入新农村建设329万元，拉动社会投资600多万元，建成产业项目5个，建设基础设施项目120

个，建成一个年产2000吨精米的精米加工厂，一个年孵化量50万只的鸭苗孵化场，形成了鸭苗孵化→蛋鸭养殖→鸭蛋加工产业链，带动周边群众养鸭200余户，全村农民人均纯收入达4215元。2009年175个试点村当年农民人均收入2803元，比2008年同比增加9.97%；人均占有粮食353.2公斤，比2008年同比增加2.98%；2010年，181个试点村农民人均收入3130元，比2009年同比增加12.91%；人均占有粮食351.5公斤，比2009年同比增加2.63%。21个省、州级试点村2010年农民人均纯收入为5142元，人均占有粮食409.6公斤，分别比2009年3795元、400.5公斤增长了35.5%、增长1.24%；17个省级试点村农民人均纯收入为5237元，人均占有粮食398.6公斤，分别比2009年的3631元、388.2公斤增长了44.23%、2.68%。2012年，锦屏县钟灵乡阳艾村、黎平县水口镇花柳村完成本年度计划任务。阳艾村建红托竹荪基地100亩；搭建竹荪培育棚300个；生产技术培训407人次。花柳村村寨步道硬化4000米；建标准篮球场1个。丹寨县扬武乡老八村已修建养鸡圈舍160平方米，完成任务数的40%，完善养鱼设施12亩，完成任务数的12%。三村共完成资金投入267万元，其中专项资金40万元，分别占计划的93%和67%，受益农户674户。2015年岑巩县周坪杂稻制种高效生态农业示范园区大力发展“杂稻制种”和“思州柚”两大产业，不断提高农业产业科技含量，实现全年农业产值2.243亿元，农民人均可支配收入突破8000元。麻江县翁保村乌羊麻寨在政府的引导下，村民们用土地入股合作社参与发展蓝莓产业，用资金入股参与经营开发水上游乐、停车场等，这个只有73户320人的小寨子，人均收入从2014年的3700元增长至2015年的7800元，全寨34户贫困户全部脱贫。

农村基础设施建设步伐加快，农民群众生产生活环境得到改善 通过在农村大力实施农村饮水、通村公路、进寨道路硬化、房屋改造等基础设施建设，消除了茅草房、土坯房，基本实现了通路、通电、通水、通电话、通广播电视等。通过开展村容寨貌的整治，尤其是通过建设农村沼气池和实施“整脏治乱”，抓好“五改三清”建设（改厕、改圈、改灶、改路，改水，清理垃圾粪便、清理乱堆乱放、清理围墙院落），消除了露天厕所和粪坑，基本改变了“脏、乱、差”的现象，村容村貌有了明显的改观，农民群众的生活卫生环境得到了改善。17个省级“试点村”126个自然寨100%实现了通电、通水、通电话、通广播电视。除榕江庙友村有一自然寨受客观条件限制（需架大桥）外，125个自然寨已通路。2010年，省、州、县三级试点181个试点村共实施477个项目。新建房屋1997幢；改造房屋1673幢；村寨道路硬化106.66公里、47.9万平方米，寨内步道硬化148.8公里、24.70万平方米，庭院硬化19.73万平方米；新建沼气池1310口；改厨4042间；改厕3343个，改圈3135间，所辖1105个自然寨中，通电1096个，占99.19%；通公路1038个，占93.94%；通电话1061个，占96.02%。在“百村示范、千村推进”建设工程中，率先将高速公路、高速铁路、机场、清水江、都柳江、舞阳河、景区景点沿线及节点村寨打造为“四在农家·美丽乡村”的创建点，通过“点”上重点突破，带动“面”上整体提升，实现“整线”、“整片”推进。自2013年以来，全州共实施101个美丽乡村示范村和1230个推进村建设，初步形成了以苗侗风格为主的沪昆高速公路沿线、厦蓉高速公路沿线，沪昆高铁、贵广高铁沿线，凯里黄平机场公路沿线苗族、侗族建筑风格等“景观带”，呈现一村一特色、一路一风景的美好景象。截至2015年，“四在农家·美丽乡村”创建点达2645余个，覆盖80%的村寨，受益群众达284余万人。

农村文化繁荣发展，精神文明建设不断加强通过开展宣传教育和精神文明建设活动，各试点村积极开展了“十星级文明户”“好媳妇”“好公婆”“五好家庭”“文明家庭”等活动的评选，有力地推动了农村精神文明建设；如利用节假日和项目开工、庆典开展文艺活动表演，组织开展踩歌堂、芦笙比赛以及斗鸟、斗鸡、斗牛比赛等少数民族传统节目；部分试点村在文化系统等有关部门支持下，建立了“农家书屋”。通过这些活动的开展，极大地丰富了广大群众的文化生活，试点村中尊老爱幼、互爱互助、勤劳致富、科技致富等新风尚处处可见，试点村出现了“三多三少”的现象，即务工挣钱的多了、参加赌博的少了；崇尚科学的多了、搞封建迷信的少了；勤劳致富的多了、游手好闲的少了。

基层组织建设得到加强，农民民主管理水平逐步提高 在新农村建设中，通过狠抓各试点村党组织建设，把公道正派、年富力强、有一定文化、有一技之长的人员选进了村两委领导班子，提高了基层党组织的战斗力和凝聚力。同时，积极创新村级管理体制机制，使村民的知情权、参与权、监督权得到了有效保障。根据对部分试点村的调查，村民对村级管理的满意度达到95%以上。凯里市龙场镇平寨村石龙寨组组织全体村民采取“公推直选”的方式，把寨里的“能人”选为“组管委”成员，成立了石龙寨“组管委”领导小组，这一管理模式推广到全州209个乡镇233村民组。2008年9月，由中国科学社会主义学会主办，省科学社会主义暨政治学会、州委宣传部承办的“全国改革开放和欠发达地区社会主义新农村建设理论研讨会”在凯里召开，与会专家学者参观考察了凯里市龙场镇石龙寨“组管委”、雷山西江、郎德等地方之后，在讨论会上，均高度评价石龙寨“组管委”模式是中国社会主义新农村建设中的一大创新、一大发明、一大创举。同年，在省委农村工作领导小组和省委《当代贵州》杂志社联合主办的贵州新农村建设“双十佳”评选中，黔东南州锦屏县雷屯村、丹寨县刘家村荣获“十佳乡村”称号，黎平县平甫村支书庞秀凤、黄平县寨碧村支书王清华荣获“十佳人物”称号，雷山县西江村荣获“十佳乡村”提名奖。

第二章　凯麻产业示范带

凯麻通道经济开发产业示范带（以下简称“凯麻产业示范带”）建设是州委、州政府为推动全州农业产业化经营而作出的一项重要决策。凯麻产业示范带建设从1999年3月开始，2002年2月结束。

第一节　任务与管理

目的任务

目　的　通过大力发展高产、高效和精品农业，推动农业产业化建设，加快农村脱贫致富步伐，解决农民的温饱问题，使农民在增钱增粮上有一个大的提高；通过示范、带动效应，向全州推广；充分利用产业带多为丘陵、平原等优势，加大科技含量，推广农业适用技术和精品农业，扩大规模，形成规模效应；通过产业带的建设，培养锻炼一大批跨世纪的年轻干部。

四个考虑　1. 兴办凯麻产业示范带，对农业生产条件有较大差异情况下推进山区综合开发加快发展有很强的探索意义。凯麻产业示范带内的48个村既有基础比较好、发展比较快的，也有基础比较差、发展相对慢的。通过办产业示范在不同条件、多个层次上探索多种加快发展的路子。2. 凯麻产业示范带有比较好的发展机遇和条件。凯麻高速公路、贵新高等级公路、株六复线铁路的建设是大机遇，有贵阳、凯里、都匀等周边城市的辐射，区位优势好，交通便利，当地群众的文化层次相对较高，具有优先发展的条件和前景，辐射带动的作用比较明显。3. 调整结构是全州当前和今后一个时期农业农村工作的重中之重，如何立足优势发展特色经济、高效农业需要一个试验示范场地。通过抓点带面，取得成功经验后在全州推开是一个重要的工作方法和领导方法。4. 办产业示范带把一批干部推到改革一线、在艰苦岗位上摔打，是锻炼培养干部的重要途径。

范　围　东起凯里三棵树镇的南花村，西至麻江县杏山镇的大良田村，长77公里。带内包括凯里市的三棵树镇、鸭塘镇和麻江县的下司镇、杏山镇、碧波乡4镇1乡沿320国道及省道的48个村。全带总土地面积284.86平方公里（折合42.73万亩），其中耕地面积6.15万亩（田4.06万亩，土2.09万亩），占总面积的14.39%；人均耕地面积0.85亩。总人口72875人，其中农业人口占90%。

任　务　根据黔东南州凯麻经济开发产业带总体方案，协助乡（镇）、村制定经济发展具体规划，寻找经济发展路子，发展村级集体经济；实施科技兴农，推广农业科技和实用技术，推进农业产业化进程，重点开发大枇杷、草莓、杨梅、金秋梨、西瓜等优质果品产业2.48万亩，蔬菜类产业3.52万亩，以及特种种养殖业、旅游业、市场建设等。

领导机构

1999年年初，州委下发了《关于成立凯麻通道经济开发产业带建设协调领导小组的通知》，州委书记刘光磊任领导小组组长，副州长陈锡望、州人大常委会副主任廖臻瑞、州政协副主席潘永斌、州委常委组织部部长陈敏任副组长，有关职能部门的主要负责人为成员，办公室设在州农办并明确专人具体抓。州委下发了《中共黔东南州委关于抽调县级干部到凯麻通道经济开发产业带建有关乡镇帮助工作的通知》（州党通字〔1999〕19号）、州委组织部下发了关于从州直机关选派干部赴凯麻通道经济开发产业带帮助工作的通知》（州组通〔1999〕033号），从州直机关选派149名干部赴凯麻通产业示范带乡镇、村帮助工作。

涉及的凯里、麻江两县市以及有关乡镇也相立地成立了领导小组和办公室，明确专人负责。同时，成立了凯麻产业示范带专家顾问组（州党办通〔1999〕4号），顾问有：廖臻瑞（州农业局，土壤化肥专业，研究员），周定生（州农业资源区划办公室，农学专业，高级农艺师），成员有潘开华（州农业资源区划办公室，兽医专业，兽医师）周哲麟（州农业资源区划办公室，畜牧专业，高级畜牧师）、潘承辉（州农业局品种改良站，畜牧专业，高级畜牧师）、谭甫成（州农业局果树站，果蔬专业，高级农艺师）、王永泮（州林业局林业科，林学专业）、古亚平（州水电局，水工建筑专业，高级工程师）、王登基（州乡镇企业局技术推广站，乡镇企业，高级工程师）李化乔（州农业局农业技术推广站，农学专业，高级农艺师）、王月琴（州农业局土壤肥料站，土壤肥料专业，研究员）、杨洪（州农业局水产站，水产专业，高级水产工程师）。专家顾问组下设办公室，办公室设在州农业资源区划办公室，潘开华任主任，周哲麟任副主任。专家顾问组及时编制了《凯麻通道经济开发产业带建设规划》作为工作实施指导。

州直机关到凯麻产业带帮助工作队正副队长名录（一）

（1999—2002 年）

表 7—2

姓名	性别	单位	帮助乡镇	职务	任职起止时间
魏永建	男	州农校	鸭塘镇	队　长	1999—2002 年
隆明涛	男	州乡企局	三棵树镇	队　长	1999—2000 年
文志光	男	黔东南日报社	下司镇	队　长	1999—2002 年
杨光杰	男	团州委	杏山镇	队　长	1999—2001 年
张　旋	男	雷公山自然保护区管理处	碧波乡	队　长	1999—2002 年
杨昌泽	男	州人事局	三棵树镇	副队长	2000—2002 年
杨　桦	男	州乡企局	杏山镇	副队长	2001—2002 年

州直机关到凯麻产业带帮助工作单位及工作人员名录（二）

（1999—2002 年）

表 7—3

县市	乡镇	行政村名称	负责单位	协助单位	工作人员
凯里市	鸭塘镇	鸭塘村	国土局	农业局	张利敏（组长）　郭湘黔（州委办）　粟周群（农业局）
		翁堤村	组织部	林业局 农业局	王光友（组长，林业局）　石崇村（组织部）　粟　俊（农业局）
		清新村	扶贫办	讲师团 农业局	余天友（组长，扶贫办）　梁　宁（讲师团）尹江陵（农业局）
		翁义村	计划局		孔德雄（组长）　杨晓平　万照根
		马鞍村	交通局		邹显平（组长）　高成龙　李果平
		中坝村	建设局		雷文艳（组长）　刘　岚　张鸣镝
		四联村	人事局	州农校	杨昌泽（组长，人事局）　张贵安（人事局）　潘晖晖（州农校）
	三棵树	开怀村	防疫站	州残联	罗　涛（组长，防疫站）　吴胜权（防疫站）　龙宏忠（州残联）
		格冲村	卫生局		韩松（组长）史家华王政
		薅支坪村	机要局	司法局 交通局	杨再乾（组长，机要局）　刘亦兵（司法局）　陈　俊（交通局）
		平寨村	档案局	农业局	曹　敏（组长，档案）　高　智（档案局）　徐中洋（农业局）

续表

县市	乡镇	行政村名称	负责单位	协助单位	工作人员
凯里市	三棵树	南花村	文化局	林业局	杨宗模（组长，文化局）　黄　勇（文化局）　杨宏焰（林业局）
		党稿村	环保局	轻纺总会 州社科联	汪　锋（组长，社科联）　杨昌辉（环保局）　彭金平（轻纺总会）
		小堡村	审计局	农业局	刘和军（组长，审计局）　杨　柯（审计局）　贾明信（农业局）
		洞下村	体改局		蒲祖银（组长）　李　平　齐学武
		松柏村	商务局	技监局 农业局	戴俊宁（组长，商务局）　石　松（技监局）　顾艳梅（农业局）
		持丁村	国土局		姜晓明（组长）　甘宁刚　裴超俊
		龙井村	统计局	计生局	薛发武（组长，统计局）　田应斌（统计局）　黄凯红（计生局）
		寨瓦村	公安局	农科所	朱　茜（组长，（公安局）　蒲勰（公安局）　侯　彪（农科所）
麻江县	杏山镇	隆昌村	州政协	农业局 农科所	郭　华（组长、政协办）　夏　渊（农业局）　戴大章（农科所）
		滥坝村	州政府办		吴育航（组长）　郑　灏　龙长根
		杏山村	经贸局	农业局	宋玉军（组长，经贸局）　龙荣跃（经贸局）　杨胜刚（农业局）
		大良田村	教育局		吴隆文（组长）　雷帮虎　梁开模
		城关村	财政局		裴天宇（组长）　喻春友（组长）　庞　洪
		长兴村	乡企局		杨桦（组长）杨子萍　杨德武
		中山村	广电局	林业局	杨万忠（组长、电视台）　杨彰勇（林业局）　潘光文（林业局）
		羊昌坡村	农机局		廖建和（组长）　陈　朔　陈　浪
		陆堡村	检察院	水电局	田维松（检察院、组长）　李传新（检察院、组长）　张宏（水电局）
		坪山村	农业局		吴宜忠（组长）　李　琴　李　娜
		河山村	水电局		张建明（组长）　王　英　杨世斌
		长冲村	劳动局		杨建岑（组长）　杨再林　邹　勇
	下司镇	清江村	统战部	科　协 调处办	倪帮文（组长，统战部）　朱怡青（科协）　蓝　海（调处办）
		和平村	物价局	农业局 州农校	卢海涛（组长，物价局）　郑　梅（农业局）　雷安阳（州农校）
		长江村	粮食局	党　校	曾子良（组长，粮食局）　周道余（粮食局）　杨通明（党校）
		回龙村	总工会	林业局	迟　建（组长，总工会）　杨光新（总工会）　杨秀忠（林业局）

续表

县市	乡镇	行政村名称	负责单位	协助单位	工作人员
麻江县	下司镇	铜鼓村	旅游局	机关工委 州志办	张远卿（组长，旅游局） 陈贵严（机关工委） 杨　毅（州志办）
		摆仰村	州妇联	州文联 林业局	王先明（组长，州文联） 杨　群（妇联） 王雄伟（林业局）
		同兴村	人防办	农业局	刘德勇（组长，人防办） 孙洪润（人防办） 莫兴虎（农业局）
		白午村	体育局	农业局	周小林（组长，体育局） 陈瑞荣（体育局） 潘承舟（农业局）
		花桥村	科技局	农科所	胡　军（组长、科技局） 李　星（科技局） 王正文（农科所）
		马场村	民族局		杨光平（组长） 张　盛 潘定华
		德兴村	民政局		蒋　屏（组长） 梁　娅 罗朝晖
		大坡村	林业局	党研室	龙昭栋（组长、党研室） 孙贵红（林业局） 杨学华（林业局）
		桃花村	州纪委	州农校	顾先平（组长，州纪委） 巫四德（州纪委） 陈启龙（州农校）
		沙飘村	离退局		苏　平（组长） 雷帮忠 施　黔
		隆堡村	供销社	农业局	罗应栓（组长，供销社） 关　勇（供销社） 谢吉祥（农业局）
	碧波乡	五寨村	法　院	讲师团 农业局	吴治军（组长，法院） 孔　军（讲师团） 杨举（农业局）
		柿花村	农业办	区划办 民政局	范方钧（组长，农业办） 黄明祥（区划办） 杨　牧（民政局）

管　理

1999 年 3 月 4 日，凯麻产业示范带工作会在凯里鸭塘镇召开。出席会议的有产业带建设领导小组及专家顾问组全体成员；州计划局、州科技局、州民族局、州旅游局、州扶贫局、州乡企局、州供销社和州财政局主要负责人；凯里和麻江县市委书记、县市长和分管县市长，三棵树、鸭塘、下司、杏山、碧波乡镇党委书记和乡镇长，两县市农办、农业局、林业局、旅游局、水利局、扶贫局、供销社、科技局、乡企局、计划局、财政局、民族局主要负责人。会议主要任务是落实州委六届六次全会精神，研究部署凯麻产业示范带产业建设工作，州委书记刘光磊作《抢抓机遇、狠抓落实、建好我州农业示范带》的讲话。

是年 3 月 17—21 日，召集赴凯麻产业示范带行政村帮助工作的 149 名干部开展了农业产业化政策、农业综合开发、特种种植业养殖业，以及项目申请程序及建议书的撰写等培训，现场考察和参观了下司大棚蔬菜、草莓和鸭塘镇种植的大枇杷，州委正、副书记，组织部部长分别作了重要讲话。

是年 4 月 18 日，州委组织部制发了《州直机关干部赴凯麻产业带帮助工作管理办法》（州组通〔1999〕62号文件），对州直机关干部到凯麻产业示范带帮助工作的工作目标管理、工资福利待遇、考勤制度、组织生活和日常管理与考核考察等方面作出了明确的规定。

是年5月26日，由州委书刘光磊主持在州委常会议室召开了凯麻产业示范带建设领导小组成员会议。袭绍涛、陈敏、廖臻瑞、潘永斌、潘开德、张启良、周定生、万中元、李孝祥、李正相参会。会议研究决定：（一）产业带工作队员实行双重领导，以县市（领导小组）领导为主。（二）各工作队的管理、考勤、考察、考评，由县市负责。（三）抓好项目建设，一是专家顾问组要积极筛选项目，尽快上报，争取资金。二是两县市的扶贫资金，农业综合开发等项目资金要向产业倾斜。三是水电路工作由交通和水电部门根据产业带工作需要予以倾斜。四是“坡改梯”项目安排1万亩，由州计划局负责落实。（四）明确帮扶单位责任制。有帮扶任务的部门和单位，每个单位领导每年深入基层调研和检查指导工作不少于两次，并随时帮助解决实际问题。年终向领导小组和州委组织部进行书面汇报。（五）确保必要工作经费。（六）建立产业带建设工作制度。

是年7月，麻江县委、麻江县政府在麻江召开了州赴麻江产业示范带工作队（组）工作情况汇报会议。州赴麻江产业示范带3个乡镇工作队队长，29个行政村工作组组长，杏山、碧波、下司3个乡镇党委书记、乡镇长，县凯麻产业示范带项目实施领导小组成员，县四大班子主要领导和分管领导参加了会议。会议听取了州赴麻江产业示范带工作队（组）自3月以来所在乡镇、村制定的经济发展具体规划，发展思路、措施、取得的成效和工作中遇到的困难和问题的汇报。会议期间麻江县委书记马仁华作了重要讲话。

2000年3月，凯麻产业示范带领导小组召开了凯麻产业示范带工作会议。州政府分管副州长陈锡望在会议上作《齐心协力，抓好示范，推动我州农村经济全面发展》的报告，州委书记刘光磊在会上作了重要讲话。会议对1999年凯里市鸭塘镇先进工作队，清兴村、悦来堡村、铜鼓村、长兴村和柿花村5个先进工作组，以及梁宁、尹江凌、杨昌泽、雷文艳、张利敏、张远卿、倪邦文、顾先平、迟建、王先明、杨彰勇、杨胜刚、吴隆文、李传新、吴育航、杨举、范方钧、蒲祖银、朱茜、王正文、陈俊、杨春华等22名先进个人进行了表彰。

2001年3月，凯麻产业示范带领导小组召开了凯麻产业示范带工作会议。州政府分管副副州长陈锡望对上年的工作作了小结并提出下年的工作目标，委书记刘光磊在会上作了重要讲话。会议对2000年三棵树、鸭塘、杏山3个先进工作队，平寨村、格冲村、悦来堡村、清新村、鸭塘村、四联村、铜鼓村、马场村、长兴村、滥坝村、隆昌村11个先进工作组，以及徐中洋、蒲祖银、杨再乾、顾艳梅、史家华、杨昌辉、龙宏忠、黄勇、王政、吴世华、梁宁、余天友、孔德雄、张利敏、粟周群、王光友、雷文艳、杨昌泽、李果平、曾子良、杨光平、龙昭栋、雷安阳、雷邦忠、张远卿、莫兴虎、倪邦文、杨桦、杨子萍、郑灏、杨胜刚、杨彰勇、雷帮虎、吴宣忠、廖建和、夏渊、张建民、喻春友、杨举39名先进个人进行了表彰。

2002年1月28日，麻江委、麻江政府召开会议，总结了凯麻产业示范带麻江段三年来的工作，表彰了长兴村、滥坝村、中山村、桃花村、铜鼓村、白午村、清江村、柿花村8个先进工作组和杨彰勇、吴育航、杨桦、赵文礼、张宏、王英、邹勇、吴宜忠、雷邦虎、夏渊、喻春友、杨举、范方均、倪邦文、顾先平、雷安阳、胡军、王雄伟、雷邦忠、杨光平、蒋屏、谢吉祥、杨通明、张远卿、潘承丹、杨秀钟、龙昭栋、巫四德、杨德武29名先进个人。

是年1月31日，州委、州政府在凯里召开凯麻产业示范带总结表彰大会。州委书记刘光磊，州委副书记、州长刘晓凯，州委副书记杨正国，州委常委、常务副州长龚绍涛，州委常委、州委秘书长罗亮权出席会议。会议总结了三年来凯麻产业带开发建设成就、开发建设效益和开发建设的主要做法，表彰了南花村、平寨村、格冲村、悦来堡村、中坝村、四联村、马安村、长兴村、滥坝村、中山村、桃花村、铜鼓村、白午村、清江村等14个先进工作组和罗涛、韩松、杨宗模、龙宏忠、曹敏、徐中洋、蒲祖银、杨再乾、汪锋、刘和军、戴俊宁、王正文、孔德雄、杨昌泽、余天友、张利敏、王光友、雷文艳、尹江凌、高成龙、梁宁、杨子萍、杨桦、吴育航、龙长根、杨万忠、杨胜刚、邹勇、喻春友、夏渊、雷帮虎、陈浪、吴宜忠、张建民、郑灏、范方军、杨举、倪帮文、顾先平、卢海涛、文志光、李星、王光明、苏平、杨光平、蒋屏、关勇、曾子良、张远卿、周小林、迟建、孙贵红、刘德勇、龙昭栋54名先进个人。州委书记刘光磊、州长刘晓凯分别在会上讲了话。

第二节　规模与成效

开发建设完成情况

优质农产品生产迅猛发展　共计完成优质果树种植面积19669亩，其中三棵树开发段4385亩，鸭塘开发段3650亩，下司开发段6325亩，杏山开发段5109亩，碧波开发段200亩。早熟蔬菜种植面积19275亩，建蔬菜大棚85个69500平方米，种优质草莓1500亩，种中晚熟西瓜4685亩，种植优质水稻5363亩，栽培竹荪17600平方米。目前，凯麻产业示范带内广大干部和群众把发展优质农产品作为调整农业生产结构，稳步增加收入的一项重要举措来抓。

沼气生态农业建设全面推开　共计建沼气池I815口，其中三棵树段232口、鸭塘段755口、下司段480口、杏山段278亩、碧波段70口。通过工作队的积极工作，产业示范带内的农户从刚开始对建沼气采取消极和观望的态度，转变为现在的积极要求和主动建沼气，沼气建设在产业示范带内空前高涨，出现了前所未有的积极性。

稻鱼工程开发稳步推进　在抓好优质稻生产的同时，各工作队组织群众大搞稻鱼工程试点推广，已取得明显效果，正逐步扩大实施规模。共计完成稻鱼工程1154亩，其中三棵树段534亩、鸭塘段280亩、下司段40亩、杏山段246亩、碧波段54亩。尤其是三棵树和杏山开发段在平寨村和滥坝村集中连片实施的稻鱼工程，规模大、质量高、效益好，示范效果明显。

大力实施稻田综合开发　各工作队因地制宜，大力推广多熟先进耕作制和综合配套技术，发展“菜—菜—稻”“油—瓜—稻”“水稻—草莓”“烟—菜—芋”等两熟或三熟稻田综合开发，共计完成4560亩。尤其是下司段的长江、花桥、隆堡、沙飘、清江等村的稻田综合开发，现已形成规模，效益凸现。

生态休闲园林和花卉苗木基地建设出现新的亮点　杏山段中山村在工作组的帮助下，开发了近50亩的生态休闲园林，已引进了早红宝石、红珊瑚油桃、先锋大樱桃、美国红提、黑提葡萄、日本新川中岛桃、美国布朗李、五星大枇杷等14个名优新特品种。2020年中山生态休闲园林正朝着“四季有花开，水果不间断，喜迎四方客”的方向发展。鸭塘段中坝村工作组，积极配合州风景园林管理处，在中坝村建设花卉苗木基地50亩，引种花木植物种类2110余种，近52000余株，其中重要植物类群有国宝植物台湾杉6700株，名贵花卉苗木50余种，填补了产业示范带内无花卉园林苗木项目的空白。

养殖和特种养殖有新的突破 产业示范带内引资创办了大中型畜禽及特种养殖场15个，其中畜禽养殖场9个，特种养殖场6个。规模饲养蛋鸡和肉鸡10万多只，日产鲜蛋近5万余枚。尤其是三棵树和鸭塘段引资创办的大型养鸡场，是目前州内规模最大的良种鸡养殖基地。特种养殖主要有白羽王鸽、牛蛙、七星鱼、乌骨鸡、珍珠鸡、黑凤鸡、七彩山鸡、黑山羊等。目前，白羽王鸽种鸽已达5000余对，珍珠鸡、黑凤鸡、七彩山鸡等发展到4000余只，黑山羊近3万只。

民族风情旅游业成为一道亮丽的风景线 凯麻产业示范带未实施前，凯里、麻江两县市的民族风情旅游基本处于空白状态。经过三年的开发建设，目前凯麻产业示范带内的民族风情旅游业方兴未艾，发展势头看好。南花村、铜鼓村、清新村等观光旅游基础设施逐步完善，浓郁的民族风情歌舞表演享誉省内外、四方宾客纷至沓来。共计接待中外游客5万多人次，旅游收入近30万元。

开发建设效益

社会效益 1. 转变观念，增强了发展意识。在产业示范带开发建设中，各工作队把提高农民自身素质和思想观念转变作为工作的一项重要内容，经过努力，改变了过去“等、靠、要”“小富即安”“不富也安”的安贫乐道观念，树立了自力更生、艰苦奋斗、勤劳致富光荣的思想和开拓进取、加快发展、走向富裕的信心和决心。产业示范带内的农民群众的思想观念大变样，他们进一步认识了自身的区位优势，增强了发展优质精品农业、科学种田和市场农业的意识，自身的“造血”功能得到了加强。2. 通过办产业示范带，培植了一大批典型示范村、示范户，从中探索一条农业结构调整的发展路子，而且更主要的是起到典型示范辐射带动作用。据不完全统计，三年来，到前来凯麻产业示范带参观学习的人员达近万人次，除州内16个县市人员参观学习外，省内的遵义、铜仁、黔南、安顺等地州市也纷纷组织人员专程参观学习。产业示范带内的清新村已成为全州新型沼气池的示范培训基地，并被农业部列为全国10个“生态家园富民计划示范村”；平寨村的稻鱼工程成为全州的样板点；南花村的民族风情旅游后来居上，已成为全州民族风情旅游业上的一道亮丽风景线；下司的稻田综合开发走在全州的前列；三棵树的特种养殖白羽王鸽，现已辐射发展到台江、天柱、榕江、镇远等县饲养。3. 加强了基层党组织建设，充分发挥了基层党组织的凝聚力和战斗力的作用。各工作队按照“三个代表”重要思想的要求，积极配合村党支部抓好村干和党员的政治思想教育，提高他们的政治觉悟，树立全心全意为人民服务的思想。同时，帮助村“两委”发展村级集体经济，促进了农村“两个文明”建设的同步发展，使农村社会治安明显好转，广大农民群众安居乐业。4. 通过实施产业示范带建设，抽派下去的广大干部得到了很好的锻炼。他们的政治质素、思想作风、领导水平、协调能力等方面都得到提高，为他们在今后的工作岗位上打下了良好的基础，也为组织上培养了一批优秀的后备干部。五是典型示范带动效应明显。在凯麻产业示范带的辐射带动下，目前全州多数县结合实际，分别创办了各种类型的经济开发产业带，对促进全州农业结构调整，加快农村经济发展起到积极的推动作用。

经济效益 通过实施产业示范带开发建设，三年来，产业示范带内的一些开发项目取得了明显的综合经济效益。1. 早熟蔬菜种植。据不完全统计，下司开发段三年来农民共收入4891.7万元，人均收入2230元。2. 沼气生态农业项目。据对鸭塘镇清新村定点的30户沼气生态农业示范户的调查显示，与对照户（未建沼气池户）相比，每户每年可增加综合收入2000—2300元。如鸭塘镇中坝村余锡利家2001年实施“猪—沼—果”种植葡萄，亩增产584.3公斤，含糖量增加2%，按当时的市场批发价5元/公斤计算，增收2920元，加上饲养母猪、繁殖仔猪、节煤、节电等方面的综合收入，全家4口人均收入8000多元，年总收入达3.2万元。3. 稻鱼工程项目。据凯里市畜牧蔬菜水产局组织有关人员对三棵树和鸭塘两镇稻鱼工程进行抽样验收，平均每产稻谷508—515公斤，亩产鲜鱼110—123公斤，按市场现价123公斤鲜鱼产值达1230元，实现了每亩稻田收入过“双千”的目标。实施稻鱼工程的农户增产增收，获得较好经济效益。4. 民族风情旅游业获得较好收入。如南花村在完善旅游设施的基础上，充分利用浓郁的具有特色的民族风情，大力开展民族风情旅游业，全村2001年共获得旅游收入20万元，人均旅游收入259元。

生态效益 1. 推广开发沼气建设，生态效益明显。①广大村民摆脱了长年累月砍柴烧草的辛劳，节约了大量的劳动力，减少和杜绝了对森林的乱砍滥伐，节约了大量的木材，保护森林和植被，防止水土流失。产业示范带内建成的1796口沼气池，每年可节约木材10776立方米，相当于1077亩森林一年的储材量。②改善了村寨卫生环境和生态环境。沼气示范户70%以上都进行了“三建五改”，即建池、建园、建家和改路、改厨、改灶、改厕、改圈，沼气项目实施使村寨卫生得到了改善，环境得到美化，农户生活上了一个新的档次。2. 生态渔业正逐步向“水中鱼儿跃，岸上瓜果吊，水边鸡鸭叫”的模式发展，为示范带增添了一幅亮丽的田园风景。3. 产业带内19669亩优质果品基地的建成，有力地促进退耕还林，为长江中上游地区水土保持做出了应有的贡献，也为农民“增钱、增粮、增后劲”打下了坚实的物质基础。

第三章 “三进三支”活动

“进村支农，帮助农村提高发展生产力；进寨支医，帮助农民提高健康水平；进校支教，帮助农村中小学提高教学质量”（以下简称“三进三支”）是州委、州政府是为巩固和发展先进性教育活动成果，加快推进黔东南州社会主义新农村建设步伐，转变机关工作作风、培养干部、密切党群干群关系的重要决策。“三进三支”从2006年6月开始，2011年2月结束。

第一节　任务与管理

“三进三支”，主要任务有三个方面：1. 支农工作。大力引导农民群众学科学、用科学，依靠科技致富。着力抓好产业结构调整，广泛开展秋冬种，推广新技术，抓好沼气池等基础设施建设；抓好农村科普、农业先进适用技术培训和推广工作；抓好以“三小”水利工程为重点的水利建设；帮助组织实施林业生态工程，搞好荒山绿化，指导发展林果业。2. 支医工作。紧紧围绕农民群众看病难问题，抽派医务人员到农村指导乡卫生院、村卫生室开展业务，传授医疗技术，提高农村基本医疗救治水平。进一步加大对农村医疗卫生人员的培训力度，积极探索和建立长效帮扶机制，切实解决好农村基层群众“看病难”“看病贵”的问题。在广大农村加强妇幼卫生工作，加强防治传染病、地方病和寄生虫病工作，继续帮助贫困地区加强卫生基础设施建设，搞好改水改厕和环境卫生整治。3. 支教工作。针对农村教育工作存在的困难和问题，抽派有一定教学经验的教师到农村中小学校开展支教活动，重点巩固和提高“两基”攻坚成果，加强师资队伍培训，搞好教育资源整合，建立教育工作考核机制，认真开展调查研究和实践工作，对农村上学难问题提出措施和意见。

“三进三支”活动共开展五期，543 人（次）参与活动，其中支农 165 人、支医 201 人、支教 174 人、专职队长 2 人（第五期专职队长 2 人，第一期至四期和第五期 14 个县为党建扶贫工作队队长兼任，兼职队长未计入统计）。其中第一、二期为期半年（教育系统以一个学年度为一期），三、四、五期为期一年（详见下表）。“三进三支”活动由州委组织部、州农办牵头负总责，州农办负责处理日常事务，州县农办为活动的总牵头联系部门并负责“进村支农”的各项工作安排，州县卫生行政部门负责“进寨支医”的各项工作安排，州县教育行政部门负责“进校支教”的各项工作安排。

“三进三支”活动概况统计表

表 7—4

活动期数	开展时间	人数					派出单位	受表彰的先进	
		合计	支农	支医	支教	专职队长		集体	个人
合　计	2006 年 6 月至 2011 年 2 月	543	165	201	175	2	—	15	62
第一期	2006 年 6 月至 2006 年 12 月	186	64	70	52	—	44	3	10
第二期	2007 年 4 月至 2007 年 9 月	133	35	47	51	—	25	3	10
第三期	2007 年 9 月至 2008 年 8 月	101	24	42	35	—	21	3	10
第四期	2008 年 10 月至 2009 年 9 月	61	21	21	19	—	16	6	16
第五期	2010 年 3 月至 2011 年 2 月	62	21	21	18	2	22	—	16

“三进三支”第一期至第五期分期派数遣人数统计表

表 7—5

序　号	县　市	合计	第一期	第二期	第三期	第四期	第五期
		543	186	133	101	61	62
1	凯里市	30	15	3	5	3	4
2	凯里开发区	16	3	2	5	3	3
3	麻江县	29	11	7	5	3	3
4	雷山县	71	27	23	10	6	5
5	丹寨县	52	15	16	10	6	5
6	黄平县	26	3	4	8	6	5
7	施秉县	22	5	6	5	3	3
8	镇远县	20	1	8	4	3	4
9	三穗县	32	2	11	7	6	6
10	岑巩县	14	1	2	5	3	3
11	天柱县	17	4	1	6	3	3
12	锦屏县	16	2	6	3	2	3
13	黎平县	31	16	6	3	3	3
14	榕江县	41	27	2	6	3	3
15	从江县	34	18	4	6	3	3
16	台江县	50	21	16	7	3	3
17	剑河县	42	15	16	6	2	3

“三进三支”第一期至第五期分类派遣人数统计表

表 7—6

序　号	县　市	合计	支农	支医	支教	专职队长
		543	165	201	175	2
1	凯里市	30	19	4	6	1
2	凯里开发区	16	8	4	4	
3	麻江县	29	13	4	12	
4	雷山县	71	17	28	26	
5	丹寨县	52	21	13	18	
6	黄平县	26	9	8	9	
7	施秉县	22	4	4	14	
8	镇远县	20	5	9	5	1
9	三穗县	32	10	13	9	
10	岑巩县	14	4	4	6	
11	天柱县	17	8	4	5	
12	锦屏县	16	7	4	5	

续表

序　号	县　市	合计	支农	支医	支教	专职队长
		543	165	201	175	2
13	黎平县	31	3	14	14	
14	榕江县	41	13	20	8	
15	从江县	34	9	14	11	
16	台江县	50	10	26	14	
17	剑河县	42	5	28	9	

第二节　规模与成效

第一期活动

时间　2006年6至12月。派出单位有州委党史研究室、州农业局、州农科所、州林业局、州水利局、州编办、州发改委、州计生委、州劳动局、州交通局、州建设局、州公安局、州司法局、州乡企局、州供销社、州志办、州政协办、州法院、州科协、民建州委、州医修所、州医院、州卫干校、州中心血站、贵医二附院、州疾控中心、州卫生监督所、州中医院、州妇幼保健院、州民研所、州职业技术学院、州振华民中、州教育学院、凯里师范、师专附中、凯里学院、州特校、州电大、州技工学校、州民族中学、州教育局教科所、州水校、州政府幼儿园、州委幼儿园共44个。队员186人，其中支农队员64名、支医队员70名、支教队员52名。分赴全州17个县市区共64个乡镇工作。

“进村支农”　共完成农业科技示范课题28个，种植示范面积3665亩，发展示范养殖户87户，课题涉及稻田病虫害综合防治、粮食作物免耕种植技术、中晚熟果品种植示范、小区畜牧养殖集中防疫、马尾松速生丰产示范、夏秋喜凉蔬菜规范化栽培、水利引渠分灌等。帮助乡镇一级完成各项产业、项目规划38个；举办农业（林业、水利、农机）等适用技术培训56期，培训农民及乡镇干部4850人次，发放技术资料15000份（册）。

“进寨支医”　开展下村义诊322次，共帮助诊断农村病人4000人次，赠送村民及村一级卫生所医疗器具或设施153件，药品106公斤。支医的70名医生多数是来自州级各大医院的临床医师，临床经验丰富，下到乡镇后，协助基层卫生医疗机构积极开展预防接种、妇幼保健、优生优育等宣教工作。带头做好无菌操作示范，进行无菌操作技术培训，帮助建立医疗垃圾处理制度，增强基层医务人员的无菌意识和环境保护意识。

“进校支教”　52名队员进驻各县市共31所乡镇学校后，积极参与中小学校的教学活动，大部分教师及时填补了基层师资不足的空缺，成为教学的骨干力量，部分老师还肩负了2～3门学科的教学任务，在搞好日常教学的同时，老师们还配合学校抓教学计划的制订，做到“传、帮、带”，积极探索和完善中小学校教学工作的各项措施，促进教育教学整体水平的提高。

2007年4月，州委、州政府召开“三进三支”工作会议，总结“三进三支”工作，部署下一期“三进三支”工作。会议对雷山工作队、黎平工作队、从江工作队3个先进集体和陶榕宾（凯里师范）、吴立新（州农科所）、陈礼强（州农业局）、李世金（州农业局）、张成艳（州特殊教育学校）、张其志（州人民医院）、唐波（贵医二附院）、韦信祥（州职业技术学院）、皮桃岭（州委机关幼儿园）、曾桥（州水利局）10名先进个人进行了表彰。

第二期活动

时间 2007年4月至9月。派出单位有州农业局、州林业局、州水利局、州农科所、州医修所、州医院、州中心血站、贵医二附院、州疾控中心、州中医院、州妇幼保健院、州民医研究所、州卫生监督局、州职业技术学院、州振华民中、州教育学院、凯里师范、师专附中、凯里学院、州特校、州电大、州民族中学、州教育局教科所、州政府幼儿园、州委幼儿园、州中等职技校26个。队员133人，其中支农队员35名、支医队员47名、支教队员51名。分赴全州17个县市区共53个乡镇工作。

“进村支农” 在州内21个省州级新农村试点村共完成农业科技示范课题26个，种植示范面积达到4338亩；新建优质果园8处，面积1200亩；发展农业养殖、种植示范户57户；新增禽畜存栏5100头（羽）；举办农业（林业、水利、农机）等适用技术培训58期，培训农民及乡镇干部3370人次，发放技术资料14800份（册）。在第二期活动中，大部分所涉及村的农业基础设施建设得到了较快发展，21个村共硬化道路203公里、新建或改修防洪堤5处共420米，小山塘5个库容2310立方米，沟渠防渗4处共860米，人饮工程4个共解决642户2247人及1803头大牲畜的饮水。帮助乡镇、村完成各项产业项目规划16个，有效地为当地经济可持续发展做出了贡献。

“进寨支医” 共开展下村义诊244次，诊断农村病人3500人次，赠送村民及村一级卫生所医疗器具或设施104件，药品87公斤，负责支医的州直3所大医院除安排人员进基层外，还经常利用赶集日等时间组成“专家组下乡”。支医工作积极协助基层卫生医疗机构积极开展预防接种、妇幼保健、优生优育等宣教工作，培训基层医疗机构开展无菌操作示范，进行无菌操作技术培训，帮助建立医疗垃圾处理制度，增强基层医务人员的无菌意识和环境保护意识。

“进校支教” 开学进驻各县市（区）共31所乡镇学校后，老师们积极参与中小学校的教学活动，大部分教师及时填补了基层师资不足的空缺，成为教学的骨干力量，部分老师还肩负了2门~3门学科的教学任务，在搞好日常教学的同时，老师们还配合学校抓教学计划的制订，做到“传、帮、带”，积极探索和完善中小学校教学工作的各项措施，促进教育教学整体水平的提高。

2007年9月，州委、州政府召开“三进三支”工作会议，总结“三进三支”工作，部署下一期“三进三支”工作。会议对凯里市工作队、雷山县工作队、镇远县工作队3个先进集体和赵文礼（黔东南州农科所）、叶贵凯（黔东南州农科所）、杨昌明（黔东南州农业局）、何发明（黔东南州水利局）、张新娅（黔东南民族职业技术学院）、杨昕（黔东南民族职业技术学院）、李凯军（凯里学院附属中学）杨正旭（黔东南州中医院）、潘显国（贵医二附院）、聂佳（黔东南州医院）10名先进个人进行了表彰。

第三期活动

时间　2007年9月—2008年8月。派出单位有州农业局、州畜牧兽医局、州农科所、州林业局、州医院、州中心血站、贵医二附院、州疾控中心、州中医院、州妇幼保健院、州民医研究所、州职业技术学院、州振华民中、凯里学院附属中学、凯里学院、州电大、州民族中学、州政府幼儿园、州委幼儿园、州中等职技校、州卫生监督局共21个。队员101名，其中支农队员24名、支医队员42名、支教队员35名。分全我州17个县市区共26个乡镇工作（详见附表）。

“进村支农”　完成农业科技示范课题25个，建立和发展优势产业项目47个，种植示范面积751亩；新建改造优质果园230亩；畜牧示范课题5个，发展养殖示范户66户；新增猪羊存栏601头，其中天柱县摆头村“生猪标准化规模养殖场基地建设项目”存栏“二元”杂交母猪151头，生产仔猪1500余头；新增鸡存栏4000余羽；举办各种农业适用技术培训68期，培训农民及乡镇干部4307人次，发放技术资料21300份（册）。21个试点村的农业基础设施建设上。据统计，新建房屋274栋；改造房屋169栋；村寨道路硬化8.35公里、3.32万平方米，寨内步道硬化7.26公里、1.27万平方米，庭院硬化0.97万平方米；新建沼气池187口；改厨210间；改厕182个，改圈333间；新建或改修防洪堤5处共420米，小山塘5个库容2310立方米，沟渠防渗4处共860米。

“进寨支医”　共开展下村义诊50次，接诊病人6000人次，赠送医疗器械12件、价值30万元，药品30箱、价值8万元。负责支医的州直3所大医院除安排人员进基层外，继续组织“专家组下乡”活动。同时也使部分刚刚成为“白衣天使”的大学毕业生们，了解了州情，了解了农村基层医疗条件现状，体味到农民看病难，看病贵“一人生病，全家返贫”的实情，树立了以患者为本的思想。

“进校支教”　35名教师开学进驻各县市共20所乡镇学校后，积极参与中小学校的教学活动，大部分教师及时填补了基层师资不足的空缺，承担了中学、小学、学前班教学任务，成为教学的骨干力量，在搞好日常教学的同时，老师们还配合学校抓教学计划的制订，做到“传、帮、带”，积极探索和完善中小学校教学工作的各项措施，促进教育教学整体水平的提高。州民族职业技术学院杨凤安针对榕江县八开民族中学建在小溪边，无防洪堤的实情，向州政协提交了《关于解决八开民族中学学生宿舍楼防洪堤建设资金的建议》的提案，引起了州县教育部门的高度重视。台江支教队员李东平、姚平伟（派出单位均为凯里学院），利用自身优势，借助凯里学院的搬迁，积极向院领导汇报，使排羊乡中学得到凯里学院生物系援助了碘化钾等21种药品，价值合计1300多元，使得生物及化学常规实验开设率达到100%。州政府幼儿园支教教师周浚与李凯、张文荣老师制作的教具作品获得了台江县中小学教具作品大赛的二等奖。

2008年10月，州委、州政府召开“三进三支”工作会议，会议总结“三进三支”工作，部下一期“三进三支”工作。会议对凯里市工作队、天柱县工作队、镇远县工作队3个先进集体和赵文礼（黔东南州农科所）、刘素娟（黔东南州畜牧兽医局）、杨云霞（黔东南州农业局）、杨桂兰（黔东南州农科所）、张翠萍（黔东南人民医院）、罗媛媛（黔东南州医院）、吴宜辉（黔东南州中心血站）、陶榕宾（凯里学院附属中学）、韦信祥（黔东南民族职业技术学院）、余勇（黔东南州电大）10名先进个人进行表彰。

第四期活动

时间　2008年10月至2009年9月。派出单位有州农业局、州畜牧兽医局、州农科所、州水利局、州医院、贵医二附院、州中医院、州疾控中心、州妇幼保健院、州卫生监督局、州职业技术学院、州振华民中、凯里学院附属中学、凯里学院、州电大、州中等职技校等16个。队员61名、其中支农队员21名、支医队员21名，支教队员19名。分赴全州17个县市区共21个乡镇工作。

“进村支农”　在21个试点村完成农业项目48个、投入资金883.0万元。其中：种植业16个、投入资金212.1万元；养殖业12个、投入资金375.8万元；林业1个、投入资金6.0万元；农产品加工业项目1个、投入资金30.5万元；基本农田建设项目1个、投入资金76.5万元；“一池三改”项目投入资金74.7万元；人畜饮水工程项目投入资金91.4万元；农民培训项目13个、投入资金16.2万元。通过“三进三支”活动工作队的积极参与，21个试点村的基础设施建设得到了较快发展。据统计，新建房屋183栋；改造房屋152栋；村寨通车道改厨271间；改厕439个，改圈329间；技术培训61期、3571人次。

“进寨支医”　队员与基层干部群众一道，积极投入推行新型农村合作医疗制度、动员农民参加新型农村合作医疗的工作。驻台江县排羊乡工作队，为乡医院解决了1万元经费用于购买药品。主动与州医院联系，邀请7位专家到该乡利用赶集天开展义诊活动，共义诊病人300余人，免费发放药品价值约3000余元，接受群众医学咨询600余人次，赠送排羊乡卫生院3张病床。驻从江县工作队队员罗江淑，在从江县疾控中心帮助检验科完成消毒监测150份，并作现场培训和讲解。

“进校支教”　19名教师进驻各县市19所乡镇学校后，积极参与中小学校的教学活动，大部分教师及时填补了基层师资不足的空缺，承担了中学、小学教学任务，成为教学的骨干力量。在搞好日常教学的同时，老师们还配合学校抓教学计划的制订，做到“传、帮、带”，积极探索和完善中小学校教学工作的各项措施，促进教育教学整体水平的提高。驻台江县排羊支教工作队的谭德勇队员，积极参与学校的教学、教研活动，主动配合学校抓教学计划的制定，主动承担了初中班的数学课的教学任务，还担当了班主任一职，为当好班主任，经常进行家访，与学生谈心，特别是做好“留守”学生的思想工作，使他们学习上进。工作队在该校共召开座谈会三次，共同探讨学校建设，针对学校的困难，在州教育局的支持下，帮助解决了3万元经费为学校39位老师添置了办公桌椅，完成了学校围墙建设。邀请凯里学院附中20多位资深老师到该校开展教学帮扶活动，在该校上课10次，捐助两套投影仪和500多本作业本。驻麻江县宣威镇工作聂小兰队员除完成学校安排的教学任务外，还向州农业局争取到5000元资金资助翁保小学龙继珍等50名贫困学生。

2010年3月，州委、州政府召开“三进三支”工作会议，总结“三进三支”工作，部署提出了下一期“三进三支”工作。会议对台江县工作队、麻江县工作队、丹寨县工作队、榕江县工作队、三穗县工作队、黄平县工作队6个先进集体和黄姚英（黔东南州农科所）、肖定明、龙永根、李骥、杨云霞（黔东南州农业局）、王正文、马忠婷（凯里学院附属中学）、刘光美、李国榕、许化林、罗国幸、文斌、罗江淑、黄晓年、马仲元（黔东南州畜牧兽医局）、方文蓉（州卫生监督局）10名先进个人进行了表彰。

第五期活动

时间　2010年3月至2011年2月。派出单位有州委机要局、州农业局、州畜牧兽医局、州林业局、州水利局、州农科所、州医院、贵医二附院、州中医院、州疾控中心、州妇幼保健院、州卫生监督局、州中心血站、州民族医药研究所、州职业技术学院、州振华民中、凯里学院附属中学、凯里学院、州电大、州中等职技校、州民族高级中学、州特殊教育学院共21个。队员60名、中支农队员21名、支医队员21名、支教队员18名。分赴全州17个县市区共20个乡镇工作。

“进村支农”　在21个试点村完成农业项目81个、投入资金3218.51万元。其中：种植业项目29个、投入资金822万元；养殖业项目24个、投入资金214.2万元；林业项目2个、投入资金7.0万元；农产品加工业项目5个、投入资金275.30万元；基本农田建设项目8个、投入资金1604.2万元；“一池三改”项目8个，投入资金44.02万元；人畜饮水工程项目4个，投入资金229万元；农民培训项目投入资金22.79万元。派遣到国家一类贫困乡镇所在地从江县加勉乡污扣村的州农委能源办的杨胜波，在充分考察该村的水、热、光、温、气等自然条件基础上，争取到现金5000元用于试种群众购买地膜，发动群众种植清香型红托竹荪。第一次试种红托竹荪的两户群众户均纯收入20000余元，在当地引起了巨大震动。以这两户为引子，2011年春节后全乡有12户动工种植29.5亩。乡党委乡政府专门发函至州“三进三支”办、党委书记亲自到农委要求上级继续派遣杨胜波到加勉乡支农。州农委为旧州镇争取到太阳能杀虫灯12盏并安装使用，灯控有效面积840亩，项目涉及受益农户283户。凯里开发区工作队通过联系、协调，争取到贵州禾壮农业生态有限公司的大力支持，该公司向红岩村捐赠有机—无机复混肥5吨，价值15000元，用于水果蔬菜种植。在扶持特色产业上，三穗县支持养蜂专业户、麻江县支持蓝莓生产都做了卓有成效的工作。通过“三进三支”活动工作队的积极参与，21个试点村的基础设施建设得到了较快发展。据统计，新建房屋601栋；改造房屋345栋；村寨通车道硬化21.58公里、89987万平方米，寨内步道硬化41.85公里、60352万平方米，庭院硬化63354万平方米；建立和发展优势产业项目68个；新建沼气池292口；改厨1284间；改厕1206个，改圈935间；技术培训156期、10397人次。

“进寨支医”　队员与基层干部群众一道，积极投入推行新型农村合作2010年21个新农村建设试点村农民参加农村新型合作医疗32822人，参合率为96.4%。州医院派驻雷山县口腔科专业医生杨正刚以传、帮、带的形式，为县医院口腔科培养5名专业医生，口腔科已成为凯里职业学院口腔系实习教学基地。州医院派驻丹寨县支医队员曹敏珠、韦红为龙泉镇医院填补了2项外科手术空白。麻江县支医队员得到州卫生监督局支持，安排19800元为宣威镇中心卫生院购买一台由南京普爱射线影像设备有限公司生产的50毫安P1X102型移动式X线摄影机。

“进校支教”　17名教师进驻各县市17所乡镇学校后，积极参与中小学校的教学活动，及时填补了基层师资不足的空缺，承担了中学、小学教学任务，成为教学的骨干力量。开发区支教队员充分利用兼任国家级农村骨干教师远程培训计划黔东南州州级管理员的方便，每到一处学校都对目前学校的继教工作提出合理化的建议，为学校在国家级的培训中多争取到6个培训名额。镇远县工作队充分利用教育学院和黔东南干部培训基地，建立起中学校长信息资源共享平台，针对学校在教育资金项目、人才培养等方面提供资源支持。麻江县支教队员在宣威中学支教期间，共完成160节音乐教学任务。凯里开发区工作队组织支教队员对开发区中小学（10所）英语教学质量进行摸底试听课调查，并就下一步如何提高开发区英语教学水平，形成了8000余字的《凯里经济开发区英语教育教学调查报告和建议》的调研报告。促成了凯里学院附中和凯里经济开发区中学之间的校际交流，分别于2010年11月24日和12月5日开展了两校之间的交流活动。剑河县支教队员利用凯里附中的教学优势，组织柳川中学的老师分期分批分学科到凯里附中进行学术交流，一年来到凯里附中听优质课、随堂课、实验课等科目的老师达20多名，对拓展老师们的视野和提高教学质量起到积极的推动作用。

2011年3月，州委、州政府召开“三进三支”工作会议，总结“三进三支”工作。会议对廖路（凯里学院附属中学）、王准（凯里学院附属中学）、王启敏（州农委）、雷文艳（州旅游局、党建工作队队长）、杨通权（州农委）、黄姚英（州农科所）、欧秀彬（凯里学院）、潘文爵（凯里学院）、周志华（贵阳医学院第二附属医院）、杨昌元（州农科所）商凯岑（州农委）杨昕（州民族职业技术学院）、文斌（州民族中等职业技术学校）、杨胜波（州农委）、潘春光（州疾控中心）、张洪川（州农委）16名先进个人进行了表彰。

第四章　农业综合开发与基本农田建设

农业综合开发与基本农田建设是国家的一项惠民举措。2009年前由州农业办公室组织实施。2010年，按照《中共黔东南州委、中共黔东南州人民政府关于州人民政府机构改革的实施意见》（黔东南党发〔2010〕12号）和州机构编制委员会《关于黔东南州人民政府各部门“三定”工作的实施意见》的要求，州农业办公室农业综合开发建设的行政职能及人员一并划入州财政局。

第一节　农业综合开发

农业综合开发以改造中低产田，改善农业基本生产条件为重点，不断提高农业综合生产能力。同时，依靠科技进步，优化品种结构，提高农产品的产量和质量，大力发展高产优质高效农业，促进农业实现产业化经营，增加农民收入，推动农业现代化和广大农村奔小康进程。

农业综合开发项目分为三类：1. 土地治理项目，包括中低产田改造、优质农作物示范基地建设、生态工程建设等；2. 多种经营项目，包括种植业、养殖业、农副产品初加工、农业服务体系建设等；3. 农业高新科技示范项目，包括生物、信息、材料等方面的高技术和先进农业适用新技术。

农业综合开发实行“国家引导、配套投入、民办公助、滚动开发”的投入机制。用于农业综合开发的资金包括：中央财政资金、地方财政资金、农业综合开发贷款、农村集体和人民群众自筹资金、引进外资以及经法定手续筹集的其他资金。

黔东南州的农业综合开发始于1990年。在黔东南州实施农业综合开发的有11个县，其中：“八五”期间1个（1990年，黄平县被国家列为农业综合开发县），“九五”期间3个（1993年，施秉、镇远县被国家列为农业综合开发县；1999年，凯里市被列为国家农业综合开发县），“十五”期间7个（2001年，三穗、锦屏县被国家列为农业综合开发县；2002年，天柱、黎平、麻江县被国家列为农业综合开发县；2003年，丹寨、雷山县被国家列为农业综合开发县）。

截至2002年年底，共有凯里、黄平、施秉、三穗、镇远、天柱、锦屏、黎平、麻江9县、市被国家列为农业综合开发县，中央和地方各级财政累计投入农业综合开发资金13609.7万元，项目区累计改造中低产田土42.5万亩，新建和改造小型水库14座，新建排灌渠系155.72公里，改建排灌渠系348.02公里，新增灌溉面积7.43万亩，改善灌溉面积10.62万亩，营造水土保持林20.18万亩，封山育林3.33万亩，累计新增粮食生产能力31088.2吨，累计新增油料生产能力3488.24吨，累计培训农民36.86万人。项目区农民人均纯收入达到1509元，比全州平均水平1387元高122元。

截至2005年年底，中央和地方各级财政累计投入凯里、麻江、雷山、丹寨、黄平、施秉、镇远、三穗、天柱、锦屏、黎平11县市农业综合开发资金3.66亿元，项目区累计改造中低产田69.29万亩，新建和改造小型水库18座，新建拦河坝4处，新建提灌2座，新建排灌渠系483公里，改建排灌渠系348公里，新增灌溉面积15.37万亩，改善灌溉面积17.69万亩，新增与改善除涝1.87万亩，累计新增粮食生产能力50404.5吨，累计新增油料生产能力4879.29吨。2004年项目区农民人均纯收入达到1834元，比全州平均水平高15.78元。其中

2003年，凯里、黄平、施秉、镇远、三穗、天柱、锦屏、黎平、麻江9个农发县市实施了土地治理项目33个和产业化经营项目4个，占计划的100%。至5月底，完成土地治理项目总投资4261.01万元，占计划的97.15%。其中中央财政资金完成1837万元，地方财政配套资金1249.05万元，自筹资金976.96万元，银行贷款180万元。完成投工118.32万个，劳务折资859.29万元。项目实施区，在水利措施中：建拦河坝一处，开挖疏浚渠道64.6公里，衬砌渠道163.3公里，埋设管道3公里，完成渠系建筑物2座。在农业措施中：新增灌溉面积3.42万亩，改善灌溉面积3.07万亩．新增除涝面积2.76万亩，改善除涝面积0.47万亩，新增节水灌溉面积1.59万亩，新增机耕面积0.92万亩，改良土壤2万亩，修建机耕道28.52公里，建成沼气池2500口。在预期效益中：实现新增粮食生产能力235万公斤，新增油料生产能力201.7万公斤。此外，经省州验收，黔东南州实施农业综合开发的9个县市有6个被评为优良工程，2003年全省农发现场会就在锦屏县召开。

2004年，1．凯里、麻江、雷山、丹寨、黄平、施秉、镇远、三穗、天柱、锦屏、黎平11个农发县市实施了土地治理项目11个，占计划的100%。完成土地治理项目总投资4613.4万元，占计划的98.45%。其中：中央财政资金完成2233.8万元，地方财政配套资金1206万元，自筹资金1151万元；完成投工100.85万个，劳务折资1102.93万元。完成改造中低产田5.8万

亩，占计划的100%；完成优质粮食生产基地建设11.05万亩，占计划的100.09%，完成节水农业示范1.44万亩，占计划的100%；完成优质粮食生产基地建设11.05万亩，占计划的100.09%，完成节水农业示范1.44万亩，占计划的100%。2. 完成产业化经营项目2个，占计划的100%。完成产业化经营项目总投资1169万元，占计划的100%。完成中药材种植1.05万亩，占计划的105%。项目实施区，在水利措施中：维修加固小山塘3口，修建拦河坝4处，维修新建提灌站9座，配套输变电线路3公里，开挖疏浚渠道35.42公里，衬砌渠道286.32公里，埋设管道16.14公里。在农业措施中：新增灌溉面积2.04万亩，改善灌溉面积3.84万亩，新增除涝面积0.68万亩，改善除涝面积1.05万亩，新增节水灌溉面积0.43万亩，新增农机总动力452.01千瓦，修建机耕道83.97公里，新增机耕面积3.43万亩。

2005年，一是凯里、麻江、雷山、丹寨、黄平、施秉、镇远、三穗、天柱、锦屏、黎平11个农发县市实施了土地治理项目11个，占计划的100%。完成土地治理项目总投资5069.89万元，占计划的99.76%。其中中央财政资金完成2426.9万元，地方财政配套资金996.49万元，自筹资金1646.5万元，完成改造中低产田9.2万亩，占计划的101.43%。二是完成产业化经营项目2个，占计划的100%。完成产业化经营项目总投资1221.48万元，占计划的98.92%。其中：中央财政资金414万元，地方财政配套资金152.7万元，自筹资金454.78万元，银行贷款完成200万元。项目实施区，在水利措施中：加固小型库一座，新建拦河坝8处，新建提灌站2座，衬砌渠道204.94公里，完成渠系建筑物2座。在农业措施中：新增灌溉面积1.36万亩，改善灌溉面积3.22万亩；新增除涝0.76万亩，改善除涝面积1.11万亩；新增节水灌溉面积0.37万亩；新增机耕面积2万亩；改良土壤1.03万亩；修建机耕道52.92公里。在预期效益中：实现新增粮食生产能力788.8万公斤，新增油料生产能力113.35万公斤；新增种植业产值2255.45万元。

2006—2009年，中央和地方各级财政累计投入凯里、麻江、雷山、丹寨、黄平、施秉、镇远、三穗、天柱、锦屏、黎平11县（市）土地治理项目55个，产业化经营项目11个。农业综合开发资金2.5亿元。项目区累计改造中低产田31.7万亩，新建和改造小型水库177座，新建拦河坝50处，新建提灌11座，新建排灌渠系730.18公里，新增灌溉面积5.15万亩，改善灌溉面积11.87万亩，新增与改善除涝3.44万亩新建和维修改造机耕道249.72公里，购置农机具286台套，新增农机总动力1377.2千瓦，新增机耕面积5.72万亩。累计新增粮食生产能力1756.44吨，累计新增油料生产能力吨。

2006年，1. 凯里、麻江、雷山、丹寨、黄平、施秉、镇远、三穗、天柱、锦屏、黎平11个农发县（市）实施了土地治理项目11个（含州级科技示范项目），占计划的100%。完成土地治理项目总投资5677.89万元，占计划的99.65%。其中：中央财政资金完成2640万元，地方财政配套资金1025.19万元，自筹资金2012.71万元。完成改造中低产田8.67万亩，占计划的101.43%。2. 完成产业化经营项目2个，占计划的100%。完成产业化经营项目总投资765.97万元，占计划的100%。其中：中央财政资金完成293万元，地方财政配套资金117万元，自筹资金355.97万元，项目实施区，在水利措施中：新建和维修拦河坝11座，新建和维修提灌站4座，新建防渗排灌渠系266.27公里，新建和维修小型蓄水工程66座。在农业措施中：完成良种基地建设0.2万亩，完成良种仓库建设500平方米，完成良种晒场建设700平方米，新建和维修改造机耕道58.41公里，购置农机具46台套，新增农机总动力700千瓦，新增机耕面积1.72万亩。在预期效益中：实现新增灌溉面积1.44万亩，改善灌溉面积1.07万亩，新增节水灌溉面积0.03万亩。实现新增粮食生产能力607.5万公斤，其中新增优质粮食生产能力157万公斤；新增油料生产能力102.05万公斤，新增种植业总产值1419.32万元。此外完成了如期完成了年产800吨的“裕河腌鱼”精深加工和镇远县肉用种牛、种羊繁殖基地项目，新增总产值4332万元。天柱、锦屏、黎平3个县被贵州省农业综合开发办评为全省农发优秀县，受到贵州省农发办的表彰奖励。

2007年，1. 凯里、麻江、雷山、丹寨、黄平、施秉、镇远、三穗、天柱、锦屏、黎平11个农发县市实施了土地治理项目13个，占计划的100%。完成土地治理项目总投资4657.16万元，占计划的101.35%。其中：中央财政资金完成2557万元，地方财政配套资金1010.15万元，自筹资金1032.46万元，其他资金完成57.55万元。完成改造中低产田8.07万亩，占计划的100.12%。2. 完成产业化经营项目1个（丹寨硒精米加工项目），占计划的100%。完成产业化经营项目总投资348.2万元，占计划的100%。其中：财政资金150万元，自筹资金198.2万元。项目实施区，在水利措施中：完成拦河坝17座，占计划的106.25%；完成提灌站5座，占计划的100%；完成排灌渠系建设244.82公里，占计划的100.46%；完成渠系建筑物2250座，占计划的100.09%；完成小型蓄水工程111座，占计划的100%，其中新建108座，扩建加固3座。在农业措施中：完成机耕道建设69.84公里，占计划的101.26%；完成农机具购置213台套，占计划的101.43%；新增机耕面积2.13万亩，新增农机总动力477.2千瓦。在科技推广措施中：完成技术培训6725人次：占计划的107.43%。完成仪器设备购置8台套，占计划的100%；完成示范推广0.71万亩，占计划的100%。在预期效益中：实现新增灌溉面积1.35万亩，改善灌溉面积3.2万亩，新增除涝面积0.49万亩，改善除涝面积0.72万亩，新增节水灌溉面积0.05万亩；实现新增粮食增产能力383.4万公斤，其中优质粮食111.25万公斤；新增油料生产能力83.3万公斤，其中优质油料39.5万公斤；新增水果生产能力25万公斤，新增蔬菜生产能力287.7万公斤。新增粮食加工能力1329.73万公斤。实现增加值865.62万元，其中土地治理项目实现增加值425.75万元，产业化经营项目实现增加值439.87万元；受益农民新增纯收入总额1861.58万元。此外全州11个县市的农发项目经省级验收，达省级优良工程的有3个县，占27.27%。

2008年，1. 凯里、麻江、雷山、丹寨、黄平、施秉、镇远、三穗、天柱、锦屏、黎平11个农发县市实施了土地治理项目18个，占计划的100%。完成土地治理项目总投资5278.06万元，占计划的100.89%。其中：财政资金4112.49万元，自筹资金1165.57万元，其他资金完成57.55万元。完成改造中低产田7.66万亩，占计划的100%。2. 完成产业化经营项目5个（重点产业化经营项目1个，一般产业化经营项目4个），占计划的100%。完成产业化经营项目总投资2078.22万元，占计划的100%。其中：财政资金1210万元；自筹资金868.22万元。项目实施区，在水利措施中：建成拦河坝19座，占计划的105.56%；完成排灌渠系建设219.09公里，占计划的100.36%；完成渠系建筑物6座，占计划的100%。在农业措施中：完成机耕道建设82.19公里，占计划的100.04%；新增机耕面积1.87万亩；新增农机总动力200千瓦。在科技推广措施中：完成技术培训6178人次，占计划的100.46%；完成科技示范推广

0.76 万亩，占计划的 100%。在预期效益中：新增灌溉面积 1.29 万亩，改善灌溉面积 3.06 万亩；新增除涝面积 0.56 万亩，改善除涝面积 0.77 万亩，新增节水灌溉面积 0.03 万亩；实现新增粮食生产能力 408.59 万公斤；新增油料生产能力 119.87 万公斤；新增其他农产品生产能力 470.29 万公斤。实现新增总产值 8471 万元；实现增加值 2981.12 万元；年新增利税 1526.17 万元；受益农民年新增纯收入 3530 万元。此外，三穗、黎平、锦屏三县经省农业综合开发办的全面验收被评为“2007 年度农发项目验收优秀县”。

2009 年，1. 凯里、麻江、雷山、丹寨、黄平、施秉、镇远、三穗、天柱、锦屏、黎平 11 个农发县市实施了土地治理项目 13 个，占计划的 100%。完成土地治理项目总投资 5561.25 万元，占计划的 100.3%。其中：财政资金 4336.77 万元，自筹资金 122.48 万元。完成改造中低产田 6.67 万亩，占计划的 100%。2. 完成产业化经营项目 3 个，其中重点产业化经营项目 1 个（黔东南州三穗县新增 2000 吨/年山野菜加工扩建项目，一般产业化经营项目 2 个（黔东南州丹寨县 5000 亩绿色蔬菜生产基地扩建项目和镇远县年产 100 吨陈年道菜及 50 万瓶豆腐乳农产品深加工扩建项目），占计划的 100%。完成产业化经营项目总投资 1329.73 万元，占计划的 100%。其中：财政资金 720 万元，自筹资金 50.1 万元。在水利措施中：完成拦河坝 3 座，完成提灌站 2 座，完成渠系建筑物 1 座，完成小型渠排水工程 58 座。在农业措施中：完成农机具购置 30 台套。完成梯硬 4 公里，完成经济林种植 1300 亩；完成倒虹筐 1.47 公里，占计划的 103.52%；修建机耕道 39.28 公里，占计划的 103.52%；新增机耕面积 1.87 万亩；完成衬砌渠道建设 187.74 公里，占计划的 100.96%；在科技推广措施中：完成技术培训 7391 人次，占计划的 100.15%；完成示范推广 0.97 万亩，均占计划的 100%；在预期效益中：实现新增灌溉面积 1.16 万亩，改善灌溉面积 2.55 万亩，新增除涝面积 0.31 万亩，改善除涝面积 0.59 万亩，新增节水灌溉面积 0.02 万亩；预计新增粮食生产能力 356.95 万公斤，新增油料生产能力 99.2 万公斤，新增蔬菜生产能力 270.7 万公斤；预计实现新增总产值 902.18 万元。其中增加值 340.1 万元，新增利税 97.1 万元，新增农产品商品产值 85 万元，受益农民新增纯收入 1129.2 万元。实现新增总产值 1610 万元，其中增加值 283 万元；新增利税 162.8 万元，受益农民新增纯收入 51 万元，带动农户 1232 户。

第二节　基本农田建设

坡改梯工程建设

坡改梯工程始于 1991 年，2004 年结束。1991 年至 2004 年 14 年间，黔东南州完成坡改梯任务 111.9 万亩，占省下达计划的 116.64%。坡改梯工程覆盖全州 206 个乡镇，3210 个村，20050 个村民组，分别占全州乡镇、村、组总数的 100%、90.6% 和 68.3%。累计增加耕地 34.3 万亩。

2000 年，全州实施的以坡改梯为主要形式的农田基本建设项目 11.7 万亩，其中财政扶贫资金坡改梯 6.2 万亩，以工代赈坡改梯 5.5 万亩。经组织实施，全州完成坡改梯工程 2062 处，

126397 亩，占省下达任务的 108.3%；完成工日 779.43 万个，土石方 865.77 万立方米。坡改梯工程集中连片面积的比例较过去有所增加。100 亩以上的连片面积有 302 处、69472 亩，分别占完成总处数和总面积的 14.6% 和 55%。在完成坡改梯各类工程的同时，还抓了配套工程建设。全州共修建小水窖、池 602 个 3865 立方米；小山塘、库 33 个 16317 立方米；提灌站 19 座 350.9 千瓦；引水渠 228 条 258.26 公里；拦山排洪沟渠 463 条 175.68 公里；拦沙坝 15 座 732.2 立方；修田间便道 570 条 137.5 公里，机耕道 17 条 14.5 公里；修乡村公路 70 条 115.48 公里；营造水土保持林 14.09 万亩；治理水土流失面积 68.08 平方公里。坡改梯工程用于梯带开发，发展种植优质果品的面积达 7.76 亩，占当年全州完成面积的 61.4%。据统计，2000 年全州坡改梯工程共覆盖 199 个乡镇，1394 个村，6452 个村民组，分别占全州乡镇村组数的 97.5%、39.4% 和 22%。参加工程的农户 7.08 万户，受益人口 33.06 万人，在工程覆盖区内，2000 年扩大耕地 3.65 万亩，预计增粮 6378.6 吨，种植经济作物增钱 1731.4 万元。此外，除了国家以工代赈和各级财政投入的专项资金外，不少乡镇、村及农户集资或贷款投入到坡改梯工程建设中，据不完全统计，2000 年乡镇、村及农户投入到程建设的资金达到 2274.2 万元，其中有 3.3 万个农户集资或贷款共 1854.6 万元投入到坡改梯工程建设中。

2001 年，全州实施的以坡改梯为主要形式的农田基本建设项目 11.2 万亩（面上 11 万亩，麻江县修路占地造地 2000 亩），其中以工代赈 5.5 万亩，财政扶贫 5.7 万亩，中央和省财政共投入专项资金 1671 万元。经州、县、乡三级验收，全州共完成坡改梯工程 1419 处，完成面积 121148 亩，占省下达任务的 108.17%；投入工日 669.92 万个，完成土石方 748.82 万元。全年工程连片面积大于 100 亩以上的达 326 处，面积为 7.7381 亩，分别占完成处数和面积的 22.98% 和 63.87%。据统计当年扩大耕地 16091 亩，当年增粮 4620.9 吨，种植经济作物增收 1425.8 万元。在完成坡改梯各类工程的同时，还抓了配套工程建设。全州共修建小水窖、池 605 个 5936 立方米；小山塘、库 41 个 33442 立方米；提灌站 18 座 572.5 千瓦；引水渠 261 条 322.3 公里；拦山排洪沟渠 474 条 122—8 公里；拦沙谷坊 6 座 364 立方米；修田间便道 325 条 139.9 公里；机耕道 15 条 13.4 公里；乡村公路 42 条 92.12 公里；营造水土保持林 5.02 万亩；治理水土流失面积 37.26 平方公里。

2002 年，全州实施的以“坡改梯”为主要形式的农田基本建设项目 6.07 万亩。经州以工代赈坡改梯工程指挥部办公室组成的验收组，对全州 43 个乡镇 52 个村 53 个工程点的抽查验收，完成以坡改梯为主的工程 666 处，60709 亩，占省下达任务的 100.01%；完成工日 409.58 万个；完成土石方 447.82 万立方米。在完成的总面积中，按类型划分，坡改梯土 33809 亩，占 55.69%：土变田 3873 亩，占 6.38%；新开田 3211 亩，占 5.29%；水毁恢复治理 7214 亩，占 11.88%；其他（主要是低产田土改良）12602 亩，占 20.75%。按规模划分，工程连片面积大于 200 亩的有 66 处，23944 亩，分别占完成总处数和总面积的 9.91% 和 39.44%；100—200 亩的有 129 处，18545 亩，分别占 19.37% 和 30.55%；50—100 亩的有 158 处、10862 亩，分别占 23.72% 和 17.89%；10—50 亩的有 229 处、6759 亩，分别占 34.38% 和 11.13%；10 亩以下的有 84 处，599 亩，分别占 12.61% 和 0.99%。在完成“坡改梯”各类工程的同时，还抓了配套工程建设。全州共修建小水窖、池 754 个，4201 立方米；小山塘、库 30 个，2.63 万立方米；建提灌站 13 座，397 千瓦；修引水渠 297 条 44.02 公里；拦沙谷坊 2 座，200 立方米；兴修田间便道424条，70.4公里；机耕道19条，43公里；兴修乡村公路46条，460公里；营造水土保持林5.55万亩；治理水土流失面积15.93平方公里。2001年，全州“坡改梯”工程覆盖159个乡镇、652个村、2513个村民组，分别占全州乡镇村组数的75.7%、18.4%和10.7%。参加工程农户2.55万户，受益人口16.8万人。在工程覆盖区内，当年扩大耕地2.1万亩，预计增粮2785.7吨，种植经济作物增加收入665.1万元。

2003年，全州实施的以坡改梯为主要形式的农田基本建设项目6.6万亩，其中财政扶贫资金计划4.6万亩，以工代赈2万亩。通过实施并经省、州验收，实际完成以坡改梯为主的农田基本建设工程647处，72324亩，占省下达任务的109%；完成工日477.26万个，完成土石方601.84方立方米。在完成的面积中，坡改梯土47155亩，占65.2%；土变田3425亩，占4.74%；新开田1073亩，占1.84%；治理水毁田土7914亩，占17.64%；其他（主要是低产田土改良）12757亩，占17.64%。在完成“坡改梯”各类工程的同时，还抓了配套工程建设。共修建小水窖、池957个10505立方米；小山塘、库22座53310立方米，提灌站23座168.8千瓦；引水渠237条188.65公里；拦山排洪沟渠225条4199公里；拦河谷坊4座62立方米；修田间便道245条444公里；机耕道21条123公里；乡村公路24条77.4公里；营造水土保持林0.989万亩，治理水土流失面积21.88平方公里。全州共办“坡改梯”样板点256个，面积43397亩。其中县级办点63个，15993亩，乡级办点195个，27404亩。“坡改梯”工程共覆盖188个乡镇，736个村，2389个村民组，参加工程的农户3.34万户。在工程覆盖区内，当年扩大耕地2.69万亩，预计增粮3107.4吨，种植经济作物增钱1606.1万元。

2004年，全州实施的以“坡改梯”为主要形式的农田基本建设项目6.25万亩，投入专项资金1875万元，其中以工代赈资金500万元，财政扶贫资金1250万元，省财政配套资金125万元。2004年将黔东南州雷山方祥、凯里凯棠、锦屏彦洞、黄平重兴、岑巩羊桥、从江加勉、黎平平寨、麻江坝芒、榕江计划、施秉马号、天柱石洞、镇远报京12个一类扶贫开发重点乡镇作为实施重点。2004年共完成农田基本建设工程470处，6.6万亩，占省下达任务的105.6%。在完成的总面积中，“坡改梯”土35734.7亩，占总数的54.12%；土变田1642.5亩，占2.49%；治理水毁田土3610.1亩，占5.47%；其他类型治理25038亩，占37.92%。其中一类扶贫开发重点乡镇完成工程72处，11514.8亩，占总完成面积的17.43%，占计划11800亩的97.59%。在完成坡改梯各类工程的同时，还抓了配套工程建设。全州共修建小水窖、池2316个19191立方米；小山塘、库13座17810立方米；提灌站2座29.5千瓦；引水渠289条250.85公里；拦山排洪沟渠353条391.43公里；拦沙谷坊10座2300立方米；修田间便道2031条259.9公里；机耕道38条46.72公里；乡村公路30条321公里；营造水土保持林0.41万亩，治理水土流失面积23.59平方公里。经省、州“坡改梯工程”指挥部对本年度的工程进行验收，除岑巩县基本合格，三穗、施秉两县合格以外，其余13个县市均被评为优良工程，榕江县被省办评为全省第一。

基本农田建设

基本农田建设始于2005年，2009年结束。2005—2009年，基本农田建设投入财政资金6268.5万元，占计划的100%。完成基本农田建设任务9.35万亩，占计划的107.32%；共修建小水池 17578 口，蓄水 437044 立方米，占计划的 117.34%；治理土地 1.76 万亩，新增耕地 5718 亩，坡改梯土为 32548 亩，新修或改造水渠 268.03 千米，修防洪堤、田间便道或机耕道 264.4 千米，新修建取水坝、提灌站各 1 座。其中：

2005 年，省下达给黔东南州基本农田建设任务是 6.31 万亩，小水池配套工程 2175 口。中央和省共投入专项资金 2110.5 万元。截至 2005 年 6 月底，经州级验收和省抽验，实际完成工程 432 处，完成面积 66970 亩，占省下达任务的 106.1%。在完成的总面积中，按类型划分，“坡改梯”土为 32548 亩，占 48.6%；土变田 4574 亩，占 6.83%；治理水毁田土 2393 亩，占 3.57%；其他类型治理 27455 亩，占 41%。其中一类扶贫开发工作重点乡镇完成工程 62 处，13336 亩，占总完成面积的 19.91%，占计划 12786 亩的 104.3%。共修建小水池 2328 个，5929 立方米，占省下达 2175 个任务的 107.03%。另外，结合基本农田建设的配套工程，修建小山塘、库 4 座，2929 立方米；提灌站 1 座，37 千瓦；引水渠 545 条，255 公里；拦山排洪沟渠 468 条，58 公里；拦沙谷坊 8 座，254.85 立方米；修田间便道 786 条，181.23 公里；修机耕道 29 条、26.97 公里；乡村公路 21 公里。经州级验收综合评比，江、台江、施秉、从江、镇远、天柱、锦屏、黎平、凯里 9 个县市为优质工程，黄平、麻江、三穗、丹寨、雷山、剑河、岑巩 7 个县为良好工程。全州共办示范样板点 194 个，示范面积 44748 亩。其中县级办点 63 个，面积 21575 亩；乡镇级办点 131 个，面积 23173 亩；分别占全州共完成面积的 32.2% 和 34.6%。全州直接参加工程实施的干部、技术人员达 756 人，其中行政干部 408 人，技术人员 348 人。工程覆盖 168 个乡镇、447 个村、1703 个村民组，参加工程实施的农户 3.23 万户，受益人口 12.30 万人。在工程覆盖区内，当年新增基本农田 1.04 万亩，增粮 4157.02 吨，种植经济作物增收 2055.78 万元。

2006 年，省下达给黔东南州农田基本建设任务 2.2 万亩，配套建设小水池 5405 口，投入专项资金 1210.5 万元。其中土地出让金用于基本农田建设项目下达榕江县 0.1 万亩。投入专项资金 40 万元；以工代赈基本农田建设 2.1 万亩，投入专项资金 630 万元；财政扶贫资金基本农田配套小水池建设 5405 口，投入专项资金 540.5 万元。以工代赈基本农田建设项目，省安排黔东南州 14 个县实施（凯里、镇远 2 个非贫困县市没有安排）。到 6 月底止，经州级验收，除岑巩、从江 2 县由发改局直接督促实施外，其余 2 个县共完成工程点 44 处，完成基本农田建设 21912 亩，占 21000 亩任务的 104.34%。在完成的基本农田建设面积中，按类型分：坡改梯土 10983 亩，占完成数的 50.1%；水毁恢复治理 1457 亩，占 6.6%；综合治理 9435 亩，占 43.1%；新开田 37 亩，占 0.2%。配套工程建设完成引水渠 80 条 71.6 公里；排洪沟渠 237 条 12.01 公里；田间便道 169 条 27.59 公里；机耕道 12 条 5.63 公里；水土保持林 556 亩。榕江县承担用土地出让金实施的 1000 亩建设基本农田任务，实际完成耕地治理 1416 亩。其中稻田面积 392 亩，旱地 383 亩，果园 641 亩。修建取水坝 1 座，引水沟渠 1 条 8840 米；机耕道 2 条 1375 米；铺设消防引水管 1 处 130 米；完成路面硬化 2 条 1520 米。财政投入的 540.5 万元扶贫资金，已建成小水池 4459 口，蓄水 116092 立方米，改建小山塘 3 座，蓄水 16800 立方米，改建维修引水渠 28 条 69.45 公里。

2007 年，省下达给黔东南州榕江、从江、台江、剑河 4 县 0.2 万亩（每县各 0.05 万亩），土地治理建设任务投入专项资金 160 万元，地方财政配套 17 万元，群众投入 16.7 万元。截至

2007年6月底，实施项目的4个县共完成土地治理面积2162.5亩，占省计划任务的108.7%，新增耕地874亩。在完成土地治理面积的同时，还修建引水渠4条6170米。建设小水池40口2677立方米，修建机耕道9条、6670米。此外，全州共有95个乡镇180个村实施小水池工程建设，197个工程点共完成小水池2936口，蓄水量76990立方米，平均单口蓄水量为26立方米。用小水池指标改建小山塘8座，蓄水量20372立方米，折合小水池492口；改建、维修引水渠117条82.87千米，折合小水池1524口。以上共计建成小水池4952口，占省下达任务的101.1%。共投入小水池建设资金734.4万元。

2008年，省下达黔东南州实施基本农田配套小水池建设任务3160口。共投入财政扶贫建设资金632万元。项目在全州的103个乡镇214个村实施。截至2008年6月底，共完成小水池3180口，占任务的100.6%、蓄水38100立方米；改建小山塘45座；蓄水45279立方米；维修引水渠107条，8.82公里。

此外，土地出让金用于基本农田建设改造中低产田0.05万亩（安排在岑巩县实施），补助专项资金40万元。在实施土地治理工程中，共完成土地治理面积506亩，占任务的101.2%。新增耕地182亩，修建引水渠2条2750米，修建小水池7口560立方米，修建机耕道1条900米。

2009年，省下达黔东南州实施基本农田配套小水池建设任务4240口，财政扶贫资金按每口2000元补助，共投入财政扶贫资金848万元。该项目在黔东南州136个乡镇的216个村，231个工程点实施，经过实施，共完成小水池建设4668口，占省下达任务的110.09%，蓄水148509立方米，平均单口蓄水量为31.8立方米。其中建设小水池1715口，蓄水50864立方米，占完成任务数的36.7%；用小水池指标改建、维修引水渠、管道铺设1.52条，154公里，折合小水池2223口，占完成任务数的47.6%；用小水池指标改建小山塘总蓄水53562立方米，折合小水池730口，占完成任务数的15.6%。此外，土地出让金用于基本农田建设改造中低产田0.05万亩（安排在岑巩县实施），补助专项资金40万元。在实施土地治理工程中，修建U形槽引水渠1条850米，修防洪堤、修田间便道921米，治理土地508亩，占省下达计划的101.6%，其中新增耕地50亩。

第五章　对外交流

第一节　交流活动

从2009年起以色列为贵州省开展农业技术人员培训。2009年、2010年在黔东南州凯里市开展蔬菜培训班，邀请以色列农业部农业技术推广专家为农业技术骨干、科研人员、蔬菜种植大户等240多人进行蔬菜栽培、病虫综合防治、滴灌、水的高效利用等多个领域的技术培训。

2010年12月20日，在贵阳市举办贵州—以色列农业推介会。贵州福田绿色农业科技有限公司与以色列艾森贝克农业设备有限公司签署了购买艾森贝克公司制造的EnviroDome双子座IV型温室、与以色列海泽那种子公司购买西红柿和黄瓜等优良品种的销售合同，由以色列企业提供相应的技术支撑，贵州福田绿色农业科技有限公司提供肥料和农药等农用物资，分别在凯里市万潮等乡镇实施高产优质无公害蔬菜基地建设项目。在种植过程中，虽然遭受严重冰冻灾害，但由于引进的品种对路、抗寒性强，加之管理到位，最终项目试点区域引进的西红柿产量达到亩产9000公斤、黄瓜亩产9500公斤。每亩产值达到2万元，每亩纯收入达1.2万~1.5万元。

是年，通过自愿报名、相关单位考核的方式，黔东南州农委派出农业专家4人（马仲元、刘光美、杨先富、李上星）分别赴尼日利亚、几内亚、埃塞俄比亚、马达加斯加等地执行“南南合作”项目，圆满地完成了国家交给的任务。

第二节　外经项目

在长期以来的农业对外经济合作中，黔东南州各级农业部门不断扩大农业对外开放，引进国外资金、技术、管理和人才，联合国粮食计划署、计划开发署、粮农组织、欧盟以及日本、新西兰、澳大利亚、荷兰、加拿大等国政府（地区），均先后提供了无偿农业援助项目。据不完全统计，累计引进国际组织、双边政府和民间组织援助项目，已到位资金（含物资折款）约1.2亿元，引进项目覆盖全州各个县市，绝大多数资金和项目都在黔东南州的贫困县乡村实施，为黔东南州农业生产和农村经济持续发展，农民摆脱贫困起到了一定作用。

国际农发项目

中国贵州省武陵山区少数民族地区农业综合开发项目是国际农发基金会（IFAD）与世界粮食计划署（WFP）联合执行的贷款援助项目，简称IFAD/WFP483－CN项目。项目于1997年开始申报立项，于1999年4月21日在凯里召开的IFAD/WFP武陵山区少数民族地区农业综合开发项目启动研讨会上，由国际农业发展基金会亚太地区项目主管马腾斯先生和联合国服务办公室主任大卫·雷达尔先生宣布正式启动。项目的主要目的是利用贷款援助使丹寨县项目区的基础设施得到改善，通过项目的实施，改善丹寨县项目区部分村、寨的贫困农户的农业生产和生活条件。项目贷款期限为30年，宽限期10年，资金占用费年5‰。

联合国国际农发基金会（IFAD）和联合国世界粮食计划署（WFP）联合投资实施。

项目于1994年10月25日贵州省农业厅会同省计委向农业部呈报《关于向国际农业发展基金会申请项目的报告》（黔农外经字〔1994〕252号）；于1997年6月13日省计委向国家计委呈报《关于报送贵州省国际农发基金会贷款项目建议书的报告》（黔计外经〔1997〕403号）；国际农发基金亚太局中国项目主管马腾斯先生与农业部国际合作司叶安平副处长于1997年9月24日至27日到黔进行项目规划，并于24日下午与省政府委托的省财政厅厅长、省农业厅厅长签署了《谅解备忘录》；1998年6月1日至12日，圆满通过了国际农发基金会、世界粮食计划署、澳大利亚驻华大使馆、德国技术合作公司、农业部和财政部联合组成的评估团到项目区进行评估，并完成了正式评估报告。

1998 年 8 月 25 日至 9 月 2 日，农业部组团由国家计委、财政部、外交部、贵州和湖南两省组成的中国代表团赴意大利罗马国际农发基金会总部就贵州和湖南《武陵山区少数民族地区农业综合开发项目》与国际农发基金会、德国 GTZ 代表进行项目谈判，双方经过友好磋商，形成共识，最后确定《项目贷款协定》条款，签署了项目《谈判纪要》。随后于 1998 年 9 月 10 日举行的农发基金执行局会议上项目得到了批准。中国政府与国际农发基金会于 1998 年 10 月 26 日正式签字生效，于 1999 年 4 月 21 日开工实施。

项目提供优惠贷款总额 1628.62 万美元，项目涉及武陵山区黔东南州的丹寨、麻江、黄平、施秉、三穗、岑巩、雷山等 7 个扶贫重点县和铜仁地区的铜仁、江口、玉屏、万山 4 个县（市、特区）。

项目的目标是：通过提高粮食和经济作物的产量来减轻项目区 55 个贫困乡的 102 万人长期贫困状况。项目建设内容主要有：小额信贷、农村基础设施、农业生产、发展社会支持服务、项目管理。项目执行期五年，该项目 1999 年 4 月启动实施以来，深受项目区老百姓欢迎。截至到 2004 年 12 月，黔东南州的丹寨、麻江、黄平、施秉、三穗、岑巩、雷山 7 个县累计提款折合 3170.84 万元人民币。

澳援 6166 项目

在商务部、农业部、省民政厅、省农业厅大力支持下，向澳大利亚政府提出申请，世界粮食计划署/澳大利亚发展署武陵山区农村发展项目得以在黔东南州的岑巩、丹寨、黄平、麻江、雷山、施秉、三穗 7 县实施。

该项目涉及共 38 个乡镇，735 个行政村，共 18.35 万户，82.5 万人。区域内未通公路的村有 200 个，占行政村总数的 28%；饮水困难的人口近 60 万人，占总人口数的 73%；每千人仅有医务人员 1.4 人，乡村卫生院和卫生室数量少且布局不合理，缺医少药现象严重，妇幼保健卫生知识教育及农村卫生状况较差。

该项目资金由澳大利亚政府援助 5300 万元人民币，实施期 3 年。地方政府投入按 1:1 比例配套，其中省配 50%，州配 25%，县配 25%。

该项目于 2000 年 4 月 17 日启动实施。实施内容：修建乡村道路、乡村卫生院（室）建设、人畜饮水工程及开展农村卫生人员培训。澳发署委托 WFP 驻华代表处为执行机构，项目财务管理采取提款报账制。材料和物资、设备、药品采购采取召投标制。

澳援 6166 项目实施三年共修建乡村公路 88.2 公里；修建建筑面积 700 平方米的乡镇卫生院 8 座；修建建筑面积 80 平方米的村卫生室 186 个；为乡镇卫生院配置了较为先进的医疗设备；为村卫生室配置了实用的必备设备和药品；修建调节池 525 个共 46946 立方米；修建机井 4 口；完成水井改造 1871 口；培训乡村医务人员 392 人；培训农村健康教育宣教员 438 人；在 104269 名受益村民中开展了卫生健康知识培训；对 38 名乡村中小学教师进行了青春期性教育和预防艾滋病知识师资培训；在 40000 余名项目区中学一、二年级，小学六年级学生中开展了青春期性教育和预防艾滋病知识教育；编写印刷了《乡村百姓健康手册》50000 册；编写印刷《贵州农村青少年性教育》教材 25000 册；印刷放发卫生招贴宣传画 10000 张；检测 134 个水样；加修调节池消毒设施525个，设立水井警示牌1871个。

截至2004年6月30日，累计外援提款到位资金3939.666万元，国内配套投入资金3940万元。全面完成项目设计目标。

澳援6166项目，已于2003年12月30日结束。2004年8月31日至9月3日，由澳大利亚发展署、世界粮食计划署、商务部，农业部有关人员组成的联合检查团到黔东南就澳大利亚武陵山区农村地区发展项目进行竣工检查并举行了项目竣工典礼。贵州省人民政府刘福成副秘书长，澳大利亚驻华公使傅关汉先生，世界粮食计划署驻华代表道格拉斯先生，农业厅陶性潜厅长，商务部蒋季青副处长先后在典礼上致辞对项目实施和完成情况给予高度评价，对项目目标圆满完成表示祝贺，并宣布项目竣工。

神内贵州持续农业培训项目

神内贵州持续农业培训项目是日中农业交流事业团理事长、中国国家友谊奖获得者神内良一先生于1997年捐资，在贵州省实施项目，项目旨在面向“三农”开展大规模、多层次、多种形式和持续不断深入的农业技术培训，提高农民尤其是青年农民骨干的科技文化素质。

1997年7月至2000年12月，为项目建设实施期；2001—2004年为延续期间。项目实施期内，在贵州省神内项目领导小组的领导下，在省神内项目办公室的具体安排下，先后在丹寨县和贵州省畜牧学校建成“神内贵州省农业培训中心”各一座，编制出版了专门的“神内贵州农业培训教材”，并在丹寨县和黔东南等6个县（市）开展大规模农业技术培训。三年中，共完成了农技干部培训4207人，完成农民培训26772人次。在项目执行结束后，广大农技干部和农民渴望培训的要求仍然十分强烈，为使“神内贵州持续农业培训项目”能够持续发展，省神内项目办公室按照计划方案使用神内项目基金并多方渠道筹措资金、地方政府配套资金及其他项目经费，主要以已建成的两座神内培训中心作为载体，于2001—2004年又开展了为期3年的神内项目持续培训工作，共计举办种类培训班3862期，累计培训乡镇干部、农技人员及农民20381人次，取得了良好的社会效益，并对黔东南农业发展、农村经济及农民生活产生了较大的影响，为黔东南农业的持续发展做出了较大的贡献。

第六章　农村能源与环境保护

第一节　农村能源资源

农村能源资源由生物质能、水能、矿物能、风能、太阳能、地热能等构成。黔东南农村资源以生物质能最为丰富，全州可利用的农村能源资源折合标准煤532.9万吨（详见2015年全国可再生能源统计表），平均每个农业人口占有1521.18公斤。

生物能资源 主要有薪柴、农作物秸秆、人畜粪便等。

薪柴资源 全州现有森林面积197.27万公顷，活立木蓄积量1.2亿立方米，森林覆盖率为65%，为全省之冠。可合理采伐薪柴量240万吨，折合标准煤137.1万吨，人均占有393.33公斤，占全省三分之一强，加上农村电力普及、农村大部分劳动力外出，基本满足生产生活需要。2015年全国农村可再生能源统计报表显示，全州薪柴生活使用195万吨，折合标准煤111.3万吨；生产使用154.3万吨，折合标准煤88.1万吨。

农作物秸秆资源 据2015年全国农村可再生能源统计报表显示，2015年全州农作物秸秆理论资源量238.63万吨，可收集资源量209.4万吨，已利用量92.09万吨，利用率43.98%。其中肥料化利用38.89万吨，占已利用量的42.23%；饲料化37.03万吨，占已利用量的40.21%；燃料化5.34万吨，占已利用量的5.80%；基料化6.41万吨，占已利用量的6.96%；原料化4.42万吨，占已利用量的4.80%。

人畜粪便资源 截至2015年年底，全州人畜粪便总量1115.27万吨。其中：农村常住人口195万人，产生的粪便量约为49.14万吨；农村畜禽粪便量约1066.13万吨（大牲畜存栏81.99万头，产生的粪便量约为708.39万吨；猪存栏183.89万头，约产生粪便264.8万吨；羊存栏35.9万头，粪便约为64.62万吨；家禽874.2万羽，粪便量约为28.32万吨）。全州人畜粪便主要用作肥料，有1/4约280万吨应用于沼气制取。

水能资源 黔东南地势起伏大，河流纵横，水流湍急，天然落差大，水能资源丰富。全州有河流2900多条，清水江、舞阳河、都柳江三大干流都开展了梯级发电。全州水能资源理论蕴藏量322万千瓦，技术可开发量240万千瓦，技术可开发装机容量270万千瓦。

煤能资源 主要分布于西北部的麻江、凯里、丹寨、黄平县（市）东部的天柱，南部的黎平等县，保有储量51942万吨。近年实施小煤窑治理，安全生产措施不完备的执行关停并转，开采量逐年下降，2015年全年开采量几乎近于零。

风能资源 黔东南峰谷多，地势起伏大，风能资源比较丰富，具有开发价值的集中在台江、麻江、锦屏、剑河、黎平、从江、雷山、榕江、天柱9县的局部地区，目前共建设风力发电项目22个，总装机容量133万千瓦，投入使用的是台江红阳风电场，装机容量5万千瓦，年上网电量9330千瓦时。

太阳能资源 黔东南太阳能资源不太丰富，主要利用是太阳能路灯和太阳能热水器。到2015年年底，全州存留太阳能热水器3.87万台，发热面积8.43万平方米。

地热能资源 黔东南地热能资源一般，地热露头有7处。目前开发利用的有剑河温泉度假区和和黄平浪洞温泉度假区。两地温泉水温50℃以上，含硫高，旅游开发价值大。

第二节 农村能源消费

黔东南农村能源消费包括农村生活和农村生产用能两大类，又分商品能源和非商品能源。农村总能耗由生物能和矿物能及二次能源构成。生物能主要由薪柴、农作物秸秆、人畜粪便构成，约占总能耗的39.6%；矿物能及二次能源，由煤炭、燃油、燃气和电能构成，约占总能耗的60.4%。据2015年全国农村可再生能源统计报表显示，全州农村生活用能消耗构成，商品能源占63.3%（其中煤炭占10.6%、电力占4.4%、成品油占2.2%、燃气占46.1%），非商品能源占36.7%（其中薪柴占33%，秸秆占2.2%，沼气占1.2%，太阳能占0.3%）；全州农村生产用能消耗构成，商品能源占54.9%（其中煤炭占52.4%、电力占2%、成品油占0.5%），非商品能源占45.1%，主要是薪柴。

2015年黔东南州农村能源消耗折合标准煤532.9万吨，其中，农村生活耗能337.5万吨，占63.3%，农村生产195.4万吨，占36.7%。全州每个农业人口平均耗能1866.7公斤标准煤，高于全省1986年929公斤标准煤平均水平。全州农村年人均用电170.2千瓦时，其中生活用电为134.8千瓦时，占用电量的79.2%，基本实现了电气化。

黔东南州农村能源消费特点主要有：生活耗能比重大，占总能耗的63.3%以上，比“十一五”期间大幅下降；生物能消费逐年下降，约占总能耗的39.6%，煤炭占26%、燃油占1.6%、燃气占29.1%和电能占3.5%，多能互补的局面初步形成；商品能源消费水平逐年提高，截至2015年年底占总能耗的83.5%，随着县县通高速公路和两条高速铁路的开通，煤气燃油的普及，加上水电梯级开发、风能发电、太阳能利用的推广，黔东南州农村能源有了稳定的保障。

随着沿海改革开放发展和新型城镇化的推进，州内农村壮劳动力大量外出和收入的增加，农村能源的短缺得到了缓解和改善，薪柴和煤炭逐年减少，燃气、燃油和电力逐年增多。

第三节　农村能源建设

农村能源区划

1991年来，黔东南州农村能源建设严格按照国家“因地制宜，多能互补，综合利用，讲求效益”的农村能源建设“十六字方针”开展工作。“九五”以前大力发展和升级省煤节柴灶；“十五”和“十一五”期间大力发展农村沼气；“十二五”期间开展多能互补，放慢户用沼气池的新建步伐，完善后续服务体系，积极引进和推广新型高效节柴灶（炉）、秸秆生物气化和规模养殖场沼气集中供气技术，大力推广太阳能热水器和开发微水电，引进太阳能光伏发电、风能、地热能的开发利用技术，引进能源作物的种植和加工提炼技术。

中部的台江、雷山、剑河，东南部的天柱、锦屏、黎平，西南部的榕江、从江、丹寨等县森林覆盖率高，适合大力发展节柴灶。黎平、从江、榕江、丹寨、麻江、雷山等县畜牧业比较发达，适合大力发展规模养殖场沼气集中供气工程。麻江、凯里、丹寨、黄平、天柱、黎平等有煤储量，可合理开采，发展省煤灶。台江、锦屏、天柱、黎平、榕江、从江、麻江、剑河、雷山等县有风能优势，可开发风能发电。剑河、黄平等县地热丰富，可开发温泉。清水江、舞阳河、都柳江流域水源丰富，可开发水能梯级发电，全州16个县市农村可推广电器化。2008—2015年国家财政累计投入农村能源建设资金14638.48万元，省、州、县市、乡镇配套投资1132.69万元。

农村沼气建设

“八五”至“九五”期间（1991—2000年），以节能技术推广为重点，积极发展薪柴林、大力推广省柴节煤灶、节能烤烟房、微水发电、农村沼气示范建设，同时试验开发小水电和小煤窑。2000年以来，以农村户用沼气建设为重点，大力推广农户“一池三改”（即：户建一口沼气池，配套建设改厕、改圈、改厨）；同时，积极开展以沼气综合利用为主要内容的生态农业示范建设，逐步使农村实现农业生产无害化，庭院经济高效化，生活用能清洁化的生态家园富民目标和多能并举的农村能源可持续发展之路。

在农村户用沼气池建设方面 1991—2000年，累计沼气池建设14671口，是1991年至1999年累计建池2345口的6.3倍。1999年12月，黔东南州委、黔东南州人民政府召开了全州沼气生态农业工作会议。要求全州要统一思想认识，把沼气生态农业建设和为今后一段时间农村工作的重大举措来抓。计划在全州范围内兴建50万口沼气池，使60%农户用上沼气，尽早实现林区“烧饭不用柴，照明不用电”奋斗目标。是年新建沼气池560口，超省下达任务260口，累计达到2239口。

2001—2005年，累计沼气池建设106600口，是“九五”期间14671口的7.266倍。2002年3月，黔东南州委、黔东南州人民政府制发《关于加快沼气生态农业建设的意见》（黔东南党发〔2002〕7号），提出了沼气生态农业建设的总体目标和实施措施。具体目标是，2002年全州修建沼气池3万口，到2005年累计修建沼气池20万口，计划到2010年全州建成沼气池50万口，有60%的农户使用上沼气。

2006—2010年，累计沼气池建设191943口，是“十五”期间106600口的1.8倍。其中：2006年新建沼气池30220口，2007年新建沼气池20180口，2008年新建沼气池17160口，2009年新建沼气池10083口，20010年新建沼气池7700口。

2011—2015年，累计建设户用沼气21.5万户，养殖场小型沼气工程112处、养殖场大中型沼气工程21处、村级集中供气5处，沼气发酵容积216.76万立方米，实现产气51769万立方米。其中：2011年，沼气建设项目6480户、村服务网点项目90个、中温发酵大中型沼气工程3处，完工率100%；完成2010年省级投资中温大中型沼气工程2处、常温大中型沼气工程12处。2012年，完成农村户用沼气9003户，完成示范推广新材料商品化户用沼气池4252户。完成农村沼气服务网点152个，完成中温大中型沼气工程建设2011年主体工程2处（凯里市、台江县），“先建后补”建设模式主体工程完工1处。完成常温小型沼气工程建设2011年项目15个。2013年，完成农村户用沼气池建设5000户，完成中央投资大型沼气工程建设2处和省级投资“先建后补”大型沼气工程的主体工程建设3处，完成省级投资常温小型沼气工程27个。2014年，完成农村户用沼气池任务2500户，完成农村服务网点项目120个，中温发酵大型沼气工程项目全面完成并验收1个，主体完工5座，常温发酵小型沼气门犁项目完成（含主体工程完工21座。2015年，完成农村户用沼气池1580户，农村服务网点项目59个，常温发酵小型沼气工程项目建设完工12处，村级集中供气9个。完成33户集中供气管网建设和设备安装并投入使用；省柴节煤灶建设示范全面完成，占200户建设任务的100%。

生态农业示范建设方面 1991—2015年，在示范点、示范寨、示范村、示范乡镇和示范县中积极推广沼气综合利用技术，引导农户利用沼肥种植果树、蔬菜、养鱼、种草，再利用菜、草喂猪，猪粪再进入沼气池产气，循环利用，农业生产良性循环，促进“猪－沼－果（粮、菜、鱼）”生态农业模式形成，取得了“五省”（省工、省时、省柴、省电、省地方）、“四增”（增畜、增肥、增产、增感情）、“三化”（家居温暖清洁化、庭院经济高效化、农业生产无害化）、“二少”（减少疾病传播、减少水土流失）和“一促进”（促进农村精神文明建设）的经济、社会、生态效益。截至2015年底，累计实施生态循环农业210万亩。其中“十五”期间，推广沼液浸种111.59万亩，沼肥种果80.25万亩，沼肥种菜32.12万亩，沼液或沼渣添加养鱼51.31万亩，沼液添加养猪47.56万头；“十一五”期间，在“三沼”（沼肥、沼液、沼渣）综合利用方面，完成沼液浸种236.68万亩，沼肥种果102.19万亩，沼肥种菜67.74万亩、种水稻54.5万亩、种玉米18.07万亩，沼液或沼渣添加养鱼67.95万亩，沼液添加养猪66.34万头。在“三改”（改厕、改圈、改灶）方面，完成改厕54000余户，改圈48000余户，改灶37500余户；“十二五”期间，生态农业示范建设向规模化发展。先后完成了“三沼”综合利用项目9个，沼气生态农业示范推广模式项目县9个，再生物质能源示范工程—省柴节煤灶项目和“三沼”综合利用研究课题等。

改建省柴节煤灶（炉）

改建省柴节煤灶始于20世纪80年代，“台江2号省柴灶”曾荣获黔南州科技成果二等，被农牧渔业部能源环保办公室和河南农业大学收入《全国农村推广先进节柴灶图册》。截至2015年底，黔东南州累计推广和改建省柴节煤灶65.34万台，累计推广节能炉7.55万台，省柴节煤灶（炉）在全州普及率达60%左右，热效率比传统灶（炉）提高了40%—50%，节能效益十分显著。2013年天柱县作为全省两个试点县之一，省柴节煤灶示范推广200户，示范推广效果明显。黔东南州华龙商业贸易有限公司在凯里、镇远等县市试验推广的华龙节能省柴灶获得全州科技进步表彰。

其他能源建设

主要有微水电、风力发电、太阳能利用、地热能的利用。

微水电　截止2015年年底，全州已建、在建水电站437座，总装机容量239万千瓦，占全州水能资源技术可开发装机的88.5%，其中已建、在建小水电站420座，总装机容量61万千瓦；水电站完成水电年发电量61.92亿千瓦时，其中小水电站完成发电量14.55亿千瓦时。

风力发电　项目22个，总装机容量133万千瓦，投入使用的是台江红阳风电场，装机容量5万千瓦，年上网电量9330千瓦时。

太阳能利用　主要是小型的塑料温（棚）室、秸轩生物气化炉和太阳能热水器。塑料温（棚）室主要用于育苗、反季节蔬菜生产、水果生产和热带鱼养殖。到2005年年底，秸秆生物气化炉全州引进和推广8万多台、太阳能热水器3.87万台。

地热能利用　已建设剑河温泉度假区和黄平浪洞温泉度假区，雷山、台江、凯里等县（市）正着手准备开发利用地热资源发展旅游。

能源技术培训

为增加农村能源技术人员队伍素质，以适应农村能源建设不断发展的需要，州、县市、乡镇先后都开展了培训建省柴节煤灶的农民技术员、建微水发电站的农民技术员、建节能烤烟房的农民技术员、建沼气池的农民技术员的培训。尤其是“十五”“十一五”和“十二五”期间更加大了能源技术人员的培训力度。“十二五”期末，累计培训技术人员及农户达4万多人次。其中到2008年止，累计获得国家级证书的沼气建设技工达1857人。截至2009年年底，累计持证沼气生产技工1108个。县市、乡镇还利用乡场、光盘、电视、进村入户等不同形式举办综合利用技术、沼气安全施工使用，配件安装维修等各类技术培训，共培训农民55余万人次。

第四节　农业环境污染

1991年以来，农业环境污染趋于严重。主要原因有：1. 化肥、农药、农膜带来污染。化肥使用量不均衡现象突出、施肥结构不平衡、施用方法不科学、忽视微肥施用等，导致肥料利用率不高，存在污染环境，导致水体富营养化的隐患；农药使用人员文化水平不高，科学安全用药知识接受能力差，缺乏应用先进的植保机械和植保知识，导致盲目、滥用农药，打“保险药”，几种农药混合在一起加大用量以求“防治彻底”，不按防治指标防治、见虫就打等加大了单位面积用药量，造成农药浪费，存在污染环境隐患；塑料地膜的使用量不断增加。全州每年使用农膜2960吨，残膜率达54%，残存的农膜碎片日益积累，在田头、地角、房前、屋后、溪边、树上，随处可见，严重污染农村环境。2. 工矿“三废”及居民生活废弃物、污水带来污染。改革开放初期，中小企业的兴起，小煤窑、磷矿、铝土矿、铅锌矿、锑矿、金矿、石灰石、建材砂石等行业的滥挖滥采乱堆放，城市和工矿区“三废”大量的排放，以及生活污水成了较大污染源。3. 农村人畜粪便带来污染。随着全州农村畜禽养殖业迅速发展，畜禽粪便及粪水的排放量逐年增加。畜禽粪便不经任何无害化处理就直接排放，这些畜禽粪便携带大量的大肠杆菌、寄生虫卵等病源微生物和大量的氮、磷等进入江河湖泊，不仅污染养殖场周围的环境，而且导致水体和大气的污染。

第五节　农业环境监测

随着百姓生活水平的日益提高，对居住环境、农产品质量安全要求也越来越高，政府对农业生产环境也倍加重视，农业环境监测工作逐年增多。

2007年11月至2009年7月，开展了第一次全国污染源普查。州农业局、州畜牧局联合成立了黔东南州第一次农业污染源普查工作小组，办公室设在州农业局农村能源环保办公室。全州各县市农业部门相应成立了普查工作小组，设立办公室，并抽调人员进行普查的相关工作。第一次农业污染源普查工作的清查阶段，工作人员足迹遍及全州207个乡镇，清查种植业典型农户地块9712户，农场18个；畜禽养殖业中规模化养殖场37个，养殖小区47个，养殖专业户470个；水产养殖业中规模化养殖场（池塘/工厂化）7个、（网箱/围栏）7个，养殖专业户（池塘/工厂化）66个、（网箱/围栏）16个。正式普查阶段，全州以县为统计单元，按照县、州级两级控制原则，开展种植业、畜禽养殖业和水产养殖业等三类污染源的普查抽样，其中：种植业典型农户地块普查数9687户，农场典型地块普查数16个，畜禽养殖业486户，水产养殖业94个。

2011年，台江设立了南方山地丘陵区——缓坡地——非梯田——大田作物模式的农田氮磷地表径流流失省控监测点，2013年10月该监测点升为国控点，监测小区面积扩大，原监测点不能满足小区的建设面积，因此监测点变更地点，在距离台江县城约40公里的革一乡排生新村重建，监测模式不变。2012年至2015年，台江农业径流监测小区取送土样5次、土样80公斤；径流水样7次、共51000毫升；作物样2次，其中：玉米籽粒12公斤、玉米秸秆12公斤。

2012年，为从源头控制农产品质量安全，贯彻落实国务院批复的《重金属污染综合防治“十二五”规划》，农业部、财政部于印发了《农产品产地土壤重金属污染防治实施方案的通知》（农科教发〔2012〕3号），安排部署开展农产品产地土壤重金属污染防治工作。黔东南州成立了黔东南州农产品产地土壤重金属污染防治工作领导小组，办公室设在州农村能源环保办公室。全州16个县（市）也相继成立了农产品产地土壤重金属污染防治工作领导小组，办公室在各县市能源办。黔东南州在此次工作中共采送土壤样品5361个，其中：一般农区2205个、三类重点区域（工矿企业周边农区、污水灌区及大中城镇郊区）2659个、高效农业示范园区197个、特色优势农产品区116个，其他农产品产地区184个，采集作物鲜样497个。

2015年，根据省农委统一安排，全州开展稻米重金属污染协同监测工作，完成采送水稻样品640个。为更好地做好农业面源污染防控，按照农业部的要求，黔东南州每两年进行一次农业污染源更新调查。

第六节　农业环境保护

基础设施建设　农村环境保护经历了逐步认识和提高的过程。农村环境保护在基础设施建设上取得了新的进展。2007年，黔东南州第一个农村清洁工程在麻江县碧波乡柿花村中堡组实施。随后，州内每年的农村清洁工程项目实施数量逐年增加。截至2014年年底，全州共获批贵州省农村清洁工程示范村建设项目65个，投入省级资金1370.5万元，涉及34个乡镇43个村寨。2015年，省农委提出对农村清洁工程转型升级，实施新农村环境综合治理项目，加大项目投入资金，重点对农村的生活污水进行处理，将污水处理技术与村寨景观融合，打造农村居住新环境。当年下达施秉县甘溪望城村何家坝组、施秉县城关镇云台村排楼冲组、雷山县西江镇千户苗寨、从江县洛香镇四联村、黎平县高屯街道八舟村、三穗县台烈镇颇洞村新农村环境综合治理（污水处理）示范项目6个，共投入省级资金797万元。2015年8月，施秉县城关镇云台村排楼冲组和甘溪望城村何家坝组两个示范点建成，成为全州农村环境综合治理亮点。9月7日全省新农村综合环境治理现场会在施秉召开。现场会上，省政府副省长刘远坤、省农委主任刘福成对施秉示范点的建设模式给予充分肯定。

主要措施 1991年以来，农业环境保护主要采取了六条措施：1. 发展和保护森林，提高林木的覆盖率。深入实施国家“天保”工程和新一轮退耕还林计划，建设生态示范州，持续提高森林覆盖率，牢牢守住森林覆盖率全省第一的“帽子”，推进林业产业化，为构建美丽黔东南，推进全州生态文明建设发挥积极的作用。2. 开展农村节能减排，积极推广沼气和省柴节煤灶。实施沼气工程，建设户用沼气和养殖场沼气集中供气工程，通过资源化、能源化、减量化、再利用，变废为宝，不仅减轻和缓解农村能源和农业面源污染压力，而且带动农民生产生活观念改变，促进全州现代化养殖业和生态循环农业持续健康发展。3. 推广省柴节煤灶，减少柴薪砍伐，保护森林，减少煤炭使用，减轻大气污染压力。4. 实施清洁生产，减少农业面源污染。贯彻落实“化肥、农药零增长行动计划”和农用包装物回收制度，推广测土配方和病虫害综合防治；实施畜禽粪污无害化处理和资源化利用，推广雨污分离和干清粪技术，粪尿分类处理，合理消纳或达标排放；实施秸秆禁焚和秸秆综合利用，推进秸秆肥料化、饲料化、能源化、基料化、原料化“五化”并举；实施农村垃圾分类和无害化处理，做好垃圾填埋的防渗处理，垃圾焚烧和发电的粉尘和有害气体的处理；实施农村生活污水的无害化处理，推广人工湿地处理技术。5. 积极开发农村可再生能源资源，实行多能互补综合利用。在推广农村沼气和省柴节煤灶的同时，积极开发微水电、风能、太阳能、地热等可再生能源，实行多能互补综合利用。6. 加强集约化园地的管理，防止农业环境污染。加强对集约化程度较高的农业园区、农业产业化基地、农副产品加工企业的管理，做好农业面源污染、农业点源污染和工业“三废”防治，防止污染土壤、大气、水源的事件发生。

第八篇　国有农场　水产实验场　农业园区

第一章　国有农场

第一节　发展概况

20 世纪 80 年代以来，黔东南州农垦经营体制实行过承包，家庭联产，大包干，双层经营，家庭农场，多种经济并存等改革，降低农垦生产自理费用，提高产业盈利水平。

1991 年，全州共有国营农牧场 18 个，共有土地面积 10242 亩。田 3266 亩，土 5196 亩，茶园 1614 亩（黄平 400 亩，雷山 13 亩，老鹰岩 125 亩，金钟 1076 亩），果园 1596 亩（黄平 150 亩，从江 118 亩，镇远 210 亩，三穗 40 亩，榕江 115 亩，从江 45 亩，雷山 21 亩，锦屏 50 亩，天柱 132 亩，老鹰岩 300 亩，炉山 96 亩，金钟 300 亩，州永丰公司 29 亩），鱼塘 451 亩（黄平 3 亩，雷山 19 亩，老鹰岩 88 亩，高坝 30 亩，天柱 25 亩，镇远 25 亩，三穗 211 亩，从江 8 亩）。共有 737 户，4169 人，职工 1970 人，分别从事农业、工业、商业、建筑业、运输业和服务业。国民总收入 525.3 万元，工农业总产值 506.8 万元，上缴税金 24.8 万元，实现纯利润 20.83 万元，粮食总产 171.33 万公斤，职工人均产粮食 869.71 公斤。5 个企业场中，1 场持平，1 场亏损，3 场盈利。

“八五”期末（1995 年），全州国有企事业农场在原有基础上有了新的发展。其中：永丰农工商总公司，丹寨金钟农场，岑巩老鹰岩农场，黎平稿坝农场 4 个农垦企业全年生产粮食 1500 吨，油料 180 吨，肉类 7 吨，水果 180 吨，茶叶 400 余吨，实现工农业总产值 300 万元，利润总额 140 万元。事业场生产粮食 800 吨，蔬菜 200 吨，茶叶 15 吨，水果 190 吨，实现农业总产值 200 万元。

“九五”期末（2000 年），永丰农工商总公司，凯里炉山农场，丹寨金钟农场，岑巩老鹰岩农场，黎平稿坝农场 5 个企业场，全年生产粮食 1600 吨，水果 190 吨，茶叶 50 吨，牛奶 270 吨，实现工农业总产值 380 万元。事业场生产粮食 840 吨，蔬菜 200 吨，茶叶 15 吨，水果 200 吨，实现农业总产值 210 万元。

“十五”期末（2005 年），永丰农工商总公司，丹寨金钟农场，岑巩老鹰岩农场，黎平稿坝农场 4 个农垦企业工农业总产值达到 1000 万元，其中工业产值 420 万元，利润总额 100 万元，人均年收入 2100 元。

“十一五”期末（2010 年），永丰农工商总公司，丹寨金钟农场，岑巩老鹰岩农场，黎平稿坝农场 4 个农垦企业工农业总产值达到 1940 万元，总产粮食 1060 吨、油料 110 吨、肉类 80 吨、水果270吨、水产品5吨、茶叶560吨、牛奶820吨，利润总额140万元，人均纯收入2600元。

“十二五”期末（2015年），丹寨金钟，岑巩老鹰岩，黎平稿坝三个农垦企业，年总产粮食1090吨，油料110吨，肉类70吨，水产品5吨，水果260吨，茶叶202吨，硒米1200吨。工农业总产值达到1900万元，人均纯收入3300元。

第二节　国有事业农场

基本情况

“八五”期末，全州事业农场有黄平县三邦农场、施秉县良种场、镇远县良种场、三穗县良种场、岑巩县白岩坪农牧场、天柱县良种场、锦屏县花桥农场、榕江县良种场、从江县农场、剑河县关口农场、台江县老屯良种场、雷山县良种场、麻江县良种场13个。耕地总面积3477亩，其中田1748亩、土1729亩、果树面积881亩、茶叶413亩、鱼塘346亩，总职工857人，退休职工241人，家庭农场545个。后经过多年的结构调整和关停并转，全州事业农场逐年减少。“九五”期末，全州事业农场降至10个（三穗县良种场，岑巩县白岩坪农牧场，锦屏县花桥农场，榕江县良种场，黄平县三邦农场，天柱县良种场，雷山县良种场，镇远县良种场，从江县农场，剑河县关口农场）。“十一五”期末，全州事业农场降至6个（三穗县良种场，岑巩县白岩坪农牧场，锦屏县花桥农场，榕江县良种场，黄平县三邦农场，天柱县良种场）。“十二五”期末，全州事业农场降至4个（三穗县良种场，岑巩县白岩坪农牧场，锦屏县花桥农场，榕江县良种场）。耕地总面积1387亩，其中田932亩、土455亩、果树面积145亩、鱼塘297亩，总人口1108人，总职工328人，其中退休职工223人。

经济体制

黔东南州农垦事业场初期实行供给制（工资为每人每月发大米）、固定工资制、“包工、包产、包成本制”、记工按劳付酬制、等级工资制等。从20世纪80年代后，农垦事业场的经营管理体制进行了大断的改革，经历了几次重大的变化。

实行承包责任制。主要有两种形式：(1)“定、包、奖”。即以“包、定、奖”为主要内容的生产责任制。种植业一般是以班组为单位，联系产量、产值计酬计奖。有的场把产量、产值、成本、利润等指标，包干落实到人（户）。养殖业全面推行“一家班”责任制，即选择有经验和责任心强的一家人包一栋猪舍，实行包任务，包饲料，包肥料，包盈亏，超任务奖励，减产减发工资的办法。同时从场长、书记到职工均实行每月预扣10%的责任工资，亏损严重的场预扣15%的责任工资，年终完成任务后全部发还，完不成任务的按比例扣发，以增强干部的责任心，促进了包、定、奖工作的改进和完善。(2)班组承包，责任到人。即农垦农场以“包、定、奖”为主要内容的责任制主要产品由农场统一处理；主要物资由农场统一供应；劳动力服从统一调配；奖惩办法由农场统一制定的“五统一”情况下，从责任到队发展为班组承包，责任到人。由于各场自然条件、生产水平、生产项目不同，承包形式多种多样。

实行家庭联产承包责任制。家庭联产承包责任制是在“包、定、奖”的基础上发展起来的，实行“全民所有，家庭经营，定额上交，自负盈亏”。分配原则是交够国家的，留足企业的，剩下的都是职工自己的。它具有以下特点：一是进一步将承包人的责、权、利结合起来；二是取消了等级工资，职工原定的等级工资只作为调资、调动工作或退休时的依据；三是家庭联产承包责任制使每个家庭成员都关心生产经营，搞好生产。正如职工们所说：“联产如联心，联谁谁操心”；四是某些职工家庭劳力不足时，可雇请临时工、季节工。

实行大包干承包责任制。大包干承包责任制，是联产承包责任制的又一种形式。用职工的话说：“大包干，政策宽，既省事，又简单。”大包干主要做法是：“全民所有，职工承包，统包结合，定额上交，费用自理，盈亏自负。”大包干以后，职工生产、生活上的一切费用，全部自理，种植和养殖业按农场计划执行，计划内的产品按合同上交，计划外的产品可上交农场，按市场价格结算，也可自行处理。职工使用农场的大型机具，水利设施等，均按面积向农场交付费用。

实行双层经营制。即实行以职工家庭承包经营为基础、大农场套小农场和统分结合，推行“两田制”和职工家庭“两费”（生产、生活费）自理和“四到户”（经营、核算、盈亏和风险到户），积极稳妥地推进“三费”（生产、生活和养老统筹费）和“四费”（生产、生活、养老和医疗统筹费）自理，职工真正成为“自主经营，独立核算，定额上交，自负盈亏”的经营主体，把职工的责、权、利三者紧密结合起来，在完善土地承包关系的基础上，允许职工在承包期内依法、自愿、有偿转让土地经营权，鼓励“公司+职工家庭农场”的经营体制，有效地克服了“大锅饭”和雇佣思想的弊端，从而极大地调动了广大职工生产经营的积极性，盘活了农场土地，提高了劳动生产率，给农场的发展带来了生机。

举办职工家庭农场。即把田、土、山林、果树、耕牛、农具等，全部分到户，以户为单位经营，规定每年向场缴纳一定数量的粮食或现金。运输工具、作坊、酒厂、商店等，则由个人承包经营，规定每年向场缴纳一下数额的承包费。职工家庭农场是在全民所有制国有农场领导下，以户为单位，实行家庭经营，定额上交，自负盈亏的经济实体。许多农场先后将奶牛、役畜、木质大农具及大小拖拉机等，折价转让给家庭农场，由家庭农场分期偿还。

实行多种经济成分并存。双层经营体制在一定时期内能够推动生产力的发展、表现出旺盛的生命力，从而使职工增收、农场增效、企业扭亏为盈。但是从长远来看，在人才的吸收、规模化经营、品牌的打造与市场的培育、企业扩大化再生产等要素上的作用是有局限性的，随着双层经营的推进，时间越长，短视效应（重产出轻投入）、贫富差距拉大的现象也随之出现和产生。由于承包者个体素质的差异，懂技术、善经营、身体强健的逐渐富了起来，反之，由于经营不善或体弱多病的承包者由于兑现不了承包合同而导致不履行或无法履行承包合同责任从而使集体经济收入下降，集体经济收入减少了直接导致集体经济投入的减少，这样的恶性循环对于农垦企业的发展和壮大是非常不利的。2000 年以来，全州农垦为了摆脱不利的局面积极探索与非公有制经济相结合的模式。

产业结构

1991 年后，农垦事业场开展农、林、牧、副、渔业生产，工副业、畜牧业有一定的发展，但规模小，产值低，仍处于以农业为主的经营格局。

培育良种与技术推广 虽然农场兴办家庭农场后，工、商、运、建等服务生产经营投入了大量的劳动力，但良种繁育一直在进行。1991 年至 2015 年，繁育和培植各优良品种和种子均在 50 万公斤左右。其中：榕江县良种场 1992 年推广水果型甘蔗种子 15 万公斤，1993 年推广柑橘果树苗 100 万株，1994 年为农业盛泰公司生产锡利贡米种子 80 亩总产量 4 万公斤，1995 年至 1996 年推广优质鱼苗，鱼种 400 万尾，1997—2001 年推广优质鱼苗 800 万尾，生产锡利贡米种子 200 亩总产量 10 万公斤，2002—2006 年生产锡利贡米种子 600 亩，总产量 30 万公斤，推广鱼苗 1000 万尾。

经济作物生产 主要的品种有蔬菜、水果、茶叶、烤烟等。其中：施秉县良种场，1991 年至 1996 年场种植商品蔬菜 1025 亩，产量 271.765 万公斤，总收入 73.35 万元。

施秉县良种场种植商品蔬经济效益情况统计表

（1991—1996 年）

表 8—1

年　份	种植（亩）	产量（公斤）	支出（元）	职工人均纯收入（元）	全场人均纯收入（元）
1991	200	490000	130000	5070.40	2250.00
1992	180	441000	110000	5523.80	2320.00
1993	165	404250	115500	7245.00	2415.00
1994	160	448000	112000	7612.10	2908.00
1995	160	460800	128000	9545.40	3539.30
1996	160	473600	128000	10472.70	3883.20
合计	1025	2717650	723500		

镇远县良种场，1991 年产柑橘 5998.5 公斤。2001 年，产柑橘 12000 公斤、大板栗 250 公斤、早苹果 350 公斤、西瓜 21250 公斤。同年新建优果基地 30 亩。2011 年种植精品水果 180 亩，实施玉米新品种对比试验 40 亩，烤烟 20 亩，产值约 210 万元。当年全场年总收入 167798 元，总支出 78549 元。收支相抵，盈余 26347 元。岑巩县白岩坪农牧场，1991 年种花生 20 余亩，产量 3000 公斤；种黄豆 50 余亩，产量 3750 公斤；种西瓜 50 余亩，产量 12500 公斤。同年产名茶 350 公斤，大众茶 15000 公斤；“十二五”期间，形成了岑巩县重点烤烟基地和育苗基地，烤烟种植 400 余亩，年产量 6000 公斤；同时引进了一家白芨种植及育种基地年收益在 1000 万元。榕江县良种场，1992 年种植水果甘蔗 50 亩，1993 年柑橘发展到 105 亩，2007—2010 年发展其他果园 55 亩。良种场 1997 年至 2001 年总收入 190 万元，2002 年至 2006 年总收入 224 万元，2007 年至 2010 年总收入 300 万元，2012 年至 2016 年总收入 320 万元。雷山县良种场，1993 年至 2003 年优质果品杨梅、金秋梨、黄花梨、水晶葡萄发展到 258 亩。同时农业产值在不断地提升，农场工农业总产值达到了 92.8 万元，年均 9.28 万元，比前 10 年年平均工农业总产值增长 23.6%。

养殖生产 主要的品种有商品猪、杂交肉牛、羊、鸡、鸭、鹅、兔、鱼以及牛肉干、香肠、腊肉、冻牛等畜产品的加工生产。其中：镇远县良种场，1991 年年出栏商品猪 95 头，存栏育肥猪 54 头，存栏母猪 25 头，全年产仔 153 头。有奶牛 8 头，年产鲜奶 3000 多公斤。2003 年，建立农业科技示范场，至2004年年底，存栏杂交肉牛60头，本地能繁母牛10头，南江黄羊90只，波尔山羊4只，种植优质牧草120亩，带动周边农民种植250亩，并承担了全省青贮饲料玉米品比试验12个品种和优质牧草品比试验。2006年，完成了省“十五”攻关科研项目“饲料不同配方快速育肥牛对比试验”、完成了优质牧草秋冬种示范、完成了省种子站下达的玉米新品种品比试验及青贮玉米试验。共种植牧草125亩，养殖优质肉牛62头。2011年生猪养殖存栏200头。榕江县良种场，1992年发展饲养牛30头，2007—2010年池塘养鱼50亩。岑巩县白岩坪农牧场，“十二五”期间，引进了3家规模生猪养殖大户，规模为1000头，年出栏量150头，产值300万元。

兴办家庭农场　家庭农场始于20世纪80年代，大力兴办在20世纪90年代。方式是大农场套小农场的双层经营体制，把农场职工的责、权、利三者紧密结合起来，有效地克服“大锅饭”和雇佣思想的弊端。家庭承包后，实行“自主经营、独立核算、定额上交，自负盈亏”的管理形式，从而极大地调动了广大职工生产经营的积极性，提高了劳动生产率。“七五”期末，家庭农场已发展到500户左右。1991—1996年施秉县良种场实行家庭承包后，全场职工收入达到自给，生产、生活、住房条件得到改善，农场生产管理经济效益年年有盈余，详情见下表。

施秉县良种场农业生产管理经济效益情况统计表

表8—2　（1991—1996年）

项目 年度	收　入（元）			支　出（元）				盈亏（元）
	合计	承包费	行政管理费	合计	农业生产投入	行政管理费	退休职工	
1991	60000	60000	7200	46680	13560	7200	25920	+20520
1992	61200	54000	7200	45870	12750	7200	25920	+15330
1993	56700	49500	7200	43700	10580	7200	25920	+13000
1994	55680	48000	7680	39980	4220	7680	28080	+15700
1995	56640	48000	8640	42270	3030	8640	30600	+14370
1996	56640	48000	8640	42090	2850	8640	30600	+14550

第三节　农垦企业场

丹寨县金钟农场

基本情况　金钟农场有职工201人，其中高中层管理及技术人员63人；有总资产4927.5万元，其中固定资产3949.68万元，流动资产837.42万元，土地面积8.2平方公里；有3000亩优质茶叶基地和三条生产线（500吨/年茶叶加工生产线一条、4000吨/年硒软水生产线一条、10000吨/年优质硒精米加工生产线）。是丹寨县农副产品加工型企业及省级农业产业化经营重点龙头企业。

生产经营 丹寨县金钟农场主要以种养殖业为主，兼发展茶、牧、工、副等多种经营。1991年发展种植水稻40.67公顷，粮食总产量176.69吨。其中水稻产量150.10吨，其他粮食产量26.59吨。种植烤烟48.73公顷，桃园3.33公顷，葡萄10公顷，橘子1.13公顷，粮食总产量176.69吨。产干茶6420.75公斤，开采铝矾土销售6649.82吨。全年完成工农业总产值51.89万元。其中：工业总产值5.42万元，农业总产值46.46万元。1992年，发展种植水稻40.80公顷，总产量15950公斤；玉米20公顷，总产量120000公斤；小麦3.35公顷，总产量2003公斤；其他粮食作物23.33公顷，总产量262500公斤；种植油菜34.87公顷，总产量20920公斤；畜牧渔业产量26100公斤。其中：猪肉21000公斤，养鱼300公斤，饲养禽肉2100公斤。新建年产12.5万只碳、柴、煤炉灶厂，年产值达18.87万元；新建水泥预制砖瓦厂，年产值12.69万元，新建年产700万块火砖厂1座。当年完成工农业总产值112.3万元。其中：工业总产值31.57万元，农业总产值80.74万元。1993年，按照高标准规范化新建茶园161.80公顷。其中：一期87公顷，二期74.80公顷。1994年，新茶园与前一期、二期共建茶园200公顷。改造和新建茶叶加工厂房2333平方米、仓库3200平方米，形成手工车间2个，初制车间2个，精制车间1个。1994年，茶叶鲜叶总产量为3.85万公斤（其中毛尖茶青0.188万公斤、毛峰茶青0.168万公斤、大宗茶青3.995万公斤）。1995年，粮食播种面积89.66公顷，总产量为476.47吨，其中水稻种植34.21公顷，产谷65596公斤；发展养黑山羊185只，发展养牛14头（其中水牛8头、黄牛6头）；生产茶青103190公斤（其中毛尖5037.80公斤、毛峰为4504公斤、大宗93648公斤）；产干茶24089公斤（其中：毛尖茶735.5公斤、毛峰茶1119.5公斤、大宗茶22234公斤）；生产机制红砖302万块，销售282万块。是年，完成工农业总产值182.92万元。其中工业总产值52.43万元，农业总产值130.5万元。1996年，粮食种植面积257.42公顷。其中农场集体经营127.17公顷，家庭农场经济58.97公顷，外单位承包71.28公顷，稻谷入库69.76吨，玉米入库17.90吨。茶叶鲜叶生产1476.5公斤，产干茶329.62公斤。南瓜入库26.24吨，产硒南瓜汁2000吨，红薯入库13.70吨，产硒红薯脯50吨。机制红砖生产300万块；硒软水厂生产矿泉水1万吨，此新产品被黔东南州40年州庆指定为会议专用饮水。畜牧业发展年末存栏数比上年增长64%。是年，完成农业生产总值191.20万元。其中工业总产值达65.50万元，农业总产值125.7万元。1997年，种植优质大米15.15公顷，稻谷入库21.424吨，硒精米生产112.5吨；种植南瓜17.07公顷，入库38.4万公斤，生产硒南瓜汁245吨（200万罐）。种植红薯13.33公顷，入库30万公斤，生产红薯脯30吨（20万袋）；种植烤烟6.79公顷，入库12725公斤；产干茶产量770公斤；生产硒软水1200吨（200万瓶）；机制红砖生产200万块。1998年，新建茶厂年生产300吨干茶1座，占地面积1884平方米。种植硒谷400亩。生产硒米厂房共7座，占地总面积18500平方米，固定资产2000余万元。是年，完成农业生产总值197.02万元，粮食总产值达300吨，销售收入102万元。1999年，种植水稻33.94公顷，玉米26.67公顷，薯类种植6.67公顷，粮食产量达64吨。种植蔬菜2.67公顷，烤烟3.33公顷。当年，完成农业生产总值164万元。其中：工业生产总值38万元，农业126万元。粮食产量达64吨。是年11月，全场职工494人（其中退休181人，在职313人），全员纳入社会养老保险统筹行列。

基础建设与加工 金钟农场认真抓了茶园基地与加工建设、硒米基地建设与加工建设、南瓜汁、红薯脯及硒水加工等。1. 茶园基地与加工建设。茶叶是金钟农场最早成规模的经济作物，也是金钟农场的传统农产品。在基地建设方面：1993 年用 100 万元的扶贫贷款对原茶园进行改造，建立起新一代的第一期1100 亩茶园。后又得到“坡改梯”等项目的支持，基地规模逐年发展扩大，并带动了南皋乡竹留村、兴仁镇烧茶村、扬武乡乌仲村、排调镇党干村等地的基地建设。形成了丹寨县“公司 + 基地 + 农户”的农业产业化雏形，实现了农产品加工业的良好开端。2. 茶叶加工。1994 年金钟农场建立了自己的第一个茶叶加工生产线，主要生产毛尖茶；为了提高茶叶下树率，提高单位面积收益，又分别建立了毛峰和绿茶生产线；1995 年引进外地茶商开辟了珠茶生产线，其产品远销非洲；1999 年建成茶叶加工厂房一座，占地面积 1884 平方米，年生产干茶 300 吨。到 1995 年年底，金钟农场茶园面积发展到 3300 亩，其规模之大、环境之优美，茶园效益的逐年提高，被外界誉为“金钟茶海”，2005 年 12 月，金钟农场被国家旅游局命名为国家农业旅游示范点。3. 硒米基地建设与加工。1995 年，金钟农场从云南省个旧市引进水稻滇屯 502 品种到丹寨试种植成功。优良的品种——硒米香气特质得到充分发挥，一上市便得到广大消费者的认可和专家的赞誉，产品供不应求。针对农场稻田少、可供种植滇屯 502 的稻田不够的实况，金钟农场黔丹公司与周边乡镇农户实行滇屯 502 品种订单生产、收购，从而带动了周边的长青、扬武、兴仁等乡镇部分村的滇屯 502 品种基地建设。到 2004 年，基地规模稳定在 1 万亩左右。滇屯 502 生产出来后，因其谷粒和芒较长，用本地普通的加工设备其外表特征被破坏，导致碎米较多，商品价值下降。2002 年，公司购进小型加工设备，基本解决了加工问题。2005 年，在省农业综合开发多种经营项目的扶持下，公司购进万吨精米加工生产线，建起了自己的加工生产厂房和仓库，从根本上解决了硒香米生产、加工、仓储等问题。4. 南瓜汁、红薯脯及硒水加工。1993 年，省微量元素研究所专家到金钟农场，对金钟农场的土壤、水、茶、米、红薯、玉米、南瓜等样品进行分析化验，发现丹寨生产南瓜、红薯硒含量较高。土壤和农产品含硒的重大发现，让金钟农场看到了农产品的市场前景。1997 年，建立了年产 400 吨南瓜汁半自动生产装置和红薯脯加工设备。1996 年 7 月，硒水生产线上马，年产硒软水瓶装水 4000 吨，由于其成本过高，1999 年将瓶装硒水的生产转化到生产生活用水（桶装水）上来，成为丹寨县第一家瓶（桶）装水的生产厂家。

品牌建设 1993 年，金钟农场在第一批试采加工的茶叶产品出来后，便注册“黔丹牌”商标。20 多年来，特别是进入 21 世纪以来，金钟农场着力加强对商标、品牌及产品的宣传、打造和提升，提高了“黔丹牌”商标的知名度和产品的市场占有率。1996 年成立丹寨县黔丹硒业有限责任公司，属国有控股企业，注册资金 600 万元，主要从事茶叶、硒米、硒水、韭菜根等“黔丹”牌系列农副产品的生产经营及开发，取得了明显的成效。公司研制开发的“黔丹”牌系列产品投放市场供不应求，深受广大消费者的好评，产品远销广东、广西、福建、湖南、浙江等地。2003 年 1 月公司已获贵州省外贸合作厅批准进出口资格，2003 年公司已通过 ISO9001：2000 认证，同年 12 月分别获得农业产业化经营省级重点龙头企业和农业产业化经营州级重点龙头企业、国家标准化委员会示范基地、贵州省无公害大米生产基地。2011 年 7 月，黔丹牌丹寨硒锌米获国家质量检验检疫总局核准丹寨县黔丹硒业有限责任公司使用国家地理标志保护产品专用标志。2008 年“黔丹”牌商标被评为“贵州省著名商标”。

丹寨县金钟农场（黔丹公司）黔丹牌硒锌系列产品获奖情况一览表

表 8—3

获奖名称	获奖产品	颁奖单位	获奖时间
贵州省名茶	黔丹毛尖（龙泉毛尖）	贵州省食品工业协会茶叶分会和贵州省茶叶品质评审委员会	1995 年 6 月
贵州省名茶	黔丹神笔咏春	贵州省食品工业协会茶叶分会和贵州省茶叶品质评审委员会	1995 年 6 月
贵州省首届斗茶会优秀奖	黔丹毛峰茶	贵州省食品工业协会茶叶分会和贵州省茶叶品质评审委员会	2000 年 6 月
贵州省首届斗茶会第四名	黔丹毛尖茶	贵州省食品工业协会茶叶分会和贵州省茶叶品质评审委员会	2000 年 6 月
中国凯里国际芦笙暨民族服饰文化节“鸿福杯”黔东南名茶	黔丹毛尖茶	中国凯里国际芦笙暨民族服饰文化节组织委员会	2001 年 8 月
贵州省质量检验协会茶叶专业委员会团体会员（副会长单位）	黔丹公司	贵州省质量检验协会	2002 年 6 月
贵州省茶叶行业知名商标	黔丹公司	贵州省食品工业协会茶叶分会	2004 年 12 月
贵州省茶叶行业优秀企业	黔丹公司	贵州省食品工业协会茶叶分会	2004 年 12 月
2006 年“中绿杯”中国名优绿茶评比银奖	黔丹毛尖茶	第三届中国宁波国际茶文化节组委会	2006 年 4 月
2006 年“中绿杯”中国名优绿茶评比优质奖	黔丹苗岭御剑茶	第三届中国宁波国际茶文化节组委会	2006 年 4 月
贵州省优秀茶叶企业	黔丹公司	贵州省饮食与茶文化节组委会	2007 年 1 月
第三届贵州农产品展销会名特优产品	黔丹毛尖茶	贵州省名特优农产品展销会组委会	2007 年 11 月
第三届贵州农产品展销会名特优产品	黔丹毛峰茶	贵州省名特优农产品展销会组委会	2007 年 11 月
贵州省名牌农产品	黔丹毛尖茶	贵州省农业厅	2007 年 11 月
贵州省名牌农产品	黔丹毛峰茶	贵州省农业厅	2007 年 11 月
第八届“中茶杯”全国名优茶评比优质茶称号	苗岭御剑茶	中国茶叶学会	2009 年 7 月
2010 年第十七届上海国际茶文化节“中国名茶”金奖	苗岭御剑茶	上海国际茶文化节组委会	2010 年 4 月
第十届“中茶杯”全国名优茶评比特等奖	硒锌丹红（红茶）	中国茶叶学会	2013 年 8 月
贵州省消费者协会第六届推荐产品	黔丹牌硒精米	贵州省消费协会	2002 年 12 月
无公害农产品	黔丹大米	中华人民共和国农业部	2005 年 1 月

续表

获奖名称	获奖产品	颁奖单位	获奖时间
黔东南州第一届优质稻米“金奖”	滇屯502	黔东南州第一届优质稻米鉴评委员会	2006年2月
第三届中国优质稻米博览交易会“优质产品”	黔丹牌硒精米	第三届中国优质稻米博览交易会组委会	2004年11月
第四届中国优质稻米博览交易会“优质产品”	黔丹牌硒精米	第四届中国优质稻米博览交易会组委会	2005年11月
第五届中国优质稻米博览交易会“优质产品”	黔丹牌硒米	第五届中国优质稻米博览交易会组委会	2006年11月
第五届中国优质稻米博览交易会“优质产品”	黔丹牌凯香优	第五届中国优质稻米博览交易会组委会	2006年11月
2007全国航空航天模型锦标赛暨全国青少年航空航天模型锦标赛推荐用米	黔丹牌系列硒米	2007全国航空航天模型锦标赛暨全国青少年航空航天模型锦标赛组委会	2007年8月
贵州省名特优农产品	黔丹牌硒锌精米	贵州省名特优农产品展销会组委会	2007年11月
贵州省名牌产品	黔丹牌丹寨硒锌米	贵州省名牌产品战略领导小组	2011年10月
第十一中国优质稻米博览交易会金奖	黔丹牌丹寨硒锌米	中国优质稻米博览交易会组委会	2012年12月
第十一中国优质稻米博览交易会优质产品种	黔丹牌丹寨硒锌米	中国优质稻米博览交易会组委会	2012年12月
第八届中国新技术新产品博览会金奖	纯天然含硒软水	中国新技术新产品博览会	1996年11月
第八届中国新技术新产品博览会金奖	含硒南瓜汁	中国新技术新产品博览会	1996年11月
贵州省农业产业化经营重点龙头企业	黔丹公司	贵州省农业产业化经营联席会议	2003年12月
贵州省著名商标	黔丹牌	贵州省工商行政管理局	2008年9月
首届黔东南知名商标	黔丹牌	黔东南首届知名商标评选委员会	2004年3月
黔东南农业产业化经营重点龙头企业	黔丹公司	黔东南农业产业化经营联席会议	2003年9月
中华人民共和国进出口资格	黔丹公司	贵州省贸易合作厅	2003年1月
商标注册证	黔丹牌	中华人民共和国国家商标局	1997年4月
全国工业生产许可证	黔丹公司	贵州省质量技术监督局	2007年1月
贵州省农业产业化经营重点龙头企业	黔丹公司	贵州省农业产业化经营联席会议	2003年12月

队伍建设 金钟农场围绕产业大力加强相关人才队伍的建设和培养。创业之初，主要通过与大专院校、科研院所的联系，以及从县外引进急需的专业技术人才。随着产业的发展，公司充分挖掘内部潜力，培养自己的专业技术人才，将公司职工送出去培训提升的同时，1994－1995 年，金钟农场根据产业发展所需，与州技校、县职校联合开设了两届学制三年茶技专业，学生 130 名（三个班）；1996 年开设了学制三年食品加工专业，学生 58 人；1997 年开设了学制三年市场营销专业，学生 60 人。

岑巩县老鹰岩农场

基本情况 老鹰岩农场有土地总面积 3000 亩。耕地面积 1760 亩，其中田 369 亩、土 1391 亩；林地面积 1600 亩；水面面积 120 亩，其中养殖面积 88 亩。茶园面积 125 亩，果园面积 300 亩。可垦荒地面积 1959 亩，其中宜种果 1959 亩。宜林地面积 9555 亩。其他面积 14581 亩。至 2015 年，农场在职职工 78 人，其中管理人员有 3 人。

基础设施建设 主要有办公大楼、住宅小区、输电线路、水果基地、茶叶基地、蓑草基地、魔芋基地、板栗基地等。1993 年 2 月，农场对蕨落坡近 270 亩茶叶进行技术性改造，坡顶保持树林盖顶，茶园中间隔栽种杜仲、黄檗等树种调节小气候，以及降低茶叶蓬面高度、采取适度修剪和追施底肥等规范措施。是年 6 月，申请办理白云石砂场许可证。是年 8 月，将原分到各户承包管理的果树折价收回统一由农场集中管理经营。1993 年秋冬，农场对烤烟棚片区果园进行深耕压青改造。是年年底，投资 7 万元，购置了揉茶机、杀青锅灶，建成 200 平方米的茶叶新厂房和专用茶叶贮藏库。是年年底至 1994 年年初，争取到以工代赈项资金，投劳 3000 多个，在学堂湾以上的山坡上，连片种植 800 多亩蓑草基地。1993 年 3 月，在与县魔芋厂商达成产销意向协议，在大菜园试种魔芋 16 亩成功后又到湖南湘西的大庸市、永顺、桑植等几市县，引进魔芋种种植 110 亩又获成功。是年 7 月县委组织召开的“全县农村村级党支部书记现场会”在农场召开，参会人员 170 来人参观魔芋产区。1994 的 9 月，经与原承包经营茶场的县区划办协商，收回农场茶叶自主生产经营，并申请注册“老鹰山”牌思州绿茶商标。1994 年 12 月，农场“集市一条街”纳入规划，次年 3 月启动建设，在大菜园公路（岑—石公路）两边，修建集既有街景、又兼有商贸功能、小集镇式的住宅小区。1995 年投资 70 多万元，最终将大坝修复恢复发电。1996 年秋，得到省、州、以及其他部门资助和自筹等，共计投入 80 万元，在桐木凼建成 220 亩，年产值 100 多万元的脐橙果园。1997 年年初，农场在县里争取到 10 万多元，从玉屏果树场引进杂交大板栗树苗，在小凼打岩厂旁的园坡营造了 58 亩板栗基地。1998 年年初，先后在省州有关部门支持及自筹，投资 38 万多元，新建了新办公大楼。是年，得到上级部门资助和自筹等，共计投入 15 万元改造鸡爪滩电站至木榨 10 公里输电线路。

生产经营 老鹰岩农场生产经营的品种有水稻、玉米、小麦、红苕、洋芋、大豆、花生、油菜籽、蔬菜、果用瓜、茶叶、水果、桐籽等。1993 年 4 月，农业局技术员杨天祥、吴启伦受聘到场授课、指导果树的更新、改造、改良等技术工作。当年引进脐橙、兴津、纽荷尔等先进苗木品种（芽条），对洗菜塘、团塘坳、团塘等大片黄果园进行高枝嫁接，建造 200 多亩脐橙基地。1994 年，利用新引进的先进设备，和聘请江浙师傅传授技术，按江浙厂商品牌要求制作的‘龙井’‘碧螺春’等初级产品，并创建了“老鹰山”思州绿茶自己的品牌。至年底茶园面积达到450亩，产干茶突破万斤，产值比原来翻了两番。1999年，全场总人口400余人（包括家属子女），产粮20万公斤，建成果园500多亩，投产280亩，产量30万公斤，投产茶园370亩，年产量1.5万公斤，成材山林1000多亩。

黎平县稿坝农场

基本情况 黎平稿坝农场有土地总面积3147亩。耕地面积320亩，其中田220亩、土100亩；林地面积2400亩；水面面积30亩，其中养殖面积30亩。果园面积90亩。可垦荒地面积200亩，其中宜种果200亩。其他面积1070亩。职工人数61人。

生产经营 黎平稿坝农场生产经营的品种有水稻、玉米、小麦、红苕、洋芋、大豆、花生、油菜籽、烤烟、茶叶水果等。“八五”期间（1991—1995年），总人口162人，在职职工55人，退休工人4人，农场总收入16.08万元。人均收入1200元。“九五”期间（1996—2000年），总人口185人，其中在职职工37人，退休工人32人，主要经济收入有梨、桃、西瓜、稻谷、农场总收入32万元，人均收入1729元。“十五”期间（2001—2005年），总人口188人，在职工人37人，退休工人32人，农场总收入42万元（其中出售木材收入合计28万元），人均收入2234元。此外，黎平县人民政府为安置库区移民的遗留补偿、安置异地扶贫搬迁户和解决农场退休工人的养老，先后划拨稿坝农场380亩土地。“十一五”期间（2006—2010年），总人口165人，其中退休工人29人，在职职工33人，农场收入394000元（木材收入合计224000元，租金5万元）人均收入2387元。“十二五”期间（2011—2015年），黎平县人民政府修建世纪大道，农场征用了农场不少场所，其间农场总收入41万元之间，人均收入2500元左右。

凯里炉山农场

20世纪90年代，凯里炉山农场有土地总面积2940亩，其中，耕地面积1167亩，田397亩，土770亩，林地面积53亩，水面面积15亩；茶园面积413亩；果园面积29亩。其他面积96亩。职工123人，其中干部6人，工人117人。

凯里炉山农场生产经营的品种有水稻、玉米、小麦、红苕、洋芋、大豆、花生、油菜籽、烤烟、蔬菜、瓜用果、茶叶、水果等。1991年，炉山农场工农业总产值由1976年的17.7万元，上升到71.01万元，人均2003.13元，盈利10.02万元，户均2536元。1992年，炉山农场移交给凯里市农业局管理。2003年7月1日把农场正式职工全部以国有企业职工身份纳入社会保险统筹。2007年5月，凯里市人民政府对农场进行改制，按照相关政策收回了该农场的土地使用权。

州永丰公司

基本情况 州永丰公司始建于20世纪50年代，1986年经黔东南州人民政府批准，更名为“黔东南自治州永丰农工商公司”。20世纪90年代，全公司土地总面积2420亩，其中土240亩，有养殖水面60亩，果园51亩；奶牛117头。有职工275人，其中干部42人，工人233人。全公司有乳牛场、渔场、饲料加工厂、饮料厂、酒厂、糕点厂、糖果厂、林业化工厂、永丰综合大楼、北京路批发门市部、高溪综合门市部、汽车修理场及车队12个独立核算单位。有固定资产净值262万元，流动基金17.5万元，主要设备有拖拉机3台，载重汽车7辆，小汽车2辆，以生产牛奶为主，兼营工、商项目，年上缴税金13万余元，注册资金500万元，是省内农工商最大的一家企业。

生产经营　州永丰公司的生产经营经历过发展—兴旺—衰落—再兴旺的过程。

“八五”至“九五”期间（1991—2000年）　州永丰公司由于市场的变化和自身的原因，年总产值逐年下降。1991—1996年总产值由20世纪80年代的550余万元降到170余万元。1996—2000年永丰化工厂（前身永丰林化厂）、永丰食品厂、永丰劳动服务公司先后停产，永丰汽车修理场也由以前的汽车修理、维护等综合业务变为单一的水电管理、收费业务，141名职工待岗。2000年年底，公司行政领导班子进行了调整。

“十五”期间（2001—2005年）　年总产值有所回升。其中：2001年2月底召开了时隔十年之久的第三届职工代表大会，会议提出了公司今后工作要“有利于国有资产的保值增值，有利于生产的发展和销售收入增加，有利于职工收入的稳步提高”的指导思想，并通过资产重组、精简机构、承包经营、优化组合等一系列措施。是年3月撤销了永丰化工厂、永丰食品厂、永丰汽车修理场、永丰劳动服务公司4家法人机构。同时对4家经营机构资产进行重组，优化组合，并根据生产经营需要，先后成立了永丰总公司食品厂、永丰总公司酒厂、永丰总公司下岗职工再就业养殖中心三个分支机构，并投入资金197余万元，同时引进冰淇淋生产项目，选拔任用年青、有技术、敢闯敢干的骨干进行承包经营。是年6月28日成立了永丰房地产开发有限责任公司，为充分开发公司的土地资源，增加公司收入，解决职工就业具有重要的意义。2002年通过承建市政道路，并以公司名字冠名的“永丰东路、永丰南路”成功置换出358亩土地，为公司今后的发展创造了有利条件。同年，投资100余万元对永丰大楼进行硬件的更新改造，从而提升了大楼市场竞争力。2003年完成了牛奶场的战略性搬迁，公司投入116余万元对设备进行了更新，从而大大提高牛奶场的竞争力。公司通过几年来项目的实施，公司解决了123名待岗职工的再就业，解决了职工的吃饭问题。

“十一五”期间（2006—2010年）　针对除了永丰牛奶场、永丰商业综合大楼继续承包经营外，其他企业相继停业、停产，职工再次待岗，公司再次陷入困境的实际，进一步加快了企业的改革步伐。2007年1月4日，公司与韦周仕等11位自然人共同出资39.7万元组建“贵州省黔东南州永丰丝绸有限公司”，开启了公司种桑养蚕项目。2008年5月州人民政府将永丰总公司正式纳入黔东南州开发投资公司管理，成为州开发投资公司下属全资子公司。2009年，公司在稳固现有经营基础上，将工作重点主要放在两个方面，一是谋求机制体制的改革，建立了必要的激励和约束机制；另一方面寻找新的经营发展方向，来创造更多的就业岗位。一是健全和完善了公司的组织结构；二是投入10余万元新建了一栋400平方米的生态养猪猪舍、饲料加工间及一些配套设施，并饲养了139头猪。特色蔬菜种植项目已处于准备工作阶段。通过努力，2009年度全公司亏损248万元，与上年度亏损279万元相比减亏31万元。2010年，一是完成了公司用凯运司北侧的36.6亩国有土地与凯里市位于老猫洞的27.5亩土地置换，有效保证了苗都农产品综合批发市场项目建设用地；二是完成了临时钢材市场项目建设的手续；三是收回了流失的95.8亩国有土地。当年实现总收入1008万元，完成上级下达任务数800万元的

126%，实现利润207万元。

“十二五”期间（2011—2015）　企业生产经营日趋好转。其中：2011年，一是解决了长期困扰政府及永丰公司乃至州开发投资公司的原凯里磨料厂41名职工身份确认问题；二是在州纪委、州国资委、州开发投资公司的大力支持和帮助下，州政府已明确将永丰宾馆产权划转给公司使用，并争取到了160万元的搬迁费，10月份完成了永丰宾馆的招租工作，从根本上解决了公司资金压力；三是为对接国家对乳制品行业的产业政策，公司先后投入40余万元资金用于牛奶场技改，在上级部门的指导和帮助下，通过努力，取得了“全国工业生产经营许可证”；四是争取到120套经济适用房指标，解决公司73名职工及47名职工子女住房问题。经营指标完成情况：当年公司经营收入虽然受到牛奶场停产技改的影响，但通过加强各方面的管理，完成了州开发投资公司下达的经营目标任务，全年实现总收入649万元，完成下达任务616万元的105.4%，实现利润90万元，实现税金28万元。2012年，一方面加强国有资产管理，明晰永丰牛奶场产权，规范法人经营行为，3月份启动了永丰牛奶场产权界定工作；另一方面永丰宾馆后属工程于7月份开工建设，当年并通过了消防验收、电梯分部验收、防雷验收及环境部门的验收工作。当年实现经营收入1256万元，完成年度目标任务700万元的179.4%，实现利润180万元，完成年度目标任务100万元的180%，实现税金32万元。2013年实现收入2356万元，同比增长86%；实现利润996万元，同比增长447%；实现税金33万元，同比增长18%。2014年投资4400余万元，购买了凯里中心城、凯里国际商贸城共1693.43平方米商业门面。当年实现收入6464.25万元，同比增长174.37%；实现利润4976.69万元，同比增长399.37%；实现税金40.22万元，同比增长22.62%。2015年，实现经营收入4140万元，完成年度目标任务2700万元的153%，实现利润2705万元，完成年度目标任务600万元的450%，实现税金69万元，完成年度目标任务30万元的230%。

第二章　州水产实验场

黔东南州水产实验场始建20世纪50年代，原为省蔬菜公司与黔东南州商业局共同投资兴建，后移交州农业局管理，名称曾有“养鱼场”“鱼种场”“鱼种繁殖场”，2000年3月，州编委行文“黔东南州鱼种繁殖场”更名为“黔东南州水产实验场”。2011年12月，州水产实验场撤销，其职能划转州农科院，45名编制及实有人员整体划转凯里市。

经过多年的扩建和发展，到撤销前，有固定资产200余万元，鱼池31口，水面110亩，房屋11幢，面积2551.4平方米（其中职工宿舍1501.6平方米，生产用房839.3平方米，办公用房210.5平方米），汽车2辆，鱼苗孵化设备一套，各型网具50余具和双筒解剖镜、显微镜、冰箱、分析天秤、田间水质化验箱、催产药品等常用的水产养殖实验和化验设备等。

第一节　生产经营

州水产实验场，为农业事业单位，独立核算，自主对外开展各项业务活动。

1991 年，进一步完善以责任承包为主体的生产方式，在繁殖和培育丰鲤、高坡鲤、草鱼种、白鲢和武昌鱼有同时，生产鲤鱼 600 万尾，鲢鳙鱼 21 万尾。1993 年，继续实行第二轮责任承包，场部鱼塘由孵化队和成鱼队承包，每队 10 人，承包养鱼水面 11.5 亩；鸭塘分场实行家庭个人承包。承包职工工资、奖金和一切投资费用自行负责。年初各队、组根据生产需要放足鱼苗鱼种，做好生产各工作。当年 5 月 29 日，州水产实验场遭受 50 年一遇特大洪水灾害，冲走大量鱼苗鱼种和成鱼，造成直接经济损失达 14.15 万元。当年渔业产值 7.21 万元。1995 年，经过近上年鱼塘淤泥的清理，塘坎和围墙有修复，引水沟渠的修整，州水产实验场的生产基础设施基本恢复，当年生产鲤鱼 27 万尾，鲢鳙鱼 2.3 万尾，草鱼 0.6 万尾。1996 年，州水产实验场连两次灾害。一是鸭塘分场因里禾水库水源中断而受到严重干旱；二是当年 7 月 2 日遭受特大洪涝灾害，造成直接经济损失 43 万余元。当年投资 8.8 万元，投工 560 个，修复水毁围墙 160 米，修复塘坎 150 米，修整引水沟渠 300 米，清理鱼塘淤泥 28 亩。当年改老式养鱼池塘为微流水养鱼池塘，鱼苗繁殖由年产 300 万尾提高到年产尾 1000 余万尾，亩产成鱼由 300～400 千克提高到 1500 公斤。1997 年，“以鱼苗繁殖工作作为重点，积极开展多种经营，从生产的广度和深度出发，开发名、特、优水产养殖，以有限的水面争取最大的收益”作为州水产实验场追求的目标，发挥自身的技术优势，加大培育优良鱼苗鱼种力度。当年选育建鲤亲鱼 100 组，繁殖鱼苗 330 万尾，引进鱼苗 105 万尾引进优质水产品种“南方大口鲶”378 公斤试养，在里禾水库建立网箱 300 平方米，从无锡淡水渔业研究中心引进建鲤原种鱼苗 20 万尾培育后备亲鱼；鸭塘分场因严重缺水鱼塘改种水稻 41.86 亩，山地种植花生 8 亩，坡地种植桃树 15 亩 600 株。全年产稻谷 17450 公斤，产花生 515 公斤，全年合计总产值 39.8245 万元，其中渔业产值 36.899 万元。2000 年，在遭受第三次特大洪水灾害的情况下，克服困难，狠抓优质建鲤鱼苗繁殖工作，全年繁殖鱼苗 1000 余万尾，亩产成鱼 1500 公斤，年收入 12 万元，总产值达 51.6 万元，实现纯收入 20 余万元。2003 年，州水产实验场结合本场实际进行人事制度改革，即按照职工申请、单位考核、竞聘上岗、择优录用的原则，相应成立了科研生产指导站（试验一队，试验二队）、开发办和办公室管理单位，将职工安排到自己所需的工作岗位上，充分发挥职工的特长和技术优势，并重新签订了岗位聘用合同，调动了职工的积极性。当年生产鲤鱼 850 万尾，鲢鳙鱼 8 万尾，草鱼 16 万尾。2004 年，培育各类鱼苗 1200 万尾，销售各类规格鱼苗鱼种 548 万尾，大规格鱼种 8884 公斤，成鱼 11510 公斤。渔业创收 35.56 万元，其他收入 21.2443 万元。2005 年，进行生产结构调整和养殖技术改进，生产结构由培育鱼种、成鱼养殖兼顾向以培育规格鱼种为主转变；鱼种培育由肥水培育向微流水高密度培育转变；苗种繁育由靠自繁为主向自繁与引进相结合转变；鱼苗繁殖由一年一季繁殖向多季繁殖转变；池塘生产由一年一茬向一年多茬生产转变，鱼苗鱼种生产能力得到提升。全年共繁殖苗种 1055 万尾，其中春繁 655 万尾、夏繁 152 万尾、秋繁 248 万尾；共生产各类寸片鱼种 285 万尾，规格鱼种 1.65 万公斤，成鱼1.21万公斤，亲鱼0.13万公斤，渔业产值39.38万元。完成培育选育建鲤后备亲鱼500组；完成建鲤夏、秋季繁殖试验，分别繁殖出152万尾和248万尾水花；完成“优质水产苗种培育示范”，项目示范塘3.82亩，亩产鱼815公斤，最高亩产量达1452公斤；成功进行了鲤鱼夏、秋季鱼苗繁殖，改变了州水产实验场历年来仅以春季繁殖鱼苗的生产模式，为全州稻田生态渔业培育大规格鱼种开辟了新的途径。2006年，通过采取多季繁殖和池塘多茬培育鱼苗鱼种技术的实施，提高了鱼苗繁殖数量和产量。全年繁殖鱼苗2750万尾，其中春繁1810万尾，夏繁225万尾，秋繁715万尾。与此同时，在早春时节从湖南、广西等地引进各类鱼苗152万尾。出售鱼苗乌仔、水花947万尾，各类寸片鱼种348万尾，规格鱼种24953公斤，成鱼9360公斤，全年渔业产值达45.44万元，比去年增长了15.4%。同时，雷山基地（水电村渔场10.5亩）6月投放苗种395公斤，当年产成鱼13675公斤，平均亩产1302.4公斤，产值12万余元，为原渔场产量的3倍，多当地池塘养鱼提供了示范作用。2010年，采取异地繁殖，本地培的方式，良种鲤鱼繁殖3批，繁殖鲤鱼水花1800万尾，培育乌仔规格的鱼种220万尾、夏花鱼种80万尾。

第二节 科研实验

20世纪80年代，州水产实验场增强了科技力量，水产新品种的引进、试验和推广开始起步，近十多年以来，共承担了省、州试验科题20余项，在凯里、榕江、雷山等举办水产养殖培训班，培训有关人员400余人次，科研实验和技术推广均取得了较好成效。1996年，引进“南方大口鲶”鱼苗2000尾进行试养试验，经一年试养观察，基本掌握了该品种在我地生长所需的环境条件、饲养管理方法、饲料营养需要。当年“南方大口鲶”鱼苗搭配在鲤鱼鱼种池中混养规格达0.3公斤~0.4公斤，次年规格达1.2公斤~1.6公斤。1997年，引进建鲤原种鱼苗20万尾进行提纯复壮，当年培育优良建鲤鱼种2000余公斤作为后备亲鱼，为鲤鱼苗繁殖奠定了较好基础。同年在凯里舟溪里禾水库建立网箱养鱼示范基地，架设网箱12铺，面积300平方米，经测算，成鱼箱每平方米净产鱼136.8公斤，投放规格为0.065公斤的鱼种，经195天饲养，养成规格达0.76公斤/尾，净增重倍数7.72倍，饵料系数为2.11，尾日增重0.025公斤；鱼种培育箱每平方米净产鱼种106.28公斤，投放尾重0.0186公斤的鱼苗，经156天培育，规格达198.4克/尾，鱼类群体增重倍数达71.43倍，饵料系数1.82，成活率达67.9%。1998年，承担黔州“池塘微流水培育鲤鱼种高产试验”课题。试验结果：亩产鱼种1550公斤，比常规养殖产量提高4~5倍，取得了较好的养殖效果。1999年，结合州鱼种繁殖场鸭塘分场严重缺水，靠抽取井水养鱼的实际情况，自拟“深水井抽水养鱼试验”课题，进行节约用水养殖试验，通过试验缺水鱼塘主要以生产鱼苗为主（因鱼苗生产周期短，生长季节是雨季，可减少用水量），同时捕大留小，适时上市，减少池塘负荷量，提高经济效益，试验结果亩创纯收入855.82元，投入产出比11.32。为缺水鱼塘养鱼提供了经验。2000年，承担州“罗氏沼虾高产养殖试验”课题。经过112天试养，虾平均体长6.2厘米，最长达7.8厘米，平均尾重0.53公斤，亩产77.3公斤。通过试验，基本摸索出“罗氏沼虾”在黔东南养殖所需要的水温、溶氧、饲料及饲养管理的基本条件和关键的技术措施，为养“罗氏沼虾”提供了经验。同年从广西宾阳县渔场引进规格为1.5厘米—2.5厘米七星鱼鱼苗16800尾，在面积为0.87亩的池塘中饲养，培育30天，成活率达65.9%；同时还收集凯里周边地区10.15公斤～0.3公斤的野生七星鱼亲本进行人工繁殖，按1：1的配比，人工繁殖7组，在水温25.5℃的条件下，产卵8700粒，受精8520籽，受精率97.9%，出苗7930尾，孵化率达93%。2001年，在麻江县滥坝村一组选择杨政泽、杨政元两农户稻田27亩，利用稻田3～5月份插秧前期空闲时间进行培育鱼苗试验，并提供建鲤乌仔鱼苗40500尾，经62天饲养，收获鱼种26530尾，亩增纯收入335.37元。2001年，承担州“团头鲂池塘高效养殖试验”试验课题，从湖南叙浦县鱼种场引进团头鲂水花鱼苗50万尾，在面积分别为4.54亩和0.61亩的两口鱼塘中培育饲养。经改混养为单养，以投喂全价配合饲料为主，加上科学水质管理和科学投喂方法，经验收，亩产达534.7千克，改变了黔东南州团头鲂只能套养5%—10%的生产模式，有效地增加池塘养殖效益。同年从铜仁地区水产局引进规格为0.1公斤左右的美国斑点叉尾姻3250尾，在池塘中养殖成功，其中在一口面积为320平方米的微流水池塘中投放姻鱼种189千克，960尾，经过6个月的饲养，产鮰鱼750公斤，按市场价计总产值15962.50元，扣除各项养殖成本11356元，盈利4606元，投入产出比1:1.4，获得了28万元较好的效益。2002—2004年，参加“黔东南州沼肥稻田养鱼综合配套技术”项目实施，该项目实施三年，涉及7个县市（区）74个乡镇784个村35575户，三年累计有效实施规、模21.3146万亩，超合同计划20.59万亩的3.52%，总产稻谷93305.3吨，总产鲜鱼5382.62吨，平均亩产鲜鱼27.5公斤，比项目实施前三年平均亩产12.7公斤增14.8公斤，增长116.54%，新增鲜鱼总产量2666.978万公斤。两项合计，亩新增产值131.09元，项目新增总产值2794.07万元。2003年，在台江县台盘乡龙井村进行沼肥稻田养鱼。该实验亩产稻谷536.4公斤，产鱼种36.8公斤，亩净增产值219.39元。2004年，负责省“利用池塘为稻田生态渔业培育大规格鱼种技术推广”项目黔东南地区实施工作。实施面积30.82亩，培育各类鱼苗600余万尾，大规格鱼种11192公斤，其中组织实施中心示范塘2.17亩，亩产鱼种429公斤，平均尾重73克，增重29倍。同年4月，承担州“湘云鲰吲进养殖试验”课题，由湖南湘云公司引进水花4.8万尾经过114天养殖，平均尾重0.125公斤，最大个体达0.6公斤。该品种的个体生长速度明显优于本地鲫鱼，并且食性广、抗病力强、耐低氧，是一个适宜黔东南州养殖的新品种。同年5月，从湖北省水科所分别引进美国黄金鲈1寸鱼苗2000尾，欧洲丁鲑1寸鱼苗1000尾，胭脂鱼水花10000尾，与鲤鱼及草鱼等进行池塘混养，经过近6个月的混养试验，11月份测产黄金鲈成活率24%，增长倍数8倍；欧洲丁桂成活率21%，增长倍数14倍；美国胭脂鱼成活率33%，增长倍数16倍。2005年，承担州“湘云鲫池塘高产养殖试验”课题，在项目实施过程中，6月28日洗马河被人为投毒，河水流入鱼塘造成湘云鲫鱼种死亡250公斤，经济损失5000余元。同年10月，负责省“泡冬田培育鱼苗鱼种试验”项目黔东南地区实施工作。泡冬田培育鱼种旨在充分利用冬闲田资源，在水稻收获后，放人鱼苗，经当年10月至翌年4月强化培育，既可就近就地满足当地群众稻田养鱼的鱼种需要，增加稻田养鱼产量，同时提高了稻田冬季利用率。项目在凯里、台江、锦屏、黎平等县、市进行。经验收，每亩放养量3150尾，平均尾重0.017公斤，成活率71%，亩产量37.1公斤，亩产值742元，扣除饲料成本175.50元，种苗费126元，亩净收入440.50元。2006年，承担州“秋季鲤鱼繁殖试验”项目，由于当年亲鱼成熟度不完好，8月28日繁殖未产卵，试验工作不能进行。2007年，完成了脚尧村冷水鱼项目可行性论证及规划工作报告，对雷山县西江镇11个村村干进行稻田生态渔业工程技术培训，发放养殖技术资料2000多份及稻田养鱼技术光碟50余张，在西江村和脚尧村两个示范点一次性无偿投入价值近3000元的4000余尾优良建鲤鱼种，在脚尧村进行了19亩稻田“建鲤”高产养殖试验。2010年，从广西、湖南等地引进鲤鱼、草鱼、鲢鱼、鲫鱼等鱼种800多万尾；与贵州省水产研究所、贵州大学联合申报“清水江野鲤鱼杂交育种技术研究与应用”项目；农业部批复的“贵州省黔东南州鲤鱼良种场”项目，投资源180万元，在凯里市实施。

第三节　引进新品种

共引进新品种18个，引进品种有兴国红鲤、建鲤、江西荷包鲤、德国镜鲤、丰鲤、元江鲤、斑点叉尾鮰、南方大口鲶、月嫂、罗非鱼、罗氏沼虾、团头鲂（武昌鱼）、湘云鲫、澎泽鲫、日本板鲫、黄金鲈、胭脂鱼等。现建鲤鲤鱼品种以成为本州水产养殖的主要当家品种，养殖面积占全州鲤鱼养殖面积60%以上。

兴国红鲤　亲本来源野生兴国红鲤。由江西兴国县红鲤鱼繁殖场、江西大学生物系对该品种进行人工定向选育，经过6代选育，农牧渔业部水产司组织了成果技术鉴定。兴国红鲤鱼具有生长快、繁殖力强、食性广、适应性强的特点。它肉质细嫩，营养丰富，还是做鱼丝的佳品。它具有药用价值，能安胎、健胃、养气补血。兴国红鲤经过十几年人工定向选育后，遗传性状稳定、适应性广、抗逆性强、成活率高，既有作为食用鱼养殖的经济价值，更有杂交优势利用价值。

建　鲤　是以特定的荷包红鲤和元江鲤为亲本，采用家鱼选育、系间杂交及染色体组工程（雌核发育）等综合育种新工艺，经6代定向选育育成的良种。

建鲤具有生长速度快、适合多种养殖方式饲养、抗病力强、易起捕、含肉量多、肉质好，以及能自繁自育，遗传性状稳定，不需杂交制种，可降低成本、节约劳力，便于推广等优点。在黔东南州推广养殖面积占鲤鱼养殖面积60%以上，现已成为全州鲤鱼市场的当家品种。

斑点叉尾鮰　又名沟鲶、河鲶。原产于美国，后在我国南北方均有养殖。斑点叉尾鮰是大型的淡水鱼类，最大个体可达35公斤以上，含肉率高，蛋白质和维生素含量丰富，肉质细嫩，味道鲜美，深受消费者的欢迎。在黔东南放养寸片鱼苗，当年可长达0.3公斤~0.4公斤，次年可达1.5公斤左右。

南方大口鲶　又名大河鲶鱼、大口鲶、土鲶鱼。分布于我国长江以南的各大江河水域中，以长江流域为主产区。

南方大口鲶肉质细嫩，味道鲜美，无细刺，营养丰富，是宴席上的佳品。也是身体虚弱者、老人、手术后病人的良好补品，深受消费者喜爱。该品种具有生长快、养殖周期短、适应环境能力强的特点，是黔东南州主要优良养殖品种。

月　鳢　又名七星鱼、山花鱼、点称鱼。分布于长江以南各水系。

月鳢肉多味美，富含营养，既为上等佳肴，亦为滋补佳品。该品适应性强。多栖居于山区溪流，也生活在江河、沟塘、稻田等水体中。生殖期4—6月。目前已成为南方优良养殖品种之一。

在黔东南州养殖抓好鱼苗放养密度及放养时间，5平方米左右的鱼种可放10000尾左右，水泥池每平方米放200尾左右。当年鱼种可在5—6月放养，隔年鱼种可在4—5月放养，经5—

6 个月的养殖，每尾可长成 0.01 公斤—0.25 公斤，即可上市。

尼罗罗非鱼 又名非洲鲫鱼。原产于约旦的坦噶尼喀湖。已成为长江以南的高产养殖品种。尼罗罗非鱼是罗非鱼中最大型的品种，而且骨刺少，肉质细嫩且富于弹性，味道鲜美，其风味可与海洋鲷鱼、比目鱼媲美。每百克肉中含蛋白质 20.5 克，脂肪 6.93 克以及钙、磷、铁、维生素等，营养价值亦高。尼罗罗非鱼在剑河温泉作越冬试验。稻田平均水温 25℃，经过近两个月饲养，非洲鲫鱼平均增长三分之一，并能正常繁殖。到 1981 年年底清塘验收，得罗非鱼 27 万尾，向州内推广养殖。

罗氏沼虾 又名马来西亚大虾，淡水长臂虾。原产于印度太平洋地区，生活在各种类型的淡水或咸淡水水域，现在南方 10 多个省份推广养殖。

罗氏沼虾个体大、食性杂、生长快，可食部分含蛋白质 20.5%，与中国对虾相当；脂肪 1.97%，略高于中国对虾。在黔东南州精养条件下，半年可养成每千克 10—20 只商品虾，是深受广大消费者欢迎的名贵产品。在黔东南州饲养主要要抓住 6—9 月高温季节强化管理，精心饲养，注意水质，把好饲料关和溶氧关键技术，保持水质清新，溶氧在浓度在每升 4 毫克以上，投喂高蛋白动物性饲料，就会获得养殖成功。

团头鲂 又名武昌鱼。原产于长江中游的湖泊，以湖北省梁子湖所产为最著名，近年已被移植到各地天然水域中，并发展了人工养殖。团头鲂生长快，体中型大，最大个体可达 3 千克，其肉味鲜美，含肉量多，是一种名贵经济鱼类。池塘主养团头鲂，亩放 30—60 克/尾鱼种 1200.1400 尾，适当搭配鲢鳙鱼和少量鲤鱼，亩产可达 500—600 公斤。稻田主养团头鲂，亩放 0.05—0.1 公斤鱼苗 300—400 尾，到年底每尾可达 0.4 公斤以上。

湘云鲫 是湖南师范大学教授、中国工程院院士刘筠为首的科研小组，应用细胞工程技术等，以培育的能够自我繁殖、具有稳定遗传性状的四倍体（4n）鱼类种群（简称基因库鱼）的成熟雄性个体为父本，二倍体（2n）白鲫成熟雌性个体为母本进行杂交而产生、培育出的一种三倍体（3n）鲫鱼。湘云鲫性腺发育差，没有交配行为，自身完全不育，也不能与其他鲫鱼相混交。湘云鲫体形美观，肉质鲜嫩，营养价值高，可食部分高出普通鲫鱼 10%—15%，肌间细刺少，肌肉呈味氨基酸含量高于日本白鲫和普通鲫鱼。该品种适应性强，可在坑塘、湖泊、水库、河道等各类水域中放养，较耐低氧。该品种食性广、不钻泥、易捕捞。生长速度快，为普通鲫鱼的 2—3 倍。可在池塘、稻田饲养，亩产可达 0.7—6 公斤左右。

第三章 农业园区

第一节 任务与管理

黔东南州现代高效农业示范园区建设始于 2012 年。是年，中共贵州省委十一届二次全会第二次全体会议提出推进“5 个 100 工程”重点发展平台建设，其中就包括 100 个现代高效农业示范园区建设。2013 年 1 月，省十二届人大一次会议通过的《政府工作报告》指出，要重点打造 100 个现代高效农业示范园区。3 月，贵州省人民政府办公厅印发了《贵州省 100 个现代高效农业示范园区建设 2013 年工作方案》（黔府办发〔2013〕17 号），进一步明确了现代高效农业示范园区建设的工作要求、工作目标、工作原则、重点任务和保障措施。贵州省农业委员会制发了《贵州省现代高效农业示范园区规划编制导则》和《贵州省现代高效农业示范园区监测管理和考核制度》（黔农发〔2013〕51 号文件）。

为贯彻落实好省委、省政府关于现代高效农业示范园区建设精神，2012 年 4 月，州政府制发了《关于加快农业产业园区建设的意见》（黔东南府发〔2012〕23 号文件），12 月，州政府办公室印发了《关于推进 20 个现代高效农业示范区建设工作的实施方案》（黔东南办通〔2012〕23 号文件）。2013 年 3 月，州委办公室、州政府办公室印发了《推进现代高效农业示范园区建设"百千万"工程实施方案》（黔东南党办发〔2013〕10 号文件）和《黔东南州"6 个 20 工程"工作调度制度》的通知（明电黔东南党办〔2013〕57 号文件），进一步明确了推进现代高效农业示范园区建设的指导思想、基本原则、目标任务等。

指导思想与基本原则

指导思想　以发展蔬菜、蓝莓、香猪、茶叶、中药材、烤烟 6 大产业为重点，以建设全州 20 个省级现代高效农业示范园区为抓手，按照"政府推动、政策扶持、企业主体、市场运作、多元投入"的工作要求，集中力量，集聚资源，高起点、高标准、规范化、科学化建设一批现代高效农业示范园区，促进农业产业结构调整，引领全州现代农业实现跨越式发展，实现农民增收、农业增效，推动全州农业农村经济快速发展。

基本原则　主要有以下六条：

优势产业原则　立足蔬菜、蓝莓、香猪、茶叶、中药材等优势主导产业，突出"特色、规模、品牌、效益、生态"五个环节，以市场为导向建设现代农业示范园区，推动特色优势产业发展。

规划先行原则　按照统一布局、规模连片、集约发展的要求，科学制定建设规划，合理选择建设地点和生产模式，通过区域化布局、标准化生产、产业化经营，建设产业高产示范区，辐射带动全州现代农业发展。

整台集聚原则　整合项目、资金、科技、信息和人才．推进农业资源聚集，破解现代农业发展资源要素瓶颈。推动土地向企业、合作社、大户集中，促进规模化发展：农民向园区集中，促进农民向产业工人转变；项目向园区集中，促进投入整合。

科技先导原则　应用现代农业科技成果、现代农业手段和现代经营管理方式，促进主导产业升级，提高农产品质量，提升农产品市场竞争力。

机制创新原则　现代高效农业示范园区是新时期探索发展现代农业的一项基础性工程，具有试验示范性质。在园区建设中要大胆探索，创新建设机制，完善管理模式，增强发展活力，充分发挥示范带动作用，探索现代农业发展路子。

城乡统筹发展原则　把现代高效农业示范园区建设与推进"三化同步""三化兴三农"战略目标结合起来，通过园区建设，统筹城乡发展，加快城乡一体化进程。

目标任务与建设标准

农业园区发展目标 全面启动建设20个省级现代高效农业示范园区，进一步加快推进建设已启动的50个州级园区。按照“一年打基础，两年成雏形、三年基本达标、四年全面建成”的工作目标，到2015年，全州建成100个以上年产值千万元以上的现代高效农业示范园区，带动百万以上农民增收致富，达到全面小康生活水平（简称“百千万”工程）。

重点产业发展目标 2013年，全州蔬菜生产播种面达200万亩，产值30亿元；香猪存栏60万头，出栏76万头；新增茶叶基地10万亩，茶叶产量5000吨；新增中药材种植面积8万亩；完成蓝莓产业基地建设5万亩，整治土地5万亩；烤烟种植22万亩，烟叶收购50万担。到2015年，全州蔬菜生产播面达300万亩，产值50亿元；香猪存栏133万头，出栏150万头；新增茶叶基地30万亩，全州茶叶面积达100万亩；中药材种植面积75万亩；蓝莓产业基地20万亩。

农业园区建设标准 20个省级示范园区严格按照省制定的标准和要求实施。州级区按照核心区、辐射区、带动区的要求实施，其标准是：1. 蔬菜类园区。核心区规模要达到3000亩以上，亩年产值达10000元以上，辐射区规模要达到4000亩以上，带动区规模要达到7000亩以上。2. 精品水果类园区。核心区规模要达到3000亩以上，亩年产值达8000元以上，辐射区规模要达到5000亩以上，带动区规模要达到8000亩以上。3. 中药材类园区。核心区规模要达到1000亩以上，亩年产值达10000元以上，辐射区规模要达到2000亩以上，带动区规模要达到6000亩以上。4. 茶叶类园区。核心区规模要达到2000亩以上，亩年产值达10000元以上，辐射区规模要达到4000亩以上，带动区规模要达到6000亩以上。5. 烤烟生产类园区。核心区规模要达到1000亩以上，亩年产值达4000元以上，辐射区规模要达到2000亩以上，带动区规模要达到6000亩以上。6. 杂稻制种类园区。核心区规模要达到1000亩以上，亩年产值达10000元以上，辐射区规模要达到3000亩以上，带动区规模要达到5000亩以上。7. 油茶种植类园区。核心区规模要达到2000亩以上，亩年产值达7000元以上，辐射区规模要达5000亩以上，带动区规模要达到8000亩以上。8. 种苗、花卉生产类园区。核心区规模要达到1000亩以上，亩年产值达10000元以上，辐射区规模要达到3000亩以上，带动区规模要达到5000亩以上。9. 养殖类园区。生猪养殖：核心区规模达年出栏生猪1万头以上，年产值达1000万元以上辐射区规模达年出栏生猪3万头以上，带动区规模达年出栏生猪5万头以上；肉牛养殖：核心区规模达年存栏牛1500头以上，年产值达1000万元以上，辐射区规模达年存栏牛3000头以上，带动区规模达年存栏牛5000头以上；肉羊养殖：核心区规模达年出栏羊2万只以上，年产值达1000万元以上，辐射区规模达年出栏羊4万只以上，带动区规模达年出栏羊6万只以上；禽类养殖：核心区规模达年出栏鸡20万羽或鸭25万羽或鹅10万羽以上，年产值达1000万元以上，辐射区规模达年出栏鸡30万羽或鸭40万羽或鹅20万羽以上，带动区规模达年出栏鸡40万羽或鸭60万羽或鹅30万羽以上：水产养殖：核心区规模达5000亩以上，亩年产值达25000元以上，辐射区规模达10000亩以上，带动区规模达20000亩以上。10. 休闲观光类园区。核心区规模达2000亩以上，年产值达2000万元以上，辐射区规模达5000亩以上，带动区规模达10000亩以上。11. 综合类园区。核心区规模达5000亩以上，年产值达2000万元以上，辐射区规模达8000亩以上，带动区规模达15000亩以上。

领导机构

2012 年 4 月，成立了州农业产业园区领导小组。州委副书记、州人民政府州长李飞跃任组长；州委常委、州人民政府常务副州长冯仕文、州人民政府副州长潘亮任副组长；州人民政府副秘书长周辉、州发改委、州科技局、州工业和信息化委、州财政局、州人力资源社会保障局、州国土资源局、州城乡规划局、州交通运输局、州农委、州烟办、州水利局、州林业局、州商务局、州旅游局、州食品药品监督局、州扶贫办、州工商局、州质监局、州烟草局、州气象局、人行黔东南州分行、农行黔东南分行、省农信社黔东南办事处、凯里供电局主要负责人和凯里、丹寨、麻江、黄平、施秉、镇远、岑巩、三穗、锦屏、黎平、从江、榕江、雷山、台江、剑河县市人民政府县市长为成员。黔东南州农业产业园区领导小组下设办公室，办公室设在州农委，具体负责园区建设的规划、指导、管理与协调服务工作。各县市要比照州组建领导小组及其办公室专抓农业园区建设。

2013 年 3 月，州委办公室、州政府办公室印发了《黔东南州"6 个 20 工程"工作调度制度》的通知（明电黔东南党办〔2013〕57 号），成立了"6 个 20 工程"调度工作领导小组，领导小组下设总调度办公室、6 个专项调度办公室。20 个现代高效农业示范园区工程建设调度由杨华昌（州委副书记）、王贵（州委常委、州委组织部长）、潘亮（州人民政府副州长）牵头，调度办公室设在州农委，尹亮（州农委主任）兼任办公室主任，负责抓好 20 个现代高效农业示范园区工程建设的日常工作。

是年 3 月，抽调州农委、州财政、州扶贫办、州林业局、州供销社 7 人组建州农业园区管理办公室，分门别类、各司其职管理和指导各县市（区）农业示范园区建设。2015 年 9 月，州编委办批复正式成立黔东南农业园区管理办公室，所属州农委正科级公益一类事业单位，核定事业编制 8 人，设主任 1 名，副主任 2 名，同时，撤销原州农村产权管理和交易中心连人带编划入州农业园区管理办公室。

第二节　规模与成效

建设概况

按照省委、省政府、省农委和州委、州政府的要求，全州农业系统把抓好农业园区建设作为贯彻落实国发 2 号文件，推进"三化同步"和"三化"兴"三农"战略的重要抓手，作为实现全州农业产业结构转型升级，促进农民增收的有效途径加以落实。

2012 年，在充分总结现代烟草示范点和凯里舟溪现代蔬菜示范点经验的基础上，提出依托州内现代烟草、太子参、茶叶、蓝莓、蔬菜、油茶、香猪、三穗鸭等优势特色产业建设一批现代农业园区的工作思路，圆满完成今年启动实施 50 个农业园区的工作计划。50 个园区中，建成并投产的有 6 个，建设进度过半的有 17 个，麻江陡坡坪蓝莓产业示范园、施秉太子参示范园、凯里舟溪现代都市农业园等一批农业园区示范带动效应初步显现。本州农业园区的做法和成效得到了省相关领导充分肯定，陈敏尔作出了“黔东南州规划建设农业产业园区的做法很好，请省农委予以总结和支持，并借鉴到全省100个现代高效农业示范园区的规划和实施方案中来”的重要批示。

2013—2016年，全州省级农业园区累计发展到56个（其中省级重点园区8个）。

2013年，省级农业园区建成并投产的有凯里市现代高效畜牧业生态农业示范园区、凯里市大风洞万亩晚熟葡萄产业示范园区、黄平县旧州现代生态农业示范园区、施秉县牛大场中药材现代高效示范园区、三穗县三穗鸭产业示范园区、镇远县黄桑田休闲观光农业产业示范园区、岑巩县周坪杂稻制种高效生态农业示范园区、天柱县油茶产业示范园区、锦屏县龙池多彩田园精品水果示范园区、剑河县钩藤产业示范园区、台江县方南姊妹农业示范园区、黎平县生态茶叶和油茶产业示范园区、黎平县薄壳山核桃生态农业示范园区、榕江县车江现代蔬菜农业观光示范园区、从江县香猪产业示范园区、从江县大塘生态精品柑橘产业示范园区、雷山县生态茶园示范园区、麻江县蓝莓乌卡坪生态循环产业示范园区、丹寨县绿海蓝星现代高效农业示范园区19个。

2014年，省级农业园区建成并投产的有凯里市云谷田园现代高效农业园区、施秉精品水果现代高效农业示范园区、三穗（台烈）现代生态农业示范园区、岑巩县白岩坪现代烟草农业示范园区、岑巩县龙江河思州柚高效生态农业示范园区、天柱县清水江库区生态渔业示范园、天柱县凤园农业示范园区、锦屏县渔业健康养殖示范园区、剑河县现代高效渔业示范园区、黎平县天香谷芳疗植物现代农业园区、雷山县休闲农业与乡村旅游示范园区、麻江县花果源生态农业示范园区、丹寨县排佐—湾寨硒锌茶叶示范园区14个。

2015年，省级农业园区建成并投产的有凯里苗侗百草现代高效农业示范园区、凯里经济开发区草莓示范园区、黄平县蓝莓农业示范园、施秉县马号立岩现代烟草农业示范园区、施秉云台休闲观光农业产业园区、三穗县精品水果农业园区、镇远县江古现代农业示范园区、天柱县高酿稻田综合种养示范园区、锦屏县油茶产业示范园区、剑河县生态农业旅游休闲观光园、台江县翁你佳禾综合种养示范园区、黎平县香莲水产综合生态农业示范园、榕江县小香鸡产业园、榕江县精品水果产业园、从江侗乡稻鱼鸭生态示范园、雷山县生态农业循环经济示范园区、麻江县高山冷凉蔬菜高效示范园区、丹寨县贵山灵草现代高效中药材示范园区18个。

2016年，省级农业园区建成并投产的有镇远县文德关山地休闲观光农业园、贵州丹寨苗疆大健康产业示范园区、雷山大坪山农业产业园区、黎平喊泉生态农业产业园区、麻江县温氏生态养殖示范园区、麻江县宣威镇乌羊麻休闲农业与旅游观光园区6个。

主要措施

黔东南农业园区建设，采取的主要措施有：

高起点、高标准做好规划编制 在农业园区规划编制工作中，16个各县市按照黔农发〔2013〕51号文件精神，以严谨科学的态度，高起点、高标准的要求，采取“走出去，请进来”的办法，邀请具有资质的科研院所、大专院校的专家和团队编制规划。如雷山县生态茶园示范园区建设规划是由台湾普晶建设公司编制，镇远县黄桑田休闲观光农业园区建设规划是由南京农业大学编制，岑巩县杂稻制种高效生态农业示范园区建设规划是由陕西华东经济技术研究设计院编制。通过这些具有资质和较高水准的专业团队编制规划，使全州农业园区规划编制达到了较高水平，主要表现在：规划体现了现代农业的特征；规划突出了精品农业的特点；规划展示了园区各区块的功能；规划结合当地实际，能落地，可操作。

相关农业资源有效整合　农业园区建设，采取“政策集成、项目集成、资源集成、技术集成、服务集成、措施集成”的方式，按照工业化的理念和手段，整合各方资源投入农业园区建设。一是抓县市与州直部门资源的整合。采取“县市为主，部门协助“的工作管理机制。明确各园区所在县市政府为责任主体，负责农业园区的规划编制、项目申报和实施方案拟定等；州级相关部门协助。二是捆绑州直部门资源的整合。明确州直部门牵头园区建设，如种植业、养殖业园区由农委、林业等部门负责；观光农业园区由旅游、农业、林业、交通等部门分工负责。三是加强财政与企业资源的整合。州级财政每年拿出专项资金3000万元，各县市财政每年分别拿出500万元，用于支持农业园区建设，同时积极争取项目投入和企业投入。截至2015年年底，整合各方资源投入农业园区建设达313.61亿元。其中基础设施投资累计165.34亿元，生产性投资累计148.27元；投资来源渠道有各级财政的累计32.78亿元，整合部门资金累计74.4亿元，银行贷款累计37.92亿元，园区实体自筹累计151.17亿元），其他方式融资累计17.34亿元。

做好重点产业布局　以一业为主，切实抓好产业布局。蔬菜重点部署在凯里、黄平、榕江、黎平、三穗、麻江等县市；香猪重点部署在从江、丹寨、榕江、剑河、雷山5个县；茶叶重点部署在黎平、雷山、丹寨3个县，辐射带动岑巩、台江两县；中药材重点部署在施秉、黄平、锦屏、黎平、雷山、剑河、台江7个县，辐射带动凯里、麻江、丹寨、三穗、岑巩等县市；蓝莓重点部署在凯里、麻江、丹寨、黄平、黎平、三穗、台江、从江8个县（市），辐射带动镇远、雷山2县；烤烟重点部署在施秉、镇远、岑巩、麻江、黄平、天柱、丹寨、凯里、三穗、锦屏等县（市）。

搞好土地流转　按照“依法、自愿、有偿”原则，结合园区产业布局，积极探索以村为主体的土地和林地流转管理机制，通过采取土地入股流转、企业租地领办产业、合作社整合土地领办基地等土地流转模式，引导土地有序向园区相关产业流转。截至到2015年年底，农业园区土地、林地流转面积达60.36万亩，50个园区生产规模平均达到1.3万亩。在园区土地流转工作探索出了一些成功经验，如丹寨县在园区土地流转工作中，采取“328”土地流转模式，即前3年由企业一次性付给农户三年的土地流转费，3年后企业收入与农户二八分成，农户二成，企业八成，形成农民土地流转获租金、劳务得薪金、分成享股金、经营有收益的多种收入途径。

落实园区实施主体　一是围绕全州优势特色产业招商引资培育龙头企业。围绕资源优势，积极引进有实力的百强农业产业化龙头企业，参与农业产业化经营，通过提供优惠政策，带动产业化发展。二是培育州内现有农业产业化龙头企业。立足现有农业产业化骨干企业，采取联合、兼并、参股、控股等多种形式，加快产业化行业战略性结构调整，加强企业自主创新，整合现有资源，培育发展成为具有较强投融资能力、扩张能力和区域竞争力的企业集团。三是大力培育农民专业合作社。引导农民按照“民办、民管、民受益”的原则；兴办各类农民专业合作社：四是大力培育大户。支持和培育种、养大户，引导大户以土地承包经营权、资金、技术、劳动力等生产要素入股，实行多种形式的合作，与龙头企业结成利益共享、风险共担的利益共同体。截止到2015年年底，全州农业园区入驻企业460家；农民专业合作社555个；种养大户201户；建立家庭农场51个。

主要成效

黔东南农业园区建设，经过4年的不懈努力工作，已取得了成效，主表现在：

园区建设支撑平台逐步建立 1. 建立园区工作调度机制平台。为加强省级农业园区建设督促检查和调度工作，州委、州政府出台了黔东南党办通〔2013〕86号文件，建立了黔东南州20个现代高效农业示范园区建设工作联席会议制度，明确州县市工作职责，实行园区建设月调度工作机制，督促各县市推进园区建设。2. 建立园区投融资平台。为搞好农业园区建设投融资平台，成立了黔东南州绿源农业发展有限责任公司，州财政注入资金1000万元作为公司的启动基金。另外，黔东南州积极与国内外的金融机构对接。截至2015年年底，全州与亚洲银行对接贷款项目，已有63家园区企业递交申请，申请贷款金额近10亿元。3. 建立技术平台。截至2015年年底，省级农业园区基本上与省内外有关科研院校所分别签订了技术合作协议。如麻江县与南京农业大学签订了蓝莓产、学、研、销合作协议，岑巩县与省农科院签订了杂稻制种产、学、研合作协议。4. 建立信息平台。主要以优势产业蓝莓、中药材、茶叶、香猪等建立了相关的信息网站，推介和宣传宣黔东南州特色农产品。5. 抓好园区人才平台建设。据不完全统计，省级农业园区有技术人才457人，其中农艺师296人、经济师12人、会计师25人、畜牧师64人、兽医师31人、水产师7人、工程师22人。五是建立招商引资平台。2014年，32个省级农业园区共计招商引资项目68个，其中2000万元以上累计47个，500——2000万元累计14个；签约总金额累计86.82亿元，实际到位资金累计22.68亿元；开工项目累计25个；投产项目累计投20个。2015年，50个省级农业园区签约项目201个，其中2000万元以上项目131个，500万至2000万元项目24个，签约总金额241.81亿元，州级农业园区签约项目126个；签约总金额193.53亿元，实际到位资金27.99亿元。81.19亿元，开工项目73个，投产项目33个。

园区基础设施和公共服务体系建日趋完善 省级农业园区建设基本实现了“三通一平”（通路、通水、通电、场地平整），各园区基本实现了“路相通，渠相连，旱能灌，涝能排”的功能。截至2016年年底，56省级农业园区主干道累计修建865千米；机耕道累计修建871千米；生产便道累计修建1301千米；沟渠（含管网）累计修建5455米；园区内蓄水池累计容量366.23万立方米；山塘、水库累计库容43.43亿立方米；园区内供电能力43566千伏安，供水能力每日87441吨。园区内加工厂房面积68.23万平方米；仓库（冷库）累计修建52.17万立方米；标准圈舍累计建筑面积102.96万平方米；温室大棚累计建筑面积180.66万平方米；配套建设污水处理能力52163吨/日；农机数量66972台，总动力48.27万千瓦。农技服务实施用房累计建设579间，累计建筑面积6.87万平方米；建设沼气池9.05万立方米。其中：2014年，全州农业园区完成投资61.77亿元；累计修建主干道466.77千米；机耕道294.21千米；生产便道303.69千米；沟渠（含管网）367.28千米；蓄水池总容量7.8万立方米；供电29574.4千伏安；仓库（冷库）建设318间，库容12.35万平方米；标准圈舍1548栋，面积22.36万平方米；温室大棚2634个，面积70.07万平方米；喷（淌）灌设施2.61千米。配备农技人员1314

名，培训农业从业人员 18 万名，建病虫害监测防治点 602 个，完成小气候自动观测站 51 个，建动防疫室 65 个。2015 年，园区主干道修建 80.4 千米；机耕道修建 153.2 千米；生产便道修建 306.86 千米；沟渠（含管网）修建 129.98 千米；园区内蓄水池累计容量 365.15 万立方米；山塘、水库累计库容 32.95 亿立方米；园区内供电 38921 千伏安，供水能力每日 85607 吨。仓库（冷库）修建 132 座，库容 6.98 万立方米；标准圈舍修建 671 栋，建筑面积 5.34 万平方米；温室大棚修建 1050 个，建筑面积 27.69 万平方米；喷（滴）灌设施累计修建 27980.05 千米。农技服务设施用房累计建设 383 间，累计建筑面积 2.68 万平方米；累计建设沼气池 1661 个，累计容量 17050 立方米。

生产规模日趋扩大 截至 2015 年年底，50 个省级个园区种植业生产规模累计 132 万亩，产品产量累计 366.9 万吨。畜牧业家畜累计存栏 169.8 万头，出栏累计 478.8 万头；禽类存栏累计 1471.9 万羽，出栏累计 5807.27 万羽。其中：2013 年 19 个现代高效农业示范园区，核心区面积 13.89 万亩，园区辐射面积 134.92 万亩（约合 899.46 平方公里）；园区农民总人数 55.97 万人，其中从业农民 22.46 万人；完成园区种植业基地 33.52 万亩，完成园区畜牧规模养殖 5 个。2016 年，56 个现代高效农业示范园区种植业生产规模 132 万亩，产品产量 158.72 万吨。畜牧业家畜存栏 53 万头，出栏 159 万头；禽类存栏 164 万羽，出栏 1725 万羽。

生产经营初见成效 1．打造一批优质农产品品牌。全州农业园区先后获得种植业无公害产品认证 55 个，产地认定 258 个，绿色食品认证 7 个，获有机农产品认证的企业（合作社）45 家；获农产品地理标志登记保护 18 个，农业园区农产品抽检合格率达 100%，并启动了中国有机示范州创建工作。其中 2013 年，园区内打造优质农产品品牌 3 个，地理标识或原产地认证 3 个，“三品”认证完成 38 个，认证规模种植业 11.83 万亩，畜牧业家畜 33.05 万头（只），家禽 5 万羽；2014 年，园区内打造优质农产品品牌 8 个地理标识或原产地认证完成 3 个，“三品”认证 68 个；2．园区内总产值、销售收入、销售利润年年都有大幅度提升。其中 2013 年，19 个省级农业园区实现销售收入 21.67 亿元，占任务 16 亿元的 135.43%；销售利润 6.01 亿元，占任务 5.54 亿元的 110.27%。2014 年，32 个省级农业园区实现总产值 77.78 亿元，占任务 58 亿元的 134.1%，销售收入 56.22 亿元，占任务 43.09 亿元的 130.4%，销售利润 20.95 亿元，占任务 12.07 亿元的 173.57%。2015 年，50 个省级农业园区实现总产值 194.18 亿元；实现销售总收入 136.78 亿元；总销售利润 49.32 亿元。2016 年，56 个省级农业园区实现总产值达 206.02 亿元，实现销售总收入 203.8 亿元，总销售利润 57.57 亿元。3．培育一批“农文旅一体化”农业园区，有效带动了农民增收、产业增效。凯里市云谷田园 2014 年至 2015 年累计接待参观考察团 127 次，游客达 71 万人次，仅 2015 年“五一”小长假就接待游客 2.5 万人次，实现旅游收入 125 万元。园区在加快发展的同时，还示范带动种养基地、家庭农场及周边农户从事果蔬规模生产从业人员 1.8 万人，直接解决院校毕业生及农村剩余劳动力常年就业 300 余人、临时就业 9820 人；园区农民人均可支配收入达 1.36 万元，比同区域非园区农民收入高 2 倍。园区先后获得“农业部蔬菜标准示范园”“贵州省十佳农业旅游景区”、全国休闲观光农业示范点等称号，新增为全省 100 个重点旅游景区之一。三穗县颇洞园区创新采取“党支部 + 合作社 + 基地 + 农户”的党社联建发展模式，通过“村两委抓党员，党员抓社员，社员抓能手”的管理方式，走出了以农民专业合作组织为驱动，农村产业结构快速调整，村集体经济不断壮大，村民增收致富的新路子。实现园区所在村集体经济收入由2013年以前空壳村发展到2015年村级集体经济收入达200万元的经济强村，农民人均收入7185元，成为全省率先实现村级集体经济收入超100万元的美丽乡村之一。麻江县乌羊麻园区通过整合42个项目3000余万元资金投入园区建设，发展和引导贫困户参与乡村旅游、开办农家乐、合股经营、企业带动、村集体经济兜底和经营分红等“六个一批”脱贫攻坚产业联动，实现贫困户利益链接全覆盖。该园区核心区翁保村人均可支配收入从2013年的1600元提高到2015年的7683元。

涌现了一批先进个人和先进集体 在2016年9月全省现代高效农业示范园区建设推进会上，省人民政府办公厅对全省现代高效农业示范园区建设工作先进集体和先进个人的表彰，其中黔东南州18名园区工作者和凯里市农业园区服务中心、施秉县农业局、麻江县农业局、黎平县农业局、三穗县农业局等先进集体获得表彰。

第三节 部分重点农业园区

凯里市农业园区

凯里市的农业园区从2013年开始。截至2016年年底，共投入20.02亿元，先后建成“云谷田园”现代高效农业示范园、凯里市现代高效生态畜牧业示范园区、“黔原云珠”万亩晚熟葡萄示范园、“苗侗百草”现代高效农业示范园、凯里市经济开发区草莓示范园区5个省级现代高效农业示范园区，建成湾溪平茶“世外桃源”现代高效农业园区、碧波草莓精品现代高效农业示范园区、“梦幻巴拉河”农业园区3个市级农业示范园区，建成17个乡镇级农业园区，共实现产值31.8亿元，实现销售收入28.7亿元，完善农业产业基地53个，完善和新建家庭农场600个，家庭农庄41家，促进了一、二、三产业融合发展。其中“云谷田园”入选农业部蔬菜标准示范园、省十佳农业园区，多次受到省委书记陈敏尔、省长孙志刚等主要领导肯定，已成为全省“农文旅一体化”发展的典范。

“云谷田园”现代高效农业园区 位于凯里市舟溪镇，距市中心15公里，按功能设置和地理位置划分为核心区和拓展区。核心区规划面积3000亩，集农业休闲观光旅游、绿色蔬菜产业、精品果树产业、花卉苗木产业、特色水产养殖业、民族工艺品创业及加工物流业为一体；拓展区主要是核心区技术创新和科技成果孵化后产业化生产基地，绿色蔬菜产业规划23820亩、精品果树产业规划14400亩、花卉苗木产业规划8000亩。分三期进行，5年完成（2013年到2017年）。截至2016年年底，凯里“云谷田园”现代高效农业示范园区建设初具规模，一期工程已完成并投入营运，其特点有四：1. 引进台湾现代“精品农业”发展理念，形成了台湾高端天然蔬菜、精品水果生产销售为一体的全产业链运行模式；2. 以凯里市“云谷田园”农业发展股份有限公司为龙头，形成了“公司+基地+农户”的产业化组织形式；3. 基础设施建设快速推进，鸭塘—园区5.84公里市政大道修通，已完成标准化大棚建设2万平方米，水网建设1万余米，电网建设两套500千瓦，沟渠建设7公里，机耕道、田间步道建设18公里，2700平方米的办公、监测系统、小气候、病虫防治系统、培训中心等主体工程建成并投入使用，

2700 平方米的现代农业展示中心、生态观景餐厅等综合管理服务区设施建成并投入营运；4. 园区内全面实行统一管理、统一经营的现代化管理模式，并与省内外多家农业技术中心、农业专家、沿海大中城市的销售公司等形成了紧密的技术、经济联合体。预期目标：立足国家相关政策和本地农业产业发展实际，以特色农业产业为重点，有效配置科技要素、产业要素、市场要素，充分发挥带动能力与辐射能力，力争用 5 年时间，将其建成集现代种植、观光旅游、休闲采摘、养生度假、餐饮娱乐、商业运营、旅游地产为一体的高端化、精品化、特色化、市场化的大型农业综合体，为加快推进农业现代化进程做出新贡献。

苗侗百草现代高效农业园区 凯里市苗侗百草现代高效农业示范园区位于凯里万潮镇，距市郊 15 公里，园区分三个业务单元：第一业务单元为核心区，位于万潮镇，占地 488. 31 亩，总建筑面积 2. 03 万平方米，是一个集苗侗天然药材种植技术驯化研究、组培育苗、产品研发与初试、生产加工、仓储物流为一体的产业园；第二业务单元为辐射带动区，计划在黔东南全州境内 16 个县市建立农村苗侗天然药材规模化种植基地 30 万亩以上；第三业务单元为中国苗药养生城，总经营面积约 4 万平方米，设置体验馆、形体馆、药膳馆、未病检测中心、苗医特技展示中心、苗医药博物馆、药店七大功能区。截至 2016 年年底，园区已投资近 5 亿元。现已开发出五个系列、十余个健康养生产品，已获得国家专利保护的“苗格郎”系列产品商标注册，已培育出数十种名贵苗侗天然药材种苗，已完成第一业务单元万潮产业园生活服务区（职工宿舍、办公楼、酒店）建筑 18600 平方米、生产加工厂房 37700 平方米、玻璃温室 50000 平方米、仓库 10000 平方米的基本建设；已完成第二业务单元农村种植基地近万亩苗侗天然药材种植合同的签订和药材种子的采购；第三业务单元中国苗药养生城第一期 326 个养生体验床位、7000 平方米的体验馆建成并投入营运。园区预期目标：带动全州种植中药材 30 万亩以上，年处理、加工原药 50 万吨以上，通过 3 年至 5 年的营销推广和连锁直销经营，实现年销售收入达到或超过 100 亿元，将其建成集苗侗天然药材种植、驯化技术研究与推广、饮片和保健品研发与生产加工、健康自然养生体验和直营连锁销售于一体的中国苗药不可复制的生物科技百草园和休闲观光园。

云谷田园博艺苑 位于舟溪镇，是凯里“云谷田园”现代高效农业示范园区的园中园，核心区规模 150 亩，由云谷花舟玫瑰园、花卉苗木体验区、戏水娱乐休闲区、珍稀种质资源繁育区、盆景园艺、苗木培育展示区和花卉苗木交易市场七大功能区组成。总投资 5000 万元。该项目是在与中国科学院林业研究所共同建立国家林木种质资源平台凯里基地的基础上，集科普教育、引种繁育、种质保护、推广应用、休闲观光、度假娱乐为一体的综合示范园区。该基地是国家林木种质资源平台在全国第一个示范基地，同时和上海园林科学研究所、昆明植物园等多家科研单位建立技术合作关系。现已引进收集国内外珍稀树种及花卉 1760 种，保健蔬菜 200 余种，共计 6 万株。该项目运行模式为：按照“政府引导、企业主体、社会参与”的方式，以核心区为示范，采取公司 + 农户形式，由公司与农户签订苗木回收协议，提供苗木和技术，农户出土地及按照公司提供的苗木培育技术进行日常管理，分别按照协议签订的规格及价格进行回收。通过试点示范，发展园区花卉苗木产业基地 3000 亩，辐射带动 30000 亩，从而加快我市农业产业结构调整，促进农业增效，农民增收。目前已发展苗木基地 2000 亩，发展示范户 31 户，可向市场提供鲜花 30 万株（盆），苗木 100 万株，项目建成后，不仅满足本地区需求，而且可向外地提供，经济、社会效益明显。

现代高效生态畜牧业示范园区 该区覆盖“六镇两乡”，即三棵树镇、龙场镇、万潮镇、旁海镇、下司镇、碧波镇、大风洞乡、凯棠乡，覆盖面积858.25平方公里，直接带动规模种养农户700户，技术推广覆盖农户20000户以上。园区以优质肉鸡、优质肉猪两大主导产业为主，分为核心区、带动区和辐射区3个不同功能区域，计划总投资11.78亿元。重点实施优质肉猪生态养殖产业建设项目、特色优质肉鸡产业建设项目、配合饲料加工厂建设项目。至2016年底，园区入驻企业12家，其中州级农业产业化经营龙头企业6家；建立和完善农业经济合作组织10家；园区按照“畜禽良种化、养殖设施化、生产规范化、防疫制度化、粪污无害化、监管常态化”的标准化原则，在凯里温氏畜牧有限公司、凯里宏大牧业发展有限公司、凯里市春然农牧科技有限公司、贵州省凯里万富饲料有限公司、凯里市凤凰苑畜禽养殖有限公司、凯里市森泰山鸡养殖协会、凯里市时新农业发展有限责任公司等龙头企业的带动下，采取“公司+基地（合作社）+农户（牧场户）”、“统一供种、统一供应饲料、统一饲养技术规程、统一防疫、统一产品质量安全监管、产品统一保利回收”的经营模式，推动全市建成年出栏1000头以上的生猪养殖基地18个，年出栏5万羽以上的优质肉鸡养殖基地5个，家庭牧场户195户，累计建立标准化圈舍12.8万平方米；建成年产10万吨以上的饲料加工厂2座。预期目标为：以优质肉猪、优质肉鸡为主导产业，构建“公司+基地（合作社）+农户（牧场户）”的经营模式，形成“优良品种繁育—配合饲料加工—肉猪肉鸡优质高效养殖—沼气能源—有机肥料—精品水果（蔬菜）”生态循环产业模式。园区年出栏优质瘦肉型肉猪50万头，年出栏优质肉鸡300万羽，新增配合饲料产量15万吨，实现销售收入16.08亿元，实现企业效益1.55亿元，规模养殖户年总纯收入达1.7亿元、户均年纯收入8.66万元、人均年纯收入3.29万元，全市畜牧总产值由现在的5.1亿元增加到5.7亿元，占农林牧渔业总产值的比例由现在的30.02%提高到34%以上，最终实现“畜禽良种化、养殖设施化、生产规范化、防疫制度化、粪污无害化、监管常态化”标准化目标。

草莓示范园区 位于下司镇，距市区20公里，距麻江县城25公里，距省会贵阳129公里。园区涉及下司镇马场、花桥、淑里、沙飘、清江等5个村，共77个村民小组，规划种植面积6000亩，其中：以马场、花桥村为核心区，计划种植面积500亩；以淑里、沙飘、清江等为辐射带动区，计划种植面积5500亩。园区建设期4年（2015—2018年），计划投资1125万元，拟完成规范化、标准化、专业化草莓示范种植面积6000亩；无害化、绿色化、有机化草莓种植面积500亩（其中：无公害技术规程种植240亩；绿色食品技术规程种植200亩；有机食品技术规程种植60亩）；建设优质脱毒草莓苗苗圃200亩、育苗大棚50亩；修建机耕道4条2500米、排灌沟渠5600米；实施田型改造及土壤改良培肥2000亩；配套节水灌溉设施1000亩；培训、培育草莓种植能手800人，培训5000人次；开展无公害农产品产地认定和无公害农产品、绿色食品、有机食品认证；新建有效容积500立方米气调库及其包装和配送中心等附属设施。至2016年底，园区成立富龙特色农业农民专业合作社，已在下司镇马场、花桥、淑里、沙飘、清江等5个村实施规范化、标准化、专业化草莓示范种植面积3600亩。园区建成后，通过新品种的对比试验与标准化栽培技术的推广，年优质草莓种植面积保持在6000亩，总产量12600吨，产值25200万元，净收益14300万元，可使3100人脱贫致富奔小康。

麻江县乌卡坪蓝莓生态循环产业示范园区（蓝梦谷）

该园区位于龙山镇和宣威镇，涉及龙山镇的龙山、共和、干桥、河坝及宣威镇的翁保等6个行政村，园区核心区规划面积16.67平方公里，拓展辐射区宣威镇、龙山镇，规划建成蓝莓基地13500亩。

从2013年起，通过3年建设，已完成交通路网、供水管网、供电线路、通信、气象服务、环保等基础设施的建设；完成园区场馆、步道、旅游公厕、景观景点打造等旅游设施的建设；完善园区农业生产设施条件，喷滴灌、农业机械、杀虫灯、设施大棚、冷藏物流等初具规模。其中：贵州海越公司莓类加工厂生产线建设完成，取得SC认证。浙江联众集团入驻园区建成蓝莓庄园投入使用。园区蓝梦谷创意工坊建设项目已启动建设；州农科院占地320亩的农业科技示范基地初具规模。园区翁保至蒲席塘通村公路开工建设，园区2号路已完成设计和征地丈量工作。园区有企业17家、合作社4个。建成高标准蓝莓基地18000亩（其中7个企业获有机认证、无公害认证5369亩，推广节水灌溉1150亩），拓展区12000亩。带动全县蓝莓种植面积达5.8万亩，“麻江蓝莓”地理商标已核准发布，有果酱、果饮、果酒等蓝莓加工产品，“白竹林牌”麻江蓝莓顺利通过贵州省名牌产品现场评价并发布公告，多彩苗宝公司获得省级龙头企业认定，创新科技成果或转化推广技术5项，被评为国家农业科技示范园区。县人民政府与贵州科学院共建麻江县蓝莓产业工程技术中心，建立产业技术支撑服务平台。园区主要销售产品有苗木、蓝莓鲜果、蓝莓精深加工产品。

该园区按照“农旅结合、农工一体”产业融合发展思路，先后完成园区自行车转换中心、露营基地、亲水码头、篝火广场、垂钓平台、水上娱乐坞篷船、CS野战装备采购、乌卡坪—乌羊麻自行车车道、游客服务中心精装修、景观灯光、停车场等旅游设施建设项目。园区欢庭蓝莓度假庄园、自行车停车场、环三号坝步道已投入使用。帐篷酒店等其他旅游设施正在建设完善。2016年7月成功举办麻江县第一届乡村旅游暨蓝莓文化节，接待游客11.6万人，实现经济收入0.54亿元。

丹寨县兴仁现代农业示范园区

兴仁农业园区位于县城北部，距县城16公里。2012年12月，丹寨县紧紧抓住荣获农业部、国家旅游局授予全国休闲农业与乡村旅游示范县的历史机遇，在兴仁镇的城江、中营、摆泥等村规划建设41.30平方千米的绿海蓝星现代农业园区，严格按照“项目建设与农业园建设结合”“项目建设与新型经营主体相结合”“项目建设与特色产业发展相结合”“项目建设与监管运行相结合”的原则，认真做好项目规划、申报、实施工作，抓牢夯实农业综合开发项目建设基础，防止项目建设“点多、线长、面广”的“撒胡椒面”现象，有效聚集农业综合开发项目在产业提升、农业增效、农民增收中发挥社会和经济效应。2014年，绿海蓝星现代高效农业园区被列为全省十佳农业园区，在全省现代农业示范园区考核中列第17位、全州第2位；国内首家蓝莓种植企业恒道丹林农业科技开发有限公司在上海挂牌上市；清华启迪科技园创新开发出“铁皮石斛附生茶树生态栽培技术”，项目已于9月通过省部级科技成果鉴定；引进香港培力集团，投资建设中药饮片颗粒生产线，年吞吐中药材达1万吨，项目建成后可现实产值20亿元，将拉动黔东南乃至贵州中药材产业快速发展。

建设规划 园区涉及兴仁、中营、摆泥、杉堡、城江5个村，总规划建设面积41.30平方千米。园区实行“1个园区，6个产业带”整体架构进行规划。1个园区即县绿海蓝星现代高效农业示范园区，6个产业带，即县地方特色黑猪产业带、生态蔬菜及观赏花木产业带、有机蓝莓产业带、有机茶产业带、GAP中药材产业带、休闲观光及乡村旅游产业带。形成以地方特色黑猪、GAP中药材、有机蓝莓为主要产业，配套建设蔬菜、茶产业，带动休闲观光及乡村旅游产业的“一业为主，多业带动”的新格局，打造成贵州省现代高效农业发展的样板，成为全省农业主导产业集聚的功能区、先进科技转化的核心区、生态循环农业的样板区和体制机制创新的试验区。

产业规划 采用“328”土地入股流转（开发商前3年按每年每亩土地租金一次性付给农户，以后效益按入股比例分成，农户占20%，企业或承包大户占80%）、企业租地领办产业、合作社整合土地领办基地等土地流转模式，引导土地有序向相关产业流转，拓宽种植业、养殖业的产业链条。通过土地流转模式，形成农民土地流转获租金、劳务得薪金、分成享股金、经营有收益的多种收入途径，从而能持续稳定地促进农民收入的增长。

土地流转 2013年，完成蓝莓产业种植区域现场踏勘规划933.33公顷，完成土地流转632.40公顷；完成蔬菜花卉园艺种植及畜禽养殖土地流转共200公顷；完成俊建、昌昊、苗都等入驻企业征地26.67公顷。至2014年，园区核心区面积1466.67公顷，拓展区面积7333.33公顷；共完成土地流转2896.87公顷。

基础设施建设 至2014年，路网建设完成47.80千米，硬化20千米；安装250千瓦变压器4台；修筑步道、机耕道32千米，硬化10千米完成冷库物流3套。蓝莓病虫害防治点、高标准基本农田建设项目、畜禽养殖基地2座500立方米沼气池及无害化肥料加工厂在建；四旁绿化31千米；蓝莓产业种植区域规划933.33公顷；蔬菜花卉园艺种植及畜禽养殖土地流转200公顷。

重点项目 1. 园区农业综合服务中心。园区农业综合服务中心总投资为630万元，配套有培训室、多媒体教室、农产品展览厅、成果展示厅，检测检验室，实验室等，共计3300平方米。2014年，完成大楼主体工程及内部装修，堡坎修筑、电信光缆改迁、院坝硬化、水电安装、花坛建设及周边绿化、监控设施安装、网络设施安装、办公设备采购等工作，现正在对接审计局对附属工程进行审计，对接农业局进行实验室安装、对接郭氏基金进行培训室安装等工作。2. 联想－恒道蓝莓风情园。蓝莓文化风情园是由贵州恒道丹林公司投资3000万元，在绿海蓝星现代高效农业示范园区核心区打造的休闲观光园区，以种植蓝莓、四季花卉、精品水果为主，配套建设游客接待中心、蓝莓文化长廊、百果园景观、山地高尔夫练习场、人工湖景观等，项目建成后，集农业生产、休闲娱乐、观光旅游功能于一体，是现代农业与旅游服务相结合的发展结晶。2014年，公司已在园区核心区内建设蓝莓种植基地（马鞍山、龙坡等）568.13公顷，辐射带动蓝莓种植666.67公顷以上，部分基地蓝莓已经挂果；蓝莓文化园已经完成高尔夫练习场场平、人工湖主体打造、百果园景观打造等，正在进行玫瑰及菊花等景观植物栽植、高尔夫练习场围网安装及草坪铺设、足球场草坪铺设、蓝莓体验园建设、人工湖附属景观打造等。3. 丹寨县俊建牧业开发有限公司。自2007年11月开始筹建，总投资金额1500万元，规划占地面积3万平方米。以“公司+基地+农户”的形式，计划建设标准化圈舍25000平方米，办公用房2000平方米，养殖场母猪存栏达到3500头以上，年常存栏量达10000头以上，年出栏量达30000头以上，实现创利300万元以上。2014年，公司已建成肉牛养殖示范基地（草场）二个、生猪标准化规模养殖场二个、饲料加工厂一座；已建成高标准猪舍面积15000平方米，生猪存栏13000余头（其中，能繁母猪2200多头），肉羊存栏568只；饲料加工厂年均生产混合饲料6000余吨，满足了公司养殖基地及带动农户的养殖需求；公司近期已经完成养殖设备安装，并分别到湖南岳阳和广西农垦引进种猪400头，扩大生产规模。

成效 蓝莓产业：2014年，核心区蓝莓面积达568.13公顷，辐射带动全县种植蓝莓面积666.67公顷以上。特色果蔬产业：2014年度完成西瓜种植340公顷、辣椒种植212公顷，辐射带动全县发展辣椒、西瓜面积1133.33公顷。中药材产业：贵山灵草中药材现代高效农业扶贫产业示范园区成立后，昌昊金煌公司将进驻园区，公司办公楼、质检楼、联栋大棚、组培车间、饮片加工车间等已经基本完成主体建设，公司2014年度已在全县范围内成立中药材种植合作社23个，发放仙草、钩藤种苗共计143万株、太子参种苗5.5吨，共计在全县范围推广种植面积达732.07公顷。黑毛香猪产业：园区入驻企业时代、俊建公司养殖基地建设已基本完成投入生产，2014年度生猪出栏5.4863万头。蛋鸡产业：园区苗都公司建成一期项目14栋现代化鸡舍15200平方米建设，完成养殖设备安装8000平方米，完成大型沼气池与污水处理系统项目的土地平整工作。2014年，企业存栏蛋鸡15.6万羽，生产鸡蛋1800吨，辐射带动全县蛋鸡养殖39.6万羽以上。

黄平旧州现代生态农业示范园区

该园区创建于2013年3月，是省级现代高效农业示范园区引领型园区之一。园区规划面积1万亩，其中核心区4000亩，涉及22个村，覆盖农户1.4万户3.9万人。计划投入6亿元，目前已投入3.86亿元。

截至2016年年底，已完成园区主干道路建设15.5公里，河滨景观道（含河道整治）5.31公里，园区机耕道建设25.4公里，生产道建设31.29公里，沟渠（含管网）建设32.51公里。完成公厕新修2座，新建停车场两个约14000平方米；完成太阳能路灯安装200盏；五洋生态园完成公益性广场15000平方米，文化展示长廊两座。已完成大棚建设约26.4万平方米；建设冷库2个，容积4500立方米；完成200平方米蔬菜加工车间及设备安装；建成蔬菜示范园区1500亩、白芨种苗繁育基地130亩、舞阳河河滨湿地公园5.31公里、五洋生态观光园650亩，蓝莓种苗繁育基地200亩。5家企业和8家农民专业合作社入驻园区发展。

主要做法及成效 1. 抓指挥调度和协调督查。成立了以县长为组长，分管副县长为副组长，相关部门和旧州镇主要负责人为成员的现代高效农业示范园区建设工作领导小组。成立县农业产业园区服务中心，明确工作职责，园区服务中心负责园区总体规划、项目申报、产业培育指导以及指挥调度和协调督查工作，确保人员经费有保障，职责任务能落实，建设工作出成效。2. 抓科学规划引领。按照“规划引领、分步实施”的原则，围绕黄平自然资源禀赋和特色优势主导产业，突出农业标准化、规模化、产业化工作重点，聘请西南农大编制《黄平县现代高效农业示范园区建设总体规划》（总规）；聘请贵州大学编制《黄平县旧州现代高效农业示范园区建设规划》（详规）。3. 抓科技人才支撑。强化信息平台建设和科技支撑。积极与省农科院、贵州大学、西南农大等院校合作，建立教育、科研、科普、实训等合作基地，为我县蔬菜、蓝莓、中药材等产业在品种培育、产品开发、生物工程领域提供技术支撑；此外还积极推进县政府网与贵州农经网合作，共同开发农产品追溯管理、条形码识别等系统，让消费者在第一时间可以查看到产品上市日期、农户、产地等生产信息。注重人才支撑引领。鼓励和允许事业单位科技人员进入园区领办或创办企业，鼓励大学生和返乡农民工到园区创业就业，如金佰瑞公司引进南京农大研究生及21个本科生。同时，切实将园区农民和企业人员纳入阳光工程、雨露计划和农村劳动力培训范畴，为园区提供更多的“职业农民”，促进农技成果转化。4. 抓经营主体培育。①以园区建设为平台，切实做好农业相关项目招商引资基础工作，通过多种形式的招商引资活动，目前引进了有贵州金佰瑞农业开发有限公司、贵州华春惠民农业科技有限公司等5家企业入驻，成为园区的主体力量。②培育农民专业合作组织。注重培育一批市场联结紧、带动能力强、产出效益高的专业化农民合作组织。截至2016年年底，有蔬菜、柑橘、马铃薯、生猪等类型的农民专业合作社8个，入社社员300余人，从业农民0.47万人，资产总额达900余万元，形成较为完善的“企业＋基地＋合作社＋贫困农户”生产经营模式。③大力扶持种养大户。全面落实各项强农惠农政策，扶持了一批经营蔬菜、中药材、畜禽、果品、渔业等种养大户和家庭农场。5. 抓贫困户利益链接。①让贫困农户参与生产经营。2016年政府投入财政扶贫资金2709万元，利用黄平且兰农业投资有限公司新建268个大棚及土地流转630亩，一期先用150个棚解决生态移民搬迁户产业就业；同时引入贵州沃润丰农业发展有限公司租赁剩余的大棚及土地创办基地，开展新品种的引进、试验、示范及新技术的培训、推广，通过采取“企业＋基地＋贫困农户”的模式，让贫困农户参与生产经营，即“1122”模式（一户贫困农户认领一个大棚，一年种2茬〈水果番茄＋西芹〉），户均年收入在20000元以上，人均年收入6000元以上。公司根据市场需求引导贫困农户种植，同贫困农户签订订单种植合同，大大降低了农户市场风险。②通过劳务输出促进就业。无经营管理理念有劳动能力的贫困农户，可以在园区企业务工。如：沃润丰公司现需固定工人40人，月均工资2500元以上；月用临时工1500—2000人次，月均工资1800元以上。可解决贫困户100余户100余人就业，户均年收入25000元以上，人均年收入8000元以上。

施秉县牛大场中药材现代高效农业示范园区

园区基本情况 牛大场中药材现代高效农业示范园区既是省级重点现代高效农业示范园区，也是州“6个20”工程之一。园区以特色中药材太子参为主打品种，核心区规划面积2万亩，辐射带动区面积10万亩，覆盖农户5100余户2万余人，其中贫困对象8000余人。园区预计总投资10亿元，力争通过3—5年的建设，实现年产值达100亿元以上，年人均收入达10000元以上，带动全县3.3万贫困人口全面脱贫，成为全省乃至全国集产、学、研、贸、工、农为一体的综合性中药材现代高效农业示范园区。

园区建设进展情况 至2016年底，路网完成观光道2.5公里，主干道13公里，机耕道35公里，生产便道26.5公里。水利设施完成提灌站2个，大蓄水池3个共300立方米，小蓄水池20个共300立方米，排洪沟渠10.2公里，灌溉管网8.4公里。温室大棚完成11500平方米，其中智能化大棚2000平方米，生产性大棚9500平方米。配套设施质量检验检测中心已完成建设。人工影响天气标准化炮站全面完成并投入使用，同时完成小型气候自动观测站1个；电力、通讯等设施已实现全覆盖。五是新建中药材加工厂3个，其中：健民中药材初加工厂和大富祥菊花养生茶加工厂已投产使用，祥鹏中药材初深加工厂已经启动基础设施建设。中药材交易市场已完成主街道场坪和部分排污管道架设工程。中药材示范基地完成种植18180亩，园区核心区完成土地流转2000余亩。在全省2014年绩效考核中，该园区位列全省第29位。

镇远县文德关山地休闲观光农业示范园

文德关山地休闲观光农业示范园，位于舞阳镇柏杨坪村，镇（远）施（秉）二级公路旁，距思剑高速镇远西站入口2公里，距镇远古城约2公里，交通便利，南接镇远游客接待中心，北邻舞阳河景区，具有“近山不进山，近城不进城”的独特区位优势。园区与贵州喀斯特山区农业特色的集休闲度假、生态观光、乡村游览于一体，具观赏性、参与性、农游合一性等特征。

文德关山地休闲观光农业示范园，重点抓了以下三个方面：1. 重点抓好舞阳红桃、金秋梨、青脆李、葡萄等水果品种和种植，其中园区核心面积建成红桃、青脆李、金秋梨各类水果标准化基地3000余亩，金银花种植基地2000余亩，玫瑰花现代化生产种植基地3000余亩。2. 大力推广果园密植栽培、果品新品种培育、无公害病虫害防治技术、采取安装杀虫灯、防虫诱杀板、喷滴灌及水肥一体化等先进适用技术，积极开展各类作物种植试验示范，开展水果套袋、土壤改良和水果丰产管理等农业技术示范，将3项国内领先和国际先进成果转化农业生产，占任务数的150%。其中，镇远果树专业合作社已取得无公害农产品产地认证及无公害农产品认证。其中：桃、李子无公害产地认证75.52公顷；桃认证年产量1046.25吨，李认证年产量522.36吨，并注册了“柏杨坪”无公害农产品商标；园区累计认证农产品产品及产地12个，其中产品认证7个，产地认证5个，认证面积21000余亩，“三品一标”认证产量占园区可食用农产品种植总面积的84%。贵州盼福果蔬有限公司引进果蔬等先进设备及加工工艺流程，现有红薯薯干加工生产线2条、果蔬饮品加工生产线1条；园区花酒酒业有限公司以“公司+基地+农户”的生产模式，现建成金银花种植基地1个，玫瑰花种植基地2个，总占地3500余亩，以独特的生产工艺流程加工生产花酒，现建成花酒生产线1条，产品加工包装生产线2条，年生产花酒600余吨，产值8000余万元。3. 加强基础设施建设。截至2016年年底，结合农业体验式休闲观光旅游（赏花、果品尝鲜、自行车骑行等活动）已建成占地200余亩的旅游文化接待中心、阶梯观光及休闲采摘木栈道3.5公里、机耕道5.3公里、生产步道10余公里、观光亭3座、休闲骑行道路3.43公里、点地120平方米的生态卫生间3个。

文德关山地休闲观光农业示范园，截至2016年年底入驻园区的企业（合作社）共27家，其中，入驻企业10家，入驻合作社17家。

文德关山地休闲观光农业示范园区正朝着把现代游乐和自然景观相融合的生态休闲观光园建设目标前行，努力将其打造成“回归自然，农舍瓦房，炊烟袅袅，鸡欢狗跳”乡村都市生活区。

岑巩县周坪杂交水稻制种农业园区

为推动杂交水稻制种产业发展，2012 年，岑巩县建立周坪杂交水稻制种高效生态农业示范园区。该园区土地面积 85.92 平方公里，涉及思旸镇、注溪镇、龙田镇三镇 9 村 3229 户 14206 人。园区以杂交水稻制种为主导产业，思州柚、生态养殖与休闲观光旅游协调发展。该园区为第六批国家农业科技示范园区、国家级杂交水稻种子生产基地县核心区、贵州省重点农业园区。

2013 年来，周坪杂交水稻制种园区紧紧围绕组织保障体系、产业扶持体系、基础设施体系、主体培育体系以及科技服务体系建设采取了一系列措施，有效促进了园区农业增效、农民增收。

健全组织保障体系，强化组织协调能力 1. 成立了以分管副县长任主任的农业园区管理委员会，下设杂交水稻制种办、烤烟两茶办、果蔬花卉办和综合办；园区编制 14 名，现有在编在职人员 9 名。2. 以县委、县政府的名义分别制定出台制种基地管理办法、土地流转优惠办法、信贷支持扶贫办法和科技特派员制度，以及召开县委农业工作会、农业园区建设发展专题会议；有效增强了组织协调调度力、农业产业发展和农业园区建设发展新动力。

完善产业扶持体系，创建品牌示范园区 1. 促进主导产业与中国种子集团等国内大型种子企业发展相融合，将园区优先安排给畅销品种和优势组合，为企业展示最新科研成果；形成大户带动基地发展，基地促进企业成长的良好氛围。2. 编制园区规划、优化产业结构、转变发展方式，将杂交水稻制种、精品水果、生态畜牧集聚发展；发展“山上种柚—柚林养殖—田坝制种—稻田养鱼—冬春油菜”立体生态循环农业。3. 将杂交水稻制种列入农业产业链金融服务试点，推行“基本保险 + 补充保险模式”，探索适合岑巩县特色农业发展的保险政策。即每亩保费 60 元（中央 12 元、省 7.5 元、州 1.35 元、县财政 27.65 元、种农 11.5 元），保额 1000 元。保费补贴（水稻），作为基本保险，公司保费补贴和农户自交保费作为补充保险。四是积极发挥农博会上获得的荣誉，打造具有原产地特色和生态性特征的“思州品牌产品”，增强杂交水稻种子、思州柚等产品品牌价值和市场竞争力。目前，“思州牌" 文旦柚荣获了国际林业产业博览会金奖，2016 年被国家质监总局批准为国家地理标志保护产品。杂交水稻种子除供应国内用种外，还销往东南亚等国。

夯实园区基础设施，推动农业“五化同步” 按照现代农业要求，突破部门和行政区域界限，整合项目，集中投入，连片改造，建设一片有利于“规模化、标准化、机械化、集约化、信息化”的高标准农田。农业示范园区核心区实现了气象、土壤墒性、植保等信息数据化，耕、种、管、收全程机械化。截至 2016 年年底，通过积极争取上级项目资金和整合部门资金，建成园区主干道 26 千米（含思阳—注溪省道改造）；机耕道 32 千米；生产便道 33 千米；沟渠（含管网）31 千米；修建防洪堤 1.45 千米；蓄水池 4 个 800 立方米：架设 10 千伏输电线路 1000 米；安装机电控制启动设备及 380 伏线路 200 米，周坪平屯杂交水稻制种高新技术展示区 350 亩；加工厂房 4260 平方米，标准圈舍 16 个 2110 平方米；温室钢架大棚 9 个 10800 平方米；喷灌设施 1000 平方米；沼气池 173 个 1978 立方米；杂交水稻种子周转仓库 2000 平方米；种子晒场 2000 平方米：建成 30 吨/小时立式烘干塔和 10 吨/小时精选包装线一条 500 吨冷藏库一座、杂交水稻种子生产展示中心 1 座、智慧农业平台、周坪大桥、平屯防洪堤、周坪大桥绿化亮化工程、智能化育秧中心、周坪园区内机耕道路铺油、周坪王家寨片区土地整治、防洪堤建设、机耕道配套排灌沟渠、观光车道、田间风貌打造等。利用智慧农业平台、测土配方施肥、植保工程等，完善农田基本信息、病虫害统防统治公共服务系统和气象观测系统，建设大数据，实现信息化，为科学种植管理提供依据。截至2016年年底，园区农田土壤数据采集实现了全覆盖；建成智慧农业平台1个，气象观测点3个，植保观测场1个1000平方米，植保观测点4个，投入太阳能杀虫灯30盏。此外，贵州红四方农业发展股份有限公司建成种子加工厂房2处，拥有30吨/时种子烘干塔1座、制种精选包装生产线2条，种子存贮仓库2座、种子检测实验室1个，配套设备齐全；农机合作社购置中小型农业机具56台，小型施药无人机2台等。

培育新型经营主体，提升带动致富能力　1. 利用新型职业农民培育工程等项目扶持一批专业性好、组织服务能力强的制种大户、家庭农场和农业龙头企业，促进社会化服务。园区现有制种大户32个，家庭农场12家，制种合作社2家，病虫害统防统治合作社1家，农机合作社1家。2. 鼓励以村委会的名义流转土地，同时将土地流转与基本农田建设与保护结合起来，既有利于培育新型经营主体，又让园区产业在效益上有了新突破。现已流转农田1.39万亩，林地0.36万亩，园区种植大户每户基本可以管理20亩果园和10亩制种，收入远胜外出务工。3. 将新型经营主体培育与党支部带动致富结合起来，提增农民人均可支配收入，助推园区实现减贫摘帽。2014年以来，园区以“党支部引领、企业带动、群众参与”的方式经营杂交水稻制种、思州柚等农业产业化基地，既巩固了党支部、企业、群众在农业产业化协作发展中的关系，又有效带动万余农民脱贫致富。

提升科技示范水平，助力乡村旅游发展　加强大型企业和科研院所的合作，提升科技示范水平。周坪杂交水稻制种基地与中种集团、贵州大学、贵州农科院和宜宾农科院达成了战略合作协议。中种集团已在园区投入了53个亲本观察试验，同时农业局抽调4名技术骨干跟踪调查，为新组合生产提供技术支持。选派农技人员到省内外参观培训，提升自身实力。2014年以来，园区选派近100名农技人员、村干部到省内外以及台湾、香港地区参观学习。园区现有高级农艺师3名，农艺师25名，畜牧兽医师26名，农推硕士14名，林业工程师17名，水利工程师13名，种子检验员16名。开展综合技术集成公关，推动园区产业集聚和产业化发展，以彰显国家级基地的科技实力。2014年，《杂交水稻制种高产技术集成与产业化》荣获全省农业丰收奖一等奖，稻油轮作生态循环模式有效提升了土地产出率。将科技示范与生态建设、乡村旅游结合起来，加快农旅融合。目前，园区建有园区规划暨农耕文化展览厅一座；龙江河美景吸引了大量观光旅游垂钓爱好者；周坪村荣获了2014年度贵州省省级“文明村”荣誉称号。2016年7月，周坪农业园区核心区注溪镇被农业部认定为“第六批全国一村一品示范村镇”。

截至2016年年底，已有省、州农业龙头企业10家入驻园区，其中杂交水稻制种企业6家，养殖企业2家，农产品加工企业2家；新型农民专业合作组织12家。注册有“思州牌”文旦柚、“思州”水晶米等品牌。2015年，园区以“党支部+公司+农户”的生产经营模式发展订单农业，商品率达95%以上，制种田亩产值达4200元以上，较种植中稻增收2000元以上；柚园亩产1500公斤以上，产值达10000元左右；农业总产值达22430万元以上，比上年增长12.71%，销售收入19800万元；农民人均可支配收入10990元。2015年，核心区发展杂交水稻制种1.78万亩，并辐射带动周边乡镇发展5万亩杂交水稻制种；兼顾发展精品水果、生态畜牧养殖业、油菜种植、加工物流、休闲观光旅游业等辅助产业，实现产业的规模化、集约化和标准化发展。该园区有辅助产业精品水果6000亩、秋冬种植优质油菜12000亩、蔬菜1000亩；年出栏生猪8726头、牛266头、羊3654头、禽类20110羽。

三穗现代生态农业示范园区

该园区，位于三穗县西南部，距县城10公里，距高铁火车站15公里。始建于2013年。规划总面积3.3万亩，范围涉及八弓镇木界、青洞、桥头，台烈镇屏树、颇洞、寨坝、寨塘、寨滚、小台烈、寨头、上坪共11个村。空间布局规划为“一核牵两带、一环分三段”。一核牵两带即颇洞“创意农业”旅游发展核，“台烈镇—颇洞”台烈河滨水景观带、“颇洞—绞颇”年代记忆体验带；一环分三段及“颇洞—邛水河—屏树”区域联动环，颇洞—德明通景交通段、邛水河水上娱乐段、颇洞—屏树加工产业段。核心片区又根据功能进行分区，分为精品蔬菜种植示范基地、优质苗木花卉培育、种植基地、平甲林下经济示范园、全国青年创业示范园4个区域。一核两带、一环三线的布局共建设项目68个，其中近期规划项目43个，中远期项目25个。在三年内完成的近期规划项目中，规划投资4.5亿元。将颇洞打造成集生态农业、观光农业、休闲农业、设施农业、精致农业、循环农业、科技农业等于一体的“创意农业”旅游综合体，为游客提供生态观光、山地运动、休闲度假、康体养生、科普教育等旅游活动。实现品牌、社会和生态发展三重目标。

截至2016年年底，先后建成了热带植物馆、生态农庄、生态养殖场、蓝莓园、草莓园、议事长廊、农文旅广场等。

热带植物馆 该项目于2015年10月动工建设，2016年3月底完工，该馆属文洛型玻璃温室（以现代优质绿色建材玻璃钢为建材，具有防腐蚀、恒温、耐老化、抗冲击、透光率高、成型美观、造价低廉的优点），属党建扶贫示范项目，由党社联建模式的农峰蔬果种植专业合作社承建，党员致富带头人杨林专职管理。馆内设置现代花卉展示、培育营销、科普教育等三大功能区，日均接待游客500人次，年收入达370万元（含娱乐、购买收入），贫困户以资金入股、土地入股等形式参与植物馆建设，每年按入股比例共享红利“蛋糕”，为当地群众增收拓展了渠道，有效带动贫困户脱贫，解决了20名贫困人口就业问题。

生态养殖场 该养殖场由村党社联建合作社农峰蔬果种植专业合作社创办，年出栏3000余头，年产值720万元，在解决贫困户就业的同时，进一步壮大了村集体经济。

蔬菜基地 该基地占地面积大，商品蔬菜主要供应县城中小学食堂。

草莓园 该基地共种植草莓200亩，年产值800万元，在增加村民创收同时，进一步丰富了园区生态气息，增加游客生态采摘体验。

议事长廊 该项目规模长80米、宽8米，总面积640平方米，主要用于展示我村一些能人名人简介情况，同时为村民议事提供场所。

农文旅广场 该项目占地4500平方米，总投资400万元，为游客和当地村民文娱活动提供了场所，进一步丰富了精神文化生活，提升幸福指数。

电商综合服务站 该服务站于2015年9月开工建设，占地面积300余平方米，总投资80万元。站内设置六个展区，分别展示生态果蔬、藤编工艺、传统手工、绿色粮油、现代花卉、银饰刺绣等三穗农特产品。整个站点运行由村党支部党员金种子吴世海经营管理。自成立以来，该村通过建立“互联网+”电商服务平台，实现了穗货出山和网货下乡电子商务职能，2016年交易额达120.6万元，有效壮实村级集体经济收入，2016年获得黔东南州“十佳”电商服务站。同时我们服务站还开展为群众代缴电费、电话费，代购飞机票、火车票、生产生活用品等便民服务，尽最大努力做好村民服务工作。

蓝莓园　蓝莓产业园于2012年动工建设，当年5月，村党支部、村两委会正式协商引进贵州山苗农业科技有限公司入驻经营，分为育苗区和种植区，目前园区种植蓝莓300亩，其中育苗基地60亩，丰产示范基地240亩，培育南高丛、北高丛、兔眼3个系列，蓝丰、布里吉塔、北陆、蓝雨、夏普蓝、南大、奥尼尔、灿烂、粉蓝、越蓝、巴尔德温11个品种，2015年通过销售蓝莓收入60多万元，蓝莓苗收入200多万元，解决就业80多人。经营模式为：公司+合作社+农户；辐射带动面积2400亩。

贵州生态绿源食品有限公司　该公司于2016年10月注册挂牌成立，目前已完成主体工程建设，今年4月投产运营。该公司结合本地资源特色，主要生产、加工、销售、批发零售粮油制品、竹笋制品、豆制品、腌制品、淀粉制品等食品。投入使用后，年产值达3000万元，年利润总额约500万元，带动就业300人次。该公司在有效解决贫困人口就业和创收的同时，为实施“强村带弱村”计划提供了帮扶平台，能挖掘魁计、果介等弱村稻田鱼多、竹笋量大等优势资源，通过公司收购加工销售等进一步提高产品附加值，激活弱村内生动力，同时双方已签订结对帮扶协议，随着帮扶的深入开展，帮扶内容逐渐得到丰富和完善，将有效助推魁计村97户320人贫困人口增收致富，早日实现脱贫。

生态农庄　农庄由颇洞村农峰蔬果种植专业合作社投资新建，占地面积42亩，含餐饮住宿、农业体验、蔬果采摘、河滨休闲5个区域，庄内设置农庄大楼、休闲长廊、水榭凉亭、流水小桥、假山瀑布、沿河栈道、景观环岛、水上游乐、停车场、农家超市等基础设施设备。可同时容纳500人左右游客观光、就餐、120人学习培训和住宿。分两期实施，一期工程于2014年7月动工建设，目前已完成投资480余万元，2015年7月正式对外营业，提供就业岗位40人，年收入280万元。二期工程主要围绕精品蔬果采摘、综合培训基地等建设，目前完成项目规划设计、可研立项等工作。目前，项目区日均可接待游客1万人次，通过水上游乐、农家超市、餐饮住宿等服务辐射带动300余人脱贫。抱团发展、共奔小康理念深入人心。

苗木花卉园　该园种植面积800亩，培育桂花、红豆杉、金丝楠木、红叶石楠、红榉木、罗汉松、茶花、紫薇等80多个品种，该基地提供从事植物日常管护等工作就业岗位50个，目前入驻企业2家。

玫瑰庄园　该庄园于园区东南侧，于2015年12月由县科技中心组织建设，主要经营农家餐饮、玫瑰种植等产业，其中玫瑰扩繁基地50亩，玫瑰品种有红、黄、紫等9种颜色，品种丰富齐全，具有较高的观赏价值和药用价值；餐饮基地占地5亩，2016年运营以来，餐饮业创收65万元，有效解决了当地村民就业和贫困户脱贫。

立体生态养殖场：该养殖园占地20亩，属标准化现代立体养殖基地，集生态养殖、农家餐饮为一体的现代农家体验园，年存栏三穗鸭6000羽，养鱼10000尾，年收益80万元，带动30名贫困人口就业。

葡萄庄园 该庄园由金种子致富带头人该村党支部副书记吴先牛投资兴建，项目占地50亩，总投资80万元，于2015年开始新建，2016年1月正式投入运行。庄园设置农家餐馆、葡萄采摘、休闲烧烤三个区域。2016年创收21万元，有效带动贫困户10余人就业。

精品水果种植区 精品水果作为颇洞景区现代休闲农业的重要内容和支柱产业，目前种植面积达500亩，由农峰合作社创办，培植葡萄、红桃、西瓜、脆红李、软籽石榴、百香果等品种，2016年挂果的有葡萄、百香果、西瓜，游客到此多为体验采摘，丰富了园区体验内容和群众创收渠道。仅2016年，出售精品水果收入90余万元，辐射带动周边12户农户致富（其中贫困户3户）。

月溶亭景区 该景区于2014年开始建设，2015年12月正式竣工投入使用，景区配备有荷塘鱼池、风雨桥、文化景观亭、幽径步道、休闲座椅、工艺踏步等景点，是集休闲、小憩、游赏为一体的现代乡村旅游好去处。

天柱县油茶产业示范园区

园区始建于2013年，规划面积94.67平方公里，包括社学乡、渡马乡、邦洞镇和兰田镇四个乡镇，其中核心区14.67平方公里，包括社社学乡长团、平甫村，渡马乡的岩门村3个行政村，有老寨、新寨、龙塘等12个自然寨。核心区共有有799户农户，3375人，劳动力2190人。

园区立足本地油茶资源优势，以打造油茶产业为主，实施油茶科技、良种选育、种苗产业化繁育、标准化基地建设、油茶林下复合种养业、油茶低产林改造、茶油精深加工和产品营销、技术教育培训、油茶文化体验、生态观光旅游等全方位发展。园区总体规划从2013—2017年总投资27499万元，其中：基础设施建设投资8930万元，产业发展项目投资18569万元；资金来源业主投资10746万元，地方财政投入2008万元，整合部门资金14745万元。园区通过营建优质高效油茶林基地1.5万亩，使油茶主导产业的优势地位得到巩固和加强，农业生产总值由2870.3万元增加至17643.4万元，森林覆盖率从48.37%提高到70%以上。

至2016年，完成面积45041亩，其中，新造10949亩、低改34092亩。2016年茶油产量5500吨、茶籽20600吨，产值4.5亿元。产业带动农户4.26万户15.78万人，其中涉及贫困户8700余户3.22万人，年户均增收近4000元。

锦屏县龙池农业产业园区

锦屏县龙池高效生态农业示范园区建设始建于2013年。主导产业基地（精品水果）涉及蓝莓、金秋梨等9个品种1.5万余亩，其中蓝莓6000亩，金秋梨3500亩，柑橘5000亩，提子200亩，杨梅500亩，四季果园600亩（石榴、默科特、柠檬、杨梅、蜂糖李、武昌桃等），草莓23亩。辅助产业基地，涉及林下套种经济作物3240亩，林下生态养鸡10万羽，新建和改造油茶生产基地1300亩，实施优质蔬菜生产基地建设种植茄科类蔬菜300亩，食用菌基地1000亩，紫薯基地种植360亩，莲鱼共生基地500亩，中药材铁皮石斛大棚种植123亩。

截至2016年年底，先后建成园区综合服务楼3770平方米，园区农产品展销厅1200平方米，喷滴灌设施800亩（蓝莓基地、四季果园），生产用水周转水池6口3000立方米及输水管道安装20公里、灌溉水池66口2120立方米，园区生活用水机钻井1口、蓄水池30立方米，新搭建钢架大棚2880平方米，农副产品交易市场1000平方米，园区生产生活电力设施建设变台2座100千伏，建立移动信号直放站3处。园区主干道（敦寨至新化）三级旅游公路改造，欧阳村、新园寨、看寨村田坝机耕道及欧阳村至映寨村通村公路硬化15千米，启动园区至雷屯公路扩宽改造工程建设。先后建成休闲景观亭10座，园区观光车道4.9公里，观光步道3.4公里，购置休闲观光自行车10辆，景观生物长廊680米（提子120米、红心猕猴桃560米），安装垃圾果皮箱80个，旅游公厕3座，园区广场4000平方米，园区大门1座，生物园门1座（柑橘梨），蓝莓山庄2180.2平方米，园区路道观光路道绿化树（茶花、苏铁、雪松、大桂花、小桂花、紫薇）804株；花卉和绿化苗圃基地5亩，园区村寨的房屋风貌整治380户、安装太阳能路灯529盏、垃圾倒运车6辆。

园区与贵州大学建立技术合作关系，签订院县合作协议。此外聘请省内外知名专家组成专家顾问组、专家团队，提供高层次的策划、咨询和科技指导服务。建立项目科技评价制度，把科技含量作为入驻园区项目和企业的前置标准。实行良种、良机、良法配套，提升自主创新能力。园区已将特色产品融入电子商务交易销售平台，蔬菜类及水果产品已进行在线交易。

截至2016年年底，园区获省级著名商标、在国内具有重大影响力的名牌农产品有野桂花蜜、贵州锦屏杉乡牌椪柑、黔三和锦屏紫薯、锦屏山茶油，其中杉乡牌椪柑以风味浓、肉质脆、口感好、极耐贮运。金秋梨金黄透亮、石细胞少、肉质细脆化渣、汁多味甜、清香可口、品质上等、较耐贮运，具有绿色生态果品等特点而赢得客商和消费者的青睐。

园区通过示范带动、品牌拉动，大力发展特色农业、休闲观光农业，带动农业产业的发展。至2016年底，投资16亿元打造生产、餐饮娱乐、休闲观光、体验等功能完善的现代农业科技示范园和蔬菜、水果交易市场。不断加大景区硬件设施建设，积极发展乡村旅游，打造龙池园区至雷屯的农业休闲旅游带。2016年年国庆和五一期间，龙池园区、雷屯、隆里累计接待游客38402人。

2016年年底，园区共引进名优新特奇农作物品种36个，开展试验示范研究7项，示范推广关键成熟技术4项。推广高效农田节水技术3万亩，推广测土配方施肥5万亩，建成5000元以上高效田3万亩。园区核心区示范带动农户3645户1.35万人，辐射区示范带动农户5264户2万人。

黎平县农业园区

黎平县农业园区始建于2013年。截至2016年年底，投资21750万元（包括侗乡茶城），其中：企业主体投入16930万元，园区整合（财政、国土、发改、水利、交通、农业、林业等）部门项目资金投入4820万元。先后建成黎平高屯现代农业园区（黎平生态茶叶与油茶园区）、黎平“天香谷”芳疗植物产业园区、黎平县香莲水产综合生态农业示范园等。完成园区路网硬化54公里，其中主干道22公里，支线道路20公里，生产便道12公里。完成基地水渠沟建设5公里，水管网布置3公里，完成四个提灌站建设，完成电网架设5公里。完成道路绿化（樱花、桃花、紫薇、桂花、银杏等栽植）30公里，其中主干道8公里，观光道22公里，撒播化面积30000平方米。园区内完成观景亭16座，茶艺楼一座，长廊2座。完成基地建设及改造50500亩，其中：建成茶叶基地3万亩，辐射带动全县茶产业基地10万亩；建成油茶基地1.2万亩，辐射带动全县油茶产业基地5.8万亩；建成中药材基地0.05万亩，辐射带动全县中药材产业基地1万亩；建成香莲水产基地0.8万亩，辐射带动全县香莲种植2万亩。建成商品蔬菜基地0.3万亩，辐射带动蔬菜生产基地2万亩；建成万头生猪养殖基地一个，辐射带动规模养殖户140户，生猪存栏8万头，引进温氏集团公司准备建设40万头出栏的大型生猪养殖基地；建成林下养殖示范基地2个；辐射带动规模养殖户100户，林下养殖小香鸡及绿壳蛋鸡10万羽。园区入驻经营主体有29家，其中，省级龙头企业2家，州级龙头企业7家，农民专业合作社13家，家庭农场2家。2016年，园区产值达3.025亿元，其中，园区产值比例为：一产占48.9%；二产占40.7%；三产占10.4%。

香莲水产综合生态农业示范园 该园区位于黎平县高屯截道，涉及高屯截道八舟村、秧南村、绞便村、小里村、中黄村、盎寨村和高屯村的下乌鸦等，园区规划面积6.7万亩，其中核心面积1.7万亩辐射带动周边村寨及中潮镇香莲基地建设5万亩。园区核心区位于黎平至锦屏的202省道边，距黎平县城仅25公里，距黎三高速路口仅10公里。2015年被省政府列为是省级现代农业园区。园区以香莲、稻田养鱼（虾）和蔬菜为主导产业，配套有精品水果、水产养殖、畜牧养殖、冰柳种植、河堤景观休闲观光设施等产业。园区立足生态农业产业基地建设，结合高屯截道较为丰富的旅游资源、便利的交通资源和丰富的自然资源等优势，通过产业基地建设，带动园区加工、销售等行业的发展，并通过旅游配套设施的规划建设，最终使园区实现产业布局合理、设施装备优良、技术模式先进、产品优质安全、经营机制创新、要素高度集聚、循环清洁生产、多功能有机融合、带动能力较强、示范效应明显的建园目标。至2016年年底，完成园区总投入为13350万元，整合部门资金为2888万元。完成园区新（改建）次干道4.5公里，园区新（改）建生产便道（含旅游观光步道）0.8公里，分别为秧南香莲子基地步道0.3公里，进村级道路硬化建设和八舟香莲基地观光步道0.5公里，香莲子基地秧南水利提灌站1个，新建引水渠道2公里。八舟村香莲基地灌溉水利设施引水1个，蓄水量为，管网5公里。建设观光亭5个，安装太阳能杀虫灯10盏。完成改扩建莲、虾、鱼立体养殖示范基地1000亩；累计完成香莲基地8000亩，其中2016年完成新建2000亩（20万公斤香莲种子），主要种植面积为高屯、德凤、双江、中潮等乡镇；完成土地流转2500亩，其中秧南村1300亩、八舟村200亩、高屯村400亩、中黄村200亩、绞便村200亩；完成栽培香莲苗50万株。2016年，园区生产总值为3200万元，其中：一产业总产值为1250万元。二、三产业为1185万元。完成销售收入总计3006万元，其中第一产业销售收入为1230万元，第二产业销售收入为1061万元，第三产业销售收入为715万元。2016年8月21日至22日，在高屯街道八舟社区举行了以“相约荷花季、快乐在传递”为主题的“八舟首届荷花节暨乡村旅游节”，举行了“品香茗、看刺绣、欢乐游园、民族小吃、放荷灯”等特色活动以及农特产品展示。园区内香莲、水产、蔬菜、乡村旅游等产业，带动周边农户种植蔬菜，香莲及养殖鱼类和经营乡村旅游等共有3648户，15560人。

“天香谷”芳香特色农业旅游园区 核心区位于黎平县水口镇、肇兴镇，以“一核一带十点”辐射黎平南部区域，总面积13.5平方公里，是北纬25°南亚热带过渡区域，是中国香文化的诞生地。园区承建及运营单位为贵州宏宇侗乡香药产业有限公司，其产业涵盖芳香特色农业种植、产成品加工、旅游休闲养生和文化体验等多领域。园区通过龙头企业贵州宏宇侗乡香药产业有限公司的带动，以科技提升产值，以培训带动农户，以标准确保安全，以订单保价回收，形成产业价值链；园区通过精深加工，用规模保障原料，用技术创建独特，借旅游带动营销，形成芳香产品系。至2016年5月，园区完成投资1.3亿元。发展芳疗植物种植面积8782亩（其中实施米槁套种艾纳香1000亩，艾纳香4500亩，米槁2532亩，吴茱萸套种野菊花400亩，柠檬香茅草200亩，野姜花100亩，大马士革玫瑰园50亩）。建成芳疗植物种繁中心、香工厂、百香圃等产业项目；文化旅游上建成肇兴今宕宫香旅酒店、民族香文化综合体、度假香墅、健身香径、山地自行车香道、生态旅游公厕、停车场、滚正民居宾馆等项目。是年12月底，园区项目开工10个，其中：高速公路出口至百香圃公路两边彩色花带和绿化，完成投资210万元；高速公路出口至百香圃公路沿线连片种植芳疗、观赏植物195亩，完成投资175万元；山地旅游自行车环道4000米（扩宽路坯至4米），完成投资240万元；公共设施建设，包括园区大型概况牌1个，生态厕所1个，停车场1个，河面跳蹬桥3座，完成投资240万元；环境整治，包括高速出口到百香圃河道清理，河岸修整，完成投资120万元；百香圃升级改造，观景台2座，防腐木步道200米，公路隔离景观竹100米，百香圃整体自动地灌设施，各类观花、观草、观叶植物种植，完成投资350万元；芳疗植物良种繁育中心升级改造，包括各类观花植物种植，温湿度智能控制系统和1ED显示大屏及玻璃温室显示条屏，接待房建设、装修，完成投资420万元；开放式香加工厂升级改造，包括参观大厅地坪建设，洁净区PVC地坪建设，设备设施完善、厂房外装修及厂区绿化，完成投资380万元；行政培训文化展示综合体装修及环境绿化，完成投资420万元；金宕宫完善工程，包括游泳池、香SPA中心，完成投资800万元。

从江县农业园区

从江县农业园区，主要有从江县大塘生态精品柑橘产业示范园区和从江县香猪产业示范园区。

从江县大塘生态精品柑橘产业示范园区　该区始建于2013年，分布于雍里乡大塘、两料、龙江、滚玉、丙妹镇岜沙、宰戈、西山镇滚郎、卡翁、拱孖、顶洞、岑杠、翠里乡高文、宰转等4个乡镇13个行政村，核心区规划规模3万亩，覆盖1.439万农户5.9万人，从业农民1.17万户4.8万人，平均每个劳动力负担耕地面积2.05亩，园区参加合作组织的农户1244户（4975人），辐射规模7万亩；园区由省农科院规划编制，布局分为6个功能区：橘园品质提升功能区；老果园改造功能区；立体循环林下养殖功能区；民族风情及生态农业观光功能区；种苗繁育、科研推广及综合服务功能区；果品加工及市场交易物流功能区。通过品质提升、老果园改造、无病毒苗木培育、标准化种植、立体种养结合等新技术的应用示范，优化柑橘品种结构，拉开成熟上市期，提高果园产出率。同时，结合园区内岜沙民族文化旅游发展优势，建设柑橘科技公园、百果园、果园观光长廊等，展示国内外精品水果研究最新成果，增加新景点，提高园区收入。通过最新的农业物联网和二维码技术，采用远程视频、肥水自动管理及网络交易平台，可实时监控果园的生长情况及网上交易信息，解决假冒从江椪柑品牌销售的现象，着力破解从江椪柑产业发展瓶颈。

建设目标　1. 通过土壤改良、老果园改造、精准施肥、节水灌溉、病虫害综合防控、省力化栽培、控花蔬果、覆膜增糖、避雨栽培、生草栽培等技术集成应用，改造提升园区3万亩果园的产量和质量，实现增收4500万元；2. 通过完善园区道路、水利设施，架设高空运输索道，微耕机、喷药机、采果机、农用运输机等山地小型农机设备的使用，节省劳动成本；核心区30000亩面积可节省劳动力成本540万元，农民人均增加纯收入5000元以上；3. 通过推广无公害、绿色、有机果品标准化生产，采后清洗、分级、打蜡、包装等商品化处理、提高市场化程度，园区商品果率达90%，80%农产品全部达到绿色食品A级标准；通过重点扶持龙头企业、专业合作社和种植大户，在“量”的基础上，实现“质”的提升，确保从江“都柳江”牌柑橘等知名品牌在全省乃至全国的地位巩固和不断提升；4. 通过规模化、标准化畜禽生态养殖，及畜（禽）—沼—果生态循环立体农业示范，园区内肥水一体化生产占70%，年出栏从江香猪5万头，年出栏小香鸡25万羽，年产值8500万元；5. 通过与华中农大、中国农科院柑橘研究所、贵州省农委、贵州大学农学院、省果树科学研究所等单位的合作，园区柑橘生产的科技水平大幅提高，科技对园区经济增长的贡献率达60%，园区吸收当地劳动力就业率达80%；6. 依托岜沙原生态民族文化展演，结合柑橘主题公园、百果园、采摘体验园、风雨桥观光长廊、休闲农家乐等内容，将民族风情与农业休闲观光有机结合，实现年接待游客增加10万人次，年增销售收入5000万元。

利益链接机制　“企业＋农户”：自主经营，自产自销；代购代销，统购统销。企业以市场均价收购农户的产品，企业统一外销，市场风险由企业承担“公司＋基地＋农户”：股份合作制，公司以资金、技术、物资、知识产权（如注册商标等）等折资入股，农户用土地、劳动力、自产农家肥等折资入股，按股分红。利益共享，风险共担；专业合作组织：按照本组织章程，实行统一生产技术标准，统一调配生产物资，统一产品规格价格，统一内外包装销售；会员按实际生产规模（或数量或其他方式）定期交纳会员费用（用于办公、技术培训、生产物资调配、产品包装品设计制作、产品市场开拓等）。园区大户：种植大户是柑橘园区的主体。自主经营，自负盈亏。其生产经营活动灵活，不受体制和机制约束，机动性强。种植大户是带动中小户生产经营的中坚力量，它直接影响到本区域的生产经营和产业发展。

资金投入　2013年至2015年，园区核心区总投入3.551亿元（其中：整合各级财政投入园区的资金总量1.12亿元，所有经营主体完成投资2.141亿元，其他投入0.29亿元）；园区签约合同项目资金2.5亿元；招商引资到位资金0.58亿元；园区所有经营主体完成投资2.141亿元。

基础设施建设　2013年至2015年，园区建成主干行车道32公里，机耕道47公里，生产便道43公里；排灌沟渠31公里，200立方米高位蓄水池4个，20立方米集雨池80个；引水及管网布设10公里；配置300千伏变电设备2座及电路改造和电网布设；通信网络园区全覆盖；滴灌面积500亩；精准施肥示范200亩；柑橘无病毒苗木繁育设施大棚8个9000平方米；人工影响气候点1个；果园林下香猪圈舍12栋12000平方米，林下养鸡圈舍20栋400平方米；果品中转库房4栋800平方米；六角观光亭6栋120平方米；观光长2座80米；农家乐3家；建成斗牛观景台1个；主题餐厅1个；机耕面积8240亩；安装太阳能杀虫灯95盏；柑橘精品果园400亩、山地标准果园2000亩、百果园200亩；优新柑橘品种展示园1个20亩；技术集成示范园1000亩；老果园改造5000亩。

培育园区主体　园区2013—2015年引进和培育入驻企业5家；注册资金500万元以上企业

2家；柑橘（果树）专业合作组织5家；园区有果农大户（50亩以上）78户，中等规模农户（10亩-49亩）369户，小规模农户（1亩—9亩）1244户；电子商务经营主体5个。

建设成效　在橘园品质提升示范区方面，建成果园主干道2.8公里，修机耕道9.6公里，修果园排灌沟渠23.1公里，完成生产步道硬化4911千米，建成滴喷灌面积300亩，修建200立方米高位水池3座600立方米、果园小水池135口1350立方米，园区安装运输索道100米，安装杀虫灯15盏。2013年发放生物有机肥料344吨。在老果园改造区方面，已建成育苗基地50亩，安装育苗大棚8个共4800平方米；完成果园主干道改造4公里，安装杀虫灯6盏。2014年被全面启动了育苗工作，目前已嫁接有默科特苗木20万株，育枳壳苗20万株，现大部分苗木长势较好，为下一步我县13000亩默科特基地建设提供优质苗木保障。在生态循环立体农业示范区方面，建成林下养殖香猪6户、圈舍建设5600平方米，林下养鸡12户、圈舍建设720平方米，养殖林下鸡2600羽。果品中转库房4栋800平方米；六角观光亭6栋120平方米；观光长2座80米；农家乐3家，面积1000平方米；建成斗牛观景台1个，场坪硬化1500平方米；主题餐厅1个；在民族风情及生态果园观光区方面，完成果园主干道改造6公里，完成生产步道硬化3千米，建成岜沙百果园200亩，已定植桃、李、梨、杨梅、温州柑和柠檬等品种。在园区主体培育方面，园区入驻企业有2家，其中省级以上重点龙头企业1家。成立农民合作社4家。在品牌建设方面，2014年被中国经济林协会授予“中国椪柑之乡”；“从江椪柑”被第十三届中国国际农产品交易会组委会评为“有较强影响力的果品区域公用品牌”。

经济效益　2015年园区内所有企业年度平均销售总收入0.2325亿元；农民合作组织年度平均销售总收入0.207亿元；园区大户年度平均销售总收入0.42亿元；2015年柑橘园区总产值4.1亿元。

从江县香猪产业示范园区

始建于2013年。园区由核心区、拓展区、辐射区三个部分组成。园区涵盖丙妹、刚边、贯洞、加榜、宰便、雍里、加鸠、秀塘、加勉、光辉10个乡镇。

建设规划　以香猪生产为主导产业形成一级循环体，以沼气生产和有机肥料生产为辅助产业形成二级循环体，以稻鱼、牧草、果蔬为配套产业形成三级循环体，实现高效农业生态循环发展。建设规划目标为：建1万头香猪原种繁殖场、2.5万头香猪种源扩繁基地、20万头香猪育肥基地、300头人工授精种公猪站、10万吨香猪专业饲料厂、5万吨有机肥料厂、50万头屠宰加工及肉制品加工厂、1个香猪文化产业园、2个香猪交易市场、2万亩牧草、果蔬种植、8000亩稻鱼工程。规划期为五年，分为两个阶段实施，第一阶段2013—2015年为建设期，第二阶段2016—2017年为巩固期。

建设成效　至2015年年底，已取得了以下五个方面的成效。1. 基地建设稳步推进。香猪产业园区已建成1000头以上种猪规模养殖场2个，200头—500头种猪标准化养殖场8个，20头至50头家庭养殖场16户，50头—200头种猪示范养殖小区17个，10头以上种猪适度规模养殖户350户，建成标准圈舍67635平方米。香猪适度规模养殖比例占全县饲养量的40%左右，为产业规模化发展奠定了良好的基础。2. 经营主体不断壮大。截至2015年年底，香猪产业园区已入驻企业11家，达产的有8家，在县外从事香猪开发企业2家，其中，注册资金500万元以上的企业有7家，省级重点龙头企业3家；园区已成立香猪专业合作社12个，发展微企50家。其中县委、县政府招商引资企业贵州从江粤黔香猪开发公司，已建成年屠宰加工从江香猪30万头的香猪屠宰及肉制品加工厂、年产6万吨专用饲料厂、3000头种猪原种繁殖场、10000头香猪收贮暂养场、及从江香猪产、学、研基地；在广东、上海建立销售网点，积极开发珠三角、长三角沿海及港澳市场；已全面启动订单养殖合同。3. 基础设施不断完善。交通部门启动修建了一批乡、村公路项目，实现了通乡公路全部硬化，50%通村公路硬化，硬化了园区部分企业场区道路；水利部门为粤黔公司等园区企业修建了一批供水设备、设施，为部分产区村寨及适度规模养殖场修建了供水设施；供电部门为园区聚集区域或企业增设变压器等供电设施，电信部门将通讯网络延伸至园区企业，园区实现了路、水、电、信全覆盖，为产业发展及园区建设创造了良好的条件。4. 科技支撑体系逐步建立。先后建立健全技术服务体系。成立了县乡香猪产业办和香猪产业协会，全面加强了县、乡、村三级防疫体系建设。制定和完善从江香猪系列生产标准，此外还与贵州大学动物科学院合作研发了从江香猪专用饲料配方及香猪系列食品加工。5. 品牌建设取得新成果。先后获得原产地标记证书、农业部农产品地理标志证书、从江香猪原产地证明商标、从江香猪“月亮山”牌系列产品连续被认定为贵州省名牌产品、从江香猪产业园区已被列为“贵州省知名品牌创建示范区”、“第八批国家农业综合标准化示范区”。此外，无公害产品认证4家。6. 市场开发有新进展。加强高速公路永久性香猪宣传广告牌和开展新闻媒体广告宣传，并组织参加福建福州、广东佛山、贵阳、遵义等地农展会、品鉴会及开展广大香猪养猪户参与的香猪运动会等多种形式进行广泛宣传，从江香猪知名度有了进一步提高，打开了销售渠道，解决了从江香猪多年来存在的销售难的难题。贵州从江粤黔公司已在广州建立销售分公司，在上海西郊国际农产品展销中心与上海金黔实业有限公司签订“关于在上海西郊国际农产品展销中心设立从江县特色农业产品展销平台合作协议”，与珠海东方农耕公司签订合作协议，在珠海建立销售分公司及服务网点，全力开发珠海、上海、香港、澳门等沿海城市销售市场；从江丰联公司已在长沙、深圳、广州建立了销售网点；从江香猪开发公司、香猪特色公司、世友公司、贵州民祥公司等企业分别凯里、都匀、贵阳、桂林、重庆等周边城市设立销售网点，从江县诚信香猪专业合作社与遵义习水县格林生态农业科技发展有限公司合作，产品销往遵义、重庆、北京等地，建立了相对稳定的销售渠道，销售难问题基本得到了解决，呈现供销两旺的良好态势。2015年，香猪活体仔猪产地价格每公斤稳定在32元以上，活体育肥猪价格每公斤稳定在24元以上，市场鲜肉销售价格在从江、凯里等周边县市每公斤50—60元，在贵阳每公斤80—100元，在珠三角、长三角等沿海城市每公斤120—160元，市场前景看好。2013年以来获得生猪出口港澳地区备案许可的企业已有2家。7. 生产和销售不断扩大。园区龙头企业粤黔香猪开发公司建成了年屠宰30万头的屠宰、食品加工生产线，年产6万吨香猪专用饲料厂，从江县香猪开发公司、从江县香猪特色食品有限公司建成了年屠宰3万—5万头的生产线，丰联公司、加鸠香猪基地建成了小型香猪屠宰生产线和饲料加工机组各一套。在从江县城建立了美味香猪餐馆、特色香猪餐馆、从江香猪铁板烧烤店、秀塘特色香猪馆等7家香猪餐饮服务行业和5家香猪专卖店，粤黔公司、丰联公司、世友公司、香猪开发公司、香猪开发公司、特色公司、民祥公司等企业分别在广州、长沙、重庆、凯里、贵阳、建立香猪专卖店和体验店，专门销售从江香猪，提高了香猪养猪户的经济效益，从江香猪产业高效农业示范园区建设“接二连三”效益初步显现。8. 示范带动日趋明显。通过园区龙头企业带动，相关部门整合项目资金投入，全县香猪产业得到了较快发展。截至2016年年底，已带动全县2.02万户从事从江香猪养殖。累计完成投资10.04亿元，其中，部门投入资金2.17亿元，银行贷款2.32亿元，园区企业、合作社、农户自筹投入5.65亿元。标准化养殖场（小区）、适度规模户，占产业规模水平的98.9%。示范带动园区及周边农户共同发展主导产业的从业农民数达1.53万人，省级以上著名商标3个。发展电子商务经营主体数量达7个。2015年，园区实现总产值5.7亿元，销售收入4.9亿元，园区内农民人均可支配收入为11479元，占全县农民人均可支配收入水平61.4%。2015年年末，全县香猪种猪存栏3.82万头，比建设园区前的2011年增加了2.57万头，香猪出栏37.01万头，比2011年增加了27.81万头。香猪产业已成为从江县月亮山区群众增收致富的主导产业。

榕江县农业园区

榕江县共创建培育了省级园区三个，即榕江县车江现代蔬菜农业观光示范园区、榕江县小香鸡产业园区、榕江县精品水果产业园区。

榕江县车江现代蔬菜农业观光示范园区　园区创建成立于2013年，规划面积10200亩，覆盖古州镇的车江四村、车江五村、车江六村、六佰塘村、月寨村、口寨村、小堡村，忠诚镇的忠诚村、王岭村、安乐村、宰章村、乐乡村。园区以蔬菜产业示范为主，建立蔬菜示范基地6500亩，以锡利贡米、葛根、黑毛猪（小香猪）、水芋、甘蔗等产业示范为辅。榕江葛根及榕江锡利贡米获“国家地理标志保护产品”，“五榕牌”葛根、“锡利牌”贡米已获“贵州省著名商标”称号，“锡利牌”贡米还获得贵州省十大特色粮油产品称号。园区入驻优质稻锡利贡米、蔬菜、葛根加工龙头企8家，分别为贵州省榕江县盛源天然食品开发有限公司、贵州省榕江县粒粒香米业有限公司、榕江县弘利土特产有限公司、贵州国农葛业有限公司、曙光控股集团有限公司贵州分公司项目、贵州三鑫天源生态农业发展有限责任公司、贵州绿康源餐饮管理有限公司、贵州瓮福榕江农业开发有限公司；蔬菜种植农民专业合作社3个，分别为榕江县春辉蔬菜农民专业合作社、榕江县六佰塘村农民专业合作社、榕江县阳光农民专业合作社；香猪养殖农民专业合作社3个，分别为榕江县三盘生态香猪专业合作社、榕江县月亮山香猪合作社和榕江县花果园源农民专业合作社；稻花鲤鱼养殖合作社2个，分别为榕江县月寨村磐石湾养鱼农民专业合作社和榕江县古州镇永光种养殖农民专业合作社。园区配套基础设施建设较为完善，建有主干道6千米，机耕道15千米，生产便道34千米，沟渠（含管网）2330千米，温室大棚建筑面积109900平方米，标准圈舍建筑面积7000平方米，加工厂房建筑面积2600平方米，低温储藏库房容积3200立方米。目前园区总销售收入5263万元，其中电商销售收入107万元。带动农户31100户就业，其中贫困人口就业730人，贫困户可支配收入达3016元。

榕江县小香鸡产业园区　园区创建于2014年，2015年1月，园区规划建设内容通过省农业园区批准成为省级农业产业示范园区。园区核心区规划面积3000亩（包括小香鸡养殖示范基地），分种苗生产区、商品鸡养殖基地、产品加工区和观光体验园四个功能区。其中种苗生产区设在忠诚镇乐乡村小香鸡原种场，产品加工和观光体验区设在古州镇，商品鸡养殖基地主要分布于古州、忠诚、寨蒿、平永、平江等乡镇。小香鸡产业园以种苗生产、商品鸡养殖及产品加工为主，辅以观光体验，拥有全国唯一的黔东南小香鸡原种场。“榕江小香鸡”获得了国家地理标志保护产品认证；“黔农”牌榕江小香鸡产品通过了农业部“无公害农产品产地认证”，认证规模600吨。“黔农”牌榕江小香鸡产品主要有“贵州榕江小香鸡”（冷冻鸡）、“中国月娘鸡”（冷鲜鸡）和“原味小香鸡”（熟制品）等系列加工产品。入驻小香鸡产业园区的企业共3家，分别是贵州省榕江山农发展有限责任公司，成立于2004年，专门负责黔小香鸡的保种育种和种苗生产工作；贵州榕创生态农业科技有限公司成立于2017年12月，主要从事小香鸡的全产业链开发工作；贵州榕创农产品有限公司于2018年5月成立，专门销售以小香鸡产品为主的生态家禽产品。园区共培育小香鸡养殖场3个，小香鸡养殖合作社11家，发展小香鸡养殖散户410多户，通过“公司＋合作社＋贫困户”、“公司＋基地＋贫困户”等模式，带动贫困农户发展小香鸡养殖。园区现有种鸡舍2136平方米，育雏舍3420平方米，全自动孵化设备6台，各种生产设施齐全，可饲养种鸡1.5万套、年产小香鸡苗100万羽以上。目前园区总销售收入820万元，其中电商销售收入120万元。带动农户2268户就业，其中贫困人口就业1842人，贫困户可支配收入达2987元。园区计划用四到五年时间，建设成年产鸡苗300万羽、饲养商品小香鸡100万只、出栏95万只，年屠宰加工商品小香鸡200万只，生产小香鸡专用饲料3万吨，实现年产值5亿元以上的特色产业示范园，带动广大贫困群众走上脱贫致富道路。

榕江县精品水果产业园区　园区创建于2015年，核心区域1200亩，位于古州镇梨子园社区拉草坡果场。园区总体规划面积1.01万亩，分为精品水果商品种植区、优新果树品种引种试验示范区、果树脱毒种苗生产区、观光休闲果园四个功能区，覆盖古州镇的梨子园社区、料理村、头唐村、高文村、仁育村、车江1～10村；忠诚镇的王岭村、正乐村；八开镇的八开村、都江村；平江镇的平江村、加会村。园区主要以优质柑橘为主导，适度搭配杨梅、葡萄等优质时令季节果品，注册有“五榕”牌脐橙、“黔榕”牌甜橙、“拉草坡”果蔬、“八开”果品4个商标，其中“五榕”牌脐橙为贵州省名牌农产品。入驻园区的企业有县万亩林场、侗家韵果业有限公司、富榕生态农业有限公司、忠乐农业发展公司4家，培育了绿安果业农民专业合作社、高文村惠农种养殖农民专业合作社、金科葡萄种植农民专业合作社、农韵果蔬种植农民专业合作社4个及多家果业大户，采取“企业＋基地＋农户”“合作社＋农户＋基地”“农户＋基地”的模式开展经营管理。园区建有主干道长24千米、机耕道23千米、生产便道88千米、沟渠（含管网）61千米、加工厂房1700平方米、低温储藏库房800立方米。园区共招商引资入园签约投资项目3个，签约金额4.2亿元。目前园区总销售收入3822万元，其中电商销售收入655万元。带动农户25200户就业，其中贫困人口就业1280人，贫困户可支配收入达3080元。

雷山县生态茶园示范园区

生态茶园示范园区位于雷山县西南面，覆盖大塘、望丰两个乡镇21个行政村，规划总面积22.1万亩，5350户21250人，其中贫困人口1662户5564人。园区由台湾普晶建设开发股份有限公司借鉴台湾山地农业建设的经验结合雷山实际进行规划编制，将园区划为七大功能区：核心接待区、九十九茶园示范区、新联水稻休闲度假体验区、排略民族风情区、新塘休闲农业园、也耶山水茶园示范区、独南茶园推广及望丰精品茶果体验区。

自2013年3月园区启动建设以来，按照“统筹规划、有序推进、渠道不乱、用途不变、优势互补、各记其功、各负其责、形成合力”的原则，积极整合部门资金、社会资金投入到园区建设，基础设施不断得到完善。主导产业培育得到了壮大，生态茶叶发展达到5.3万亩，占到全县茶叶面积三分之一，创建有机茶叶基地6个1.3万亩。

根据园区布局特点，按照“一业为主，多品共生”的原则，围绕茶叶和休闲旅游这一主导产业，大力发展山地特色的产业。产业基地累计建成茶园总面积5.1万亩，青钱柳基地1130亩；建成中药材种苗繁育基地1个和雷山有机农产品（红茶）出口加工基地等。园区农产品商品化率达到85%，“三品一标”认证8个，其中，无公害农产品认证1个、无公害农产品产地认证2个、有机转换产品认证2个、有机产品认证1个，地理标志2个。园区有机、无公害和绿色食品认证达1.5万亩，雷公山银球茶、雷山乌天麻获国家地理标志。红茶和雷山乌杆天麻实现出口，黑毛香猪产品在北京、杭州、深圳、贵阳四个城市实现“会员式”专供和商超对接。

通过大力招商引资，培育园区经营主体，现已有银枫、万城、合兴生态、贵州九丰农业等15个企业及21个专业合作社入驻园区，其中注册资金500万元以上企业6个，省级龙头企业4个。各企业累计投入资金1.2亿元，新建标准厂房和高标准农产品加工生产线以及农产品冷链储藏、加工、物流等配套设施建设。园区“公司+合作社+农户+基地”等模式以及产、加、销一条龙的产业链基本形成，一、二、三产业进一步得到融合发展。

园区内的企业采取“公司+基地+农户”等方式，参与到全县的扶贫开发，如九丰农业长期用工就达50余人，并将园区作为技术培训基地，每年培训2000余人；百佳尚品农业开发有限公司通过土地流转按高标准统一建成1130亩青钱柳基地、1000亩优质核桃基地后，将基地划片无偿交给贫困农户进行管理，公司负责产品回收和加工，创新扶贫开发新模式。银枫公司、万城牧业等企业与贫困农户合作，将公司繁殖出的黑毛仔猪提供送给贫困农户养殖，无偿提供养殖技术，委派技术人员入村入户指导养殖、防疫，合作农户的育肥黑毛猪达到规定出栏时间后，企业以15元的毛重进行回收，实现企业、农户双赢。

台江县休闲观光农业扶贫区示范园区

2013年2月，台江县人民政府决定建立台江县台拱镇生态农业示范园区。县人民政府通过招商引资，引进台湾腾博（徐州）农业发展有限公司（以下简称“腾博公司”），进驻老屯乡发展马铃薯种薯繁育。同年7月6日，县人民政府与该腾博公司签订了《台江县高效农业示范园（马铃薯培育及产业发展）投资合作协议》。同年8月23日，经省扶贫办同意，将“台江县台拱镇生态农业示范园区”更名为“台江县休闲观光农业扶贫示范园区”，同时将园区核心区由台拱镇调整为老屯乡，拓展区为台拱镇和施洞镇。

截至2015年12月底，台江县休闲观光农业扶贫示范园区共完成投资6376万元，建成组培中心钢结构楼土建1616平方米及其二次装修，常温仓库2630平方米，保鲜冷库钢结构2630平方平方米及其制冷设备10080平方米，钢结构玻璃控温大棚2座共3072平方米，钢结构薄膜温室连栋大棚6座共4320平方米，园区地面场平及硬化3000平方米，台拱至施洞旅游主干道工程改造升级32公里，核心区配套附属工程800千伏安电力配送工程1座，机耕道硬化4178米，生产排灌主渠1050米、支渠370米，提灌站1座、灌溉管网2100米，核心区环境绿化建设

2000 平方米。

剑河县食用菌全产业链山地高效农业示范园区

剑河县食用菌全产业链山地高效农业示范园区分布在全县 12 个乡镇 1 个社区 90 个行政村。食用菌产业为园区主要产业。

园区抓住深入推进农业供给侧结构性改革的工作主线，紧紧围绕“生态脱贫·绿色发展”发展理念，按照“五步工作法”和产业发展“八要素”要求，全面推进产业扶贫工作，全县农业经济保持稳定较快的发展。采用“全链条跟进，技术跟进，资金跟进”体系，采取就业带动、创业带动与分红带动的“三步带动”模式，建立一套自上而下利益链接机制，实现带动贫困户的脱贫致富，达到同步小康。食用菌产业包括食用菌产前菌材林培育，产中菌种菌棒生产、出菇管理和废菌渣资源化利用，产后加工、销售流通和农文旅结合等各个环节，实现绿色循环和一、二、三产融合发展，形成辐射全县并具有比较优势的规模化、标准化和特色化食用菌产业。园区规模占地 180220 亩，计划总投资 9. 36 亿元。目前完成投资 1. 59 亿元。园区现入驻企业有贵州剑河珍源生态农业发展有限公司、贵州剑荣菌业有限公司、贵州剑河中和电力有限公司、仰阿莎旅游公司等 7 家企业，其中：省级以上龙头企业有贵州剑河珍源生态农业发展有限公司、贵州剑荣菌业有限公司、贵州剑河中和电力有限公司 3 家。园区已建设完成主干道 240 公里、机耕道 70 公里、生产便道 90 公里、沟渠管网 350 公里，通信网络实现全覆盖。园区基础设施逐渐完善，生产功能逐步提高，主导产业、配套产业相互促进，共同发展。

园区现种植大球盖菇、茶树菇、羊肚菌 3000 余亩。在南高修建有占地面积 39. 18 亩的 26 个智能恒温长菇房及 7 个阳光智能大棚，每年可种植鸡枞菌包 220 万包、香菇木耳菌包 140 万包；在五河有占地面积 200 亩的鸡枞菌种植示范基地，项目预算 3. 8 亿元。

第九篇　农业科研　教育　宣传

第一章　农业科研

第一节　试验研究项目

“八五”期间至“十五”期间（1991—2005年）

“八五”至“九五”期间，农业科研实施主要围绕“三高”（高产量，高附加值，高科技含量）农业建设，开展以两系杂交稻育种为重点的研究，结合经济建设发展要求，依托人才、技术、条件优势，开展科研、生产、开发一体化研究探索；“十五”期间，农业科研实施主要是开展省、州水稻育种和选育攻关课题的研究，承担国家、省、州农作物品种区域试验，同时围绕全州产业结构调整和优化农产品生产需要，开展水稻高产、超高产，无公害研究，马铃薯栽培技术、果蔬新品种引进观察及丰产栽培技术的研究，筹建优质农作物品种资源库和开展科研成果推广、普及。

在水稻研究方面　“八五”至“九五”期间，随着杂交水稻和优质米的大面积推广应用，州农科所承担省、州攻关课题，担负国家、省、州的农作物品种区域试验，承担州内粮食生产研究与推广示范，取得良好成效。先后育成的两系杂稻陆两优106、三系杂稻冈优608、汕优608三个杂稻新组合并通过贵州省农作物品种审定委员会审定，育成了K13S、K16S两个水稻两用核不育系。陆两优106连续四年在黔东南和遵义单产超过800公斤，2005年在天柱高酿创造省级验收的最高单产854.3公斤；完成贵州省科技厅下达的“陆两优106规范化栽培技术研究”和“重点成果推广项目”，通过了省级验收；完成贵州省发改委下达的“陆两优种子产业化”项目，被授牌为“贵州省高新技术产业化示范工程”。与州扶贫办合作，在海拔1250米的雷山县方祥乡雀鸟村试种陆两优106，亩产587公斤，创该村水稻生产历史最高纪录。

在黔东南州农科所农作物品种资源库中，收集有优质米品种136个，一些品种被榕江、黎平、天柱、丹寨等县作为优质米更新换代品种，其中自育品种凯香1号成为黎平县优质米产业化的主栽品种。

新选育出的水稻育种材料两用核不育系K13S和K16S于2004年通过贵州省品种审定委员会专家组的技术鉴定。新选育出的三个杂稻新组合在生产中表现出良好的性状，凯恢复系106和冈优608分别被湖南和四川的种子行业要求转让知识产权，开创全州农业科技成果转让的先河，同时改写了黔东南州水稻生产长期依靠省外提供品种的历史。此外，2004 年陆两优在湖南，冈优 608 在四川、重庆分别通过省级品种审定委员会审定。

在小麦研究方面 20 世纪 90 年代，州农科所小麦组承担省小麦联合区域试验 5 项，参试品种累计 43 个。继 813、814 品系后，认真观察 F1 至 F669 个组合，577 个株系，加上引进材料 82 份，在选育的杂交后代中入选的较有苗头的组合达 400 多份。1992 年，州种子部门由兴义引进“兴育 8024”进行试验观察，发现该品种在州内西北部表现迟熟，株型较披散，穗大丰产，适宜净作；在州内东南部表现中熟，株型较紧凑，也可用于套作，1993 年后在州内大面积推广。1996 年，州种子部门对绵农 3 号、4 号在经过示范种植表现抗病、早熟、丰产后，又大面积引进推广。此后，还引进试验推广贵农 10 号、川育 12 号等品种。上述品种已成为目前州内推广面积较大的当家品种。2000 年以后，由于州内小麦种植面积减少，引种试验工作停止。

在油菜研究方面 20 世纪 80 年代，州农科所油菜组进行省、州油菜新品种（系）品比、区域试验 9 项，其中州所品种试验 2 项，省引种试验 2 项，省联合多点试验 2 项，省区域试验 3 项，参试品种（系）共 63 个。随后农科所油菜组研究油菜栽培中肥料三要素氮、磷、钾的适量配施与油菜产量的关系，得出 N∶P∶K＝16. 1∶4. 5∶13 为最佳配方。在这种施肥条件下，油菜单产达 94. 02 公斤，每亩投资 14. 80 元，平均每元生产油菜籽 6. 35 公斤。州农科所还进行了“中油 821”引种应用研究，观察到该品种在州内生育期为 210—235 天，早熟、较抗耐病、耐渍、株型紧凑、适应性广，常规栽培亩产可达 100 公斤左右。之后在州内大面积推广，成为甘蓝型常规油菜的代表种。1992 年州农技部门开始引种杂交油菜“秦油 2 号”在州内试种，该品种株高、分枝多、耐肥、抗倒、丰产性能好，1994 年种植面积超过 20 万亩。但由于其生育期达 235—260 天，海拔较高和冷凉地区常影响水稻打田插秧，以后仅在热量条件较好、水源方便、稻油两熟的中低热坝区推广。1994 年开始引入杂交油菜“蓉油 3 号”在州内试种，该品种表现为早熟、丰产、分枝部位低、荚大而多，具有较强的适应性。以后在州内大面积推广，成为普通杂交油菜在州内的代表种。1995 年以后，开始较大面积的引种优质杂交油菜“油研 5 号”和“油研 7 号”。前者为“单低”油菜，后者为“双低”油菜，两品种均表现为早熟、耐肥、抗倒、丰产，到目前止，一直是州内优质“双低”杂交油菜的主要品种，种植面积逐年增加。

在果树研究方面 20 世纪 80 年代初，州农科所果蔬组与州农技站共同作出《黔东南州柑橘生产区划》后，多次从省内外进行引种鉴定，从江温州蜜橘、榕江冰糖橙成为定型产品投入大面积生产。凯里市引种“巨锋”、“先锋”葡萄试种，在炉山建园 350 余亩，1990 年开始投产，效果显著。2002 年，州农科所进行“优质鲜食葡萄的引种及避雨栽培技术研究”获成功，以后在凯里市城郊推广种植，增加了凯里市场葡萄的供应品种。1994 年，台江县从湖南引入金秋梨试种成功，以后逐步推广到剑河、三穗、黎平等 8 县，总面积达 10 余万亩，年产量逾 3 万吨，产品畅销省内外。2000 年，全州引入猕猴桃新品种“红阳”在州内种植成功，促进全州猕猴桃生产的发展，2002 年产量达 1819 吨，创黔东南州猕猴桃生产最好水平。镇远县自 20 世纪 80 年代以来，着力研究大板栗生产，并将种苗和生产技术推向全州，2002 年以后使全州大板栗面积扩展到 10 万亩以上。1998 年，雷山县引入“东魁”杨梅种植获成功，2003 年后全县杨梅发展到近万亩，社会总产量达 2000 吨。2000 年，州农科所进行草莓大棚早熟丰产配套技术研究获成功，以后推向麻江、丹寨、凯里、岑巩、锦屏等县市，促进了稻田多熟制的发展和农民增收。

在蔬菜研究方面 20 世纪 80 年代晚期，州政府提出“菜篮子”工程建设后，16 个县市城镇均建立了蔬菜生产基地，凯里市还建立了 100 平方米温室，1989 年培育推广优良蔬菜品种 40 多个，供应优质菜苗近 100 万株。施秉、榕江、锦屏等县早熟蔬菜试点均取得成功，起到了良好的示范作用。2000 年，州农科所进行“系列厚皮甜瓜引种及栽培技术研究”成功，次年又进行“厚皮甜瓜优质丰产栽培技术研究”。至此，厚皮甜瓜开始在凯里安家落户。

在病虫草害防治研究方面 20 世纪 80 年代中期，州农科所对州境内水稻主要害虫稻飞虱的发生规律及防治技术进行研究，对柑橘园害虫天敌红蜘蛛进行系统调查，对蜘蛛的消长规律、保护利用进行研究。同时，对危害柑橘的潜皮蛾进行系统的调查研究，对清水江流域蝶蛾类昆虫进行一次全面普查。1992 年，州农科所对柑橘全爪螨抗药性进行初步研究，确定防治该虫的适宜时期和对口农药。1997—1999 年，由州植保站主持，16 个县市植保站参加，对全州稻田化学除草技术进行改进，并引进市场机制，使化学除草得到大面积推广。三年共完成除草面积 436.61 万亩，防除效果达 88.99%。

畜牧水产研究 1990 年州农科所开展“黔东南州蜜源植物资源调查”；1998 年州农科所对全州主要蜂种中蜂的高产稳产饲养配套技术进行初步研究；1999 年雷山县大力推广二元杂交猪；2001 年黎平县推行“2000 户畜牧科技扶贫工程”；2002 年，黄平县加强无规定动物疫病区建设；2004 年州兽医防治检疫站开展“黔东南州畜禽寄生虫调查与防治技术研究”；镇远县在专家指导下，开展黄牛、山羊胚胎移植技术研究获成功；凯里市种猪场开展“三元杂交瘦肉型猪的推广应用”。1991 年，黔东南州草地站在黄平、麻江两县开始试制作物秸秆氨化饲料。此外，还先后引进皇竹草、扁穗牛鞭草和粮饲兼用型的高油玉米等获成功，并在全州推广。1991 年以来，州水产部门针对州内田鱼单产一般较低的情况，开展了稻田养鱼高产技术的研究与利用；在池塘进行饲养甲鱼、银鱼、中华鲟的试验研究；在稻田进行饲养泥鳅、螃蟹、虾试验，均获成功。

“十一五”期间至“十二五”期间（2006—2015 年）

2006 年以来，州农科所初步形成地域代表性和特色性较明显的格局，构建以水稻育种、作物栽培等优势学科，成为国家农作物品种区域试验站及省内重点地区农科所。科研主要体现在基础性研究、前瞻性研究和科研项目实施三个方面。

基础性研究 主要围绕农作物新品种区域试验、水稻育种研究、玉米育种研究和农作物品种资源库建设四个方面进行。农作物新品种区域试验，在原来承担国家南方水稻和贵州省水稻、玉米、小麦、油菜的基础上，新增农业部和贵州省马铃薯新品种区域试验；农作物新品种区域试验点也从原来的凯里市舟溪镇，拓展到黄平县旧州镇、从江县洛香镇。水稻育种，先后选育出凯香 1 号、中优 608 两个水稻品种，并通过贵州省农作物品种委员会审定；育成水稻恢复系凯恢 121，通过贵州省农作物品种审定委员会专家组验收鉴定，使州农科所取得的具有自主知识产权成果增至 8 个。玉米育种。近期将选育出黔东南州第一个有自主知识产权的玉米品种。农作物品种资源库加强建设，引进各类优质稻品种 20 余个，收集保存黔东南禾稻地方品种 260 余个。

前瞻性研究 结合州内农业产业结构调整，先后立题开展蔬菜、中药材、香禾、水果等经济作物优质、高产等技术研究。其中在地方品种香禾品种资源创新利用方面，完成对217份地方香禾品种种植观察，筛选出16个主栽品种和18个具有禾遗传背景的杂交组合，并在黎平县组建765亩有机生产示范基地，按照有机农业生产与管理标准进行种植。

科研项目实施 先后承担了农业部、科技部、省发改委、省科技厅、省农委、州科技局、州农委下达的成果推广、产业化、基础建设、育种专项等近100个项目，其中成果比较明显的项目有："贵州省水稻超级品种大面积示范"（省"十一五"重大科技攻关项目）。2006年9月经省科技厅专家组在138亩项目核心区抽样实割实测验收，亩产达到870.49公斤，实现省内自育水稻品种亩产850—900公斤指标。"冈优608丰产配套栽培技术研究及大面积示范推广"（省农业动植物育种专项资助项目）。2006年9月经省农业厅专家组实割实测，亩产达835.1公斤，为该所自育品种继陆两优106之后，又一亩产超800公斤品种。"高抗稻瘟病杂稻组合汕优608大面积示范推广"（贵州省科技成果重点推广项目），全省推广面积20多万亩，并于2008年初通过省科技厅专家组验收。"高海拔贫困山区粮食增产工程"（黔东南州科技攻关项目）。在高海拔地区的国家级贫困村雷山县乌东村实施，使当地粮食产量从原来327.15公斤增至587公斤，其中最高达622公斤，为解决高海拔地区粮食安全的技术途径进行积极探索。"贵州省水稻高产示范工程"（省"十一五"重大科技攻关项目）。2009年安排在黄平县旧州镇、天柱县高酿镇实施，9月经省科技厅和省农委专家组验收，天柱县高酿镇示范点有三个品种亩产超过900公斤，且"黔优88"亩产达938.29公斤；黄平县旧州镇的示范点"准两优527"亩产达923.9公斤，创当地水稻单产新纪录。2009年8月在云南丽江实施，经南京农业大学、丽江市农科所等专家组全田实割验收，中优608亩产达1208.2公斤，凯香1号亩产达1124.3公斤。"贵州省黔东南州水稻良种繁育基地建设"和"黔东南州国家级农作物品种区域试验站改扩建"（农业部基础设施建设项目）。分别安排在岑巩县大友乡腊恰畈村和凯里市舟溪镇舟南村实施，其中项目资金为506万元的"贵州省黔东南州水稻良种繁育基地建设"已于2011年3月在项目实施地开工；项目资金为222万元的《黔东南州国家级农作物品种区域试验站改扩建》项目，已在开展建设中。

在水稻育种与栽培方面 先后承担了农业部及贵州省农委指令性、省长专项资金、省科技攻关、省科技计划、省农业计划、省农业专项等项目，并按期完成研究任务和技术推广指标。在2011—2012年组织实施的省长专项资金项目"黔东南冷凉山区水稻超高产应用研究与示范"中，将自育品种中优608和金优785、内5优317、准两优527、奇优894、黔优88等经筛选出的省内外具有超高产潜力品种，一并安排在州内台江、雷山、剑河、榕江、从江、麻江、丹寨、天柱、锦平、黎平10个县山区冷凉稻田进行超增产栽培技术示范生产，示范区面积共计2.5053万亩，推广应用为34.1162万亩。经各县农推站组织验收和统计，示范区加权平均产量为564.3公斤/亩、推广应用区平均产量为479.5公斤/亩，分别比400公斤/亩的州内山区中低产稻田水稻平均产量亩增产稻谷164.3公斤、83.0公斤。在2011—2012年承担实施的省科技厅科技攻关项目"贵州省粮食双百科技示范工程项目（水稻）"子项目中，先后在三穗、黄平两县共建24145.6亩高产示范区、分建252.5亩、299.5亩核心示范区。经省科技厅组织专家组对核心示范区测产验收，上等肥力田平均亩产869.27公斤，中低等肥力田平均亩产688.26公斤；高产示范区的上等肥力田平均亩产 719.04 公斤，中低等肥力田平均亩产 578.83 公斤；辐射推广面积达 21.2590 万亩，平均亩产为 505.81 公斤。省科技攻关项目“优质稻种质资源创新及应用研究”在 2013—2015 年实施中，先后完成了 130 个引进和自育优质稻品种筛选试验，在黄平县分建 2 个香型优质稻高产高效栽培示范基地（新州镇示范区 1032.6 亩、核心区 66.2 亩，旧州镇示范区 1015.7 亩、核心区 46.4 亩）；在示范区，经专家田间测产验收，核心区加权平均产量为 557.1 公斤/亩，比当地优质稻平均产量增产 26.7%，辐射带动推广面积达 10347 亩。省农业计划专项“贵州省水稻“种三产四”丰产示范工程”子项目 2013—2014 年在三穗县实施中，共完成 231.6 亩水稻超高产示范、2694.1 亩高产栽培示范，辐射推广面积 25265 亩，经省农科院组织专家验收，超高产示范区、高产栽培示范区和辐射推广区的平均单产分别为 823.1 公斤、744.45 公斤和 666.84 公斤，该项目累计新增粮食 620.6025 万公斤，新增产值 1613.5665 万元，示范效果明显。此外，还主持编制发布“岑巩县籼型三系杂交水稻制种技术规程”“岑巩县籼型两系杂交水稻制种技术规程”州级地方标准。

在香禾创新利用方面 依托省科技攻关项目“禾的提纯复壮与高产栽培技术研究”支撑，选育且于 2013 年 7 月通过贵州省农作物品种审定委员会审定的“苟当 1 号”、“苟当 2 号”、“苟当 3 号”三个优质香禾糯品种，对香禾高产栽培技术进行总结与提升。组织科技部农业科技成果转化资金项目“优质香禾糯“苟当 1 号、苟当 2 号、苟当 3 号”成果转化及产业化开发”、省科技推广项目“优质香禾糯“苟当 1、2、3 号”大面积示范推广和产业化开发”、省动植物育种专项优质香禾糯新品种“苟当 1 号”大面积示范及推广应用”在黎平县、从江县建立示范区进行成果转化、产业化开发和高产栽培技术推广示范。2014—2015 年在黎平县和从江县各建立示范区 2 个，核心示范面积 547 亩。经省农科院相关专家在从江县高增乡建华村进行田间测产验收，实割实测 0.803 亩，加权平均产量 411.93 公斤/亩；在黎平县双江镇坑洞村进行田间测产验收，实割实测 1.2324 亩，加权平均产量 406.82 公斤/亩；高产田块达 417.07 公斤/亩。

在中药材方面 先后承担了省科技厅三方科技合作项目《苍术、迷迭香关键栽培技术研究》、省中药现代化项目“桔梗等 12 种中药材品比试验”等项目实施，进行“钩藤与地道草本药材立体种植技术研究”“草乌等道地药材品种收集与比较试验研究”“太子参有机复合肥筛选与施肥技术研究”等立题研究，并在 2013 年以来陆续引进木通、缬草、头花蓼、广东紫珠、迷迭香、苦参、益母草、白花前胡、丹参、多花黄精、何首乌、射干、玄参、天门冬、黄栀子、淫羊藿、虎杖、钩藤、桔梗、五倍子、吴茱萸、黄檗等中药材品种进行种植观察和开展相关技术研究；组织编制发布“施秉太子参标准”（贵州省地方标准 DB52/T847—2013）4 个省级地方标准（施秉太子参种子种根、施秉太子参组织培养与无毒种苗凡育技术规程、施秉太子参种植技术规程、施秉太子参初加工与贮藏运输）。

在果蔬方面 一是组织完成省科技厅三方科技合作项目“有机蓝莓标准化栽培技术研究”、省农业科技攻关项目“蓝莓主要病虫害绿色防控技术研究与示范”等项目实施。依托省扶贫办项目“精品水果展示园建设”实施，2011 年以来先后引进柑橘类品种 14 个、葡萄类品种 5 个、猕猴桃品种 2 个、桃类果树品种 11 个、梨果类品种 13 个、李类品种 4 个、桑果类品种 4 个、石榴类果树品种 2 个、樱桃类果树品种 3 个，建成了标准示范园 130 亩。二是先后开展了辣椒地方品种资源调查、黔东南红蒜、药用蔬菜、观赏蔬果引种及展示等研究试验，其中引进了特色蔬果品种 10 个即新世纪（哈密瓜）、特长丝瓜、飞碟瓜、蛇瓜、香蕉西葫芦、话筒瓜、栝楼、观赏苦瓜、葫芦瓜、寿星及砍瓜等，对救心菜、藤三七、柳蒿、何首乌、菜用板蓝根、叶用枸杞、大叶蒲公英、人参菜、芦笋、鸟巢细叶苦苣、大叶苦苣、金丝芥菜、油麦菜、大叶茼蒿及乌塌菜等 10 余个药食两用蔬菜品种进行筛选试种，探索丰富黔东南州菜篮子的品种资源。

在畜牧水产方面 一是先后与黎平县珍禽生态养殖公司、锦屏县油山绿壳蛋鸡养殖场、天柱县联山村麦溪冲好山水生态农业有限公司养殖基地、凯里市农丰养殖发展有限公司等企业进行合作，开展“生态循环养殖模式研究与示范”“绿壳蛋鸡循环经济技术研究”“农业废弃物在三穗鸭养殖中的高效利用”“番鸭高效健康养殖技术研究与示范”等项目（课题）研究，探索最佳生态循环养殖模式和养殖场猪粪、羊粪和鸭粪等农业废弃物资源利用技术；2015 年申报到国家星火技术项目“优质肉牛半放牧饲养管理及配套技术示范与推广”，编制发布《日本太平 2 号蚯蚓人工饲养技术规程》州级地方标准。二是主持完成“福瑞鲤引种高效养殖与技术集成”“福瑞鲤扩繁与高效养殖技术示范”“福瑞鲤选育、扩繁与高效养殖示范”“福瑞鲤综合选育及良种良法配套技术应用”“清水江鲤杂交改良研究与示范”等项目。主持实施贵州省科技厅项目“山区生态循环养鲟新模式的研究与示范”、参与实施省农委“贵州省特色水产业产业技术体系建设”。2013 年以来，在凯里、从江等县（市）开展渔业技术培训三次，有效地推动了山区的渔业生产。

在“双百”（玉米）示范工程上 依托承担省科技厅科技攻关项目“贵州省粮食（玉米）高产科技“双百”示范工程”子项目，组织“黔东南州玉米超高产栽培技术研究与应用”实施。2011 年至 2012 年在凯里市实施展示面积 1000 亩，连片示范 10000 亩，辐射带动 10 万亩。2012 年 9 月 8 日，由省科技厅组织专家进行田间测产验收，中上等肥力核心区加权平均亩产 889. 43 公斤，中低等肥力核心区加权平均亩产 658. 57 公斤，完成项目预定指标，以亩产 969. 29 公斤创黔东南州历年来玉米最高单产。

在马铃薯示范工程上 2011—2014 年承担实施的国家星火计划项目“贵州省脱毒马铃薯种薯扩繁与周年鲜薯产业化示范”子项目中，先后在从江、黎平、黄平三县累计建立早熟优质马铃薯商品薯周年生产（冬作区）示范基地 5. 223 万亩，辐射带动 12. 631 万亩，示范区平均亩产鲜薯 2216. 7 公斤，平均亩产值 3625. 38 元，辐射区平均亩产鲜薯 1746. 34 公斤，平均亩产值 2991. 88 元。创建马铃薯晚疫病综合防控技术示范基地 2054 亩，辐射带动 4287 亩，取得技术应用效果在示范区达 85%，成本比非示范区降低 22% 的成效。此外，还承担贵州省马铃薯新品种区试。

第二节　科研管理

机构设置

1991 年以来，各县市先后成立了农业科学研究所。到 2015 年，州内施秉、锦屏、三穗 3 县还保留了原县农科所的建制，隶属县农业局管理，主要承担农牧渔新品种、新技术的试验示范工作。

州农业科学研究所（院）成立于20世纪50年代末期。2008年10月州编办核定州农科所岗位设置为134个编制，其中管理岗位20个、专业技术岗位94个、工勤技能岗位20个。1990年11月州编委《关于明确州农科所机构级别的批复》明确为：副县级机构，由州科委和州农业局共同管理，即科研事业费（含三项经费）由州科委管理划拨，行政、人事由州农业局管理。2012年4月州编办（《关于黔东南州农业科学研究所机构编制方案的批复》核定为：财政全额预算管理事业单位，人员编制核定为134人。2012年5月经州委常委会研究同意，州编委《关于黔东南州农业科学研究所更名的批复》将黔东南州农业科学研究所更名为黔东南州农业科学院。2012年7月州编办《关于黔东南州农业科学院机构编制方案的批复》明确州农科院为州农业委员会下属副县级财政全额预算管理事业单位。

州农业科学所（院）是一个集科研、推广、服务于一体的县级建制综合性农业科研机构，也是国家农作物品种区域试验站、贵州省现代农业科技发展地区级核心农业科研院所和全国青少年农业科普示范基地、贵州省农村劳动力培训阳光工程农业创业培训基地。主要承担农业科技攻关研究及成果推广，从事农作物新品种区域试验，担负州内农作物新品种选育及新技术、新工艺的引进、推广和青少年科普教育、农业技术培训工作。

1995年，在职人员总数134人，其中科研人员49人，有高级职称2人、中级职称11人、初级30人、技术人员80人。

2005年，全所共有职工176人，其中专业技术人员55人，有高级技术职称8名，中级21名，享受国务院特殊津贴专家1人，省政府特殊津贴专家4人，评为州管专家1人，援外（非洲）专家1人。全所设有水稻、果蔬、植保、旱作、畜牧兽医5个研究室，有中心、公司、南繁基地3个科研开发机构以及办公室、人事保卫、科研管理、技术开发、生产管理5个工作部门。

2010年，全所134人编制，在岗人员为编制的50%；科技人员年龄趋向老化，年龄在35岁以上占70%，中级及以上职称人员40岁及以上占90%；高层人才匮乏，全所有6名高师。州科技三项费，每年3万元，没有固定南繁经费专项。原有8个研究室，现调整为15个研究室，新设了马铃薯、中药材、茶叶和景观农业等研究室和组培实验室。

2015年，在职人员总数69人，其中科研人员51人，有高级职称16人、中级职称18人，初级17人，技术人员11人。全所设有水稻、蔬菜、水产、旱地作物、中药材茶叶、成果应用、生物技术7个研究室，有中心、试验站、基地4个科研开发机构以及办公室、人事保卫、科研管理、技术开发、生产管理4个工作部门。

科研设施

有州农科所老所区和州农科院（所）整体迁建区。州农科所原办公场所及科研基地位于凯里市城区北1.5公里处的清水江畔（凯里棉花冲），在成立时占地面积含办公及住房用地在内共计1200余亩，经过划出22.01亩（州植保站建农作物病虫测报中心6.18亩、州科委建养殖场4亩、州电视台建发射台9.83亩、州种子公司建低温种子仓库3.52亩、凯里市建第六中学12亩）和暂借68亩（黔东南民族农校用作教学实验用地）后，1999年5月经凯里市国土资源局清查测量核实（土地证）为1035.36亩，即稻田130亩、果园554亩、鱼塘24亩、交通水利设施用地24.2亩、绿化林地40亩、职工住宅用地26亩，科研（含生产设施）及科技开发用地141.8亩、活动设施用地6亩、未开垦地154亩（包括溪沟和不可开垦地）。

州农科所科研建设软硬环境得到不同程度的改善和加强，特别是进入21世纪后，在州委、州政府和有关部门关心支持下，依托国家部委和省州项目，先后建成国家农作物品种区域试验站、海南南繁（水稻、玉米）育种基地。2005年全所有固定资产570万元，房屋建筑面积8357平方米（其中科研和科技开发用房2300平方米），中小型客车1辆、双排座小型客货车1辆、东风货车1辆、拖拉机2台，年产万吨复合肥机械设备1套，年产三万吨普通过磷酸钙设备1套，农副产品加工设备2套，农产品包装箱机械设备1套。科研设备主要有气相色谱仪1套，自动旋光仪1台，平台自动记录仪1台，偏光熔点显微镜1台，火焰光度计、紫外消煮炉、万分之一分析天平等配套实验设备，总价值达50万元以上。办公设备有打字机1部、光电复印机1部，到2007年年底，各科办公室均配有电脑，基本实现办公现代化，期间增加了2辆公务用车。2001年以来，建有情报资料室和阅览室500平方米，藏有各类科技资料3000余册，科技期刊1800册，科技档案1000余卷，各种图片图表2100张。

2007年，州政府收储州农科所1000余亩科研及办公用地，规划为市政建设用地，对州农科所进行整体迁建。

2008年1月，在州政府办、州公产办、州财政局安排下搬迁至州老干所综合办公楼进行过渡办公。新建科研综合办场所选址落实在凯里市开怀片区、仰阿莎广场至三棵树镇市政主干道北侧的区域，占地103.623亩；新建科研综合办公场所功能区划为科研办公、技术培训、科普教育、成果开发转化4个区。《黔东南州农业科学研究所整体迁建可行性研究所报告》已通过州发改委初步审查。

2010年，因承担农业部“贵州省黔东南州水稻良种繁育基地建设”和“国家农作物品种区域试验站扩建（黔东南州）”项目，需落实项目建设选址和用地；又因凯里市政建设征用该所土地工作启动，使项目和新建科研综合办公场所选址得到明确。“贵州省黔东南州水稻良种繁育基地建设”项目，落实在岑巩县大有乡腊恰畈村，并与岑巩县政府达成100亩建设用地协议，黔东南州农业科研展示基地（黔东南州国家农作物品种区域试验站）选建在凯里市舟溪镇舟南村，占地面积150亩；黔东南州农业科技示范园拟选建在麻江县宣威镇卡乌村，拟定占地面积300亩。“国家农作物品种区域试验站扩建（黔东南州）”项目，选址落实在凯里市舟溪镇舟南村，所需的150亩建设用地，于2010年9月22日在凯里市政府市长办公会议上通过。新建科研综合办公场所功能区划为科研办公、技术培训、科普教育、成果开发转化4个区，规划占地面积为100亩，批复选址在开怀片区东部、开怀变电站以东900米、仰阿莎广场至三棵树市政干道北侧区域。

2012年11月，州发改委审批通过“黔东南州农业科学研究所整体搬迁项目可行性研究报告”，正式启动由黔东南农业科普实训基地、黔东南高新农业科技示范园、黔东南农业科研展示基地（黔东南州国家级农作物品种区域试验站）等构成的州农科院（所）整体迁建项目建设。

黔东南州农科院科普实训基地 选建在凯里市开怀街道凯雷大道北侧、三中对面区域，占地面积103.623亩。建设规划总投资为7817.83万元，总建筑面积为31156.72平方米。其中科普实训大楼 11587.22 平方米、科技创新大楼 9319.72 平方米、科普展厅及仓储用房 3992.02 平方米、冷库房 840.00 平方米、农产品质量安全检验实验室 1702.80 平方米、综合服务窗口 820.88 平方米、园区维护管理用房 1200.00 平方米。截至 2015 年 12 月，先后完成了场平工程，挡土墙、道路及给排水建设工程、边坡支护建设工程等基础性建设，主体工程一期建设项目现进入招投标阶段，“十三五”中期完成并投入使用。

黔东南州农科院高新农业示范园　选建在麻江县龙山镇河坝村，占地面积 316 亩，工程总投资 2954.34 万元，其中征地费 1820 万元，建设费用 1134.34 万元。基地建设从 2015 年 9 月开始施工，2016 年完工。

黔东南州农业科研展示基地（黔东南州国家农作物品种区域试验站）　凯里市人民政府最初批准选建在凯里市舟溪镇舟南村，后在 2015 年 7 月调整选建在三棵树镇朗利村，占地面积 158.44 亩。现已完成项目建设用地征地及项目审批、设计、人防、规范、预算、审计等手续办理，项目建设招投标工作正在进行中，预计在“十三五”期间建设完成。

科研经费

1991—2015 年期间，州农科院（所）的科研经费主要来源于科研事业费、科技三项费、中央及地方财政专项基金项目费。

科研事业费　由州级财政划拨，用于解决人员薪酬及日常办公开支。2012 年 4 月前科研事业费按照差额拨款事业单位划拨，随后按照全额预算管理事业单位划拨和按在职人员数增拨办公经费。

科技三项费　由州科技局划拨，主要用于重点科研项目研究、中间试验以及基建及设备购置费用。年均 3 万元左右。

中央及地方财政专项基金项目费　通过项目申报方式而争取到的专项资金，用于开展科技攻关、成果转化、品种区试和基础性研究，从事科技合作、技术培训等科技活动。

第三节　科研成果

1991—2015 年，全州获科技成果 1145 项（获全国丰收奖 52 项，获省丰收奖 762 项，获省、州科技进步和科技转化等奖 321 项），其中：州农委获科技成果 262 项（获全国丰收奖 6 项，获省丰收奖 147 项，获省、州科技进步和科技转化等奖 110 项）；凯里市获科技成果 90 项（获全国丰收奖 4 项，获省丰收奖 53 项，获省、州科技进步和科技转化等奖 33 项）；麻江县获科技成果 119 项（获全国丰收奖 8 项，获省丰收奖 164 项，获省、州科技进步和科技转化等奖 47 项）；丹寨县获科技成果 36 项（获全国丰收奖 1 项，获省丰收奖 20 项，获省、州科技进步和科技转化等奖 15 项）；黄平获科技成果 108 项（获全国丰收奖 5 项，获省丰收奖 81 项，获省、州科技进步和科技转化等奖 23 项）；施秉县获科技成果 29 项（获省丰收奖 5 项，获省、州科技进步和科技转化等奖 24 项）；镇远县获科技成果 43 项（获全国丰收奖 2 项，获省丰收奖 37 项，获省、州科技进步和科技转化等奖 4 项）；岑巩县获科技成果 47 项（获全国丰收奖 3 项，获省丰收奖

37 项，获省、州科技进步和科技转化等奖 7 项）；三穗县获科技成果 7 项（获全国丰收奖 6 项，获省、州科技进步和科技转化等奖 1 项）；天柱县获科技成果 20 项（获省丰收奖 13 项，获省、州科技进步和科技转化等奖 7 项）；锦屏县获科技成果 35 项（获全国丰收奖 1 项，获省丰收奖 23 项，获省、州科技进步和科技转化等奖 11 项）；黎平县获科技成果 84 项（获全国丰收奖 3 项，获省丰收奖 78 项，获省、州科技进步和科技转化等奖 3 项）；从江县获科技成果 28 项（获全国丰收奖 3 项，获省丰收奖 17 项，获省、州科技进步和科技转化等奖 8 项）；榕江县获科技成果 69 项（获全国丰收奖 9 项，获省丰收奖 45 项，获省、州科技进步和科技转化等奖 15 项）；雷山县获科技成果 37 项（获省丰收奖 30 项，获省、州科技进步和科技转化等奖 7 项）；台江县获科技成果 17 项（获省丰收奖 14 项，获省、州科技进步和科技转化等奖 3 项）；剑河县获科技成果 14 项（获全国丰收奖 1 项，获省丰收奖 11 项，获省、州科技进步和科技转化等奖 3 项）。（详见附录《获厅以上科技成果的单位和人员名录》）

第二章　农业教育

第一节　农业广播电视学校

发展概况

20 世纪 90 年代初，州及 16 个县市均设立农业广播电视学校工作领导小组，由分管州长和分管县长任组长，农业、林业、教育、广播电视、财政等部门参加。在州县农业部门内下设农广校办学机构（台江、丹寨设于县农经委内），其中州级农广校定名为中央农业广播电视学校黔东南中心分校，各县市农广校定名为中央农业广播电视学校某某县分校。

1990 年，贵州省教委、贵州省农业厅对各级农广校开展评估审核入位工作，在原“中央农业广播电视学校贵州省某某县分校”的基础上，建立“贵州省农业广播电视学校某某县分校”，州农广校由县级领导任校长。县农广校校长由分管县长或主管部门领导兼任。

1999 年，根据中央精减机构，整合资源，提高办学效率的要求，农广校机构有了较大的调整。2000 年州农广校明确为科级单位并配备同级校长；黎平、从江、榕江、三穗、岑巩、雷山县农广校与县委党校合并，由党校校长兼任农广校校长；黄平县农广校和县委党校合并，由分管农业的副县长兼任校长，明确为正科科级事业单位；2004 年台江、丹寨两县农广校调整为县农业局管理，台江县农广校保留科级事业单位编制；丹寨农广校为副科级事业单位编制，由分管县长任校长；2008 年天柱县农广校工作职能职责划入县职中。凯里、麻江、丹寨、施秉、镇远、剑河、锦屏县农广校仍然保留在农业局内；凯里市农广校明确为副科级单位，其他校编列为股级单位。

2004 年 7 月，根据贵州省编办《关于全省农业广播电视学校加挂农民科技教育培训中心牌子的通知》（省编办印发〔2003〕69 号）精神，凯里，台江、黄平、施秉、锦屏等县在县农广校的基础上，加挂了农民培训中心的牌子，承担本县农民培训日常工作。

2008 年，中央农广校安排部署农广校办学水平评估工作。从教学定位、基础条件、中等职业学历教育、农民科技教育几个方面开展评估，全州农广校评估全部达到合格以上标准，黄平农广校评估达到 95.5 分，2009 年 12 月被农业部授予全国农业广播电视学校 A 级校。

1991 年以来，州农广校的工作有鲜明的时代特色。1. 根据农事季节结合产业发展适时深入田间地头开展农业实用技术培训是农广校长期的工作任务；2. 利用网络和基层教学点开展农民远程教育培训成为农广校培训工作的新方式；3. 开展以村干学历提升为主的农广校中专学历教训，以农业系统内部职工学历提升为主的中专后学历继续教育，以及以基层农技干部素质提高为主的千人培训计划和承接农业科技教育部门安排的农村劳动力转移阳光工程培训、农业职业技能阳光工程培训、新型职业农民培训。

教学管理

教　务　农广校教学体系以中央、省、州、县、乡村教学点五级办学为主。学历教育以中央校和省校开设的中专为主，各县根据产业发展需要和生员情况选择专业招生开班，州县 17 所农广校一度都普遍开班。学籍由省校统一到省教委注册。课程设置及教学学时以中央校教学大纲为准，统一教材，统一教学进度，以教学点集中面授辅导，面授学时占总学时的 25%，统一考试。也有部分县市农广校和其他大专院校联合招生办学，学籍教务则按照合作学校要求完成。农广校依托自有教职工、农业系统内部专业技术骨干和部分外聘教师，建立师资库，从师资库中选聘教师上课。教学点以校本部为主，有条件和学员集中的地方也开办村级教学点。教学方式以观看电视视频、集中授课、田间课堂样板示范、夜校辅导等多种方式相结合。农广校安排专职人员开展教务管理和学籍管理。2005 年年底，全州农广校系统共有专职教职员工 79 人，教师库 227 人。为了提高教学培训质量，农广校还积极开展教师培训和教材建设等工作。通过不定期举办教师培训、教案检查、和示范课观摩，组织教师参加中央校和省校举办的教学能手比赛，提高教学效果。为了增强教学培训内容的实用性和针对性，州农广校还组织州内有关方面的专家编写培训教材，先后编印了《黔东南州农业实用技术》《牛的饲养管理与疾病防治》《种草养牛》《农村电子商务》《水稻育秧及病虫害防治》等多种教材，供中专学历教育和农民培训使用。

管　理　农广校在 2000 年以前专设于农业主管部门内，以专职管理人员负责日常教学培训的组织管理，外聘专职教师或专业技术人员开展教学培训。作为省农广校的分支机构，在省校的统一安排下，完成成人中专的统一招生，统一教学，学籍统一由省教委注册和管理，并获国家承认。由农业部门管理独立办学的机构，接受并完成农业部门安排的以农民培训为主的短期技能培训工作任务。与党校、职中合并的农广校，整合成几块牌子，一套人马，资源共享。分列出去与其他单位合并的农广校，联合办学。大部分的合并机构都能充分发挥农广校的农业专业技术优势、发挥党校、职中教学设施优势，实现了农民教育培训与农业项目、与乡村干部的学历、素质提升要求的结合，收到了较好的效果。但是也有少量县出现人员散失，机构空设，农广校的农民教育和培训工作停滞的情况。

成人中专教育 成人中专以中央农广校教学大纲开展招生和教学。1990年在原设农学、林学、农产品贮藏与加工、财会4个专业的基础上，增设了农业技术推广、畜牧兽医、果树、乡镇企业经营管理，共办有8个专业。学员主要来自州内各机关和企事业单位及部分社会青年，当年招生1401人。1992年以后开始陆续增设了烟草、蚕桑、会计统计与审计等。1997年根据州委组织部的培训要求，开始进行乡镇村级干部及后备干部学历提升教育，开设了农村党建、现代乡村综合管理、乡村旅游、现代种植技术、电子计算机技术、人口与计划生育等。由于基层干部学历提升的逐渐普及，生员大幅度减少，到2010年中专学历教育逐渐萎缩直至停办。从1991年至2009年，全州农广校系统累计招生中专学员10721人，毕业6071人。

农学大专自学助考班 根据农业系统职工学历提升的要求，农广校系统从1994年起与贵州农学院联合，组织农口系统职工，开办农学类专业国家自学考试大专助考补习班。三年共招收学员662人，经参加国家自学考试，共毕业学员372人。其中1996毕业农学专业学员176人，1997年毕业农学专业学员138人，毕业畜牧兽医专业学员7人；1998年毕业农学专业28人，畜牧兽医专业29人。

中专后继续教育 为了解决基层农技干部长期以来任务重、工作条件差、学习机会少、学历提升难度较大的实际困难，1997年州农业局和州人事局转发农业部和人事部文件，面对农业系统内部的中专及同等学历的在职工作人员，通过自愿报名，按照中央农广校制定的教学大纲，采用自学和函授的方式，学制两年，完成学业毕业后继续留在农业系统工作期间，享受大专学历待遇。

2000年招生农业推广种植专业75人；2002年招生农业推广种植专业288人，农业推广畜牧专业181人，农业推广水产专业31人；2003年招生农业推广畜牧专业34人，农业推广水产专业18人；2004年招生农业推广种植专业26人，农业推广畜牧专业30人。农业推广水产专业1人；2005年农业推广种植专业20人，农业推广畜牧专业28人；2006年招生农业推广种植专业26人，农业推广畜牧专业11人，2008年招生农业推广种植专业1人，农业推广畜牧专业4人；2009年招生农业推广种植专业36人，畜牧专业3人。2000年至2009年，全州共招收中专后继续教育学员946人，至2011年共毕业学员946人。

联合办学 全州农广校系统利用招生和教学管理方面的经验优势，与其他大专院校联合办学，组织社会各界学员，开展函授学习和面授辅导，参与各类成人大中专和本科学习。部分农广校成效突出，如榕江农广校与中央广播电视大学、四川农业大学、西南大学、福建师范大学等省内外院校，先后开办农学、园艺、畜牧、果蔬及行政管理、法律、小学教育、药学、护理等专业，联合招生1340人；锦屏农广校先后与贵大生物技术学院、贵大动物科学学院、深圳宝安区职业技术学院联合举办生物技术专业、畜牧兽医专业、电子技术专业学历培训班；天柱农广校与州电大联合举办动物、园艺专业大专班。施秉、台江、三穗等县农广校先后与省电大、省委党校、州民族职业技术学院联合举办园艺、护理、临床医学、行政管理等专业大专班。

农村远程教育

中央农广校分别在中央电视台和中央人民广播电台开办《农广天地》节目内容，各级农广校及农广校教学点积极宣传和认真组织农民收看。农广系统的远程教育网络建设得到加强。2002年，州农广校在中央校的支持下，自筹资金3万元，建设了电视远程教学接收教室，可以直接接收中央校的电视教学节目。州农广校通过远程教学网络，不定期组织农广校系统教职员工和农业系统内部专业技术人员收看中央校的教学专题和培训节目。中央农广校支持16个县市建立了农民科技书屋，配备农民科技书屋系列丛书和农业科技音像资料库，黄平县农广校还争取得到农业科技直通车1辆。2004年起，贵州省成为中央组织部干部远程教育试点，开展干部远程教育活动，全州基层村及街道办事处普及建成远程教育活动室（教室），配备播放设备和桌椅等，明确专人负责管理。州农广校积极配合组织部门，开展远程教育课件开发，提供教学光盘母碟，供组织部门刻录发放到基层播放点；各县市农广校还将远程教育活动室与农广校村组教学点结合起来，开展教学和培训活动。

农业人员培训

农业技术培训 结合农村中专学历教育、农业产业发展和农业项目实施、农业生产活动节令，通过教学点授课、举办示范样板、科技赶场、发放技术资料等多种方式，农广校系统成为农业技术培训的重要平台。据不完全统计，全州农广校系统从1991年至2015年共参加或承办杂交稻推广、两段育秧、水稻旱育稀植、杂交玉米及玉米育苗移栽、水稻半旱式栽培、配方施肥、稻田多熟制、旱地分带轮作、酒用高粱、优质水果、西瓜、反季节蔬菜、沼气生态工程、稻鱼工程、网箱养鱼、畜禽防疫、畜禽新品种推广、三元杂交猪改良、种草养牛等多个教学培训示范点。

农村劳动力转移培训 全州农广校系统以“农村劳动力转移培训阳光工程”为工作重点，通过进村入户，宣传发动，组织农民参加阳光工程培训和转移就业。采用校企联合等方式，提高培训效率和农民转移就业率。转移行业涉及家政、酒店服务员、刺绣、食品加工、建筑、农村沼气建设、农村经纪人等多个行业；输出的地方包括广东、福建、浙江、江苏等地。在搞好培训转移的同时，还配合省农广校在输出农民工集中地深圳宝安职业技术学校建立农广校培训学员转移就业服务处。2006年，州农广校、台江农广校还派员到广东开展输出农民工就业情况回访。各县市农广校还积极开展春节回乡接待、维权、咨询等服务。

农技推广系统专业人员知识更新培训 全州农广校系统根据部门领导的安排，采用提供或播放录像带及光碟、组织技术人员收看中央校远程教室专题讲座、举办培训班等方式，承担农技推广系统专业人员知识更新培训。从2009年起到2015年，凯里、黄平、锦屏、镇远、麻江、丹寨等相当一部分县级农广校承担了农技推广体系建设项目基层农业技术人员的县内培训工作。

2014年5月，州农广校协助实施了州农委安排的设施农业种植技术培训班，从州县乡三级农业部门中抽选种植专业技术人员，以云谷田园为基地，连续安排30期，每期10人，培训6天，历时8个月，完成培训300人。

2014年8月，州农广校组织农业系统内大专以上学历，中级以上专业技术职称资格，并在本行业有一定实践工作经验人员参加省校组织的国家农业行业职业技能考评员培训，16人经考试合格获得国家级农业行业职业技能鉴定考评员资格，为建立具备国家资质的考评员队伍，全面开展我州农业职业技能鉴定工作，打下了基础。

办学成效

农广校通过多年的办学实践，取得了显著的办学成效。1. 农广校成为州内农村青年学历提升和农业科技人才素质提高的重要学习平台。一些学员在农广校完成大中专学历学习后，通过国家考核，进入公务员或国家事业单位工作。2. 农广校学员成为乡村基层组织和推动乡村经济发展的骨干力量。一批农广校学员评上中、高级职称，成为部门业务骨干。不少农广校学员成为省、州、县、乡（镇）人大代表、政协委员和乡村组织的负责人，或带头组建农村经济合作组织，推动当地农业产业发展，或带头创业，成为当地农村科技致富带头人。3. 农广校在培养大批基层农业科技人才，推动农业技术进步和产业发展的同时，围绕产业办基地，依托基地促产业发展做法也收到良好的效果。2002 年，黄平农广校在新州镇创办教学实验学习示范基地，基地占地面积 36 亩，其中果园 24 亩，耕地面积 6 亩，房屋及畜禽圈舍 5 栋，基地示范种植有桃树、奈李、杜仲、板栗等经济林木，培育花草苗木 8000 余株（盆），饲养七彩山鸡、绿头野鸭、鹧鸪、珍珠鸡等多种珍禽品种，一方面为学员提供理论学习和实习场所，为学员创业提供种苗种禽和技术示范和技术培训，另一方面也推动了当地产业结构调整。2005—2007 年，锦屏农广校配合三板溪库区开发，在三板溪水库建立培训基地，开展网箱养鱼技术培训，指导当地农民利用水面养鱼，并跟踪进行技术指导和产业开发后续服务，有力地推动了当地库区渔业生产的发展，短短几年形成了以三板溪库区为核心的水产品养殖产业区，产品除常年供应周边县市和凯里、贵阳，还远销湖南、广东、广西、重庆等地。至 2014 年年底，全县共成立了水产品养殖专业合作社 91 个，入社农户 1265 户，带动农户 1419 户，年产值 3161.3 万元，年销售收入 2082 万元。

第二节　农业机电学校

中级农业机电学校

贵州省凯里农业机电学校建于 20 世纪 70 年代中期，为“五七”大学农机分校。后多次更名为“黔东南自治州‘五七’农业机械化学校”“黔东南苗族侗族自治州农业机械化学校”“贵州省凯里农业机械化学校”“贵州省农业机电学校”。

刚建校时设农业机械化专业，学制三年，面向社会招生，每年一个班。后在狠抓学校管理的同时，抓好基础设施建设。1990 年前，有 3 栋学生宿舍楼、4 栋教职工宿舍楼、图书楼、综合楼、学生食堂及浴室的修建。建筑面积近 2 万平方米，能容纳千余名学生就读。先后吸纳省内外高校毕业生近 30 名到校任教，形成了老、中、青三结合的教师体系。1991 年后，为改善教学条件，先后投资 100 万元，购置铣床、刨床等各型车床 10 余台，方圆牌农用车 4 辆，开办实习工厂。购置电视 10 台，电脑 40 余台，建成了 5 个教学微机室。1996—1998 年，又投资近 100 万元，先后建成多媒体语音室、电工电子、电力拖动、公差与测量等实验室。

1988 年，学校在原农机化专业基础上，增设农业机械制造，农业机械修理，乡镇企业经济管理三个专业。其中乡镇企业经济管理专业招收高中毕业生，学制两年，另三个专业招收初中毕业生，学制四年。在校生达450人。

1994年，增设工业企业会计管理专业，招高中毕业生，学制两年。1995年、1998年，先后增设机电技术应用，机电设备安装与维修专业，其间于1990年将农业机械制造、农业机械修理变更为机械设计与制造、汽车运用与维修。

1990年以来，每年招收新生160名。1996年，招生仍保持在160名，年末在校新生达450人。

1996年9月25日，贵州省人民政府以黔府函〔1996〕237号文批复，将“贵州省凯里农业机械化学校”更名为“贵州省农业机电学校”。直属于省农机局，2009年机构改革，隶属省农委。

1996年，学校固定资产达287.4万元，其中校舍建设经费185.9万元，实验、实习、教学设备76.2万元。校舍总建筑面积8879个平方米。其中综合楼1900平方米、教学楼2298平方米，教职工宿舍4786平方米，学生宿舍3500平方米，食堂900平方米、修理车间及实验、实习工厂386平方米。

1986—1996年，贵州省凯里农业机械化学校设置4个专业，具体如下。

农业机械化专业（四年制） 农业机械化是集机械工程，农业生物工程与系统管理工程为一体的综合性专业。它以机械技术为手段，服务于农村经济，培养具备机械工程与农业机械应用技术的中级技术管理人才。课程开设政治、语文、英语、习字、体育、数学、物理、化学、农牧基础、机械制图、金属工艺、电工学、工程力学、机械设计、电子计算机、汽车拖拉机结构、农机修理、农业机械、农机运用与农机管理、农机化管理、工业经济管理、统计学、农用电器、农村能源22门课程。教学环节是：课程设计、电工参观实习、测绘实习、金工生产实习、拆装汽车、拖拉机空架、农机修理与运用实习。

汽车、拖拉机修理专业（四年制） 汽车拖机要修理是培养具有机械工程基础理论、修复工艺理论与实际操作技术的中级技术人才和高级技术工人的专业。课程开设政治、语文、英语、体育、习字、数学、物理、化学、机械制图、金属工艺、公差配合与技术测量，电工学与工业电工学、工程力学、机械设计基础、机械制造工艺、计算机基础、汽车、拖拉要构造、农业机械、汽车、拖拉机修理、农机企业管理、汽车、拖拉机电器，机床设备维修、机械加工自动化23门课程。教学环节是：毕业实习、测绘实习、汽车、拖拉机拆装、汽车、拖拉机驾驶、电工及汽车、拖拉机电器实习、课程设计、金工实习、参观学习。

农业机械制造专业（四年制） 农机制造专业是集农机技术与机械工程的综合专门技术专业。以制造工艺为主体，培养具有坚实的机械制造工艺理论一机床实际操作能力，能运用到农机设计与制造中的机制专业技术人才。课程开设政治、语文、英语、习字、体育、数学、物理、化学、机械制图、金属学基础，农机基础、工程力学、计算机基础，液压传动基础，公差配合与技术测量、金属切削原理及工具，金属切削机床，机械制造工艺，机床夹具设计，工业企业管理，冲压工艺及模具，机械加工自动化、机床设备维修25门课。教学环节是：毕业设计，机制实习、测绘实习、技术测量，电工实习、课程设计、热加工实习。

乡镇企业管理专业（二年制） 这个专业是集管理系统工程、农业工程与其他专业技术交汇的综合性专业。培养具有坚实管理基础理论，掌握管理基本程序的管理人才。课程开设政治经济学、经济法概论、计算机技术、管理数学、形式逻辑学、机械基础、会计学原理、统计学原理、经济管理基础、市场学、企业管理、企业经济活动分析、技术经济学、财政与信贷等14门课程。教学环节是：毕业学习、军训、工业生产认识学习、会计学习、统计实习。

初级农机学校

20世纪90年代，黎平、剑河、三穗三县先后按农机部规定的条件建立初级农业机械化学校。1990年经州农机局对黎平、剑河、三穗3县初级农业机械化学校进行评审合格。准许办学。黎平、剑河、三穗3县在校生620人（县级短训班、学制长的一年，短的2—6个月）左右。

黎平县农业机械化学校 有专职教师4人，兼职教师6人。教练场地1835平方米，教室64平方米。设施有课桌，凳40套，固定资产22.13万元。教具有大中型丰收35拖拉机1台，丰收-30型拖拉机1台，丰收-27型拖拉机1台，195型柴油机1台。电教设备有投影机1台，放像机1台，中拖挂图1套。课程开设：拖拉机构造原理、拖拉机驾驶、农机修理、交通规则等课程。根据农村需要，年招收学员不定期300人以上，学习拖拉机驾驶的4个月，学修理的1个月，学管理的15天。

剑河县农业机械化学校 有兼职教师4人，占地面积598平方米，教练场地180平方米，教室80平方米。课旧、凳40套、固定资产6.6万元。教具有丰收—35型拖拉机1台，小拖两台，195型柴油机1台，电教、挂图有幻灯要1台，电视1台，录放机1台，收录机1台，中、小拖录像磁带10合，中、小拖挂图各1套。招收学员不定期，每年100名以上。开设课程：大、中、小拖驾驶员读本，拖拉机构造原理、交通规则等。学拖拉机驾驶的4个月，学座机操作手的10天，培训区、乡农机管理员15天。

三穗县农业机械化学校 有教练场地708平方米，教室58平方米，课桌、凳50套，固定资产33.67万元。专职教师3人，兼职教师4人。教具有丰收-35型拖拉机1台，丰收-27型拖拉机1台，小拖1台，195型柴油机1台，解剖模具有丰收-27拖拉机1套、195型柴油机1套，165型柴油机1套，电教挂图有幻灯机1台，放像机1台，收录机1台，中拖挂图两套。开设课程：拖拉机机械原理、交通规则、农机修理等。招收学员不定期，每年100名以上。学拖拉机驾驶的4个月、麻机操作手的15天不等，学修理工的1个月。

第三节 黔东南民族农业学校

黔东南民族农业学校始20世纪50年代筹建的“黔东南农业合作干部学校”，后恢复“贵州省黔东南农业学校”，还接收原州奶牛场三队（鸭塘）全部房屋、土地及人员，作为学校实验农场。1991年全国农业中专教育系统办学水平综合条件评估，学校被评为B等二级合格学校。

到2001年，学校有教职工125人，招生54人，在校生344人。校园占地面积58103平方米、校舍总面积16993.2平方米、实验室18个、图书5.2万册、固定资产553.2万元。另建有实习农场498.8亩。在教学基地建设方面，学校把教育、生产、科研有机地结合起来。校内实习基地有果园170亩，农场50亩，土30亩，土改田20亩，鱼塘8亩，蔬菜塑料大棚10亩，水果批发市场面积10亩。

学校坚持为农业、农村和农民服务的办学宗旨，面向农村，实行多渠道、多形式、多层次办学，形成高、中、初的办学格局，大专则与州电大联合开设农业师资班；中专设有农学、植保、土肥、畜牧兽医、园艺、生物技术、食品生物工艺、生态环境保护、农业综合技术应用与管理、果蔬、种子等专业及职工中专班，初级有农干班、科技扶贫班、“绿色证书培训班”，共毕业学生7000多人。

2001年8月，根据黔府函〔2001〕423号文件，贵州省黔东南民族农业学校与黔东南苗族侗族自治州卫生学校、黔东南苗族侗族自治州民族林业学校、黔东南苗族侗族自治州财贸学校四校合并为黔东南民族职业技术学院。

第四节 农业科技教育

中共十一届三中全会以后，围绕提高农民的科技素质，增加农业的科技含量，加大了农民科技教育力度。1. 各级领导高度重视。2003年，国务院专门召开了全国农村教育工作会议，下发了《国务院关于进一步加强农村教育工作的决定》，同年9月，国务院办公厅又转发了农业、财政、劳动、教育、科技、建设6部门联合制定的《2003—2010年全国农民工培训规划》，对农村劳动力转移培训的指导思想、基本原则、培训目标和培训任务都提出了明确而具体的要求。为贯彻落实国务院的指示精神，黔东南州第八次代表上提出要“深化科技体制改革，加大科普力度，不断提高广大群众的科学文化水平”，2006年又提出了“科技兴州”发展战略。2. 建立健全机构。州、县市在当地党委、政府的统一领导下，建立了以农牧局（或农业局）牵头，有农、林、牧、水利、农机、乡镇企业、财政、科协、教育、妇联、共青团等单位负责人参加的培训工作领导小组。州农办成立了科教科、州农牧局成立了科技教育管理站、州农机局成立了科教科、州乡镇企局成立了科教科。3. 制定目标任务。既有当年要完成的任务，又有近期要实现的目标。如“实施绿色证书工程”开设了农学、农机、蔬菜、水果、烤烟、良种繁育、茶叶、村兽医员、淡水养鱼、经营管理等18个专业，当年州、县市都有各自的任务，到2000年获得“绿色证书”要达到平均30户，力争25户有一名持证学员，形成一批有文化、懂技术、善经营、会管理的新型农民技术骨干队伍。4. 注重实效。州、县市在技术推广教育中采取的方式繁多，方法丰富多样，但都因地是制宜，注重实效。归纳起来主要有：（1）因材施教。根据不同的培训对象有不同的教育培训方式和方法。（2）按需施教。根据培训对象的具体要求，采用相应的方式来开展培训。（3）项目带动。许多农技推广单位一般都承担着一定的农业科技项目，如丰收计划、跨越计划、“948”项目、科技创新计划、农业科技承包项目、星火计划、基层农技推广体系建设工作等，相关项目均有向农民开展技术培训的要求，项目实施单位根据项目的具体要求选择适当的方式进行技术培训。（4）短、平、快的培训。培训的时间一般在数日之内，最短的几个小时就可以完成任务；工作方式平易近人，教学方法通俗易懂；见效快，传授技术注重实际、实用、实效。（5）“一事一训”。结合当地产业布局、农业结构调整、农民致富增收的需要，选择、确定农民生产和经营中最关键、最急需的技术，作为培训内容，力求做到解决农民生产中已经存在的实际问题。5. 企业带动培训。随着农业产业化的不断发展，农业产业化龙头企业大量涌现，并显出强大的生命力，尤其是一些大型骨干企业在带动农业增产增收、带动农民脱贫致富、吸纳农村富余劳动力等方面发挥了重要作用。目前，越来越多的农业企业在其生产和经营活动中都需要或离不开农民的广泛参与，农民科技文化素质的高低直接影响着企业的生存与发展，因而农业企业越来越注重对农民加强科技培训，并形成了一种新的企业带动式农民培训模式。

农民技术普及与培训

1991 年以来，有计划、有部署地开展农业科学技术的普及与培训。每年全州农业部门均有 2000 名左右农业技术人员深入农业第一线，办农业示范样板点 1000 余个，示范面积 20 余万亩。每年组织开展各种农业技术培训 1400 多期，培训近 20 万人次，发放技术资料 15 万多份，圆满的地完成了各项目标任务。其中：2000 年，重点对新产品开发、名、优、特产品生产和加工、反季节农产品的生产以及动植物的疫病防治等技术开展培训。共开展农业技术普及培训 59.22 万人次，占省农办下达任务的 131.6%。2001 年，共开展各种农业适用技术普及培训 61.79 万人次，占省农办下达全州 45 万人次培训任务的 137.3%。2002 年，办各种农业适用技术普及培训 3065 期，共培训 29.86 万人次，占省农办下达全州 24 万人次培训任务的 124.42%。2003 年，紧紧围绕农业产业结构调整，按照州里提出的“八大产业，两大工程”和农业增效、农民增收为目标开展培训。在培训内容和对象上，坚持向边远贫困地区、深山区倾斜，向妇女倾斜。并按照“因人施教、因地施教”的方针，根据各地产业发展需要及农业项目工程要求，充分利用县乡各类培训中心、文化技术学校、职校进行培训。共开展农业技术普及培训 31.09 万人次，占省农办下达计划的 129.54%。2004 年，积极配合中央远程教育试点，大办面向农民、农业和农村的职业教育，坚持向边远贫困地区、深山区倾斜，向妇女倾斜。同时与组织人事等部门开展了乡土科技人才”队伍建设等工作。州农牧局与财政局、扶贫办、职业技术学院共同开办了三期全州种草养牛培训班，共培训养牛能手 300 名，通过大力开展技术培训，全州约有 90% 以上的农业劳动力都掌握了一门以上的农业实用技术，有 20% 左右的农业劳动者成为起到“二传手”作用的技术骨干。全州全年共完成各种农业技术普及培训 36.62 万人次，占省农办下达计划的 152.59%。2005 年，围绕农业产业结构调整、农业工程、扶贫项目，以科技为先导，以资源为依托，以市场为导向进行培训。共开展农业技术普及培训 27.82 万人次，占省农办下达任务的 115.92%。2006 年，州和各县市都成立了由政府分管的县市长为组长、农业办、扶贫办、劳动局、教育局等部门为成员的农民技术培训（劳动力转移培训）领导小组。采取多渠道、多层次、多形式，围绕农业产业结构调整、紧密结合各项农业工程、扶贫开发项目开展培训。如黎平县在培训前就开设种植、养殖、油茶林低产改造、山野菜加工等课程。麻江县就重点在蔬菜生产基地、红蒜生产基地和畜禽养殖基地等特色产业进行培训，从江县在培训农民做精原有椪柑产业的同时，还培训何首乌、怀山药、百合等中药材种植技术。全州全年共完成各种农业技术普及培训 26.77 万人次，占省农办下达全州 24 万人次培训任务的 111.54%。2007 年，坚持实际、实用、实效的原则，并将培训的重点向边远、少数民族聚居的山区倾斜，向妇女倾斜。在培训各县市在抓农民技术培训时，以村组干部、农村党员、种养业示范户，农村妇女为重点。着重抓好超级稻、烤烟、茶叶、中药材、优质果品、畜牧业生产技能的培训及现代家电维修、农机维修、油茶林低产改造、山野菜的加工等非农技能的培训。在培训资金的筹措上，采取各级财政投入一点、部门筹集一点、项目匹配一点、农民自筹一点的办法。共完成各种农业技术普及培训 29.45 万人次，占省农办下达全州 24 万人次培训任务的 122.71%。2008 年，办农业技术普及培训 5592 期，共完成各种农业技术普及培训 69.42 万人次；占省农办下达全州 56 万人次培训任务的 119.40%。2009 年，共完成农民技术普及培训 66.07 万人次，占省农办下达全州 62 万人次培训任务的 106.56%。此外，还培训了贫困地区干部培训 10600 人。

2000—2009 年黔东南州农业技术普及培训统计表

表 9—1

年　份	培训（万人次）	任务（万人次）	完成任务（%）
2000	59.22	52	131.6
2001	61.79	45	137.3
2002	29.86	24	124.42
2003	31.09	24	129.54
2004	36.62	24	152.59
2005	27.82	24	115.92
2006	26.77	24	111.54
2007	29.45	24	122.71
2008	69.42	56	119.40
2009	66.07	62	106.56

说明：贵州省农办、黔东南州农办 2010 年机构改革中行政职能分别划归贵州省农委、黔东南州农委。农业技术普及培训不再下达目标任务

实施“绿色证书”工程

1995 年，贵州省政府办公厅批转了省农业办公室和省农业厅《关于实施绿色证书工程的意见》（省府办发〔1995〕63 号），同年 9 月，贵州省委、贵州省人民政府将“绿色证书”培训计划写进了科教兴黔的决定。黔东南州实施“绿色证书”始于 1996 年，2009 年结束。

1996—2000 年，全州已累计颁发“绿色证书”31303 人，平均每 25.6 户有 1 人获得“绿证”，达到了省政府要求的到 2000 年，保证每 30 户、争取每 25 户农户有一名持证人员的要求。

2001—2005 年，共培训“绿色证书”学员人，经考试、考核合格获得“绿色证书”的有人。其中：2001 年，共培训“绿色证书”学员 11279 人，占省下达计划的 118.7%。其中经考试、考核合格获得“绿色证书”的有 7957 人，占省下达计划的 113.7%。雷山、丹寨、施秉、麻江、剑河 5 县已达到国家要求的到 2000 年每 20 户农户中有一名持证人员的目标。锦屏、三穗、台江、凯里、岑巩、榕江 6 县市也达到了省政府要求的到 2000 年保证 30 户，争取每 20 户

有一名持证人员的目标。2002年，共培训“绿色证书”学员6273人，占省下达计划的179.23%。其中经考试、考核合格获得“绿色证书”的有4299人，占省下达计划的122.83%。共计投入培训经费30.84万元。其中培训的妇女1867人，占“绿色证书”培训总数的29.8%，有1167名妇女经考试考核合格获得“绿色证书”，占获得“绿色证书”总人数的27.1%。2003年，共培训“绿色证书”学员6762人，占省下达计划的193.2%。其中经考试、考核合格获得“绿色证书”的有4487人，占省下达计划的149.57%。2004年，共培训“绿色证书”学员4717人，占省下达计划的134.77%。其中经考试、考核合格获得“绿色证书”的有3865人，占省下达计划的128.83%。不少县还专为妇女办了“绿色证书”培训班。仅榕江县就开展妇女培训班27期，有5163名妇女经过培训脱盲，有4300名妇女学到了1.2门种养技术，其中有122名经考试、考核合格获得了“绿色证书”。此外还成立了“榕江县妇女农民技术学校”和“巾帼建功立业科技示范基地”。2005年，共培训“绿色证书”学员4667人，占省下达计划的133.3%。其中经考试、考核合格获得“绿色证书”的有4220人，占省下达计划的140.7%。

2006—2009年，共培训“绿色证书”学员人，经考试、考核合格获得“绿色证书”的有21535人。其中：2006年，共培训“绿色证书”学员4346人，为省下达计划的124.7%。其中经考试、考核合格获得“绿色证书”的有3394人，为省下达计划的113.1%。2007年，共培训“绿色证书”学员4282人，为省下达计划的122.35%。其中经考试、考核合格获得“绿色证书”的有4234人，为省下达计划的141.14%。2008年，共培训“绿色证书”学员10615人，为省下达计划的121.97%。其中经考试、考核合格获得“绿色证书”的有6235人，为省下达计划的117.1%。2009年，共培训“绿色证书”学员10449人，为省下达计划的107.16%。其中经考试、考核合格获得“绿色证书”的有8172人，为省下达计划的108.96%。

2000—2009年黔东南州实施“绿色证书”工程统计表

表9—2

年份	培训（万人次）	完成任务（%）	获证（人）	完成任务（%）
2000	11500	124.3	8236	109.8
2001	11297	118.7	7957	113.7
2002	6273	179.23	4299	122.83
2003	6762	193.2	4487	149.57
2004	4717	134.77	3865	128.83
2005	4667	133.30	4220	140.7
2006	4346	124.7	3394	113.1
2007	4282	122.35	4234	141.14
2008	10615	121.97	6235	117.
2009	10449	107.16	8172	108.96

说明：贵州省农办、黔东南州农办2010年机构改革中行政职能分别划归贵州省农委、黔东南州农委。“绿色证书”培训不再下达目标任务

实施“阳光工程”和新型职业农民培训

为了积极推进农村劳动力转移就业，2004 年，中央财政拿出专项资金 2.5 亿元启动实施“农村劳动力转移培训阳光工程”，突出以粮食主产区、劳动力主要输出地区、贫困地区和革命老区为重点，在输出地开展短期的职业技能培训。

2004—2015 年，黔东南“农村劳动力转移培训阳光工程”共培训农村富余劳动力 162452 人。其中：2004 年，共认定“阳光工程”培训基地 25 个，培训农民 6155 人，占任务数的 76.94%，平均转移就业率达 93.4%。培训的工种共 35 个，主要有家政服务、餐饮、旅游、保安、汽车驾驶、电子、电工等。2005 年，全州“阳光工程”培训基地发展到 36 个，培训农民 8496 人。培训工种新增沼气工、机械制造工和农机操作工等，培训转移就业 7671 人，转移就业率达 90.58%。2006 年，共认定培训基地 41 个，举办培训 208 期，培训农民 10131 人；就业转移 9259 人，转移就业率 91%。同时还完成引导性培训 3 万人。2007 年，共认定培训基地 38 个，举办培训 210 期，培训农民 10035 人；就业转移 9441，转移就业率 94.08%。其中县内就业的 4116 人、县外省内就业 296 人、省外就业 3151 人、自主择业 1663 人。同时还完成引导性培训 3.12 万人。2008 年，全年共认定培训基地 38 个，举办培训 206 期，培训农民 10095 人；就业转移 9748，转移就业率 96.56%。其中省外就业 3987 人。同时还完成引导性培训 2.69 万人。2009 年，调整了培训内容和就业方向，分别开展了美容美发、厨师、家政、缝纫、计算机应用与维护、电子电工、焊丁、车工、汽车修理、餐饮服务、蔬菜种植、畜禽养殖、油茶、茶叶、烤烟等产业的培训，以适应农村劳动力转移就业的新形势，拓宽了农民就业增收渠道，增加现代农业发展和新农村建设的人才支撑。全州共认定培训基地 35 个，举办培训 215 期，培训农民 14350 人；就业转移 12300，转移就业率 85.71%。同时还完成引导性培训 2.9 万人。2010 年，继续深入推动培训内容和就业方向的调整，紧密围绕农业和农村服务业、农产品加工业、农村特色非农产业和农民创业开展培训工作，引导农村劳动力就地就近转移就业，促进农业劳动力向农业产业延长链转移，提高现代农业服务体系从业人员和农村社会管理人员的能力素质，为现代农业发展、农村经济繁荣和新农村建设提供人才支撑。全州共认定培训基地 40 个，举办培训 276 期，培训农民 15228 人。其中农民创业培训 301 人、农业服务体系从业人员 8544 人、地方特色职业农民培训 6383 人；培训人员中有返乡农民工 2266 人、女性 6454 人。2011 年，全州共认定培训基地 50 个，州、县市聘请授课教师 956 名，举办培训 208 期，培训农民 10035 人；就业转移 9441 人，转移就业率 94.08%。2012 年，主要安排畜禽养殖员、茶叶工、果树工、乡村兽医、农机使用与维修、农作物病虫害防治、蔬菜园艺、乡村旅游、水产养殖、青年农民创业等 14 个专业，其中农村青年创业培训由黔东南州民族职业技术学院培训 120 人，黔东南州农业科学研究院培训 80 人，其他 13 个专业由州内认定的 54 个培训基地实施。全州共有 961 个阳光工程授课教师，所有受聘教师信息在州内公布。全州共完成 19200 人的阳光工程培训任务（阳光工程培训项目属于跨年度完成项目），其中农村青年创业培训 200 人，职业技能培训 8500 人，专项技术培训 10500 人。2013 年，共完成培训 14664 人，其中完成 2012 年度剩余指标 7994 人，完成 2013 年度中的 6670 人，占 2013 年获得指标数的 39.23%。2014 年，共完成培训 22832 人（其中部级任务数 17000 人、省级任务数 5832 人），其中农村青年创业培训 200

人，新型职业农民培训200人，职业技能培训8520人，专项技术培训13912人。从2014年起，农业部停止实施“阳光工程”项目，将其改为“新型职业农民”培育项目实施，项目实行跨年度实施。2015年上半年完成了2014年省农委下达黔东南州新型职业农民培育工程培训任务5500人，培训经费950万元，按类型培训分为生产经营型2000人，专业技能型1100人，社会服务型2400人，已全部完成网上上报工作。2015年，新型职业农民培育任务6200人任务，其中生产经营型1650人，专业技能型1900人，社会服务型2650人，资金950万元，州农委、州财政局下发了《黔东南州2015年农民培训工作方案》（黔东南农发〔2015〕110号），共完成培训7360人（2015年年底，完成培训1395人，2016年4月前完成培训5965人），为省农委下达任务的118.7%。

“三百工程”

2008年，中共贵州省委办公厅贵州省人民政府办公厅《关于印发〈贵州省“三百工程”实施方案〉的通知》（黔委厅字〔2008〕76号）。“三百工程”是指“组织百名专家、百家涉农企业，帮扶百个村”，此项工程旨在鼓励广大农业科技人员和涉农企业深入农村第一线开展科技服务，实现涉农企业、农业专家、农民和土地的有机结合，创新农科教、产学研紧密结合机制，是解决“成果转化最后一道坎、技术推广最后一公里”的有益探索。黔东南州实施“三百工程”始于2009年。至2015年，累计实施组织实施示范项目116个，共获补助资金11600万元。其中：2009年，锦屏、丹寨、雷山、从江、榕江、黎平6个县14个村获16个产业的“三百工程”项目，项目连续实施三年，截至2011年，每个项目每年补助10万元，共计补助160万元。2012年，麻江、丹寨、黄平、施秉、三穗、岑巩、锦屏、黎平、从江、榕江、雷山、台江、剑河13个县的“三百工程”示范项目22个，在22个行政村组织实施，每个项目补助10万元，共计220万元。当年完成22个一村一品特色产业扶持发展项目，并进行集中考评。2013年，凯里、麻江、丹寨、黄平、施秉、三穗、岑巩、天柱、锦屏、黎平、从江、榕江、台江、剑河12个县的“三百工程”示范项目20个，在20个行政村组织实施，每个项目补助10万元，共计200万元。当年完成20一村一品特色产业扶持发展项目，并进行集中考评。2014年，麻江、丹寨、黄平、施秉、三穗、岑巩、锦屏、黎平、从江、榕江、雷山、台江、剑河13个县的“三百工程”示范项目22个，在22个行政村组织实施，每个项目补助10万元，共计220万元。当年完成22个一村一品特色产业扶持发展项目，并进行集中考评。2015年，16个县市一村一品特色产业扶持发展（“三百工程”示范项目）项目18个，在18个行政村示范实施，每个村实施一个项目。并补助10万元，共计补助资金180万元。当年对各个项目县进行了考核。

基层农技体系建设项目

2006年8月，国务院制发了《关于深化改革加强基层农业技术推广体系建设的意见》（国发〔2006〕30号），就实施全国基层农技体系改革与建设作出具体的部署。黔东南实施全国基层农技体系改革与建设补助项目始于2007年。

是年12月25日州人民政府向省人民政府呈报《实施方案》，2008年4月4日省人民政府批复《实施方案》，2008年5月5日州人民政府转发省人民政府对黔东南州15个县市（除麻江县外）《实施方案》的批复，15个县市陆续组织实施。

2009 年，为加快推进基层农技推广体系改革与建设，加强农技推广工作，提升农民科学种田水平和全面推进农业科技进村入户，国家农业部、财政部共同组织在全国 770 个县实施基层农技推广体系改革与建设示范县项目，黔东南州凯里、黄平、丹寨、锦屏 4 县市列入，占全省 27 个县市的 14.8%；每个项目县获得中央财政补助资金 100 万元，主要用于农技人员下乡开展技术培训所需费用、农技人员和新型农民参加培训费用、农业科技示范户的物化技术补贴、农业科技试验示范基地建设补贴、聘请专家费用、技术资料印刷和制度建设、工作考评等费用。截至 2009 年 12 月底，按照农办财〔2009〕95 号文件要求，各项目县遴选了政治、业务素质高的技术指导员 100 人，科技示范户 1000 户，累计举办示范户培训班 35 期 10164 人次、印发资料 54166 份，完成示范基地建设规模 2550 亩、展示品种 111 个、新技术 49 项。

2011 年，省农委安排黔东南州凯里、黄平、丹寨、锦屏 4 县市作为基层农技推广体系建设示范县。每个县安排 100 万元。加强农业科技服务的能力建设，主要用于各县市局组织基层农技人员办综合示范点；组织农技人员承担科技服务；以及省和州级对农技人员的培训，每县（市）各培训 100 名。

是年 11 月，州农委和州发改委联合行文下达了丹寨、黄平、锦屏 3 个示范县建设项目资金 885 万元（每乡镇 25 万元）。2011 年年底，共计培训基层农技人员 400 人，其中省级培训 138 人，州级培训 262 人。

2012—2015 年，黔东南州 16 个县市实施全国基层农技推广体系改革与建设补助项目，补助资金 5231 万元，全州以种植业为主要产业，涵盖养殖业和水产业，其主导产业主要以优质稻、茶叶、精品水果、网箱养鱼、三穗鸭、从江香猪等为主。四年全州共计培训基层农技人员 5385 人，其中省级培训 1613 人，州级培训 3772 人。其中：2012 年获得农技推广体系改革与建设补资金 1260 万元（获得 100 万元的县有 5 个，获得 80 万元的县有 7 个，获得 50 万元的县有 4 个），培训基层农技人员 1410 人（省级培训 422 人，州级培训 988 人）。2013 年获得农技推广体系改革与建设补资金 1331 万元（获得 100 万元的县有 3 个，获得 97 万元的有从江县，获得 80 万元的县有 8 个，获得 50 万元的县有 4 个），培训基层农技人员 1325 人（省级培训 397 人，州级培训 928 人）。2014 年获得农技推广体系改革与建设补资金 1320 万元，主要以优质稻、茶叶、蔬菜、精品水果、网箱养鱼、三穗鸭、香猪养殖等为主导产业，主推技术 132 项，印发技术资料 11.5 万份，解决农户生产技术问题 3620 个，培训基层农技人员 1325 人（省级培训 397 人，州级培训 928 人）。2015 年获得农技推广体系改革与建设补资金 1320 万元，以优质稻、茶叶、蔬菜、精品水果、稻田养鱼、三穗鸭、香猪养殖等为主导产业，主导品种 112 个，主推技术 143 项，印发技术资料 13 万份，解决农户生产技术问题 1094 个，培训基层农技人员 1325 人（省级培训 397 人，州级培训 928 人）。

第五节　农业科技队伍

2005 年，据黔东南州农业技术推广体系调查，共有农业、畜牧技术人员 2500 人，其中乡镇 1349 人，州、县市 1185 人；乡镇农技人员中农学专业 598 人，畜牧水产专业 462 人，农经、园艺专业68人，其他专业221人；高级职称111人，中级职称154人，初级1079人，无技术职称116人。全州205个乡镇建有农业站数288个，其中农技站205个、畜牧站75个、农经站8个；有145个乡镇为三站合一农业站。乡镇站中归县局管理的有100个，归乡镇政府管理的有188个。2015年底，黔东南州农业科技人员3000余人，其中：州农委专业技术人员161人；全州副高以上专业技术职称的增至353人（获国务院特殊津贴11人，获省政府特殊津贴12人，研究员10人），其中：州农委获副高以上专业技术职称80人（获国务院特殊津贴9人，获省政府特殊津贴9人，研究员7人）；凯里市获副高以上专业技术职称15人（研究员3人）；麻江县获副高以上专业技术职称27人；丹寨县获副高以上专业技术职称7人（获省政府特殊津贴1人）；黄平县获副高以上专业技术职称26人；施秉县获副高以上专业技术职称8人；镇远县获副高以上专业技术职称14人；岑巩县获副高以上专业技术职称9人；三穗县获副高以上专业技术职称10人（获国务院特殊津贴2人）；天柱县获副高以上专业技术职称19人；锦屏县获副高以上专业技术职称16人；黎平县获副高以上专业技术职称36人；从江县获副高以上专业技术职称26人；榕江县获副高以上专业技术职称23人；雷山县获副高以上专业技术职称3人；台江县获副高以上专业技术职称5人；剑河县获副高以上专业技术职称28人（获省政府特殊津贴2人）。

获副高以上专业技术职称人员统计表

黔东南州农委及整合前有关部门人员统计表

表9—3　（1991—2015年）

序号	姓名	性别	民族	籍贯	学历	职称	任职时间	工作单位	政府津贴
1	胡开梅	女	汉族	重庆江北	大学	高级农艺师	1988年8月	州植保站	国务院津贴
2	松会武	男	侗族	贵州黎平	大学	高级农艺师	1988年4月	州植保站	国务院津贴
3	李九丹	男	汉族	福建永春	大学	高级农艺师	1993年9月	州植保站	省政府津贴
4	罗启军	男	苗族	贵州天柱	中专	高级农艺师	1997年10月	州植保站	
5	焦汝志	男	汉族	贵州遵义	大学	高级农艺师	2000年12月	州植保站	
6	杨　洵	男	苗族	贵州天柱	大学	高级农艺师	2001年12月	州植保站	
7	张家卫	男	苗族	贵州黄平	大学	高级农艺师	2003年12月	州植保站	
8	肖定明	男	汉族	贵州雷山	大专	高级农艺师	2007年12月	州植保站	
9	粟　俊	男	侗族	贵州三穗	大学	高级农艺师	2010年12月	州植保站	
10	兰荣猷	男	汉族	四川广安	大学	高级农艺师	1993年9月	州农广校	
11	李忠华	男	汉族	湖南邵东	大学	高级农艺师	1998年10月	州农广校	
12	赖高娴	女	汉族	四川富顺	大学	高级畜牧师	1993年9月	州区划办	省政府津贴
13	周哲麟	男	汉族	贵州贵阳	大学	高级畜牧师	1993年9月	州区划办	省政府津贴
14	周定生	男	汉族	安徽芜湖	大学	高级农艺师 研究员	1987年12月 2014年12月	州区划办	国务院津贴
15	粟周群	男	侗族	贵州三穗	大学	高级农艺师 研究员	1998年10月 2012年12月	州经作技推站	

续表

序号	姓名	性别	民族	籍贯	学历	职称	任职时间	工作单位	政府津贴
16	苏昌龙	男	苗族	贵州黄平	大学	高级农艺师 研究员	2008 年 12 月 2014 年 12 月	州经作技推站	
17	杨云霞	女	侗族	贵州天柱	大学	高级畜牧师	2005 年 12 月	州经作技推站	
18	唐永淮	男	汉族	四川荣昌	大学	高级农艺师	1988 年 8 月	州种子管理站	国务院津贴
19	潘成辉	男	汉族	贵州镇远	大专	高级畜牧师	1988 年 8 月	州品改站	国务院津贴
20	杨昌金	男	汉族	贵州天柱	大专	高级农艺师	2001 年 12 月	州种子管理站	
21	杨世敏	女	汉族	重庆巴南	大学	高级畜牧师	2002 年 10 月	州种子站	
22	徐　燕	女	汉族	贵州黄平	本科	高级农艺师	2014 年 12 月	州种子管理站	
23	陈世琨	男	汉族	四川南充	大学	高级农艺师	1988 年 4 月	州农技推广站	国务院津贴
24	李化乔	男	汉族	湖南邵阳	大学	高级农艺师	1988 年 4 月	州农技推广站	
25	李世金	男	苗族	贵州雷山	大学	高级农艺师	1998 年 10 月	州农技推广站	
26	谭甫成	男	侗族	贵州黎平	大学	高级农艺师 研究员	1995 年 9 月 2012 年 12 月	州农技推广站	
27	吴　军	男	汉族	四川乐至	大学	高级农艺师	2010 年 12 月	州农技推广站	
28	倪玉琼	女	土家族	贵州岑巩	大学	高级农艺师	2008 年 12 月	州农技推广站	
29	张　强	男	苗族	贵州凯里	大学	高级农艺师	2014 年 12 月	州农技推广站	
30	田爱民	女	苗族	贵州黄平	大学	高级农艺师	2004 年 12 月	州信息站	
31	杨胜祯	男	侗族	贵州剑河	中专	高级农艺师	1997 年 10 月	州信息站	
32	田景培	男	汉族	重庆市	中专	高级水产工程师	1992 年 12 月	州水产站	
33	杨　洪	男	汉族	云南大理	大专	高级水产工程师	1998 年 10 月	州水产站	
34	陈礼强	男	侗族	贵州天柱	大学	高级水产工程师	2011 年 12 月	州水产站	
35	喻启元	女	汉族	湖南常德	大学	高级畜牧师	2008 年 12 月	州饲草饲料站	
36	刘文锋	男	汉族	贵州丹寨	大学	高级农艺师 研究员	2002 年 12 月 2012 年 12 月	州农检中心	省政府津贴
37	汪　俭	女	汉族	浙江常山	大学	高级兽医师	2006 年 4 月	州农检中心	
38	潘承丹	女	苗族	贵州天柱	大学	高级农艺师	2012 年 12 月	州农检中心	
39	杨先富	男	侗族	贵州天柱	研究生	高级畜牧师	2013 年 12 月	州疫控中心	
40	赖发兰	女	汉族	四川什邡	大学	高级农艺师	1988 年 8 月	州土肥站	
41	王月琴	女	汉族	浙江丹山	中专	高级农艺师 研究员	1993 年 7 月 2001 年 4 月	州土肥站	国务院津贴
42	吴铭强	男	汉族	贵州桐梓	大学	高级农艺师	2002 年 12 月	州土肥站	
43	胡腾胜	男	苗族	贵州雷山	大学	高级农艺师	2002 年 12 月	州土肥站	
44	杨漫江	女	侗族	贵州榕江	大学	高级农艺师	2006 年 12 月	州土肥站	
45	张胜华	男	汉族	贵州兴义	大学	高级农艺师	1988 年 4 月	州科教站	
46	程秉麟	男	汉族	四川天全	大学	高级畜牧师	1988 年 4 月	州科教站	省政府津贴
47	周　行	男	汉族	湖南麻阳	大专	高级农艺师	1987 年 12 月	州果树站	
48	肖振荣	男	汉族	贵州岑巩	大学	高级兽医师	1988 年 6 月	州兽防站	

续表

序号	姓名	性别	民族	籍贯	学历	职称	任职时间	工作单位	政府津贴
49	杨俊芳	女	汉族	四川江津	大学	高级兽医师	1993 年 9 月	州兽防站	
50	陆尚文	男	壮族	广西扶绥	大学	高级畜牧师	1988 年 6 月	州品改站	国务院津贴
51	邱理旺	男	汉族	江西沿山	大学	高级畜牧师	1988 年 4 月	州草原站	
52	白万川	男	汉族	贵州三穗	大专	高级农艺师	1993 年 9 月	州农场站	
53	胡建平	男	汉族	江西进贤	大专	高级农艺师	2000 年 12 月	州能源办	
54	刘光美	男	侗族	贵州天柱	大学	高级农艺师	2004 年 12 月	州能源办	
55	雷友造	男	汉族	贵州贵阳	大专	高级农艺师	2007 年 12 月	州能源办	
56	左　松	男	苗族	贵州黎平	大专	高级经济师	2006 年 12 月	州经管站	
57	何　奎	男	汉族	贵州遵义	大学	高级畜牧师	2007 年 7 月	州畜牧站	
58	马仲元	男	土家族	贵州黄平	大学	高级畜牧师	2011 年 4 月	州畜牧站	
59	罗光洁	男	汉族	贵州石阡	大专	高级农艺师	1987 年 12 月	州农科院	国务院津贴
60	赖江汉	男	侗族	贵州从江	大学	高级农艺师	1994 年 3 月	州农科院	
61	吴政刚	男	侗族	贵州天柱	大学	高级农艺师	1994 年 3 月	州农科院	省政府津贴
62	刘荣喜	男	侗族	贵州天柱	大学	高级农艺师	1999 年 2 月	州农科院	
63	杨　黎	男	汉族	贵州黄平	大学	高级农艺师	1999 年 2 月	州农科院	省政府津贴
64	李上星	男	苗族	贵州剑河	本科	高级畜牧师	2001 年 12 月	州农科院	省政府津贴
65	顾亚佟	男	汉族	上海浦东	中专	高级农艺师	2002 年 11 月	州农科院	
66	吴元华	男	侗族	贵州黎平	本科	高级农艺师	2002 年 12 月	州农科院	省政府津贴
67	陈建祥	男	汉族	贵州麻江	本科	高级农艺师	2005 年 12 月	州农科院	
68	吴立新	男	苗族	贵州雷山	大专	高级政工师	2007 年 12 月	州农科院	
69	杨桂兰	女	侗族	湖南新晃	本科	高级农艺师	2007 年 12 月	州农科院	
70	刘业海	男	侗族	贵州天柱	本科	高级农艺师	2012 年 12 月	州农科院	1998 年获高级讲师
71	杨　华	女	苗族	贵州凯里	本科	高级农艺师	2012 年 12 月	州农科院	
72	李　星	男	苗族	贵州雷山	本科	高级农艺师	2012 年 12 月	州农科院	
73	浦选昌	男	彝族	贵州威宁	本科	高级农艺师	2012 年 12 月	州农科院	
74	胡世然	男	侗族	贵州天柱	本科	研究员	2014 年 12 月	州农科院	
75	赵文礼	男	汉族	贵州开阳	大专	高级农艺师	2014 年 12 月	州农科院	
76	潘宗东	男	苗族	贵州黄平	本科	高级农艺师	2014 年 12 月	州农科院	
77	叶贵凯	男	汉族	河南杞县	本科	高级农艺师	2015 年 12 月	州农科院	
78	王正文	男	苗族	贵州凯里	本科	高级农艺师	2015 年 12 月	州农科院	
79	龙九洲	男	侗族	贵州锦屏	本科	高级农艺师	2015 年 12 月	州农科院	
80	谌金吾	男	侗族	贵州天柱	博士	高级农艺师	2015 年 12 月	州农科院	

各县市农业局（农林扶贫工作局）及整合前有关部门人员统计表

（1991—2015 年）

表 9—4

序号	姓名	性别	民族	籍贯	学历	职称	任职时间	工作单位	政府津贴
凯里市农林扶贫工作局（15 人）									
1	申学林	男	侗族	贵州务川	本科	研究员	2010 年 12 月	凯里市农林扶贫工作局	
2	蒲学栋	男	侗族	贵州天柱	本科	研究员	2016 年 8 月	凯里市农林扶贫工作局	
3	谭光仙	女	汉族	贵州石阡	本科	研究员	2016 年 8 月	凯里市农林扶贫工作局	
4	金　鸿	女	苗族	贵州麻江	本科	高级畜牧师	2011 年 12 月	凯里市农林扶贫工作局	
5	金家红	男	苗族	贵州凯里	本科	高级畜牧师	2014 年 12 月	凯里市农林扶贫工作局	
6	钟建明	男	汉族	广西柳城	本科	高级农艺师	2011 年 12 月	凯里市农林扶贫工作局	
7	程黔莉	女	汉族	贵州遵义	本科	高级农艺师	2008 年 12 月	凯里市农林扶贫工作局	
8	杨秀国	男	苗族	贵州凯里	本科	高级农艺师	2011 年 12 月	凯里市农林扶贫工作局	
9	潘成勇	男	苗族	贵州凯里	本科	高级畜牧师	2013 年 12 月	凯里市农林扶贫工作局	
10	张卫书	男	汉族	贵州凯里	本科	高级农艺师	2015 年 12 月	凯里市农林扶贫工作局	
11	刘　毅	男	汉族	贵州凯里	本科	高级农艺师	2014 年 12 月	凯里市农林扶贫工作局	
12	方世贞	女	汉族	贵州镇远	本科	高级水产工程师	2015 年 12 月	凯里市农林扶贫工作局	
13	杨运春	男	侗族	贵州镇远	大专	高级农艺师	2013 年 12 月	凯里市农林扶贫工作局	
14	潘　燕	女	苗族	贵州凯里	本科	林业高级工程师	2013 年 12 月	凯里市农林扶贫工作局	
15	邓　忠	男	布依族	贵州麻江	大专	高级农艺师	2016 年 8 月	凯里市农林扶贫工作局	
麻江县农业局（27 人）									
1	杨永高	男	侗族	贵州天柱	本科	高级农艺师	2000 年 4 月	麻江县农业局植保站	
2	宋聚波	男	苗族	贵州麻江	本科	高级农艺师	2007 年 12 月	麻江县农业局	
3	张久远	男	仡佬族	贵州道真	本科	高级农艺师	2008 年 12 月	麻江县农业局蔬菜站	

续表

序号	姓名	性别	民族	籍贯	学历	职称	任职时间	工作单位	政府津贴
4	周世洋	男	汉族	贵州麻江	本科	高级农艺师	2012 年 11 月	麻工县农业局蔬菜站	
5	吴庆桃	女	苗族	贵州麻江	本科	高级农艺师	2012 年 12 月	麻工县农业局蔬菜站	
6	谢　勇	男	苗族	贵州镇远	本科	高级农艺师	2012 年 12 月	麻江县农业局项目办	
7	杨天华	男	汉族	贵州麻江	大专	高级农艺师	2013 年 12 月	下司镇农业服务中心	
8	陈永双	女	布依族	贵州麻江	本科	高级农艺师	2013 年 12 月	麻江县农业局种子站	
9	兰秀清	女	畲族族	贵州麻江	本科	高级农艺师	2013 年 12 月	麻江县农业局土肥站	
10	陈永莲	女	畲族族	贵州麻江	本科	高级农艺师	2014 年 11 月	麻江县农业局种子站	
11	樊有莉	女	苗族	贵州麻江	本科	高级农艺师	2015 年 12 月	麻江县农业局农推站	
12	范文穗	女	苗族	贵州麻江	本科	高级畜牧师	2005 年 12 月	麻江县畜牧水产局	
13	孟信群	女	布依族	贵州麻江	本科	高级畜牧师	2008 年 12 月	麻江县畜牧局饲草饲料推广站	
14	高乐盛	男	汉族	贵州麻江	大专	高级畜牧师	2010 年 12 月	麻江县畜牧局疫控中心	
15	滕　飞	男	苗族	贵州黄平	本科	高级畜牧师	2013 年 12 月	麻江县畜牧局草地畜牧发展中心	
16	喻　林	男	汉族	贵州麻江	本科	高级兽医师	2007 年 12 月	麻江县畜牧局	
17	罗传敏	女	仫佬族	贵州麻江	本科	高级农艺师	2012 年 12 月	麻江县下司镇农服中心	
18	罗贤荣	男	布依族	贵州麻江	中专	高级农艺师	2013 年 11 月	麻江县谷硐镇农服中心	
19	韦政慧	女	苗族	贵州麻江	大专	高级农艺师	2013 年 11 月	麻江县谷硐镇农服中心	
20	陆兴群	女	彝族	贵州麻江	大专	高级农艺师	2013 年 11 月	麻江县谷硐镇农服中心	
21	吴开胜	男	苗族	贵州麻江	大专	高级农艺师	2013 年 12 月	麻江县宣威镇农服中心	
22	龙家明	男	苗族	贵州麻江	大专	高级农艺师	2013 年 12 月	麻江县宣威镇农服中心	
23	吴廷恩	男	布依族	贵州麻江	大专	高级农艺师	2013 年 11 月	麻江县贤昌镇农服中心	

续表

序号	姓名	性别	民族	籍贯	学历	职称	任职时间	工作单位	政府津贴
24	田仁江	男	苗族	贵州麻江	本科	高级农艺师	2013 年 12 月	麻江县龙山镇农服中心	
25	向　美	女	汉族	贵州黄平	大专	高级兽医师	2013 年 12 月	麻江县下司镇农服中心	
26	汪文岳	男	苗族	贵州麻江	大专	高级兽医师	2013 年 11 月	麻江县谷硐镇农服中心	
27	罗仕学	男	布依族	贵州麻江	大专	高级兽医师	2013 年 11 月	麻江县谷硐镇农服中心	
丹寨县农业局（7 人）									
1	杨正敏	女	汉族	贵州遵义	本科	高级农艺师		丹寨县农业局	
2	洪乃梅	女	苗族	贵州丹寨	大专	高级农艺师	2012 年 12 月	丹寨县农业局植保站	
3	潘皇斌	男	水族	贵州丹寨	本科	高级农艺师	2013 年 1 月	丹寨县农业局农推站	
4	王德荣	男	苗族	贵州丹寨	大专	高级农艺师	1994 年 3 月	丹寨县农业局科教股	省政府津贴
5	李寿林	男	汉族	湖南邵阳	大专	高级畜牧兽医师	2004 年 12 月	丹寨县农业局品改站	
6	苗西明	男	苗族	山西夏县	本科	高级兽医师	—	丹寨县农业局	
7	王晓明	男	苗族	贵州丹寨	本科	高级兽医师	—	丹寨县农业局	
黄平县农业局（26 人）									
1	王华荣	男	汉族	四川	本科	高级农艺师	1992 年 4 月	黄平县农业局农广校	
2	杨茂才	男	苗族	贵州黄平	中专	高级兽医师	1996 年 4 月	黄平县农业局兽防站	
3	李新华	男	壮族	广东梅县	大专	高级畜牧师	1998 年 8 月	黄平县农业局农牧局	
4	夏富成	男	汉族	湖南邵阳	本科	高级农艺师	2001 年 12 月	黄平县农业局植保站	
5	翁启应	男	汉族	贵州黄平	大专	高级农艺师	2001 年 12 月	黄平县农业局农业中心	
6	周明发	男	汉族	贵州黄平	大专	高级农艺师	2007 年 12 月	黄平县农业局桑蚕中心	
7	黄秀红	女	苗族	贵州黄平	中专	高级农艺师	2013 年 12 月	重安镇农业服务中心	
8	周长青	男	汉族	贵州黄平	本科	高级畜牧师	2013 年 12 月	重安镇农业服务中心	
9	吴明华	男	苗族	贵州黄平	中专	高级农艺师	2013 年 12 月	重安镇农业服务中心	

续表

序号	姓名	性别	民族	籍贯	学历	职称	任职时间	工作单位	政府津贴
10	杨再勇	男	苗族	贵州省黄平县	大专	高级农艺师	2013 年 12 月	野洞河镇扶贫开发工作站	
11	杨再刚	男	苗族	贵州省黄平县	大专	高级农艺师	2013 年 12 月	野洞河镇农业服务中心	
12	杨明亮	男	苗族	贵州省黄平县	大专	高级农艺师	2013 年 12 月	野洞河镇农业服务中心	
13	杨　欧	男	汉族	贵州黄平	大专	副高级农艺师	2013 年 12 月	黄平县纸房乡农业服务中心	
14	杨通权	男	苗族	贵州省黄平县	大学	高级兽医师	2013 年 12 月	翁坪乡农业服务中心	
15	杨光龙	男	苗族	贵州省黄平县	大专	级农艺师	2013 年 12 月	翁坪乡农业服务中心	
16	陈定刚	男	汉族	贵州黄平	大专	高级农艺师	2013 年 12 月	旧州镇农业服务中心	
17	李荣祥	男	汉族	贵州黄平	中专	高级兽医师	2013 年 12 月	旧州镇农业服务中心	
18	王立英	女	苗族	贵州黄平	大专	高级农艺师	2013 年 12 月	旧州镇农业服务中心	
19	王清辉	男	汉族	贵州黄平	本科	高级农艺师	2014 年 12 月	黄平县农业局植保站	
20	吴绍锋	男	苗族	贵州黄平	大专	高级农艺师	2014 年 12 月	黄平县农业局能源办	
21	罗爱民	男	汉族	贵州黄平	大专	高级农艺师	2014 年 12 月	黄平县农业局经作站	
22	张洁涛	女	汉族	贵州黄平	本科	高级农艺师	2014 年 12 月	黄平县农业局种子站	
23	杨伟	男	苗族	贵州黄平	大专	高级畜牧师	2014 年 12 月	旧州镇农业服务中心	
24	李星	男	汉族	贵州黄平	本科	副高级兽医师	2014 年 12 月	浪洞镇农业服务中心	
25	李立新	男	汉族	贵州黄平	大专	高级农艺师	2015 年 8 月	黄平县农业局种子站	
26	潘开琴	女	苗族	贵州黄平	大专	高级农艺师	2015 年 12 月	黄平县农业局种子站	
施秉县农业局（8 人）									
1	伍中兴	男	回族	湖南邵阳	本科	高级农艺师	2008 年 6 月	施秉县农业局土肥站	
2	李建华	男	苗族	贵州雷山	大专	高级农艺师	2014 年 5 月	施秉县农业局果树站	

续表

序号	姓名	性别	民族	籍贯	学历	职称	任职时间	工作单位	政府津贴
3	金忠诚	男	苗族	贵州施秉	大专	高级农艺师	2015 年 2 月	施秉县农业局农推站	
4	潘礼梅	女	苗族	贵州施秉	大本	高级农艺师	2015 年 2 月	施秉县农业局植保站	
5	姜素娥	女	侗族	贵州天柱	大本	高级农艺师	2015 年 12 月	施秉县农业局种子站	
6	马登惠	女	汉族	贵州施秉	大本	高级农艺师	2015 年 12 月	施秉县农业局植保站	
7	李正武	男	苗族	贵州施秉	大专	高级畜牧师	2014 年 12 月	施秉县农业局	
8	吴明富	男	苗族	贵州施秉	大专	高级农艺师	2014 年 12 月	施秉县农业局蔬菜站	
镇远县农业局（14 人）									
1	李安南	男	汉族	贵州镇远	本科	高级畜牧师	1994 年 3 月	镇远县农业局	
2	周祝生	男	汉族	广东大埔	中专	高级畜牧师	1994 年 3 月	镇远县农业局	
3	张贵华	男	回族	山东茌平	大专	高级农艺师	2007 年 12 月	镇远县农业局	
4	张炳林	男	汉族	贵州镇远	大专	高级农艺师	2009 年 12 月	镇远县农业局	
5	成文莲	女	苗族	贵州镇远	大专	高级农艺师	2009 年 12 月	镇远县农业局	
6	周黔声	男	汉族	广东大埔	大专	高级水产工程师	2010 年 12 月	镇远县农业局	
7	田维军	男	苗族	贵州镇远	大专	高级农艺师	2010 年 12 月	镇远县农业局	
8	刘　涛	女	汉族	湖南东安	大专	高级畜牧师	2010 年 12 月	镇远县农业局	
9	龙金锋	男	苗族	贵州镇远	本科	高级兽医师	2013 年 12 月	镇远县涌溪乡农服中心	
10	饶永军	男	侗族	贵州湄潭	大专	高级农艺师	2013 年 12 月	镇远县羊场镇农服中心	
11	姚茂明	男	侗族	贵州镇远	本科	高级农艺师	2013 年 12 月	镇远县青溪镇农服中心	
12	杨再明	男	汉族	贵州镇远	大专	高级兽医师	2013 年 13 月	镇远县蕉溪镇农服中心	
13	陈荣艳	女	汉族	贵州镇远	大专	高级农艺师	2014 年 5 月	镇远县金堡镇农服中心	
14	姜　伟	男	汉族	贵州镇远	大专	高级兽医师	2014 年 12 月	镇远县蕉溪镇农服中心	
岑巩县农业局（9 人）									
1	彭德元	男	侗族	贵州岑巩	大专	高级农艺师	2000 年 1 月	岑巩县农业局农服中心	
2	雷邦海	男	侗族	贵州岑巩	大专	高级农艺师	2003 年 1 月	岑巩县农业局植保站	

续表

序号	姓名	性别	民族	籍贯	学历	职称	任职时间	工作单位	政府津贴
3	杨洪茂	男	侗族	贵州岑巩	大专	高级畜牧师	2009 年 3 月	岑巩县农业局疫控中心	
4	杨　海	男	侗族	贵州岑巩	大专	高级兽医师	2011 年 4 月	岑巩县农业局动卫监所	
5	姚元洪	男	侗族	贵州岑巩	本科	高级兽医师	2011 年 4 月	岑巩县农业局疫控中心	
6	代国权	男	土家族	贵州岑巩	本科	高级农经师	2012 年 3 月	岑巩县农业局项目办	
7	张仁才	男	汉族	贵州岑巩	大专	高级农艺师	2015 年 11 月	岑巩县农业局植保站	
8	杨秀江	男	苗族	贵州岑巩	大专	高级农艺师	2015 年 11 月	岑巩县农业局农推站	
9	杨明贵	男	侗族	贵州岑巩	大专	高级兽医师	2015 年 11 月	岑巩县大有镇农服中心	
三穗县农业局（10 人）									
1	廖宗望	男	汉族	重庆江北	本科	高级畜牧师	1988 年 10 月	三穗县农牧局	国务院津贴
2	张绪昭	男	侗族	贵州三穗	本科	高级畜牧师	1991 年 10 月	三穗县农牧局	国务院津贴
3	罗兴海	男	侗族	贵州三穗	本科	高级兽医师	1994 年 10 月	三穗县农牧局	
4	张其昌	男	汉族	贵州绥阳	本科	高级农艺师	2001 年 12 月	三穗县农业局	
5	何树鹏	男	侗族	贵州凯里	大专	高级农艺师	2003 年 12 月	三穗县农业局	
6	舒贤均	男	侗族	贵州岑巩	大专	高级农艺师	2005 年 12 月	三穗县农业局	
7	谢德祥	男	汉族	贵州三穗	大专	高级农艺师	2005 年 12 月	三穗县农业局	
8	杨再培	男	侗族	贵州三穗	本科	高级农艺师	2006 年 12 月	三穗县农业局	
9	蒋德凤	男	侗族	贵州三穗	大专	高级农艺师	2007 年 12 月	三穗县农业局	
10	李大臣	男	侗族	贵州天柱	大专	高级农艺师	2008 年 12 月	三穗县农业局	
天柱县农业局（19 人）									
1	杨永灯	男	苗族	天柱远口	中专	高级农艺师	2004 年 12 月	天柱县农业局	
2	杨　兴	男	侗族	天柱凤城	中专	高级农艺师	2008 年 7 月	天柱县农业局	
3	袁仁阶	男	侗族	天柱蓝田	本科	高级农艺师	2008 年 7 月	天柱县农业局	
4	姚秀峰	男	侗族	天柱凤城	中专	高级农艺师	2010 年 6 月	天柱县农业局	
5	王东贵	男	侗族	天柱坌处	中专	高级农艺师	2008 年 7 月	天柱县农业局	
6	吴传明	男	侗族	天柱凤城	本科	高级农艺师	2008 年 7 月	天柱县农业局	
7	孙长春	男	侗族	天柱邦洞	中专	高级农艺师	2013 年 1 月	天柱县农业局	
8	杨倏幸	女	侗族	湖南新晃	中专	高级农艺师	2015 年 9 月	天柱县农业局	
9	杨爱梅	女	侗族	天柱石洞	本科	高级农艺师		天柱县农业局	
10	龙佳秀	女	苗族	天柱远口	本科	高级经济师	2014 年 12 月	天柱县农业局	

续表

序号	姓名	性别	民族	籍贯	学历	职称	任职时间	工作单位	政府津贴
11	龙之泉	男	侗族	天柱高酿	本科	高级畜牧师	2005 年 12 月	天柱县农业局	
12	龙庆河	男	侗族	天柱高酿	专科	高级畜牧师	2016 年 5 月	天柱县农业局	
13	王家林	男	侗族	天柱社学	中专	高级畜牧师	2016 年 3 月	天柱县农业局	
14	杨汉森	男	侗族	天柱高酿	中专	高级畜牧师	2016 年 3 月	天柱县农业局	
15	薛明淦	男	侗族	天柱邦洞	本科	高级水产工程师	2013 年 12 月	天柱县农业局	
16	郑守志	男	汉族	四川绵阳	本科	高级农艺师	1987 年 12 月	天柱县农业局	
17	李一揆	男	汉族	广西桂林	专科	高级农艺师	1993 年 3 月	天柱县农业局	
18	张正明	男	侗族	天柱凤城	本科	高级农艺师	1988 年 9 月	天柱县农业局	
19	罗光洁	男	汉族	贵州石阡	中专	高级农艺师	1988 年 9 月	天柱县农业局	
锦屏县农业局（16 人）									
1	张奕辉	男	苗族	贵州锦屏	本科	高级农艺师	1987 年 12 月	锦屏县区划办	
2	杨礼渊	男	侗族	贵州天柱	中专	高级兽医师	1993 年 9 月	锦屏县农业局兽防站	
3	刘长滔	男	苗族	贵州锦屏	大专	高级畜牧师	2002 年 6 月	锦屏县农业局品改站	
4	彭泰辉	男	侗族	贵州锦屏	本科	高级农艺师	2006 年 7 月	锦屏县农业局农推站	
5	鲍思永	男	苗族	贵州天柱	本科	高级畜牧师	2006 年 12 月	锦屏县农业局畜牧技推站	
6	杨　林	男	侗族	贵州锦屏	大专	高级农艺师	2008 年 6 月	锦屏县农业局植保站	
7	罗素兰	女	侗族	贵州锦屏	大专	高级农艺师	2010 年 12 月	锦屏县农业局果蔬站	
8	龙步忠	男	侗族	贵州天柱	大专	高级兽医师	2010 年 12 月	锦屏县农业局卫监所	
9	李通泽	男	汉族	贵州锦屏	本科	高级畜牧师	2011 年 12 月	锦屏县农业局能源办	
10	龙瑞春	男	苗族	贵州锦屏	大专	高级农艺师	2011 年 12 月	锦屏农业局农广校	
11	杨远焱	男	侗族	贵州锦屏	大专	高级经济师	2012 年 12 月	锦屏县农业局经作站	
12	杨正谷	男	苗族	贵州锦屏	大专	高级农艺师	2012 年 12 月	锦屏县农业局产业办	
13	罗发娣	女	侗族	贵州锦屏	大专	高级农艺师	2015 年 8 月	锦屏县农业局土肥站	
14	林安发	男	侗族	贵州锦屏	大专	高级农艺师	2015 年 10 月	锦屏县农业局农推站	

续表

序号	姓名	性别	民族	籍贯	学历	职称	任职时间	工作单位	政府津贴
15	吴　猛	男	侗族	贵州锦屏	本科	高级兽医师	2015年10月	锦屏县农业局疫控中心	
16	欧阳大军	男	侗族	贵州天柱	大专	高级水产工程师	2015年10月	锦屏县农业局水产站	
黎平县农业局（36人）									
1	吴朝勇	男	汉族	贵州锦屏	大学	高级农艺师	1993年9月	黎平县农业局	
2	石灿英	男	侗族	贵州黎平	大学	高级农艺师	1993年9月	黎平县农业局科教站	
3	黄寿高	男	汉族	贵州黄平	大学	高级畜牧师	1993年9月	黎平县农业局	
4	吴昌廉	男	侗族	贵州黎平	中专	高级农艺师	2001年12月	黎平县种植业服务中心	
5	黄月淑	女	侗族	贵州锦屏	大专	高级农艺师	2005年12月	黎平县农业局	
6	彭乃高	男	侗族	贵州黎平	大专	高级农艺师	2007年12月	黎平县农业局培训中心	
7	杨　华	男	侗族	贵州黎平	大专	高级农艺师	2013年12月	黎平县局土肥站	
8	陈廷弟	男	苗族	贵州天柱	大专	高级农艺师	2013年12月	黎平县局植保站	
9	石伟昌	男	侗族	贵州黎平	研究生	高级农艺师	2015年7月	黎平县茶叶局	
10	陈启德	男	侗族	贵州天柱	大专	高级畜牧师	2015年12月	黎平县局兽药饲料监督站	
11	许保平	男	汉族	贵州黎平	大专	高级农艺师	2015年12月	黎平县局能源办	
12	吴世炳	男	侗族	贵州黎平	大专	高级农艺师	2015年12月	黎平县局农推站	
13	王德美	女	苗族	贵州台江	大专	高级农艺师	2014年12月	黎平县局农推站	
14	龙步腾	男	侗族	贵州黎平	大专	高级农艺师	2013年12月	黎平县罗里乡农业服务中心	
15	宋祖文	男	侗族	贵州黎平	大专	高级畜牧师	2013年12月	黎平县罗里乡农业服务中心	
16	杨　轶	男	侗族	贵州黎平	中专	高级农艺师	2014年12月	黎平县罗里乡农服中心	
17	杨再贵	男	侗族	贵州黎平	大专	高级农艺师	2013年12月	黎平县坝寨乡农服中心	
18	石　昕	男	侗族	贵州黎平	大专	高级农艺师	2014年12月	黎平县坝寨乡农服中心	
19	杨　勇	男	汉族	贵州黎平	大专	高级农艺师	2013年12月	黎平县高屯街道农服中心	
20	杨　薇	女	侗族	贵州黎平	大专	高级农艺师	2013年12月	黎平县高屯街道农服中心	
21	龙安宇	男	侗族	贵州天柱	大专	高级农艺师	2013年12月	黎平县高屯街道农服中心	

续表

序号	姓名	性别	民族	籍贯	学历	职称	任职时间	工作单位	政府津贴
22	吴永堂	男	侗族	贵州黎平	大专	高级农艺师	2013 年 12 月	黎平县肇兴镇农服中心	
23	石开义	男	侗族	贵州黎平	大专	高级农艺师	2013 年 12 月	黎平县孟彦镇农服中心	
24	韩玉华	男	侗族	贵州黎平	大专	高级农艺师	2013 年 12 月	黎平县敖市镇农服中心	
25	蒋宏林	男	侗族	贵州黎平	大专	高级兽医师	2013 年 12 月	黎平县敖市镇农服中心	
26	嬴振玉	男	侗族	贵州黎平	大学	高级畜牧师	2014 年 3 月	黎平县水口镇农服中心	
27	杨胜芬	男	侗族	贵州天柱	大专	高级农艺师	2013 年 12 月	黎平县茅贡乡农服中心	
28	吴建忠	男	侗族	贵州黎平	大专	高级畜牧师	2013 年 12 月	黎平县茅贡乡农服中心	
29	孙　忠	男	侗族	贵州丹寨	大专	高级农艺师	2014 年 12 月	黎平县德化乡农服中心	
30	蒋　磊	男	侗族	贵州黎平	大专	高级兽医师	2014 年 12 月	黎平县德顺乡农服中心	
31	孙景祥	男	侗族	贵州黎平	大专	高级工程师	2014 年 12 月	黎平县德顺乡农服中心	
32	滚合府	男	苗族	贵州黎平	大学	高级农艺师	2014 年 12 月	黎平县地坪乡农服中心	
33	石　晟	男	侗族	贵州黎平		高级农艺师	2014 年 12 月	黎平县龙额镇农服中心	
34	刘德高	男	侗族	贵州黎平	大专	高级农艺师	2006 年 12 月	黎平县德凤街道农服中心	
35	杨振艳	女	侗族	贵州黎平	大专	高级农艺师	2014 年 12 月	黎平县德凤街道农服中心	
36	刘光滔	男	侗族	贵州天柱	大专	高级农艺师	2015 年 12 月	黎平县德凤街道农服中心	
从江县农业局（26 人）									
1	杨秉然	男	侗族	贵州天柱	本科	高级农艺师	1991 年 9 月	从江县农业局	
2	杨超隼	男	汉族	贵州从江	高中	高级农艺师	1994 年 9 月	从江县果树开发公司	
3	李作鼎	男	汉族	贵州从江	本科	高级农艺师	1991 年 9 月	从江县果树开发公司	
4	姚新华	男	汉族	广西贵港	大专	高级兽医师	1994 年 9 月	从江县农业局	
5	吴登勇	男	汉族	贵州遵义	本科	高级畜牧师	2001 年 12 月	从江县农业局	
6	杨秀江	男	汉族	贵州遵义	本科	高级畜牧师	2002 年 12 月	从江县农业局	

续表

序号	姓名	性别	民族	籍贯	学历	职称	任职时间	工作单位	政府津贴
7	杨廷模	男	侗族	贵州天柱	本科	高级畜牧师	2007 年 12 月	从江县农业局	
8	银鸿英	女	汉族	四川江安	大专	高级农艺师	2011 年 1 月	从江县农业局	
9	彭祖才	男	汉族	四川江安	大专	高级农艺师	2013 年 12 月	从江县农业局	
10	杨芳锡	男	侗族	贵州天柱	本科	高级农艺师	2012 年 12 月	从江县农业局	
11	舒孝广	男	侗族	贵州天柱	大专	高级农艺师	2011 年 1 月	从江县农业局	
12	韦兴益	男	壮族	贵州从江	本科	高级农艺师	2013 年 12 月	从江县农业局	
13	吴志域	男	侗族	贵州从江	大专	高级兽医师	2013 年 12 月	从江县秀塘乡农服中心	
14	潘文章	男	水族	贵州从江	大专	高级兽医师	2013 年 12 月	从江县往洞镇农服中心	
15	石永亮	女	侗族	贵州从江	大专	高级农艺师	2013 年 12 月	从江县斗里乡农服中心	
16	刘怡春	女	汉族	四川江安	本科	高级农艺师	2013 年 12 月	从江县高增乡农服中心	
17	张　希	女	侗族	贵州从江	大专	高级农艺师	2013 年 12 月	从江县贯洞镇农服中心	
18	邹　建	男	侗族	贵州从江	大专	高级畜牧师	2013 年 12 月	从江县贯洞镇农服中心	
19	杨远威	男	侗族	贵州从江	本科	高级农艺师	2013 年 12 月	从江县贯洞镇农服中心	
20	吴贵全	男	壮族	贵州从江	中专	高级农艺师	2013 年 12 月	从江县宰便镇农服中心	
21	梁正林	男	苗族	贵州从江	大专	高级兽医师	2013 年 12 月	从江县宰便镇农服中心	
22	梁金峰	男	侗族	贵州从江	大专	高级农艺师	2013 年 12 月	从江县下江镇农服中心	
23	罗东林	男	侗族	贵州从江	大专	高级兽医师	2013 年 12 月	从江县下江镇农服中心	
24	潘光亮	男	侗族	贵州从江	中专	高级农艺师	2013 年 12 月	从江县下江镇农服中心	
25	明传文	男	侗族	贵州从江	大专	高级畜牧师	2013 年 12 月	从江县停洞镇农服中心	
26	杨代铭	男	侗族	贵州天柱	大专	高级兽医师	2013 年 12 月	从江县雍里乡农服中心	
榕江县农业局（23 人）									
1	杨坤前	男	侗族	贵州榕江	本科	高级农艺师	1998 年 12 月	榕江县农业局	
2	吴汉宇	男	侗族	贵州榕江	本科	高级兽医师	1998 年 12 月	榕江县农业局	
3	杨光碧	男	侗族	贵州天柱	本科	高级农艺师	1999 年 12 月	榕江县农业局	

续表

序号	姓名	性别	民族	籍贯	学历	职称	任职时间	工作单位	政府津贴
4	李明豪	男	侗族	贵州榕江	本科	高级农艺师	2001 年 12 月	榕江县农业局	
5	杨胜安	男	侗族	贵州榕江	本科	高级农艺师	2007 年 12 月	榕江县农业局	
6	石建昌	男	侗族	贵州榕江	大专	高级畜牧师	2008 年 12 月	榕江县农业局	
7	吴蓓蕾	男	侗族	贵州榕江	大专	高级农艺师	2009 年 12 月	榕江县农业局	
8	袁仕华	女	汉族	贵州榕江	本科	高级农艺师	2009 年 12 月	榕江县农业局	
9	杨顺明	男	侗族	贵州榕江	大专	高级兽医师	2009 年 12 月	榕江县农业局	
10	席安福	男	侗族	贵州榕江	大专	高级水产工程师	2010 年 12 月	榕江县农业局	
11	杨　春	男	侗族	贵州榕江	本科	高级畜牧师	2010 年 12 月	榕江县农业局	
12	吴才军	男	侗族	贵州天柱	大专	高级农艺师	2011 年 12 月	榕江县农业局	
13	龙胜锦	男	苗族	贵州榕江	大专	高级农艺师	2011 年 12 月	榕江县农业局	
14	杨　益	男	侗族	贵州榕江	大专	高级兽医师	2013 年 12 月	榕江县平江乡农服中心	
15	刘昌浩	男	侗族	贵州榕江	大专	高级农艺师	2013 年 12 月	榕江县平阳乡农服中心	
16	杨云超	男	侗族	贵州榕江	大专	高级农艺师	2013 年 12 月	榕江县乐里镇农服中心	
17	王小江	男	水族	贵州榕江	大专	高级畜牧师	2013 年 12 月	榕江县开八镇农服中心	
18	吴立新	男	苗族	贵州榕江	大专	高级农艺师	2013 年 12 月	榕江县定威乡农服中心	
19	卫荣标	男	侗族	贵州榕江	大专	高级兽医师	2013 年 12 月	榕江县栽麻镇农服中心	
20	吴久宪	男	苗族	贵州榕江	大专	高级农艺师	2013 年 12 月	榕江县塔石乡农服中心	
21	黎　刚	男	汉族	贵州榕江	本科	高级农艺师	2014 年 12 月	榕江县两汪乡农服中心	
22	王永春	男	侗族	贵州榕江	本科	高级畜牧师	2015 年 12 月	榕江县农业局	
23	吴正学	男	侗族	贵州榕江	本科	高级农艺师	2015 年 12 月	榕江县栽麻镇农服中心	
雷山县农业局（3 人）									
1	文炳智	男	苗族	贵州雷山	中专	高级农艺师	2001 年 12 月	雷山县农业局	
2	杨　文	男	苗族	贵州雷山	本科	高级农艺师	2009 年 4 月	雷山县农业局	
3	何远艳	女	汉族	贵州瓮安	本科	高级农艺师	2016 年 12 月	雷山县农业局	
台江县农业局（5 人）									
1	石祯华	男	苗族	贵州台江	大专	高级农艺师	1991 年 1 月	台江县农业局	
2	何明福	男	苗族	贵州台江	大专	高级畜牧师	1997 年 4 月	台江县农业局	
3	熊仁友	男	汉族	湖南	研究生	高级农艺师	2011 年 12 月	台江县农业局	

续表

序号	姓名	性别	民族	籍贯	学历	职称	任职时间	工作单位	政府津贴
4	汤昌镜	男	侗族	贵州天柱	本科	高级讲师	2012 年 12 月	台江县农业局	
5	潘昌俊	男	苗族	贵州台江	大专	高级农艺师	2014 年 12 月	台江县农业局	
剑河县农业局（28 人）									
1	杨通焕	男	苗族	贵州剑河	高中	高级农艺师	1988 年 6 月	剑河县农业局	省政府津贴
2	杨政海	男	苗族	贵州剑河	高小	高级农艺师	1993 年 10 月	剑河县农业局	省政府津贴
3	杨启才	男	苗族	贵州锦屏	大专	高级农艺师	2004 年 12 月	剑河县农业局	
4	潘万超	男	侗族	贵州剑河	本科	高级农艺师	2007 年 12 月	剑河县农业局	
5	杨俊春	女	侗族	贵州剑河	本科	高级农艺师	2009 年 12 月	剑河县农业局	
6	杨秀桥	男	苗族	贵州剑河	大专	高级畜牧师	2009 年 12 月	剑河县农业局	
7	王述军	男	侗族	贵州剑河	大专	高级农艺师	2011 年 12 月	剑河县农业局	
8	吴安相	男	侗族	贵州天柱	大专	高级农艺师	2012 年 12 月	剑河县农业局	
9	蒲祖锋	男	侗族	贵州剑河	大专	高级农艺师	2012 年 12 月	剑河县农业局	
10	黄会理	男	苗族	贵州剑河	大专	高级农艺师	2013 年 12 月	剑河县南寨镇农服中心	
11	王胜显	男	侗族	贵州剑河	大专	高级农艺师	2013 年 12 月	剑河县敏洞乡农服中心	
12	李家灿	男	侗族	贵州剑河	大专	高级农艺师	2013 年 12 月	剑河县磻溪镇农服中心	
13	吴定球	男	侗族	贵州剑河	大专	高级畜牧师	2013 年 12 月	剑河县磻溪镇农服中心	
14	吴德林	男	侗族	贵州剑河	大专	高级畜牧师	2013 年 12 月	剑河县南明镇农服中心	
15	龙昌三	男	侗族	贵州剑河	大专	高级兽医师	2013 年 12 月	剑河县柳川镇农服中心	
16	唐才广	男	苗族	贵州剑河	大专	高级农艺师	2014 年 12 月	剑河县南加镇农服中心	
17	李洪林	男	苗族	贵州剑河	大专	高级农艺师	2014 年 12 月	剑河县久仰镇农服中心	
18	杨汉竹	女	侗族	贵州剑河	大专	高级农艺师	2014 年 12 月	剑河县农业局	
19	叶永丰	男	汉族	贵州剑河	大专	高级农艺师	2014 年 12 月	剑河县农业局	
20	杨昌军	男	侗族	贵州剑河	大专	高级农艺师	2014 年 12 月	剑河县农业局	
21	莫章刑	男	侗族	贵州剑河	大专	高级农艺师	2014 年 12 月	剑河县农业局	
22	王茂凡	女	侗族	贵州剑河	大专	高级农艺师	2015 年 12 月	剑河县农业局	
23	潘存林	男	侗族	贵州剑河	大专	高级农艺师	2015 年 12 月	剑河县农业局	
24	王勤灵	女	侗族	贵州剑河	大专	高级农艺师	2016 年 12 月	剑河县农业局	
25	龙胜权	男	侗族	贵州榕江	大专	高级农艺师	2016 年 12 月	剑河县农业局	

续表

序号	姓名	性别	民族	籍贯	学历	职称	任职时间	工作单位	政府津贴
26	佘安容	女	汉族	贵州遵义	本科	高级农艺师	2016 年 12 月	剑河县农业局	
27	周剑南	男	侗族	贵州剑河	大专	高级农艺师	2017 年 12 月	剑河县农业局	
28	杨昌国	男	苗族	贵州剑河	大专	高级农艺师	2017 年 12 月	剑河县农业局	

第三章 农业宣传与表彰

第一节 农业宣传

1991—2005 年，主要是开展农业适应技术的宣传和培训，农业惠民政策的宣传与落实，农业方针政策和有关法律法规的宣传与落实。其形式主要有示范样板宣传，张贴标语与悬挂横幅宣传，广播宣传，农业展览宣传，文字资料宣传、技术咨询服务等等。其中：2000—2001 年，重点对新产品开发、名、优、特产品生产和加工、反季节农产品的生产以及动植物的疫病防治等技术开展培训。2000 年开展农业技术普及培训 59. 22 万人次，2001 年 61. 79 万人次。2002 年，围绕农业结构调整，按照科技兴农的发展战略和把农业和农村经济增长转到依靠科技进步和提高劳动者素质上来，大办面向农业和农村的职业教育，并将培训的重点向边远贫困地区、深山区倾斜、向妇女劳动力倾斜。全州农办系统组织开展各种农业适用技术普及培训 3065 期，29. 86 万人次。2003 年，按照州委、州政府提出的“八大产业，两大工程”和农业增效、农民增收为目标为主要内容，坚持向边远贫困地区、深山区倾斜，向妇女倾斜。并按照“因人施教、因地施教”的方针，根据各地产业发展需要及农业项目工程要求，开展各种农业技术普及培训 31. 09 方人次。此外，还开展农业法律法规宣传咨询活动 96 场次，发放学习资料 32000 多份。2004 年，1. 用会议的形式来宣传党的有并农业方面方针政策用农业适用技术等知识。2. 组织农技人员 2407 人深入农业生产第一线，办农业示范样板点 1265 个，示范面积 20. 59 万亩，开展各种农业技术培训 1453 期，培训 20. 5 万人次，发放技术资料 25 万多份。3. 州农业局与财政局、扶贫办、职业技术学院联合举办了全州种草养牛培训三期，共培训养牛能手 300 名。此外还会同有关部门编印了《农村普法一百问》一书，发放宣传普法资料 8. 28 万余份，接待群众法律咨询 156 次。4. 利用澳援 6166 项目培训乡村医务人员 392 人；培训农村健康教育宣教员 438 人；在 10. 43 万名受益村民中开展了健康知识培训；编印发放《乡村健康手册》5 万册、《贵州农村青少年性教育》2. 5 万册，宣传招贴画一万张；加修调节池消毒设施 525 个，设立水井警示牌 1871 个。2005 年，州和各县市都成立了由政府分管的县市长为组长、农业办、扶贫办、劳动局、教育局等部门为成员的农民技术培训（劳动力转移培训）领导小组。采取多渠道、多层次、多形式，围绕农业产业结构调整、紧密结合各项农业工程、扶贫开发项目开展培训。如黎平县在培训前就开设种植、养殖、油茶林低产改造、山野菜加工等课程。麻江县就重点在蔬菜生产基地、红蒜生产基地和畜禽养殖基地等特色产业进行培训，从江县在培训农民做精原有椪柑产业的同时，还培训何首乌、怀山药、百合等中药材种植技术。是年，全州已建成并通过验收的有黎平县高屯镇、丹寨县龙泉镇、麻江县杏山镇、锦屏县铜鼓镇4个农业科技示范场；已建成正在组织验收并推荐参加全国评选“百星”示范场的有黄平县重安镇农业科技示范场；已通过论证批准立项并获30万元专项资金是镇远县舞阳镇农业科技示范场和三穗县八弓镇农业科技示范场。一系列农业科技示范场的建设，扩大了新品种、新技术的试验示范，为开展农民实地培训、发挥“农民田间学校”的作用提供了重要的平台。是年，加大了猪链球病菌防控，严把调畜和检疫关，加大市场巡查、监督、管理及宣传力度，共发放宣传挂图1450张、手册560本、明晚白纸1.6万张。此外还开展现场宣传咨询88场次，宣传接待群众咨询52万人次，开展农资经营户培训29期、培训经营人员2854人。是年，州农业局完成“农业生产动态”35期，全州560期。上报《农情调度月历》信息44期。州级编写“农牧简报”36期，全州编写364期。落实全国供求信息联播（一站通）用户代码200个，已注册21个。全州共培训农村信息员712人，已办理农村信息员证294人。编写的《黔东南州2005年农业信息体系建设项目实施方案》获省厅批复，并安排经费25万元。是年，建立了黔东南州农办、农发办网站。

2006—2015年，宣传内容、宣传形式或宣传手段有了新进展。2006年，全州各级农业部门组织农技人员1935人，办示范点2147个，示范规模20.11万亩。举办各类技术培训2898期，培训农民54.37万人次，印发资料63.77万份。州农业局选派技术人员30名到11个县市的14个乡镇开展“三进三支”活动，每人完成技术培训5期，发展科技示范户10户，办示范样板50亩。此外，黎平县高屯、丹寨县龙泉、麻江县杏山、锦屏县铜鼓、黄平县重安江、镇远县舞阳7个农业科技示范场已建成并通过验收；台江县老屯、施秉县牛大场2个农业科技示范场正在实施并作验收准备；雷山县西江农业科技示范场已通过农业部立项，正在行文批准实施。2007年先后与黄平县农业局联合在黄平县旧州镇草芦坪村开展了有46人参加的法律知识和农业科技知识讲座活动，在剑河县柳川镇加禾村开展了有32人参加的涉农法律法规宣传和《农村土地承包法》知识讲座，在榕江计划乡开展一次法律讲座活动。2008年，州社会主义新农村建设办公室于10月开通省、州两级的21个社会主义新农村建设试点村的“信息直通车”。2009年全州各县市结合当前用工需要，分别开展了美容发、厨师、家政、缝纫、计算机应用与维护、电子电工、焊丁、车工、汽车修理、餐饮服务等技术培训。一些县市还结合产业发展的需要，对蔬菜种植、畜禽养殖、油茶、茶叶、烤烟等产业的培训，完成培训总人数17009人。是年4月，全国农技推广中心、省植保植检站、州农业局联合在凯里召开了全州农药安全科学使用技术培训会。全州举办农药科学应用及管理培训16期，培训人员1198余人次，印发宣传资料2.2万份。是年，创办黔东南州农业产业化经营成果展示中心。6月，黔东南州农业产业化经营成果展示中心正式挂牌，有省、州级重点龙头企业45家，产品206个参展。2010年4月，州农业局与三穗县农业局在三穗县八弓镇举办了“放心农资下乡进村宣传”咨询活动，州人大农经委、州农业局、三穗县人民政府有关领导和有关执法人员、农技人员共32名参加了当天的宣传活动，发放涉农法律、法规和适用农业技术资料1.1万余份，接待咨询农民1000人/次。同时，

13家农资经营企业现场向农民无偿发放了价值约5万元的优质种子、农药和肥料。据统计，今年春季全州共举办“放心农资下乡进村宣传”活动103场，接待咨询农民8.2万人次。深受农民欢迎。12月4日，在凯里市区开展“12·4”宣传活动，当天发放涉农法律法规1200余份。此外，州农委法制科、州种子站和州植保站、执法队、质监站等单位联合开展了“种子执法年”和“农药执法年”的各种宣传活动，确保完成“种子执法年”和“农药执法年”的各项工作任务。是年11月，在凯里市民族体育馆举办由黔东南州农业产业化领导小组办，黔东南州农业委员会承办的2011黔东南优势特色农产品展销暨“万人品茗”活动，活动为期6天，有122家“万人品茗”企业3家，农产品展销69家，三穗千里山家，中国·凯里三穗鸭美食文化推介活动美食三穗鸭展区6家，参展产品涉及12大类1212个品种、活动开幕式：还举行龙头食品企业的授牌仪式，出席活动的领导给新评定的省、州级农业产业化经营龙头企业授牌。是年采集报送有关市场行情、科技推广、技术培训、结构调整、生产动态、农资储备、农业灾害等方面的信息427条（篇），在贵州农业信息网发布新闻6条，黔东南政府网68条，《黔东南日报》刊登文章13篇，为电视台提供农业新闻33条，在黔东南州农业信息网发布各类信息100多条，编写农业简报80期。2012年，一是州农委成立黔东南州农委宣传工作领导小组，明确委主任任组长，分管领导任副组长，相关科站负责人为成员。制定了《黔东南州农委宣传信息工作奖励办法》，把宣传工作纳入与各县市签订的目标考核责任书中，强化责任。二是召开了全州农业新闻宣传工作暨培训会议。邀请了贵州省艺术摄影学会副秘书长吴敏到州委开展摄影培训。3月，邀请了州委原外宣办、州政府新闻办主任高俊华、黔东南日报社记者部主任杨卓光对全州农业系统60余名宣传信息员就如何做好新闻和新闻写作进行了业务培训通过各种宣传业务技能培训。三是在上年添置30万元宣传设备基础上，又拨出2万元专项经费，为宣传科添置一台专业照相机和一台电脑。拨出10万元作为中央七台在黔东南州拍摄7集农业产业专题片工作经费。四是配合中央电视台第七频道《每日农经》栏目组到州内开展“七月老区行——黔东南州特色农产品经济周”宣传采访活动，确保中央电视台顺利完成了黔东南州的三穗鸭、凯里红酸汤、榕江小香鸡、从江香猪、锦屏食用菌和太子参和蓝莓产业的拍摄，并于7月23—27日在中央电视台第七频道《每日农经》分5期连续播出。五是做好“供凯蔬菜基地建设”和“大力扶持农业微型企业发展”等焦点和热点工作的宣传报道。州农委在黔东南州广播电台“农业之声”栏目进行了相关政策解答。六是完成全省农运会的宣传报道。州农委在州电视台、《黔东南日报》开辟专栏，同时利用移动手机快捷便利的功能，将每天的战况进行报道，通过这些平台，充分展示了全州新农村新型农民的新面貌。七是制作宣传专题片，推介黔东南州特色产业品牌。为了做好7月在贵阳举办的“2012中国·贵州国际绿茶博览会”，州农委请黔东南州电视台《今日黔东南》专题栏目组制作了“黔东南茶产业”专题片宣传推介州内的茶产业，并在州电视台《今日黔东南》栏目播出。八是做好省农委与中国农村杂志社联合编印《奋进中的贵州“三农”——贵州农业农村经济发展典型材料汇编》工作，将黔东南州休闲观光农业试点——西江、赚钱的中药材——太子参、狠抓农业结构调整，农民得实惠——锦屏库区渔业汇编入册，从各种新闻媒体宣传推介州内特色产业，促进产业的发展。九是把加强和完善黔东南州农业信息网站建设和办好《黔东南农业》刊物。全年共刊发《黔东南州农业》6期，每期发行近400份给州内四大班子领导、各县市农业部门、州直涉农单位、省农委和省内各地州市农业部门。十是全力以赴开展党的十八大宣传工作。成立了州农委党的十八大宣传工作领导小组（黔东南农通〔2012〕102号）。由农委党组书记、主任尹亮任组长，下设办公室在政策法规和宣传科，负责此次宣传工作的具体事宜。组织委属各科站负责人召开“州农委迎接党的十八大专题会议”，学习党的十八大精神。11月23日，邀请州委党校杨汉林副教授对州农委领导班子成员、副科级以上干部、事业单位具有中级以上职称人员和各党支部书记共130余人进行党的十八大精神专题辅导学习。是年，进行了特色农产品宣传推介。中央电视台7频道《每日农经》栏目对州内香猪、三穗鸭、茶叶、蓝莓、竹荪等优势特色农产品进行为期11天的拍摄和采访，并进行了连续7天的滚动宣传报道。组织企业参加了中国·贵州国际绿茶博览会和中国·贵州特色农产品展销会等。通过政府引导，鼓励一批企业积极参与和共同打造农产品展销的固定平台，在凯里金泉湖建成“黔东南名特优农产品展销中心和黔东南茶文化中心”。是年，经州农委编送的新闻被《贵州省日报》采用1条，被省农委主办的《贵州农业信息网》采用438条，被州人民政府网采用73条，在《黔东南日报》上刊载58条，在黔东南电视台播报49条；在州农委主办的《黔东南州农业信息网》共登载自编农业新闻970条，网站访问量达到2.16万人次；编制农业简报87期，编辑出版全州农业理论刊物《黔东南农业》6期。2013年，州农委与县市农业局印制5万份农机、渔业和农产品质量安全挂图发放到各县市。并下文要求各县市将挂图按要求钉挂在村两委、学校、码头、农业产业基地和农机手家中。与剑河县农业局联合在剑河县岑松镇组织执法人员利用赶场天，在集市上开展法律现场咨询活动。据统计：2013年各种宣传活动共发放法律法规宣传资料11000余份、书籍2000余本、挂图1000余份、接受群众咨询2000余人次。是年，农业信息稿件在国家级媒体发表15篇，省级媒体发表290篇，省级以上行业内刊发表268篇；在《黔东南日报》刊登80条（件）、黔东南电视台播报25条、编制农业理论刊物《黔东南农业》5期、全年编送的信息被州委信息采用数居各州直机关单位第一。2014年，开展了产业化平台搭建。组织相关人员40人次，参加农产品电商培训、农产品质量检测培训。争取省、州专项资金100万元（省级35万元、州级65万元）用于支持黔东南州农产品电子商务平台建设和农村电子商务发展。电商服务平台拥有技术精英10人，购置操作台16套，租赁专用光纤1条，购置服务器1套，购置配套软件、硬件设施设备23套/台，购置影音采编及配套软、硬件设施设备1套，完成电商平台页面设计200个。共完成电商人员技能培训200余人次。4月18日，州农委组织召开黔东南州农产品电子商务协会成立大会，州直相关部门及39家企业代表参加会议，选举产生首届协会理事会成员，州农委积极筹措资金，安排5万元印制“姜央圣蝶”网络销售专用外箱5万个。是年，在农业宣传方面重点抓以下几个方面：一是与黔东南日报社签订协议在《黔东南日报》八版开辟“聚焦三农”专题栏目对与老百姓切身利益的相关政策进行了深度的解读、正面的引导，充分发挥宣传舆论的正能量作用。二是邀请对口帮扶市——杭州市电视台生活频道栏目组走进黔东南拍摄特色农产品和民族风情系列节目并制作14集“《做给你看》黔东南专辑”专题片，在杭州电视台生活频道连续播出。三是在《黔东南日报》举办了“龙头，在苗乡侗寨劲舞——黔东南州现代农业示范园区建设综述”专栏，通过图文并貌的形式全面展示州内现代农业示范园区的发展。四是制作了400余册2014年第二期《黔东南农业》刊物农业园区专刊发放到全省9个地、州农业系统、全州四大班子分管农业领导以及16个县（市）农业部门和各乡镇，重点介绍了2014年黔东南州新增的13个省级农业园区。五是结合的群众路线教育实践活动，以“大力学习弘扬焦裕禄精神”为主题，广泛深入地开展了“身边人说身边事”活动。从全州农业战线上评选出12名优秀农技员，于2014年4月2日在营盘坡宾馆举行了“州农委‘身边人、身边事’先进事迹报告会”。同时汇编成《身边人说身边事》一书，印制3500册发放到全州各级农业部门。六是在黔东南农业信息网站增设了“深入开展党的群众路线教育实践活动”“黔东南州现代高效农业园区建设工作”“明礼知耻·崇德向善在乡村”专栏。该网站共登载新闻406条，行政通知68条，公布规范性文件2份，涉农资金公示11项。是年，州农委编送的稿件在省级媒体发表192篇，被“贵州省农业信息网”采用216条、被“州人民政府网”采用26条，在《黔东南日报》上刊登196条，刊登专栏4期，在黔东南电视台播报53条，“黔东南农业信息网”刊登396条，编制农业简报11期。2015年，全州农业工作被省级媒体宣传报道133次，被州级媒体报道600余次，黔东南农业信息网更新工作动态1500余条。全州政务信息年度考核在88个被考核单位中排名第9，被州人民政府办公室表彰为“政务信息工作先进单位”。

第二节　农业表彰

1991—2015年，全州获厅以上表彰695人次（单位获厅以上表彰199人次，其中获全国表彰32人次；个人获厅以上表彰496人次，其中获全国表彰63人次）。其中州农委及整合前有关部门获厅级以上表彰204人次（单位获厅以上表彰102人次，其中获全国表彰13人次；个人获厅以上表彰102人次，其中获全国表彰16人次）。州农委获厅级以上表彰18人次（单位获厅以上表彰11人次，其中获全国表彰1人次；个人获厅以上表彰7人次）；州农业局获厅级以上表彰人17次（单位获厅以上表彰17人次；个人获厅以上表彰10人次，其中获全国表彰10人次）；州畜牧兽医局获厅级以上表彰2人次（单位）；州农业办公室获厅级以上表彰8人次（单位获厅以上表彰6人次；个人获厅以上表彰2人次）；州农业机械中心获厅级以上表彰16人次（单位）；州乡镇企业管理局获厅级以上表彰32人次（单位获厅以上表彰20人次，其中获全国表彰3人次；个人获厅以上表彰12人次，其中获全国表彰4人次）；州农业委员会直属单位获厅级以上表彰53人次（单位获厅以上表彰22人次，其中获全国表彰8人次；个人获厅以上表彰31人次，其中获全国表彰3人次）；州农科（所）院获厅级以上表彰48人次（单位获厅以上表彰8人次，其中获全国表彰1人次；个人获厅以上表彰40人次，其中获全国表彰5人次）。

各县市农业局（农林扶贫工作局）及整合部门获厅级以上表彰491人次（单位获厅以上表彰97人次，其中获全国表彰19人次；个人获厅以上表彰393人次，其中获全国表彰47人次）。凯里市获厅级以上表彰43人次（单位获厅以上表彰11人次，其中获全国表彰5人次；个人获厅以上表彰32人次，其中获全国表彰4人次）；麻江县获厅以上表彰91人次（单位获厅以上表彰26人次，其中获全国表彰2人次；个人获厅以上表彰67人次，其中获全国表彰7人次）；丹寨县获厅以上表彰47人次（单位获厅以上表彰14人次，其中获全国表彰1人次；个人获厅以上表彰33人次）；黄平县获厅以上表彰33人次（单位获厅以上表彰10人次，其中获全国表彰6人次；个人获厅以上表彰23人次，其中获全国表彰4人次）；施秉县获厅以上表彰2人次

（单位）；镇远县获厅以上表彰39人次（个人获厅以上表彰39人次，其中获全国表彰1人次）；岑巩县获厅以上表彰15人次（个人获厅以上表彰15人次，其中获全国表彰6人次）；三穗县获厅以上表彰16人次（单位获厅以上表彰3人次，其中获全国表彰2人次；个人获厅以上表彰13人次，其中获全国表彰6人次）；天柱县获厅以上表彰29人次（单位获厅以上表彰3人次；个人获厅以上表彰26人次）；锦屏县获厅以上表彰30人次（单位获厅以上表彰8人次，其中获全国表彰1人次；个人获厅以上表彰22人次，其中获全国表彰4人次）；黎平县获厅以上表彰11人次（单位获厅以上表彰3人次；个人获厅以上表彰8人次）；从江县获厅以上表彰14人次（个人获厅以上表彰14人次，其中获全国表彰2人次）；榕江县获厅以上表彰31人次（个人获厅以上表彰31人次，其中获全国表彰5人次）；雷山县获厅以上表彰38人次（单位获厅以上表彰6人次，其中获全国表彰1人次；个人获厅以上表彰32人次，其中获全国表彰4人次）；台江县获厅以上表彰28人次（单位获厅以上表彰10人次；个人获厅以上表彰18人次）；剑河县获厅以上表彰24人次（单位获厅以上表彰1人次，其中获全国表彰1人次；个人获厅以上表彰23人次，其中获全国表彰4人次）。（详见附录《获厅以上表彰的单位和人员名录》）。

第十篇 组织机构

第一章 农业委员会与农业局

第一节 州农业委员会

2010 年 3 月，根据《中共黔东南州委、黔东南州人民政府关于州人民政府机构改革的实施意见》和州机构编制委员会《关于黔东南州人民政府各部门“三定”工作的实施意见》，由州农业办公室、州农业局、州畜牧兽医局、州农业机械服务中心的行政管理职能和州乡镇企业局农产品加工行政管理职能整合，组建州农业委员会，为州政府工作部门。尹亮任州委农党组书记，杨黎任州委农主任。州农委内设行政机构（含参公）17 个，编制 70 名。下属事业单位 22 个，除独立核算单位州农业科学研究所和州水产实验场外，其余 20 个单位编制 173 名。州农委内设行政机构 10 科 3 办（17 个机构），即办公室、人事科、资金监督管理科、政策法规宣传科、科技教育科、市场信息与农产品质量安全监管科、农业生态与农村能源科、农村经济经营管理科、新农村建设与社会发展科、农业生产与农村服务业发展科、农业产业化办公室（州农委联席会议办公室）[内设规划项目科、基地建设协调指导科（现代烟草产业发展办公室、茶叶产业发展办公室）]、畜牧渔业管理办公室［内设畜牧科（州饲料工业办公室）、兽医科（州重大动物疫病防控指挥部办公室）、渔业科（州渔政管理站、贵州渔业船舶检验局黔东南船检处）]、农业机械化管理办公室（内设农机装备科、农机监管科）。按政策设置其他机构 3 个（机关党委、离退休干部管理科、监察室）。州农委行政编制 32 名，核定领导职数设主任 1 名、副主任 3 名、总师 3 名（总农艺师 1 名、总畜牧师 1 名、总经济师 1 名）、纪检组组长 1 名，科级领导职数 25 名（其中机关党委、监察室、离退休管理科各占 1 名）、工勤人员 7 名。州农委所属事业单位机构编制，将原州农业局、州畜牧兽医局、州农机中心所属事业机构编制及人员整体划入州农委管理，州农委直属事业单位 20 个。分别是：州农业综合执法支队（参公管理）、州农业机械安全管理所（参公管理）、州农业技术推广站、州农村经济经营管理站、州植保植检站、州土壤肥料站、州农村能源环保办公室、州市场信息和农产品质量安全管理站、州经济作物技术推广站、州农场管理站、州种子管理站、州农业科技教育管理站、贵州农业广播学校黔东南分校、州畜牧技术推广站、州水产站、州饲草饲料站、州农机技术推广站、州乡镇企业技术推广站、州动物卫生监督所（副县级事业单位，核定事业编制 20 名，财政全额预算管理，设所长 1 名，副所长 2 名，内设综合科、检疫科、监督管理科 3 个科室）、州动物疫病预防控制中心（副县级事业单位）；总核定事业编制共 219 名。直属事业单位 2 个。分别是州农业科学研究所、州水产实验场。核定编制共 179 名。2010 年末，州农委在职干部职工 201 人。2011 年 12

月，州水产实验场撤销，45 名编制及实有人员整体划转凯里市，职责职能划转州农业科学研究所。

2010 年 3 月，组建中共黔东南州委农村工作委员会（以下简称州委农工委），为中共黔东南州委派出机构，与州农委合署办公。尹亮任州委农工委书记。成立中共黔东南州纪律检查委员会派驻州农委纪检组，范福东任州农委纪检组组长。

2011 年 5 月，石红当选中共州农委机关党委书记。

2014 年 12 月，根据《中共黔东南州委黔东南州人民政府关于州人民政府职能转变和机构改革的实施意见》调整、下放和加强了州农委的职责，调整了内设机构和人员编制。

州农委机关行政编制 32 名。其中：州农委主任 1 名、副主任 3 名、总农艺师 1 名、总畜牧师 1 名、总经济师 1 名、纪检组组长 1 名，正副科级领导职数 14 名（含老干科科长 1 名，监察室主任 1 名）。机关工勤人员编制 6 名，由财政全额预算管理。内设机构调整为 9 个［办公室、资金监督管理科、发展计划科（农业园区科）、法规和农产品质量安全监管科、农业农村经济科、种植业科、畜牧渔业科（贵州渔业船舶检验局黔东南船检处）、兽医科（屠宰行业管理科）、农机科）。另设老干科、纪检监察机构（州纪委派驻州农委纪检组，州监察局派驻州农委监察室］。机关党组织按照有关规定设置。2014 年末，州农委在职干部职工 211 人。

中共黔东南州委农村工作委员会负责人名录

表 10—1　　（2010—2017 年）

姓名	性别	民族	籍贯	职　务	任职起止时间	备注
尹　亮	男	侗族	湖南新晃	州委农工委书记、委员	2010 年 3 月—2017 年 9 月	
李昌能	男	侗族	贵州剑河	州委农工委副书记、委员	2011 年 11 月—2013 年 5 月	州扶贫办
万木莲	女	苗族	贵州三穗	州委农工委副书记、委员	2012 年 9 月—2016 年 9 月	
霍可以	男	汉族	贵州湄潭	州委农工委副书记、委员	2016 年 9 月—2017 年 4 月	
古亚平	男	汉族	广东五华	州委农工委委员	2010 年 11 月—2012 年 8 月	州水利局
邓锦光	男	汉族	贵州黄平	州委农工委委员	2010 年 11 月—2011 年 10 月	州林业局
杨继红	男	苗族	贵州雷山	州委农工委委员	2010 年 11 月—2015 年 1 月	
龙应豪	男	苗族	贵州施秉	州委农工委委员	2010 年 11 月—2011 年 3 月	
刘泽安	男	苗族	贵州三穗	州委农工委委员	2010 年 11 月—2012 年 9 月	
姜立军	男	苗族	贵州锦屏	州委农工委委员	2010 年 11 月—	
范福东	男	汉族	贵州赤水	州委农工委委员	2010 年 11 月—2012 年 7 月	
李吉科	男	仫佬族	贵州麻江	州委农工委委员	2011 年 10 月—2017 年 3 月	州林业局
王乡雨	男	侗族	贵州天柱	州委农工委委员	2012 年 7 月—2016 年 3 月	
唐晓敢	男	汉族	湖南茶陵	州委农工委委员	2012 年 8 月—2016 年 12 月	州水务局
石建东	男	侗族	贵州黎平	州委农工委委员	2012 年 11 月至今	
黄增荣	男	侗族	贵州三穗	州委农工委委员	2013 年 3 月—2016 年 2 月	
唐勋忠	男	汉族	湖南零陵	州委农工委委员	2016 年 2 月—	
龙开泉	男	侗族	贵州天柱	州委农工委委员	2016 年 9 月—	州扶贫办

中共黔东南州农业委员会党组书记副书记成员名录

表 10—2

(2010—2017 年)

姓名	性别	民族	籍贯	职 务	任职起止时间	备注
尹 亮	男	侗族	湖南新晃	党组书记	2010 年 3 月—2017 年 9 月	
杨继红	男	苗族	贵州雷山	党组副书记	2010 年 4 月—201 年 1 月	
姜立军	男	苗族	贵州锦屏	党组成员 党组副书记	2012 年 6 月— 2014 年 4 月—	
龙应豪	男	苗族	贵州施秉	党组成员	2010 年 4 月—2011 年 3 月	
刘泽安	男	苗族	贵州三穗	党组成员	2010 年 4 月—2012 年 9 月	
范福东	男	汉族	贵州赤水	党组成员	2010 年 4 月—2013 年 12 月	
潘成辉	男	汉族	贵州镇远	党组成员	2010 年 4 月—	
石 红	女	侗族	湖南靖县	党组成员	2011 年 5 月—	
王乡雨	男	侗族	贵州天柱	党组成员	2012 年 7 月—2016 年 4 月	
石建东	男	侗族	贵州黎平	党组成员	2012 年 11 月—	
黄增荣	男	侗族	贵州三穗	党组成员	2013 年 3 月—2016 年 2 月	
欧阳成	男	苗族	贵州台江	党组成员	2013 年 3 月—	
梁大刚	男	汉族	浙江杭州	党组成员	2013 年 6 月—2014 年 5 月	挂职
程志强	男	汉族	湖北枣阳	党组成员	2014 年 8 月—2015 年 7 月	挂职
陈建强	男	汉族	浙江杭州	党组成员	2015 年 10 月—2018 年 9 月	挂职
唐勋忠	男	汉族	湖南零陵	党组成员	2016 年 2 月—	
任和炜	男	侗族	贵州黎平	党组成员	2016 年 4 月—2018 年 3 月	

中共黔东南州纪委派驻州农业委员会纪检组组长名录

表 10—3

(2010—2017 年)

姓名	性别	民族	籍贯	职 务	任职起止时间	备注
范福东	男	苗族	贵州赤水	州农委纪检组组长	2010 年 4 月—2012 年 7 月	
王乡雨	男	侗族	贵州天柱	州农委纪检组组长	2012 年 7 月—2016 年 4 月	
任和炜	男	侗族	贵州黎平	州农委纪检组组长	2016 年 4 月—	

中共黔东南州农业委员会机关党委负责人名录

表 10—4

(2010—2017 年)

姓名	性别	民族	籍贯	职 务	任职起止时间	备注
石 红	女	侗族	湖南靖县	书 记	2011 年 5 月—2017 年 9 月	
何钧碧	男	汉族	贵州镇远	副书记	2011 年 5 月—2012 年 1 月	
龙雪芹	女	侗族	贵州三穗	副书记	2012 年 1 月—2015 年 2 月	

黔东南州农业委员会负责人名录

表 10—5

（2010—2017 年）

姓名	性别	民族	籍贯	职　务	任职起止时间	备注
杨　黎	男	汉族	贵州黄平	州农委主任	2010 年 3 月—2012 年 4 月	
尹　亮	男	侗族	湖南新晃	州农委主任	2012 年 4 月—2017 年 9 月	
龙应豪	男	苗族	贵州施秉	州农委副主任	2010 年 4 月—2011 年 3 月	
刘泽安	男	苗族	贵州三穗	州农委副主任	2010 年 4 月—2012 年 9 月	
姜立军	男	苗族	贵州锦屏	州农委副主任	2010 年 4 月—	
何永林	男	汉族	贵州余庆	州农委副主任	2010 年 4 月—2017 年 9 月	
黄增荣	男	侗族	贵州三穗	州农委副主任	2013 年 3 月—2016 年 2 月	
梁大刚	男	汉族	浙江杭州	州农委副主任	2013 年 7 月—2014 年 7 月	挂职
程志强	男	汉族	湖北枣阳	州农委副主任	2014 年 8 月—2015 年 8 月	挂职
刘　霞	女	汉族	贵州遵义	州农委副主任	2014 年 10 月—2015 年 10 月	挂职
唐勋忠	男	汉族	湖南零陵	州农委副主任	2016 年 2 月—	
陈建强	男	汉族	浙江杭州	州农委主任助理	2015 年 9 月—2018 年 9 月	挂职
何永林	男	汉族	贵州余庆	州农委总经济师	2010 年 4 月—2012 年 11 月	
石建东	男	侗族	贵州黎平	州农委总经济师	2012 年 11 月—	
杨　洵	男	侗族	贵州天柱	州农委总农艺师	2010 年 4 月—2017 年 9 月	
潘成辉	男	汉族	贵州镇远	州农委总畜牧师	2010 年 4 月—	

黔东南州农业委员会正副调研员名录

表 10—6

（2010—2017 年）

姓名	性别	民族	籍贯	职　务	任职起止时间	备注
程瑞腾	男	汉族	贵州凯里	调研员	2010 年 3 月—2010 年 12 月	
龙应豪	男	苗族	贵州施秉	调研员	2011 年 3 月—	
刘泽安	男	苗族	贵州三穗	调研员	2012 年 9 月—	
欧阳成	男	苗族	贵州台江	副调研员	2010 年 7 月—2011 年 5 月	
车小林	男	苗族	贵州贵阳	副调研员	2010 年 7 月—	
杨　桦	男	侗族	贵州玉屏	副调研员	2010 年 7 月—2014 年 5 月	

州农业科学研究院负责人名录

表 10—7

（2010—2015 年）

姓名	性别	民族	籍贯	职　务	任职起止时间	备注
刘业海	男	侗族	贵州天柱	院（所）长	2010 年 2 月—	
吴元华	男	侗族	贵州黎平	副院（所）长	2005 年 11 月—2012 年 7 月	
叶贵凯	男	汉族	河南杞县	院（所）长	2005 年 11 月—	
李　星	男	苗族	贵州雷山	副院长	2012 年 8 月—	
吴元华	男	侗族	贵州黎平	总农艺师	2012 年 8 月—2014 年月	
吴立新	男	苗族	贵州雷山	副书记	1991 年 1 月—2011 年 11 月	
李　星	男	苗族	贵州雷山	副书记	2011 年 12 月—2012 年 5 月	

州农业综合执法支队正副队长名录

表 10—8 （2010—2015 年）

姓名	性别	民族	籍贯	职 务	任职起止时间	备注
陈 跃	男	侗族	贵州剑河	副支队长 支队长	2012 年 1 月—2013 年 8 月 2013 年 8 月—2017 年 9 月	
张 华	男	侗族	贵州岑巩	副支队长	2012 年 1 月—	
李 琴	女	侗族	贵州凯里	副支队长	2012 年 9 月—	

州动物卫生监督所正副所长名录

表 10—9 （2010—2015 年）

姓名	性别	民族	籍贯	职 务	任职起止时间	备注
欧阳成	男	苗族	贵州台江	所 长	2011 年 5 月—	
陈 坚	男	壮族	陕西汉阴	副所长	2008 年 3 月—2012 年 10 月	
张洪川	男	苗族	四川达州	副所长	2011 年 8 月—2016 年 5 月	
刘小惠	女	汉族	河南漯河	副所长	2012 年 10 月—	

州动物疫病预防控制中心正副主任名录

表 10—10 （2010—2015 年）

姓名	性别	民族	籍贯	职 务	任职起止时间	备注
赵孝木	男	汉族	贵州正安	主任	2011 年 2 月—	
莫兴虎	男	苗族	贵州丹寨	副主任	2012 年 10 月—	
黄增荣	男	侗族	贵州三穗	副主任	2012 年 3 月—2013 年 3 月	
汪 俭	女	汉族	浙江常山	副主任	2008 年 3—2012 年 10 月	
龙文波	男	侗族	贵 州	副主任	2008 年 3 月—2012 年 10 月	

州农产品质量安全检测中心正副主任名录

表 10—11 （2010—2015 年）

姓名	性别	民族	籍贯	职 务	任职起止时间	备注
刘文锋	男	汉族	贵州丹寨	主 任	2013 年 8 月—	
刘文锋	男	汉族	贵州丹寨	副主任	2012 年 8 月—2013 年 8 月	
李忠华	男	汉族	湖南邵东	副主任	2012 年 10 月—2013 年 3 月	
潘承丹	女	苗族	贵州天柱	副主任	2014 年 6 月—	
汪 俭	女	汉族	浙江常山	副主任	2012 年 10 月—2016 年 5 月	

黔东南州农业委员会各科室负责人名录

表 10—12　　(2010—2015 年)

单　位	正　职	副　职
办公室	赵孝木、陈　跃、陆荣杏	陈　跃　何钧碧　夏　渊　吴敦志　王俊华
人事科	陆荣杏	
法规和宣传科	杨红英	杨红英
科技教育科	杨通文	
资金监督管理科	吴常福	吴常福
市场信息和农产品质量安全监管科	田洪芳　吴敦志	
农业生态和农村能源科	刘素娟	刘素娟
农村经济经营管理科	邓燕梅	杨顺珍
新农村建设和社会发展科	曾　武	
农业生产和农村服务业发展科	邓勇军	
发展计划科	潘德忠	李　松　杨红英　赵　军（挂职）
基地建设协调指导科	石　红　车玉洁	李久生
畜牧科	朱小兵	
兽医科	王朝炉	
渔业科	余远睿	
农机装备科	莫光远	艾　平
农机监管科	何钧碧	李　箭廖建和
离退休干部管理科	向忠臣	向忠臣
监察室	夏　渊	
农机监理所	潘德忠　潘玉忠	陈　朔　徐中洋　李　琴
法规和农产品质量安全监管科	杨红英　吴敦志　朱守勇	
农业农村经济科	邓燕梅	
种植业科	邓勇军	
畜牧渔业科	朱小兵	
兽医科（屠宰行业监管科）	王朝炉	
农机科		陈思龙
老干科	吴敦志	
农工委综合科		吴和慧
农工委党建科		徐历举

黔东南州农业委员会各站所负责人名录

表 10—13　　（2010—2015 年）

单　位	正　职	副　职
农推站	谭甫成　吴　军	吴　军　倪玉琼　杨胜海　杨胜荣
经作站	粟周群	杨云霞　粟　俊龙　翔　姜　华
土肥站	刘文锋　胡腾胜	杨漫江　胡腾胜　杨　梅　肖定明　谭克均
植保站	张家卫　粟　俊　范刚强	肖定明　范刚强
种子站	李忠华　潘承丹　徐　燕	潘承丹　杨胜荣　杨胜海
农经站	吴厚道　左　松	左　松　杨昌明　杨长波　姜　华
市场质量安全站	徐　燕	田爱民　刘太昭
水产站	杨　洪	陈礼强　杨玉梅　杨长林
能源办	胡建平　刘光美	刘光美　沈吉娜
农广校	余小平　李忠华	
科教站	戴廷江　李忠华	罗镜丽　沈　斌
农场站	吴宜忠	
畜牧站	马仲元　杨秀钦	何　奎　陈　敏
饲草站	杨秀钦　陈　坚	陈礼强　朱成平
农机推广站	马怀军	陈　浪　季卫民
乡企站	唐　健	唐　健　徐历举　龙　翔　杨　梅
农机安全监理所	潘玉忠	李　琴　徐中洋　陈　朔
水产实验场	胡坤寿	

第二节　州农业局

1991 年，黔东南州农业局为黔东南州农牧局。胡礼仁任局长、党组书记。是年 7 月廖臻瑞任局长，12 月任党组书记。州农牧局内设机构有：秘书科、行政科、财务科、监察室。局下辖事业单位有：农业技术推广站、土壤肥料工作站、植物检疫植物保护站（农药检定管理所）、果树蔬菜站、农业经济管理站、农业信息站、农场管理站（绿色食品办公室）、农村能源办公室、农业广播电视学校、科教管理站、畜禽品种改良站、兽医防治检疫站（兽医监督所）、水产站、饲草饲料站、州鱼种场（2000 年 2 月改名州水产实验场）、州农业科学研究所。下属企业单位有永丰总公司、种子公司。

1996 年 10 月，黔东南州农牧局更名为黔东南州农业局。内设机构有：办公室、人事科、基建财务科、机关党委（工会）、纪检监察审计室。1999 年 6 月，潘开德任局长、党组书记。2002 年 3 月，州农业局内设机构有：办公室、计划财务科、政策法规科、业务科、纪检监察审计室（机关党委）。2004 年 3 月，建立州农业局执法大队，正科级事业单位。7 月，成立州畜牧水产局，副县级事业单位，隶属于州农业局，直管畜禽品种改良站、兽医防治检疫站（兽医监督所）、饲草饲料〔站饲料工业办公室、水产站（渔政管理站）〕。2006 年，全局职工 200 人，其中离退休 81 人，在职 128 人。内设机构有：局办公室、机关党委、监察室、计划财务科、业务科、法制科；畜牧水产局、执法支队为“参公”管理单位；下辖农技站、植保站、土肥站、果蔬站、种子站、水产站、兽防站、品改站、饲草饲料站、农经站、信息站、科教站、农场站、能源办、农广校 15 个事业单位。直属单位有：州农业科学研究所、州水产实验场、州永丰农工商总公司、州种子公司 4 个单位。2007 年，黔东南州农业局分设为州农业局和州畜牧兽医局，州农业局负责规划、指导、管理全州农业生产工作。全局职工 169 人，其中离退休 71 人，在职 98 人。是年 9 月，吴锡峰任局长、党组书记。内设机构有：局办公室、机关党委、监察室、财务科、业务科、法制科；执法支队为“参公”管理单位；下辖农技站、植保站、土肥站、果蔬站、种子站、农经站、信息站、科教站、农场站、能源办、农广校 11 个事业单位。直属单位有州农业科学研究所、州水产实验场、州永丰农工商总公司。2008 年州农业局全局职工 166 人，其中离退休 69 人，在职 97 人。内设机构有：局办公室、机关党委、监察室、财务科、业务科、法制科；执法支队为“参公”管理单位；下辖农技站、植保站、土肥站、经作站（原果蔬站）、种子站、农经站、质管站（原信息站）、科教站、农场站、能源办、农广校 11 个事业单位。直属单位有州农业科学研究所、州水产实验场。2008 年 8 月，尹亮任党组书记，杨黎任局长。2009 年，全局职工 172 人，其中离退休 69 人，在职 103 人。内设机构有：局办公室、机关党委、监察室、财务室、业务科、法制科；执法支队为“参公”管理单位；下辖农技站、植保站、土肥站、经作站、种子站、农经站、质管站、科教站、农场站、能源办、农广校 11 个事业单位。直属单位有州农业科学研究所、州水产实验场。2010 年州农业局划入州农委。

中共州农业局党组人员名录

表 10—14

（1991—2010 年）

姓　名	性别	民族	籍　贯	职　务	任职时间
胡礼仁	男	汉族	贵州镇远	党组书记	1983 年 3 月—1991 年 7 月
赵顺长	男	汉族	贵州开阳	党组成员	1983 年 3 月—1994 年 11 月
廖臻瑞	男	汉族	贵州榕江	党组成员 党组书记	1984 年 5 月—1991 年 6 月 1991 年 7 月—1999 年 6 月
方智源	男	汉族	贵州贵阳	党组成员	1989 年 11 月—1993 年
李应富	男	侗族	贵州黄平	党组成员	1983 年 3 月—1991 年 7 月
松会腾	男	侗族	贵州黎平	党组成员	1992 年 7 月—1996 年 7 月
龙定熙	男	侗族	贵州天柱	党组成员	1992 年月—1997 年 8 月
石连昌	男	侗族	贵州黎平	党组成员	1996 年 8 月—1999 年 6 月
潘开德	男	土家族	贵州岑巩	党组书记	1999 年 6 月—2007 年 9 月
尹长顺	男	汉族	贵州毕节	党组成员	1996 年 10 月—2001 年
陆　军	男	苗族	贵州凯里	党组成员	1999 年 11 月—2006 年
田　楠	男	汉族	贵州湄潭	党组成员	2002 年—2003 年 12 月
刘文兵	男	汉族	浙　江	党组成员	1998 年—2000 年

续表

姓　名	性别	民族	籍　贯	职　务	任职时间
郁泉清	男	汉族	浙　江	党组成员	2002 年—2004 年
杨昌元	男	侗族	贵州三穗	党组成员	2004 年 3 月—2006 年
刘跃平	男	汉族	贵州榕江	党组成员	2005 年—2010 年 3 月
吴锡峰	男	苗族	贵州天柱	党组书记	2007 年 9 月—2008 年 8 月
尹　亮	男	侗族	湖南新晃	党组书记	2008 年 8 月—2010 年 3 月

州农业局纪检组正副组长名录

表 10—15　　(1991—2010 年)

姓　名	性别	民族	籍　贯	职　务	任职时间
王启文	男	苗族	贵州黄平	组　长	1986 年 10 月—1991 年 12 月
杨秀杰	男	苗族	贵州凯里	副组长	1986 年 10 月—1991 年 12 月
杨昌元	男	侗族	贵州三穗	组　长	1999 年—2006 年
欧仕焄	男	侗族	贵州天柱	组　长	2006 年—2010 年 3 月

州农业局正副局长名录

表 10—16　　(1991—2010 年)

姓　名	性别	民族	籍　贯	职　务	任职时间	备注
胡礼仁	男	汉族	贵州镇远	局　长	1983 年 3 月—1991 年 7 月	
赵顺长	男	汉族	贵州开阳	副局长	1983 年 3 月—1994 年 11 月	
廖臻瑞	男	汉族	贵州榕江	副局长 局　长	1984 年 5 月—1991 年 6 月 1991 年 7 月—1996 年 7 月	
方智源	男	汉族	贵州贵阳	副局长	1989 年 11 月—1993 年	
李应富	男	僅家	贵州黄平	副局长	1983 年 3 月—1991 年 7 月	
松会腾	男	侗族	贵州黎平	副局长	1992 年 7 月—1996 年 7 月	
龙定熙	男	侗族	贵州天柱	副局长	1992 年月—1997 年 8 月	
石连昌	男	侗族	贵州黎平	局　长	1996 年 8 月—1999 年 5 月	
潘开德	男	土家	贵州岑巩	局　长	1999 年 6 月—2007 年 9 月	
尹长顺	男	汉族	贵州毕节	副局长	1996 年 10 月—2001 年	
陆　军	男	苗族	贵州凯里	副局长	1999 年 11 月—2006 年	
田　楠	男	汉族	贵州湄潭	副局长	2002 年—2003 年 12 月	
刘文兵	男	汉族	浙　江	副局长	1998 年—2000 年	挂职
郁泉清	男	汉族	浙　江	副局长	2002 年—2004 年	挂职
杨昌元	男	侗族	贵州三穗	副局长	2004 年 3 月—2006 年	
刘跃平	男	汉族	贵州榕江	副局长	2005 年—2010 年 3 月	
吴锡峰	男	苗族	贵州天柱	局　长	2007 年 9 月—2008 年 8 月	

续表

姓　名	性别	民族	籍　贯	职　务	任职时间
杨　黎	男	汉族	贵州黄平	局　长	2008 年 8 月—2010 年 3 月
何永林	男	汉族	贵州余庆	副局长	2006 年 9 月—2010 年 3 月
杨　洵	男	侗族	贵州天柱	总农艺师	2007 年 7 月—2010 年 3 月

州畜牧水产局长名录

表 10—17　　(2004—2007 年)

姓　名	性别	民族	籍　贯	职　务	任职时间
陆　军	男	苗族	贵州凯里	局长	2004 年 7 月—2006 年 8 月
杨继红	男	苗族	贵州雷山	局长	2006 年 8 月—2007 年 9 月

州农业局正副调研员名录

表 10—18　　(1991—2010 年)

姓　名	性别	民族	籍　贯	职　务	任职时间
龙定熙	男	侗族	贵州天柱	调研员	1997 年 8 月—2002 年
欧阳成	男	苗族	贵州台江	副调研员	2007 年 8 月—2010 年 7 月

州农业局科室站负责人名录

表 10—19　　(1991—2010 年)

单　位	正　职	副　职
办公室	聂应华　张自刚　欧阳成	杨通文　向忠臣　车玉洁
机关党委	邓学经　杨昌元　郜通源	石　红
监察室	杨秀杰　郜通源　杨昌焯	夏　渊
财务室	关立君　邓勇军	王春雷
业务科	张自刚	李才云
法制科	杨通文	杨红英
执法支队	陈　跃	

州农业科学研究所正副所长名录

表 10—20　　(1991—2010 年)

姓　名	性别	民族	籍　贯	职　务	任职时间
罗光洁	男	汉族	贵州石阡	所　长	1990 年 7 月—1998 年 5 月
刘永荣	男	汉族	贵州麻江	副所长	1990 年 7 月—1993 年 5 月
张洪忠	男	苗族	贵州丹寨	副所长	1991 年 1 月—1993 年 6 月

续表

姓　名	性别	民族	籍　贯	职　务	任职时间	备　注
吴政刚	男	侗族	贵州天柱	副所长	1991 年 1 月—2001 年 11 月	
胡坤寿	男	汉族	贵州榕江	副所长	1991 年 1 月—1995 年 12 月	
陈光宗	男	侗族	贵州三穗	所　长	1998 年 5 月—2001 年 12 月	
杨　黎	男	汉族	贵州岑巩	副所长	2000 年 8 月—2003 年 8 月	
杨　黎	男	汉族	贵州黄平	所　长	2003 年 9 月—2010 年 2 月	
叶贵凯	男	汉族	河南杞县	副所长	2005 年 11 月—	2012 年改副院长
吴元华	男	侗族	贵州黎平	副所长	2005 年 11 月—2012 年 5 月	
刘业海	男	侗族	贵州天柱	所　长	2010 年 2 月—	2012 年改副院长
李　星	男	苗族	贵州雷山	副所长	2011 年 12 月	2012 年改副院长

州农业综合执法支队正副队长名录

表 10—21

（1991—2010 年）

姓　名	性别	民族	籍　贯	职　务	任职时间
陈　跃	男	侗族	贵州剑河	支队长	2005 年—2010 年 3 月

州农业局各站所负责人名录

表 10—22

（1991—2010 年）

单　位	正　职	副　职
农技站	陈世琨　李化乔　谭甫成	白万川　胡建平　岑秀能　李忠华　杨昌明　陈　跃　吴　军　倪玉琼
经作站	粟周群	陈潭荣　谭甫成　刘光美　杨世敏　杨云霞　粟　俊
土肥站	赖发兰　王月琴　熊建军　刘文峰	熊建军　刘文峰　杨漫江　胡腾胜
植保站	松会武　杨　洵　张家卫	胡开梅　李九丹　杨　洵　杨世敏　杨世敏　王　虹　杨　举　粟　俊
种子公司（站）	松会腾　余小平　李忠华	唐承淮　余小平　胡建平　张家卫　欧安银　潘承丹
农经站	丁重英　陆　军　胡建平　吴厚道	欧安银　陆　军　左　松　杨昌明
市场质量安全站	曾怀德　张为海　吴厚道　徐　燕	杨胜祯　吴厚道　邓燕梅　田爱民
水产站	杨　洪	田景培　余远睿　刘素娟　杨长林　陈礼强
能源办	胡　耀　雷友造	胡　耀　吴世登　徐　燕　刘光美
农广校	黄洪飞　陆　军　李忠华　余小平	邓燕梅

续表

单 位	正 职	副 职
科教站	程秉麟 戴廷江	张胜华 白万川 胡建平 戴廷江 杨云霞
农场站	杨通权 吴宜忠	潘宗森 杨秀钦 吴宜忠
畜牧站（品改站）	程秉麟 陆尚文 潘成辉	吴世登 吴政明 潘成辉 朱成平 王朝炉 何 奎 马仲元
饲草站	雷友造 许化林 杨秀钦	朱小兵 吴世登 莫兴虎 尹江凌 徐 燕 朱成平
兽防站	肖振荣 龙文波	杨俊芳 龙文波 汪 俭 陈 坚
水产实验场	杨通权 杨昌泽 杨昌达 胡寿坤	潘宗森 杨秀钦 胡世然 曹生权

第三节 县（市）农业局

1991—2010 年，各县市均设立农业局。2010 年，黔东南州全面开展县市地方人民政府机构改革，绝大多数地方参照州级农业部门的设置办法，设立县农业局，撤销了原县农业局（蔬菜水产局、桑蚕局、茶叶局、果树技术管理服务中心），并将其行政管理职能整合组建新的县农业局。凯里市 2014 年将农业局、林业局、农业机械服务中心、畜牧兽医管理办公室、扶贫开发办公室，行政管理职能和乡镇企业农产品加工行政管理职能整合，组建农林扶贫工作局。

各县市农业局（农林扶贫工作局）负责人名录

表 10—23　　（1991—2017 年）

单 位	正职（党组书记、局长、主任）	副职（党组副书记、党组成员、纪检组组长、副局长、副主任）
凯里市农林扶贫工作局	顾明先 刘通炳 刘仁俊 王树飞 杨政钦 王光海 申学林 刘 洋	孙华东 潘茂先 孙仕忠 杨胜德 潘文桃 王光耀 龙异福 孙大洋 杨春德 顾利先 熊文霞 陈泽平 潘文桃 廖晓云 李 琴 佘玉华 杨胜茂 钱 锟 徐政菊 金 鸿 徐洪溪 熊光源
凯里市林业局	杨占恒 刘昌瑜 潘子毅 杨黔勇 尹湘平 白渝丰	罗登国 刘昌瑜 杨黔勇 杨承宇 潘子毅 刘湘黔 刘仁翔 白渝丰 田金银 吴国智 杨远东 顾一先 张建平 罗朝宽 潘代军
麻江县农业局	张正良 唐勋忠 陈高君 殷礼平 杨永林 杨秀林 杨克浪 陈正广 龙 波 罗亨雄 熬金华 殷礼平 陈德祥	杨永林 范文惠 张琴韵 邱忠琪 柏启富 鲁贵平 莫运熙 文建平 徐锡豪 李发勋 李发勋 龙朝军 金德标 廖光耀 熊 勐 李显荣 贾维军 文进林 杨永林 鲁贵平 李茂贵 陈国军 陈家豪 戴廷朗 桂 琼 吴卫梅 付龙华 吴祥秀
丹寨县农业局	吴成华 周道金 赵建华 文有军 陶锦明 陈光儒 杨大光 文有军 余世和 尹江凌	周道金 余世和 吴永彪 王文海 陈政兰 杨正敏 苗西明 陶锦明 况再忠 罗红玲 蒙养光 周竹标 莫凡波 卢 琪 王德连 潘 兴 韦永儒 白考明 王国云 王晓明 况再忠 罗红玲 黄 琦 池继周 潘庭进 莫治群 康忠俊 杨兴远

续表

单 位	正职（党组书记、局长、主任）	副职（党组副书记、党组成员、纪检组组长、副局长、副主任）
黄平县农业局	李化乔 娄祥林 潘亮 潘忠明 张治平 杨胜军 王修洲 潘显恩 李承国 潘秀华 时尚斌 肖志英 张仁祥 龚学文 周洪祚 吴忠明	李新华 吴治茂 马学文 吴国华 李毅龙 潘代忠 沈家国 杨正华 田应贵 余永刚 杨昌兴 潘武德 雷国梅 雷国忠 杨廷军 杨渊华 龙金星 李兴刚 冷强松 吴展明 刘卫江 罗芸 王毅 吴忠文 李佳柳 王球一 杨媛 张代祥 周明发 张华顺 吴忠明 戴光菊 石林 石兴林 林泽银
施秉县农业局	严啟前 何永林 谭兴权 吴位雄 肖多祥 石兴华 罗扬先	欧春阳 龚劲松 何永林 欧崇华 卢建基 杨芸 罗扬先 吴金荣 吴通华 吴向东 吕小艾 吴永安 田维军 吴位雄 王勇 李光琼 李斯妮 吴通武 吴长贵 龙克荣
镇远县农业局	王明跃 张跃元 杨锦 吴延高 聂平文 李定祥 杨奇 吴常红 谭胜勇 雷元国 田达义 张发成 王剑勇	张跃元 李安南 聂平文 封正华 吴光政 杨锦 李邦兴 龙光祥 沈智 吴本扬 洪乃明 朱自堂 杨奇 杨凤仙 田孟军 舒显兰 田明 雷元国 田达义 徐春荣 唐进祥 张发成 刘群 田茂林 韦廷先 田贵海 庞鸿祥
岑巩县农业局	龚宗辉 陈守金 吴德邦 王飚 杨喜平 邱元东 周定华 陈晓军 刘铺平 吴昌勇	吴德邦 杨宗荣 游本华 吴启能 龙本贵 舒俊逵 郑文 张洪学 田家先 杨富尤 何洪祥 谭诗英 刘洪江 黄俊斌 刘伦江 代国权 杨洪茂 张堂成 高凯峰 田龙 王理智 周重刚 田来先 陈胜斌 何建华 谭桂红 杨富尤 邱元东 黄文锦 胡子平 周良兴 龙通福 徐来亮 张启云
三穗县农业局	陆尚文 杨通八 潘承禹 谢远林 郑荣 王道航 曾祥军 蒲德坤 杨用华 洪乃银 万光勇	谢永林 邰通彪 许文英 张建平 杨万云 龙定河 杨永祥 龙应鹏 杨万吉 张忠碧 柏文娥 万光勇 杨胜成 欧秀勇 龙宗康 张其昌 吴远武 杨廷卓 黄同国 吴开锡 吴展成 洪乃银 姜庭琼 杨秀富
天柱县农业局	罗光洁 吴展煌 谌业增 吴廷刚 姜立军 杨小康 宋茂思 戈成星 杨灿 姚本家 吴廷刚 龙文圭 吴作旗 杨毓海 蒋景高 罗维	陶绍禄 龙云茂 龙作槐 杨木标 杨小康 吴作旗 刘家焕 杨双平 莫能奎 邓云涛 龙起泮 罗维 彭家胜 吴作堂 李芳林 杨泽星 龙庆河 许波 陈启华 龙灵 唐明坤 蒋文一 侯柱民 龙作槐 龙之泉 龙起泮 吴德全 杨小康 蒋文一 龙文圭 袁文渊
锦屏县农业局	朱守剑 赵荣魁 朱崇辉 杨思泮 姜永富 刘荣高 姚元灿 赵荣魁 龙立清 李强	刘鉴海 龙立鹏 张建平 徐树炳 吴育灿 刘鸾兰 陈云贵 杨通钊 庄公剑 曾玲月 谢良锐 李文义 姜永富 胡肇常 龙宜煊 彭汉锦 杨桦 龙安江 舒泽洲 杨胜喜 刘长滔 龙明兰 庄公剑 杨再兴 龙登超 杨通钊 杨有来 龙立华 刘鸾兰 吴育灿 闵臻 王名 吴猛

续表

单　位	正职（党组书记、局长、主任）	副职（党组副书记、党组成员、纪检组组长、副局长、副主任）
黎平县农业局	宋维干　覃久光　张先明 杨秀和　杨正锋　杨正伦 向如华　杨礼炎　张先明 朱守飚　倪天才　罗永光 朱守飚　杨通枢　甘仕杰	王万化　吴维刚　王培松　何家祉　李必胜　钟武臣 谢帮清　石立富　杨长俊　龙家铸　杨系福　陈文聪 杨通枢　黄月淑　石兰昌　曾传国　甘仕杰　石开仁 杨再义　石伟昌　潘华勇　张运和　吴再刚　田景福 吴应芳　石昌勤　李必胜　王培松　钟武臣　杨昌玉 王金槐　陶正标　倪天才　龙永卓　陈文聪　赵兴平 吴道斌　王明华　杨正贵　石家文　石宏全　潘存焯 杨久跃　杨再义　石伟昌　吴远志
从江县农业局	陈辉胜　李洪才　肖盛荣 刘德卓　罗文广　冉应隆 杨思模　李安华　刘华钧 杨通斌　彭泽贤　李作鼎 杨胜标　王家斌　袁明奎 苏建国	陈朝富　罗启胜　张应玉　刘　忠　马自勇　潘　勇 刘德卓　杨秉然　罗德勇　石旭初　石晟珠　申学林 龙登成　李德清　黄　琦　谌洪光　龙登渊　赖远芳 龙锦屏　谌洪溪　李玉亮　吴开武　杨光湖　徐嗣武 杨安培　曾锦辉　杨通斌　潘正昌　谌洪光　杨安培 杨兴军　罗　华　杨帮云　龙登渊　杨政英　李贵成 张泽萱　肖盛荣
榕江县农业局	赖志政　胡坤喜　李民豪 薛　勇　杨秀刚　杨光碧 蒙会锦　龙见辉	谢荣锡　刘跃平　杨胜勇　赵湘雄　盘友军　韩洪刚 杨坤前　吴汉宇　李民豪　梁　标　杨光碧　杨胜安 彭读灯　杨文华　谢　青　俞远荣　龙见辉　龙见全 石　慧　王方剑　杨世杰　潘朝刚　陈凯波
雷山县农业局	张金权　李世华　李茂荣 陈正锋　冉茂坤　杨显丽 张通臣　杨胜芳　李绍雄 潘昌植	毛文刚　余　灵　李忠恩　龙开军　梁庭敏　刘克斌 唐继林　余忠能　罗朝春　马仁华　潘昌植　李志强 龙世伟　李玉继　吴海龙　杨胜春　罗泽飞　潘永正 毛正祥　龙孝安　余秀宏　周尚增　余昌德　龙安斌 陈　荣　文尔坦
台江县农业局	欧阳光富　潘进辉　王洪忠 欧德峰　刘公孚　张　勇 姜定文　李江红　吴治高 龙云茂　欧明义　张秋敏 杨昌权　张玉梅　欧成忠 陆德敏　毛光福　潘昌金 潘存禄　王　云　游道华 吴昌连　石　勇　吴贤舜 张胜杰	欧明义　陆德敏　吴　辉　熊克汉　毛光福　张永谦 李美清　蒋　俊　欧　进　张秀贵　石昌成　欧光雄 何明福　潘昌金　邰昌源　潘存禄　游道华　吴先友 杨光健　李美辉　李　俊　王迎北　杨胜宇　陈兴焱 龙和平　杨剑波　马电伟　张黔发　付胜成　龚德胜 吴昌连　潘年海　张　乾　黄公武　汪业军
剑河县农业局	杨木林　周礼能　卢立钧 刘政权　张　懿　杨永鳌 潘年山　宋方炎　刘水平 夏永忠　龙　森　杨昌炎 张李艳	徐明学　胡志灯　姜政富　刘进生　尹定美　邰　忠 陈通培　陆显义　欧光海　罗同春　伍　恒　杨章仁 胡光祥　姚益兰　熊明红　杨顺良　龙安林　彭金銮 姜飞军　姜　瑞

第二章　畜牧兽医局

第一节　州畜牧兽医局

2017 年，黔东南州农业局分设为州农业局和州畜牧兽医局。州畜牧兽医局负责规划、指导、管理畜牧水产业生产及动物疫病控制和卫生监督管理。州畜牧兽医局有职工 70 人，其中离退休 18 人，在职 52 人；是年 9 月，杨继红任党组书记、高志敏任局长。州畜牧兽医局内设机构有：局办公室、畜牧科、渔业科、兽医科、法制科。下辖州动物卫生监督所、州动物疫病预防控制中心、品改站、水产站、饲草饲料站。直属单位有州水产实验场，该场在职总人数 37 人。是年 9 月，成立黔东南州动物卫生监督所，属副县级行政执法机构，内设综合科、检疫科两个科室，核定事业编制 10 名。2008 年州畜牧兽医局明确在编人员 7 名。2010 年州农业局划入州农委。

中共黔东南州畜牧兽医局党组书记成员名录

表 10—24　　(2007—2010 年)

姓名	性别	民族	籍　贯	职　务	任职时间
杨继红	男	苗族	贵州雷山	党组书记	2007 年 9 月—2010 年 3 月
潘成辉	男	汉族	贵州镇远	党组成员	2007 年 9 月—2010 年 3 月
覃世德	男	侗族	贵州天柱	党组成员	2007 年 9 月—2010 年 3 月
钟芳远	男	侗族	贵州镇远	党组成员	2007 年 9 月—2010 年 3 月

州畜牧兽医局纪检组组长名录

表 10—25　　(2007—2010 年)

姓名	性别	民族	籍　贯	职　务	任职时间
钟芳远	男	侗族	贵州镇远	组长	2007 年 9 月—2010 年 3 月

州畜牧兽医局正副局长名录

表 10—26　　(2007—2010 年)

姓　名	性别	民族	籍　贯	职　务	任职时间
高志敏	男	汉族	四川广安	局　长	2007 年 9 月—2010 年 3 月
杨继红	男	苗族	贵州雷山	副局长	2007 年 9 月—2010 年 3 月
潘成辉	男	汉族	贵州镇远	副局长	2007 年 9 月—2010 年 3 月
覃世德	男	侗族	贵州天柱	副局长	2007 年 9 月—2010 年 3 月

州动物卫生监督所副所长名录

表 10—27　　(2008—2012 年)

姓名	性别	民族	籍贯	职　务	任职时间
陈　坚	男	壮族	陕西汉阴	副所长	2008 年—2012 年 10 月

州动物疫病预防控制中心副主任名录

表 10—28　　(2008—2012 年)

姓名	性别	民族	籍贯	职　务	任职时间
汪　俭	女	汉族	浙江常山	副主任	2008 年 3 月—2012 年 10 月
龙文波	男	侗族	贵州天柱	副主任	2008 年 3 月—2012 年 10 月

州畜牧兽医局科室站负责人名录

表 10—29　　(2007—2010 年)

单　位	正　职	副　职
办公室	赵孝木	吴敦志
畜牧科	朱小兵	
兽医科	王朝炉	刘素娟
渔业科	余远睿	
法制科	邓燕梅	

州畜牧兽医局科站负责人名录

表 10—30　　(2007—2010 年)

单　位	正　职	副　职
畜禽品种改良站	王朝炉	马仲元　何　奎
饲草饲料站	杨秀钦	朱成平
水产站	杨　洪	陈礼强
水产实验场	杨昌达　胡坤寿	

第二节　县（市）畜牧兽医（水产）局

2007—2010 年，各县市均设立畜牧兽医（水产）局。2010 年，黔东南州全面开展了县市地方人民政府机构改革，绝大多数地方参照州级农业部门的设置办法，撤销了县畜牧兽医（水产局、香猪开发公司）局，并将其行政管理职能整合组建新的县农业局。凯里市 2009 年将畜牧蔬菜水产局改为畜牧兽医局，2012 年将畜牧兽医局改为畜牧兽医管理办公室，2014 年将农业局、林业局、农业机械服务中心、畜牧兽医管理办公室、扶贫开发办公室，行政管理职能和乡镇企业农产品加工行政管理职能整合组建农林扶贫工作局。

各县市畜牧（兽医）局负责人名录

表 10—31　　（2007—2010 年）

单　位	正职（党组书记、局长、主任）	副职（党组副书记、党组成员、纪检组组长、副局长、副主任）
凯里市	杨光汉　许平松　夏艳初　顾明先　高志敏　刘仁翔　申学林　王树飞　孙大林　周承睦	潘明昌　夏艳初　高志敏　廖晓云　吴如新　熊　武　李天云　傅明发　刘湘黔　唐永昌　夏芝贵
麻江县	陈德祥　陈高君　殷礼平　杨永林　范文惠　熬金华　鲁贵平　包应明	杨永林　鲁贵平　李茂贵　陈国军　陈家豪　戴廷朗　桂　琼　吴卫梅　付龙华　吴祥秀　范文惠　李发勋　徐承伟　罗配江　龙朝军
丹寨县	苗西明　石金平	王晓明　蒙养光
黄平县	李兴刚　杨昌兴	吴庆煜　杨　媛　尹富强　杨昌荣　袁兴平　钟应琴　潘家斌　张靖云
施秉县	吴正瑞　吴位雄	李大光　张思荣　吴位雄　龙耀东　黄宗荣　谭兴权　张德洪　田维军　常光清　刘朝富　田庆国
镇远县	李定祥　田　明	田　明　杨晓林
岑巩县	丁发浩　龚宗辉	樊学来　杨荣坤　向锦国　王应平　龚宗辉　杨喜平　张洪学　田来先　陈胜斌　代兴燃　何建华　周良兴
三穗县	杨万云	欧秀勇
天柱县	杨毓海　邓云涛	邓云涛
锦屏县	赵荣魁　刘长滔	龙步堂
黎平县	朱守飚　黄存正　张先明	王万化　王培松　李必胜　钟武臣　杨再义　倪天才　徐基铭　彭绍球　李必胜　王培松　钟武臣　吴道斌　杨正堪　宁祥敏　周　鹏
从江县	申学林　潘正昌	龙登渊　谌洪光　杨廷模　吴　森　鲍思永
榕江县	吴汉宇	杨胜勇　彭读灯　龙见辉　欧阳广益
雷山县	文启权　王志高　梁庭敏　李金明　王章本　王淑华　潘昌植　杨正梅　周尚增　余秀宏　龙孝安	王志高　李忠恩　杨世臣　梁庭敏　周尚增　袁仁炯　蒙炳祥　杨正化　杨　昀　李炳黔　吴光胜　毛家伟　胡腾科　杨　洁　韦忠泉　金　恒
台江县	何明福　杨剑波	张玉梅　张永谦　杨冠群　陆德敏
剑河县	陈通培	邰秀华　罗子钦　姜光亮　黄万土

第三章 农业办公室

第一节 州农业办公室

1990 年，黔东南州农业委员会更名为黔东南州农业经济委员会，同时挂州委农村工作部牌子，一个机构、两块牌子。内设机构有：秘书科、农经科、科教科、政工科、扶贫科。

1991 年姚茂森副州长兼州农业经济委员会主任，是年 9 月，张清良任州农业经济委员会主任。1996 年 6 月，陆林贵任党组书记、州农业经济委员会主任。1997 年，扶贫科从州农经委分离单设州扶贫办，撤销黔东南州农业经济委员会，成立黔东南州农业办公室。内设机构有：综合科（与政工科合并）、生产科、科教科。2001 年政府机构改革，保留州农业办公室，为州委、州人民政府议事协调机构的常设办事机构。内设机构有：秘书科、科技教育科、农发项目科。核定行政编制 9 名，2003 年 12 月增加编制 2 名。2006 年 6 月，梁承祥副州长兼州农业办公室主任，刘太安任常务副主任。2007 年核定行政编制 13 名。2008 年 8 月，肖方贤任州农业办公室主任。2010 年机构改革时，职能分流到州农委、州财政局。

中共州农业办公室党组书记处书记成员名录

表 10—32 （1991—2010 年）

姓　名	性别	民族	籍　贯	行政职务	任职时间
张清良	男	汉族	贵州三穗	党组书记	1991 年 9 月—1996 年 6 月
陆林贵	男	侗族	贵州麻江	党组书记	1996 年 6 月—2006 年 6 月
龙咸康	男	苗族	贵州锦屏	党组成员	1986 年 7 月—1991 年 12 月
石连昌	男	侗族	贵州黎平	党组成员	1990 年 3 月—1991 年 7 月
车昌武	男	汉族	贵州贵阳	党组成员	1986 年 7 月—1991 年 12 月
贺康梓	男	汉族	江西莲花	党组成员	1986 年 7 月—2005 年 10 月
杨昌奎	男	苗族	贵州台江	党组成员	1986 年 7 月—1994 年 3 月
李成举	男	汉族	河南南阳	党组成员	1993 年 4 月—1995 年 2 月
魏永建	男	汉族	湖北咸丰	党组成员	2003 年 4 月—2006 年 6 月
刘太安	男	土家族	江苏	党组成员	2006 年 6 月—2008 年 8 月
肖方贤	男	侗族族	贵州天柱	党组书记	2008 年 8 月—2010 年 4 月
张文贵	男	布依族	贵州都匀	党组成员	2006 年 6 月—2006 年 10 月
罗　健	男	苗族	贵州凯里	党组成员	2006 年 6 月—2007 年 6 月
杨昌银	男	汉族	贵州凯里	党组成员	2006 年 9 月—2007 年 6 月
程瑞腾	男	汉族	贵州凯里	党组成员	2006 年 10 月—2007 年 6 月
姜立军	男	苗族	贵州锦屏	党组成员	2007 年 6 月—2010 年 4 月

州农业办公室正副主任名录

表 10—33

（1991—2010 年）

姓　名	性别	民族	籍　贯	职　务	任职时间
姚茂森	男	侗族	贵州三穗	主任（副州长兼）	1986 年 7 月—1991 年 9 月
张清良	男	汉族	贵州三穗	主　任	1991 年 9 月—1996 年 6 月
陆林贵	男	侗族	贵州麻江	主　任	1996 年 6 月—2006 年 6 月
龙咸康	男	苗族	贵州锦屏	副主任	1986 年 7 月—1991 年 12 月
石连昌	男	侗族	贵州黎平	副主任	1990 年 3 月—1991 年 7 月
车昌武	男	汉族	贵州贵阳	副主任	1986 年 7 月—1991 年 12 月
贺康梓	男	汉族	江西莲花	副主任	1986 年 7 月—2005 年 10 月
杨昌奎	男	苗族	贵州台江	副主任	1986 年 7 月—1994 年 3 月
龙秀权	男	侗族	贵州天柱	副主任	1988 年 1 月—1991 年 12 月
李成举	男	汉族	河南南阳	副主任	1993 年 4 月—1995 年 2 月
魏永建	男	汉族	湖北咸丰	副主任	2003 年 4 月—2006 年 6 月
梁承祥	男	侗族	贵州从江	主任（副州长兼）	2006 年 6 月—2008 年 8 月
刘太安	男	土家族	江苏	副主任（常务）	2006 年 6 月—2008 年 8 月
肖方贤	男	侗族	贵州天柱	主　任	2008 年 8 月—2010 年 4 月
潘开德	男	土家族	贵州岑巩	副主任	2006 年 6 月—2007 年 9 月
张文贵	男	布依族	贵州都匀	副主任	2006 年 6 月—2006 年 10 月
罗　健	男	苗族	贵州凯里	副主任	2006 年 6 月—2007 年 6 月
杨昌银	男	汉族	贵州凯里	副主任	2006 年 9 月—2007 年 6 月
程瑞腾	男	汉族	贵州凯里	副主任	2006 年 10 月—2007 年 6 月
姜立军	男	苗族	贵州锦屏	副主任	2007 年 6 月—2010 年 4 月
吴锡锋	男	苗族	贵州黎平	副主任	2007 年 9 月—2008 年 8 月

州农业办公室正副调研员名录

表 10—34

（1991—2010 年）

姓　名	性别	民族	籍　贯	职　务	任职时间
黄钟祥	男	汉族	贵州凯里	调研员	1986 年 7 月—1991 年 12 月
程瑞腾	男	汉族	贵州凯里	调研员	2007 年 7 月—2010 年 7 月
车小林	男	苗族	贵州贵阳	副调研员	2007 年 8 月—2010 年 7 月

州农业办公室科站负责人名录

表 10—35　　(1991—2010 年)

单　位	正　职	副　职
秘书科	吴政银、车小林　陆荣杏	李柱华　刘海波　李　箭
农经科	李柱华	杨承棠　王有群
科教科	郑宗年、杨承棠　曾　武	李　箭　曾　武
政工科	舒均科	郑淑琴　李　箭
扶贫科	杨秀云	潘积明
综合科	杨承棠	李　箭
生产科	李柱华	车小林　王有群
农发科	李柱华	黄文丽

第二节　县（市）农业办公室

1991—2010 年，各县市均设立农业办公室。2010 年，黔东南州全面开展了县市地方人民政府机构改革，绝大多数地方参照州级农业部门的设置办法，撤销了县农业办公室，并将其行政管理职能整合组建新的县农业局。凯里市 2012 年将农业办公室改为扶贫开发办公室，2014 年将农业局、林业局、农业机械服务中心、畜牧兽医管理办公室、扶贫开发办公室，行政管理职能和乡镇企业农产品加工行政管理职能整合组建农林扶贫工作局。

各县市农业办公室负责人名录

表 10—36　　(1991—2010 年)

单　位	正职（党组书记、局长、主任）	副职（党组副书记、党组成员、纪检组组长、副局长、副主任）
凯里市	刘通炳　周杰民　顾明先　王树飞　吴江涛　舒宋昌	顾明先　王光海　杨光美　王树飞　黄正昌　许平松　陈泽平　杨春德　杨鹏飞　高成诗　王光耀　杨冬云
麻江县	王均培　龙光乾　郑　灏　殷礼平	熊方金　陈林茂　殷礼平　熊育旦　吴兴东
丹寨县	王家和　罗崇江　王春光　周道金	王德连　杨大光　陈政兰　杨光富　王春光　王国云　陈国梁　刘天岭
黄平县	杨启武　许凤林　潘世良　张治平　熊绍君	王胜刚　雷国芳　王登举　李全忠　潘代忠　吴胜华　张代军　杨通忠　陈洪琼　卢仲玲　张学平　雷　毅　刘洪德　潘秀华　潘忠明
施秉县	陈志光　肖多祥	廖德悦　卢建基　丁仁华　李顺芬　李志华　黄宗荣　吕小艾　钟建林
镇远县	王明跃　雷元国　曾昭黔　侯吉祥　李长秋　吴万贤　田达义	李安南　封正华　吴光荣　郭帮启　杨光新　陈开乐　杨森昌

续表

单　位	正职（党组书记、局长、主任）	副职（党组副书记、党组成员、纪检组组长、副局长、副主任）
岑巩县	杨永泽　洪长春　龙通福　邱元东	龙通福　杨定槐　黄文锦　邱元东　杨胜鹏　曹　勇　曾毅军　何之斌
三穗县	赵凤光　孙文德　曾祥军	曾云标　邹递征　王成瑾　田代炳　张胜秋　张建平　吴述华　杨远德
天柱县		
锦屏县	张奕衡　杨思泮　单洪安　杨从清　朱守剑　杨通华	杨熙尧　蔡大华　张奕辉　龙运毅　龙景堂　龙汝泽　王名成　陈云贵　龙登超　蔡大华　杨熙尧　杨从清
黎平县	程良炳　吴维刚　张明俊　吴锦志　王学成	徐祖荣　杜国华　谭久光　欧阳开知　谢帮清　杨秀福　马其经　吴必荣　陆彦辉　曾祥友　杨正贵　石兰昌　王明华
从江县	王德仁　杨显辉　石家全　姚仁柱　彭泽贤　梁鹏起	莫金富　张振文　冉应隆　林泽富　孟凡德　陈荣春　徐嗣武　龙志学　梁学军　罗　华　袁明奎
榕江县	石开忠　荣龙生　杨光超　杨昌映　夏跃进	吴忠平　肖碧良　韦玉祥　戚志华　吴文隆　张友俊　刘昌裕　杨秀金　董爱辉　聂　辉　龙见全
雷山县	张文学　李　先　李天洪　李　剑　罗永礼　金华武　李雪飞　毛正祥	李茂荣　胡志鸿　赵子文　李　先　李天洪　王　荣　杨继红　王志高　李成洲　余忠能　陈良燕　石昌艳　龙安斌　黄玉川　杨万银　马仁华　文　毅　石永春　白跃银
台江县	吴通恒　杨　震　邰文福　郑泽芳　龙正泽　潘存禄　潘进辉	邰通真　欧品荣　吴启健　潘进辉　王迎北　黄明炳　张　勇　杨胜宇　罗国天　欧明义
剑河县	莫章海　罗幸权　杨木林　姜仕平　宋方炎　张　懿	邰胜权　陈远栋　张克熙　田应平　夏永剑　杨仁滔

第四章　农机服务中心

第一节　州农机服务中心

1990 年，黔东南州农机服务站更名为黔东南州农业机械局，内设机构有：办公室、业务科、培训监理站。

1991 年，彭先泗任党组书记、局长。1997 年，包和辉任党组书记、局长。2002 年政府机构改革，黔东南州农业机械局更名为州农业机械服务中心。龙应豪任中心副主任，主持工作。

内设机构有：办公室、农机管理科、科教科。核定行政编制为10人。2006年，周南生任党组书记、局长。2007年增设中心副主任编制1名，核定编制11名。所属事业单位有：农机安全监理所、农机技术推广站（农机研究所）、农机安全监理所。所属事业单位为正科级，财政全额拨款，人员编制8名。农机技术推广站（农机研究所）为全额拨款正科级事业单位，人员编制26名。2010年底4月整合划入州农委。

中共黔东南州农业机械服务中心党组书记成员名录

表10—37 （1991—2010年）

姓　名	性别	民族	籍　贯	职　　务	任职时间
彭先泗	男	苗族	贵州天柱	党组书记	1991年—1997年
曹驾欧	男	汉族	湖南安化	党组成员	1991年—2002年
冯成森	男	苗族	贵州麻江	党组成员	1991年—2002年
包和辉	男	苗族	贵州凯里	党组书记	1997年—2002年
周南生	男	苗族	贵州台江	党组书记	2006年—2010年
龙应豪	男	苗族	贵州施秉	党组成员	2006年—2010年
龙国际	男	苗族	贵州天柱	党组成员	2006年—2007年
李安全	男	苗族	贵州雷山	党组成员	2006年—2010年

州农业机械服务中心（局）正副主任（局长）名录

表10—38 （1991—2010年）

姓　名	性别	民族	籍　贯	职　务	任职时间
曹驾欧	男	汉族	湖南安化	副局长	1990年—1997年
冯成森	男	苗族	贵州麻江	副局长	1990年—2002年
彭先泗	男	苗族	贵州天柱	局　长	1991年—1997年
包和辉	男	苗族	贵州凯里	局　长	1997年—2002年
龙应豪	男	苗族	贵州施秉	副主任	2002年—2006年
龙国际	男	苗族	贵州天柱	副主任	2002年—2007年
周南生	男	苗族	贵州台江	主　任	2006年—2010年
李安全	男	苗族	贵州雷山	副主任	2008年—2010年

州乡农业机械服务中心（局）科室站负责人名录

表10—39 （1991—2010年）

单　位	正　职	副　职
办公室	杨昌清　何钧碧	
管理科	莫光远	
科教科	潘玉忠	

州农业机械服务中心（局）所站负责人名录

表 10—40

（1991—2010 年）

单　位	正　职	副　职	备　注
州农机安全监理所	龙步河　潘德忠	余迪生　陈　朔	
州农机技术推广站（农机研究所）	周启国	马怀军　陈　浪	

第二节　县（市）农机服务中心

1991—2010 年，各县市均设立农机服务中心。2010 年，黔东南州全面开展了县市地方人民政府机构改革，绝大多数地方参照州级农业部门的设置办法，撤销了县农机服务中心并将其行政管理职责整合组建新的县农业局。凯里市 2014 年将农业局、林业局、农业机械服务中心、畜牧兽医管理办公室、扶贫开发办公室，行政管理职能和乡镇企业农产品加工行政管理职能整合组建农林扶贫工作局。

各县市农机服务中心部门负责人名录

表 10—41

（1991—2010 年）

单　位	正职（党组书记、局长、主任）	副职（党组副书记、党组成员、纪检组组长、副局长、副主任）
凯里市	凌运发　王树明　孙仕忠　赵　杰　龙异福	孙大林　潘泽彪　袁志华　周菊平
麻江县	王兴成　王佳铭　唐启祥　罗熙伟　柏启富	杨德富　唐启祥　陈守明　龙朝荣　陈高君　包应明　杨万智　熊　勐　文建平
丹寨县	潘光辉	潘光辉
黄平县	吴寿海　陈玉华　杨胜军　姚元梅	苏尔文　时仁贵　冷强松　万剑锋
施秉县	吴通彬　曾德仁　孙　波　吕德军　卢建基	欧世华　张天海　潘昌元　龙再冲　吴治陈　皮广云　吴永安
镇远县	田达义　张发成　徐世祥　艾大新　戚元周	徐春荣　艾大新　田儒昌　戚元周　罗幸模　秦秀文　吴再德
岑巩县	汪　能　杨再伦　胡子平　陈荣洲	尹艾芝　朱　军　郑　文　龙　镇　张堂成　张启云
三穗县	杨昌平　吴宗明　杨政权　杨胜成	吴大禄　万思林　杨胜成　潘德富　李宗林　吴远武　王新泉
天柱县	吴祖云　周道洪　龙宗华　龙传森　杨双平　刘一辉	吴述友　彭发堂　彭先钊　易道光　杨双平　欧阳祥瑞　侯柱民
锦屏县	覃方定　罗显登　王堂元　杨家坤　赵荣魁　杨胜光	姜　华　王堂元　石庆流　田林生

续表

单　位	正职（党组书记、局长、主任）	副职（党组副书记、党组成员、纪检组组长、副局长、副主任）
黎平县	张大经　唐先华　杨正伦　吴继源　石含政	石庆富　吴　晓　魏显朝　陈文聪　石开文
从江县	林泽富　石建平　李海清　刘德卓　周明乾	
黄平县	石建平　梁杰义　杨仪波　韦国辉　吴安霄　杨远金　王光俊　赵贵富	
榕江县	王卫雄　吴鸿德　吴鸿德　蔡向东	何胜长　李德奎　盘祖立　郑德林　盘祖立　石　慧　王方剑
雷山县	赵朝光　刘平方　文鹏飞　杨谋礼　曾纪茗　任国辉　董明德　龙孝安	唐炳军　赵子烈　文锡泽　文国军　吴光学　顾林先　杨　雷　杨通文　李跃文
台江县	龙正泽　王洪忠　吴启健　谢贵平　吴先友	龙祖维　李月萍　杨明书　谢贵平　吴先友　向长顺　吴寿山　刘泽安　杨正军　杨光健
剑河县	肖宗高　张友成　杨永鳌　杨和锦　李娇梅　吴君超	杨交元　胡本炽　杨秀政　潘世贵　彭祖明　欧光海

第五章　乡镇企业管理局

第一节　州乡镇企业管理局

1991年，杨彰郁任局长，张元平任纪检组长。是年7月张承桓任局长，11月任党组书记。是年12月，撤销乡镇企业整顿办公室和对外经济技术协作办公室，成立企业管理科。是年年底，州乡镇企业局内设：办公室、政工科、生产安全科、财务科、科技教育科、企业管理科及技术推广站、环保卫生站，共有职工36人。其中有：正副局长4人，党组书记、纪检组组长、调研员各1人；正副主任、科长、站长共15人，办事员及勤杂人员14人。1994年7月，陈文发任党组书记、副局长，主持工作。1996年8月，杨天和任党组书记、局长。1997年2月，进行机构改革，州乡镇企业局内设：办公室、计划财务科、生产安全科、煤炭管理科、技术推广站、环境卫生站。2000年12月，范福东任纪检组长。2001年6月，陈章荣党组书记、局长。2001年12月，进行机构改革，州乡镇企业局内设：办公室、乡企管理科、煤炭管理科、技术推广站、环境卫生站。2002年6月增设安全生产科。2006年9月，杨宗荣任局长，刘玉成任党组书记。2007年8罗小平党组书记。2010年机构改革时，职责职务分流到州农委、州工信局。

中共黔东南州乡镇企业局党组书记成员名录

表 10—42

(1991—2010 年)

姓名	性别	民族	籍　贯	职　务	任职时间
张承桓	男	侗族	贵州省锦屏县	党组书记	1991 年 11 月—1994 年 7 月
张元平	男	侗族	贵州省锦屏县	党组成员	1985 年 10 月—2000 年 12 月
吴如愚	男	苗族	贵州省丹寨县	党组成员	1990 年 3 月—2001 年 12 月
陈文发	男	水族	贵州省丹寨县	党组书记	1994 年 7 月—1996 年 8 月
杨天和	男	汉族	贵州省贵阳市	党组书记	1996 年 8 月—2001 年 6 月
郭妮妮	女	汉族	山东省齐河县	党组成员	1995 年 3 月—1997 年 2 月
隆明涛	男	苗族	湖南省邵阳县	党组成员	1996 年 10 月—2000 年 11 月
杜章炳	男	苗族	贵州省天柱县	党组成员	1998 年 6 月—2003 年 10 月
王光辉	男	侗族	山东省齐河县	党组成员	2000 年 12 月—2001 年 6 月
范福东	男	汉族	贵州省赤水县	党组成员	2000 年 12 月—2010 年 4 月
陈章荣	男	布依族	贵州省丹寨县	党组成员	2001 年 6 月—2006 年 9 月
刘泽安	男	苗族	贵州省三穗县	党组成员	2001 年 11 月—2010 年 4 月
曾皎猛	男	苗族	贵州省台江县	党组成员	2001 年 11 月—2009 年 9 月
刘玉成	男	苗族	贵州省剑河县	党组书记	2006 年 9 月—2007 年 7 月
罗小平	男	汉族	贵州省贵阳市	党组书记	2007 年 8 月—2010 年 4 月

州乡镇企业局纪检组长名录

表 10—43

(1991—2010 年)

姓　名	性别	民族	籍　　贯	职　　务	任职时间
张元平	男	侗族	贵州省锦屏县	组长	1985 年 10 月—2000 年 12 月
范福东	男	汉族	贵州省赤水县	组长	2000 年 12 月—2010 年 4 月

州乡镇企业局正副局长名录

表 10—44

(1991—2010 年)

姓　名	性别	民族	籍　贯	职　务	任职时间
杨彰郁	男	苗族	贵州省天柱县	局　长	1985 年 9 月—1991 年 7 月
王兴烈	男	汉族	贵州省遵义县	副局长	1984 年 8 月—1992 年 4 月
肖　星	男	汉族	贵州省赤水县	副局长	1985 年 10 月—1993 年 12 月
张承桓	男	侗族	贵州省锦屏县	副局长	1987 年 9 月—1991 年 7 月
吴如愚	男	苗族	贵州省丹寨县	副局长	1990 年 3 月—2001 年 12 月
张承桓	男	侗族	贵州省锦屏县	局　长	1991 年 7 月—1996 年 8 月
陈文发	男	水族	贵州省丹寨县	副局长	1994 年 7 月—1996 年 8 月
杨天和	男	汉族	贵州省贵阳市	局　长	1996 年 8 月—2001 年 6 月

续表

姓　名	性别	民族	籍　贯	职　务	任职时间
郭妮妮	女	汉族	山东省齐河县	副局长	1995 年 3 月—1997 年 2 月
隆明涛	男	苗族	湖南省邵阳县	副局长	1996 年 10 月—2000 年 11 月
杜章炳	男	苗族	贵州省天柱县	副局长	1998 年 6 月—2003 年 10 月
王光辉	男	侗族	山东省齐河县	副局长	2000 年 12 月—2001 年 6 月
曾皎猛	男	苗族	贵州省台江县	副局长	2001 年 11 月—2009 年 9 月
陈章荣	男	水族	贵州省丹寨县	局　长	2001 年 6 月—2006 年 9 月
刘泽安	男	苗族	贵州省三穗县	副局长	2001 年 11 月—2010 年 4 月
杨宗荣	男	土家族	贵州省岑巩县	局　长	2006 年 9 月—2010 年 4 月

州乡镇企业局正副调研员名录

表 10—45

（1991—2010 年）

姓　名	性别	民族	籍　贯	职　务	任职时间
杜章炳	男	苗族	贵州省天柱县	调研员	2003 年 10 月—2006 年 9 月
陈章荣	男	水族	贵州省丹寨县	调研员	2006 年 9 月—2009 年 10 月
杨　桦	男	侗族	贵州省三穗县	副调研员	2008 年 11 月—2010 年 3 月

州乡镇企业局科室站负责人名录

表 10—46

（1991—2010 年）

单　位	正　职	副　职
办公室	杨　桦	舒克琴　朱成鳌　杨子萍
政工科	熊学光	杨子萍
政策法规教育科	杨子萍	
人事教育科	杨子萍	
安全生产科	任晓力	李泽源　舒克琴
纪检监察审计室	任晓力	
财计科	田洪芳	
企业管理科	曾祥辉	龙国富　程　军　吴常福
煤炭科	陈　俊	陈　俊　陈　飞

州乡镇企业局站所负责人名录

表 10—47

（1991—2010 年）

单　位	正　职	副　职
科教科（技推站）	王登基	程　军　唐　健　杨　瑜
环保站	刘伯川　杨宏增　杨德武	杨宏增　杨德武　杨明祥

第二节　县（市）乡镇企业管理局

1991—2010 年，各县市均设立乡镇企业管理局。2010 年，黔东南州全面开展了县市地方人民政府机构改革，绝大多数地方参照州级农业部门的设置办法，撤销了县乡镇企业管理局并将其行农产品加工行政管理职能整合组建新的县农业局。凯里市 2014 年将农业局、林业局、农业机械服务中心畜牧兽医管理办公室、扶贫开发办公室、行政职能和乡镇企业农产品加工行政管理职能整合组建农林扶贫工作局。

各县市乡镇企业管理局负责人名录

表 10—48　　(1991—2010 年)

单　位	正职（党组书记、局长、主任）	副职（党组副书记、党组成员、纪检组组长、副局长、副主任）
凯里市	杨光美　张学飞　朱建军　周贵柏	秦隆泰　广必勤　孙连文　周安平　余小平　张崇军　刘云刚唐龙辉
麻江县	王君培　唐自金　甘定能　鲁贵平　潘光海　凌仁慰	唐自金　鲁贵平　钱　力　杨应菊　甘期猛　陈沧桑　杨文广　廖光耀
丹寨县	王德连　陈仁彪	尼和举　潘起坤　梅世海　王兴光　白考明　祝　福
施秉县	李应祥　周　诚	吴秀祥　焦　泉　张治林　秦继斌　吴向东
镇远县	饶玉琼　刘　镛　李建华　左甲武　龙明光　吴宗跃	陈光祯　张在碧　刘思华　王　辉　姚元祥　冯廷坤　李贵清　潘建新
岑巩县	周国锦　王学斌　冉进平	杨昌伦　杨万富　代兴荣　曾清辉
三穗县	杨政权　龙庭云　张　权　罗运坤　吴德海　李国礼	杨天禄　杨光先　姚登平　李　英　吴才云　魏永华
天柱县	杜昌远　杨　昆　王秀楷	姚祖坤　张光星　杨佐华　罗永久　张绪鑫　龙文圭
锦屏县	罗国权　欧开凡　杨熙尧　周川锦　杨正勤　赵海明　潘　祥　朱法贵　胡万翔	杨正环　梁文晋　王周全　吴述荣　龙福安　袁仁楷　王世涛　单洪松　李绍渊　杨熙尧　杨正勤　赵海明
黎平县	宋光彬　欧大鹏　陆席光　黄达义　程周烈　高凌平	潘万盛　姚祖茂　龙安琪　杨胜祥　刘建平　周巧平　刘宏霞　陆彦辉　赵兴平　吴声模　王佳海　石世海　高凌平
从江县	赖景廉　孟庆强　姚应东	赖景廉　徐明　杨秀国　王志平　石　松　石丕钧
榕江县	乔明礼　王炳君	李晓望　石开顺　石庆德　聂　飞　左　祥　李武林　李培生
雷山县	赵子文　李　先　文鹏飞　李世华　杨昌海	尤成华　李俊伟　李精才　刘德荣　朱华军　李玉勇　杨谋彪　吴光益　邰光华　吴德东
台江县	杨先辉　姬周和　明传耀　王德林	杨秀国　韦绍勇　杨学宁　杨昌珍　熊福才　杨学芬
剑河县	李荣坤　杨佐云　潘盛华　吴重庆　龙　森	欧阳炳　张友成　杨佐锦　罗幸刚　邰　忠

第六章　农业资源区划办公室

第一节　州农业资源区划办公室

1991 年，廖臻瑞任州农业资源区划办公室主任。是年 4 月，周定生任州农业资源区划办公室主任。州农业资源区划办公室内设机构：业务科。2006 年 5 月，州人民政府行文撤销了州农业资源区划办公室，人员并入州经济发展研究中心，继续履行农业区划职能。2008 年 1 月，州人民政府将区划职能由州经济发展研究中心划入州农业局，州农业局又将区划职能并入计划财务科管理。2010 年 3 月，机构改革，州农业局职能划转州农委，州农业局区划职能由计财科划转拨州农委规划项目科管理。

黔东南州农业资源区办公室正副主任名录

表 10—49　　（1991—2006 年）

姓　名	性别	民族	籍　贯	职务	任职时间
廖臻瑞	男	汉族	贵州榕江	主　任	1983 年 10 月—1991 年 4 月
周定生	男	汉族	安徽芜湖	主　任	1991 年 4 月—1999 年 12 月
潘正坤	男	水族	贵州榕江	副主任	1983 年 10 月—1991 年 12 月
金武才	男	汉族	贵州桐梓	副主任	1990 年 4 月—1997 年 12 月
潘开华	男	土家族	贵州岑巩	副主任	1987 年 7 月—2006 年 5 月
杨仁勇	男	苗族	贵州麻江	副主任	2005 年 4 月—2006 年 5 月

州农业资源区划办公室科站负责人名录

表 10—50　　（1991—2006 年）

单　位	正　职	副　职
业务科	周哲麟　黄明祥	赖高娴　韦祖固　黄明祥　丁建红

第二节　县（市）农业资源区划办公室

1995 年施秉、雷山、锦屏、三穗 4 县农业区划机构并入农业局归口管理的股级事业单位（施秉县编制 1 人，雷山、锦屏、三穗 3 县编制各 2 人）。1995—1996 年，黎平、榕江两县区划机构分别并入农业局产业办（黎平县编制 3 人、榕江县编制 1 人）；麻江县、凯里市区划机构并入农业局项目办（麻江县编制2人、凯里市编制1人）；岑巩、镇远、剑河、丹寨、黄平、天柱、从江、台江8县区划机构并入农业局后，人员分散到相关站、股、室。

各县（市）农业资源区划办公室负责人名录

表10—51　（1991—1996年）

单　位	主　任	副主任
凯里市	杨鸿钧	姜明成
麻江县	邱忠琪	范　力　张琴韵
雷山县	胡志鸿	朱德君
丹寨县	詹学礼	雷炳和
施秉县	龙耀东	
镇远县	邵平南　饶玉琼	梁日催
岑巩县	汪才科　徐来亮	徐来亮　曹　勇
三穗县	陈守益	孙文德
天柱县		龙显敏
锦屏县	潘　祥　朱法贵　张奕辉	
黎平县	谢帮清	
从江县	冉应隆　李作鼎	梁松森
榕江县	吴鸿德	盘有军
台江县		谭家礼
剑河县	陆立均	吴国泰

人物传

（按卒年排列）

李应明

（1933—1994）

李应明，苗族，贵州省台江县台拱镇翁脇村人，大学文化，高级畜牧师。1963 年 3 月毕业于贵州农学院，同年 4 月分配到台江县农业局工作。曾任台江县局畜牧兽医站站长、县畜牧局副局长等职。系贵州中西兽医结合研究会会员、台江县畜牧畜牧兽医学会副理事长。1958 年 10 月在省农学院读书期间参加贵州省马拉松冠军赛，获得第一名。随后参加省集训班集训。同年 11 月，在北京举行第一届全运会上，代表贵州队参加马拉松比赛，获马拉松运动健将称号，并被国家体委授予运动健将证书、证章及破全国纪录奖章。1959 年至 1962 年在贵州参加各种体育运动，共获奖章 7 枚和奖状 7 张。1981 年研制兽用肿节风注射液成功，被州政府授予四等奖和荣誉证书。1984 年至 1985 年下乡搞技术承包成功，以防疫预防法，促进生猪生产提高经济效益为课题的科研，获州农牧渔业攻关四等奖，被推选为贵州省各界人士为四化服务先进代表并授予荣誉证书。1986 年被县人民政府评为劳动模范。

1994 年 9 月李应明因病逝世，享年 61 岁。

杨政海

（1935—1997）

杨政海，苗族，贵州省剑河县柳川镇万安村人，1956 年 3 月参加工作，在县植保站从事植保推广作。1980 年以来，杨政海参加农业病虫害防治 120 多万亩，共完成科研项目 203 项，其中国际运用推广 7 项，国内运用推广 13 项。发表学术论文 24 篇，编撰书籍共 3 部册，共 30 多万字，图片 2000 多幅。主攻稻蝇、菲岛毛眼水蝇、稻绿刺蛾等鳞翅目、双翅目、膜翅目、鞘翅目、半翅目等 6 个目，38 个科。获得国际、国家、部、省、州、县各种奖励达 65 次。1986 年 2 月被国际昆虫研究所授予“农业昆虫博士”称号。从 1992 年 10 月起，享受国务院政府特殊津贴。1993 年被破格晋升为“高级农艺师”，1995 年被贵州省委、省政府评为优秀共产党员。

杨政海只有小学四年级学历，1955 年辍学后，仅读了 6 个月的农干班，就踏上了研究昆虫的征程。他先后修完《植物学》《农业昆虫学》《普通昆虫学》《农业植物病理学》《天敌昆虫学》《微物学》《作物病害图说》《蛾类图册》《中国蛾类图鉴》《陕西蝶类志》等 50 多部大学课本及工具书籍。40 多年来，政海不怕山高路险，常常为了一个虫科的研究，不分白天黑夜进稻田，下沟谷，累了就坐在山坳石头上歇气，渴了就打缸生水喝，饿了就啃几口馒头充饥，饱一餐，饿一顿，风餐露宿。1978 年正当杨政海在研究完“稻纵卷叶螟、白背飞虱、褐飞虱”这一科研课题时，中国西南地区流行着一种危害稻田非常严重的“怪病虫”。为了研究这种“怪病虫”，杨政海花了一个冬天和一个春天，跑遍了全县 11 个乡镇，终于在海拔 400 米左右的一丘田里偶然发现了“稻秆蝇”虫类。但要确认是“稻秆蝇”最终必须经权威部门鉴定才行。为了攻克难关观察和研究“稻秆蝇”的活动性及活动规律，1980 年 4 月 1 日至 1982 年 10 月 31 日的近千个日夜里，他天天徘徊于县植保站至测报点 30 公里路程之间，摸清了“稻秆蝇”在低谷稻田和高坡稻田之间循环活动的生活规律，揭开了“稻秆蝇往返梯级迁飞为害”的奥秘。

1997 年 10 月杨政海病逝，享年 64 岁。

赵顺长

（1928—1998）

赵顺长，汉族，贵州省开阳县人，中专文化，中共党员。1952 年 8 月由贵阳农校毕业后分配到黄平县政府农业科工作。1956 年调州农业局任农业技术推广站站长。1980 年 5 月至 1991 年 12 月任州农业局副局长、州农业局党组成员。

赵顺长从事农业工作近 40 年，是黔东南州解放后农业技术推广工作的先驱者之一。尤其是担任州农业局农业技术推广站站长、州农业局副局长以后，带领州、县农业技术推广站广大科技人员长期奋战在农业第一线。1963 年至 1966 年在凯里县舟溪、盘南大队任中共黔东南州委、黔东南州人民政府样板田工作队技术总负责人。1977 年，带领 400 余人赴海南岛繁殖杂交水稻三系配制杂稻 926 亩。1980 年春开始，在全州范围内组织开展杂交水稻、杂交苞谷和水稻桂朝二号的制种繁殖和示范、推广。1982 年，水稻推广温室无土两段育秧成功。1984 年以后，每年推广面积保持在 10 万亩以上。地膜覆盖育苗发展到果苗、蔬菜、西瓜、花生、苞谷等多种作物。油菜进一步推广甘蓝型品种，引进低（无）芥酸良种作区域试验。烤烟生产把清香型品种列入重点攻关项目。试验天麻有性繁殖成功，促进了人工栽培的发展。茶叶推广密植免耕高产技术成功。果树生产，各县陆续兴办果苗基地，并推广快速育苗新技术。总结推广大田保水抗旱、抗病虫、抗秋风的栽培技术和坝区联合防治病虫害的技术和经验。在耕作制度上，把榕江试点成功的“油（麦）瓜稻”水三熟和“麦包苕（豆）”旱三熟的丰产栽培经验，扩展到锦屏、黎平、从江、镇远、天柱、黄平等县。非洲鲫鱼引进和“高红”杂交鲤鱼试验成功后，推广到全州各地。1985 年以后，又组织杂交一代猪的利用和牛的人工“冷配“技术在全州逐步推开。1987 年以后，青贮饲料在麻江县大范围推广。1981 年，农村四科网解体后，主要抓推广农科户和专业户在各种作物和各项技术上的示范成果。据 1982 年统计，全州各种类型的农科户发展到 8285 户，各种作物示范面积 31994. 68 亩。1983 年至 1988 年，全州各种农科户基本上保持在每年 0. 8 万—1 万户水平。1988 年以后，根据各级党委和政府对农业实行倾斜政策，采用办综合工程的形式，鼓励科技人员下第一线蹲点办样板，开展各种实用技术培训，促进了农科户组织的发展。到1990年，全州有杂交水稻高产示范户（单产600公斤以上）378户，起垄栽培改造中低产田示范户500户，发展水三熟、旱三熟高产示范户1500户，年收入上千元的果树生产示范户1698户，栽培天麻、西洋参农科户50户，农作物病虫防治示范户3700户，杂交水稻、杂交苞谷育种农科户100户，推广科学养猪，发展瘦肉型商品猪农科户887户，猪、牛配种专业户108户，开展种草养畜、发展青贮饲料的重点户1700多户，发展适度规模养牛专业户47户，饲养三穗麻鸭及长毛兔专业户400户，稻田高产养鱼、网箱养鱼和池塘养鱼高产示范户和专业户350户。他组织实施的“联产承包推广农业技术效果好”和“加强果苗基地建设快育苗成苗”科技成果分别荣获贵州省人民政府二等奖、“三穗县杂稻规范化栽培技术应用”科技成果荣获农业部二等奖。1988年获高级农艺师职称，享受省政府津贴。

1998年8月赵顺长因病逝世，享年70岁。

廖臻瑞

（1938—2004）

廖臻瑞，汉族，贵州省榕江县人，大学文化，中共党员。1963年贵州农学院土化专业毕业后分配在黔东南州农业局工作。1978年前分别在凯里市舟溪、麻江县白午两乡镇基层蹲点办样板长达15年。1979年至1983年，历任州农业局农推站副站长、土肥站副站长、州农业局副局长、党组成员。1983年至1984年任黔东南州经济委员会副主任、黔东南州农委副主任。1984年至1990年任黔东南州农业局副局长，兼农业区划办公室主任、州土地管理局局长。1990年至1996年任黔东南州农业局局长、党组书记。1996年至2001年当选为黔东南州人大常委会副主任、农经委员会主任委员，兼黔东南州农业局党组书记，研究员。2001年至2003年3月，受聘为黔东南州政府农业专家顾问组顾问。2003年4月退休。臻瑞工作40余年，共获农业部区划委员会优秀科技成果三等奖1个，获贵州省科技成果一等奖1个，二等奖4个，省科技进步四等奖2个，省农业厅丰收二等奖1个，省农业区划委员会优秀科技成果二等奖2个，黔东南州科技成果二等奖2个，州科技进步二等奖2个。他在全国农业技术经济类杂志发表论文2篇，在《贵州农业科学》和《耕作与栽培》发表论文7篇。

1983年“应用土壤普查成果、改造中低产田”项目获贵州省科技成果二等奖，主编“黔东南土壤”一书。1987年“黔东南州第二次土地普查和土壤资源概况”项目获贵州省土壤普查优秀成果二等奖。1989年“黔东南州第二次土壤普查成果”获黔东南州科技进步二等奖。1990年主持完成的“黔东南州农业商品基地建设研究”课题获农业部、国家农业区划委员会优秀科技成果三等奖。参与研究“黔东南州果树、西瓜、茶叶、种草养畜基地建设”项目获黔东南州科技进步二等奖。1991年“黔东南州农业商品基地建设研究”获贵州省农业区划委员会优秀成果二等奖；“工程改良+半旱式垄稻沟鱼和高产栽培”项目获省科技进步二等奖。1993年主持的“黔东南州10万亩杂稻连片亩产600公斤高产技术研究”重大攻关项目获省农业丰收二等奖；应邀参与浙江农科院“红壤果园改良研究”课题1998年获农业部科技进步三等奖。

1997年以来组织科技人员编制113个项目建议和可行性报告，共获上级业务部门支持安排项目51个，如世界粮食计划署、国际农发基金会、澳大利亚政府、法国政府共同投资援助的“中国武陵山区少数民族地区黔东南州农业综合开发项目”，总投资约1.5亿元人民币，“农业生态建设”“旱作农业”“香港乐施会赈灾”“日本国援助粮食增产”“沼气生态农业建设”等11个项目共获无偿援助500多万元。同时，以战略的高度组织指导科技工作人员建立农业综合开发项目库，为迎接西部大开发打好基础，还带头组织年轻科技人员攻关，1995年至1999年全州农业科技人员获州以上科技成果奖71项，获奖905人次，培养了一大批中、青年技术工作者。

廖臻瑞由于成绩卓著，1991年其被国务院授予有突出贡献、享受政府特殊津贴的专家，1994年被评为首批国家农业技术推广研究员，被农业部、财政部、国家计委、监察部、国务院法制局联合授予“全国减轻农民负担先进工作者”称号，并得到省人民政府表彰。

廖臻瑞历任中国农学会高级会员，贵州科协委员，省农学会理事，省土壤学会常务理事，州科协名誉主席，州农学会理事长，州农经学会副理事长、州农业区划学会副理事长，黔东南州科技进步奖评审委员会委员，州农业技术中级专业技术职务评审委员会主任委员，贵州省农业丰收奖黔东南评审组三届委员。

2004年10月廖臻瑞因病逝世，享年67岁。

松会腾

（1934—2008）

松会腾，侗族，贵州省黎平县人，中专文化，中共党员。1958年8月由贵阳农校毕业分配到州农业局工作。先后任州农业局种子站副站长、站长。1992年7月至1996年7月任州农业局副局长、州农业局党组成员。1994年8月退休。

松会腾从事农业工作近40年，尤其是担任州农业局种子站站长、州农业局副局长以后带领州、县种子站全体员工扎实工作。1982—1983年，松会腾带领技术人员承包锦屏县花桥农场制种，1983年单产突破100公斤，比承包前的1979年提高5.5倍，而种子质量达到了部颁标准。天柱县制种基地1983年进行技术承包后制种产量每亩突破118.5公斤，达到贵州省制种先进水平。当年天柱县制种基地共1194.6亩，制种户434户，总收入653464.5元，平均每户1505.67元，最高2576元。全州制种面积2526.81亩，平均亩产87.08公斤。1984年雷山、榕江、黄平等县恢复了制种工作，制种面积为2376.64亩，平均亩产88.5公斤。1986年，会腾等15人赴海南繁殖杂交水稻不育系910亩，收种子1.25万公斤；杂交玉米段不育系50亩，收种子0.675万公斤。1987年杂交水稻制种3660亩，单产100.25公斤杂交玉米制种2166亩单产102.1公斤。1988年繁殖杂交水稻不育系177.69亩。单产46.68公斤；制种面积7001.69亩单产65.67公斤杂交玉米制种面积2486亩，单产32.85公斤。“两杂”繁殖制种已建成了基地。到1987年杂稻制种面积累计57533.37亩，投入资金647万元，平均每亩投资112.4元。已形成了一套繁殖、制种技术体系。制种产量从18公斤上升到100多公斤。到1990年，杂交水稻种子自给率已达80%以上。1990年领导州种子公司技术人员完成“粳型糯稻农虎禾大面积中间试验”项目科技成果，获贵州省人民政府星火三等奖。同年被“一委三部”（国家经济委员会、国家科委、农业部、林业部）评为先进工作者。1992 年主持的“黔东南百万亩杂稻高产工程技术开发”项目获贵州省人民政府星火二等奖。同年被国家民委授予“全国民族团结进步先进个人”称号。1993 年 10 月起享受国务院特殊津贴待遇。

2008 年 8 月松会腾因病医治无效逝世，享年 78 岁。

刘善知

（1926—2010）

刘善知，又名刘能贤，苗族，贵州省三穗县瓦寨镇上街村人，出身贫苦，初小文化。1950 加中国人民解放军，在贵州惠水、紫云一带剿匪，后随部队驻贵阳。1952 年退伍回乡务农，在瓦寨带头办互助组农业合作化中任初级社、高级社会计。他为人忠厚，干活老实，生产队集体出工时，总是先到工地上不声不响地埋头干活，天天如此。当时生产落后，社员收入低，他建议生产队养鸭子，抓碾坊榨坊加工，抓副业收入，改善生活。

三穗县是著名的鸭乡，养鸭已有几百年历史。1978 年改革开放后，放宽农村经济政策。刘善知决心依靠科技进步，大力发展养鸭业，带领群众致富。他当好“抱师”，孵化雏鸭，为用民提供鸭苗，每年从春分到处暑，要出 11 批雏鸭，年产鸭苗 40 万羽。1989 年瓦寨地区养鸭户达到 6800 户年产鸭 14. 5 万只。刘善知和儿子刘隆明不但孵鸭，也养鸭，带动了附近的下街、斗街、观音阁、调洞、坪城、柑子院等 16 个村家家养鸭，使邛水河沿岸八弓、瓦寨等乡镇成了名副其实的鸭乡，1988 年全县年产鸭 69. 69 万只。

刘善知对养鸭技术精益求精，不断学习外地先进经验，吸收其长处，改进实施了三穗鸭桶孵炒谷孵化法，采用不同操作方法，能自调不同温度来适应不同日龄胚胎在孵化过程中生长发育需温，从而使受精蛋的出壳率从过去的 80% 提高到 96% 以上。三穗麻鸭生长快，产蛋多，耐粗放，肉酥骨脆，味美色鲜，是中国四大名鸭之一。为保护好地方优良品种，刘善知致力于三穗麻鸭保种提纯工作，动员坪城等地养鸭大户开办了 6 个保种提纯养殖场。刘善知和他儿子刘隆明合作，编写《实用孵鸭技术》一书，内容有种蛋知识、孵鸭操作、养鸭技术等，印 1000 册，发给农民群众，助推三穗鸭产业发展。

1990 年 1 月，刘善知获贵州省人民政府表彰，其子刘隆明也于同年被共青团中央、国家科委表彰为“全国农村青年星火带头人”。

刘善知撰写的《一本书改变了我家命运》，载于 1990 年 1 月 7 日《农民日报》，该文获“读好书，促和谐”全国农民读书活动征文一等奖，被中共中央宣传部、共青团中央、全国妇联、文化部、人民日报社等 9 家单位授予荣誉证书。

2010 年刘善知因病逝世，享年 84 岁。

胡礼仁

（1933—2011）

胡礼仁，汉族，贵州镇远县人，中共党员。1947 年 9 月至 1948 年 8 月在镇远省立二中学读书；1949 年 9 月至 1950 年 12 月在镇远地委革命干校学习；1951 年 8 月至 1952 年 3 月在镇远地委工作团任工作组组长；1952 年 4 月至 1956 年 7 月在镇远专员公署农林科任科员；1956 年 8 月至 1959 年 8 月在黔东南苗族侗族自治州农业局人秘科任科长；1959 年 9 月至 11 月在黔东南州农业局任副局长；1959 年 12 月至 1960 年 12 月在黄平旧州区川心堡劳动锻炼；1961 年 1 月至 1962 年 12 月在凯里县凯里大风洞公社任社长；1963 年至 1966 年 12 月任黔东南州农业局副局长；1967 年 1 月至 1970 年 12 月在“五七”干校参加劳动；1971 年 1 月至 1976 年 12 月在黔东南州农林办公室工作；1977 年 11 月至 1978 年 8 月任黔东南州农林办公室经营科副科长；1978 年至 1980 年 2 月在黔东南州农林办公室业务科任科长；1980 年 3 月至 1980 年 6 月在黔东南州农业局任副局长；1980 年 7 月至 1991 年 3 月任黔东南州农业局局长、党组书记、州农业学校校长，《黔东南州农业志》编写领导小组组长、主编；1991 年 4 月至 1996 年 9 月任政协黔东南苗族侗族自治州第七届委员会副主席；1996 年经省委组织部批准退休。

胡礼仁长期从事的农业经济管理工作，业绩突出，多次适时组织各县主管农业的领导和农业技干部赴华东、华南考察、学习，引进先进技术和先进经验，并组织制定了全州农业发展规划，从理论和实践上进行可行性分析论证，全力指导组织实施。在农牧业科技管理、科技教育兴农等方面，针对全州农业生产上出现的新问题、新情况，及时提出有效的对策和措施。1991 年亲自主持制定和实施了百万亩杂交水稻高产模式栽培工程获得成功，使黔东南州在粮食单产、年总产都超过历史最高水平，受到农业部、贵州省委、省人民政府和贵州省农业厅的嘉奖其工程项目被评及贵州省科技进步奖。

2011 年 1 月胡礼仁因病逝世，享年 78 岁。

邵平南

（1945—2011）

邵平南，汉族，1945 年 10 月 29 日出生于贵州省平塘县，大学文化，无党派人士。1965 年 9 月至 1969 年 7 月在贵州农学院农学系农学专业学习；1970 年 8 月至 1975 年 9 月在贵州省思南县农牧局工作；1975 年 9 月至 1978 年 7 月在贵州省石阡县农牧局工作。1978 年 7 月至 1982 年 3 月任贵州省石阡县农牧局农推站副站长；1982 年 3 月至 1983 年 1 月在贵州省镇远县农业局工作；1983 年 1 月至 1985 年 7 月任贵州省镇远县农业局区划办副主任；1985 年 7 月至 1987 年 3 月任贵州省镇远县人民政府办公室副主任；1987 年 3 月至 1993 年 3 月任贵州省镇邵远县农业区划办主任；1989 年 3 月被评为高级农艺师；1993 年 3 月至 1996 年 7 月任贵州省镇远县人民政府副县长；1996 年 7 月至 2007 年 2 月任政协黔东南州第八届、第九届委员会副主席。2007 年 3 月经中共贵州省委组织部批准退休。

邵平南参加革命工作 30 多年，在政治上、思想上、行动上与党中央保持高度一致。邵平南长期从事农业适用技术研究和推广工作，成绩显著，曾多次被评为先进工作者。1981 年 12 月被铜仁地区行署授予“改革种麦技术”称号，并获得科技成果三等奖；1985 年 12 月获省人民政府授予综合农业区划研究成果三等奖；1986 年 1 月被国家区划委员会授予“全国区划先进工作者”称号，同时被贵州省人民政府通报嘉奖；1987 年 12 月黔东南州区划委员会授予他农业区划先进工作者称号；1992 年被评为贵州省农业区划先进工作者，同年被评为镇远县技术拔尖人才；1996 年由于他的努力和贡献，镇远县被中华人民共和国农业部授予部级农业资源区划科技成果三等奖。撰写有科技成果论文、报告 20 余篇，曾先后获得贵州省技术进步四等奖项，黔东南州科技进步四等奖 6 项，三等奖 3 项。发表的专著有《镇远县综合农业区划》《镇远县地名志》等。

邵平南 1996 年到政协工作后，热爱政协工作，积极开展智力支边和助学助医等扶贫工作，在他去世后，支教者撰写“绿水青山，多年身影依旧在；苗楼侗寨，一片真心放光明”；“立校复新行知大爱侗寨苗乡山水秀，灯燃千盏滋根润苗第九世界放光明”等挽联表达对邵平南的眷恋。

2011 年 1 月邵平南因病逝世，享年 65 岁。

程秉麟

（1938—2014）

程秉麟，汉族，四川省天全人，大学文化，中共党员。1961 年 8 月由贵州农学院畜牧专业毕业后分配到天柱县农业局工作。1978 年 8 月调州农业学校任教，1983 年 8 月调州农业局工作，先后任品改站站长、科教站站长。1998 年 12 月退休。

程秉麟从事畜牧工作近 40 年，尤其是担任州农业局品改站站长后，带领州、县品改站全体员工扎实工作。1984 年后，组织雷山、凯里、榕江、黎平、锦屏、天柱、三穗、岑巩、施秉、台江、剑河、丹寨 12 个县办猪场及属省级管理的从江香猪场和岑巩白岩坪种猪场，积极争取省、州的支持，经过整顿、调整、扶持和提高，技术装备、工作条件和经营管理都得到逐步加强和完善，有计划地进行生产。猪场已成为各县纯繁良种猪的基地和开展品种改良的培训中心。到 1990 年年底，省在黔东南州投资 10 万元，州财政投资 40 万元，各县财政投资 20 万元，使用低息和政府贴息贷款 480 万元。省提供猪种 300 头，改良输配器械 500 套。全州共建有生猪品种改良点 223 个，分布在 16 个县市的 72 个区、289 个乡（镇）。其中人工授精点 166 个、本交改良点 67 个。投入配种用公猪 322 头，其中，大约克猪 73 头，长白猪 35 头，苏白猪 171 头，杜洛克猪 15 头，巴克夏猪 28 头。1990 年共输配改良 91712 次，改良比重达 62%，生产杂交仔猪 733696 头，双月断奶仔猪 663000 余头，育肥猪 630000 余头，占全州出栏肥猪数的 66.54%。按照贵州省农业厅农牧业成果经济效益计算方法，对全州大面积普及生猪改良效益核算结果，在投入产出上，较未改良的仔猪增产 45.33%，肥猪增产 31.35%，投入产出比为 1:1:66。1984 年至 1990 年生猪改良由 23 个发展到 233 个；生猪杂交改良由 7300 余头发展到 91700 余头；产杂交仔猪由 58700 余头发展到 933700 余头；覆盖面由 81 个乡镇发展到 289 个乡镇。1992 年至 1996 年先后主持参与“黔东南大面积推广生猪改良技术”“贵州推广良种鸡蛋及配套增产技术”等项目，两次获得农业部全国农牧渔业丰收三等奖，两次获得贵州农业丰收一等奖。被农业部畜牧兽医司授“全国畜禽品种改良先进工作者”称号。

1988 年获高级畜牧师职称，享受贵州省政府津贴。

2014 年程秉麟因病医逝世，享年 77 岁。

毛克翕

（1931. 03—2014. 04）

毛克翕，汉族，贵州余庆人。中共党员。1952 年于镇远干校毕业后分配在雷山县委宣传部工作。后被错划为右派送劳动教养。教养结束后安排在雷山县农资公司工作。在雷山县农资公司工作期间创办过农药厂。1980 年调雷山县科委工作。同年 11 月他带领 40 多名工人，经两年的努力，将荒芜的 500 亩老茶园全部垦复，办起了茶叶加工厂。生产的“银球茶”“天麻茶”“清明茶”“云雾绿茶”。1983 年被评为“轻工系统优秀新产品”，1988 年和 1991 年分别获得国家发明专利。1984 年雷山县人民政府任命毛克翕为县饮料厂厂长。其间，他一手抓饮料厂的技改，一手抓茶叶的创新。1985 年 10 月被推选为“贵州省各界人士为四化服务先进代表”。1985 年至 1990 年被轻工业部、林业部聘为茶叶评委，跻身于 17 位茶叶专家组成的评委之中。1989 年 8 月被评为“全州科协先进个人”。1989 年担任雷山县银球茶叶公司经理，1990 年至 1991 先后荣获“全州科协先进个人”“雷山县专业技术拔尖人才”“州首届科技兴州奖”雷山县“科技先进工作者”等。银球茶特种绿茶创制工艺工研制项目获“贵州省科学技术进步三等奖”“轻工部优质产品奖”“外交部馈赠礼品”“全国食品行业名牌产品”等。2006 年至 2007 银球茶叶公司被贵州省国家税务局、地方税务局评为“A 级纳税大户”。2007 年至 2012 年“毛克翕”商标连续被授予“贵州省著名商标”称号。2007 年至 2009 年，雷山县银球茶叶公司先后被中共雷山县委、雷山县人民政府授予“茶叶产品研发优秀单位”“先进企业”称号；黔东南州人民政府授予毛克翕“黔东南州民族民间文化优秀传承人”称号。2010 年、2012 年分别荣获第十七届上海国际茶文化金奖和中国上海茶博会特别金奖。

毛克翕于 1992 年起享受国务院特殊津贴。

2014 年 4 月毛克翕因病逝世，享年 83 岁。

附　录

一、历史文献

中共黔东南州委　黔东南州人民政府
关于大力发展个体私营经济的决定（摘要）

（州党发〔1994〕5号）

一、解放思想，把发展个体、私营经济作为我州民族自治地方改革开放试验区建设和发展经济的一个重要突破口来抓。各级党委、政府和各部门要排除“左”的干扰和传统观念的束缚，用“三个有利于”的思想来指导个体、私营经济发展工作。将个体、私营经济纳入地方经济发展规划。集中精力，采取措施，大力发展。

二、加强党委和政府对个体、私营经济工作的领导。各县市要成立发展个体、私营经济领导小组（下设办公室，办公室设在工商部）。要做好调查研究，及时解决个体、私营经济发展过程中出现的问题和困难。

三、要加快个体、私营经济的发展速度。对个体、私营经济的发展实行先放开，后管理、先发展、后规范的政策。放心、放胆、放手扶持个体、私营经济的发展，促进全州个体工商户、私营企业户数、从业人员数迅速增长。

四、扩大个体、私营经济的主体范围。鼓励党政机关的离退休干部从事个体经营和开办私营企业。企事业单位工作人员（不含教育、卫生工作人员）经批准可以从事第二职业或停薪留职发展个体经济和开办私营企业，或到个体、私营企业工作。党政机关工作人员（不含公、检、法、工商、税务、财政、纪检、监察机关工作人员，不含在职的副县级以上领导干部）经批准可在不影响工作的情况下利用休息时间从事个体经营。

五、放宽个体工商户、私营企业经营的经营范围。除国家禁止和限制个体工商户、私营企业经营金融，军、警、执法机关的制服、标志、文物、枪支弹药和爆破器材，麻醉药品以及毒品等行业和品种以外，其余的都允许个体工商户、私营企业经营。

六、放宽个体、私营经济的经营方式。允许个体工商户、私营企业跨行业经营和从事批发业务，可以与国有企业，集体企业实行多种形式的联合经营，开展代购、代销、代加工、代储、代运业务，可以承包、租赁、兼并、购买国有企业和集体企业。

七、简化个体工商户、私营企业的开业登记手续。对申请从事个体经营和非法人私营企业的，各级工商行政管理部门凭申请人居民身份证或户口簿（饮食业必须有健康证，运输业必须驾证）就可受理，受理七天内领取营业执照。办理只有法人的私营企业，只要提交二万元以上的验资证明即可领取营业执照，开业后有关行业经营证件，可在开业三个月内补办主营业执照。办理手续要从简，受理七日内要办妥。外地客商来黔东南投资生产或经营的，在办理证照及其他方面与本地的一视同仁。

八、鼓励个体、私营经济向生产和加工行业发展。对新创办的从事生产、加工的个体工商户和私营企业，对出口创汇产品和经有关部门鉴定为高新技术的产品，在开办初期，可适当减免征收营业税和所得税。

九、坚决制止乱收费、乱摊派，乱罚款，切实减轻个体工商户、私营企业的负担。州内各部门自定的向个体、私营企业收取的行业收费一律取消，需保留的要报州政府批准。对省政府及其授权部门以上单位规定收取的行业性费用，实行税费负担卡制度。

十、凡到州内从事个体经营和开办私营企业的外来投资者，其子女入学要与本地的一视同仁，就地入学、就地参加考试。

十一、积极培育社会主义市场体系。继续执行有关市场建设的优惠政策，谁投资、谁所有、谁经营、谁受益，鼓励企事业单位、乡镇、村、个人投资、集资、引资建设和经营市场，扩大城乡市场规模。要兴建一些大型的综合市场和批发市场。要发展自由贸易市场，在自由贸易市场内实行封闭式完全放开的原则进行经营。撤销各种乱设（即未经省政府批准设立的）的关卡、检查站，促进商品流通。

十二、采取多种渠道解决个体、私营经济发展中周转资金短缺的问题。各级金融部对个体工商户、私营企业的信贷要与国有、集体企业一视同仁，扶持个体、私营经济的发展。要发展城市信用社，储集资金，为个体、私营经济的发展服务。要设立个体、私营经济发展基金，多渠道筹资，实行有偿使用，支持个体工商户和私营企业的发展。

十三、各部门要各司其职，加强对个体工商户和私营企业的管理。不得利用行政权力搞行业垄断经营，不得强行推销任何物品。除工商行政管理机关外，其他任何单位和个人都不得收缴和吊销营业执照。

十四、对个体工商户、私营企业生产经营所需的土地、电力等，有关部门要根据城镇规划和加快个体、私营经济发展的要求给予解决，价格和收费要与国有、集体企业同等对待。

十五、对个体工商户、私营企业参加产品鉴定、技术等级和专业技术职务评定，要与国有、集体企业一样对待，具体申报程序，由各级个协和私协根据有关行业管理部门的要求，分别报有关部门审定批准。

十六、要提高个体工商户、私营企业的地位。要推选一些治素质好的具有代表性的工商业者、私营企业主担任各级人大代表、政协委员、参政议政，使之成为党和政府联系非公有制经济的代表人士。贫困地区可以选拔一些优秀个体经营者和私营企业主担任村级行政领导。

十七、加强对个体工商户、私营企业主的职业道德教育。提倡公平竞争，打击制售假冒伪劣商品、欺行霸市、掺杂使假、短尺少秤、哄抬物价等不正当竞争行为，保护消费者和经营者的合法权益。有关部门要组织个体工商户、私营企业开展爱国、敬业守法和“重合同、守信用”、“质量、计量信得过”等活动，使之健康发展。

十八、各级工商管理机关要加强对个体劳动者协会、私营企业协会的指导，使之充分发挥自我服务、自我管理、自我教育的作用，提高个体、私营企业者的素质。工商联要积极做好个体工商户和私营企业主的思想政治工作，引导他们爱国敬业，遵纪守法，文明经商，照章纳税，为发展社会主义市场经济做出贡献。

十九、积极鼓励个体工商户、私营企业者在自愿的基础上投资兴办公益事业，带领和帮助更多的人共同致富。

中共黔东南州委　州人民政府
关于我州调整农业生产结构的意见（摘要）

（州党发〔2000〕5 号）

为实现我州农业生产结构调整和优化，推进农业产业化进程，提高我州农产品的质量和效益，现就我州农业生产结构的调整，提出如下意见：

一、调整农业生产结构的指导思想和原则

调整农业生产结构的指导思想是：面向市场，依靠科技，抓点带面，突出特色，产品调优，规模调大。

调整农业生产结构应坚持的原则是：

——坚持以市场为导向的原则。各地首先要立足于本地市场的需求，在此基础上，还要研究和瞄准国内国际市场的需求动态，以此制定各种农产品的生产发展方案，提高我州农产品的市场竞争力。

——坚持产业化发展的原则。做到生产、加工、贮藏、流通四个环节一起抓，建立起市场牵“龙头”、“龙头”带基地，基地连农户的生产经营机制，促进农业产业化的健康发展。

——坚持稳定粮食生产，积极发展多种经营的原则。在稳定粮食生产的基础上，积极发展多种经营，以确保农村经济持续稳定协调发展。

——立足本地资源优势的原则。各地要因地制宜地发展本地特色农产品，使之尽快形成支柱性产业，变自然优势为经济优势，切忌不顾本地条件的盲目仿照和低质重复发展，造成资源浪费。

——坚持兼顾生态农业建设和可持续发展的原则。在大力抓好常规农业生产的同时应兼顾抓好生态农业建设，积极实施好坡改梯工程，保护好耕地，25 度以上的坡地逐步退耕还林、还草，使农业生产和保护生态环境进入良性循环的发展轨道，实行可持续发展战略。

——坚持科技进步的原则。通过品种改良、新品种开发和当地特色品种的挖掘以及推广应用先进的农业适用技术，从而推动我州农业生产向高产、优质、高效方向发展。

二、农业产业结构调整的内容、重点和目标

（一）种植业

我州是以种植业为主的州，要提高种植业的比较效益，就必须根据我州实际，在隐定粮食生产的前提下，积极发展多种经营，要在改良品种，提高质量上下功夫，建优质农产品基地。

1. 优质米生产基地。2000 年全州计划实施优质米生产基地 30 万亩，其中从江 4 万亩，天柱 3 万亩，黎平、榕江、黄平各 2.5 万亩，三穗、岑巩、镇远、锦屏各 2 万亩，麻江、凯里，丹寨各 1.5 万亩，施秉、台江各 1 万亩，雷山、剑河各 0.5 万亩，到“十五”期末全州优质米生产基地达 85 万亩。

2. 优质玉米基地。2000 年发展优质玉米 7 万亩，其中镇远 1 万亩，麻江 0.8 万亩，凯里、雷山、丹寨、黄平、施秉、三穗、天柱、锦屏、黎平、从江等县各种植 0.5 万亩，岑巩、从江各 0.1 万亩。发展优质玉米应重点发展优质蛋白玉米，为优质饲料提供优质原料，从而为提高我州养殖业比重奠定基础，到“十五”期末全州优质玉米基地发展到 36 万亩。

3. 脱毒薯类基地。2000 年种植脱毒马铃薯 15 万亩，其中剑河种植 3 万亩，雷山、台江各种植 2 万亩，黄平 1.5 万亩，麻江、施秉、岑巩、丹寨、天柱、榕江各种植 1 万亩，黎平、从江分别为 0.3 万亩和 0.2 万亩。到“十五”期末脱毒马铃薯面积达 50 万亩以上，另外，应积极做好脱毒红薯的引种试验示范工作，2000 年计划推广 2 万亩，到“十五”期末争取脱毒红薯面积达 22 万亩。

4. 优质油菜生产基地。2000 年全州种植优质油菜 27 万亩，其中黄平、镇远、锦屏各 4 万亩、施秉、黎平各 3 万亩，岑巩 2 万亩，榕江 1.5 万亩，凯里、麻江、三穗、天柱、丹寨各 1 万亩，从江 0.5 万亩，到“十五”期末全州优质油菜种植面积达 69 万亩以上。

5. 蔬菜生产基地。2000 年全州计划实施破季节蔬菜栽培 5.5 万亩，其中凯里、麻江各 1 万亩，榕江 0.9 万亩，从江 0.5 万亩，锦屏、黎平各 0.4 万亩，黄平、天柱、三穗各 0.3 万亩，施秉、岑巩各 0.2 万亩，到“十五”期末全州破季节蔬菜规模达 14 万亩。

6. 优质果品基地。在林种结构调整上，要大力发展优质果品。2000 年全州建立优质果品基地 10 万亩，其中在从江、榕江、黎平、锦屏、天柱、岑巩、镇远、施秉等县建优质柑橘基地 5 万亩，在台江、雷山、凯里、麻江等县建优质梨基地 2 万亩，在剑河、雷山、丹寨等县建优质猕猴桃基地 1 万亩，在岑巩、麻江等县发展优质薄壳核桃 0.5 万亩，在凯里、麻江等县建优质时鲜水果基地 1.5 万亩。到“十五”期末全州优质果品基地达 60 万亩以上。

7. 优质竹、笋两用基地。在林业结构调整上，要大力发展优质竹、笋。2000 年全州要建立优质竹笋两用基地 3 万亩，到“十五”期末全州优质竹、笋两用基地要达 100 万亩以上。

8. 优质茶叶基地。2000 年新建优质茶园和改造低产茶园 5.5 万亩，其中黎平 3 万亩，雷山 0.8 万亩，丹寨 0.5 万亩，岑巩 0.4 万亩，台江 0.3 万亩，黄平 0.2 万亩，镇远、锦屏、剑河各 0.1 万亩，力争到“十五”期末，优质茶叶基地达 21 万亩以上。另外，在岑巩、台江等县开发地方特色苦丁茶生产基地 1000 亩，年加工优质苦丁茶系列产品 50 吨以上。

9. 烤烟生产基地。在稳定现有种植面积的基础上稳步发展，提高产量和质量。2000 年全州计划种植烤烟 15 万亩，其中麻江、施秉各种植 4 万亩，黄平 3 万亩，凯里 1 万亩，镇远 1.5 万亩，天柱、丹寨、岑巩各 0.5 万亩。到“十五”期末全州烤烟种植面积稳定在 18 万亩左右。

10. 天然药物生产基地。各地应充分利用丰富的山地资源，加大天然药物生产力度，使之成为我州农村经济的重要产业和经济增长点。2000 年全州天然药物基地计划发展 5.5 万亩，其中施秉 2 万亩，黎平 1 万亩，岑巩、锦屏各 0.5 万亩，黄平 0.4 万亩，三穗 0.3 万亩，雷山、丹寨、榕江各 0.2 万亩，天柱 0.1 万亩。到“十五”期末全州天然药物生产基地达 30 万亩。

11. 魔芋生产基地。各县应因地制宜地发展魔芋生产。2000 年全州以雷山、黎平等县为重点，计划种植魔芋 2 万亩。到“十五”期末，全州魔芋生产基地达 9 万亩。

（二）畜牧业

要继续推广普及“四良四改三提高”的实用养殖技术，大力改良畜禽品种，完善畜牧兽医体系建设，提高饲养技术和疫病防治水平，建立饲料加工业。

1. “三元”肉型商品猪基地。2000 年全州计划出栏瘦肉型商品猪 5.6 万头，其中岑巩 1 万头，天柱、麻江、丹寨各出栏 0.6 万头，从江 0.5 万头，施秉、三穗、锦屏各出栏 0.4 万头，黄平、台江各 0.3 万头，凯里 0.2 万头，雪山、黎平、榕江各出栏 0.1 万头。到“十五”期末全州年出栏达 47 万头以上。

2. 香猪生产基地。在从江、榕江、剑河等县建成香猪生产基地，2000 年计划出栏香猪 30 万头。到“十五”期末年出栏香猪达 67 万头。

3. 黄牛生产基地。2000 年全州计划出栏 16 万头，其中黎平、从江各 2.8 万头，榕江 2 万头，剑河 1.9 万头，黄平 1 万头，三穗 0.8 万头，凯里、锦屏各 0.7 万头，台江、镇远各 0.6 万头，天柱 0.5 万头，丹寨、雷山、施秉、岑巩各 0.4 万头。到“十五”期末全州年出栏达 35 万头。同时在全州推广以西门塔尔、利木赞等品种为主的牛冻配改良。到“十五”期末全州年出栏改良商品肉牛 1 万头以上。

4. 香羊生产基地。2000 年初步建成出栏 2 万只香羊商品基地，榕江、雷山各出栏 1 万只。到“十五”期末达年出栏 25 万只的生产规模。与此同时，积极引进南江黄羊、马头羊等优质良种羊进行品种改良，提高羊群的综合生产能力，逐步建成山羊生产基地。2000 年计划出栏商品羊 16 万只，其中镇远、从江、剑河各出栏 3 万只，岑巩出栏 2.2 万只，天柱、黎平各出栏 1 万只，黄平、施秉、丹寨各出栏 0.6 万只，凯里、锦屏各出栏 0.5 万只。到“十五”期末全州年出栏商品羊达 53 万只。

5. 麻、骡鸭生产基地。2000 年计划在三穗、天柱建成年出栏麻鸭和骡鸭 360 万只的商品基地，其中三穗麻鸭 60 万只，天柱骡鸭 300 万只，到“十五”期末麻鸭、骡鸭年出栏达 700 万只以上。

（三）渔业

1. 稻田养鱼生产基地。重点推广稻鱼工程技术，2000 年全州推广稻鱼工程面积 1.16 万亩，其中麻江 3000 亩，榕江 1500 亩，黎平、凯里、三穗各 1000 亩，从江、剑河各 800 亩，施秉、黄平、丹寨、台江各 500 亩，岑巩、天柱各 200 亩。到“十五”期末，全州稻鱼工程面积达 12 万亩。

2. 特色养殖基地。充分挖掘本地资源，积极稳妥地发展我州特色品种月鳢（七星鱼）和棘胸蛙（石蚌）的养殖；同时利用现有的山塘水库资源发展高附加值的银鱼养殖。到“十五”期末，全州特种水产养殖产值占渔业总产值的 30% 以上。

通过上述结构调整，将进一步提高我州农业经济效益，计划达到以下目标（1）农业总产值（1990价）。1999年30.34亿元，2000年32亿元，比1999年增长5.47%；2005年39亿元，比1999年增长28.54%。（2）养殖业产值。1999年8.14亿元，2000年9.19亿元，比1999年增长68.3%。养殖业产值占农业总产值比重，1999年占26.83%、2000年占28.72%、2005年占35.13%。（3）农民人均纯收入。1999年1290元，2000年1450元，比1999年增长12.4%；2005年1980元，比1999年增长53.49%。农民人均现金收入，1999年850元，2000年950元，比1999年增长11.76%；2005年1590元，比1999年增长87.06%。其中，来源于养殖业的部分，1999年290元，占农民现金总收入34.12%，2000年360元，比1999年增长24.14%，占农民现金总收入37.89%；2005年670元，比1999年增长131.03%，占农民现金总收入42.14%。

三、调整农业生产结构的措施

（一）解放思想，更新观念，加大农业生产结构的调整力度

各级领导应解放思想，更新观念，提高对农业生产结构调整的认识，要克服温饱即安、小富即安的思想观念，加大农业生产结构调整力度。首先要转变只注重抓粮食生产的传统观念。在稳定粮食生产的前提下，充分发挥我州农业资源优势，因地制宜，大力发展多种经营，提高农业的整体综合经营效益；二是要转变只注重数量不注重质量的观念。要从数量型向数量和质量并重转变大力开发我州特色农产品，做到人无我有、人有我优、人优我特，用我州优质特色农产品去占领市场和提高市场竞争力；三是要学习市场经济理论，研究市场规律，用市场规律指导农业生产结构调整。既要满足本地市场需要，又要瞄准国内外市场需求，进一步拓宽农业的发展领域，使我州农业不断摆脱资源和市场的双重约束，步人良性发展轨道。

（二）认真落实有关优惠政策，促进农业生产结构的调整

各级政府和有关部门对中央、省、州已出台的有关优惠政策，要用好、用活、用足，认真抓好落实，确保农业生产结构调整的顺利实施。

（三）切实办好高产优质示范样板，促进农业科技进步

要大力开展农民适用技术培训，不断提高劳动者的科学文化素质。2000年全州计划培训40万人次，2005年培训100万人次，力争全州每户至少有一人掌握一门以上先进适用技术。同时，各级农业和科技部门应根据各地的实际务必抓好各类基地建设，并着力办好1—2个示范点，以点带面，推动基地建设的发展。各级相关业务部门要抓紧组织有关人员编写各类“两高一优”项目实施方案和各产业的高产优质技术和组装配套措施，大力推广先进适用技术，不断提高农业生产的整体科技水平。

（四）加快沼气生态农业建设，促进“两高一优”农业发展

发展沼气，能为广大农户提供充足的燃源，解决生活用能问题通过节约薪柴保护森林植被，确保天然林保护工程的实施；通过有机肥料的科学处理，净化农村环境，作为搞好农业环保的一项重要措施。为此，我们要大力推广“猪—沼—果”“猪—沼—粮”“猪—沼—菜”“猪—沼—鱼”等新技术。2000年全州计划建沼气池3万口，2005年建25万口，2010年建50万口，努力实现全州60%的农户用上沼气的目标。

（五）加强优质农产品商品基地建设和加工转化

加大各类优质农产品生产基地建设力度，要通过科学规划，合理布局，立足高起点、高档次、高标准、高质量搞好优质农产品基地建设。同时，要以市场为导向，大力发展农产品加工业特别是精深加工业，加快对现有农产品加工企业的技术改造，不断提高加工能力的产品档次。鼓励支持多层次、多成分、多形式地发展农产品加工企业，允许农业产业化龙头企业和饲料生产企业到主产区建立生产加工基地。

（六）建市场抓营销，促进农产品的流通

农产品的流通不畅，是制约我州农业发展的重要因素。当前应着重抓住以下几个关键环节：一是采取优惠政策，引资、集资等多种方式吸纳资金扩建各地农贸市场，使之成为服务功能齐全的专业化市场。二是在农产品集中产区、沿边重镇、交通要塞地区建立有规模的农产品专业批发市场。三是大力发展和组织农村经济合作组织、专业协会、营销能人参与市场流通，鼓励单位和干部职工积极参与农产品促销。四是在大中城市和沿海地区创办窗口，加大宣传力度，提高产品的品牌知名度，建立营销网络，逐步向周边辐射，拉动我州农产品生产的发展。

（七）加大资金投入

要动员广大农民群众在农业生产结构调整中投资投劳，充分调动他们的生产积极性。各级政府和有关部门要按照事权划分的原则，加大对调整农业生产结构的投入力度。各项农业建设资金要调整投向，重点向优质高效农产品基地建设项目倾斜，积极扶持优质高产高效农产品生产和加工转化。金融机构要根据调整农业生产结构的要求合理调整贷款结构，适当增加农业贷款总量。农村信用社要坚持以农户为主要服务对象，支持农户调整农产品的生产结构。

（八）建立目标责任制

为加快农业生产结构调整步伐，各有关部门要明确职责，建立目标责任制，州农业局要负责抓好优质米、优质油菜、优质玉米、脱毒薯类、破季节蔬菜和养殖业生产基地的实施；州林业局着重实施好优质水果基地建设；州供销社抓好优质茶叶基地的实施；州经贸局抓好天然药物生产基地的实施；州烟草局抓好优质烤烟生产基地实施；州乡镇企业局抓好魔芋生产基地建设和魔芋精粉加工；州农业办公室抓好农民技术培训。各有关部门要明确专人负责这项工作，并列入目标考核内容。同时各部门要互相配合，共同把我州农业生产结构调整工作抓出成效。

（九）加强领导，搞好服务

各级政府和有关部门要适应农业发展新阶段的要求，抓住机遇，把调整农业生产结构作为一件大事来抓，列入重要议事工程。加强领导，转变职能，把工作重心切实转移到为调整农业生产结构提供指导和服务上来。要把结构调整作为一项重要扶贫工作来抓。各地要尽快制定规划，提出调整方案和实施意见，落实具体政策措施。粮食、物价等部门要积极支持优质米的发展。要加强农业服务体系建设，认真贯彻执行国办发〔1999〕79 号文件精神，充实健全农业“三站”，做到机构不乱，人员不散，网络不断，经费不减，切实稳定农业科技队伍。农业部门在办好优质米基地的基础上，要积极开展产、加、销一体化服务，要抓好“种子工程”“沃土工程”“植保工程”“兽防工程”项目建设，尽快建立优质农畜渔产品的种子种苗和种畜禽生产基地，为实施优质农产品生产基地提供可靠的保证。

中共黔东南州委　黔东南州人民政府
关于加强我州基层农业技术推广队伍建设的意见（摘要）

（黔东南党发〔2001〕4号）

农业技术推广队伍是农业社会化服务体系和国家对农业支持保护体系的重要组成部分，是实施科教兴农战略的重要载体，为切实加握基层农业技术推广队伍建设，充分发挥农业科技人员的积极作用，加快科技兴农步伐，推进我州农业和农村经济发展，特提出如下意见：

一、以“三个代表”重要思想为指导，进一步提高加强基层农业技术推广队伍建设重要性的认识

我州基层农业技术推广队伍在各级党委、政府的领导下逐步发展壮大，广大农业科技人员在农业生产第一线开展农业技术引进、试验示范和推广应用、传播农业技术、提高农民素质等方面做了大量工作，为全州农业和农村经济全面发展做出了积极贡献。但是，由于各方面的原因，我州基层农业技术推广队伍建设仍存在一些不容忽视的问题：一是少数地方农技推广机构“三定”工作不落实，农业推广业务无人抓；二是基层农技干部学非所用现象较普遍，部分乡镇站“创收”上缴任务重，难以集中精力开展农技推广业务；三是基础设施建设落后，设备简陋，工作、生活条件较差；四是有的地方农技人员工资不足额；五是基层农技人员知识更新缓慢，业务水平亟待提高；六是基层农技队伍的思想建设、作风建设需进一步加强；七是科技人才不足，科技成果试验示范困难较大。这些问题影响了基层农业技术推广队伍推广的稳定和农技人员的工作积极性，阻碍了农业科学技术向深度和广度推进，不利于农业和农村经济的发展。

科学技术是第一生产力。农业技术推广队伍是科学技术转化为农业现实生产力的主导力量。我州是农业州，抓好农业技术推广，是实现农业丰收，农村经济发展，农民增收目标的重要措施，因此，各级党委和政府要以“三个代表”重要思想为指导，进一步提高农业技术推广工作在农业发展新阶段中的重要性的认识，高度重视农业技术推广队伍的建设，采取有效措施，进一步加强和稳定基层农业技术推广队伍，确保农业技术推广工作顺利进行。

二、落实基层农技推广机构“三定”工作，抓好农技推广机构基础设施建设

为推进农业技术推广事业力发展，国家对基层农业技术推广的性质、人员编制、经费保障等作出了明确规定，各县（市）要认真贯彻落实，做好农业技术推广机构的定性、定编、定员工作，要按照中央“机构不乱、人员不散、网络不断、经费不减”的要求、规定人员编制，配足专业技术人员，各级人民政府要逐步提高对农技推广事业的投入，财政用于农业技术推广的资金应逐年增加，确保正常的业务经费和必要的基础设施建设的需要。

切实搞好基层农技推广站基础设施建设。过去已经修建好并明确属于农技推广机构所有或使用的办公用房及住房，一律不准挤占，已经挤占的必须无条件退还农技推广部门，新建的一律不准任何单位和部门挤占。

三、充分发挥农技人员的专业特长，切实解决好学非所用的问题

科学技术对农业生产的贡献，靠的是新技术的不断引进、试验示范和推广。在农业科技人员相对短缺的情况下，我州一些地方出现“学非所用”和“用非所学”的现象，已影响了农业技术推广专业的健康发展。各级党委和政府要采取相应措施充分发挥农技人员的专业特长，使其“学有所用”“各展所长”不要随意抽调农技人员从事其他工作。保证他们每年至少有9个月的时间从事专业工作。乡镇人民政府和县级业务部门要根据当地实际给农技人员定业务目标任务，做好工作安排和督促检查，使基层农技推广机构满负荷运转，做好试验示范和技术指导工作。

各级农业技术推广机构要积极探索和建立市场经济条件下的运行机制、服务目标要逐步由促进农产品数量增长向提高质量和效益转变，服务形式要由单一服务向综合服务拓展，服务内容要由产中服务向产前和产后服务延伸。在完成国家赋予的公益性职能的前提下，农业技术推广机构要充分利用自身优势和技术特长，不断拓宽服务领域，开展有偿服务，兴办经营主体，进一步增强其活力和实力。要围绕种子、化肥、农药、兽药、饲料、疫苗、农机具、沼气炉具及配件等农业生产资料经营，开展与技术指导相结合的多种形式的服务，在从事农资经营服务过程中要守法经营，确保质量，维护农业生产者的利益。

四、认真执行有关政策，充分调动农技人员的工作积极性

为了稳定基层农技推广队伍，鼓励农技人员到农业生产第一线直接为农民服务，各级党委和政府要认真贯彻落实国家已经出台的有关政策，切实把现有的技术骨干留在基层、把高素质的技术人员吸引到基层。

一是保障基层农技推广人员的工资待遇。基层农业技术推广机构的在编人员和离退休人员的工资，要列入财政统发工资范围，保证按时、足额发放。

二是到县以下农技推广机构工作的农技人员，可享受省委组织部、省人事厅《关于机关、事业单位有关工资问题的处理意见》〈省组通〔2000〕111号〉规定向上浮动一档工职务工资，连续工作满6年转为固定工资，并继续向上浮动一档职务工资，分配到县以下农技推广机构工作的大中专毕业生，不实行试用期，从起薪之日起享受转正定级的工资待遇。

三是贯彻落实人发〔1997〕107号文件《人事部、财政部、农业部关于调整农业事业单位有毒有害保健津贴和畜牧兽医医疗卫生津贴标准的通知》的规定，足额发放农业事业单位工作人员有毒有害保健津贴和畜牧医医疗卫生津贴。

四是贯彻落实国办发〔1999〕79号文件《国务院办公厅转发农业部等部门关于稳定基层农业技术推广体系意见的通知》规定的优惠政策，各级人民政府和有关部门要积极鼓励和支持农业技术推广机构兴办为农服务的经济实体，开展有偿服务。农技部门兴办为农服务的经济实体继续享受有关优惠政策，服务收入主要用于农技推广活动及改善单位职工生活条件，任何单位和部门不得以任何借口向农技推广机构摊派支出或强行提留，不允许给农技人员规定创收任务，要鼓励基层农技人员开展科技开发、科技承包并保护他们的合法收入。

五、建立基层农技人员继续教育制度和有利于农技人员充分发挥作用的激励、竞争机制

为适应新时期农业发展的需要，各级党委和政府要高度重视基层农技人员的继续教育，采

取各种方式鼓励基层农技人员在职参加学习，有计划地组织业务骨干外出培训，提高他们的业务素质，争取在5年内使在编农技人员70%以上达到大专以上水平。鼓励基层农技人员积极开展技术引进、试验示范的推广，提高新技术的普及率。县（市）和乡（镇）人民政府要定期对农牧部门和农技人员绩效进行评估，增产增效10%以上的，可根据贡献情况给予精神和物质奖励，成绩特别突出的给予重奖。

农技推广机构要深化人事制度改革，逐步打破用人制度上的任命制和分配制度上的“大锅饭”，建立严格考核、竞争上岗、按岗定酬，以绩付酬的机制。基层农技人员专业技术职称的评聘，要以工作业绩为主，对学历、论文、著作和外语水平要求要切合实际，对成绩显著，贡献突出的要优先评聘，并可破格晋升专业技术职务。已经评聘专业技术职务的农技人员，如工作不称职，连续两年年度考核不合格的，予以解聘。

六、抓好农技队伍的思想建设和作风建设，提高服务意识和服务水平

为农业服务、为农村服务、为农民服务是农业技术推广部门和农业科技人员的职责。各级农业行政主管部门要进一步加强农技推广队伍的思想政治建设和作风建设。广大农业科技工作者要认真学习和努力实践“三个代表”重要思想，进一步坚定为农服务的信念。在农业发展进入新阶段的形势下，为调整农业和农村经济结构，提高农业效益，增加农民收入提供科技支撑是农技推广工作的重点，也是时代赋予广大农业科技人员的历史重任。广大农业科技人员要进一步增强使命感和责任感，进一步转变工作作风，进一步提高服务意识和服务水平，深入实际、扎实工作、与时俱进、开拓创新，更好地为我州农业和农村经济发展服务。

七、切实加强对基层农技推广队伍建设工作的领导

加强基层农业技术推广队伍建设，是保障我州农业和农村经济快速健康发展的关键性措施，县（市）、乡（镇）两级党委、政府务必加强领导，切实加强对农业科技干部队伍的管理，真正把稳定和加强农业技术推广队伍的各项工作措施落到实处，充分发挥广大农技人员在富民兴州大业中的积极作用。

黔东南州农业产业化经营联席会议制度办公室
关于州农业产业化经营重点龙头企业认定
和运行监测管理暂行办法（摘要）

（2003年）

第一章　总　则

第一条　为了规范农业产业化经营化州级重点龙头企业的认定评审和运行监测评价，不断增强引导、服务职能，建立健全管理机制，全面推进我州农业产业化经营的健康快速发展，特制定本办法。

第二条 凡申报或被认定为农业产业化经营州级重点龙头企业的企业适用本办法。

第三条 农业产业化经营州重点龙头企业是指以农产品加工或流通为主业，通过各种利益联结机制与农户相联系，带动农户进入市场，使农产品生产、加工、销售有机结合，相互促进，在规模和经营指标上达到规定标准，并经州农业产业化经营联席会议认定的企业。

第四条 设立农业产业化经营州级重点龙头企业认定评审和运行监测评价专家组（以下简称“专家组”），遵循市场经济规律，引进竞争淘汰机制，坚持公开、公平、公正原则，开展对农业产业化经营州级重点龙头企业的认定评审和运行监测评价。

第二章　申　报

第五条 企业申报农业产业化经营州级重点龙头企业应具备以下基本标准和条件：

一、企业组织形式。依法设立的以农产品生产、加工或流通为主业，具有独立法人资格的企业。包括依照《中华人民共和国公司法》设立的公司，其他形式的国有、集体、私营企业以及中外合资经营、中外合作经营、外商独资企业，直接在工商行政管理部门登记开办的农产品专业批发市场等。

二、企业经营的产品。企业生产经营中农产品加工、流通的增加值占总增加值70%以上。

三、加工、流通企业规模。资产总额规模在1000万元以上，固定资产规模在500万元以上，近三年年销售收入1000万元以上。

四、农产品专业批发市场年交易规模在2500万元以上。

五、企业效益。企业的总资产报酬率应高于同期银行贷款利率，企业应不欠税、不欠工资、不欠社会保险金、不欠折旧、不亏损。

六、企业负债。企业资产负债一般应低于60%。

七、企业带动能力。企业与农户建立有可靠、稳定的利益联结关系，通过各种利益联结方式带动农户（特种养殖业和农垦企业除外）的数量一般应达到500户以上；企业从事农产品生产、加工、流通过程中，通过与农民订立合同、入股和合作方式采购的原料或购进的货物占所需原料量或所销售货物量的70%以上。

八、企业产品竞争力。在省内或州内同行业中企业的产品质量、产品科技含量、新产品开发能力居领先水平，主营产品符合国家产业政策、环保政策和质量管理标准体系，产销率达90%以上。

九、虽然暂时达不到上述农业产业化经营州级重点龙头企业基本标准，但具备下列条件之一的企业，也可以纳入州级重点龙头企业：一是有较强的科技创新能力，生产的产品属于新技术产品或绿色食品，可以促进或带动相关产业的形成；二是主营产品优势明显，出口创汇潜力大，推动农业结构调整能力强；三是有优势、有特色、有市场、带动面较大的特色产业或支柱产业。

十、申报州级重点龙头企业的企业，原则上应是农业产业化经营县（市）级重点龙头企业。

第六条 申报资格。凡符合第五条第一、二、三、五、六、七、八、九款要求的生产、加工、流通企业，或符合第五条第一、二、四、五、六款要求的农产品专业批发市场，可以申报农业产业化经营州级重点龙头企业。

第七条　申报材料。凡达到申报资格的企业，申报农业产业化经营州级重点龙头企业时，应按照第五条要求提供下列申报材料。

一、企业的基本情况、生产经营现状和发展规划。

二、企业所在县（市）农业产业化经营联席会议办公室或农业产业性经营主管部门签署审核意见和加盖公章的申报表。

三、企业注册登记所在县（市）工商行政管理部门复印的营业执照复印件和出具的企业信用情况证明。

四、企业所在县（市）税务部门出具的纳税情况和诚信纳税等级证明。

五、企业提供加盖当地工商和税务部门公章的，且与提交工商部门年检和税务部门年报相符的资产负债表和损益表。

六、企业所在县（市）农业局农经部门提供的带动能力和利益联结关系情况说明，以及相关材料（如与农户，订立的合同或协议等）。

第八条　申报程序

一、申报企业直接向企业所在县（市）农业产业化经营联席会议办公室或农业产业化经营主管部门提出申请，提交申报材料。

二、各县（市）农业产业化经营联席会议办公室或农业产业化经营主管部门，对企业所报材料的真实性进行审核后，按规定正式行文向州农业产业化经营联席会议办公室推荐、呈报，并附审核意见和相关申报材料。

第三章　认　定

第九条　由州农业产业化经营联席会议明确专家组成员名单，组建专家组，制定专家组工作办法以及州级重点龙头企业认定评审和运行监测评价评分标准。

第十条　州级重点龙头企业实行一年一次的认定制度，其认定程序是：

一、州农业产业化经营联席会议办公室先将各县（市）农业产业化经营联席会议办公室或农业产业化经营主管部门上报的企业有关申报材料，提交给专家组，专家组按照州级重点龙头企业认定评分标准进行评分、审查，提出审查意见后，报州农业产业化经营联席会议办公室。

二、州农业产业化经营联席会议办公室组织召开有关专家与相关州直单位负责人的评审会议进行评审，汇总评审意见，提出评审推荐报告，报州人民政府认定，经州人民政府网上公示7天无异议后，州农业产业化经营联席会议办公室发文公布企业名单，并颁发证书和授牌。

第十一条　经认定公布的农业产业化经营州级重点龙头企业，按照黔党发〔2002〕117号文件精神，享受有关优惠待遇。

第四章　运行监测

第十二条　对农业产业化经营州级重点龙头企业实行动态管理，建立竞争淘汰机制，做到可进可出，不搞“终身制”。

第十三条　建立州级重点龙头企业动态监测制度，及时了解企业的经营发展情况，做好运行监测评价，为企业的进出提供依据，为有关政策的制定提供参考。

第十四条 实行两年一次的监测评价制度，具体办法是：

一、企业报送基础材料。农业产业化经营州级重点龙头企业在进行监测年份的3月底之前，应将反映企业生产经营情况的基础材料报州农业产业化经营联席会议办公室。材料包括：农业产业化经营州级重点龙头企业情况统计表、企业提供加盖当地工商和税务部门公章的，且与提交工商部门年检和税务部门年报相符的资产负债表和损益表、营业执照复印件、工商部门出具的企业信用情况证明、税务部门出具的纳税情况和诚信纳税等级证明、县（市）农业局农经部门提供的企业与农户利益联系的证明以及享受优惠政策的落实情况等。第一次监测时间是在企业被认定为农业产业化经营州级重点龙头企业后的第三个年份。

二、专家评估。专家组根据企业报送的基础材料，按照州级重点龙头企业运行监测评价评分标准进行评分，提出评价意见。

三、提出监测情况报告。州农业产业化经营联席会议办公室根据专家组的评价意见，对州级重点龙头企业的运行状况进行综合分析，提出监测情况报告，报州人民政府审定，并将监测结果在州人民政府网上公告。

第十五条 动态监测合格的州级重点龙头企业，继续保留州级重点龙头企业资格，继续享受有关优惠政策；动态监测不合格的州级重点龙头企出取消其州级重点龙头企业资格，收回证书、牌匾，不再享受有关优惠政策。

第十六条 在不属监测评价的年份，州级重点龙头企业应将企业运行的基本情况，按有关报表要求统计汇总，于当年3月底之前报州农业产业化经营联席会议办公室。

第五章 附 则

第十七条 州级重点龙头企业及申报州级重点龙头企业的企业，应按要求如实提供有关材料不得弄虚作假。如有舞弊行为，一经查实，已经认定的企业取消其州级重点龙头企业资格，5年内不得再行申报；未经认定的企业取消其申报资格，5年内不得再行申报。

第十八条 对在申报、认定、监测评价过程中，不能坚持公开、公平、公正原则，有徇私舞弊行为的工作人员，主管机关要按有关党纪政纪规定予以严肃查处。

第十九条 州级重点龙头企业更改企业名称，需要对其州级重点龙头企业称号予以重新确认的，企业应出具工商行政管理部门的营业执照等更名材料，由州农业产业化经营联席会议办公室提出审查意见，提交州农业产业化经营联席会议审核确认。

第二十条 各县（市）农业产业化经营联席会议办公室或农业产业化经营主管部门可借鉴本办法，制定本县（市）农业产业化经营重点龙头企业有关管理办法。

第二十一条 本办法由州农业产业化经营联席会议办公室负责解释。

第二十二条 本办法自发布之日起施行。

中共黔东南州委办公室　黔东南州人民政府办公室关于印发《黔东南州农业委员会（中共黔东南州委农村工作委员会）主要职责内设机构和人员编制规定》的通知（摘要）

（黔东南党办发〔2010〕47号）

根据《中共贵州省委办公厅、贵州省人民政府办公厅关于印发〈黔东南自治州人民政府机构改革方案〉的通知》（黔委厅〔2009〕76号）和《中共黔东南州委、黔东南州人民政府关于州人民政府机构改革的实施意见》（黔东南党发〔2010〕12号），设立州农业委员会，为州人民政府工作部门。设立中共黔东南州委农村工作委员会（以下简称州委农工委），为中共黔东南州委派出机构，与黔东南州农业委员会合署办公。

一、职责调整

（一）将原州农业办公室、州农业局、州畜牧兽医局、州农业机械服务中心和州乡镇企业局（农产品加工）行政管理职责整合划入州农业委员会。

（二）将原州乡镇企业局承担的除农产品加工以外的行政管理职责交州工业和信息化委员会承担。

（三）加强州委农工委组织领导农业经济发展、农村社会建设、基层组织建设、精神文明和民主法制建设的职能。

（四）加强农产品产需调控，引导农业产业结构调整、促进农产品有效供给和总量平衡。强化对生态农业、循环农业、农业生物产业的指导服务和监督管理，促进农业资源合理配置和农业可持续发展。加强农产品和农业生产资料的质量安全监管，提升农产品质量安全水平。

二、主要职责

（一）负责全州农业和农村工作的组织领导及综合协调。贯彻执行党和国家有关农业农村经济工作的方针政策、法律法规，拟订全州种植业、畜牧业、渔业、农业机械化、农产品加工业、农垦等农业各产业和农村经济发展政策、发展战略、中长期规划，并组织实施；承担农村经济与社会发展预测及综合统计工作、组织起草农业农村工作、农村经济与社会发展综合性文件；提出处理农村改革和发展重大问题的原则和措施的建议；参与涉农的财税、价格、金融保险等实施办法的拟订；承担州委农村工作领导小组日常工作。

（二）承担完善农村经营管理体制的责任。提出深化农村经济体制改革和稳定完善农村基本经营制度的政策建议意见，指导农村土地承包、耕地使用权流转和承包纠纷仲裁工作；指导、监督减轻农民负担和村民筹资筹劳管理工作。指导农村集体资产和财务管理工作；拟订农业产业化经营的发展规划并组织实施，指导和扶持农业社会化服务体系、农村合作经济组织、农民专业合作社和农产品行业协会的建设与发展。

（三）指导全州农业生产。组织落实促进主要农产品生产发展的相关政策措施，指导农业标准化、规模化生产，引导农业产业结构调整和农产品品质改善；提出农业固定资产投资规模和方向、州级发展农业的财政性资金安排建议；编报部门预算并组织执行；提出扶持农业农村发展的财政政策和项目建议；配合有关部门组织实施农业综合开发和基本农田建设项目。

（四）承担农业产前、产中、产后一体化发展工作。组织拟订农产品加工业发展规划并组织实施：指导农产品加工业结构调整、技术创新和服务体系建设；研究制定农业生产资料、主要农产品市场体系建设与发展规划；培育、保护和发展农产品品牌。

（五）承担提升农产品质量安全水平的工作。负责农产品质量安全风险评估和农产品质量安全监测，发布有关农产品质量安全信息；指导农业检验检测体系建设；依法实施符合安全标准的农产品产地认定和产品认证；负责农产品质量安全的监督管理。

（六）依法开展有关农业生产资料行政许可及监督管理。实施农作物种子（种苗）、草种、种畜禽、农药、兽药、饲料，饲料添加剂的许可及监督管理；负责渔船、渔机、网具的监督管理；开展兽医医疗器械和有关肥料的监督管理；指导农业机械化发展和农机安全监督。

（七）负责动物重大疫病及农作物重大病虫害防控。起草动植物防疫和检疫的实施办法并指导实施，指导动植物防疫和检疫体系建设；组织、监督州内动植物防疫检疫工作，发布疫情并组织扑灭；组织植物检疫性有害生物普查；承担外来引进农作物种子（种苗）检疫审批工作；负责兽医医政，兽药药政监督管理工作。

（八）承担农业防灾减灾工作。监测、发布农业灾情；组织开展种子、化肥等救灾物资储备和调拨工作；提出农业生产救灾资金安排建议；指导农业紧急救灾和灾后生产恢复。

（九）管理农业和农村经济信息。监测分析农业和农村经济运行，发布农业和农村经济信息；开展相关农业统计工作；负责农业信息体系建设，组织开展农业信息服务。

（十）指导农业科技创新和技术推广。拟订农业科研、农技推广的规划、计划并组织实施，会同有关部门组织州农业科技创新和农业产业技术体系建设；组织实施农业领域应用技术研究、科技成果转化和技术推广；负责农业产业科技成本管理，组织引进农业先进技术；负责农业动植物新品种保护、农业转基因生物的生产加工许可和安全监督管理；指导农技推广体系改革与建设。

（十一）负责农业农村人才队伍建设。会同有关部门拟订农业农村人才队伍建设规划并组织实施，指导农业职业教育和职业技能开发，组织农村实用人才和农村劳动力转移培训等工作；会同有关部门组织农业管理干部和技术人员的教育培训；会同有关部门实施农业农村专业人员从业资格管理，负责农民技术职称评定工作。

（十二）负责农业资源区划和资源保护工作。指导农用地、渔业水域、草原、宜农滩涂、宜农湿地以及农业生物物种资源的保护和管理，负责水生野生动植物保护工作；拟订耕地及基本农田质量保护与改良措施并指导实施，依法管理耕地质量；运用工程、农艺、农机、生物等措施，发展资源节约型环境友好型农业；会同有关部门处理重大渔事纠纷，维护淡水管辖水域渔业权益；行使渔船检验和渔政、渔港监督管理权。

（十三）负责农业生态和农村能源有关工作。制定并实施农业生态建设规划；指导农村可用再生能源综合开发与利用，指导农业生物产业发展和农业农村节能减排；指导农业面源污染治理；指导生态农业、循环农业发展；负责保护渔业水域生态环境，牵头管理外来物种。

（十四）协调农业各产业和农村经济发展；指导农村二、三产业发展，扶持发展农产品加工流通业、乡村旅游等服务业。

（十五）组织和指导全州社会主义新农村建设。提出农村社会事业发展建议意见，并协调相关事项；组织开展新农村建设试点工作；参与农村社会发展、基层组织建设、精神文明建设和民主法制建设相关工作。

（十六）承办农业涉外事务。组织开展对外农业贸易和经济、技术交流，协助有关部门组织实施农业外援项目。

（十七）承办州委、州政府和省农业委员会（省委农工委）交办的其他事项。

三、内设机构

根据上述职责，州农业委员会（州委农工委）设 17 个内设机构：

（一）办公室。

协助农委领导处理机关日常工作；负责机关政务、文电、会务、机要、档案、保密、信访、政务公开、信息服务、后勤保障、制度建设、议案提案办理、综合性文稿起草、社会治安综合治理、安全生产、综合协调和督促检查工作；承担重大突出事件应急综合管理工作。

（二）人事科。

负责农委机关和直属单位的机构编制、干部人事管理、劳动工资、教育培训等工作，并指导所属单位的上述工作拟订农业系统人才队伍建设规划，并会同有关部门指导实施；协同有关部门组织开展全州农业系列专业技术服务任职资格、农业行业技术工人等级考核和农民技职称评审推荐工作；负责管理农委机关行政、事业、企业的干部人事档案。

（三）政策法规和宣传科。

负责全州农业和农村工作的内部联络和综合协调；组织开展调查研究并提出农业发展建议意见；承办农业农村工作、农村经济与社会发展综合性文稿的起草工作；参与调查研究涉及农业农村改革和发展重大问题并提出处理的原则和措施建议；参与农村政策法规执行情况的督促检查；指导全州农村固定观察点的工作；承担农业法制建设，农业行政执法能力建设和农业行政执法监督、检查；组织农业法律、法规的宣传、普及；指导全州农业综合执法（相对集中行政处罚权）和农业行政许可工作；承担行政复议行政应诉、行政赔偿等工作。拟订农业宣传工作计划、方案，并组织实施；指导机关和所属事业单位的宣传工作；配合有关部门抓好党在农村的路线方针政策宣传、围绕农业农村工作重点和中心任务组织专题宣传报道；总结并宣传农业及农村工作的重大举措和典型经验；承担农业新闻发布和对外宣传工作；承担委属宣传的对外联络和对协调工作。承担州委农村工作领导小组办公室日常工作。

（四）科技教育科。

拟订农业科技发展中长期计划并组织实施；承办农业产业技术体系、农技推广体系建设相关工作；综合协调农业产业技术开发、科研成果转化及示范推广工作；承担农业科技成果管理工作；依法实施农业知识产权、农业动植物新品种保护和外来物种管理；负责农业转基因生物安全管理工作；参与农村实用人才培训工程、指导农业职业教育、农民从业技能和农村劳动力转移就业培训工作。管理全州农业系统学会。

（五）资金监督管理科

参与研究提出有关农业、农村经济发展的财政、税收、信贷和保险等政策建议；编报本部门预算、决算并组织执行；负责机关及所属单位的财务会计制度建设、资金（资产）管理与监督以及绩效评价工作；提出机关和所属事业单位财政性资金使用的建议并组织实施；负责机关和所属事业单位农业财政预算资金、专项资金、项目资金的管理与安全；负责指导和监督所属事业单位财务、国有资产和政府采购管理工作；负责指导全州农业行业财务会计工作；负责专项审计调查和内部经济制度执行情况的督查，协调配合行业审计工作；负责对支农、惠农等涉农专项资金使用的监督、检查。

（六）市场信息和农产品质量安全监管科。

拟订农业和衣村经济信息体系、大宗农产品市场体系建设规划并组织实施；承担农业农村经济信息收集、管理、发布和信息服务工作；负责全州农产品市场和农机市场进行监测和预测；指导全州农业部门（农牧渔农机等）信息体系建设和农委门户网站建设工作；负责监测分析农业和农村经济运行工作；监测、发布农业灾情；承担农情信息调度工作。承担农产品质量安全监管工作；拟定农产品质量安全品监管工作中长期规划和年度计划并组织实施；依法开展农产品质量安全风险评估；承办有关农产品质量安全信息发布；负责农产品质量安全监测；承担农业检验监测体系建设工作；依法实施符合安全标准的农产品认定、产品认证和农产品质量安全监督管理。

（七）农业生态和农村能源科。

负责农业生态、农村能源有关工作。拟定农业生态、农村能源中长期规划和年度计划并组织实施；指导农村可再生能源综合开发与利用、农业生物产业发展，农业农村节能减排和农业面源污染治理工作；协调和监督农用地、宜农滩涂，宜农湿地及农业生物物种资源的保护与管理工件；承担农业生态环境监测、基本农田保护区环境质量监测；指导生态农业和循环农业发展工作。

（八）农村经济经营管理科。

提出稳定和完善农村基本经营制度的政策建议；指导农村土地承包、耕地使用权流转和承包纠纷仲裁管理工作；指导农村集体资源产业和财务管理工作；指导、监督减轻农民负担和村民筹资筹劳管理工作；指导农业经济行业协会（农业专业合作社）工作；参与农村综合改革有关工作；指导农业产业化经营与发展，做好州级农业产业化龙头企业的认定、命名、管理等有关工作。

（九）新农村建设和社会发展科。

提出有关社会主义新农村建设与农村社会事业发展政策建议、拟订中长期计划和年度计划并组织实施；联系、协调州委农村工作领导小组成员单位和各部门参与社会主义新农村建设的有关工作；对全州社会主义新农村建设工作进行指导、督促和检查；组织开展省、州、县（市）级新农村建设试点、示范工作；对社会主义新农村建设专项资金提出分配方案并监督使用；负责全州新农村建设工作情况收集和上报；参与农村社会事业发展、基层组织建设、精神文明建设和民主法制建设；参与农民文化体育、农村“计生三结合”、机关定点帮扶等工作。

（十）农业生产和农村服务业发展科。

负责农产品生产发展和良种、粮食补贴等相关政策措施的贯彻落实。提出粮油和经济作物发展中长期规划和年度计划并组织实施；指导农业生产合理布局和标准化、规模化生产，引导农业产业结构调整和产品品质改善；承办耕地保护、改良和补偿工作；负责种植业生产救灾工作；负责救灾备荒种子的储备和调拨；负责农作物病虫害防控体系建设和植物检疫性有害生物普查；依法开展农药、农作物种子（种苗）行政许可；参与粮油产品及相关产品质量安全监管工作。提出农村服务业发展和引导农民创业就业政策建议。拟订中长期规划和年度计划并组织实施；指导发展乡村旅游、观光农业、农产品流通和农村商业等农村第三产业；承担农村第三产业调查研究与数据统计工作；指导农村第三产业重大项目建设工作；组织起草发展农村第三产业的综合性文稿。提出农产品加工企业发展和引导农民创业就业政策建议，拟订中长期计划和年度计划并组织实施；指导农产品加工业结构调整、技术创新和服务体系建设；承担农产品加工企业发展的重大项目建设工作；组织起草发展农产品加工企业的综合性文稿。

（十一）农业产业化办公室（农口系统联席会议办公室）。

内设规划项目科。基地建设协调指导科（现代烟草产业发展办公室、茶叶产业发展办公室），均为正科级。

1．规划项目科。

参与研究制定农业和农村经济发展中长期规划、农业招商项目和农业重点项目发展规划的编制等工作，并组织实施；拟订农业固定资产投资规模和方向及基地建设、技术改造等项目的规划、计划，提出州级支农财政性资金安排建议并监督使用；负责农业各产业重点项目的综合平衡、申报审核，提出立项建议并监督实施；指导农业资源区划工作。组织协调省内外农业经济技术交流与合作；收集、研究省内外农业信息和发展动态；拟订农业利用外资和招商项目规划，并提出有关政策建议；指导农业外资企业发展、管理农业引进项目和农业外援项目；组织开展农业对外经贸洽谈、展览推介活动；负责农业系统涉农外事活动。

2．基地建设协调指导科（现代烟草产业发展办公室、茶叶产业发展办公室）。

负责农业本产业基地建设综合协调指导工作，提出农业产业基地建设的有关政策建议，拟订发展规划和年度计划并组织实施；指导农业产业基地建设合理布局和标准化、规模化生产；负责联系、协调州委农村工作领导小组成员单位和各部门参与农业产业基地建设的有关工作；对全州农业产业基地建设工作进行指导、督促和检查；组织开展农业产业基地建设试点、示范工作；参与农业综合开发和基本农田建设项目管理有关工作；承担农业产业基地建设的数据统计和汇总；履行州现代烟草产业发展办公室、州茶叶产业发展办公室职责。

（十二）设立畜牧渔业管理办公室。

内设畜牧科（州饲料工业办公室）、兽医科（州重大动物疫病防控指挥部办公室）、渔业科（州渔政管理站、贵州渔业船舶检验局黔东南船检处），均为正科级。

1．畜牧科（州饲料工业办公室）。

提出畜牧业发展政策建议；拟订畜牧业发展的中长期规划和年度计划并组织实施；组织起草畜牧行业综合性文件，协调畜牧各项工作；组织全州畜禽遗传资源保护及开发利用并监督实施；负责种畜禽生产许可证审核发放有关工作；负责全州畜牧业产业化经营和畜禽养殖标准化管理；承担相关产业政策的调研和畜牧统计，承办畜牧信息收集、分析、预测、发布全州畜牧业发展信息；负责编制畜牧业发展项目以及申报、审批、管理、监督工作，参与畜牧业重大科研成果的鉴定；负责引导、协调和发展畜牧行业协会，指导和协调畜牧业技术服务体系建设；负责饲草、饲料行业管理工作，承担州饲料工业办公室日常作。

2. 兽医科（州重大动物疫病防控指挥部办公室）。

拟订全州动物疫病防控规划和年度计划并组织实施；负责全州动物防疫、检疫、兽医医政、兽医药政、执业兽医管理工作，组织开展动物防疫、检疫和重大动物疫情应急处理工作；负责兽药生产、经营及使用环节的监督管理；负责兽医项目的编制、审查、申报、管理并组织实施；承担兽医调查研究、数据统计、信息收集和分析工作；承担州重大动物疫病防控指挥部办公室日常工作。

3. 渔业科（州渔政管理站、贵州渔业船舶检验局黔东南船检处）。

拟订水产业发展的年度计划和中长期规划并组织实施；指导渔业产业结构调整及合理布局，提出渔业投资计划建议；综合履行渔政和渔业船舶检验的监督管理职能；依法开展渔业行政许可和相关管理工作，负责渔业行政执法队伍建设；承担渔业资源保护和合理开发利用工作；提出渔业防灾减灾及事故处置建议并组织实施；依法维护淡水管辖水域渔业权益；指导渔业生产服务体系建设；指导渔业安全生产和水产品质量安全监管工作；承担渔业政务信息统计和发布工作。

（十三）设立农业机械化管理办公室。

内设农机装备科、农机监管科，均为正科级。

1. 农机装备科。

提出农机化发展政策建议；拟定中长期和年度计划并组织实施；承担农机调查研究、数据统计、农机化信息发布工作；承担农机化服务体系建设工作；指导农业机械化重大项目建设工作；组织起草有关农业机械化工作综合性文件；负责组织实施全州购机补贴工作；组织实施先进农机技术实用性试验评估、推广和成果管理；组织起草有关农机化工作的综合性文稿。

2. 农机监管科。

负责农机产品质量监督；管理农机业务培训；负责对拖拉机、联合收割机驾驶员培训机构的管理和对农机操作、维修、管理人员的教育培训及考核、发证工作。

十四、离退休干部管理科。

负责州农委（州委农工委）机关和直属事业单位离退休人员管理工作。

十五、州纪委派驻州农业委员会纪检组、州监察局派驻州农业委员会监察室。

州监察局派驻州农业委员会监察室。负责州农业委员会的纪检监察工作。

四、人员编制

州农业委员会（州委农工委）机关行政编制32名。其中州农委主任（州委农工委书记）1名、副主任3名、总农艺师1名、总畜牧师1名、总经济师1名、纪检组组长1名，科级领导职数22名，离退休干部科科长1名，监察室主任1名。

机关工勤人员编制7名，由财政全额预算管理。

五、其他事项

（一）设立州农委管理的（相对集中行政执法）黔东南州农业综合执法支队，撤销原州农业局农业执法支队和与原州畜牧兽医局法制科合署办公的州畜牧兽医局执法支队为州农委所属正科级事业单位。事业编制20名，由财政全额预算管理。其中：支队长1名，副支队长2名。

（二）保留原州农业机械服务中心黔东南州农业机械安全监理所，为州农委所属正科级事业单位。事业编制15名，由财政全额预算管理，其中：所长1名，副所长2名。

（三）保留原州畜牧兽医局黔东南州动物卫生监督所（州兽药饲料监察所），并履行兽药饲料监察职责，为州农委所属副县级事业单位。事业编制20名，由财政全额预算管理。其中：所长1名（副县级），副所长2名（正科级）。

（四）保留原州畜牧兽医局黔东南州动物疫病预防控制中心（州畜产品质量安全检测中心），并履行畜产品质量安全检测职责，为州农委所属副县级事业单位。事业编制12名，由财政全额预算管理。其中主任1名（副县级），副主任2名（正科级）。

（五）有关食品和农产品质量安全监督管理的职责分工，按照《中华人民共和国食品安全法》《中华人民共和国农产品质量安全法》等有关法律法规规定办理。

（六）州草原保护和开发利用、草原监理、草原防火和草原权属纠纷仲裁等职责，由州农委所属事业单位州饲草饲料工作站（草原工作站）承担。

（七）州农委履行的指导农民专业合作组织建设与发展、农村土地承包纠纷调解仲裁、农民负担调查等职责，由州农委所属事业单位州农经站承担。

（八）州农委履行的农垦行业改革与发展、管理工作由州农委所属事业单位州农场管理站承担。

（九）州农委履行的农村劳动力转移培训管理工作由引农委所属事业单位州科教站承担。

（十）农业机械安全监理和试验鉴定、在用的特定种类农业机械产品调查、农业机械作业安全和维修管理的职责，由州农委所属事业单位州农机安全监理所承担。

（十一）动物卫生监督管理职责，由州农委所属事业单位州动物卫生监督所承担。

（十二）原州农业局、州畜牧兽医局、州农机中心所属事业机构编制及人员整体划入州农业委员会管理，其调整、设置、职责和编制等事项另行规定。

六、附 则

本规定由州机构编制委员会办公室负责解释，其调整由州机构编制委员办公室按规定程序办理。

黔东南州人民政府
关于加快农业产业基地建设工作的通知（摘要）

（黔东南府发〔2011〕16号）

一、认真做好“十二五”期间农业产业发展规划编制工作，切实增强我州农业产业发展的科学性和指导性

要高度重视农业产业发展规划工作，扎实做好“十二五”农业产业发展规划的编制。今年6月底前，要全面完成全州“十二五”农业产业发展规划的编制工作。其中，工业原料林、木本油料、木本药材、特色果品、森林蔬菜和花卉苗木六大基地规划编制，由州林业局负责完成；优质粮油、大田蔬菜，草本药材、生态畜牧、水产养殖和特种养殖六大基地规划，由州农委负责完成；现代烟草农业基地规划由州烟办和州烟草局负责完成；其他相应配套规划编制，由相应的工作部门负责完成。各县市要按照州级农业产业基地发展规划，认真编制项目可行性报告或项目建议书；各县市农业产业基地发展规划的编制，由各县市自行确定，不作强制性要求。规划编制好后，要加快各类发展规划的成果应用，精心组织、精心实施，科学指导、强力推进，力争在“十二五"期间，建成一批有规模、有特色、有优势的农产品基地。

农业产业基地发展规划编制要立足高起点，并结合当地实际和产业发展要求，科学谋划，科学定位，科学布局。要以25度以下坡度低产林改造为重点，以建设连片1000亩以上产业基地为核心，按“一年打基础、三年见成效、五年上台阶"的发展思路，优先集中开发坡度平缓、土壤肥沃、水源条件较好、交通相对便利的项目区。到“十二五”期末，各县市至少规划建设完成3—5个现代农业园区，每个园区建成规模1万亩左右，核心示范区0.5万亩左右，全州形成100个规模1000亩以上的产业园。

二、要认真抓好项目库建设，切实提高项目编制和申报质量

州直有关部门和各县市要高度重视项目编制工作。按照国家和省有关要求，以及我州农业产业基地发展规划和农业产业园区建设要求，确定重点区域和重点项目，抓好项目库建设。把开发条件好的区域，以及产品市场好，产业链条长且带动力强的项目纳入开发建设内容。要优先选择熟悉市场，有投资实力的企业，作为基地建设业主进行扶持，帮助指导他们编制和申报项目。积极创造条件，扶持本地中介服务机构开展项目编制业务，为企业、各类经济组织和当地群众编报项目提供优质服务基地经营业主落实产业基地开发建设用地后，领导小组办公室要及时统筹和协调相关部门指导业主编制和申报项目。项目上报后，各有关部门要积极跟踪，主动与省有关部门对接，及时补充相关报件，并作好竞争性立项准备，千方百计提高项目立项审批命中率。

今年6月底前，要完成次年的基地建设项目县级初审上报工作；11月底前，州级完成项目审查和准备上报工作。州领导小组负责组织或委托相关部门组织召开专题会议进行项目审定，

并统筹下达年度项目资金计划。财政、国土、交通、农委、水利、林业、扶贫、烟草等部门上报项目和下达项目资金计划，要事先报州领导小组审查。各级各有关部门要有一盘棋的思想，牢固树立大局观念，绝不允许各自为政、自行其是。对不按农业产业基地建设要求进行申报实施项目的单位，由州领导小组督促其改正。

项目获国家或省批复后，由基地建设业主统筹安排好项目资金用于基地建设开发，各业务部门按照国家有关政策规定进行督查指导，以保证资金用于基地建设。基地建设业主必须按照经批准的规划设计组织实施，严格按设计图纸施工，不得擅自变更建设地点、规模、标准和主要建设内容。

三、要积极鼓励不同市场主体参与农业产业基地建设，大力扶持农村专业户、专业合作经济组织和龙头企业发展

要采取积极有效的措施，鼓励和支持不同市场主体投身农业产业基地建设。既要借助外力发展农业产业，通过招商引资，引进外来投资者，特别是战略投资者和实力雄厚的大公司，进入我州参与农业产业开发；也要依靠内动力发展农业产业，鼓励农村专业户、专业合作经济组织、州内龙头企业兴办农业产业基地。鼓励科技人员、城市下岗职工、待业大学生、退伍复员军人、打工返乡农民和离退休干部领办、创办产业基地。

要积极营造鼓励和支持农业产业发展的良好环境。要组织大批干部进村入户配合业主协调解决好产业基地建设用地的问题，跟群众讲明政策，讲清道理，算好经济账，要采取能人承包、反租倒包、耕地置换、联合经营、股份合作等群众乐意接受的土地集中方式。同时，引导企业与当地群众建立好利益联结机制，解决好土地、用工和利益分配问题，切实保障农民的利益，让农民放心、安心、称心，实现农户和企业双赢，真正走出一条符合我州实际的和谐的土地适度规模经营路子。

要支持农业企业一手抓规模，一手抓提升，不断提高我州农业企业市场竞争力。要引导企业通过扩大农业产业基地规模，实现商品化生产和规模化经营；同时，要大力实施品牌带动战略，提高产品档次，增大产品知名度，提升市场占有率。通过努力，在“十二五”期间，使我州列入省级和州级的农业龙头企业在数量和规模上有大的突破。

四、建立健全投融资平台，多渠道筹措资金加快农业产业基地开发

农业产业基地建设资金采取政府推动与市场运作相结合的办法进行筹措，以基地开发经营业主为投入主体，各级政府以项目资金集中投入方式进行支持。州直有关部门和各县市政府要按照“用途不变、渠道不乱、各尽其力、各记其功" 的要求，整合打捆使用土地整治、农业综合开发、交通、农委、水利、林业、烟草等各类涉农项目资金投入到农业产业基地建设上。

州信元投资担保公司要为全州农业产业基地开发建设单位搞好投融资担保。州、县财政要为基地开发经营业主落实好政策性贷款贴息、政策性补贴、奖励兑现服务，每年按财政收入的0.5%—1%安排农业产业开发建设经费，作为基地建设规划编制工作经费和引导扶持资金，以推动现代农业产业基地的建设。

金融部门要充分把握国家政策性贷款方向，积极为农业产业基地开发、基础设施建设、农产品加工运储项目提供贷款支持；要简化贷款审批手续，大力开展农户小额信用贷款，加大农业产业基地贷款的扶持力度，有效增加对农业产业基地建设的信贷资金投入。鼓励各类担保机

构积极开展农业产业基地建设的担保业务。加快政策性农业保险发展步伐，提高风险保障能力。

五、加强对农业产业发展工作的组织领导和统筹协调，确保农业产业化建设工作全面推进

（一）加强领导和统筹协调。按照州委、州政府确定的“十二五”期间整合涉农部门资源，以项目作支撑，高标准建设一百个千亩以上连片现代农业示范基地，加快推进农业产业化建设，大力实施农业稳州战略的要求，已成立的州农业产业发展工作领导小组及其办公室，负责贯彻执行州委、州政府关于农业稳州战略的重大决策部署，研究全州农业产业化项目建设方案；负责审查各县市农业产业化建设规划和重点项目报告；负责农业项目招商引资和农业重大项目建设协调和指挥调度；负责协调相关部门，集中人、财、物力资源，推进全州农业产业开发建设。

各县市人民政府要高度重视农业产业基地建设工作，切实加强对农业产业基地建设的组织领导。要成立相应的领导小组负责农业产业基地建设工作，并从相关单位抽调工作能力强的人员到办公室办公。州直涉农部门和各县市政府要在州农业产业发展工作领导小组的指导和协调下，统一思想，统一步调，齐心协力，扎实工作，为加快推进我州农业产业基地建设，促进农业产业化发展做出积极的贡献。

（二）加强督查考核，实行问责制和责任追究制。各相关部门要切实转变工作作风，认真履行工作职能，集中精力抓好农业产业基地建设，努力实现由一般号召向重点突破、典型引路方向转变。要制定农业产业化建设的考核办法，把农业产业化建设工作落实情况纳入对各级各部门的目标管理考核之中，由各级领导小组牵头组织实施。对当年完成整合任务、成绩突出的给予表彰奖励；对工作不力的予以通报批评，并责令限期改正。为使产业化建设达到预定的目标要求，州、县市将加大督查力度，实行月调度，季督查，年终总结。对因工作不力，责任心不强而导致农业产业基地建设失败或达不到预定效果的，将严格追究相关责任人的责任。

黔东南州人民政府
关于加快农业产业园区建设的意见（摘要）

（黔东南府发〔2012〕23号）

一、加快农业产业园区建设的重要意义

按照党中央、国务院和省委、省政府的部署要求，我州积极探索推进农业产业基地建设，产业基地规模不断扩大，水平不断提升，有效地提高了土地产出率、资源利用率和劳动生产率、为加快现代农业发展、促进农村繁荣、带动农民增收致富发挥了积极作用。当前，我州正处于加快发展现代农业的关键时期，进一步创新发展思路、创新体制机制，积极推进农业产业园区建设，对于转变农业发展方式、加快现代农业发展具有十分重要的意义。

（一）建设农业产业园区有利于培育壮大优势特色产业，为发展现代农业树立新样板。通过集聚各种资源，综合运用新品种、新技术、新模式，高起点、高标准建设一批规模化、标准化和产业化程度较高的农业产业园区，为农民提供看得见、摸得着的示范样板，实行典型引路、以点带面，有利于推动优势特色产业上规模、上水平，促进农业增效、农民增收。

（二）建设农业产业园区有利于集成示范推广现代农业技术，为农业科技成果产业化搭建新平台。通过推进农业科研、教学、推广、企业、合作组织发展多种形式的合作，实行农科教、产学研结合，有利于加快农业科技成果引进、吸收、集成、创新步伐，培育发展种子种苗、生物工程、科技服务、农产品精深加工等现代农业产业，提高农业科技创新能力，促进农业科技成果产业化。

（三）建设农业产业园区有利于探索创新农业生产经营组织形式，为农业适度规模经营开辟新途径。通过引导农民合法、自愿、有序流转土地，引入农业企业、农业合作经济组织、微型企业等到园区创业，采取土地、资金、技术等入股的形式，有利于探索建立新的农业生产组织形式和经营管理机制，推进多种形式的农业适度规模经营。

二、总体要求

（一）指导思想

以科学发展观为指导，以促进农民增收为核心，以市场为导向，以科技和政策为支撑，按照“政府推动、多元投入、市场运作、产业兴园”的要求，立足我州经济发展水平、资源区位条件和已有的产业发展基础，在适宜区域和主导产业相对集中连片的区域，高起点、高标准、高水平地规划建设一批起点高、功能全、规模人、效益好的农业产业园区，进一步强化物质装备，提升科技水平，完善产业体系，创新经营方式，增强辐射功能，推动全州现代农业又好又快发展。

（二）基本原则

——坚持统筹规划、分步推进原则。园区建设要结合我州山地农业自然条件，立足现有产业基础，统筹规划，分步实施。

——坚持政府引导、市场运作原则。强化政府扶持资金的引导放大作用，引进工业园区建设先进理念，建立多渠道投融资机制和多元化投资格局，支持鼓励农业企业、农业经济合作组织和微型企业参与园区建设，营造良好的投资环境。

——坚持整合资源、发挥实效原则。整合相关项目、资金、资源进行建设，充分体现园区在科技、经营管理机制和人才队伍建设等方面的先进性与典型示范性。

——坚持园区自我发展与示范带动相结合原则。通过机制创新、技术创新，提升产业发展水平，增强园区自我发展能力。积极发挥园区示范推广作用，应用现代农业科技，辐射带动园区周边地区发展高效农业产业，带动培育市场竞争主体，推动现代农业全面发展。

（三）建设目标

按照州第十三届人代会第一次会议《政府工作报告》和《黔东南州人民政府关于加快农业产业基地建设工作的通知》（黔东南府发（2011〕16号）要求，全州将重点围绕农业观光、现代烟草、精品水果、养殖、中药材、茶叶、油茶、楠竹、花卉、蔬菜、农产品加工、综合等，首期启动100个集中连片的农业产业园区，今年重点开工建设50个。今后将进一步总结，逐步扩大，其中，国家级园区达5个、省级园区达10个。通过园区建设，加快全州农业现代化进程，使全州的农业特色产业和主导农产品基本实现区域化布局、标准化生产、市场化运作，现代化设施及先进科技相配套的现代农业生产经营新格局。具体达到如下要求：

1. 设施装备优良。园区内基础设施完善，道路畅通、排灌方便、用电便捷，先进农业设施和机械装备应用广泛；

2. 技术模式先进。园区内种养模式先进，生态环境优良，农业废弃物资源化利用水平高，主导品种、主推技术普及率高，良种覆盖率达100%；

3. 产品优质安全。园区内全面实行标准化生产，农业投入品、农产品质量安全检测手段完善，农产品产地准出制度、质量可追溯制度全面推行，农产品通过有机农产品认证率达到100%；

4. 经营机制创新。园区内经营以农业企业、农业经济合作组织、微型企业为主导，农业生产规模化、组织化、产业化水平较高，经营机制灵活高效，农业生产、加工、营销、服务、休闲观光等协调发展；

5. 管理服务到位。园区建设管理责任落实，农业相关部门及所在乡镇积极做好农农业公共服务、农技推广、动植物防疫、农产品质量监管，农技人员服务到位。

（四）建设标准

1. 种植类园区：（1）核心区面积连片集中达500亩以上；（2）沟、渠、路配套合理，排灌方便，用电便捷、安全；（3）有采后处理场地等配套设施；（4）核心区内生产设施较齐全，病虫综合防治、产品质量安全速测、产销信息网络等设施配套。

2. 畜禽类园区：（1）核心区生猪存栏3000头以上、羊存栏2000头以上，种、蛋禽存栏分别为1万羽和3万羽以上，肉禽年出栏10万羽以上；（2）有独立的生产区、生活管理区、粪便处理区和病畜隔离区；（3）畜禽舍排列整齐，结构科学合理，实现粪尿、雨污分离，牧场周围有绿化隔离带；（4）兽医室、饲料仓储和畜禽粪尿及病死畜禽无害化处理设施完善。

3. 休闲观光类：（1）核心区面积集中连片达800亩以上；（2）园区内外道路平整硬化，园区连接公路的道路宽度在两车道以上；（3）主导产业基础设施、生产条件和科技水平达到相应产业园区建设标准，观赏功能和游客参与功能强；（4）园区主干道每隔50米有用于休息的石椅，园区内有1—2个50平方米的休闲观光亭；（5）园区主干道种有行道树或是搭建有葡萄架，园区四周绿化布局美观；（6）接待设施配套，特别要有“农家乐”似的餐饮设施功能。

4. 综合类：（1）核心区面积集中连片达1000亩以上；（2）沟、渠、路等基础设施配套合理，排灌方便，用电便捷、安全；（3）主导产业区块配套设施、设备标准达到相应专门化园区标准；（4）核心区种养类产业区块生产工艺、处理场地等标准符合相应专门化园区标准要求。

三、农业产业园区建设保障措施

农业产业园区是我州“十二五”期间农业重点打造的示范工程，是农业结构调整的重要抓手，也是统筹城乡发展、实现“三化兴三农”战略的有效形式，各级各有关部门要围绕建设目标，明确工作重点，强力推进产业园区各项工作。

（一）科学编制规划，有序推进园区建设。园区所在县市要牢固确立规划先行的思想，按“一年打基础、二年见成效、三年上台阶”的发展思路，立即组织相关部门做好本区域农业产业园区建设规划的编制工作。规划编制要从当地农业本地条件、社会基础条件等实际出发，选择小于20度坡连片面积在500亩以上的山地，且土壤肥沃、水源条件较好、交通相对便利的区域作为园区建设项目区。各县市在广泛征求当地人民群众意见的基础上，扎实做好园区选址、发展类型、发展模式等，明确园区功能分区和发展目标、产业布局的基本框架，主要建设任务及相应的工作措施等，确保园区建设落到实处。农业产业园区建设规划必须在开工前一年完成，在编制农业产业园区建设规划时，各县市涉农部门要按照本部门职责对口编制配套建设项目，并提前上报，确保基地建设资金的落实。

（二）整合各方资源，全面提升园区功能。规划制定后，各县市要按照相应的标准，加快推进园区基础设施建设，合理配套园区功能，增强园区发展能力。各相关部门要围绕园区建设，发挥各自优势，按照“用途不变、渠道不乱、各尽其力、各记其功”的要求，整合打捆使用土地整治、农业综合开发、交通、农委、水利、林业、烟草类涉农项目资金投入到农业产业园区建设上，改善园区农业生产条件，完善园区功能，促进园区亮点形成。其中，土地整治工作由州国土资源局牵头，县市、乡镇实施；水利配套工程由水利部门负责规划实施，乡镇、村配合；通达园区公路建设由交通部门组织实施，机耕道工程建设由农业部门和工程项目业主单位组织实施，乡镇、村配合；供电高压线架设、变压器安装由供电部门负责；园区四周生态环境和基地生态景观设计，由林业部门负责；气象防灾减灾服务由州气象局负责。

（三）实施政策扶持，促进园区建设有序推进。一是建立农业产业园区建设长效投入机制。州政府每年在财政预算内拿出3000万元，各县市每年配套出资500万元，建立农业产业园区建设专项资金，专门用于对园区企业、合作经济组织等市场主体的扶持，在基础设施建设、产业标准化建设、品牌创建、产业发展等方面给予支持，充分调动各方面参与园区建设的积极性。对纳入州级示范园区建设的，州级财政通过以奖代补方式给予一定的扶持，各县市的示范点县级财政也要给予相应的扶持。二是在金融政策方面给予扶持。金融部门要充分把握国家政策性贷款方向，简化贷款审批手续，出台扶持农业产业发展的信贷支持政策，加大对园区的信贷支持，解决农业企业、农业经济合作组织和微型企业发展农业产业园区贷款难的问题。三是积极给予优惠政策扶持。对积极参与农业产业建设的经济主体给予同等的国家项目支持，吸引社会资企投入农业产业园区建设。

（四）鼓励不同市场主体参与建设，不断探索园区生产经营模式。园区建设按照“市场牵龙头，龙头带园区，园区联农户”的市场经营模式，鼓励和支持农业企业、农业经济合作组织、微型企业不同市场主体投身农业产业园区建设，推行实施主体按园区功能分块自主经营、自负盈亏、独立核算的经营模式，加快推进农业产业化进程。既要借助外力发展农业产业，通过招商引资，引进外来投资者，特别是战略投资者和实力雄厚的大公司，进入我州参与农业产业开发；也要依靠内动力发展农业产业，采取“专业合作社”“大户承包”“联户连片管理”“企业+基地+农户”等模式，鼓励州内龙头企业、农业经济合作组织和微型企业兴办农业产业园区，充分调动广大干部群众建发农业产业园区的积极性，增加社会投入。要积极探索园区生产经营模式，通过现有科技成果及技术在园区建设过程中各个阶段进行组装配套，积极探索“渔—沼—果”“果—畜—药”“果—畜—加”等生产经营模式，实行种植、养殖长短结合，实行标准化生产、企业化管理，不断提高园区综合经济效益。

（五）大力扶持龙头企业，引导园区健康发展。要充分发挥龙头企业建设农业产业园区的带动作用，按照“扶持农业产业园区就是扶持农业，扶持龙头企业就是扶持农民”的思路，通过招商引资，政策扶持，培养一批成长性好的农业龙头企业，最终实现“扶持一个龙头、壮大一个产业、带动一方经济”的目标。要进一步加大对龙头企业的支持力度，对建设规模大、带动效果佳、利益联结机制密的重点龙头企业，给予资金、项目、政策等方面重点支持。支持龙头企业开展农产品精深加工，构建园区农产品生产、保鲜、初加工、精深加工配套的协作体系。帮助龙头企业开展技术、产品和管理创新，加大创建农业品牌力度，提高农产品市场竞争力，增添农业产业化经营活力。通过培育，努力使全州各个特色产业都有市场竞争力强、产业带动能力强的大型龙头企业，做到有特色产业就有大龙头带动，形成大龙头带大产业、大产业支撑大龙头的产业化发展格局。到“十二五”期末，产值上千万元以上的农业龙头企业达100个以上，其中上亿元达50个、上10亿元达5个。

（六）明确责任分工，确保园区建设取得实效。各牵头单位和实施单位要对照《2012年全州农业产业园区建设一览表》所涉及的内容，根据园区建设要求制定项目实施进度工作时间表，及时开展规划设计，落实资金及早开工建设，确保各项建设任务的完成。其中，州农委负责抓好茶叶、蔬菜、养殖、杂稻制种等产业园的规划、实施和产业提升工作；州林业局负责抓好蓝莓、油茶、楠竹、花卉产业园区的规划和实施工作；州烟草局和州烟办负责抓好烟草产业园区的规划设计和实施工作；州科技局负责抓好中药材产业园的规划和实施工作；州扶贫办负责抓好精品水果等园区的规划和实施工作；州旅游局负责抓好农业观光园的规划和实施工作；州工信委和州农委负责抓好农产品加工园的规划和实施工作。

（七）合理流转土地，提供土地保障。规模经营是农业产业化、市场化发展的基本要求。但从目前全州农业的现状来看，农户经营规模小、经营效率低，已经严重影响到农业现代化的发展，成为我州农业产业化基地建设的“瓶颈”。要克服规模约束，实现适度规模经营，必须完善土地经营方式，以实现土地适度规模经营为目标，在稳定土地承包制基础上，实现土地使用权合理流转。在坚持“自愿、有偿、互利”的原则下，各县市要采取积极有效的措施，研究制定土地流转鼓励政策，通过转包、转让、互换、入股、出租等形式，引导农村土地使用权的有序流动，完善土地流转使用制度，制定土地流转优惠政策，促使土地相对集中，把园区规划面积真正落实到田间地块。对已引进的企业，各有关县市要积极做好土地流转服务工作，及时协调项目所需土地工作，确保项目真正落地，让企业尽快投入生产。

（八）推进现代科技应用，不断提高产业化科技水平。科技是立园之本，各园区所在县市要切实加强现代科技的应用。一要大力引进并示范推广市场适销、高产、优质、高效新品种，致力提高园区的科技贡献率，确保园区内种养模式先进，生态环境优良，农业废弃物资源化利用水平高，主导品种、主推技术普及率高，良种覆盖率高。二要注意产品优质安全，园区内全面实行标准化生产，农业投入品、农产品质量安全检测手段完善，农产品产地准出制度、质量可追溯制度全面推行。三要注重产学研的对接，应用现代农业科技发展高效农业产业，提高土地产出率、资源利用率和劳动生产率，要引导开发业主加强与农业科研院校的联合，实现借智发展，不断提高自主研发能力；要加强产业开发，致力延伸产业链，提高园区主导产业的产业化水平，扩大生产效益。四要采取集中与分散相结合的办法，按照州、县（市）、乡（镇）、村（基地）分层次对各级农技人员和农民开展标准化培训，培养出既有标准化专业知识，又有农业生产技术的推广队伍，特别是培养标准化生产一线的新型农民，确保基地建设工作顺利开展。

（九）加强园区服务体系建设，提升产业发展活力。各级各有关部门要积极做好园区建设的全程服务工作，结合本地、本单位实际，加强对农业产业园区建设的规划指导、业务支持和资源整合，推进农业产业园区加快发展。大力培育园区技术服务、农资供应、病虫害防治、农机作业等服务组织，提高服务水平，促进产业发展。强化对入园企业、农业经济合作组织等的指导服务，切实帮助解决实际困难。全面掌握园区建设有关情况，及时总结成功经验，加强典型宣传推广，提升园区建设水平。

（十）加强组织领导，确保各项政策措施落到实处。各级各有关部门要切实把农业产业园区建设作为推进农业转型升级、促进农业增效、农民增收的重要载体和重大举措来抓，要按照“一个产业园区明确一名领导挂帅，一个部门负责，制定一个工作方案，研究一套工作措施”的工作机制，州和各县市分别成立农业产业园区建设领导小组，由政府主要领导任组长，发改、科技、财政、农业等部门为成员单位，切实加强对农业产业园区工作的领导，强化工作措施，加大工作力度，认真抓好各项任务的落实，确保农业产业园区建设扎实有效推进。各县市要像抓工业园区一样抓农业产业园区建发，落实专门机构和人员，切实做好园区建设的组织协调，全力抓好招商引资、土地流转、基础建设、项目推进等工作，确保农业产业园区建设扎实有效推进。各相关部门部要切实转变工作作风，认真履行工作职能，集中精力抓好农业产业园区建设，努力实现由一般号召向重点突破、典型引路方向转变。要制定农业产业园区建设的考核办法，把农业产业园区建设工作落实情况纳入对各级各有关部门的目标管理考核之中，由各级领导小组牵头组织实施。对当年完成整合任务、成绩突出的给予表彰奖励；对工作不力的予以通报批评，并责令限期改正。为使农业产业园区建设达到预定的目标要求，州、县市将加大督查力度，实行月调度、季督查、年终总结。对因工作不力、责任务心不强而导致园区建设失败或达不到预定效果的，将严格追究相关责任人的责任。（附件略）

中共黔东南州委办公室　黔东南州人民政府办公室
关于印发《推进现代高效农业示范园区建设
“百千万”工程实施方案》的通知（摘要）

（黔东南党办发〔2013〕10号）

一、指导思想

以发展蔬菜、蓝莓、香猪、茶叶、中药材、烤烟6大产业为重点，以建设我州20个省级现代高效农业示范园区为抓手，按照“政府推动、政策扶持、企业主体、市场运作、多元投入”的工作要求，集中力量，集聚资源，高起点、高标准、规范化、科学化建设一批现代高效农业示范园区，促进农业产业结构调整，引领全州现代农业实现跨越式发展，实现农民增收、农业增效，推动全州农业农村经济快速发展。

二、目标任务

（一）农业园区发展目标。2013年，全面启动建设20个省级现代高效农业示范园区，进一步加快推进建设2012年已启动的50个州级园区。按照“一年打基础，两年成雏形、三年基本达标、四年全面建成”的工作目标，到2015年，全州建成100个以上年产值千万元以上的现代高效农业示范园区，带动百万以上农民增收致富，达到全面小康生活水平（简称“百千万”工程）。

（二）重点产业发展目标。2013年，全州蔬菜生产播面达200万亩，产值30亿元；香猪存栏60万头，出栏76万头；新增茶叶基地10万亩，茶叶产量5000吨；新增中药材种植面积8万亩；完成蓝莓产业基地建设5万亩，整治土地5万亩；烤烟种植22万亩，烟叶收购50万担。到2015年，全州蔬菜生产播面达300万亩，产值50亿元；香猪存栏133万头，出栏150万头；新增茶叶基地30万亩，全州茶叶面积达100万亩；中药材种植面积75万亩；蓝莓产业基地20万亩。

三、园区建设标准

20个省级示范园区严格按照省制定的标准和要求实施。州级区按照核心区、辐射区、带动区的要求实施，其标准如下：

（一）蔬菜类园区。核心区规模要达到3000亩以上，亩年产值达10000元以上，辐射区规模要达到4000亩以上，带动区规模要达到7000亩以上。

（二）精品水果类园区。核心区规模要达到3000亩以上，亩年产值达8000元以上，辐射区规模要达到5000亩以上，带动区规模要达到8000亩以上。

（三）中药材类园区。核心区规模要达到1000亩以上，亩年产值达10000元以上，辐射区规模要达到2000亩以上，带动区规模要达到6000亩以上。

（四）茶叶类园区。核心区规模要达到2000亩以上，亩年产值达10000元以上，辐射区规模要达到4000亩以上，带动区规模要达到6000亩以上。

（五）烤烟生产类园区。核心区规模要达到1000亩以上，亩年产值达4000元以上，辐射区规模要达到2000亩以上，带动区规模要达到6000亩以上。

（六）杂稻制种类园区。核心区规模要达到1000亩以上，亩年产值达10000元以上，辐射区规模要达到3000亩以上，带动区规模要达到5000亩以上。

（七）油茶种植类园区。核心区规模要达到2000亩以上，亩年产值达7000元以上，辐射区规模要达到5000亩以上，带动区规模要达到8000亩以上。

（八）种苗、花卉生产类园区。核心区规模要达到1000亩以上，亩年产值达10000元以上，辐射区规模要达到3000亩以上，带动区规模要达到5000亩以上。

（九）养殖类园区。

——生猪养殖：核心区规模达年出栏生猪1万头以上，年产值达1000万元以上，辐射区规模达年出栏生猪3万头以上，带动区规模达年出栏生猪5万头以上；

——肉牛养殖：核心区规模达年存栏牛1500头以上，年产值达1000万元以上，辐射区规模达年存栏牛3000头以上，带动区规模达年存栏牛5000头以上；

——肉羊养殖：核心区规模达年出栏羊2万只以上，年产值达1000万元以上，辐射区规模达年出栏羊 4 万只以上，带动区规模达年出栏羊 6 万只以上；

——禽类养殖：核心区规模达年出栏鸡 20 万羽或鸭 25 万羽或鹅 10 万羽以上，年产值达 1000 万元以上，辐射区规模达年出栏鸡 30 万羽或鸭 40 万羽或鹅 20 万羽以上，带动区规模达年出栏鸡 40 万羽或鸭 60 万羽或鹅 30 万羽以上；

——水产养殖：核心区规模达 5000 亩以上，亩年产值达 25000 元以上，辐射区规模达 10000 亩以上，带动区规模达 20000 亩以上。

（十）休闲观光类园区。核心区规模达 2000 亩以上，年产值达 2000 万元以上，辐射区规模达 5000 亩以上，带动区规模达 10000 亩以上。

（十一）综合类园区。核心区规模达 5000 亩以上，年产值达 2000 万元以上，辐射区规模达 8000 亩以上，带动区规模达 15000 亩以上。

四、工作重点

（一）抓好规划编制。一是 20 个省级现代高效农业示范园区，要于 2013 年 4 月底前完成规划编制工作，报省联席会议办公室批准实施。二是黔东南府发〔2012〕23 号文件明确的 50 个园区要在 2013 年 6 月底前完成规划编制，报州农业产业园区办公室备案。三是各县市要积极安排部署，努力发展新的农业园区 50 个以上，确保到 2015 年全州农业园区达到 100 个以上。

（二）抓好重点产业布局。以产业为主，切实抓好产业布局。蔬菜重点部署在凯里、黄平、榕江、黎平、三穗、麻江等县市；香猪重点部署在从江、丹寨、榕江、剑河、雷山 5 个县；茶叶重点部署在黎平、雷山、丹寨 3 个县，辐射带动岑巩、台江两县；中药材重点部署在施秉、黄平、锦屏、黎平、雷山、剑河、台江 7 个县，辐射带动凯里、麻江、丹寨、三穗、岑巩等县市；蓝莓重点部署在凯里、麻江、丹寨、黄平、黎平、三穗、台江、从江 8 个县市，辐射带动镇远、雷山两县；烤烟重点部署在施秉、镇远、岑巩、麻江、黄平、天柱、丹寨、凯里、三穗、锦屏等县市。

（三）抓好土地流转工作，为园区用地提供保障。一是搭建服务平台，服务土地流转，建立完善土地流转市场，确保流转市场信息公开透明，流转交易公平、公开、公正。重点产业涉及的县、乡人民政府要成立农村产权管理交易中心试点，对龙头企业的生产用地、用房和设备、设施给予确权发证，可以作为贷款抵押。乡级人民政府要成立土地流转中心，将农业产业园区内的土地集中流转到中心后，再交由业主使用。二是强化政策引导和市场服务，坚持财政扶持、项目扶持、就业扶持、社会保障支持、金融保险支持等政策，支持和鼓励土地流转。对农业龙头企业或招商引资企业的重大项目建设用地计划，各县市要在本级用地计划中优先安排，并按照《黔东南州招商引资优惠暂行办法》关于“土地价格”条件中对投资规模的要求给予减半优惠。农产品加工、农产品流通、农业生态旅游、休闲农业等永久性建筑物用地，依法办理农用地转用审批手续。直接建立农产品生产基地、农业科技示范园、农产品临时性收购场所、农林牧渔场等未破坏土地并易于复垦的用地，可作为设施农业用地办理用地手续，并允许农户依法有偿转让土地使用权，或以土地承包经营权入股参与农业产业化经营。三是充分利用土地流转亮点进行示范、推广，加强引导和鼓励农民通过土地流转、土地转包、土地入股等形式参与农业产业开发，建立与企业、合作组织的利益联结机制，开展适度规模经营。

（四）落实园区实施主体。一是围绕我州优势特色产业招商引资培育龙头企业。围绕资源优势，积极引进有实力的百强农业产业化龙头企业，参与农业产业化经营，通过提供优惠政策，带动产业化发展。二是培育州内现有农业产业化龙头企业。立足现有农业产业化骨干企业，采取联合、兼并、参股、控股等多种形式，加快产业化行业战略性结构调整，加强企业自主创新，整合现有资源，培育发展成为具有较强投融资能力、扩张能力和区域竞争力的企业集团。三是大力培育农民专业合作社。引导农民按照“民办、民管、民受益”的原则，兴办各类农民专业合作社。四是大力培育大户。支持和培育种、养大户，引导大户以土地承包经营权、资金、技术、劳动力等生产要素入股，实行多种形式的合作，与龙头企业结成利益共享、风险共担的利益共同体。

（五）建设技术支撑体系。要充分发挥科研院所、一大中专院校的作用，建立扶贫产业专家库，实行重点产业首席专家制，以一个首席专家带一个技术团队、一个技术团队做一个产业的方式，为产业发展提供科技支撑。注重技术引进和有关科研院所建立园区技术合作、技术推广基地和人才培养基地。

五、保障措施

（一）加强组织领导。州级重点产业园区建设按照黔东南府发〔2012〕23号文件明确的领导小组执行，各县市参照成立相应的工作领导小组，负责制定重点农业产业发展的总体规划、年度工作目标、考核和奖惩办法，切实抓好产业园区建设工作。在领导小组的统一领导下，明确各部门工作职责。领导小组具体职责、各产业园区责任分解落实方案由领导小组办公室制订。

（二）加大资金投入。一是加大财政资金投入。“十二五”期间，州级财政每年度预算安排3000万元、各县市财政预算安排不低于500万元产业园区建设专项资金。专项资金主要用于以奖代补的方式对重点园区和重点产业进行重点扶持。另从前期工作经费中安排重点园区、重点产业的编制经费。二是整合项目资金。各级政府主要领导要亲自抓，围绕园区重点产业布局和园区规划，把整合项目资金投入作为考核园区建设内容的一项重要指标，切实将涉农部门的产业发展资金及农业综合开发、土地整治、退耕还林、石漠化治理、水利“三小”工程、产业化扶贫、通村公路等项目资金重点倾斜到重点园区和重点产业建设上来，使之落到实处。三是扩大融资渠道。按照“产权清晰，权责明确，政企分开，管理科学”的标准，实行产业经营，市场化运作，建立灵活高效的园区建设机制，使园区发展具有强劲活力。开展以资金、设备、技术、土地入股等形式的股份制、股份合作制经营，扩大融资渠道，促进园区和重点产业建设顺畅推进。

（三）加强调度，严格考核。各园区所在县市由各县市政府园区建设领导小组对其实行一周一调度，并将园区建设进展情况报州农业产业园区建设领导小组。州农业产业园区建设领导小组对全州重点园区实行一月一调度。州农委牵头，会同州扶贫办、州林业局、州旅游局等有关部门，负责制订园区调度考核办法；州蓝莓办负责制定蓝莓产业园区调度考核办法；州药办负责制订中药材产业园区调度考核办法。考核办法实行季督查、半年总结、年终考核、严格奖惩。对当年完成农业园区建设相关目标任务的，对园区予以奖补，对工作成绩突出的工作人员，给予表彰和奖励；对工作不力、完不成园区预期建设任务的，将予以通报批评，并责成限期整改（附件略）。

州人民政府办公室
关于印发黔东南州农业委员会主要职责
内设机构和人员编制规定的通知（摘要）

（黔东南府办发〔2014〕95号）

根据《中共贵州省委办公厅贵州省人民政府办公厅关于印发〈黔东南自治州人民政府职能转变和机构改革方案〉的通知》（黔委厅字〔2014〕46号）和《中共黔东南州委黔东南州人民政府关于州人民政府职能转变和机构改革的实施意见》（黔东南党发〔2014〕18号），设立黔东南州农业委员会，为黔东南州人民政府工作部门。

一、职责调整

（一）增加的职责

将州商务局的畜禽屠宰监督管理职责划入州农业委员会。

（二）划转的职责

将州农业委员会承担的农村土地承包经营权登记、草原登记职责划入州国土资源局。

（三）下放的职责

1. 渔业船舶（12米以上，24米及24米以下）初次检验、营运检验、临时检验职责下放至县级农业行政主管部门；2. 拖拉机及驾驶员牌照证照核发、联合收割机及驾驶员牌照证照核发、农业机械维修技术合格证书核发职责下放至县级农业行政主管部门；3. 动物和动物产品的检疫，动物防疫条件合格证核发，动物诊疗许可、兽药经营许可，其他种畜生产经营许可，养殖证核发，省内种子、苗木、植物及植物产品调运检疫证书核发职责下放至县级农业行政主管部门；4. 捕捞许可证核发，水产种苗生产审批下放至县级农业行政主管部门；5. 在草原上修建直接为草原保护和畜牧业生产服务的工程设施审批、在草原上开展经营性旅游活动批准、临时占用草原批准职责下放至县级农业行政主管部门；6. 人工捕获的可能传播动物疫病的野生动物检疫，输入到无规定动物疫病区域的动物、动物产品检疫，出售、收购国家二级保护野生植物审批职责下放至县级农业行政主管部门；7. 运输、携带国家重点保护的水生野生动物或者其产品出县境审批，因科学研究、人工培育、文化交流等特殊需要采集国家二级保护野生植物或者其产品的批准，出售、收购、利用国家二级保护野生动物或者其产品的批准，在地方级水生动植物自然保护区开展参观、旅游活动审批，外国人进入水生动植物自然保护区审批职责下放至县级农业行政主管部门；8. 权限内兽药、农药广告内容审查，矿藏开采、工程建设征用或使用草原70公顷及以下的审核，建立地方种畜禽场审批职责下放至县级农业行政主管部门。

（四）加强的职责

1. 加强农产品的质量安全监督管理，建立农产品质量安全监督管理有效机制，提高监督管理的有效性和科学化水平；2．加强新型农民队伍培养；3．指导现代高效农业示范园区发展，现代高效农业示范园区建设管理。

二、主要职责

（一）负责全州农业和农村工作的组织领导及综合协调。贯彻执行党和国家有关农业农村经济工作的方针政策、法律法规，拟订全州种植业、畜牧业、渔业、农业机械化、农产品加工、农垦等农业产业和农村经济发展战略、中长期规划并组织实施；承担农村经济与社会发展预测及综合统计工作，组织起草农业农村工作、农村经济与社会发展综合性文件；提出处理农村改革和发展重大问题的原则和措施的建议；参与涉农财税、价格、金融保险、进出口等实施办法的拟订；组织起草农业和农村经济规范性文件草案；承担州委农村工作领导小组日常工作。

（二）承担完善农村经营管理体制的责任。提出深化农村经济体制改革和稳定完善农村基本经营制度的建议意见，指导农村土地承包、耕地使用权流转和承包纠纷仲裁工作；指导、监督减轻农民负担和村民筹资筹劳管理工作，指导农村集体资产和财务管理工作；拟订农业产业化经营的发展规划并组织实施，指导和扶持农业社会化服务体系、农村合作经济组织、农民专业合作社和农产品行业协会的建设与发展。

（三）指导全州农业生产和农业园区规划建设工作。组织落实促进主要农产品生产发展的相关政策措施，指导农业标准化、规模化生产，引导农业产业结构调整和农产品品质改善；提出农业固定资产投资规模和方向、州级发展农业的财政性资金安排建议；提出扶持农业农村发展的财政政策和项目建议；配合有关部门组织实施农业综合开发和基本农田建设项目，牵头协调、指导现代高效农业示范园区建设。

（四）促进农业产前、产中、产后一体化发展。组织拟订农产品加工业发展规划并组织实施；指导农（畜）产品加工业结构调整、技术创新和服务体系建设；研究制定农业生产资料、主要农产品市场体系建设与发展规划；培育、保护和发展农产品品牌。

（五）承担农产品质量安全工作。负责农产品质量安全风险评估和农产品质量安全监测、农产品标准化和农产品质量安全追溯体系建设；发布有关农产品质量安全信息；指导农业检验检测体系建设；依法实施符合安全标准的农产品产地认定和产品认证审核工作；负责农产品质量安全的监督管理和制度建设。

（六）依法开展有关农业行政许可、行政处罚和监督管理。实施农作物种子（种苗）、草种、种畜禽、农药、兽药、饲料、肥料、饲料添加剂、拖拉机驾驶员培训机构的行政许可、行政处罚和监督管理；负责渔船、渔机、网具的监督管理；会同有关部门组织实施有关农业生产资料的地方标准，并对执行情况进行监督检查；开展兽医医疗器械的监督管理；负责兽医医政、兽药药政监督管理工作；负责农业动植物新品种保护、农业转基因生物的生产加工许可、行政处罚和安全监督管理；指导农技推广体系改革与建设；指导农业机械化发展和农机安全监理。

（七）负责动物重大疫病及农作物重大病虫害防控。起草动植物防疫和检疫的实施方案，会同有关部门拟订动植物防疫检疫规划并指导实施；指导动植物防疫和检疫体系建设；组织、监督全州动植物防疫检疫工作，组织指导疫情和农作物重大病虫害监测防控工作；组织植物检疫性有害生物普查；承担外来引进农作物种子（种苗）检疫审批工作。

（八）制定规范性文件和畜禽屠宰行业发展规划。负责畜禽屠宰行业统计和屠宰环节质量安全监督管理，组织开展监督检查、技术鉴定等活动。

（九）承担农业防灾减灾工作。监测、发布农业灾情；组织开展种子、化肥等救灾物资储备和调拨工作；提出农业生产救灾资金安排建议；指导农业紧急救灾和灾后生产恢复。

（十）管理农业和农村经济信息。监测分析农业和农村经济运行，发布农业和农村经济信息；开展相关农业统计工作；负责农业信息体系建设，组织开展农业信息服务。

（十一）指导农业科技创新和技术推广。拟订农业科研、农技、农机推广的规划、计划并组织实施，会同有关部门组织全州农业科技创新体系和农业产业技术体系建设；组织实施农业领域应用技术研究、科技成果转化和技术推广；负责农业科技成果管理，组织引进农业先进技术。

（十二）负责农业农村人才队伍建设。会同有关部门拟订农业农村人才队伍建设规划并组织实施，负责农业职业教育和职业技能培训等工作，组织农村实用人才和农民培训工作；会同有关部门组织农业管理干部和技术人员的教育培训；会同有关部门实施农业农村专业人员从业资格管理。

（十三）负责农业资源区划和资源保护工作。指导农用地、渔业水域、草原、宜农滩涂、宜农湿地以及农业生物物种资源的保护和管理，负责水生野生动植物保护工作；拟订耕地及基本农田质量保护与改良措施并指导实施，依法管理耕地质量；运用工程、农艺、农机、生物等措施，发展资源节约型环境友好型农业；会同有关部门处理重大渔事纠纷，维护淡水管辖水域渔业权益；行使渔船检验和渔政、渔港监督管理权。

（十四）负责农业生态和农村能源有关工作。制定并实施农业生态建设规划；指导农村可再生能源综合开发与利用，农业生物产业发展和农业农村新能源建设；指导生态农业、循环农业发展。

（十五）协调农业各产业和农村经济发展。指导乡镇企业和农村二、三产业发展，扶持发展农产品加工流通业、乡村旅游业等服务业。

（十六）提出农村社会事业发展建议意见并协调相关事项。参与农村社会发展、基层组织建设、精神文明建设和民主法制建设相关工作。

（十七）承办农业涉外事务。组织开展对外农业贸易和经济、技术交流与合作；协助组织实施农业外援项目。

（十八）承办州委、州政府和省农委交办的其他事项。

三、内设机构

根据上述职责，黔东南州农业委员会设9个内设机构：

（一）办公室　负责机关日常事务及综合协调工作；负责对外协调和综合接待工作；负责机关电子政务、网站建设与管理工作；负责文秘、宣传、信访、机要、保密、档案、政务公开、应急管理、督促检查、目标考核及综合服务等；参与农民文化体育、农村计生“三结合”等工作。组织开展调查研究并提出农业发展政策建议；提出处理农村改革和发展重大问题的原则和措施的建议；参与农业农村有关政策执行情况的督促检查；负责机关和直属事业单位的人事管理、机构编制、劳动工资、教育培训等工作，并指导所属单位的上述工作；拟订农业系统人才队伍建设规划，并会同有关部门指导实施；负责农村实用人才统计监测管理，承办农业行业职业技能鉴定、技工技术等级考核、农民技术职称评审工作。指导农村实用人才培训和农业职业教育培训工作。负责机关和所属事业单位的党群工作，参与农村基层组织建设工作。

（二）资金监督管理科　编报本部门预算、决算并组织执行；负责机关和所属单位农业财政预算资金、专项资金、项目资金的管理与安全；指导和监督所属事业单位财务、国有资产和政府采购管理工作；指导农业行业财务会计工作；负责专项审计调查和内部经济制度执行情况督查；协调配合行业审计工作。

（三）发展计划科（农业园区科）　拟订扶持农业农村经济发展战略、中长期规划和年度计划并组织实施；拟订农业固定资产投资规模和方向、基地建设、技术改造等项目的规划、计划，提出州级支农财政性资金安排建议并监督使用；负责协调农业产业结构调整与综合平衡，引导农业资源合理配置；负责农业各产业重点项目的综合平衡、申报审核，提出立项建议并监督实施；指导农业资源区划工作；参与农业综合开发和基本农田建设项目管理有关工作；负责涉农外事及农业招商引资工作；负责州现代高效农业示范园区建设工作联席会议的日常工作；拟定全州现代高效农业示范园区年度建设总体规划并组织实施；牵头、协调和指导现代高效农业示范园区建设管理，负责园区建设的调查研究与数据统计工作。

（四）法规和农产品质量安全监管科　组织农业法律、法规的宣传和普及；承担农业法制、农业行政执法能力建设和农业行政执法监督、检查；指导全州农业综合执法（相对集中行政处罚权）和农业行政许可工作；承担行政复议、行政应诉、行政赔偿等工作；办理规范性文件备案工作；指导农村民主法制建设工作；负责农产品质量安全监督管理和制度建设。拟订农产品质量安全监管工作中长期规划和年度计划并组织实施；牵头协调农产品质量安全追溯、风险评估、标准化体系建设；承办有关农产品质量安全信息发布；组织农产品质量安全监测；承担农业检验检测体系建设和机构考核工作；依法实施符合安全标准的农产品产地认定、产品认证和农产品质量安全监督管理。

（五）农业农村经济科　提出稳定和完善农村基本经营制度和农产品加工企业发展及引导农民创业就业的政策建议；拟订生态农业建设、农业科技发展、农产品加工企业发展、引导农民创业就业、农业农村经济信息体系建设、大宗农产品市场体系建设规划及年度计划并组织实施；指导农村土地承包、耕地使用权流转和承包纠纷调解仲裁管理工作；指导农村集体资产和财务管理工作；指导、监督减轻农民负担工作；指导农业经济行业协会和新型农业经营主体（龙头企业、专业合作社、种养殖大户、家庭农场）发展工作；参与农村综合改革有关工作。指导农垦企业和农垦经济发展工作；指导农业信息化和农产品电子商务平台建设；指导农产品加工业结构调整、技术创新和服务体系建设；承担农产品加工企业发展的重大项目建设工作；承担农业农村经济信息收集、管理、发布和信息服务工作。指导农产品流通和农村第三产业发展；负责监测、调度、分析农业和农村经济运行工作；负责农业灾情收集、统计、分析、发布工作；指导全州农村固定统计观察点的工作。指导农业农村经济信息体系和农委信息系统建设工作；承担农业科技成果管理、农业转基因生物安全管理工作；指导农业产业技术体系、农技推广体系建设；协调农业技术开发、科技成果转化及示范推广工作；依法实施农业知识产权、农业动植物新品种保护和外来物种管理；指导全州农业系统学会。承担农产品加工、休闲农业和农村第三产业调查研究和数据统计工作。

（六）种植业科　统筹协调农作物生产发展和良种补贴等政策措施的贯彻落实。指导种植业发展中长期规划和年度计划及实施；指导种植业标准化、规模化生产、产业结构调整与合理布局和产品品质改善；指导耕地改良工作；指导协调种植业项目的申报、种植业基地和重大项目的监督管理并组织实施；指导种植业生产救灾工作；指导救灾备荒种子的储备和调拨；指导农作物重大病虫害监测防控和植物检疫工作；依法开展农作物种子（种苗）行政许可；参与农作物产品质量安全监管工作。

（七）畜牧渔业科　（贵州渔业船舶检验局黔东南船检处）拟订畜牧业、渔业发展的中长期规划和年度计划并组织实施；承担畜牧渔业调查研究和数据统计工作；负责组织畜牧业行业重大项目申报、论证和建设与实施，参与畜牧业重大科研成果的鉴定；参与畜禽鱼品种遗传资源保护、规划和种畜禽管理及合理开发利用工作；组织实施畜牧渔业技术标准及相关职业技能培训；负责饲草、饲料行业管理工作；承办饲料生产企业申报登记、饲料添加剂和预混饲料生产经营企业审核工作；指导、协调畜牧渔业技术服务体系建设；指导畜牧渔业产业结构调整及合理布局；提出畜牧渔业防灾减灾及渔业安全和渔业污染事故处置建议并组织实施；依法维护淡水管辖水域渔业权益；依法开展渔业行政许可；指导畜牧渔业安全生产和畜水产品质量安全监管工作；指导水产病害防控及水产品检疫体系建设，承担畜牧渔业政务信息统计和信息发布工作；承担州饲料工作办公室日常工作。综合履行渔政和渔业船舶检验的监督管理职能。

（八）兽医科（屠宰行业管理科）　拟订全州动物疫病防控规划和年度计划并组织实施；负责全州动物防疫、检疫、兽医医政、兽药药政、兽医管理工作；组织开展动物防疫、检疫和重大动物疫情应急处理工作；负责兽药生产、经营及使用环节的管理工作；负责兽医项目的编制、审查、申报并组织实施；承担兽医调查研究、数据统计、信息收集和分析工作；承担州重大动物疫病防控指挥部办公室日常工作；负责行政区域内畜禽屠宰的监督管理；负责起草畜禽屠宰相关管理规范性文件和行业发展规划；负责畜禽定点屠宰证（章）和标志牌、肉品品质检验合格验讫及无害化处理印章的管理，并对具有定点屠宰证书的牲畜定点厂（场、点）予以公布；负责行业统计工作；负责屠宰环节畜禽产品质量安全监督管理，组织开展监督检查、技术培训和鉴定活动。

（九）农机科　拟订农业机械化中长期规划和年度计划并组织实施；负责农机调查研究与数据统计、农机化信息发布工作；指导农业机械化重大项目建设工作；组织落实农机具购置补贴政策和监督管理；指导农机服务体系建设、农机经营市场行业管理；负责农机维修市场监督管理；负责对拖拉机、联合收割机驾驶员培训机构的管理和对各类农机人员的业务培训；负责拖拉机和其他农业机械的安全监理；负责拖拉机、联合收割机安全技术检验。牌证管理和驾驶及操作人员发证工作的监督指导；负责农业机械安全检查、驾驶操作人员的安全教育工作；负责农业机械事故的认定和调解处理；负责农业机械安全监督情况的统计、反馈；负责农业机械的报废更新工作。

老干科负责州农委机关和直属事业单位离退休人员管理服务工作，指导下属单位的离退休人员管理服务工作。

纪检监察机构州纪委派驻州农业委员会纪检组，州监察局派驻州农业委员会监察室。

机关党组织按照有关规定设置。

四、人员编制

州农业委员会机关行政编制32名。其中：州农委主任1名、副主任3名、总农艺师1名、总畜牧师1名、总经济师1名、纪检组组长1名，正副科级领导职数14名（含老干科科长1名，监察室主任1名）。机关工勤人员编制6名，由财政全额预算管理。

五、其他事项

（一）与相关部门的职责分工事项。1. 食品和农产品质量安全监督管理：农业部门负责食用农产品从种植养殖环节到进入批发、零售市场或生产加工企业前的质量安全监督管理，负责兽药、饲料、饲料添加剂和职责范围内的农药、肥料、种子等其他农业投入品质量及使用的监督管理。2. 粮食质量安全监督管理：农业部门负责粮食生产环节的质量安全监管。

（二）行政审批及行政许可事项。委托州政务服务中心受理，由法规和农产品质量安全监管科承接。

（三）所属事业单位的设置、主要职责和人员编制另行规定。

六、附　则

本规定由黔东南州机构编制委员会办公室负责解释并对执行情况进行监督检查和评估，其调整由黔东南州机构编制委员会办公室按规定程序办理。

贵州省人民政府
关于加快推进山地生态畜牧业发展的意见（摘要）

（黔府发〔2014〕26号）

一、总体要求

（一）基本思路。坚持“稳定发展生猪，突出发展牛羊，积极发展家禽，因地制宜发展特色养殖”的思路，加快推进产业化带动、规模化发展、标准化生产、集约化经营、组织化运行、品牌化营销相结合的现代畜牧业发展道路。健全畜禽良种繁育体系，深入推进畜禽品种改良；加强草地资源保护和建设，推广冬季农田种草养畜，促进秸秆饲料化加工利用；加强动物疫病防控体系建设，建立畜产品质量可追溯体系；坚持转变生产方式，使标准化适度规模养殖成为山地生态畜牧业的主要生产方式；完善污染减排政策，构建全过程、全要素的山地生态畜牧业污染控制与管理体系。

（二）主要目标。到2015年，畜牧业产值占农业总产值31%；肉类总产量达到205万吨，禽蛋产量17万吨，牛奶产量6.5万吨。到2020年，畜牧业产值占农业总产值34%；肉类总产量达到230万吨，禽蛋产量23万吨，牛奶产量8万吨。完成畜禽养殖禁养区、限养区划定，80%以上的规模畜禽养殖场（小区）配套建设固体废弃物和废水储存处理设施，实施废弃物资源化利用，化学需氧量和氨氮排放量明显下降。（牵头单位：省农委；责任单位：省发展改革委、省财政厅、省统计局、省环境保护厅、省扶贫办、各市〔州〕人民政府、贵安新区管委会）

二、重点工作

（三）优化畜牧业产业结构。提高牛羊生产比重，确保生猪生产稳定，推进禽、蛋、奶规模生产，促进特色养殖产业化经营。到2020年，牛、羊存栏分别达500万头和500万只，出栏分别达160万头和500万只，规模化养殖比重分别达30%、40%，牛羊肉占肉类总产量比重达12%。生猪存、出栏分别达到1700万头和2000万头，规模化养殖比重达50%。年出栏肉鸡1.3亿羽，存栏蛋鸡5000万只，存栏奶牛6万头，禽类规模养殖比重达90%以上，禽、蛋、奶生产基本实现省内自给。建成香猪、三穗鸭、绿壳蛋鸡等地方资源为特色的产业化经营示范基地20个，培育年产值超亿元特色养殖大型企业10个，构建一批各具特色的区域品牌、企业品牌和产品品牌。（牵头单位：省农委；责任单位：省发展改革委、省财政厅、省扶贫办、各市〔州〕人民政府、贵安新区管委会）

（四）健全畜禽良种繁育体系。以牛、羊品种改良为重点，完善全省畜禽良种繁育体系建设规划、畜禽遗传资源保护利用规划和良种推广指导目录，加快建成原种场、扩繁场、商品场相互配套的三级良种繁育体系。重点支持能繁母牛存栏200头以上、能繁母羊500只以上种畜场进行基础设施建设。支持畜禽原种场（资源场）、种公畜站、扩繁场和精液改良（配送）站（点）建设，扶持畜禽遗传资源保护场、保护区基础设施建设，支持畜禽引进品种和新品种（系）选育，用好畜牧业良种补贴政策，加大优良畜禽品种的引进、选育和推广。建设种畜禽生产性能测定中心和省级种畜禽管理信息平台。鼓励各类资本投资建设种畜禽场，发挥龙头企业和专业合作社的带动作用，为优良品种推广提供技术服务。到2015年，全省畜禽良种繁育体系基本形成。到2020年全省畜禽良种繁育体系更加完善，供种能力明显增强，良种对畜牧业增长的贡献率达60%以上。（牵头单位：省农委；责任单位：省发展改革委、省财政厅、省扶贫办）

（五）夯实饲草饲料保障体系。利用饲草饲料资源优势和有利生态环境条件，加强草原确权登记与草地承包流转工作，扩大坡耕地退耕还草项目实施范围，加快人工草地建设与天然草地改良，注重灌草丛等资源开发，大力推进草畜配套。发展草捆、草粉、草颗粒等草产品加工，推进牧草产业化进程。加强秸秆饲料化利用，抓好反刍动物精料补充料开发与应用，推进饲料工业加快发展。到2015年，建成以种植紫花苜蓿为主的优质高产饲草料基地15个，人工种草保留面积780万亩。2020年，建成优质高产饲草料基地25个。（牵头单位：省农委；责任单位：省发展改革委、省财政厅、省扶贫办）

（六）完善动物疫病防控和质量安全监管体系。实施《贵州省中长期动物疫病防治规划（2012—2020年）》，强化基础设施建设。形成以省、市、县三级动物疫病预防控制中心为主体的分工明确、布局合理的兽医实验室网络，提高动物疫病监测和诊断能力。建立完善省、市、县三级动物卫生监督体系，加强乡镇畜牧兽医（动物卫生监督）和村级动物防疫冷链体系建设，提升动物疫病防控、动物卫生监督执法和社会化服务能力。加快建立省级动物防疫信息化管理平台和市、县动物防疫信息网络，增强快速反应能力。加强省际间动物防疫监督检查站建设，提升疫病防控综合水平，严格畜禽养殖许可和备案制、兽药经营和奶站收购许可、饲料生产经营登记等制度，加大投入品和养殖环节质量监管力度。加快全省畜产品质量安全预警监测和风险评估平台建设。到2020年，全面完成市、县、乡、村四级动物防疫基础设施及体系建设，动物疫病防控长效机制基本建立，综合防控能力全面提升。（牵头单位：省农委；责任单位：省发展改革委、省财政厅）

（七）推进畜牧业规模化和标准化生产。整合各种资源要素，配套完善基础设施，推进标准化适度规模养殖，重点支持标准化规模养殖场建设和家庭牧场扩能升级。围绕全省100个现代高效农业示范园区建设，打造一批现代畜牧业重点县。着力抓好畜禽养殖小区建设和优势畜禽产业带布局，以乡为单位布局生产基地，以村为单位布局养殖小区，实现传统分散饲养向标准化规模养殖的全面过渡。到2020年，发展年出栏肉牛50头以上的家庭牧场5000个，发展年出栏肉羊100只以上家庭牧场1万个，创建年存栏1000头以上基础母猪的规模种猪场20个，培育年出栏1万头以上商品猪的规模商品场100个，建成年出栏肉鸡10万只以上和存栏蛋鸡1万只以上标准化规模养殖场50个，新增建设存栏奶牛1000头以上的标准化规模养殖场10个。全面推行健康养殖，严格执行场地环境、引种繁育、疫病防控等生产技术规程，确立养殖场畜产品质量安全法人第一责任制度，指导养殖企业建立质量安全检测和管理体系，规范投入品的使用，建立畜禽标识及养殖档案，实现全程监控养殖。积极推广各类适合当地发展、符合生态化养殖要求的畜禽养殖污染治理技术和养殖模式，采取全过程综合治理方式处理污染物，切实提高畜禽养殖场（小区）污染物治理和资源化利用水平。（牵头单位：省农委；责任单位：省发展改革委、省财政厅、省环境保护厅、省扶贫办）

（八）壮大畜牧业龙头企业。立足畜牧产业基础，发挥比较优势，培育一批畜牧养殖和畜产品加工龙头企业。通过股份合作、兼并重组、联合经营等资本运作方式，做大做强现有畜牧养殖和加工龙头企业，促使其成为国内外知名品牌和大型企业集团。进一步加大招商引资力度，引进畜牧养殖和加工大企业，谋划建设一批投资额亿元以上的大项目。鼓励龙头企业进入100个现代高效农业示范园区，实现要素集中、产业集聚发展。对年出栏肥猪30万头以上、出栏肉牛5000头以上、肉羊3万只以上规模的养殖企业和年销售规模10亿元以上的加工企业，给予一定的补助和奖励。到2020年，每个市（州）至少发展一家年销售收入10亿元以上的畜牧龙头企业。（牵头单位：省农委；责任单位：省发展改革委、省财政厅、省商务厅、省工商局、省扶贫办、省政府金融办）

（九）培育新型生产经营主体。按照“参与广泛、自愿联合、平等互利、管理民主”的原则，引导以农民为主体的畜牧业生产经营者组建合作社。鼓励农村党员干部和养殖大户带头组建养殖合作社，培育一批畜产品经营经纪人。引导县乡畜牧兽医服务部门和各种社会力量兴办的服务实体、畜产品加工企业、供销合作社等参与发展合作社，提高畜牧业组织化程度。到2020年，畜牧类合作社占全省农民合作社总数三分之一以上，建成示范社100家。试验推广适合农户的家庭规模养殖模式，大力发展家庭牧场和养殖大户，增强家庭经营集约化水平。创新山地生态畜牧业经营机制，探索“公司＋合作社＋基地＋农户”“公司＋家庭牧场”“公司＋农场”等多种发展模式。（牵头单位：省农委；责任单位：省发展改革委、省财政厅、省工商局、省扶贫办、省政府金融办，各市〔州〕人民政府、贵安新区管委会）

（十）促进市场流通和品牌创建。以绿色生态、特色风味为卖点，大力扶持“三品一标”

产品认证（即无公害产品、绿色食品、有机农产品和农产品地理标志），培育贵州生态畜产品知名品牌，提升市场知名度、美誉度和竞争力。引导养殖加工企业增强品牌和质量意识，健全标准化管理、质量监测和质量信用体系，加强技术和产品研发。支持养殖合作社申请注册商标，推进其产品走向市场。建设区域性畜产品批发市场和专业市场，根据国家和省有关屠宰行业管理法律法规，优化畜禽屠宰加工企业布局，实现商品畜禽集中屠宰、便捷流通、就近加工，减少活畜禽大范围流通。鼓励畜禽产品加工企业建设全程冷链物流体系，积极发展冷鲜肉直销，引导各类市场主体参与畜产品流通和市场开拓。抓好畜禽市场预测预警和信息发布，加强优势特色畜产品对外营销推介，扶持大型养殖企业在大中城市增设销售网点，密切产销对接，促进市场消费。到2020年，全省畜牧类产品获中国驰名商标5个以上，建设改造一批现代化牲畜交易市场、探索建设畜禽期货交易市场。（牵头单位：省商务厅；责任单位：省发展改革委、省农委、省工商局）

（十一）科学划定畜禽养殖禁养区、限养区。科学划定畜禽禁养区、限养区，合理调整畜禽养殖业结构和发展布局，推进畜禽养殖业可持续发展。禁养区内严禁新建、扩建各类畜禽养殖场，原有的养殖场，依法逐步实现关停或搬迁。限养区内逐步控制和削减畜禽饲养总量，不得新建、扩（改）建畜禽养殖场，原有的畜禽养殖场要严格按照环境保护有关规定，控制畜禽养殖规模，严格落实污染防治措施，实现污染物达标排放。新、改、扩建畜禽养殖场（小区）必须依法进行环境影响评价，并把主要污染物排放总量控制指标作为环境审批的前置条件。（牵头单位：省环境保护厅；责任单位：省国土资源厅、省农委、省扶贫办）

三、政策措施

（十二）加大财政扶持。全面落实国家对畜牧业的扶持政策，及时足额落实配套资金，加强项目管理，确保建设成效。在地方财政支出预算中，将35%以上的农业发展资金用于畜牧业。省财政要积极支持畜牧业产业发展，推动标准化规模养殖、动物防疫与卫生监督及畜产品质量安全建设等方面的工作。充分利用各级扶贫开发、农业综合开发和预算内基本建设资金、外援农业项目资金等，重点扶持肉牛、肉羊等草食畜牧业。加强定点屠宰企业升级改造的资金支持。大中型沼气建设、农业综合开发、农村基本建设、农业产业化专项、少数民族地区发展等资金，要按照项目和资金配套的要求，向山地生态畜牧业发展倾斜。整合资源要素，优化投资环境，加大畜牧业招商引资力度，积极引导社会各类资本投资畜牧业，形成多元化投资主体。（牵头单位：省财政厅；责任单位：省发展改革委、省农委、省水利厅、省国税局、省地税局、省扶贫办、省政府金融办，各市〔州〕人民政府、贵安新区管委会）

（十三）强化金融支持。财政、畜牧等部门和金融机构要加强联络协调，探索创新符合畜牧业发展特点的担保方式、融资模式和金融产品，推动建立银行、企业和担保机构风险共担机制。定期召开政银企对接会，搭建金融机构、担保机构与畜牧部门、企业之间的信息共享平台。鼓励金融机构加大对畜牧业发展的融资支持，探索财政贴息等多种行之有效的方式，增加对畜牧业发展的贷款额度，重点支持发展标准化规模生产、家庭牧场、畜产品加工、市场建设、饲料和兽药生产等。完善省级农业投融资平台，健全农业企业融资担保体系，强化为畜牧业等农业企业提供的融资担保服务。支持畜牧龙头企业成立担保公司，开展特色化担保服务。认真抓好小额扶贫信贷资金的发放、管理和回收工作，完善农户小额信用贷款和农户联保贷款机制。

指导企业、合作社建立会员农户信用档案，加强会员信用考核评估管理，扩大信贷额度，解决养殖农户贷款难问题。各级政府要加大能繁母猪、育肥猪、奶牛等中央财政补贴政策性农业保险品种的推广力度。鼓励各地通过整合各级扶贫开发、农业综合开发、农业产业化专项等资金，为能繁母牛、母羊和蛋禽等品种投保农业保险提供保费补贴，积极探索特色畜牧业品种农业保险。具备农业保险经营资格的保险机构要积极引进、申请开发畜禽保险系列产品。鼓励龙头企业、合作社等畜牧业生产经营主体为养殖户投保农业保险提供资金支持，有效分担和化解畜禽养殖风险。（牵头单位：省政府金融办；责任单位：省发展改革委、省财政厅、省农委、贵州保监局、贵州银监局、人民银行贵阳中心支行）

（十四）推进科技进步。高等院校和科研、技术推广部门要协同配合，加强山地生态畜牧业发展关键技术的引进、研究和示范推广，推进“产学研”、“农科教”结合，推动科技产业化和集团开发，提高科技成果的转化率。充分发挥龙头企业在引进、研发、示范、推广先进适用技术，并积极开展市场化服务的重要作用。依托职业院校、农广校、电大、农村党员干部现代远程教育网络等机构和载体，举办多种形式的培训班，对基层畜牧兽医人员、农民尤其是家庭牧场主、畜牧业合作社负责人等开展技术培训，提高他们的业务素质和生产技能。允许县级（含县）以下技术干部带职带薪创办、领办养殖、饲料生产、畜产品流通等企业，鼓励和支持科研院校科技人员以成果转让、技术入股等形式参与畜牧业发展，或经批准带职带薪到龙头企业和经营实体中提供技术服务，获取相应收益和报酬。（牵头单位：省科技厅；责任单位：省教育厅、省农委、省农科院、贵州大学）

（十五）落实优惠政策。把畜禽养殖、定点屠宰场所用地纳入土地利用总体规划。鼓励合理利用荒山、荒地等发展山地生态畜牧业；鼓励发展不破坏土地耕作层的新型框架式畜舍建筑材料，推行养殖场和农田的循环使用。认真落实畜禽养殖用地政策，针对畜禽规模养殖的不同兴办主体和建筑性质，按照国土资源部、农业部《关于促进规模化畜禽养殖有关用地政策的通知》（国土资发〔2007〕220号）规定，简化程序，及时办理养殖用地手续。畜牧生态循环和休闲观光型牧场，其永久性设施用地应依法办理农转用和土地征收审批手续。国土资源、畜牧兽医部门要加强沟通，密切合作，掌握畜禽养殖用地情况，及时化解用地过程中出现的矛盾和问题。加强对畜牧业产业园区、大型规模养殖场、集中养殖区、屠宰加工企业、畜产品市场等区域和场所的设施配套，重点完善道路、供电、供水、信息等基础设施，实行用水、用电等费率优惠。加强规模化畜禽养殖场（小区）污染防治减排项目建设，支持畜牧业养殖污染治理，优化养殖业环保服务。（牵头单位：省国土资源厅；责任单位：省发展改革委、省环境保护厅、省交通厅、省农委）

四、组织保障

（十六）加强组织领导。省人民政府建立山地生态畜牧业发展联席会议制度，分管副省长为召集人，省发展改革委、省财政厅、省国土资源厅、省水利厅、省环境保护厅、省扶贫办、省政府金融办等省有关部门负责人为成员，主要负责研究解决畜牧业发展中的重点问题，审议畜牧业发展规划、畜牧业重大工作措施、重点项目投入安排等。联席会议办公室设在省农委。各市（州）、县（市、区、特区）人民政府要成立相应的联席会议或领导小组，切实加强畜牧业发展的组织领导。各级畜牧主管部门为山地生态畜牧业发展牵头部门，要积极履职、加强协调，统筹抓好畜牧业发展工作。各级发展改革、财政、水利、商务、扶贫、环境保护、金融等部门和单位要各司其职、密切配合，不断优化对畜牧业发展的保障和服务。（牵头单位：省农委；责任单位：省发展改革委、省财政厅、省环境保护厅、省水利厅、省商务厅、省扶贫办、省政府金融办）

（十七）健全机构队伍。落实《国务院机构改革和职能转变方案》（第十二届全国人民代表大会2013年3月14日通过）和《国务院关于加强农产品质量安全监管工作的通知》（国办发〔2013〕106号）精神，加强省、市、县三级畜牧兽医、屠宰行业行政管理工作，根据畜牧产业发展需要，完善市、县两级动物卫生监督执法机构，完善执法主体资格。将省农委畜牧兽医管理办公室更名为省农委畜牧兽医局，具体承担省农委负责的畜牧业发展相关工作。建立完善各级动物疫病预防控制中心。推行县级畜牧兽医、饲料兽药、畜产品质量安全等综合执法，健全行政执法和技术支持体系，改善执法条件。根据地方财力情况合理确定村级防疫员补助标准，稳定村级防疫员队伍。加强各级畜牧业机构建设、设施建设和作风建设，充实专业人才和管理队伍，增强业务技能，不断提高管理服务水平。（牵头单位：省农委；责任单位：省财政厅、省编委办，各市〔州〕人民政府、贵安新区管委会）

（十八）完善监测考核。各级政府要建立监测督导制度，定期对工作进展进行检查，推动各项措施落到实处。强化责任落实，把畜牧业发展、重大动物疫病防控、畜产品质量安全监管等任务，分解到部门、落实到人。加强畜牧业管理信息化建设，搞好信息的收集、分析、研判、发布，强化宏观调控和风险控制。（牵头单位：省农委；责任单位：省目标办，各市〔州〕人民政府、贵安新区管委会）

（十九）搞好宣传引导。新闻媒体要大力宣传发展山地生态畜牧业的重要意义和扶持政策，努力营造良好舆论氛围，调动农民和各类市场主体投入畜牧业发展的积极性。各级各有关部门要推广普及实用养殖技术、养殖模式，总结和宣传发展山地生态畜牧业的模范人物、先进经验和成功典型，充分发挥示范带动作用。加强畜牧兽医法律法规的宣传培训，提高执法队伍素质，坚持依法治牧、依法兴牧，促进生态畜牧业稳步健康发展。（牵头单位：省农委；责任单位：各市〔州〕人民政府、贵安新区管委会）

黔东南州人民政府
贯彻落实省政府关于快推进山地生态
畜牧业发展的意见责任分解方案（摘要）

（黔东南府发〔2015〕5号）

一、主要目标

到2015年，全州畜牧业产值占农业总产值比重达到27%；肉类总产量20.5万吨，禽蛋产量1.2万吨。到2020年，畜牧业产值农业总产值比重达到32%；肉类总产量达到30万吨，禽蛋产量2.5万吨，牛羊存栏分别达到70万头和45万只，年均增长1%和9%左右，出栏分别达到20万头和30万只，年均增长7%和8%左右；生猪存、出栏分别达到235万头和280万头，年均增长7.7%和6.5%左右；年出栏肉禽3000万羽；蛋鸡生产规模达300万羽，年均增长10%左右，禽类规模养殖比重达90%。完成畜禽养殖禁养区、限养区划定，85%以上的规模畜禽养殖场（小区）配套建设固体废弃物和废水储存处理设施，实施废弃物资源化利用，化学需氧量和氨氮排放量明显下降。畜牧产业基本实现布局区域化、养殖规模化、生产标准化、经营产业化、服务社会化，山地生态畜牧业产业体系建设初具规模。（牵头单位：州农委；责任单位：州发改委、州财政局、州统计局、州环保局、州扶贫办、各县市人民政府）

二、实施内容

（一）优化产业发展布局。进一步加大畜种结构、产品结构和产业结构为主的畜牧业结构调整力度。稳定发展优质高效的养堵业的同时，加快发展牛、羊为主导的山地生态畜牧业，逐渐形成资源节约型畜牧业格局。大力发展畜产品外销基地、原料供应基地和生态养殖基地，着力打造畜牧业优势生产区域。到2020年，以施秉、镇远、岑巩、天性、丹寨、麻江6县为重点，打造6个年出栏各500只以上的种羊场，形成种羊供应基地，确保良种羊的供应；力争在榕江、从江和黎平各建设1个高标准种羊场，辐射带动周边养殖户养羊，依托省级能繁母牛场项目建设机遇，在麻江、岑巩、施秉、锦屏打造存栏100头以上的能繁母牛场6—8个，形成肉牛供应基地；以麻江、凯里、丹寨、施秉、镇远、黎平6县市为重点，打造6个蛋鸡生产规模15万羽以上的蛋鸡场，形成蛋鸡养殖基地，以从江、丹塞、榕江、剑河、雷山5县为重点，打造10个以上年出栏万头的香猪及本地黑毛猪种猪场，辐射带动台江、施秉、黄平、麻江、锦屏、黎平6县发展香猪及本地黑毛猪养殖。以三穗、天柱、榕江、黎平4县为重点，大力发展三穗鸭、天柱骡鸭、黔东南小香鸡等本地优良家禽品种，形成优良生态家禽养殖基地。（牵头单位：州农委；责任单位：州发改委、州财政局、州扶贫办、各县市人民政府）

（二）大力发展规模养殖。以场区建设、良种引进、圈舍改造和粪污处理为切入点，以人畜分离、集约生产，安全高效达标排放为标准，全面加快以标准化为基础、适度规模为主导的规模养殖场区建设。对新建场区实行统一规划设计、统一施工建设、统一环保治理，对原有场区进行规范化改造。建设一批标准化的规模养殖场区，提高集约化养殖水平。到2020年，全州发展年出栏肉牛50头以上规模户（家庭牧场）800户，发展年出栏肉羊100只以上规模户（家庭牧场）800户，规模化养殖比重分别达到30%和40%，牛羊肉占肉类总产量比重达12%，建成年出栏1万头以上商品猪的规模商品场20个，规模化养殖比重50%左右。建成年出栏肉鸡10万只以上和存栏蛋鸡1万只以上的标准化规模养殖场20个，辐射带动年出栏肉鸡1万只以上家庭农场500户，禽类规模养殖比重达90%。（牵头单位：州农委；责任单位：州发改委、州财政局、州环保局、各县市人民政府）

（三）强化畜牧业支撑体系建设。

1. 加强畜禽良种繁育体系建设。以牛、羊品种改良为重点，加快建成原种场、扩繁场、商品场相互配套的三级良种繁育体系和品种改良体系，建立覆盖全州牛、羊养殖户的品改点，增加人力、物力和财力的投入，保证各县市有多个品改点正常运转。加大从江香猪、剑白香猪、三穗麻鸭、天柱骡鸭、黔东南小香鸡、黎平黄牛等地方畜离品种遗传资源保护和选育利用。加大优良畜禽品种的引进，选育和推广。到2020年，通过优质肉牛冻配改良，全州杂交牛比重达30%以上，力争建成种猪、种禽、种牛、种羊场等特色种畜禽场30个。（牵头单位：州农委；责任单位：州发改委、州财政局、州扶贫办、各县市人民政府）

2. 加强饲草饲料生产体系建设。积极启动草原确权登记和草地资源调查摸底工作，摸清我州草地和草场资源底数，推进草地承包流转力度，积极申报易灾地区草地恢复与改良等退耕还草项目，加快我州人工草地建设与天然草地改良，抓好灌草地和现有草场等资源的保护和利用，科学推进草畜配套标准化养殖，促进牧草产业化进程，加大秸秆饲料化利用工作，抓好反刍动物精料补充料开发与应用，推进饲料工业发展。到2020年，建成优质高产饲料生产基地5个，人工种草保留面积20万亩以上，秸秆饲料化利用率达到50%以上。（牵头单位：州农委；责任单位：州发改委、州财政局、州扶贫办、各县市人民政府）

3. 加强动物疫病防控体系建设。实施《黔东南州中长期动物疫病防治规划（2015—2020年）》，强化基础设施建设。按照“面积足够，布局合理，装备齐全，功能完整．经费保障，人员稳定，工作常态，管理规范”的要求，加强兽医实验室建设。到2020年，根据动物疫病防控需要，将辖区内的3个县级兽医实验室提升为区域性兽医实验室，建立布局合理的兽医实验室网络，加强动物疫病检测体系建设，提高动物疫病监测诊断和预警预报能力。按照州县两级有冷库和冷藏运输车、乡村两级有冰箱冰柜和疫苗冷藏包的标准，加大动物防疫冷链体系建设，确保黔东南州动物疫苗在冷链中封闭运行。建立和完善州、县、乡、村四级动物防疫检疫信息网络；建立和完善乡镇村动物产地检疫报检点，建立村级兽医室；建立动物防疫监测诊疗社会化服务机构；把动物防疫、动物检疫和兽药管理的工作经费纳入年度财政预算。（牵头单位：州农委；责任单位：州发改委、州财政局、各县市人民政府）

（四）加强畜产品安全监管能力建设。加强动物防疫检疫、畜产品安全保障基础设施建设，严格种畜禽养殖许可制、规模养殖备案制、兽药经营许可制度、饲料生产经营登记制度等，加大投入品和养殖环节质量监管力度。州本级要重点建设动物防疫实验室和畜产品质量安全监测实验室（农产品质量安全检测中心），将实验室设备更新维护以及畜产品质量安全监测预警，风险评估等经费列入年度预算；县，乡两级要建成畜产品生产基地产品质量安全快速检测实验室，构建州、县、乡（镇）“三级”农产品质量安全检测网络。（牵头单位：州农委；责任单位：州发改委、州财政局、各县市人民政府）

（五）扶持壮大畜牧业龙头企业。鼓励企业通过股份合作，兼并重组、联合经营等资本运作方式，组建大型企业集团，做大做强现有畜牧养殖和加工农头企业，重点培育一批畜牧养殖和加工农头企业和专业合作社，进一步加大招商引资力度，引进大型畜牧养殖和加工企业，鼓励龙头企业进入现代高效农业示范园区，实现要素集中，产业集聚发展。到2020年，全州发展年销售收入1亿元以上畜牧龙头企业3家，年销售收入5亿元以上畜牧龙头企业1家。（牵头单位：州农委；责任单位：州发改委、州财政局、州商务局、州工商局、州投资促进局、州扶贫办，各县市人民政府）

（六）培育新型生产经营主体。按照“参与广泛、自愿联合、平等互利、管理民主”的原则，引导以农民为主体的畜牧业生产经营者组建合作社。鼓励农村党员干部和养殖大户带头组建养殖合作社，培育一批畜产品经营经纪人。引导县乡畜牧兽医服务部门和各种社会力量兴办的服务实体，畜产品加工企业，供销合作社等参与发展合作社，提高畜牧业组织化程度。到2020年，畜牧类合作社占全州农民合作社总数三分之一以上，建成示范社10家。试验推广适合农户的家庭规模养殖模式，大力发展家庭牧场和养殖大户，增强家庭经营集约化水平，创新山地生态畜牧业经营机制，探索“公司＋合作社＋基地＋农户”“公司＋家庭牧场”“公司＋农场”等多种发展模式。（牵头单位：州农委；责任单位：州发改委、州财政局、州工商局、州扶贫办、州供销社、各县市人民政府）

（七）促进市场流通和品牌创建。以绿色生态、特色风味为卖点，大力扶持“三品一标”产品认证（即无公害产品、绿色食品，有机农产品和农产品地理标志），培育黔东南州生态畜产品知名品牌，提升市场知名度，美誉度和竞争力。对获得“三品一标”认证、获得贵州省名牌产品称号、地理标志证明（集体）商标的企业给予适当奖励。引导养殖加工企业增强品牌和质量意识，健全标准化管理，质量监测和质量信用体系，加强技术和产品研发，把山地生态畜牧业与乡村旅游有机结合起来，形成产业联动机制。加大对活畜禽交易市场和活畜禽批发市场基础设施的建设力度。在各县建设相应的（猪、牛、羊，禽类）规范化、标准化的畜禽交易硬件基础设施（市场），包括办公区、停车区、畜禽暂养区，交易区，服务区等硬件设施的布局，以解决无市场、露天市场或河边市场，公路市场的滞后局面。在确保畜牧规模化逐年增长的同时，为促进销售、规范交易、搞好检疫等提供基础保障。鼓励畜禽产品加工企业建设全程冷链物流体系，积极发展冷鲜肉直销，引导各类市场主体参与畜产品流通和市场开拓。抓好畜禽市场预测预警和信息发布，加强优势特色畜产品对外营销推介，扶持大型养殖企业在大中城市增设销售网点，密切产销对接，促进市场消费。到2020年，培育贵州省名牌产品10个，贵州省著名商标10个，地理标志证明（集体）商标或者获得原产地保护产品3个；新增无公害、绿色，有机畜产品（产地）认证产品50个；建设改造一批现代化牲畜交易市场．探索建设畜禽期货交易市场。（牵头单位：州商务局；责任单位：州发改委、州农委、州工商局、各县市人民政府）

（八）科学划定畜禽养殖禁养区、限养区。各县要科学划定畜离禁养区、限养区，合理调整畜禽养殖业结构和发展布局，推进畜禽养殖业可持续发展。禁养区内不准新建、扩建各类畜禽养殖场，原有的养殖场依法逐步实现关停或搬迁。限养区内逐步控制和削减畜禽饲养总量，不得新建，扩（改）建畜禽养殖场，原有的畜禽养殖场要严格落实污染防治措施，实现污染物达标排放。依法对畜禽养殖场（小区）进行环境影响评价，把主要污染物排放总量控制指标作为环境审批的前提条件。（牵头单位：州环保局；责任单位：州国土局、州农委、州扶贫办、各县市人民政府）

（九）加强科技支撑体系建设。加大畜牧业的科研投入，加大畜牧兽医先进实用技术的推广普及力度，依托职业院校、农广校，电大，农村党员干部现代远程教育网络等机构和载体，举办多种形式的培训班，对基层畜牧兽医人员、农民尤其是家庭牧场主，畜牧业合作社负责人等开展技术培训，提高他们的业务素质和生产技能。重点推广生态养殖生产，疫病综合防控，畜产品加工、牧草青贮及秸秆利用，配合饲料生产应用，养殖环境治理等畜牧先进适用新技术，鼓励和支持职业院校与畜牧业实体间合作开展科学研究及项目申报，加紧推进现代化畜牧养殖及产品深加工的大数据建设。允许技术干部带职带薪创办、领办养殖、饲料生产、畜产品流通

等企业。（牵头单位：州农委；责任单位：州科技局、州扶贫办、州职业技术学院）

（十）健全机构队伍建设。加强州，县两级畜牧兽医，屠宰行业行政管理工作，完善执法主体资格。推行县级畜牧兽医、饲料、兽药、畜产品质显安全等综合执法。按服行政管理，监督执法，技术支撑三大体系，设置机构，落实编制、配备人员，着重解决机构设置不规范、编制普遍偏少、人员配备不足的问题，进一步完善畜兽医机构编制和人员结构。各县市根据自身工作实际，合理配备动物疫病预防控制机构、动物卫生监督机构、畜牧技术推广机构、饲草饲料技术推广机构等的编制，配齐配强相关工作人员。加强各级畜牧业机构建设、设施建设和作风建设，充实专业人才和管理队伍，增强业务技能，不断提高管理服务水平。（牵头单位：州编委办；责任单位：州农委、州人社局、州财政局、各县市人民政府）

三、保障措施

（一）加强组织领导。州人民政府成立山地生态畜牧业发展领导小组，分管副州长为组长，州发展改革委、州农业委员会、州财政局、州国土资源局、州水利局、州环保局、州扶贫办、州政府金融办等州直有关部门负责人为成员，主要负责研究解决山地生态畜牧业发展中的重点问题，审议畜牧业发展规划，畜牧业重大工作措施，重点项目投入安排等。领导小组办公室设在州农委。各级政府要高度重视山地生态畜牧业发展，及时制定政策措施，积极创新体制机制，加大支持和推进力度。各级农业部门要发挥牵头协调作用，发改、财政、国土、水利、环保、扶贫办、金融办等部门要各司其职，密切配合，合力推进全州山地生态畜牧业发展。（牵头单位：州农委；责任单位：州财政局、各县市人民政府）

（二）加大资金投入。一是加大财政资金投入。2015—2020 年，州、县市两级财政每年安排一定的农业发展资金用于畜牧业基地建设、特种养殖发展、新型畜牧产业体系建设、品牌建设等。充分利用各级扶贫开发、农业综合开发和预算内基本建设资金，外援农业项目资金等，向山地生态畜牧业发展倾斜，重点扶持肉牛，肉羊等草食畜牧业。二是强化金融支持。金融机构要加强对畜牧专业合作社、规模养殖场的金融服务和信贷支持。探索财政贴息等多种行之有效的方式，增加对畜牧业发展的贷款额度，重点支持发展标准化规模生产、家庭牧场、畜产品加工、市场建设、饲料和兽药生产等。为能繁母牛、母羊和蛋禽等品种投保农业保险提供保费补贴，积极探索特色畜牧业品种农业保险。三是整合项目资金。各级政府主要领导要亲自抓，围绕山地生态畜牧业产业布局和规划，切实将涉农部门的产业发展资金及农业综合开发。土地整治、退耕还林、产业化扶贫、通村公路等项目资金重点倾斜到山地生态畜牧业建设上来，使之落到实处。（牵头单位：州财政局；责任单位：州发改委、州农委、州水利局、州扶贫办、州政府金融办、各县市人民政府）

（三）加强用地政策支持。各县市要按照农林牧结合，不破坏耕作层和不影响生态环境为原则，做好畜牧用地规划，支持畜牧业“上山进园”，妥善解决畜禽养殖用地。把畜禽养殖、定点屠宰场所用地纳入土地利用总体规划。鼓励合理利用荒山、荒地等发展山地生态牧业；鼓励发展不破坏土地耕作层的新型框架式畜舍建筑材料，推行养殖和农田的循环使用，认真落实畜离养殖用地政策，针对畜牧规模养殖的不兴办主体和建筑性质，按国土资源部、农业部《关于促进规模化畜禽养殖有关用地政策的通知》（国土资发〔2007〕220 号）规定，简化程序，及时办理养殖用地手续。加强对畜牧业产业园区，大型规模养殖场集中养殖区，屠宰加工企业，畜产品市场等区域和场所的设施配套，重点完善道路、供电、供水、信息等基础设施，实行用水用电等费率优惠。加强规模化畜禽养殖场（小区）污染防治减排项目建设，支持畜牧业养殖污染治理，优化养殖业环保服务。（牵头单位：州国土局；责任单位：州发改委、州环保局、州交通局、州农委，各县市人民政府）

（四）完善监测考核。建立监测督导制度，定期对工作进展进行检查，推动各项措施落到实处，强化责任落实，把畜牧业发展，重大动物疫病防控，畜产品质鼠安全监管等任务分解到部门，落实到人。加强畜牧业管理信息化建设，搞好信息的收集、分析、研判、发布。强化宏观调控和风险控制。（牵头单位：州委州政府督查室、州农委；责任单位：州目标办、各县市人民政府）

二、获奖名录

（一）获厅以上科技成果的单位和人员名录

黔东南州农委及整合前有关部门获奖名录

表12—1　（1991—2015年）

序号	获奖年份	获奖成果名称	授奖种类及等次	颁奖单位	获奖编号	主要完成单位	主要完成人
1	1991	半旱式耕作改良冷烂田的应用及研究	省科技进步二等奖	贵州省人民政府	910981	黔东南州农业局土壤肥料站	
2	1991	杂稻制种高产技术研究	州科技进步二等奖	黔东南州人民政府	90006－4	黔东南州农业局种子站	杨昌金
3	1993	配合颗粒饲料培育鱼种高产试验	州科技进步三等奖	黔东南州人民政府	92034－1	黔东南州农业局水产站	
4	1993	配合颗粒饲料培育鱼种高产试验	州科技进步三等奖	黔东南州人民政府	92034－1	州水产站	余远睿
5	1994	紧凑型玉米高产栽培技术研究与应用	州科技进步二等奖	黔东南州人民政府	94002－5	黔东南州农业局农业技术推广站	倪玉琼
6	1997	鸡粪配合饲料网箱养鱼试验	州科技进步四等奖	黔东南州人民政府	96025－2	州农业局	王朝炉
7	1999	黔东南州水稻微机优化配方施肥研究与应用	黔东南州科技进步一等奖	黔东南州人民政府	99015－8	黔东南州农业局土肥站	
8	1999	黔东南州不同温区水稻微机配方施肥模型研究与应用	省科技进步三等奖	贵州省人民政府	99080－1	黔东南州农业局土肥站	
9	1999	水稻、玉米平衡施肥技术推广	省科技进步三等奖	贵州省人民政府		黔东南州农业局土肥站	
10	1999	黔东南州水稻微机优化配方施肥研究与应用	州科技进步一等奖	黔东南州人民政府	99015－8	黔东南州农业局土肥站	
11	2001	优质稻高产配套栽培试验示范	黔东南州科技进步一等奖	黔东南州人民政府		黔东南州农业局农业技术推广站	

续表

序号	获奖年份	获奖成果名　称	授奖种类及等次	颁奖单位	获奖编号	主要完成单　位	主　要完成人
12	2001	优质稻高产配套栽培试验示范	州科技进步一等奖	黔东南州人民政府	200021－3	黔东南州农业局农业技术推广站	倪玉琼
13	2001	优质稻高产配套栽培试验示范	州科技进步一等奖	黔东南州人民政府	NO200021－4	黔东南州农业局农业技术推广站	商凯岑
14	2002	贵州水稻旱育稀植栽培技术推广	省科技进步一等奖	贵州省人民政府		黔东南州农业局农业技术推广站	
15	2004	贵州省山区稻田生态渔业模式推广	省科技进步三等奖	贵州省人民政府		黔东南州农业局水产站	
16	2004	贵州省山区稻田生态渔业模式推广	省科技进步三等奖	贵州省人民政府		黔东南州农业局水产站	余远睿
17	2005	黔东南州优质无籽西瓜高效生产技术示范推广	州科技进步三等奖	黔东南州人民政府	04057－1	黔东南州农业局果蔬站	粟周群
18	2005	凯里市稻田养蟹试验	州科学进步四等奖	黔东南州人民政府	04012－2	州黔东南州畜牧水产局水产站、凯里市水产站	杨　洪
19	2005	扁穗牛鞭草引种试验与推广应用	州科技进步四等奖	黔东南州人民政府	04019－4	黔东南州畜牧水产局草原站	莫兴虎等
20	2005	扁穗牛鞭草引种试验与推广应用	州科技进步四等奖	黔东南州人民政府	04019－1	黔东南州畜牧水产局草原站	杨秀钦等
21	2005	凯里市稻田养蟹试验	州科技进步四等奖	黔东南州人民政府	04012－2	州黔东南州畜牧水产局水产站、凯里市水产站	
22	2005	黔东南高海拔冷凉稻区水稻全程地膜覆盖栽培综合增产配套增产技术开发	州科技进步四等奖	黔东南州人民政府	04021－1	黔东南州农业局农业技术推广站	谭甫成
23	2005	黔东南高海拔冷凉稻区水稻全程地膜覆盖栽培综合配套增产技术开发	州科技进步四等奖	黔东南州人民政府		黔东南州农业局农业技术推广站	
24	2006	美国绿头野鸭引进推广示范项目	州科技进步三等奖	黔东南州人民政府	2006－004－1	黔东南州农业局	王朝炉
25	2008	冬闲田养鱼技术的推广	州科技进步四等奖	黔东南州人民政府		黔东南州农业局水产站	杨　洪
26	2009	贵州省粮食（水稻、玉米）综合增产技术成果转化	省科技成果转化二等奖	贵州省人民政府		黔东南州农业局农业技术推广站	
27	2009	贵州省百万亩优质油菜产业化示范工程	省科技成果转化二等奖	贵州省人民政府		黔东南州农业局农业技术推广站	

续表

序号	获奖年份	获奖成果名　　称	授奖种类及等次	颁奖单位	获奖编号	主要完成单　　位	主　要完成人
28	2009	贵州省百万亩优质油菜产业化示范工程	贵州省科技成果转化二等奖	贵州省人民政府	2009Z－2－7－8	黔东南州农业局农业技术推广站	张　强
29	2009	贵州省粮食（水稻、玉米）综合增产技术成果转化	省科技成果转化二等奖	贵州省人民政府	2009Z－2－9－7	黔东南州农业局农业技术推广站	谭甫成
30	2009	不投饵网箱健康养殖技术的推广应用	州科技进步四等奖	黔东南州人民政府		黔东南州畜牧兽医局水产站	杨　洪 余远睿
31	2010	马铃薯免耕覆盖高效栽培技术研究与应用	省科技进步三等奖	贵州省人民政府		黔东南州农业局农业技术推广站	
32	2010	主要农作物测土配方施肥技术集成与转化应用	省科技进步二等奖	贵州省人民政府	2010Z－2－3－01	黔东南州土肥站	
33	2011	猪O型口蹄疫、猪瘟、高致病性猪蓝耳病疫苗免疫程序研究与应用	州科技进步三等奖	黔东南州人民政府	2011KJJ065	黔东南州农业局动物疫控中心	杨先富
34	2011	黔东南州杂交水稻超高产栽培技术体系研究与应用	州科技进步二等奖	黔东南州人民政府	2011KJJ038	黔东南州农业局农业技术推广站	谭甫成
35	2012	黔东南州水稻测土配方施肥技术推广	州科技成果转化一等奖	黔东南州人民政府	2012－C－1－01－01	黔东南州农业局土肥站	
36	2012	黔东南州水稻测土配方施肥技术推广	州科技成果转化二等奖	黔东南州人民政府	2012－C－1－01－01	黔东南州农业局土肥站	
37	2012	高产优质抗寒耐冻油菜品种黔油18号配套技术集成与转化	省科技成果转化一等奖	贵州省人民政府	2012Z－1－1－14	黔东南州农业局农业技术推广站	倪玉琼
38	2013	贵州超级稻高产高效关键栽培技术集成与应用	省科技成果转化一等奖	贵州省人民政府		黔东南州农业局农业技术推广站	
39	2013	贵州超级稻高产高效关键栽培技术集成与应用	贵州省科技成果转化一等奖	贵州省人民政府	2013Z－1－2－10	黔东南州农业局农业技术推广站	吴　军
40	1995	紧凑型玉米高产栽培技术研究与应用	州科学技术进步二等奖	黔东南州人民政府	94002－4	黔东南州农业局农业技术推广站	张　强
41	2005	黔东南州优质无籽西瓜高效生产技术示范推广	科技进步三等奖	黔东南州人民政府	04057－1	黔东南州农业局果蔬站	粟周群 罗爱民
42	2011	贵州夏秋反季节无公害蔬菜产业化技术集成应用	贵州省科技成果转化一等奖	贵州省人民政府	2011Z－1－2－4	黔东南州农业局经济作物技术推广站	粟周群
43	1991	黔东南州百万亩杂稻高产丰收	省农业丰收一等奖	贵州省农业厅		黔东南州农业局农业技术推广站	

续表

序号	获奖年份	获奖成果名称	授奖种类及等次	颁奖单位	获奖编号	主要完成单位	主要完成人
44	1992	黔东南州中低产田土改良促进水稻增产	省农业丰收二等奖	贵州省农业厅	92050302	黔东南州农业局土肥站	
45	1992	黔东南州柑橘丰产栽培技术推广	省农业丰收二等奖	贵州省农业厅	9205005	黔东南州农牧局果树站	谭甫成
46	1993	黔东南州十万亩杂稻连片亩产600公斤高产技术示范	省农业丰收二等奖	贵州省农业厅		黔东南州农业局农业技术推广站	
47	1993	黔东南州水稻丰产技术推广	省农业丰收一等奖	贵州省农业厅		黔东南州农业局农业技术推广站	
48	1994	黔东南州22万亩水稻高产示范技术	省农业丰收二等奖	贵州省农业厅		黔东南州农业局农业技术推广站	
49	1995	紧凑玉米高产栽培技术研究与应用	省农业丰收二等奖	贵州省农业厅		黔东南州农业局农业技术推广站	
50	1995	黔东南州杂交稻叶龄模式栽培	省农业丰收二等奖	贵州省农业厅		黔东南州农业局农业技术推广站	
51	1995	黔东南州低产果园改造	省农业丰收一等奖	贵州省农业厅	9405002	黔东南州农业局果树站	谭甫成
52	1996	黔东南州推广“两推五改”技术促进养猪业发展	全国农牧渔业丰收三等奖	农业部		黔东南州农业局品改站	潘成辉
53	1996	黔东南州推广“两推五改”技术促进养猪业发展	省农业丰收一等奖	贵州省农业厅	9505002－1	黔东南州农牧局品改站	潘成辉
54	1996	德江、江口等七县市商品羊综合配套技术推广	省农业丰收一等奖	贵州省农业厅	9500003－14	黔东南州农业局品改站	潘成辉
55	1996	黔东南州推广优质西瓜栽培技术	省农业丰收二等奖	贵州省农业厅	9505004－1	黔东南州农业局果树站	谭甫成
56	1996	黔东南州推广油菜高产栽培技术	省农业丰收二等奖	贵州省农业厅		黔东南州农业局农业技术推广站	
57	1996	黔东南州推广水稻微机配方施肥技术	省农业丰收一等奖	贵州省农业厅	9505001－16	黔东南州农业局土肥站	
58	1996	黔东南州推广水稻微机配方施肥技术	省农业丰收一等奖	贵州省农业厅	9505001－2	黔东南州农业局土肥站	
59	1997	黔东南州改造渍害田综合配套技术应用	省农业丰收一等奖	贵州省农业厅	9705001－1	黔东南州农业局土肥站	
60	1997	黔东南州改造渍害田综合配套技术应用	省农业丰收一等奖	贵州省农业厅	9705001－20	黔东南州农业局土肥站	
61	1998	黔东南州洋芋高产栽培技术推广	省农业丰收二等奖	贵州省农业厅		黔东南州农业局农业技术推广站	

续表

序号	获奖年份	获奖成果名称	授奖种类及等次	颁奖单位	获奖编号	主要完成单位	主要完成人
62	1998	贵州省小体积高密度网箱养鱼技术	省农业丰收二等奖	贵州省农业厅	9800007－6	黔东南州农业局水产站	
63	1998	贵州省杂交水稻新品种推广	省农业丰收一等奖	贵州省农业厅	9800013	黔东南州农业局种子管理站	
64	1999	贵州乌骨鸡及配套生产技术	省农业丰收一等奖	贵州省农业厅	990001－5	黔东南州农业局品改站	潘成辉
65	1999	林区养羊综合配套技术	省农业丰收一等奖	贵州省农业厅	990007－2	黔东南州农业局品改站	潘成辉
66	1999	贵州省水产目标管理工作	省农业丰收一等奖	贵州省水产局		黔东南州农业局	
67	1999	万亩稻渔技术推广	省农业丰收二等奖	贵州省农业厅	900017－5	黔东南州农业局水产站	
68	2001	秸秆还田及利用技术	省农业丰收二等奖	贵州省农业厅	2001003－13	黔东南州农业局土肥站	
69	2001	秸秆还田及利用技术	省农业丰收二等奖	贵州省农业厅	2001003－2	黔东南州农业局土肥站	
70	2001	水果优质化栽培技术推广	省农业丰收二等奖	贵州省农业厅	200005002－1	黔东南州农业局果蔬站	谭甫成
71	2001	蔬菜周年均衡生产技术推广	省农业丰收三等奖	贵州省农业厅	200005005－1	黔东南州农业局果蔬站	谭甫成
72	2001	黔东南州脱毒马铃配套高产栽培技术推广	省农业丰收三等奖	贵州省农业厅		黔东南州农业局农业技术推广站	
73	2001	黔东南州优质稻综合配套增产技术	省农业丰收二等奖	贵州省农业厅		黔东南州农业局农业技术推广站	
74	2001	沼肥在稻田养鱼上的推广应用	省农业丰收一等奖	贵州省农业厅	20010500－1	黔东南州农村能源办	
75	2002	全省800万亩粮食优质高产示范工程	省农业丰收二等奖	贵州省农业厅		黔东南州农业局农业技术推广站	
76	2002	贵州省稻田生态渔业技术推广	省农业丰收二等奖	农业部	2002－159－13	黔东南州农业局水产站	
77	2003	黔东南州稻田生态渔业技术推广	省农业丰收二等奖	贵州省农业厅	200205001－02	黔东南州农业局水产站	
78	2003	贵州省九县（市）水稻施硅健身栽培技术推广	省农业丰收二等奖	贵州省农业厅	2003015－9	黔东南州农业局土肥站	
79	2003	贵州省九县（市）水稻施硅健身栽培技术推广	省农业丰收二等奖	贵州省农业厅	2003015－01	黔东南州农业局土肥站	
80	2005	黔东南州沼肥稻田养鱼综合配套技术	省农业丰收三等奖	贵州省农业厅	200405003－5	黔东南州畜牧水产局水产站	

续表

序号	获奖年份	获奖成果名称	授奖种类及等次	颁奖单位	获奖编号	主要完成单位	主要完成人
81	2005	黔东南州沼肥稻田养鱼综合配套技术	省农业丰收三等奖	贵州省农业厅	200405003－5	黔东南州畜牧水产局水产站	
82	2005	优质无籽西瓜高效生产栽培技术示范推广	省农业丰收一等奖	贵州省农业厅	2004006－2	黔东南州农业局果蔬站	粟周群
83	2006	黔东南州杂交水稻新组合推广与应用	省农业丰收二等奖	贵州省农业厅	200505001	黔东南州农业局种子管理站	
84	2006	黔东南州脐橙优质早结丰产推广应用与技术推广	省农业丰收二等奖	贵州省农业厅	200505002－1	黔东南州农业局果蔬站	粟周群
85	2007	柑橘高接换种技术推广	省农业丰收一等奖	贵州省农业厅	2006001－1	黔东南州农业局果蔬站	粟周群
86	2006	黔东南州陆两优106示范推广	省农业丰收一等奖	贵州省农业厅	200505003－3	黔东南州农业局农业技术推广站	
87	2006	黔东南州杂交水稻新组合推广与应用	省农业丰收二等奖	贵州省农业厅	200505001－15	黔东南州农业局种子站	郑爱平
88	2007	320国道沿线夏秋反季节无公害蔬菜产业化开发	省农业丰收二等奖	贵州省农业厅	2006021－8	黔东南州农业局果蔬站	粟周群
89	2008	麻江红蒜示范推广	省农业丰收二等奖	贵州省农业厅	20070501－1	黔东南州农业局果蔬站	粟周群
90	2008	沼肥在稻田养鱼上的推广应用	省农业丰收三等奖	贵州省农业厅	2007T06—2	黔东南州农村能源办	
91	2008	马铃薯稻田免耕覆草栽培技术推广	省农业丰收一等奖	贵州省农业厅	20070503－1	黔东南州农业局农业技术推广站	
92	2009	杂交玉米新组合、示范推广	省农业丰收二等奖	贵州省农业厅	20080502－3	黔东南州农业局农业局农业技术推广站	
93	2009	杂交玉米新组合引进、示范推广	省农业丰收二等奖	贵州省农业委员会	20080502	黔东南州农业局种子管理站	
94	2010	马铃薯免耕覆盖栽培研究与应用	省农业丰收一等奖	贵州省农业委员会	20090S03－2	黔东南州农业局农业技术推广站	
95	2010	黔东南州粮食增产工程	省农业丰收二等奖	贵州省农业委员会	20090501－1	黔东南州农业局农业技术推广站	
96	2010	杂交水稻新品种及配套技术推广	省农业丰收一等奖	贵州省农业委员会	20090502	黔东南州农业局种子管理站	
97	2010	杂稻制种质量保障与丰产技术	省农业丰收二等奖	贵州省农业委员会	20100503	黔东南州农业局种子管理站	
98	2010	柑橘高节换种技术推广	全国农牧渔业丰收二等奖	农业部	FCG－2010－2－063－02	黔东南州农业局经济作物技术推广站	粟周群

续表

序号	获奖年份	获奖成果名　称	授奖种类及等次	颁奖单位	获奖编号	主要完成单　位	主　要完成人
99	2010	四种作物测土配方施肥技术推广	省农业丰收二等奖	农业部	FCG －2010 －2 －045 －01	黔东南州农业局土肥站	
100	2011	测土配方施肥技术在水稻上的应用	省农业丰收二等奖	贵州省农业委员会	20110501 －01	黔东南州农业局土肥站	
101	2011	测土配方施肥技术在水稻上的应用	省农业丰收二等奖	贵州省农业委员会	20110501 －02	黔东南州农业局土肥站	
102	2011	贵州草莓栽培技术研究及新品种推广	省农业丰收一等奖	贵州省农业厅	20100S03 －2	黔东南州农业局经济作物技术推广站	杨云霞
103	2011	贵州夏秋反季节无公害蔬菜产业化技术集成应用	省农业科技成果转化一等奖	贵州省人民政府	2011Z －1 －2 －4	黔东南州农业局经济作物技术推广站	粟周群
104	2011	黔东南中低产田水稻增产栽培技术推广	省农业丰收一等奖	贵州省农业委员会	20100501 －2	黔东南州农业局农业技术推广站	
105	2012	超级稻综合配套栽培技术推广	省农业丰收三等奖	贵州省农业委员会	20110502 －1	黔东南州农业局农业技术推广站	
106	2012	稻田早熟马铃薯高效栽培技术推广	省农业丰收二等奖	贵州省农业委员会	2012050 －15	黔东南州农业局农业技术推广站	赵　杰
107	2013	优质油菜丰产综合配套技术推广	省农业丰收一等奖	贵州省农业委员会	20120S01 －4	黔东南州农业局农业技术推广站	
108	2013	稻田早熟马铃薯高效栽培技术推广	省农业丰收二等奖	贵州省农业委员会	20120501 －1	黔东南州农业局农业技术推广站	
109	2013	优质油菜丰产综合配套技术推广	全国农业技术推广成果一等奖	农业部	FCG －2013 －1 －036 －04D	黔东南州农业局农业技术推广站	
110	2014	优质稻品种选育、引进及产业化开发	省农业丰收一等奖	贵州省农业委员会	20120501 －2	黔东南州农业局农业技术推广站	
111	2014	优质稻品种选育、引进及产业化开发	省农业丰收一等奖	贵州省农业委员会	20130501	黔东南州农业局种子管理站	
112	2015	黔东南州冷凉山区水稻增产集成技术	省农业丰收二等奖	贵州省农业委员会	20140502 －2	黔东南州农业技术推广站	
113	2015	马铃薯万亩连片高产栽培配套技术推广与应用	省农业丰收一等奖	贵州省农业委员会	20140S02 －4	黔东南州农业局农业技术推广站	
114	1991	黔东南州柑橘商品生产基地建设	省农业丰收二等奖	贵州省农业厅	905006 －8	黔东南州农业局农业技术推广站	谭甫成
115	1991	大面积稻田养鱼综合技术推广	省农业丰收一等奖	贵州省农业厅	905015 －4	黔东南州水产局	陈广诚
116	1992	黔东南州柑橘丰产栽培技术推广	省农业丰收二等奖	贵州省农业厅	9205005	黔东南州农业局果树站	谭甫成 粟周群

续表

序号	获奖年份	获奖成果名称	授奖种类及等次	颁奖单位	获奖编号	主要完成单位	主要完成人
117	1993	黔东南州柑橘丰产栽培技术推广	省农业丰收二等奖	贵州省农业厅	9205005－1	黔东南州农业局农业技术推广站	谭甫成
118	1993	黔东南州青贮连续两年达部标	省农业丰收一等奖	贵州省农业厅	930501－1	黔东南州农业局饲草饲料站	彭黔鄂等
119	1994	双纲田（春玉米—晚稻）	省农业技术推广成果一等奖	贵州省农技推广总站	941035	黔东南州农业局农业技术推广站	商凯岑
120	1995	黔东南州低产果园改造	省农业丰收一等奖	贵州省农业厅	9405002	黔东南州农业局果树站	谭甫成 粟周群
121	1995	黔东南州低产果园改造	省农业丰收一等奖	贵州省农业厅	9405002－1	黔东南州农业局农业技术推广站	谭甫成
122	1996	黔东南州推广高产优质西瓜栽培技术	省农业丰收二等奖	贵州省农业厅	9505004－1	黔东南州农业局农业技术推广站	谭甫成
123	1996	“两推五改”技术	省农业丰收三等奖	农业部	964125	黔东南州农业局	王朝炉
124	1996.	黔东南州推广油菜高产栽培	省农业丰收二等奖	贵州省农业厅	9505005－3	黔东南州农业局农业技术推广站	张　强
125	1996	贵州省水稻旱育浅植综合增产技术推广	省农业丰收一等奖	贵州省农业厅	9500004—19	黔东南州农业局农业技术推广站	商凯岑
126	1996	黔东南州推广优质西瓜栽培技术	省农业丰收二等奖	贵州省农业厅	9505004－1	黔东南州农业局果树站	谭甫成 粟周群
127	1996	黔东南州推广油菜高产栽培技术	省农业丰收二等奖	贵州省农业厅	9502005－2	黔东南州农业局农业技术推广站	倪玉琼
128	1997	贵州省黎平、榕江等10县（市）良种柑橘低产园改造技术	省农业丰收二等奖	贵州省农业厅	960010－4	黔东南州农业局农业技术推广站	谭甫成
129	1998	麻江县高产优质高效农业示范工程	省农业丰收二等奖	贵州省农业厅	9805002－7	黔东南州农业局农业技术推广站	吴　军
130	1998	贵州省杂交水稻新品种推广	省农业丰收一等奖	贵州省农业厅	9800013－11	黔东南州农业局种子站	杨昌金
131	1998.	黔东南州洋芋高产栽培技术推广	省农业丰收二等奖	贵州省农业厅	9805001－2	黔东南州农业局农技推广站	倪玉琼
132	1998	黔东南州洋芋高产栽培技术推广	省农业丰收二等奖	贵州省农业厅	9805001—4	黔东南州农业局农技推广站	商凯岑
133	1998	贵州省小体积高密度网箱养鱼技术	省丰收计划二等奖	贵州省农业厅	9800007－6	黔东南州水产局	杨　洪
134	1999	万亩稻渔技术推广	省丰收计划二等奖	贵州省农业厅	900017－5	黔东南州水产局水产站	杨　洪
135	1999	台江县高寒山区杂稻制种高产配套技术	省农业丰收三等奖	贵州省农业厅	9905008－6	黔东南州农业局农业技术推广站	李俊川

续表

序号	获奖年份	获奖成果名　　称	授奖种类及等次	颁奖单位	获奖编号	主要完成单　　位	主　要完成人
136	2001	黔东南州优质稻综合配套增产技术	省农业丰收一等奖	贵州省农业厅	200005001－4	黔东南州农业局农业技术推广站	吴　军
137	2001	蔬菜周年均衡生产技术推广	省农业丰收三等奖	贵州省农业厅	200005005－1	黔东南州农业局农业技术推广站	谭甫成
138	2001	破季蔬菜高效栽培技术推广	省农业丰收一等奖	贵州省农业厅	2001004－3	黔东南州农业局农业技术推广站	谭甫成
139	2001	厚皮甜瓜优质丰产栽培技术研究	省农业丰收一等奖	贵州省农业厅	2001002－1	黔东南州农局农业技术推广站	谭甫成
140	2001	水果优质化栽培技术推广	省农业丰收二等奖	贵州省农业厅	200005002－1	黔东南州农业局果蔬站	谭甫成 粟　俊
141	2001	蔬菜周年均衡生产技术推广	省农业丰收三等奖	贵州省农业厅	200005005－1	黔东南州农业局果蔬站	谭甫成 粟周群
142	2001	破季蔬菜高效栽培技术推广	省农业丰收一等奖	贵州省农业厅	2001004－10	黔东南州农业局果蔬站	粟周群
143	2002	贵州省稻田生态渔业技术推广	全国农牧渔业丰收二等奖	农业部	2002－159－13	黔东南州农业局水产站	杨长林
144	2003	黔东南州稻田生态渔业技术推广	省农业丰收二等奖	贵州省农业厅	200205001－02	黔东南州农业局水产站	杨　洪 杨长林
145	2003	黔东南州杂交玉米新组合推广	省农业丰收二等奖	贵州省农业厅	200205002－05	黔东南州农业局农业技术推广站	李俊川
146	2003	黔东南州杂交玉米新组合推广	省农业丰收二等奖	贵州省农业厅	20020502－6	黔东南州农业局农业技术推广站	张　强
147	2003	黔东南州稻田生态渔业技术推广	省农业丰收二等奖	贵州省农业厅	200505001－05	黔东南州农业局	徐中洋
148	2003	黔东南州大面积推广种草养鹅	省农业丰收三等奖	贵州省农业厅	200305005－1	黔东南州农业局草原站	杨秀钦等
149	2004	贵州水保型牧草苇状羊茅区试及种植模式研究与应用	省农业丰收三等奖	贵州省农业厅	2004008－7	黔东南州畜牧水产局草原站	尚以顺 杨秀钦等
150	2004	黔东南州梨果实套袋技术推广	省农业丰收三等奖	贵州省农业厅	200305002－2	黔东南州农业技术推广站	谭甫成
151	2004	黔东南州梨果实套袋技术推广	省农业丰收三等奖	贵州省农业厅	200305002－1	黔东南州农业局果蔬站	粟周群 粟　俊
152	2005	优质无籽西瓜高效生产栽培技术示范推广	省农业丰收一等奖	贵州省农业厅	2004006－2	黔东南州农业局果蔬站	粟周群 罗爱民
153	2005	黔东南州冬闲田土牧草种植与利用	省农业丰收二等奖	贵州省农业厅	200405001－1	黔东南州畜牧水产局草原站	杨秀钦等
154	2005	黔东南州沼肥稻田养鱼综合配套技术	省农业丰收三等奖	贵州省农业厅	200405003－5	黔东南州畜牧水产局水产站	余远睿

续表

序号	获奖年份	获奖成果名称	授奖种类及等次	颁奖单位	获奖编号	主要完成单位	主要完成人
155	2006	黔东南州山区稻田生态渔业模式推广	省农业丰收二等奖	贵州省农业厅	200605003－2	黔东南州农业局水产技术推广站等	陈礼强等
156	2006	黔东南州大面积推广冬闲田土牧草免耕种植技术	省农业丰收二等奖	贵州省农业厅	200605002－11	黔东南州农牧局饲草饲料站、草原站	黄晓年 彭黔鄂 杨秀钦等
157	2006	黔东南州杂交水稻新组合推广与应用	省农业丰收二等奖	贵州省农业厅	200505001－12	黔东南州农业局种子站	杨昌金
158	2006	黔东南州脐橙优质早结丰产推广应用与技术推广	省农业丰收二等奖	贵州省农业厅	200505002－1	黔东南州农业局果蔬站	粟周群 粟 俊
159	2006	黔东南州优质杂交水稻新品种推广	省农业丰收二等奖	贵州省农业厅	200605001－5	黔东南州农业局农业技术推广站	倪玉琼
160	2007	马铃薯稻田免耕覆草栽培技术推广	省农业丰收一等奖	贵州省农业厅	20010503－3	黔东南州农业局农业技术推广站	倪玉琼
161	2007	柑橘高接换种技术推广	省农业丰收一等奖	贵州省农业厅	2006001－1	黔东南州农业局果蔬站	粟周群 粟 俊
162	2007	320国道沿线夏秋反季节无公害蔬菜产业化开发	省农业丰收二等奖	贵州省农业厅	2006021－8	黔东南州农业局农业局果蔬站	粟周群
163	2007	万户扶贫工程	省农业丰收三等奖	贵州省农业厅	200605004－1	黔东南州农业局	王朝炉
164	2007	贵州山区冬闲田土种草技术研究与示范推广	省农业丰收三等奖	贵州省农业厅	2007708－5	黔东南州农业局草原站	尚以顺 杨秀钦等
165	2007	黔东南州山区稻田生态渔业模式推广	省农业丰收一等奖	贵州省农业厅	200605003－1	黔东南州畜牧水产局水产站	杨 洪 余远睿
166	2007	黔东南州优质杂交水稻新品种推广	省农业丰收二等奖	贵州省农业厅	200605－13	黔东南州农业局农业技术推广站	李俊川
167	2008	马铃薯稻田免耕覆草栽培技术推广	省农业丰收一等奖	贵州省农业厅	20070503－1	黔东南州农业局农业技术推广站	谭甫成
168	2008	马铃薯稻田免耕覆草栽培技术推广	省农业丰收一等奖	贵州省农业厅	20070503－2	黔东南州农业局农业技术推广站	吴 军
169	2008	麻江红蒜示范推广	省农业丰收二等奖	贵州省农业厅	20070501－1	黔东南州农业局果蔬站	粟周群 张久远
170	2009	杂交玉米新组合引进、示范推广	省农业丰收二等奖	贵州省农业委员会	20080502－8	黔东南州农业局种子站	王 刚
171	2009	杂交玉米新组合引进、示范推广	省农业丰收二等奖	贵州省农业委员会	20080502－3	黔东南州农业局种子站	杨昌金
172	2009	不投饵网箱生态养殖鲢鳙鱼技术示范	省农业丰收一等奖	贵州省农业委员会	20090S01－018	黔东南州畜牧兽医局等	陈礼强等

续表

序号	获奖年份	获奖成果名称	授奖种类及等次	颁奖单位	获奖编号	主要完成单位	主要完成人
173	2009	杂交玉米新组合引进示范推广	省农业丰收二等奖	贵州省农业委员会	20080504－4	黔东南州农业局农业技术推广站	张　强
174	2010	杂交水稻新品种及配套技术推广	省农业丰收一等奖	贵州省农业委员会	20090502－04	黔东南州农业局种子站	王　刚
175	2010	杂稻制种质量保障与丰产技术	省农业丰收二等奖	贵州省农业委员会	20100503－013	黔东南州农业局种子站	李星琼
176	2010	柑橘高节换种技术推广	全国农牧渔业丰收二等奖	农业部	FCG－2010－2－063－02	黔东南州农业局经济作物技术推广站	粟周群 粟　俊
177	2010	黔东南州粮食增产工程	省农业丰收二等奖	贵州省农业委员会	20090501－3	黔东南州农业局农业技术推广站	吴　军
178	2010	马铃薯免耕栽培研究与应用	省农业丰收一等奖	贵州省农业委员会	20090S03－04	黔东南州农业局农业技术推广站	吴　军
179	2010	马铃薯免耕栽培高效栽培技术研究与应用	省农业丰收三等奖	贵州省农业委员会	2010J－3－7－5	黔东南州农业局农业技术推广站	吴　军
180	2010	黔东南州粮食增产工程	省农业丰收二等奖	贵州省农业委员会	20090501－04	黔东南州农业局农业技术推广站	张　强
181	2010	黔东南州粮食增产工程	省农业丰收二等奖	贵州省农业委员会	20090501－01	黔东南州农业局农业技术推广站	谭甫成
182	2010	黔东南州粮食增产工程	省农业丰收二等奖	贵州省农业委员会	20090501－02	黔东南州农委农业技术推广站	倪玉琼
183	2011	黔东南中低产田水稻增产栽培技术推广	省农业丰收一等奖	贵州省农业委员会	20100501－04	黔东南州农委农业技术推广站	张　强
184	2011	贵州草莓栽培技术研究及新品种推广	省农业丰收一等奖	贵州省农业委员会	20100S03－2	黔东南州农委经济作物技术推广站	杨云霞
185	2012	超级稻综合配套技术推广	省农业丰收三等奖	贵州省农业委员会	20110502－02	黔东南州农委农业技术推广站	谭甫成
186	2012	高产优质油菜品种黔油18号配套技术研究与应用	省农业丰收一等奖	贵州省农业委员会	20110S01－012	黔东南州农委农业技术推广站	谭甫成
187	2012	稻田早熟马铃薯高效栽培技术推广	省农业丰收二等奖	贵州省农业委员会	20120501－03	黔东南州农委种子站	杨胜海
188	2012	超级稻综合配套栽培技术推广	省农业丰收三等奖	贵州省农业委员会	20110502－01	黔东南州农委农业技术推广站	倪玉琼
189	2012	中优608大面积示范推广	省农业丰收三等奖	贵州省农业委员会	20110503－4	黔东南州农委农业技术推广站	吴　军
190	2013	稻田早熟马铃薯高效栽培技术推广	省农业丰收二等奖	贵州省农业委员会	20120501－01	黔东南州农委农业技术推广站	吴　军

续表

序号	获奖年份	获奖成果名称	授奖种类及等次	颁奖单位	获奖编号	主要完成单位	主要完成人
191	2013	优质油菜丰产综合配套技术推广	全国农牧渔业丰收一等奖	农业部	FCG－2013－1－036－06R	黔东南州农委农业技术推广站	吴 军
192	2013	稻田早熟马铃薯高效栽培技术推广	省农业丰收二等奖	贵州省农业委员会	20120501－02	黔东南州农委农业技术推广站	倪玉琼
193	2014	优质稻品种选育引进及产业化开发	省农业丰收一等奖	贵州省农业委员会	20130501－02	黔东南州农委农业技术推广站	倪玉琼
194	2014	优质稻品种选育、引进及产业化开发	省农业丰收一等奖	贵州省农业委员会	20130501－04	黔东南州农委种子站	徐 燕
195	2015	贵州机插秧栽培技术体系研究	省农业丰收二等奖	贵州省农业委员会	20140S05－12	黔东南州农委农业技术推广站	倪玉琼
196	2015	黔东南州冷凉山区水稻增产集成技术	省农业丰收二等奖	贵州省农业委员会	20140502－02	黔东南州农委农业技术推广站	吴 军
197	2015	黔东南州冷凉山区水稻增产集成技术	省农业丰收二等奖	贵州省农业委员会	20140502－04	黔东南州农委种子站	杨胜海
198	1991	黔东南州综合农业区划	全国优秀科技成果一等奖	农业部	0091	黔东南州农业区划办公室	周哲麟等
199	1991	黔东南州农业商品基地建设研究	全国优秀科技成果三等奖	农业部	2277	黔东南州农业区划办公室	周哲麟等
200	1991	贵州省三自治州农业区划成果应用研究	全国优秀科技成果三等奖	农业部	2301	黔东南州农业区划办公室	周哲麟等
201	1991	州级农业资源与区划资料库建设研究	省优秀科技成果三等奖	贵州省农业区划委员会	第046	黔东南州农业区划办公室	赖高娴 潘开华 丁建红等
202	1993	黔东南州绿肥生产调查及发展规划	州科技进步四等奖	黔东南州人民政府	92032	黔东南州农业区划办公室	周定生 黄明祥等
203	1993	黔东南州猪饲料资源调查	州科技进步三等奖	黔东南州人民政府		黔东南州农业区划办公室	赖高娴 潘开华等
204	1994	劳务输出是农村脱贫致富的有效途径	中国“八五”科技成果奖	中国科学院龙门书局		黔东南州农业区划办公室	黄明祥
205	1996	黔东南州地理信息系统遥感一体化试点研究	州科技进步一等奖	黔东南州人民政府	96022	黔东南州农业区划办公室	周定生 茹锦文 黄明祥等
206	1996	镇远县卫星遥感土地利用现状调查及土地信息系统	省科技进步一等奖	贵州省农业区划委员会	95001	黔东南州农业区划办公室	周定生 茹锦文 黄明祥等
207	1996	镇远县卫星遥感土地利用现状调查及土地信息系统	全国农业区划科技成果三等奖	农业部	952092	黔东南州农业区划办公室	周定生 茹锦文 黄明祥等
208	1999	黔东南州香猪品种资源调查及开发利用研究	省科技进步四等奖	贵州省农业资源区划办公室		黔东南州农业区划办公室	赖高娴 潘开华等

续表

序号	获奖年份	获奖成果名称	授奖种类及等次	颁奖单位	获奖编号	主要完成单位	主要完成人
209	1992	白午铜鼓旱区粮食增产增收综合配套技术研究	省科技进步四等奖	贵州省人民政府	930754	黔东南州科委、农科所、麻江科委、州科干局	欧阳开坤
210	1992	柑橘全爪螨抗药性初步研究	州科技进步三等奖	黔东南州人民政府	92033	黔东南州农科所	杨　黎 杨　华 郑桂云 王正文
211	1992	小麦新品种“兴育8024”引进及利用研究	州科技进步三等奖	黔东南州人民政府		黔东南州农科所、州科委	欧阳开坤 吴政纲 杨胜华
212	1994	水稻新品种“凯糯三号”的选育	州科技进步四等奖	黔东南州人民政府		黔东南州农科所	黄德明
213	1994	高产优质水稻新品种特三矮二号引进研究	州科技进步四等奖	黔东南州人民政府	94030	黔东南州农科所	雷国民 顾亚佟 吴元华 代大章
214	1994	水稻新品种胜优2号引种应用研究	州科技进步四等奖	黔东南州人民政府		黔东南州农科所	吴政刚 罗安模 杨秀业 文　光
215	1996	籼型两用核不育系凯农S-3选育	黔东南州科技进步一等奖	黔东南州人民政府	96015	黔东南州农科所	赖江汉 吴元华 顾亚佟 刘荣喜
216	1996	高产优质糯稻新品种惠糯330引进应用	州科技进步四等奖	黔东南州人民政府	96014	黔东南州农科所	顾亚佟 文　光 杨秀业 吴政刚 程爱民
217	1996	水稻新品种七秀黏3号引进应用	州科技进步四等奖	黔东南州人民政府	96016	黔东南州农科所	赖江汉 顾亚佟 杨秀业 李云珍
218	1996	常规优质稻新品种望稻一号引进应用	州科技进步四等奖	黔东南州人民政府	96017	黔东南州农科所	顾亚佟 赖江汉 李云珍 杨秀业 李大臣
219	1996	黔东南州中部地区玉稻两熟亩产“双纲”的栽培技术研究	州科技进步四等奖	黔东南州人民政府		黔东南州农科所	刘荣喜 吴政刚 欧阳开坤 周丽波 李正文

续表

序号	获奖年份	获奖成果名　称	授奖种类及等次	颁奖单位	获奖编号	主要完成单　位	主　要完成人
220	1996	中蜂野桂花蜜高产稳产配套技术研究	州科技进步二等奖	黔东南州人民政府	98023	黔东南州农科所	李上星
221	1996	鸡粪配合饲料网箱养鱼试验	州科技进步四等奖	黔东南州人民政府	1996025	黔东南州农牧局	胡世然
222	1997	锦屏县开发优质“桂花蜜”技术	省农业丰收二等奖	贵州省农业厅	9505003	黔东南州农牧局	李上星
223	1997	垄稻沟鱼高产试验	州科技进步一等奖	黔东南州人民政府		黔东南州农科所	王永林 张鼎州
224	1998	水稻两用核不育系1013S引进利用	州科技进步三等奖	黔东南州人民政府	98003	黔东南州农科所	赖江汉 吴元华 顾亚佟 刘荣喜
225	1998	微流水池塘培育鲤鱼种高产试验	州科技进步四等奖	黔东南州人民政府	199803	黔东南州水产实验场	胡世然
226	1998	奈李的病虫调查及防治技术研究	州科技进步三等奖	黔东南州人民政府	98002	黔东南州农科所	杨　黎 杨　华
227	1998	中蜂野桂花蜜高产稳产配套技术研究	州科技进步二等奖	黔东南州人民政府	98023	黔东南州农科所	李上星
228	1998	贵州省中蜂高产稳产配套技术研究	省科技进步二等奖	贵州省人民政府	98086	省农业厅、州农科院、锦屏畜牧局	徐祖荫 李上星
229	2000	草莓大棚早熟丰产配套技术研究	州科技进步三等奖	黔东南州人民政府	20008	黔东南州农科所 凯里市蔬菜水产一局	杨　黎 张鼎州 李　星 杨　华 王正文
230	2000	凯香糯1号选育	州科技进步三等奖	黔东南州人民政府	20006	黔东南州农科所	吴政刚 顾亚佟 金玉荣 王启华 李云珍
231	2000	两系杂稻新组合两优凯63选育应用	州科技进步三等奖	黔东南州人民政府	20005	黔东南州农科所	赖江汉 吴元华 杨桂兰 刘荣喜
232	2000	凯引系列厚皮甜瓜引种及栽培技术研究	州科技进步三等奖	黔东南州人民政府	20007	黔东南州农科所	杨　黎 张鼎州 杨　华 李　星 王正文
233	2004	厚皮甜瓜优质丰产栽培技术研究	省农业丰收一等奖	贵州省农业厅	2002002	黔东南州农科所	杨　黎 张鼎州

续表

序号	获奖年份	获奖成果名称	授奖种类及等次	颁奖单位	获奖编号	主要完成单位	主要完成人
234	2002	优质鲜食葡萄的引种及避雨栽培技术的研究	州科技进步四等奖	黔东南州人民政府	02014	黔东南州农科所	杨黎 杨华 王正文 张鼎州
235	2002	两系杂稻新组合陆两优106选育研究	州科技进步一等奖	黔东南州人民政府	02016	黔东南州农科所	吴元华 赖江汉 杨桂兰 浦选昌
236	2002	团头鲂池塘高效养殖试验	州科技进步三等奖	黔东南州人民政府	200202	黔东南州水产实验场	胡世然
237	2004	高产杂交中稻冈优608选育研究	州科技进步三等奖	黔东南州人民政府	04015	黔东南州农科所	顾亚佟 王启华 金玉荣 程爱民 邓群娥
238	2004	籼型水稻两用核不育系K13S选育	州科技进步三等奖	黔东南州人民政府	04014	黔东南州农科所	吴元华 浦选昌 杨桂兰 杨立
239	2005	黔东南州陆两优106示范推广	省农业丰收一等奖	贵州省农业厅	200505003	黔东南州农科所	杨黎 吴元华 杨桂兰 杨华 浦选昌等
240	2006	高抗稻瘟病杂稻汕优608选育研究	州科技进步一等奖	黔东南州人民政府	2006－007	黔东南州农科所	顾亚佟 王启华 浦选昌 潘宗东 程爱民 龙九州
241	2006	籼型水稻两用核不育系K16S选育研究	州科技进步二等奖	黔东南州人民政府	006－008	黔东南州农科所	吴元华 浦选昌 杨昌元 吴培谋 郜文军
242	2006	陆两优106超高产集成技术研究与应用	州科技进步二等奖	黔东南州人民政府	2006－016	黔东南州农科所	杨黎 杨桂兰 程爱民 金玉荣 李星 吴立新

续表

序号	获奖年份	获奖成果名称	授奖种类及等次	颁奖单位	获奖编号	主要完成单位	主要完成人
243	2006	黔东南高寒山区水稻高产栽培配套技术研究与应用	黔东南州科技进步二等奖	黔东南州人民政府	2006－018	黔东南州农科所	杨 黎 杨桂兰 程爱民 金玉荣 吴立新 吴元华 顾亚佟
244	2006	黔东南州地方糯稻品质研究与应用	州科技进步三等奖	黔东南州人民政府	2006－015	黔东南州农科所	贾瑞海 吴立新 范方军
245	2006	优良桃品种引种试验及应用研究	州科技进步一等奖	黔东南州人民政府	2006－006	黔东南州农科所	赵文礼 王正文
246	2009	冈优 608 栽培技术推广	省农业丰收二等奖	贵州省农业委员会	20080501	黔东南州农科所	杨 黎 杨昌民 李 星 杨 华 顾亚佟 王启华 李琳琪等
247	2009	凯香优 947 中试和产业化开发	省农业丰收三等奖	贵州省农业委员会	20080505	黔东南州农科所	吴元华 浦选昌 杨昌元 吴培谋 吴治刚 李琳琪等
248	2010	黔东南中低产田水稻增产栽培技术推广	省农业丰收一等奖	贵州省农业委员会	20100501	黔东南州农科所、州科教站、州农推站等	杨桂兰 李 星 杨 华 张强等
249	2011	优质高产杂交稻新组合中优 608 选育及应用	州科技进步二等奖	黔东南州人民政府	2011KJJ030	黔东南州农科所	顾亚佟 李 星 潘宗东 刘业海 杨 华 杨桂兰 王建平等
250	2011	三系杂稻冈优 608 丰产配套栽培技术研究及大面积示范推广	州成果转化一等奖	黔东南州人民政府	2011KJJ117	黔东南州农科所	顾亚佟 李 星 潘宗东 杨 华 王启华 刘 静 张金明 杨秀军 金玉荣 王建平 龙九洲 彭朝才等

续表

序号	获奖年份	获奖成果名称	授奖种类及等次	颁奖单位	获奖编号	主要完成单位	主要完成人
251	2011	高产、优质、香型稻凯香1号的选育和产业化示范	州科技进步一等奖	黔东南州人民政府	2011kjj015	黔东南州农科所	杨　黎 吴元华 浦选昌 杨桂兰 刘业海 杨昌元 吴培谋 侯　彪 吴治刚
252	2011	黔东南州杂交水稻超高产栽培技术体系研究与应用	州科技进步二等奖	黔东南州人民政府	2011kjj037	黔东南州农科所 州农推站 黄平农推站	杨桂兰 谭甫成 李　星 杨　华 刘业海 苏昌龙等
253	2012	中优608大面积示范推广	省农业丰收三等奖	贵州省农业委员会	20110503	州农科院	李　星 刘业海 潘宗东 吴清红 杨秀全 李佳林 部文军 余彬情等
254	2013	黔东南州香禾品种资源的创新利用研究和应用	州科技进步二等奖	黔东南州人民政府	2012－J－2－02	州农科院	吴元华 杨昌元 王忠平 杨秀军
255	2013	优质香型糯稻品种文稻4号引种选育与推广应用	州科技进步三等奖	黔东南州人民政府	2012－J－3－07	州农科院	潘宗东 张金明 石细敏 龙凯珍 彭朝才
256	2013	福瑞鲤扩繁与高效255养殖技术示范	“全国农牧渔业丰收奖”二等奖	农业部	FCG－2013－2－143－09R	州农科院	胡世然（排名9）
257	2014	黔东南州冷凉山区水稻增产栽培技术集成	省农业丰收二等奖	贵州省农业委员会	20140502	州农科院 州农推站 麻江农推站	杨桂兰 吴　军 李　星 杨胜海等
258	2014	太子参规范化栽培技术体系研究与应用	省农业丰收二等奖	贵州省农业委员会	20130502	州农科院	陈建祥 王忠平 金义兰 叶贵凯 龙九洲
259	2014	福瑞鲤引种高效养殖与技术集成	州科技进步三等奖	黔东南州人民政府	2013－J－02	州农科院	胡世然

续表

序号	获奖年份	获奖成果名称	授奖种类及等次	颁奖单位	获奖编号	主要完成单位	主要完成人
260	2014	太子参规范化栽培技术体系研究与应用	州科技进步二等奖	黔东南州人民政府	2013－J－2－03	州农科院	陈建祥 王忠平 金义兰 龙九洲
261	2015	福瑞鲤选育、扩繁与高效养殖示范	“贵州省科学技术进步”叁等奖	省人民政府		州农科院	
262	2015	福瑞鲤综合选育及良种良法配套技术应用	“中华农业科技奖”二等奖	农业部	KJ2015－R2－019－10	州农科院	胡世然

各县市农业局（农林扶贫工作局）及整合部门获奖名录

表 12—2 （1991—2015）

序号	获奖年份	成果内容	获奖种类及等次	颁发单位	获奖编号	获奖单位或主要完成单位	获奖个人或主要完成人
凯里市（90 项）							
1	2008	陆两优 2106 示范推广	省农业丰收一等奖	贵州省农业厅		凯里市农业局	张卫书
2	2010	杂交水稻组合推广运用	省科技进步一等奖	贵州省人民政府		凯里市种子管理站	杨秀国
3	2011	贵州省禽流感免疫防控研究	省农业丰收二等奖	贵州省农业委员会		凯里市畜牧兽医局	金 鸿
4	2013	黔东南州测土配方施肥技术推广	州科技成果转化三等奖	州人民政府		凯里市农业局土肥站	胡富伟
5	2013	凯里市动物重点防防疫综合推广技术	省科技进步三等奖	贵州省人民政府		凯里市畜牧兽医管理办公室	金 鸿
6	2015	优质瘦肉型猪推广应用	省科技进步三等奖	贵州省人民政府		凯里市畜牧兽医管理办公室	蒲学栋
7	2015	优质瘦肉型猪推广应用	省科技成果转化二等奖	贵州省人民政府		凯里市畜牧兽医管理办公室	乜玉丽
8	2001	贵州省稻田生态渔业技术推广	省农业丰收一等奖	贵州省农业厅			方世贞
9	2002	贵州省稻田生态渔业技术推广	全国农牧渔业丰收二等奖	农业部			方世贞
10	2005	黔东南州沼肥稻田养鱼综合配套技术	省农业丰收三等奖	贵州省农业厅			方世贞
11	2006	黔东南州山区稻田生态渔业模式推广	省农业丰收二等奖	贵州省农业厅			方世贞

续表

序号	获奖年份	成果内容	获奖种类及等次	颁发单位	获奖编号	获奖单位或主要完成单位	获奖个人或主要完成人
12	2002	贵州省稻田生态渔业技术推广	农牧渔业丰收二等奖	国家农业部			杨光美
13	2008	凯里市500万只优质肉鸡推广项目	省农业丰收三等奖	贵州省农业厅			金　鸿
14	2011	贵州禽流感口蹄疫免疫防控研究	省农业丰收二等奖	贵州省农业厅			金　鸿
15	2011	少数民族山区优质瘦肉型猪标准化生产体系创建与配套技术推广应用	省农业丰收三等奖	贵州省农业厅			金　鸿
16	2016	优质瘦肉型猪标准化养殖技术推广应用	省科技成果转化二等奖	贵州省人民政府			金　鸿
17	2016	优质瘦肉型猪标准化养殖技术推广应用	省科技成果转化二等奖	贵州省人民政府			姚　曼
18	2003	凯里市动物重点疫病防治综合技术推广应用	省农业丰收三等奖	贵州省农业厅			倪定琴
19	1991	黔东南州大面积推广生猪改良技术	省农业丰收一等奖	贵州省农业厅			杨海祥
20	1992	黔东南州大面积推广生猪改良技术	全国农牧渔业丰收三等奖	农业部			杨海祥
21	1993	贵州省优良肉鸡品种及配套饲养技术	全国农牧渔业丰收二等奖	农业部			杨海祥
22	1997	凯里市80万只良种肉鸡高产综合配套技术	省农业丰收一等奖	贵州省农业厅			杨海祥
23	2003	凯里市动物重点疫病防治综合技术推广应用	省农业丰收三等奖	贵州省农业厅			杨海祥
24	2016	优质瘦肉型猪标准化养殖技术推广应用	省科学技术成果转化二等奖	贵州省人民政府			李爱萍
25	2016	优质瘦肉型猪标准化养殖技术推广应用	省科学技术成果转化二等奖	贵州省人民政府			蒲学栋
26	2016	优质瘦肉型猪标准化养殖技术推广应用	省科学技术成果转化二等奖	贵州省人民政府			乜玉丽
27	2010	少数民族山区优质瘦肉型猪准化生产体系创建与配套技术推广应用	省科技进步三等奖	贵州省人民政府			杨彩琼

续表

序号	获奖年份	成果内容	获奖种类及等次	颁发单位	获奖编号	获奖单位或主要完成单位	获奖个人或主要完成人
28	2011	少数民族山区优质瘦肉型猪标准化生产体系创建与配套技术推广应用	省农业丰收三等奖	贵州省农业委员会			杨彩琼
29	2011	少数民族山区优质瘦肉型猪标准化生产体系创建与配套技术推广应用	省农业丰收三等奖	贵州省农业委员会			余 琼
30	2016	优质瘦肉型猪标准化养殖技术推广应用	省科学技术成果转化二等奖	贵州省人民政府			余 琼
31	2003	凯里市动物重点疫病防治综合技术推广应用	省农业丰收三等奖	贵州省农业厅			金 鸿
32	1991	适度规模养猪	省农业丰收二等奖	贵州省农业厅			杨海祥
33	2003	凯里市无规定动物疫病区建设研究	州科技进步三等奖	黔东南州人民政府			杨海祥
34	2015	测土配方施肥信息系统在水稻上的推广应用	省农业丰收一等奖	贵州省农业委员会			殷宗发
35	2005	贵州夏季反季节蔬菜综合高效技术示范推广	省农业丰收一等奖	贵州省农业厅			杨运春
36	2008	凯里市水稻旱育稀植技术推广	省农业丰收三等奖	贵州省农业厅			刘茂桃
37	2009	冈优608大面积示范推广	省农业丰收二等奖	贵州省农业厅			刘茂桃
38	2009	凯香优947中试和产业化开发	省农业丰收三等奖	贵州省农业厅			刘茂桃
39	1992	凯里市绿肥改低粮食丰收	省农业丰收三等奖	贵州省农业厅			李黔东
40	1996	凯里市推广杂稻亩产600公斤高产技术	省农业丰收三等奖	贵州省农业厅			杨秀国
41	1997	黔东南杂交水稻组合应用与推广	省农业丰收一等奖	贵州省农业厅			杨秀国
42	2009	杂交玉米新组合引进、示范推广	省农业丰收二等奖	贵州省农业厅			杨秀国
43	2010	杂交水稻新品种及配套技术推广	省农业丰收一等奖	贵州省农业厅			杨秀国

续表

序号	获奖年份	成果内容	获奖种类及等次	颁发单位	获奖编号	获奖单位或主要完成单位	获奖个人或主要完成人
44	2008	麻江红蒜示范推广	省农业丰收二等奖	贵州省农业厅			杨　俊
45	2006	黔东南陆两优106示范推广	省农业丰收二等奖	贵州省农业厅			张卫书
46	2011	玉米高产栽培配套技术推广	省农业丰收三等奖	省农业委员会			张卫书
47	2011	黔东南中低产田水稻增产栽培技术推广	省农业丰收一等奖	贵州省农业委员会			张卫书
48	1996	黔东南州推广"两推、五改"技术，促进养猪产业	省农业丰收一等奖	贵州省农业厅			蒲学栋
49	1997	凯里市80万只良种肉鸡高产综合配套技术	省农业丰收一等奖	贵州省农业厅			蒲学栋
50	2008	凯里市500万只优质肉鸡推广项目	省农业丰收三等奖	贵州省农业厅			蒲学栋
51	2011	少数民族山区优质瘦肉型猪标准化生产体系创建与配套技术推广应用	省农业丰收三等奖	贵州省农业委员会			蒲学栋
52	2010	少数民族山区优质瘦肉型猪标准化生产体系创建、配套技术研究与示范	省科技进步三等奖	贵州省人民政府			蒲学栋
53	2016	优质瘦肉型标准化养殖技术推广应用	省科技成果转化二等奖	贵州省人民政府			蒲学栋
54	2016	优质瘦肉型标准化养殖技术推广应用	省科技成果转化二等奖	贵州省人民政府			熊光源
55	2014	黔东南小香鸡"香炉山鸡"系种选与产业技术研究、集成与推广	州科技进步一等奖	黔东南州人民政府			熊光源
56	2016	优质瘦肉型标准化养殖技术推广应用	省科技成果转化二等奖	贵州省人民政府			李爱萍
57	2014	黔东南小香鸡"香炉山鸡"系种选与产业技术研究、集成与推广	州科技进步一等奖	黔东南州人民政府			李爱萍
58	2016	优质瘦肉型标准化养殖技术推广应用	省科技成果转化二等奖	贵州省人民政府			乜玉丽
59	2014	黔东南小香鸡"香炉山鸡"系种选与产业技术研究、集成与推广	州科技进步一等奖	黔东南州人民政府			乜玉丽

续表

序号	获奖年份	成果内容	获奖种类及等次	颁发单位	获奖编号	获奖单位或主要完成单位	获奖个人或主要完成人
60	2001	蔬菜周年均衡生产技术推广	省农业丰收三等奖	贵州省农业厅			谭光仙
61	2005	名特优蔬菜无公害栽培综合增产技术	省农业丰收一等奖	贵州省农业厅			谭光仙
62	2007	麻江红蒜示范推广	省农业丰收二等奖	贵州省农业厅			谭光仙
63	2011	贵州省优质辣椒丰产技术推广项目	全国农技推广成果一等奖	农业部			谭光仙
64	2004	夏秋反季节蔬菜综合高效技术示范推广	省农业丰收一等奖	贵州省农业厅			杨运春
65	1992	岑巩县大面积使用乙草胺旱地化学除草见成效	省农业丰收三等奖	贵州省农业厅			雷邦海
66	1992	贵州省农田鼠害研究	省科学技术进步三等奖	贵州省人民政府			雷邦海
67	1993	岑巩县大面积有偿灭鼠成效显著	省农业丰收三等奖	贵州省农业厅			雷邦海
68	1995	黔东南州稻瘟病综合防治技术研究	省农业丰收二等奖	贵州省农业厅			雷邦海
69	1997	岑巩县稻瘟病综合防治技术研究	省农业丰收二等奖	贵州省农业厅			雷邦海
70	1997	黔东南州加强稻瘟灾变因子监控应用综防技术保丰收	省农业丰收二等奖	贵州省农业厅			雷邦海
71	2003	贵州省农区主要害鼠发生规律、防治技术研究及应用	省科学技术进步二等奖	贵州省人民政府			雷邦海
72	2001	贵州省200万亩稻田草害化学除草技术推广应用	省农业丰收一等奖	贵州省农业厅			雷邦海
73	2008	凯里市水稻旱育稀植技术推广	省农业丰收三等奖	贵州省农业厅			雷邦海
74	2001	贵州省200万亩稻田草害化学除草技术推广应用	省农业丰收一等奖	贵州省农业厅			顾先科
75	2001	黔东南州稻秆蝇综合防治技术推广应用	省农业丰收二等奖	贵州省农业厅			刘 毅
76	2005	南美斑潜蝇治理技术研究应用	省农业丰收一等奖	贵州省农业厅			刘 毅

续表

序号	获奖年份	成果内容	获奖种类及等次	颁发单位	获奖编号	获奖单位或主要完成单位	获奖个人或主要完成人
77	2013	茶叶有害生物无害化治理技术研究与应用	全国农业技术推广成果二等奖	农业部			刘　毅
78	2014	太子参有害生物绿色防控技术研究与应用	省农业丰收一等奖	贵州省农业委员会			刘　毅
79	2011	玉米高产栽培配套技术推广	省农业丰收三等奖	贵州省农业委员会			李贵发
80	2014	黔东南州小香鸡“香炉山鸡”系种选与产业技术研究、集成与推广	州科技进步一等奖	黔东南州人民政府			申学林
81	2007	利用微卫星标记分析中国四类型香猪的遗传多样性	省科技进步三等奖	贵州省人民政府			申学林
82	2010	少数民族山区优质瘦肉型猪标准化体系、建设配套技术与示范	省科技进步三等奖	贵州省人民政府			申学林
83	2013	黔东南州小香鸡“香炉山鸡”系种选与产业技术研究、集成与推广	省科技进步三等奖	贵州省人民政府			申学林
84	2014	贵州香猪遗传资源保护与利用	省科技进步三等奖	贵州省人民政府			申学林
85	2016	优质瘦肉型猪标准化养殖技术推广应用	省科技进步二等奖	贵州省人民政府			申学林
86	2008	动物胚胎移植及良繁殖体系建设	省农业丰收二等奖	贵州省农业厅			申学林
87	2010	少数民族山区优质瘦肉型猪标准化体系、建设配套技术与示范	省农业丰收三等奖	贵州省农业委员会			申学林
88	2008	凯里市500万只优质肉鸡推广项目	省农业丰收三等奖	贵州省农业委员会			申学林
89	2004	贵州省从江香猪产业化建设	省农业丰收二等奖	贵州省农业厅			申学林
90	2009	无公害优质三元猪配套技术推广应用	省农业丰收一等奖	贵州省农业厅			申学林
麻江县（119次）							
1	1991	杂稻高产工程丰收	省农业丰收二等奖	贵州省农业厅			杨永林

续表

序号	获奖年份	成果内容	获奖种类及等次	颁发单位	获奖编号	获奖单位或主要完成单位	获奖个人或主要完成人
2	1991	大力开发冬季农业促进夏季粮油丰收	省农业丰收二等奖	贵州省农业厅	905003		李华礼 金绍红 潘应洪 叶小同 王学尧 杨天华 李华礼 曾照英 杨达品 闵谦萍 代廷朗 龙家明
3	1996	推广水稻微机配方施肥	省科技进步一等奖	贵州省农业厅		麻江县农牧局土肥站	
4	1996	油菜高产栽培技术推广	省科技进步二等奖	贵州省农业厅		麻江县农牧局农推站	
5	1997	1999 年度省农业丰收	省农业丰收二等奖	贵州省农业厅			陆晓林
6	1997	改造渍害田综合配套技术应用	省科技进步一等奖	贵州省农业厅		麻江县农牧局土肥站	
7	1997	黔东南州改造渍害田综合配套技术应用	省科技进步一等奖	贵州省农业厅	9705001 －3	麻江县农牧局县土肥站	
8	1998	高产优质高效农业高产工程	省科技进步二等奖	贵州省农业厅		麻江县农牧局农推站	
9	1998	黔东南州水稻微机优化配方施肥研究与应用	州科技进步一等奖	黔东南州人民政府		麻江县农牧局县土肥站	
10	1999	黔东南州水稻微机优化配方施肥研究应用	州科技进步一等奖	黔东南州人民政府		麻江县农牧局土肥站	
11	2000	1999 年度省农业丰收	省农业丰收一等奖	贵州省农业厅		麻江县农牧局农推站	
12	2000	1999 年度省农业丰收	省农业丰收二等奖	贵州省农业厅		麻江县农牧局植保站	
13	2000	1999 年度黔东南州科技进步	州科技进步一等奖	黔东南州人民政府		麻江县农牧局植保站	
14	2001	稻秆蝇综合防治技术推广	省科技进步二等奖	贵州省农业厅		麻江县农牧局植保站	
15	2003	麻江县优质稻生产综合配套技术推广	省农业丰收三等奖	贵州省贵州农业厅	200305006 －3	麻江县下司镇农业服务中心	
16	2004	2003 年麻江县优质稻生产综合配套技术推广	省农业丰收二等奖	贵州省农业厅	200305006 －3	麻江县农牧局植保站	
17	2007	麻江县下司犬保种及开发利用	州科技进步二等奖	黔东南州人民政府		麻江县下司镇农服中心	
18	2007	麻江县下司犬保种及开发利用	州科技进步二等奖	黔东南州人民政府		麻江县畜牧水产局	范文穗等

续表

序号	获奖年份	成果内容	获奖种类及等次	颁发单位	获奖编号	获奖单位或主要完成单位	获奖个人或主要完成人
19	2008	沼肥在稻田养鱼生产上的推广应用	省农业丰收三等奖	贵州省农业厅	2007T06－3	麻江县农业局	
21	1997	黔东南州改造渍害田综合配套技术应用	省农业丰收一等奖	贵州省农业厅	9705001—3	麻江县农牧局土肥站	
22	1999	黔东南州水稻微机优化配方施肥研究应用	州科技进步一等奖	黔东南州人民政府		麻江县农牧局土肥站	
23	2003	麻江县优质稻生产综合配套技术推广	省农业丰收三等奖	贵州省农业厅	200305006－3	麻江县下司镇农业服务中心	
24	2007	麻江县下司犬保种及开发利用	州科技进步二等奖	黔东南州人民政府			范文穗等
25	1991	科技进步	省科技进步二等奖	贵州省人民政府			张正良
26	1991	大力开发冬季农业促进夏季粮油丰收	省农业丰收二等奖	贵州省农业厅	905003		张正良　邱忠琪 代廷朗　韦瑞吾 杨昌显　杨乡祥
27	1998	麻江县高产优质高效农业示范工程	省农业丰收二等奖	贵州省农业厅	9805002－10		杨乡祥
28	1991	水稻半旱式栽培改良冷烂田	省农业丰收三等奖	贵州省农业厅	905013		田明忠　陈维平 石泉芳　刘书贵 陈永双　李茂贵 罗贤荣　龙家明 张久远　罗祖明 黄美英　陈庆菊
29	2004	麻江县优质稻生产综合配套技术推广	省农业丰收三等奖	贵州省农业厅	200305006－3		李茂贵
30	1991	麻江县大面积稻田养鱼高产技术推广	省农业丰收三等奖	贵州省农业厅	905008		罗道元　马永宣 韦卫国　张琴韵
	1998	稻渔工程	省农业丰收一等奖	贵州省农业委员会			罗道元
31	1991	饲料青贮技术的巩固推广	州科技进步四等奖	黔东南州人民政府	90054－3		张琴韵
32	1991	麻江宣威地区家畜炭疽病综合防治	州科技进步四等奖	黔东南州人民政府	90055－2		张琴韵
33	1991	麻江县大面积稻田养鱼高产技术推广	省农业丰收三等奖	贵州省农业厅	905008		罗光武　顾永吉 金流湖　吴廷恩 態锦成　韦卫国
34	1998	稻渔工程	省农业丰收一等奖	贵州省农业厅			韦卫国
35	2003	稻田生态渔业推广	省农业丰收二等奖	贵州省农业厅			韦卫国

续表

序号	获奖年份	成果内容	获奖种类及等次	颁发单位	获奖编号	获奖单位或主要完成单位	获奖个人或主要完成人
36	2014	优质油菜丰产综合配套技术推广	省农业丰收一等奖	贵州省农业委员会	FCG－2013－1－036－01D		韦卫国
37	1991	两推五改养猪推广应用示范	州科技进步四等奖	黔东南州人民政府	90056－1		罗厚安
38	1992	推广生猪改良技术	省农业丰收一等奖	贵州省农业厅			罗厚安
39	1991	两推五改养猪推广应用示范	州科技进步四等奖	黔东南州人民政府	90056－3		王树龙
40	1991	麻江宣威地区家畜炭疽病综合防治	州科技进步四等奖	黔东南州人民政府	90055		柏启富　汪文岳 文培昌　徐锡豪
41	2007	马铃薯稻田免耕技术推广	省农业丰收一等奖	贵州省农业厅	20070503－4		周世洋
42	2008	麻江县粮食增产工程项目	省农业丰收三等奖	贵州省农业厅	20080506－1		周世洋
43	2009	黔东南州粮食增产工程项目	省农业丰收二等奖	贵州省农业委员会	20090501－011		周世洋
44	2010	黔东南州中低产田水稻增产栽培技术推广	省农业丰收一等奖	贵州省农业委员会	20100501－06		周世洋
45	2011	超级稻综合配套栽培技术	省农业丰收三等奖	贵州省农业委员会	20110502－08		周世洋
46	2012	优质油菜丰产综合技术推广	省农业丰收一等奖	贵州省农业委员会	20120S01－017		周世洋
47	2012	高产优质油菜黔油18号配套技术集成与转化	省农业科技进步一等奖	贵州省人民政府			周世洋
48	2013	优质油菜丰产综合配套技术推广	全国农牧渔业丰收一等奖	农业部			周世洋
49	1998	麻江县高产优质高效农业示范工程	省农业丰收二等奖	贵州省农业厅	980500		罗亨雄　宋聚波
50	2001	蔬菜周年均衡生产技术推广	省农业丰收三等奖	贵州省农业厅	20000S005－4		罗亨雄
51	2001	黔东南州沼气池工程建设	省农业丰收一等奖	贵州省农业厅	200：05001－14		宋聚波
52	2002	黔东南州沼气生态农业技术推广	全国农牧渔业丰收三等奖	农业部	2002－161－09		宋聚波
53	2006	贵州省“十五”期间农村沼气池推广应用	省农业丰收一等奖	贵州省农业厅	2005009－7		宋聚波

续表

序号	获奖年份	成果内容	获奖种类及等次	颁发单位	获奖编号	获奖单位或主要完成单位	获奖个人或主要完成人
54	2006	贵州省“十五”期间农村沼气池推广应用	全国农牧渔业丰收一等奖	农业部	2006－103－08		宋聚波
55	2004	麻江县优质稻生产综合配套技术推广	省农业丰收三等奖	贵州省农业厅	200305006－10		张久远
56	2005	贵州夏秋反季节蔬菜综合高效技术示范推广	省农业丰收一等奖	贵州省农业厅	2004012－12		张久远
57	2005	优质无籽西瓜高效生产技术示范推广	省农业丰收一等奖	贵州省农业厅	2004006－17		张久远
58	2007	320国道沿线夏秋反季节无公害蔬菜产业化开发	省农业丰收二等奖	贵州省农业厅	2006021－4		张久远
59	2008	麻红蒜示范推广	省农业丰收二等奖	贵州省农业厅	20070501－2		张久远
60	2005	夏秋反季节蔬菜综合高效技术示范推广项目	全国农牧渔业丰收二等奖	农业部	2005－106－12		张久远
61	2014	番茄产业发展关键技术示范推广	省农业丰收一等奖	贵州省农业委员会	20130S02－11		张久远
62	2004	黔东南州大面积推广种草养鹅	省农业丰收三等奖	贵州省农业厅	200305005－5		孟信群
63	1998	麻江县秸秆氨化微贮养畜技术推广应用	省农业丰收三等奖	贵州省农业厅	9805006—3		孟信群
64	1993	麻江县青贮饲料连续5年达部标	省农业丰收二等奖	贵州省农业厅	9205165		孟信群
65	1991	饲料青贮技术的巩固推广	州科技进步四等奖	黔东南州人民政府	90054－4		孟信群
66	1991	“两推五改”养猪推广应用示范	州科技进步四等奖	黔东南州人民政府	90056－4		孟信群
67	2009	麻江县优质商品鸡生产技术推广	省农业丰收三等奖	贵州省农业厅	20080504－3		孟信群
68	1995	麻江县杂交玉米育苗移栽技术	省农业丰收三等奖	贵州省农业厅	9405006－5		杨永高
69	1997	黔东南州加强稻瘟病灾变因子监控应用综合防治技术	省农业丰收二等奖	贵州省农业厅	9705002－3		杨永高
70	1998	麻江县高产优质高效农业示范工程	省农业丰收二等奖	贵州省农业厅	9805002－3		杨永高
71	1998	斑潜蝇发生规律和防治技术研究	州科技进步一等奖	黔东南州人民政府	98004－4		杨永高

续表

序号	获奖年份	成果内容	获奖种类及等次	颁发单位	获奖编号	获奖单位或主要完成单位	获奖个人或主要完成人
72	1999	黔东南州稻田化学除草技术应用推广	省农业丰收二等奖	贵州省农业厅	9905002－2		杨永高
73	2001	黔东南州稻秆蝇综合防治技术推广应用	省农业丰收二等奖	贵州省农业厅	200105002－2		杨永高
74	2003	黔东南州蔬菜病虫防治无害化技术研究	州科技进步四等奖	黔东南州人民政府	02013－4		杨永高
75	2005	黔东南州农业植物建设性有害生物的分布与治理研究	州科技进步二等奖	黔东南州人民政府	04016－7		杨永高
76	1991	水稻半旱式栽培改良冷烂田	省农业丰收三等奖	贵州省农业厅	905013－5		陈永双
77	1993	杂稻不同类型区高产栽培综合配套技术研究和应用	州科技进步一等奖	黔东南州人民政府	92080－6		陈永双
78	1995	麻江县杂交玉米育苗栽培技术	省农业丰收三等奖	贵州省农业厅	9405006－4		陈永双
79	1996	黔东南州推广水稻微机配方施肥技术	省农业丰收一等奖	贵州省农业厅	9505001－6		陈永双
80	2009	杂交玉米新组合引进、示范推广	省农业丰收二等奖	贵州省农业厅	20080502－14		陈永双
81	2010	杂交水稻新品种及配套技术推广	省农业丰收一等奖	贵州省农业厅	20090502－013		陈永双
82	2002	黔东南州杂交玉米新组合推广	省农业丰收二等奖	贵州省农业厅	200205002－14		陈永莲
83	2005	黔东南州杂交水稻新组合推广与应用	省农业丰收二等奖	贵州省农业厅	200505001－5		陈永莲
84	2009	杂交玉米新组合引进、示范推广	省农业丰收二等奖	州省农业厅	20080502－5		陈永莲
85	2011	三系杂稻冈优608丰产配栽培技术研究及大面积示范推广	州科技成果转化一等奖	黔东南州人民政府	2011KJJ129		陈永莲
86	1995	麻江县杂交玉米育苗移栽技术	省农业丰收三等奖	贵州省农业厅	9405006－2		闵谦萍
87	1998	麻江县高产优质高效农业示范工程	省农业丰收二等奖	贵州省农业厅	9805002－4		闵谦萍
88	1999	榕江等五县水稻旱育秧、抛秧及综合配套增产技术	省农业丰收一等奖	贵州省农业厅	9900008－15		闵谦萍
89	2000	榕江等五县水稻旱育秧抛秧及综合配套增产技术	全国农牧渔业丰收二等奖	农业部	2000—200－17		闵谦萍

续表

序号	获奖年份	成果内容	获奖种类及等次	颁发单位	获奖编号	获奖单位或主要完成单位	获奖个人或主要完成人
90	2004	麻江县优质稻生产综合配套技术推广	省农业丰收三等奖	贵州省农业厅	200305006－9		闵谦萍
91	2006	黔东南州陆两优106示范推广	省农业丰收一等奖	贵州省农业厅	200505003－20		闵谦萍
92	2007	马铃薯稻田免耕技术推广	省农业丰收一等奖	贵州省农业厅	20070503－8		闵谦萍
93	2008	麻江县粮食增产工程项目	省农业丰收三等奖	贵州省农业厅	20080506－2		闵谦萍
94	2003	省九县市水稻施硅健身栽培技术推广	省农业丰收二等奖	贵州省农业厅	2003015－15		兰秀清
95	2003	麻江县优质稻生产综合配套技术推广	省农业丰收三等奖	贵州省农业厅	200305006－6		兰秀清
96	2011	测土配方施肥技术在水稻上的应用	省农业丰收二等奖	贵州省农业委员会	20110501013		兰秀清
97	2013	黔东南水稻测土配方施肥技术推广	州科技成果转化一等奖	黔东南州人民政府	2012－C－1－01－08		兰秀清
98	1991	大力开发冬季农业促进夏季粮油丰收	省农业丰收二等奖	贵州省农业厅	905003		金绍红　代廷朗
99	2004	麻江县优质稻生产综合配套技术推广	省农业丰收三等奖	贵州省农业厅	200305006－2		金绍红
100	1995	麻江县杂交玉米育苗移栽技术	省农业丰收三等奖	贵州省农业厅	9405006－3		张品辉
101	1998	麻江县高产优质高效农业示范工程	省农业丰收二等奖	贵州省农业厅	9805002－6		张品辉
102	1999	榕江等五县水稻旱育秧、抛秧及综合配套技术	省农业丰收一等奖	贵州省农业厅	9900008－10		张品辉
103	2000	榕江等五县水稻旱育秧抛秧及综合配套增产技术	全国农牧渔业丰收二等奖	农业部	2000200－11		张品辉
104	2001	优质稻高产配套栽培试验示范	州科技进步一等奖	黔东南州人民政府	200021－8		张品辉
105	2011	三系杂稻冈优608丰产配栽培技术研究及大面积示范推广	州科技成果转化一等奖	黔东南州人民政府	2011KJJ123		张品辉
106	2004	麻江县优质稻生产综合配套技术推广	省农业丰收三等奖	贵州省农业厅	200305006－7		韦　全
107	2009	麻江县粮食增产工程项目	省农业丰收三等奖	贵州省农业厅	20080506－6		韦　全

续表

序号	获奖年份	成果内容	获奖种类及等次	颁发单位	获奖编号	获奖单位或主要完成单位	获奖个人或主要完成人
108	2004	麻江县优质稻生产综合配套技术推广	省农业丰收三等奖	贵州省农业厅	200305006－5		龙永昌
109	1992	科技兴农　突出贡献	省农业贡献二等奖	贵州省人民政府			代廷朗
110	2007	320国道沿线夏秋反季节无公害蔬菜产业化开发	省农业丰收二等奖	贵州省农业厅	2006021－13		吴庆桃
111	2008	麻红蒜示范推广	省农业丰收二等奖	贵州省农业厅	20070501－5		吴庆桃
112	1991	水稻半旱式栽培改良冷烂田	省农业丰收三等奖	贵州省农业厅	905013－12		陈庆菊
113	1995	麻江县杂交玉米育苗移栽技术	省农业丰收三等奖	贵州省农业厅	9405006－4		陈庆菊
114	1998	黔东南州洋芋高产栽培技术推广	省农业丰收二等奖	贵州省农业厅	9805001－15		陈庆菊
115	1999	榕江等五县水稻旱育秧、抛秧及综合配套技术	省农业丰收一等奖	贵州省农业厅	9900008－16		陈庆菊
116	2000	榕江等五县水稻旱育秧抛秧及综合配套增产技术	全国农牧渔业丰收二等奖	农业部	2000200－18		陈庆菊
117	2001	黔东南州优质稻综合配套增产技术	省农业丰收一等奖	贵州省农业厅	200005001－6		陈庆菊
118	2004	麻江县优质稻生产综合配套技术推广	省农业丰收三等奖	贵州省农业厅	200305006－8		陈庆菊
119	2008	沼肥在稻田养鱼生产上的推广应用	省农业丰收三等奖	贵州省农业厅	2007/T06－5		孙　林
121	2008	沼肥在稻田养鱼生产上的推广应用	省农业丰收三等奖	贵州省农业厅	2007/T06－6		刘安琴
122	2009	麻江县粮食增产工程项目	省农业丰收三等奖	贵州省农业厅	20080506－3		刘安琴
123	2011	黔东南州中低产田水稻增产栽培技术推广	省农业丰收一等奖	贵州省农业委员会	20100501－018		刘安琴
124	2015	黔东南州冷凉水山区水稻增产集成技术	省农业丰收二等奖	贵州省农业委员会	20140502－06		刘安琴
125	1991	麻江县大面积稻田养鱼高产技术推广	省农业丰收三等奖	贵州省农业厅	905008－6		金流湖
126	1995	麻江县杂交玉米育苗移栽技术	省农业丰收三等奖	贵州省农业厅	940500		金流湖杨克浪

续表

序号	获奖年份	成果内容	获奖种类及等次	颁发单位	获奖编号	获奖单位或主要完成单位	获奖个人或主要完成人
127	1996	水稻旱育浅植栽培技术	省农业丰收一等奖	贵州省农业厅			杨克浪
128	1998	麻江县高产优质高效农业示范工程	省农业丰收二等奖	贵州省农业厅	9805002－1		杨克浪
129	1999	榕江等五县水稻旱育秧、抛秧及综合配套技术	省农业丰收一等奖	贵州省农业厅	9900008－9		杨克浪
130	1998	麻江县高产优质高效农业示范工程	省农业丰收二等奖	贵州省农业厅	9805002－12		韦明华
131	2001	黔东南州稻纵卷叶螟监测及综合治理技术应用	省农业丰收二等奖	贵州省农业厅	200005003－8		王家惠
132	2001	黔东南州稻秆蝇综合防治技术推广应用	省农业丰收二等奖	贵州省农业厅			王家惠
133	2004	黔东南州蔬菜病虫防治无害化技术研究	省农业丰收三等奖	贵州省农业厅			王家惠
134	2004	麻江县优质稻生产综合配套技术推广	省农业丰收三等奖	贵州省农业厅	200305006－10		王家惠
135	2007	水稻重大病虫防治安全用药技术研究应用	省农业丰收一等奖	贵州省农业厅	2007T04－10		谢　勇
136	2008	黔东南州水稻病虫综合防治技术应用	省农业丰收三等奖	贵州省农业厅	20080503－9		谢　勇
137	2008	沼气在稻田养鱼的推广	省农业丰收三等奖	贵州省农业厅	2007T06－3		谢　勇
138	1991	“两推、五改”养猪推广应用示范	州科技进步四等奖	贵州省农业厅	90056－2		范文穗
139	1991	饲料青贮技术的巩固推广	州科技进步四等奖	黔东南州人民政府	90054－5		范文穗
140	1996	黔东南州“两推、五改”技术，促进养猪业发展	省农业丰收一等奖	贵州省农业厅	9505002－20		范文穗
141	2007	麻江县下司犬保种及开发利用	州科技进步二等奖	黔东南州人民政府	2006－003－1		范文穗
142	2008	麻江县优质商品鸡生产技术推广	省农业丰收二等奖	贵州省农业厅	20080504－1		范文穗
143	2006	黔东南州万户扶贫工程项目	省农业丰收三等奖	贵州省农业厅	200605004－4		滕　飞
144	2007	麻江县下司犬保种及开发利用	州科技进步二等奖	黔东南州人民政府	2006－003－4		滕　飞
145	2007	美国绿头野鸭引进推广示范项目	州科技进步三等奖	黔东南州人民政府	2006－004－2		滕　飞

续表

序号	获奖年份	成果内容	获奖种类及等次	颁发单位	获奖编号	获奖单位或主要完成单位	获奖个人或主要完成人
146	2008	麻江县优质商品鸡生产技术推广	省农业丰收奖	贵州省农业厅	20080504－6		滕　飞
147	2007	麻江县下司犬保种及开发利用	州科技进步二等奖	黔东南州人民政府	2006－003－2		李发勋
148	2008	麻江县优质商品鸡生产技术推广	省农业丰收三等奖	贵州省农业厅	20080504－2		李发勋
149	2007	麻江县下司犬保种及开发利用	州科技进步二等奖	黔东南州人民政府	2006－003－3		罗配江
150	2008	麻江县优质商品鸡生产技术推广	省农业丰收三等奖	贵州省农业厅	20080504－5		罗配江
151	2005	优良饲草普那菊苣引种选育及示范推广	省农业丰收三等奖	贵州省农业厅	2005007—10		高乐盛
152	2008	麻江县优质商品鸡生产技术推广	省农业丰收三等奖	贵州省农业厅	20080504－8		高乐盛
153	1998	麻江县秸秆氨化微贮养畜技术推广应用	省农业丰收三等奖	贵州省农业厅	9805006－2		高乐盛
154	2006	贵州主要地方优良草种选育及种子产业化研究	省农业丰收一等奖	贵州省农业厅	2006002－11		高乐盛
155	2004	黔东南州推广应用牛羊寄生虫综合防治技术	省农业丰收一等奖	贵州省农业厅	200305001－11		喻　林
156	2009	麻江优质商品鸡生产基地建设项目	省农业丰收三等奖	贵州省农业厅	20080504－4		喻　林
157	1998	麻江县秸秆氨化养畜技术推广应用	省农业丰收三等奖	贵州省农业厅	9805006－5		喻　林
158	1993	麻江县青贮饲料连续五年达部标	省农业丰收三等奖	贵州省农业厅	92051609		喻　林
159	2007	下司犬保种及开发利用	州科技进步二等奖	黔东南州人民政府	2006－003－5		喻　林
160	2007	下司犬保种及开发利用	州科技进步二等奖	黔东南州人民政府	2006－003－6		王承均
161	1991	饲料青贮技术的巩固推广	州科技进步四等奖	黔东南州人民政府	90054－1		周明坤
162	1992	推广饲料青贮促进牲畜发展	省农业丰收一等奖	贵州省农业厅	910003－13		周明坤
163	1993	麻江县青贮饲料连续五年达部标	省农业丰收二等奖	贵州省农业厅	920516－1		周明坤
164	1994	黔东南州青贮连续两年达部标	省农业丰收一等奖	贵州省农业厅	930501－3		周明坤

续表

序号	获奖年份	成果内容	获奖种类及等次	颁发单位	获奖编号	获奖单位或主要完成单位	获奖个人或主要完成人
165	1998	麻江县秸秆氨化微贮养畜技术推广应用	省农业丰收三等奖	贵州省农业厅	9805006－1		周明坤
166	1991	“两推、五改”养猪推广应用示范	州科技进步四等奖	黔东南州人民政府	90056－5		魏国清
167	1991	饲料青贮技术的巩固推广	州科技进步四等奖	黔东南州人民政府	90054－2		魏国清
168	1993	麻江县青贮饲料连续五年达部标	省农业丰收二等奖	贵州省农业厅	920516－4		魏国清
169	1994	黔东南州青贮连续两年达部标	省农业丰收一等奖	贵州省农业厅	930501－11		魏国清
170	1998	麻江县秸秆氨化微贮养畜技术推广应用	省农业丰收三等奖	贵州省农业厅	9805006—8		魏国清
171	1995	麻江县杂交玉米育苗栽培技术	省农业丰收三等奖	贵州省农业厅	940500		李华礼 龙家明
172	1998	麻江县高产优质高效农业示范工程	省农业丰收二等奖	贵州省农业厅	9805002－10		李华礼 杨天华
173	2008	麻江红蒜示范推广	省农业丰收二等奖	贵州省农业厅			李显荣
174	2008	麻江红蒜示范推广	省农业丰收二等奖	贵州省农业厅	20070501－10		李文良
175	2003	疫病防治技术推广应用	省农业丰收三等奖	贵州省农业厅	20020500511		金华昌
176	2009	麻江优质商品鸡生产技术推广	省农业丰收三等奖	贵州省农业厅	20080504112		金华昌
177	2013	主要冷型优质牧草技术推广应用	省农业丰收三等奖	贵州省农业厅	20120S06－010		杨兴凯
178	2008	麻江县粮食增产工程项目	省农业丰收三等奖	贵州省农业厅	200805		田仁江 樊有莉
179	1998	麻江县高产优质高效农业示范工程	省农业丰收二等奖	贵州省农业厅	980500		杨天华 韦明华
180	1999	榕江等五县水稻旱育秧、抛秧及综合配套技术	省农业丰收一等奖	贵州省农业厅	9900008－9		杨克浪
181	2001	黔东南州稻纵卷叶螟监测及综合治理技术应用	省农业丰收二等奖	贵州省农业厅	200005003－8		王家惠
182	2001	黔东南州稻秆蝇综合防治技术推广应用	省农业丰收二等奖	贵州省农业厅			王家惠
183	2004	黔东南州蔬菜病虫防治无害化技术研究	省农业丰收三等奖	贵州省农业厅			王家惠

续表

序号	获奖年份	成果内容	获奖种类及等次	颁发单位	获奖编号	获奖单位或主要完成单位	获奖个人或主要完成人
184	2004	麻江县优质稻生产综合配套技术推广	省农业丰收三等奖	贵州省农业厅	200305006－10		王家惠
185	2007	水稻重大病虫防治安全用药技术研究应用	省农业丰收一等奖	贵州省农业厅	2007T04－10		谢　勇
186	2008	黔东南州水稻病虫综合防治技术应用	省农业丰收三等奖	贵州省农业厅	20080503－9		谢　勇
187	2008	沼气在稻田养鱼的推广	省农业丰收三等奖	贵州省农业厅	2007T06－3		谢　勇
188	1991	"两推、五改"养猪推广应用示范	州科技进步四等奖	贵州省农业厅	90056－2		范文穗
189	1991	饲料青贮技术的巩固推广	州科技进步四等奖	黔东南州人民政府	90054－5		范文穗
190	1996	黔东南州"两推、五改"技术，促进养猪业发展	省农业丰收一等奖	贵州省农业厅	9505002－20		范文穗
191	2007	麻江县下司犬保种及开发利用	州科技进步二等奖	黔东南州人民政府	2006－003－1		范文穗
192	2008	麻江县优质商品鸡生产技术推广	省农业丰收二等奖	贵州省农业厅	20080504－1		范文穗
193	2006	黔东南州万户扶贫工程项目	省农业丰收三等奖	贵州省农业厅	200605004－4		滕　飞
194	2007	麻江县下司犬保种及开发利用	州科技进步二等奖	黔东南州人民政府	2006－003－4		滕　飞
195	2007	美国绿头野鸭引进推广示范项目	州科技进步三等奖	黔东南州人民政府	2006－004－2		滕　飞
196	2008	麻江县优质商品鸡生产技术推广	省农业丰收二等奖	贵州省农业厅	20080504－6		滕　飞
197	2007	麻江县下司犬保种及开发利用	州科技进步二等奖	黔东南州人民政府	2006－003－2		李发勋
198	2008	麻江县优质商品鸡生产技术推广	省农业丰收三等奖	贵州省农业厅	20080504－2		李发勋
199	2007	麻江县下司犬保种及开发利用	州科技进步二等奖	黔东南州人民政府	2006－003－3		罗配江
200	2008	麻江县优质商品鸡生产技术推广	省农业丰收三等奖	贵州省农业厅	2008050		罗配江 高乐盛
201	2005	优良饲草普那菊苣引种选育及示范推广	省农业丰收三等奖	贵州省农业厅	2005007－10		高乐盛
202	1998	麻江县秸秆氨化微贮养畜技术推广应用	省农业丰收三等奖	贵州省农业厅	9805006－2		高乐盛

续表

序号	获奖年份	成果内容	获奖种类及等次	颁发单位	获奖编号	获奖单位或主要完成单位	获奖个人或主要完成人
203	2006	贵州主要地方优良草种选育及种子产业化研究	省农业丰收一等奖	贵州省农业厅	2006002－11		高乐盛
204	2004	黔东南州推广应用牛羊寄生虫综合防治技术	省农业丰收一等奖	贵州省农业厅	200305001－11		喻　林
205	2009	麻江优质商品鸡生产基地建设项目	省农业丰收三等奖	贵州省农业厅	20080504－4		喻　林
206	1998	麻江县秸秆氨化养畜技术推广应用	省农业丰收三等奖	贵州省农业厅	9805006－5		喻　林
207	1993	麻江县青贮饲料连续五年达部标	省农业丰收三等奖	贵州省农业厅	92051609		喻　林
208	2007	下司犬保种及开发利用	州科技进步二等奖	黔东南州人民政府	2006－		喻　林 王承均
209	1991	饲料青贮技术的巩固推广	州科技进步四等奖	黔东南州人民政府	90054－1		周明坤
210	1992	推广饲料青贮促进牲畜发展	省农业丰收一等奖	贵州省农业厅	910003－13		周明坤
211	1993	麻江县青贮饲料连续五年达部标	省农业丰收二等奖	贵州省农业厅	920516－1		周明坤
212	1994	黔东南州青贮连续两年达部标	省农业丰收一等奖	贵州省农业厅	930501－3		周明坤
213	1998	麻江县秸秆氨化微贮养畜技术推广应用	省农业丰收三等奖	贵州省农业厅	9805006－1		周明坤
214	1991	“两推、五改”养猪推广应用示范	州科技进步四等奖	黔东南州人民政府	90056－5		魏国清
215	1991	饲料青贮技术的巩固推广	州科技进步四等奖	黔东南州人民政府	90054－2		魏国清
216	1993	麻江县青贮饲料连续五年达部标	省农业丰收二等奖	贵州省农业厅	920516－4		魏国清
217	1994	黔东南州青贮连续两年达部标	省农业丰收一等奖	贵州省农业厅	930501－11		魏国清
218	1998	麻江县秸秆氨化微贮养畜技术推广应用	省农业丰收三等奖	贵州省农业厅	9805006－8		魏国清
219	1995	麻江县杂交玉米育苗栽培技术	省农业丰收三等奖	贵州省农业厅	9405006－7		李华礼
220	1998	麻江县高产优质高效农业示范工程	省农业丰收二等奖	贵州省农业厅	9805002－10		李华礼
211	1995	麻江县杂交玉米育苗栽培技术	省农业丰收三等奖	贵州省农业厅	9405006－7		龙家明

续表

序号	获奖年份	成果内容	获奖种类及等次	颁发单位	获奖编号	获奖单位或主要完成单位	获奖个人或主要完成人
212	2008	麻江红蒜示范推广	省农业丰收二等奖	贵州省农业厅			李显荣 李文良
213	2003	疫病防治技术推广应用	省农业丰收三等奖	贵州省农业厅	20020500511		金华昌
214	2009	麻江优质商品鸡生产技术推广	省农业丰收三等奖	贵州省农业厅	20080504112		金华昌
215	2013	主要冷型优质牧草技术推广应用	省农业丰收三等奖	贵州省农业厅	20120S06－010		杨兴凯
216	2008	麻江县粮食增产工程项目	省农业丰收三等奖	贵州省农业厅	200805		田仁江樊有莉
217	1998	麻江县高产优质高效农业示范工程	省农业丰收二等奖	贵州省农业厅	9805002－8		杨天华
218	2011	下司镇引进和推广草莓	省农业丰收一等奖	贵州省农业厅			罗传敏
219	1993	半旱式栽培应用技术	省科技进步三等奖	贵州省农业厅			李茂贵
丹寨县（36 项）							
1	1995	贵州省畜禽寄生虫区系调查	省科技进步二等奖	贵州省人民政府			苗西明
2	1995	丹寨、天柱畜禽寄生虫区系调查研究	州科技进步三等奖	黔东南州人民政府			苗西明　周道金 裴乃亮　潘晓条 李树华　鄢祖英
3	1996	丹寨县黄牛本品种选育示范	省科技进步二等奖	黔东南州人民政府			李寿林　莫安龙 杨胜武　杨正伦
4	1998	腹袋属吸入虫的比较形态学研究	省科技进步三等奖	贵州省人民政府			苗西明　裴乃亮
5	2002	优质稻高产示范栽培研究	州科技进步一等	黔东南州人民政府			周道金
6	2003	杂交玉米综合技术配套应用与研究	州科技进步三等奖	黔东南州人民政府			周道金　雷明渊
7	1991	柑橘早熟优质及抗寒优质良种培育	省科技进步三等奖	贵州省科委、省农学院			周　行　潘德荣 潘万朝
8	1991	野生猕猴桃引种驯化栽培	省科技进步三等奖	云南省农科院			潘德荣
9	1992	猕猴桃新品种“贵长、贵丰”试验	省科技进步四等奖	贵州省果树研究所			潘德荣 潘万朝
10	1994	农业技术推广成果	省科技进步二等奖	贵州省农技推广总站			王启良
11	1992	开展兽医综合防治，促进牛羊发展	省农业丰收一等奖	贵州省农业厅			苗西明

续表

序号	获奖年份	成果内容	获奖种类及等次	颁发单位	获奖编号	获奖单位或主要完成单位	获奖个人或主要完成人
12	1995	低产果园改造	省农业丰收一等奖	贵州省农业厅			潘德荣
13	1997	丹寨县粮食增产配套技术	省农业丰收三等奖	贵州省农业厅			王启良　洪乃梅　吴忠林
14	1998	优质绿肥高产栽培丰产技术研究	省农业丰收三等奖	贵州省农业厅			周道金　吴永彪　雷明渊
15	1998	扩大绿肥种植，提高种植水平，促进粮食增产	省农业丰收三等奖	贵州省农业厅			周道金　周世珍　莫太辉　王治辉　潘皇斌
16	1998	丹寨县杂交玉米育苗移栽技术推广	省农业丰收三等奖	贵州省农业厅			吴永彪　洪乃梅　李炳荣　曾德志　吴忠林
17	1999	丹寨县粮食丰产配套技术推广与应用	省农业丰收三等奖	贵州省农业厅			周道金　王启良　莫太辉　吴忠林
18	2002	黔东南州杂交玉米新组合推广	省农业丰收二等奖	贵州省农业厅			莫太辉
19	2002	“三沼”综合利用效益显著	全国农牧渔业丰收三等奖	农业部			王世国
20	2003	全省动物防疫工作	省农业丰收一等奖	贵州省农业厅			周道金　苗西明　裴乃亮　潘晓条　鄢祖英　李凤英
21	2003	实施动物产地检疫保障畜牧业健康发展	省农业丰收二等奖	贵州省农业厅			周道金　苗西明　王晓明　裴乃亮　潘晓条　鄢祖英　李凤英　龙家良　赵宗城　唐千豪　王兴登　周育标　池继虎
22	2003	果树喷施沼液促进果品丰收	省农业丰收三等奖	贵州省农业厅			王世国
23	2004	丹寨县优质稻高产优质栽培	省农业丰收二等奖	贵州省农业厅			周道金　杨正敏　王启良　洪乃梅　潘皇斌　赵国民
24	2004	黔东南州梨果套袋技术推广	省农业丰收三等奖	贵州省农业厅			潘万朝
25	2006	畜牧扶贫工程项目	省农业丰收三等奖	贵州省农业厅			杨胜武
26	2006	黔东南州陆两面优106示范推广	省农业丰收一等奖	贵州省农业厅			杨玉江

续表

序号	获奖年份	成果内容	获奖种类及等次	颁发单位	获奖编号	获奖单位或主要完成单位	获奖个人或主要完成人
27	2007	低硫甙菜籽饼作动物蛋白质饲料研究与开发	省农业丰收二等奖	贵州省农业厅			杨胜武
28	2007	全省柑橘高级换种技术推广	省农业丰收一等奖	贵州省农业厅			潘万朝
29	2007	黔东南州优质杂交水稻新品种推广	省农业丰收二等奖	贵州省农业厅			洪乃梅 王德勇
30	2008	马铃薯稻田免耕覆盖栽培技术推广	省农业丰收一等奖	贵州省农业厅			洪乃梅
31	2008	沼肥在稻田养鱼生产上的推广应用	省农业丰收三等奖	贵州省农业厅			杨　波
32	2010	黔东南州粮食增产工程	省农业丰收二等奖	贵州省农业委员会			杨玉江
33	2011	黔东南州中低产田水稻增产栽培技术推广	省农业丰收一等奖	贵州省农业委员会			杨玉江
34	2011	农村沼气池应用与推广	省农业丰收一等奖	贵州省农业委员会			王世国
35	2013	优质稻品种选育、引进及产业化开发	省农业丰收一等奖	贵州省农业委员会			王德勇 李基稳
36	2002	第五届贵州省青年科技	省青年科技二等奖	贵州省人民政府			苗西明
黄平县（108 项）							
1	1991	黄平县油菜大面积连续丰收	省农业丰收三等奖	贵州省农业厅	910505－4		张治平
2	1991	搞好猪的品种改良，提高经济效益项目	省农业丰收二等奖	贵州省农业厅	905004－13		钟应芹
3	1991	搞好猪的品种改良，提高经济效益	省农业丰收二等奖	贵州省农业厅	905004－03		尹富强
4	1991	获黄平县大面积综合防治病、虫、草鼠害	省农业丰收三等奖	贵州省农业厅	9205104		王清辉
5	1992	黄平县大面积综合防治病、虫、草、鼠害	省农业丰收三等奖	贵州省农业厅	9205107		杨松霖
6	1992	杂交中稻高产栽培模式的研究与应用	州科技进步二等奖	黔东南州人民政府	92039－2		张治平
7	1991	搞好猪的品种改良，提高经济效益	省农业丰收二等奖	贵州省农业厅	905004－03		尹富强
8	1992	黔东南州大面积推广生猪改良技术	全国农牧渔业丰收三等奖	国家农业部	923927－05		尹富强

续表

序号	获奖年份	成果内容	获奖种类及等次	颁发单位	获奖编号	获奖单位或主要完成单位	获奖个人或主要完成人
9	1992	黔东南州大面积推广生猪改良技术	省农业丰收一等奖	贵州省农业厅	910521－05		尹富强
10	1992	黄平县大面积综合防治病、虫、草、鼠害	省农业丰收三等奖	贵州省农业厅	92051009		彭国慧
11	1992	黔东南州大面积推广生猪改良技术	省农业丰收一等奖	贵州省农业厅	910521－05		尹富强
12	1993	黔东南州柑橘丰产栽培技术推广	省农业丰收二等奖	贵州省农业厅	920505－8		罗爱民
13	1993	黄平县中低产田改良技术	省农业丰收三等奖	贵州省农业厅	9305009－9		张治平
14	1993	黄平县养蚕技术推广	省农业丰收二等奖	贵州省农业厅	9305004－2		张治平
15	1993	黄平县大面积综合防治病、虫、草、鼠害	省农业丰收三等奖	贵州省农业厅	9205105		李忠翠
16	1994	黄平县养蚕技术推广	省农业丰收二等奖	贵州省农业厅	930504－1		周明发
17	1994	黄平县养蚕技术推广	省农业丰收二等奖	贵州省农业厅	9305004－6		吴寿才
18	1995	黔东南州低产果园改造	省农业丰收一等奖	贵州省农业厅	9405002－5		罗爱民
19	1996	黔东南州推广“两推、五改”技术促进养猪业发展	全国农牧渔业丰收三等奖	国家农业部	964113－06		尹富强
20	1996	黔东南州推广“两推、五改”技术促进养猪业发展	省农业丰收一等奖	贵州省农业厅	9505002－06		尹富强
21	1996	德江、江口等七县市商品羊综合配套技术推广	省农业丰收一等奖	贵州省农业厅	9500003－10		尹富强
22	1997	贵州省稻飞虱监测与治理技术运用	省农业丰收一等奖	贵州省农业厅	9700004－14		彭国慧
23	1997	黔东南州杂交水稻新组合应用与推广	省农业丰收一等奖	贵州省农业厅			李立新
24	1997	猪瘟免疫监测的推广应用	州科技进步三等奖	黔东南州人民政府	96012－2		潘家斌
25	1998	杂交水稻新品种推广	省农业丰收一等奖	贵州省农业厅	9800013－14		李长林
26	1998	黄平县炭疽病综合防治技术	省农业丰收三等奖	贵州省农业厅	9805004－3		潘家斌

续表

序号	获奖年份	成果内容	获奖种类及等次	颁发单位	获奖编号	获奖单位或主要完成单位	获奖个人或主要完成人
27	1998	黄平县稻田配套技术	省农业丰收三等奖	贵州省农业厅	9805003－6		时宏武
28	1998	黄平县炭疽病综合防治技术	省农业丰收三等奖	贵州省农业厅	9805004－5		雷国庆
29	1998	黄平县稻鱼高产配套技术	省农业丰收三等奖	贵州省农业厅	9805003－10		雷国忠
30	1998	黄平县炭疽病综合防治技术	省农业丰收三等奖	贵州省农业厅	9805004－3		潘家斌
31	1998	黄平县稻鱼高产配套技术	省农业丰收三等奖	贵州省农业厅	9805003－2	黄平县农业局	
32	1998	黔东南州洋芋高产栽培技术推广	省农业丰收二等奖	贵州省农业厅	9805001－14		杨　华
33	1998	黄平县稻鱼高产配套技术	省农业丰收三等奖	贵州省农业厅	9805003－2		龙声银
34	1998	黄平县稻鱼高产配套技术	省农业丰收三等奖	贵州省农业厅	9805003－1		张治平
35	1999	黄平县杂交水稻高产综合配套技术	省农业丰收三等奖	贵州省农业厅	9905005－1		张治平
36	1999	黄平县杂交水稻高产综合配套技术	省农业丰收三等奖	贵州省农业厅	9905005－11		沈大忠
37	1999	黄平县五万亩油菜优质高产综合配套技术	省农业丰收二等奖	贵州省农业厅	9900038－2		张治平
38	1999	黄平县牛羊寄生虫综合防治技术	省农业丰收三等奖	贵州省农业厅	9905003－1		潘家斌
39	1999	黄平县牛羊寄生虫综合防治技术	省农业丰收三等奖	贵州省农业厅	9905003－5		雷国庆
40	1999	黄平县杂交水稻高产综合配套技术（农业丰收奖）	省农业丰收三等奖	贵州省农业厅	9905005－10		白文华
41	1999	黄平县杂交水稻高产综合配套技术	省农业丰收三等奖	贵州省农业厅	9905005－9		王清辉
42	1999	黄平县牛羊寄生虫病综合防治技术	省农业丰收三等奖	贵州省农业厅	9905003－03		尹富强
43	1999	黄平县杂交水稻高产综合配套技术”	省农业丰收三等奖	贵州省农业厅			李立新
44	1999	黄平县五万亩油菜优质高产综合配套技术研究与应用	省农业科技进步二等奖	贵州省农业厅			李立新

续表

序号	获奖年份	成果内容	获奖种类及等次	颁发单位	获奖编号	获奖单位或主要完成单位	获奖个人或主要完成人
45	1999	黄平县牛羊寄生虫综合防治技术	省农业丰收三等奖	贵州省农业厅	9905003－1		潘家斌
46	1999	贵州农业科学技术进步奖	省农业丰收二等奖	贵州省农业厅	9304038－5		钟芳芳
47	1999	无籽西瓜引种及示范推广	省农业科技成果一等奖	贵州省农业厅	990007－5		罗爱民
48	2000	贵州省1998—2000年凤岗等五县油菜优质高产综合栽培技术	省农业丰收一等奖	贵州省农业厅	2000100－1		钟芳芳
49	2000	贵州省200万亩稻田草害化学除草技术推广应用	省农业丰收一等奖	贵州省农业厅	200001－14		刘　奎
50	2001	黔东南州稻纵卷叶螟监测及综合治理技术应用	省农业丰收二等奖	贵州省农业厅	200005003－5		吴鸿雁
51	2001	蔬菜周年均衡生产技术推广	省农业丰收三等奖	贵州省农业厅	200005005－8		苏子才
52	2001	水果优质化栽培技术推广	省农业丰收二等奖	贵州省农业厅	200005002－9		沈桃琼
53	2002	加强无规定动物疫病建设，保障畜牧业健康发展	省农业丰收三等奖	贵州省农业厅	200205006－12		雷安华
54	2002	加强无规定动物疫病建设，保障畜牧业健康发展	省农业丰收三等奖	贵州省农业厅	200205006－08		周　婷
55	2003	加强无规定动物疫病建设保障畜牧业健康发展	省农业丰收三等奖	贵州省农业厅	200205006－02		潘家斌
56	2003	加强无规定动物疫病建设，保障畜牧健康发展	省农业丰收三等奖	贵州省农业厅	200205006－04		尹富强
57	2003	黄平县无规定动物疾病建设保障畜牧业健康发展	省农业丰收三等奖	贵州省农业厅	200205006－7		雷国庆
58	2003	黄平县无规定动物疾病建设保障畜牧业健康发展	省农业丰收三等奖	贵州省农业厅	200205006－11		向　俊
59	2003	脱毒马铃薯高产栽培综合配套技术	省农业丰收三等奖	贵州省农业厅	200305007－12		彭国慧
60	2003	加强无规定动物疫病建设保障畜牧业健康发展	省农业丰收三等奖	贵州省农业厅	200205006－02		潘家斌

续表

序号	获奖年份	成果内容	获奖种类及等次	颁发单位	获奖编号	获奖单位或主要完成单位	获奖个人或主要完成人
61	2003	脱毒马铃薯高产栽培综合配套技术脱	省农业丰收三等奖	贵州省农业厅	200305007－1		张治平
62	2003	黔东南州稻田生态渔业技术推广	省农业丰收二等奖	贵州省农业厅	200205001－12		龙声银
63	2004	黔东南州推广应用牛羊寄生虫综合防治技术	省农业丰收一等奖	贵州省农业厅	200305001－8		潘家斌
64	2004	黔东南州推广牛羊寄生虫综合防治技术	省农业丰收一等奖	贵州省农业厅	200305001－8		潘家斌
65	2004	脱毒马铃薯高产栽培综合配套技术	省农业丰收三等奖	贵州省农业厅	200305007－10		潘胜付
66	2004	脱毒马铃薯高产栽培综合配套技术	省农业丰收三等奖	贵州省农业厅	200305007－06		张洁涛
67	2004	贵州省优质农产品黄平县无籽西瓜	获评贵州省优质农产品	贵州省农业厅			
68	2005	优质无籽西瓜高效生产技术示范推广	省农业丰收一等奖	贵州省农业厅	2004006－5	省果蔬站 黄平县农业局经作站	
69	2005	黔东南州优质无籽西瓜高效生产技术示范推广	州科技成果三等奖	黔东南州人民政府	04057－2		罗爱民
70	2005	黔东南州水稻稻曲病监测与综合治理技术应用	省农业丰收二等奖	贵州省农业厅	200405002－6		李忠翠
71	2005	黔东南州优质无籽西瓜高效生产技术示范推广	州科技进步三等奖	黔东南州人民政府		州果树站、黄平县农业局经作站	
72	2005	优质无籽西瓜高效生产技术示范推广	省农业丰收一等奖	贵州省农业厅	2004006－8		罗爱民
73	2007	优质西甜瓜基地高效种植制度试验示范项目	省农业丰收二等奖	贵州省农业委员会	2006003－3		罗爱民
74	2007	贵蚕1号优良蚕品种引进及配套技术的研究与应用	州科技进步三等奖	黔东南州人民政府	2006013		吴忠明
75	2007	黔东南州万户扶贫工程	省农业丰收三等奖	贵州省农业厅	200605004－07		钟应芹

续表

序号	获奖年份	成果内容	获奖种类及等次	颁发单位	获奖编号	获奖单位或主要完成单位	获奖个人或主要完成人
76	2007	贵蚕1号优良蚕品种引进及配套技术的研究与应用	州科技进步三等奖	黔东南州人民政府		黄平县桑蚕发展事业局	
77	2007	马铃薯稻田免耕覆草栽培技术推广	省农业丰收一等奖	贵州省农业厅			王　毅
78	2007	柑橘高接换种技术推广	省农业丰收一等奖	贵州省农业厅	2006001－10		肖治荣
79	2007	优质西甜瓜基地高效种植制度试验示范项目	省农业丰收二等奖	贵州省农业厅	2006003－4	省果蔬站黄平县农业局经作站	
80	2008	优质早熟鲜食马铃薯商品薯基地建设及产业化开发示范	省农业丰收一等奖	贵州省农业厅			王　毅
81	2008	沼肥在稻田养鱼生产上的推广应用（农业丰收奖）	省农业丰收三等奖	贵州省农业厅	2007T06－8		白文华
82	2009	杂交玉米新组合引进示范推广	省农业丰收二等奖	贵州省农业厅	20080502－12		白文华
83	2009	黔东南州水稻病虫综合防治技术	省农业丰收三等奖	贵州省农业委员会	20080503－8		王清辉
84	2009	牛冷冻精液人工授精技术应用推广	省科技成果转化二等奖	贵州省人民政府	2009Z－2－6－10		卢世平
85	2009	黄平线椒一号	审定通过	贵州省农作物品种审定委员会	2008009－1		罗爱民
86	2009	黄平线椒二号	审定通过	贵州省农作物品种审定委员会	2009009－1		罗爱民
87	2010	杂交水稻新品种及配套技术推广	省农业丰收一等奖	贵州省农业厅	2009－0502－09		白文华
88	2010	贵州特色辣椒优质丰产技术推广	全国农牧渔业丰收一等奖	国家农业部	FCG－2010－1－034－18		罗爱民
89	2011	杂稻制种质量保障及丰产技术	省农业丰收二等奖	贵州省农业委员会			陈晓琴
90	2011	马铃薯疫病控制技术应用与推广	省农业丰收一等奖	贵州省农业委员会	20100S02－06		王清辉

续表

序号	获奖年份	成果内容	获奖种类及等次	颁发单位	获奖编号	获奖单位或主要完成单位	获奖个人或主要完成人
91	2011	西瓜基地评选	全国优质籽西瓜基地	全国无籽西瓜基地退研与生产协作组、中国园艺学会西甜瓜专业委员会		黄平县	
92	2011	超级稻综合配套栽培技术推广	省农业丰收三等奖	贵州省农业委员会			王　毅
93	2012	高产优质抗寒耐冻油菜品种黔油18号配套技术集成与转化	省科技成果转化一等奖	贵州省人民政府			王　毅
94	2012	家蚕洞庭碧波的引进与推广	省农业丰收二等奖	贵州省农业委员会	20110S03—04		吴忠明
95	2013	黔东南州苗族侗族自治州科学技术奖	州科技进步三等奖	黔东南州人民政府	2013－J－3－02－05		吴　婷
96	2013	贵州超级稻高产高效关键栽培技术集成与应用	省科技成果转化一等奖	贵州省人民政府	2013Z－1－2－11		张洁涛
97	2013	太子参有害生物绿色防控技术研究与应用	省农业丰收一等奖	贵州省农业委员会	20130S01－15		王清辉
98	2013	黔东南州水稻测土配方施肥技术推广	州科技成果转化一等奖	黔东南州人民政府	2012－C－1－01－09		吴征贵
99	2013	水稻新品种推广	全国农牧渔业丰收二等奖	国家农业部	FCG－2013－2－143－16R		吴　婷
100	2014	优质稻品种选育、引进及产业化开发	省农业丰收一等奖	贵州省农业委员会	20130501－12		张洁涛
101	2014	贵州省地方标准	黄平线椒品种及栽培技术规程	贵州省质量技术监督局贵州省农业委员会	DB52/T970－2014		罗爱民　苏子才
102	2014	科学技术奖技术推广类	三等奖	中国植物保护学会	2014－TG－3－04－R07		王清辉
103	2014	太子参规范化栽培技术体系研究与应用	省农业丰收二等奖	贵州省农业委员会	20130502－08		张光喜
104	2014	马铃薯万亩连片高产栽培配套技术	省农业丰收一等奖	贵州省农业厅	20140502－15		钟芳芳

续表

序号	获奖年份	成果内容	获奖种类及等次	颁发单位	获奖编号	获奖单位或主要完成单位	获奖个人或主要完成人
105	2014	黔东南州冷凉山区水稻增产集成技术	省农业丰收二等奖	贵州省农业厅	20140502－08		曹方琴
106	2015	测土配方施肥信息系统在水稻上的推广应用	省农业丰收一等奖	贵州省农业厅	20140S01－16		田兴平
107	2015	黔东南州冷凉山区水稻增产集成技术	省农业丰收二等奖	贵州省农业委员会	20140502－07		张光喜
108	2015	黔东南州冬季种草养鹅技术推广	省农业丰收三等奖	贵州省农业委员会	20140503－06		卢世平
施秉县（29项）							
1	1998	贵州省小体积高密度网箱养鱼技术	省农业丰收二等奖	贵州省农业厅	9800007		李光武
2	2001	国家生态项目施秉县草地工程项目	省农业丰收二等奖	贵州省农业委员会	200105006		李正武
3	2014	施秉县草地生态畜牧业产业化扶贫项目绿壳蛋鸡养殖	省农业丰收二等奖	贵州省农业委员会	20130503		李光武
4	2005	黔东南州冬闲田土牧草种植与利用	省农业丰收二等奖	贵州省农业委员会	200405001－15		李正武
5	2015	威宁芜菁甘蓝选育研究与利用推广	省农业丰收二等奖	贵州省农业委员会	20140S08－14		李正武
6	1994	施秉县全面推广粮食综合增产技术	省科技进步一等奖	贵州省农业厅	930505	施秉县农业局农推站	
7	1998	贵州省百万亩油菜优质高产综合配套技术研究与运用	省科技进步三等奖	贵州省油料科学研究所、贵州省农技推广站		施秉县农业局农推站	
8	1998	黔东南州洋芋高产栽培技术推广	州科技进步一等奖	黔东南州超级稻示范工程领导小组		施秉县农业局农推站	
9	1999	贵州省百万亩油菜优质高产综合配套技术研究与运用	省科技进步二等奖	贵州省农业厅	9805001－3	施秉县农业局农推站	
10	2005	黔东南州超级稻示范工程	州科技进步一等奖	黔东南州超级稻示范工程领导小组		施秉县农业局农推站	

续表

序号	获奖年份	成果内容	获奖种类及等次	颁发单位	获奖编号	获奖单位或主要完成单位	获奖个人或主要完成人
11	1992	采取综合配套技术大灾之年玉米生产大获丰收	省科技进步二等奖	贵州省农业厅		施秉县土肥站	
12	1993	贵州省柑橘蚧类螨类害虫生物防治技术的研究	省科技进步三等奖	贵州省人民政府	930590		伍中兴
13	1994	施秉县全面推广粮食综合增产技术	省科技进步二等奖	贵州省农业厅	9305005－8		金忠诚
14	1996	施秉县推广防灾减灾技术，促进粮食增产	省科技进步三等奖	贵州省农业厅	9505009－9		金忠诚
15	1996	施秉县推广防灾减灾技术，促进粮食增产	省科技进步三等奖	贵州省农业厅	9505009－12		石兴华
16	1999	施秉县五万亩油菜优质高产综合配套技术研究与运用	省科技进步二等奖	贵州省农业厅	9900040－1		禹玉德
17	1999	施秉县五万亩油菜优质高产综合配套技术研究与运用	省科技进步二等奖	贵州省农业厅	9900040－3		姜素娥
18	1999	施秉县五万亩油菜优质高产综合配套技术研究与运用	省科技进步二等奖	贵州省农业厅	9900040－4		舒秀写
19	2001	黔东南州稻秆蝇综合防治技术推广应用	省科技进步二等奖	贵州省农业厅	200105002－13		潘礼梅
20	2004	黔东南州梨果实套袋技术推广	省科技进步三等奖	贵州省农业厅	200305002－8		李建华
21	2005	南美斑潜蝇治理技术研究应用	省科技进步一等奖	贵州省农业委员会	2004014－16		潘礼梅
22	2008	马铃薯稻田免耕覆草栽培技术推广	省科技进步一等奖	贵州省农业厅	20070503－15		金忠诚
23	2010	杂交水稻新品种及配套技术推广	省科技进步一等奖	贵州省农业委员会	20090502－012		姜素娥
24	2013	稻田早熟马铃薯高效栽培技术推广	省科技进步二等奖	贵州省农业委员会	20120501－05		金忠诚
25	2013	黔东南州水稻测土配方施肥技术推广	省科技进步一等奖	黔东南州人民政府	2012－C－1－01－13		吴明波
26	2012	超级稻综合配套栽培技术推广	省科技进步三等奖	贵州省农业委员会	20110502－09		潘礼梅
27	2014	优质稻品种选育、引进及产业化开发	省科技进步一等奖	贵州省农业委员会	20130501－03		潘礼梅
28	2014	太子参规范化栽培技术体系研究与应用	省科技进步二等奖	贵州省农业委员会	20130502－13		吴英兰

续表

序号	获奖年份	成果内容	获奖种类及等次	颁发单位	获奖编号	获奖单位或主要完成单位	获奖个人或主要完成人
29	2015	测土配方施肥系统在水稻上的推广应用	省科技进步一等奖	贵州省农业委员会	20140S01－06		陈秀德
			镇远县（43 项）				
1	1991	推广人工授精提高生猪经济效益和社会效益	省农业丰收三等奖	贵州省农业厅	9050095		陈英华
2	1991	镇远县采取综合技术措施发展旱地粮食跨纲要	省农业丰收三等奖	贵州省农业厅	910515－7		肖洪明
3	1991	杂文油菜大面积丰产栽培	省农业丰收三等奖	贵州省农业厅	905012－6		姜锡坤
4	1991	推广人工授精提高生猪经济效益和社会效益	省农业丰收三等奖	贵州省农业厅			周祝生
5	1991	黔东南州大面积推广生猪改良技术	全国农牧渔业丰收一等奖	农业部			周祝生
6	1991	推广人工授精提高生猪经济效益和社会效益	省农业丰收三等奖	贵州省农业厅	9050094		刘　涛
7	1992	发展旱地粮食跨纲要	省农业丰收三等奖	贵州省农业厅	9105155		杨　奇
8	1992	黔东南州大面积推广生猪改良技术	省农业丰收三等奖	贵州省农业厅			周祝生
9	1993	黔东南州水稻丰产技术推广	省农业丰收二等奖	贵州省农业厅	92050108		杨　奇
10	1994	春玉米—晚稻	省农业技术推广成果一等奖	贵州省农推总站	941037		成文莲
11	1994	双纲田（春玉米—晚稻）	省农业技术推广成果一等奖	省农技推广总站	941038		田孟军
12	1995	紧凑型玉米栽培技术	省农业丰收三等奖	贵州省农业厅	9405008－11		成文莲
13	1995	紧凑型玉米栽培技术	省农业丰收三等奖	贵州省农业厅	9405008－10		田孟军
14	1995	紧凑型玉米栽培技术	省农业丰收三等奖	贵州省农业厅			彭宗云
15	1995	黔东南州杂稻制种两年连续夺高产	省农业丰收二等奖	贵州省农业厅	910523－10		张贵华

续表

序号	获奖年份	成果内容	获奖种类及等次	颁发单位	获奖编号	获奖单位或主要完成单位	获奖个人或主要完成人
16	1997	贵州多熟增产技术	全国农牧渔业丰收三等奖	农业部	97422		成文莲
17	1997	稻田多熟制栽培技术	省农业丰收一等奖	贵州省农业厅	9600004－5		成文莲
18	1997	黔东南州稻秆蝇综合防治技术	省农业丰收二等奖	贵州省农业厅	200105002－10		张贵华
19	1998	杂交油菜栽培技术	省农业丰收三等奖	贵州省农业厅	9805008－12		余代文
20	1998	镇远县杂交油菜高产栽培技术	省农业丰收三等奖	贵州省农业厅	9805008－4		成文莲
21	1998	杂交玉米栽培技术	省农业丰收三等奖	贵州省农业厅	9805008－3		田孟军
22	1998	杂文油菜高产栽培技术	省农业丰收三等奖	贵州省农业厅			彭宗云
23	1999	贵州省十二县（市）水稻平衡配套施肥增产技术	省农业丰收二等奖	贵州省农业厅	9900010－10		杨　奇
24	2001	果树优质化栽培技术推广	省农业丰收二等奖	贵州省农业厅	200005002－11		田应庄
25	2001	秸秆还田及利用技术	省农业丰收二等奖	贵州省农业厅	2003003－9		杨　奇
26	2001	黔东南州沼气工程建设	省农业丰收一等奖	贵州省农业厅	200105001－7		杨　奇
27	2001	黔东南州优质稻综合配套增产技术	省农业丰收一等奖	贵州省农业厅	200000001－7		田孟军
28	2002	黔东南州沼气生态农业技术推广	省农业丰收三等奖	贵州省农业厅	2002＝161－07		姜锡坤
29	2003	黔东南州稻田生态渔业技术推广	省农业丰收二等奖	贵州省农业厅	200205001－13		邓英武
30	2004	黔东南州推广应用牛羊寄生虫综合防治技术	省农业丰收一等奖	贵州省农业厅	200305001－20		王建伟
31	2005	黔东南州冬闲田土牧草种植与利用	省农业丰收二等奖	贵州省农业厅	200405001－11		黄运光
32	2005	黔东南州水稻稻曲病监测与综合治理技术应用	省农业丰收二等奖	贵州省农业厅	200405002－11		吴春强
33	2006	黔东南州水稻新组合推广与应用	省农业丰收二等奖	贵州省农业厅	200505001－9		成文莲

续表

序号	获奖年份	成果内容	获奖种类及等次	颁发单位	获奖编号	获奖单位或主要完成单位	获奖个人或主要完成人
34	2006	肉牛饲料资源开发利用技术研究	省农业丰收三等奖	贵州省农业厅	2005001－7		黄运光
35	2006	黔东南州陆两优106示范推广	省农业丰收一等奖	贵州省农业厅	200505003－11		张炳林
36	2008	马铃薯稻田免耕覆草栽培技术推广	省农业丰收一等奖	贵州省农业厅	20070503—14		田维军
37	2009	喀斯特山区鲟鱼健康养殖推广应用	省农业丰收一等奖	贵州省农业厅	2008－3－6		周黔声
38	2009	杂交玉米新组合引进示范推广	省农业丰收二等奖	贵州省农业厅	20080502－9		成文莲
39	2009	风优608栽培技术推广	省农业丰收二等奖	贵州省农业厅	20080501－15		张炳林
40	2010	杂交水稻新品种配套技术推广	省农业丰收一等奖	贵州省农业厅	20098502－47		成文莲
41	2012	高产优质抗寒耐冻油菜品种黔油18号配套技术集成与转化获科学技术成果转化	省科技成果转化一等奖	贵州省农业委员会、省农业科学院			田维军
42	2015	贵州机插秧栽培技术体系研究	省农业丰收二等奖	贵州省农业委员会	20140S05－09		余代文
43	2015	威宁芜菁甘蓝选育研究与利用推广	省农业丰收二等奖	贵州省农业委员会	20140S08－16		黄运光
			岑巩县（47项）				
1	2002	水稻旱育秧、抛秧及综合配套增产技术	全国农牧渔业丰收二等奖	农业部		岑巩县农业局农推站	
2	1992	农田鼠害研究	省科技进步三等奖	贵州省人民政府		岑巩县农业局植保站	
3	1995	粮食综合配套增产技术	省农业丰收三等奖	贵州省农业厅		岑巩县农业局	
4	1995	粮食增产综合配套技术	省农业丰收三等奖	贵州省农业厅		岑巩县农业局农推站	
5	1998	水稻旱育稀植高产栽培技术	省农业丰收三等奖	贵州省农业厅		岑巩县农业局农推站	
6	1998	洋芋高产栽培技术推广	省农业丰收二等奖	贵州省农业厅		岑巩县农业局农推站	
7	1999	水稻旱育秧、抛秧及综合配套技术	省农业丰收一等奖	贵州省农业厅		岑巩县农业局农推站	
8	2004	优质稻综合配套技术	省农业丰收二等奖	贵州省农业厅		岑巩县农业局农推站	

续表

序号	获奖年份	成果内容	获奖种类及等次	颁发单位	获奖编号	获奖单位或主要完成单位	获奖个人或主要完成人
9	1995	稻瘟病综合防治技术	省农业丰收二等奖	贵州省农业厅		岑巩县农业局	
10	1999	稻田化学除草应用推广	省农业丰收二等奖	贵州省农业厅		岑巩县农业局	
11	1991	杂稻制种高产技术研究	州科技进步二等奖	黔东南州人民政府		岑巩县农业局种子公司	
12	1992	杂交水稻制种	省农业丰收二等奖	贵州省农业厅		岑巩县农业局种子公司	
13	1999	杂交水稻制种综合高产技术	省农业丰收三等奖	贵州省农业厅		岑巩县农业局种子公司	
14	2004	岑巩优质稻综合配套技术	省农业丰收二等奖	贵州省农业厅		岑巩县农业局农技服务中心	
15	1991	大面积使用乙草胺旱地化学除草技术	省农业丰收二等奖	贵州省农业厅			杨天祥　彭德源　雷邦海　吴志军　何洪祥
16	1992	黔东南州柑橘丰产栽培技术	省农业丰收二等奖	贵州省农业厅			周安模
17	1992	黔东南州水稻丰产技术推广	省农业丰收一等奖	贵州省农业厅			何洪祥
18	1993	大面积农田（住宅）有偿灭鼠	省农业丰收三等奖	贵州省农业厅			杨天祥　雷邦海　彭德源
19	1993	杂交水稻超高产栽培	省农业丰收二等奖	贵州省农业厅			游本华　周普中
20	1994	掖号 13 号配套技术推广	省科技进步二等奖	省农业厅农技推广总站			周普中　游本华　张大成　冯　彦　贾光祥
21	1994	黔东南州稻瘟病防治技术	省农业丰收二等奖	贵州省农业厅			陈晓军
22	1994	杂交水稻制种高产关键技术措施	省科技进步一等奖	省农业厅省种子公司			杨　凯　吴仕辉　何洪祥　石邦群
23	1994	低产果园改造示范	省农业丰收一等奖	贵州省农业厅			周安模
24	1995	岑巩县粮食增产综合配套技术	省农业丰收三等奖	贵州省农业厅			吴德邦　彭德源　娄锦全　吴昌勇　吴志军　杨朝烈　谭久举　杨沛发　吴述万　程家仁　杨文香　吴德斌
25	1995	黔东南州推广水稻微机配方施肥技术	省农业丰收一等奖	贵州省农业厅			

续表

序号	获奖年份	成果内容	获奖种类及等次	颁发单位	获奖编号	获奖单位或主要完成单位	获奖个人或主要完成人
26	1996	黔东南州推广油菜高产栽培技术	省农业丰收二等奖	贵州省农业厅			彭德源
27	1996	岑巩县稻瘟病大面积综合防治技术	省农业丰收二等奖	贵州省农业厅			雷邦海　吴治军 田　勇　瞿世友
28	1997	黔东南州加强稻瘟病灾因子监控应用综合防治技术	省农业丰收二等奖	贵州省农业厅			雷邦海
29	1997	黔东南州杂交水稻新组合应用与推广	省农业丰收二等奖	贵州省农业厅			杨　凯
30	1997	黔东南州改造侵害田配套技术应用	省农业丰收一等奖	贵州省农业厅			田家先
31	1998	岑巩县水稻旱育稀植高产栽培技术	省农业丰收三等奖	贵州省农业厅			彭德源　杨朝烈 张仁才　严纯珍 黄召毅　吴庭友 刘德安　周良兴 张明亮　冯　彦 周定华　田应易
32	1998	黔东南州洋芋高产栽培技术推广	省农业丰收二等奖	贵州省农业厅			杨文香
33	1998	贵州省农田鼠害监测与综合治理技术	省农业丰收二等奖	贵州省农业厅			吴治军
34	1998	贵州省稻瘟病监测及综合治理技术研究应用	省科技进步二等奖	贵州省人民政府			雷邦海
35	1998	黔东南州稻田化学除草技术应用推广	省农业丰收二等奖	贵州省农业厅			雷邦海
36	1997	岑巩县大面积杂稻制种综合高产技术	省农业丰收三等奖	贵州省农业厅			陈文彪　肖昌琼 姚国权　吴仕辉 龙本贵　杨　凯 何洪祥　杨秀艺 刘培荣　杨　炼 陈明进　徐成瑞
37	1997	水稻旱育秧、抛秧及综合配套增产技术	省农业丰收一等奖	贵州省农业厅			彭德源　杨文香 杨国昌
38	1997	水稻旱育秧、抛秧及综合配套增产技术	全国农牧渔业丰收二等奖	农业部			彭德源　杨文香 杨国昌　吴洪文 杨世学
39	1997	贵州省200万亩稻田化学除草技术推广应用	省农业丰收一等奖	贵州省农业厅			雷邦海

续表

序号	获奖年份	成果内容	获奖种类及等次	颁发单位	获奖编号	获奖单位或主要完成单位	获奖个人或主要完成人
40	1997	优质稻高产配套栽培试验示范	州科技进步一等奖	黔东南州人民政府			彭德元
41	1997	黔东南州沼气池工程建设	省农业丰收一等奖	贵州省农业厅			杨　凯
42	1997	黔东南州稻秆综合防治技术推广应用	省农业丰收二等奖	贵州省农业厅			陈增勇
43	1997	黔东南州沼气生态农业技术推广	全国农牧渔业丰收三等奖	农业部			杨　凯
44	2003	贵州省区主要鼠害发生规律防治技术及应用	省科技进步二等奖	贵州省人民政府			雷邦海
45	2004	岑巩县优质稻综合配套技术推广	省农业丰收二等奖	贵州省农业厅			王　飚　彭德源 张仁才　杨秀江 田家先　刘德安 严纯珍　杨世学 代国权　田应昌 游元祥　杨宗明 田贵敏　谢　敏 褚清木
46	2004	黔东南州稻曲病综合防治技术推广应用	省农业丰收二等奖	贵州省农业厅			田　勇
47	2014	杂稻制种高产技术集成与产业化	省农业丰收一等奖	贵州省农业厅			吴仕辉　龙承元 代国权　田伍泽 李　岑　杨　杰 益　华　谌　琼 陈经国　蒋　勇 何　炜　袁　野 徐　欣　欧进龙 黄　棠　熊　贵 周姚刚　蒋忠霖 郑　军
三穗县（7项）							
1	1991	黔东南州水稻规范化栽培技术	全国农牧业渔业丰收三等奖	农业部		三穗县农推站	
2	2000	榕江等5县水稻旱育秧、抛秧及综合配套增产技术	全国农牧渔业丰收二等奖	农业部			张其昌
3	2000	榕江等5县水稻旱育秧、抛秧及综合配套增产技术	全国农牧渔业丰收二等奖	农业部			舒贤均
4	2000	榕江等5县水稻旱育秧、抛秧及综合配套增产技术	全国农牧渔业丰收二等奖	农业部			谢德祥

续表

序号	获奖年份	成果内容	获奖种类及等次	颁发单位	获奖编号	获奖单位或主要完成单位	获奖个人或主要完成人
5	2002	榕江等5县水稻旱育秧、抛秧及综合配套增产技术	全国农牧业渔业丰二等收奖	农业部		三穗县农业局	
6	2010	黔东南州推广杀虫灯防控水稻病虫害技术	全国农林技术成果推广三等奖	农业部			吴恒林
7	2010	水稻生态旱育秧技术试验示范推广	三等奖	农业部			谢德祥
天柱县（20项）							
1	1992	天柱县粮食“双纲田”综合技术推广	省农业丰收三等奖	贵州省农业厅			肖方圣
2	1992	天柱县青贮饲料养猪效益显著	省农业丰收三等奖	贵州省农业厅			杨汉森
3	1993	天柱县水稻大面积病虫综合防治	省农业丰收二等奖	贵州省农业厅			张正明
4	1993	天柱、三穗二县Ⅱ优63杂稻新组合示范推广	省农业丰收三等奖	贵州省农业厅			肖方圣
5	1993	天柱县油菜大面积高产栽培	省农业丰收三等奖	贵州省农业厅			肖方圣
6	1995	天柱县推广粮食综合增产技术	省农业丰收三等奖	贵州省农业厅			杨永灯
7	2012	测土配方施肥技术在水稻你上的应用	省农业丰收二等奖	贵州省农业委员会			孙长春
8	1991	黔东南州百万亩杂稻高产丰收	省农业丰收一等奖	贵州省农业厅			肖方圣
9	1992	天柱县水稻大面积病虫防治	省农业丰收二等奖	贵州省农业厅			杨倏幸
10	1992	天柱县水稻大面积病虫防治	省农业丰收二等奖	贵州省农业厅			张正明
11	1992	水稻纹枯病防治试验示范推广	省科技进步四等奖	贵州省人民政府			杨倏幸
12	1992	水稻纹枯病防治试验示范推广	省科技进步四等奖	贵州省人民政府			张正明
13	1992	天柱县水稻大面积病虫防治	省农业丰收二等奖	贵州省农业厅			袁仁阶
14	2011	杂稻制种质量保障及丰产技术	省农业丰收二等奖	贵州省农业委员会			杨玉英
15	2012	清水江优质脐橙产业化关键技术应用	州科技进步三等奖	黔东南州人民政府			吴传明

续表

序号	获奖年份	成果内容	获奖种类及等次	颁发单位	获奖编号	获奖单位或主要完成单位	获奖个人或主要完成人
16	2012	测土配方施肥技术在水稻上的应用	省农业丰收二等奖	贵州省农业委员会			孙长春
17	2013	贵州超级稻高产关键栽培技术集成与应用	省科技成果转化一等奖	贵州省人民政府			罗国衡
18	2013	清水江优质脐橙产业化关键技术研究与应用	州科技进步三等奖	黔东南州人民政府			杨玉英
19	2013	黔东南州水稻测土配方施肥技术推广	州科技成果转化一等奖	黔东南州人民政府			孙长春
20	2015	贵州优质柑橘产业化技术集成与转化	省科技成果转化一等奖	贵州省人民政府			杨　兴
锦屏县（35 项）							
1	2017	黔东南州马铃薯晚疫病监测预警与控制技术广应用	州科技成果转化二等奖	黔东南州人民政府	2016－C－2－03－D02		杨　林
2	1998	黔东南州州水稻微机优化配方施肥研究与应用	州科技进一等奖	黔东南州人民政府			龙卫平
3	1999	黔东南州水稻微机配方施肥研究应用	州科技进一等奖	黔东南州人民政府			吴启贵
4	2013	黔东南州水稻测土配方施肥技术推广	州科技成果转化一等奖	黔东南州人民政府			龙胜碧
5	2013	锦屏县水稻施肥科技成果转化	省科技成果转化一等奖	黔东南州人民政府			龙胜碧
6	1997	黔东南州改造渍害田综合配套技术应用	省农业丰收一等奖	贵州省农业厅			龙卫平
7	1996	黔东南州推广水稻微机配方施肥技术	贵农业丰收一等奖	贵州省农业厅	9705001－3		龙卫平
8	1999	贵州省十二县（市）水稻平衡配套施肥增产技术	省农业丰收二等奖	贵州省农业厅	9900010－9		龙卫平
9	2012	测土配方施肥技术在水稻上的应用	省农业丰收二等奖	贵州省农业委员会			龙胜碧
10	2015	测土配方施肥信息系统在水稻上的推广应用	省农业丰收一等奖	贵州省农业委员会			龙胜碧
11	1996	黔东南州推广水稻微机配方施肥技术	省农业丰收一等奖	贵州省农业厅			龙胜碧龙卫平
12	2012	马铃薯测土配方施肥推广应用	省农业丰收二等奖	贵州省农业委员会			龙胜碧

续表

序号	获奖年份	成果内容	获奖种类及等次	颁发单位	获奖编号	获奖单位或主要完成单位	获奖个人或主要完成人
13	2012	全省粮食增产工程和粮油高产创建工作显著贡献农业科技人员	省科技成果二等奖	贵州省农业委员会			彭泰辉
14	2012	水稻机插秧技术应用找推广	省农业丰收三等奖	贵州省农业委员会			杨再锦
15	2013	稻田早熟马铃薯高效栽培技术推广	省农业丰收二等奖	贵州省农业委员会			林安发
16	2014	优质稻品种选育、引进及产业化开发	省农业丰收一等奖	贵州省农业委员会			林安发
17	2010	山区稻田高产养鱼技术	省农业丰收三等奖	农业部			欧阳大军
18	2010	不投饵网箱养殖技术	省农业丰收三等奖	农业部			龙金梅
19	2010	不投饵网箱养殖技术	省农业丰收一等奖	贵州省农业委员会			欧阳大军
20	1997	锦屏等四县稻飞虱综合治理技术应用	省农业丰收三等奖	贵州省农业厅	9705003－2		罗素兰
21	2007	黔东南州柑橘高接换种技术应用推广	省农业丰收一等奖	贵州省农业厅	2006001－7		罗素兰
22	2010	贵州省柑橘高接换种技术推广应用	全国农牧渔业丰收二等奖	农业部	FCG－2010－2－063－17		罗素兰
23	1997	锦屏等四县稻飞虱综合治理技术应用	省农业丰收三等奖	贵州省农业厅	9705003－6		龙向祥
24	1999	黔东南州稻田化学除草技术应用推广	省农业丰收二等奖	贵州省农业厅	9905002－9		龙向祥
25	2012	水稻重大病虫安全用药技术推广应用	省农业丰收一等奖	贵州省农业委员会	20110S02－016		龙向祥
26	2003	黔东南州几种蔬菜病虫防治无害化技术研究	州科技进步四等奖	黔东南州人民政府	02013－3		杨　林
27	2005	南美斑潜蝇治理技术研究应用	省农业丰收一等奖	贵州省农业厅	2004014－13		杨　林
28	2005	黔东南州水稻稻曲病监测与综合治理技术应用	省农业丰收二等奖	贵州省农业厅	200405002－3		杨　林
29	2017	黔东南州马铃薯晚疫病监测预警与控制技术推广应用	州科技成果转化二等奖	黔东南州人民政府	2016－C－2－03－D02		杨　林
30	1997	锦屏等四县稻飞虱综合治理技术应用	省农业丰收三等奖	贵州省农业厅	9705003－1		杨　林　赵国刚　罗素兰　向祥等

续表

序号	获奖年份	成果内容	获奖种类及等次	颁发单位	获奖编号	获奖单位或主要完成单位	获奖个人或主要完成人
31	2001	黔东南州优质稻综合配套增产技术	省农业丰收一等奖	贵州省农业委员会	20000S001－15		彭泰辉
32	2010	马铃薯免耕覆盖栽培研究与应用	省农业丰收一等奖	贵州省农业委员会	20090S03－09		彭泰辉
33	2010	马铃薯免耕覆盖高效栽培技术与应用	省农业科技进步三等奖	贵州省人民政府			彭泰辉
34	2011	超级稻综合配套栽培技术推广	省科学技术成果转化三等奖	贵州省农业委员会	20110502－05		彭泰辉
35	2013	高产优质抗寒耐冻油茶品种黔油 18 号配套技术集成与转化	省科学技术成果转化一等奖	贵州省农业委员会、贵州省农业科学院			彭泰辉
黎平县（84 项）							
1	1994	黔东南州实日援项目粮食增产	省农业丰收二等奖	贵州省农业厅	930502－4	黎平县农业局	
2	1996	黎平县良种柑橘低产园改造技术	省农业丰收二等奖	贵州省农业厅	9600010－2	黎平县农业局果树开发公司	
3	2001	黎平县稻田生态渔业工程	省农业丰收三等奖	贵州省农业厅	200105004－3	黎平县九潮乡农牧站	
4	2001	黔东南州沼气池工程建设	省农业丰收一等奖	贵州省农业厅	200105001－2	黎平县农业局能源办	
5	2002	黎平县稻曲病综合防治技术应用	省农业丰收二等奖	贵州省农业厅	200205004－2	黎平县农业局植保站	
6	2002	黎平县稻曲病综合防治技术应用	省农业丰收二等奖	贵州省农业厅	200205004－2	黎平县坝寨乡农牧站	
7	2001	黎平县 2000 户畜牧扶贫工程	省农业丰收三等奖	贵州省农业厅	2001－05005－3	黎平县岩洞镇农牧站	
8	2009	黎平县水稻增产工程技术推广与应用	省农业丰收三等奖	贵州省农业委员会	20090503－1	黎平县农业局农技术推广站	
9	2009	黎平县水稻增产工程技术推广与应用	省农业丰收三等奖	贵州省农业委员会		黎平县永从乡农牧站	
10	2010	黎平县水稻增产工程技术推广与应用	省农业丰收三等奖	贵州省农业委员会	20090503－03	黎平县敖市镇农推站	
11	2012	稻田早熟马铃薯高效栽培技术推广	省农业丰收二等奖	贵州省农业委员会	20120501－3	黎平县农业局技术推广站	
12	2013	马铃薯配套栽培技术与产业化开发	省农业丰收三等奖	贵州省农业委员会	20130504－1	黎平县农业局技术推广站	
13	1991	黎平县大面积稻田养鱼高产技术推广	省农业丰收二等奖	贵州省农业厅	905005－1		程　跃

续表

序号	获奖年份	成果内容	获奖种类及等次	颁发单位	获奖编号	获奖单位或主要完成单位	获奖个人或主要完成人
14	1991	大面积稻田养鱼高产综合技术推广	省农业丰收一等奖	贵州省农业厅	905015 – 10		程　跃
15	1992	黎平县发展稻田绿肥提高水稻单产	省农业丰收二等奖	贵州省农业厅	91c507 – 07		刘德高
16	1992	杂稻制种亩产超200公斤技术研究	州科技进步四等奖	黔东南州人民政府	92. 53 – 5		吴宇刚
17	1992	黎平县推广青贮饲料达标	省农业丰收三等奖	贵州省农业厅	92151805		嬴振玉
18	1993	黎平县推广青贮饲料达标	省农业丰收三等奖	贵州省农业厅	92051812		刘兴豪
18	1993	黎平县推广青贮饲料达标	省农业丰收三等奖	贵州省农业厅	920518 – 1		邹光炳
20	1993	黎平县推广青贮饲料达标	省农业丰收三等奖	贵州省农业厅	92151805		嬴振玉
21	1994	再生稻病虫害综合防治技术	省农业丰收三等奖	贵州省农业厅	9505006 – 2		黄月淑
22	1994	黎平县大面积推产良种家禽	省农业丰收二等奖	贵州省农业厅	9305606 –		蒋宏林
23	1994	黎平县大面积推产良种家禽	省农业丰收二等奖	贵州省农业厅	9305006 – 13		邹光炳
24	1994	黔东南州实施日援项目粮食增产	省农业丰收二等奖	贵州省农业厅	9305002 – 13		吴昌廉
25	1994	黎平县大面积推广良种家畜	省农业丰收二等奖	贵州省农业厅	9305006 – 12		杨长槐
26	1996	稻瘟病、稻曲病气象条件探索与“三济”防治措施示范推广	州科技进步三等奖	黔东南州人民政府	96056 – 4		吴昌廉
27	1997	黎平县大力发展稻田绿肥，促进粮食高产稳产	省农业丰收三等奖	贵州省农业厅	9605003 – 12		龙安宇
28	1997	稻飞虱综合治理技术应用	省农业丰收三等奖	贵州省农业厅	9705003 – 3		黄月淑
29	1997	贵州省罗甸等14县(市)稻田多熟综合增产技术	省农业丰收一等奖	贵州省农业厅	9600004 – 7		吴昌廉
30	1997	黎平县大力发展稻田绿肥，促进粮食高产稳产	省农业丰收三等奖	贵州省农业厅	9605003 – 08		刘德高
31	1998	斑潜蝇发生规律和防治技术研究	州科技进步一等奖	黔东南州人民政府	98004 – 03		黄月淑

续表

序号	获奖年份	成果内容	获奖种类及等次	颁发单位	获奖编号	获奖单位或主要完成单位	获奖个人或主要完成人
32	1998	黎平县黄牛品种选育	州科技进步三等奖	黔东南州人民政府	98014－4		蒋　磊
33	1999	农田化学除草技术应用与推广	省农业丰收二等奖	贵州省农业厅	9905002－10		黄月淑
34	2001	黎平县2000户畜牧扶贫工程	省农业丰收三等奖	贵州省农业厅	200105005－4		周　鹏
35	2001	黎平县稻田生态渔业工程	省农业丰收三等奖	贵州省农业厅	200105004－4		许治捷
36	2001	黎平县稻田生态渔业工程	省农业丰收三等奖	贵州省农业厅	200105004－3		朱　可
37	2001	黎平县稻田生态渔业工程	省农业丰收三等奖	贵州省农业厅	200105004－11		孙宏泽
38	2001	黎平县2000户畜牧扶贫工程	省农业丰收三等奖	贵州省农业厅	200105005－9		孙宏泽
39	2001	黎平县2000户畜牧扶贫工程	省农业丰收三等奖	贵州省农业厅	200105005－8		王来继
40	2002	黎平县稻曲病综合防治技术应用	省农业丰收二等奖	贵州省农业厅	200205004－01		黄月淑
41	2003	黎平县稻曲病综合防治技术应用	省农业丰收二等奖	贵州省农业厅	200205004－06		刘德高
42	2003	黎平县稻田曲病综合防治技术应用	省农业丰收二等奖	贵州省农业厅	200205004－15		石启敏
43	2003	黎平县稻田曲病综合防治技术应用	省农业丰收二等奖	贵州省农业厅	200205001－06		朱　可
44	2003	黎平县稻田曲病综合防治技术应用	省农业丰收二等奖	贵州省农业厅	200205004－10		杨　楠
45	2003	黎平县稻田曲病综合防治技术应用	省农业丰收二等奖	贵州省农业厅	200205004－14		杨猛杰
46	2003	黎平县稻田曲病综合防治技术应用	省农业丰收二等奖	贵州省农业厅	200205004－08		王德美
47	2005	优质无子西瓜高效生产技术示范推广	省农业丰收一等奖	贵州省农业厅	2004006－18		张宗泽
48	2005	黔东南州水稻稻曲病监测与综合治理技术应用	省农业丰收二等奖	贵州省农业厅	200405002－4		刘　芹
49	2006	黔东南州脐橙优质早结丰产技术应用推广	省农业丰收二等奖	贵州省农业厅	200505002－10		张宗泽
50	2006	黔东南州脐橙优质早结丰产技术应用推广	省农业丰收二等奖	贵州省农业厅	200505002－13		龙双屏

续表

序号	获奖年份	成果内容	获奖种类及等次	颁发单位	获奖编号	获奖单位或主要完成单位	获奖个人或主要完成人
51	2006	黔东南州陆两优106示范推广	省农业丰收一等奖	贵州省农业厅	200505003－17		王德美
52	2007	黔东南州山区稻田生态渔业模式推广	省农业丰收二等奖	贵州省农业厅	200605003－9		许治捷
53	2009	凯香优947中试和产业化开发	省农业丰收三等奖	贵州省农业厅	20080505－08		石文远
54	2009	凯香优947中试和产业化开发	省农业丰收三等奖	贵州省农业厅	20080505－12		王金槐
55	2009	凯香优947中试和产业化开发	省农业丰收三等奖	贵州省农业厅	20080505－7		王德美
56	2013	黔东南州水稻测土配方施肥技术推广	州农业科技转化一等奖	黔东南州人民政府			杨　华
57	2013	黔东南州香禾品种资源的创新利用研究与应用	州科技进步二等奖	黔东南州人民政府	2012－J－2－03－04		吴昌廉
58	2013	黔东南州香禾品种资源的创新利用研究与应用	州科技进步三等奖	黔东南州人民政府	2012－J－2－03－04		吴仕炳
59	1991	贵州省大面积稻田养鱼亩产综合技术推广	全国农牧渔业丰收三等奖	农业部	914352		程　跃
60	1994	恶劣气候年份杂稻制种获高产	省科技进步一等奖	贵州省种子总站、贵州省种子公司			吴宇刚
61	1997	贵州省罗甸、普定、蓉江等14个县（市）稻田多熟综合增产技术	全国农牧渔业丰收三等奖	农业部	974224		吴昌廉
62	2009	“黎平县粮食增产工程技术推广与应用”	省农业丰收三等奖	贵州省农业委员会	20090503－01		黄月淑
63	2009	黎平县水稻增产工程技术推广与应用）	省农业丰收三等奖	贵州省农业委员会	20090503－08		孙　鹏
64	2010	杂稻制种质量保障及丰产技术	省农业丰收二等奖	贵州省农业委员会	20100503－08		陈　虹
65	2010	黎平县水稻增产工程技术推广与应用）	省农业丰收三等奖	贵州省农业委员会	20090503－04		杨　华
66	2010	黎平县水稻增产工程技术推广与应用）	省农业丰收三等奖	贵州省农业委员会	20090503－05		戴廷宏
67	2010	黎平县水稻增产工程技术推广与应用）	省农业丰收三等奖	贵州省农业委员会	20090503－010		龙安宇

续表

序号	获奖年份	成果内容	获奖种类及等次	颁发单位	获奖编号	获奖单位或主要完成单位	获奖个人或主要完成人
68	2010	黎平县水稻推产工程技术推广与应用	省农业丰收三等奖	贵州省农业委员会	20090503－06		王金槐
69	2010	黎平县水稻推产工程技术推广与应用	省农业丰收三等奖	贵州省农业委员会	20090503－011		韩玉华
70	2010	杂交水稻新品种及配套技术推广	省农业丰收一等奖	贵州省农业委员会	20090502－018		吴宇刚
71	2010	黎平县水稻增产工程技术推广与应用	省农业丰收三等奖	贵州省农业委员会	20090503－012		王德美
72	2011	黔东南州中低产田水稻增产栽培技术推广	省农业丰收一等奖	贵州省农业委员会	20100501－07		曾彩霞
73	2011	黔东南州水稻插秧技术应用推广	省农业丰收三等奖	贵州省农业委员会	2011050－07		龙云洪
74	2013	马铃薯配套栽培技术与产业化开发	省农业丰收三等奖	贵州省农业委员会	20130504－09		孙　鹏
75	2013	测土配方施肥技术在水稻上的应用	省农业丰收二等奖	贵州省农业委员会	20110501－011		杨　华
76	2013	2011—2013 年度农业技术推广	全国农牧渔业丰收二等奖	农业部	FG－2013－379		王德美
77	2013	超级稻综合配套栽培技术推广	省农业丰收三等奖	贵州省农业委员会	2011050－06		王德美
78	2014	马铃薯配套栽培技术与产业化开发	省农业丰收三等奖	贵州省农业委员会	20130504－10		龙安宇
79	2014	马铃薯配套栽培技术与产业化开发	省农业丰收三等奖	贵州省农业委员会	20130504－06		杨　薇
80	2014	马铃薯配套栽培技术与产业化开发	省农业丰收三等奖	贵州省农业委员会	20130504－07		吴启凤
81	2014	马铃薯配套栽培技术与产业化开发	省农业丰收三等奖	贵州省农业委员会	20130504－11		陈　嵘
82	2014	马铃薯配套栽培技术与产业化开发	省农业丰收三等奖	贵州省农业委员会	20130504－12		吴锡锋
83	2014	马铃薯配套栽培技术与产业化开发	省农业丰收三等奖	贵州省农业委员会	20130504－04		岑　凯
84	2014	优质稻品种选育、引进及产业化开发	省农业丰收一等奖	贵州省农业委员会	2013050－16		王德美
从江县（28 项）							
1	1995	黔东南州低产果园改造	省农业丰收一等奖	贵州省农业厅	9405002－14		杨永翔 侯成德

续表

序号	获奖年份	成果内容	获奖种类及等次	颁发单位	获奖编号	获奖单位或主要完成单位	获奖个人或主要完成人
2	1996	黔东南州推广“两推、五改”技术促进养猪业发展	全国农牧渔业丰收三等奖	农业部	964121		杨秀江等14人
3	1996	黔东南州推广再生稻病虫害综合防治技术	省农业丰收三等奖	贵州省农业厅	9505006－2		
4	1999	林区养羊综合配套技术	省农业丰收一等奖	贵州省农业厅	9900007－14		杨秀江等15人
5	2001	黔东南州沼气池工程建设	省农业丰收一等奖	贵州省农业厅	200105001－10		谌鸿光等10人
6	2001	地方特种优质稻—从江香禾高产栽培技术推广	省农业丰收三等奖	贵州省农业厅	200008106－10		杨毓雄等4人
7	2002	黔东南州沼气生态农业技术推广	全国农牧渔业丰收三等奖	农业部	2002－161－03		谌鸿光等3人
8	2002	水果优质化栽培推广	省农业丰收二等奖	贵州省农业厅	20020010015		彭祖才
9	2004	黔东南州水稻稻曲病监测与综合治理技术应用	省农业丰收二等奖	贵州省农业厅	200405002－14		陆永光等14人
10	2004	贵州省从江香猪产业化建设	省农业丰收二等奖	贵州省农业厅	200305003		申学林等12人
11	2007	从江香猪特色产业化经营建设	省农业丰收三等奖	贵州省农业厅	200605005		申学林等17人等
12	2007	柑橘高接换种技术推广	省农业丰收一等奖	贵州省农业厅	2006001－5		银鸿英
13	2007	黔东南州优质杂交水稻新品种推广	省农业丰收二等奖	贵州省农业厅	200605001－14		杨芳锡等14人
14	2008	马铃薯稻田免耕覆草栽培技术推广	省农业丰收一等奖	贵州省农业厅	20070503－18		杨芳锡等18人
15	2009	优质早熟鲜食马铃薯商品薯基地建设及产业化开发示范	省农业丰收一等奖	贵州省农业厅	2008－2－12		杨芳锡梁金荣等人
16	2009	优质早熟鲜食马铃薯商品薯基地建设及产业化开发示范	省农业丰收一等奖	贵州省农业厅	2008－2－5	从江县农业局	
17	2010	柑橘高接换种技术推广	全国农牧渔业丰收二等奖	农业部	2010－2－063－09		梁繁荣等10人
18	2011	黔东南州中低产田水稻增产栽培技术推广	省农业丰收一等奖	贵州省农业委员会	20100501—020	从江县农业局	韦兴益20人

续表

序号	获奖年份	成果内容	获奖种类及等次	颁发单位	获奖编号	获奖单位或主要完成单位	获奖个人或主要完成人
19	2011	黔东南州中低产田水稻增产栽培技术推广	省农业丰收一等奖	贵州省农业委员会	20100501－05		杨芳锡等5人
20	2014	优质稻品种选育、引进及产业开发	省农业丰收一等奖	贵州省农业委员会	20130501－19		吴伟东
21	1998	斑潜蝇发生规律和防治技术研究	州科技进步一等奖	黔东南州人民政府		从江县农业局植保站	
22	1999	黔东南州小香乌骨鸡选育及配套技术研究	州科技进步一等奖	黔东南州人民政府		从江县农业局品改站	
23	2001	从江香猪“月亮山”牌产品	国家科技进步优秀新产品奖	中国食品工业协会		从江县农业局香猪开发公司	
24	1991	贵州省区划系统	省优秀科技成果二等奖	贵州省农业区划委员会			郭 蓉
25	1996	贵州省区划系统	省优秀科技成果一等奖	贵州省农业区划委员会			郭 蓉
26	1999	全国农业系统	国家科技进步二等奖	中国农业科学院柑橘研究所			银鸿英
28	2003	贵州省农业系统	省科技进步三等奖	贵州大学农学院			银鸿英
榕江县（69项）							
1	2005	黔东南州优质无籽西瓜高效生产技术示范推广	州科技进步三等奖	黔东南州人民政府	04057－4		赖向前
2	1999	杂稻亩产700公斤以上超高产示范工程	州科技进步三等奖	黔东南州人民政府	98009－1		杨坤前
3	1993	榕江三万亩杂稻高产栽培技术开发	州科技进步四等奖	黔东南州人民政府	92001－2		杨坤前
4	1990	万亩杂交晚稻丰产栽培技术推广	州科技进步三等奖	黔东南州人民政府	90017－1		杨坤前
5	2004	锡利贡米品种选育	州科技进步一等奖	黔东南州人民政府	04006－4		吴才军
6	2006	全国农业标准化示范县—榕江锡利贡米无公害示范建设	州科技进步三等奖	黔东南州人民政府	2006－001－2		吴才军
7	2007	锡贡6号品种选育	州科技进步三等奖	黔东南州人民政府	2006－002－3		吴才军
8	2007	榕江县无公害锡利贡米标准化生产技术研究	州科技进步三等奖	黔东南州人民政府			袁仕华

续表

序号	获奖年份	成果内容	获奖种类及等次	颁发单位	获奖编号	获奖单位或主要完成单位	获奖个人或主要完成人
9	2004	锡利贡米品种选育	州科技进步一等奖	黔东南州人民政府	04006－2		袁仕华
10	2002	从江小香鸡选育及配套生产技术研究	省科技进步三等奖	贵州省人民政府	2002j－3－29－5		石建昌
12	2015	贵州优质柑橘产业化技术集成与转化	省科技成果转化一等奖	贵州省人民政府	2014Z－1－1－12		杨胜安
13	2007	贵州优质柑橘产业化技术开发与应用	省科技进步二等奖	贵州省人民政府	2007J－2－5－4		杨胜安
14	2007	无公害锡利贡米标准化生产技术研究	州科技进步三等奖	黔东南州人民政府	2006－002－5		吴蓓蕾
15	2005	农业植物检疫性有害生物的分布及治理研究。	州科技进步二等奖	黔东南州人民政府	04016－3		吴蓓蕾
16	2014	优质稻品种选育、引进及产业化开发	省农业丰收一等奖	贵州省农业委员会	20130501－14		杨秀峰
17	2007	优质西瓜甜瓜基地高效种植制度试验示范	省农业丰收二等奖	贵州省农业厅	2006003－4		赖向前
18	2001	黔东南州沼气工程建设	省农业丰收一等奖	贵州省农业厅	200103001－13		杨　杰
19	1995	贵州省再生稻综合丰产技术推广	省农业丰收一等奖	贵州省农业厅	9400001－7		杨坤前
20	1993	贵州省水稻旱育浅植综合增产技术推广	省农业丰收一等奖	贵州省农业厅			杨坤前
21	1997	榕江县地膜覆盖反季节蔬菜高产高效栽培	省农业丰收三等奖	贵州省农业厅	9605005－2		杨坤前
22	1997	贵州省罗甸等14县（市）稻田多熟综合增产技术	省农业丰收奖	贵州省农业厅	9600004－10		杨坤前
23	2000	榕江等5县水稻旱育秧、抛秧及综合配套增产技术	全国农牧渔业丰收二等奖	农业部	2000－200－09		杨坤前
24	1997	贵州省罗甸、普定、榕江等14县（市）稻田多熟综合增产技术	全国农牧渔业丰收二等奖	农业部	974227		杨坤前
25	1994	榕江县杂交晚稻综合增产技术	省科技推广成果转化二等奖	贵州省农业推广总站	942109		杨坤前
26	1999	榕江等5县水稻旱育秧、抛秧及综合配套增产技术	省农业丰收一等奖	贵州省农业厅	9900008－11		吴德能
27	2001	黔东南州优级质稻综合配套增产技术	省农业丰收一等奖	贵州省农业厅	200005001－17		吴德能

续表

序号	获奖年份	成果内容	获奖种类及等次	颁发单位	获奖编号	获奖单位或主要完成单位	获奖个人或主要完成人
28	2000	榕江等5县水稻旱育秧、抛秧及综合配套增产技术	全国农牧渔业丰收二等奖	农业部	2000－200－12		吴德能
29	1997	榕江县地膜覆盖反季节高产高效栽培	省农业丰收三等奖	贵州省农业厅	9605005－7		吴才军
30	2014	榕江县“三百工程”小香鸡养殖项目	省农业丰收三等奖	贵州省农业委员会	20130505－06		杨胜超
31	1996	水稻微机配方施肥技术推广项目	省农业丰收一等奖	贵州省农业厅	9505001－8		刘文家
32	1994	榕江县实施稻田“双千”高产技术	省农业丰收三等奖	贵州省农业厅	9305008－10		袁仕华
33	1993	榕江县稻田多熟制技术推广	省农业丰收二等奖	贵州省农业厅			袁仕华
34	2000	榕江等5县水稻旱育秧、抛秧及综合配套增产技术	全国农牧渔业丰收二等奖	农业部	2000－200－21		袁仕华
35	2008	马铃薯稻田免耕覆草栽培技术推广	省农业丰收一等奖	贵州省农业厅	20070503－17		袁仕华
36	2013	稻田早熟马铃薯高效栽培技术推广	省农业丰收二等奖	贵州省农业厅	20120501－07		袁仕华
37	2013	超级稻综合配套栽培技术推广	省农业丰收三等奖	贵州省农业委员会	20110502－012		袁仕华
38	1993	榕江县稻田多熟制技术推广	省农业丰收二等奖	贵州省农业厅			赖向华
39	1996	黔东南州推广油菜高产栽培技术	省农业丰收二等奖	贵州省农业厅			赖向华
40	1997	贵州省罗甸、榕江等14县（市）稻田多熟综合增产技术	全国农牧渔业丰收三等奖	农业部			赖向华
41	1997	贵州省罗甸、榕江等14县（市）稻田多熟综合增产技术	省农业丰收三等奖	贵州省农业厅			赖向华
42	2014	榕江县“三百工程”小香鸡养殖项目	省农业丰收三等奖	贵州省农业委员会	20130505－05		吴安文
43	2012	黔东南州水稻机插秧技术应用推广	省农业丰收三等奖	贵州省农业委员会	20110504－09		文　俊
44	2006	贵州省“喀斯特”地区冬闲田黑麦草种植配套养畜技术	全国农牧渔业二等丰收奖	农业部	2006－105－15		杨　春
45	2010	榕江县“三百工程”小香鸡养殖项目	省农业丰收三等奖	贵州省农业委员会	20130505－01		杨　春

续表

序号	获奖年份	成果内容	获奖种类及等次	颁发单位	获奖编号	获奖单位或主要完成单位	获奖个人或主要完成人
46	2006	贵州省30万亩一年生黑麦草种植及配套养畜技术	省农业丰收一等奖	贵州省农业厅	2005011－14		杨　春
47	2005	黔东南州冬闲田土牧草种植与利用	省农业丰收二等奖	贵州省农业厅	200405001－6		杨　春
48	2004	黔东南州大面积推广种草养鹅	省农业丰收三等奖	贵州省农业厅	200305005－9		杨　春
49	2014	榕江县“三百工程”小香鸡养殖项目	省农业丰收三等奖	贵州省农业委员会	20130505－07		刘昌辉
50	2007	黔东南州大面积推广冬闲田土牧草免耕种植技术	省农业丰收二等奖	贵州省农业委员会	200605002－9		刘昌辉
51	1999	万亩稻渔技术推广	省农业丰收二等奖	贵州省农业厅	9900017－10		席安福
52	1998	贵州省小体积高密度网箱养鱼技术	省农业丰收二等奖	贵州省农业厅	9800007－9		席安福
53	2010	杂交水稻新品种及配套技术推广	省农业丰收一等奖	贵州省农业委员会	20090502－07		龙胜锦
54	2004	林下散养生产优质肉鸡研究	省农业丰收二等奖	贵州省农业厅	2003010－12		石建昌
55	2002	黔东南州沼气工程建设	全国农牧渔业丰收三等奖	农业部	2002－161－06		杨　杰
56	2001	黔东南州稻纵卷叶螟监测及综合治理应用技术	省农业丰收二等奖	贵州省农业厅	200005023－4		杨跃平
57	2006	黔东南州脐橙优质早结丰产技术应用与推广	省农业丰收二等奖	贵州省农业厅	200505002－12		吴胜学
58	2010	柑橘高接换种技术推广	全国农牧渔丰收二等奖	农业部	FCG－2010－063－04		吴胜学
59	2006	黔东南州脐橙优质早结丰产技术应用与推广	省农业丰收二等奖	贵州省农业厅	200505002－3		杨胜安
60	2010	柑橘高接换种技术推广	全国农牧渔丰收二等奖	农业部	FCG－2010－063－04		杨胜安
61	2007	柑橘高接换种技术推广	省农业丰收一等奖	贵州省农业厅	2006001－8		杨胜安
62	2014	黔东南州大面积推广种草养鹅	省农业丰收三等奖	贵州省农业委员会	20130505－08		吴正益
63	1991	黔东南州柑橘商品生产基地建设	省农业丰收二等奖	贵州省农业厅	905006－11		谭元灿

续表

序号	获奖年份	成果内容	获奖种类及等次	颁发单位	获奖编号	获奖单位或主要完成单位	获奖个人或主要完成人
64	1996	黔东南州推广高产优质西瓜栽培技术	省农业丰收二等奖	贵州省农业厅	905004－11		谭元灿
65	2001	蔬菜周年均衡生产技术推广	省农业丰收三等奖	贵州省农业厅	200005005－7		谭元灿
66	2012	测土配方施肥技术在水稻上的应用	省农业丰收二等奖	贵州省农业委员会			杨晓力
67	1999	黔东南州中低产田土改良促进水稻增产	省农业丰收二等奖	贵州省农业厅	92050308		刘应召
68	2007	黔东南州山区稻田生态渔业模式推广	省农业丰收二等奖	贵州省农业厅	200405003－9		欧廷松
69	1991	榕江县稻田多熟制技术推广	省农业丰收二等奖	贵州省农业厅	9245618		席安福
雷山县（37 项）							
1	1991	雷山县高寒山区推广威优 481 项目	州科技进步四等奖	黔东南州人民政府	90102－1		李正文
2	1991	雷山县高寒山区推广威优 481 项目	州科技进步四等奖	黔东南州人民政府	90102－4		李继洲
3	1991	黔东南州百万亩杂稻高产丰收项目	省农业丰收一等奖	贵州省农业厅	90500119		李正文
4	1993	贵州农田鼠害研究项目	省科技进步三等奖	贵州省农业厅	93001		文炳智
5	1994	雷山县大面积种植绿肥改良傍坡田	省农业丰收三等奖	贵州省农业厅	9305007－1		顾 勇
6	1994	雷山县大面积种植绿肥改良傍坡田	省农业丰收三等奖	贵州省农业厅	9305007－4		余 灵
7	1994	雷山县大面积种植绿肥改良傍坡田	省农业丰收三等奖	贵州省农业厅	9305007－5		李正文
8	1994	雷山县大面积种植绿肥改良傍坡田	省农业丰收三等奖	贵州省农业厅	9305007－8		李忠良
9	1994	雷山县大面积种植绿肥改良傍坡田	省农业丰收三等奖	贵州省农业厅	9305007－11		李继洲
10	1994	雷山县大面积种植绿肥改良傍坡田	省农业丰收三等奖	贵州省农业厅	9305007－12		李忠恩
11	1995	黔东南州加强稻瘟病综合防治技术	省农业丰收二等奖	贵州省农业厅	9405001－12		文炳智
12	1996	黔东南州油菜高产栽培技术推广	省农业丰收二等奖	贵州省农业厅			龙开军
13	1997	黔东南州中部地区玉稻两熟亩产超“双纲”的栽培技术研究项目	州科技进步四等奖	黔东南州人民政府	96018－5		李正文

续表

序号	获奖年份	成果内容	获奖种类及等次	颁发单位	获奖编号	获奖单位或主要完成单位	获奖个人或主要完成人
14	1997	黔东南州杂交水稻新组合应用与推广	省农业丰收一等奖	贵州省农业厅	97－00005－18		陶金麟
15	1997	黔东南州加强稻瘟病突变因子监控推广防治技术	省农业丰收二等奖	贵州省农业厅	9705002－7		文炳智
16	1998	黔东南州洋芋高产栽培技术推广	省农业丰收二等奖	贵州省农业厅	9805001－6		罗朝春
17	1998	贵州省农田鼠害监测与综合治理技术推广应用	省农业丰收二等奖	贵州省农业厅	99003		文炳智
18	1999	贵州省稻瘟病监测及综合防治技术研究应用	省科技进步二等奖	贵州省人民政府	99121－11		文炳智
19	2001	水果优质化栽培技术推广	省农业丰收二等奖	贵州省农业厅	20000502－5		文　毅
20	2001	黔东南州稻秆综防技术	省农业丰收二等奖	贵州省农业厅	200105002－6		文炳智
21	2001	黔东南州优质稻综合配套增产技术	省农业丰收一等奖	贵州省农业厅	20000501－10		李继洲
22	2004	贵州省九县（市）水稻施硅健身栽培技术推广	省农业丰收二等奖	贵州省农业厅	2003015－6		李忠良
23	2004	黔东南州梨果实套袋技术推广	省农业丰收三等奖	贵州省农业厅	200305002－6		文　毅
24	2005	水稻稻曲病监测与综合治理技术应用	省农业丰收二等奖	贵州省农业厅	200405002－15		文家明
25	2006	黔东南州水稻重大病虫综合防治技术研究应用	州科技进步二等奖	黔东南州人民政府	2006－020－7		文炳智
26	2006	黔东南州杂交水稻新组合推广与应用	省农业丰收二等奖	贵州省农业厅	200505001－7		李忠良
27	2006	黔东南州陆两优106示范推广	省农业丰收一等奖	贵州省农业厅	200505003－7		王显忠
28	2007	粉背雷公藤扦插繁殖试验与栽培示范	州科技成果三等奖	黔东南州人民政府	2006－019－1		余　灵
29	2008	2005—2007年麻江红蒜示范推广项目	省农业丰收二等奖	贵州省农业厅	20070501－12		杨　文
30	2008	马铃薯稻田免耕覆草栽培技术推广	省农业丰收一等奖	贵州省农业厅	20070503－5		李继洲
31	2009	冈优608栽培技术推广	省农业丰收二等奖	贵州省农业厅	20080501－10		李继洲

续表

序号	获奖年份	成果内容	获奖种类及等次	颁发单位	获奖编号	获奖单位或主要完成单位	获奖个人或主要完成人
32	2010	马铃薯免耕覆盖栽培研究与应用	省农业丰收一等奖	贵州省农业厅	20090503－14		李继洲
33	2010	黔东南州粮食增产工程	省农业丰收二等奖	贵州省农业厅	20093501－15		李继洲
34	2010	杂交水稻新品种及配套技术推广	省农业丰收一等奖	贵州省农业委员会	20090502－016		梁自凯
35	2011	黔东南州中低产田水稻增产栽培技术推广	省农业丰收一等奖	贵州省农业委员会	20100501－015		杨世莲
36	2013	黔东南州水稻测土配方施肥技术推广	州科技成果转化一等奖	黔东南州人民政府	2012－C－1－01－07		杨　文
37	2014	冷凉山区高海拔水稻高产栽培集成技术	省农业丰收二等奖	贵州省农业委员会	20140502－13		何远艳
台江县（17项）							
1	2001	台江县高寒山区杂交稻制种配套技术研究	州科技进步四等奖	黔东南州人民政府		台江县农业局种子站	
2	2007	黔东南州山区稻田生态渔业模式推广	省农业丰收二等奖	贵州省农业厅	200605003－3	台江县农业局水产站	
3	2001	水果优质化栽培技术推广	省农业丰收二等奖	贵州省农业厅	200005002－3	台江县农业局果树站	
4	2001	台江县高寒山区杂交稻制种配套技术研究	州科技进步四等奖	黔东南州人民政府	NO：20001－1		潘昌俊
5	1993	配合颗粒饲料培育鱼种高产试验	州科技进步三等奖	黔东南州人民政府	92034－5		杨胜武
6	1999	台江县高寒山区杂交稻制种配套技术研究	省农业丰收三等奖	贵州省农业厅	9905008－1		潘昌俊
7	2003	黔东南州杂交玉米新组合推广	省农业丰收二等奖	贵州省农业厅	200205002－9		潘昌俊
8	2006	黔东南州杂交水稻新组合推广与应用	省农业丰收二等奖	贵州省农业厅	200505001－14		潘昌俊
9	2010	杂交水稻新品种及配套技术推广	省农业丰收一等奖	贵州省农业厅	20090502－05		潘昌俊
10	2005	黔东南州沼肥稻田养鱼综合配套技术	省农业丰收三等奖	贵州省农业厅	200405003－10		杨胜武
11	2007	黔东南州山区稻田生态渔业模式推广	省农业丰收二等奖	贵州省农业厅	200605003－10		杨胜武
12	2006	黔东南州陆两优106示范推广	省农业丰收一等奖	贵州省农业厅	200505003－18		李　虹
13	2008	沼肥在稻田养鱼生产上的推广应用	省农业丰收三等奖	贵州省农业厅	2007T06－11		熊　志

续表

序号	获奖年份	成果内容	获奖种类及等次	颁发单位	获奖编号	获奖单位或主要完成单位	获奖个人或主要完成人
14	1996	黔东南州推广两推五改技术，促进养猪业发展	省农业丰收一等奖	贵州省农业厅	9505002－13		李美清
15	2001	黔东南州沼气池工程建设	省农业丰收一等奖	贵州省农业厅	200105001－19		李美清
16	2001	水果优质化栽培技术推广	省农业丰收二等奖	贵州省农业厅	200005002－4		杨昌怀
17	2004	黔东南州梨果实套袋技术推广	省农业丰收三等奖	贵州省农业厅	200305002－5		杨昌怀
剑河县（14项）							
1	1991	半旱式耕作改良冷烂田应用及研究工作	省农业丰收二等奖	贵州省农业厅	910982		潘万超
2	1995	黔东南州杂交水稻叶龄模式栽培	省农业丰收二等奖	贵州省农业厅	9405003－13		杨启才
3	1996	剑河县推广稻瘟病综合治技术	省农业丰收三等奖	贵州省农业厅	9505008－12		杨启才
4	1996	黔东南州推广水稻微机配方施肥技术	省农业丰收一等奖	贵州省农业厅	9505001－20		杨启才
5	2001	黔东南州优质稻综合配套增产技术	省农业丰收一等奖	贵州省农业厅	200005001－14		杨启才
6	2005	久仰香猪抗病力测定	省科技进步三等奖	贵州省人民政府	2005J－3－21－5		张　懿
7	2006	贵州省“十五”期间农村沼气池推广应用	全国农牧渔丰收一等奖	农业部	2006－103－23		潘万超
8	2008	马铃薯稻田免耕覆草栽培技术推广	省农业丰收一等奖	贵州省农业厅	20070503－16		龙泽銮
9	2010	黔东南州粮食增产工程	省农业丰收二等奖	贵州省农业委员会	20090501－012		杨汉竹
10	2010	杂交水稻新品种及配套技术推广	省农业丰收一等奖	贵州省农业委员会	20090502－010		李培银
11	2012	超级稻综合配套栽培技术推广	省农业丰收三等奖	贵州省农业厅	20110502－011		王勤灵
12	2013	稻田马铃薯高效栽培技术推广	省农业丰收二等奖	贵州省农业委员会	20120501－08		龙泽銮
13	2013	黔东南州水稻测土配方施肥技术推广	州科技成果转化一等奖	黔东南州人民政府	2012－C－1－01－12		杨昌军
14	2014	优质稻品种选育、引进及产业化开发	省农业丰收一等奖	贵州省农业厅	20130501－15		叶永丰

（二）获厅以上表彰的单位和人员名录

黔东南州农委及整合前有关部门获奖名录

表 12—3　　(1991—2015 年)

序号	表彰年份	表彰内容	获表彰单位或个人	获表彰称号或等次	获奖编号	颁发表彰单位
州农委（18 次）						
1	2010	州直机关目标考核	黔东南州农业委员会	一等		黔东南州目标考核领导小组
2	2011	州直机关目标考核	黔东南州农业委员会	一等		黔东南州目标考核领导小组
3	2012	州直机关目标考核	黔东南州农业委员会	一等		黔东南州目标考核领导小组
4	2013	州直机关目标考核	黔东南州农业委员会	优秀		黔东南州目标考核领导小组
5	2013	省动物防疫绩效考	黔东南州农业委员会	先进单位		贵州省农业委员会
6	2013	全国群众体育工作	黔东南州农业委员会	先进单位		国家体委
7	2014	州直机关目标考核	黔东南州农业委员会	优秀		黔东南州目标考核领导小组
8	2015	州直机关目标考核	黔东南州农业委员会	优秀		黔东南州目标考核领导小组
9	2015	全省兽药及兽药残留技能比赛现场决赛	黔东南州代表队	团体第三名		贵州省农业委员会
10	2015	2014 年全国首届动物防疫职业技能竞赛贵州赛区决赛	黔东南州农委	团体三等奖		贵州省农业委员会畜牧兽医局
11	2015	全省首届动物卫生监督执法知识竞赛	黔东南州农委代表队	团体第三名		贵州省农业委员会
12	2015	全省兽药及兽药残留技能比赛	黔东南州代表队杨君	个人第二名		贵州省农业委员会
13	2015	全省首届动物卫生监督执法知识竞赛	黔东南州农委代表队（现场决赛）唐静、莫凤银、潘玲	个人第三名		贵州省农业委员会
14	2010	全省抗旱救灾和森林防火工作	杨　洵	一等功		贵州省人民政府
15	2011	贵州省农产品质量安全检测大比武	吴铭强	二等奖		贵州省农业委员会
16	2012	2011 年度能繁母猪保险工作	欧阳成	先进个人		贵州省能繁母猪保险工作联席会议办公室
17	2012	黔东南州州管专家	刘文锋		2012－09	中共黔东南州委、黔东南州人民政府
18	2013	贵州省民族团结进步模范	刘文锋	先进个人		中共贵州省委、贵州省人民政府

续表

序号	表彰年份	表彰内容	获表彰单位或个人	获表彰称号或等次	获奖编号	颁发表彰单位
州农业局（27 次）						
1	2000	州直机关目标考核	黔东南州农业局	一等		黔东南州目标考核领导小组
2	2001	贵州省农业科技工作	黔东南州农业局	先进集体		贵州省人民政府
3	2001	州直机关目标考核	黔东南州农业局	一等		黔东南州目标考核领导小组
4	2002	州直机关目标考核	黔东南州农业局	一等		黔东南州目标考核领导小组
5	2003	州直机关目标考核	黔东南州农业局	一等		黔东南州目标考核领导小组
6	2003	2001—2003 年度定点帮扶雷公山、月亮山地区乡镇	黔东南州农业局	先进单位		中共黔东南州委　黔东南州人民政府
7	2004	州直机关目标考核	黔东南州农业局	一等		黔东南州目标考核领导小组
8	2005	州直机关目标考核	黔东南州农业局	一等		黔东南州目标考核领导小组
9	2006	州直机关目标考核	黔东南州农业局	一等		黔东南州目标考核领导小组
10	2007	州直机关目标考核	黔东南州农业局	一等		黔东南州目标考核领导小组
11	2007	州直机关目标考核	黔东南州畜牧兽医局	一等		黔东南州目标考核领导小组
12	2003	全省农业科技年	黔东南州农业局	先进单位		贵州省农业厅
13	2003	全国妇女工作	黔东南州农业局	三八红旗先进集体		贵州省农业厅
14	2007	全省目标考核	黔东南州农业局	二等		贵州省农业厅
15	2007	全省勤政廉政工作	黔东南州农业局	先进集体		贵州省农业厅
16	2007	全省目标考核	黔东南州畜牧局	二等		贵州省农业厅
17	1994	肥料管理工作	刘文锋	先进个人		农业部农业司
18	2000	全省农业系统人事部门“当人民公仆、为人民服务、让人民满意”实践活动	欧阳成	先进个人		贵州省农业厅
19	2003	政协黔东南州第九届委员会第一、二次会议提案办理	欧阳成	先进个人		政协黔东南州委员会
20	2003	全省粮食生产管理	潘开德	先进个人		贵州省农业厅

续表

序号	表彰年份	表彰内容	获表彰单位或个人	获表彰称号或等次	获奖编号	颁发表彰单位
21	2005	全国农业技术推广	刘文锋	先进工作者		全国农业技术推广服务中心
22	2007	全国测土配方施肥工作	刘文锋	先进个人		农业部
23	2008	科技减灾促春耕活动	刘文锋	先进个人		全国农业技术推广服务中心
24	2008	农田节水技术推广	刘文锋	先进个人		全国农业技术推广服务中心
25	2008	2007—2008年度全国植保信暨农药机械推广工作	杨　洵	先进工作者		全国农技术推广服务中心
26	2008	2003—2007年度信访工作	欧阳成	先进工作者		黔东南州人民政府
27	2008	全省农业资源区划工作	黔东南州农业局	先进集体		贵州省农业资源区划办公室
州畜牧兽医局（2次）						
1	2007	全省目标考核	黔东南州畜牧局	二等		贵州省农业厅
2	2007	州直机关目标考核奖	黔东南州畜牧兽医局	一等		黔东南州目标考核领导小组
州农业办公室（8次）						
1	2003	黔东南州提案办理	黔东南州农业办公室	先进单位		政协黔东南州委
2	2003	全省“农发工作”目标绩效考核	黔东南州农业办公室	一等		贵州省农发办公室
3	2003	全省农办全面工作目标绩效考核	黔东南州农业办公室	二等		贵州省农业办公室
4	2008	全省农业综合开发办目标绩效考核	黔东南州农业办公室	一等		贵州省农业办公室
5	2008	全省农办全面工作目标绩效考核	农业办公室	二等		贵州省农业办公室
6	2008	州直机关目标考核	黔东南州农业办公室	一等		贵州省农业办公室
7	2008	黔东南州“抗雪凝、保民生、促发展”工作	李柱发	先进个人		黔东南州人民政府
8	2008	第二次农业普查	杨承棠	先进个人		贵州省农业普查领导小组贵州省统计局
州农业机械中心（16次）						
1	1999	全省农机业务目标考核	黔东南州农机局	二等		贵州省农机局
2	1999	全省农机安全目标考核	黔东南州农机安全监理所	一等		贵州省农机局

续表

序号	表彰年份	表彰内容	获表彰单位或个人	获表彰称号或等次	获奖编号	颁发表彰单位
3	2000	全省农机业务目标考核	黔东南州农机局	二等		贵州省农机局
4	2000	全省农机安全目标考核	黔东南州农机安全监理所	一等		贵州省农机局
5	2001	全省农机业务目标考核	黔东南州农机局	二等		贵州省农机局
6	2001	全省农机安全目标考核	黔东南州农机安全监理所	一等		贵州省农机局
7	2002	全省农机业务目标考核	黔东南州农机局	二等		贵州省农机局
8	2002	全省农机安全目标考核	黔东南州农机安全监理所	一等		贵州省农机局
9	2003	全省农机业务目标考核	黔东南州农机局	二等		贵州省农机局
10	2003	全省农机安全目标考核	黔东南州农机安全监理所	一等		贵州省农机局
11	2004	全省农机业务目标考核	黔东南州农机局	二等		贵州省农机局
12	2004	全省年度“农机平安乡镇”建设	黔东南州农机安全监理所	先进单位		贵州省农机局
13	2005	全省农机安全目标考核	黔东南州农机局	一等		贵州省农机局
14	2005	全省年度“农机平安乡镇”建设	黔东南州农机安全监理所	先进单位		贵州省农机局
15	2005	全省年度“农业部‘两令两规’”工作	黔东南州农机安全监理所	先进单位		贵州省农机局
16	2006	全省农机安全目标考核	黔东南州农机局	二等		贵州省农机局
州乡镇企业管理局（32 次）						
1	1991	全国乡镇企业技术推广	黔东南州乡镇企业推广站	先进集体		农业部
2	1992	全省乡镇企业工作	黔东南州	三等		中共贵州省委贵州省人民政府
3	1994	全省乡镇企业工作	黔东南州	三等		中共贵州省委　贵州省人民政府
4	1993	全省安全生产	黔东南州乡镇企业局	先进单位		贵州省乡镇企业局
5	1996	全省乡镇企业工作	黔东南州	三等		中共贵州省委　贵州省人民政府
6	1998	全省乡镇企业工作	黔东南州	二等		中共贵州省委　贵州省人民政府
7	2000	全省乡镇企业工作	黔东南州	二等		贵州省人事厅　贵州省乡镇企业局
8	2001	全省乡镇企业工作	黔东南州	三等		中共贵州省委　贵州省人民政府

续表

序号	表彰年份	表彰内容	获表彰单位或个人	获表彰称号或等次	获奖编号	颁发表彰单位
9	2004	全省乡镇企业工作	黔东南州	一等		贵州省人事厅 贵州省乡镇企业局
10	2004	州直机关目标考核	黔东南州乡镇企业局	二等		黔东南州目标管理考核领导小组
11	2004	州计划生育综合责任目标考核	黔东南州乡镇企业局	二等		黔东南州计划生育综合责任考核领导小组
12	2004	全省乡镇企业系统人口计生与扶贫工作	黔东南州乡镇企业局	二等		贵州省乡镇企业局
13	2005	全国乡镇企业教育	黔东南州乡镇企业局	先进单位		农业部
14	2005	全省乡镇企业工作先进奖	黔东南州乡镇企业局	二等		贵州省人事厅贵州省乡镇企业局
15	2005	全国乡镇企业系统财会先进集体	黔东南州乡镇企业局	先进集体		农业部
16	2006	州直机关目标考核	黔东南州乡镇企业局	二等		黔东南州目标管理考核领导小组
17	2006	州计划生育综合责任目标考核	黔东南州乡镇企业局	二等		黔东南州计生综合责任考核领导小组
18	2006	全省乡镇企业工作	黔东南州	一等		贵州省人事厅省乡镇企业局
19	2007	全省乡镇企业工作	黔东南州	二等		贵州省人事厅省乡镇企业局
20	2008	全省乡镇企业工作	黔东南州	一等		贵州省人事厅省乡镇企业局
21	1991	全省安全生产	李泽源	先进个人		贵州省人民政府
22	1994	全省安全生产	李泽源	先进个人		贵州省人民政府
23	2004	全州行风建设	范福东	先进个人		黔东南州人民政府
24	2008	黔东南州“抗雪凝、保民生、促发展”工作	杨宗荣	先进个人		黔东南州人民政府
25	2001	全国乡镇企业系统统计工作	田洪芳	优秀统计工作者		农业部
26	2001	全国乡镇企业系统统计工作	吴常福	优秀统财会作者		农业部
27	2004	全省乡镇企业系统统计工作	田洪芳	二等		贵州省乡镇企业局
28	2005	全国乡镇企业系统统计工作	田洪芳	优秀统计工作者		农业部
29	2005	全国乡镇企业系统财会工作	吴常福	优秀统财会作者		农业部
30	2006	全国农业信息统计工作	田洪芳	先进个人		农业部

续表

序号	表彰年份	表彰内容	获表彰单位或个人	获表彰称号或等次	获奖编号	颁发表彰单位
31	1991	全省环保系统宣传教育工作	杨德武	优秀工作者		贵州省环境保护局
32	1998	全省乡镇工业污染源调查	杨德武	先进工作者		贵州省环境保护局
州农业委员会直属单位（53次）						
1	1991	全州农业“现代化建设”工作	州农业技术推广站			黔东南州人民政府
2	1991	全省“农业技术推广工作”	州农业技术推广站	先进集体		贵州省农业厅
3	1992	全国“振兴农业”工作	州农业技术推广站	先进集体		农业部
4	1998	全国妇女团结进步工作	州土肥站	模范单位		全国妇联、国家民委
5	1999	全国计量认证工作	州土肥站	先进集体		农业部计量认证办
6	2000	全国土壤肥料信息统计	州土肥站	先进集体		农业部
7	2001	全省土壤肥料工作	州土肥站	先进集体		贵州省农业厅
8	2003	全国服务农村青年增收成才工作	州农业技术推广站	先进集体		共青团中央、农业部
9	2004	州1998－2003年度文化科技卫生“三下乡”活动先	州农业技术推广站	先进集体		州委宣传部等15单位
10	2005	全州超级稻示范工作	州农业技术推广站	二等		黔东南州超级稻示范工作领导小组
11	2005	全州超级稻高产栽培技术	州土肥站	二等		黔东南州超级稻领导小组
12	2005	全国农技推广服务	州土肥站	先进集体		农业部
13	2008	全国妇女工作	州土肥站	三八红旗手称号		中华全国妇女联合会
14	2009	全省粮食高产创建活动	州农业技术推广站	完成任务奖		贵州省农业委员会
15	2010	全省水稻高产创建活动	州农业技术推广站	二等		贵州省农业委员会
16	2011	全省农产品质量安全检测大比武	州农检中心	三等		贵州省农业委员会
17	2013	全省农产品质量安全检测大比武	州农检中心	三等		贵州省总工会、省农业委员会
18	2013	全省动物防疫绩效目标考核	全州动物预防控制中心系统	先进单位		贵州省农业委员会
19	2013	省首届动物疾病防控技能比武	全州动物预防控制中心系统	三等		贵州省农业委员会
20	2014	全国动物防疫职业技能竞赛贵州赛区决赛	全州动物预防控制中心系统	三等		贵州省农业委员会

续表

序号	表彰年份	表彰内容	获表彰单位或个人	获表彰称号或等次	获奖编号	颁发表彰单位
21	2014	全省第二届动物防疫技能比武大赛	州动物预防控制中心州代表队	二等		贵州省人社厅、省总工会、贵州省农委
22	2015	全省兽药及兽药残留抽样技能竞赛	州农业委员会	三等		贵州省农业委员会
23	1993	全州科技工作	黄晓年	科技先进工作者		黔东南州人民政府
24	1999	科技兴农人才	粟周群			贵州省人民政府
25	2004	州管专家	谭甫成		2004－09	黔东南州委、州人民政府
26	2009	州级拔尖人才	粟周群			黔东南州委、州人民政府
27	2009	州级拔尖人才	杨云霞			黔东南州委、州人民政府
28	2010	全国粮食生产工作	谭甫成	先进工作者		农业部
30	2012	州管专家	谭甫成		2012－50	黔东南州委、州人民政府
31	2012	州管专家	粟周群		2012－44	黔东南州委、州人民政府
32	2012	州管专家	苏昌龙		ZJ2016－14	黔东南州委、州人民政府
33	2012	州管专家	倪玉琼		2012－38	黔东南州委、州人民政府
34	1991	农业技术推广工作	杨昌金	先进个人		贵州省农业厅
35	1992	农业技术推广工作	张　强	先进个人		贵州省农业厅
36	1997	贵州省水稻旱育稀植栽培技术推广工作	商凯岑	先进个人		贵州省科委、省农业厅、省人事厅、省引智办
37	1999	贵州省农业科技扶贫工作	吴　军	先进个人		贵州省科学技术委员会
38	2002	先进个人	杨昌金	先进个人		贵州省农业厅
39	2003	贵州省水稻旱育稀植栽培技术推广工作	商凯岑	先进个人		贵州省科技厅、省农业厅、省人事厅
40	2005	全省科技推广工作	粟周群	先进工作者		贵州省农业厅
41	2010	全国科技抗灾工作	粟周群	先进个人		全国农业技术推广服务中心
42	2010	全国第一次污染源调查	徐　燕	先进个人		国务院第一次全国污染源普查领导小组、环境保护部、国家统计局、农业部

续表

序号	表彰年份	表彰内容	获表彰单位或个人	获表彰称号或等次	获奖编号	颁发表彰单位
43	2010	全国第一次污染源调查	沈吉娜	先进个人		国务院第一次全国污染源普查领导小组、环境保护部、国家统计局、农业部
44	2010	全省第一次污普工作	陈礼强	先进个人		贵州省第一次污普办公室、省环保厅、省统计局、省农委
45	2011	省农产品质量安全检测大比武	吴铭强	二等奖		贵州省农业委员会
46	2012	全省粮食增产工程和粮油高产创建工作	张　强	先进个人		贵州省农业委员会
47	2012	全省粮食增产工程和粮油高产创建工作	吴　军	先进个人		贵州省农业委员会
48	2012.	全省粮食增产工程和粮油高产创建工作	倪玉琼	先进个人		贵州省农业委员会
49	2013	全省十佳动物疫控中心主任评选	赵孝木	全省十佳动物疫控中心主任		贵州省农业委员会
50	2015	贵州省动物疫病防控技能比武	吴通奎	三等奖		贵州省农业委员会、省人社厅、省总工会
51	2015	全省“第二届动物防疫技能比武大赛”防疫技能标兵	吴通奎	省级防疫标兵		贵州省农业委员会、省总工会、省人力资源和社会保障厅
52	2004	州管专家	杨　洵		2004－10	黔东南州委、州人民政府
53	2004	州管专家	潘成辉		2004－08	黔东南州委、州人民政府
州农科院（48次）						
1	1991	贵州省水稻区域试验	雷国民	二等		贵州省农作物品审委
2	1992	贵州省农业系统工作	吴政刚	先进个人		贵州省农业厅
3	1992	贵州省农业系统工作	罗光洁	先进个人		贵州省农业厅
4	1992	贵州省农业系统工作	石忠林	先进个人		贵州省农业厅
5	1992	贵州省农业系统工作	刘　静	先进个人		贵州省农业厅
6	1993	贵州省农业系统工作	程爱民	先进个人		贵州省农业厅
7	1993	贵州省农业系统工作	吴立新	先进个人		贵州省农业厅
8	1993	黔东南州科技工作	杨　黎	先进工作者		黔东南州人民政府
9	1993	黔东南州科技工作	杨　黎	先进工作者		黔东南州人民政府
10	1994	贵州省农业系统工作	潘荣葵	先进个人		贵州省农业厅
11	1994	贵州省农业系统工作	刘新民	先进个人		贵州省农业厅
12	1994	全省科技兴农工作	顾亚佟	先进工作者		贵州省人民政府

续表

序号	表彰年份	表彰内容	获表彰单位或个人	获表彰称号或等次	获奖编号	颁发表彰单位
13	1995	贵州省科技统计工作	李上星	先进个人		贵州省科学技术委员会
14	1997	贵州省科技兴农人才奖	胡世然	先进个人	1995－1996	贵州省人民政府
15	1997	1997 年度贵州省水稻区域试验	雷国民	一等		贵州省农作物品审委
16	1998	1992—1998 年为我国中蜂的科学、教学、开发工作	李上星	科技奖		农业部全国中蜂协作委员会
17	2001	第七届中国农学会青年科技工作	李上星	先进工作者		中国农学会
18	2002	省劳动模范评比	杨　黎	五一劳动奖章	990245	贵州省总工会
19	2002	黔东南州智力支边工作	杨　黎	先进工作者		黔东南州人民政府、州政协
20	2004	黔东南州州管专家	杨　黎		2004－11	黔东南州人民政府
21	2005	贵州省高技术产业化示范工程	州农科所			贵州省发改委
22	2005	全省科技兴农工作	杨　黎	先进工作者		贵州省人民政府
23	2006	州优质稻米—凯香优评比	州农科所	特别奖		州优质米评委
24	2006	全国星火科技工作	杨　黎	先进工作者		中国科学技术部
25	2007	全国科普惠农兴村工作	州农科所			中国科协、财政部
26	2008	贵州省科普工作	赵文礼	先进个人		贵州省科学技术协会
27	2009	五好基层党组织	州农科所党总支			中共黔东南州委
28	2009	全国粮食生产工作	杨桂兰	先进工作者		国家农业部
29	2009	贵州省科技优秀工作	杨　黎	先进个人		贵州省科协、省人事厅
30	2009	黔东南州拔尖人才	吴元华			黔东南州人民政府
31	2009	黔东南州拔尖人才	顾亚佟			黔东南州人民政府
32	2010	五好基层党组织	州农科所党总支			中共黔东南州委
34	2010	全国科普惠农兴村工作	赵文礼	带头人称号		中国科协、财政部
35	2011	五好基层党组织	州农科所党总支			中共贵州省委
36	2011	先进基层党组织	州农科所党总支			中共贵州省委
37	2011	五好基层党组织	州农科所党总支			中共黔东南州委
38	2012	贵州省第三届科普工作	杨　华	先进个人		贵州省科学技术协会
39	2012	黔东南州州管专家	赵文礼		2012－36	黔东南州人民政府
40	2013	黔东南州最高科学技术奖	顾亚佟			黔东南州人民政府
41	2015	省 2015 年度“十百千”高层次创新型人才评比	潘宗东	“千”层次人才称号		贵州省人才工作领导小组

续表

序号	表彰年份	表彰内容	获表彰单位或个人	获表彰称号或等次	获奖编号	颁发表彰单位
42	2015	黔东南州州管专家	胡世然		ZJ2016－38	黔东南州人民政府
43	2015	黔东南州拔尖人才	李　星		RC2016－30	黔东南州人民政府
44	2015	黔东南州拔尖人才	杨桂兰		RC2016－46	黔东南州人民政府
45	2015	黔东南州拔尖人才	潘宗东		RC2016－99	黔东南州人民政府
46	2015	黔东南州拔尖人才	王忠平		RC2016－03	黔东南州人民政府
47	2015	贵州省杂交水稻“种三产四”丰产工程	杨桂兰	先进工作者		贵州省农业科学院
48	2015	贵州省杂交水稻“种三产四”丰产工程	吴文和	先进工作者		贵州省农业科学院

各县市农业局（农林扶贫工作局）及整合部门获奖名录

表 12—4　　（1991—2015 年）

序号	表彰年份	表彰内容	获表彰单位或个人	获表彰称号或等次	获奖编号	颁发表彰单位
凯里市（43 次）						
1	1993	全省林业工作	凯里市林业局舟溪林业站	先进单位		贵州省林业厅
2	1999	全省农广校工作	凯里市农业广播电视学校	科教兴农先进学校		贵州省农业厅
3	2001	全国合作社工作	凯里市“三辣”专业合作社	示范专业合作社		全国供销合作总社
4	2001	贵州省农业广播电视教育工作	凯里市农业广播电视学校	先进单位		贵州省农业厅
5	2001	全省土肥系统工作	凯里市农业局土肥站	先进单位		贵州省农业厅
6	2002	全国防沙治沙工作	凯里市林业局	先进集体		全国绿化委员会、人事部、国家林业局
7	2003	贵州省绿化工作	凯里市林业局	模范市		省绿化委员会、省人事厅、省林业厅
8	2004	全国封山育林工作	凯里市林业局	先进单位		国家林业局
9	2006	全国绿化工作	凯里市林业局	先进集体		全国绿化委员会、人事部、国家林业局
10	2010	全省农业工作	凯里市农业局	先进集体		贵州省农委、省统计局、省环境保护厅
11	2013	全国水产技术推广示范	凯里市畜牧水产局水产站	技推示范站		农业部全国水产技术推广总站

续表

序号	表彰年份	表彰内容	获表彰单位或个人	获表彰称号或等次	获奖编号	颁发表彰单位
12	2002	贵州省优秀新产品及研发	申学林	研发有功人员		贵州省经济贸易委员会
13	2015	全国“万名科学使者进社区”	申学林	贡献奖		全国科技活动周组委会
14	2001	全省价格月报和畜牧生产统计工作	蒲学栋	二等		贵州省农业厅
15	2003	全省畜牧业定点调查统计工作	蒲学栋	二等		贵州省畜牧局
16	2001	贵州省优秀新产品开发	申学林	三等		贵州省经济贸易委员会
17	2013	省动物疫病预防控制工作	申学林	先进工作者		贵州省农委
18	2002	贵州省优秀评选	申学林	优秀企业家		贵州省人事厅、省乡镇企业局
19	2001	全国食品工业科技进步管理工作	申学林	先进工作者		中国食品工业协会
20	1998	省优秀水产工作	方世贞	先进个人		贵州省水产局
21	2003	全省科技兴农人才评比	方世贞	科技兴农奖		贵州省人民政府
22	2003	全省水产工作	方世贞	先进工作者		贵州省水产局
23	2011	全国水产工作	陈建兰	先进个人		农业部南海区渔政局
24	2013	全省动物疫病预防控制工作	倪定琴	先进工作者		贵州省农委
25	2013	全省“十佳”动物疫控中心主任	金鸿	“十佳”主任		贵州省农委
26	2013	全省动物疫病预防控制工作	杨海祥	先进工作者		贵州省农委
27	2013	贵州省绿化工作	杨光耀	绿化奖章		贵州省绿化委员会、省人事厅、省资源和社会保障局、省林业厅
28	2007	贵州省绿化	杨光林	绿化奖章		贵州省绿化委员会、省人事厅、省林业厅
29	2008	第二次全国农业普查工作	李晓鸿	先进个人		贵州省统计局
30	2008	第二次全国农业普查工作	杨运春	先进个人		贵州省统计局
31	2010	贵州省绿化工作	杨亚华	绿化奖章		贵州省绿化委员会
32	2005	贵州省“保护母亲河行动”	杨亚华	先进个人		共青团省委

续表

序号	表彰年份	表彰内容	获表彰单位或个人	获表彰称号或等次	获奖编号	颁发表彰单位
33	2010	全国境保环保工作	李黔东	先进个人		国务院污染普查领导小组、环境保护部、国家统计局、农业部
34	1998	全国农业普查工作	李黔东	先进个人		全国农业普查办公室
35	2001	贵州省种子管理工作	杨秀国	先进个人		贵州省农业厅
36	2003	贵州省种子管理工作	杨秀国	先进个人		贵州省农业厅
37	2009	贵州省种子管理工作	杨秀国	先进个人		贵州省农业厅
38	2000	全国农业广播电视教育工作	程黔莉	先进工作者		农业部
39	2001	全国农业广播电视教育工作	程黔莉	先进个人		中央农业广播电视学校
40	2001	全省农业广播电视教育工作	程黔莉	先进工作者		贵州省农业厅
41	2006	全省农业广播电视教育工作	程黔莉	先进工作者		贵州省农业厅
42	2005	全国农业广播电视教育工作	石　群	先进单位		中央农业广播电视学校领导小组
43	2005	全省植保工作	罗安龙	先进工作者		贵州省农业厅
麻江县（91 次）						
1	1991	全州现代化建设	麻江县农牧局	先进集体		黔东南州人民政府
2	1991	全省农业系统	麻江县农牧局	先进集体		贵州省农业厅
3	1992	全省以工代赈坡改梯	麻江县宣威镇	二等		贵州省人民政府
4	1995	全省 1991 至 1994 年度“坡改梯”工作	麻江县人民政府	二等		贵州省人民政府
5	1994	1993 年农经定点调查	麻江县农牧局农经站	先进单位		贵州省农业厅
6	1997	1996 年全州秋种工作	麻江县人民政府	一等		黔东南州人民政府
7	1999	全省“千万农民健身活动”	麻江县贤昌乡	先进乡镇		贵州省农业厅、省体委、省农民体协
8	2001	稻秆蝇综合防治技术推广	麻江县农牧局植保站	二等		贵州省农业厅
9	2002	青年沼气示范工程	麻江县农牧局能源办	先进集体		共青团贵州省委
10	2005	全国民族团结进步模范集体	麻江县电脑农业办公室	模范集体		国务院
12	2005	2004—2005 年度秋冬种工作	县农业局	一等		黔东南州人民政府
13	2005	超级稻示范工程	县农业局	一等		黔东南州人民政府

续表

序号	表彰年份	表彰内容	获表彰单位或个人	获表彰称号或等次	获奖编号	颁发表彰单位
14	2005	全省蔬菜工作	县农业局蔬菜站	先进集体		贵州省农业厅
15	2005	贵州省农村沼气建设	麻江县农业局	先进集体		贵州省农业厅
16	2006	2006 年秋冬种目标考核	麻江县人民政府	一等		黔东南州人民政府
17	2006	2005 年度全省种子工作	麻江县农业局种子站	先进集体		贵州省农业厅
18	2012	2012 年度“国家有机产品认证示范创建区”	麻江县人民政府	荣誉证书		国家认监委
19	2011	贵州省农业资源区划目标绩效考评	麻江县农业资源区划办公室	一等		贵州省农业资源区划研究中心
20	2012	贵州省农业资源区划目标绩效考评	麻江县农业资源区划办公室	一等		贵州省农业资源区划研究中心
21	1991	全省乡镇农机管理服务	麻江县农业机械局	先进乡镇		贵州省农机局
22	2001	全省农机安全监理	麻江县农业机械事业局	先进单位		贵州省农机局
23	2002	全省农机安全监理	麻江县农业机械事业局	先进单位		贵州省农机局
24	2007	全省“创先争优、双百表彰”活动	麻江县农业机械服务中心	先进集体		贵州省农机局
25	2008	全省农机化工作	麻江县农业机械服务中心	先进集体		贵州省农机局
26	2009	全省农机化工作	麻江县农业机械服务中心	先进集体		贵州省农机局
27	1991	全省农业系统工作	代廷朗	先进工作者		贵州省农业厅
28	1992	全省科技兴农工作	代廷朗	科技兴农奖		贵州省人民政府
29	1991	全省科技兴农工作	韦瑞吾	先进工作者		贵州省农业厅
30	1991	全省科技兴农工作	陈永双	先进工作者		贵州省农业厅
31	1991	全人口普查工作	杨再伦	先进工作者		黔东南州人口普查办
32	1991	全省农牧中专招生工作	张琴韵	先进工作者		贵州省农业厅
33	1991	全省农业系统工作	田应礼	先进工作者		贵州省农广校
34	1992	全省农业系统工作	张正良	先进工作者		贵州省农业厅
35	1992	全省信息联系工作	叶小同	先进个人		贵州省农业厅
36	1992	推广青贮饲料工作	魏国清	先进个人		农业部畜牧兽医总站
37	2008	全省农村体育工作	李茂贵	先进个人		贵州省农业厅、省体育局、省农民体协
38	1993	全省农业系统工作	杨克浪	先进工作者		贵州省农业厅
39	1993	全省青贮饲料工作	杨克浪	二等		贵州省农业厅
40	1997	全省科技兴农人才奖	杨克浪	先进个人		贵州省人民政府

续表

序号	表彰年份	表彰内容	获表彰单位或个人	获表彰称号或等次	获奖编号	颁发表彰单位
41	1997	全省水稻旱育稀植栽培工作	杨克浪	先进个人		贵州省科委、省农业厅、省人事厅
42	1995	全省农牧渔垦工作	徐锡豪	先进工作者		贵州省农业厅
43	1995	全省农牧渔垦工作	李华礼	先进工作者		贵州省农业厅
44	1994	全省推广饲料青贮工作	周明坤	先进工作者		贵州农业厅畜牧局
45	1994	全省农业系统	李显林	先进工作者		贵州省农业厅
46	1994	全省农业系统	李德清	先进工作者		贵州省农业厅
47	1994	全省农业系统	陆晓林	先进工作者		贵州省农业厅
48	1994	全省农业系统	金绍红	先进工作者		贵州省农业厅
49	1995	全省农经定点调查工作	金绍红	三等		贵州省农业厅
50	1999	全国民族团结进步	龙光乾	模范个人		国务院
51	1999	全省第四届科技兴农人才奖	杨永高	先进个人		贵州省人民政府
52	2001	省植物检疫工作	杨永高	先进工作者		贵州省农业厅
53	2000	全省种子系统工作	杨乡祥	先进工作者		贵州省农业厅
54	2000	全省农业系统工作	吴廷芬	先进工作者		贵州省农业厅
55	1995	贵州省寄生区系调查工作	喻　林	先进个人		贵州省农业厅
56	1995	全省家畜家禽防疫工作	喻　林	先进个人		贵州省农业厅
57	1994	全省农业技术推广	闵谦萍	先进个人		贵州省农业厅
58	2004	全州烤烟工作	罗亨雄	先进工作者		黔东南州委、州人民政府
59	2008	第二次全国农业普查工作	罗亨雄	先进个人		贵州省统计局、省农业普查领导小组办公室
60	2016	全国计划生育协会工作	罗亨雄	先进个人		中国计划生育协会
61	2001	贵州省科技兴农人才	李显荣	先进个人		贵州省人民政府
62	2005	全省服务农村青年增收工作	吴庆桃	先进个人		共青团贵州省委
63	2003	全省种子管理工作	陈永莲	先进个人		贵州省农业厅
64	2006	2005 年度贵州省种子系统先进个人	陈永莲	先进个人		贵州省种子总站
65	2003	全省科技兴农人才奖	宋聚波	技兴农奖		贵州省人民政府
66	2003	全省农村沼气建设工作	宋聚波	先进工作者		贵州省农业厅
67	2006	全州改革开放和社会主义现代化建设	宋聚波	优秀共产党员		黔东南州委
68	2007	全州两个文明建设工作	陈家豪	先进工作者		黔东南州人民政府

续表

序号	表彰年份	表彰内容	获表彰单位或个人	获表彰称号或等次	获奖编号	颁发表彰单位
69	2003	全国先进农经统计工作	杨天华	先进个人		农业部农经管理司、农经管理总站
70	2008	第二次全国农业普查	杨天华	先进个人		贵州省统计局、省农业普查领导小组办公室
71	2008	第二次全国农业普查	张品辉	先进个人		贵州省统计局、省农业普查领导小组办公室
72	2008	全州农业普查	田仁江	先进个人		黔东南州农业普查领导小组办公室
73	2009	“全国农村优秀人才”评选	罗光美	优秀人才		中央组织部、中央宣传部、国家人力资源和社会保障部、农业部
74	2010	贵州省第一次全国污染源普查工作	孙　林	先进个人		贵州省污染源普查小组办公室、省环保厅、省统计局、省农委
75	2014	全省农村实用人才培养和新型职业农民培训工作	孙　林	先进工作者		贵州省农业广播电视学校
76	2012	全州“创先争优优秀共产党员”活动	谢　勇	优秀党员		中共黔东南州委
77	2012	全省土壤工作	兰秀清	先进个人		贵州省土壤学会
78	2015	在全国科技活动周“万名科学使者进社区（农村、企业、军营）”活动	滕　飞	先进个人		科学技术部政策法规与监督司
79	2016	“理论走基层·惠民好声音”宣讲活动工作	滕　飞	先进个人		黔东南州委宣传部、州委讲师团
80	2012	全省农业科技工作	周世洋	先进个人		贵州省农业委员会
81	2010	全国农业技术推广工作	孟信群	贡献奖	FG－2010－306	农业部
82	1991	全省先进农机管理工作	李瑞基	先进工作者		贵州省农机局
83	1992	全省农机监理工作	吴维清	先进个人		贵州省农机局
84	1994	全省星火活动	王佳铭	先进个人		贵州省农机局
85	2001	全省农机监理工作	刘安琴	先进个人		贵州省农机局
86	2003	省青年沼气示范工程	刘安琴	模范个人		共青团贵州省委
87	2002	全省农机监理工作	张学芝	先进个人		贵州省农机局
88	2003	省农机管理工作	唐启祥	先进工作者		贵州省农机局
89	2007	全省“创先争优、双百表彰”评比	蔡　扬	先进个人		贵州省农机局
90	2008	全省农机化工作	蔡　杨	先进个人		贵州省农机局
91	2009	全省农机化工作	柏启富	先进个人		贵州省农机局

续表

序号	表彰年份	表彰内容	获表彰单位或个人	获表彰称号或等次	获奖编号	颁发表彰单位
92	1992	全省乡镇企业局系统统计工作	潘永华	先进个人		贵州省乡镇企业局
93	2005	全国乡镇企业系统统计工作	闵谦葵	先进工作者		农业部乡镇企业局
丹寨县（47次）						
1	1999	全省积极支持人大代表工作	丹寨县农业办公室	先进单位		黔东南州人大常委会
2	2000	全省农业增钱、增粮、增后劲	丹寨县人民政府	三等		贵州省人民政府
3	2001	全省农业增钱、增粮、增后劲	丹寨县人民政府	二等		贵州省人民政府
4	2005	全州畜牧水产目标工作管理	丹寨县农业局	一等		黔东南州人民政府
5	2005	全州秋冬种工作	丹寨县农业局	二等		黔东南州委、州人民政府
6	1993	丹寨县畜禽寄生虫区系调查	丹寨县兽防站	一等		贵州省农业厅畜牧局
7	1993	猕猴桃母本园建设	丹寨县果树良种场	先进单位		农业部
8	1999	全省“绿色证书”工程农民技术培训	丹寨县农业办公室	先进单位		贵州省农业办公室、省人事厅
9	2007	全省机械化插秧	丹寨县农机中心	先进集体		贵州省农机局
10	1999	全州积极支持人大代表工作	丹寨县农业办公室	先进集体		黔东南州人大常委会
11	2000	全省农业增钱、增粮、增后劲	丹寨县人民政府	三等		贵州省人民政府
12	2001	全省农业增钱、增粮、增后劲	丹寨县人民政府	二等		贵州省人民政府
13	2005	全州畜牧水产目标工作管理	丹寨县农业局	一等		黔东南州人民政府
14	2005	全州秋冬种工作	丹寨县农业局	二等		黔东南州委、州人民政府
15	1991	黔东南州农业系统工作	陈政兰	先进工作者		黔东南州人民政府
16	1992	全省首届科技兴农人才奖	陈政兰	科技兴农奖		贵州省人民政府
17	1993	全省农业科技推广工作	陈光儒	先进个人		贵州省人民政府
18	1994	黔东南州第二届专业技术拔尖人才	潘德荣	拔尖人才		黔东南州人民政府
19	1994	全省科技推广工作	陈光儒	先进个人		贵州省人民政府
20	1998	全州“科技兴州”工作	苗西明	基金奖		黔东南州人民政府

续表

序号	表彰年份	表彰内容	获表彰单位或个人	获表彰称号或等次	获奖编号	颁发表彰单位
21	1999	第三届科技兴农人才奖	苗西明	科技兴农奖		贵州省人民政府
22	2000	黔东南州智力支边工作	莫太辉	先进工作者		黔东南州人民政府
23	2006	全州民族团结进步工作	杨正敏	模范个人		黔东南州委、州人民政府
24	2008	全州智力支边工作	周道金	先进个人		黔东南州政府、州政协
25	1991	贵州省农业系统工作	潘德荣	先进工作者		贵州省农业厅
26	1992	贵州省农业系统工作	苗西明	先进工作者		贵州省农业厅
27	1993	贵州省农业系统工作	潘德荣	先进工作者		贵州省农业厅
28	1994	贵州省农业系统工作	陈光儒	先进工作者		贵州省农业厅
29	1994	全省农业系统工作	苗西明	先进工作者		贵州省农业厅
30	1994	全省农业系统工作	王启良	先进个人		贵州省农业厅
31	1995	全省农业系统工作	吴永彪	先进工作者		贵州省农业厅
32	1995	全省农业系统工作	王国云	先进个人		贵州省农业厅
33	1995	全省农业系统工作	吴育霖	先进个人		贵州省农业厅
34	1995	丹寨县畜禽寄生虫区系调查	裴乃亮	先进个人		贵州省农业厅畜牧局
35	1998	贵州省农业系统工作	王启良	先进个人		贵州省科学技术委员会、贵州省农业厅
36	1998	贵州省农业系统工作	王启良	先进个人		贵州省委组织部、省科学技术协会
37	1999	贵州省首届青年科技创业工作	苗西明	青年科技创业奖		共青团贵州省委、省科委、省科协、省青年联合会
38	1999	贵州省农业系统工作	陈政兰	先进工作者		贵州省委组织部、贵州省农业厅
39	1999	全省“绿色证书工程”	陈政兰	先进工作者		贵州省人事厅、省农办
40	2003	贵州省农业系统工作	王启良	先进个人		贵州省科技厅、省农业厅、省人事厅
41	2004	丹寨县优质稻高产优质栽培	潘皇斌	先进个人		贵州省农业厅
42	2007	全省农化工作	张桂英	先进个人		贵州省农机局
43	2009	全省农化工作	张桂英	先进个人		贵州省农机局
44	2008	第二次农业普查	潘皇斌	先进个人		贵州省统计局
45	2012	省粮食增产工程和粮油高产创建工作	杨玉江	先进工作者		贵州省农业委员会
46	2013	省“最美贵州人”评选	李炳荣	最美贵州人		贵州省农业委员会

续表

序号	表彰年份	表彰内容	获表彰单位或个人	获表彰称号或等次	获奖编号	颁发表彰单位
47	2014	省“最美农技员”评选	李炳荣	最美农技员		贵州省农业委员会
			黄平县（33次）			
1	1992	实施日本政府粮食增产援助项目	张治平	先进工作者		贵州省农业厅
2	1992	全省科技兴农工作	潘胜付	先进个人		贵州省人民政府
3	1992	全省农业系统工作	潘家斌	先进工作者		贵州省农业厅
4	1993	全省农业系统工作	张治平	先进工作者		贵州省农业厅
5	1994	养蚕技术推广	黄平县桑蚕局	省农业丰收二等奖	930504－1	贵州省农业厅
6	1994	养蚕技术推广	黄平县桑蚕局桑蚕技术指导站	省农业丰收二等奖	930504－2	贵州省农业厅
7	1995	省“八五”期间扶贫开发工作	张治平	先进个人		贵州省扶贫开发领导小组
8	1995	全省畜禽寄生虫区系调查	潘家斌	先进个人		贵州省农业厅
9	1997	省第三届科技兴农人才奖	罗爱民	人才奖		贵州省人民政府
10	1999	贵州省科技兴农人才奖	潘家斌	人才奖		贵州省人民政府
11	1999	全省农作物病虫测报工作	吴鸿雁	先进工作者		贵州省农业厅
12	2002	南方九省区市西甜瓜科研生产协作	黄平县农业局经作站	先进集体		中国园艺学会西甜瓜协会
13	2002	南方九省区西甜瓜科研生产协作	罗爱民	先进个人		中国园艺学会西甜瓜协会
14	2002	2001—2002年病虫测报	杨松霖	先进工作者		贵州省农业厅
15	2002	全省动物防疫工作	潘家斌	先进个人		贵州省农业厅
16	2003	省科技兴农人才奖	尹富强	人才奖	0000207	贵州省人民政府
17	2005	省果蔬工作	罗爱民	先进工作者		贵州省农业厅
18	2006	全国粮食生产工作	黄平县农业局	先进县		农业部
19	2009	全国土壤肥料检测工作	黄平县农业局土肥站	先进集体		全国农技推广中心
20	2009	全国农业综合执法	黄平县农业局	先进单位		农业部
21	2009	全国西甜瓜科研生产协作	黄平县农业局经作站	先进集体		中国园艺学会西甜瓜专业委员会、中国农科院郑州果树研究所
22	2009	全国西甜瓜科研生产协作	罗爱民	先进个人		中国园艺学会西甜瓜专业委员会中国农科院郑州果树研究所
23	2010	全国粮食生产工作	黄平县农业局	先进县		农业部

续表

序号	表彰年份	表彰内容	获表彰单位或个人	获表彰称号或等次	获奖编号	颁发表彰单位
24	2010	全国农作物重大病虫害数字化监测预警建设	李忠翠	先进个人		全国农业技术推广服务中心
25	2010	科技防灾促春管保春耕指导服务活动	王清辉	先进个人		全国农业技术推广服务中心
26	2011	全省农业农村“三增一减”工作	黄平县农业局	二等奖		中共贵州省委农村工作领导小组
27	2012	全省粮食增产工程和粮油生产创建工程	黄平县农业局	先进单位		贵州省农业委员会
28	2015	黔东南州“州级拔尖人才”	张洁涛	拔尖人才	RC2016－61	黔东南州委、州人民政府
29	2015	黔东南州“州级拔尖人才”	王清辉	拔尖人才	RC2016－07	黔东南州委、州人民政府
30	2015	黔东南州“州级拔尖人才”	罗爱民	拔尖人才	RC2016－70	黔东南州委、州人民政府
31	2015	全州优秀驻村干部	彭国慧	优秀驻干		黔东南州委
32	2015	水稻“种三产四”丰产工程	张洁涛	先进工作者		贵州省农业科学院
33	2015	贵州省杂交水稻“种三产四”丰产工程	曹方琴	先进工作者		贵州省农业科学院
施秉县（2次）						
1	2003	省科技兴农人才奖	欧崇华	兴农人才奖		贵州省人民政府
2	2003	省科技兴农人才奖	伍中兴	兴农人才奖		贵州省人民政府
镇远县（39次）						
1	1992	全省农机系统农机管理工作	蔡绍武	先进工作者		贵州省农机局
2	1994	省第二届科技兴农人才奖	姜锡坤	荣誉证书		贵州省人民政府
3	1994	全省农机教育培训工作	潘兴前	先进工作者		贵州省农机局
4	1995	全省农业系统工作	姜锡坤	先进工作者		贵州省农业厅
5	1995	全省农牧渔垦工作	姜锡坤	先进工作者		贵州省农业厅
6	1995	全省农机监理工作	王万曦	先进个人		贵州省农机局
7	1996	全省农机监理工作	徐春荣	先进个人		贵州省农机局
8	1996	全省农机监理工作	徐春荣	先进个人		贵州省农机局
9	1997	全省农机监理工作	印大华	先进个人		贵州省农机局
10	1998	第一次全国农业普查工作	周黔声	先进个人		省全国农业普查办公室
11	1999	贵州亚农科技扶贫工作工作	吴书镇	扶贫贡献奖		贵州省科学技术委员会

续表

序号	表彰年份	表彰内容	获表彰单位或个人	获表彰称号或等次	获奖编号	颁发表彰单位
12	1999	省第四届科技兴农人才奖	杨　奇	荣誉证书		贵州省人民政府
13	1999	省第四届科技兴农人才奖	田　明	荣誉证书		贵州省人民政府
14	1999	全省农机监理工作	徐春荣	先进个人		贵州省农机局
15	2000	全省土壤肥料工作	杨　奇	先进个人		贵州省农业厅
16	2000	全省农科技扶贫 501 工程	杨凤仙	工程贡献奖		贵州省科学技术委员会
17	2001	省农业、农村经济工作	姜锡坤	荣誉证书		贵州省农业厅
18	2001	省农业广播电视教育工作	姜锡坤	优秀学员		贵州省农业厅
19	2001	全省培养农村科技人才工作	刘　群	先进工作者		贵州省农业厅
20	2001	全省水产技术推广工作	田维军	先进个人		贵州省水产局
21	2002	全省农作物病虫测报工作	吴春强	先进工作者		贵州省农业厅
22	2003	全省农广校系统工作	刘　群	先进工作者		贵州省农广校培训中心
23	2004	全省农机监理工作	印大华	先进个人		贵州省农机局
24	2004	省第四届科技兴农人才奖	李定祥	荣誉证书		贵州省人民政府
25	2005	全省农业广播电视教育工作	肖洪明	先进个人		贵州省农业厅
26	2005	全省农广校系统工作	刘　群	先进工作者		贵州省农广校培训中心
27	2005	全国农村税费改革试点工作	许家国	荣誉证书		农业部农村合作经济总站
28	2005	黔东南州优秀共产党员评选	李定祥	优秀党员		中共黔东南州委
29	2006	全省阳光工程工作	张炳林	先进工作者		贵州省农业厅
30	2008	全省中等职业教育工作	肖洪明	先进个人		贵州省农业广播电视学校
31	2008	第二次全国农业普查工作	姜锡坤	先进个人		省全国农业普查办公室
32	2009	全省农业广播电视教育工作	肖洪明	先进个人		贵州省农业广播电视学校
33	2010	全省抗旱救灾和森林防火工作	吴书镇	一等功		贵州省人民政府

续表

序号	表彰年份	表彰内容	获表彰单位或个人	获表彰称号或等次	获奖编号	颁发表彰单位
34	2010	省第一次全国污染源普查工作	姜锡坤	先进个人		贵州省第一次全国污染源普查领导小组办公室
35	2011	全省科技工作	田孟军	荣誉证书		贵州省科学技术协会
36	2013	全国先进农经统计	许家国	先进工作者		贵州省人民政府
37	2014	全省农情信息工作	许加银	先进个人		贵州省农业委员会
38	2015	全省农情信息工作	彭万琼	先进个人		贵州省农业委员会
39	2015	“十二五”期间省农村经济经营管理工作	许加银	先进个人		贵州省农村经济经营管理站
			岑巩县（15次）			
1	1992	省第一届科技兴农人才奖	周良兴	兴农人才奖		贵州省人民政府
2	1995	全国农技推广工作	游本华	先进工作者		中华人民共和国六部委（农业、人事、水电、林业、农发办、科委）
3	1999	省第四届科技兴农人才奖	彭德元	兴农人才奖		贵州省人民政府
4	1999	全国农业技术推广工作	彭德元	先进工作者		农业部
5	2001	省第五届科技兴农人才奖	姚国权	兴农人才奖		贵州省人民政府
6	2008	第二次全国农业普查工作	周良兴	先进个人		国家统计局
7	1992	全省农业系统工作	何洪祥	先进工作者		贵州省农业厅
8	1992	全省农技推广工作	杨　凯			贵州省农业厅
9	1994	全国农村合作经济统计工作	代国权	进个人		农业部农村合作经济指导司、农业部合作经济管理司
10	1995	全省农业系统工作	吴启能	先进工作者		贵州省农业厅
11	1998	全省水稻旱育稀植栽培技术推广	彭德元			贵州省人事厅、省农业厅、省科委、省引智办
12	1999	全国农业技术推广工作	彭德元	先进工作者		农业部种植业管理司、农业部全国农技中心
13	2003	全国农经统计工作	代国权	先进统计员		农业部农经司、农业部农经总站
14	2003	全省第一二期农村沼气建设	杨　凯	先进工作者		贵州省农业厅

续表

序号	表彰年份	表彰内容	获表彰单位或个人	获表彰称号或等次	获奖编号	颁发表彰单位
15	2003	全国农经统计工作	吴洪文	先进统计员		农业部农经司、农业部农经总站
			三穗县（16 次）			
1	1991	全国农业技术推广工作	李大臣	先进工作者		农业部
2	1992	全省科技兴农工作	张其昌	兴农贡献奖		贵州省人民政府
3	1992	全省科技兴农工作	龙　强	兴农贡献奖		贵州省人民政府
4	1992	科技兴农工作	张其昌	先进个人		贵州省人民政府
5	1993	第二批全国亿万农民健身活动	台烈镇	健身活动先进乡镇		农业部、国家体委
6	1993	长期从事农业科学技术推广	张绪昭	荣誉证书		贵州省人民政府
7	1993	长期从事农业科学技术推广	杨昌明	荣誉证书		贵州省人民政府
8	1997	全省科技兴农人才奖	谢德祥	科技兴农奖		贵州省人民政府
9	2002	全国动物防疫工作	欧秀勇	先进个人		农业部
10	2005	全国农推技术工作	舒贤均	先进个人		农技服务中心
11	2007	全国渔政工作	郑桂海	先进个人		农业部
12	2008	全国农业技术推广通联工作	舒贤均	先进工作者		农技服务中心
13	2009	全国农业综合执法工作	彭庆模	先进工作者		农业部
14	2011	全省农业农村“三增一减”工作	三穗县	先进单位		贵州省农业委员会
15	2014	全省农机安全监理工作	李宗林	先进个人		贵州省农机安全监理总站
16	2014	全国平安农机示范	三穗县	示范县		农业部、国家安全监管总局
			天柱县（29 次）			
1	1992	全州科技工作	天柱县农业局	先进集体		黔东南州政人民政府
2	1995	全省农业系统工作	天柱县农业局	先进集体		贵州省农业厅
3	2005	全州畜牧水产工作	天柱县农业局	一等		黔东南州政人民政府
4	2006	全州畜牧水产工作	天柱县农业局	一等		黔东南州政人民政府
5	2007	省科技进村入户示范工程	天柱县农业局农推站	先进集体		贵州省农业厅
6	2007	全州沼气建设工作	天柱县农业局	二等奖		黔东南州人民政府
7	2007	全州超级水稻生产	天柱县农业局	一等奖		黔东南州人民政府
8	1991	全省农业系统工作	肖方圣	先进工作者		贵州省农业厅
9	1991	全省农业系统工作	刘主功	先进工作者		贵州省农业厅

续表

序号	表彰年份	表彰内容	获表彰单位或个人	获表彰称号或等次	获奖编号	颁发表彰单位
10	1991	省农业系统工作	肖方圣	先进工作者		贵州省农业厅
11	1992	全州科技工作	龙章金	先进个人		黔东南州人民政府
12	1992	全州科技工作	肖方圣	先进个人		黔东南州人民政府
13	1992	省科技兴农人才奖	陶绍禄	科技兴农奖		贵州省人民政府
14	1993	全省农业系统工作	张宗钰	先进工作者		贵州省农业厅
15	1993	全省农业系统工作	龙进先	先进工作者		贵州省农业厅
16	1993	全省农业系统工作	杨德文	先进工作者		贵州省农业厅
17	1993	全省农业系统工作	杨小康	先进工作者		贵州省农业厅
18	1993	省第三届科技兴农人才奖	李一揆	科技兴农奖		贵州省人民政府
19	1994	全省农业系统工作	杨小康	先进个人		贵州省农业厅
20	1994	全省农业系统工作	杨仁华	先进个人		贵州省农业厅
21	1994	全省农业系统工作	胡朝树	先进个人		贵州省农业厅
22	1994	省第二届科技兴农人才奖	杨小康	科技兴农奖		贵州省人民政府
23	1995	全省农业系统工作	吴作旗	先进工作者		贵州省农业厅
24	1995	全省农业系统工作	吴国刚	先进工作者		贵州省农业厅
25	2006	省科技进村入户示范工程	袁仁阶	先进个人		贵州省农业厅
26	2007	省科技进村入户示范工程	龙方竖	先进个人		贵州省农业厅
27	2014	全国动物疫病比武贵州省赛区	陈梅红	集体第三名		贵州省农业厅
28	2014	全省农业执法比赛	何善池	集体第三名		贵州省农业厅
29	2016	贵州省农情信息工作	董　雁	先进个人		贵州省农业厅
锦屏县（30次）						
1	2013	全省平安渔业工作	锦屏县人民政府	示范县		贵州省农委、省安监局
2	2014	全省平安渔业工作	锦屏县人民政府	示范县		贵州省农委、省安监局
3	2015	全省平安渔业工作	锦屏县人民政府	示范县		贵州省农委、省安监局
4	2015	全国基层水产技术推广示范	锦屏县农业局	示范站		全国水产技术推广总站
5	2015	全省农业安全生产工作	锦屏县农业局	先进单位		省农委省安监局办公室
6	2015	全省农业安全生产工作	锦屏县农业局	先进单位		贵州省农委、省安全委

续表

序号	表彰年份	表彰内容	获表彰单位或个人	获表彰称号或等次	获奖编号	颁发表彰单位
7	2012	全省粮食增产工程和粮油高产创建项目	锦屏县农业局	先进单位		贵州省粮油高产创建领导小组
8	1996	全省农作物病虫测报工作	锦屏县农业局植保植检站	先进单位		贵州省农业厅
9	2002	贵州省“双学双比”竞赛活动	彭泰辉	优秀科技服务工作者		贵州省“双学双比”协调小组
10	2003	全国农经统计工作	杨远焱	先进个人		农业部农村经济体制与经营管理司、农村合作经济经营管理总站
11	2005	全国农业技术推广工作	杨远焱	先进个人		农业部
12	2016	州级拔尖人才	罗素兰	拔尖人才	RC2016－69	黔东南州委、州人民政府
13	2008	全省集体林权制度改革试点	王锦河	先进个人		贵州省人事厅、林业厅
14	2010	全省社会主义新农村建设百村试点	王锦河	先进个人		贵州省委农村工作领导小组
15	2011	长江禁渔工作	欧阳大军	先进个人		国家渔政局
16	2012	全省粮食增产工程和粮油高产创建工作	彭泰辉	优秀科技人员		贵州省农委
17	2012	全省农情统计工作	欧阳克风	选进个人		贵州省农委
18	2013	全国农业工作	欧阳大军	选进个人		农业部
19	2013	农村土地承包经营纠纷调解仲裁工作	刘　飞	选进个人		农业部农村合作经济经营管理总站
20	1996	全省优秀共青团员评选	龙卫平	优秀称号		共青团贵州省委
21	2000	全省土肥系统工作	龙卫平	选进个人		贵州省农业厅
22	2000	全省科教兴农县工作	龙卫平	选进个人		贵州省科技
23	1999	全省农作物病虫测报工作	罗素兰	选进个人		贵州省农业厅
24	2003	全省农作物病虫测报工作	罗素兰	选进个人		贵州省农业厅
25	2010	省劳动模范评选	罗素兰	五一劳动奖章		贵州省总工会
26	2010	省女职工建功立业	罗素兰	标兵称号		贵州省总工会
27	2016	省科普工作	罗素兰	先进个人		贵州省科协、省人力资源和社会保障厅
28	2010	全国农作物重大病虫害数字化监测预警建设	龙向祥	先进个人		全国农业技术推广服务中心
29	1996	全省作物病虫测报工作	杨林	先进个人		贵州省农业厅
30	2012	全省土壤工作	龙胜碧	先进个人		贵州省土壤学会

续表

序号	表彰年份	表彰内容	获表彰单位或个人	获表彰称号或等次	获奖编号	颁发表彰单位
黎平县（11 次）						
1	1998	省水稻旱育稀植栽培技术推广	黎平县农业局	先进集体		贵州省科委、省农业厅、省人事厅
2	2000	支持人大代表工作	黎平县农业局	先进单位		黔东南州人大常委会
3	1992	省农机技术推广工作	黎平县农机技术推广服务站	二等		贵州省农机管理局
4	1992	省农牧渔垦工作	嬴振玉	先进个人		贵州省农业厅
5	1993	省农牧渔垦工作	嬴振玉	先进个人		贵州省农业厅
6	1994	省青贮饲料推广工作	嬴振玉	先进个人		贵州省农业厅
7	1999	省第四届科技兴农人才奖	吴昌廉	先进个人		贵州省人民政府
8	1996	省青贮饲料推广工作	邹光炳	先进工作者		贵州省农业厅畜牧局
9	1996	省青贮饲料推广工作	嬴振玉	先进个人		贵州省农业厅畜牧局
10	2008	全省农机监理工作	欧大坤	先进个人		贵州省农机安全监理总站
11	2013	全省农机监理工作	欧大坤	先进个人		贵州省农机安全监理总站
从江县（14 次）						
1	2001	全省土肥系统工作	杨新花	先进个人		贵州省农业厅
2	1991	全省农业系统工作	梁繁荣			贵州省农业厅
3	1993	全省农业系统工作	龙登渊	先进工作者		贵州省农业厅
4	1992	全州兽医防疫工作	龙登渊	先进个人		黔东南州农业局
5	1994	全省农业系统工作	杨廷模	先进工作者		贵州省农业厅
6	1998	全国农业普查工作	杨定科	先进个人		国务院第一次农业普查办公室
7	1999	省第四届科技兴农人才奖	谌鸿光	科技兴农奖		贵州省人民政府
8	2001	贵州省第五次人口普查工作	杨定科	先进个人		贵州省第五次人口普查领导小组办公室
9	2001	全省农业科技工作	谌鸿光	先进工作者		贵州省人民政府
10	2003	全省水稻旱育稀植技术推广	杨芳锡	先进个人		贵州省科技厅、农业厅、人事厅
11	2007	全省农村劳动力阳光工程培训	杨定科	先进个人		贵州省农业厅
12	2008	全国农业普查工作	韦必武	先进个人		国务院第二次农业普查办公室
13	2009	省动物疫情测报工作	杨廷模	先进工作者		贵州省动物疫病预防控制中心

续表

序号	表彰年份	表彰内容	获表彰单位或个人	获表彰称号或等次	获奖编号	颁发表彰单位
14	2015	全州同步小康优秀驻村干部	张金涛	优秀驻村干部		黔东南州委
榕江县（31 次）						
1	2011	全州优秀共产党员评选	杨秀峰	优秀党员		中共黔东南州委
2	1998	全州科学技术工作	杨坤前	先进工作者	00087	黔东南州人民政府
3	2013	全省同步小康工作	刘文家	优秀同步小康驻村干部		贵州省委党的建设工作领导小组
4	2010	全州共产党员创先争优活动	李勇平	优秀党员		中共黔东南州委
5	2000	全州文明建设工作	吴　豫	先进工作者		黔东南州人民政府
6	2005	全州先进工作评选	吴蓓蕾	先进工作者		黔东南州人民政府
7	1993	全省农业技术推广工作	杨坤前	先进个人		贵州省农业厅
8	2001	全省土肥系统工作	刘文家	先进个人		贵州省农业厅
9	2012	全省粮食增产工程和粮油高产创建工作	袁仕华	先进工作者		贵州省农业委员会
10	2012	全州“粮食增产工程”项目	杨利民	先进工作者		黔东南州农业委员会
11	2015	全省农机购置补贴工作	文　俊	先进工作者		贵州省农业委员会
12	2008	全省农机化工作	文　俊	先进工作者		贵州省农业委员会
13	2010	第一次全国污染源普查工作	石庆芳	先进个人		农业部
14	2006	服务农村青年增收成才工作	杨　春	先进个人		农业部
15	2000	全省生态渔业工程实施工作	刘昌辉	先进个人		贵州省农业厅
16	1991	全省农业技术推广工作	席安福	先进个人		贵州省农业厅
17	1998	全省水产推广工作	席安福	先进个人		贵州省水产局
18	1997	全省水产技术推广工作	席安福	先进个人		贵州省水产局
19	2007	贵州省科技入户示范工程	杨胜安			贵州省农业厅
20	2005	全国农业植物有害生物普查	吴蓓蕾	先进个人		农业部
21	2005	全国农业技术推广工作	吴蓓蕾	先进工作者		农业部
22	2004	省全国农业科技年活动	吴蓓蕾	先进工作者		贵州省农业厅
23	2013	全省农业安全生产工作	王晓五	先进个人		贵州省农业委员会
24	2011	全国水生生物资源养护工作	王晓五	先进个人		农业部

续表

序号	表彰年份	表彰内容	获表彰单位或个人	获表彰称号或等次	获奖编号	颁发表彰单位
25	2015	贵州省土壤肥料学会工作	邱锦宇	先进工作者		贵州省土壤肥料学会
26	1992	全省农业系统先进工作	刘应召	先进工作者		贵州省农业厅
27	2000	全省水产技术推广工作	欧廷松	先进个人		贵州省水产局
28	2007	全省农村拔尖乡土人才	赖向前	先进个人		贵州省人事厅
29	1996	省水稻旱育稀植栽培技术推广	杨坤前	先进个人		贵州省人事厅
30	2001	省第五届科技兴农人才奖	杨　杰	先进个人		贵州省人民政府
31	2001	省第五届科技兴农人才奖	杨胜安	先进个人		贵州省人民政府
雷山县（38 次）						
1	1991	长期坚持农牧渔业技推工作	李正文	荣誉证书	8822－054	农业部
2	1991	全国农田灭鼠工作	文炳智	先进工作者		农业部全国植保总站
3	1991	农牧中专单独招生工作	文家明	先进工作者		贵州省农业厅
4	1991	全省农田灭鼠工作	文炳智	先进工作者		贵州省植保植检站
5	1991	贵州省第一届科技兴农人才奖	李忠恩	荣誉证书		贵州省人民政府
6	1993	农业技术推广工作	李正文	荣誉证书		贵州省农业厅
7	1993	全省农牧渔垦工作	文炳锡	先进工作者		贵州省农业厅
8	1993	长期从事农业科学技术推广工作	鲍国雄	荣誉证书	235	贵州省人民政府
9	1993	长期从事农业科学技推工作	李毅明	荣誉证书	237	贵州省人民政府
10	1993	长期从事农业科学技推工作	李正文	荣誉证书	238	贵州省人民政府
11	1997	全省勘界工作	王显忠	先进工作者		贵州省勘界工作领导小组
12	1998	第一次全国农业普查工作	罗朝春	先进个人		贵州省农普办
13	1999	省第四届科技兴农人才奖	罗朝春	荣誉证书		贵州省人民政府
14	2001	省农业广播电视教育工作	罗辉琼	先进工作者		贵州省农业厅
15	2001	省农业广播电视教育工作	陶金麟	优秀教案		贵州省农广校

续表

序号	表彰年份	表彰内容	获表彰单位或个人	获表彰称号或等次	获奖编号	颁发表彰单位
16	2001	全省农田鼠害监测与治理工作	文炳智	先进工作者		贵州省农田鼠害研究协作组
17	2001	省第五届科技兴农人才奖	余　灵	荣誉证书		贵州省人民政府
18	2002	全省城镇妇女“巾帼建功”活动	雷山县农业局妇委会	巾帼文明示范岗		贵州省城镇妇女“巾帼建功”活动领导小组
19	2002	省农业广播电视教育工作	王显忠	先进工作者		贵州省农广校
20	2003	全国城镇妇女“巾帼建功”活动	雷山县农业局妇委会	巾帼文明示范岗		全国城镇妇女“巾帼建功”活动领导小组
21	2003	省优秀民间组织建设	雷山县农学会	优秀集体		贵州省民政厅、省人事厅
22	2003	省农业广播电视教育工作	王显忠	先进工作者		贵州省农广校
23	2003	全省农业广播电视教育工作	罗辉琼	先进工作者		贵州省农广校
24	2003	省第六届科技兴农人才奖	龙开军	荣誉证书		贵州省人民政府
25	2004	全州畜牧水产工作	雷山县农业局	三等		黔东州人民政府
26	2005	全州畜牧水产业目标管理	雷山县农业局	三等		黔东州人民政府
27	2007	全州沼气建设工作	雷山县农业局	二等		黔东州人民政府
28	2008	省脱毒马铃薯温饱工程	李继洲	先进个人		贵州省扶贫办
29	2009	全省农区鼠害监测与防治工作	文炳智	优秀工作者		贵州省植保植检站
30	2010	全省普法工作	雷山县农业局	学法用法示范机关		贵州省委宣传部、省司法厅、省依法治省工作领导小组办公室
31	2010	全国农业污染源普查工作	沈运谦	优秀个人		农业部、环境保护部、国家统计局、国务院第一次全国污染源普查领导小组办公室
32	2010	省第一次全国污染源普查	杨　文	先进个人		贵州省第一次全国污染源普查领导小组办公室、省环保厅、省统计局、省农委
33	2012	从事统计工作30年以上人员	杨昌忠	荣誉证书		国家统计局

续表

序号	表彰年份	表彰内容	获表彰单位或个人	获表彰称号或等次	获奖编号	颁发表彰单位
34	2012	全省粮食增产工程和粮油高产创建工作	李继洲	优秀个人		贵州省农业委员会
35	2012	全省“十一五”期间农区鼠害与防治工作	文炳智	先进个人		贵州省植保植检站
36	2012	全省土壤肥料业务工作	杨文	先进个人		贵州省土壤学会
37	2012	全州优秀共产党员评选	何远艳	荣誉证书		中共黔东南州委
38	2013	第二届全国农产品质量安全检测技能竞赛贵州预赛	李惠林	二等		贵州省农委、省总工会、省人社厅
台江县（28次）						
1	2007	全州沼气建设工作	台江县农业局	三等		黔东南州人民政府
2	2008	全州智力支边工作	台江县农业局	先进集体		黔东南州人民政府、政协黔东南州委员会
3	2010.	省第一次全国污染源普查工作	台江县农业局	先进集体		贵州省第一次污染源普查领导小组、省环保厅、省统计局、省农委
4	2010	全省社会主义新农村建设“百村试点”工作	台江县农业局	先进试点村		贵州省委农村工作领导小组
5	1994	全省农机安全监理工作	台江县农机安全监理站	先进集体		贵州省农业机械管理局
6	1996	全省农机安全监理工作	台江县农机安全监理站	先进单位		贵州省农业机械管理局
7	2004	全省“兴黔富民，双百创先争优”活动	台江县农业机械事业局农机管理站	先进集体		贵州省农业机械管理局
8	2006	全省农机安监理目标考核	台江县农机中心	先进单位		贵州省农机安全监理总站
9	2007	全省农机购机补贴工作	台江县农机中心	先进单位		贵州省农业机械管理局
10	2006	实施农村劳动力转移培训阳光工程	台江县阳光工程办公室	先进集体		贵州省农业厅
11	1999	省第四届科技兴农人才奖	宋茂贵	科技兴农奖		贵州省人民政府
12	2011	省第五届科技兴农人才奖	欧文泽	科技兴农奖		贵州省人民政府
13	1992	全省农机安监理目标考核	吴先友	先进个人		贵州省农业机械管理局
14	1992	省农机系统农机技术推广	杨光化	先进个人		贵州省农业机械管理局
15	2007	省农机化工作	张秀贵	先进个人		贵州省农业机械管理局

续表

序号	表彰年份	表彰内容	获表彰单位或个人	获表彰称号或等次	获奖编号	颁发表彰单位
16	2008	全省农业机械管理工作	杨正军	先进个人		贵州省农业机械管理局
17	2005	全省农机安全监理工作	刘朝华	先进个人		贵州省农机安全监理总站
18	1995	全省农牧渔垦工作工作	潘昌俊	先进工作者		贵州省农业厅
19	2003	全省种子管理工作	潘昌俊	先进个人		贵州省农业厅
20	2003	全省农广校系统工作	张思祥	先进工作者		贵州省农业广播电视学校
21	2006	全省农业广播电视教育工作	张思祥	先进工作者		贵州省农业厅
22	1993	全省农牧渔垦工作	杨胜武	先进工作者		贵州省农业厅
23	2012	全省粮增工程和粮油高产创建	李　虹	显著贡献农业科技人员		贵州省农业委员会
24	1992	全省农业工作	李正斌	先进工作者		贵州省农业厅
25	2013	“贵州省动物疫病防控技能比武”活动	杨铭琼	先进工作者		贵州省动物疫病预防控制中心
26	2010	全省第一次全国污染源普查工作	龙安江	先进个人		贵州省第一次污染源普查领导小组办公室、省环境保护厅、省统计局、省农业委员会
27	2006	1%人口抽查工作	张秀贵	先进个人		贵州省1%人口抽样调查办公室查
28	2008	第二次全国农业普查工作	张秀贵	先进个人		贵州省农业普查领导小组　贵州省统计局
剑河县（24次）						
1	1991	全州农村科普工作	杨启才	先进个人		黔东南州科学技术协会
2	1992	全省农业技术推广工作	杨启才	先进个人		贵州省农业厅
3	1993	全省农牧渔垦工作	叶永丰	先进个人		贵州省农业厅
4	1994	全省农业技术推广工作	杨启才	先进个人		贵州省农业厅
5	1994	全农牧渔垦工作	叶永丰	先进工作者		贵州省农业厅
6	1995	全省农业系统工作	杨启才	先进工作者		贵州省农业厅
7	1996	全州民主团结进步工作	杨启才	模范个人		中共黔东南州委、州政人府
8	1999	全省科技扶贫工作	杨启才	名人称号		贵州省科协、省委组织部、省扶贫办
9	1999	省第四届科技兴农人才奖	潘世学	兴农人才奖		贵州省人民政府
10	2005	全国农村固定观察点调研系统	伍　恒	模范调查员		农业部

续表

序号	表彰年份	表彰内容	获表彰单位或个人	获表彰称号或等次	获奖编号	颁发表彰单位
11	2006	全州优秀共产党员评选	杨俊春	优秀党员		中共黔东南州委、州人民政府
12	2007	全国巾帼建功工作	杨俊春	标兵称号		全国妇女联合会
13	2008	全州智力支边工作	周剑南	先进个人		黔东南州政府、州政协
14	2008	全省抗灾救灾工作	周剑南	一等功		贵州省委、省人民政府
15	2010	贵州省第一次全国污染源普查	刘文敏	先进个人		贵州省第一次全国污染源普查领导小组办公室、贵州省统计局、贵州省农业委员会
16	2010	第一次全国污染源普查工作	龙胜权	先进个人		国务院第一次全国污染源普查领导小组、环保部、农业部、国家统计局
17	2010	低碳生活，创新明星活动	杨俊春	明星称号		全国妇女联合会
18	2011	2011 年渔业文明执法		窗口单位	剑河县渔政管理站	农业部
19	2011	全州优秀共产党员评选	杨俊春	优秀共产党		中共黔东南州委、州人民政府
20	2012	全省粮食增产工程和粮油高产创建	王勤灵	显著贡献农业科技人员		贵州省农业委员会
21	2015	全国农村固定观察点调查	邰秀华	模范调查员		中共中央政策研究室、农业部农村固定观察点办公室
22	2015	全国农村固定观察点调查	罗子钦	模范调查员		中共中央政策研究室、农业部农村固定观察点办公室
23	2015	全省土壤肥料工作	石忠美	先进工作者		贵州省土壤肥料学会
24	2015	全州同步小康驻村工作	潘万超	优秀干部		黔东南州委党的建设工作领导小组

三、有关统计表

黔东南自治州粮食各时期发展速度表

表 12—4　　　　单位：吨

时期	年度	总产量	同比增长（%）	平均增长（%）
“八五”时期	1991	1033510	5. 6	1. 8
	1992	912876	－11. 7	
	1993	919519	0. 7	
	1994	944030	2. 7	
	1995	1071064	13. 5	

续表

时期	年度	总产量	同比增长（%）	平均增长（%）
“九五”时期	1996	1105844	3.2	4.4
	1997	1210965	9.5	
	1998	1286562	6.2	
	1999	1285951	0	
	2000	1325576	3.1	
“十五”时期	2001	1342420	1.3	0.3
	2002	1154031	-14	
	2003	1279259	10.9	
	2004	1347631	5.3	
	2005	1343637	-0.3	
“十一五”时期	2006	1379689	2.7	0.3
	2007	1414980	2.6	
	2008	1444864	2.1	
	2009	1476598	2.2	
	2010	1365658	-7.5	
“十二五”时期	2011	907925	-33.5	-2.5
	2012	1126200	24	
	2013	1100342	-2.3	
	2014	1187706	7.9	
	2015	1201866	1.2	

农民人均纯收入与粮食产量

表 12—5　　单位：元、公斤

时期	年度	农民人均纯收入	人均粮食产量
“八五”时期	1991	471	303
	1992	528	263
	1993	584	264
	1994	714	270
	1995	977	304
“九五”时期	1996	993	312
	1997	1080	339
	1998	1206	314
	1999	1262.7	310
	2000	1285.1	316

续表

时期	年度	农民人均纯收入	人均粮食产量
“十五”时期	2001	1326	316
	2002	1387.2	269
	2003	1450.2	340
	2004	1588.4	356
	2005	1728.1	352
“十一五”时期	2006	1840.7	359
	2007	2101.5	366
	2008	2451.5	370
	2009	2717	376
	2010	3163.5	376
“十二五”时期	2011	3949.5	230
	2012	4625	284
	2013	5345	276
	2014	6139	301
	2015	6863	309

黔东南自治州 1991—2015 年畜牧、渔业发展情况

表 12—6

项目 年度	牛		猪		羊		家禽		肉类总产量		禽蛋产量		淡水水产产量	
	出栏（万头）	同比增长速度（%）	出栏（万头）	同比增长速度（%）	出栏（万头）	同比增长速度（%）	出栏（万羽）	同比增长速度（%）	产量（吨）	同比增长速度（%）	产量（吨）	同比增长速度（%）	产量（吨）	同比增长速度（%）
1991	5.31	29.2	98.95	4.6	5.03	1.8			86724	13.5	1922	0.9	8062	18.7
1992	7.48	40.9	107.5	8.6	5.26	4.6			88258	1.8	2350	22.3	6720	-16.4
1993	8.88	18.7	103.7	-3.5	6.12	16.3			92443	4.7	2446	4.1	7555	12.4
1994	9.04	1.8	107	3.2	6.08	-0.7			96639	4.5	1855	-24.2	8181	8.3
1995	9.3	2.9	115.5	7.9	6.93	14.0			101673	5.2	2115	14.0	7723	-5.6
1996	10.51	13.0	125.4	8.6	7.89	13.9			111892	10.1	2666	26.1	8392	8.7
1997	11.46	9.0	131.2	4.6	12.81	62.4			119686	7.0	3182	19.4	10721	27.8
1998	14.26	24.4	142.6	8.7	17.24	34.6			131217	9.6	3915	23.0	12273	14.5
1999	16.04	12.5	151.8	6.5	19.96	15.8			139834	6.6	4420	12.9	13497	10.0
2000	16.97	5.8	229.9	51.4	49.21	146.5			149485	6.9	4550	2.9	14473	7.2
2001	20.37	20.0	169.9	-26.1	27.56	-44.0			158255	5.9	4931	8.4	15923	10.0
2002	21.66	6.3	179.3	5.5	29.78	8.1	789.1		167333	5.7	5327	8.0	17080	7.3
2003	24.68	13.9	193.7	8.0	33.68	13.1	844.3	7.0	180325	7.8	6021	13.0	17716	3.7
2004	26.84	8.8	208.4	7.6	35.6	5.7	980	16.1	195530	8.4	6666	10.7	19581	10.5

续表

年度＼项目	牛		猪		羊		家禽		肉类总产量		禽蛋产量		淡水水产产量	
	出栏（万头）	同比增长速度（%）	出栏（万头）	同比增长速度（%）	出栏（万头）	同比增长速度（%）	出栏（万羽）	同比增长速度（%）	产量（吨）	同比增长速度（%）	产量（吨）	同比增长速度（%）	产量（吨）	同比增长速度（%）
2005	29.13	8.5	230	10.4	38.27	7.5	1059	8.1	215257	10.1	7523	12.9	20652	5.5
2006	9.5	－67.4	150.2	－34.7	11.76	－69.3	815.7	－23.0	148981	－30.8	5869	－22.0	14034	－32.0
2007	9.89	4.1	140.6	－6.4	11.97	1.8	788.4	－3.4	134337	－9.8	6053	3.1	14880	6.0
2008	11.08	12.0	154.9	10.2	13.14	9.8	992.8	25.9	149210	11.1	9293	53.5	18080	21.5
2009	11.74	6.0	168.8	9.0	15.2	15.7	1099	10.7	161811	8.4	9783	5.3	19721	9.1
2010	12.01	2.3	175.2	3.8	18.2	19.7	1221	11.1	168090	3.9	10093	3.2	21553	9.3
2011	12.01	0.0	175.2	0.0	14.98	－17.7	1130	－7.4	168535	0.3	10295	2.0	26651	23.7
2012	12.42	3.4	180.1	2.8	15.33	2.3	1173	3.8	177628	5.4	10704	4.0	29778	11.7
2013	13.95	12.3	180.8	0.4	16.94	10.5	1225	4.4	188151	5.9	10773	0.6	35458	19.1
2014	14.21	1.9	181.1	0.2	18.89	11.5	1127	－8.0	194841	3.6	10999	2.1	26490	－25.3
2015	14.22	0.1	181.1	0.0	19.03	0.7	1136	0.8	196586	0.9	12853	16.9	33468	26.3

黔东南自治州农业总产值及增加值各时期增长速度统计表

表 12—7　　单位：万元

时期	年度	总产值	平均增长（%）	增加值	平均增长（%）
“八五”时期	1991	202457	3.3	140310	—
	1992	218510		149087	
	1993	253429		155954	
	1994	323743		205895	
	1995	387186		250535	
“九五”时期	1996	439336	4.4	284787	—
	1997	473728		309239	
	1998	491912		320011	
	1999	496162		318840	
	2000	537879		345468	
“十五”时期	2001	560466	5.1	356926	—
	2002	572932		362491	
	2003	606073		385815	
	2004	678449		432315	
	2005	748439		467836	

续表

时期	年度	总产值	平均增长（%）	增加值	平均增长（%）
“十一五”时期	2006	828466	7.3	513311	—
	2007	801646		507335	
	2008	970274		616708	
	2009	1012820		652002	
	2010	1177937		750799	
“十二五”时期	2011	1337224	6.8	812974	6.2
	2012	1619722		1013878	
	2013	1811500		1119731	
	2014	2101135		1302704	
	2015	2692913		1634768	

黔东南州农林牧渔及服务业总产值及增长速度统计表（按现价计算）

表12—8　　单位：万元

年份	农林牧渔及服务业现价总产值合计	同比增长（%）	农业产值	同比增长（%）	林业产值	同比增长（%）	牧业产值	同比增长（%）	渔业产值	同比增长（%）	农林牧渔服务业产值	同比增长（%）
1991	202457	8.1	96887	6.5	22987	15.1	46372	5.2	5352	73.2	30859	—
1992	218510	-1.5	96833	-4.1	31344	14.2	50832	2.4	4643	-21.6	34858	—
1993	253429	1.9	152705	3.2	30544	0.2	64319	-1.5	5861	24.4	—	—
1994	323743	1.4	198462	0.6	32070	-2.7	86557	6.3	6654	12.6	—	—
1995	387186	5.6	246104	8.3	33859	-4.0	98763	5.9	8460	-0.7	—	—
1996	439336	2.8	284415	6.1	29026	-16.7	116959	7.5	8936	-5.6	—	—
1997	473728	7.6	311295	10.2	25871	-6.6	125349	6.7	11213	27.6	—	—
1998	491912	5.4	319707	4.2	26526	6.9	133112	7.4	12567	13.8	—	—
1999	496162	2.6	317854	3.1	25916	-5.3	137890	3.9	14502	16.7	—	—
2000	537879	3.8	348881	3.1	32222	-0.2	141712	7.2	15063	3.8	—	—
2001	560466	3.1	364865	5.4	25753	-26.7	153247	7.8	16601	11.5	—	—
2002	572932	1.9	356730	-1.2	28928	12.5	169222	6.7	18052	6.7	—	—
2003	606073	6.7	312672	6.7	60292	8.4	180427	7.3	18259	4.6	34423	3.1
2004	678449	7.3	357654	5.8	66372	5.9	222426	9.5	21494	10.4	10503	25.5
2005	748439	6.63	389420	3.91	71049	7.26	252964	10.93	23661	5.64	11345	7.18
2006	828466	8.36	419850	5.05	84921	15.65	284303	9.86	26529	6.86	12863	16.7
2007	801646	7.8	459765	4.8	98978	8.7	206174	10.9	19285	7.2	17444	27.7
2008	970274	7.3	526229	5.1	112920	5.4	286822	12.7	25018	13.6	19285	4.0
2009	1012820	5.8	576865	4.7	117735	-1.2	268779	9.4	28873	12.2	20568	11.6

续表

年份	农林牧渔及服务业现价总产值合计	同比增长（%）	农业产值	同比增长（%）	林业产值	同比增长（%）	牧业产值	同比增长（%）	渔业产值	同比增长（%）	农林牧渔服务业产值	同比增长（%）
2010	1177937	7.4	677382	4.6	150591	16.4	291560	8.9	34695	7.3	23709	15.3
2011	1337224	4.2	672722	-12.2	213735	36.2	370399	1.5	48146	20.6	32222	35.6
2012	1619722	8.8	820434	11.8	266614	5.5	434855	5.7	60365	6.9	37454	6.6
2013	1811500	7.1	912651	6.7	301617	8.2	477192	5.4	79318	19.8	40722	5.8
2014	2101135	7.1	1110366	10.4	293353	1.7	562424	3.9	92246	10.2	42746	5.0
2015	2692913	6.7	1456604	9.1	370703	5.1	685994	2.4	123768	10.2	55844	5.4

黔东南自治州2015年农林牧渔及服务业总产值构成一览表
（按2015年现价计算）

表12—9

指　标	现价产值（万元）	占农林牧渔业总产值的比重	指　标	现价产值（万元）	占农林牧渔业总产值的比重
农林牧渔业总产值	2692913		八角	85	0.003%
一、农业产值	1456604	54.09%	（四）中草药材	173317	6.44%
（一）谷物及其他作物	567267	21.07%	二、林业产值	370703	13.77%
1. 谷　物	321490	11.94%	（一）林木的培育和种植	87757	3.26%
其中：小　麦	3482	0.13%	1. 育种育苗	11589	0.43%
稻　谷	249567	9.27%	2. 造林	22507	0.84%
玉　米	54726	2.03%	3. 抚育和管理（含：零星植树、迹地更新）	48995	1.82%
2. 薯类	57219	2.12%	（二）竹木采运	118720	4.41%
3. 油料	61719	2.29%	其中：村及村以下	78103	2.90%
其中：花生	15755	0.59%	（三）林产品	162202	6.02%
油菜籽	45834	1.70%	三、牧业产值	685994	25.47%
4. 豆类	19072	0.71%	（一）牲畜饲养	141305	5.25%
其中：大豆	9296	0.35%	1. 牛的饲养	105856	3.93%
5. 棉花	2036	0.08%	2. 羊的饲养	23890	0.89%
6. 糖类	2032	0.08%	3. 其他牲畜饲养	2087	0.08%
7. 烟草	60923	2.26%	4. 奶产品	247	0.01%
8. 其他农作物	40391	1.50%	其中：生牛奶	242	0.01%
其中：饲料作物	3410	0.13%	5. 其他牲畜副产品	9207	0.34%

续表

指　标	现价产值（万元）	占农林牧渔业总产值的比重	指　标	现价产值（万元）	占农林牧渔业总产值的比重
（二）蔬菜、食用菌及花卉盆景园艺产品	519382	19.29%	（二）猪的饲养	421107	15.64%
1. 蔬菜（含菜用瓜）	504378	18.73%	（三）家禽饲养	99912	3.71%
2. 食用菌	5223	0.19%	1. 肉禽	81008	3.01%
3. 花卉	6369	0.24%	2. 禽蛋	18904	0.70%
4. 盆景园艺	10	0.0004%	（四）狩猎和捕捉动物	259	0.01%
（三）水果、坚果、茶、饮料和香料	196907	7.31%	（五）其他畜牧业	19756	0.73%
1. 水果	146850	5.45%	其中：蚕茧	217	0.01%
其中：苹果	2	0.00007%	兔	383	0.01%
梨	16315	0.61%	四、渔业产值	123768	4.60%
柑橘	34533	1.28%	淡水产品	121757	4.52%
2. 坚果	5116	0.19%	其中：养殖	35596	1.32%
其中：核桃	1884	0.07%	1. 鱼类	120308	4.47%
板栗	3153	0.12%	2. 虾蟹类	767	0.03%
松子	10	0.0004%	3. 贝类	890	0.03%
3. 茶及饮料原料	44466	1.65%	4. 其他	1798	0.07%
其中：茶	44248	1.64%	五、农林牧渔服务业产值	55844	2.07%
4. 香料原料	476	0.02%	补充资料：1. 家庭兼营商品性工业	4104	0.15%
其中：花椒	371	0.01%	2. 退耕还草		

黔东南州农林牧渔及服务业总产值构成一览表

表 12—10

年份	农林牧渔及服务业总产值（万元）	农业占比（%）	林业占比（%）	牧业占比（%）	渔业占比（%）	农林牧渔服务业占比（%）
1991	202457	47.9	11.4	22.9	2.6	15.2
1992	218510	44.3	14.3	23.3	2.1	16.0
1993	253429	60.3	12.0	25.4	2.3	—
1994	323743	61.3	9.9	26.7	2.1	—
1995	387186	63.6	8.7	25.5	2.2	—

续表

年份	农林牧渔及服务业总产值（万元）	农业占比（%）	林业占比（%）	牧业占比（%）	渔业占比（%）	农林牧渔服务业占比（%）
1996	439336	64.8	6.6	26.6	2.0	—
1997	473728	65.7	5.5	26.4	2.4	—
1998	491912	65.0	5.4	27.1	2.5	—
1999	496162	64.1	5.2	27.8	2.9	—
2000	537879	64.9	6.0	26.3	2.8	—
2001	560466	65.1	4.6	27.3	3.0	—
2002	572932	62.3	5.0	29.5	3.2	—
2003	606073	51.6	9.9	29.8	3.0	5.7
2004	678449	52.7	9.8	32.8	3.2	1.5
2005	748439	52.0	9.5	33.8	3.2	1.5
2006	828466	50.7	10.2	34.3	3.2	1.6
2007	801646	57.4	12.3	25.7	2.4	2.2
2008	970274	54.2	11.6	29.6	2.6	2.0
2009	1012820	57.0	11.6	26.5	2.9	2.0
2010	1177937	57.5	12.8	24.8	2.9	2.0
2011	1337224	50.3	16.0	27.7	3.6	2.4
2012	1619722	50.7	16.5	26.8	3.7	2.3
2013	1811500	50.4	16.7	26.3	4.4	2.2
2014	2101135	52.8	14.0	26.8	4.4	2.0
2015	2692913	54.1	13.7	25.5	4.6	2.1

黔东南州农林牧渔及服务业增加值及增长速度统计表（按现价计算）统计表

表 12—11　　单位：万元、%

年份	农林牧渔及服务业增加值合计	同比增长	农业	同比增长	林业	同比增长	牧业	同比增长	渔业	同比增长	服务业	同比增长
1991	140310	—	—	—	—	—	—	—	—	—	—	—
1992	149087	—	—	—	—	—	—	—	—	—	—	—
1993	155954	—	103559	—	22797	—	24636	—	4962	—	—	—
1994	205895	—	137651	—	25451	—	37390	—	5403	—	—	—
1995	250535	—	171782	—	26473	—	45338	—	6942	—	—	—
1996	284787	—	197891	—	22277	—	57256	—	7363	—	—	—
1997	309239	—	218468	—	18973	—	62337	—	9461	—	—	—

续表

年份	农林牧渔及服务业增加值合计	同比增长	农业	同比增长	林业	同比增长	牧业	同比增长	渔业	同比增长	服务业	同比增长
1998	320011	—	226564	—	19161	—	64128	—	10158	—	—	—
1999	318840	—	221167	—	18783	—	67254	—	11636	—	—	—
2000	345468	—	248437	—	22206	—	62591	—	12234	—	—	—
2001	356926	—	259764	—	17703	—	66212	—	13247	—	—	—
2002	362491	—	251596	—	19728	—	76232	—	14935	—	—	—
2003	385815	—	218846	—	45251	—	84698	—	15351	—	21669	—
2004	432315	—	249857	—	50360	—	107065	—	17982	—	7051	—
2005	467836	—	265866	—	53151	—	121364	—	19782	—	7673	—
2006	513311	—	283621	—	62787	—	136152	—	21981	—	8770	—
2007	507335	—	310075	—	73155	—	96823	—	15930	—	11352	—
2008	616708	—	360874	—	83134	—	139108	—	20797	—	12795	—
2009	652002	5.6	396450	4.9	87363	2.9	130977	8.4	23603	9.4	13609	5.0
2010	750799	6.9	457061	2.9	110324	22.6	140615	8.4	27632	4.5	15167	11.5
2011	812974	2.3	426158	-6.1	152711	26.1	176610	1.1	37213	18.9	20282	27.7
2012	1013878	8.6	540078	11.5	191476	5.2	211994	5.3	46849	6.4	23481	6.0
2013	1119731	7.0	588852	6.4	214705	7.8	229615	5.2	61661	19.5	24898	5.6
2014	1302704	6.8	670241	9.9	211475	1.6	326206	3.3	68800	9.7	25982	4.3
2015	1634768	6.4	845241	8.8	262021	4.7	402153	2.1	90546	9.7	34807	4.8

黔东南自治州农用机械总动力统计表

表12—12　　单位：万千瓦

时　期	年度	农用机械总动力合计	同比增长（%）
“八五”时期	1991	37.72	5.9
	1992	39.24	4.0
	1993	45.61	16.2
	1994	42.72	-6.3
	1995	44.98	5.3
“九五”时期	1996	47.72	6.1
	1997	51.2	7.3
	1998	53.44	4.4
	1999	63.75	19.3
	2000	69.27	8.7

续表

时　期	年度	农用机械总动力合计	同比增长（%）
“十五”时期	2001	72.02	4.0
	2002	77.89	8.2
	2003	84.77	8.8
	2004	89.37	5.4
	2005	121.06	35.5
“十一五”时期	2006	143.01	18.1
	2007	167.37	17.03
	2008	183.01	9.3
	2009	191.56	4.7
	2010	206.12	7.6
“十二五”时期	2011	219.18	6.3
	2012	259.67	18.47
	2013	275.94	6.3
	2014	290.1	5.1
	2015	292.1	0.7

索　引

说　明

本索引为目录索引，按汉语拼音字母顺序排列。外文字母和阿拉伯数字的条目集中排到最后。

B

C

D

E

F

G

T

W

X

Y

Z

后 记

黔东南苗族侗族自治州农业委员会按照州委、州政府的安排和要求，于2016年3月建立《黔东南苗族侗族自治州农业志》（以下简称《州农业志》），继编领导小组、《黔东南苗族侗族自治州农业志》继编辑委员会，设立了编辑部，并明确了主编、编辑。

《州农业志》编纂是在中共黔东南州农业委员会党组和《州农业志州》继编领导小组、继编编辑委员会的领导下开展工作的。编辑部2016年3月至9月几次讨论修订《州农业志》篇录，同时将《州农业志》材料搜集疏理进行分解。

2016年10月24日，召开了有各县市农业局、州农委机关各部门、委属各单位负责人参加的《黔东南州农业志》续修工作动员大会。州农委党组书记、主任尹亮作了重要讲话；州志办主任吴寿昌作了农业志编撰业务培训；州农委党组副书记、副主任姜立军传达《州农委关于切实做好黔东南志农业志工作的意见》；州农委原副调研员杨桦就《黔东南州志农业志》的撰写提出了几点要求。同时印发了关于切实做好《黔东南州农业志》（1991—2015）资料收集及初稿编纂工作的通知，就各县市农业局、委机关各部门、委属各单位的职责和要求作了具体的明确。2018年4月，为做好《黔东南农业志人物篇》组稿，州农委就组稿时限要求、人物收录范围和人物收录原则再次向各县农业局、凯里市农林扶贫工作局、委机关各部门，委属各单位发出通知。

为保证《黔东南州农业志》材料搜集疏理质量，《州农业志》编辑部负责人与州农委办公室葛军多次到各县市农业局和委机关各部门、委属各单位进行督促与指导。

2017年4月，编写部人员增至4人。在初稿编纂中，编写部人员按篇目分工，各有侧重，统一领导，相互协作，按分工进行编纂。

黄明祥负责第一篇《农业自然环境与农业区划》的编纂。

曾怀德负责第三篇种植业（除第二章第二节《烟草》和第三节《中药材》）的编纂。

周哲麟负责第四篇《养殖业》和“人物”篇中“人物简介”编纂。

杨桦负责图片、凡例、概述、大事记、“人物”篇（除“人物简介”）、附录、后记和第二篇《农村社会经济》、第三篇《种植业》中第二章第二节《烟草》和第三节《中药材》、第五篇《农业行政执法》、第六篇《农业机械》、第七篇《农业农村综合开发》、第八篇《国营农场州水产实验场农业园区建设》、九篇《农业科研教育宣传》、第十篇《组织机构》。

《州农业志》设序、述、志、记、图、表、录，以志为主。卷首有图片、序、大事记、概述、凡例，志体设10篇，45章，148节，约100万字。志尾有人物、附录与后记。

为确保志书质量，全书是定《行文规范》、操作程序及个人撰稿、单位审稿、分篇总纂、总编总纂责任制；篇目经过多次修订。

黔东南州农业史料浩繁，加之2010年机构改革后，资料散失较多。为力求史料齐备、完整，曾查阅了大量档案、书籍、报刊、文献等，所采史实均经再三考证，存真求实。搜录史料相当于全书字数的4~5倍。并编写了大量资料卡和部分资料长篇。志书内容丰富、史料翔实。

2018年11月，州农委召开《州农业志》初审会议。参会人员认真开展了讨论发言，提出了很多很好修改建议。会后，还通过了《州农业志》政治审核和保密审核。

2018年12月，州农委召开《州农业志》终审会议。农业战线上耕耘了几十年的专家、教授、学者进行了修改和提出建议。州志办李文明副主任（主持工作）宣布《州农业志》通过终审。

《州农业志》真谓是“众手成志”。从搜集资料到编定的全过程中涉及的单位53个，其中县（副）级4个、科室站33个、县（市）农业局16个。为本志提供资料、照片人数多达200余人，其中提供照片的30余人。

《州农业志》于2016年开始编修，历时3年时间。它的出版，是领导重视、支持和众多撰稿人、资料提供者、编辑、工作人员辛勤笔耕的结果。编辑人员中不少是年逾花甲和古稀的，在农业战线上耕耘几十年的专家、教授、学者，编写此书，所费心力，不言而喻，在此谨向他们表示深切的敬意和衷心的感谢。

《黔东南州农业志》编辑部

2018年12月